耶鲁英王传记丛书·刘景华 主编

爱德华三世

［英］W. 马克·奥姆罗德 著　彭丽华 译　杜宣莹 校

EDWARD III

W. MARK ORMROD

广西师范大学出版社
·桂林·

© 2011 by W. Mark Ormrod
Originally published by Yale University Press

著作权合同登记号桂图登字：20-2019-113 号

图书在版编目（CIP）数据

爱德华三世 /（英）W.马克·奥姆罗德著；彭丽华译；杜宣莹校. --桂林：广西师范大学出版社，2023.2
（耶鲁英王传记丛书 / 刘景华主编）
书名原文: Edward Ⅲ
ISBN 978-7-5598-5597-8

Ⅰ.①爱… Ⅱ.①W… ②彭… ③杜… Ⅲ.①爱德华三世(1312-1377)—传记 Ⅳ.①K835.617=323

中国版本图书馆 CIP 数据核字（2022）第 210096 号

广西师范大学出版社出版发行
（广西桂林市五里店路 9 号　邮政编码：541004）
　网址：http://www.bbtpress.com
出版人：黄轩庄
全国新华书店经销
湖南省众鑫印务有限公司印刷
（长沙县榔梨街道保家村　邮政编码：410000）
开本：635 mm × 965 mm　1/16
印张：50　　字数：765 千字
2023 年 2 月第 1 版　　2023 年 2 月第 1 次印刷
审图号：GS（2022）4706 号
定价：168.00 元

如发现印装质量问题，影响阅读，请与出版社发行部门联系调换。

献给理查德

目 录

序言与致谢 1
缩略语 6
货币说明 12
爱德华三世时期的欧洲 13
英格兰王室谱系图 14
法兰西、纳瓦拉、佛兰德斯和埃诺统治者谱系图 16
苏格兰统治者谱系图 17

第一章　温莎爱德华（1312—1322） 1
第二章　流亡与即位（1322—1327） 33
第三章　母后监政（1327—1330） 66
第四章　英格兰小雄狮（1330—1337） 107
第五章　家庭与朋友（1330—1344） 142
第六章　苏格兰的大灾难（1330—1338） 173
第七章　雄狮与百合（1331—1339） 210
第八章　悬崖边缘（1339—1341） 247
第九章　布列塔尼与回国（1341—1346） 285

第十章	胜利之路（1346—1347）	312
第十一章	为了亚瑟与圣乔治（1344—1355）	343
第十二章	通向普瓦捷之路（1347—1356）	370
第十三章	瘟疫与政治（1348—1358）	410
第十四章	国王的赎金（1356—1360）	442
第十五章	帝国初现（1360—1368）	475
第十六章	富丽堂皇的宫廷（1358—1369）	511
第十七章	和平时代（1360—1369）	542
第十八章	撤退与溃败（1368—1375）	570
第十九章	脆弱的统治（1369—1376）	600
第二十章	悲痛之年（1376—1377）	630
第二十一章	伟大的爱德华	661

爱德华三世的头衔与玺印	693
参考文献	699
译名对照表	739
译后记	762

序言与致谢

这本书的写作故事可谓丰富。在"英格兰君主传记丛书"策划的初期，《爱德华三世》原计划由利兹大学中世纪史教授约翰·勒帕图雷尔（John Le Patourel）撰写。在20世纪50年代至60年代初期，勒帕图雷尔曾就爱德华三世与法兰西的关系撰写了一系列观点犀利且极具影响的论文。然而，在那之后，他专注于《诺曼帝国》（出版于1976年）及其后继之作《金雀花王朝》（在他于1981年去世时尚未完稿）。因此，70年代初，勒帕图雷尔就将《爱德华三世》的著述合同转给利物浦大学中世纪史教授A. R.（亚历克·）迈尔斯（A. R. [Alec] Myers）。迈尔斯根据已出版的编年史及雷默（Rymer）的《契约》（Foedera），按时间顺序叙述爱德华三世统治时期，共计十章，主要内容为这一时期英格兰与苏格兰、法兰西的战争史。我认为，这是他第一次按照"英格兰君主传记丛书"中较早出版书籍的编写模式，构建其书的内容与结构：前半部分概述统治时期，后半部分着眼于政治、治理的重要议题，并评价爱德华三世的性格及成就。当迈尔斯于1980年去世时，下半部分既未进行规划，也未动笔。

80年代末，时任"英格兰君主传记丛书"总主编 J. J. 斯卡里斯布里克（J. J. Scarisbrick）教授，首次联系我来接受撰写《爱德华三世》的合同。当时，我已着手分析、研究这一时期的国内政治，后于1990年出版了《爱德华三世的统治：1327至1377年英格兰的王权与政治社会》。20世纪90

年代初，亚历克·迈尔斯的遗孀去世后，迈尔斯的利物浦同事艾伦·哈丁（Alan Harding）与我签订了合同，并将重新发现的迈尔斯所著传记作品的遗稿交给了我。在当时的我看来，似乎最合适的办法是，暂不翻阅迈尔斯的遗稿，待我自己的研究工作进展到一定程度的时候，再来参阅他的研究。于是，我先就中世纪后期英格兰财政、司法、议会档案和制度进行长期研究，直到2005年前后，才真正回到爱德华三世这个重要主题上来。在完成这本书的第一稿后，我总算在2010年阅读了迈尔斯的遗稿。我发现，关于爱德华三世统治时期的许多重大事件，我有一些观点与迈尔斯不谋而合，而且，有一些翻译得很好的文献早已收录于他所撰的1969年版《1327—1485年英格兰历史档案》。但是，除了能感受到他因这一宏大著作未能完稿的沮丧和为爱德华三世写一个轻快结局的迫切希望外，我几乎找不到任何线索，来构建迈尔斯对爱德华三世的设想。因此，平心而论，不论呈现在读者面前的这本书是好是差，其思路并非承袭迈尔斯而是出自我自己。

2007至2010年，我担任利弗休姆信托专业研究基金研究员（Leverhulme Trust Major Research Fellowship），后期研究和本书写作大体也在此期间完成。我对该信托基金深怀谢忱，正是其所赐予的宝贵时间，才让一切有了可能。我也要向约克大学校长布赖恩·坎托（Brian Cantor）教授，及接替我担任历史系主任的迈尔斯·泰勒（Miles Taylor）教授与比尔·希尔斯（Bill Sheils）教授致以谢意。正是因为他们帮助我分担了其他工作和职责，我才得以接受这个研究员的职位。我在历史系及中世纪研究中心的同事极大地拓宽了我对历史的认知，也承受了我离开后随之而来的负担。因此，我要感谢蒂莫西·艾尔斯（Timothy Ayers）、彼得·比勒（Peter Biller）、詹姆斯·宾斯（James Binns）、加布里埃拉·科罗娜（Gabriella Corona）、迪伊·戴斯（Dee Dyas）、杰里米·戈德伯格（Jeremy Goldberg）、盖伊·哈尔索尔（Guy Halsall）、尼古拉斯·哈夫利（Nicholas Havely）、菲莉帕·霍斯金（Philippa Hoskin）、尼古拉·麦克唐纳（Nicola McDonald）、理查德·马克斯（Richard Marks）、林恩·穆尼（Linne Mooney）、克里斯托弗·诺顿（Christopher Norton）、萨拉·里斯·琼斯（Sarah Rees Jones）、费利西蒂·里迪（Felicity Riddy）、克雷格·泰勒（Craig Taylor）、塞西娜·沃森（Sethina Watson）与乔斯林·沃根－布朗（Jocelyn Wogan-Browne），是他们给予了我诸多建议与支持。有机会加入这样一群令人振奋的学者，在约克这一欧洲中世纪名城里写作本书，为我提供了源源不断的灵感，令人心满意足。

有机会和约克大学一群出众的博士生一起工作，我感到格外欣喜。我真诚热情地感谢艾利森·巴兹尔（Alison Basil）、莉萨·本兹（Lisa Benz）、菲利普·布拉德福德（Philip Bradford）、亚历克斯·布雷森（Alex Brayson）、乔尔·伯登（Joel Burden）、凯瑟琳·卡森（Catherine Casson）、安东尼奥·卡斯特罗·亨里克斯（Antonio Castro Henriques）、莱斯利·库特（Lesley Coote）、格威利姆·多德（Gwilym Dodd）、基思·菲尔兹（Keith Fieldes）、芭芭拉·格里布灵（Barbara Gribling）、马克·霍尼韦尔（Mark Honeywell）、拉尔夫·坎纳（Ralph Kaner）、埃丝特·凯兹克梅迪（Esther Ketskemety）、海伦·基利克（Helen Killick）、罗伯特·金西（Robert Kinsey）、海伦·莱西（Helen Lacey）、马丁·劳伦斯（Martyn Lawrence）、乔安娜·莱恩史密斯（Joanna Laynesmith）、克里斯琴·利迪（Christian Liddy）、乔纳森·麦克曼（Jonathan Mackman）、马克·庞申（Mark Punshon）、汤姆·理查森（Thom Richardson）、莫妮卡·西蒙（Monika Simon）与丹妮尔·韦斯特霍夫（Danielle Westerhof）。我非常感谢在我指导下开展博士后研究的詹姆斯·博斯韦尔（James Bothwell）和格威利姆·多德，他们给予了我长期的建议与帮助。能与一群极优秀的本科生和硕士生交流、碰撞思想火花也是我的一大幸事，我向他们，尤其是那些参与到我的专题"战时英格兰，1290 至 1360 年"，写了无数论文还"存活下来"的学生，致以最真挚的感谢。我的研究助手西蒙·哈里斯（Simon Harris）、莉萨·利迪（Lisa Liddy）、乔纳森·麦克曼及希拉·斯内登（Shelagh

Sneddon），从各个方面帮助我理解复杂的中世纪档案，对此我也心怀感激。

自从我栽下我的第一棵幼苗以来，这一代的历史学家更为辛勤地耕耘着 14 世纪研究这片曾经相当荒凉的土地。要列出那些曾对我的工作产生过影响的人，难免挂一漏万。我特别感谢已故的詹姆斯·吉莱斯皮（James Gillespie），还有马克·阿凡尼吉安（Mark Arvanigian）、道格拉斯·比格斯（Douglas Biggs）、杰弗里·汉密尔顿（Jeffrey Hamilton）、沙龙·米哈洛夫（Sharon Michalove），他们在卡拉马祖西密歇根大学的中世纪国际研究会上组织了举世闻名的"白鹿学会"（White Hart sessions）。与我同为利兹大学中世纪国际研究会"14 世纪研究协会"召集人及双年刊《14 世纪英格兰》联合主编的克里斯·吉文－威尔逊（Chris Given-Wilson）、杰弗里·汉密尔顿及奈杰尔·索尔（Nigel Saul）慷慨大方地提供了他们的建议与专业意见。我还要感谢由以下机构主办的一系列会议与研讨论坛：伦敦基尤国家档案馆（艺术与人文研究委员会资助）、埃克塞特大学与诺丁汉大学、伦敦大学历史研究院及高级法律研究院、俄亥俄州立大学、多伦多大学（美国中世纪研究会主办）、加利福尼亚大学洛杉矶分校（安德鲁·W. 梅隆基金会资助）、罗切斯特大学和普拉托达蒂尼研究所。这些会议让我有机会深入探讨并阐发部分学术观点，这些成果最终收入本书。英国国家学术院及约克大学资助了往来路费，便于我开展国内及国际访问。

有许多同事慷慨地让我查阅他们的原始资料笔记，并同意我将他们尚未公开发表的研究发现和历史阐释用在本书中。这里我要特别感谢阿德里安·艾尔斯（Adrian Ailes）、马丁·艾伦（Martin Allen）、罗杰·阿克斯沃西（Roger Axworthy）、理查德·巴伯（Richard Barber）、迈克尔·贝内特（Michael Bennett）、毛里齐奥·坎帕内利（Maurizio Campanelli）、保罗·德莱伯勒（Paul Dryburgh）、克里斯托弗·弗莱彻（Christopher Fletcher）、菲利普·林德利（Philip Lindley）、玛丽莲·利文斯通（Marilyn Livingstone）、杰西卡·卢特金（Jessica Lutkin）、约翰·麦迪科特（John

Maddicott)、艾利森·马歇尔（Alison Marshall）、拉尔夫·莫法特（Ralph Moffat）、伊恩·莫蒂默（Ian Mortimer）、大卫·A. L. 摩根（David A. L. Morgan）、克莱门蒂娜·奥利弗（Clementine Oliver）、罗伯特·帕尔默（Robert Palmer）、约翰·卡米·帕森斯（John Carmi Parsons）、吉赫姆·佩平（Guilhem Pépin）、克利福德·罗杰斯（Clifford Rogers）、格雷厄姆·圣约翰（Graham St John）、卡罗琳·申顿（Caroline Shenton）和安东尼·维尔登（Anthony Verduyn）。在这本书的写作过程中，安东尼·马森（Anthony Musson）全程给予我极大的支持。先后读过我书稿的迈克尔·普雷斯特维奇（Michael Prestwich）、安东尼·古德曼（Anthony Goodman），在本书的文本细节、形态及意义方面，都提出了许多修改意见；理查德·巴伯不吝惜时间，阅读了全文并提出了许多有价值的见解。

我要感谢约克大学图书馆与档案馆、国家档案馆、伦敦大学历史研究院图书馆、大英图书馆提供的服务与帮助。我也非常感谢耶鲁大学出版社的罗伯特·鲍多克（Robert Baldock）、希瑟·麦卡勒姆（Heather McCallum）、蕾切尔·朗斯代尔（Rachael Lonsdale）、坎迪达·布拉齐尔（Candida Brazil）和贝丝·汉弗莱斯（Beth Humphries），正是因为他们的耐心与专业，这本为期甚长、部头甚大的书才能面世，感谢罗伯特·金西为校样、索引所做的辛苦付出。这本书中若仍有事实、理解的任何错误，自然都应该由我承担。

奥姆罗德（Ormrod）、多布森（Dobson）与威尔逊（Wilson）家族多年以来经受爱德华三世对他们日常生活的侵扰，不夸张地说，即便公开表达我的谢意，也难以回报他们对我的厚爱与支持。对理查德来说，即便他感觉难以容忍这本书，但他也很少表露出来，我能完成这本书，自然少不了他的耐心与宽容。

威廉·马克·奥姆罗德

2010年11月

缩略语

（除非另有说明，所有未出版的文件都存于英国国家档案馆丘园）

AC	*The Anonimalle Chronicle, 1333–1381*, ed. V. H. Galbraith (Manchester, 1927)
Age of Chivalry	*Age of Chivalry: Art in plantagenet England, 1200–1400*, ed. J. Alexander and P. Binski (London, 1987)
Ann. Paulini	"Annales Paulini", *Chronicles of the Reigns of Edward I and Edward II*, ed. W. Stubbs, 2 vols (RS, 1882–3), i
Anon. Cant.	*Chronicon Anonymi Cantuariensis: The Chronicle of Anonymous of Canterbury, 1346–1365*, ed. C. Scott-Stokes and C. Given-Wilson (Oxford, 2008)
Anon. Chron. 1307–34	*The Anonimalle Chronicle, 1307–1334*, ed. W. R. Childs and J. Taylor (Yorkshire Archaeological Society record series, cxlvii, 1987)
Antient Kalendars	*The Antient Kalendars and Inventories of the Treasury of His Majesty's Exchequer*, ed. F. Palgrave, 3 vols (London, 1836)
ASR	*Anglo-Scottish Relations, 1174–1328*, ed. E. L. G. Stones, revised edn (Oxford, 1970)
Avesbury	Robert of Avesbury, *De gestis mirabilibus regis Edwardi Tertii*, ed. E. M. Thompson (RS, 1889)
Baker	Geoffrey le Baker, *Chronicon Galfridi le Baker de Swynebroke*, ed. E. M. Thompson (Oxford, 1889)
Battle of Crécy	A. Ayton and P. Preston, with F. Autrand, C. Piel, M. Prestwich and B. Schnerb, *The Battle of Crécy, 1346* (Woodbridge, 2005)

BIA	York, Borthwick Institute for Archives
BIHR	*Bulletin of the Institute of Historical Research*
BJRL	*Bulletin of the John Rylands Library*
BL	London, British Library
Bower	W. Bower, *Scotichronicon*, ed. D. E. R. Watt, 9 vols (Aberdeen, 1993–8)
BPR	*Register of Edward the Black Prince*, 4 vols.(London, 1930–3)
Bridlington	"Gesta Edwardi de Carnarvan auctore canonico Bridlingtoniensi, cum continuatione", *Chronicles of the Reigns of Edward I and Edward II*, ed. W. Stubbs, 2 vols. (RS, London, 1882–3), ii
BRUO	A. B. Emden, *Biographical Register of the University of Oxford to 1500*, 3 vols (Oxford, 1957–9)
Brut	*The Brut, or, The Chronicles of England*, ed. F. W. D. Brie, 2 vols (Early English Texts Society, original series, cxxxi, cxxxvi, 1906–8)
Cal. Mem. Rolls 1326–7	*Calendar of Memoranda Rolls (Exchequer), Michaelmas 1326–Michaelmas 1327* (London, 1968)
CCCC	Corpus Christi College, Cambridge
CChR	*Calendar of Charter Rolls, Henry III–Henry VIII*, 6 vols (London, 1903–27)
CCR	*Calendar of Close Rolls, Edward II–Richard II*, 24 vols (London, 1892–1927)
CCW 1244–1326	*Calendar of Chancery Warrants 1244–1326* (London, 1927)
CDS	*Calendar of Documents Relating to Scotland*, ed. J. Bain, G. G. Simpson and J. D. Galbraith, 5 vols (Edinburgh, 1881–1987)
CFR	*Calendar of Fine Rolls, Edward II–Richard II*, 10 vols (London, 1912–29)
Chron. J&C	*Chroniques des règnes de Jean II et Charles V*, ed. R. Delachenal, 4 vols (Société de l'Histoire de France, 1910–20)
Chron. Lanercost	*Chronicon de Lanercost*, ed. J. Stevenson (Edinburgh, 1839)

Chron. Meaux	*Chronica Monasterii de Melsa*, ed. E. A. Bond, 3 vols (RS, 1866–8)
Chron. QPV	*Chronique des quatre premiers Valois* (1327–1393), ed. S. Luce (Société de l'Histoire de France, 1862)
CIM	*Calendar of Inquisitions Miscellaneous, Henry III–Henry V*, 7 vols (London, 1916–69)
CIPM	*Calendar of Inquisitions Post Mortem, Edward I–Richard II*, 17 vols (London, 1904–88)
CLBL	*Calendar of Letter Books of the City of London*, ed. R. R. Sharpe, 11 vols (London, 1899–1912)
CPL	*Calendar of Entries in the Papal Registers Relating to Great Britain and Ireland: Papal Letters*, ii–iv (London, 1895–1902)
CPMR	*Calendar of Plea and Memoranda Rolls of the City of London*, ed. A. H. Thomas and P. E. Jones, 6 vols (Cambridge, 1926–61)
CPP	*Calendar of Entries in the Papal Registers Relating to Great Britain and Ireland: Petitions to the Pope, 1342–1419* (London, 1896)
CPR	*Calendar of Patent Rolls, Edward II–Richard II*, 27 vols (London, 1894–1916)
CUL	Cambridge University Library
CYS	Canterbury and York Society
Delachenal	R. Delachenal, *Histoire de Charles V*, 5 vols (Paris, 1909–31)
EcHR	*Economic History Review*
EETS	Early English Texts Society
EHD	*English Historical Documents*
EHR	*English Historical Review*
EMDP	*English Medieval Diplomatic Practice*, ed. P. Chaplais, 2 vols in 3 parts (London, 1975–82)
Eng. Govt at Work	*The English Government at Work, 1327–1336*, ed. J. F. Willard, W. A. Morris and W. H. Dunham, 3 vols (Cambridge, Mass., 1940–50)

缩略语

Eulogium	*Eulogium Historiarum*, ed. F. S. Haydon, 3 vols (London, 1858–63)
Fasti 1300–1541	J. Le Neve, *Fasti Ecclesiae Anglicanae, 1300–1541*, comp. H. P. F. King, J. M. Horn and B Jones, 12 vols (London, 1962–7)
Foedera	*Foedera, Conventions, Literae et Cujuscunque Generic Acta Publica*, ed. T. Rymer, 3 vols in 6 parts (London, 1816–30)
French Chronicle	*Croniques de London*, ed. G. J. Aungier (Camden Society, original series, xxviii, 1844)
Froissart	J. Froissart, *Chroniques*, ed. S. Luce et al., 15 vols (Société de l'Histoire de France, 1869–1975)
Froissart, *Oeuvres*	J. Froissart, *Oeuvres complètes: Chroniques*, ed. J. M. B. C. Kervyn de Lettenhove, 25 vols (Brussels, 1867–77)
Froissart, trans. Brereton	J. Froissart, *Chronicles*, trans. G. Brereton (Harmondsworth, 1978)
GEC	G. E. Cokayne, *The Complete Peerage of England, Scotland, Ireland, Great Britain and the United Kingdom*, rev. V. Gibbs et al., 13 vols (London, 1910–59)
HBC	*Handbook of British Chronology*, ed. E. B. Fryde, D. E. Greenway, S. Porter and I Roy, 3rd edn (Cambridge, 1986)
Hist. Angl.	T. Walsingham, *Historia Anglicana*, ed. H. T. Riley, 2 vols (RS, 1863–4)
HR	*Historical Research*
Issues	*Issues of the Exchequer, Henry III–Henry VI*, ed. F. Devon (London, 1847)
JBS	*Journal of British Studies*
JMH	*Journal of Medieval History*
JRUL	Manchester, John Rylands University Library
King's Works	R. A. Brown, H. M. Colvin and A. J. Taylor, *The History of the King's Works: The Middle Ages*, 2 vols (London, 1963)
Knighton	*Knighton's Chronicle, 1337–1396*, ed. G. H. Martin (Oxford, 1995)
le Bel	*Chronique de Jean le Bel*, ed. J. Viard and E. Déprez, 2 vols (Société de l'Historie de France, 1904–5)

Melsa	*Chronica Monasterii de Melsa*, ed. E. A. Bond, 3 vols (RS, 1866–8)
Murimuth	A. Murimuth, *Continuatio chronicarum*, ed. E. M. Thompson (RS, 1889)
Norwell	*The Wardrobe Book of William de Norwell*, ed. M. Lyon, B. Lyon, H. S. Lucas and J. de Sturler (Brussels, 1983)
"Observations"	"Observations on the Institution of the Most Noble Order of the Garter", ed. N. H. Nicolas, *Archaeologia*, xxxi (1846)
ODNB	*Oxford Dictionary of National Biography*, ed. H. C. G. Matthew and B. H. Harrison, 60 vols (Oxford, 2004)
Parl. Writs	*Parliamentary Writs and Writs of Personal Summons*, ed. F. Palgrave, 2 vols in 4 parts (London, 1827–34)
Political Poems	*Political Poems and Songs Relating to English History*, ed. T. Wright, 2 vols (RS, 1859–61)
Polychronicon	R. Higden, *Polychronicon*, ed. C. Babington and J. R. Lumby, 9 vols (RS, 1865–82)
PROME	*The Parliament Rolls of Medieval England*, ed. And trans. P. Brand, A. Curry, C. Given-Wilson, R. E. Horrox, G. Martin, W. M. Ormrod and J. R. S. Phillips, 16 vols (Woodbridge, 2005)
RDP	*Report from the Lords Committee for All Matters Touching the Dignity of a Peer*, 5 vols (London, 1820–9)
Reading	J. Reading, "Chronicon", *Chronica Johannis de Reading et Anonymi Cantuariensis*, ed. J. Tait (Manchester, 1914)
Rot. Scot.	*Rotuli Scotiae*, 2 vols (London, 1814–19)
RP	*Rotuli Parliamentorum*, 6 vols (London, 1787)
RPHI	*Rotuli Parliamentorum Anglie hactenus inediti*, ed. H. G. Richardson and G. O. Sayles (Camden Society, 3rd series, li, 1935)
RS	Rolls series
SAL	Society of Antiquaries of London
Scalacronica	T. Gray, *Scalacronica*, ed. and trans. A. King (Surtees Society, ccix, 2005)

SCCKB	*Select Cases in the Court of King's Bench*, ed. G. O. Sayles, 7 vols (Selden Society, lv, lvii, lviii, lxxiv, lxxvi, lxxxii, lxxxviii, 1936–71)
SR	*Statutes of the Realm*, 11 vols (London, 1810–28)
St Albans	T. Walsingham, *The St Albans Chronicle: The "Chronica Maiora" of Thomas Walsingham*, ed. J. Taylor, W. R. Childs and L. Watkiss, in progress (Oxford, 2003–)
Sumption	J. Sumption, *The Hundred Years War*, in progress (London, 1990–)
Tout, *Chapters*	T. F. Tout, *Chapters in the Administrative History of Medieval England*, 6 vols (Manchester, 1920–33)
TRHS	*Transactions of the Royal Historical Society*
VCH	*Victoria County History*
Vie du Prince Noir	Chandos Herald, *La vie du Prince Noir*, ed. D. B. Tyson (Tübingen, 1975)
Vita	*Vita Edwardi Secundi*, ed. and trans. W. R. Childs (Oxford, 2005)
WAM	London, Westminster Abbey Muniments
"Wigmore Chronicle"	"A Wigmore Chronicle, 1355–1377", ed. J. Taylor, in J. Taylor, *English Historical Literature in the Fourteenth Century* (Oxford, 1987)
Wyntoun	*The Original Chronicle of Andrew of Wyntoun*, vi, ed. F. J. Amours (Edinburgh, 1908)

货币说明

中世纪英格兰的货币体系通常有镑（£）、先令（s）与便士（d）三个单位，其换算制为：12便士等于1先令，20先令等于1镑。另一个货币单位是马克，1马克值13先令4便士，或三分之二镑。在法兰西，基于银本位有两种重要货币，即巴黎里弗尔（livre parisis）及图尔里弗尔（livre tournois）。随着时代变迁，汇率波动极大。不过，在14世纪，通常1镑相当于4个巴黎里弗尔和5个图尔里弗尔。英格兰、法兰西的日常货币都由低面值的银币组成，但法兰西从13世纪中期开始试发行金币，并在百年战争之初确定了金币在法兰西货币体系中的稳定地位。而英格兰直到14世纪40年代，才首次引进了金币。金币通常是高面值的货币，主要用于大宗贸易及国际汇兑。

爱德华三世时期的欧洲

英格兰王室谱系图

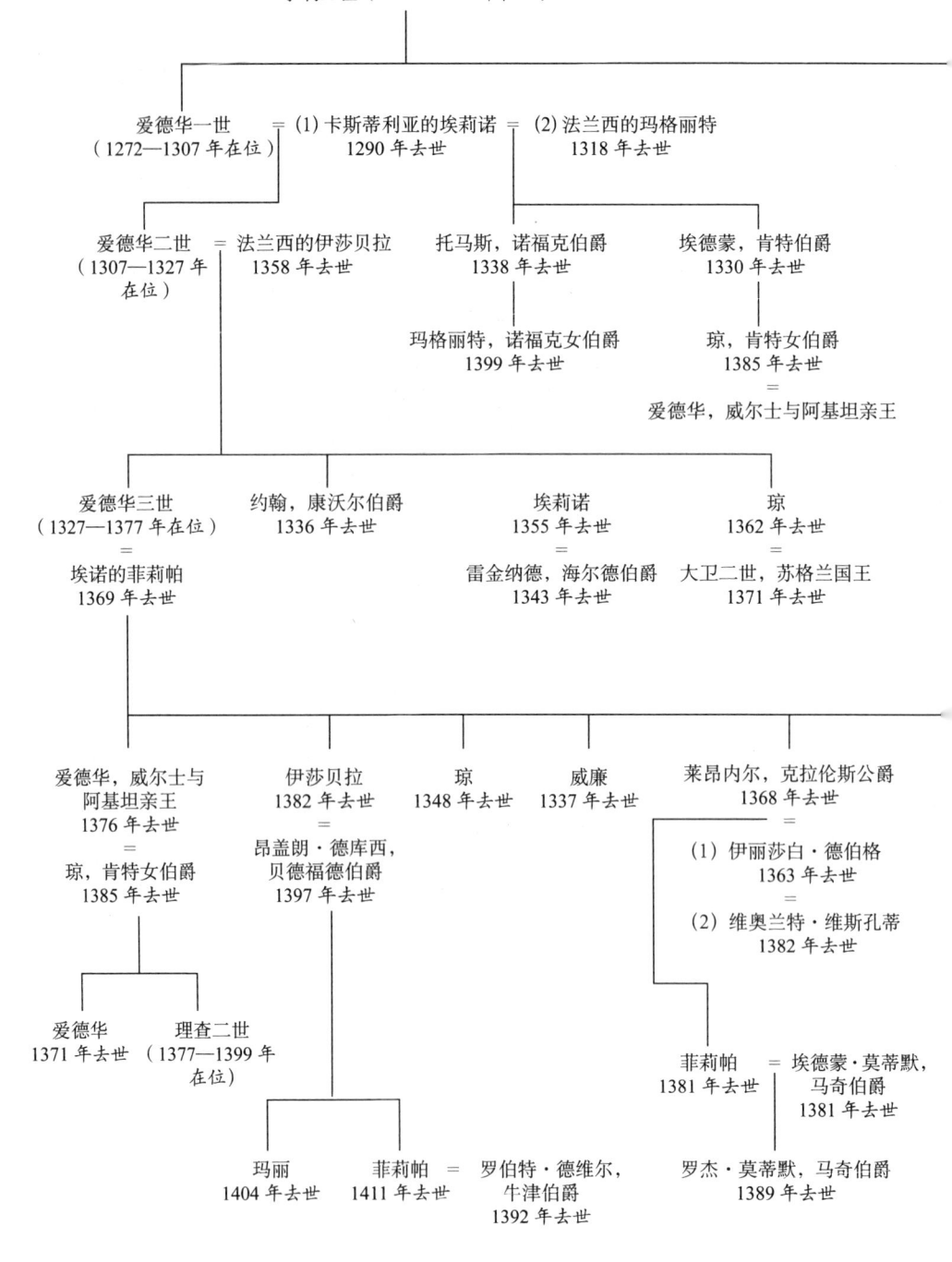

亨利三世（1216—1272 年在位）

- **爱德华一世**（1272—1307 年在位）
  = (1) 卡斯蒂利亚的埃莉诺，1290 年去世
  = (2) 法兰西的玛格丽特，1318 年去世

第一代子女：

- **爱德华二世**（1307—1327 年在位） = 法兰西的伊莎贝拉，1358 年去世
- 托马斯，诺福克伯爵，1338 年去世
  - 玛格丽特，诺福克女伯爵，1399 年去世
- 埃德蒙，肯特伯爵，1330 年去世
  - 琼，肯特女伯爵，1385 年去世
    = 爱德华，威尔士与阿基坦亲王

爱德华二世之子女：

- **爱德华三世**（1327—1377 年在位）= 埃诺的菲莉帕，1369 年去世
- 约翰，康沃尔伯爵，1336 年去世
- 埃莉诺，1355 年去世 = 雷金纳德，海尔德伯爵，1343 年去世
- 琼，1362 年去世 = 大卫二世，苏格兰国王，1371 年去世

爱德华三世之子女：

- 爱德华，威尔士与阿基坦亲王，1376 年去世
  = 琼，肯特女伯爵，1385 年去世
  - 爱德华，1371 年去世
  - **理查二世**（1377—1399 年在位）
- 伊莎贝拉，1382 年去世
  = 昂盖朗·德库西，贝德福德伯爵，1397 年去世
  - 玛丽，1404 年去世
  - 菲莉帕，1411 年去世 = 罗伯特·德维尔，牛津伯爵，1392 年去世
- 琼，1348 年去世
- 威廉，1337 年去世
- 莱昂内尔，克拉伦斯公爵，1368 年去世
  = (1) 伊丽莎白·德伯格，1363 年去世
  = (2) 维奥兰特·维斯孔蒂，1382 年去世
  - 菲莉帕，1381 年去世 = 埃德蒙·莫蒂默，马奇伯爵，1381 年去世
    - 罗杰·莫蒂默，马奇伯爵，1389 年去世

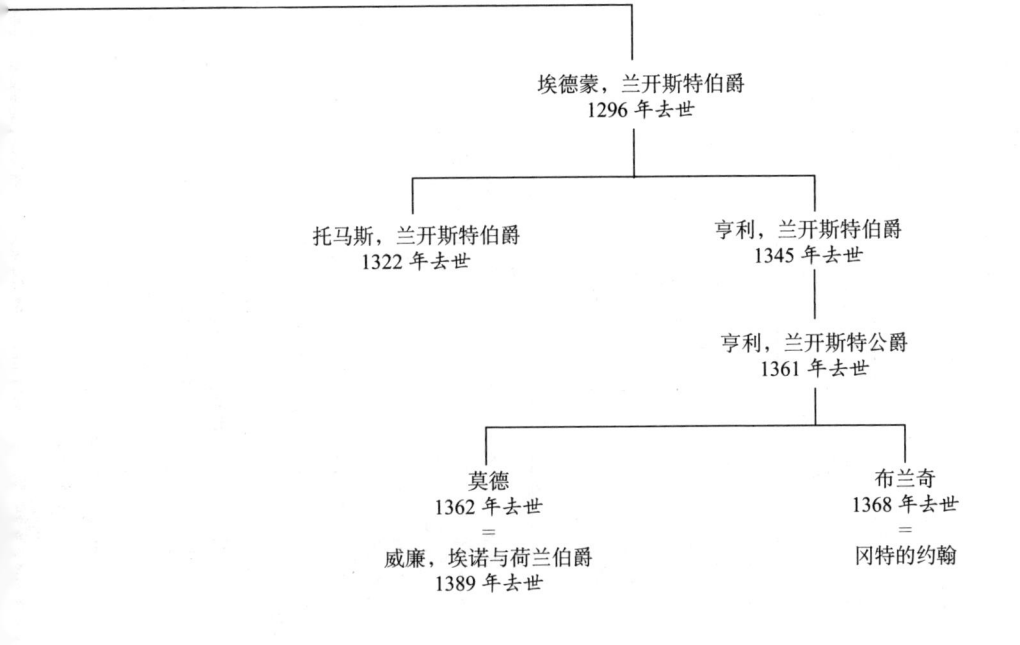

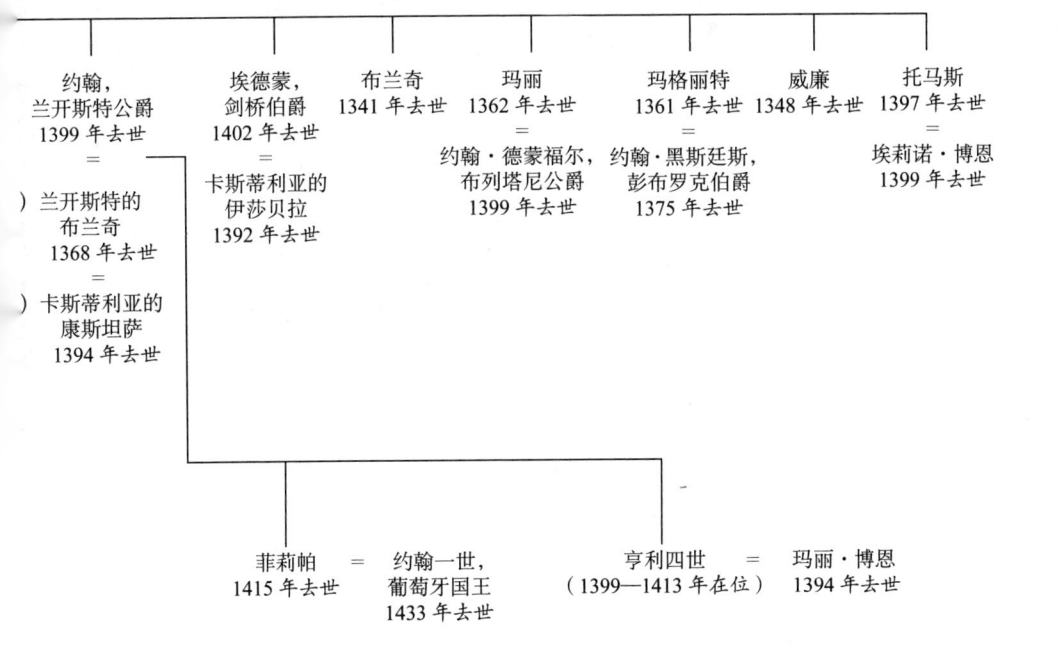

```
                                    埃德蒙，兰开斯特伯爵
                                       1296 年去世
                    ┌──────────────────────┴──────────────────────┐
            托马斯，兰开斯特伯爵                         亨利，兰开斯特伯爵
                1322 年去世                                1345 年去世
                                                              │
                                                      亨利，兰开斯特公爵
                                                         1361 年去世
                                            ┌─────────────────┴─────────────────┐
                                         莫德                                 布兰奇
                                      1362 年去世                           1368 年去世
                                           =                                    =
                                  威廉，埃诺与荷兰伯爵                       冈特的约翰
                                       1389 年去世
```

约翰，	埃德蒙，	布兰奇	玛丽	玛格丽特	威廉	托马斯
兰开斯特公爵	剑桥伯爵	1341 年去世	1362 年去世	1361 年去世	1348 年去世	1397 年去世
1399 年去世	1402 年去世					
=	=		=	=		=
) 兰开斯特的	卡斯蒂利亚的		约翰·德蒙福尔，	约翰·黑斯廷斯，		埃莉诺·博恩
布兰奇	伊莎贝拉		布列塔尼公爵	彭布罗克伯爵		1399 年去世
1368 年去世	1392 年去世		1399 年去世	1375 年去世		
=						
) 卡斯蒂利亚的						
康斯坦萨						
1394 年去世						

```
          菲莉帕      =    约翰一世，           亨利四世        =    玛丽·博恩
        1415 年去世        葡萄牙国王         （1399—1413 年在位）      1394 年去世
                           1433 年去世
```

法兰西、纳瓦拉、佛兰德斯和埃诺统治者谱系图

腓力三世，法兰西国王（1270—1285年在位）

- 腓力四世，法兰西国王（1285—1314年在位） ═ 玛格丽特 1318年去世
  - 路易十世，法兰西国王（1314—1316年在位）
  - 腓力五世，法兰西国王（1316—1322年在位） ═ 玛格丽特 1382年去世
    - 让娜，纳瓦拉女王（1328—1349年在位）
    - 查理二世，纳瓦拉国王（1349—1387年在位）
    - 玛格丽特 1356年去世 ═ 路易四世，神圣罗马帝国皇帝（1328—1347年在位）
      - 威廉，埃诺与荷兰伯爵 1345年去世
      - 威廉，埃诺与荷兰伯爵 1389年去世
      - 玛格丽特 1405年去世 ═ 菲利普，勃艮第公爵 1404年去世
      - 阿尔伯特 1404年去世 ═ 兰开斯特的莫德 1362年去世
    - 路易·德梅尔，佛兰德斯伯爵 1384年去世
    - 路易·德讷韦尔，佛兰德斯伯爵 1346年去世
  - 查理四世，法兰西国王（1322—1328年在位） ═ 伊莎贝拉 1358年去世
  - 伊莎贝拉 ═ 爱德华二世，英格兰国王 1327年去世
    - 爱德华三世，英格兰国王 1377年去世 ═ 菲莉帕 1369年去世
      - 爱德华，威尔士亲王 1376年去世
      - 威廉，于利希公爵 1361年去世
      - 让娜 1374年去世 ═ 威廉，于利希公爵 1393年去世
- 查理，瓦卢瓦伯爵 1325年去世
  - 腓力六世，法兰西国王（1328—1350年在位）
    - 约翰二世，法兰西国王（1350—1364年在位）
      - 查理五世，法兰西国王（1364—1380年在位）
      - 菲利普，勃艮第公爵 1404年去世
      - 路易，安茹公爵 1384年去世
    - 让娜 1373年去世 ═ 查理二世，纳瓦拉国王
- 路易，埃夫勒伯爵 1319年去世
  - 腓力，埃夫勒伯爵 1336年去世 ═ 让娜，纳瓦拉女王 1342年去世
    - 威廉，埃诺与荷兰伯爵 1337年去世

苏格兰统治者谱系图

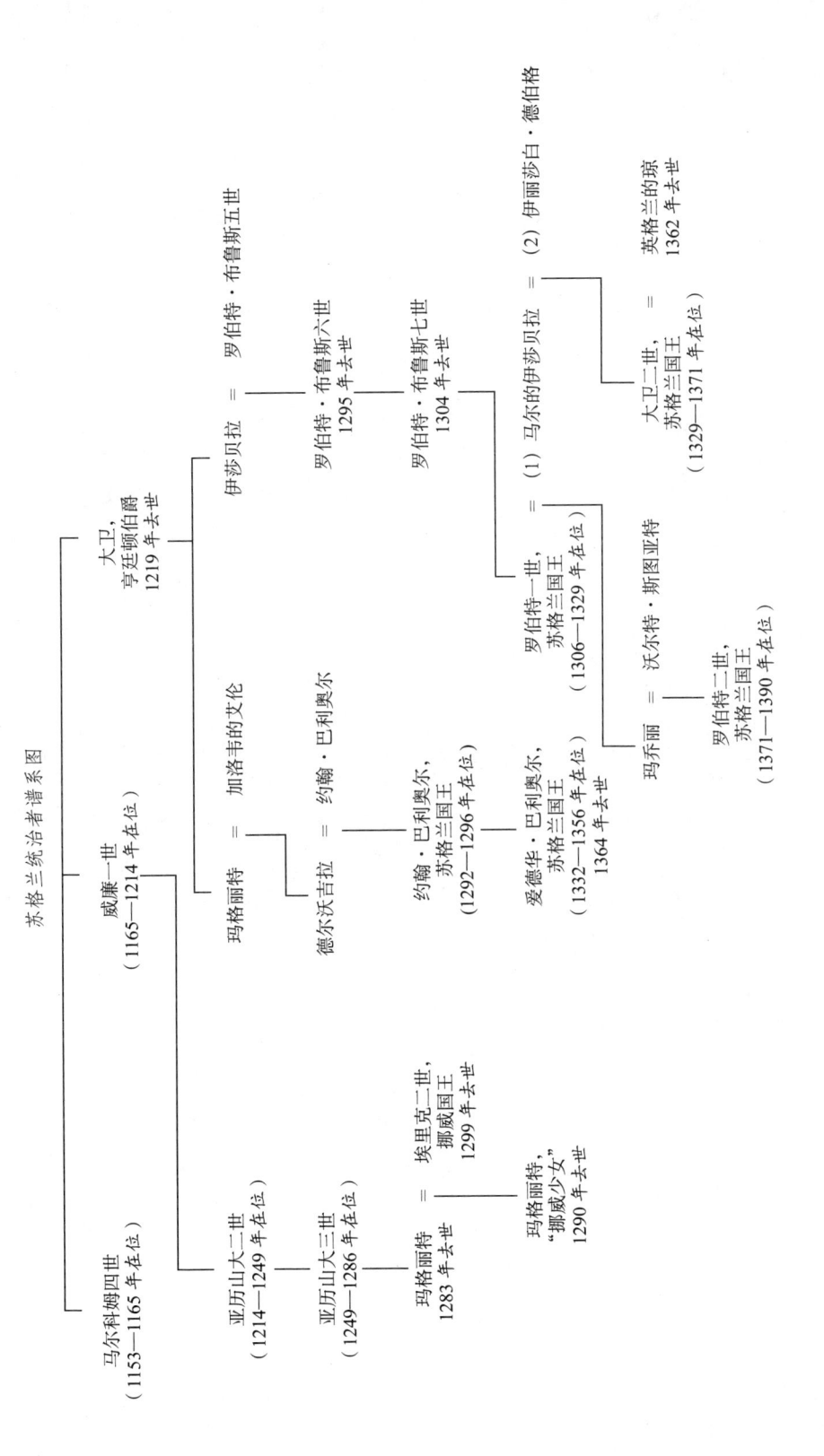

```
马尔科姆四世
(1153—1165年在位)

威廉一世
(1165—1214年在位)
    │
    ├── 亚历山大二世 (1214—1249年在位)
    │       │
    │       └── 亚历山大三世 (1249—1286年在位)
    │               │
    │               ├── 埃里克二世,挪威国王 1299年去世
    │               │   = 玛格丽特 1283年去世
    │               │
    │               └── 玛格丽特,"挪威少女" 1290年去世
    │
    └── 大卫,亨廷顿伯爵 1219年去世
            │
            ├── 玛格丽特 = 加洛韦的艾伦
            │       │
            │       └── 德沃吉拉 = 约翰·巴利奥尔
            │               │
            │               └── 约翰·巴利奥尔,苏格兰国王 (1292—1296年在位)
            │                       │
            │                       └── 爱德华·巴利奥尔,苏格兰国王 (1332—1356年在位) 1364年去世
            │
            └── 伊莎贝拉 = 罗伯特·布鲁斯五世
                    │
                    └── 罗伯特·布鲁斯六世 1295年去世
                            │
                            └── 罗伯特·布鲁斯七世 1304年去世
                                    │
                                    └── 罗伯特一世,苏格兰国王 (1306—1329年在位)
                                        = (1) 马尔的伊莎贝拉
                                        = (2) 伊丽莎白·德伯格
                                            │
                                            ├── 大卫二世,苏格兰国王 (1329—1371年在位)
                                            │   = 英格兰的琼 1362年去世
                                            │
                                            └── 玛乔丽 = 沃尔特一世,斯图亚特
                                                    │
                                                    └── 罗伯特二世,苏格兰国王 (1371—1390年在位)
```

第一章

温莎爱德华（1312—1322）

英格兰国王爱德华三世在位五十年有余。比他在位时间更长的，在他之前，仅有亨利三世，在他之后，也只有乔治三世、维多利亚女王与伊丽莎白二世。[1]他的一生，基本上都活在公众的视野里。1327年，年仅十四岁还是个少年的他便被扶上了国王的宝座。自此之后，二三十岁的他是东征西讨威风凛凛的军事统帅，四五十岁时，则转为运筹帷幄坐守中央的国家首脑。之后，他逐渐衰老并最终在1377年告别了人世，时年六十四岁。在药品匮乏医术落后、政局诡谲凶险、高寿者寥寥的年代，爱德华三世的生命力不可谓不顽强。他比三个弟弟妹妹及其妻子更长寿，十二个孩子中的八个都先他而去。当时，军事将帅很可能死于战场、比武场，或因为长年征战患病而亡，然而，他却坚强地活了下来。当他的许多亲近要员、心腹密友在黑死病中纷纷凋零，他却一如既往有如神助般地逃出了鬼门关。年迈的爱德华三世死后，数月乃至数年间，普遍的失落感依然笼罩在臣民心头。1377年的英格兰，很少有人能够记得功成名就的爱德华三世即位之前的生活，至于想比较其即位前后情况的，就更少了。

---

[1] 詹姆斯六世统治苏格兰57年，但他作为英格兰国王（即詹姆斯一世），却只是在1603至1625年间。

要了解爱德华三世一生经历的大小事件、所处的生活环境和性格特质，留存到今天的信息大多破碎不全、模糊不清。只有残存至今的建筑、工艺品、丝织品、家具的细小碎片，能供我们一窥爱德华时期宫廷的空间环境、仪式装饰及舒适家居。[1] 幸存下来的主要是文字，包括编年史、著作及由当时僧侣、牧师和少数世俗贵族创作的诗歌，还有教堂及重要城镇的档案，以及王室官员记载的重要卷宗，特别是王室秘书处（文秘署、掌玺处）和财政部门（财政署、锦衣库或国王内府金库、宫室）的卷宗。[2] 由于英格兰缺少真正的官方史学或书面论证的传统，且大部分作者未曾亲身经历过笔下的事件，这些文本资料所展示的爱德华三世，与真实的爱德华三世之间存在不小差距。在众多关于爱德华三世的记载之中，仅有以下两个例外，一是亚当·穆里马思和托马斯·盖瑞关于其前半生的记载，二是让·傅华萨和托马斯·沃尔辛厄姆关于其后半生的记载。这些编年史家有权使用各种资料，从而保证了记载的真实性。[3] 大部分资料记载由中央政府的重要部门保管，更重要的是，这些记载高度公式化，多以学术用的拉丁文写就，编者的自我意识和个人加工十分明显。宫廷演讲和上流社会常用盎格鲁-诺曼法语，仅在以这种语言写成的书信、请愿书及诗歌中，我们才能捕捉真实的叙述。[4] 即便是到了爱德华三世统治后期，英语也仅限英格兰普通民众使用，尚未被用于诗歌以外的书面表达或交流。[5]

---

[1] *Age of Chivalry*, 489–504.
[2] 布朗对这一时期的政府结构及其档案资料做了有用的概括，见A. L. Brown, *The Governance of Late Medieval England, 1272–1461* (London, 1989)。
[3] P. S. Lewis, "War, Propaganda and Historiography in Fifteenth-Century France and England", *TRHS*, 5th series, xv (1965), 1–21; A. Gransden, "Propaganda in English Medieval Historiography", *JMH*, i (1975), 363–381.
[4] H. Suggett, "The Use of French in England in the Later Middle Ages", *TRHS*, 4th series, xxviii (1946), 61–83. 尤其需要注意王室法庭中英语口语及拉丁文、法文书面语之间的复杂关系，J. H. Baker, *The Common Law Tradition: Lawyers, Books and the Law* (London, 2000), 225–246; P. Brand, "The Languages of the Law in Later Medieval England", *Multilingualism in Later Medieval Britain*, ed. D. A. Trotter (Cambridge, 2000), 63–76。
[5] 见本书第545—553页。

第一章　温莎爱德华（1312—1322）

这一切为理解爱德华三世带来了诸多艰巨挑战。我们虽然可以知道他的长相穿着，了解他曾踏足的土地、战场上的表现，领会他在国家重要仪式上的演讲，我们或许还能很快觉察出他对某些家庭成员的偏爱，对行政官员偶尔的不耐烦，与朋友之间的游乐，以及赐给亲近侍从的富有感情的昵称，但是，想要完成重建他的性格、理清他的动机这一艰巨任务，却需要我们不断涉及那许许多多的未知与不可知。写这本书是为了尽可能地复原爱德华三世的人生经历、事迹、言语、行为举止，并据此评估他的性格和抱负在多大程度上决定、塑造、超越了当时的制度结构及政治惯例。只有这样，我们才能全面地理解既是国王也是普通人的爱德华三世。[1] 读者也能以此自行判断，穿越多个世纪的历史迷雾，中世纪君主与他的当代传记作者之间是否还能够建立有意义的联系。

1312 年 11 月 13 日，爱德华三世出生于温莎城堡。之后，他的生活与温莎联系紧密，他甚至将温莎城堡变成了纪念其统治的伟大丰碑。然而，14 世纪早期，英格兰的王室住宅还相当简单。尽管在 13 世纪中期，亨利三世曾新修扩建城堡，但后继者爱德华一世热衷于狩猎，宁愿居住在大公园的王室庄园里。爱德华二世光顾温莎城堡的次数较多，以纪念曾在此抚养过孩子的母亲和祖母，因此，1312 年他便特意选择此地作为自己第一个孩子的降生之地。尽管他没有守护在王后身边，把大量的时间消耗在庄园里的狩猎活动上，但在 9 月中旬之后，他还是或长或短地留驻温莎。10 月 15 日至 18 日之间，由于担心其妻——法兰西的伊莎贝拉可能提前分娩，他曾短暂地造访了温莎。不过，在伊莎贝拉的情况稳定后，他在该月月底便前往威斯敏斯特。11 月 12 日，他回到温莎，正赶上了次日儿子的出生。[2]

---

[1] 关于在中世纪其他统治者的现代传记中使用了这一技巧的，见 M. Vale, "The Return of the Event", *Times Literary Supplement*, 16 Aug. 1996, 3–4。

[2] E 101/375/2, m. 2–3; E. M. Hallam, *The Itinerary of Edward II and his Household* (List & Index Society, ccxi, 1984), 92; *Foedera*, II.i, 18.

王子的出生日期正好是圣布莱斯节（Feast of St Brice），当王子登上王位之后，这一天就成了他施赈庆祝的日子，有时他也阐述、记录这一节日对王室的重要性。[1]

　　王子出生时，王后的叔叔——埃夫勒的路易正好在英格兰宫廷里，传言说他曾与伊莎贝拉决定选择一个法兰西国王的名字来命名新生的王子。考虑到腓力四世1308年将女儿伊莎贝拉嫁给爱德华二世是希望对英格兰王室施加影响，这则流言似乎有些根据。[2] 但更可能是埃夫勒的路易希望行使王子教父的特权，为其取名路易，而非腓力。这从现代民族主义者的感情上来说可能不现实，但在当时却可以理解。这个名字，也容易让人回想起13世纪伟大的法兰西模范君主——路易九世。后来，当爱德华三世明确继承圣路易的王位、自称法兰西国王时，一个欧洲大陆讽刺作家称他为"爱德华·路易"。[3] 不过，事实证明，选择"爱德华"这一英格兰特色鲜明并与前两任英格兰国王相同的名字，作为小王子的名字更加合适。选择"爱德华"，是把新诞生的王子放在王位继承序列上，表明了他对英格兰王位拥有继承权。而且，"爱德华"不但是其祖父、父亲的名字，还是英格兰历史上最伟大的圣王即忏悔者爱德华的名字。未来，王子注定成为"征服者威廉之后的爱德华三世"，这也正是他后来的正式的官方头衔。[4]

1　例如 E 101/387/9, m.3。

2　*Johannis de Trokelowe et Henrici de Blandeforde Chronica et Annales*, ed. H. T. Riley (RS, 1866), 79; *Hist. Angl.*, i, 13; E. A. R. Brown, "The Political Repercussions of Family Ties in the Early Fourteenth Century: The Marriage of Edward II of England and Isabelle of France", *Speculum*, lxiii (1988), 573–595; E. A. R. Brown, "The Marriage of Edward II of England and Isabelle of France: A Postscript", *Speculum*, lxiv (1989), 373–379; S. Phillips, *Edward II* (London, 2010), 201–202.

3　*The Vows of the Heron (Les Voeux du heron): A Middle French Vowing Poem*, ed. J. L. Grigsby and N. J. Lacy (New York, 1992), 32–37.

4　*CCR 1327–30*, 100; Baker, 6; Murimuth, 55. 这一原用于他父亲的称号也用来称呼他，不久之后，爱德华三世被称为"爱德华国王，爱德华国王之子，爱德华国王之子"（除此之外，有时候也被称作"亨利国王之子"），*Cal. Mem. Rolls 1326-7*, viii; *RPHI*, 110。

第一章 温莎爱德华（1312—1322）

国王及民众有充分的理由庆祝王子的诞生。1307 年即位后，爱德华二世便迫切需要一位王储。有人担心爱德华二世如果突然驾崩，便会引发王位继承危机。[1] 这种担心并非空穴来风。爱德华二世的兄长，约翰、亨利及阿方索都英年早逝。[2] 爱德华一世的第二任王后——法兰西的玛格丽特生下两个男孩，即布拉泽顿的托马斯及伍德斯托克的埃德蒙，王位传承虽然得以巩固，但是当他们的侄子温莎爱德华于 1312 年出生时，这两兄弟也还依然年幼。其他可作为王位继承人候选者的王室支脉，原有约翰王小儿子——康沃尔的理查德的传人。然而，自从康沃尔伯爵阿尔曼尼的埃德蒙于 1300 年死后，这一支已经后继无人。因此，仅剩下兰开斯特家族亨利三世幼子、死于 1296 年的埃德蒙·克劳奇贝克的后代——埃德蒙之子兰开斯特的托马斯，在 14 世纪早期数十年间，虽然从未觊觎王位，[3] 但他富可敌国的财富及显赫的政治履历，难免让一些人将他视为潜在的王位继承人。1290 年苏格兰及之后 1328 年法兰西的局势均表明，王位继承出现争议会严重威胁一个王国的政治及道德秩序。因此，1312 年爱德华二世法定王位继承人的诞生，既让英格兰大松了口气，也让这个国家备感骄傲。

据说，新生的王子身体非常健康。我们可以找到大量爱德华二世及王后伊莎贝拉接受诊疗的资料，却不曾在现存记载中发现婴儿时期的爱德华王子有任何服药或就医的记录。[4] 牛津的著名医生约翰·加德斯登在他的论著《英格兰玫瑰》（*Rosa Anglica*）中提到，他曾用不一定有效却历史悠久的诊治办法，把王子裹在一块红毯子里，避免"伟大的英格兰王之子"感

1　*Vita*, 63.
2　J. C. Parsons, "The Year of Eleanor of Castile's Birth and her Children by Edward I", *Mediaeval Studies*, xlvi (1984), 257–265; J. C. Parsons, *Eleanor of Castile: Queenship and Society in Thirteenth-Century England* (Basingstoke, 1995), 38.
3　J. R. Maddicott, *Thomas of Lancaster, 1307–1322: A Study in the Reign of Edward II* (Oxford, 1970), 318–334.
4　J. S. Hamilton, "Some Notes on 'Royal' Medicine in the Reign of Edward II", *Fourteenth Century England II*, ed. C. Given-Wilson (Woodbridge, 2002), 34–43.

染天花。尽管这个被救治的孩子经常被认为是未来的爱德华三世，但根据其他标明年代的证据推测，这个孩子更可能是爱德华一世的幼子，托马斯或者埃德蒙。[1]

对爱德华二世而言，若非王位继承人的出生，这一年他都会沉浸在困顿及悲伤之中，因此这实在是一个甚好的庆祝理由。讲究排场而又令人难以捉摸的爱德华二世公然蔑视政治传统与社会公约，毫无顾忌地提拔他的密友——皮尔斯·加韦斯顿。他与皮尔斯之间到底是何种关系，被人广为议论。1307年，新即位的爱德华二世不顾父亲将康沃尔伯爵称号赐予自己同父异母之弟的计划，将这一爵位授予新移民皮尔斯，这表明他给予他心爱的皮尔斯领养兄弟的特殊身份。在自由而开放的21世纪，人们可以更公开地怀疑，爱德华二世与皮尔斯是否为同性恋人？但是，即便假设这两人之间维持的是柏拉图式关系，也不难理解为何当时上层集团的其他成员强烈地仇恨加韦斯顿。皮尔斯是一个来自法国加斯科涅（Gascony）的外来者与暴发户。也许他爱权力给他带来的荣耀胜过权力本身，但他对爱德华二世所产生的非凡影响，极有可能切断了爱德华二世与其血亲参谋及高级贵族之间的沟通渠道，打破了统治集团内部的平衡与团结。[2]

1310年，在林肯伯爵及兰开斯特的托马斯的相继领导下，贵族们破天荒地联合起来，强迫国王接受《新法令》(New Ordinances)，其核心内容便是要求国王爱德华二世将皮尔斯·加韦斯顿"流放出境，永不召回"。尽管爱德华二世一开始被迫接受了这一要求，但很快他便寻找机会推翻这一法令，并把不思悔改的皮尔斯召回身边。1312年1月，他又下令赦免皮尔

---

[1] G. Dock, "Printed Editions of the *Rosa Anglica* of John of Gaddesden", *Janus*, viii (1907), 3; *BRUO*, ii, 739; C. H. Talbot and E. A. Hammond, *The Medical Practitioners in Medieval England: A Biographical Register* (London, 1965), 148–150.

[2] J. S. Hamilton, *Piers Gaveston, Earl of Cornwall 1307–1312* (London, 1988), 16–17, 109–110; P. Chaplais, *Piers Gaveston: Edward II's Adoptive Brother* (Oxford, 1994), 30–31.

斯并恢复了他的领地。[1]这一公然违背众意的做法激化了贵族们的反对情绪,结果,被置于彭布罗克伯爵保护下的加韦斯顿在当年6月被沃里克伯爵逮捕,并被处死在介于沃里克（Warwick）及凯尼尔沃思（Kenilworth）之间的布莱克洛山（Blacklow Hill）。不少当代编年史家认为,11月王子的诞生,缓解了爱德华二世失去皮尔斯的悲痛,哪怕效果相对短暂。[2]王子的诞生给他带来的欣喜程度,从以下这件事情可见一斑。约翰·朗奇是王后的侍卫,其妻琼则是王后的侍女,他们仅仅是因为向爱德华二世汇报了王后顺利分娩的消息,便获得了可观的八十镑年金。[3]

王子的诞生,也让爱德华二世变得乐观,他开始寻求与王后和好。1308年,伊莎贝拉嫁给爱德华二世时,不过十二岁。由于爱德华二世对皮尔斯怀有特殊情感,伊莎贝拉的处境极为艰难。传言称皮尔斯曾身着代表王室的紫色盛装,取代王后陪伴爱德华二世出席了国王夫妇加冕礼后的晚宴。[4]尽管这一传言的可信度存疑,但伊莎贝拉之父——公正王腓力,确实非常担心其女在英格兰宫廷的遭遇。很可能婚后几年内,法国王室一直阻挠二人圆房,直至1312年春,王后在约克怀上爱德华王子。[5]婚后至怀上王子的几年里,王后饱尝孤独之苦,这从她1311年收养苏格兰孤儿托马

1　*SR*, i, 162; *CCR 1307–13*, 448–449.
2　*Vita*, 36; *Trokelowe*, 79; Baker, 6.
3　*CPR 1307–13*, 519. 关于后来朗奇在获取年金方面的问题,见*CCR 1313–18*, 54; *CCR 1318–23*, 611; *CPR 1321–4*, 128。
4　*Ann. Paulini*, 262; H. G. Richardson, "The *Annales Paulini*", *Speculum*, xxiii (1948), 630–640.
5　P. C. Doherty, "The Date of the Birth of Isabella, Queen of England (1308-58)", *BIHR*, xlviii (1975), 246–248; Brown, "Political Repercussions of Family Ties", 583 n. 25; J. C. Parsons, "Mothers, Daughters, Marriage, Power: Some Plantagenet Evidence, 1150–1500", *Medieval Queenship*, ed. J. C. Parsons (Stroud, 1994), 67–68. 如果是足月生产的话,那么温莎爱德华肯定是伊莎贝拉王后在约克受孕,即在加韦斯顿的女儿于约克诞生后不久,Hamilton, *Gaveston*, 93–94; Chaplais, *Gaveston*, 78–79. 伊莎贝拉于1312年2月24日抵达约克, *The Household Book of Queen Isabella of England, 8th July 1311 to 7 July 1312*, ed. F. D. Blackley and G. Hermansen (Edmonton, 1971), xxiv.

林便可知一二。1312年初，王后秘密联系兰开斯特伯爵，让后者保证他会彻底将加韦斯顿从爱德华二世身边赶走。随着分娩时刻的临近，伊拉贝莎的父亲越来越关心她的安危。尽管她拥有自己的专职医生西奥博尔德，腓力四世还是将自己的御医亨利·德孟德维尔派来监管其女的分娩过程。[1]

由于加韦斯顿的去世与王子的降生，年轻的伊莎贝拉王后的政治及个人地位得到了极大的提升。当年11月14日即王子诞生的次日，成为公共假日，圣保罗大教堂也举行了盛大的感恩活动。一周后，又在威斯敏斯特大教堂举办了类似的活动。伦敦人则享受到了更多的庆祝活动，连奇普赛德街的水道里，也欢快地流淌着美酒。[2]《爱德华二世的一生》(*Vita Edwardi Secundi*)一书如此总结爱德华二世即位至1313年的成就："我们的国王爱德华已经在位整整六年了，但到今天，除了缔结了一段美好的婚姻并生下了一个英俊的儿子作为王位继承人，他没有取得任何值得颂扬或纪念的成就。"[3]

与此同时，新王子的受洗礼于1312年11月16日圣埃德蒙·里奇节(Feast of St Edmund Rich)在温莎圣爱德华小教堂举办。圣洗池的一块珍贵碎片保留至今。与教皇及法兰西商议后，爱德华二世任命圣普丽斯卡枢机司铎阿诺德主持受洗仪式，并选择普瓦捷枢机主教理查德、巴斯及韦尔斯教区主教约翰·德罗克斯福德、伍斯特教区主教沃尔特·雷诺兹、埃夫勒伯爵路易、里士满伯爵、彭布罗克伯爵及老休·德斯潘塞作为王子的教

---

1 *Household Book of Queen Isabella*, xix, xxiii, xxv–vi; Trokelowe, 75–76; Hamilton, "Notes on 'Royal' Medicine", 35 n. 16.
2 *Memorials of London and London Life in the XIIIth, XIVth, and XVth Centuries*, ed. H. T. Riley (RS, 1868), 105–107; "Annales Londoniensis", *Chronicles of the Reigns of Edward I and Edward II*, ed. W. Stubbs, 2 vols (RS, 1882–1883), i, 22–21; *CLBL, D*, 310.
3 *Vita*, 69.

第一章　温莎爱德华（1312—1322）

父。[1]这一事件具有明显的政治色彩，也有很多人因缺席此次洗礼而引人注目。坎特伯雷大主教罗伯特·温切尔西，可能因为是《法令》的支持者，因而不在受邀之列，爱德华二世以此来表明自己对他的冷落之意。次年5月，在温切尔西死后，坎特伯雷大主教的继任者，便是王子的教父之一，忠诚的沃尔特·雷诺兹。[2]当然，也没有任何与加韦斯顿谋杀案有关的人在场。心怀不满的兰开斯特伯爵及其同党，事实上依然对国王存有反抗之意。

洗礼之后的庆祝活动必不可少。国王大厅的花费通常为三十镑，王子洗礼当天的花费不算太高，为五十七镑。[3]一个多月之后，由彭布罗克伯爵和老德斯潘塞代表爱德华二世参加、枢机主教主持的特别法庭提议，让爱德华二世与那些犯有错误的贵族达成和解。编年史家通常认为，加韦斯顿之死引发了国王与兰开斯特伯爵之间的私仇。但是，对于政治人物而言，不存在永恒的敌人。[4]1312年末至1313年初的这个冬天，王室家庭在温莎度过了大部分的时间，并隆重庆祝了圣诞节。在这段相对宁静的日子里，爱德华二世和王后伊莎贝拉出于公众利益的考量，传达出来的是洋溢在他们新建立的核心家庭里的天伦之乐。[5]温莎爱德华出生之后的一段时间里，王室家庭的情绪总体处于欣喜与和睦之中。

为王子提供合适的领地，是爱德华二世义不容辞的责任。因此，在1312年11月24日，他将切斯特的特权领（palatinate county of Chester）

1　*Foedera*, II.i, 187; *CPR 1348–50*, 144; P. Tudor-Craig, "The Fonts of St George's Chapel", *St George's Chapel Windsor in the Fourteenth Century*, ed. N. Saul (Woodbridge, 2005), 156–157. 后来以施舍特殊礼物庆祝国王的受洗周年纪念日，例如E 101/387/9, m. 3; E 101/393/11, fol. 61v.

2　J. R. Wright, *The Church and the English Crown, 1305–1334* (Toronto, 1980), 263–264.

3　E 101/375/2, m.3.

4　Maddicott, *Thomas of Lancaster*, 130, 134–154; J. R. S. Phillips, *Aymer de Valence, Earl of Pembroke 1307–1324* (Oxford, 1972), 46–69.

5　*CFR 1307–19*, 158.

赐给了儿子。自亨利三世起，这便固定作为王位继承人的领地。爱德华三世后来又将这一领地直接划归君主，作为其长子的永久地产。然而，爱德华王子并没有获得所有 1254 年亨利三世赐给其长子爱德华的领地及头衔，[1] 这其中包括爱尔兰领地。亨利三世原本将其赐给他的长子作为收入来源，是其财力和人力的主要来源地。然而，爱德华二世因其太过重要而未能赐给爱德华王子。此外还有阿基坦公国，也是直到 1325 年，爱德华二世才将其管辖权过渡给爱德华王子。金雀花王朝的另一处海外领土，海峡群岛（Channel Islands），曾在 1254 年被亨利三世赐给了萨伏依家族的后裔奥托·德格兰迪森，作为他的终身领地。奥托在军事、政治上成绩非凡，为爱德华一世立下了汗马功劳。后来，奥托离开了英格兰，回到自己的领地海峡群岛之上。到 1318 年时，爱德华二世认为奥托已经老死，便把他的群岛赐给了爱德华王子。实际上，格兰迪森一直活到了 1328 年。然而，也没有任何证据表明爱德华王子在即位之前，曾经真正拥有过海峡群岛。[2] 此外，康沃尔伯爵领虽与王室相关，却并不专属于王位继承人。加韦斯顿死后，这一领地处于无主状态，直到 1328 年，爱德华三世将其赐给王弟埃尔特姆的约翰。在约翰死后，该领地才被爱德华三世赐给长子，并在 1337 年升级为公国。

事实很快证明，切斯特的伯爵领难以满足王子及其随从之所需。爱德华二世转让伯爵领过于随意，仍依自己所需动用这一领地的资源。[3] 他曾将麦克尔斯菲尔德（Macclesfield）从柴郡（Cheshire）分离出来赐给王后伊

---

[1] *CChR 1300–26*, 202; Tout, *Chapters*, iv, 69 and n. 2; M. Prestwich, *Edward I* (London, 1988), 11–14.
[2] *ODNB*, xxiii, 269–270; *CChR 1300–26*, 407–408. 1319 年，岛上居民曾向伊莎贝拉王后请愿，请求国王或其长子收回这些岛屿，SC 1/37/39。
[3] *CCR 1323–7*, 455–456; P. H. W. Booth, *The Financial Administration of the Lordship and County of Chester, 1272–1377* (Chetham Society, 3rd series, xxviii, 1981), 58, 64.

第一章　温莎爱德华（1312—1322）

莎贝拉，这使王子的阁僚与王后之间不可避免地出现嫌隙。[1] 此外，在 14 世纪 10 年代，切斯特的一系列政治动乱造成重大损失。1318 年，柴郡首府切斯特又发生了一起严重的暴乱，该地财政状况由此每况愈下。[2] 因此，补充王子的土地收入，在一开始就极为迫切。鉴于这一现实，爱德华二世于 1312 年 12 月将卡里斯布鲁克城堡及怀特岛（Isle of Wight）上的王室土地及其权利赐给王子。正如柴郡的情况一样，属于年幼爱德华王子的怀特岛，其财政管理也同样容易出现腐败。卡里斯布鲁克的前后两任总管，亨利·泰伊斯与理查德·拜福利特，都因为滥用职权而被罚款。[3] 尽管存在以上问题，王子的物质财富依然增长迅速。到 1318 年时，他已拥有沃灵福德（Wallingford）及佩特沃思庄园，每年还可从康沃尔的锡矿获得一千马克的收入。[4] 在 14 世纪 20 年代中期，爱德华王子每年的收入大约为四千镑，除国王、王后、兰开斯特伯爵及小休·德斯潘塞之外，他的收入远超当时英格兰王室其他任何人的收入。[5] 在他十岁的时候，温莎爱德华王子事实上已经是整个王国最大的领主之一。

按照惯例，王位继承人自出生之时起便拥有自己的独立内府。内务总管主要由其父母的忠仆充任。[6] 爱德华的第一任内务总管是约翰·萨皮爵士。1314 年，他让位于更为杰出的廷臣罗伯特·墨利爵士。再后来，在 1319

1　*CChrR 1300–26*, 202; *CCR 1313–18*, 373; *CCW 1244–1326*, 403.
2　*CCR 1318–23*, 12, 23–24; *CPR 1317–21*, 200; SC 8/6/267，载*RP*, i, 401–402; Booth, *Financial Administration*, 60–61。
3　*CChR 1300–26*, 202, 377; *CPR 1317–21*, 546, 598; *CPR 1324–7*, 23, 86; *CCW 1244–1326*, 560; SC 8/154/7685. 泰伊斯在巴勒布里奇（Boroughbridge）被处死，N. M. Fryde, *The Tyranny and Fall of Edward II, 1321–1326* (Cambridge, 1977), 61。
4　*CCR 1313–18*, 64; *CPR 1317–21*, 5; *CCR 1318–23*, 193; *CCR 1323–7*, 7, 102–103; *CPR 1317–21*, 141, 162。
5　N. Denholm-Young, *Collected Papers* (Cardiff, 1969), 166; Maddicott, *Thomas of Lancaster*, 27; C. M. Woolgar, *The Great Household in Late Medieval England* (London, 1999), 15–17。
6　E 101/375/3; Tout, *Chapters*, iv, 70–71; *Household Book of Queen Isabella*, xiii.

年或之前,出生于约克郡的书记员尼古拉斯·哈盖特取代休·利奥敏斯特,成为王子内府的财务总管。[1] 从一开始,王子内府基本上独立活动,不跟随国王、王后的内府四处搬迁。比如,1313年的上半年,爱德华王子仅在宫廷里住了四个星期,其余大量时间则住在新没收充公的伯克郡比瑟姆(Bisham)的圣殿骑士团教堂。爱德华二世及王后则只在当年的2月、5月、8月短暂驻留此地。从5月下旬至7月中旬,爱德华二世与王后曾出国访问巴黎。根据记载,在这一时期,曾探访过小王子的王室家庭成员,仅有继祖母——仁慈的玛格丽特王太后。[2] 与之类似,1314年春季,小王子的母亲伊莎贝拉因外交事宜前往法国;当年夏天,爱德华二世率军北上,途中遭遇了班诺克本(Bannockburn)大败。在这期间,小王子则独自居住在威尔特郡(Wiltshire)拉德格舍尔(Ludgershall)的王室庄园里。[3]

这并不是说国王夫妇不关心他们的儿子。不在儿子身边时,他们都会定期给儿子(或者儿子的监护人)写信。这些信件资料虽未保留下来,但我们确信在1316年初,爱德华二世曾给他的三岁幼子寄去了祝福。[4] 在最初几年里,眷顾家庭的爱德华二世也小心翼翼地把各郡财政收入、各类税收及北威尔士的财产所得,根据需要酌情赐给年幼的王子的内府。[5] 据可靠记录,从1315年的7月8日至10月25日,爱德华王子的生活开支至少有一部分源自国王的直接支出,大约每天三镑。在这一时期,国王也承担

---

[1] Tout, *Chapters*, iv, 71; 利奥敏斯特的任期可以通过E 101/376/7, fol. 20确定。萨皮后来官至切斯特首席法官,但随后失宠,在1322年成为德斯潘塞的牺牲品,J. C. Davies, *The Baronial Opposition to Edward II* (Cambridge, 1918), 455; T. F. Tout, *The Place of the Reign of Edward II in English History*, 2nd edn (Manchester, 1936), 337; Fryde, *Tyranny*, 230。

[2] Tout, *Chapters*, iv, 70–71; Hallam, *Itinerary of Edward II*, 95, 98; *VCH Berks*, iii, 139, 146.

[3] E 179/377/7; *CCR 1313–18*, 53, 57.

[4] E 101/375/9, fols 33v, 34; E 101/376/7, fol. 75v, 99v; E 101/376/25; SAL, MS 121, fol. 33v.

[5] *CCR 1307–13*, 530; *CCR 1313–18*, 3, 11, 45, 47, 106; E 179/377/7.

了王子的特殊开支，如给王子的侍从支付三十五镑的糖与香料费。[1] 至少，在物质方面，宝贝似的王子一无所缺。

也不能说温莎爱德华的早年生活完全缺少稳定温馨的家庭环境。王后伊莎贝拉又为丈夫先后顺利生下三个孩子，依次是出生于1316年8月的埃尔特姆的约翰、出生于1318年6月的伍德斯托克的埃莉诺，以及1321年7月出生在伦敦塔的琼。1319年，约翰和埃莉诺搬离伊拉贝莎住处，而与其兄爱德华住在一起。这种安排导致王后的几处领地转移到爱德华王子名下，其中包括麦克尔斯菲尔德和海皮克（High Peak）。不过这一尝试是短暂的，在1320年便终止了。[2] 然而，爱德华王子有可能与弟弟妹妹继续在一起生活了一段时间。同其他几代王室成员与贵族一样，他们与乳母及其他女性侍从保持着强烈的情感联系。温莎爱德华的第一任保姆是玛格丽特·昌德勒，不过真正支配他早期生活的却是玛格丽特·达文特里。毫无疑问，她从王子对她的特殊感情中获得了好处。在她的女儿哈维丝于1337年结婚之际，爱德华三世赐了一份慷慨的礼物———一百马克。到14世纪50年代，四十多岁的爱德华还亲自介入法庭，保护年迈的玛格丽特的地产及经济权益。[3] 温莎爱德华与保姆之间的情谊，可能是他一生中唯一真实、自然且自发的情感关系。

到14世纪20年代早期，王子的见识逐渐成熟，在安排在侧的内府随从及行政官员的影响下，他的性格也逐渐形成。由于王子不在父母身边，因此国王及王后有必要为他指定官方导师，或称为"人身监护官"（keeper

---

[1] E 101/376/7, fol. 20. 相比之下，在爱德华成为国王后，他每天从巴尔迪那里支取20镑以维持内府的生活开支，CPR 1330–4, 52; CCR 1330–3, 15。1317至1318年间，国王也酌情赠礼，补贴（爱德华王子内府的）开销，SAL, MS 121, fol. 33v。

[2] CFR 1307–19, 389; Tout, Chapters, iv, 72 n. 9, 74–75.

[3] CFR 1307–19, 189; E 101/383/10; Cal. Mem. Rolls 1326–7, nos. 986, 2270, 2271; CIM, ii, no. 1317; CFR 1337–47, 180; E 403/297, 23 Feb 1337; E 159/136, Brev. bar., Trin., rot. 15d.

of the body），来负责他的身体安全、教育、军事训练，并统管王子内府及地产。从1318年4月起，至少延续到1320年，担任这个职位的是理查德·达莫里爵士。[1] 尽管在一开始时，理查德曾被他弟弟罗杰的光芒所掩盖，但他后来持续在职业生涯上大放异彩，并与前任王子内务总管罗伯特·墨利爵士一样，理查德从1327年的政变中幸存下来，继续服务于爱德华三世的内府。[2] 可能是在达莫里的指导下，爱德华开始练习礼仪、舞蹈、歌唱、演奏乐器、骑术、狩猎、马上长矛格斗等，这些内容是当时王室教育的核心。[3] 在理查德·达莫里之后，相传理查德·伯里也担任过王子的导师，之后成为爱德华三世最为倚重的顾问，官至达勒姆主教。由于伯里与学术界保持着良好的联系，又是一个狂热的藏书家，因此也就不难理解，为什么他的推崇者不遗余力地将他打造成王室导师。虽然伯里作为王子正式导师的传言，已被现代学者否认，但很有可能，最晚从1319年起，伯里已开始侍奉王子，充任王子的顾问，扮演着父亲般的角色。如此说来，爱德华其实是一个幸运儿，因为他从伯里身上寻找到了可供信赖、坚韧刚毅的美好品质，在他成年后，这些品质更加为他所珍视。[4]

温莎爱德华幼年的文化环境是复杂的、世界性的，有益于他这样一位欧洲重要王室继承人的成长。法兰西的玛格丽特在1318年逝世前，可能曾帮助过她的侄女、王后伊莎贝拉，向年幼的爱德华王子讲述了母族祖先卡佩王朝卓越辉煌的文化遗产。爱德华二世的母亲，卡斯蒂利亚的埃莉诺，

---

1 *CCW 1244–1326*, 485. 与1307至1319年及1317至1321年间不同，那时的达莫里并无特定职位，只是与爱德华内府的其他成员有联系。参阅*CPR 1317–21*, 134, 453–454; *CFR 1307–19*, 389。

2 Maddicott, *Thomas of Lancaster*, 192–196; Phillips, *Aymer de Valence*, 131–133; Tout, *Chapters*, vi, 42, 59–60; *Cal. Mem. Rolls 1326–7*, no. 2270.

3 N. Orme, *From Childhood to Chivalry: The Education of the English Kings and Aristocracy, 1066–1530* (London, 1984), 20.

4 *Historia Dunelmensis Scritores Tres*, ed J. Raine (Surtees Society, ix, 1839), 127; Tout, *Chapters*, iii, 25–27; Denholm-Young, *Collected Papers*, 3–4; *BRUO*, i, 324.

第一章　温莎爱德华（1312—1322）

也给英格兰王室带来了重要的西班牙文化。而且，在14世纪10年代，英格兰与伊比利亚半岛依然保留着密切的文化联系。[1]温莎爱德华的两位教父，里士满伯爵布列塔尼的约翰和彭布罗克伯爵艾梅·德瓦朗斯，因为家庭关系而与海峡两岸的王室都联系密切；不论是在巴黎王宫，还是在威斯敏斯特的宫廷里，两人都如鱼得水。彭布罗克伯爵的第二任妻子玛丽·德圣波尔，其身后是一张交织着法国王室与贵族的巨大关系网络，而她则是这张网络中的焦点人物，因为此故，在爱德华三世时，她成为海峡两岸文化交流的重要人物。[2]爱德华学会的第一种语言应该是保姆教给他的英语，但当男性导师为其授业解惑时，他应该曾学习过盎格鲁－诺曼法语，因为这是14世纪早期王室交流的主要语言。

我们也知道未来的爱德华三世接受了约翰·佩奈尔系统而正规的语言文字教育，约翰是切斯特伯爵领的管理者。这种训练，让他能够顺利阅读本岛法语、欧洲大陆法语以及行政文书上的拉丁语。[3]对于一个君主而言，读写能力中的写作能力并非必不可少。用笔的能力是书记员的工作，而非国王的职责。尽管如此，爱德华三世是最早在官方文件上留下手书的英格兰君主。[4]拥有这些基本技能之后，爱德华不但能在课程上进一步深入下去，而且还能与其随从中的学者及藏书家交流，如伯里和他的告解神父罗杰·斯

---

[1] T. Tolley, "Eleanor of Castile and the 'Spanish' Style in England", *England in the Thirteenth Century: Proceedings of the 1989 Harlaxton Symposium*, ed. W. M. Ormrod (Stamford, 1991), 167–192; C. L. Chamberlin, "A Castilian in King Edward's Court: The Career of Giles Despaigne, 1313–27", *England and Iberia in the Middle Ages, 12th–15th Century: Cultural, Literary and Political Exchanges*, ed. M. Bullón-Fernández (Basingstoke, 2007), 89–117.

[2] C. H. Jenkinson, "Mary de Sancto Paulo, Foundress of Pembroke College, Cambridge", *Archaeologia*, lxvi (1915), 401–446; M. Vale, *The Angevin Legacy and the Hundred Years War, 1250–1340* (Oxford, 1990), 26–27.

[3] Tout, *Chapters*, iii. 25 n. 2; Orme, *Childhood to Chivalry*, 20–21, 88.

[4] V. H. Galbraith, *Kings and Chroniclers: Essays in English Medieval History* (London, 1982), chap. i, 103.

坦格雷夫。[1] 神父们也担负起在信仰上引导王子的责任，助他成为一位信奉基督教的国王。

正规的学术训练不是14世纪英格兰王室教育的必备内容。从后来的历史事实来看，未来的爱德华三世的学术训练，似乎严重不足，难以应付君主可能面对的更高智力的挑战，这并不是说爱德华三世的父母忽略了这一方面。其实，年少时的爱德华二世便未能接受严谨的学术训练，当他面对博学的外祖父卡斯蒂利亚阿方索十世和作为立法者的父亲爱德华一世时，[2] 必然是如芒在背、战战兢兢。王后伊莎贝拉迫切想要为过于闲散舒适的英格兰王室传统添加一些苛刻而严谨的内容，至迟在1325年，她曾为儿子安排了一门以书本为基础的课程，以促进他的个人发展与政治训练。[3] 至少，以当时的英格兰标准而言，温莎爱德华的教育已为他未来的人生提供了必要的智力与道德指导。

给爱德华王子安排的教育文献来源广泛。关于军事战略的经典论著有古罗马军事家韦格蒂乌斯的《兵法简述》（*Epitoma rei militaris*），因爱德华一世或爱德华二世之需，当时已被翻译成盎格鲁-诺曼法语，在14世纪20年代可能已供温莎爱德华所用。[4] 爱德华二世可能拥有法文翻译的罗马贾尔斯所著的《论君主制》（*De regimine principum*）。该书写于13世纪，是一本为法国未来的腓力四世所写的手册。即位之后，爱德华三世得到了这本书的另一个法文版本，即王后菲莉帕1328年在两人婚礼上送给他的手

1　Denholm-Young, *Collected Papers*, 166; E. Déprez, *Les préliminaires de la Guerre de Cent Ans* (Paris, 1902), 85 and n. 2; C. Tyerman, *England and the Crusades, 1095–1588* (Chicago, 1988), 251–252.

2　*Vita*, 62–63, 未来爱德华三世继承祖先的优良禀赋，从爱德华一世那里得到的是智慧，而从爱德华二世身上遗传的，就只有俊朗的外貌了。

3　A. R. Stanton, *The Queen Mary Psalter: A Study of Affect and Audience* (Philadelphia, 2001), 9–10, 237.

4　Orme, *Childhood to Chivalry*, 185–186.

写本。[1]在这一手写本中，还包括了据称是亚里士多德为亚历山大大帝所写的经国大典《秘中之秘》(*Secreta secretorum*)的法语译本。后来，沃尔特·迈尔米特送给年轻的爱德华三世一本《秘中之秘》的拉丁语评论，其中尖锐地批评了其父爱德华二世的政治失误。[2]14世纪30年代，帕古拉的威廉在寄给爱德华三世的《爱德华一世之鉴》(*Speculum regis Edwardi tercii*)一书里，也引用了法语文本"王子之鉴"的传统，即"圣路易之教"，表达了借鉴历史教训之意。[3]

王室其他可供温莎爱德华参阅的书，可以分为三大类。[4]分量最重的一类是礼拜仪式书籍，在国王教堂里及个人祈祷时使用。宗教类书籍占据主导地位并不奇怪：那些现存的与爱德华三世及其王后直接相关的手写本，装饰古朴而华美，大多都是《圣经》的《诗篇》。[5]第二类是传奇故事书，主要摘自各类经典、《圣经》、亚瑟王传说及中古时期传说，如《列那狐传

---

1 C. F. Briggs, *Giles of Rome's* De regimine principum: *Reading and Writing Politics at Court and University, c. 1275–c. 1525* (Cambridge, 1999), 53–56.

2 Oxford, Christ Church, MS 92, 精确复刻 Walter Milemete, *De nobilitatibus, sapientiis et prudentiis regum*, ed. M. R. James (Oxford, 1913)。《秘中之秘》的副本原件是BL, Add. MS 47680。鉴于这些手稿并未完成，它们是否被献给了王室依然存疑。见 L. F. Sandler, *Gothic Manuscripts, 1285–1385*, 2 vols (London, 1985), ii, nos 84–85; M. Michael, "The Iconography of Kingship in the Walter of Milemete Treatise", *Journal of the Warburg and Courtauld Institutes*, lvii (1994), 35–47; F. Lachaud, "Un 'Miroir au prince' méconnu: Le *De nobilitatibus, sapienciis et prudenciis regum* de Walter de Milemete (vers 1326–1327)", *Guerre, pouvoir et noblesse au Moyen Âge: Mélanges en l'honneur de Philippe Contamine*, ed. J. Paviot and J. Verger (Paris, 2000), 401–410。

3 *De Speculo Regis Edwardi Tertii*, ed. J. Moisant (Paris, 1891); *Medieval Political Theory – A Reader: The Quest for the Body Politic, 1100–1400*, ed. C. J. Nederman and K. L. Forhan (London, 1993), 200–206; L. E. Boyle, "William of Pagula and the *Speculum Regis Edwardi III*", *Mediaeval Studies*, xxxii (1970), 329–336.

4 J. Vale, *Edward III and Chivalry: Chivalric Society and its Contexts, 1270–1350* (Woodbridge, 1982), 42–56.

5 J. J. G. Alexander, "Painting and Manuscript Illumination for Royal Patrons in the Later Middle Ages", *English Court Culture in the Later Middle Ages*, ed. V. J. Scattergood and J. W. Sherborne (London, 1983), 141–143; Sandler, *Gothic Manuscripts*, ii, nos 74, 106, 110.

奇》(Roman de Renard)等，通常为盎格鲁－诺曼法语版本。最后一类是提供了至关重要的信息并具有指导作用的编年史。几乎可以肯定，爱德华三世至少拥有一套记载英格兰岛历史的盎格鲁－诺曼法语本《布鲁特编年史》(Brut)。[1]后来的爱德华三世也从他处借书。如，14世纪40年代早期，他曾命令白金汉郡（Buckinghamshire）的纳特利修道院院长将纽堡的威廉所编的《十二世纪编年史》送一套到王室；1352年，他又下令让切斯特神父雷纳夫·希格登把他所写的《历代记》(Polychronicon)呈送给他。[2]

在书山文海里，温莎爱德华的导师最早授给他的，应该是关于王权的知识。很难推测爱德华王子有多听从导师的训导，也很难推测他从教育中吸收了多少营养。没有找到任何证据表明，后来的他在军事行动中体现了韦格蒂乌斯对他的影响，与他同时代的人也从未将其在军事上的成功与《兵法简述》结合起来。[3]呈交给爱德华的书籍中现存下来的，多是装饰华丽、用于陈列的手抄本，其内容基本上都是道德说教。然而，在这些书籍当中，爱德华至少为自己打开了一扇窗，从骑士和王权的神话与历史案例里，他敏锐地察知了王室的尊贵与国王的强权。古典时代的、《圣经》中的，及基督教的伟大英雄，即"九杰"(Nine Worthies)，在14世纪成为文学艺术创作中广为人知的内容，并很早得到了爱德华三世的赞助。1332年，爱德华三世的妻子送给他一套精美的银杯和水壶，上面装饰着包括查理曼大帝、

1　R. F. Green, *Poets and Princepleasers: Literature and the English Court in the Later Middle Ages* (Toronto, 1980), 92, 135; L. M. Matheson, *The Prose* Brut*: The Development of a Middle English Chronicle* (Tempe, 1998), 10. 1358年，他为一本题为*cronicles*的书买了新扎线，E 403/392, 31 Apr. 1358。

2　SC 1/39/161，载W. M. Ormrod, "Edward III and his Family", *JBS*, xxvi (1987), 421–422; *CCR 1349-54*, 499; J. G. Edwards, "Ranulph, Monk of Chester", *EHR*, xlvii (1932), 94。

3　C. D. Taylor, "English Writings on Warfare and Chivalry during the Hundred Years War", *Soldiers, Nobles and Gentlemen: Essays in Honour of Maurice Keen*, ed. P. Coss and C. Tyerman (Woodbridge, 2009), 82。

第一章　温莎爱德华（1312—1322）

亚瑟、罗兰、奥利弗、加文及兰斯洛特等在内的先贤。[1] 不久之后，他又订做了一套床上用品，其中六个枕头上装饰着另一位英杰亚历山大大帝的生活场景。[2]

最生动传神的"书籍"当属环绕在爱德华身边的关于英雄和祖先的纪念品和遗物。还是王子的爱德华，便拥有了圣乔治的遗物。通过阅读迈尔米特著作中的动人描绘，即年轻的王子直接从伟大的骑士精神守护者手里接过骑士盔甲，他对圣乔治的关注与着迷进一步加强。[3] 更加引人注意的是，在王室收藏的珍宝里，不但有被视为是理查一世从埃及国王萨拉丁那里夺来的钢盔，还有1272年伊斯玛仪派教徒试图在阿科（Acre）刺杀爱德华一世的刀具。[4] 后来，爱德华三世将他尊敬的祖父爱德华一世在威斯敏斯特大教堂的长眠之地奉若神所。[5] 爱德华王子只能从先王中寻找偶像，这鲜明地反映出父亲爱德华二世不足以成为效仿的对象。他格外关注祖父和另一位开土拓疆的先祖亨利二世的记载，这充分表明，在所有人文学科中，历史最为吸引他，也最能激发他的想象力。

十岁以前的爱德华王子见证了那个世纪最忧郁的时期，那一时期充满了自然及人为的各种灾难。自1296年始，英格兰国王拒绝承认苏格兰王国的独立地位，并宣称特威德（Tweed）与索尔威湾（Solway Firth）的土地

1　E 101/385/19, fol. II; BL, Add. MS 35181, fols 5–8; Vale, *Edward III and Chivalry*, 44.
2　E 101/392/4, m. 4.
3　E 101/385/19, fol. 10; Oxford, Christ Church, MS 92, fol. 3. 伊莎贝拉王后有一座饰有珍珠的圣乔治雕像，E 101/393/4, fol. 9v。爱德华早年间关于圣乔治崇拜的其他例子，见 D. A. L. Morgan, "The Banner-Bearer of Christ and Our Lady's Knight: How God Became an Englishman Revisited", *St George's Chapel Windsor*, ed. Saul, 58–59。
4　J. Vale, "Image and Identity in the Prehistory of the Order of the Garter", *St George's Chapel Windsor*, ed. Saul, 36; Vale, *Edward III and Chivalry*, 45, 93; *Antient Kalendars*, iii, 174, 202. 1356年一份国王财宝清单记录了教皇送给爱德华一世的一支金玫瑰，*Antient Kalendars*, iii, 227。
5　见本书第145页。

与民众是金雀花王权统治的一部分。这项政策于1305年正式确立，并在爱德华二世统治时期被奉行，苏格兰被定义为附属于英格兰国王统治的领土之一。然而，在爱德华一世去世之前，这一宣言就已明显徒有其名。1306年，颇有领导才能的罗伯特·布鲁斯在斯昆（Scone）就任为独立的苏格兰国王。爱德华二世在位的最初几年里，英格兰对苏格兰低地的统治日渐衰微。到温莎爱德华王子年满一岁即1313年时，英格兰已丧失了林利斯戈（Linlithgow）、珀斯（Perth）、罗克斯堡（Roxburgh）、爱丁堡（Edinburgh）等战略要地。代理爱德华二世处理苏格兰事务的菲利普·莫布雷爵士在斯特灵城堡私自与苏格兰签订协议，并对外宣称，除非英格兰军队前来守卫，否则他便将城堡拱手送给罗伯特·布鲁斯之弟爱德华。在此情况下，1314年初，爱德华二世最终被迫向北方宣战。尽管兰开斯特伯爵、沃里克伯爵拒绝参战，但爱德华二世还是得到了大部分贵族的支持，集结了强大的军队。[1] 然而，在6月24日的班诺克本一役中，英军遭遇了大败，这让爱德华二世倍感羞辱。格洛斯特伯爵被杀，赫里福德伯爵及大量骑士被俘并被索要赎金。在接下来的数年里，苏格兰人发动了一系列越境突袭，严重破坏了英格兰北部大片地区的经济基础。关于爱德华二世是否有能力保卫边疆的质疑，也甚嚣尘上。

班诺克本之战给失意的兰开斯特伯爵提供了重启1311年改革计划的良机。1314年9月，兰开斯特的托马斯伯爵在约克议会期间会见爱德华二世，他提出，如果爱德华二世接受他所拟的《法令》，自己便伸出援手，助他抵抗苏格兰。虽然国王的堂兄支配政府已有了些年头，但在这个遭受苏格兰突袭与经济形势严峻的时代，他一心坚持的《法令》原则，已不那么重要。1315至1317年的收成极差，政府试图控制粮价，却导致粮食急剧撤出市场，

---

[1] 关于班诺克本之战中两支军队的规模，见G. W. S. Barrow, *Robert Bruce and the Community of the Realm of Scotland*, 3rd edn (Edinburgh, 1988), 204–209。

加剧粮食供应危机。[1] 饥荒蔓延到欧洲的大部分地区。在这绝望的数年里，大约10%至15%的英格兰人死于饥饿或者营养不良。爱德华王子及其内府显然并未受到食物短缺的威胁，一是因为他们能够高价从市场上购买粮食，二是因为王室拥有采买特权（Prerogative of Purveyance），可以强行购买或征收所需的食材。第二种手段的滥用，受到了《法令》的谴责，也为王室所到之处的那些原本就处境艰难的农民所厌恶。在1320年的议会里，有人明确投诉了由王子内府官员执行的王室采买特权。后来，即位后的爱德华三世不得不处理一批令人尴尬的请愿，偿还当初他的随从所欠下的大量债务。[2]

由于爱德华二世不愿被《法令》所限制，政治局势持续紧张。由休·奥德利、罗杰·达莫里及威廉·蒙塔古组成的新集团深受国王信任，在政坛平步青云。他们的出现给兰开斯特伯爵1316年在林肯议会任命的咨议大臣构成威胁。1318年的《利克条约》制定了咨议政府的新形式，兰开斯特伯爵对议会的影响力得以保证，然而随着爱德华二世对于老休·德斯潘塞之子——小休·德斯潘塞的好感不断加强，众人对国王的不信任感逐渐蔓延开来。相比当初对皮尔斯·加韦斯顿的反感，贵族集团此次点名道姓，破天荒地对爱德华二世与休的同性恋行为做出明确控告，表明爱德华二世新欢的出现，引发了政治团体的深刻忧虑。[3] 加韦斯顿并无明确的政治野心，而小德斯潘塞则试图成为英格兰最大的权贵。来自小德斯潘塞的威胁，让其他贵族同仇敌忾，兰开斯特伯爵借机成功赢得了大量领主的支持，于1321年7月将德斯潘塞父子逐出英格兰王国。但是，当年12月，爱德华二世撤销德斯潘塞父子的逐令，在以兰开斯特伯爵为首的贵族集团与爱德

---

1 W. C. Jordan, *The Great Famine: Northern Europe in the Early Fourteenth Century* (Princeton, 1996), 171–172.

2 *PROME*, iii, 395–396; SC 8/66/3300.

3 R. E. Zeikowitz, *Homoeroticism and Chivalry: Discourses of Male Same-Sex Desire in the Fourteenth Century* (New York, 2003), 113–118.

华二世之间，军事斗争的爆发在所难免。未满十岁的温莎爱德华王子将目睹一场终极混乱——内战。

1321年末至1322年初的冬天，双方军队集结，原本用于国际角逐的武力，此时却投入到国内纷争与私人恩怨之中，英格兰多地混乱不断。公共秩序的瓦解，给时人集体记忆留下重要一笔，直至1327年爱德华三世登上王位时，众人仍纷纷向他抱怨，申诉自己是德斯潘塞战争中暴力及恐吓的无辜受害者。1322年3月初，爱德华二世从考文垂（Coventry）溯特伦特河（Trent）而上，行至伯顿（Burton）去与堂兄会战。兰开斯特伯爵焚烧了入城之桥，由于畏惧王室军队的强大，他决定先行撤退。他和他的军队试图经由塔特伯里（Tutbury）前往诺森伯兰（Northumberland）的要塞邓斯坦堡（Dunstanburgh），却在约克郡的巴勒布里奇被安德鲁·哈克拉爵士所率领的王室军队拦截，于3月17日遭遇惨败。交战中，赫里福德伯爵被杀。兰开斯特伯爵被俘后，因于他自己的城堡庞蒂弗拉克特（Pontefract），经草草审判，于3月22日被处死。打了胜仗的王室军队任意妄为，洗劫并烧毁了巴勒布里奇的大部分地区。[1]

接踵而至的便是中世纪英格兰最惨烈、最无节制的政治复仇行动。获胜方爱德华二世及德斯潘塞将战败的对手视作叛国者，处以严酷的刑罚。兰开斯特家族的大量重要人士与伯爵托马斯一道被处死于庞蒂弗拉克特，莫布雷及克利福德勋爵则在约克被处决。其他反对者的下场，与兰开斯特家族一样，被押至伦敦、格洛斯特（Gloucester）、温莎、坎特伯雷（Canterbury）及温奇尔西（Winchelsea）进行公开处决。[2] 不仅是巴勒布里奇的反叛者遭到了爱德华二世的疯狂报复，就是国王的支持者哈克拉也未能逃脱覆灭的

---

[1] W. M. Ormrod, "The Road to Boroughbridge: The Civil War of 1321–2 in the Ancient Petitions", *Foundations of Medieval Scholarship: Records Edited in Honour of David Crook*, ed. P. Brand and S. Cunningham (York, 2008), 77–88.

[2] BL, MS Cotton Faustina B. V, fols 39–39v.

悲剧。一开始,哈克拉因功而获封为卡莱尔伯爵,后来,坊间流传他私自与苏格兰国王布鲁斯勾结,他因此获罪,于 1323 年 2 月被以叛国罪处决于北约克郡小镇纳尔斯伯勒(Knaresborough)。那些在巴勒布里奇之役前就已投降的人,也遭到了无情的处罚。威格莫尔的罗杰·莫蒂默爵士早在 1322 年 1 月就于舒兹伯利(Shrewsbury)举手投降,投降后被关押在伦敦塔,后来竟也被判处死刑。执行死刑之前,在强烈求生欲的驱使下,莫蒂默于 1323 年神奇地成功逃离伦敦塔。在德斯潘塞当政之时,逃到欧洲大陆的莫蒂默身边聚集了一批因政治原因而流亡到法国的人,莫蒂默自命为这批政治流亡者的发言人。[1] 莫蒂默及其追随者,将会给英格兰带来重大影响。

兰开斯特伯爵拟定的《法令》在 1322 年《约克法令》中被正式撤销,爱德华二世在理论上恢复了全部权力。老休·德斯潘塞被赐封为温切斯特伯爵,他的儿子获赠大量的战利品,拥有了南威尔士及威尔士与英格兰接壤处的大片土地,成为一个大地产主,每年收入超过七千镑。[2] 一方面,现代历史学家强调,德斯潘塞父子并没有为提高他们的家族地位而制订长远的后续计划,以往也过分夸大了他们系统而周密地篡夺地方及中央政府权力的尝试;[3] 另一方面,他们对爱德华二世所施加的深刻影响,以及对前兰开斯特家族支持者令人发指的残忍,破坏了责任君主政体的所有传统,使爱德华二世遭受实行暴政的指控。诚如《爱德华二世的一生》的作者于 1325 年所言:"国王的残暴严厉有增无减,不论多么伟大多么聪明,都没人敢违背国王的意愿……因此,当今的王权凌驾于道理之上。只要是国王所欢喜的,即便没有道理,也有法律效力。"[4]

---

1 Baker, 12, 15–16.
2 Fryde, *Tyranny*, 106–118.
3 N. Saul, "The Despensers and the Downfall of Edward II", *EHR*, xcix (1984), 1–33.
4 *Vita*, 230–231.

当时，爱德华王子尚且冲幼，作为王位继承人可能会面临危险，因此，在14世纪10年代及20年代早期，爱德华王子置身于一切政治事务之外。事实上，这也成为未来爱德华三世的显著优势，他尽可以宣称自己年幼无知，其父在位时期诡谲多变的政治风云与自己毫不相干。在1325年以前，爱德华二世也没有赐予长子爱德华任何公共职责。例如，出使法国时，爱德华二世没有赐给年幼的爱德华王子"英格兰监国"的头衔，而是选择了自己信赖的官员或亲密的朋友作为他的监护人，例如1313年的巴斯及韦尔斯的主教约翰·德罗克斯福德，以及1320年忠诚的彭布罗克伯爵。这些年间，身为切斯特伯爵的爱德华王子甚至未被列入王家宪章的见证人名单中。[1]

可以很合理地推测，从很小的时候起，爱德华王子应已在家庭、宫廷内的不同场合露面。1315年，年近三岁的他可能是因为准备出席某场重要仪式，而被赐予了一只礼袍的金银扣环及一双鞋子的银扣。[2] 我们也认为他曾出席了母亲伊莎贝拉的安产感谢礼和其弟妹们的洗礼。[3] 但在宫廷日历中，关于爱德华王子出席王室活动的唯一确切记载，是每年1月1日的割礼节。这一天，国王通常会为王室成员及杰出的廷臣颁发礼物。根据礼单所载，当王室1318年在温莎及1320年在约克庆祝新年时，爱德华二世赐给长子爱德华的礼物都是金盘子。[4] 尽管如此，我们仍认为，爱德华王子并非总是亲自出席了这种颁赐礼物的场合。如1316年的新年，爱德华二世便派人给长子送去了一只饰有六颗绿宝石的礼袍金扣。[5] 同样，在1321年，爱德

1　*HBC*, 39; *The Royal Charter Witness Lists of Edward II (1307–1326)*, ed. J. S. Hamilton (List and Index Soc., cclxxxviii, 2010).

2　E 101/376/7, fol. 20.

3　1316年8月22日，爱德华二世与伊莎贝拉王后为埃尔特姆的约翰的洗礼所支付的费用，记录在SAL, MS 120, fol. 97v上，尽管这份资料并未明确指出当时温莎爱德华也出席了仪式。

4　SAL, MS 121, fol. 67; BL, Add. MS 17362, fol. 49.

5　E 101/376/7, fol. 99v.

华二世在莫尔伯勒（Marlborough）欢庆新年，但他赐给三个儿女的礼物，则是派使者卢埃林·艾普·马多克送过去的。[1]如上所示，根据残缺不全的记录可知，温莎爱德华王子早年与宫廷保持了相当的距离。

然而，1319年，大约在爱德华王子七岁生日的时候，对爱德华二世及整个王国而言，王子的角色发生了重要的转变。从此时始，关于爱德华二世与长子之间的书信交流明显变得频繁起来。大多数联络都是以公开形式传达到切斯特伯爵处，由王子内府的行政官员予以处理。当然也有以私人形式进行的。[2]至迟在1324年1月，温莎爱德华开始与父王书信交流。[3]也许，爱德华二世利用这种方式，一方面关怀儿子的成长与健康，另一方面也把他所经历的成人世界介绍给他的王位继承人。

1320年8月，七岁的爱德华首次收到了要求他以王国贵族身份参加议会的召集令。[4]次年，他未收到这一类通知，但到1322年，他再次被召集去参加5至6月在约克举行的议会与大咨议会。之后，直到1325年启程去法国，他每年都会收到议会的召集令。[5]尽管年幼，但他很可能确实出席了这些政治精英集聚的会议。比如，1320年就有一份请愿书，并未像往常一样呈交国王或议会，而是直接呈给了身为切斯特伯爵的爱德华王子。[6]爱德华王子在弱年便已进入政治舞台，很可能是爱德华二世的精心安排，他希望王子的出现，能够给日渐不满、要求严苛的政坛带来一股乐观的气象。

幼年时摇摇晃晃走上高层政治舞台的经历，也给爱德华王子的情感及

1　BL, Add. MS 9951, fol. 41v.
2　关于国王送给王子的加盖了私玺的信，见BL, Add. MS 17362, fol. 39v; E 101/379/19, fol. 6r; "The First Journal of Edward II's Chamber", ed. J. C. Davies, *EHR*, xxx (1915), 669。
3　E 101/379/19, fol. 7.
4　*Parl. Writs*, II.ii, 219; *PROME*, iii, 365.
5　*PROME*, iii, 422, 434, 437, 440, 443, 447; E 101/379/19, fol. 5r. 传统上习惯认定温莎爱德华是在1322年5月约克议会上被赐封为威尔士亲王，这一说法被证明是错误的，J. Barnes, *The History of that Most Victorious Monarch Edward III* (Cambridge, 1688), 2.
6　SC 8/99/4920，载RP, i, 413–414。

心理世界留下了深刻印记。如果1322年春天，他确实在约克的话，那么他很可能见证了愤怒的爱德华二世在约克城王室城堡内对反对派施行的可怕至极的处决，他也可能很快便对英格兰之后军事行动的失败感到震惊和屈辱。1322年8月在纽卡斯尔（Newcastle），他第一次会见各封建领主，与国王的其他封臣一道继续跟随爱德华二世对抗苏格兰国王罗伯特·布鲁斯。[1] 爱德华王子没有亲自参战，但隶属于他的切斯特领地上的军役封臣，原本就是王室军队的重要来源，当仁不让地应该出征服役。[2] 爱德华二世有可能原本计划让九岁的王子至少前进到英格兰与苏格兰的边境，正如他让伊莎贝拉王后所做的那样。此外，他十二岁的私生子亚当随行，也增强了王室共同出征的感觉。[3] 但是，爱德华王子很可能是被留在了约克。主要的王室官员在当年的早些时候，都迁到了约克这个北部重镇，以便有效地准备即将到来的战争。因此，爱德华王子应该是作为象征性领袖留在当地，以聚集并团结爱德华二世的咨议大臣。[4] 9月21日，爱德华王子第一次真正意义上代理其父，是在约克主持王室宴会，欢迎到访的法国贵族亨利·德叙利。[5] 众人当时对这位年轻王子有何印象，惜无记录可知。但这场宴会就像是一个预言，预示着未来的爱德华三世将代表英格兰与法兰西缔结条约，而这场宴会，就算是他与法兰西首次正式会面。

将爱德华王子留在约克，虽然能够让王子代理爱德华二世出席重要会议，但也让有识之士非常担心王子的安全。因为，在1319年发生的叛乱中，王后伊莎贝拉就曾被一个苏格兰人从约克掳走。1322年与苏格兰之间的交

1　*Foedera*, II.i, 485–486.

2　P. Morgan, *War and Society in Medieval Cheshire, 1277–1403* (Chetham Society, 3rd series, xxxiv, 1987), 38.

3　F. D. Blackley, "Adam, the Bastard Son of Edward II", *BIHR*, xxxvii (1964), 76–77.

4　W. M. Ormrod, "Competing Capitals? York and London in the Fourteenth Century", *Courts and Regions in Medieval Europe*, ed. S. Rees Jones, R. Marks and A. J. Minnis (York, 2000), 83.

5　E 101/379/9.

战无果而终，受挫的爱德华二世于9月末南下，前往里沃修道院。事实证明，英格兰方面的情报人员极为无能，10月中旬，身在拜兰（Byland）的爱德华二世差点就遭苏格兰骑兵突击队伏击。爱德华二世仓皇东逃至布里德灵顿（Bridlington），而后乘船折返回到约克。亨利·德叙利前去帮助国王，但王子的教父里士满伯爵等人，却在拜兰成了苏格兰的俘虏。困在泰恩茅斯修道院的王后也身陷险境，万分危急之下，被迫从海上逃亡。[1]布鲁斯的军队横扫约克，继续东进，先到贝弗利（Beverley），后至莫尔顿（Malton），所到之处，烧杀抢掠。11月初，他们终于撤军。当国王和王后回到约克之后，王子面临的安全威胁总算解除了。但经此一事，所有人都充分认识到，过于靠近战场，会给爱德华王子带来随时被俘的危险。因此，在这之后的四年里，不管是国王，还是王后，都随时将这宝贝的王子带在身边。

讽刺的是，由于职责定位的错误判断，温莎王子在1322年之后暂时退出了公众视野。尽管他仍然可能出席一些议会及其他重要会议，但从1322年底至1325年初，关于他的活动，明显缺少资料。这表明为了安全着想，王子被严密地保护起来。1323年2月，他与母亲留在伦敦，而他的父亲在此期间则颁布了一份对抗苏格兰的长远计划，但很快又放弃了这一计划。[2]1323年5月，在约克大主教的毕肖普索普宫举办的会议上，政治精英们通过了爱德华二世那份颇有争议的英格兰－苏格兰停战协定的计划书，当时爱德华王子并不在场。[3]1323年9月在北安普敦（Northampton），两位王叔诺福克伯爵和肯特伯爵率队进行马上刺枪比武，爱德华王子可能

1　R. M. Haines, *King Edward II: Edward of Caernarfon, his Life, his Reign, and its Aftermath, 1284–1330* (Montreal, 2003), 266; P. Doherty, *Isabella and the Strange Death of Edward II* (London, 2003), 76–78. 伊莎贝拉将这一幕铭记在心，后向德斯潘塞父子展开报复行动，G. A. Holmes, "Judgement on the Younger Despenser, 1326", *EHR*, lxx (1955), 265。

2　E 101/379/9; *CCR 1318–23*, 699, 700; Phillips, *Edward II*, 439.

3　Davies, *Baronial Opposition*, 584–585.

在场，[1] 否则，史料会有明确记载。原本计划 1325 年在加斯科涅发动的战争，或许可让爱德华王子参与，但在最后关头，爱德华二世还是取消了这个决定。[2] 这表明，到目前而言，爱德华王子仍然置身于政治之外，他的活动受制于父母的意愿。

在控制森严、安排妥善的家庭环境下，爱德华王子拥有了经得起时间考验的亲密友谊。根据残存下来的 1325 年王子内府记录可知，他当时正在学习剑术。该记录也多次提到他与亨利·博蒙"游戏"。这时的亨利·博蒙显然已接替了王室导师的角色。[3] 博蒙是曼恩（Maine）博蒙子爵路易·德布里耶纳的儿子，与爱德华二世在卡斯蒂利亚一脉上属于远亲。亨利和他的妹妹维西夫人伊莎贝拉，自爱德华一世时便是宫廷红人。他们的兄长路易，在 1317 年曾担任了达勒姆主教。亨利是个颇有争议的人物，曾在 1311 年《法令》中被指名道姓地抨击，并在 1317 年被兰开斯特伯爵的支持者吉尔伯特·米德尔顿爵士关入监牢。到 1325 年时，他有充分的理由对王室心怀怨愤。由于爱德华二世在 1323 年不情不愿地与苏格兰签订了休战协定，博蒙被迫放弃他通过其妻爱丽丝而获得的巴肯伯爵领。[4] 然而，1325 年，他被任命为爱德华王子的监护人之一，陪同王子前往法国，表明他依然深受爱德华二世的信任。博蒙也注定对未来的爱德华三世制定的苏格兰政策产生重大影响。

在这些年间，王子周围的其他人物开始登场，他们同时也负责保护王子安全。1323 年，勃艮第书记员威廉·库赞斯负责管理王子内府的财务。威廉曾担任小德斯潘塞的秘书和爱德华二世锦衣库管理人，就像理查德·伯

1　J. R. V. Barker, *The Tournament in England 1100–1400* (Woodbridge, 1986), pp. 61–62.
2　*Parl. Writs*, II.ii, 663, 683, 696, 714, 723.
3　Denholm-Young, *Collected Papers*, 165.
4　*ODNB*, iv, 659. 伊莎贝拉·维西与爱丽丝·博蒙都是王后的侍女，*Household Book of Queen Isabella*, xiii–xiv。

第一章　温莎爱德华（1312—1322）

里一样，威廉后来也在王家行政官员的队伍里升迁到显赫的高位。几乎就在同时，另一个外国人约翰·克拉侬，很可能与库赞斯有姻亲关系，担任了王子的内务总管。[1] 王子内府官员来源的国际化，很好地解释了王子后来在第一次会见来自西欧各国君主王公时所展现出来的那份自信。

此外，王子身边还有不少贵族伙伴。其中可能是王子内府官员及王子早年贵族交际圈的人有：罗伯特·阿福德、爱德华二世的总管之子威廉·蒙塔古、温莎爱德华的表兄威廉·博恩。威廉的三个兄弟约翰、汉弗莱及爱德华在他们的父亲赫里福德伯爵于巴勒布里奇战役中被杀后，曾在王室的监护下成长，后囚禁于伦敦塔。但是，由于他们已故的母亲出身高贵，是爱德华一世之女，所以他们被特别优待。爱德华王子很可能经常会见他们，尤其是最年轻的爱德华·博恩，在爱德华三世即位后，深得器重。[2] 此外，骑士爱德华·钱多斯、吉尔伯特·塔尔博特、约翰·梅尔顿、士绅约翰·莫林斯、约翰·塞克福德，还有一干刚毅忠实的侍卫，尤其是亨利·迪顿，他们后来继续服事即位后的爱德华三世。同样长期侍奉爱德华三世的还有出身相对卑下的驯隼师托马斯·科比特、马倌约翰·格洛斯特，这表明温莎王子爱德华常对自己身边出身卑微的仆役产生强烈的情感。

不管以上这些还有爱德华王子身边其他人物的政治观点、态度如何，都不能将1325年前的王子内府视作与爱德华二世角逐权力的另一个权力中心，也不能视之为向宫廷和国王行政官员的反对派提供政治庇护的地方。吉尔伯特·塔尔博特和爱德华王子的不少侍从曾支持《法令》，并参与或牵涉反抗爱德华二世的巴勒布里奇之役，这些事实曾导致老一辈历史学家

1　Tout, *Chapters*, ii, 272; iv, 71, 72 and n. 4; *ODNB*, xiv, 811. 关于库赞斯的家庭，见C. L. Kingsford, "Sir Otho de Grandison, 1238?–1328", *TRHS*, 3rd series, iii (1909), 181–182。
2　E 101/378/16; E 101/379/10; E 101/380/5; E 101/382/23; E 403/225, 7 Mar. 1327.

认为 14 世纪 20 年代的王子内府日渐同情兰开斯特伯爵一方。[1] 但牢牢掌控王子大小事务、拥有官员任命权的爱德华二世，不太可能让王子内府成为"反德斯潘塞"阴谋的温床。而且，那些在政治斗争中幸存下来并通过伺候王子而迈向通途大道的人，都具备卓越超群的智力，能够审时度势，适应 1321 至 1327 年间风云变幻的英格兰政局。从这个角度讲，他们度德量力的直觉与以此采取的行动，很可能深刻影响了温莎爱德华后来对待政治的态度，以及他广为人知的和解偏好。也正是从他的朋友和同盟者身上，爱德华王子认识到，在众多的政治属性之中，"忠诚"无疑是他最为重视的。

当时的编年史家及后来的传说，给我们留下了关于爱德华二世和伊莎贝拉生动的描绘，更不必说那些近乎淫乱的故事。建构在这些资料上的历史，为我们刻画出中世纪一个不正常的家庭。卡那封的爱德华被人视为一个堕落者，把时间虚耗在开渠挖沟上，沉湎于划船、游泳，与不光彩的同性伙伴终日以酗酒为乐。他易受不良影响沉沦于罪恶的性格，也许能够很好地解释为什么后来外界对他的猜疑越发负面。从他被废黜时起，便不时有人称其为异教徒、鸡奸者。[2] 因此，不难怪在 1318 年发生了一件挑战他王位的事。当时，有一个骗子宣称他才是爱德华一世的真正继承人，并获得了不少人的信任，或者说，大家愿意相信他的话。[3] 王后伊莎贝拉也是如此，后来她将丈夫推下王位，虽被不少时人视为解救王室和王国之举，本

---

[1] *CPR* 1324–7, 170–171; *Cal. Mem. Rolls 1326–7*, nos 2270, 2271; Denholm-Young, *Collected Papers*, 166; C. Shenton, "The English Court and the Restoration of Royal Prestige, 1327–1345"(University of Oxford DPhil. thesis, 1995), 114–115; J. S. Bothwell, *Edward III and the English Peerage* (Woodbridge, 2004), 17–18.

[2] *Polychronicon*, vii, 298; H. Johnstone, "The Eccentricities of Edward II", *EHR*, xlviii (1933), 264–267; Haines, *Edward II*, 42.

[3] W. R. Childs, "Edward II, John of Powderham and the Chronicles, 1318", *Church and Chronicle in the Middle Ages: Essays Presented to John Taylor*, ed. I. Wood and G. A. Loud (London, 1991), 149–163.

人却被贴上了可恶的"耶洗别"(意为荡妇)的标签,被人斥为怀恨在心、邪恶阴险的妻子,为了维持与同样臭名昭著的情夫罗杰·莫蒂默之间的奸情,厚颜无耻地背叛丈夫。[1] 以上这些故事,经过大肆渲染,轻而易举地就给人留下爱德华二世与王后伊莎贝拉之间水火不容的印象,这桩王室婚姻,从一开始就注定了失败的结局。

因此,人们不禁利用心理史学来解读温莎爱德华,正如编年史家曾利用同样的方法解读他的外祖父法王腓力四世一样。这一方法揭示出,爱德华后来对英格兰王权的巨大野心,源于不幸的童年给他带来的不安全感,他需要持续不断地克服这一心理问题。[2] 套用近代资产阶级价值观来理解年轻的爱德华王子的家庭生活和情感世界,显然是不对的。爱德华的孩童时代,从1312年加韦斯顿的败亡到1321年德斯潘塞父子的飞黄腾达,是王室相对平静的一段时期。几乎没有证据表明,当爱德华还是一个小男孩的时候,爱德华二世与伊莎贝拉之间处于敌对不合状态。[3] 正如前文所叙发生在1321至1322年的事件所表明的那样,中世纪的君主不会让他的长子度过一个无牵无挂、放纵溺爱的漫漫童年。王室婚姻的崩溃,随之而来的是内战的爆发,最终导致国王被废黜。在此背景下,爱德华王子步入少年期,逐渐成熟。在这一阶段,温莎爱德华已能理性看待并处理个人身边所发生的问题,并逐渐养成了独立的政治性格。尽管如此,温莎爱德华在走向王位的过程中,仍因父母不睦而倍感羞耻,饱受政治危机所带来的创伤侵扰。1330年,已基本控制政权的爱德华三世,年仅十七岁。那时的他已经深刻

---

[1] H. Johnstone, "Isabella, the She-Wolf of France", *History*, xxi (1936–1937), 208–218; S. Menache, "Isabella of France, Queen of England: A Reconsideration", *JMH*, x (1984), 107–124.

[2] E. A. R. Brown, "The Prince is Father of the King: The Character and Childhood of Philip the Fair of France", *Mediaeval Studies*, xlix (1987), 282–334.

[3] M. McKisack, *The Fourteenth Century* (Oxford, 1959), 79–80. 值得注意的是,从来没有人质疑过爱德华三世或其弟弟妹妹的父亲的身份,C. T. Wood, *Joan of Arc and Richard III: Sex, Saints, and Government in the Middle Ages* (Oxford, 1988), 12–28。

认识到，在未来的人生路上，作为君主的他，只有依靠自己的能力，才可以把自己从父母长期以来的情感奴役中解救出来。

第二章

流亡与即位（1322—1327）

爱德华王子于1325年首次真正登上公共舞台，促使其发生的一系列事件背景是英法之间错综复杂的关系，根源可以追溯到1259年的《巴黎条约》。根据条约的规定，英格兰亨利三世同意永远放弃此前半个世纪中丧失的诺曼底（Normandy）、安茹（Anjou）、曼恩、图赖讷（Touraine）、普瓦图（Poitou），为了继续保留在欧洲大陆的其他地区即阿基坦公国，他需认可路易九世在这一地区的君主统辖权，并向他行效忠礼。作为回报，路易九世同意扩大阿基坦公国的辖区，把圣通日（Saintonge）、阿让奈地区（Agenais）及利摩日（Limoges）、卡奥尔（Cahors）、佩里格（Périgueux）教区割让给亨利三世。

各方都认识到，通过这一条约来重新分配大片土地、宣誓忠诚，比使用武力要容易得多。尽管亨利三世在1259年就已向路易九世行了效忠礼，但土地的转让过程却极为漫长，进程极为缓慢。当爱德华一世之妻——卡斯蒂利亚的埃莉诺在1279年继承了其母在法兰西北部的蓬蒂厄（Ponthieu）、蒙特勒伊（Montreuil）两郡时，英格兰国王准备遵从《巴黎条约》的精神，打算自己和未来的后继者继续向这两郡的封建宗主即法兰西国王表示臣服。然而，由于1294年两国之间一连串的海上争端，雄心勃勃、刚毅果断的腓力四世宣称爱德华一世是一个拒不听令的诸侯，以此为由没收了他在法兰西的所有领地。为了维护自己在蓬蒂厄及阿基坦地区的权益，爱德华被迫展开一场花费高昂的战争。到1303年，两国之间的争端总算解决了。1308年，爱德华二世迎娶腓力四世之女伊莎贝拉，正是为了弥合两个王室家庭先前所出现的裂痕。卡佩王朝与金雀花王朝的先王于五十年前达成了和平协定，而温莎爱德华则是这一协定诞下的直接成果。

事实上，1294至1298年的战争给英法两个王朝带来了深远而持久的影响。问题有三：第一，是1259年许诺给英格兰亨利三世控制的土地上所发生的问题。这些地区的大贵族坚称自己是伟大的阿基坦人，不论是金雀花王朝还是卡佩王朝，并不乐意听命于任何封建君主。1311年，双方同意在佩里格召开首脑会议，试图理顺领土管辖权移交过程中所产生的大量法律问题。[1] 第二，从13世纪90年代开始，英格兰国王提出，古加斯科涅公国是新扩大的阿基坦地区的祖传核心区域，是保有绝对所有权的自主地产，卡佩王朝的国王无权干涉该领地的事务。[2] 爱德华一世及其继任者希望通过让巴黎高等法院充任阿基坦公国管辖范围内司法案件的上诉法院，从而挑战法兰西国王的权利。第三，围绕着金雀花王朝必须因其欧洲大陆领地而臣服并效忠卡佩王朝这一问题，两国争吵不休。从13世纪80年代开始，英格兰提出，只有当所有协议上的领土都掌握在英格兰手里之后，英王才会向法王行效忠礼。这就是爱德华一世在1294至1298年战争之后拒绝再次向腓力四世宣誓效忠的原因。在1308年及1320年的典礼仪式上，爱德华二世极为谨慎，他虽许诺臣服，却并未宣誓效忠。事实上，在1320年的仪式上，这位英格兰国王展现出罕见的勇气，面对腓力五世手下宣称

1　较早进行的1306年蒙特勒伊会议局限于海事争端的解决，G. P. Cuttino, *English Medieval Diplomacy* (Bloomington, 1985), 65–66, 69–72。

2　P. Chaplais, "English Arguments Concerning the Feudal Status of Aquitaine in the Fourteenth Century", *BIHR*, xxi (1948), 203–213.

第二章　流亡与即位（1322—1327）

英王誓词不可像 1285 年那样含有附带条件的朝臣，他大发雷霆。[1]

尽管英格兰王做出以上表态，英格兰民众仍然清楚地意识到自己的处境堪忧。腓力四世和爱德华一世都深知君权的维度，坚信在自己的领土内，任何世俗权力都不能凌驾于君权之上。[2] 然而，在英格兰决心保住法兰西王国内的祖传附属领地一事上，英法两国君主都没有找到一种两全其美的办法来协调彼此关系。讽刺的是，爱德华一世对苏格兰所持的立场却极具进攻性。13 世纪 90 年代，爱德华一世欲将封建宗主权加诸约翰·巴利奥尔，失败后，又简单粗暴地将北部王国视为反叛之地，将其置于威斯敏斯特的直接控制之下。爱德华一世将这个不可能达成的主张留给了爱德华二世，后者深知，法国王室很有可能将英格兰对待苏格兰的态度施加于阿基坦公国。在 1303 年条约之后的二十年里，英法两国君王就 1259 年协议的土地转让问题争吵不休。双方都拒绝采取新的方式来打破僵局，表明英法两方虽然口头上想要维持永久和平，实际上却谁都不愿意放弃自己的既得利益。事实上，是爱德华三世适时将这一争端上升到新高度，将阿基坦之争由封建领主不听从君王的反叛放大为两国君权的全面对抗。

爱德华二世的妻兄，通权达变的腓力五世于 1322 年 1 月逝世，年仅三十岁，仅留下了一群小公主，却无男嗣。早在他的兄长路易十世 1316 年去世时，卡佩王朝女性后裔的继承权就已被忽视，因此，腓力四世最后一个还未辞世的儿子正式加冕为查理四世。1323 年 7 月，英格兰国王被召到卡佩王宫，要求就阿基坦领再次向新即位的法兰西国王宣誓效忠。[3] 各方都预想到可能会有推诿搪塞的情况。路易十世在去世前并未说服爱德华向自己行效忠礼，而英法君主的再次会面则要到四年之后即 1320 年的亚眠

1　A. Curry, *The Hundred Years War*, 2nd edn (Basingstoke, 2003), 34; E. P. Stuart, "The Interview between Philip V and Edward II at Amiens in 1320", *EHR*, xli (1926), 412–415.

2　J. R. Strayer, *On the Medieval Origins of the Modern State* (Princeton, 1970), 3–56.

3　*The War of Saint-Sardos (1323-1325): Gascon Correspondence and Diplomatic Documents*, ed. P. Chaplais (Camden Society, 3rd series, lxxxvii, 1954), ix.

(Amiens)。此外，英法关系更添复杂因素。查理四世的第一次婚姻，娶的是勃艮第的布朗什，1322年二人婚姻宣告无效；第二次，他娶了卢森堡的玛丽。然而，不论是第一次还是第二次婚姻，都没能给查理四世带来子嗣。与他血缘关系最近的在世的男性亲属中，可能竞争王位继承人的有他的叔叔瓦卢瓦伯爵查理，以及他的外甥切斯特伯爵爱德华。1323年春，法兰西方面建议温莎爱德华王子与查理伯爵之女联姻。在洞察了法兰西试图损害爱德华王子潜在利益的阴谋后，爱德华二世答复说，没有议会的支持他无法私自做出决定。这一英法联姻就此作罢。[1] 才十岁的英格兰王子，毫无疑问可以悠悠等待更加合适的新娘。但是一系列意想不到的事件引发两国长期的外交危机，促使温莎爱德华王子成为阿基坦公爵与英格兰国王，最终登上法兰西的王位。

1323年，萨拉修道院院长决定在阿让奈的圣萨尔多（Saint-Sardos）修建一座设有防御工事的居所（bastide）。根据《巴黎条约》的领土划分，阿让奈是新增给阿基坦公国的领土之一。条约允许阿基坦的地主自由选择，是否将土地转让给英格兰并接受金雀花王朝的司法管辖。因此，萨拉修道院院长意识到利益之所在，坚持只接受卡佩王朝的统治，声称修道院及其附属机构与法兰西王权密不可分。查理四世表示支持在圣萨尔多新修工事，并于当年10月在该处升起法兰西的王旗。但是，王旗很快被一队武装人员拆除。据称，是当地一个忠于爱德华二世的领主——蒙珀扎的雷蒙德·伯纳德和加斯科涅的英格兰执事（seneschal）拉尔夫·巴西特，雇佣收买了这些人。紧接这一事件发生的纷争，主要是由于查理四世和瓦卢瓦伯爵态度咄咄逼人，但代表爱德华二世出使巴黎的肯特伯爵和都柏林大主教，处理方式也极为不当。当阿让奈的英格兰军队拒绝交出蒙珀扎城堡时，英格兰的谈判代表又提出了极不得体的要求——让法兰西国王再次推迟爱德华

---

[1] *Foedera*, II.i, 524. 1324年1月，又代之以爱德华二世的两个女儿联姻一事进行磋商，*War of Saint-Sardos*, 16; Phillips, *Edward II*, 457。

第二章　流亡与即位（1322—1327）

爱德华三世统治下的阿基坦

二世的效忠仪式。强硬的查理四世因而被迫下令对他拒不听令的妹夫采取直接行动，宣布没收英格兰的阿基坦及蓬蒂厄，并准备在1324年夏天发动全面的军事行动以占领英格兰在法兰西的领土。[1]

1　Vale, *Angevin Legacy*, 232–236.

三十年以前，在相似的情况下，为了夺回自己在法兰西的领地，爱德华一世被迫将威尔士和苏格兰战场上迫切需要的战争资源转移过来，与腓力四世打了一场劳民伤财且极不得人心的战争。与此不同的是，1323 年，爱德华二世与势力急剧膨胀的布鲁斯签订了颜面尽失的停战协定，之后，他至少可以从被视为王权负累的北方战场上抽出身来。如今，他虽然不情不愿，形势却失控，不得不组织防御战争，抵抗卡佩王朝。对爱德华二世而言，最好的结果是能恢复至 1303 年以来的不稳定局势。最坏的结果则是，他可能会经受严重的挫折，遭人唾骂，丧失 1259 年条约中所获得的所有权利。

事实证明，随后发生的军事行动，即圣萨尔多之战是局部而短暂的。法军统帅瓦卢瓦的查理仅在圣通日、阿让奈两地取得了一定进展。而绝大部分英属阿基坦人都忠于爱德华二世，拒绝卡佩王朝的占领。由肯特伯爵领导的金雀花王朝军队，主要由当地人组成，不过，在 1325 年时，派出了由萨里伯爵率领的英格兰本土步兵和轻骑兵，以补充阿基坦地区的英格兰军队。在 1324 年 10 月召开的英格兰议会上，政治精英们一致同意，如果爱德华二世亲率远征军，他们便鼎力相助征集一支军队援助阿基坦。[1] 尽管温莎爱德华于 1322 年、1323 年时接受诏令，负责在 1325 年 3 月于朴次茅斯（Portsmouth）集结军队，但若因此便认为爱德华二世有意让他十二岁的儿子亲自统帅军队出征，则是不可信的。这次军队的召集时间一再推迟，而到 1325 年 7 月 10 日，干脆被取消了。[2] 爱德华二世既没有亲自出征阿基坦，也没有像父亲 1297 年所做的一般出征法国北部，这样自然有利于减少开支。对法战争的开支，来源于为 1323 年苏格兰战争（因签订了停战协议而取消）而征集的税收，以及没收反对派地主财产所得的流动资本。[3] 爱德华二世认

---

[1] *PROME*, iii, 443.

[2] *Parl. Writs*, II.ii, 683, 696, 714, 723.

[3] *PROME*, iii, 438, 439; Vale, *Angevin Legacy*, 236–237.

第二章　流亡与即位（1322—1327）

为，面对查理四世的挑衅，最好是以最小的代价来维护英格兰的利益。他的这一观点似乎很快便被所有人认同。

正是在这种不按常理出牌的军事行动中，温莎爱德华首次在国际外交中被授予适当角色。1324年圣诞节后不久，查理四世建议和谈：如果爱德华二世把王后伊莎贝拉与王子爱德华送到法兰西，爱德华二世本人或者由他的儿子代替金雀花王室向自己行效忠礼，他便同意和解，并按照1259年《巴黎条约》，恢复并尊重英格兰在大阿基坦地区的所有权利。[1] 这一提议要求爱德华王子成为质子、替父亲代行效忠礼，实在强人所难，因此爱德华二世的咨议会拒不同意这一提议。不过，他们同意让伊莎贝拉前去拜访哥哥查理四世并充当英法两国的和平使者。年轻的肯特伯爵早在1324年9月就宣布停战，而双方会谈直到次年春季才进行，于5月31日达成一个拟定协议。正如英格兰人所担心的那样，查理四世关于和平的要价很高。他要求爱德华二世将阿基坦地区正式移交给法兰西控制。如果爱德华二世8月前往法兰西博韦（Beauvais）向自己行效忠之礼，他便将金雀花王朝祖传的加斯科涅、吉耶讷公国的核心区域归还给英格兰。但至少法兰西将继续保有最近占领的地区，除非两国之间的重大分歧得到妥善解决。而且，在归还之前，英格兰必须赔偿法兰西六万巴黎里弗尔，约合一万五千镑。后一个条件特别严苛，因为它赋予了查理四世合法的权利，即在英国人履行所有协议之前，他可以保留阿让奈及阿基坦其他地区。此外，法兰西给归还英格兰的土地明确标价，表明法兰西试图强行征收封建土地遗产税。[2] 如果爱德华二世同意这些条件，那么法兰西坚持要英格兰效忠于己，并在阿

1　*War of Saint-Sardos*, 195–196; R. M. Haines, *Archbishop John Stratford: Political Revolutionary and Champion of the Liberties of the Church, ca. 1275/80–1348* (Toronto, 1986), 152–154.

2　*EMDP*, I.ii, no. 300; Haines, *Stratford*, 158; Sumption, i, 98. 10月，爱德华二世接受了这一赔偿条款，Phillips, *Edward II*, 479 n. 145。

基坦和蓬蒂厄的金雀花诸侯领地行使完全封建君权，则是早晚的事。

不管卡那封的爱德华有哪些其他缺点，他还是决定守卫理论上属于自己的权利。正是认识到这将让形势变得极为严峻，因此，1325年5月起草的这份协议，直到1327年被赶下王位前，他都没有签署。为了安抚法兰西，也为了减少英格兰在新提案中应负的责任，英格兰政府决定专注于做好效忠之礼。7月5日，爱德华二世派出精明强干的温切斯特主教约翰·斯特拉特福德、里士满伯爵及重要的王室书记员威廉·艾尔敏与法兰西方面协商，提议将阿基坦公爵、蓬蒂厄伯爵和蒙特勒伊伯爵的头衔转让给爱德华王子。[1] 将与法兰西有关的这些头衔转给王位继承人不会改变阿基坦作为英格兰王室领地的宪法地位，却能够让已然蒙羞的英格兰国王免受向法兰西国王鞠躬示敬的尴尬；此外，还能够使金雀花王国在不影响最终和平的条件下，恢复对法兰西西南部的控制。这不是灵机一动想出来的新主意，事实上爱德华一世曾准备在1306年将这些头衔转予卡那封的爱德华，但他在效忠仪式开始之前就去世了。英格兰计划最终恢复对阿基坦地区的统治，同时不断模糊牵涉到这一地区的条款，而温莎爱德华则成为英格兰此策略的重要诱饵。

这策略虽然高明有效，但是也极具风险性。促使王后伊莎贝拉前往巴黎的部分原因是她与德斯潘塞家族矛盾的激化。1324年9月，伊莎贝拉遭蒙难以忍受的羞辱，德斯潘塞称她为敌对的外来者，并以此为借口没收了她的英格兰地产，解散了她独立的王后内府。此事引得外界流言蜚语不断，有些人甚至认为，小休·德斯潘塞以此凌辱国王之妻，是为了请求教皇授权终止这桩王室婚姻。[2] 伊莎贝拉趁机前往法兰西，以远离她丈夫情人的威胁与讥讽，显然也不打算短时间内再回英格兰。如果爱德华王子也被派至

---

1 *Treaty Rolls 1234–1325* (London, 1955), nos. 654–656.
2 *Chron. Lanercost*, 254; M. Buck, *Politics, Finance and the Church in the Reign of Edward II: Walter Stapeldon, Treasurer of England* (Cambridge, 1983), 151.

第二章　流亡与即位（1322—1327）

法兰西，他便成为伊莎贝拉铲除德斯潘塞家族的关键一环；如果查理四世支持他妹妹的反抗行动，爱德华王子的这一作用便更加明显。因此，关于爱德华王子的启程时间，爱德华二世总是支吾其词。约定的时间渐近，德斯潘塞家族为了保护自己的利益不受损失，督促爱德华二世遣送爱德华王子前去法国，替父向查理四世行效忠之礼。[1]

8月，爱德华二世移驾肯特，准备亲自跨海出席效忠之礼，或者，尽可能送儿子去博韦参加即将举行的会面。爱德华的王子内府成员在23日到达多佛尔（Dover），住在上帝之家（Maison Dieu）。第二天，爱德华二世写了封信给查理四世，说自己身体有恙请求推迟效忠仪式。[2] 由于没有接到法兰西王室方面的任何消息，8月30日，爱德华二世任命王子在自己出席效忠仪式期间担任监国一职。[3] 在最后时刻，9月4日，查理四世宽宏大量地同意接受王子的效忠礼。英格兰王室文秘署的书记员迅速起草文件，将阿基坦和蓬蒂厄转让给温莎爱德华，并于9月10日完成。[4] 同时，爱德华二世任命三十人，组成王子随行团队的核心。在王子出访法兰西时，他们负责保卫王子的安全。这些随从包括德斯潘塞父子的亲密盟友埃克塞特主教沃尔特·斯特普尔顿、王室外交使节约翰·肖尔迪奇、理查德·格洛斯特。此外，还有王子的人，亨利·博蒙与威廉·蒙塔古。9月12日，温莎爱德华和他的随从从多佛尔乘船出发。两天后，斯特拉特福德主教和斯特普尔顿主教，与亨利·博蒙一道被正式任命为王子的监护人。[5] 爱德华二世出于

1　Murimuth, 43–44; Baker, 19. 尖刻的罗切斯特编年史家事后指出，将王子送去法兰西的这个决定，直接导致了后来伊莎贝拉将英格兰王国拖入了"荒凉与混乱"之中，BL, MS Cotton Faustina B. V, fol. 45v。
2　*Parl. Writs*, II.ii, App., 275; Murimuth, 43–44.
3　*CPR 1324–7*, 171. 亦见*CCR 1323–7*, 399。
4　这一文件仅有部分信息保存在《契约》之中，即如人们习知的那样，将蓬蒂厄与蒙特勒伊转让给温莎爱德华的文件在9月4日签署，阿基坦则在10月10日，见*Foedera*, II.i, 607–608。这两份转让文件其实有三个版本，关于文件的全貌，见*CPR 1324–7*, 173–175。
5　*CPR 1324–7*, 168, 170–171, 174–175. 亦见*EMDP*, I.i, no. 49。

对可能结果的清醒认识,他口授命令道,法兰西国王无权为王子安排婚姻,或为他指定保护人。[1]

爱德华王子与他的随从可能是沿着一条成熟完善的航海路线航行,即从多佛尔至加来(Calais)海峡的维桑(Wissant),王后伊莎贝拉和斯特拉特福德主教最近均经由这条线路前往法兰西。[2] 9月22日,爱德华王子在巴黎与他的母亲会合。两天之后,在巴黎郊区的万塞讷森林(Bois de Vincennes),他以阿基坦公爵、蓬蒂厄伯爵及蒙特勒伊伯爵的身份,在法兰西一众主教及世俗贵族的注目下,向查理四世行了简单的效忠之礼。[3] 法兰西王室所展示出来的威严雄伟无疑给少年爱德华王子留下了深刻的印象。但所有人都心知肚明,这次效忠之礼不过是英法两国就永久和平条款进行激烈讨论的一个小插曲。这时的温莎爱德华还不满十三岁,他的政治行为受到严格的限制,没有独立自主的能力,只是获得了阿基坦公爵等头衔。制定关于阿基坦大区的政策,仍由爱德华二世一手包办。[4] 同时,王子被引进政府承担公共角色,表明他的权益必须充分适应王室政策的大方向。中世纪君主的责任之一,便是保护王权的完整性并完好无缺地传给他的继承人。从1325年的夏天来看,显而易见,爱德华王子已成为众人瞩目的焦点,由他出访法国,也让那些担心爱德华二世以英格兰国王之尊向法兰西国王行效忠礼会成为其统治负累的人大松了口气。

效忠仪式一结束,王后与王子本应即刻赶回英格兰,这对维护英格兰政局的稳定至关重要。护送王后回家,是斯特普尔顿主教的责任。[5] 王子的

1　Murimuth, 44.

2　Haines, *Stratford*, 473–474.

3　SC 1/49/97; *War of Saint-Sardos*, 243–245, 269.

4　C 61/38, m. 6.

5　Buck, *Stapeldon*, 156. 关于这次宣誓的形式,见SC 1/37/74,载Déprez, *Préliminaires*, 20 n. 5。

第二章　流亡与即位（1322—1327）

不少随从都按时返回了英格兰：斯特拉特福德于10月12日到达多佛尔，约翰·莫林斯当月也已身在英格兰，而曾负责将王子送交给王后照管的亚当·索思威克，也写信向爱德华二世解释说，自己是因为生病才延迟回国。[1]但是伊莎贝拉王后在与法兰西王室亲属联系沟通后，对自己的重要性有了新的认识，她既没有打包回家的表示，也没有放儿子回英格兰的打算。爱德华王子与母亲10月14日在普瓦西（Poissy），15和17日在巴黎，22日在勒布尔歇（Le Bourget）用餐。之后，他又于10月底陪同母亲一起前往兰斯（Reims），在这里，他第一次见到法兰西国王加冕之地。在温莎爱德华尚不长久的年岁中，从未如此强烈且长时间地感受伊莎贝拉的强势，还有她在自己面前极力展示的作为母亲的权力。

正是在此期间，关于爱德华二世与其王后关系破裂的迹象公开浮现了出来。头脑清晰、沉着果断的伊莎贝拉轻易地接受了欧洲大陆亲友的建议，除非她的丈夫和德斯潘塞父子保证将会尊重她并合理对待她，否则她便不回英格兰。她严厉地谴责斯特普尔顿主教在返回英格兰前给她和她的法兰西王兄所带来的羞辱，又批评他无法为王后内府的开支提供资金，还因为他与德斯潘塞关系密切而对他大加指责。[2]10月28日，约翰·斯特拉特福德受爱德华二世派遣，前往法兰西执行一项秘密任务，即劝说伊莎贝拉及王子立即回国。伊莎贝拉听后告诉他说，她不敢冒险回英格兰去，因为她害怕小休·德斯潘塞。[3]至迟从10月末开始，王后公开声称她与儿子是从一个充满敌意的英格兰王室逃出来的难民。

除了家庭破裂的传言外，还流传出了通奸的丑闻。1325年末至1326

---

[1] SC 1/49/97; Haines, *Stratford*, 474; N. M. Fryde, "A Medieval Robber Baron: Sir John Molyns of Stoke Poges, Buckinghamshire", *Medieval Legal Records*, ed. R. F. Hunnisett and J. B. Post (London, 1978), 199.

[2] F. D. Blackley, "Isabella and the Bishop of Exeter", *Essays in Medieval History Presented to Bertie Wilkinson*, ed. T. A. Sandquist and M. R. Powicke (Toronto, 1969), 230–231.

[3] Haines, *Stratford*, 161–162.

年初的冬天,王后与罗杰·莫蒂默有不正当关系的消息为人所知。罗杰·莫蒂默在巴勒布里奇审判后逃亡法兰西,对爱德华二世及其政府极为不满。爱德华二世于数月前就已经意识到,莫蒂默将会在海外给他带来麻烦,可能在英格兰引发动乱。1324年,一个叫托马斯·纽比金的人宣称,他握有关于莫蒂默反对爱德华二世的重要证据,以此作为筹码,希望国王将他从伦敦塔中释放出来。[1] 1325年2月,爱德华二世在法兰西宫廷的代理人诺里奇主教萨蒙和里士满伯爵约翰曾接到命令,在王后到达法兰西之前,务必要将莫蒂默及其他在巴勒布里奇之役后逃亡的英格兰贵族赶出法兰西。[2] 爱德华二世不曾想到的是,伊莎贝拉决定与自己断绝婚姻关系,并与这些反叛者的头目建立公开的通奸关系。

在一定程度上,王后的通奸丑闻给爱德华二世提供了站上道德高点的机会。十年前,腓力四世两个儿媳放荡纵情的通奸传闻,使法兰西宫廷成了桃色新闻及流言蜚语的中心。查理四世深知王室及家族尊严的重要性,对亲妹妹自掉身价的放荡行为倍感尴尬。1325年3月,他接到了爱德华二世拜托他帮助自己将伊莎贝拉和儿子送回英格兰的请求。爱德华二世在给妻兄的信中说,行事"应该按理性、正确的信仰及兄弟的感情,而不应考虑女人任性的愉悦"。[3] 但是,伊莎贝拉的坚强与足智多谋出人意料,她试图就两项罪名为自己辩护:第一,由于自己的人身安全受到丈夫爱德华二世的威胁,她不希望回到丈夫身边去;第二,致使她与爱德华二世婚姻崩溃的罪魁祸首,并非莫蒂默而是休·德斯潘塞。[4] 在这里,性别的暗示是显而易见的。爱德华二世试图强调他作为丈夫的权威,但他的所作所为公然暴露了自己的伪善。

1　SC 8/128/6395,联系到 *Parl. Writs*, II, ii, App., 244–249。亦见SC 8/90/4482.
2　*War of Saint-Sardos*, 196.
3　*CCR 1323–7*, 579.
4　*Vita*, 242–247.

第二章　流亡与即位（1322—1327）

由于伊莎贝拉公开拒绝接受她作为王妻的责任和其他政治职责，爱德华二世只好寻求直接与儿子对话。对于父母婚姻的破裂，温莎爱德华的态度如何，我们无从得知。但合理的推测是，当时的他应该是同情并理解母亲所处的困境，尽管后来的他并没有向莫蒂默展示出丝毫怜悯，反而视其为造成父母敌对的真正因素。[1] 一旦莫蒂默为了与伊莎贝拉双宿双飞而献媚邀宠，爱德华王子对他被迫流亡的同情，可能就大大下降了。1325年12月2日，爱德华二世与王子取得了直接联系，恳求他忠于自己并回到自己身边来，不管他的母亲是否与他一起。[2] 然而，父子重逢的点滴希望，由于爱德华二世持续不断的威胁行为而迅速毁灭了。1326年1月，爱德华王子的英格兰地产被置于国王的直接控制之下，尽管土地上的财政收入依然供应着王子的各种需要。更令人震惊的是，2月，郡长们得到爱德华二世的授意，当王后和王子一回到英格兰，便立即逮捕他们。王后和王子在国外的支持者，也被视为国王的敌人。[3] 3月，爱德华二世认为阿基坦公爵、蓬蒂厄伯爵等身份可能会让爱德华王子用来反对英格兰王权，于是他剥夺了王子的这些爵称，自封为阿基坦和蓬蒂厄的"统治者与管理者"。[4] 讽刺的是，这一做法的唯一结果是，促使查理四世重新占领了法军最近撤出的大阿基坦区的部分领土。

1326年3月、6月，爱德华二世孤注一掷地祈求儿子回归英格兰，但他的祈求完全没有倾注一丝父爱，而是歇斯底里的威胁。他警告道："他主宰着一切，聪明如爱德华应该能够感觉到他的愤怒。其他儿子也应该以此为戒，明白违抗父亲及主人的后果。"[5] 这封信对少年爱德华所产生的影响我

1　*PROME*, iv, 105.
2　*Foedera*, II.ii, 579–580; Froissart, *Oeuvres*, xviii, 9. 在1326年1月送给国王的关于王后与王子返回计划之信息，见SC 1/49/92。
3　*CFR 1319–27*, 372; *CCR 1323–7*, 543.
4　*EMDP*, I.i, no. 49. 在此，爱德华二世的政策被解释得更为无辜，他是不得已而为之。
5　*Foedera*, II.ii, 543, 576–577, 578; 译自*CCR 1323–7*, 576–577。

们只能猜测。但是，后来在其父失位、去世之时，爱德华三世对父亲刻意展现出来的忠诚与崇敬，几乎可以肯定是为 1325 至 1326 年间他公然违抗父亲而做出的必要的公开赎罪，不管他当初的抗命行为是否出于自愿。

1326 年父子间的争论，主要集中在爱德华王子将与埃诺伯爵的女儿订婚的传言上。从 1323 年起，爱德华二世一朝的政策就聚焦在寻求同盟以对抗法兰西，而希望集中在伊比利亚半岛的某个国家上。在初步探讨了爱德华王子与阿拉贡国王海梅二世之女结亲的可能性之后，爱德华二世又想将小女儿琼嫁给气质文雅并宠溺妻子的海梅二世，或者，"因为听说他又老又弱，说不准能活多久"，嫁给他的儿子兼继承人阿方索。他希望与卡斯蒂利亚王朝缔结两段姻亲，即英格兰的埃莉诺公主与刚毅的阿方索十一世成婚，爱德华王子与阿方索十一世之妹埃莉诺联姻。1326 年 1 月 1 日，爱德华二世认为有必要签发一份声明，拒绝其子爱德华王子与法兰西的联姻。4 月，当葡萄牙国王和王后提议与英格兰联姻时，爱德华二世依然希望能与卡斯蒂利亚联盟。[1] 然而，与此同时，爱德华王子在欧洲大陆的监护人及控制者伊莎贝拉为他安排了一份完全不同的婚约。

与埃诺伯爵的结盟至关重要，因为这将为伊莎贝拉和莫蒂默提供必要的军事支持，助他们在 1326 年 9 月攻回英格兰。从爱德华一世时起，低地国家的君主们就与金雀花王朝保持着紧密的外交和政治联盟关系，因此，英格兰王室与埃诺伯爵家庭联姻并不稀奇。[2] 但是，埃诺的威廉之妻让娜是瓦卢瓦的查理之女，这让事情变得复杂起来。早在 1319 年，就有提议说让温莎爱德华迎娶威廉与让娜之长女玛格丽特。但是，这一提议被腓力五世坚决拒

1　*Foedera*, II.i, 548–549, 573, 585, 589, 617, 625–626; *CPR 1324–7*, 103–104; *War of Saint-Sardos*, 214–217.

2　M. G. A. Vale, "The Anglo-French Wars, 1294–1340: Allies and Alliances", *Guerre et société en France, en Angleterre et en Bourgogne XIVe–XVe siècle*, ed. P. Contamine, C. Giry-Deloison and M. H. Keen (Lille, 1991), 15–31.

绝了，原因是法兰西认为这是金雀花王朝单方面试图更深入地介入法兰西王室。[1] 1323 年，查理四世曾提议让温莎爱德华迎娶让娜一个同父异母的小妹妹，对此联姻可能产生的结果他也心中有数，但如今爱德华二世却怀疑，这样的联姻会导致英格兰越来越多地卷入由查理伯爵之子腓力领导的瓦卢瓦家族。至少在这件事上，爱德华二世的直觉是合理的。在 1325 至 1326 年冬天，自信满怀的瓦卢瓦的腓力眼见英格兰王后形势不利，便想从中谋取私利，要求伊莎贝拉做出以下保证：哪怕查理四世没有男嗣，她也将放弃自己及其子对法兰西王位的继承权。[2] 爱德华二世原本并未设想这样牵强的主张能够实现，但在当时英法外交高度紧张的情况下，他承受不起任何妥协。温莎爱德华与威廉伯爵之女的婚姻，很大程度上是伊莎贝拉在绝望之下缔结的。查理四世、瓦卢瓦的腓力和埃诺的威廉，都无意公开支持伊莎贝拉去反对丈夫。相反，倒是埃诺伯爵之弟，埃诺的冒险家约翰，为了捍卫骑士精神，向屈辱的英格兰王后伊莎贝拉提供了庇护，支持她反对丈夫。[3] 除了这些短暂的目标，伊莎贝拉根本未曾仔细核算过温莎爱德华更长远的利益。

伊莎贝拉与埃诺的约翰的谋划第一次为人所知，似乎是在 1325 年 12 月的巴黎，伊莎贝拉与爱德华王子在瓦卢瓦的查理的葬礼上遇见了让娜伯爵夫人。与爱德华王子联姻的人改为让娜的女儿——菲莉帕。[4] 1326 年初，双方在瓦朗谢讷（Valenciennes）就联姻的细节进行商议。在 5 月参加完

1　A. Wathey, "The Marriage of Edward III and the Transmission of French Motets to England", *Journal of the American Musicological Society*, xlv (1992), 13–14.
2　Fryde, *Tyranny*, 180–182. 后来有人说，也许是出自同样的目的，瓦卢瓦的查理在1325年去世之前，曾积极促成金雀花-埃诺联盟，*Autobiography of Emperor Charles IV and his Legend of St Wenceslas*, ed. B. Nagy and F. Schaer (Budapest, 2001), 26–27。
3　Le Bel, i, 14–16; *Récits d'un Bourgeois de Valenciennes*, ed. Kervyn de Lettenhove (Louvain, 1877), 140–143.
4　M. Vale, *The Princely Court: Medieval Courts and Culture in North-West Europe* (Oxford, 2001), 159. 12月28日，信使将瓦卢瓦的查理去世的消息送达身在贝里圣埃德蒙兹（Bury St Edmunds）的国王，SAL, MS 122, fol. 26。

查理四世王后——埃夫勒的让娜的加冕礼及其庆祝活动之后,[1] 当年夏天,伊莎贝拉带着爱德华王子去往埃诺(Hainault)。当年6月,爱德华二世最后一次绝望地向法兰西的国王、主教、贵族和其他权贵发出求助的呼吁,请求他们将他的王后和儿子送回英格兰,但他的努力石沉大海。因此,到了7月,他下令对居住在英格兰的法兰西人采取报复行动。面对这一羞辱,查理四世迅速予以反击,8月,他下令将所有居住在法兰西的英格兰人投入监狱,并没收财产。[2] 爱德华王子肯定意识到这将进一步伤害双方的邦交关系。8月23日,明显是出于准备迎战的意图,年轻的切斯特伯爵、阿基坦公爵雇佣了埃诺人西蒙·黑尔。[3]

8月27日,温莎爱德华与埃诺的菲莉帕的联姻合约在蒙斯(Mons)议定并签署。[4] 爱德华王子手按《福音书》宣誓,他将会为菲莉帕提供合适的彩礼,并在两年内迎娶她,否则将受到一万镑的罚款。合同的担保人是罗杰·莫蒂默和肯特伯爵,后者因1324年9月在拉雷奥勒(La Réole)投降法兰西,失去了他同父异母之兄爱德华二世的青睐。他投靠伊莎贝拉之党的结果是,他在英格兰的地产都被爱德华二世没收。[5] 爱德华王子联姻的所有安排均与爱德华二世无关,而且明显违背了他的意愿。由于温莎爱德华未到法定年龄,此事的合法性存在很大问题。事实上,未来这桩婚姻的前途完全取决于伊莎贝拉采取不同手段,控制英格兰政府的能力。那天,站在蒙斯大教堂里的爱德华王子,原不应心存幻想,认为自己已成为母亲将英格兰王国从德斯潘塞的奴役中解救出来的关键筹码。

---

1 C. Lord, "Queen Isabella at the Court of France", *Fourteenth Century England II*, ed. Given-Wilson, 45–52.

2 *Foedera*, II.i, 576–578, 581–582; *CFR* 1319–27, 404, 410; Fryde, *Tyranny*, 182.

3 C 47/2/23/45; Shenton, "English Court", 256.

4 Froissart, *Oeuvres*, ii, 502–504; K. Petit, "Le mariage de Philippa de Hainault, reine d'Angleterre", *Le Moyen Age*, lxxxvii (1981), 376–377.

5 Buck, *Stapeldon*, 161.

第二章　流亡与即位（1322—1327）

想要确定有哪些人出席了爱德华王子联姻合约签署仪式并不容易。作为"王后党最亲密、最重要成员"的罗杰·莫蒂默与埃诺的约翰肯定在场。[1] 王后内府的其他人员，及 1325 年被派遣至法兰西执行外交任务的大部分人员都已回到英格兰，但都柏林大主教亚历山大·比克诺无疑是出席该仪式的唯一英格兰主教。[2] 王子的教父里士满伯爵，原本坚定地效忠于爱德华二世，但在 1325 年出任外交大使后，依然留在法兰西，并公开倒向伊莎贝拉党。在仪式上，还有很多一开始随行来到法国的骑士为温莎爱德华服务，包括亨利·博蒙、吉尔伯特·塔尔博特、威廉·蒙塔古等人。[3] 当年夏天，支持王后的队伍明显迅速壮大：埃塞克斯（Essex）及赫特福德（Hertfordshire）的郡长理查德·佩雷斯也加入王子在欧洲大陆的随从阵营。[4] 围绕在伊莎贝拉和爱德华王子身边的，大多数是像莫蒂默那样由于德斯潘塞的复仇而被迫流亡的人，如因 1322 年事件而被没收英格兰地产、褫夺爵号的威廉·特拉塞尔和托马斯·罗斯林，以及更多因为德斯潘塞暴政而逃亡的人，包括约翰·克罗比威尔、约翰·鲁斯在内。[5] 面对伊莎贝拉的这些同盟者，尤其是他的死敌莫蒂默，爱德华二世可以肆无忌惮地蔑视与嘲笑。[6] 但这个渎职而迟钝的爱德华二世没有预料到的是，近来英格兰境内对其统治所产生的厌恶情绪竟然高涨到如此地步，以致伊莎贝拉王后率领一小支叛军一入境，英格兰王国内各支势力便纷纷响应，予以支援。

1　Baker, 21. 1327 年 8 月，新即位的爱德华三世考虑典当王冠上的珠宝以支付所欠埃诺的约翰的巨额债务，SC 1/36/161。

2　R. M. Haines, *The Church and Politics in Fourteenth-Century England: The Career of Adam Orleton* (Cambridge, 1978), 157, 160。

3　1325 年 9 月，在爱德华为阿基坦、蓬蒂厄向法兰西国王行效忠礼时，里士满、塔尔博特与博蒙都是见证者，*War of Saint-Sardos*, 243。1326 年 1 月，里士满的英格兰地产被没收，Buck, *Stapeldon*, 161 n. 237。

4　*Cal. Mem. Rolls 1326–7*, no. 216. 亦见 Fryde, *Tyranny*, 187。

5　Fryde, *Tyranny*, 186。

6　*Foedera*, II.ii, 153。

1326年的整个夏天，爱德华二世都试图调动王国的所有力量来镇压他的王后和儿子掀起的动乱。他勒令教堂召集民众，唤醒他们对国王的忠诚之心。在多明我会全体教士年度集会祈祷时，他又写信给教会，直接要求不必为王后和王子祈祷，不让他们获得任何精神上的益处。[1]更实际的行动是，大封建地主都受令监督各郡的防御工作。爱德华二世的堂兄，莱斯特伯爵亨利被任命为英格兰中部地区总督（Lieutenant in the Midlands），他的弟弟诺福克伯爵则负责监督东安格利亚（East Anglia）。爱德华二世自己则打算亲自前往威尔士，去"唤醒当地人的善良与忠诚"。[2]他认为伊莎贝拉及其军队应该会从布里斯托尔（Bristol）登陆，因此，他在迪恩森林布置了侦察部队，以侦察、搜集任何入侵的迹象与消息。[3]同时，他也派了一些秘密使者去欧洲大陆搅乱伊莎贝拉王后的计划，但情报不足导致他徒劳无功，比如由于误以为爱德华王子驻扎在诺曼底，一支远征队向该处进发。[4]

到了相当晚的时候，国王的咨议会才准确获悉伊莎贝拉的登陆计划。9月2日，王后打算从东安格利亚登陆的确切消息传来，爱德华二世从东岸港口征发了大量船舰，命令他们于9月21日聚集到萨福克（Suffolk）的奥威尔河湾。然而，没有证据表明，王后、王子及其支持者9月23日从多德雷赫特港启程，并于次日在奥威尔河口附近登陆时，拥有一支强大的队伍。事实上，有人怀疑国王舰队的司令官罗伯特·沃特维尔帮助了王后，为她仅由十艘小渔船组成的舰队让出了一条安全通道。[5]如果怀疑属实，那他是无数叛变者中的第一个，而他与众多叛变者迅速保证了侵略军的胜利。迄今为止，王后和其情人的真正意图既未申明也不易探知。无论温莎爱德

---

1 Haines, *Stratford*, 169–170; *CCR 1324-6*, 556, 643.
2 C 49/5/17; Fryde, *Tyranny*, 183–184.
3 SAL, MS 122, fol. 45v.
4 Haines, *Stratford*, 169; Fryde, *Tyranny,* 184–185.
5 *CCR 1323–7*, 643–644; *Chron. Lanercost*, 255; BL, MS Cotton Faustina B. V, fol. 47; Fryde, *Tyranny*, 185–186.

第二章　流亡与即位（1322—1327）

华对他们的阴谋是否知情，即将在战场上面对他那位沮丧气馁、名誉丧尽的父亲，他的感情肯定是复杂的，一方面认为此乃不祥之兆，同时却又激动难抑。

如果伊莎贝拉与莫蒂默的明确目的是在萨福克登陆当天推翻爱德华二世，肩负起领导英格兰政府的责任，那他们目前的武力便显得太弱小了。加上埃诺的约翰所援助的七百名战士，伊莎贝拉的军队也才大约一千五百人。[1]爱德华二世尽管曾反复遭受苏格兰的羞辱，但就像1321至1322年间所发生的事情一样，王国内即便发生了很大的叛乱，他也有充分的条件与资源去平定。王后登陆三天之后，爱德华二世要求各郡部署兵力的命令也签发下来。近五万步兵与弓箭手被征发，受命保卫国王及其王位。[2]开始之时，王后那支小队伍，严格意义上来讲，无论如何都无法称为有威胁力的军队。在战争开始后的几周里，大多数人都认为王后的目的仅仅是给爱德华二世施压，让他废黜德斯潘塞父子并恢复她的地产、利益及权力。这个要求本质上是合理的，也有利于英格兰的王权步上正轨，因此人们都乐见其成。正如赫里福德主教亚当·奥莱顿在开战前的动员会上所说的那样，驱除德斯潘塞父子有助于臣下谏言的传统，而这是理想王权所紧紧依靠的。[3]

然而，这并未将王后及其党羽动员英格兰重要政治人物提供支持的能力考虑在内。足智多谋的伊莎贝拉迅速致信高级教士和大贵族，号召他们为了整个王国的利益加入她的阵营。考虑到伦敦人在支持政府中扮演了重要角色，她直接与首都权力当局进行联系。越发慌张的爱德华二世担心她还将致信其他城镇，于是下令拦截她的这类信件，并威胁道，任何支持王后及其党羽的行为将被视为叛国罪。[4]鉴于莫蒂默及其追随者已被宣判为叛

1　H. S. Lucas, *The Low Countries and the Hundred Years' War, 1326–1347* (Ann Arbor, 1929), 56; Fryde, *Tyranny*, 185; Buck, *Stapeldon*, 217.

2　*Parl. Writs*, II.ii, App., 292–293.

3　Baker, 21; Haines, *Orleton*, 164.

4　*CPMR 1323–64*, 42; Haines, *Stratford*, 170 and n. 41; *CCW 1244–1326*, 582.

国者，并且与侵略军的任何联系都将被定性为对国王和王国的公开背叛，那么，在态势尚未明朗的早期阶段，有如此多重要人物纷纷准备加入这一高危的冒险活动，实在引人注目，异乎寻常。至少王位继承人与王后站在同一阵线，这对他们而言或许具有决定性的影响。诺福克伯爵迅速抛弃军令转而支持王后及其兄肯特伯爵。同样，赫里福德的奥莱顿主教、林肯的伯格什主教、伊利的霍瑟姆主教，或许还有诺里奇的艾尔敏主教，当初的决心也发生了摇摆。在王后与王子登陆之后，伊普斯威奇镇贷了一百镑给他们。有几名水手本是被派去围截登陆的叛军，但他们后来声称，出于对德斯潘塞父子的共同轻视，他们拒绝与叛军交战。[1]

王后与王子先是在沃尔顿（Walton）停留了一些时间，然后从贝里圣埃德蒙兹前往剑桥，并驻扎在巴恩维尔修道院。[2]当前进到邓斯特布尔（Dunstable）时，他们得到了莱斯特伯爵的加盟。至此，伊莎贝拉王后已得到了爱德华二世两个同父异母弟弟和一个堂兄的公开支持。同时，来自伦敦的消息也让人振奋。9月30日，伦敦市民及时发现雷诺兹大主教宣布的将王后与王子逐出教会的教皇敕令是伪造的，义愤填膺，伦敦因而陷入骚乱当中。在此情况下，爱德华二世伙同德斯潘塞父子及大法官罗伯特·鲍多克于10月2日逃离伦敦塔。前国库长斯特普尔顿主教，是爱德华二世统治的坚定拥护者，受到王后的极端厌恶，则成为暴怒群众的主要靶子。雷诺兹与王后和谈停战的计划落空。10月6日，伊莎贝拉致伦敦市民一封公开信，为抓捕小德斯潘塞一事请求得到他们的特别帮助。[3]10月15日，聚集在伦敦市政厅的民众告诉伦敦市长哈莫·奇格韦尔说斯特普尔顿是王后的敌人，而王后的所有敌人都应该被判处死刑。当斯特普尔顿试图逃跑至

---

[1] Baker, 21; *French Chronicle*, 51; *Cal. Mem. Rolls 1326–7*, no. 2235.

[2] J. H. Round, "The Landing of Queen Isabella in 1326", *EHR*, xiv (1899), 104–105; Haines, *Stratford*, 170 n. 39.

[3] *CPMR 1323–64*, 41–42; "Extracts from the *Historia Aurea* and a French 'Brut' (1317–1377)", ed. V. H. Galbraith, *EHR*, xliii (1928), 211–212; Buck, *Stapeldon*, 218–219.

第二章　流亡与即位（1322—1327）

圣保罗教堂避难所时，他被抓捕并被拖过大街，一直被拖到奇普赛德。在那里，一把面包刀砍下了他的头颅。第二天，伦敦塔戍卫长交出了钥匙，释放了塔中关押的犯人，包括莫蒂默的两个儿子。还是幼儿的约翰王子当时住在伦敦塔中，是伦敦城监护人，被正式宣布废除国王的权力。10月17日，兰开斯特伯爵早前设立在圣保罗大教堂以纪念《法令》的碑，曾在1323年被爱德华二世下令移除，现在又重新立了起来。[1] 这座城市现在有了一位果断的领袖伊莎贝拉王后，整个国家都听从她的旨令。

其实，伦敦的溃败，原本并不意味着爱德华二世统治的结束。惊慌失措的他曾清醒地认识到，南威尔士，可能还有爱尔兰，能够给他提供强有力的支持。他也有大量的经费去寻求军事协助。思及此，王后和王子横穿整个国家，途经沃灵福德、牛津，前往格洛斯特及布里斯托尔。一路上，王后伊莎贝拉不断招兵买马集结军队；在格洛斯特，莱斯特伯爵的女婿托马斯·韦克爵士，亨利·珀西及其他北方领主与边境贵族纷纷加入她的队伍。[2] 爱德华二世从廷特恩（Tintern）、切普斯托（Chepstow）逃往卡菲利（Caerphilly），在此途中，他把老德斯潘塞留在了布里斯托尔。尽管老德斯潘塞做了不少努力来保卫城堡，[3] 但还是在10月26日被迫向伊莎贝拉王后投降。经过骑士法庭的军事审判，他被判处吊刑、绞刑并被分尸。[4] 随着老德斯潘塞的覆灭，剩下那个小德斯潘塞的灭亡，以及将整个王国从他们的肆虐下解放出来，也不过是早晚的事情。

1　C 49/6/7; M. McKisack, "London and the Succession to the Crown during the Middle Ages", *Studies in Medieval History Presented to Frederick Maurice Powicke*, ed. R. W. Hunt, W. A. Pantin and R. W. Southern (Oxford, 1948), 81–83; Buck, *Stapeldon*, 218–220.
2　Murimuth, 47. 10月10日，韦克已收到了国王的没收威胁，*Parl. Writs*, II.ii, App., 294–295。
3　1327年，萨默塞特的约翰·比彻姆爵士抱怨说，他在谢普顿马利特（Shepton Mallet）的许多佃户曾被哈尔福德的理查德·布朗强迫征召在布里斯托尔防御驻守，抵抗王后及其子，SC 8/32/1573。
4　*Ann. Paulini*, 317–318; M. Keen, *Nobles, Knights and Men-at-Arms in the Middle Ages* (London, 1996), 155, 163.

行刑后不久，叛乱者聚集在女王及其长子面前，恳请他们制定正式政策以治理英格兰。这些人中有温切斯特主教约翰·斯特拉特福德、亚历山大·比克诺，及伊利、林肯、赫里福德、诺里奇等地的主教。而支持王后和温莎王子的伯爵、男爵、骑士——包括诺福克、肯特、莱斯特、托马斯·韦克、亨利·博蒙、罗伯特·墨利及罗伯特·沃特维尔——的名单上，现在又加上了之前英勇的男爵的名字，比如阿什比的威廉·德拉朱什及罗伯特·莫利。[1] 国王将要逃亡爱尔兰的谣言表明，他并没有事先为其政府做好安排。在自认为已取得了政府权力之后，王后党羽一致同意，爱德华王子应该"以国王的名义与权利"监国。[2] 这等于公开否定了爱德华二世，明确声明并肯定了温莎爱德华在重新协商制定规则中应该扮演的重要角色。

根据官方纪录，将如此显要的头衔冠于年轻国王，是王国所有人一致同意的决策。"王国所有人"（community of the realm）这个短语，表示一个团体集体宣誓献身于某个改革项目，这在1258年也曾用来抗议亨利三世。[3] 1327年1月在伦敦，这一宣誓形式也被伊莎贝拉的支持者采纳，其确切指向的应该是王后与德斯潘塞父子及鲍多克之间的斗争，[4] 当时后者已被宣判，而且德斯潘塞父子已被行刑。因此，伦敦誓言实际上是反叛者头目之前公开且正式宣誓他们为了反对爱德华二世的幸臣而团结一致斗争到底的重申。根据10月15日一封署有王后、王子及肯特伯爵之名的公开信可知，反对者的明确目标仅仅是剥夺暴虐的小德斯潘塞的地产。[5] 这不难看出，为什么在很长时间里，伊莎贝拉都在高调宣扬这一目标，因为这能够

1　GEC, ix, 211–214; xii, 957–960. 德拉朱什（肯定）和莫利（有可能）曾在巴勒布里奇为国王而战。莱斯特被称为兰开斯特伯爵及莱斯特也列名在名单上等事实，或许表明这份记录是在1327年爱德华三世正式即位并恢复其弟爵位之后所作的。
2　*CCR 1324–1327*, 655; *Foedera*, II.i, 646; *Parl. Writs*, II.ii, 349–350.
3　M. T. Clanchy, *England and its Rulers, 1066–1272*, 2nd edn (Oxford, 1998), 193–195; C. Valente, *The Theory and Practice of Revolt in Medieval England* (Aldershot, 2003), 49–162.
4　*Parl. Writs*, II.ii, 354.
5　*Letters of the Queens of England, 1100–1547*, ed. A. Crawford (Stroud, 1994), 88–89.

第二章　流亡与即位（1322—1327）

帮助她避免尴尬，使其背叛行动不被视为叛国行为。同样地，10月26日，该集团中的核心人物在这次政变中串通一气，即便国王拒不退位，他们也会强行将他从王座上赶下来，让其子取而代之。

在这场阴谋中，即便王子不是自愿主动的，但被确定为监国的他，无论如何也逃脱不了干系。最初出于务实的目的，决定在确认他新的正式身份的文件上，盖上温莎爱德华的私章。[1] 随后，在11月中旬，爱德华二世为1308年第一次访问法兰西时制作的国玺被送到了赫里福德爱德华王子处。当爱德华二世打算交出这方国玺时，事实上摄政政府已通过了再制作一方替代印玺的决策。[2] 众多安排表明，在篡夺国王权力的过程中，尽管爱德华王子已担任监国，但王后和其党羽还是尽可能地为王子接管权力寻求合法性。[3] 正因过分谨小慎微，以致到了11月20日，出现令中央政府官员很困惑的情况：他们还被要求在文件上盖上王子和国王的双重印章。[4]

正常情况下，监国的权力是被小心谨慎地加以限制的。然而，不容置疑，11月初设立在赫里福德的新政府却拥有广泛的权力。[5] 莱斯特伯爵现在被认为是他已故弟弟兰开斯特伯爵领的合法持有人，温莎爱德华的表兄约翰·博恩，也袭爵为赫里福德和埃塞克斯伯爵。[6] 新掌权者正在行使权力的一个最戏剧性的表现是，11月6日斯特拉特福德主教被任命为国库长。11月14日，刚毅强硬的斯特拉特福德主教在伦敦市长及"众多伦敦市民"的陪同下来到威斯敏斯特。由于爱德华二世的国库长和支持者约克大主教

1　CCR 1324–7, 655. 这枚私章被委托给王后的一个书记员罗伯特·威维尔保管，Tout, Chapters, ii, 309–310; iii, 2。
2　Tout, Chapters, iii, 3 n. 1.
3　L. Benz, "Queen Consort, Queen Mother: The Power and Authority of Fourteenth-Century Plantagenet Queens"(University of York PhD thesis, 2009), 202–205.
4　财政署盖上王子印章的授权书，见Cal. Mem. Rolls 1326–7, nos. 203, 204, 213, 215, 1100。
5　10月20日至11月30日间，王子做出了很多授权，后来盖上了国玺并登记在册，CPR 1324–7, 338, 342。
6　GEC, vi, 470; vii, 398.

威廉·梅尔顿缺席，财政署众官员别无选择，只好屈服于新政权。[1]次日，斯特拉特福德上任后所做的第一件事，便是在市政厅公开宣誓，他将保护伦敦城的自由。[2]所有事情表明，王后和她的长子大获全胜，凯歌高奏地进驻英格兰王国的首都。

就在斯特拉特福德于伦敦市政厅向伦敦市民许下承诺的第二天，爱德华二世和其追随者遭遇到一支军队的伏击，而后被捕。这支军队是从赫里福德派出的，由莱斯特伯爵领导。11月初，爱德华二世曾沿着南威尔士海岸线撤退。到11月10日，他最后一次派遣代理人即尼斯修道院院长和爱德华·博恩去与王后洽谈，可惜徒劳无果。根据后来在当地城堡发现的王室文秘署档案的记录来看，爱德华二世可能曾打算从斯旺西（Swansea）经海路逃跑。但出于某些原因，他还是决定东移，也许是寄希望于卡菲利德斯潘塞城堡周围宽阔的水域能够起到防御作用，从而赢得重整旗鼓的机会。他离开尼斯时，明显仓皇匆促，就连他带到威尔士的巨额现金两万九千镑，也有很大一部分落在了修道院里。这趟逃亡之路，也是他作为一个自由人的最后历程，因为在11月16日，国王一党被人背叛，从而在兰特里森特（Llantrisant）遭遇了毁灭性的伏击。[3]他心爱的小德斯潘塞，一直陪伴他走到最后，却被突然抓到赫里福德，在简单审判后即被斩首处决。当他的首级在伦敦桥一示众，瞬间便激发起看客们的狂热。[4]爱德华二世的另一个重要拥护者阿伦德尔伯爵，也于11月17日被俘并在赫里福德处死，他的财物和金银餐具全被王后与王子收入囊中。他在阿克斯霍姆岛（Isle of Axholme）上的地产，立刻被赐给了萨里伯爵约翰·德沃伦。尽管

---

[1] *Cal. Mem. Rolls 1326–7*, no. 832; Davies, *Baronial Opposition*, 568.

[2] *Ann. Paulini*, 318.

[3] *CPR 1324–7*, 336, 337; *CFR 1319–27*, 422; Fryde, *Tyranny*, 105, 189; Hallam, *Itinerary of Edward II*, 291.

[4] Holmes, "Judgement on the Younger Despenser", 261–267; J. Taylor, "The Judgement on Hugh Despenser the Younger", *Medievalia et Humanistica*, xii (1958), 70–77.

第二章　流亡与即位（1322—1327）

萨里伯爵一开始曾站在爱德华二世一方，但后来他与伊莎贝拉和解，成为后者的盟友。[1] 让人生厌的罗伯特·鲍多克也在赫里福德被宣判，但出于维护神职人员权益的考虑，他由奥莱顿主教监管。奥莱顿主教将他转移到伦敦后很快就遗弃了他，任由伦敦当局处置。1327 年 3 月，鲍多克在纽盖特监狱受尽折磨而死。[2]

被抓获的爱德华二世，毫无疑问，受到了不同的处置。他先是被安置在蒙茅斯城堡，后来在 12 月 5 日又被转移到莱斯特伯爵的凯尼尔沃思城堡。失败的爱德华二世，依然是其妻、其子权力的来源，因而有必要确保他的人身安全，不接触友人，也避免敌人的伤害。然而，在这一清晰的战略背后，行动却是混乱的。伊莎贝拉很快取得了爱德华二世储存在威斯敏斯特和伦敦塔的王室财富，共有现金六万二千镑。但这一年最好的收获可能是爱德华二世留在尼斯和斯旺西的甲胄等军备武器及其他物品，这些都交给了王后，而且，当地人还搜出了价值至少为三千镑的国王私财。[3] 二十多余年之后，爱德华三世收到一封匿名举报信，说布里斯托尔的著名商人罗伯特·基恩仍然持有鲍多克两千马克的物品。[4] 在随后的调查中，国王特派专员揭露出一桩巨额隐秘财产，是鲍多克和小德斯潘塞的个人财富，价值大约为两万镑。[5] 在有条不紊地处决政敌、保证丈夫人身安全之后，伊莎贝拉便开始一系列肆意的暴行，并悬赏捉拿在逃犯人。

爱德华王子不得不仔细考虑关于发生在尼斯、赫里福德及伦敦这些事

1　C 47/3/53, no. 7; *CPR 1324–7*, 338; McKisack, *Fourteenth Century*, 84, 88 n. 2.

2　*Ann. Paulini*, 320–321; Baker, 25–26; Haines, *Orleton*, 167.

3　*CFR 1319–27*, 429; *CPR 1324–7*, 339; *List of Welsh Entries in the Memoranda Rolls, 1282–43*, ed. N. Fryde (Cardiff, 1974), 69; "Inquisition on the Effects of Edward II", ed. C. H. Hartshorne, *Archaeologia Cambrensis*, 3rd series, ix (1863), 163–167.

4　SC 8/153/7650.

5　*CFR 1347–56*, 324, 388; *CPR 1350–4*, 232, 279; E 368/126, *Brev. retorn.*, Mich., rot. 15d; E 142/47, m. 3; E101/333/23, no. 5; JUST 1/1451, rot. 5. 关于这笔财产的后续故事，见本书第454页。

件的影响。1322年他在约克的经历告诉他，谁要是胆敢挑战复仇心重的爱德华二世，可怕的灾难便会降临在自己身上。如今，王后敌人所受到的报复，其残暴程度丝毫不亚于当初。尤其是小德斯潘塞遭受了无以复加的痛苦极刑。在其他折磨之前，他的生殖器先被割下，这也许是特意为之，以公开羞辱传言中与国王鸡奸的他。[1] 后来的行为表明，爱德华王子并非享受复仇与施虐之人，他当时很可能已打算宽恕德斯潘塞和鲍多克。在这个冬天里，相对于关心自己，他的母亲也许更关注凄惨的阶下囚爱德华二世将临的命运。

公众已认识到爱德华二世是被其子逮捕的，因此从10月下旬开始的权力共享试验迅速结束。1326年11月20日，王后的参谋决定，既然国王已经重回王国，爱德华王子就不可能继续充任监国。奥莱顿主教和威廉·布朗特爵士随后被派去面见爱德华二世，要求他把国玺传给儿子。11月26日，他们回到赫里福德东南几英里开外的马奇马克尔（Much Marcle），去谒见王后和王子。[2] 官方记录如此记载爱德华二世授权其妻与子："国玺不仅用在必要的维护权利及和平的事上，也用在正确、仁慈的事上。"[3] 随后，新政权很快便开始论功行赏。在"王后与国王长子"授予的众多封赏中，彭布罗克伯爵领继承人劳伦斯·黑斯廷斯的监护权留归爱德华王子所有。[4] 讽刺的是，文秘署坚持声称，有权授予如此大面积土地的人只有爱德华二世，而非王后和王子，而且进一步注明，多数授予的签署来自爱德华二世的囚

1　C. Sponsler, "The King's Boyfriend: Froissart's Political Theater of 1326", *Queering the Middle Ages*, ed. G. Burger and S. F. Kruger (Minneapolis, 2001), 143–167; D. Westerhof, "Deconstructing Identities on the Scaffold: The Execution of Hugh Despenser the Younger, 1326", *JMH*, xxxiii (2007), 87–106.
2　*CCR 1324–7*, 655–656; Tout, *Chapters*, vi, 10–11.
3　*Foedera*, II.i, 646; *Parl. Writs*, II.ii, 350.
4　*CPR 1324–7*, 341. 关于王后与王子授予的特别许可，见*CPR 1324–7*, 340, 341。有意思的是，12月25日恢复布列塔尼的约翰的地产，反而是由"国王根据王后的要求"而授权，*CPR 1324–7*, 343–344。

第二章　流亡与即位（1322—1327）

禁之处——凯尼尔沃思，而非伍德斯托克（Woodstock，王后与王子在此居住，至圣诞节前才前往沃灵福德）。[1] 文秘署这样的假语虚辞有助于安抚敏感的官员，但是，那些积极预政的人就王室权力来源于谁，都不抱有幻想。

11月26日最奇怪的安排，不是承认王子爱德华作为事实上的王国统治者，而是根据王后的意思对王后的地位做了特别安排。爱德华王子刚过完他十四岁生日，这个年纪是被官方认为有能力行使自己的意愿并为自己的行为负责的。[2] 正式的权力共享，实际上已非必要。然而，伊莎贝拉显然无意放弃监护王位继承人所带来的影响力。在此前的两个场合下，她曾被赋予丈夫爱德华二世国玺的使用监护权。[3] 而且，从温莎爱德华王子成为监国时起，她的名字已经与王子共同出现在正式文件中。[4] 即便如此，在12世纪之前，像这种关于女性担任君主的新体制，在英格兰闻所未闻。对于这种行为，通常是从道德而非法理或制度层面裁决。伊莎贝拉是将整个王国从德斯潘塞统治下解救出来的救世主，只要她的丈夫被证明没有能力有效地统治王国，那么，她分享国王的部分权力便是合理的。1326年末至1327年初所发生的请愿事件，即请愿者请求爱德华二世采取补救办法，明确提出让王后和王子分享王权，就已表明公众早已接受伊莎贝拉作为统治者积极从政。[5] 我们只能推想，如像诺福克伯爵、肯特伯爵、莱斯特伯爵这

1　Tout, *Chapters*, iii, 3 n. 1.
2　Orme, *Childhood to Chivalry*, 6.
3　Benz, "Queen Consort, Queen Mother", 195–197.
4　SC 1/37/46; SC 1/49/189; *Cal. Mem. Rolls 1326-7*, no. 616; *The Registers of Roger Martival, Bishop of Salisbury, 1315–1330, III*, ed. S. Reynolds (CYS, lix, 1965), no. 680.
5　SC 1/37/19; SC 1/37/210; SC 8/46/2256; SC 8/74/3669; SC 8/307/15307; S. A. Sneddon, "Words and Realities: The Language and Dating of Petitions, 1326–7", *Medieval Petitions: Grace and Grievance*, ed. W. M. Ormrod, G. Dodd and A. Musson (York, 2009), 198–200; F. L. Wiswall III, "Politics, Procedure and the 'Non-Minority' of Edward III: Some Comparisons", *The Age of Richard II*, ed. J. L. Gillespie (Stroud, 1997), 10. 关于单独递交给王子的请愿书，见SC 8/277/13818。从1326年11月1日至1327年3月11日，王后内府及其子的内府被视为同一，E 101/382/9; Tout, *Chapters*, v, 246–247。

样的人，原本将担任法定的权力监护者，负责主持咨议会，也已认可了王后的领导支配地位，遵从她的意愿。

10月28日，新政府决定发出召令，按原计划于12月14日在威斯敏斯特召开议会。召集令指出，届时爱德华二世将不在国内，因此国事由王后及王子管理。这样的召集令，极不正常。如索尔兹伯里主教的文书登记员就强烈地抗议，拒绝认证送给主教马蒂沃的没有盖上国玺的令状的真实性。[1]这些细节的背后，是担心除了国王之外，是否还有人有权召集议会。然而，王后果断而坚决地予以回击。当新政府控制国玺之后，为了缓和关于召集议会合法性的担心，王子的新政府以国王爱德华二世的名义签署了另外一份文件，说议会休会至1月7日。[2]

伊莎贝拉及其同盟者在议会召开前是否已经达成清晰统一的计划，依然是个谜。不过有目共睹的事实是，在召集令的长长名单上，罗杰·莫蒂默的名字排在众贵族之前，而此前此处出现的是小德斯潘塞的名字，这明显暗示，这样的安排是为了保证王后的利益。议会开始之前不久，奥莱顿主教、斯特拉特福德主教及艾尔敏主教，与坎特伯雷大主教沃尔特·雷诺兹一起，在爱德华王子的伍德斯托克处所会见了莱斯特伯爵、肯特伯爵及其他贵族。他们一致认为，在议会召开之前，善于辞令且深孚众望的奥莱顿主教应该发表演讲，向众人解释，因为王后担心国王的盛怒及其报复，国王夫妇之间已无任何和解的可能。奥莱顿在演讲中还说，国王随身带着一把匕首，试图伺机杀害王后，必要时，他甚至会直接用上牙齿撕咬。这些描述利用了公众心目中有关爱德华二世的印象——无法控制自己火爆的脾气及缺少王者应有的仁慈。[3]如此一来，也为王后公然违背妻子的责任与义务提供了充分而正当的理由。伊莎贝拉早前虽曾指出，她之所以反抗丈

---

1 *Registers of Roger Martival III*, no. 681.
2 *Parl. Writs*, II.ii, 350–366; *HBC*, 556; *PROME*, iv, 5.
3 Haines, *Orleton*, 167–168; Haines, *Edward II*, 41, 46.

第二章　流亡与即位（1322—1327）

夫，是因为小德斯潘塞毁坏了她的婚姻。[1]可如今休·德斯潘塞已死，对妻子公开反抗丈夫一事，很多保守的政治成员其实并不认同，因此伊莎贝拉有必要为自己寻找更加充分的理由，尽管王后党羽找不到其他原因。王室婚姻的这一困境，根本没有回旋的余地。不管王后的支持者是否真的存在分歧，至少目前，他们不敢暴露出他们的真实阴谋。

如果还有更多的政治精英相信，议会可能会为国王和王后提供和解机会，并恢复咨议与认同机制到正常状态，那么他们的想法，很快就被事实证明是错误的。[2]自从9月率军登陆之后，伊莎贝拉就与伦敦这座尚未安定的城市保持着安全的距离，爱德华王子从沃灵福德经温莎缓慢地向威斯敏斯特推进，于1月初到达，这是他1325年去往法兰西后第一次在首都露面。伦敦城的骚动不安持续了两月有余，至今仍未平息，就在1月7日议会召开的第一天，一大群伦敦人强行涌进了威斯敏斯特大厅。在接下来的几周里，伦敦当局与暴徒都对议会产生了重要影响。对爱德华王子而言，这种混合着极端情绪的强烈刺激，从可能陷入无政府状态所引发的真实恐惧，到有望恢复政治秩序所感知的紧张激奋，肯定是难以忍受的。

1　*Vita*, 243.
2　以下内容主要依赖C. Valente, "The Deposition and Abdication of Edward II", *EHR*, cxiii (1998), 852–881。亦见*PROME*, iv, 5–7，由此可知，目前的研究在某些具体细节上存在分歧。以前关于废黜的研究（很大一部分研究受到以下因素的驱动，即1327年事件在多大程度上开创了1399年之后强行驱逐国王的先例），常常谨慎地看待议会是否在权力从爱德华二世转移到爱德华三世的过程中起到显著作用，而关注教皇、帝国政策及教规中是否存在因统治者个人缺陷而将君主废黜的先例，见*inter alia*, M. V. Clarke, *Medieval Representation and Consent* (London, 1936), 173–195; B. Wilkinson, "The Deposition of Richard II and the Accession of Henry IV", *Historical Studies of the English Parliament*, ed. E. B. Fryde and E. Miller, 2 vols (Cambridge, 1970), i, 337–344; E. Peters, *The Shadow King: Rex Inutilis in Medieval Law and Literature*, 751–1327 (New Haven, 1970), 232–241; 新近讨论可参考Haines, *Edward II*, 186–194，以及 M. Prestwich, *Plantagenet England, 1225–1360* (Oxford, 2005), 213–220。

尽管来自伦敦市民的压力不断上升，但在国王缺席的情况下议会是否能够合法运作并发挥功用这一问题上，王后党羽内部存在重大分歧，辩论导致实质性事务停滞了数日。[1]最后，伯格什、斯特拉特福德两位主教率领的代表团被派去凯尼尔沃思，代表王后、王子及"所有伯爵、男爵与聚集在伦敦的土地所有者"，请求爱德华二世出席本次议会。然而，傲慢自负的爱德华二世错误地拒绝了这一请求。1月12日即周一，主教们带回了爱德华二世的意见。这也许是影响已经聚集在威斯敏斯特大厅的政治人物意见的决定性时刻。在这之后，曾经忠诚的世俗贵族、高级教士、骑士及市民开始严肃考虑全面变更政权的可能性。

就在爱德华二世拒绝听取臣民忠告的决定传来的当天，伦敦市长和市议员邀请一些大贵族加入到拥护王后与王子的行列中来，并寻求让爱德华二世退位、为王子加冕的办法。1月13日，一众显要名流出现在伦敦市政厅，共同宣誓保护王后与王子的安全，支持他们与德斯潘塞余党战斗到底，支持现任议会所核准的法令条规，非常重要的是，维护伦敦城的自由。[2]当日晚些时候，罗杰·莫蒂默在议会上宣称，上议院贵族一致同意废黜爱德华二世，拥立其子为新一任国王。[3]支持王后的主教们随后根据《圣经》和箴言发表了一系列布道式的演说，证明这次政变的合理性并向民众宣传普及。奥莱顿主教布道时讲道，"一个愚蠢的国王将会摧毁他的国民"（《传道书》10:16），闻言，台下的听众大声回应，"我们不想要这样的人继续统治我们"。[4]约翰·斯特拉特福德以"我头痛了"（《列王记下》4:19）为题，并利用国

1　*Anglia Sacra*, ed. H. Wharton, 2 vols (London, 1691), i, 367; Haines, *Orleton*, 171; Valente, "Deposition", 855 n. 4.
2　*CPMR 1323–64*, 11–14; *Litterae Cantuariensis*, ed. J.B. Sheppard, 3 vols (RS, 1887–1889), i, 204–207. 关于联盟的组成，见Clarke, *Medieval Representation and Consent*, 181–182。
3　Fryde, *Tyranny*, 233; Valente, "Deposition", 856.
4　*Chron. Lanercost*, 257; Haines, *Stratford*, 183. 关于奥莱顿的布道内容，也有学者提供了不同文本，见Valente, "Deposition", 858 n. 4。

第二章　流亡与即位（1322—1327）

家的传统形象。最后，在宣示箴言"民众的呼声，就是上帝的声音"（Vox populi, vox Dei）之后，雷诺兹大主教现场大声朗读了前一天晚上由大贵族和高级教士准备的一系列文章。这些文章指控爱德华二世软弱无能、听信谗言、偏爱幸臣，丢失了苏格兰、爱尔兰及法兰西的大片领土，还抛弃了他的王国。[1] 雷诺兹最后总结道，世俗贵族、神职教士和民众一致同意废黜爱德华二世，并希望他的长子爱德华继承王位。话音刚落，会堂立即响起了惊天动地的三重呼喊"就这样吧！"（fiat）[2]

1月15日，一个代表团来到凯尼尔沃思，向爱德华二世宣示这一重大决定。为了应对爱德华二世的非难——他当然可能会争辩议会是他的，无权自行否认他的王权，因此特意选择了能够代表整个王国各方面的人组成代表团。[3] 事实上，这个代表团是由核心成员即莱斯特伯爵、萨里伯爵、温切斯特主教、赫里福德主教、休·考特尼男爵及威廉·罗斯男爵主宰。当他们1月20日或21日到达凯尼尔沃思时，代表团正式通知爱德华二世说，除非他主动退位，否则国民将会否认他及其子的王位继承权，另择新君。这样过激的言论揭示出，不仅要对高傲顽固的爱德华二世施加巨大的道德压力，而且在向爱德华二世施压的政治群体内部，也因伊莎贝拉情人罗杰·莫蒂默权势日渐增长而强烈地忧虑不安。

这一道德威胁最终逼迫屈辱而无望的爱德华二世承认自己功亏一篑。经过一场可以预见的故作悲切后，爱德华二世宣称，只要臣民接受他的长子为王，他就成全他们的心愿。面对着废黜国王的创伤，国王及贵族们迅速转向保守的态势，将权力的移交视作把温莎爱德华推向王位一般简单。次日，因德斯潘塞当政而被迫流亡、后追随王后与王子回到英格兰的威廉·特拉塞尔，以整个代表团的名义，宣布放弃效忠爱德华二世。国王的

1　*Foedera*, II.i, 650; Valente, "Deposition," 879–881.
2　*Chron. Lanercost*, 258; *Anglia Sacra*, i, 367.
3　*Litterae Cantuariensis*, i, 204–205.

总管托马斯·布朗特爵士，遣散司局内的人员，以表示爱德华二世内府的终结。[1]

1月25日，当从凯尼尔沃思返回伦敦的代表团还在路上跋涉时，他们拜访国王的结果，可能已被信使早几天传到了首都。由于莱斯特伯爵及其盟友缺席，议会暂停。不过，伦敦市民继续表达希望改换国王的诉求，早在1月20日，已有一些主教宣誓，他们拥护爱德华王子为王。最后，在1月24日，文秘署发布了一份公开声明，大意是，在所有高级教士、伯爵、男爵及整个王国的同意下，爱德华二世自愿放弃王位，希望他的长子统治王国并加冕为国王。[2] 根据爱德华二世即位时首次采取、此后两百年中均遵循的做法，在前一任君主结束统治的第二天，新君的统治便开始了。因此，从1327年1月25日开始，便进入了爱德华三世的统治时代。[3]

在接下来的几周里，文秘署的声明在英格兰的郡镇及市场广泛流传开来，这是一场持久活动的第一步，之后当局将继续把此前的宫廷政变阐释为合法行动，以符合更广泛的民众保守心理。就像分发给一些修道院的事件详细记录一样，在这一份声明中，1月13日和21日的事件顺序被巧妙地调换，改为先是爱德华二世主动退位，后是臣民背叛国王。[4] 相反，1月13日雷诺兹大主教诵读的废黜书却从未公开，而是很快就被掩藏了起来。其内容之所以为我们所知，是因为这一事件中的两个主要人物奥莱顿主教和斯特拉特福德主教在后来的一次辩论中引用了相关内容。[5] 更重要的是，那些熟知世俗法和教会法的人似乎建议，最好避免臣民有权强迫暴君退位

---

1 *RPHI*, 101; *Litterae Cantuariensis*, iii, 414; *Ann. Paulini*, 324; Baker, 28.

2 *Foedera*, II.ii, 683.

3 B. Guenée, *States and Rulers in Later Medieval Europe*, trans. J. Vale (Oxford, 1985), 68–69. 然而，值得注意的是，1327年斯坦霍普公国战役前夕发布的敕令将加冕日而非即位日视作国王和平秩序建立的日子，*CPR 1327–30*, 161–163。

4 Valente, "Deposition", 871–875. 这一所谓的Forma depositionis Regis Edwardi，可能反映了在伦敦市政厅宣誓时一众主教的特殊担忧，Haines, *Orleton*, 172。

5 Haines, *Stratford*, 183–184.

第二章　流亡与即位（1322—1327）

的教条观念。[1] 政治精英们从1327年的激进行动中迅速撤退，正是当时政治人物的共同行为特征。让爱德华三世提前取代其父成为国王，其实是一种非常英格兰式的革命。

在1327年1月的废黜事件中，不管是官方还是非官方的记载，温莎爱德华的角色都非常模糊。1月中旬伦敦和威斯敏斯特的这些重要时刻，他是否在场，我们并不清楚。而且，他有可能和母亲伊莎贝拉一起，深藏在威斯敏斯特的秘宫里，或者防卫森严的伦敦塔里。与此同时，宫廷则紧锣密鼓地筹备即将到来的新王加冕事宜。[2] 王后及其智囊团当然有充分的理由将王子保护在安全之处，远离主要的危险行动。一旦他在议会正式亮相，宣称自己是监国，并主持议会，公众就会立即察觉到他在密谋反抗其父。宣称王子年少而无辜，并未参与推翻其父的任何阴谋自然是更好的安排。爱德华三世加冕礼的钱币恰好刻画了这一略显虚伪的观点，上面写道："我没有夺取，我只是接受。"[3]

这些法理的细节背后，是伊莎贝拉王后政治地位至高无上这一严峻的现实。不少编年史家都指出，1327年1月召集的议会既不是国王的议会，也不是王子的议会，而是王后的议会。[4] 伊莎贝拉通过最近的安排，在治国理政方面，成功地获得与儿子同等的地位，这表明王后决心在这一轮权力的重新分配中扮演积极有为的角色。温莎爱德华也许成功地击败了他的父亲，但是，他还需要再三年才能顺利挣脱他的母亲令人窒息的钳制。

1　J. Dunbabin, "Government", *The Cambridge History of Medieval Political Thought, c. 350–c. 1450*, ed. J. H. Burns (Cambridge, 1988), 495–496.

2　Valente, "Deposition", 861.

3　Barnes, *Edward III*, 4.

4　Haines, *Stratford*, 181; Valente, "Deposition", 862.

第三章

母后监政（1327—1330）

1327年2月1日，爱德华三世的加冕礼在威斯敏斯特教堂举行。[1] 即位之后，如此迅速地举行加冕礼并不寻常。不过，在这种情况下，新君无需为上任君王举行丧礼并哀悼，再加上急需确认政权的合法性，迅速举行加冕礼十分合乎情理。由于大部分政治精英当时集聚首都，也就比较容易确保所有的重要人物出席这一仪式。出席加冕仪式的有：一大批高级教士，王叔诺福克伯爵、肯特伯爵，堂兄莱斯特伯爵、赫里福德伯爵，埃诺的约翰及亨利·博蒙。此外，在整个加冕过程中，王太后的情人并心腹罗杰·莫蒂默无处不在。[2] 由于时间紧迫，来不及组织请愿法庭，但允许那些在加冕礼宴会上履行各种仪式职能的人在仪式前陈诉自己的要求。由此汇总而成的文档中第一次提及国王加冕护卫官，这一职务由亨利·希拉里担任。[3]

---

[1] *CCR 1327–30*, 100. 为准备此事，财政署金库的金银器皿于1月31日已转到了锦衣库的管理人，BL, Cotton Ch. IV. 9。有三种手稿传统提供了1327年加冕典礼的仪式记录，1: C 49/83（曾为 C 49 Roll 11），载 *Three Coronation Orders*, ed. J. Wickham Legge (London, 1900), 121–124。2: CCCC, MS 20, 载 *Three Coronation Orders*, pp. 39–40; BL, MS Cotton Vitellus C. XII. 3: CUL, MS Mm.3.21, 载 *Monumenta Ritualia Ecclesiae Anglicanane*, ed. W. Maskell (London, 1847), 3–48; BL, MS Lansdowne 451。

[2] *CCR 1327–30*, 100.

[3] H. G. Richardson and G. O. Sayles, "Early Coronation Records", *BIHR*, xiv (1936–7), 1–9. 关于加冕典礼的总管，见 *Cal. Mem. Rolls 1326–7*, 306, 884。

第三章　母后监政（1327—1330）

加冕仪式共有三个主要部分：国王分封骑士、加冕仪式及随后的宴会。在加冕仪式开始的前几天，温莎爱德华与他的表兄约翰·博恩、爱德华·博恩和莫蒂默的三个儿子，一起从兰开斯特的亨利手里获得了爵士封号。之后，爱德华三世亲自赐封了若干骑士，包括他在王子内府的两个故旧，爱德华·钱多斯和约翰·梅尔顿，还有赫里福德郡的休·弗雷纳，他可能从1326年末至1327年初的那个冬天开始侍奉爱德华王子。[1] 在加冕当天，国王被引导至威斯敏斯特教堂，在那里，他郑重宣誓，受膏，并接受王国之剑。在格雷夫森德和斯特拉特福德两位主教的协助下，大主教雷诺兹将被称为圣爱德华的沉重王冠戴在了国王的头上，并把节杖和权棍交给国王。[2] 根据后来的编年史可知，还是个小孩的国王以令人惊喜的刚毅忍受着那顶不舒服的王冠。事实上，由于王冠太大，不得不在里面放上衬垫，才能避免它在册封仪式这一重要时刻发生晃动。[3]

在爱德华三世的加冕上，很可能特别突出了国王是聚集在威斯敏斯特教堂大厅的那些贵族和民众所"选择"或认可的。[4] 考虑到近来发生在议会的事情，这也许令人吃惊。尽管在加冕仪式上，爱德华三世已经得到了大众的普遍认可，但并不意味着时人认为自己有权选举新王。毕竟，这一任新君的即位，是因为血脉继承和神的准许，而非由民众选举而来。更重

1　E 101/383/4; *CPR 1327–30*, 39; Murimuth, 51; GEC, vi, 470; Barnes, *Edward III*, 3–4. 许多编年史家认为国王是被埃诺的约翰和（或）赫里福德伯爵封为爵士，*Bridlington*, 95; *Récits d'un Bourgeois de Valenciennes*, 143; Phillips, *Edward II*, 539。

2　Baker, 34–35; BL, MS Cotton Faustina B. V, fol. 50; J. Burden, "Rituals of Royalty: Prescription, Politics and Practice in English Coronation and Royal Funeral Rituals, *c.* 1327–*c.* 1485" (University of York DPhil. thesis, 1999), 75–77. D. 卡彭特关于1327年使用圣爱德华王冠、权杖等的讨论，见*The Reign of Henry III* (London, 1996), 455。

3　Baker, 34–35; L. Monnas, "Textiles for the Coronation of Edward III", *Textile History*, xxxii (2001), 19. 参见 Haines, *Stratford*, 187–188。

4　这一说法的依据是，剑桥大学图书馆收藏的《弥撒祷告历》（MS Mm.3.21.）记载了1327年的这一天，见H. G. Richardson, "The Coronation in Medieval England: The Evolution of the Office and the Oath", *Traditio*, xvi (1960), 113–202。

要的是，爱德华三世的宣誓内容中，还增加了一部分，包括1308年其父爱德华二世加冕时的誓言。除了传统的三方面承诺，即遵守王国法律与风俗、维持上帝的和平、公平而正确地执行司法判决，他还宣誓自己将"继续遵守整个王国所选择的法律和正确的习俗"。[1] 这等于是一个契约式的承诺，他将尊重从祖上流传下来的习俗，也遵循在他治下产生的新法律。据说，当直言不讳的罗切斯特主教哈莫·赫瑟被问到爱德华三世是否愿意就增补的内容宣誓时，他说除非爱德华三世答应，否则将不会被加冕。[2] 这一故事有力地反映出，由于爱德华二世君主统治的失败，时人十分敏感，希望情况在新君的统治下能够有所改变。

随后在威斯敏斯特大厅举行的加冕宴会规模极为盛大，令人震撼。整个加冕高台上铺满了堇色、红色、灰色的精美织物、垂饰，锦缎做成的软垫装饰着王座，王座上面是一顶金色帆布做的华盖，悬挂着金色丝绸的帷幕。[3] 留存下来的财政记录告诉我们，光装饰威斯敏斯特教堂及宫廷等织物细软的花销，就超过了一千镑。[4] 关于珠宝和金银餐具等的开销，细目虽然不详，但总价很可能高达数千镑。而食物及其他物品的开支，则超过了一千三百镑。根据记载可知，这是爱德华三世整个统治时期单次宴会开销最大的一次。[5] 这场盛大而华丽的宴会，是为了营造一种政治稳定、歌舞升平的印象，并展现壮丽而豪华的王家气派。然而，与会者心知肚明，几乎

1　*Foedera*, II.i, 36; *CCR 1327–30*, 100; R. S. Hoyt, "The Coronation Oath of 1308", *EHR*, lxxi (1956), 353–383.
2　BL, MS Cotton Faustina B. V, fol. 50; H. G. Richardson, "The English Coronation Oath", *Speculum*, xxiv (1949), 65; B. Wilkinson, "Notes on the Coronation Records of the Fourteenth Century", *EHR*, lxx (1955), 587–590.
3　E 101/382/10; E 101/383/6; Monnas, "Textiles", 2–35; Shenton, "English Court", 135–145. 关于加冕典礼上伊莎贝拉王后的礼袍，见E 101/383/3。其他的花费，见*Issues*, 139。
4　爱德华随后又特别赐给了威斯敏斯特修道院院长和僧侣一套布料、地毯及软垫作为永久礼物，E 159/108, rot. 91d。
5　E 101/382/9.

第三章　母后监政（1327—1330）

无人怀疑，新即位的爱德华三世面临着一个严峻的任务，即重建国王的政治权威与道德信誉。

爱德华及其智囊团很快便投身于这一工作。1月才刚召开的议会，在2月3日又以新君的名义重新召集，接下来的一个月都在开会。议会的第一个主题便是有步骤地、谨慎地推进和解。先是取消了1322年兰开斯特的托马斯及其主要支持者的叛国罪，此外，爱德华三世还答应他将与教皇协商追封兰开斯特为圣者。[1] 这样一来，就彻底消除了兰开斯特的托马斯之弟亨利恢复兰开斯特伯爵爵位的障碍。1322年强加在罗杰·莫蒂默身上的处罚如今也被解除，胜利的莫蒂默不但重获了他原来的地产，而且还把他最近亡故的叔叔——彻克的罗杰·莫蒂默的地产也收归己有。[2] 那些在1321至1322年间追随兰开斯特的托马斯一起叛乱，并因德斯潘塞分配战利品而失去权利和地产的人，也得到了及时的保证，他们将得到公正审判，获得应有的赔偿。[3]

议会极为重视重建有效统治的问题也合乎情理。既然国王已经到了处事慎重的年纪，就没有必要再为他安排一个监管人来负责他的人身安全，出于同样的考虑，为他设置一个摄政以代理王权，履行公共职能也不合适。因此，最受欢迎的方式是集体制，选择一群"正派、合适而聪明的人"组成常任咨议会（continual council），这些人由大贵族选择并应经下议院的同意。咨议会受制于下议院，咨议大臣若有玩忽职守的渎职事件，将被议会解职。审裁委员会（tribunal）由四个主教、四个伯爵、六个男爵组成，其中至少有四个人应时常陪同国王出席活动。坚韧不拔且忠贞可靠的兰开

---

1 *PROME*, iv, 2, 9, 11–12, 27–28; *RPHI*, 99; *Foedera*, II.ii, 695, 707, 782, 814. 爱德华三世后来赞助了托马斯私生子兰开斯特的约翰的教职，John of Lancaster: *CPP*, 193。

2 C 49/84; *CPR 1327–30*, 141–143; GEC, viii, 438; ix, 253–256。

3 *CCR 1327–30*, 101–102; C 49/6/2。

斯特的亨利，果如所料被任命为审裁委员会的主席。其他成员，则包括坎特伯雷和约克两大大主教，诺福克、肯特、萨里三大伯爵，及北方的韦克、珀西、罗斯三大勋爵。在他们深思熟虑的安排下，新上任的大法官约翰·霍瑟姆、国库长亚当·奥莱顿也选入其中。[1] 由于国王还未成年，无法全权发号施令，所以地位较为尴尬。关于对法律进行重要改革的提案，如关于《森林宪章》的改革建议，都被搁置一旁，"直到国王成年"。[2] 后来，在尚未亲政的几年里，爱德华三世试图挑战国王特许权，却总是被"国王还未成年"的理由挫败。[3] 1327年，为了避免正式摄政者的出现，政治精英准备做出极大的让步与妥协。讽刺的是，这一局面之所以迅速出现，是因为王太后和她情人的行动。

爱德华三世、咨议会和议会花了整整一个月的时间，才让受到爱德华二世被强制废黜影响的大量事务步入正轨。亨利·博蒙与伊莎贝拉·维西通过请愿成功获得了赔偿，当初他们被《法令》强行索要了罚金。[4] 卷入冲突的贝里圣埃德蒙兹修道院院长利用他在议会议事的机会，宣布在王后率军攻入英格兰时，当镇市民趁暴力混乱从他那里取得的各种特权无效。[5] 伦敦市民也迅速以他们近来支持废黜爱德华二世为条件，要求国王谅解他们

---

1 *PROME*, iv, 31, 103; Murimuth, 51; *Anon. Chron. 1307–34*, 140–141; *Brut*, i, 254, 258; J. F. Baldwin, "The King's Council", *Eng. Govt at Work*, i, 132–133; Tout, *Chapters*, iii, 10–11; J. S. Bothwell, "The More Things Change: Isabella and Mortimer, Edward III, and the Painful Delay of a Royal Majority (1327–1330)", *The Royal Minorities of Medieval and Early Modern England*, ed. C. Beem (New York, 2008), 73. 3月，亨利·伯格什接替了奥莱顿。Tout, *Chapters*, vi, 11, 21.

2 *PROME*, iv, 22, 24, 25; *Cal. Mem. Rolls 1326–7*, no. 518.

3 E. H. Kantorowicz, *The King's Two Bodies* (Princeton, 1957), 378 and n. 216.

4 *PROME*, iv, 12.

5 M. D. Lobel, "A Detailed Account of the 1327 Rising at Bury St Edmunds and the Subsequent Trial", *Proceedings of the Suffolk Institute of Archaeology*, xxi (1933), 215-231. 关于入侵期间的其他暴乱，见W. M. Ormrod, *The Reign of Edward III: Crown and Political Society in England, 1327–1377* (London, 1990), 123, 177。

第三章 母后监政（1327—1330）

所有的冒犯举动，免除他们的债务，并获得一份保证赋予伦敦自治权的新自由宪章。[1] 与此同时，大量的私人请愿书从王国的各个角落如洪水般涌向新政府，讲述了德斯潘塞统治时期令人发指的恶行，殷切希望新君纠正这些错误。[2] 参与这一澄清冤假错案的公开活动，也是一个向新政权表示忠心的重要机会。白金汉郡斯通地区的罗伯特·森克勒抱怨道，上个冬天王太后入境期间，她来自埃诺的一些侍从袭击了他的家，打伤了他的妻子，因为他曾是德斯潘塞的仆人，对此诉愿人坚决否认。[3]

当务之急要处理的便是上、下议院提举的四十二份请愿书。这包括一系列要紧事务，比如停止近期有争议的军事和财政需求，确认先前对德斯潘塞的判决，以及对那些在去年冬天加入王后党的人进行嘉奖、补偿。面对这些及其他要求，新王和他的政府宽宏大量地予以回应，但他拒绝恢复1311年《法令》的要求。[4] 在众多的请愿书中，最重要的一个是共同请愿书和以此制定的法令必须宣示各郡，王国的所有神职人员和世俗民众需宣誓："我们宣誓维护现在的事业。"[5] 这种延续自赫里福德镇和伦敦市政厅宣誓仪式的观念表明，人们强烈意识到，政变需要照着原轨迹进行。在德斯潘塞手握权杖的时期，上议院消极无为且胆小懦弱，结果下议院里的骑士和市民代表担负起了本属于贵族的责任，他们集体向政府表达了对统治的不满。1327年的共同请愿书，因为追求维护所有阶层的利益，打上了特殊时代的烙印，

---

[1] *PROME*, iv, 44–56; *Ann. Paulini*, 325–332; C. M. Barron, *London in the Later Middle Ages: Government and People, 1200–1500* (Oxford, 2004), 17, 31–42.

[2] R. W. Kaeuper, "Law and Order in Fourteenth-Century England: The Evidence of Special Commissions of Oyer and Terminer", *Speculum*, liv (1979), 741; S. J. Harris, "Taking your Chances: Petitioning in the Last Years of Edward II and the First Years of Edward III", *Medieval Petitions*, ed. Ormrod, Dodd and Musson, 173–192.

[3] SC 8/74/3668; Sneddon, "Words and Realities", 201–203.

[4] *PROME*, iv, 11–22, 27–35; *SR*, i, 252–257.

[5] *PROME*, iv, 20–21, 35. 这一文本后来的流传情况，见ibid., iv, 2; *RPHI*, 101; J. R. Maddicott, "Parliament and the Constituencies, 1272–1377", *The English Parliament in the Middle Ages*, ed. R. G. Davies and J. H. Denton (Manchester, 1984), 84。

标志着"整个王国"的代表由贵族联盟转向议会的主体代表,即下议院。[1]

爱德华三世在 1327 年 2 月的议会中曾是一个不起眼的角色。他理所当然是议会的召集者,一些更加重要的事务,咨议会还需要呈请给他以获得正式的许可。[2] 然而,爱德华三世在极大程度上服从母后的安排并保持低调。据称,伊莎贝拉没有出席加冕典礼,而是留在埃尔特姆宫等待良机。[3] 在加冕礼之后,爱德华三世继续依赖王太后是一个实际而必然的问题,特别是,国王还不能完全独立地处理个人事务,饮食与着装问题都靠王太后内府解决。[4] 后来的《布鲁特编年史》懊恼地指出,年轻的爱德华全盘仰仗于母后的懿旨。[5] 1 至 3 月的事件,有助于公众把注意力从王太后伊莎贝拉及其情人身上转移到新君与政治团体的和解上来。但是,来参加议会的人,对权力在王太后及其情人、新君之间的分配情况,大多心知肚明。

1327 年 1 月 10 日,乘着政府权力处于真空状态,王太后趁机索回了当初爱德华二世赐给她的彩礼的使用权,价值四千五百镑。这是当初爱德华二世赐给她的私人地产,她拥有全部处置权。[6] 截至加冕仪式之前,为了感激她所提供的所有帮助,爱德华三世赠给母亲大量的额外地产,使她的收入前所未有地高达两万马克。[7] 这一收入超过了之前任何一任王太后,甚至比大贵族如兰开斯特的托马斯、休·德斯潘塞的土地收入还要高得多。[8]

---

1 W. M. Ormrod, "Agenda for Legislation, 1322–c. 1340", *EHR*, cv (1990), 1–33; Valente, "Deposition", 865–868.
2 这是对"它取悦了国王"的再次注解,*PROME*, iv, 9, 21–26。
3 BL, MS Cotton Faustina B. V, fol. 50.
4 议会期间供给内府的物资,见*Cal. Mem. Rolls 1326–7*, nos. 1608, 1717。
5 *Brut*, i, 248.
6 *CPR 1317–21*, 115–116; *CPR 1324–7*, 346.
7 C 49/45/16; *CPR 1327–30*, 66–69.
8 H. Johnstone, "The Queen's Household", *Eng. Govt at Work*, i, 253–257. 兰开斯特的年收入估计约有11000镑,而德斯潘塞的年收入约为7000镑, Maddicott, *Thomas of Lancaster*, 22; Fryde, *Tyranny*, 107。

第三章 母后监政（1327—1330）

王太后的新地产中，包括价值极高的蒂克希尔（Tickhill）、庞蒂弗拉克特、克利瑟罗（Clitheroe），这些优等地产是从林肯伯爵领分出来的，本属于兰开斯特的托马斯之妻爱丽丝·莱西。而爱丽丝的个人权利，及其小叔子兰开斯特的亨利的权利，都被忽略了。议会小心地提醒国王和王太后少用祖传地产，以免给公共资源带来不必要的压力。[1] 然而，几个月之后，伊莎贝拉动用世俗和教会税收一万马克，为约翰王子购买了罗伯特·德莫哈尔特的土地。[2] 赏赐给王太后和王子的地产，仅供生前使用。伊莎贝拉所获的大量彩礼，与其说是供她挥霍，还不如说是为了保护王室的领土。[3] 但当时持敌对意见的人则不可避免地将其前所未有的财富归因于伊莎贝拉无底洞般的贪婪，说她无耻地操控王室资产，以满足她的私利。[4]

1327 年 3 月 11 日，王太后从法兰西回到英格兰之后所建构运作的内府统治机制总算解散了，爱德华三世终于掌控了独立的国王内府。[5] 在正常的情况下，这标志着两任国王王权交接正式完成，到了此时，伊莎贝拉自去年 11 月开始担任的角色也该终止。但是，王太后并不甘愿被边缘化，相反，她紧紧抓住两条重要原则：第一，爱德华三世年纪太小，无法全面行使王权，应该像她的法兰西王室家庭那样，尚未成年的国王由其母亲监护，并代其行使王权。[6] 第二，如果她不被允许担任摄政者，那么为了爱德华三世的利益，她至少应该继续扮演王太后传统上作为王权支持者和代理者的角色。她在接下来三年中的许多行为，都像是以国王配偶的身份做出的。[7] 当情况于她有利时，伊莎贝拉也会不失时机地因为自己的性别和身份而露出

1　*PROME*, iv, 18, 33.

2　*CPR 1327–30*, 267.

3　B. P. Wolffe, *The Royal Demesne in English History* (London, 1971), 54–55, 232–235.

4　Baker, 28; *Brut*, i, 257, 258; Baldwin, "King's Council", 134.

5　E101/382/9.

6　卡佩王朝的这一做法，见 A. Poulet, "Capetian Women and the Regency: The Genesis of a Vocation", *Medieval Queenship*, ed. Parsons, 93–116。

7　Benz, "Queen Consort, Queen Mother", 205–218.

羞怯之意：至少曾有一次，在某个场合，她对儿子的咨议会议员说，自己只是一介妇人，他们不应该期待她怎么做才是对王国最好。[1] 所有这些，有助于理解为什么王太后能够如此轻易就介入常任咨议会、代表国王接受并处理请愿、控制官员任命及王室赐封许可权等。在这些事情中，没有一件是自一开始就被认为是不合法的，或专横跋扈的。相反，她后来的不受欢迎源于两起突发事件，一是罗杰·莫蒂默对国内政治的扰乱，二是她对苏格兰、法兰西有争议的外交政策。[2]

在 1327 年之后，伊莎贝拉最大的误判是对曾帮助她废黜其夫的情人莫蒂默的忠诚。王太后与任何一个英格兰贵族保持公开或隐秘的情人关系，在当时都是可憎的，不被世人接受的。一个世纪以后，亨利五世去世后，他年轻的妻子瓦卢瓦的凯瑟琳成了寡妇，当时议会通过了一条法律，规定除非得到咨议会的同意，否则她不准再婚。[3] 1327 年，伊莎贝拉与莫蒂默均处于已婚状态，各自都有配偶，他们的通奸行为理应受到教会法庭的严厉惩罚。几年以前，就在伊莎贝拉访问巴黎期间，法兰西宫廷正因为她两个嫂嫂即纳瓦拉的玛格丽特和勃艮第的布朗什的性丑闻而蒙羞。[4] 1327 年 4 月在斯坦福德（Stamford）召开的大咨议会上，主教和贵族们喋喋不休地争论，是否应该让伊莎贝拉与其囚禁起来的丈夫爱德华二世一起生活。会议最后的决定是，如前所论，既然爱德华二世与伊莎贝拉已毫无和解的可能，强行将伊莎贝拉赶回丈夫身边，只会让她在身心上经受前国王爱德华二世的虐待。讽刺的是，在这之后，雷诺兹大主教不得不发布一个公告，

1　BL, MS Cotton Faustina B. V, fol. 55v.

2　Benz, "Queen Consort, Queen Mother", 205–223.

3　R. A. Griffiths, *The Reign of King Henry VI* (London, 1981), 60–61.

4　E. A. R. Brown, "Diplomacy, Adultery and Domestic Politics at the Court of Philip the Fair: Queen Isabelle's Mission to France in 1314", *Documenting the Past: Essays in Medieval History Presented to G. P. Cuttino*, ed. J. S. Hamilton and P. J. Bradley (Woodbridge, 1989), 53–83.

第三章　母后监政（1327—1330）

威胁道，今后任何人胆敢声讨伊莎贝拉王太后的作风问题，将会即刻受到惩罚。[1]

事实证明，想要消除公众对莫蒂默所拥有的政治权力的担忧更为困难。毫不奇怪，这个从前的背叛者在1327年的政变中收获极大，他不但被免除了让他被迫流亡的罪行，而且巩固并进一步扩张了他的家族在威尔士和边境上的传统利益。1328年以前，对于他从政变中所获得的报酬，无人表示不妥。[2] 莫蒂默未在新政府中担任要职，甚至都不是常任咨议会的成员，但是他却陪同王太后，与咨议会的成员及其他参谋一起出席会议。这从他的名字经常出现在王室特许状的见证人名单中可以证实。[3] 莫蒂默从一开始就被政府团体所排斥，却与王太后关系亲密，正是这样异常的地位引发了众人的怀疑和猜忌。罗切斯特的编年史家义正辞严地批判通奸的双方，其明确无误地指出："王太后坐在统治位置上，实权却在莫蒂默手里。"[4] 罗杰·莫蒂默之所以声名狼藉，是因为他对宫廷如此有影响力，却完全没有应负责任。爱德华二世被废黜后的两年间，贵族集团内部的摩擦，使得国内再次面临着内战的威胁。

有一段时间，这些压力被搁置一旁，因为国王正忙于确认王国内大贵族、城市及教会的权利与特权。待首届议会在3月9日解散后，爱德华三世启程前往坎特伯雷去朝圣，北上之前他先回到威斯敏斯特，而后经拉姆西修道院到达彼得伯勒（Peterborough），在此与母后共度复活节。1327年前，爱德华对英格兰地理的了解是相当有限的。他所到过的地方，北边至少应该

1　Murimuth, 52; Baker, 29; P. C. Doherty, "Isabella, Queen of England, 1296–1330"(University of Oxford DPhil. thesis, 1977), 206–211; R. M. Haines, "The Stamford Council of April 1327", *EHR*, cxxii (2007), 141–148.

2　GEC, viii, 437–438; I. Mortimer, *The Greatest Traitor: The Life of Sir Roger Mortimer* (London, 2003), 171–172; Bothwell, "The More Things Change", 76–77.

3　Baldwin, "King's Council", 135–136; C. Given-Wilson, "Royal Charter Witness Lists, 1327–1399", *Medieval Prosopography*, xii^2 (1991), 61–71.

4　BL, MS Cotton Faustina B. V, fol. 50v.

到达了约克，向西到赫里福德和布里斯托尔。不过，重要的是，他曾访问过法兰西北部及埃诺一次。但也仅此而已。在接下来的几年里，他需要向国民展示自己，再加上紧迫的战争，这些都将帮助他更充分地了解自己的统治版图；他的足迹将遍及山南海北，他将巡幸至英格兰中部、东安格利亚等广大区域，在肯特、威尔特郡等南部郡镇还有国土最北端的达勒姆郡（Durham）短暂停留，也将渡过海峡，前往母后的蓬蒂厄郡。在旅途中，爱德华三世的随从会安排他留宿于宗教性质的屋宇、主教宫殿或贵族城堡里，有时，他们还不得不睡在临时征用的农舍甚至帐篷里。直到1330年，爱德华三世都甚少住在他除首都以外的宅院。在这一时期，他也不常去温莎，尽管这里是菲莉帕王后加冕之后举行庆祝活动的场地，也是1329年召开大咨议会的地方。然而王国的有些地方，还是被他忽略了。比如，爱德华三世还从未驻足德文（Devon）、康沃尔、柴郡、兰开夏郡（Lancashire）、威尔士、爱尔兰及阿基坦。但毫无疑问的是，在加冕之后的数周、数月里，新即位的爱德华三世经过四处奔波，第一次真实理解了其安茹王朝祖先"巡游王权"的传统，并逐步获得了勇敢无畏长期奔波的旅行者所需要掌握的知识。[1]

加冕礼的兴奋劲一过，接踵而来的便是外交事务，这成了1327年的主要国家事务。王后伊莎贝拉和王子爱德华曾努力争取而来的英法和平协定，在快要实现之时却发生了变故。1325年10月，英勇强健的英格兰军人奥利弗·英厄姆爵士被任命为加斯科涅的执事，随之，他向被法兰西再次占领的阿让奈、圣通日地区发动了一系列袭击。到1327年2月，英格兰政府已然切实担心查理四世的军队将会连续对金雀花王朝在加斯科涅及吉耶讷（Guyenne）的核心地区发动进攻。在此紧要关头，斯特拉特福德、艾尔敏两位主教、里士满伯爵及埃诺的约翰被派去和谈。3月31日，双方

---

[1] Shenton, "English Court", 123–133; C. Shenton, *The Itinerary of Edward III and his Household, 1327–1345* (List and Index Society, cccxviii, 2007), 15–65, 125–131.

第三章 母后监政（1327—1330）

就和谈的条件达成了一致，这一结果可能在 4 月 19 日于斯坦福德召开的大咨议会上向爱德华三世进行汇报。[1]

1327 年《巴黎条约》的确切地位是不确定的，尽管 9 月在加斯科涅做了正式宣布，但其详细内容似乎并未在英格兰公开。当局如此谨慎，有其充分理由，因为那些条约实质上对英格兰极为不利。条约中仅把波尔多（Bordeaux）与巴约讷（Bayonne）之间的加斯科涅海岸一带划给了爱德华三世，而阿基坦的其余广大地区，包括英厄姆近来新征服的地区，全部都由卡佩王朝控制。而且，法兰西之前在 1325 年要求的赔偿金本为一万五千镑，现在因为战争增加了额外支出，赔偿金因此高达五万马克。[2] 法兰西随后又声称，毫不妥协的查理四世原本不希望让英格兰占据法兰西南部的任何一寸土地，如果英格兰不能支付五万马克的话，爱德华三世就别想重获他在法兰西南部的合法头衔。[3] 因此，不难理解，为什么爱德华三世政府所缔结的这一条约广受非议。此外，英格兰放弃了为保全 1259 年英法协定中承诺的法兰西领土所做的努力，对政府当局而言，这是一个特别辛辣的讽刺。在爱德华二世的废黜书中，有一条理由便是他在阿基坦公国的渎职。可如今，他的王位篡夺者却把这一领土肢解，拱手让给了法兰西。[4]

由于英格兰北部边境迫在眉睫的战争威胁，爱德华三世政府当局被迫接受了法兰西所开出的屈辱的和平条件。1327 年 2 月 1 日晚上，一支苏格兰军队越过了特威德河，猛攻诺勒姆城堡。这一事件就发生在爱德华三世加冕几个小时之后，因而被认为是苏格兰对英格兰新君尊严及其合法性的

---

1 Déprez, *Préliminaires*, 22–23; Haines, *Stratford*, 189–190; Vale, *Angevin Legacy*, 246–247; E 101/309/37. C 47/28/1 中第 37 号标题为 *Cedula missa de partibus Francie* 的文件和不具名委员所需的各种文本（包括为阿基坦向腓力五世及查理四世行效忠礼的形式），很有可能也是由这个使团带去英格兰，从该文件所记载的内容来看，其时间可以追溯到腓力六世即位之前。

2 *Foedera*, II. ii, 700–701; Vale, *Angevin Legacy*, 248.

3 C 47/28/5, no. 5.

4 Sumption, i, 102.

直接冒犯。[1] 2月15日，亨利·珀西、拉尔夫·内维尔及其他人被指定实行英格兰与苏格兰的停战协定，英格兰、苏格兰最终在3月6日停战。[2] 然而，对苏格兰作战的计划却被搬上案头，4月中旬，一支规模甚大的军队在纽卡斯尔泰恩河（Tyne）边集结。这是爱德华三世第一次也是最后一次要求他的封臣承担传统的封建义务。他刚刚在议会上同意废除爱德华二世为对法兰西及苏格兰作战而征募骑兵、步兵的一些争议做法。因此，这些用封建方式召集来的兵力，及那些用传统方式雇佣而来的大量步兵，一离开本郡，就会开始计算许诺中的报酬，这是展示新政府履行承诺的重要方式。[3]

兵力的集结时间还是被大大延迟了。4月19日，国王与母后在斯坦福德召开了大咨议会，然后前往约克，于5月末抵达，并在这个北部都城度过了6月。国王驾临英格兰的第二大城市，具有重要的政治意义：市长、市民、约克大教堂主任牧师，在国王凯旋的入口处献上了仪式用的碗。[4] 若干军事小分队也加入了王室卫队，包括一支由埃诺的约翰领导的由五百个荷兰骑士组成的重要武装力量。[5] 临时拼凑的军队纪律不佳，有人控告外国士兵在约克的大街上肆虐。[6] 与此同时，前线传来消息称，至少有三支苏格兰战斗部队越过了边境线，这让英格兰一方改变了计划，更多的军队聚集到约克，以期英格兰大军越过提兹河（Tees）后顺利进攻詹姆斯·道格拉斯

1　*Chron. Lanercost*, 258–259.

2　*Foedera*, II.ii, 689; *CPR 1327–30*, pp. 20, 25; R. Nicholson, *Edward III and the Scots: The Formative Years of a Military Career* (Oxford, 1965), 15–16.

3　*SR*, i, 255; A. R. Prince, "The Army and Navy", *Eng. Govt at Work*, i, 344–348; M. Powicke, *Military Obligation in Medieval England* (Oxford, 1962), 159–161; N. B. Lewis, "The Summons of the English Feudal Levy, 5 April 1327", *Essays Presented to Bertie Wilkinson*, ed. Sandquist and Powicke, 236–249.

4　E 101/383/8, fol. 21v; E 361/2, m. 30d. 在主任牧师献上来的碗上，装饰着当地贵族墨利家族的徽章，见GEC, viii, 560–568。

5　Prince, "Army and Navy", 347. 国王在这场战役中使用的盔甲，见E 101/383/19。

6　Le Bel, i, 39–47; Murimuth, 53; *Anon. Chron. 1307–34*, 136–137; *VCH Yorks: City of York*, 55, 56.

第三章　母后监政（1327—1330）

爵士所领导的军队。7月初，爱德华三世之叔诺福克伯爵传报说苏格兰人乘夜突袭坎伯兰（Cumberland），当晚他一夜没敢沾床，在警卫的守卫下直到天明，以免苏格兰人故技重施。[1]正是在这样紧张的气氛中，年轻的国王告别了留在约克的母亲及弟弟妹妹，踏上了他的第一次正式的军事征程。[2]

7月下半月，英格兰军队拼命试图截断苏格兰的军队，以期正面交战。然而不管他们挥师何处，苏格兰人却总是避而不战。爱德华率军于7月底行进至威尔山谷（Wear valley），驻扎在斯坦霍普（Stanhope），道格拉斯突然袭击英格兰军营，直扑国王营帐，就在这时，发生了常见而戏剧性的一幕，还是个孩子的国王爱德华仓皇逃命。8月6日至7日的晚上，苏格兰人悄无声息地打道回府。迄今为止，爱德华三世已目睹了两次军事行动，第一次是他的母亲登陆英格兰，第二次则是他亲自与苏格兰人的对抗——尽管这是一场没有流血的战斗。不少编年史家评论说，当时，年轻的爱德华三世拭下了沮丧的泪水。[3]与此同时，爱尔兰也传来了令人气馁的消息，罗伯特·布鲁斯为了分散英格兰的注意力，早已在当年春天率军入驻爱尔兰。[4]面对眼前的严峻形势，爱德华三世召集议会于9月中旬在林肯开会，以商讨对策。同时，爱德华三世那支饥饿疲惫的军队回到南边。8月末，在克利普斯通（Clipstone）参加舍伍德森林举行的骑士比武赛之后，爱德华三世与母亲退到诺丁汉（Nottingham），以察事态的走向。[5]

伴随着苏格兰入侵的是同样棘手的流言蜚语。有传言说，曾在英格兰

1　*CDS*, iii, no. 920.
2　Le Bel, i, 63–77; Doherty, "Isabella, Queen of England," 218; E 403/228, 23 Sept. 1327.
3　*Chron. Lanercost*, 260; *Scalacronica*, 99; *Brut*, i, 251.
4　C. McNamee, *The Wars of the Bruces: Scotland, England and Ireland, 1306–1328* (East Linton, 1997), 242–245.
5　*RDP*, iv, 376–378; E 101/383/3.

宫廷长大的苏格兰马尔伯爵密谋帮助爱德华二世复辟。[1]1327年4月，被囚禁的爱德华二世被从凯尼尔沃思转移到防卫森严的伯克利城堡，负责关押他的是新复位的城堡主人托马斯·伯克利爵士，及王室内务总管约翰·马尔特拉弗斯爵士。在接下来的春夏两季，至少揭露了另外两个试图救出前国王的阴谋。一是由托马斯·敦海伍德领导，他计划在伯克利的防御上撕开一道口子，然后让前国王径直逃往科夫（Corfe）。[2]南威尔士的里斯·艾普·格鲁菲德爵士又对托马斯·敦海伍德的营救计划做了修复与改进。9月初，这一消息传到宫廷，罗杰·莫蒂默决定亲手处理爱德华二世。他派遣亲信威廉·奥格尔及托马斯·格尼爵士前往伯克利，伙同马尔特拉弗斯，在9月21日阴谋杀害了倒霉的卡那封的爱德华。次日晚上，信使带着前国王驾崩的噩耗——尽管信使并不为此感到痛苦——抵达林肯，上呈爱德华三世。[3]

关于谋杀爱德华二世的各种传闻，是14世纪政治史的重要内容。这个故事当中最为人所知的是令人毛骨悚然的谋杀方式。传闻一根被烧得通红的铁棍插进爱德华二世的肛门，直达直肠。这可能是惩罚罪犯的一种传统的流行方式，公众据此想象爱德华二世实际上是被鸡奸致死的，然而，这一绘声绘色的描述在爱德华三世时期并未被广泛传播。[4]在百余年甚至更久之后，一些历史学家明显更加着迷于这个故事的另一个版本，即爱德华

1　T. F. Tout, *Collected Papers*, 3 vols (Manchester, 1932–4), iii, 145–190; Nicholson, *Edward III and the Scots*, 13–14, 46.
2　*Ann. Paulini*, 337; F. J. Tanquerey, "The Conspiracy of Thomas Dunheved, 1327", *EHR*, xxi (1916), 119–124.
3　Phillips, *Edward II*, 548 and n. 164.
4　W. M. Ormrod, "The Sexualities of Edward II", and I. Mortimer, "Sermons of Sodomy: A Reconsideration of Edward II's Sodomitical Reputation", *The Reign of Edward II: New Perspectives*, ed. G. Dodd and A. Musson (York, 2006), 21–47, 48–60. 这种死法的优点，如窒息而死一样，不会在身体上留下外伤，M. Evans, *The Death of Kings: Royal Deaths in Medieval England* (London, 2003), 127。

第三章 母后监政（1327—1330）

二世并没有死在伯克利城堡，而是在自我流放中又活了十年。[1]如果此事可信，那么在伯克利事件的几个星期之后，爱德华三世应该又接到消息说他的父亲还依然活着。以爱德华三世正直的性格，我们就会发现一些重要迹象。[2]但事实却是，在1330年春天之前，没有任何证据表明年轻的爱德华三世曾听闻过类似的传言。相反，更加可信的是，在伯克利找到尸体后，爱德华三世在1327年9月为父亲举行了庄严的王室葬礼。总之，需要强调的是，在9月21日之后，英格兰很少有人质疑爱德华二世是否已死，更少有人为爱德华二世的辞世而哀悼。他还活着的传言，与他早期复辟的传言一样，只是英格兰人在1327年革命后的消极影响下，以及处于伊莎贝拉及莫蒂默的统治下，给自己的一种幻想式的慰藉。

由于苏格兰持续不断的威胁，1327年9月15日至23日，在林肯召开的议会同意了爱德华三世第一次征税的要求，征收标准为动产的二十分之一，以防御北部边境。[3]此外，还为将来对抗苏格兰人做了一些零散的准备。[4]然而，政府的主要担心在于如何偿清债务。出于对战争价值的充分信心，王太后伊莎贝拉曾借款八千镑用于1326年登陆英格兰的军事开支，并为1327年的威尔戴尔之战至少借了九千镑。[5]按照要求，伊莎贝拉应从爱德华二世的个人财产中拿出至少五万镑来偿付这些及其他债务。由于所征

1　Mortimer, *Greatest Traitor*, 244–264; I. Mortimer, "The Death of Edward II in Berkeley Castle", *EHR*, cxx (2005), 1175–1214.

2　I. Mortimer, *The Perfect King: The Life of Edward III* (London, 2006), 66.

3　*PROME*, iv, 82–83.

4　Nicholson, *Edward III and the Scots*, 46.

5　E 101/382/9; E 159/104, rot. 82d; J. F. Willard, *Parliamentary Taxes on Personal Property, 1290 to 1334* (Cambridge, Mass., 1934), 21–22. 1327年春批准的羊毛出口强制贷款筹得了7400镑，仅能支付部分欠款，W. M. Ormrod, "The Crown and the English Economy, 1290–1348", *Before the Black Death: Studies in the "Crisis" of the Early Fourteenth Century*, ed. B. M. S. Campbell (Manchester, 1991), 168。关于伊莎贝拉所欠埃诺的约翰的债务问题，见E. B. Fryde, *Studies in Medieval Trade and Finance* (London, 1983), chap. iv, 202–203, 206–207, 210。

得的世俗税及教会什一税,都被支付给爱德华二世的债权人,因此已经没有多少经费用来招募军人以抵抗北边的苏格兰人了。[1] 很明显,战争若是继续进行下去,英格兰一方也是压力重重。而且,因为苏格兰人的突袭,边境地区变得日渐贫困,诺森伯兰郡宣称他们连议会代表的费用都无力支付,更不要说交纳其他税收了。[2] 在此情况下,英格兰政府传信苏格兰人,要求和解,双方因此任命了和平大使,签订了停战协定。同时,英格兰于2月7日在约克召集另一次议会。[3]

就在林肯议会解散的当天,爱德华三世收到了父亲的死讯,[4] 紧接着,一场与退位国王身份相配的王家葬礼便紧锣密鼓地准备着,爱德华三世也从诺丁汉经由西米德兰兹郡赶往格洛斯特修道院。爱德华二世的葬礼豪华而气派,1327年12月20日,爱德华二世风光入土。[5] 爱德华二世葬于格洛斯特修道院,是一种恰到好处的妥协安排。尽管威斯敏斯特教堂的王家陵墓拒绝让他长眠于此,但他理应葬在与王室有着强烈联系的教堂,以维护其尊严。因此,最终选择了征服者威廉之子罗伯特·柯索斯的安葬之地和亨利三世加冕之地——格洛斯特修道院。[6] 葬礼仪式的新颖之处在于用了

---

[1] Fryde, *Tyranny*, 209; J. F. Willard, "The Crown and its Creditors, 1327–33", *EHR*, xlii (1927), 12–19; W. E. Lunt, "The Collectors of Clerical Subsidies Granted to the King by the English Clergy", *Eng. Govt at Work*, ii, 262.

[2] C 219/5, part 1, file 1. 诺森伯兰、坎伯兰及威斯特摩兰郡(Westmorland)均免征廿一税, J. F. Willard, "The Taxes upon Moveables of the Reign of Edward III", *EHR*, xxx (1915), 72。

[3] *Rot. Scot.*, i, 223, 224; *Foedera*, II.ii, 724, 728; *RDP*, iv, 378–380; Nicholson, *Edward III and the Scots*, 47–48.

[4] DL 10/253, cited by Mortimer, *Perfect King*, 407. 关于确定日期的更多证据,见Haines, *Stratford*, 191。

[5] "Documents relating to the Death and Burial of King Edward II", ed. S. A. Moore, *Archaeologia*, l (1887), 215–226. 在11月11日离开诺丁汉时,国王下令要特别注意城堡结构的缺陷, E 159/104, rot. 26。

[6] M. Biddle, "Seasonal Festivals and Residence: Winchester, Westminster and Gloucester in the Tenth to Twelfth Centuries", *Anglo-Norman Studies*, viii (1985), 51–72.

第三章 母后监政（1327—1330）

一具真人大小的木质雕像，放在棺材顶部用来代表已故国王。这不禁让人猜想，这样做是为了遮住遗体的面部，不让人发现遗体的真实身份。不过，由于王室成员死亡与其葬礼之间的间隔漫长，需要对尸体进行防腐处理。因此，爱德华二世被遮盖的面容，并没有引起人们的猜疑。木质塑像身着1308年卡那封爱德华加冕时的礼袍，装饰着由国王锦衣库提供的象征王权的王冠、节杖和权棍。这样做的重要目的，是肯定爱德华二世统治的合法性，从而延伸到其子统治的合法性。[1] 考虑到新君的年纪，及为了进一步对其母亲表示尊重，葬礼由主教、贵族们主持，爱德华三世可能一直与母亲坐在教堂的私人长椅上，仅仅主持了接下来的丧礼餐宴。这些事情一结束，王室就移驾伍斯特（Worcester）去过圣诞节，在那里，他们无疑谈到了约翰王的坟墓。根据记载，约翰王是诺曼征服之后背负巨大污点的君主。王室前来敞地，天主教小修道院里的修士怎会轻易放过这样的机会？他们热切寻求爱德华三世的支持，想将先前的修道院院长伍尔夫斯坦·布兰斯福德拱上新主教的位置。[2]

其后，年轻国王大部分注意力都集中在准备即将到来的婚礼上。1326年在蒙斯签订的王朝联盟，让伊莎贝拉和莫蒂默在反攻英格兰及威尔戴尔战役时获得了军事帮助，现在轮到英格兰履行他们的义务了。[3] 教皇的敕令早在夏天就已下发，各项关于婚礼的条件，也由考文垂和利奇菲尔德的主教于10月底在法兰西瓦朗谢讷做出了最后的决定。[4] 埃诺的菲莉帕在1327

---

1 关于这一新颖做法的各种解释，见P. Lindley, *Gothic to Renaissance: Essays on Sculpture in England* (Stamford, 1995), 97–112; J. Burden, "Re-writing a Rite of Passage: The Peculiar Funeral of Edward II", *Rites of Passage: Cultures of Transition in the Fourteenth Century*, ed. N. F. McDonald and W. M. Ormrod (York, 2004), 13–29。关于将"现任国王之父、英格兰国王爱德华在其加冕典礼上所穿的礼袍"运送到格洛斯特的明确记载，见E 403/232, 19 Dec. 1327。

2 *Fasti 1300–1541*, iv, 56.

3 *CPR 1327–30*, 179.

4 *CPL*, ii, 260; E 101/309/38; E 403/232, 4 Mar. 1328; Petit, "Mariage de Philippa de Hainault", 380–381.

年底一抵达伦敦，就置身于众多的欢迎庆典，之后便下榻在霍尔本地区的伊利主教的市内住宅里。[1] 关于这一时期菲莉帕的容貌、性格，史书之中毫无线索。留存下来的关于埃诺伯爵某个女儿的描述，提到她有着黑色的肤色，棕色的眼睛，完美的体型，及明显的龅牙。这通常被认为是未来英格兰王后的容貌描写，但实际上这更可能是菲莉帕之姊玛格丽特的外貌描写。[2] 不管怎样，外貌远不如政治重要。在与法兰西宫廷持续不断的僵局面前，与埃诺的结盟，是伊莎贝拉与其子当时能够握住的一个可靠的外交手段。

国王的婚礼选择在约克举行，这非同寻常。由于沃尔特·雷诺兹于11月辞世，坎特伯雷大主教的席位因此空缺，因此最后决定国王的婚礼仪式应该在英格兰的第二大主教威廉·梅尔顿的约克大教堂举行。[3] 因此，菲莉帕于12月27日从伦敦北上。1328年1月26日，在约克大教堂举行爱德华三世与菲莉帕的婚礼，婚礼之后还庆祝了好多天。[4] 尽管这一时期财政危机犹存，但婚礼的铺张程度一点也不亚于一年前爱德华三世的加冕礼。婚礼所用的金银珠宝都事先购自巴黎。其他金银餐具和珠宝的花费超过了两千四百镑，这笔钱付给了佛罗伦萨的巴尔迪。伊莎贝拉王太后也从国王内

1　*Ann. Paulini*, 338–339; *Bridlington*, 99; *CPR 1327–30*, 190. 关于伦敦城送给新王后的礼物，见*CLBL, E*, 216–217。

2　*The Register of Walter de Stapeldon, Bishop of Exeter (A.D. 1307–1326)*, ed. F. C. Hingeston-Randolph (London, 1892), 169; D. Trotter, "Walter of Stapeldon and the Pre-marital Inspection of Philippa of Hainault", *French Studies Bulletin*, xlix (1993), 1–4. 这封信里提到这个年轻女人的深色肤色及一些其他特征，让菲莉帕是黑人或具有黑人血统这一说法广为流传。

3　梅尔顿不愿意去南部任职，是因为一个由来已久的争论即约克大主教是否有权在那里执行都市管辖权，见 R. M. Haines, *Ecclesia Anglicana: Studies in the English Church of the Later Middle Ages* (Toronto, 1989), 69–105。

4　*Anon. Chron. 1307–34*, 139; Shenton, "English Court", 148–150. E 101/383/20档案显示，1月25、26日国王大厅的开销分别多达114镑及191镑。财政署奉命向尼古拉斯·哈盖特交代婚礼的特别费用，E 159/104, rot. 64。

第三章　母后监政（1327—1330）

府处收到了一整套新礼袍。奢华的金线锦被买来装饰高台和王座。[1]在婚礼仪式和宴会上，新人正式交换礼物，体贴的菲莉帕送给她新婚丈夫的礼物中，有一个包含两首摹写经文歌的泥金写本，这些经文歌在婚礼上可能被演唱过。[2]

关于国王新配偶的地位，仍然有许多重要问题。埃诺的菲莉帕的年纪是个谜，她可能出生于1310至1315年之间，因此她可能比她十五岁的夫君稍大一点，或稍小一点。[3]根据教会法，这一对夫妻已到了圆房的年纪，但王室的圆房时间可能会有所推迟，通常来说，女性至少得达到十四岁才能开始性行为，这样一来，菲莉帕有可能在婚礼后至少一年内都没有与爱德华三世圆房。[4]1329年4月赐给年轻王后一千马克的寝殿开销，可能暗示着这一事情出现了某些改变。[5]但之后，至少一年内，她未被允许拥有自己独立的王后内府。这些安排背后，其实体现的是伊莎贝拉王太后的强硬，她必须控制其子，不让他很快拥有王位继承人，不然她凭借先王配偶角色所获得的众多权力就难以为继了。作为一个王后，菲莉帕应该拥有与其身份相配的新婚彩礼，并在威斯敏斯特教堂举行加冕礼。但是，1328年2月中旬，事先为菲莉帕准备的加冕礼被取消了，在之后的两年内，新王后的角色都模糊不定，既没有王冠，也没有独立的地产。[6]将菲莉帕王后当作幼儿对待，深刻体现了法兰西的伊莎贝拉对权力日渐增长的迷恋与掌控欲。

1　E 101/383/14, m. 1; E 403/240, 27 Jan. 1329; L. Monnas, "Silk Cloths Purchased for the Great Wardrobe of the Kings of England, 1325–1462", *Textile History*, xx (1989), 284.
2　Wathey, "Marriage of Edward III", 1–29.
3　*ODNB*, xliv, 34; Mortimer, *Perfect King*, 403–404.
4　傅华萨认为，在婚礼之后，菲莉帕很快就被带离了爱德华的身边，回到伦敦，Froissart, i, 76, 287。
5　*CPR 1327–30*, 389, E 403/243, 30 May 1329.
6　Shenton, "English Court", 145–148. 在订婚时，菲莉帕曾被许诺她将获得价值为3000镑的彩礼，但是在她的加冕典礼之前，她都没有见到任何实际行动，*Foedera*, II.ii, 743; *CPR 1327–30*, 270, 501。

她根本未曾想过，将来这对她与儿子、儿媳的关系将会产生什么样的影响。

1328年初的几个月里，苏格兰事件依然是重大国事。2月召开的约克议会持续了一个月，但并无与布鲁斯和谈的迹象，国王虽然解散了议会，却又于4月24日在北安普敦继续召开议会。王室南移至诺丁汉郡和林肯郡，并在塞姆普灵姆（Sempringham）的吉尔伯丁修道院过了复活节。在这里，爱德华三世认识了本朝资历最老的一个囚徒，格温莉安，她是独立的威尔士最后一任王子卢埃林·艾普·格鲁菲德的女儿。[1] 3月17日，由林肯主教、诺里奇主教及珀西勋爵领导的英格兰使臣总算与苏格兰人就和平的条件达成一致意见，并得到了在爱丁堡召开的苏格兰议会的及时批准。与新近同法兰西签订的协约相比，这些条件更进一步地损害了英格兰的利益与尊严。按照协约，爱德华三世必须放弃自1296年英格兰国王将苏格兰视作征服地区的政策，取而代之的是，视罗伯特·布鲁斯为独立的苏格兰王国的合法统治者。在面临共同敌人时，英格兰、苏格兰两个王国可以一致团结共同对外，但英格兰应该允许苏格兰维持1326年与法兰西在科尔贝（Corbeil）签订的长期联盟关系。执行该条约的保证是两国联姻，罗伯特的继承人——十四岁的大卫王子迎娶爱德华三世的妹妹琼。阿基坦公国的丢失又在苏格兰问题上重演：伊莎贝拉与莫蒂默曾以爱德华二世不能维持其父亲的外国领地而将其废黜，如今他们却亲手主持了肢解金雀花帝国的大局。难怪，这一和解很快就被爱德华三世的子民称作"屈辱的和平"。[2]

爱德华的咨议会无权改变这些条件，随后在北安普敦召开的议会也被劝服，于5月4日全盘接受了这一条约。这就解释了为什么苏格兰人所说的《爱丁堡和约》在英格兰更常被称为《北安普敦和约》。为了平息动荡

---

[1] J. B. Smith, *Llywelyn ap Gruffudd, Prince of Wales* (Cardiff, 1998), 579–580, 586. 关于这一次国王给格温莉安及塞姆普灵姆修道院院长的赞助与礼物，见E 159/105, rot. 36; E 101/384/7.

[2] Murimuth, 56; Avesbury, 283; Baker, 40; *Brut*, i, 255–256; Nicholson, *Edward III and the Scots*, 54–55.

第三章　母后监政（1327—1330）

的政局，苏格兰向爱德华政府做出了两个小小让步。一是提供两万马克作为补偿金，以补偿遭到苏格兰人侵凌损毁的英格兰北部数郡。二是原来在苏格兰有地产等权益的英格兰领主依然可以保有北部边境的土地，这在一定程度上给他们以希望。[1] 然而，这些甜头毕竟太微不足道了。亨利·珀西成功通过新的统治者布鲁斯继续保持他的苏格兰头衔，但随后其他跨境大地产主背叛了伊莎贝拉的事业，导致英格兰王室不再愿意受理他们的案件。[2] 同样值得怀疑的是，除了许诺中的杯水车薪的补偿金外，布鲁斯是否还额外支付了其他费用，不过，这并没有阻止爱德华三世随后指控莫蒂默不择手段，私吞了全部赔偿金。[3] 与臣民一样，爱德华三世因为《北安普敦和约》而深感屈辱，因此，他暗中支持伦敦市民及威斯敏斯特修道院院长，助他们成功拒绝苏格兰索回"加冕石"（Stone of Scone）的要求。这块"加冕石"是爱德华一世从苏格兰掳回来的战利品，被安置在英格兰加冕宝座之下。根据《北安普敦和约》，英格兰本应将此石归还给罗伯特一世。[4] 年轻的爱德华首次公开表示他不赞同母后的政策，拒绝让还是个幼童的妹妹琼联姻。7月中旬，他也决定不陪同母后前去贝里克（Berwick），议定婚约等一众事务。这既关外交礼节，也关个人脾性：苏格兰王罗伯特·布鲁斯身体严重不适，因此不会出席，无法代表他那边的王者威权。这就不难理解，为什么爱德华在1328年夏天藏身于西米德兰兹郡。这也成为他终身坚决

1　*ASR*, 328–341; E. L. G. Stones, "The Treaty of Northampton, 1328", *History*, xxxviii (1953), 54–61; J. Scammell, "Robert I and the North of England", *EHR*, lxxiv (1958), 385–403.
2　S. Cameron and A. Ross, "The Treaty of Edinburgh and the Disinherited (1328–1332)", *History*, lxxxiv (1999), 237–256.
3　*PROME*, iv, 105.
4　*CPMR 1323–64*, 63, 65; WAM, 51112; *English Coronation Records*, ed. L. G. Wickham Legge (London, 1901), 77–78; Baker, 40–41; *Chron. Meaux*, ii, 361; Doherty, "Isabella, Queen of England", 249–250. 苏格兰的黑色十字架似乎被送回去了，只是在内维尔十字之战后又被英格兰夺去，E. L. G. Stones, "An Addition to the 'Rotuli Scotiae'", *Scottish Historical Review*, xxix (1950), 33; *Scalacronica*, 101; *Antient Kalendars*, i, 160。

反对整个不幸事件的有力声明。[1]

与苏格兰人和解的条约，明显对英格兰人不利，但北安普敦议会之所以接受，原因之一，恐怕是希望英格兰王室从此将目光转移到整个国家普遍失序的现状上来。1327年，未成年政权就已恢复任命各郡的"治安维持官"（Keepers of the Peace）。这些治安维持官的职责是，在犯罪嫌疑人经审判送进当地监狱之前，负责接收并看管他们。[2] 1328年制定的关于刑事司法管理的《北安普敦法令》，在一定程度上成为英格兰法律史的一个里程碑。[3] 它包括一个重要的声明：国王和贵族在议会宣誓维持和平，协助王室司法，停止庇护行为（指的是保护自己的追随者免除司法指控）。然而，它的主要目的是，建立一系列刑事听审巡回法庭，由中央法庭的资深律师带队前去各郡巡访调查，听取、审核关于当地监狱所关押罪犯的指控，更加广泛深入地调查那些目无法纪的行为。鉴于听审律师来源广泛，自爱德华一世时起，犯罪同伙组成的帮会、俱乐部便戏称其为"持棍侦查员"（trailbastons）。重要的政治团体将"持棍侦查员"视为一个好坏参半的混合性质组织，因为他们既经常过问地方官员的腐败问题，也常常纵容那些有影响力的重要人物的暴力犯罪行为。然而，为挽救未成年政权，王室企图重建有效公共秩序的作为，仅昙花一现。1328年末，在"持棍侦查员"因强大的政治压

---

1 *Ann. Paulini*, 341, *Bridlington*, 98–99; *Chron. Lanercost*, 261–262; Nicholson, *Edward III and the Scots*, 51–52; Barrow, *Robert Bruce*, 260. 伊莎贝拉在前往贝里克的路上，于6月3日在庞蒂弗拉克特主持了一场会议，而后经达勒姆继续前行，SC 1/36/90; E 403/237, 16 July 1328。将琼公主嫁到苏格兰后来被认为是莫蒂默背叛王室的举动之一，P. R. Dryburgh, "The Career of Roger Mortimer, First Earl of March (*c.* 1287–1330)"(University of Bristol PhD thesis, 2002), 126 n. 131。

2 *PROME*, iv, 21, 25; *SR*, i, 257; A. Verduyn, "The Politics of Law and Order during the Early Years of Edward III", *EHR*, cviii (1993), 842–867.

3 *SR*, i, 257–258; E. L. G. Stones, "Sir Geoffrey le Scrope (*c.* 1280 to 1340), Chief Justice of the King's Bench", *EHR*, lxix (1954), 9–11; A. Musson, *Public Order and Law Enforcement: The Local Administration of Criminal Justice, 1294–1350* (Woodbridge, 1996), 55–56, 108–110.

第三章 母后监政（1327—1330） 89

力而溃败之前，推行这一政策的英格兰郡县尚不足一半。[1] 这一试图挽回民心的政策的失败，就当时来说，导致当局振作统治的希望日益幻灭。

爱德华在摆脱伊莎贝拉和莫蒂默的控制之前，还要受到更多的羞辱。与法兰西、苏格兰的条约签订之后，再向国内征税已几无可能，在此情况下，财政上的困窘已是显而易见。当爱德华二世留下来的财政枯竭后，伊莎贝拉转求助于历史悠久的信托借贷。1328年8月至1330年11月，为英格兰王室提供借贷的主要银行家——佛罗伦萨的巴尔迪，至少预借给国王内府三万镑，以支付外交费用、偿还莫蒂默的债务及给他源源不断的赏赐。[2] 在1328至1329年间，爱德华被要求参加了在赫里福德、拉德洛（Ludlow）、贝德福德（Bedford）、威格莫尔（Wigmore）等地举行的豪华比武赛。在这些场合，肆无忌惮的莫蒂默明目张胆地凌驾于国王之上。[3] 王太后的男人现在完全卸下谦卑的伪装，积极结党营私，并谋取军队里的职衔，扩充自己的武装力量，之前被没收的小德斯潘塞和阿伦德尔伯爵的威尔士领地，也由他任意使用。[4] 年少的国王爱德华三世仅在1328年9月曾获允离开母亲，独立率人前往东安格利亚的沃尔辛厄姆（Walsingham）、诺里奇（Norwich）、塞特福德（Thetford）及贝里圣埃德蒙兹等宗教场所。然而不久，关心儿子安危的伊莎贝拉便传信，要儿子在剑桥与自己会合，然后一道南下，去参加10月在索尔兹伯里（Salisbury）召开的议会。[5] 如果说在1325年时，温莎爱德华曾欢欣接受母亲提供的庇护并因此对她满怀感激，可到了1328

1　*CPR 1327–30*, 297.
2　Fryde, *Studies*, chap. iv, 205–206.
3　McKisack, *Fourteenth Century*, p. 97; Vale, *Edward III and Chivalry*, p. 172; Mortimer, *Greatest Traitor*, 225–226. 1329年9月在威格莫尔举办骑士比武赛的前后，在赫里福德、格洛斯特及伍斯特也举行了比武赛，E 101/384/6; E 101/384/7.
4　G. A. Holmes, *The Estates of the Higher Nobility in Fourteenth-Century England* (Cambridge, 1957), 13.
5　*CPMR 1323–64*, 80.

年，我们有充分的理由相信，伊莎贝拉依然待之为幼儿，已令他感到困惑乃至窒息。

许多政治精英都相信，召集索尔兹伯里议会的唯一目的，是扩张莫蒂默的权力，基于他新近获得的大量赏赐，这位罗杰·莫蒂默准备好跻身贵族里的最高层。尽管如此，内中的细节依然令人震惊。年少的国王被诱使赐封王太后的情人为马奇伯爵，而非原计划的什鲁斯伯里伯爵。这是前所未有的封号，马奇伯爵掌管英格兰与威尔士边境地区，具有国王权威。同时，罗杰还决心重建在爱尔兰祖先领地的控制权，从他提拔其亲信詹姆斯·巴特勒为奥蒙德伯爵可知，他意在对该伯爵领进行有效的政治控制。[1] 索尔兹伯里议会的第三个成果，是赐封爱德华的弟弟埃尔特姆的约翰为康沃尔伯爵，这一定程度上是为了平息那些关于莫蒂默动机的质疑。但众人已不可避免地将莫蒂默与德斯潘塞父子进行对比。至少对一些贵族而言，除非对宫廷及其附庸公开发起挑战，现在别无选择。

索尔兹伯里议会引发的普遍敌对情绪，并未出乎伊莎贝拉与莫蒂默的意料。根据 1328 年底送给伦敦市民的官方记录可知，早在 6 月中旬，在伍斯特市政议会上，兰开斯特的亨利就已成为心怀不满者的领军人物了。[2] 他曾公开拒绝参加 7 月底在约克举行的大咨议会，及 10 月的索尔兹伯里议会。在约克的大咨议会之后，王室南下，亨利伯爵比国王提前到达林肯郡的巴灵斯（Barlings），与他一道来的还有一支武装队伍。与此同时，亨利伯爵的追随者托马斯·韦克及约翰·斯特拉特福德悲哀地告诉伦敦市民：国王已被奸臣佞言包围，无人给他提出忠告，甚至缺乏足够的资源维持自己内府的开支。正是索尔兹伯里议会为莫蒂默加封新头衔，才促使兰开斯特的亨利公开表明了他的反对立场。之后，亨利伯爵又在温切斯特（Winchester）建立据点，对莫蒂默发出了一系列尖锐的指控。他声称，莫蒂默之所以与

1　*CChR 1327–41*, 94; *CPR 1327–30*, 336; GEC, viii, 439 and n. (h).
2　后续情况，见*CPMR 1323–64*, 77–83; *PROME*, iv, 92–94; Haines, *Stratford*, 196–198。

第三章　母后监政（1327—1330）

苏格兰人签订了影响恶劣的条约，其阴谋的真正目的是打击、毁灭政敌兰开斯特。但是，新晋的马奇伯爵誓言，他对亨利伯爵并无恶意。斯特拉特福德主教与格雷夫森德主教也愿意调停二人的矛盾。然而，两位主教带回了新的要求：国王应该有足够自立的资源；王太后伊莎贝拉应该依靠她自己的资产生活；要严厉打击肆虐于整个王国的暴力犯罪；应该肯定1327年议会确定的常任咨议会并重新启用。这是兰开斯特的亨利最好的时刻。但是面对政见如此鲜明有力的声明，王室表现得狂妄自大，其答复又火上浇油：亨利伯爵自行退出议会和咨议会，才是真正使危机爆发的唯一原因。

在这样的僵局状态下，议会闭会了。当王室一党取道温切斯特返回伦敦时，兰开斯特的大队武装人马涌出城市，公开嘲笑并羞辱王太后和她的情人。[1]亨利伯爵火速赶往英格兰中部，从兰开斯特势力强劲的据点海厄姆费勒斯（Higham Ferrers）、莱斯特（Leicester）及凯尼尔沃思集结军队。王太后和情人与国王一道西行，前往格洛斯特举行爱德华二世葬礼的一周年纪念，并与一年前一样，在伍斯特度过了圣诞节。驻扎于伍斯特，对莫蒂默非常便利，因为一旦有必要，他便可召集边境武装势力。公开战争即将打响。

面对这迫在眉睫的危机，王叔诺福克、肯特伯爵召集教会高级贵族前往伦敦，与包括托马斯·韦克、威廉·特拉塞尔在内的兰开斯特盟军会面，并商讨调解之法。然而，盟军要求两位伯爵承认，年轻的爱德华三世被莫蒂默引向了歧路，他的所作所为违背了《大宪章》（Magna Carta）及他的加冕誓词。[2]这样的声明极为重要也极具威力，等于是给了贵族们反抗不正当统治的口实。新任坎特伯雷大主教西蒙·梅奥珀姆，在12月23日写了一封同样主题的信给国王。他建议，与其寻求方法摧毁反对派，爱德华国

1　G. A. Holmes, "The Rebellion of the Earl of Lancaster, 1328–9", *BIHR*, xxviii (1955), 88. 还可参考*CIM*, ii, no. 1039的记载。
2　*Anglia Sacra*, i, 368.

王不如暂时同意索尔兹伯里议会的决定，搁置兰开斯特与莫蒂默之间的分歧，等待下次议会再来解决。梅奥珀姆声称，他不仅代表伦敦，而且代表"英格兰王国的全体人民"。[1] 在这里，以及接下来关于兰开斯特及其反对派的会议都暗示，作为持续反对罗杰·莫蒂默的斗争方式之一，集体宣誓的传统正在恢复。[2] 这样的公开威胁难以得到支持，12月29日，国王被要求发表声明，他将继续整顿军队以对抗兰开斯特伯爵。如果这最后通牒是马奇伯爵的杰作，那么它自然也会立刻影响爱德华三世本人。为了一触即发的战争，宫廷还为国王准备了一套新盔甲。[3]

卷入兰开斯特密谋的人中，很少有人打算公开反叛，而王室的军事报复则达到了预期的效果。1月6日，当国王的军队到达莱斯特时，谨慎的诺福克伯爵及他懦弱的弟弟肯特伯爵急于同兰开斯特伯爵划清界限，宣布断绝堂兄弟关系。马奇伯爵与兰开斯特伯爵最后会于贝德福德，仇人见面，分外眼红。1月20、21日，爱德华三世也出现在贝德福德。不过，令人惊奇的是，双方并未交锋，也未发生流血事件。两方都提请王太后进行正式调停，并同意搁置双方分歧，留待下次议会和平解决。战争没有打响，这让王室能够仁慈宽大地对待叛乱者，亨利伯爵和他的大部分追随者逃脱了被处决、没收财产的严苛处罚，然而，他们还是被迫许下屈辱的誓言，并上交大量财富，作为他们未来将驯服于国王的保证。[4] 此外，有七十个人被

1　*CPMR 1323–64*, 84; *Litterae Cantuariensis*, iii, 414–416; Holmes, "Rebellion", 87 n. 9.
2　*Ann. Paulini*, 344; Haines, *Stratford*, 202–203.
3　*CPMR 1323–64*, 85–86; E 101/383/19. 据说王太后也全副武装，Haines, *Stratford*, 203。
4　H. Knighton, *Chronicon Henrici Knighton*, ed. J. R. Lumby, 2 vols (RS, 1889–1895), i, 450; *Anon. Chron. 1307–34*, 140–141; V. B. Redstone, "Some Mercenaries of Henry of Lancaster, 1327-1330", *TRHS*, 3rd series, vii (1913), 163–164. 交纳保证金的意见应该在1月21日之前就已达成一致，但闭封卷宗上的记录却显示是在2月9日，也就是重新召集议会的第一天，E 159/106, rot. 43d; *CCR 1327–30*, 528–530; KB 27/280, *Rex*, rot. 22; KB 27/281, *Rex*, rot. 17; KB 27/282, *Rex*, rot. 20。之后，斯特拉特福德主教被控藐视罪并被罚款1000马克，*Stratford*, 205–206。

第三章 母后监政（1327—1330）

特别指定排除在赦免名单之外，包括显贵的托马斯·韦克、托马斯·罗斯林及国王之前的导师亨利·博蒙，他们被迫流亡欧洲大陆。王室心不甘情不愿的宽宏大量，并未让人心受抚慰，众人对马奇伯爵统治的批判之声甚嚣尘上。早在1328年便荣登伍斯特主教之位的亚当·奥莱顿，在该年年底与宫廷闹僵，而难以对付的约翰·斯特拉特福德，虽曾是1327年政变的主要设计者，现在也成为莫蒂默的死敌。[1]

贝德福德的两军对峙，对爱德华三世而言非常痛苦，所产生的影响也极为讽刺。六年前他亲身经历的巴勒布里奇战役及其带来的后果告诉他，兰开斯特伯爵兄弟的斗争可能导致内战爆发，对这一事态的发展方向他再清楚不过。此事也揭示出他所处地位的反常，他不能决定政策的方向，却要立即承担政治走向的后果。这也暴露出他一贯以来的境况——依附母亲与她的情人。莫蒂默曾为了将他从危难中拯救出来而身陷险境，还耗费了大量的财力。兰开斯特伯爵反叛之后的几周乃至几个月里，爱德华三世不得不对自命不凡的马奇伯爵大加赏赐，暗示着他对马奇伯爵有所亏欠，而这在一定程度上也暗示着他受屈辱程度。迟至1330年8月，他还依然费力周转，赔偿马奇伯爵为召集军队对抗贝德福德叛军所耗费的支出。[2]其他人对这一事件的真相也都心照不宣，投机派开始绕过国王，直接写信给马奇伯爵请求他介入政府调停事务。[3]讽刺的是，兰开斯特伯爵的垮台，只是加剧了年轻的爱德华对莫蒂默意志的依附与服从。

1329年1月的政治僵局，给爱德华三世的未成年政权带来了持久的影响。2月9日在威斯敏斯特召集的议会，未能解决兰开斯特伯爵与马奇伯

---

1 Chron. Lanercost, 265, 266; Chron. Meaux, ii, 359; Haines, Orleton, 161–188; Haines, Stratford, 191–214.
2 E 159/107, rot. 23; Dryburgh, "Career of Roger Mortimer", 133–134. 亦见Fryde, Studies, chap. iv, 206。
3 Litterae Cantuariensis, i, 292–295.

爵之间的分歧。一股阴沉的情绪弥漫在高级教士、世俗贵族之间，致使王太后和其情人越发不信任有组织的政治集会。从1329年议会解散至1330年底罗杰·莫蒂默倒台，仅1330年3月在温切斯特召开了一次全议会，另外还有两次咨议会，是1329年7月在温莎及1330年7月在奥斯尼（Osney）召开的。将会议地点定在都城以外的地方为未成年政权的特征。在1329年2月至1330年11月的这段时间里，除了1330年2月埃诺的菲莉帕的加冕礼外，爱德华三世似乎远离，或者更确切地说，被迫远离伦敦和威斯敏斯特。

空间距离对政府的日常工作影响不大。大法官与文秘署经常跟随王廷移动。如，1329年1月，国王身在北安普敦，在归还国玺给大法官伯格什及在贝德福德与兰开斯特伯爵对峙之前，国玺在他手里长达整整一个星期。[1] 移动王廷也包括1327年常任咨议会的一些中间派成员，他们同王太后及莫蒂默并无公开分歧，如老练稳重的萨里伯爵，在1329和1330年初的和平时期里，为了留在国王身边，他不断地慷慨解囊。[2] 就在同一时期，爱德华三世相交多年的密友理查德·伯里，在爱德华的日常政务和分配王室恩赐中扮演了越来越活跃的角色。两人关系的一个重要暗示是1330年4月，国王打破传统，介入王廷，动用御玺，下令保释伯里的表兄托马斯·道格维勒。托马斯是因兰开斯特伯爵密谋叛乱而受到牵连被囚禁的小领主。[3]

这一时期的国内行政也不是毫无建树。1329年在温莎召开的大咨议会上，王室的注意力回到了公共秩序的问题上来。国王的顾问们对恢复巡回法院制度表现出特别的关注。13世纪，巡回法院曾阶段性地派出专员巡回各郡处理司法裁判等问题。有些地区就一些重大问题欺上瞒下，相比前几年任命的"持棍侦查员"，巡回法院显然更适合用来集中处理这些问题。第

1　*CCR 1327–30*, 425; B. Wilkinson, "The Chancery", *Eng. Govt. at Work*, i, 195–196.
2　*CCR 1327–30*, 445, 491; E 43/19.
3　KB 27/280, *Rex*, rot. 14d; W. M. Ormrod, "The King's Secrets: Richard de Bury and the Monarchy of Edward III", *War, Government and Aristocracy in the British Isles, c. 1150–1500*, ed. A. Kettle, C. Given-Wilson and L. E. Scales (Woodbridge, 2008), 168, 170–171.

第三章　母后监政（1327—1330）

一批被选择的郡包括北安普敦与诺丁汉，两个地位于1321至1322年间内战中损失惨重的区域，并靠近臭名昭著的帮派犯罪大本营。[1] 然而，这些良好意图的实际效果，却因为巡回法院管得过宽过广而大打折扣——卷进民事诉讼和调查王室权利花费了太多时间。1330年春，巡回法院宣布将去贝德福德和德比（Derby）两郡巡视。照此速度，巡回法院要将整个王国巡查一圈，需要整整一代人的时间。到那时，第一批被巡视过的区域，必然又恢复原样。就像1328年那样，1329年，弱势政府迫切想要证明他们在法律和秩序上的称职，结果反而暴露出他们在方法上的不足。

就移动王权的效率而言，不难看出，年轻的国王巡回地方导致他的政府远离了本来大有裨益的公众意见，因为没有任何地方的反响成效比首都更明显。伦敦市民也许支持1326至1327年间的政变，但他们也对1328至1329年间的冬天，兰开斯特伯爵的反抗表现出非凡的热情。由于王室总是疑忌伦敦城里有人酝酿阴谋，因此在1329年2月特意指定了莫蒂默最重要的两个支持者奥利弗·英厄姆、约翰·马尔特拉弗斯前去进行司法调查。就像伦敦市民迅速指出的那样，这一举动实际上与爱德华三世两年前即位时所应许的《自由宪章》背道而驰。[2] 由于爱德华三世远离王室权力的中心地区，他的王权难保周全，而母后也越来越不愿意让他积极主动参与公共政治事务。

另一个危险的迹象是莫蒂默试图让他的亲信打入爱德华三世的核心社交圈。与爱德华二世谋杀事件牵连密切的马尔特拉弗斯，竟在1329年2月重新恢复了在国王内府的管理工作。1330年夏天接替他工作的休·特普

---

[1] H. M. Cam, *Liberties and Communities in Medieval England* (London, 1963), 150–162; D. Crook, "The Later Eyres", *EHR*, xcvii (1982), 241–268; *The Eyre of Northamptonshire 3–4 Edward III, A.D. 1329–1330*, ed. D. W. Sutherland, 2 vols (Selden Society, xcvii, cxviii, 1983–1984).
[2] *CPR 1327–30*, 359, 423; G. A. Williams, *Medieval London: From Commune to Capital* (London, 1963), 301–302.

灵顿，也是马奇伯爵的重要心腹。此外，约翰·怀亚德，后也被指认为莫蒂默安插在国王身边的间谍。[1] 在这种日渐窒息的氛围下，爱德华三世开始对自己此前缔结的友谊进行检验。在 1330 年初的一封密信里，他启动了一种可以使教皇辨别出哪些才是他的真正意愿的秘密书写机制：所有这类通信都含有爱德华三世亲自书写的"教皇"（Pater Sancte）字眼。这一封信由理查德·伯里撰写，他誓言知道这一秘密的只有威廉·蒙塔古及自己："我们两个人，无论如何，也会保守这一秘密。"之后，国王在底部潦草地写上了"教皇"。这一封信，至今依然保存在教皇档案里，生动地告诉我们在莫蒂默掌权的最后几个月里，处于绝境之中的爱德华三世所使用的手段。[2]

正如 1325 年一样，1329 年时，与法兰西的关系，给了爱德华三世行使王权、发挥公共职能的良好机会。1328 年 2 月，他的舅舅——卡佩王朝最后一任君主查理四世去世了，却没有留下直系男性继承人。由于查理四世的孀妻——埃夫勒的让娜当时已经有孕在身，因此在孩子出生前的这段时间，国事暂由已故国王的堂兄瓦卢瓦的腓力主持。4 月 1 日，让娜诞下了一个女婴。之后，问题便集中在讨论女儿及妇女是否有权继承大位一事上，最后的讨论结果是，继承大位的应是成年男性。在此情况下，能够继承法兰西王位有三个候选人，分别是：瓦卢瓦的腓力、他的堂弟埃夫勒的腓力和爱德华三世。4 月 2 日，瓦卢瓦的腓力迅速公布了预料之中的结果，作为摄政者的他应该即位为腓力六世。众人对腓力六世的候选人资格有何意见，我们所知甚少。没有人正式尝试限定由男性继承法国王位，也没有

---

[1] *PROME*, iv, 103; Tout, *Chapters*, iii, 18–19.
[2] *EMDP*, I.i, no. 18; *CPL*, ii, 497; C. G. Crump, "The Arrest of Roger Mortimer and Queen Isabel", *EHR*, xxvi (1911), 331–332; Ormrod, "The King's Secrets", 166–167.

第三章　母后监政（1327—1330）

证据表明在 14 世纪以前英法之间曾详细讨论过《萨利克法典》。[1] 情况很可能是，在那个紧迫时刻，法兰西贵族优先选择了腓力。因为法兰西人并无充分理由来拒绝英格兰国王爱德华三世的袭位要求，而且更加让他们感到可怕的是王太后伊莎贝拉，她连其夫神授的王位都敢篡夺，到时她将毫不犹豫地承担她的使命，对外宣称在巴黎代替幼子行使权力。

尽管备感羞辱，英格兰政府还是很清楚地认识到不能让这一事件悄无声息地随风而逝。5 月 16 日，即在腓力六世对外公布举行加冕礼日期的两周前，罗杰·诺思伯格和亚当·奥莱顿率领一队外交使臣去法兰西宫廷交涉，以维护爱德华三世作为腓力四世唯一在世外孙的权益。[2] 泰然自若又狂大傲慢的腓力敷衍地接见了英格兰的使臣，毫无心情理会他们的诉求。许多现代历史学家认为英格兰的这种做法十分愚蠢，为了面子而引人嘲笑爱德华三世的脆弱统治，并再一次暴露摄政的王太后伊莎贝拉所具有的政治权利。[3] 可是没有理由推测，爱德华三世认为 1328 年英格兰抗议的影响，可以与当初和苏格兰签订条约的影响相提并论，或者说，他从来不认为母后在法兰西正确而适当地行使了他的王权。伊莎贝拉和她的参谋认为，用这种方式保留爱德华三世对法兰西王位的诉求，那么当他将来掌权之后，一旦机会合适，便可重申这一诉求。这也解释了他们为什么要抗议法兰西与纳瓦拉王位分立，并反对路易十世之女让娜及其丈夫埃夫勒的腓力继承纳瓦拉王位。[4] 1316 年路易十世死后，爱德华二世认为由他的兄弟姊妹瓜分法兰

1　P. Viollet, "Comment les Femmes ont été exclues, en France, de la succession à la couronne", *Mémoires de l'Académie des Inscriptions et Belles-lettres*, xxxiv (1895), 125–178; C. Taylor, "The Salic Law and the Valois Succession to the French Crown", *French History*, xv (2001), 358–377; C. Taylor, "The Salic Law, French Queenship, and the Defense of Women in the Late Middle Ages", *French Historical Studies*, xxix (2006), 548.

2　*Foedera*, II.ii, 743.

3　E. Perroy, *The Hundred Years War*, trans. W. B. Wells (London, 1951), 81–82; Curry, *Hundred Years War*, 40–41; Sumption, i, 100–112.

4　*Foedera*, II.ii, 736; E. Meyer, *Charles II, roi de Navarre, comte d'Evreux, et la Normandie au XIVe siècle* (Paris, 1898), 1–7.

西王国是合适的；而伊莎贝拉清楚地知道，未来其子索要法兰西王位的强大依据，便在于1328年他曾是卡佩王朝唯一有资格的继承者。[1]

伊莎贝拉试图为儿子努力争取在法兰西的权利，清楚地表明了她的意图。在法兰西改朝换代时，需要重新调整法兰西国王及其主要诸侯之间的关系。正如后来爱德华三世在1340年正式冠上法兰西国王头衔是因为需要推动缔结英格兰－佛兰德斯联盟，1328年伊莎贝拉主宰的政府做出如此姿态，也许是受到了佛兰德斯镇民众的鼓励与支持。当时，他们迫切希望挑战腓力六世对他们的伯爵路易·德讷韦尔所拥有的宗主权。[2] 诺思伯格和奥莱顿的出使，在本质上是英格兰人想给腓力六世增加压力，从而达到修订1327年英法条约的目的。费康主教——未来的教皇克雷芒六世，被派往英格兰要求爱德华三世向腓力六世行效忠礼，却遭到了英格兰方面的坚决拒绝。[3]1329年初，在王太后赐给其子的两个银杯上，一个装饰的是十字四分的英法纹章，另一个上面则是英、法及卡斯蒂利亚的王家纹章。[4] 伊莎贝拉认为，爱德华是卡佩王朝的血脉后裔，妄自尊大的腓力不能将他的英格兰表弟视为地位卑下的诸侯，而是应该尊他为地位平等、受膏加冕的君王。

然而，伊莎贝拉的这个愿望很难契合岌岌可危的英法外交现状。与之前伊莎贝拉的兄弟不同，腓力六世决定让爱德华三世及时完成他的效忠礼，这有助于他根据1327年条约确认自己在阿基坦大区的控制权。腓力六世威胁道，如果英格兰胆敢拒绝，那么他将没收金雀花王朝在法兰西的其他封地。这迫使英格兰政府在1329年2月威斯敏斯特议会上，决定让爱德华三

---

[1] P. Chaplais, *Essays in Medieval Diplomacy and Administration* (London, 1981), chap. x.

[2] H. Pirenne, "La Première Tentative Faite pour reconnoître Edouard III d'Angleterre comme roi de France (1328)", *Annales de la Société de'Histoire et d'Archéologie de Gand*, v (1902), 5–11.

[3] Déprez, *Préliminaires*, 81–82.

[4] E 101/384/1, fol. 16v. 后一个银杯是一套饰有丹麦、日耳曼及阿拉贡图案的银质广口水壶套组中的一件。亦见E 101/385/19, fol. 8。

第三章　母后监政（1327—1330）

世渡海去向腓力王行效忠礼。由于双方在效忠礼的誓词上有分歧，爱德华三世与腓力六世的会面被推迟了数周。英格兰国王先是在3月行进至伦敦周边，而后在王太后伊莎贝拉的沃灵福德城堡度过了大斋节和复活节。直到5月，爱德华三世才从多佛尔乘船前往欧洲大陆。陪伴他的人有亨利·伯格什及一大队随从。5月26日，他们到达维桑，随后经蒙特勒伊及克雷西（Crécy，这是他首次造访，未来将在这里见证他的关键一役）赶赴圣里基耶（Saint-Riquier），最后到达约定的举行仪式的地点——亚眠。6月6日，在亚眠大教堂唱诗班的歌声里，爱德华三世跪在腓力六世面前，向他行效忠之礼。效忠仪式以一场大型的骑士比武赛而告结束。[1] 在这场比武赛上，爱德华佩戴珍贵的装饰着红宝石、蓝宝石、绿宝石及珍珠的百合花饰纹章，可能是以这样华丽的衣着为礼物赠给仁慈的法兰西君主。[2] 6月10日回到英格兰后，爱德华三世继续举办庆祝活动，在坎特伯雷、达特福德（Dartford）及赖盖特（Reigate）举行了刺枪比武。在达特福德赛场，他从一匹不受控制的马上跳了下来，那匹马随后跃入泰晤士河。若非及时做出正确的决定，他很可能会死在这一事故之中，臣民为此深感庆幸而雀跃。如此激动人心的情节，以及之前他访问法兰西等重要事务，都汇报给7月温莎召集的大咨议会，与会者深感满意。[3]

尽管在公众场合上兴致颇高，但英法双方都深感不安。法兰西试图强加一些新的条款，以保留腓力六世新近占领的领土，从而进一步收回阿让奈及佩里格、利摩日、卡奥尔三大教区，由瓦卢瓦王朝控制。对于腓力六世打的如意算盘，爱德华一方早已心如明镜。林肯主教正式宣布道，关于阿基坦地区，国王兼公爵寸土不让，而且只会根据1259年《巴黎条约》的

1　*PROME*, iv, 96; *CPR 1327–30*, 388; E 101/384/6; *Foedera*, II.ii, 765; *EMDP*, I.i, no. 200; Vale, *Edward III and Chivalry*, 172.

2　E 101/384/1, fol. 17v.

3　E 101/384/6; C 49/66/26; *Ann. Paulini*, 352–353; *RDP*, iv, 390–391.

约定行简单的效忠礼。[1]但这也不是没有代价的。爱德华三世拒绝全心全意彻彻底底地效忠法兰西国王，明显激怒了瓦卢瓦的腓力。尽管腓力自信地宣称，这件事终将协商解决，但很快他便在1329、1330年设定一系列最后期限来强迫爱德华三世向他宣誓效忠。爱德华的亚眠之旅，是他首次单独执行外交任务，既没有母后为伴，也无马奇伯爵相助。与1325年那次相比，此次他因为索取法兰西王冠的失败及为了保持阿基坦公国的完整而忍辱负重，向法兰西国王行效忠礼，给他带来了强烈的反感情绪。

在14世纪，还没有法律规定幼主到了什么年纪可以行使全部权力。国王的封臣在二十一岁时可以合法接管自己的领地及责任，但这一普遍传统，还是经常根据情况而时有调整。君权也是如此，常常突破这样的限制。亨利三世在1227年亲政时，年仅十九岁。参照亨利的先例，当时政治团体已大体认同了两个基本原则：一是无论何时，只要情况合适条件成熟，爱德华三世便应亲政；二是他公开发布声明，说根据国王特权及他的个人意愿，他想要行使全部王权，以铭记这一重要时刻。[2]1329年11月，爱德华年满十七岁，这样一个年纪，要统治王国并全权负责，依然太过年轻。王太后伊莎贝拉和她的情人因此也认为，由他们来摄政虽不合法，但这样的状况还可以再延续几年。然而，在接下来的一年里，国王家庭所发生的系列变故，改变了他的政治地位，戏剧性地将他推向了行使全部王权的时刻。

到1329年圣诞时，年轻的埃诺的菲莉帕孕育了国王夫妇的第一个孩子。王后的怀孕，强有力地证明她丈夫已然成熟，活力旺盛。这也直接影响了她的个人地位。为年轻王后安排彩礼的措施，也马上着手。1330年2月，

---

1 Murimuth, 58; Déprez, *Préliminaires*, 45–46.
2 Wood, *Joan of Arc and Richard III*, 29–50; D. Carpenter, *The Minority of Henry III* (London, 1990), 389; W. M. Ormrod, "Coming to Kingship: Boy Kings and the Passage to Power in Fourteenth-Century England", *Rites of Passage*, ed. McDonald and Ormrod, 31–49.

第三章　母后监政（1327—1330）

她获得了价值甚高的上等土地庞蒂弗拉克特及之前德斯潘塞的领地——格拉摩根（Glamorgan）。[1] 她那推迟已久的加冕礼，也于2月18日在威斯敏斯特教堂举行。在加冕礼的前夕及次日，她分别在圣保罗天主大教堂、威斯敏斯特教堂的高祭坛和忏悔者爱德华的墓前行供奉礼。[2] 在其子爱德华的加冕礼上，伊莎贝拉没有露面，可如今她却拿着儿子的钱定制了一套豪华礼服，盛装出席儿媳妇的加冕礼，引人注目。菲莉帕的加冕礼，似乎是伊莎贝拉以先王配偶身份努力延长统治期的终结，而王太后是否愿意接受这一结局仍有待观察。伊莎贝拉亲自陪着国王夫妇驾临温莎，而正是在这里，爱德华输给了依然无处不在的莫蒂默。[3]

关于国王家庭的另一个信息是，1329年末至1330年初的冬天，爱德华三世不那么受人欢迎了。爱德华二世仍然活着的流言开始四散传播。[4] 15世纪的英格兰国王已然习惯了这样的流言，认为这是国王废黜带来的必然结果。但爱德华三世及其同时代的人，对于此事，还做不到毫不在意。1329年10月末，在邓斯特布尔的骑士比武赛之后，爱德华三世与其母移驾凯尼尔沃思的大要塞。巧合的是，正是在这个地方，爱德华二世被迫逊位。在那种忧郁而阴沉的气氛中，王室在此度过了基督降临节和圣诞节。政府发表了公开声明，试图瓦解流言并扼杀潜在的叛乱。[5] 尽管不乏危险，但当时一些身居高位者确实偶尔也会相信爱德华二世依然在世。1330年1月，伦敦市长西蒙·斯旺朗德接到一封梅尔顿大主教的密信，信上说卡那封的爱德华还"健康地活着"，要求斯旺朗德为恢复爱德华的自由提供经费，并

1　*CPR 1327–30*, 501. 这些地产的价值并未达到许诺的彩礼的3000镑，见 SC 8/265/13210; *CPR 1327–30*, 541。

2　E 101/383/13, m. 3; *Ann. Paulini*, 349. 国王的行程清楚地表明（菲莉帕王后的加冕典礼）就在这一天，但其他的历史学家却更倾向于是2月或3月的某天，Shenton, *Itinerary of Edward III*, 26, 28。

3　SC 1/38/191; E 101/399/1; E 101/383/13, m. 3。

4　*Ann. Paulini*, 349; *Brut*, i, 262。

5　*Foedera*, II.ii, 775。

准备好衣服，以让爱德华二世过得舒适一些。[1]这对斯旺朗德而言，简直就是一个辛辣的讽刺，因为就在同一时刻，他正为菲莉帕王后即将到来的加冕礼在伦敦城采办物品。[2]

爱德华三世王位的合法性来自以下三个方面：一是爱德华二世自愿放弃了王位；二是他自然死亡；三是他现在已长眠在格洛斯特修道院。阴谋家，特别是身居高位的阴谋家，有可能通过揭发爱德华三世是一个篡位者和伪誓者来威胁他。现在需要及时打击的对象是那些意图搬弄是非、伺机散播卡那封的爱德华流言的人。焦点集中在王叔肯特伯爵埃德蒙身上，他从1328年索尔兹伯里议会后就与王廷不和。至今不清楚埃德蒙是否如梅尔顿一样确信爱德华二世还活着。自1328年退出兰开斯特伯爵亨利密谋造反事件起，他和哥哥诺福克伯爵就急于展现自己对国王的忠诚，有时候甚至不惜牺牲自己的利益。[3]而且，肯特伯爵也有可能接受"爱德华二世依然活着"的虚幻故事，因为这为1326至1327年的冬天，权力转移到温莎爱德华身上提供了更协调的解释。不久之后，爱德华三世亲自指责罗杰·莫蒂默，说他鼓励、引诱容易上当受骗的埃德蒙去相信那些他自己知道完全是假的故事。[4]尽管这不是一个非常客观的证据，但确实有可能表明，爱德华二世在世这一流言的散播，莫蒂默至少应该承担部分责任。在1330年春的肯特事件上，马奇伯爵试图先发制人，制造一个反对目标，然后向爱德华三世表明，年轻的国王还依然需要他的帮助与保护。

1330年3月召集温切斯特议会的目的，是寻求应对法兰西可能占领爱德华三世在欧洲大陆剩余领地的措施。会议商讨的结果并不尽如人意，仅

---

1 Mortimer, "Death of Edward II", 1203–1204; R. M. Haines, "Sumptuous Apparel for a Royal Prisoner: Archbishop Melton's Letter, 14 January 1330", *EHR*, cxxiv (2009), 885–894. 关于斯旺朗德，见Barron, *London*, 238。

2 *Memorials of London*, 187–188.

3 *ODNB*, liv, 276.

4 *PROME*, iv, 104, 106–107.

第三章 母后监政（1327—1330）

同意派遣爱德华十三岁的弟弟埃尔特姆的约翰前往欧洲大陆去防御公国。[1] 面对腓力六世让爱德华三世向他进一步行效忠礼的蛮横要求，群臣建议国王沉默以对。莫蒂默认为应该加强加斯科涅的军事力量，但他试图恢复曾被1327年议会谴责的做法，即向当地征税以招募军队、购买军备、支付预备军酬劳，在议会上引起了争论。针对那些持反对意见的人，王太后的情人采取了简单粗暴的办法，肆意对他们处以罚金。[2] 由于王室财政极端紧张，咨议会试图调查掌管先王爱德华二世私人金库的前任宫室长是否侵吞公款。这即刻遭到了现任国王宫室长的反对，他声称除了对国王本人负责，他们不对任何人负有责任。在这场争吵背后，咨议会对非法挪用国王地产和流动资金展开了广泛的调查，这些从德斯潘塞父子手中没收的资产，包括阿伦德尔（Arundel）、鲍尔多克（Baldock）两地本应归国王所有。[3] 爱德华一世、二世用代价换来的教训就是，任何试图通过行使君主封建特权以征收财税都将导向争论不休的结局。爱德华三世的财政封建主义只是让人进一步认识到，正如兰开斯特伯爵不久之前声称的，那些原本用来资助国王的财政资源，已被贪婪的莫蒂默放肆地挥霍殆尽了。

正是在这狂热的氛围下，莫蒂默向王叔肯特伯爵埃德蒙发起了攻击。议会结束时，肯特伯爵出人意料地以叛国罪被逮捕。莫蒂默宣称，埃德蒙为爱德华二世还活着的流言做了伪证，而且前往多塞特（Dorset）的科夫城堡去寻找他的同父异母王兄。莫蒂默还出示了一封据说由埃德蒙（或其妻玛格丽特）书写的信，寄给科夫城堡管理人约翰·德弗雷尔爵士，内容是埃德蒙愿意为爱德华二世的复位提供支持。[4] 在国王内府法医罗伯特·豪厄尔的主持下，一个非法法庭迅速设立起来，莫蒂默自封为裁决者。在非

---

[1] Ibid., iv, 97; Sumption, i, 111–113.

[2] *PROME*, iv, 104; Powicke, *Military Obligation*, 187–188.

[3] E 159/106, rots 46, 65, 70d, 71; *CCR 1330–3*, 131. 4月，爱德华三世被迫授权继续调查前任国王的宫室长，*CCR 1330–3*, 27–29; Tout, *Chapters*, ii, 346。

[4] *Brut*, i, 263–267; Haines, *Stratford*, 211–212.

法法庭的诱导下,肯特伯爵认罪了,说他之所以如此做,是因为受到了魔鬼的欺骗。结果自然是毫无悬念,无辜的年轻伯爵立即被判处剥夺财产及生命。[1] 众人对这样专横武断的判决义愤填膺,无人愿意充任行刑者,可怜的肯特伯爵在临死之前还遭受了一番羞辱,他被迫守候在温切斯特城堡的门外,等待一个愿意或被迫为他行刑的人。终于,国王内府中的某个人把他的头颅砍了下来。他的孀妻及遗腹子虽免遭死刑,却被关押在索尔兹伯里城堡内,过着拮据贫苦的生活。[2] 对肯特伯爵的无情处置,让其他人深感忧虑,不知道下一次谁会无缘无故就成为莫蒂默的刀下鬼。国王的另一个叔叔诺福克伯爵,由于新近与马奇伯爵联姻,其子娶了马奇伯爵众多女儿中的一个为妻,从而与可能降落在自己身上的厄运擦肩而过。[3] 发生在温切斯特的事件,让人不得不联想起1322年爱德华二世处置反对者的极端行为,并将两者进行比较。如果爱德华三世的弱势政府不得不采取这样残忍无情、铤而走险的办法,难道不也是一支可被牺牲的力量吗?

后来编年史家在陈述肯特伯爵之死时,竭尽全力地强调年轻的爱德华三世本来是要宽恕王叔,但被伊莎贝拉和莫蒂默以国家的需要大于家庭感情的理由说服了。[4] 为了拉拢人心,莫蒂默并未进一步追究肯特伯爵的支持者,尽管他向大约四十人下发了逮捕令,但几乎无人被拘押受审。在这一串名单中,最重要的一个人是富尔克·菲兹韦林,他与同名人物、传奇故事中的英雄富尔克·勒菲兹·韦林遭遇了相同的命运,为远离王室的怒火,

---

1　Murimuth, 253–257; Baker, 44; *Hist. Angl.*, ii, 251–252. 豪厄尔因为与伊莎贝拉王太后的关系而在1329年获得了国王内府的一个职位, *CPR 1327–30*, 380。诺丁汉政变后,他被革职, SC 8/53/2617。
2　*Chronicon Henrici Knighton*, i, 452; *CPR 1327–30*, 499.
3　A. F. Marshall, "Thomas of Brotherton, Earl of Norfolk and Marshal of England: A Study in Early Fourteenth-Century Aristocracy"(University of Bristol PhD thesis, 2006), 111–112.
4　*Brut*, i, 267; Haines, *Stratford*, 212.

第三章　母后监政（1327—1330）

及时逃到了欧洲大陆。[1] 那些与威廉·德拉朱什爵士一样向国王自首的人，也得到了将接受公正审判的保证。[2] 约克大主教梅尔顿、伦敦主教格雷夫森德，在4月末的伍德斯托克咨议会前，就已被迫承认是肯特伯爵的同伙，不过，他们的地产未被没收。[3] 然而，由于莫蒂默滥用战利品，众人对他释放的些许善意终究还是毫不领情。肯特伯爵的大部分地产留给了马奇伯爵的儿子杰弗里，而剩余的大部分地产则归莫蒂默的心腹马尔特拉弗斯、特普灵顿及怀亚德所有。[4] 正是莫蒂默不遗余力地结党营私，迫使爱德华三世下定决心终结他的生命。

温切斯特议会结束之后，王室前往伍德斯托克，并在那里逗留了整整三个月。如此长时间的逗留，主要原因是爱德华三世的第一个孩子即将诞生。[5] 在妻子首次分娩时，国王长期守候在妻子身边并不少见。但爱德华如此长时间地停驻在母亲的庄园，表明他在莫蒂默处决肯特伯爵之后，感觉自己陷入饱受批评的困境之中。[6] 期望中的继承人于6月15日诞生，理所当然地被命名为爱德华。随后，王后的安产感谢礼和王子的洗礼活动，在喜气洋洋、热闹祥和的氛围中相继举行。菲莉帕的新身份——王子的母亲，总算让她拥有了自己独立的王后内府。尽管肯特伯爵造反事件已告结束，但群情猜疑、人心骚动毕竟于统治不利，为了平定疑情，在伍德斯托克的

1　*CFR 1327–37*, 169–170; KB 27/280, *Rex*, rots 19d, 20, 20d; KB 27/281, *Rex*, rot. 8; KB 27/282, *Rex*, rot. 20; M. H. Keen, *The Outlaws of Medieval Legend*, rev. edn (London, 1977), 39–52.
2　*CCR 1330–3*, 17. 德拉朱什也被牵连，很可能是因为他不久前诱拐小休·德斯潘塞的遗孀埃莉诺，并试图通过暴力手段获取她所继承的克莱尔遗产，见本书第188—189页。
3　*SCCKB*, v, no. 17; *CPR 1327–30*, 507; *PROME*, iv, 107.
4　*CChR 1327–1341*, 176; Mortimer, *Greatest Traitor*, 234; J. S. Bothwell, *Falling from Grace: Reversal of Fortune and the English Nobility, 1075–1455* (Manchester, 2008), 105–106.
5　BL, MS Cotton Faustina B. V, fol. 56v.
6　Mortimer, *Greatest Traitor*, 316–317. 5月30日伊莎贝拉在伍德斯托克，SC 1/38/193。

庆典活动结束后，爱德华与王太后正式造访了爱德华二世长眠之地——格洛斯特修道院。[1]

然而，在一团和气的表面背后，隐藏着一个非常紧迫的问题。不少编年史家称，伊莎贝拉在1330年的某个时刻怀上了莫蒂默的孩子，基于此，马奇伯爵打算在当年夏末篡夺王位。[2]这应该只是一则粗俗的流言罢了，但也揭示出爱德华处于尴尬地位的真相。莫蒂默的贪婪肆意成为王国统治的主要问题。受到温切斯特大胜利的鼓舞，罗杰又得到了王太后的蒙哥马利爵位，并成为克利福德（Clifford）及格拉斯伯里（Glasbury）这样上等的边界地产的领主，此外还有固定的五百马克年金，作为他"长期支持国王"的报酬。[3]由于莫蒂默控制了从阿伦德尔伯爵、德斯潘塞父子处没收的威尔士边境的所有动产，财政署试图重建稳定的王室财政的努力注定劳而无果。对此，国王锦衣库的管理人威廉·朱什大失所望，面对国王内府堆积如山的债务，他因无钱还款打算递交辞呈。[4]当爱德华三世终于能够掌控自己的财富时，国王金库里的现金还不到五十镑，[5]如果爱德华三世有意守住王位，那么，奋力出击以争取王权的独立，便是他迫在眉睫的任务。争取独立并不令人惊讶，令人惊讶的是，它竟然迟至现在才发生。

---

1 E 101/383/14, m. 3: E 101/398/22; Tout, *Chapters*, v, 314. 伊莎贝拉在6月26日出现在蒂克斯伯里（Tewkesbury），由此可知她参与了相关进程，SC 1/38/195。

2 Le Bel, i, 102–103; Baker, 45–46; Froissart, *Oeuvres*, xii, 247; Doherty, "Isabella, Queen of England," 287; C. Shenton, "Edward III and the Coup of 1330", *The Age of Edward III*, ed. J. S. Bothwell (York, 2001), 15 and n. 10.

3 *CPR 1327–30*, 506, 535, 546.

4 Mortimer, *Greatest Traitor*, 234; Fryde, *Tyranny*, 223–224.

5 E 101/333/3.

第四章

英格兰小雄狮（1330—1337）

1330年10月，王太后伊莎贝拉与马奇伯爵前往诺丁汉就加斯科涅局势召开咨议会。他们早于爱德华三世抵达目的地，在城堡里安置下来后，伊莎贝拉亲自保管了城堡要塞的钥匙。[1] 国王家庭内部关系日趋紧张，乃至在爱德华三世面前，莫蒂默竟然担心自己的人身安全。当国王抵达诺丁汉城郊时，他被告知，他的随从不能随他进入城堡，他只能带三四个仆人入内。随之而来的是一场僵局。莫蒂默忙于与其参谋伯格什主教、休·特普灵顿、奥利弗·英厄姆及西蒙·贝雷福德密谋。与此同时，爱德华三世也与随行而来参加咨议会的可信赖的朋友商谈对策。在这些人之中，最重要的人有威廉·蒙塔古、爱德华·博恩、罗伯特·阿福德、威廉·克林顿、霍恩比的约翰·内维尔，及一些崭露头角的骑士与在国王内府服务的士绅，如托马斯·布拉德斯顿、约翰·莫林斯、托马斯·韦斯特。据说，审慎明智、颇有远见的蒙塔古对爱德华说："与其让狗吃了你，不如你先宰了狗。"[2] 其他谋臣也都认同爱德华三世应该逮捕马奇伯爵。他们决定采取行动的原因似乎是，他们得知权高位重的兰开斯特伯爵亨利也赶到了诺丁汉，准备

1　后续情况，见Shenton, "Coup of 1330", 21–28。
2　*Scalacronica*, 105.

支持他们的行动，并为计划中的伏击提供人手。当莫蒂默风闻这一密谋后，他鲁莽地对爱德华三世及其追随者进行了审讯。他对爱德华三世的极端羞辱注定了他的结局。蒙塔古取得了城堡戍卫长威廉·伊兰的协助，后者告诉国王一党说，当城门关闭的时候，他会引导他们从峭壁的秘密通道进入城堡。[1]

10月19日，爱德华及其追随者骑马出了诺丁汉郡。当晚，他们在伊兰的帮助下，悄悄地返回城内，径直扑向王太后的寓所，以迅雷不及掩耳之势控制了局面。在冲突中，莫蒂默的两个仆人被杀，特普灵顿也当场死亡。当亨利·伯格什试图逃进厕所时，莫蒂默正像《哈姆雷特》中御前大臣波洛涅斯一样，藏身在窗帘的后面。[2] 这时，王太后出现了，她请求儿子给她的情夫一条活路："好儿子，好儿子，饶了莫蒂默大人吧。"在混乱之中，爱德华依然保持着适当的安全距离，他仔细观察，事先确定好逃跑路线，并催促众人紧盯主要目标，展示出冷静的头脑和稳定的判断力，而这些能力在他未来的军事生涯中大放异彩。由于爱德华亟需生擒莫蒂默，如此强有力而清晰的指令便更加必要。他的策略颇为有效，马奇伯爵与其子杰弗里，还有贝雷福德、英厄姆，都被戴上枷锁关押了起来，等待审判及似乎已经注定了的死刑。[3] 在随后热闹非凡的宴会上，爱德华三世和他的追随者痛饮狂欢，爱德华三世主导的强势政府第一次展现出勃勃生气。

在冷冽的晨光中，欢欣雀跃的庆祝告一段落，国王的随行人员又紧锣密鼓地策划如何凯旋伦敦。王国的郡长们接到命令，要求将莫蒂默被捕的消息和国王"根据权利与正道及王的尊严"重建统治的许诺布告天下。[4] 10

---

[1] 诺丁汉城堡对面峭壁上的通道，见C. Drage, "Nottingham Castle", *Transactions of the Thoroton Society*, xciii (1989), 50–51。

[2] *Chron. Meaux*, ii, 360; J. Capgrave, *John Capgrave's Abbreuiacion of Cronicles*, ed. P. J. Lucas (EETS, cclxxxv, 1983), 156.

[3] Baker, 46–47; *Brut*, ii, 271.

[4] *CCR 1330–3*, 158–159.

第四章　英格兰小雄狮（1330—1337）

月 21 日，爱德华三世一行在多宁顿城堡停了下来，这里曾是肯特伯爵的住所，近来则变成杰弗里·莫蒂默在英格兰中部地区的统治中心。爱德华则将这整座城堡，包括杰弗里的战斗盔甲，作为私人礼物送给他年轻的妻子。[1] 两天之后，在兰开斯特伯爵下辖的莱斯特，爱德华三世召集所有议员在 11 月 26 日前去威斯敏斯特参加全议会，他将在会议上对之前的告示做详细阐释。[2] 确立爱德华三世正式统治的流程宣告开始。

1330 年 10 月 19 日的事件，在一次又一次的叙述中，变得越发详细生动，为了增加戏剧性，重要人物的活动还以对话的形式呈现出来，因此有必要视某些细节为虚构情节。然而，诺丁汉政变对爱德华三世的一生及其政权极为重要，这却并无夸张。他在王太后伊莎贝拉寓所的行为，首次体现了爱德华作为君主行使王权的基本素质，即他能够抓住时机、采取行动并取得胜利。逮捕莫蒂默，向政治团体传达出一个清晰的信息，即国王有勇气、有决心、有能力掌领航向，是一个值得众诸侯效忠的君主。10 月 20 日的告示表明，爱德华行使王权最后也是最主要的障碍——未成年政府时期的权臣势力——已被铲除，国王控制了整个王国。就目前而言，毫无疑问，他完全可以依靠整个国家大多数人及精英人物的智慧与良策。而且他可以利用这一事实，即前三年的混乱统治并不是他造成的。爱德华三世是否能够改变已持续十年乃至更久的周而复始的政坛乱象——谋取私利的政府和分裂的政治，众人拭目以待。

1330 年 11 月 26 日的威斯敏斯特议会是在欢欣喜悦、饱含美好期待的氛围中召开的。在武力铲除莫蒂默之后，政府有望恢复常态。在会议上，众人满怀期待，爱德华三世积极出席会议，热切聆听政府要员建议，同时，

---

[1] *CPR 1330–4*, 57; E 199/44/8; JRUL, MS Latin 234, fols 2v, 3r; JRUL, MS Latin 235, fols 31–31v.
[2] *RDP*, iv, 397–399.

还回应了下议院的请愿。国王意在让议员们对前四年混乱统治所带来的所有问题进行全面讨论：他下令汇总所有与英法争端相关的文件综述，以便在即将到来的议会期间提交咨议会讨论。这预示着爱德华在后来将会尽力撤回伊莎贝拉和莫蒂默所签订的外交条约。[1] 紧接着，议会专门讨论审判了失势的马奇伯爵，给他确定罪名。关于莫蒂默的罪状早已拟好，呈交给上议院贵族议员宣示，请他们在深思熟虑之后以王国贵族的身份做出裁决。国王做出声明，说莫蒂默的罪行是"臭名昭著"的：他自觉有罪，毫无必要为自己辩护。上议院迅速得出了审判意见：莫蒂默应被判为国王的敌人与整个王国的背叛者，先拖拽至刑场再吊死。[2] 莫蒂默于 11 月 29 日在伦敦泰伯恩死刑场被处决，根据编年史家杰弗里·勒贝克的记载，绞死他的是一架"偷盗者的普通绞刑架"。留一全尸，是给他的唯一怜悯。而后，莫蒂默的尸体被运送到英格兰各主要城市进行展示。不过，国王恩赐先后在伦敦和考文垂为他举行基督葬礼。一年之后，罗杰的遗孀琼获准将他的遗体葬在威格莫尔修道院，她后来却抱怨说事实上国王并未给予这样的恩准。国王辛辣地答复道，她丈夫的遗体理应得到安息，不应被打搅。[3]

1330 年议会上对莫蒂默的谴责与控告慎重细致，这等于是全面而深刻地控诉了过去四年里罗杰给国王家庭与公共利益带来的恶劣影响。他恶意地助长了爱德华二世与伊莎贝拉之间的不睦，还是谋杀爱德华二世的罪魁祸首。他多次篡夺了爱德华三世的常任咨议会，随意任命、解雇国王内府的官员，随意动用国王的财产。在索尔兹伯里，他调动军队破坏了和平，他对兰开斯特伯爵追随者的肆意处罚违反了《大宪章》及土地法。他与党羽精心策划，诱使肯特伯爵相信爱德华二世还活着。他曾公开大放厥词，说国王的朋友想要与他在欧洲大陆的敌人结盟，以图伤害他。这些控告试

---

[1] C 47/28/1, no. 52.
[2] *PROME*, iv, 105–106; E 159/107, rot. 89.
[3] Dryburgh, "Career of Roger Mortimer", 206.

第四章　英格兰小雄狮（1330—1337）

图在已被定性为叛国行为的政治犯罪之外，进一步地将罗杰妖魔化，以便将公众对于爱德华尚未亲政时统治出现种种缺陷的谴责都转移到这个已被定罪的男人身上。[1]

以现代的眼光来看，对莫蒂默的审判总结的性质仍然有些令人不安。然而，对于中世纪的政治精英而言，最重要是谁做出的最后判决。莫蒂默曾经未经上议院的介入，便私自主导了对肯特伯爵埃德蒙的审判。爱德华三世如今得到了一个宝贵的机会来纠正错误，向众人表明，在影响到上议院的事件中，他依然认可这些贵族。在14世纪20年代末，接到召集令参加议会的贵族名单相对稳定；在爱德华三世统治早期，大约六十名参加议会的伯爵、男爵敏锐地认识到自己的身份是"王国贵族"。1330年11月的议会谨慎地确认了他们的身份，法制理性氛围因此重现，而这正是1326年德斯潘塞父子、阿伦德尔伯爵及1330年肯特伯爵被定罪时极端缺乏的。[2]

类似的考虑也解释了托马斯·伯克利爵士的待遇，他是唯一一个因涉嫌叛国罪而受到谴责的贵族。伯克利迅速摆脱了先前的指控——作为负责看押前国王的人，爱德华二世被谋杀，他难辞其咎。陪审团随后确认了他的供词，在爱德华二世被谋杀的关键时刻，托马斯不在伯克利，而是因病滞留布拉德利（Bradley）。不久之后，内务总管兼历史学家尼伯利的约翰·史密斯主持关于伯克利府中的调查，发现陪审员受到了一定的外部压力，且爱德华二世被谋杀时，托马斯很可能就在城堡之内，或在城堡附近。[3]但这一调查在1330至1331年之间并没有被大做文章，这个案子也被简单地搁置一旁，五年之内未再被提起。[4]爱德华三世不愿意穷究伯克利的虚假申辩，

1　PROME, iv, 103–105; Doherty, "Isabella, Queen of England", 319–320.
2　J. E. Powell and K. Wallis, *The House of Lords in the Middle Ages* (London, 1967), 303–346; Bothwell, *Falling from Grace*, 40–41.
3　PROME, iv, 114–115; J. Smyth, *The Lives of the Berkeleys*, 2 vols (Gloucester, 1883), i, 293, 296–297.
4　见本书第167—170页。

不可避免地引发了人们的猜疑——在他们心里，爱德华二世依然活着。[1] 然而，总的来说，爱德华三世只是不能对托马斯·伯克利处以刑罚。托马斯本人及其父亲莫里斯，都曾在巴勒布里奇抵抗兰开斯特伯爵立有战功，并付出了沉重的代价。而且，1326 年莫里斯在沃灵福德城堡与世长辞时，还是囚犯之身。托马斯在 1326 至 1327 年的政变中发挥了重要作用，之后又帮助爱德华三世及伊莎贝拉平定了西部的叛乱。此外，托马斯的弟弟莫里斯，在 1330 年初进入国王内府，并在 10 月诺丁汉伏击莫蒂默一役中坚定地站在国王一边。[2] 面对托马斯一家 14 世纪 20 年代忠诚于王室及爱德华三世的事迹，上议院议员或许只能这样说服自己，托马斯的真正罪行是在不经意间依附其岳丈莫蒂默并充当了从犯。在执政的关键时刻，爱德华三世明智地没有让托马斯成为英格兰有史以来第一个被判处弑君罪的贵族，避免伯克利家族遭受灭顶之灾。

1330 年 11 月的议会还有另外一个目的，便是审判那些与上议院议员地位不同的非贵族阶层的人。囚禁在伦敦塔的西蒙·贝雷福德被裁决为叛国罪，定于 12 月 24 日执行死刑。约翰·马尔特拉弗斯、约翰·德弗雷尔与博戈·德贝欧斯因为参与谋杀肯特伯爵而获罪，托马斯·格尼与威廉·奥格尔则因谋杀爱德华二世被判刑。这五个人都是逃犯，需要向被害人亲属

---

1 关于议会卷宗使用的这一措辞（*nec unquam scivit de morte sua usque in presenti parliament isto*）有相当大的争议，是表示伯克利否认提前知道谋杀行动（正如莫蒂默所强调的，由此可推断伯克利相信爱德华二世依然活着），或是如菲利普斯所指，仅仅表明他此前并未发现任何谋杀的迹象，Mortimer, "Death of Edward II", 1186; Phillips, *Edward II*, 579–580 and n. 18。
2 GEC, ii, 128–130; Tout, *Collected Papers*, iii, 159; N. Saul, *Knights and Esquires: The Gloucestershire Gentry in the Fourteenth Century* (Oxford, 1981), 77 and n. 75; Shenton, "Coup of 1330", 24–25.

第四章　英格兰小雄狮（1330—1337）

付赎罪金。[1] 然而，对待其他人，本次议会则展示出如同宽待伯克利一样的仁慈。12月8日，善于在政坛上见风使舵的奥利弗·英厄姆，虽曾与莫蒂默结盟，却获得了宽恕，也归还了其家庭的原有地产。不过，他在爱德华三世尚未亲政、莫蒂默一手遮天的数年里所获得的大额地产，则不在归还之列。[2] 不久后的1331年3月，杰弗里·莫蒂默被准许前往海外，经过一段间隔期后，他又获得准许成功取得了其母在英格兰、法兰西部分地产的继承权。[3]

新统治政府在惩治对立派上的温和态度与精心安排，与1322年、1326至1327年间两次残酷报复形成鲜明对比。同样重要的是，新政权应该正确恰当地回应个人、公众对莫蒂默暴政的不满。面对11月议会蜂拥而至的请愿书，爱德华三世也给予了恰当而宽宏的回应。在众多回应中，至少有一部分是对布里斯托尔乡绅的抚慰，他们原本希望因参与1326年10月推翻小德斯潘塞行动而获得好处，但这些好处迄今仍未兑现，由于莫蒂默的恶意阻挠，反而把所有利益都赐给了依附于他的布里斯托尔城堡的总管候选人托马斯·格尼。[4] 在对待贵族时，爱德华三世展现出之前对待敌人

1　*PROME*, iv, 106–107; *CPR 1327–30*, 141–143; C 49/84; E 403/254, 14 Dec. 1330. 关于逃亡者的后续历史，见J. S. Bothwell, "Agnes Maltravers (d. 1375) and her Husband, John (d. 1364)", *Fourteenth Century England IV*, ed. J. S. Hamilton (Woodbridge, 2006), 80–92; J. R. S. Phillips, "An Englishman in Rome, 1330–1334", *Dublin in the Medieval World: Studies in Honour of Howard B. Clarke*, ed. J. Bradley, A. J. Fletcher and A. Simms (Dublin, 2009), 422–432。

2　*CPR 1330–4*, 22. 正如这类案件的常见做法一样，专任委员被派去调查所有叛国者的财产，最初也包括英厄姆，*CPR 1330–4*, 57; E 142/63–74。英厄姆很快回到阿基坦，再次出任公国的王室执事，Vale, *Angevin Legacy*, 253。

3　*CPR 1330–4*, 87; Dryburgh, "Career of Roger Mortimer", 206–207; C. Given-Wilson, "Chronicles of the Mortimer Family, c. 1250–1450", *Family and Dynasty*, ed. Eales and Tyas, 80 n. 29.

4　*PROME*, iv, 102, 122–151; C. D. Liddy, "Bristol and the Crown, 1326–31: Local and National Politics in the Early Years of Edward III's Reign", *Fourteenth Century England III*, ed. W. M. Ormrod (Woodbridge, 2004), 47–65.

和朋友那般的仁慈与开明。议会的最后议程是，为莫蒂默执政的主要受害者阿伦德尔伯爵及肯特伯爵平反，并许诺他们的继承人将会收回所有家族地产。兰开斯特的亨利、休·奥德利、托马斯·韦克，及那些在 1329 年 1 月贝德福德公开支持亨利而站在国王对立面的骑士，当初曾被莫蒂默强行羁押，如今都被正式释放；梅尔顿大主教、格雷夫森德主教，及受肯特伯爵案牵连的其他人，也都被宽恕。[1] 随后，爱德华又寻求众人的建议，讨论如何封赏在诺丁汉政变中支持国王的威廉·蒙塔古、爱德华·博恩、罗伯特·阿福德及约翰·内维尔。上议院宣称，可敬的蒙塔古长期以来为国王的利益而无私奉献，理应受到封赏，分给他每年收入为一千镑的土地。他们认为，国王封授的第一笔大赏赐应该包含垮台的莫蒂默的地产，蒙塔古因此成为威尔士登比郡的领主。[2] 爱德华三世既追究清算在他尚未亲政时的罪恶，也厚赏忠诚于己之人，以此向天下昭告了他的事实统治。

从莫蒂默在诺丁汉被捕到 1330 年 11 月议会召开，爱德华度过了他的十八岁生日。已为人夫、人父，控制了全部君权的他，也从少年期进入成年期。中世纪的社会习俗清楚表明，男孩与男人的本质区别在于各自的态度与观念。年幼的统治者存在依赖的天性；同时代的人忍不住征引《圣经》里这句的话，"邦国啊，你的王若是孩童……你就有祸了"（《传道书》10:16）。[3] 但如果国王已经成年却表现得像个少年，那么，便会有更糟糕的命运降临到那个国家。[4] 1328 年爱德华三世婚礼上唱诵的一首经文歌则与《圣经》的观点恰好相反，即相对于前一任孩童般任性的国王而言，年少的新君不失为一个更好的选择。"邦国啊，（你的王）若是孩童，你就有祸了；/ 贫穷而

---

1 *PROME*, iv, 108–112; *CCR 1327–30*, 528–530; SC 8/173/8613.
2 *PROME*, iv, 112–113; *CChR 1327–41*, 210.
3 在1326至1327年即位危机中使用这一文本的可能性，见Valente, "Deposition", 858 n. 4。
4 C. Fletcher, *Richard II: Manhood, Youth, and Politics, 1377–99* (Oxford, 2008), 1–24.

第四章　英格兰小雄狮（1330—1337）

有智慧的 / 少年少，胜过愚昧王。"[1]对于那些想要努力开创新局面的人来说，爱德华三世的年轻可以被视作 1330 年新政权的宝贵财富。

因此，时人将莫蒂默的统治比作阴沉寒冷的冬天，而将爱德华三世的统治比作阳光明媚的春天，便不足为奇了。希顿的托马斯·格雷爵士在 14 世纪 50 年代的作品中写道，众人参与一场盛大的庆祝活动而为新政权欢呼，爱德华三世及其随从沉浸在骑士比武赛、狩猎、宴会、纪念会等众多活动之中。[2]1330 年在吉尔福德（Guildford）举行的圣诞节宴会，场面极其壮丽，充满了有趣的室内游戏和户外马上枪术比赛，参与者乐享其间。[3]毫不逊色的骑术轮回比赛于 1331 年夏天在达特福德、黑弗灵（Havering）、斯特普尼（Stepney）、贝德福德与奇普赛德等地举行，为爱德华三世及其廷臣展示骑士精神提供了极好的机会。[4]也许就是在这些早期的某场比武赛上，爱德华第一次采用了云开日出的徽章，而这类徽章后来与他联系密切。光线或风息从云中散发出来，太阳若隐若现，构成表示爱德华出生地或诞生时的天象的图形字谜（爱德华出生地为温莎"Windsor"，"winds"表示风，"or"表示金色）。[5]这一徽章也象征着诺丁汉政变带来了美好的黎明。

爱德华三世充分利用了新授予他的名人地位，这一说法十分恰当。一般而言，国王不应追逐太高的目标，也不要过于依赖浮躁的公众。他因为支持与苏格兰、法兰西作战而给王国带来的巨大压力，大大耗损了其统治初期所获得的良好声誉。1340 至 1341 年期间的政治危机过后，他被迫审慎地思考自己作为英格兰统治者的责任。然而，我们却很容易夸大爱德华

1　Wathey, "Marriage of Edward III", 20.
2　*Scalacronica*, 107, 127. 亦见 le Bel, i, 104–105。
3　E 101/385/4, m. 79; Mortimer, *Perfect King*, 87.
4　Vale, *Edward III and Chivalry*, 62, 138–139. 亦见本书第191—192页。黑弗灵（4月末或5月初）与贝德福德（8月20日）举行的骑士比武赛记载在E 101/398/22。
5　Barker, *Tournament*, 183. 关于这一双关语在文学上的使用，见 L. A. Coote, *Prophecy and Public Affairs in Later Medieval England* (York, 2000), 123–124。

三世在14世纪30年代作为胆大鲁莽的骑士与40年代作为审慎明断的政治家的区别。14世纪30年代,他与廷臣沉醉于庆祝活动,并不仅是年轻时充沛精力与高贵气质的自然流露。他们也非常精心地设法恢复被毁制度的公信力,重获海内外的尊重。在他统治的早年间,爱德华的个人风格转向了政治艺术,创造出的公众形象让他的王权统治延续两代人之久。

这一公众形象的核心,在于爱德华三世对于君权神授的深信不疑。他自小被教育要相信君主的任务不仅仅是处理政务,还要积极主宰王权与民众的天命。因此,他对14世纪各种算命形式保持着一种既着迷又时而怀疑的态度。没有迹象表明,爱德华或其他人占卜过他的出生和加冕,不过,他的母亲或妻子曾持有一份解释算命形象图的抄本,他本人或许也在1348年提前获知黑死病将会暴发之后,更加认真地思考星占学的必要性。[1]然而,对温莎爱德华影响更大的是传统的政治预言,即过去与未来的国王都处在一个大的命运之轮内的特定位置。[2] 著名的梅林预言(Prophecies of Merlin),在中世纪晚期曾广为流传,将曾解救民众于水火并将不列颠与高卢联合为一的亚瑟王描述为"康沃尔野猪"。爱德华三世统治早期,梅林预言演变出了新说法,即"最后几任英格兰王"(The Last Kings of the English)。这一预言刻画了时人熟悉的亨利三世、爱德华一世、爱德华二世的历史,分别以羔羊、龙与山羊的神话形象为代表,并预言在接下来的三任国王即野猪、第二只羔羊及鼹鼠统治期间,幸运将会降临到这片领土。"温莎野猪"将会"磨尖牙齿叩开巴黎之门",征服法兰西,他将继续征服圣地,并最终埋在科隆的三王圣殿。[3]另一个同时流传的版本是,英格兰王"雄

---

[1] H. M. Carey, *Courting Disaster: Astrology at the English Court and University in the later Middle Ages* (Basingstoke, 1992), 58–116.

[2] 后续情况,见J. R. S. Phillips, "Edward II and the Prophets", *England in the Fourteenth Century: Proceedings of the 1985 Harlaxton Symposium*, ed. W. M. Ormrod (Woodbridge, 1986), 189–201; Coote, *Prophecy and Public Affairs*, 83–119。

[3] *Brut*, i, 74–76. 亦见Froissart, ii, 226。

第四章　英格兰小雄狮（1330—1337）

狮"将摧毁"天蝎"苏格兰，将"高卢百合花"法兰西撕成碎片，而后，"雄狮"将占领阿科和耶路撒冷，赢得基督教世界的统治权。[1] 尽管有些片段在1327年对法战争之后才被引用，但大部分都来自英格兰人对统治世界的持久想象，这些想象自爱德华一世时代起就深植于英格兰政治文化中。爱德华三世的卓越能力实现了其中的一些细节，达到了这一传统的期望，这让他的民众迫不及待地将他赞颂为预言中的"得胜野猪"。

广为人知、经久不衰的亚瑟王传说进一步巩固了这些奇幻的说法。因为诺丁汉政变的成功，民众受到了极大的鼓舞，视爱德华三世为亚瑟王再世。[2] 面对这样的说法，爱德华三世高兴得不知如何回应。1331年1月，他与菲莉帕王后访问卡德伯里（Cadbury）、格拉斯顿伯里（Glastonbury）的亚瑟王遗址，表明他们一家人也信奉亚瑟王传说。12世纪晚期发现了被推定为亚瑟及其妻子圭尼维尔的遗骨，爱德华一世将遗骨埋葬在格拉斯顿伯里修道院的主祭坛前面。1345年，爱德华三世试图仿效祖父，下令在格拉斯顿伯里搜寻另一个重要人物——亚力马太的约瑟坟墓。[3] 在此期间，年轻的国王也勤勉认真地履行游侠骑士和军事领袖的职责，常常让人联想到伟大的骑士九杰。实质上，在英格兰很少有国王如此用心地将自己与传说中的亚瑟王的古迹与成就联系起来。[4]

尽管他真诚地仰慕骑士英雄，但在涉及亚瑟王时，年轻的爱德华三世还是避免过于冒昧地和亚瑟王联系在一起。罗杰·莫蒂默因为轻慢亚瑟王，招致了大量的批判与嘲讽，这成为爱德华的前车之鉴，偶像崇拜的益处与

---

[1] *Eulogium*, i, 420.

[2] *Bridlington*, 95–96.

[3] J. Taylor, *English Historical Literature in the Fourteenth Century* (Oxford, 1987), 44–45; C. Shenton, "Royal Interest in Glastonbury and Cadbury: Two Arthurian Itineraries, 1278–1331". *EHR*, cxiv (1999), 1249–1255.

[4] 亦见本书第368—377页。

风险并存。[1]直到14世纪40年代早期,国王还是更倾向于将自己塑造成圆桌骑士之一,并与莱昂内尔爵士这个角色关系紧密。这一开始也许是莫蒂默的主意,因为在1329年威格莫尔的骑士比武赛上,他曾经给爱德华一个杯子,上面装饰着虚构的莱昂内尔爵士的纹章。[2]尽管这不算是一个好的开头,但莱昂内尔的主题一直延续。1333年2月,国王内府准备了莱昂内尔纹章的刺绣品供国王使用。第二年,在邓斯特布尔的盛大骑士比武赛上,爱德华打扮成莱昂内尔爵士现身,戴着红色十字四分的盾形银质徽章。1337年内府制作了一个刻有"莱昂内尔徽章"的印章以供爱德华作为私人印鉴使用。在接下来的一年里出生的三王子被爱德华取名为莱昂内尔。甚至在王子受洗之后,爱德华偶尔还会佩戴这些小饰品,在1342年邓斯特布尔的一场骑士比武赛上,他又带上了莱昂内尔的徽章。[3]爱德华选择莱昂内尔,可以理解为其意"小狮子",与王室纹章上的行守之狮(Lion Passant Guardant)有着紧密的联系。莱昂内尔因此成为更宽泛意义上的文化象征,将爱德华与英格兰雄狮联系起来。1331至1332年王后菲莉帕赠给丈夫的礼物里有一只银质杯子,杯子上装饰着城堡、旗帜、船舰、野兽及君王形象,杯座则装饰着瓷釉雄狮王家徽章。[4]雄狮纹章一直是象征爱德华君权的图像,1338年新制的国玺,及1344年新发行的半弗罗林金币均饰有此纹章。[5]爱德华、莱昂内尔与雄狮之间的复杂联系,既传达了这个年轻骑士与亚瑟王共坐一桌的志向,也展现了年轻的国王已强烈地感受到他身负掌管整个天下的大任。

---

1 *Brut*, i, 262.
2 E 101/385/19, fol. 8. 次月在邓斯特布尔举行的比武赛上,一套白色丝绸与红色天鹅绒的挽具是"为莱昂内尔"准备的,E 101/384/6。
3 E 101/386/9; BL, MS Cotton Nero C. VIII, fol. 210; E 101/389/14.
4 E 101/385/19, fol. 11.
5 C. Shenton, "Edward III and the Symbol of the Leopard", *Heraldry, Pageantry and Social Display*, ed. P. R. Coss and M. H. Keen (Woodbridge, 2002), 69–81; Vale, "Image and Identity", 37–39, 44.

第四章　英格兰小雄狮（1330—1337）

在爱德华三世的王权中，如果说亚瑟王的骑士精神是一个愈发重要的因素，那么宗教毫无疑问是必要条件。[1] 爱德华对于基督教的看法完全是传统的。他虔诚、直接、近乎机械地对待信仰的奥秘。爱德华对此深信不疑，也相信，正如他向臣民传达的那样，他的众多军事胜利归因于神助。爱德华明白，若想维持与全能上帝之间的圣约，并继续取得成功，他应该定期为自己及子民做挽回祭（propitiation）。君主参拜圣地，毫无疑问是向公众展示虔诚的重要机会，而爱德华三世经常拜访英格兰主要圣地——坎特伯雷大教堂的托马斯·贝克特之墓。在统治的早年间，耗费了大量精力在苏格兰事务上的他，也曾多次前往英格兰北部的主要圣地朝圣，包括约克的圣威廉（St William at York）、贝弗利的圣约翰（St John at Beverley）、里彭的圣威尔弗里德（St Wilfrid at Ripon）、泰恩茅斯的圣奥斯温（St Oswin at Tynemouth）及达勒姆的圣卡思伯特（St Cuthbert at Durham）。1329年1月，当移驾伦敦周边地区时，爱德华参观了沃本修道院和圣奥尔本斯修道院并欣赏了里面收藏的文物。[2] 出于对圣母玛利亚的崇拜，他经常访问沃尔辛厄姆、伦敦、坎特伯雷、约克、斯卡伯勒（Scarborough）及达灵顿（Darlington）等地的玛利亚圣地。[3] 在以上朝圣活动中，以及国王内府定期巡回王国时，国王的施赈官（almoner）会按惯例分发救济金给贫民。在爱德华三世执政之前，13世纪随意性的救济已由更规范的制度性救济取代，主要宗教节日、国王诞辰、先王忌日是固定的赈济日。但爱德华三世施予赈济有时候却并不局限于此，如1334年7月至1335年1月间，有两千五百人收到了与节日相关的救济金，另有二百五十人收到了国王未能在圣徒日禁食的赎罪金，

1　除非另有说明，本段和其后两段均基于W. M. Ormrod, "The Personal Religion of Edward III", *Speculum*, lxiv (1989), 849–877。
2　E 101/383/14, m. 5.
3　E 101/383/13, m. 5; E 101/383/14, m. 2; BL, MS Cotton Nero C. VIII, fols 204, 205v, 206v; E 101/388/5; E 36/204, fols 72, 72v.

此外还有不少于七千六百人收到了"国王特别下令"酌情发放的救济金。[1] 如此慷慨大方的慈善行为表明爱德华是个真正的基督徒，也体现了他不论贫富、为臣民利益而治国的承诺。

宗教给君权提供的不仅是思想体系，还有神奇的力量。至少从 13 世纪开始，法兰西与英格兰的君主们已公开宣扬，在加冕礼受膏那一刻，他们便取得了特殊身份，通过他们的触摸和祈福，就是那些深受瘰疬折磨的患者也有了被治愈的希望。爱德华三世对神圣触摸并不热心，但他确实知道如何尽可能地发挥它的效用。为了体现自己在外交事务上的合法性，1338 至 1340 年在低地国家，也许还有 1336 年在苏格兰及 1342 至 1343 年在布列塔尼，他大胆展示了自己的治愈能力。爱德华也继承了其祖父及其父亲在耶稣受难节将钱置于王家教堂祭坛上的做法，并将硬币制成夹环，以治疗那些患有肌肉痉挛及癫痫的病人。每逢这种场合，王室收藏的文物中，最珍贵的瑙德十字架（Croes Nawdd，或奈思十字架［Neith Cross］）总被拿出来，以赋予其神奇的治愈能力。这个圣十字架（True Cross）的部分被认为是罗马皇帝康斯坦丁之母圣赫勒拿带到英格兰的，爱德华一世在征服威尔士之时将其据为己有。瑙德十字架有力地融合了宗教、神话与历史，吸引了爱德华三世的特殊想象力，成为温莎城堡内最能体现他骑士精神崇拜的物件，也就并非偶然了。[2]

对君主政治礼仪的坚守体现了遵循祖先传统、缅怀英格兰先王的承诺和责任。爱德华三世的个人宗教信仰有时候似乎可视为祖先崇拜。他定期资助崇拜盎格鲁－撒克逊王室圣徒的团体，特别是崇拜东安格利亚的埃德蒙和忏悔者爱德华的团体，他还收藏了忏悔者爱德华的遗物。由于金雀花王朝缺少可与法兰西的圣路易相媲美的圣王，他便满怀激情地大力打

1　BL, MS Cotton Nero C. VIII, fol. 203v.
2　M. Bloch, *The Royal Touch: Sacred Monarchy and Scrofula in England and France*, trans. J. E. Anderson (London, 1973), 53, 57, 62, 100–103.

第四章　英格兰小雄狮（1330—1337）

造了一个可供崇拜的偶像：他那在军事战略和政治谋略上均堪称典范的祖父——爱德华一世。[1] 在他 1327 年举行加冕礼时，爱德华一世的坟墓以金缕装饰，同威斯敏斯特教堂内的其他神龛与纪念碑区别开来。1330 年春，当他还在为亲政而斗争时，他曾私自下令召集"要人们及南部的其他人"汇聚于威斯敏斯特，参加其祖父 7 月 7 日忌日的庄严仪式。[2] 后来，在与苏格兰、法兰西作战，无法亲自参加纪念仪式时，他依然定期给威斯敏斯特颁赐金缕，并派遣随军教士主持纪念仪式。[3] 后来爱德华在安排自己身后事时，明确表示希望能安葬在他尊敬的祖父旁，便不足为奇了。[4] 唯一反常的是，爱德华三世未能为他心目中的英雄打造一尊塑像安置于其墓穴之上。在所有其他方面，爱德华三世都一一秉承了伟大而受人尊崇的爱德华一世所信仰的强大而全面的王权。

14 世纪 30 年代，爱德华三世励精图治，试图展现君权天授的神圣。然而，在阐释他的内心世界时，我们也不能忽视爱德华明显沉沦于特权所带来的愉悦。虽然国王责任繁重，但与此同时也可以享有不计其数的乐趣。爱德华对猎杀运动的热爱简直到了狂热的地步。舍伍德森林中的克利普斯通，是他早年最喜欢的狩猎场地。不过，他在克拉伦登（Clarendon）、伍德斯托克、温莎的王家园囿里也消磨了大量时间。1339 年 9 月，当时他身

---

[1] 爱德华三世与贵族达成一致的政策，是有意模仿其祖父实施的策略，关于这一论点，见 A. M. Spencer, "Royal Patronage and the Earls in the Reign of Edward I", *History*, xciii (2008), 20–46。

[2] E 159/106, rot. 90. 考虑到 7 月 9 日要在奥斯尼召开大咨议会（*RDP*, iv, 394–395），他的这一指令显然与莫蒂默、伊莎贝拉的计划有所不同，事实上，出席该周年忌日的很可能主要是神职人员。

[3] Ormrod, "Personal Religion", 871–872. 爱德华二世在位时频繁致祭卡斯蒂利亚的埃莉诺（E 101/379/19, fol. 3v; BL, Add. MS 17362, fol. 3r; BL, MS Cotton Faustina B. V, fol. 46），这一仪式于 1327 年后终止。鉴于此，爱德华三世对纪念其祖父忌日的热衷便显得更加引人注目。

[4] 见本书第 559 页。

在低地国家的安德莱赫特（Anderlecht），尽管军务、财政事务缠身，但他仍然忙里偷闲，下令国内的廷臣们加快改建修缮克利普斯通。[1] 不管是在城镇里，还是在森林里，爱德华总是渴望打扮得风度翩翩以便大出风头。14世纪40年代早期，他曾制作两件狩猎用的绿色制服，并要求参与狩猎的贵族和夫人也要穿上特制的服装。[2] 爱德华眼光敏锐，对猎场围栏是否维护得当颇为警觉。有一次，当他率领众人去舍伍德森林狩猎时，他下令没收弗尼瓦尔夫人在沃克索普（Worksop）的私家围场，原因是他看见一只雄鹿越过破败的围栏逃之夭夭。[3] 爱德华常常要在夏天参与战事，意味着会错过6至9月间开放猎杀雄鹿的季节，但在冬春两季依然有众多捕猎的机会。在这些时间里，他习惯猎杀野猪、天鹅，甚至野兔和水獭。[4]

比骑马纵犬狩猎更让爱德华兴奋的是王家猎鹰训练，长期以来他对这项活动乐此不疲。在他的国王内府里，有多达二十个养鹰人，由布利斯沃思的托马斯·韦克爵士领导。爱德华最喜欢的那些鹰隼被当作珍贵的宠物悉心照料。[5] 有一次，他将伦敦港饲养的十只最上等的猎鹰收归已有。[6] 就像是要让他的野外运动显得丰富多彩一样，他又发展了钓鱼的嗜好。1342年，他将一件价值达五先令的私人礼物送给了沃尔默格林（Woolmer Green）的渔民，因为他们在他抵达之前补充了鱼塘里的鱼儿。1344年，

1　E 159/116, rot. 12.

2　E 101/390/2, m. 1.

3　SC 8/48/2356; *CCR 1354–60*, 121.

4　S. A. Mileson, *Parks in Medieval England* (Oxford, 2009), 24; Shenton, "English Court", 177–184. 1356年爱德华养在温莎的8条狗可能是猎犬，*Issues*, 163。

5　E 101/386/18; B. Lyon, "What Were Edward III's Priorities: The Pleasures of Sports or Charity?", *Revue d'histoire ecclésiastique*, xcii (1997), 126–134; R. S. Oggins, *The Kings and their Hawks: Falconry in Medieval England* (London, 2004), 185 n. 141. 1347年，任命16名王室驯隼师，E 403/340, 16 Oct. 1347。关于爱德华代替其中一个驯隼师，亲自干预训练鹰隼之事，见*CCR 1354–60*, 95。

6　*CCR 1354–60*, 410; *CIM*, iii, no. 261.

锦衣库为他新买了一支雅致的鱼竿。[1]与欧洲宫廷以异国风物为时髦一样，爱德华也饲养了一群野生动物，包括狮子、猎豹、一头熊及各种各样的猿猴。出于娱乐和观赏的需要，这些动物还不时跟随他迁移到各处府邸。[2]

晚上，或是在天气不适合户外活动的日子里，爱德华三世便将大量的时间花在了骰子和棋盘游戏上。他在赌桌上的豪放，无疑是因为他认为这些钱并非来自他的私人腰包，而是国库长的。[3]爱德华与王后都有国际象棋和西洋跳棋。[4]爱德华三世喜欢将弄臣"蠢蛋"罗伯特安置在宫廷里，罗伯特曾服务卡斯蒂利亚的埃莉诺和爱德华二世，也是爱德华三世统治早期王室内府中的一员。[5]室内也有众多可与户外运动相媲美的狂欢活动。圣诞节以精致的室内化装舞会与游戏而著称。[6]1337年圣诞节的宫廷开支，包括打造林区舞台、一个颈手枷及一个浸水椅。14世纪40年代末，在圣诞节、新年等娱乐活动中，廷臣们还会装扮成鸟、狮子、大象及龙。[7]圣诞节这天，权力地位颠倒，愚者成为勋爵，夫人转为骑士，小男孩则变成了主教。[8]1333至1334年之际，锦衣库为圣诞节和新年游戏提供了十四个木马槌。1334

1　E 36/204, fol. 82; E 101/390/5. 关于爱德华1335年在克拉伦登及1355年在克利普斯通开挖、翻新鱼塘的兴致，见*CCR 1333–7*, 425–426; E 159/132, *Brev. bar.*, Mich., rot. 1。

2　Shenton, "Symbol of the Leopard", 76–77. 关于1336年国王的猿猴管理者，见BL, MS Cotton Nero C. VIII, fol. 276。

3　E 101/383/14, m. 1; BL, MS Cotton Nero C. VIII, fols 210, 211, 213, 213v, 214v, 216; Norwell, lxxxiii, 212, 213, 215–216.

4　E 101/391/6; E 101/392/14, m. 4. 菲莉帕的赌债，见JRUL, MS Latin 235, fol. 10v。

5　E 101/398/13; BL, MS Cotton Galba E. III, fol. 188v; C. Bullock-Davies, *A Register of Royal and Baronial Domestic Minstrels, 1272–1327* (Woodbridge, 1986), 167–168. 1355年罗伯特还依然活着，当时他领取了2镑的养老金，E 403/377, 11 July。

6　Murimuth, 65; K. Staniland, "Clothing and Textiles at the Court of Edward III, 1342–52", *Collectanea Londiniensia*, ed. J. Bird et al. (London and Middlesex Archaeological Society Special Paper, ii, 1978), 228–229.

7　Vale, "Image and Identity", 45; Shenton, "English Court", 188. 亦见本书第367—368页。

8　1335年及1338年圣诞庆祝活动中装扮成主教的男孩，见BL, MS Cotton Nero C. VIII, fol. 203; Norwell, 250–251。1357年圣尼古拉斯日前夕在布里斯托尔，男孩歌手出现在国王孩子们的面前，JRUL, MS Latin 236, fol. 3r。

至1335年之际，锦衣库又为爱德华三世及其宫室近臣提供了二十套僧侣服装，可能也是为了圣诞节、新年娱乐之用。[1]无须怀疑，爱德华三世是仲冬季节的特色活动——恶作剧与喧闹的马戏——中的主力队员。

在这种欢乐友好的氛围之中，我们可以看到与爱德华三世个人风格相关的三个特性。第一，强调在骑士精神文化中打造和促成友谊与情感的联结。1330年11月，爱德华请人制作了七件外套礼服，礼服用绿色、紫色天鹅绒及丝绸制成，绣以金银线。这些外套明显是用来作为礼物赏赐给几周前夜袭诺丁汉城堡、立下战功的关键人物。[2]这标志着一项传统的开始，即军队中战功赫赫或与国王关系密切的骑士们在穿着上拥有特权，统一着同一颜色的服装。在一些礼仪场合，如1331年斯特普尼及奇普赛德骑士马上枪术比赛之前的行进列队中，爱德华三世可能戴着护面头盔、穿着并不醒目的服装，混入参加枪术比赛的队伍当中。又如，1342年在邓斯特布尔的骑士比武赛上，国王是以"一个普通骑士"的装扮出现在赛场上的。[3]这是骑士传统的一部分，即认为所有骑士都是平等的，不以出身论高低，而以勇气与美德来分高下。爱德华愿意屈国王之尊融入骑士团，传递出这样一个信息——他与朋友们忠诚相待，并遵守统治他们那一代人的军事与价值观念。

第二个相关的特点是爱德华热衷于展现个人的勇气。他深知在战场上维持军队的良好纪律的必要性。他抵制个人主义倾向，反对个别重骑兵将自己置身于威胁生命安全的决斗。然而，除了集团作战任务，爱德华也欣赏那些小规模的大胆冒险行动。1330年诺丁汉政变让他首次尝到了冒险行动的滋味，而他无疑渴望品尝更多。1336、1342年的苏格兰和布列塔尼战

1　E 101/386/18; E 101/387/14. 这一季节在沃灵福德及泰姆的其他室内游戏，见E 101/387/9, mm. 1, 4; BL, Add. MS 46350, mm. 1, 2。

2　Shenton, "Coup of 1330", 24–26.

3　Murimuth, 123.

第四章　英格兰小雄狮（1330—1337）

役，因为爱德华的骑士英雄主义行动而被铭记，他从敌人的手中拯救了陷于困境的阿瑟尔伯爵夫人和布列塔尼公爵夫人。虽然情况不同，但出于同样的个人英雄主义，1340 年 11 月爱德华在大臣们毫无察觉之时，突然从低地国家返英，痛击了他的国内政敌。[1] 爱德华三世肯定喜欢这一类能使心跳加速的冒险活动，尽管这类活动威胁生命安全，但他乐此不疲。

爱德华从这类早期冒险活动中发展出来的另一个习惯便是在公众面前自然放松、优雅亲民。到 15 世纪时有一个流传甚广的说法，即爱德华三世习惯于微服出行，藏身于臣民之中，正如托马斯·霍克利夫所言，"穿扮简单，孤身一人"，其目的则是了解别人对他的看法。[2] 爱德华曾在宫廷娱乐活动中乔装改扮过，也至少有一次，隐瞒身份前去欧洲大陆执行外交任务。[3] 至于他是否也曾在国内秘密乔装出行，则很难求证。但确实有许多线索暗示他曾与普通民众有过接触。1334 年，他曾两次赏赐礼物给弓箭手，因为他弄坏了不少弓，他可能是在脾气大好的时候遇见了那些弓箭手。[4] 1336 年，在北部的一场战役中，爱德华弄坏了一架属于约翰·波特的半球形铜鼓（为中世纪军队中的马上音乐家所用），可能是因为他过分展示自己的打击乐技巧。

总之，与普通民众的接触给爱德华三世带来了宝贵的机会展示自己的仁慈。1344 年 11 月在诺森伯兰的多丁顿（Doddington），约翰·米勒因为国王下榻于此地而获得了总额为十三先令四便士的丰厚报酬。1342 年爱德华在玛蒂尔达·斯托肯彻奇家里休整了片刻，便赠送她一份价值高达五先

1　见本书第227、292、312页。
2　J. Fernster, *Fictions of Advice: The Literature of Counsel in Late Medieval England* (Philadelphia, 1996), 149; T. Ohlgren, "*Edwardus redivivus* in *A Gest of Robyn Hode*", *Journal of English and Germanic Philology*, xcix (2000), 1–29; D. Matthews, *Writing to the King: Nation, Kingship and Literature in England, 1250–1350* (Cambridge, 2010), 113–115.
3　见本书第235页。
4　E 101/387/9, m. 7; Shenton, "English Court", 190.

令的私人礼物，以表达他的感谢之情。[1] 那些心怀抱怨和不满而来拜访国王的人，都受到了国王的仁慈对待。1335 年 6 月，理查德·斯旺，"当时是个乞丐，后来是名商人"，他在约克成功吸引了爱德华的注意力，并获得超过二十五镑的赔偿，这笔钱是二十多年前上交给爱德华二世的军费。1344 年，普利茅斯（Plymouth）乡村酒铺掌柜约翰·贝格遭窃，损失了所有藏酒，爱德华亲自帮助他寻求赔偿。[2] 爱德华三世如此积极地维护民众的利益，为他创造出强大而经久不衰的仁慈形象。从 14 世纪中期开始，为爱德华二世作传的作者们就激烈而详尽地批判老国王对低俗生活的嗜爱，但对于爱德华三世，不管是当时的臣民，还是后来的批评家，似乎都把他的日常行为视作他维持其君权风格的积极方式。

从君主鲜明的个人风格中，我们可以感知了解中世纪贤明统治的准则。国王不仅是国家政权的具体象征，还是传播美好统治意图的独立媒介。大量的常规事务都是以国王的名义推行的，而他实际上并未直接参与。但人们期望君主可以直接、仁慈、自主地宣告最重要的王室政策。文秘署明确指出，特许与王室特权下的其他宽免行为都是"由国王亲自"（per ipsum regem）授权的。[3] 国王在公众政策上有两大特殊责任，一是确保听取政府睿智的谏言以制定政策，二是保护民众免受中央大臣及地方政府官员的压迫。支撑这些准则的是《大宪章》里的条文约定和国王加冕时所立下的誓言，即国王保证他的自由臣民不受限制地享有司法公正。为了证明遵循这些观念的承诺，爱德华三世被要求立即处理那些吁请他关注的各色案件，并发

1　BL, MS Cotton Nero C. VIII, fol. 269, 279; E 36/204, fol. 82.
2　BL, MS Cotton Nero C. VIII, fol. 202; SC 8/239/11918; C 81/1336/46; *CPR 1343–5*, 587.
3　B. Wilkinson, "The Authorisation of Chancery Writs under Edward III", *BJRL*, viii (1924), 107–139; W. M. Ormrod, "Accountability and Collegiality: The English Royal Secretariat in the Mid-Fourteenth Century", *Ecrit et pouvoir dans les chancelleries médiévales: Espace français, espace anglais*, ed. K. Fianu and D. J. Guth (Louvain la Neuve, 1997), 61–76. 爱德华三世时期"由国王亲自"授权之命令的书面备忘录保存在 C 81/1394。

第四章　英格兰小雄狮（1330—1337）　　　　　　　　　　　　　　127

布政策、启动改革议程。如果要将这些规章制度执行好的话，哪怕是最具官僚思维的君主，也会感到劳心费力。

　　爱德华三世早年间的国内统治重心无疑是重整公共秩序。1315至1322年间的农作歉收和1321至1322年、1326至1327年及1330年的政局的混乱，导致人们担心社会犯罪率普遍升高。[1] 此前的政权更迭也表明，王室有时候会为了达到目的而操纵公平正义。莱斯特郡的一个乡绅家庭——福尔维尔家族在14世纪20年代中期走上了犯罪道路，并因在1326年1月谋杀了理财法院法官罗杰·贝勒斯而声名狼藉。考虑到他们曾激烈反对德斯潘塞父子，爱德华三世特赦了福尔维尔家族。[2] 他对犯罪行为的宽恕，在接下来二十多年里，让政治集团长期焦虑不安，因为他也通过这种赦免方式来招募军队。[3] 而且，许多深受严酷司法之害的人抱怨说，当自己也适用同一赦免法的时候，却未能被赦免。因此爱德华三世的这一做法也颇受人非议。"福尔维尔法"成为自救的谚语，而很可能取材于14世纪20和30年代现实的罗宾汉传说，则将"暴力是司法公正的有效替代品"的信条宣扬开来。[4] 从早期开始，爱德华三世肯定就已认识到，要回应众多想要得到国王庇护的呼声是多么困难，也许这本就不可能实现。

　　在诺丁汉政变后亲自掌权的一年里，爱德华集中精力维护、重整公共秩序。他迅速撤回了1329至1330年间设置的不受欢迎的巡回法庭。[5] 他特

1　B. A. Hanawalt, *Crime and Conflict in English Communities, 1300–1348* (Cambridge, Mass., 1979), 238–260.
2　*CPR 1327–30*, 10; E. L. G. Stones, "The Folvilles of Ashby Folville, Leicestershire, and their Associates in Crime, 1326–1347", *TRHS*, 5th series, vii (1957), 117–136.
3　H. E. Lacey, *The Royal Pardon: Access to Mercy in Fourteenth-Century England* (York, 2009), 100–106.
4　J. R. Maddicott, "The Birth and Setting of the Ballads of Robin Hood", *EHR*, xciii (1978), 276–299; O. de Ville, "The Deyvilles and the Genesis of the Robin Hood Legend", *Nottingham Medieval Studies*, xliii (1999), 90–109; R. F. Green, *A Crisis of Truth: Literature and Law in Ricardian England* (Philadelphia, 2002), 165–205.
5　*CCR 1330–3*, 164; D. Crook, *Records of the General Eyre* (London, 1982), 183.

意邀请请愿者参加 1330 年 11 月的议会，来陈述他们在自己尚未亲政时受到的大地主、政府官员及其他人的压迫。由贵族和高级律师新组成的"持棍侦查员"，负责专门处理随之而来的大量请愿事务。[1] 此外，爱德华还通过多种途径释放信号，展现自己维护良好秩序的决心。1331 年 5 月，他驾临贝里圣埃德蒙兹，商讨如何终结镇民与修道院之间的普遍暴力冲突。[2] 当年夏末，他从舍伍德森林的狩猎活动中抽身而出，前往谢菲尔德主持调查一场由被称为"山大王"（King of the Peak）的草寇组织的非法活动。这个"山大王"可能是詹姆斯·科特雷尔，他是一伙盘踞在德比郡的臭名昭著的犯罪集团的头目。[3] 1331 年 10 月，国王又组织了另外一场类似的令人欢欣的活动，他向公众宣称，贵族们曾在议会上许诺，他们不会触犯法律，也不包揽诉讼，会帮助国王代理人守护、执行公正。[4]

尽管爱德华的很多提议令人赞叹，成效却极为有限。1331 年 1 月，福尔维尔家族在梅尔顿莫布雷与格兰瑟姆之间的公路上抓住了一个"持棍侦查员"——理查德·威洛比爵士，并勒索赎金。对于那些原本就视东米德兰兹（East Midlands）为雷区的高级司法官员而言，如此公然蔑视国王赐予的庇护，令他们脊背发凉。1332 年 3 月的议会上，王座法庭的首席法官杰弗里·斯克罗普爵士发起一场关于司法与秩序的辩论。贵族们认为良好秩序的最好保证便是赋予郡长审判、决断犯罪案件的权力。至于由谁来监督这些郡长，他们天真而富有感染力地回复说，"我们的领主——国王应巡

1　*CCR 1330–3*, 161–162; *CPR 1330–4*, 133–134, 138–139.
2　*CCR 1330–3*, 320–321.
3　BL, MS Cotton Faustina B. V, fols 60, 61. 关于当时爱德华出现在海皮克的其他证据，见E 101/398/22, m. 11。这一原本鲜为人知的桥段却揭示了这一时期不法帮伙对王室风格生搬硬套、拙劣的模仿，特别是在以下这封著名的信中可见其详，"Lionel, king of the rout of raveners"，载*SCCKB*, v, 93. 关于詹姆斯·科特雷尔，见J. G. Bellamy, "The Coterel Gang: An Anatomy of a Band of Fourteenth-Century Criminals", *EHR*, lxxix (1964), 698–717.
4　*PROME*, iv, 158; Ormrod, *Reign of Edward III*, 98.

视王国各郡，了解郡长的工作表现"。随后，伯爵、男爵、骑士及高级法官被任命为各郡的监察官,以规范治安维持官等下级行政官员的工作。[1]此外，还设立了一个特别法庭，前往英格兰中部，专门处理福尔维尔家族和科特雷尔犯罪团伙造成的问题。4月，爱德华南下斯坦福德，亲自考察并主持判决活动。[2]如往常一样，这样的安排并无多大的作用。到10月，便撤销了一些特别的司法任命。[3]此后，公众秩序的维持，再次主要由治安维持官及提审狱犯的巡回法官负责。

1332年进行的司法改革试验，部分是为了配合爱德华三世的行动，他即将启程爱尔兰，有必要在离开英格兰之前消灭王国内的叛乱。[4]然而讽刺的是，这随后却导致了郡长撤销。到1332年秋，国王迫切想要宽释英格兰大地产主与骑士，以便他们能够为可能爆发的对苏格兰战争做好准备。在1334年议会上，下议院强烈抨击1332年方案，要求解雇郡长中的腐败分子，他们的继任者则应由国王及咨议会负责选拔。[5]14世纪30年代中期，英格兰为满足公众对法律与秩序的需求做出了一连串的努力，如：派遣王座法庭前往英格兰东部和中部；勒令那些即将被赦免者提供担保人以保证他们今后将会遵纪守法；要求主教们签署文件将那些臭名昭著的罪犯革出教会。[6]在1335年对苏格兰战争爆发之前，爱德华三世宣令道，若有人武装搅乱国王赐予的和平，不但将被判以重罪，还将被认定为背叛者甚至叛国

1　*PROME*, iv, 166–167; *CPR 1330–4*, 292–295, 296–297, 348–349.
2　Stones, "Folvilles", 122–127. 国王宿在斯坦福德黑衣修士院，E 403/262, 14 May 1332。
3　*CCR 1330–3*, 610; Verduyn, "Attitude", 40.
4　见本书第201—203页。
5　*PROME*, iv, 197–198.
6　*SCCKB*, iv, xliii n. 1, civ; *CCR 1333–7*, 129; *SR*, i, 275; 33–34; *Registrum Thome de Charlton, episcopi Herefordensis*, ed. W. C. Capes (CYS, ix, 1913), 33–34; *RDP*, iv, 44–46; B. H. Putnam, "Shire Officials: Keepers of the Peace and Justices of the Peace", *Eng. Govt at Work*, iii, 194.

者。[1] 但是，即便是在紧急状态下，极端的措施也会产生争议。1336 年议会通过了一条法令，允许无限期拘留犯罪嫌疑人。这被视为公然违反了《大宪章》关于反对任意关押及应快速公平审判的具体条文，国王被迫在 1341 年放弃这一法令。[2] 这个例子提醒公众，对民权过于敏感，可能会限制维护和平的行为。然而，总体来看，不能说爱德华三世在 14 世纪 30 年代中期花费了大量精力来维护英格兰的和平。为了给那些打算在苏格兰和法兰西为国王效力的人提供免受追究的保障，新设的巡回法庭和判决委员会事实上在 1337 年 6 月被撤销了。[3] 这清楚地表明，在战争面前，正义只好让位。

总而言之，1337 至 1338 年之间，在启程去欧洲大陆参加对法战争之前，爱德华三世所做的准备包含了大量充满雄心壮志的法律设计。在约克和威斯敏斯特的咨议会与郡骑士商讨之后，爱德华三世详细制定了曾在 1332 年首次纳入考虑的司法体系。大贵族们被任命为各郡的"监督者"，肩负保卫王国的特殊职责。[4] 在他们之下，每一郡的当地乡绅则被要求组织军队、处理违反和平的事件。乡绅们不仅接受起诉状，也有权听取并决断案件。通过这一授权，王室将"治安维持官"提升为"治安法官"（Justices of the Peace）。类似的责任委派早在 1329 年就曾尝试过，但是直到 1338 年的改革试验才真正成功地成为之后犯罪裁决的范式。一部分原因是这一次试验持续了整整六年，另一部分原因则是这一改革迅速满足了政治精英优先维持公共秩序的需要。[5] 对于这一维持和平的新制度，不管是 1338 年的国内

---

1 J. G. Bellamy, *The Law of Treason in England in the Later Middle Ages* (Cambridge, 1970), 74–75.

2 *SR*, i, 277; *CPR 1334–8*, 367–371; *PROME*, iv, 311, 316.

3 *CCR 1337–9*, 134. 一份可能追溯到1339年（也可能是1337年）的共同请愿书要求恢复这些委员会，*RPHI*, 268。

4 *Foedera*, II..ii, 1013–1014; *CPR 1338–40*, 134–140, 141–142; A. Verduyn, "The Selection and Appointment of Justices of the Peace in 1338", *HR*, lxviii (1995), 1–25.

5 A. Musson and W. M. Ormrod, *The Evolution of English Justice: Law, Politics and Society in the Fourteenth Century* (Basingstoke, 1999), 50–51.

政府，还是 1339 年 10 月的议会下议院都表现得颇有信心。[1] 然而，这一制度在英格兰北部的实行却不那么顺利。北部对犯罪分子过分热情的追捕，导致有些民众越过边境与苏格兰人联合起来。[2] 到了 1340 年，由于战争所带来的负担，国内民众开始反抗，有些编年史家认为这是公开反叛的迹象。[3] 但没有可靠的证据表明，在 1338 至 1340 年之间，爱德华三世长期不在英格兰使公众秩序真正陷入危机之中。[4] 尽管要让治安法官最终成为司法体系中的永久性因素尚需许多努力，但正是 1338 年的成功首创，深刻地影响了后来的观念，即王室和政治精英集团都能有效维护公共秩序。

与权利和司法问题相比，更大的挑战是维持国王的支付能力。整个 14 世纪 30 年代，爱德华三世几乎都受困于财政问题。尚未亲政时，从爱德华二世及其追随者处没收的所有流动资金都被剥夺，这导致成年后的爱德华三世毫无私人积蓄，无法支付国王内府的日常开支，也不能补贴战争的巨大花费。国王每年的毛收入大概为三万镑，主要是各郡郡长征收的农田收入、各港口所征集的关税收入，及封建和司法收入。[5] 这些收入大部分都用在王室封赏上，剩余的大部分在入账之前便用于国王内府开支、中央政府部门及外交上。甚至在和平时代，国王也经常诉诸借贷、发行信用票据的方式来满足所需。

在爱德华三世统治的第一个十年里，他继续采用其祖父与父亲向伦敦的意大利银行公司借贷的办法。当时，在这些银行之中，佛罗伦萨的巴尔

1　C 49/7/9, 载于（且日期错误）Baldwin, *King's Council*, 478–479; *PROME*, iv, 242。
2　*CCR 1337–9*, 94; Verduyn, "Attitude", 70–71。
3　见本书第290页。
4　Hanawalt, *Crime and Conflict*, 229–238。
5　J. R. Strayer, "Introduction", *Eng. Govt at Work*, ii, 4–6; N. Barratt, "English Royal Revenue in the Early Thirteenth Century and its Wider Context, 1130–1330", *Crises, Revolutions and Self-Sustained Growth: Essays in European Fiscal History, 1130–1830*, ed. W. M. Ormrod, M. Bonney and R. Bonney (Stamford, 1999), 77。

迪和佩鲁齐是最为人瞩目的借贷方，此外佛罗伦萨的波尔提那利与卢卡的布斯德拉吉也是英格兰王室的重要债权人。爱德华三世的借贷也引发了重要后果，14世纪40年代巴尔迪和佩鲁齐之所以破产，直接原因便是英格兰王无力或拒绝偿还百年战争初期所贷钱款。实际上，放款、违约均不至于导致如此严重的后果。两家银行的倒闭实际上根源于他们的超额放贷和意大利经济的严重衰退。[1] 然而，不管怎么说，他们的破产，迫使爱德华寻求新的财政来源。到了1340年，爱德华已着重扩大了债权人的范围，包括日耳曼的汉萨同盟，尤其是泰德曼·林博格、康拉德·克利平，及低地国家的一些商会，特别是梅赫伦（Malines）和布鲁塞尔（Brussels）的商会。[2] 最重要的转变是，爱德华的信用借贷对象转向了国内。1337至1441年间，王室的大量大额借贷事务均由出生在赫尔的商人威廉·德拉波尔组织，因为其突出贡献，他被授予王室内府方旗爵士的荣誉头衔。1337年，德拉波尔组织了大财团，为爱德华三世筹集了高达二十万镑的贷款。[3] 自1338年6月至1339年10月，巴尔迪和佩鲁齐共同出贷约十二万六千镑，而德拉波尔作为代理人凭借一己之力就筹集了十一万二千镑的贷款。[4] 在这些事情背后，是伦敦、约克及其他重要城镇商人联盟。他们作为主要投资者的新地位对政治施加的影响，即使是前一代人也难以想象。

王室筹集商业贷款的能力取决于三个方面：抵押品的可用性、预期的偿还能力及承诺的利息。中世纪，国王们典押自己的珠宝与金银餐具并不少见，爱德华三世经常将自己私人金库里的"大王冠"和两顶次要的王冠

---

[1] E. S. Hunt, "A New Look at the Dealings of the Bardi and Peruzzi with Edward III", *Journal of Economic History*, 1 (1990), 149–162; E. S. Hunt, T*he Medieval Super-Companies: A Study of the Peruzzi Company of Florence* (Cambridge, 1994).

[2] Fryde, *Studies*, chap. vii; R. L. Axworthy, "The Financial Relationship of the London Merchant Community with Edward III, 1327 to 1377"(University of London PhD thesis, 2001), 45–67.

[3] 见本书第251页。

[4] Fryde, *Studies*, chap. xii, 17.

当作向国内外借贷的抵押品。[1]1338年抵押的大王冠,环有大小各四圈叶状结构,由三十四颗红宝石、三十四颗绿宝石、八十八颗珍珠装饰而成。[2]同一年,爱德华从英格兰修道院里拿出大量的金银餐具,作为向欧洲大陆借贷的抵押品。[3]1337至1338年的这些抵押品充分证实了一则流言,即圣爱德华的王冠——加冕礼上最珍贵的王冠已落入商人之手。[4]

战争期间的贷款通常以未来直接税或间接税所得的财政收入偿还。收回资金的风险越高、承诺偿还的期限越短,借贷者索取的利息也便越高。爱德华三世采用了多种方法,规避禁止基督教会放高利贷的命令。犹太人曾是之前几代英格兰王所依靠的高利贷者,1290年被驱逐出英格兰。当时的驱逐令说,除非他们转变为基督教徒,否则不能继续留在英格兰。但是在欧洲大陆的一些地方,犹太人依然保留了强大的实力,有些人如斯特拉斯堡的维维林·鲁弗斯便在14世纪30年代末充当了德国募集贷款的经纪人。[5]即便是直接向基督徒募集的贷款,也有许多巧妙的记账办法来掩盖国王债务中累积的高额利息。意大利与佛兰德斯人预计所出贷资金的年收益为25%至40%。14世纪30年代后期,爱德华三世的信誉变得格外紧张,一些小借贷者通过协商,最后获得的年收益率竟然高达67%。[6]爱德华三世后来声称百年战争开始期间的借贷,导致他"掉进了高利贷的深渊",这毫不令人奇怪。[7]

1　SC 1/36/161; E 101/391/12.
2　E 101/624/29.
3　BL, MS Cotton Faustina B. V, fol. 82; E 101/624/29; C 81/1548B; *CPR 1339–40*, 122; Fryde, *Studies*, chap. vii, 1154.
4　CCCC, MS 78, fol. 172v.
5　*CPR 1338–40*, 371.
6　A. Bell, C. Brooks and T. K. Moore, "Interest in Medieval Accounts: Examples from England, 1272–1340", *History*, xciv (2009), 418–419.
7　*Foedera*, II.ii, 1152–1153; G. Seabourne, *Royal Regulation of Loans and Sales in Medieval England* (Woodbridge, 2003), 62.

这些问题与 14 世纪 30 年代影响王室财政的三大限制因素紧密相关。第一，东欧银矿的枯竭导致大范围的银荒。白银自然损耗和流向海外意味着英格兰银币总量的下滑。14 世纪 20 年代，英格兰共有银币超过两百万镑，而到 14 世纪 40 年代晚期，已不足一百万镑。[1] 第二，征税以粮食、牲畜和其他商品的市场价格为基础，银荒导致的通货紧缩危及王室的税收。第三，基于之前的纳税经验，爱德华三世的民众对逃税越来越娴熟。这些因素的综合影响可从 1332 年的十五分之一税与什一税一窥究竟。与 1290 年爱德华一世时期相比，1332 年的税收减少了 30%。[2] 1334 年，当议会同意为苏格兰战争而执行十五分之一税与什一税的征税标准时，为了阻止可征收税基的减少，王室决定不重新对物品估价，而是在每一个税收征集区设置一定的税收总量，这一总量至少应与 1332 年民众纳税总量持平。结果，新的世俗税收（lay taxation）总量被设定在大约三万八千镑。与之相应的则是教会的税收。早在 13 世纪 90 年代，教会的税收机制就已僵化。在坎特伯雷和约克两地征收的教会什一税，其税收总量最多为一万九千镑。这些最高限额，在爱德华三世后来的漫长统治里，由于受到人口和经济变化的影响，还在不断地下调。[3]

1334 年后所采取的这种配额税收制度，对王室而言有其吸引力。这使得政府可以更准确地预估税收总量，并更加有效地制定开支预算，也能让税收更快地投入使用。此外这一制度要求每个税区的民众确定各自评估捐税的方式，降低了运营成本。而且，新的税收制度虽非有意却大大降低了

---

[1] M. Allen, "The Volume of the English Currency, 1158–1470", *EcHR*, 2nd series, liv (2001), 607. 艾伦的数据比之前估计的要大得多，但也证实了14世纪30年代（银币数量）减少的速度与幅度。

[2] J. F. Hadwin, "The Medieval Lay Subsidies and Economic History", *EcHR*, 2nd series, xxxvi (1983), 200–217.

[3] Willard, *Parliamentary Taxes*, 5–6, 54–72; Ormrod, "Crown and the English Economy", 151–167. 在1334年国王书记员的开支记录里留下了1332年从乡村征集上来的税收总量，详见E 403/279, 3 Nov., 18 Nov. 1334。

第四章　英格兰小雄狮（1330—1337）

税收起征点。1334年之前，一半以上的人因为太穷而无需纳税。但在这之后，城镇与乡村中的大量普通民户也被卷进了纳税的队伍。既然税收配额固定，富人们便将纳税的压力转嫁到穷人的身上来消解自身的经济问题。[1] 为了增加王室财政收入，新税收制度导致地方政府对腐败进一步宽容。[2] 但是，我们有必要重视，爱德华三世政府这一税收方式触动了社会中最脆弱的地方。受利益的驱动，不满的纳税人为了取回部分捐税，他们动辄以勒索与贪污之名控告地方收税人。[3] 社会精英对于自己的责任也并非无动于衷。在大多数情况下，社会上最贫穷的人应当免除直接税的观点依然盛行。甚至在1340年，面对巨大的压力，议会的下议院坚持小户和无地劳工应该免除十五分之一税。[4] 黑死病之前的英格兰无疑是没有税收的天堂。最终，爱德华三世的财政代理人在14世纪30年代末面临与日俱增的抵抗，这一反应更多是源于税收的绝对总额和规模前所未有的大，而非社会税收分配不公。[5]

爱德华三世通过标准化征收世俗和教会税来克服财政困难，在此中所展示出来的聪明才智，让许多人大为赞颂。14世纪30年代进行了王室财政改革的一系列重要实验。尽管并非所有的计划都成功或持续了下来，但通过不断摸索，爱德华三世最终建立了一个财政体系，而他的继任者正是靠着这个财政体系所提供的财政支持打完剩下的百年战争。首先，也是最不成功的做法，爱德华三世恢复了爱德华一世时期颇有争议的做法，即持

---

[1] C. Dyer, "Taxation and Communities in Late Medieval England", *Progress and Problems*, ed. Britnell and Hatcher, 168–190.

[2] R. W. Kaeuper, *War, Justice, and Public Order: England and France in the Later Middle Ages* (Oxford, 1988), 132.

[3] W. M. Ormrod, "Poverty and Privilege: The Fiscal Burden in England (XIIIth–XVth Centuries)", *La fiscalità nell'economia europea secc. XIII–XVIII*, ed. S. Cavaciocchi, 2 vols (Prato, 2008), ii, 641.

[4] *SR*, i, 288–289; *CPR 1338–40*, 499.

[5] 见本书第268—270页。

有大规模的羊毛库存并在低地国家售卖而获利。[1]其次,相对更成功的是,爱德华三世确保了一系列直接税不以现金而是以实物的种类进行估价与征收:1338年征收羊毛补助金;1340年,王室仿效教会什一税的做法,对所有羊毛、小麦及新生羊羔征收九分之一税。以物品种类征税,在一定程度上可以减轻货币持续紧缺的部分压力,也给王室摆脱税收标准形式的限制提供了机会。1338年国内市场上的羊毛总收入增加到七万三千镑,几乎是按十五分之一税及什一税征税总和的两倍。[2]这些非凡的措施有力地证明了王室面对紧急、高危情况时,继续利用国内实际财富以服务对外战争的能力。

14世纪30年代王室第三个且更为持久的财政改革是征收羊毛出口的补助金。爱德华一世从1294年开始强制征收远远超过标准关税的超额间接税。这种间接税被称为"恶税"(maltolt),可见深受需要在码头交纳这种特税的商人的厌恶。而牧羊人对这种税的厌恶程度要再加一等,因为他们担心出口商将额外成本摊派下来,压低国内市场的羊毛收购价格。因此,1297年之后,仅在1322至1323年之间曾短暂尝试过恢复此特税。[3]在1333至1334年间虽然又重新征收此税,税率为每袋十先令,却几乎没有引起争议。[4]而在1336年之后,王室通过与商人达成一系列交易来确保补助金的绵延不断。如此一来,便导致了税率的急剧上升,1338年英格兰商人所要交纳的税率为每袋一镑十三先令四便士,而外国商人所需交纳的税率则为每袋两镑三先令四便士。尽管1340年3月议会曾保证说将会降低外国人的税率,并承诺停止这一特税,但在整个14世纪40年代,王室依

---

1 见本书第244—264页。
2 Ormrod, "Crown and the English Economy", 177–178.
3 Ibid., 168–169. 这不包括用未来关税偿还的出口强制贷款。
4 见本书第205页。

第四章　英格兰小雄狮（1330—1337）

旧同商会和议会不断协商，将税率标准维持在每袋两镑左右。[1]

其结果是王室持续不断地从英格兰的海外贸易中获得财富。1336年之前，每年的常规性关税收入约为一万五千镑。在对法战争的早期阶段，缉获走私羊毛及短暂性地干预其他贸易扰乱了特税的收入，但几年之后，议会便宣称此前的常规关税与羊毛补助金收益的总收入是战前的四倍，约为六万镑。后来的间接税历史表明，这项数据依然是保守估计。[2] 征收羊毛补助金政策的长期成功执行，让王室在战争初期之后便能够摒弃沉重且后果严重的直接税，而将注意力集中在海外贸易上。从14世纪40年代中期开始，羊毛补助金已成为支撑王室战时财政的最大常规收入，并在之后的百年战争中一直如此。[3]

1336至1340年间爱德华三世政府各种财政措施所产生的长期影响，无法掩盖这些年间同样严重的王室财政的短期失败。伴随着对法战争而展开的税收实验，并非改革中世纪财政状况计划的一部分，而是国王在开支远大于可持续收入时强加于国民的绝望之计。百年战争早年间的税收之高极不寻常，中世纪英格兰仅有少数几次，如理查一世12世纪90年代、约翰王13世纪首个十年、爱德华一世在13世纪90年代及亨利五世的15世纪10年代时期的税收高峰可与之比肩。[4] 但值得注意的是，这也暴露出同时期法国统治的相对虚弱。腓力六世和平时期的收入是英格兰的三倍。然而，在1337至1342年间，其常规与额外税收加在一起，可能也没有爱德

1　*PROME*, iv, 264; *SR*, i, 291; *CFR 1337–47*, 196; G. L. Harriss, *King, Parliament and Public Finance in Medieval England to 1369* (Oxford, 1975), 420–449.
2　Ormrod, *Reign of Edward III*, 182, 207; Fryde, *Studies*, chap. x, 6.
3　W. M. Ormrod, "England in the Middle Ages", *The Rise of the Fiscal State in Europe, c. 1200–1815*, ed. R. Bonney (Oxford, 1999), 41–42.
4　M. Prestwich, "War and Taxation in England in the XIIIth and XIVth Centuries", *Genèse de l'état moderne: Prélèvement et redistribution*, ed. J.-P. Genet and M. le Mené (Paris, 1987), 181–183; Ormrod, "England in the Middle Ages", 30–31.

华三世的多。[1] 英格兰君主在战时自我改革并成功生存，正是这一出众的能力很好地解释了为什么爱德华在经历了灾难性的开端之后，却能够躲过 1340 年所面临的必然破产结局，并在对抗瓦卢瓦的巨大冒险中取得了最后胜利。

要想知道爱德华三世在对法兰西、苏格兰战争时的税收大改革怎样获得了民众的认可与支持，就有必要对 14 世纪 30 年代经济政策的基本原理有所认识。这一政策的某些因素明显将短期的财政或政治收益置于商业考量之上，尤其体现在为主要商品——羊毛——设立集散中心的策略上。国王定期要求所有打算将羊毛出口到欧洲大陆的商人必须通过一个或数个转口货仓运送货物。英格兰的大部分羊毛生产商都将集散中心视为讨厌的麻烦事，出于物流方面的缘故，他们希望转口货仓能够设立在港口或英格兰的内陆城镇。这是 1326 至 1328 年间、1332 至 1334 年间设立了两个临时羊毛集散中心的原因。对英格兰君主而言，在低地国家——英格兰羊毛在欧洲大陆的主要市场——设立固定羊毛集散中心，尤有助于为自己赢得双方的军事合作。随后，令英格兰生产商极为懊恼的事出现了，随着对法战争的开始，英格兰设立了一系列新的羊毛集散中心，首先是在安特卫普（Antwerp），1340 年随着佛兰德斯联盟的形成，又在布鲁日（Bruges）设立了羊毛集散中心，这个集散中心一直运作到 1348 年。[2]

经济政策的许多其他因素更加有利于英格兰的商业利益。爱德华三世对国内布料贸易的干预可以证明这一点。英格兰君主曾在一段时间内承受

---

[1] J. B. Henneman, *Royal Taxation in Fourteenth-Century France: The Development of War Financing, 1320–1356* (Princeton, 1971), 80–114; W. M. Ormrod, "The West European Monarchies in the Later Middle Ages", *Economic Systems and State Finance*, ed. R. Bonney (Oxford, 1995), 138–144.

[2] T. H. Lloyd, *The English Wool Trade in the Middle Ages* (Cambridge, 1977), 115–118, 121, 193–194, 202–203.

第四章　英格兰小雄狮（1330—1337）

着提升本土布料工业水平的压力，他通过鼓励佛兰德斯人及其他外国纺织业主定居英格兰，以达其效。[1]1333年，议会也关注了这一主题，宣称移民过来的纺织业主"很容易教会本土民众如何纺织布匹，大大有益于我们的国王及他的民众"。[2]1335年，《约克法令》中的一条重要规定便是所有商人，无论外国或本国，在英格兰都应该享有贸易自由。[3]1337年，又设立了更多法规以着重保证外国手工业者进入英格兰，并试图强行禁止穿着外国布料来实行商业保护主义。[4]这些措施，尤其是后来《约克法令》成为爱德华三世统治时期商业政策的关键内容，这也被他的继承人视为其经济政策高瞻远瞩的典型例子。[5]

在管理货币上，爱德华也很谨慎，视其为维护王国经济财富的重要手段。金银的长期短缺迫使包括瓦卢瓦在内的许多欧洲君主采取激进措施，但这些激进措施往往带来灾难性的货币贬值。由于君主们从铸币量上获益，所以14世纪30年代末腓力六世下令重铸货币，很快就被臣民视作另一形式的专制税收。[6]爱德华三世的政府偶尔也会冒险：1329年，在计划创制一套新的银币供应时，政府征召了两个传说中的炼金术士约翰·劳斯、威廉·多尔比，来向国王展示自己神奇的工艺。[7]除了类似的空想外，英格兰王室还倾向于维持强势货币，在爱德华三世执政的最初五年，他依然拒绝降低镑的重量或成色。1331年，他还签发了一条重要法令，试图通过禁止

1　E. Lipson, *The Economic History of England, I: The Middle Ages*, 10th edn (London, 1949), 451–452.
2　*PROME*, iv, 191.
3　*SR*, i, 270–271; T. H. Lloyd, *England the German Hanse, 1157–1611* (Cambridge, 1991), 30.
4　*PROME*, iv, 230; *SR*, i, 280–281; *CLBL, E*, 303; Murimuth, 79; G. Unwin, "The Estate of Merchants, 1336–1365", *Finance and Trade under Edward III*, ed. G. Unwin (Manchester, 1918), 187.
5　Ormrod, *Reign of Edward III*, 173–174.
6　J. Kaye, *Economy and Nature in the Fourteenth Century* (Cambridge, 1998), 19–28.
7　*CPR 1327–30*, 386.

货币及金银餐具的出口以阻止金银的外流。类似的保护措施在之后的货币政策中越发常见。[1]

尽管设立了严格措施以执行禁运政策,[2] 但长期来看,由于英镑在外汇市场上居于强势地位,因而想要阻止货币的进一步外流几乎是不可能的。随后,在1335年,英格兰国王不得不下令铸币厂在铸造新半便士硬币时稍微降低成色,如此既迅速增加了流通的货币数量,又稍稍抑制了货币流出的势头。[3] 然而,意识到自己具有稳定货币的责任,爱德华三世谨慎地告知臣民,在时机允许的情况下,政府将会尽快恢复先令的成色。1338和1341年,国王下令,在自己的地产发现了矿藏或宝库的地产主可享受一定比例的分成。在这一利益的刺激下,英格兰地主纷纷致力于探寻矿藏、宝库,从而向铸币厂贡献更多的黄金白银。[4] 用今天的眼光来看,这样孤注一掷的措施等同于承认失败。但是公众拥护货币应当坚挺而稳定的观念,不但对货币本身很重要,而且也遵循了国王有义务增加王国物质财富的社会契约。

当然,有时候名实难免不符。对法战争的第一阶段让爱德华三世的许多民众迅速认识到,现有的经济与货币政策远未能促进举国上下的共同利益,而是服务于国王不顾后果的海外冒险。[5] 然而,过去十年的经验让爱德华深知,道德权威事关政权存亡。当他于1340年宣告自己有权被视为法兰西合法统治者时,他措辞谨慎地写了一份长篇声明,表明他将谨遵理想王权的原则,同时向海峡对岸未来的臣民许诺道,他将为所有人提供公正,废除任意而专制的税收,并恢复正常而健全的货币制度。[6] 爱德华也在英格

1　*CCR 1330–3*, 303; *SR*, i, 291, 299.
2　*CFR 1327–37*, 251–252; E 159/107, rot. 122; *The Enrolled Customs Accounts*, ed. S. Jenks, 5 vols (List and Index Society, ccciii, cccvi, cccvii, cccxiii, cccxiv, 2004–2006), i, 289 n. 7.
3　N. J. Mayhew, "From Regional to Central Minting, 1158–1464", *A New History of the Royal Mint*, ed. C. E. Challis (Cambridge, 1992), 144–145.
4　*CFR 1337–47*, 234.
5　见本书第289—290页。
6　*Foedera*, II.ii, 1108–1109.

兰采取了相似的措施，以更好地维护公共秩序、重建王室财政、发展手工业及贸易、增加货币的稳定性，其所建立的公信力，即使在面临1340至1341年间最黑暗的政治危机时，也未全部崩塌。战前爱德华三世统治所体现出来的坚定意志和积极主义，大有助于解释为什么爱德华三世后来会成为重现英格兰仁慈统治的典型模范。

第五章
家庭与朋友(1330—1344)

中世纪的君主政体，既是一套官僚政治制度，也具有非常明显的社会表率功能。1330年少数政权统治崩溃后，最重要的结果是，年轻的国王能够更加自主地选择国王内府、宫廷及咨议会人员。诺丁汉政变后，那些支持国王的中坚分子因为个人忠诚而得到了物质回报，一个包括政府官员、贵族、高级教士在内的更大政治团体也需重新检视他们与君主之间的关系，并向君主证明他们是值得信赖的顾问与朋友。在十八九岁及二十多岁的时候，爱德华三世对待政治团体的态度极为保守，甚至可能有些过时。以下议院在废黜爱德华二世时的重要地位和他在位时期的第一届议会为参考，爱德华三世的早期政治，相较而言，并未体现出平民主义政策，而平民主义政策恰恰是他后来的统治特征，这确实令人震惊。另一方面，政策的顺利实施依然在相当大程度上依赖于国王控御其社交圈里的贵族和主教的能力，他们会为国家公共事务提供必要的建议与支持。因而摒弃持续了十年之久的政治派系主义，对年轻的爱德华三世而言便尤为重要。事实上，为了达到这一目的，唯一可行的方法是有意识地坚持执行和解而包容的政策。不管是从直觉上还是经验上，国王爱德华三世都明显倾向这一政策，这是精英们的幸运。

第五章　家庭与朋友（1330—1344）

最考验爱德华三世宽仁气度的，在于如何处理那些谋杀父王的人。说 1327 年爱德华二世是自愿公开退位的，即便所有人对这一虚构而省事的说法予以认同，但是面对当年稍后发生在伯克利的谋杀事件，也依然存在十分严重的问题有待解决。爱德华三世在 1330 年 11 月召开的议会里，小心谨慎地将此谋杀事件归咎于莫蒂默，暗示出他不愿意扩大复仇范围。被称为"撒旦跟班"的托马斯·格尼在那不勒斯被抓获，但可能逃脱了审判与死刑，因为 1333 年他在被押解回英格兰途中死在了巴约讷。[1] 格尼的一个仆人约翰·特里利 1334 年关押在波尔多，等待国王的赦令。[2] 在 1335 年 5 月约克议会上，议员们准备说服国王宽恕托马斯·伯克利爵士，不再追究他的罪责，因为无法确定他在爱德华二世谋杀案中是否有罪。[3] 与此同时，前国王内务总管约翰·马尔特拉弗斯，曾因肯特伯爵之死而面临处决的威胁，短暂地回了趟家，希望能得到国王的赦免。[4] 完成对莫蒂默的复仇后，爱德华三世显然无意追究那些不幸卷入其父王、王叔之死事件中的人。

在这种和解的气氛中，爱德华三世的注意力从纪念亡父转向重塑统治。尽管爱德华二世不管是作为一个君主，还是作为一个男人，缺陷都是显而易见的，但在他的安息之地格洛斯特，对他的个人崇拜还是开始发展起来。在一段时期内，这里似乎成为汇聚那些受到伊拉贝莎及莫蒂默疏远之人的地方。[5] 因此，爱德华三世应积极推动爱德华二世个人崇拜的发展，确保政局稳定。1331 年，在圣约翰骑士团一名成员前往圣地耶路撒冷祈求爱德华

1　BL, MS Cotton Faustina B. V, fol. 51; J. Hunter, "On the Measures taken for the Apprehension of Sir Thomas de Gournay", *Archaeologia*, xxvii (1838), 274–297; "Extracts from the *Historia Aurea* and a French 'Brut'", 217.

2　C 47/24/5, fol. 9v.

3　C 81/1708/34; Ormrod, "The King's Secrets", 172–174.

4　Mortimer, "Death of Edward II", 1205. 马尔特拉弗斯在1351年最终被平反昭雪，见本书第443页。

5　S. Walker, *Political Culture in Later Medieval England*, ed. M. J. Braddick (Manchester, 2006), 203.

二世的灵魂安宁后，爱德华三世向他支付了十镑。[1]1330年后，每年先王忌日，爱德华三世都会在国王礼拜堂举行纪念仪式，也会派遣代表前往格洛斯特，去督查那里的纪念典礼。[2]尽管史料阙如，但教堂里宏大的坟墓，以及墓前精美而庄严的头戴王冠的爱德华二世雪花石塑像，很可能是爱德华三世的授意。但是，就像他拒绝穷究其父的谋杀者一样，他也巧妙地避免与这个有着明显污点的先王保持过于紧密的联系。实际上，与其继承人理查二世不同，爱德华三世从未正式支持格洛斯特修道院的僧侣追尊卡那封的爱德华为圣徒的行为。[3]

讽刺的是，正是由于爱德华三世的官方政策过于低调，英格兰之外的地方又掀起了爱德华二世尚未死去、或将复位的猜测。1336年前后，教皇公证人，后来成为韦尔切利主教的曼努埃尔·菲耶斯基写信给爱德华三世，信中声称爱德华二世并未在伯克利遇刺，而是逃到了科夫城堡，在肯特伯爵死后，又逃到了爱尔兰。他扮成一个朝圣者回到英格兰，后来渡海前往低地国家，游历法兰西和莱茵兰（Rhineland），最终定居在帕维亚主教区的切奇马（Cecima），他过着隐士的生活，为其子及其家庭祈祷和忏悔，并对这新生活甘之如饴。[4]持续流传在欧洲大陆关于爱德华二世还在世的传言，得到了一件奇事的证实。1338年9月，当爱德华三世前往科布伦茨（Koblenz）与神圣罗马帝国皇帝签订盟约时，一个名叫威廉·勒加莱斯的"威尔士人""声称他是爱德华三世的父亲"。他被带到爱德华三世面前，随后乘坐国王的专车，被带到了安特卫普。[5]这些引人入胜的片断勾起了现

1　*CCR 1330–3*, 315; E 403/256, 4 July 1331.

2　E 101/383/14, m. 2; E 101/398/22; BL, Add. MS 46350, m. 1; BL, MS Cotton Nero C. VIII, fol. 203; Ormrod, "Personal Religion", 871.

3　*Age of Chivalry*, no. 497; Phillips, *Edward II*, 334–360.

4　G. P. Cuttino and T. W. Lyman, "Where is Edward II?", *Speculum*, liii (1978), 526–527, 537–538. 关于这封信复杂的档案史、史学撰述的详细考察，见Phillips, *Edward II*, 582–587。

5　Norwell, 212.

第五章　家庭与朋友（1330—1344）

代人关于卡那封的爱德华逃亡故事的许多猜测，很多人幻想在格洛斯特的葬礼之后，他可能确实曾在大陆鲜为人知地、神秘地生活了一些年。[1]

爱德华三世如何回应这些荒诞的传言？如果他对这些传言有任何怀疑，那么，就有一个大问题需要面对，即爱德华是不是一个伪君子？他为了自保，宁愿支持爱德华二世已死在莫蒂默之手的虚假传言，以掩盖先王回来后重登王位的真相。我们没法知道在这件事上温莎爱德华的内心想法，但或许，至少在某些时刻，他确实曾感受到作为不孝子的刺痛和政治威胁的恐慌。当然，当这些故事流传时，他的一些行为也许表明，他认为预防此类危险流言传入英格兰是必要的。在1337年3月的议会上，爱德华重新认定托马斯·伯克利因爱德华二世谋杀案而应承担的赔偿责任，正式而有效地确认其父已故。[2] 当年9月，在莫蒂默倒台后，他首次亲访了格洛斯特爱德华二世之墓。[3] 如果这些迹象是自保与紧张的体现，那么如同中世纪晚期许多其他篡夺王位的继任者一样，爱德华三世确实可以被认为是受害者，受到了意图恢复旧制的反对派的伤害。

说到这里，我们有必要强调一下，1330年之后关于爱德华二世还活着的证据是多么的脆弱。由于保存至今的信件唯一复件藏于蒙彼利埃（Montpellier），没有任何证据表明曼努埃尔·菲耶斯基曾与所谓的爱德华二世之间有通信往来。而且，这封信上非但没有任何迹象表明卡那封的爱德华存有挑战其子权威的心思，反而着重强调了他对爱德华三世作为英格兰合法统治者的认同。要说它带来了什么警示，那更可能是类似的冒名顶

---

[1] 支持爱德华二世还活着最详细的研究，是Mortimer, "Death of Edward II", 1175–1214；持相反意见的，见R. M. Haines, *Edwardus redivivus*: The 'Afterlife' of Edward of Caernarvon", *Transactions of the Bristol and Gloucestershire Archaeological Society*, cxiv (1996), 65–86; J. R. S. Phillips, "'Edward II' in Italy: English and Welsh Political Exiles and Fugitives in Continental Europe, 1322–1364", *Thirteenth Century England X*, ed. M. Prestwich, R. H. Britnell and R. Frame (Woodbridge, 2005), 209–226。

[2] *CPR 1334–8*, 398; *PROME*, iv, 230.

[3] E 101/388/5.

替故事或阴谋都是虚假而无效的。[1] 这也许可以很好地解释为什么爱德华三世将威廉·勒加莱斯视为骗子。虽然他的父亲在1318年为了安全着想曾被迫处决保德汉姆的骗子约翰,但没有记录表明爱德华三世在1338年采取了同样的措施,他可能在安特卫普释放了威廉·勒加莱斯,任他四处游荡。总之,众所周知,温莎爱德华是毫无争议的王位继承人,也是1326至1327年间的政变后,先王爱德华二世的合法继承者。后来的篡位继任者缺少如此毫无争议的继任资格与权威,结果自然也大不相同。只需看之后持续盛行于英格兰高层政坛和大众文化中理查二世并未死去的流言,以及由此产生的困扰着篡位者亨利四世统治的绝大部分阴谋,便可明了。[2]

不管爱德华三世的内心想法如何,但他平静而坚定地处理流言,并取得了预期的效果。没有直接证据表明菲耶斯基的流言对英格兰本土产生了影响。1330年,英格兰一些身居高位者对莫蒂默极为厌恶,所以他们任由"卡那封的爱德华回来了"的流言漫传,然而,七年后,无人为了恢复他父亲危险无能的统治而拒绝年少英明的爱德华三世。在温莎爱德华的领袖气质的光芒照耀下,围绕不幸的卡那封爱德华尚未死去的故事,就像5月的霜,一下就消散了。

爱德华三世宽赦政敌之路上遇到的最大阻碍并非已故的爱德华二世,而是母亲伊莎贝拉王太后。教皇约翰二十二世认为,爱德华三世曾坚决地想惩罚他的母亲,因为她在弱势政权时期滥用王权。[3] 在诺丁汉政变之后,

---

[1] 正如Phillips, *Edward II*, 591–592所强调的。

[2] Walker, *Political Culture*, 156–173; P. Strohm, *England's Empty Throne: Usurpation and the Language of Legitimation, 1399–1422* (London, 1998), 119–124; J. Burden, "How do You Bury a Deposed King? The Funeral of Richard II and the Establishment of Lancastrian Royal Authority in 1400", *Henry IV: The Establishment of the Regime, 1399–1406*, ed. G. Dodd and D. Biggs (York, 2003), 35–53.

[3] *CPL*, ii, 498, 500, 501.

第五章　家庭与朋友（1330—1344）

他希望伊莎贝拉交出她的彩礼，以示羞辱。[1] 爱德华甚至安排了警卫来看守母后在伦敦塔中的珠宝及其他财物，并签署命令禁止她的代理人继续耗散她已没收的财产。[2] 伊莎贝拉一开始住在她自己的伯克姆斯特德庄园，后来移居温莎，在接下来的两年里，她依然被严密看管，与外界隔离。[3] 在不长的一段时间内，爱德华可能确实将他的母亲视作囚徒，但是从另一方面来看，也有可能是王太后因精神崩溃而暂时退出了公共活动。[4] 说爱德华三世将他的母亲禁锢在赖辛堡当然是无稽之谈，不过确实有迹象表明他积极寻找方式，以确保其母表现出恰当的悔罪态度。[5] 法兰西诗《爱德华二世挽歌》（*Lament of Edward II*）可能是在年轻国王的委托下，创造性地将爱德华二世与伊莎贝拉王后这一对宫廷夫妻重塑为异性爱人的典范。爱德华三世希望借此提醒母亲，她对父亲犯下的罪过。[6] 在之后的有生之年，伊莎贝拉王太后沉迷于繁缛的宗教仪式，暗示的已不仅仅是她在忏悔赎罪。[7]

法兰西的伊莎贝拉最后重现于公众视野，对爱德华三世而言是一个敏感问题。1330 年议会同意恢复王太后伊莎贝拉的部分彩礼，按旧例限定，每年仅三千镑。过了好几年，她的代理人才对这批彩礼进行有效管理。[8] 按照惯例，拥有地产，王太后便可享有一定的司法特权。14 世纪 30 年代中期，伊莎贝拉的代理人曾为了她的权益而与考文垂议员及修道院院长发生

1　*CPR 1327–30*, 48; E 159/107, rots 94, 95.
2　E 159/107, rots 57B, 59.
3　*CPR 1330–4*, 36; SC 1/63/247; Doherty, "Isabella, Queen of England", 319. E 403/254，1331年1月18日，她曾（临时）从温莎迁往奥迪厄姆（Odiham）。
4　Doherty, *Isabella and the Strange Death of Edward II*, 173–174.
5　Le Bel, i, 103–104; Froissart, i, 89–90; A. Strickland, *Lives of the Queens of England*, 6 vols (London, 1842), ii, 287–292; Ormrod, "Sexualities of Edward II", 45–46.
6　C. Valente, "The 'Lament of Edward II': Religious Lyric, Political Propaganda", *Speculum*, lxxvii (2002), 422–439; Matthews, *Writing to the King*, 101–107.
7　*Chron. Lanercost*, 266; Vale, *Edward III and Chivalry*, 52.
8　*CPR 1330–4*, 48; SC 1/38/77; Johnstone, "Queen's Household", 257–259; Wolffe, *Royal Demesne*, 235–236.

激烈冲突。[1]可能让悔罪中的伊莎贝拉免遭政坛遗忘的,便是她的特殊身份:作为法兰西卡佩国王查理四世唯一存世的同胞妹妹,她可以将法兰西国王的头衔传给儿子爱德华三世。1331年,爱德华将腓力六世新近送给自己的一整套圣物转送母亲。[2]在1337年英法战争打响及1340年爱德华宣称他将要行使法兰西的王权后,他有必要也有责任向公众展示他对母亲的尊敬。从14世纪40年代早期开始,爱德华更加频繁地拜访母亲。渐渐地,寡居的王太后回到了宫廷活动之中,她再次频繁接待与儿子有外交往来的法兰西贵族,并在这些活动中扮演了重要的角色,直到1358年她去世。[3]有意无意之间,爱德华三世最终为母后伊莎贝拉在其政权中找到了合适的位置。但是,不管他在公众面前对母亲表现得如何尊敬和感激,但他实际上并不真心爱戴她。不管如何努力,爱德华三世也无法完全摆脱父母给他带来的困境。

这样的烦恼也不可避免地影响着爱德华的弟弟妹妹。1328年,年方七岁的琼公主便被送往苏格兰,这使得国王兄长于她而言实为陌生人。1332、1334年琼可能曾拒绝与大卫·布鲁斯成婚,但英格兰并未为实现这一点施加任何压力,而琼与爱德华三世要到很晚才能团聚。[4]爱德华与排行中间的约翰和埃莉诺是有可能建立起亲厚的感情。从1330年开始,埃莉诺便生活在王后菲莉帕的内府,出落成美丽清秀的少女。[5]两年后,快满十六岁

1　*RPHI*, 240–266; *VCH Warks*, viii, 256–259; A. and E. Gooder, "Coventry before 1355: Unity or Division?", *Midland History*, vi (1981), 19–24; R. Goddard, *Lordship and Medieval Urbanisation: Coventry, 1043–1355* (Woodbridge, 2004), 116–117, 282–283; A. Musson, "The Prior of Coventry v. Queen Isabella of England: Re-assessing the Archival Evidence", *Archives*, xxxii (2007), 93–103.

2　*Foedera*, II.ii, 825.

3　见本书第318、469页。

4　Stones, "Addition to the 'Rotuli Scotiae'", 30–31.

5　*CPR 1330–4*, 78; E 43/520; JRUL, MS Latin 234, fols 3r, 5v, 8r, 20r-20v, 33r; JRUL, MS Latin 235, fol. 7r.

第五章　家庭与朋友（1330—1344）　　　　　　　　　　　　　　　　　　149

的她被指婚给海尔德伯爵雷金纳德二世，海尔德伯爵送给爱德华三世一头野熊以示感激。[1] 埃莉诺成婚后，兄妹俩依然保持着联系，[2] 爱德华三世驻扎在低地国家时，两人还见过数面。1342 年，海尔德伯爵以埃莉诺疑似患上麻风病（也许是精神状态不稳定）为由试图与她离婚。在他于 1343 年死后，埃莉诺成为修女，但她一直与英格兰宫廷保持联系，直至 1355 年去世，时年三十七岁。[3]

1328 年，年仅十二岁的埃尔特姆的约翰，便在索尔兹伯里议会上被封赐康沃尔伯爵。从常规记录的措辞中，很难把他的个性分析出来，但他与爱德华三世可能属于同一类型的人。实际上，这两兄弟都热衷于军事，约翰在 14 世纪 30 年代曾积极参与对苏格兰的战争。1336 年 9 月，他意外而悲剧地战死在珀斯（Perth）一战中，那时他才二十岁。在他去世之前，苏格兰流传一则可能源于布鲁斯一方的流言，说爱德华三世会判处他弟弟死刑。[4] 约翰之死，无疑让爱德华异常悲痛。一年之后，爱德华做了一个有关弟弟的噩梦，为了弟弟的灵魂安宁，他进行了一场特殊的施舍。[5] 1339 年，他又决定在威斯敏斯特教堂的王家陵寝竖立起一块雪花石碑纪念埃尔特姆。三十多年之后，在埃尔特姆忌日的安魂弥撒上，爱德华三世依然不忘

1　A. K. McHardy, "Paying for the Wedding: Edward III as Fundraiser, 1332–1333", *Fourteenth Century England IV*, ed. Hamilton, 43–60; Lucas, *Low Countries*, 100–101. 关于为送嫁埃莉诺而兴建之屋舍，见 "An Account of the Expenses of Eleanor, Sister of Edward III, on the Occasion of her Marriage to Reynald, Count of Guelders", ed. E. W. Safford, *Archaeologia*, lxxvii (1927), 111–140; Vale, *Princely Court*, 311–313。
2　BL, MS Cotton Nero C. VIII, fol. 270.
3　M. A. E. Green, *Lives of the Princesses of England*, 6 vols (London, 1849–1855), iii, 84, 86, 88–91, 96; E. Andre, *Ein Königshof auf Reisen: Der Kontinentaufenthalt Eduards III von England, 1338–40* (Cologne, 1996), 192 n. 6.
4　T. B. James, "John of Eltham, History and Story: Abusive International Discourse in Late Medieval England, France and Scotland", *Fourteenth Century England II*, ed. Given-Wilson, 63–78.
5　E 101/388/5; E 101/396/20.

给教堂分发金缕。[1]同胞兄弟被残忍地从身边带走后方才完全领会兄弟情谊的珍贵，是爱德华三世的不幸。

与之形成鲜明对比的是，爱德华三世与妻子、孩子的家庭生活可谓幸福而欢乐。菲莉帕王后与被称作"耶洗别"的伊莎贝拉完全不同，她毫无政治野心，心满意足地支持她受人敬爱的国王丈夫。英格兰与埃诺自13世纪便建立的紧密联系，可能有利于理解为什么编年史家总是严厉责怪外来的王后，说她们将外国人和可疑的方式带进英格兰，但他们却从未指责过菲莉帕，因为直到一个多世纪之后，编年史家才认为14世纪中期流行的修身服饰和面纱是受到了埃诺人的影响。[2]菲莉帕与爱德华三世的联姻，也大大扩大了英格兰的外交网络，爱德华三世因此置身于荷兰、日耳曼姻亲及其同盟所组成的巨大网络的中心。菲莉帕的大姐玛格丽特，可能也曾被提议过与爱德华婚配，后来嫁给了神圣罗马帝国皇帝巴伐利亚的路易。而她的另一个姐姐让娜，则嫁给了于利希伯爵（后为侯爵）威廉。爱德华极其信任威廉，1339年，他任命威廉为私人顾问或"国王的私人及特殊秘书"，1340年又赐封他为剑桥伯爵。[3]爱德华夫妻俩与王后的女性亲属保持着亲密联系，几年里都在考虑让自己的孩子与同样出身统治家庭的各方子嗣结成姻亲。[4]

1　WAM, 6300*; P. Binski, *Westminster Abbey and the Plantagenets* (London, 1995), 177–179.
2　*Brut*, ii, 296–297.
3　C 47/30/8, no. 8; *Récit d'un Bourgeois de Valenciennes*, 160–161; *PROME*, iv, 271; *CChR 1327–41*, 471.
4　菲莉帕与玛格丽特皇后之间的往来书信，见E 101/387/23。菲莉帕之母与国王、王后都保持着频繁的联系，E 101/388/5; E 403/291, 8 Nov. 1336; E 403/294, 30 July 1337; JRUL, MS Latin 235, fol. 17r。爱德华三世写给于利希的让娜的信收录在BL, MS Cotton Nero C. VIII, fol. 272。关于菲莉帕在其女琼与奥地利公爵奥托之子这场失败的联姻洽谈中的角色，见Lucas, *Low Countries*, 193。

第五章　家庭与朋友（1330—1344）

历史上菲莉帕的唯一污点是奢侈靡费，这种说法在 16 世纪前便流行开来，当时伊丽莎白一世的一个伦敦塔档案管理官在菲莉帕内府开支记录的评注揭露了"该位王后财富如山、挥霍无度、债务累累"。[1] 考虑到菲莉帕初至英格兰时的拮据生活，让人忍不住想 1330 年政变之后，她的期望大大提高了。诺丁汉政变前后，国王接到报告说，王后彩礼上的收入每年不过一百五十镑，她甚至没钱支付食物及圣诞礼袍。[2] 诺丁汉政变之后，国王当然并未打算让其母继续拥有 1327 年划给她的巨额彩礼。1330 至 1335 年间，拨给菲莉帕的地产收入相对正常，大约每年为四千五百镑。然而，这却明显不够，14 世纪 30 年代王后内府的财政赤字日渐严重。[3]

不过，在菲莉帕的开支上，很大一部分是为爱德华三世装饰宏伟的宫廷。在 1330 年，即她加冕、诞下第一个孩子并取代婆婆成为英格兰宫廷第一夫人的那年，菲莉帕的代理人斥巨资从波士顿（Boston）及圣艾夫斯（St Ives）国际集市上购买了最好的佛兰德斯及意大利布帛，包括华贵的饰有狮鹫兽首的意大利绿丝绸，为她制作参加诸圣节的礼袍。[4] 爱德华无疑十分支持王后华贵庄重地现身安产感谢礼。1330 年在王后的首次安产感谢礼上，国王锦衣库虽为婴儿伍德斯托克的爱德华及其侍从提供了布帛，但主要开支依然由菲莉帕承担，包括她所穿的绣有金色松鼠、以貂毛与白色鼬毛做内衬的紫色天鹅绒礼服。[5] 也许是意识到各类仪式开销所带来的经济压力，1332 年 7 月第二个孩子伊莎贝拉公主出生时，国王更加直接地介入活动，他送给菲莉帕一件光彩夺目、装饰有字母 E 与 P 的外套，及一套床幔，

1　JRUL, MS Latin 235, verso of cover; R. Fawtier, *Hand-List of Additions to the Collection of Latin Manuscripts in the John Rylands Library, 1908–1920* (Manchester, 1921), 2, 11–13.
2　SC 8/265/13210.
3　Johnstone, "Queen's Household", 259–262.
4　JRUL, MS Latin 234, fol. 2r等。
5　Ibid., fol. 1v; S. M. Newton, "Queen Philippa's Squirrel Suit", *Documenta Textila*, ed. M. Flury-Lemberg and K. Stolleis (Munich, 1981), 342–348.

上面描绘着蓝天大海，海里都是持着英格兰与埃诺纹章的美人鱼。[1] 帷幔上所绘的内容并不只是王后个人的突发奇想，也表达了其国王丈夫的文化与政治认识。

国王与王后夫妻俩在许多方面都有着互补性。与伊莎贝拉与爱德华二世相比，菲莉帕经常与爱德华结伴同行，如，1337年，他们在克利普斯通一起出席了国王候补骑士罗杰·比彻姆与王后侍女西比尔·帕特夏尔的婚礼，之后，又在斯坦福德共同出席了菲莉帕新逝父亲的安魂弥撒。[2] 只要有可能，王后便跟随国王出征，行至北部驻军之处。这样的随军首次发生在1333年，达勒姆的僧侣满意地记载道，在教堂的小修道院里，为了向一个厌恶女性的主保圣人卡思伯特示敬，爱德华夫妇出人意料地同意分居两处。[3] 14世纪30年代，菲莉帕不时北上前往班堡，以等待战场上丈夫的消息。至少有一次，她曾行进到北部边境罗克斯堡，与爱德华会合。[4] 当爱德华于1338至1440年间逗留在低地国家时，她也在安特卫普及根特（Ghent）长留，在此期间还生下了两个孩子。[5] 爱德华与菲莉帕之间的亲密伴侣关系，成为海内外广大民众美好婚姻与和谐家庭的模范。

他们之间的关系不仅仅是功利性的。国王与王后之间的联系，大多是以赠送礼物的形式记载下来，这往往强调交换礼物的物质价值，而非情感

1　C. Shenton, "Philippa of Hainault's Churchings: The Politics of Motherhood at the Court of Edward III", *Family and Dynasty in Late Medieval England*, ed. R. Eales and S. Tyas (Donington, 2003), 108–109. 根据内府日常账目上的一个注释可以确定安产感谢礼的日期是1332年7月19日，E 101/386/1记录相关的宴会花费了292镑。亦见Vale, *Edward III and Chivalry*, 172。关于1342年伦敦塔的布兰奇降生之后的安产感谢礼，见E 403/328, 3 July 1343。

2　BL, MS Cotton Nero C. VIII, fols 207, 207v. 罗杰与西比尔之子菲利普，见本书第379页。

3　*Historia Dunelmensis*, 117.

4　SC 1/39/33, 34; BL, MS Cotton Nero C. VIII, fol. 269; E 403/288, 2 Sept. 1336; B. C. Hardy, *Philippa of Hainault and her Times* (London, 1910), 72–88.

5　SC 1/50/189; SC 1/51/4; Norwell, lxxiv–lxxxv, 226–227. 这一时期菲莉帕王后内府的成员，见*Foedera*, II.ii, 1044。

第五章　家庭与朋友（1330—1344）

意义。例如，在1332年新年，爱德华给王后的礼物是一颗嵌在金制胸针里的珍贵蓝宝石。[1]但表达亲密关系的礼物赠送也不完全发生在年节或纪念日，他们还经常给对方送去新鲜的肉或鱼；分开时，他们有时也给对方送去马、鹰，以表达期待重逢之意。[2]1335年3月，在前去沃尔辛厄姆朝圣的路上，爱德华匆忙寄信给身在纳尔斯伯勒的菲莉帕，汇报了一匹马的死讯。[3]因国事被迫分隔两地时，国王夫妇总是保持信件交流。[4]1342年爱德华从布列塔尼寄出的信上，谈到如何安排他们共同的亲戚——阿图瓦的罗贝尔的葬礼时，爱德华反复地称呼妻子为"亲爱的"（douce cuer）。[5]

对当时的人而言，王室婚姻是否成功，一个重要的判断标准就是子嗣的多寡。在1330年生下一位健康的王位继承人之后，在1332至1348年间，菲莉帕又诞下了十个孩子，分别是生于1332年5月伍德斯托克的伊莎贝拉、1333年末伦敦塔的琼、1336年12月哈特菲尔德的威廉、1338年11月安特卫普的莱昂内尔、1340年2月冈特的约翰、1341年6月兰利的埃德蒙、1342年6月伦敦塔的布兰奇、1344年10月沃尔瑟姆的玛丽、1346年7月温莎的玛格丽特及1348年6月温莎的威廉。她四十岁出头时，在1355年1月生下了她的最后一个孩子伍德斯托克的托马斯。[6]夫妻俩的长子爱德华，很快就有了自己的内府，其事务由菲莉帕的侍女伊丽莎白·德圣奥默照管

1　E 101/385/16. 在前一年秋天，国王为王后购买了总价320镑的珠宝，E 403/260, 24 Oct. 1331。

2　例如E 101/383/13; E 101/387/9, m. 2; Norwell, 253; E 36/205, fol. 13; E 101/396/2, fol. 31; JRUL, MS Latin 236, fol. 3v.

3　BL, MS Cotton Nero C. VIII, fol. 270v.

4　例如1331年，王后给在法兰西访问腓力六世的夫君送去了一封信，JRUL, MS Latin 235, fol. 17v。

5　SC 1/56/79，载E. Déprez, "La Mort de Robert d'Artois", *Revue historique*, xciv (1907), 65。另一封保存至今国王写给王后的信，见SC 1/54/28 (ii)。

6　*HBC*, 39–40，这里关于有些日子的记载不准确，而且颠倒了兰利的埃德蒙与伦敦塔的布兰奇的出生日期。

指导。¹年幼的孩子们有时是由他们兄长的内府人员看护，但主要还是由王后亲自照管。²1338年，菲莉帕不同寻常地将伊莎贝拉和琼带往欧洲大陆。在约翰及莱昂内尔出生后，国王夫妻出于安全考虑，在1340年夏将四个孩子送回国内，交由王后的另一个侍女伊莎贝拉·德拉莫特看护。³1341年春天，王后一回到英格兰产下埃德蒙王子之后，孩子们又全部受到了母亲的亲自照料。⁴1342年8月，莱昂内尔王子与阿尔斯特伯爵的女继承人——十岁的伊丽莎白·德伯格订婚后，年幼的新娘也同样由王后照料。⁵王后身上极为明显的母性光辉，无疑驳斥了她回避哺乳、看护孩子的谬论。⁶

尽管因为公务爱德华常常离开家，但他似乎也是一个宠爱、关怀孩子的父亲。1331年夏天，当埃诺伯爵夫人与于利希伯爵夫人长期访问英格兰宫廷时，爱德华满怀关切地写信，确保爱德华王子穿着得体地出现在外祖母及姨妈面前。⁷1330、1332年长子及长女出生前后，他都留在伍德斯托克，陪伴在王后身边。⁸1341年，爱德华"亲口"过问约翰王子的日常所需。1342年，他特意预留出里士满伯爵的空缺，以封赐第三子。1343年3月，可能是在王后的黑弗灵庄园里，他与年幼的三个王子莱昂内尔、约翰和埃德蒙一起用餐。在孩子们长大后，他们也经常与父母游戏于晚间的赌桌上。⁹

---

1 SC 8/171/8543; *CPR 1330–4*, 78; JRUL, MS Latin 234, fols 13v, 18v.

2 Tout, *Chapters*, v, 319–320; BL, MS Cotton Nero C. VIII, fol. 270v. 至迟在1358年，侍女圣奥默负责在王后内府照管年幼的托马斯王子，JRUL, MS Latin 236, fol. 2。

3 Knighton, 27; W. M. Ormrod, "The Royal Nursery: A Household for the Younger Children of Edward III", *EHR*, cxx (2005), 398–415.

4 正是这个原因，冈特的约翰作为里士满伯爵的资产在1342年转交给王后管理，Tout, *Chapters*, v, 282。

5 E 101/390/8; SAL, MS 208, fol. 3. 订婚仪式的日期可以确定为1342年8月15日，Ormrod, "Royal Nursery", 411 n. 74; *CPMR 1323–64*, 153。

6 Barnes, *Edward III*, 44.

7 E 101/385/20.

8 起初，国王曾打算让第二个孩子降生在克拉伦登，*Foedera*, II.ii, 829; *King's Works*, ii, 917。

9 E 159/120, rot. 17d; *CChR 1341–1417*, 63; E 43/204, fol. 41v; *BPR*, iv, 74–76.

第五章　家庭与朋友（1330—1344）

在这种少有的家庭生活中，爱德华三世与子女建立起亲密的关系，而他后来的生活也感受到了王室的团结。

如果说家庭是国王作为社会主体的灵魂，那么国王内府则是其心脏。内府兼有国王私府、议政、战事部、内阁的性质。爱德华三世统治的早年间，内府有五百五十至六百五十人，分成数量不等的两组。一组约占总人数的三分之二，多为身份较低之人，包括厨房杂使、马夫、马厩杂使、听差、信使、猎人、养隼者等。另一组的身份则高贵得多，是在"楼上"工作的人，包括书记员、方旗爵士、骑士、候补骑士及侍卫。国王内府有许多挂名差事，如在爱德华统治早期，约翰·沃博灵顿称年轻国王的内府为"娼妓的导师、罪犯的肢解者"。内府也吸引了很多攀权附贵者。劳斯的伊丽莎白在 1328 至 1329 年间死乞白赖地追随内府，最后从王室获得了一镑的特殊报酬；几年之后，从她的家乡约克到伍德斯托克的国王庄园，"水果商"阿格尼丝都一直混在王室随从的队伍里。[1]

对臣民而言，王室内府移驾当地有利有弊，这并不奇怪。在宫廷及移驾处方圆十二英里以内的地方，通过所谓的王室内务法庭，总管与宫廷法吏有特殊的司法裁决权，并将此（就像其批评者说的那样）作为剥削民众的手段。[2] 1336 年，诺丁汉市民控告总管与宫廷法吏的副手彼得·格里特凭借这一权力而从他们那里收取了五镑的赎金。[3] 引起民众非议的主要原因，在于国王内府关于食物采买的特权，不仅是国王，王后和王室子女都对其

1　*Cal. Mem. Rolls 1326–7*, no. 1005; E 101/384/14, m. 5; BL, MS Cotton Nero C. VIII, fol. 205.

2　W. R. Jones, "The Court of the Verge: The Jurisdiction of the Steward and Marshal of the Household in Later Medieval England", *Journal of British Studies*, x[1] (1970), 1–29; C. Given-Wilson, *The Royal Household and the King's Affinity: Service, Politics and Finance in England, 1360–1413* (London, 1986), 48–53.

3　C 49/6/31; SC 8/112/5590; *CPR 1340–3*, 429.

停驻之地，甚至是整个王国内可销售的食材都有优先权。尚未亲政时，精明的爱德华三世试图将滥用王室采买权的责任推卸到莫蒂默身上，却带来了更多的抱怨。正如 1331 年莱斯特民众抱怨的，1329 年 1 月，莫蒂默与国王四处追捕兰开斯特伯爵时，莫蒂默手下拿走了许多物品，到现在都还没有付费。[1] 即便是到了爱德华亲政之后，这一特权的滥用也没有终结。14 世纪 30 年代早期的公众态度，被伯克郡温克菲尔德（Winkfield）的教区牧师帕古拉的威廉捕捉到了，他生动地描绘道，自己和村民一听到王室采买官的风吹草动，便匆忙将食材掩盖起来。[2] 王室后勤必需的临时征用，是导致民众紧张的另一个原因。布莱斯修道院院长的处所是爱德华三世往返北方大道的停驻之地，他抱怨国王的人损毁了修道院里价值为四十镑的物品。1332 年，爱德华亲自授权，支付五镑给一个穷牧师，因为伊莎贝拉王太后的随从经过村庄时曾将他的房子烧为平地。[3]

王室内府的重要人员和高级人员高度政治化。诺丁汉政变之后，爱德华三世宣称莫蒂默在王室内府大量安插了他的心腹，以此遣散了内府 40% 的人员，替换为那些在他还是王子时就服务他或之前与宫廷没有联系的人。[4] 新一批书记员中，威廉·基尔斯比在 14 世纪 30 年代成长为国王引人注目的支持者。他在 1335 至 1338 年担任国王宫室司库，而后于 1338 至 1342 年担任掌玺大臣。与内府许多行政官员一样，基尔斯比出身不高，他高涨的权力、易冒犯他人的倾向，让政治、宗教精英深感烦忧，1340 至 1341 年间，他被当作爱德华三世在处理法兰西战争中明显失误的替罪羊。[5] 早期内府最杰出的书记员是国王的导师理查德·伯里，他因为之前对温莎爱德

1　*PROME*, iv, 105; SC 8/123/6129. 关于莫蒂默使用捕获权的其他控告，见 BL, MS Cotton Faustina B. V, fol. 55v。

2　*De speculo regis Edwardi Tertii*, 99, 134; Matthews, *Writing to the King*, 108–113.

3　SC 8/34/1691; E 403/262, 4 June 1332.

4　Shenton, "English Court", 116–118.

5　见本书第 292—299 页。

第五章　家庭与朋友（1330—1344）

华的忠诚而快速升迁，于 1329 至 1333 年担任掌玺大臣。1333 年，他被提拔为达勒姆主教，因此便按照惯例放弃了内府的职位。但后来，他于 1334 年被任命为国库长，1344 至 1345 年就任大法官，到 1345 年去世前不久，他还一直参与外交活动，表明他依然是政坛上的核心人物，对国王起到良好的指导性作用。[1]

与敬重并需要教会人士的支持一样，爱德华三世也同样被内府中志同道合的方旗爵士、骑士们所吸引。在他掌政之后的头十年里，方旗爵士、骑士的员额为五十人。其中，吉尔伯特·塔尔博特在爱德华即位前便曾是内府的一员，而后于 1327 至 1334 年荣任王宫侍卫长。在 1337 至 1346 年间先后担任王宫侍卫长、王室总管的约翰·达西，在 1330 年就已深得爱德华之心。这两人在军事、外交、政府里都取得了骄人的成绩与职位，并累积了许多相应的爵位与地产。还有很多其他新加入的方旗爵士与骑士因为深得爱德华欢心而获得升迁。14 世纪 30 年代国王内府的首席骑士之一，斯托伯勒的雷金纳德·科巴姆，是爱德华的另一个忠诚卫士，其职业生涯不管是在政府、外交、还是战场上都完美无瑕。不少埃诺人在爱德华当政之初也加入进来，毫无争议地参与到英格兰的政治生活。尤为突出的是沃尔特·莫尼，他最初是王后的食客，而后一路升任，1328 年担任国王内府候补骑士，1330 年成为骑士，1338 年升为方旗爵士，最后身居贵族高位。莫尼的特殊成就体现在处理公众关系的优异才能上，不管是在他寓居的英格兰还是海外的敌人，都对他赞誉有加。当时并未引起公众注意，但从长远来看却更加重要的是埃诺人佩恩·德罗尔特爵士，他的女儿菲莉帕及凯瑟琳后来分别嫁给了诗人杰弗里·乔叟及冈特的约翰王子。[2]

国王内府的世俗人士通过与君主维持亲密关系来实现个人的野心，是

---

[1] Ormrod, "The King's Secrets", 163–178.
[2] Shenton, "English Court", 265; Bothwell, *Peerage*, 17–18, 19–20, 21–22; D. Pearsall, *The Life of Geoffrey Chaucer* (Oxford, 1992), 49–51.

中世纪政治的普遍现象。爱德华三世也许不像他父亲那样粗暴地滥用法律来保护自己的朋友及追随者，但他似乎也认为代表国王内府人员介入法庭是他的不二责任。[1] 傲慢的廷臣会在他们的利益所在地区引发格外紧张的局势。1332 年内府记录标注了三个人，沃尔特·莫尼、托马斯·布拉德斯顿及休·弗雷纳。作为宫室的候补骑士，他们有权进入国王最私密的处所。[2] 若说莫尼是正直的典范，另外两个宫室骑士，据说就极为不堪了。布拉德斯顿因为 1330 年参与了诺丁汉政变而获得大量赏赐，却在家乡格洛斯特郡带来了恶劣影响。国王庄园里的人抱怨道，他是宫廷里的一个"小圣人"，在邻里间却是一头"猖獗的狮子"；他们还说，如果不是因为他与国王关系亲密，他对权势比他低微者所犯的罪，算起来多达一千桩。[3] 1341 年，谋杀、恐吓、绑架及破坏公正等控告也指向了深受国王喜爱并刚升为内府方旗爵士的约翰·莫林斯。[4] 这些人与国王如此亲密的关系被暴露出来后，公众对宫廷是一切可想象的罪恶的温床的看法深以为然。[5]

在爱德华三世统治的前十年里，担任内府方旗爵士、骑士的首领，与国王关系最为亲近的，当属威廉·蒙塔古。两人相互交换身份和纹章暗示他们视彼此为战友手足。[6] 1333 年，他们俩穿着同样装饰有鸟纹的红色塔夫绸无袖铠甲罩衫出现在宫廷里。五年后，国王为自己、堂兄格罗斯蒙特的亨利及密友威廉·蒙塔古制作了三件白色束腰上衣，上有金线绣成的城

1　例如 SC 1/55/86。

2　E 101/385/16. 关于弗雷纳，见本书第195页。

3　Saul, *Knights and Esquires*, 266–267.

4　Fryde, "Robber Baron", 201–202.

5　R. Horrox, "Caterpillars of the Commonwealth? Courtiers in Late Medieval England", *Rulers and Ruled in Late Medieval England: Essays Presented to Gerald Harriss*, ed. R. E. Archer and S. Walker (London, 1995), 1–15.

6　关于战友情谊，见 Keen, *Nobles, Knights*, 43–62。蒙塔古在1340年被腓力六世俘获后，爱德华三世为他提供特殊援助一事，见本书第288、313页。

第五章　家庭与朋友（1330—1344）

堡及骑士，还时髦地饰以绿色卷边来表示城堡壕沟。[1]1335 年，爱德华单独赐给蒙塔古佩戴王室鹰纹章的特殊权利，蒙塔古则把自己家族的徽章狮鹫作为礼物回赠给国王。[2]此外，国王还赐给蒙塔古大量的物质利益。为了回报蒙塔古在 14 世纪 20 年代的忠诚与 30 年代的尽心服侍，国王将蒙塔古从西部的一个小地主提拔成举国上下最富有、最有权势的大贵族。在 1337 年 3 月蒙塔古成为索尔兹伯里伯爵时，他已在英格兰、威尔士、苏格兰拥有大量地产。他的家人也因为与王室关系亲密而获益甚多，他的弟弟西蒙成为伊利主教，另一位弟弟爱德华为王室内府骑士，并娶国王堂妹布拉泽顿的爱丽丝为妻，后升为男爵。[3]威廉之妻凯瑟琳（娘家姓格兰迪森）是菲莉帕王后最重要的侍女，1332 年因将第一个女儿出生的"好消息"告知爱德华而获赐特别丰厚的赏金五百马克。[4]1340 年末至 1341 年初的冬天，他们的长子威廉与国王十二岁的堂妹——肯特的琼订婚。爱德华、菲莉帕、威廉与凯瑟琳之间所形成的复杂而亲密的关系，也许是爱德华三世亲政之后十年里的社交关系与情感世界的核心。

考虑到廷臣滥用职权的倾向，当时人确有可能像抨击托马斯·布拉德斯顿及约翰·莫林斯一样抨击威廉·蒙塔古。然而，关于金雀花王室与蒙塔古友谊的批评，仅来自敌对的欧洲大陆评论家。1344 年威廉·蒙塔

1　Shenton, "English Court", 195; E 101/388/8, m. 6.
2　*CDS*, iii, no. 1116; GEC, xi, 386 n. (i). 1335年前后，国王在新制的"狮鹫"私章上采用狮鹫图案，是最好的证据，Tout, *Chapters*, iii, 52。蒙塔古与狮鹫的联系，见C. Boutel, *Boutell's Heraldry* (London, 1973), 81, 137, 161; S. Crane, *The Performance of Self: Ritual, Clothing, and Identity during the Hundred Years War* (Philadelphia, 2002), 110。
3　Holmes, *Estates*, 26–28; R. M. Haines, "Simon de Montacute, Brother of William, Earl of Salisbury, Bishop of Worcester (1333–7) and of Ely (1337–45)", *Fourteenth Century England I*, ed. N. Saul (Woodbridge, 2000), 37–71; GEC, ix, 84–85. 起初，爱丽丝原本是要嫁给威廉·蒙塔古的儿子约翰，Marshall, "Thomas of Brotherton", 141–143。
4　Ormrod, *Reign of Edward III*, 107; E 101/384/18; E 101/385/16; BL MS Cotton Galba E.III, fols 183, 189v; E 403/282, 30 May 1335. 这些文献中最后一个的*Issues*, 144, 记错了孩子的性别。

古死后不久，法兰西北部一位诗人作讥讽诗《苍鹭的誓言》(*Vows of the Heron*)，诗中以爱德华三世索求法兰西王位为背景，将国王、菲莉帕及索尔兹伯里伯爵夫妇描写为一系列骑士主义作品中的主要作恶者。1337年大战前夕，作者描写道："索尔兹伯里伯爵发誓，除非他在战斗中与瓦卢瓦的腓力交战，维护了其主人的荣誉，否则他就不睁开右眼。"[1] 作者明知蒙塔古实际上在1333年对苏格兰的战争中失去了一只眼睛，却将其视为蒙塔古坚定维护爱德华的证据。尽管这首诗饱含讥讽的口吻，认为索尔兹伯里伯爵只不过履行了他应尽的义务，支持爱德华三世发动百年战争，此外可说一事无成。

这份王室友谊受到英格兰海外敌人的批评，然而实际上这并非要贬低伯爵，而是为了污蔑爱德华三世。蒙塔古死后不久，一则恶语毁谤的故事开始在欧陆流传，称爱德华三世对索尔兹伯里伯爵夫人抱有强烈的非分之想，当其丈夫蒙塔古在14世纪40年代初在外作战时，国王却奸污了她。这一故事情节——让人联想到《圣经》和古希腊罗马传说——很可能来源于腓力六世诋毁英格兰的负面宣传。它从爱德华背叛手足战友的绯闻入手，指责他破坏了其高声拥护的骑士精神。亲英的列日 (Liège) 编年史家让·勒贝尔及后来的让·傅华萨不情不愿地采用了这个故事的一部分，傅华萨最后将这个故事变成了一则爱德华战胜肉体诱惑的寓言。[2]

爱德华三世当然很可能追求过凯瑟琳·蒙塔古，他甚至可能在凯瑟琳的同意下，与她确立过恋情。尽管如此，没有线索表明在威廉与凯瑟琳还在世时，有这样的丑闻为英格兰公众所知。任何与此相关的怀疑，至少在官方层面上都被伯爵夫人消除了，因为在丈夫死后，她宣誓自己将为亡夫

---

1 *Vows of the Heron*. 这首诗将索尔兹伯里伯爵夫人误作国王堂亲德比伯爵之女。

2 Le Bel, i, 290–294; ii, 30–34; Froissart, ii, 131–135, 293 A. Gransden, "The Alleged Rape by Edward III of the Countess of Salisbury", *EHR*, lxxxvii (1972), 333–344; P. F. Ainsworth, *Jean Froissart and the Fabric of History* (Oxford, 1990), 254–302.

第五章 家庭与朋友（1330—1344）

守贞，誓不改嫁。[1] 实际上，更加可以确信明显是诋毁爱德华三世的是，只要国王还活着，英格兰便没有相关文字记录的流传。[2] 没有任何谣言，也强烈地暗示着英格兰政界对威廉与爱德华之间的友情普遍持积极态度。国王虽注重军事才华，但他也深知辅佐自己的人才应心思敏锐且判断准确。虽然爱德华三世未能将许诺中的地产赐给自己，也未能付清全部薪酬，但蒙塔古一直坚定地支持国王。[3] 索尔兹伯里伯爵并没有成为第二个皮尔斯·加韦斯顿或休·德斯潘塞，他的一切所得都被认为是理所当然，因为他可以缓和、节制这个有时候莽撞冲动的国王。[4] 而且，国王与威廉·蒙塔古的友情从未威胁、动摇国内政治或外交政策，因而他的臣民根本无需将其演化为一桩关于性或其他的丑闻。

尽管爱德华大部分时间是在内府人员的陪伴下度过的，但他也需要领导一个更大的由高级神职人员及贵族组成的圈子，这些人素来自视为受宫廷欢迎的客人及合法的国王顾问。[5] 14世纪30年代，围绕在国王身边的贵族主要有萨里伯爵、沃里克伯爵、阿伦德尔伯爵，[6] 以及一群北部男爵，包括亨利·珀西、利德尔的托马斯·韦克、赫尔姆斯利的威廉·罗斯和总管拉尔夫·内维尔，他们因积极参与对苏格兰战争而变得更加重要。尚存活在世的王叔诺福克伯爵布拉泽顿的托马斯，尽管在1338年去世前都活跃在战场上，却很少出现在宫廷。而他的独子爱德华少年早逝于1337年，

---

1 Haines, "Simon de Montacute", 40 n. 18.
2 F. Ingledew, *Sir Gawain and the Green Knight and the Order of the Garter* (Notre Dame, 2006), 31–80是试图论证这个故事真实可信的最新研究，但其所引用的证据都是间接推断的。
3 1346年，索尔兹伯爵的遗嘱执行人清除了国王所欠伯爵高达6733镑的巨额债务，*CPR 1343–6*, 473。
4 见本书第231、299—300页。
5 后续情况，见Given-Wilson, "Royal Charter Witness Lists", 61–71。
6 在封闭卷宗的背面，写有咨议会委员的名单，他们也在其中，*CCR 1333–7*, 327, 346, 493, 507。

从未开始过政治生涯。[1] 其他没有出现在国王身边的人，也容易解释：1335年被爱德华三世封为德文伯爵的休·考特尼，当时已经快六十岁了；兰开斯特的亨利长期受到疾病的折磨，当时因为目盲已丧失了行动能力；[2] 国王两个年轻的表兄，先后袭爵为赫里福德伯爵的约翰·博恩与汉弗莱·博恩，因为先天性疾病的折磨而弱不禁风，只能闲居在家。[3] 由于前十年接连不断的处决与夺爵，贵族队伍已经变得极为零落。仅有的几个活跃在王国事务中的伯爵认为，他们本应充分代表更广泛精英的意见，而这一能力却受到了严重的损害。

1337年3月的威斯敏斯特议会上，为了弥补这一缺陷，爱德华三世特意提拔了六个军功赫赫的密友，分别赐予威廉·蒙塔古、威廉·博恩、威廉·克林顿、罗伯特·阿福德、格罗斯蒙特的亨利及休·奥德利为索尔兹伯里、北安普敦、亨廷顿、萨福克、德比及格洛斯特伯爵。关于这次赐封可能给王室带来的资助压力，尽管难免出现闲言碎语，但爱德华三世通过明确的解释，最终让当时的精英充分理解并赞扬他的行为是合理恰当的。根据这些新伯爵的任命章程，这些任命证明国王有能力和义务对有功者赐封，也将"受到睿智谏言和强大力量的拱卫"。[4] 如此大规模不寻常的赐封，并未真正动摇地位稳固的贵族阶层与生俱来的保守性。威廉·蒙塔古、罗伯特·阿福德、威廉·克林顿都来自男爵梯队，而威廉·博恩与格罗斯蒙特的亨利是宗室的重要成员，休·奥德利的妻子是格洛斯特伯爵爵位的女继承人之一，因此他原本就是格洛斯特伯爵的继承人。而且,在这次议会上，

1　Marshall, "Thomas of Brotherton", 100–134, 204–205.
2　Baker, 43; *ONDB*, xxvii, 572.
3　Holmes, *Estates*, 20–21. 1327年，当汉弗莱留居伦敦治疗时，爱德华三世为其支付每周1镑的费用。在他回到普莱舍（Pleshey）后，国王依然给他每周10先令的开销，E 403/225–229等。
4　*RDP*, v, 28–32; Bothwell, *Peerage*, 15; C. Given-Wilson, *The English Nobility in the Late Middle Ages* (London, 1987), 35.

第五章　家庭与朋友（1330—1344）

新封伯爵面对即将打响的对法战争群情激昂，贵族即君主盔甲的隐喻在这时变得尤其恰当。除了年长的奥德利外，1337年晋升的新伯爵们在14世纪30年代中期的对苏格兰战争中充分证明了他们的价值，后来又在百年战争的第一个阶段担任同样重要的外交官及军事统帅。似乎是为了即将到来的海峡对岸王权归属的巨大争论，爱德华三世也在本次议会上将六岁的儿子赐封为公爵及王位继承人，将以前的康沃尔伯爵领改为公国，作为其长子的领地。这一公爵级别以前从未为人所知，爱德华的这一部署代表了他直接而坚定地索求自己作为王国统治者的权力，他有权赐封与法兰西大贵族同样高级别的贵族头衔。

统治初期，爱德华三世影响主教任命的机会相对较少，不过，他的导师伯里在1333年迁升为声誉甚高的达勒姆主教，这表明年轻的国王在提拔高级教士上的潜在影响力。1327年政变中，两位主要支持者并占主导地位的人物，林肯主教亨利·伯格什和温切斯特主教约翰·斯特拉特福德，如今又重新获得爱德华三世的赏识，并在整个14世纪30年代中，一直在政府里发挥了重要作用。斯特拉特福德在1333年成为坎特伯雷大主教，在1330至1334年及1335至1337年间两度担任大法官，而伯格什在1334至1337年间再次担任国库长。约翰的弟弟罗伯特·斯特拉特福德，1337年被任命为奇切斯特主教，1337至1338年间及1340年又担任了大法官。而约翰和罗伯特的侄子拉尔夫·斯特拉特福德在1340年成为伦敦主教。主教中的一些人出生在贵族之家，深谙贵族秉持的价值观与世界观，例如亨利·伯格什是老巴托洛缪·伯格什爵士的弟弟，后者是一个重要的政治人物，曾在莫蒂默倒台之后成功地幸存下来，成为14世纪30年代重要的军事统帅之一，并于1347至1355年长期担任国王内府的侍卫长，直至退休。[1]斯特拉特福德兄弟来自中产阶级的商人队伍，可能对军事价值的内在优越

1　*ODNB*, viii, 798–799.

性不那么认同。另一方面,英格兰与苏格兰及法兰西的敌对,给主教们提供了一个重要机会展示他们所宣扬的共同承诺,积极回应爱德华的期望——通过祈祷与武力两个方面来调动整个国家的力量,为战争服务。[1] 约克主教威廉·梅尔顿,之前因为轻信爱德华二世还活着,差点就给自己引来杀身之祸,而后高调支持爱德华三世,迅速立稳了脚跟。他将大笔财富借给资金短缺的财政署,毫无疑问,他这一举动是在劝说那些无动于衷的信众"友爱而慈善"地承担王室税收。[2]

贵族与主教的政治作用,在议会和大咨议会里体现得甚为明显。1330年11月的议会精心设计,及时确保爱德华尊重贵族个人和共同的权利,并在爱德华统治早期便将这些原则落到实处。在1331年9月的议会上,国王同意原谅并释放小德斯潘塞之子休,表明他不愿因父辈所做的孽而惩罚其子女。[3] 在这次议会上也传来消息,阿什比的威廉·德拉朱什爵士与罗瑟菲尔德的约翰·格雷爵士就小德斯潘塞的寡妇埃莉诺发生争吵。埃莉诺是克莱尔地产的共同女继承人之一。[4] 格雷主张埃莉诺是自己的合法妻子,宣

---

[1] W. R. Jones, "The English Church and Royal Propaganda during the Hundred Years War", *JBS*, xix[1] (1979), 18–30; A. K. McHardy, "The English Clergy and the Hundred Years War", *Studies in Church History*, xx (1983), 171–178; A. K. McHardy, "Religious Ritual and Political Persuasion: The Case of England in the Hundred Years War", *Journal of Moral and Social Studies*, iii (1988), 41–57.

[2] *The Register of John Kirkby, Bishop of Carlisle, 1332–1352, and the Register of John Ross, Bishop of Carlisle, 1325–1332*, ed. R. L. Storey, 2 vols (CYS, lxxix, lxxxi, 1993–5), i, 82–83; R. M. T. Hill, "An English Archbishop and the Scottish War of Independence", *Innes Review*, xxii (1971), 59–71; A. K. McHardy, "Some Reflections of Edward III's Use of Propaganda", *Age of Edward III*, ed. Bothwell, 185.

[3] *PROME*, iv, 157. 国王也恩准重新厚葬小德斯潘塞, D. Westerhof, *Death and the Noble Body in Medieval England* (Woodbridge, 2008), 125–126, 131。

[4] 埃莉诺在其夫及爱德华二世死后依然是宫廷红人,还曾短暂充任埃尔特姆的约翰的内府女教师, *CCR 1323–7*, 620; *CPR 1327–30*, 243; E 403/228, 9 May 1327; E 101/382/12; Tout, *Chapters*, iv, 75 n. 2。但在1329至1330年间,她曾被捕入狱,并被莫蒂默哄骗以50000镑的巨款从王室购回她的地产,后来爱德华三世将这一数额降为5000镑, GEC, iv, 270–271; *PROME*, iv, 116–118; SC 8/157/7801; *CPR 1330–4*, 51。

第五章　家庭与朋友（1330—1344）

称德拉朱什绑架并强迫埃莉诺嫁给他。爱德华当场确认德拉朱什与埃莉诺的婚姻合法。但格雷不肯善罢甘休，1332 年初，他与德拉朱什在国王面前争吵不休，"言辞激烈"乃至拳脚相加。这一案件只好提交到当年 9 月的议会上，由众贵族裁决。他们顺着国王喜欢德拉朱什的心意做了裁决，但同时也建议国王赦免格雷的罪过。[1] 这个故事鲜活地告诉我们，国王有责任为王国贵族做出有效仲裁，也表明国王及其议会会针对不同事件的不同特质来处理各项事务。[2]

除了常规议会之外，还有很多王室仪式也吸引了大量贵族与教士进入宫廷。爱德华三世每年都会举办国王内府记录为"礼堂""大礼堂"的活动，以庆祝复活节、圣灵降临节、诸圣节及圣诞节等基督教节日。[3] 在这种场合，国王在高桌上的座位会有醒目标识，如悬挂金缕华盖、拉条横幅。[4] 如果节日期间，正遇上议会或大咨议会召开，世俗与教会贵族通常被邀请来参加宴会。[5] 1336 年 7 月 2 日，爱德华当时在苏格兰，菲莉帕王后在北安普敦主持了一次咨议会及"礼堂"活动，有八位主教、八位贵族及三十八位骑士参与其中。[6] 几年之后，1342 年 8 月 15 日，爱德华三世在伦敦塔举办了一场盛大的宴会，庆祝他四岁的儿子莱昂内尔王子与阿尔斯特伯爵的女继承人订婚。1343 年 5 月 12 日，伍德斯托克的爱德华被封为威尔士亲王，也举办了类似的庄严宴会，参加者有斯特拉特福德大主教及其他主教与大

1　*CPR 1327–30*, 422, 492; *PROME*, iv, 159, 169; *CPL*, ii, 394; *Ann. Paulini*, 355; Powell and Wallace, *House of Lords*, 319–321.
2　国王在1338年还干预了罗伯特·阿福德与沃尔特·莫尼的纠纷，1340年又介入了约翰·费勒斯与贾尔斯·比彻姆的纷争，Norwell, lxxxviii, 251; *SCCKB*, v, cxxxix.
3　如1336年，BL, MS Cotton Nero C. VIII, fol. 279v。在1335年，举办圣灵降临节、诸圣节及圣诞节的"大礼堂"分别是在约克、多丁顿及泰恩河畔的纽卡斯尔，BL, MS Cotton Nero C. VIII, fols 271, 272v, 273v。
4　例如，E 101/383/14, m. 5; E 101/387/9, mm. 5, 6; E 101/388/5, mm. 3, 6; Norwell, 250; E 101/390/10。
5　如1335年6月在约克便是如此，BL, MS Cotton Nero C. VIII, fol. 271。
6　E 101/387/19。

贵族。[1]1344年前最宏大的活动，毫无疑问是1337年3月16日为新受封的贵族举行的"大礼堂"活动。一般的宴会花销可能在一百至两百镑之间，而这一次却高达四百三十九镑。[2]

在14世纪30年代及40年代初尚武好战精神盛行的极度亢奋的气氛中，在这些宴会上，有时也有慷慨激昂的宣誓活动。在1306年为授封骑士而举办的天鹅宴会（Feast of the Swans）上，爱德华一世也曾使用过类似的宣誓方式，后来却被爱德华三世的敌人在《苍鹭的誓言》中大加嘲讽。[3]1342年9月在离开布列塔尼之前，爱德华在肯特的伊斯特里（Eastry）为王后、长子，以及德比伯爵、沃里克伯爵、索尔兹伯里伯爵、萨福克伯爵和"其他贵族"举办宴会。这表明国王经常在战前至少设宴招待他核心圈内的军事统帅。[4]从更普遍的意义上来说，季节性的"大礼堂"活动及特别宴会，沿袭了爱德华的盎格鲁-撒克逊及诺曼祖先举行的君主需头戴王冠出席的重大典礼活动，以及近来由亨利三世及爱德华一世在议会上精心策划的政治戏码。[5]他如此不断地肯定自己与政治、骑士精英的同志情谊，深刻表明爱德华有能力将1330年的乐观主义转变为坚韧持久的统治信心。

王室娱乐的固定活动，及宴会之前必不可少的一个项目是骑士比武赛。到14世纪30年代，骑士比武赛常常是单人持械比赛，是一种娱乐比武节

1　E 36/204, fols 26v, 45. 为莱昂内尔王子的婚礼而提供的珠宝、金银盘记录在E 403/326, 9 Sept. 1342。1343年宴会花费了119镑。

2　BL, MS Cotton Nero C. VIII, fol. 284v; E 101/388/2; Tout, *Chapters*, iii, 63 and n. 1. 1328年圣灵降临节在北安普敦举办的"大礼堂"活动开销为109镑（E 101/383/15; E 101/383/20）；1332年伊莎贝拉公主诞生的安产感谢礼宴会开销为292镑（E 101/386/1）；1342年邓斯特布尔骑士比武赛的宴会开销更是高达317镑（E 36/204, fol. 21v）。

3　P. Coss, *The Knight in Medieval England, 1000–1400* (Stroud, 1993), 84–85.

4　E 36/204, fol. 26v.

5　Biddle, "Seasonal Festivals"; R. C. Stacey, "Parliamentary Negotiation and the Expulsion of the Jews from England", *Thirteenth Century England VI*, ed. M. Prestwich, R. H. Britnell and R. Frame (Woodbridge, 1997), 86–93.

第五章　家庭与朋友（1330—1344）

目（à plaisance）：在竞技场围栏内用钝兵器与人比斗，只是为了训练与娱乐。时人有时候将这种舞台式的比赛称为马上长枪比武（Hastilude 或 Jousts），以便与舍命相搏的比武（à outrance）区分开来，后者发生在露天开阔地上，是一场真正的可能存在生命或残疾风险的比武。尽管实际上两者的区别并没有这么清晰。马上长枪比武有时也可能会极端危险。爱德华三世的老师亨利·博蒙之子、格罗斯蒙特的亨利的妹夫约翰·博蒙，便是在盛年死于1342年在北安普敦举行的一场血腥的骑士比武赛。[1]举办骑士比武赛的传统季节是从复活节到施洗约翰节之间，纪念亚瑟王的传统运动项目常常穿插在接踵而至的耶稣升天节、圣灵降临节及三一主日的庆祝活动中。在这些节日上，爱德华三世定期举办或亲自参加骑士比武赛，如1328年在赫里福德、1334年在约克郡博斯特维克（Burstwick）、1341年在金斯兰利（Kings Langley）及1342年在埃尔特姆（Eltham）都是如此。然而，如果天气允许，只要宫廷不在丧期，除大斋节和降临节以外，他们几乎可以在任何时候举办这类比赛。[2]如果在战时，爱德华更倾向于在圣诞节和新年时举行具有军事意义的庆典活动，如1334年末至1335年初在罗克斯堡、1338年末至1339年初在安特卫普、1341年末至1342年初在梅尔罗斯（Melrose）举办仲冬骑士比武赛。

国王在骑士比武赛上的激情，唯有狩猎可与之匹敌——这两者在某些重要意义上是相关的。在国王一行人到来之前，围场总是精心准备。例如，1329年在邓斯特布尔，木匠、劳工打造了一个木架，还准备了沙坑、步道，并给周边的建筑抹上了灰泥，以便狩猎期间好将旗帜悬挂在墙上。这期间，

---

[1] Murimuth, 124; Vale, *Edward III and Chivalry*, 58. 关于博蒙地产监护权的担忧，见SC 1/39/143。
[2] Mortimer, *Perfect King*, 449 n. 22以E 101/383/3的条目为参考，解读1327年9月爱德华二世死讯公开至12月爱德华下葬间举办的骑士比武赛。但实际上，克利普斯通比武赛在1327年7月举行，而伍斯特及罗斯韦尔（Rothwell）的比武赛则在1327年底至1328年初的圣诞节和主显节举行。

为国王购买围场中使用的新马匹花费了一百六十镑。[1]在他掌政的前十年间，爱德华也体验了一些更加富有异国风情的奇妙骑士比武赛。1331年6月在斯特普尼、9月在奇普赛德，国王与随从们穿着束腰上衣、披着饰有丘比特之箭的斗篷、穿戴着类似鞑靼人的服装与面具出现在比赛场上。奇普赛德的马术赛场另添新意，每个骑士都骑上马背，由一个年轻的贵族女性用银链牵入赛场。[2]在1343年6月史密斯菲尔德（Smithfield）举办的庆祝威尔士亲王首入围场的骑士比武赛上，国王与十二个随从隆重地装扮为教皇与枢机主教。[3]

如同宴会一样，这些放纵的活动无疑是爱德华三世政治艺术的重要体现形式。爱德华二世畏惧骑士比武赛，因为这可能给政治精英挑起叛乱、招兵买马发动内战提供机会。伊莎贝拉与莫蒂默有时也同样紧张：比武赛只能在他们限制的条条框框内才能举行。然而，爱德华三世则相对宽容。在他统治期间，私人比赛很少被禁止，并且国王十分热衷于主持这些重要赛事，以展示他对骑士精神的认可与支持。那些一本正经的神职人员不断批判这类在他们看来将会助长不正风气的活动，但教会没有采取系统的办法来阻止国王，因此骑士比武赛便成了宫廷生活的常规节目。[4]1331至1343年间，由年轻的爱德华三世支持的骑士比武赛，已知至少有三十场，可能实际场数还要更多。在高峰期的年份，有可能每个月举行一场。如1334年，国王热切地想要庆祝在苏格兰战争中取得的成就，便在2月约克议会召开前，于邓斯特布尔、伍德斯托克、纽马基特（Newmarket）举办了三轮比赛；6月北上访问纽卡斯尔时，他在波斯特维克与诺丁汉举办骑士赛，紧接着，南返参加9月下旬在威斯敏斯特召集的议会之前，他又在

---

[1] E 101/384/14; E 403/246, 19 Oct. 1329. 这场比武赛在10月20日举行；Vale, *Edward III and Chivalry*, 172所提到的日期，是在为比武赛做准备工作。

[2] Murimuth, 63; Avesbury, 285–286; *Ann. Paulini*, 353–354.

[3] Vale, *Edward III and Chivalry*, 64–65, 173.

[4] Knighton, 92–95; Baker, 97; *Chron. Meaux*, iii, 69.

吉尔福德、威斯敏斯特及史密斯菲尔德举办比赛。[1] 参与 1334 和 1342 年邓斯特布尔王室骑士比武赛的人员信息也留存至今。第一场共有一百三十五名参赛者，第二场参赛者则有德比伯爵、沃里克伯爵、北安普敦伯爵、彭布罗克伯爵、萨福克伯爵及二百三十六个骑士。[2] 并不是所有的比赛，都有如此多的参赛者，这一时期的参赛选手很可能多为国王内府中的成员。但是那些在城镇中心尤其是伦敦的史密斯菲尔德与奇普赛德的室外空地上举办的比赛，无疑是向公众开放的，并经过特别的组织，为围观的大众提供一场精彩的公开表演。14 世纪 30 年代和 40 年代初的骑士比武赛，被认为是爱德华三世团结骑士阶层、展现他的充沛精力与雄心壮志的重要方式。

国王对骑士比武赛的酷爱提醒我们，在他的社会与政治世界中，女人和男人一样，也具有一定地位。典型的有，1331 年宫廷女性参与奇普赛德骑士比武赛前的游行。后来，1348 年在利奇菲尔德（Lichfield）的比赛上，还为年轻的女士们准备了三十双白鞋子。[3] 在王后菲莉帕首次怀孕之前，她似乎曾骑着马出现在骑士比武赛的游行队伍中。[4] 1331 年在奇普赛德，由于太多女士试图挤入王后所立看台，导致台子倒塌，不少人因此受了重伤。[5] 到 1342 年时，伊莎贝拉与琼公主被认为已经到了可以陪同母亲观看比赛的年纪了。[6] 更主要的是，14 世纪风靡一时的王室夫妻的恩爱佳话，非常重视女性的感性，以及她们应在男性身上激发出的道德目标。装饰爱德华三世宫室的一套帷幕上，描绘了一个"袭击爱的城堡"（Assault on the Castle

---

1　E 101/386/18; E 101/387/9; E 101/387/10.
2　Vale, *Edward III and Chivalry*, 172–173.
3　E 101/391/14, m. 16. 在1344年的比武赛中，为女士们准备了七个棚屋，E 101/390/7。
4　1329年的比武赛，还为王后提供了马鞍及合身的罩袍，E 101/384/6; E 101/384/7。
5　*Ann. Paulini*, 354–355; Baker, 48; *Anon. Chron. 1307–34*, 147.
6　"Observations", 27; S. M. Newton, *Fashion in the Age of the Black Prince* (Woodbridge, 1980), 21–22.

of Love)的主题故事。这是一个流行于宫廷的图案,赞扬了男女之间的关系,骑士需要证明他的勇气,恰如女士需要捍卫她的美德。[1]不管是从道德观来讲,还是从实际功用而言,都需要王室及贵族女性定期积极参与宫廷生活。

从务实的角度看,爱德华三世也迅速认识到女性在政治和解中的重要作用。1335年,罗杰·莫蒂默继承人的遗孀伊丽莎白·巴德利斯米尔嫁给国王的朋友威廉·博恩,呈给教皇的文件特别提到他们的结合是为了弥合旧伤。[2]与之相似的是,国王的寡婶、肯特伯爵夫人玛格丽特,很快在1330年10月被释放,并且爱德华出资供养了她和她的孩子一段时间。[3]后来,他又安排自己的堂弟新肯特伯爵约翰与菲莉帕王后的日耳曼外甥女于利希的伊丽莎白联姻。约翰的妹妹——肯特的琼,似乎在幼年便由王后内府抚养,并被认为是同辈中非常出挑的美人。[4]苏格兰贵族的英格兰妻子在两国交战时不幸被俘,国王自己也热衷于在她们面前展示骑士风度。多年来,他将寻求庇护的表妹法夫伯爵夫人玛丽收留在英格兰宫廷之中。[5]哪怕并非政治或战争受害者,宗室夫人也会得到王室的照料。诺福克伯爵之妻玛丽·布鲁斯在她丈夫于1338年去世之前,曾与王后同住了一段时间,直到60年代初去世,她都一直住在宫廷里。[6]与凯瑟琳·蒙塔古一样坚韧不拔的玛丽·德圣波尔、伊丽莎白·德圣奥默,这些贵妇与嬷妇以她们自己的方式给年轻的爱德华三世提供了极大的支持。

1　E 101/387/11; E 101/387/14.

2　GEC, 665, n. (a); *ODNB*, vi, 447.

3　E 403/254, 4 Dec. 1330, 9 Jan. 1331, 26 Jan. 1331, 1 Feb. 1331. 在威斯敏斯特宫内,伯爵夫人被赐予了一处居所,E 101/683/56。

4　GEC, vii, 148–150; *ODNB*, xxx, 137–138. 琼在王后内府中的地位,见E 36/205, fol. 11。

5　*Foedera*, II. ii, 936, 946, 1123, 1160; E 101/388/8. 玛丽是阿科的琼(爱德华一世之女)与拉尔夫·蒙塞美尔之女。

6　E 101/388/13; "Observations", 19; E 101/392/12, fol. 44v. 伯爵夫人与国王的私人信件往来,见E 403/330, 4 Mar. 1344。

第五章　家庭与朋友（1330—1344）

必须注意的是，并非所有老一辈的贵族妇女都能轻易信服爱德华三世的好意。已故阿尔斯特伯爵的夫人伊丽莎白·德伯格，曾是爱德华二世时期宫廷中的常客，却对爱德华三世极为冷淡，甚至拒绝参加1342年她的亲孙女与莱昂内尔王子的婚礼。[1] 还有爱丽丝·莱西，她在14世纪20年代的历次政权变动中受尽痛苦，自然也不会在爱德华三世亲政后感到待遇变好。原因在于，在其先祖的登比郡（Denbigh）领主权被罗杰·莫蒂默没收后，爱德华拒绝了她所要求的继承权。更引人争议的是，他公开支持其王宫侍卫休·弗雷纳骑士劫持并迎娶已过半百、誓言守贞的爱丽丝。[2] 这丑闻可能为爱德华三世强奸索尔兹伯里伯爵夫人的传闻提供了一些素材。让·勒贝尔在其书中把伯爵夫人命名为"爱丽丝"，而爱丽丝·莱西的家庭早年间的正式头衔正是索尔兹伯里伯爵。休·弗雷纳的荒唐行为有助于告诉我们，爱德华三世对待贵族妇女的态度总是视情况而定。更普遍地看，这还告诉我们，尽管爱德华三世多数时候的决策取得了众人一致的认可与同意，但这样的处事风格并非无往不利，也会有人成为牺牲品。

到二十五六岁时，爱德华三世受到了王室内府亲近追随者无条件的支持，他也开始将他最忠诚、重要的朋友提升到贵族、教会最显赫的位置上，并赐予最高的爵号和丰厚的地产。他的社交能力，他在表演上的天赋，他对政治复仇的直觉性排斥，令政治精英们积极地参与宫廷、议会事务，并为再次开启的苏格兰、法兰西战争提供强有力的支持。如果国王未能成功地构建出这样团结的群体，政治压力在14世纪30年代末便会变得更加

1　F. A. Underhill, *For Her Good Estate: The Life of Elizabeth de Burgh* (Basingstoke, 1999), 112–113; J. Ward, *Women of the English Nobility and Gentry, 1066–1500* (Manchester, 1995), 155.
2　GEC, v, 572–574; vii, 311; *SCCKB*, v, no. 45; L. E. Mitchell, *Portraits of Medieval Women: Family, Marriage, and Politics in England, 1225–1350* (Basingstoke, 2003), 117–121. 爱丽丝拒绝弗雷纳的劫持，可从SC 8/64/3163中所记载的她的辩词证实。

严重。事实上，爱德华还是设法保住了大部分精英对他或积极或消极的支持，也在1340至1341年间的冬天，击退了前来挑战他信誉的桀骜不驯的约翰·斯特拉特福德。如果不能在政治危局中幸存下来，他便会被迫退位。而他的成功，恰恰表明了爱德华在14世纪30年代深刻地改变了英格兰政治精英们的态度。

第六章

苏格兰的大灾难(1330—1338)

伊莎贝拉与莫蒂默统治遗留下来的所有麻烦中，最让爱德华三世痛苦的可能是1328年的《北安普敦条约》。当时及后来的英格兰编年史家一致认为这毁灭性的条约违背了年轻国王的意愿与判断。[1] 然而，令人奇怪的是，爱德华从未正式拒绝过这个条约。1332年议会上，他的代表提出，当时还未成年的他是因为被人错误引导才接受了条约。1333年，有人酝酿计划，打算向教皇提供拒绝这一条约的正式声明，理由与之前相同，爱德华是被迫接受条约，并用书面形式表达了自己的反对意见的。[2] 但这个计划并未付诸实践，只要双方遵守，条约便一直有效。到1333年时，爱德华单方面决定破坏英格兰与苏格兰之间的和平局面，打算进攻苏格兰。另一方面，后来的情况表明爱德华三世的许多策略都受到了1328年条约的影响。1333年爆发的战争不仅仅是之前三十年英苏矛盾的延续，同时也是爱德华一世构想的再现，他曾在亚历山大三世及其唯一直接继承人玛格丽特于1286和1290年相继去世之后，率军征伐苏格兰王国。

爱德华一世原打算允许北部王国保留自己的君主及王国的完整性，仅

---

1 Murimuth, 57; Baker, 40; Avesbury, 283; *Chron. Lanercost*, 261.
2 *PROME*, iv, 182; *Brut*, i, 257–258; Nicholson, *Edward III and the Scots*, 55.

要求他们的新君约翰·巴利奥尔臣服于英格兰王,承认英格兰的宗主权。1296年,当这一政策失败后,野心勃勃的爱德华一世才对苏格兰采取了更加激进的征服措施。从1296至1328年的三十几年里,爱德华一世、二世都将苏格兰作为英格兰王的一个统辖区域,认为苏格兰之主罗伯特·布鲁斯从1306年拥有的君主权无效,而且(至少在理论上)将那些拒不承认金雀花王朝统治的苏格兰人视为叛国者。爱德华三世尚未亲政时与罗伯特一世签订的条约,认可了罗伯特一世是苏格兰的合法统治者,这是英格兰一个极大的让步,但这一条约也为将来的协商留有余地。在《北安普敦条约》签订之后,仅过了一年,罗伯特·布鲁斯便去世了,新即位的是五岁的小男孩大卫二世,似乎将重演1290年继位危机。这一情况让爱德华三世及时地认识到,爱德华·巴利奥尔——爱德华一世所扶持的前傀儡国王之子,是大卫二世王位的合法觊觎者。而且,自己还可以因此向巴利奥尔索取爱德华一世在1292至1296年之间所寻求的封建宗主权。因此,正式而言,14世纪30至40年代英格兰、苏格兰之间的敌对行动,并不只是1296至1328年间苏格兰独立战争的延续,而是两个敌对者即大卫·布鲁斯与爱德华·巴利奥尔之间的王位斗争,大卫·布鲁斯希望保持苏格兰的自由独立,而爱德华·巴利奥尔则明显已做好臣服英格兰的准备。[1]

爱德华三世醉心于其祖父所取得的成就,这表明他在制定新策略之前已充分了解历史背景,[2]但无疑他也不会局限于前例。实际上,关于通过巴利奥尔而获得的苏格兰宗主权的性质,他比爱德华一世更为敏感。《北安普敦条约》承认苏格兰在独立战争之始便是法国的盟友。爱德华三世清楚地认识到这所带来的特殊问题——如果他向苏格兰过度索求封建领主权,那

---

1 M. Prestwich, "England and Scotland during the Wars of Independence", *England and her Neighbours, 1066–1453: Essays in Honour of Pierre Chaplais*, ed. M. Jones and M. Vale (London, 1989), 181–197.

2 例如1332年议会中关于英格兰干预苏格兰的争论之相关历史资料,见*CDS*, v, no. 727。

第六章　苏格兰的大灾难（1330—1338）

么腓力六世很可能以同样的方式反击，即向爱德华三世索求他在法国封地的封建领主权。爱德华三世对现实的认识如此清醒，这就解释了为什么在机会大好的情况下，他不对苏格兰使用宗主权的话语体系，以及为什么不放弃巴利奥尔，而简单地将苏格兰人视作应受叛国罪之惩罚的反叛者。因为，这将给阿基坦地区的金雀花王朝的支持者带来同样严酷的惩罚。[1]当然，爱德华三世并非在1332至1333年间对苏格兰的战争初期就思考得如此清晰。早期不费吹灰之力的胜利让他倍感兴奋，也无疑让他野心勃勃，1333至1334年，他与巴利奥尔一起设计了一个好高骛远的领主权方案。但若说仅是为了满足朋友夺取领土的雄心和自己获得战争荣誉的渴望，爱德华三世便愉快地率领军队投入一场不必要且没有胜算的苏格兰战争，是无法令人信服的。在14世纪30年代早期，在对苏格兰作战的准备过程中，爱德华及其顾问们保持着清醒的头脑与谋略。

1330年12月20日，爱德华三世给妹夫大卫二世写了一封信，让他兑现其父曾许下的诺言，恢复托马斯·韦克、亨利·博蒙及亨利·珀西祖上在苏格兰王国内的领地和爵号。[2]苏格兰人的回复闪烁其词。经过进一步的努力之后，爱德华很快认识到外交手段根本无法让上述三位及其他英格兰领主如愿以偿。[3]1331年春，年轻的苏格兰王后琼写信给嫂子埃诺的菲莉帕，可能是就两国之间的和平与调解进行孤注一掷的尝试。[4]爱德华三世亲政后不到一年，英格兰与苏格兰的关系似乎走向了敌对。

1330至1331年间的重要问题是被剥夺继承权的贵族引起的，这些英

---

[1] Nicholson, *Edward III and the Scots*, 105; J. Campbell, "England, Scotland and the Hundred Years War in the Fourteenth Century", *Europe in the Late Middle Ages*, ed. J. R. Hale, J. R. L. Highfield and B. Smalley (London, 1965), 187–191.

[2] *Foedera*, II.ii, 804, 806–807.

[3] *CDS*, iii, no. 1023; *Foedera*, II.ii, 809–810; Nicholson, *Edward III and the Scots*, 68–70, 77.

[4] JRUL, MS Latin 235, fol. 1.

格兰领主声称自己拥有边境以北的领地。爱德华明白自己对忠诚的亨利·博蒙所欠下的人情和政治债务。1329年在贝德福德与莫蒂默闹翻后，博蒙宁愿暂时流亡法国，也不愿向后者妥协。与博蒙有着共同诉求的是一个关系紧密的群体。博蒙之子约翰，与托马斯·韦克、亨利·珀西及约翰·莫布雷一样，都曾娶兰开斯特的亨利的女儿为妻。苏格兰阿瑟尔伯爵领的觊觎者斯特拉斯博吉的大卫，是博蒙的女婿。而科明领地的共同继承人之一理查德·塔尔博特则是斯特拉斯博吉的姨夫。除了以上这些人，到1331年末又加上了爱德华·巴利奥尔。自从父亲1296年被迫辞去苏格兰王之后，巴利奥尔先是默默无闻地寓居英格兰，后又移至皮卡第（Picardy）。他对大卫二世的王位几乎毫无威胁，而他与博蒙的结盟，也只是为了更专注于恢复祖先的领地。但是巴利奥尔这样一个如此有用的傀儡的出现，以及苏格兰摄政马里伯爵的去世，刺激了博蒙一党积极展开行动。1332年7月末，被剥夺苏格兰领地继承权的大部分人从亨伯河（Humber）的多个港口起航，一周之后到达福斯湾（Firth of Forth），从法夫（Fife）的金霍恩（Kinghorn）登陆。[1]

爱德华三世一定知道博蒙发动私人战争的计划，他也无疑予以了非官方的个人支持。[2] 他批准了各种财产的抵押与转移，以便被剥夺了继承权的领主们能够为战争筹集经费；他可能授意东边港口的郡长们配合博蒙等人的军事准备行动；在他们起航前，他甚至可能接受了巴利奥尔作为名义上的苏格兰国王向他施行的效忠礼。然而，所有这些行为，都是暗中进行的，以尽可能淡化他身为国王的色彩。明面上，爱德华却义正辞严地谴责博蒙等人，说他们的入侵肆意践踏英格兰、苏格兰的和平。[3]

---

[1] *Bridlington*, 103–104; *Chron. Meaux*, ii, 362.

[2] *CDS*, iii, no. 1057.

[3] *Brut*, i, 275; *CDS*, iii, nos. 1050–1051; *Foedera*, II.ii, 833, 843–844; *Chron. Meaux*, ii, 362–363; Nicholson, *Edward III and the Scots*, 76–79.

第六章 苏格兰的大灾难（1330—1338）

爱德华不愿意亲自涉入这一战争，不是因为他曾签署1328年条约，而是由于爱尔兰政局所带来的沉重压力。在班诺克本战役之后，罗伯特·布鲁斯与其弟爱德华多次对爱尔兰发动军事行动。爱德华二世被废也引发了爱尔兰广泛的内乱。罗杰·莫蒂默在爱尔兰有重要利益，试图将之掌握在自己手中。1328年，他曾派遣年轻的阿尔斯特伯爵威廉·德伯格去接管英裔爱尔兰人政治团体的领导权，并任命詹姆斯·巴特勒为奥蒙德伯爵，次年又任命莫里斯·菲茨·托马斯·菲茨杰拉德为德斯蒙德伯爵。但是，劳斯伯爵在1329年被暗杀后，莫蒂默在爱尔兰中部地区一心谋求私利的勃勃野心暴露无遗，而这促使英裔爱尔兰精英重新采用传统的暴力自救行动。[1]

因此，相比于苏格兰，爱尔兰成为诺丁汉政变之后数月里爱德华三世的头等大事。1331年3月，威斯敏斯特颁布了法令，以便政府更好地对爱尔兰进行统治。同时，任命安东尼·卢西爵士为首席政法官，而阿尔斯特伯爵则被任命为爱尔兰总督（Lieutenant of Ireland）。[2] 包括德斯蒙德伯爵在内的主要闹事者，都被围捕关押了起来。然而，随着事态的发展，问题变得极为严峻，因此在9月的议会上，事实上已经做出了国王应该亲自行使爱尔兰领主权的决定。爱德华三世还下令翻阅王室档案，查询"过去是如何修正爱尔兰的土地问题的"。[3] 回顾历史是必须的，因为自约翰王1210年远征爱尔兰之后，便再无英格兰国王踏足那片土地。通过1332年1月大咨议会和1332年3月议会的持续讨论，英格兰国王与众臣形成了

---

[1] R. Frame, *English Lordship in Ireland, 1318–1361* (Oxford, 1982), 174–195.
[2] *Foedera*, II.ii, 811–812, 818. 关于11月在爱尔兰颁布的其他法令，见*Statutes and Ordinances, and Acts of the Parliament of Ireland, King John to Henry V*, ed. H. F. Berry (Dublin, 1907), 332–339。
[3] *PROME*, iv, 156–157.

一个共识,即爱尔兰问题的紧迫性高于国王关注的其他所有事件。[1]1332年夏,英格兰政府制订详细计划,决定于9月底集合军队远征爱尔兰。同时,又召集了一次议会,专门讨论"各种关涉到国王、国家及爱尔兰的艰巨事务"。[2]

准备期间,一个激动人心的消息扭转了整个军事与政治局面。8月11日,在珀斯南部的达普林沼泽(Dupplin Moor),博蒙等人在对战布鲁斯联军时取得了决定性的胜利。[3]马尔伯爵、马里伯爵、门蒂斯伯爵,以及其他苏格兰贵族、骑士都战死沙场,而人数寡少的英格兰军队却奇迹般地毫发无损。在接下来的恐慌与混乱之中,许多苏格兰男爵和主教决心与巴利奥尔共命运,后者在9月24日于斯昆教堂宣布自己是苏格兰国王。未几,爱德华三世重新部署了行动,相比于征服爱尔兰,他现在打算在威廉·德伯格的大力支持下,率领英裔爱尔兰军队挺进苏格兰。不过,这个计划后来不了了之,因为德伯格在1333年6月被亲属暗杀于卡里克弗格斯(Carrickfergus)。尽管这一谋杀事件引发了爱尔兰的恐慌,威斯敏斯特也没有予以重视,但是爱尔兰的秩序并未完全崩溃。到1335年时,爱德华三世还能从爱尔兰征发大量军队增援苏格兰战场。[4]然而,1332年远征爱尔兰计划的夭折导致政策发生永久性的巨变。在早期执政时,爱德华三世曾公开承诺他将亲自治理爱尔兰,行使领主权。然而,他却从未实现这一诺言。近三十年之后,他才对爱尔兰采取了决定性的干预措施。

1332年9月9日,威斯敏斯特议会在极度兴奋的状态中开幕。议会很

---

1 *RDP*, iv, 406–407; *Foedera*, II, ii, 825, 828, 829, 831; *PROME*, iv, 168; BL, MS Cotton Faustina B. V, fols 63v, 64v. 关于遏制苏格兰人的政策,见*Foedera*, II.ii, 833, 837。
2 *Foedera*, II.ii, 840, 841, 842–843; *RDP*, iv, 411–413; E 403/262, 29 July, 3 Aug., 10 Aug. 1332; C 47/2/25, no. 2; Frame, *English Lordship*, 199–200.
3 关于战争的详情,见Nicholson, *Edward III and the Scots*, 83–94; C. J. Rogers, *War Cruel and Sharp: English Strategy under Edward III, 1327–1360* (Woodbridge, 2000), 27–47。
4 Frame, *English Lordship*, 218–227.

第六章　苏格兰的大灾难（1330—1338）

快同意取消国王远征爱尔兰的行动。国王转而移驾北方，做好准备，抵抗因博蒙等人最近的行动而引发的报复袭击。事实上，"来自苏格兰一天又一天"的急迫消息，使议会在9月11日同意搁置其他一切事务，允许国王立即启程，不再拖延。[1] 爱德华可能打算以佃户税为担保进行借贷，为远征爱尔兰提供资金。佃户税是一种在城镇及王室领地征发的特殊税种；财政署的一个书记员已被派去阅读《末日审判书》（Domesday Book），并要求列出国王的所有地产，以征收佃户税。[2] 由于认识到北境边防是国家紧急事务，理应由公共税收负担，因此议会同意对动产征收十五分之一税和什一税的一般税率来取代佃户税。[3] 然而，议会未批准对苏格兰发动任何直接军事行动。似乎爱德华在出发之前就已决定，在以爱德华·巴利奥尔的名义进攻苏格兰之前，需要先在约克做进一步的讨论。

议会一结束，爱德华三世与王后迅速南下坎特伯雷，为即将到来的军事行动寻求贝克特的保佑。之后，爱德华从莱斯特、诺丁汉北上，于10月17日到达约克。北部传来的消息是混乱无章的。在达普林沼泽之战后，珀斯虽被英格兰一方占领，但在10月7日又被苏格兰人夺回。尽管苏格兰的新摄政安德鲁·默里爵士在罗克斯堡被捕下狱，并作为人质送到了英格兰宫廷，但在安南迎战的巴利奥尔军队，在敌军袭来之际，却毫无防备，全

1　*PROME*, iv, 173–174; *CPR 1330–4*, 323.
2　*Foedera*, II.ii, 840; E 403/262, 14 July 1332. 爱德华在征收佃户税时并未给出具体理由，但是他在宣布征收此税之后还要求神职人员资助埃莉诺公主的婚礼，这似乎表明爱德华决定应用长女出嫁时征收封建协助金的传统，将其追溯至爱德华二世之女身上。J. H. Ramsay, *A History of the Revenues of the Kings of England, 1066–1399*, 2 vols (Oxford, 1925), ii, 162–163。然而，需要注意的是，当时并未打算向国王的封臣征收习惯性的协助金，在1339年，咨议会明确地指出，爱德华一世时代之后，便再也没有国王在长女出嫁时征收过严格意义上的封建协助金了，C 49/7/10, 载D. Hughes, *A Study of Social and Constitutional Tendencies in the Early Years of Edward III* (London, 1915), 245。雷丁修道院院长声称他没有义务支付封建协助金，希望以此来豁免其所应该承担的1332年神职人员对埃莉诺公主的婚礼资助，C 47/1/18, no. 10。
3　*Foedera*, II.ii, 845. 10月7日，下达了集结军队、保卫北方的命令，ibid., II.ii, 846。

都赤身裸体在床安睡，自然溃不成军，所谓的苏格兰国王巴利奥尔也被迫逃亡边境，靠卡莱尔方济各会修士的怜悯才得以安身。[1] 没有证据表明巴利奥尔在斯昆的就职典礼得到了爱德华三世的许可。然而，不管他之前的矛盾心理，至此他已完全接受了这个冒牌国王给自己带来的机会。为了回报英格兰对他苏格兰国王身份的认可，爱德华·巴利奥尔认可了金雀花王朝历史上对北部王国封建宗主权的有效性，向爱德华三世行效忠礼，并应爱德华三世征召而为他提供军事服务，不管战争发生在不列颠群岛还是海外。巴利奥尔还将贝里克的城镇与乡村无条件永久地割让给英格兰国王。此外，他又将毗邻英格兰、每年账目收入可达两千镑的一长条土地割让给英格兰国王。[2] 这迅速粉碎了1328年条约，恢复了爱德华一世1292年制定的战略，重绘了边境地区的政治版图，大大有利于英格兰一方。

约克议会于12月4日开幕，其间可能是博蒙将巴利奥尔的提案传达给爱德华。冬季的天气再加上不愿过度卷入草率行动，意味着约克会议的出席人数异常地少。12月8日，王座首席法官杰弗里·斯克罗普征询上、下议院的意见，讨论爱德华是应该继续向巴利奥尔国王索求封建宗主权，还是登上苏格兰王位。必须注意的是，他似乎并未提供第三种选择，即放弃索求。或许正是因为这过于明目张胆，参会者拒绝给出明确的意见，经过一天的讨论依然没有结论，国王只好将议会延期到新年。[3] 之后，爱德华离开约克前往贝弗利去过圣诞节，并继续思考他在苏格兰的角色。

1333年1月约克议会重新召开时，出席者大为增加，国王决定要求议会得出结果。斯克罗普将参会者分成三个讨论小组：以主教、大贵族（包括亨利·博蒙）组成的核心集团，这一组在遵循官方路线方面值得信赖；

1　*Chron. Lanercost*, 270–271; *Scalacronica*, 113; *Chron. Meaux*, ii, 367; Bower, vii, 83.
2　*Foedera*, II.ii, 847–848.
3　*PROME*, iv, 182–183; J. S. Roskell, "The Problem of the Attendance of the Lords in Medieval Parliaments", *BIHR*, xxix (1956), 165; Nicholson, *Edward III and the Scots*, 99.

第六章　苏格兰的大灾难（1330—1338）

其他教士与世俗贵族为一组；以及由骑士和市民代表组成的下议院。五天后，大法官斯特拉特福德宣告，既然议会还没有得出一致结论，国王就要自己做主，任命边境官（keepers of the march）以便常常与他们商量未尽的苏格兰事宜。[1] 议会提供的唯一税收是追溯性的羊毛出口补助金，但这项税收却因为引起了广泛的反对而被迫于当年 6 月废止。不过，在 1333 至 1334 年间，王室通过协商又征发了一种与之类似的税收。[2] 面对这样举棋不定的局面，爱德华三世开始展示自己接下来十年不断表露的特点：固执己见，喜闻与自己观点相同之言，不乐于接受矛盾和不同意见。[3] 2 月，他写信给财政署，宣布已决定要向苏格兰开战，命令其迅速筹集资金。[4] 一直到 1334 年初战事已经确定无误，也未再召集议会商讨相关事务。

在 1333 年的最初几个月里，英格兰政府的庞大后勤已经全部转向了对苏格兰人的战争预备。财政署与文秘署转移至约克，以便有效地应对北边的战争。财政署移到哪儿，普通诉讼法院便移到哪儿；普通诉讼法院移到哪儿，王座法庭与议会便也转移到哪儿。约克因此成为整个王国的临时行政与司法中心，直到 1337 年对法开战。[5] 在 13 世纪 90 年代之后，约克居民对这种情况已经习以为常了。尽管中央政府的到来会导致严重的运输问题，但也带来了机遇。约克圣玛丽的本笃会的修道院院长在 1333 年春被任命为国王的临时国库长，约克的其他教士也因为战争而卷入政府的财

1　*PROME*, iv, 188–189.
2　F. R. Barnes, "The Taxation of Wool, 1327–1348", *Finance and Trade*, ed. Unwin, 140–141. 这一补助金共征收15600镑，Ormrod, "Crown and the English Economy", 168。
3　Rogers, *War Cruel and Sharp*, 58.
4　E 159/109, rots 46d, 53.
5　*Chron. Meaux*, ii, 373; Tout, *Collected Papers*, ii, 143–171; D. M. Broome, "Exchequer Migrations to York in the Thirteenth and Fourteenth Centuries", *Essays in Medieval History Presented to T. F. Tout*, ed. A. G. Little and F. M. Powicke (Manchester, 1925), 291–300; Ormrod, "Competing Capitals?", 75–98.

政管理工作中。[1] 当地的各类手工艺人与零售商，包括木匠、冶金工匠、绳索匠、弓匠、造箭匠、食品及服饰供应商等，都因此受益。[2] 约克城也为军队提供了大量的人员补给，如约克的被子制造商约翰在1327年斯坦霍普猎苑为国王作战时失去了一只耳朵。[3]

14世纪国王的募兵方式多种多样。[4] 军队中最重要的是贵族、男爵及高级骑士指挥的重骑兵。1327年后，爱德华三世放弃了以往召集封臣为其免费服兵役四十天的做法，直到14世纪40年代，也未恢复之前广受非议的强制自由地主承担兵役的做法。14世纪30年代对苏格兰战争时期，爱德华军队中的重骑兵主要由三部分组成。第一是王室内府的方旗爵士、骑士、候补骑士，他们承诺在国王亲征时跟随左右。第二是采邑上的封臣及那些有骑士役的人。尽管传统的封建征召方式已逐渐改变，但国王通过给封臣提供与自己共享战场荣光的机会，依然能够有效地驱使他们为自己效力。事实上，爱德华三世偶尔试图诱导地主接受骑士爵衔以使其承担爵位附加的军事义务，从而扩张军队的规模。[5] 第三，也是最重要的一支队伍，

---

[1] E 403/265, 4 Mar. 1333; E 403/267等; Nicholson, *Edward III and the Scots*, 108; Harriss, *King, Parliament*, 348–354。

[2] *VCH Yorks: City of York*, 87. 1327年驻扎约克期间，国王教堂的工作人员在布莱克街的爱丽丝那里定制了一系列祭服，E 101/383/19。1333年，约克的休·勒塞莱尔为王室管理暂时空缺主教的达勒姆辖区而制作了一方印章，E 403/270, 20 Oct. 1333。

[3] *CDS*, iii, no. 933.

[4] 后续情况，见Prince, "Army and Navy", 332–393; A. E. Prince, "The Indenture System under Edward III", *Historical Essays in Honour of James Tait*, ed. J. G. Edwards, V. H. Galbraith and E. F. Jacob (Manchester, 1933), 283–297; A. E. Prince, "The Payment of Army Wages in Edward III's Reign", *Speculum*, xix (1944), 137–160; N. B. Lewis, "The Organisation of Indentures of Retinue in Fourteenth-Century England", *TRHS*, 4th series, xxvii (1945), 29–39; Powicke, *Military Obligation*, 166–212; N. B. Lewis, "The Recruitment and Organization of a Contract Army, May to November 1337", *BIHR*, xxxvii (1964), 1–19; M. Prestwich, "Cavalry Service in Early Fourteenth Century England", *War and Government in the Middle Ages: Essays in Honour of J. O. Prestwich* (Woodbridge, 1984), 147–158。

[5] 关于这两种做法，如1333年的安排，见*Foedera*, II.ii, 855–856。恢复1334年褫夺的骑士衔(ibid., II.ii, 899)，其记录见C 47/1/13。

重装扈从，他们不是因为任期或公共义务，而是通过签订合同的方式出现在战场上。这些小分队的队长有时是骑士或封臣，但也可能是有自主权利的人。埃诺人及其他欧洲骑士便是苏格兰战场上的契约重装兵，其本质上是雇佣兵，尽管他们强烈歧视"雇佣兵"在今天的含义。

不管是否为雇佣兵，这些成分各异的重装兵通常都是为报酬而来的。其价格是，从集合之日开始，伯爵每人每天八先令，方旗爵士四先令，骑士两先令，候补骑士一先令。14 世纪 30 年代，高级贵族基本已经克服观念障碍，不再认为接受报酬将会降低他们的身份并限制他们在战场上的自由。报酬本身也不是让他们前来服役的一个主要诱因。在 14 世纪 30 年代，拮据的英格兰王室有时通过一次性支付参战者远低于实际工资的报酬，以减少战争经费支出。对苏格兰的战争，也不像后来的法兰西战争那样，参战者普遍有额外的收入，如奖金、瓜分战争中所获财物与赎金的权利。战争工资的作用在于，一定程度上可以让那些出身高贵的人找到一些共通性，更容易让参战者对自己所参与的这场战争产生更多的认同感和责任感。支持爱德华三世和爱德华·巴利奥尔的英格兰重装兵有着各种充分的动机进驻苏格兰，不过，出于个人对国王的忠诚和对王国的责任而参战，对他们的地位与荣誉是至关重要的。

英格兰本土征集步兵的常规方法是列阵征兵令，身体健壮、自备武器的男人或自由入伍，或强征入伍，后者更为常见。支持这一做法的原则载于 1285 年《温切斯特法令》中，当初的主要目的是维护地方和平与安全。然而，到 1330 年，这一规定已经演变成，只要自各地配置的兵力离开本郡起，国王便给他们支付工资，那么国王就有权将他们从地方上征调到遥远的战场。爱德华三世因此将征兵令作为对苏格兰战争征发步兵的基本方式。尽管他在 1327 年曾许下诺言，但为了扩大兵源、提升军队的装备，他还是突破了习惯及法令的限制。他下令那些原本是免役的地区也要贡献一部分兵源，从中便可一窥他在这方面的执著。14 世纪 30 年代末期，爱德华经常呼吁达勒姆切斯特的特权领，以及威尔士公国、威尔士边境地区征发新兵，为国王的战争效力。[1]

募集而来的士兵可分为三种类型。一是精锐部队轻装骑兵，主要用在侦察及游击战上，每人每天的报酬通常为六便士。二是用弓、矛及刀作战的威尔士步兵分队，他们所获的报酬通常最低，每人每天仅为两便士。三是英格兰弓箭手或长弓手，他们是英格兰军队最重要的组成部分。步兵弓箭手的报酬为每人每天二或三便士。但在14世纪30年代，更为重要的是骑兵弓箭手，每人每天的报酬在四至六便士之间。所有的步兵弓箭手都在战场上固定的区域作战，升级为骑兵后，军事统帅们可以高速调动军队，以更好地回应战场形势的需求并应对突发事件。骑兵弓箭手不是14世纪30年代的新兵种，但却是在这一时期变成了英格兰军队必不可少的一部分。1334年前，骑射手不再是通过征募而是通过签订合同招募来的。这一重要的转变表明骑射手地位的上升，他们虽不是传统骑兵的一部分，但往往来自小庄园主乡绅家庭，并与重骑兵有着相似的价值观。这将军官阶层与精锐步兵融为一个战斗整体，而这正是爱德华三世军事战略中取得胜利的一个重要因素。

对转战各地的王室军队而言，保证将士、战马口粮及装备等后勤供应，是英格兰王室及其地方代表的巨大挑战。[2] 爱德华三世采取了前人的惯常做法。他认为战场上所需的军备物资和消费品，包括马蹄环、马蹄钉、干草、

---

[1] C. D. Liddy, *The Bishopric of Durham in the Late Middle Ages: Lordship, Community and the Cult of St Cuthbert* (Woodbridge, 2008), 165–166. 1339年2月当议会准许征兵后，国王要求达勒姆主教及康沃尔公爵自由从教俗两界征兵，分别提供230个和675个兵，见 *Foedera*, III.ii, 1070–1072; C 76/14, m. 14d。1340年3月，威尔士边境地区的领主们也收到了类似的供应弓箭手的命令，见C 76/15, m. 28d。1343至1344年间，伯里主教将其特权领里的司法权授给了一队王室征兵官，以便他们在北部征集船只，Durham University Library, Durham Cathedral Muniments, Register of Richard Bury, fol. vii。

[2] M. Prestwich, "Military Logistics: The Case of 1322", *Armies, Chivalry and Warfare in Medieval Britain and France*, ed. M. Strickland (Stamford, 1998), 276–288; M. Prestwich, "The Victualling of Castles", *Soldiers, Nobles*, ed. Coss and Tyerman, 169–182.

燕麦、供以替换的长弓、大量的箭、小麦、豆类、咸肉、奶酪等,都应该通过王室征发采买而来。由于宣称国王及其军队只是王室内府的延伸,因此用于供养国王和随从的强制采买在全国范围内推广并强制实施。[1] 然而,面对如此巨大的需求,王室强制采买食材通常是不够的。从各郡征集来的容易腐烂的食物,在到达战场之前往往已经变质了。而用于支付食品供应商的资金并非总是现成的。当官员们受命在前线接收食物或其他物品时,他们往往有足够的资金支付采买员,但采买员却常常捉襟见肘,没有多少现金支付给食物供应商。如在1333年对苏格兰战争中的第一次大量征发粮食时,郡长们用符木给大部分的供应者写了借据,所欠数目用木签上的刻痕表示。[2] 很少有人对王室采买官的这种借据抱有期望。既是由于如上情况,也因为王室采买权的不可预测性和滥用,在爱德华三世统治前半期,王室和政治团体间常常就此发生激烈争执。[3]

这一时期的英格兰军队并无今日所理解的统一制服。伯爵、方旗爵士及骑士的方旗、三角旗、盾牌、战袍和马具上也都绘有个人的纹章图案。任何试图使用国王专用颜色来装扮自己队伍的行为,都是对中世纪骑士精神个人主义的严重冒犯。在14世纪30年代,各种步兵及支持团队,如1333年的机械师、1335年托马斯·乌特雷德爵士征召的六百名步兵和1337年的威尔士人小分队,都要求穿上"统一样式"的服装。然而,这是否指的是同一颜色,尚无从考证。爱德华一世有时要求在威尔士作战的英

---

[1] J. R. Maddicott, "The English Peasantry and the Demands of the Crown, 1294–1341", *Landlords, Peasants and Politics in Medieval England*, ed. T. H. Aston (Cambridge, 1987), 299–318.
[2] *CCR 1333–7*, 25–26; E 358/2, mm. 1–1d. 对照纽卡斯尔与贝里克食材采买官罗伯特·汤奇的记载可知,1334至1338年间,他收到的钱比支出多出5700镑,E 138/2, mm. 14–15d.
[3] T. F. T. Plucknett, "Parliament", *Eng. Govt at Work*, i, 117–119; W. R. Jones, "Purveyance for War and the Community of the Realm in Late Medieval England", *Albion*, vii (1975), 300–316.

格兰步兵统一戴上圣乔治十字臂章。[1]但如果爱德华三世时期佩戴徽章，那么各队人马的统帅很可能像他一样佩戴具有象征意义的标志。爱德华三世确实曾在军中特意强调在旗帜上使用王室风格。1331至1332年间，他"为战争及骑士赛"打造了一批盔甲，并要求三十面旗帜饰有圣乔治的纹章，四十四面旗帜饰有英格兰的纹章，十面旗帜饰有圣爱德华纹章，五面饰有圣埃德蒙纹章。[2]在1333至1335年间，王室盔甲师威廉·斯坦迪维克受命制作出大量绘有纹饰的军旗、方旗与三角旗，其中至少十二面军旗和十二面方旗绘有国王纹章，不少于六十面军旗和八百面三角旗绘有圣乔治纹章。[3]如果14世纪30年代中期的军队中确实有看起来一致、占据绝对地位的装饰主题，便是被尊为英格兰守护圣人的圣乔治。

1333年春，在阿伦德尔伯爵、格罗斯蒙特的亨利、亨利·珀西与威廉·蒙塔古的陪同下，爱德华·巴利奥尔再次率军挺进苏格兰。在罗克斯堡郡横行肆虐后，他向贝里克镇进发，3月中旬，他率军包围了贝里克。在1296至1318年间，贝里克曾被英格兰占领，但在爱德华二世在位时的班诺克本战役之后，英格兰失去了对这里的控制。不管是就对苏格兰制定切实可行的军事策略而言，还是对振奋英格兰的士气而言，重新占领贝里克都意义重大。爱德华三世随后立即支持这一行动。他将约克郡的两个重要攻城器械通过海路运输到特威德河口。在1318至1319年间，佛兰德斯冒险家约翰·克拉布曾为苏格兰人成功守卫贝里克城出谋划策，但是他最近被沃尔特·莫尼爵士抓捕，并迅速收为王室战俘，负责主管立在贝里克

---

1 A. J. Taylor, "Edward I and the Shrine of St Thomas of Canterbury", *Journal of the British Archaeological Association*, cxxxii (1979), 22–28; M. Prestwich, *Armies and Warfare in the Middle Ages: The English Experience* (London, 1996), 141.

2 E 101/385/20. 早先因为他迎战斯坦霍普猎苑之战，曾给他打造了新盔甲和两套捕马器，E 101/383/3; E 101/383/19.

3 E 101/386/18; E 101/387/14. 在之前的斯坦霍普之战，他也曾要求制作1800面饰有圣乔治纹章的小三角旗，E 101/383/3。

第六章 苏格兰的大灾难（1330—1338）

城防周围的投石机和弩炮。国王要求全国教士教导祈祷者，为英格兰王国的全面防御和拯救而祈祷。[1] 在即将到来的交锋之前，爱德华购买了一套新的钢质锁子甲，[2] 而后在4月离开约克郡，经达勒姆及纽卡斯尔，在5月17日到达贝里克，并在接下来的两个月都驻留此地。尽管每天都在关注贝里克的围困情况，但他还是亲自统管北境全局。苏格兰的新摄政阿奇博尔德·道格拉斯爵士，想尽可能地使用声东击西战术，越过边境袭击诺森伯兰和坎伯兰，真实意图却是打算在7月11日夺回贝里克。但爱德华三世拒绝让苏格兰人的计谋得逞。根据几天后的条款可知，贝里克人已打算撤离该城，除非临时获救，否则他们便在7月20日弃城而去，将之留给爱德华三世。[3] 身在莫珀斯（Morpeth）的道格拉斯毫无选择，只好迎战英格兰军。他迅速撤回边境，7月18日在邓斯（Duns）扎营。

次日，爱德华三世的军队占据了贝里克城外两英里处的哈利顿山丘（Halidon Hill）。下马作战的英格兰重骑兵被分成三军，右军由诺福克伯爵和爱德华·博恩率领，左军由巴利奥尔率领，而中军则由国王爱德华三世亲自统帅。每一军都有步兵弓箭手作为辅翼。英格兰军的人数可能不超过一万人，而苏格兰军是这个人数的两倍。[4] 尽管因为对方人数众多而给爱德华三世一方带来了明显的压力，但是这些经历了达普林沼泽之战的将士，有理由相信他们有胜利的机会。英格兰人决定再次使用达普林沼泽战役的策略，对阵苏格兰人占据防御地位，表明这场战役采取的战术，完全不同于英格兰倚重骑士主动进攻的传统。对于祖父和父亲在与苏格兰人作战时面临的挑战，以及父亲爱德华二世因为在班诺克本一役中采取惯常的进攻战术而招致毁灭性的失败，爱德华三世有着清醒的认识，然而他毕竟经验

---

1 *Foedera*, II.ii, 856, 858–859; Nicholson, *Edward III and the Scots*, 110, 121–122; H. S. Lucas, "John Crabbe: Flemish Pirate, Merchant, and Adventurer", *Speculum*, xx (1945), 342–345.
2 E 101/387/10, m. 1.
3 *Foedera*, II.ii, 864–865.
4 Rogers, *War Cruel and Sharp*, 69–70.

有限，因此哈利顿山丘的作战策略很难说完全出自他个人。1333年7月于贝里克城前陪在他身边的亨利·博蒙应是真正出谋划策之人。然而，说爱德华三世在此次战役中仅有象征意义，又不免忽略了他亲自领兵出战所带来的重要影响。不少编年史家都同意，这是这位国王及其朋友在时运不济的1327年战役之后迫切等待的幸福复仇时刻。[1]

苏格兰人以其特色鲜明的长矛圆阵进攻。拿着长矛的士兵紧密地围成大圈，这个阵型外观就像一只浑身长满了尖刺的刺猬或豪猪。他们是一支战斗力强大的队伍，然而由于多日来的艰苦行军，他们已经疲惫不堪，如今在地形上又处于劣势，在攀爬陡峭的山丘之前，他们曾吃力地穿过满地泥泞。在苏格兰人靠近时，英格兰弓箭手射出了如冰雹一般密集的利箭。几乎就在他们攻至英格兰第三军时，苏格兰长矛兵已开始溃败，他们或是被英格兰的重骑兵打倒在地，或是侥幸逃下山去捡得性命。尽管如此，依然有一部分苏格兰人成功突破防线。面对十七岁的苏格兰摄政罗伯特·斯图亚特发起的猛攻，爱德华三世领导的中军发起反击，据说爱德华三世本人也亲自作战，与敌军短兵相接。在数百名英勇善战的苏格兰勇士从哈利顿斜坡上倒下去的那一刻，温莎爱德华通过了领导力、生命力和勇气的最大考验，这也成为他一生中的决定性事件。

即便这场战役的结果已成定局，也有必要强调一下苏格兰军队的全盘崩溃。当诺福克伯爵的军队，包括博蒙、斯特拉斯博吉及埃尔特姆的约翰继续与道格拉斯率领的苏格兰军队交战时，爱德华三世、巴利奥尔和重新上马的重骑兵狠狠痛击那些落荒而逃的苏格兰人。当英格兰的骑士与步兵打扫战场、抓捕俘虏及搜缴战利品时，这一盛大的战事结果已经传回了国内。至少有六位苏格兰领主即阿瑟尔、卡里克、道格拉斯、伦诺克斯、罗斯和萨瑟兰被杀，数百名骑士身死战场。英格兰编年史家嗜好胜利的血腥，

---

[1] Nicholson, *Edward III and the Scots*, 133; Rogers, *War Cruel and Sharp*, 68.

常常沉迷于夸大其词，有人甚至声称有三万五千七百一十二名苏格兰人命丧战场。[1]而英格兰一方，所有的伯爵与方旗爵士都毫发无损地幸存下来，官方记载声称，失踪的不超过一个骑士及少数几个步兵。[2]爱德华三世装模作样地主持敌方将士尸体的埋葬仪式，从而一洗斯坦霍普猎苑战役中的羞辱，并开始建立起当时最伟大的统帅的美誉。三天后，爱德华三世将胜利战果正式通告英格兰神职人员，并借机下令在全国范围内举行庆祝活动。[3]

按照7月15至16日的约定，贝里克应平稳地转交到爱德华三世之手。战争结束后的7月20日，镇长们按时将其移交给英格兰控制。巴利奥尔所提交的协议表明，贝里克的宗主控制权归英格兰国王即爱德华三世，这意味着爱德华三世有权对贝里克居民进行一反常态的无情惩罚。苏格兰镇长亚历山大·西顿的一个儿子，在围城之时已被爱德华处以死刑。[4]许多早已投降或在哈利顿山丘战役中被俘的人，也于7月20日在贝里克接受金雀花王朝统治的同时被处决。起初，贝里克的投降条款似乎包含，保证贝里克不被正式并入英格兰王国，且不归英格兰国王直接统治，并保证给予贝里克居民此前在苏格兰统治下同样的法律权利。但爱德华三世后来的行为清晰地表明，他要在贝里克恢复之前的直接统治，即自1296年爱德华一世吞并苏格兰起，至1318年爱德华二世失去贝里克的统治方式。贝里克不仅有着重要的战略意义，而且还是苏格兰的重要商业中心，其羊毛出口税是布鲁斯王室财政收入最重要的组成部分。[5]如果爱德华能够成功获得巴

---

1 "Annales de Bermundeseia', *Annales Monastici*, ed. H. R. Luard, 5 vols (RS, 1863–1868), iii, 473.

2 Rogers, *War Cruel and Sharp*, 73–74.

3 E 101/398/22; *CCR 1333–7*, 128; *Foedera*, II.ii, 866; *Bridlington*, 116–118; "Annales Londoniensis", 358–359.

4 Nicholson, *Edward III and the Scots*, 126; Prestwich, "England and Scotland", 196.

5 A. Tuck, "A Medieval Tax Haven: Berwick-upon-Tweed and the English Crown, 1333–1461", *Progress and Problems in Medieval England: Essays in Honour of Edward Miller*, ed. R. Britnell and J. Hatcher (Cambridge, 1996), 148–149; Campbell, "England, Scotland", 185.

利奥尔所让出的其他领土，那么，无需控制苏格兰高地，他也可享有控制苏格兰低地区域的所有好处。1334年初在爱丁堡召开的紧急苏格兰议会上，巴利奥尔强迫他那踟蹰前行的苏格兰子民接受这一条件，再一次将苏格兰置于英格兰王权的封建宗主控制下，将贝里克城、城堡及乡村的宗主权拱手让给爱德华三世，并按承诺多转让价值两千镑的低地领土。[1]

对爱德华三世而言，最重要的是他至高无上的权力，而苏格兰所剩不多的那几个贵族的意见则无关紧要了。因此，哈利顿山丘战役一结束，他便着手单方面处理苏格兰的战利品，将失败者的土地分给了受他宠幸的沃伦、蒙塔古、博蒙、珀西、爱德华·博恩、斯特拉斯博吉的大卫及托马斯·乌特雷德。[2]1333年8月，在论证明显不足的情况下，他仍声称自己有权处置马恩岛（Isle of Man），并作为拥有主权的领土赐给威廉·蒙塔古。[3]这些事情表明，爱德华三世认为苏格兰问题已经快速而专断地解决了。攻下贝里克后，他移驾南下，在伦敦周边地区和东安格利亚度过了1333年的下半年及整个冬季。9月末，大咨议会在沃尔瑟姆修道院召开。不过，当年秋冬的大部分时间里，国王都在参拜圣地，享受狩猎及骑士比武赛的乐趣。[4]

1334年3月1日在爱德华三世主持的约克议会上，英格兰方面正式发表了接受巴利奥尔提案的决定。[5]5月，国王和王后再次北上，在6月初参加了理查德·伯里就任达勒姆主教的典礼。之后，他们前往纽卡斯尔。6月19日，在纽卡斯尔的多明我会修道院，新苏格兰王爱德华·巴利奥尔向爱德华三世行效忠之礼。爱德华三世和菲莉帕王后举办了一场盛大的宴会，

---

1 *Foedera*, II.ii, 870, 875, 876–878; *CDS*, iii, nos. 1107–1112.

2 Nicholson, *Edward III and the Scots*, 139–162.

3 *Foedera*, II.ii, 868; *Munimenta de Insula Manniae*, ed. J. R. Oliver, 3 vols (Manx Society Publications, iv, vii, ix, 1860–1862), ii, 182–184（日期有误）。

4 E 159/110, rot. 15d; Murimuth, 69; *Ann. Paulini*, 359.

5 *Rot. Scot.*, i, 261–263.

来纪念英苏之间的和平,并向他们的新封臣及盟友表示敬意。[1] 在准备这件大事的过程中,爱德华三世接到消息说大卫·布鲁斯及其妻子从苏格兰逃到诺曼底,接受腓力六世的庇护。[2] 爱德华三世是将此视为他将布鲁斯的王国搅得天翻地覆的证据,或是视为苏格兰人与法兰西人结盟的征兆,尚未可知。通过军事力量,爱德华深刻地改变了一个王朝,冲破了1328年条约的束缚,重建了祖先长期以来对苏格兰的宗主权。此外,他还获得了南苏格兰从西南的邓弗里斯(Dumfries)至东北方爱丁堡和林利斯戈大片土地的封建宗主权。有识之士可能曾劝告爱德华三世要保持警惕,但他通过一次高明而重大的干预行动便实现了非凡的政权更迭,这急剧地膨胀了他的帝国理想。而且,在1334年春天,确实很难说他的做法是错误的。

在巴利奥尔行过效忠礼后,爱德华三世政府着手在新割让过来的低地各郡建立统治。苏格兰王国的现行行政机构,受到了早期诺曼人及金雀花王朝的许多影响,体系相对完整。这一地区被置于由另行设置的王宫侍卫官、大法官及首席政法官单独行使一般管辖权,而来自威斯敏斯特或者说这一时期来自约克的干预,则尽量维持在最低限度。[3] 管理这类飞地的方式有前例可循。很明显,爱德华希望能将防御的重负转移到这一地区,以抵御那些依然反抗巴利奥尔统治的苏格兰人。对于低地地区城堡的重建、驻防或供应,约克政府花费甚小,他们认为这些花费应该由当地承担。这无疑是美好的希望,而非真切的现实。苏格兰境内针对巴利奥尔的反抗行动,先是出现在伦弗鲁郡(Renfrewshire)及克莱德河(Clyde)口湾,随后迅速蔓延到低地地区。1335年,当大量的没收命令下达后,苏格兰便掀起了

---

1 Murimuth, 72; *Chron. Lanercost*, 277; *Anon. Chron. 1307–34*, 168–171; *Foedera*, II.ii, 888–890; *CDS*, iii, no. 1127; E 101/311/7.
2 *Chron. Lanercost*, 278; *Scalacronica*, 117; Froissart, i, 146–148, 429–431, 433–434; Bower, vii, 83; Campbell, "England, Scotland", 187–188.
3 Nicholson, *Edward III and the Scots*, 163–164.

持久不断的报复性和毁灭性的战争，这表明苏格兰人并不接受英格兰的统治。[1] 讽刺的是，这种报复立场击碎了英格兰打算在低地地区建立长久统治的希望。爱德华三世每年从苏格兰新获土地上所得的毛收入不超过一千镑。[2] 很显然，在索尔韦－特威德边境以北的领土，只有英格兰民众准备为此投资，爱德华的统治才能切实可行。

1334年7月，约翰·伦道夫承袭马里伯爵位，其父亲曾在1332年短暂担任苏格兰摄政，而他的哥哥从法国回来与罗伯特·斯图亚特并肩作战，牺牲于达普林沼泽之战。作为罗伯特·布鲁斯的外孙，斯图亚特认为自己有资格继承大卫二世的王位，也确于1371年接替他成为苏格兰国王。英格兰与巴利奥尔盟军的注意力集中在克莱德，拿下了达农城堡，并派遣游击作战队潜进了凯尔（Kyle）、卡里克（Carrick）与加洛韦（Galloway）。巴利奥尔本打算在珀斯新建苏格兰的总司令部，却发现自己被内部人员的矛盾所困扰。爱德华·博恩与亨利·珀西因安嫩代尔（Annandale）的领主权而相持不下。此外，围绕着已逝的苏格兰勋爵菲利普·莫布雷所留下的权利，也产生了激烈的冲突，其结果是，斯特拉斯博吉的大卫和莫布雷的弟弟亚历山大，双双叛逃至布鲁斯阵营。由于对马里伯爵和斯图亚特的有效抵抗仅限于亨利·博蒙的巴肯领地，爱德华·巴利奥尔被迫在9月再次从贝里克撤退，并要求爱德华三世进行直接干预。

英格兰的回应极为迅速。根据爱德华三世不久前同巴利奥尔签订的封建宗主权的条款，他理应帮助其诸侯恢复在苏格兰王国的地位，也希望以此掩盖他恢复其低地各郡权威的直接动机。发动这场战争的英格兰领主同

1　G. W. S. Barrow, "The Aftermath of War", *TRHS*, 5th series, xxviiii (1978), 121–125.
2　英格兰因为统治苏格兰而获得的收入大约是700镑，*CDS*, iii, nos. 1214, 1246; R. Nicholson, *Scotland: The Later Middle Ages* (Edinburgh, 1974), 134–135。1333年9月至1334年7月贝里克的关税也有399镑，E 356/6, m. 24。1335年锦衣库的记录表明，有533镑来自为援助苏格兰战争而征收的罚款收入，还有66镑来自爱丁堡的关税收入，BL, MS Cotton Nero C. VIII, fol. 198。

第六章　苏格兰的大灾难（1330—1338）

样处境危急，令人倍感压力。某些情况，国王可以迅速采取措施、缓解局势。1334年9月在威斯敏斯特议会上，在珀西与博恩的争论中，爱德华三世扮演了一个仲裁者的角色：他将安嫩代尔给了爱德华·博恩，而将低地各郡慷慨地赐给了珀西作为补偿，以便让他在当地积极维持金雀花王朝政权。[1] 然而，对于其他问题，军事干预则是营救爱德华战友的唯一可行方法。1334年底至1335年初的冬季，爱德华发动战争，其中一个主要目的是要解救亨利·博蒙，尽管这一目的并未实现。当时，亨利·博蒙与盟友失去联系，因于阿伯丁（Aberdeen）北部邓达格要塞，供应也被切断。另外一个难以企及的目的，是要营救英格兰骑士理查德·塔尔博特，他在9月议会召开之前的一个星期于林利斯戈被捕并被关押在邓巴顿（Dumbarton）。[2]

这样的骑士侠义精神可能让议会里的一些世俗权贵印象深刻，但如果想要在全国范围内募集资金，在北方再打一仗，就有必要更全面地考虑利益问题。自战争之初，爱德华三世声称开战的目的是抵御苏格兰人，12月他又以同样的言辞游说世俗、教会两界纳税和征兵。[3] 消息灵通的罗切斯特编年史家说，1334年的税收是为了"将苏格兰人从英格兰驱逐出去"。[4] 这一时期爱德华对法兰西的回应也与之类似，他声称介入的目的是要"避免伤害与危险威胁英格兰"。[5] 在正式允许苏格兰人决定自己的命运并接受其合法统治者的效忠之后，爱德华三世现在可以正式将北部边境战争作为一场保护自己权利与领土的正义之战。

然而在慷慨陈词的背后，压力也开始显现。11月中旬，爱德华从纽卡

1　Nicholson, *Edward III and the Scots*, 170.

2　Murimuth, 72; *Chron. Meaux*, ii, 372–373.

3　*PROME*, iv, 204; *RP*, ii, 447; *Foedera*, II.ii, 887, 888, 900; Willard, *Parliamentary Taxes*, 22; Lunt, "Collectors of Clerical Subsidies", 229–230; Powicke, *Military Obligation*, 190–191; Harriss, *King, Parliament*, 317 and n. 4.

4　BL, MS Cotton Faustina B. V, fol. 76.

5　C 47/28/3/8-10; Nicholson, *Edward III and the Scots*, 158.

斯尔带来的军队里，出现了此前支持国王发动战争的贵族身影。除了自始至终予以支持的阿伦德尔伯爵、沃里克伯爵及王弟埃尔特姆的约翰外，还有牛津伯爵，内维尔勋爵、珀西勋爵，以及王室内府的各级人士。曾参与了贝里克包围战但未曾参加哈利顿山丘战役的格罗斯蒙特的亨利，现在也站到了国王的旗帜下。[1] 爱德华在约克的演讲满怀自信，他提到，布鲁斯的支持者已经撤退到福斯以北，没有胆量再战了。[2] 如果爱德华确实打算突袭深入苏格兰腹地、解救博蒙的话，他便需要一支庞大的军队。在意识到兵力聚集缓慢后，爱德华从罗克斯堡出发，希望增援的后备军队能够持续跟上。吉凶未知的前景，加上极端寒冷的天气，意味着响应号召的人很少。到12月中旬，爱德华所召集的军队人数不过五千三百人。[3] 尽管他们参加了埃特里克森林的一些军事行动及圣诞节游戏与骑士比武赛，但爱德华三世在罗克斯堡及梅尔罗斯发现情况不妙后，便在2月下令将他们遣散了。博蒙被迫放弃守卫邓达格（Dundarg），率领队伍南撤。原本支持巴利奥尔的苏格兰人，包括马奇伯爵帕特里克·邓巴在内，先后叛逃，这也促使敌对行动暂时停止。唯一让爱德华三世感到安慰的是，与1327年不同，当他率领羸弱的队伍从罗克斯堡撤退时，没有苏格兰军队胆敢靠近。

英格兰的撤军，及爱德华同意与苏格兰人在复活节至仲夏期间停战，都不过是缓兵之计。1335年3月末在诺丁汉召开的大咨议会批准了6月11日于纽卡斯尔集合军队的决定。[4] 同时，又宣布5月26日在约克召开全议会。爱德华和大臣们感到有些挫败，就算在罗克斯堡战役耗尽经费，他们征收直接税的要求还是被驳回了，因为当时还在征收1334年所核准的税费。不过但凡有机可乘，他们便不会放过，爱德华三世下令各郡必须集结超

1　Nicholson, *Edward III and the Scots*, 176–177; K. Fowler, *The King's Lieutenant: Henry of Grosmont, First Duke of Lancaster, 1310–1361* (London, 1969), 30–31.

2　SC 1/42/202; *CDS*, v, no. 744.

3　*Bridlington*, 120; Rogers, *War Cruel and Sharp*, 84–86.

4　C 47/2/26, no. 15; *PROME*, iv, 206; Nicholson, *Edward III and the Scots*, 194.

第六章　苏格兰的大灾难（1330—1338）

过两千五百名轻骑兵和七千名弓箭手，并承担他们前往纽卡斯尔的费用，由此引发了不小争议。[1]在约克议会上，下议院抱怨说这违反了《温切斯特法令》，但最终还是做出了妥协，各郡将支付罚款，以代替直接服役。[2]通过各种权宜之计，国王召集了一支自己统治时期投入战场人数最多的队伍，包括重要的贵族扈从和威尔士分队在内，这支军队人数达到一万三千人。[3]

成功召集到这么多人，尽管应考虑到夏季作战的因素，但很明显，爱德华在1335年初的几个月里确实花了不少心思，来赢取政治精英对他苏格兰政策的认可。4月，他签署了一份声明，澄清国王、贵族及民众存在政治分歧的流言，[4]并要求西米德兰兹郡的主教和领主们对威尔士人可能发动的暴乱与骚动保持警惕。[5]实际上，国王对可能来自法兰西的报复行动也有一定的警觉。在7月下旬从卡莱尔（Carlisle）启程之前，爱德华安排约克、伦敦及其他地方的教士和贵族召开了一系列会议。格雷夫森德和奥莱顿主教代表国王在伦敦会议上演讲，并向众人解释，国王的行动是为了在他出国时确保整个王国的安全。[6]在接下来的几周里，爱德华认为，流亡法国的布鲁斯党羽试图从海上进攻英格兰或苏格兰的可能性日益增高，在此情况下，他领土内的所有臣民都有责任支持自己。[7]

1335年战役是一场明显缺乏持续行动，少有顺利围攻，也无严密策划的战事，其成就较之1333年战争更难以准确描述。在6月末纽卡斯尔召开军事会议之后，爱德华与巴利奥尔同意发动一场双线进攻战。英格兰王从卡莱尔挺进安嫩代尔，巴利奥尔则从贝里克沿着海岸线进攻爱丁堡。7月9

1　*Rot. Scot.*, i, 328–329; Powicke, *Military Obligation*, 202.
2　*CPR 1334-8*, 131–133. 随后产生诸多抱怨，征兵官保留了依据原本数额所募集的资金，没有在缩编后退还，ibid., 289; *CCR 1333-7*, 525, 530; etc.。
3　Nicholson, *Edward III and the Scots*, 200.
4　*Foedera*, II.ii, 904. 亦见*AC*, 3; *Chron. Lanercost*, 279。
5　*Registrum Thome de Charlton*, 59–60.
6　*RDP*, iv, 452–453; Haines, *Stratford*, 240.
7　Nicholson, *Edward III and the Scots*, 209–210, 219.

日，卡莱尔的天主教士在主祭坛摆上圣物藏品，为即将出征的军队祈求好运，而国王也捐赠了金缕以感谢这种精神激励。[1]7 月中旬，两支队伍如期在格拉斯哥（Glasgow）会师，而后向福斯河（Forth）胜利进军。在艾尔斯设置了补给站后，他们越过海湾，向珀斯挺进，爱德华在此度过了 8 月的大部分时间。这一阶段的主战场是苏格兰低地，而布鲁斯党的领袖马里伯爵，也是在这里被英格兰罗克斯堡或杰德堡（Jedburgh）的游击队所俘获。爱德华此次出征的成果很可观。同时从爱尔兰发兵进攻阿伦（Arran）和布特（Bute），能够确保罗伯特·斯图亚特至少暂时屈服。英格兰军队所到之处，生灵涂炭，满目狼藉，其程度甚至比爱德华一世时期的复仇性战役还要严重。贝里克是唯一的幸存之地。后来有人说，在 1335 年黑暗的日子里，苏格兰唯一敢说支持"戴维王"（King Davy）的人，只有天真无邪的孩子。[2]

爱德华三世进军至珀斯的主要意图，可能是为了将军事威胁扩大到苏格兰东北部的沿海地区，并一路扫荡至阿伯丁及埃尔金(Elgin)地区。8 月末，苏格兰西部也出现相似机遇，首席政法官约翰·达西、德斯蒙德伯爵和奥蒙德伯爵率领一千五百名爱尔兰士兵在比特的凯尔斯登陆，包围罗斯西堡。[3] 巴利奥尔、沃里克伯爵、亨利·博蒙、格罗斯蒙特的亨利及一支约八百人的骑射手军队，被立即派到"山的那一边"去，与英裔爱尔兰领主们共同行事。[4] 爱德华停止向北推进，并不表明战争的失败，而是反映别处境况的改善。8 月 18 日，斯特拉斯博吉的大卫从布鲁斯的营地里公开叛逃，他与其他人都被英格兰近来的军事行动所震撼，他们认为如果想要更好地维持

---

1 BL, MS Cotton Nero C. VIII, fol. 202v. 采买官从里士满郡（Richmondshire）为卡莱尔的国王军队供应粮食，E 358/2 m. 38d。
2 Bower, vii, 103; Wyntoun, 38, 39.
3 Frame, *English Lordship*, 147–148; A. E. Prince, "The Strength of English Armies in the Reign of Edward III", *EHR*, xlvi (1931), 357.
4 Nicholson, *Edward III and the Scots*, 218–223.

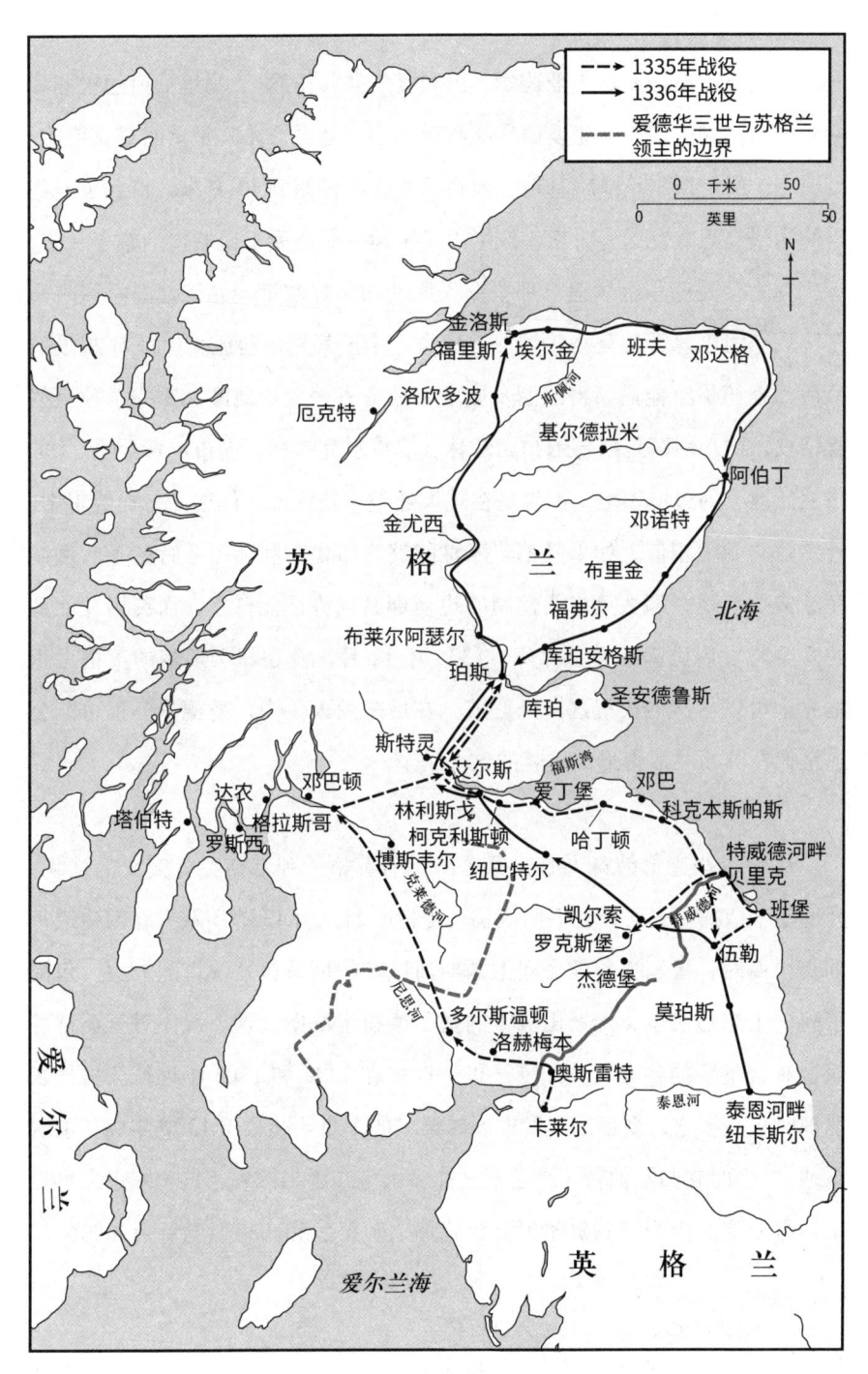

1335、1336年苏格兰战役形势图

自己的利益，最好还是与爱德华·巴利奥尔并肩作战。[1] 马里伯爵的被捕和斯特拉斯博吉的加盟，让爱德华能够返回边境地区，尤其是重回罗克斯堡、贝里克、纽卡斯尔等战略基地。他在这些地方停留到 11 月末，监督了一连串的休战。正是在这一时期，他生出了重建并驻防爱丁堡城堡的雄心壮志。

总之，爱德华继续追求那些令人激动的美好政策，允许他的心腹之交在特威德河以北行使英格兰领主的权力，维护其直接利益。1335 年战役的最后，爱德华给他最亲密的朋友威廉·蒙塔古一大片地区几乎完全独立的管辖权，这片地区包括塞尔扣克森林、埃特里克森林、皮布尔斯全镇。[2] 苏格兰低地上的边境领地，不管是在规模还是重要性上，都逐渐与在威尔士、爱尔兰的领地相似。如果爱德华三世能够将布鲁斯和斯图亚特的军队遏制在苏格兰高地，那么英格兰控制的边境郡县或许便能自立，而英格兰北部的安全与发展也因此有了保障。1335 年 12 月，身在纽卡斯尔的英格兰王室完全可以尽情地庆祝这个圣诞节。在后来的人生中，爱德华三世可能会追忆他在苏格兰取得最高成就的这个季节。

尽管这些迹象鼓舞人心，但是出于对英格兰和苏格兰外交史的认识，爱德华不敢掉以轻心，也不期望长久维持胜利。当 1335 年双方在南边进行外交协商时，巴利奥尔任命守卫福斯河以北的斯特拉斯博吉的大卫，包围了阿伯丁东边凯恩戈姆斯山脚下的基尔德拉米城堡。这个城堡对于英格兰而言有着重要的参考意义：爱德华一世曾在 1296 和 1303 年远征苏格兰东北部时攻下了它，爱德华二世也展露罕见的军事才能，于 1306 年成功围困该地。[3] 当时它归罗伯特·布鲁斯之妹、大卫二世摄政安德鲁·默里之妻克里斯琴所有。因为巴利奥尔没有正式加入英格兰和布鲁斯党所倡导的休战

1　*Foedera*, II.ii, 920.
2　*CChR 1327–41*, 348–349; *Foedera*, II.ii, 924.
3　Prestwich, *Edward I*, 472, 488, 508.

第六章 苏格兰的大灾难（1330—1338）

协议，所以默里可能有权援救基尔德拉米，他甚至可能请求爱德华三世在这次会谈中的代表蒙塔古，准许自己前去救援。[1] 如果蒙塔古同意了他的请求，那么可以肯定的是，他是因为相信斯特拉斯博吉将会是胜利者。斯特拉斯博吉一方的人数号称为三千人，而默里一方仅有八百人，双方在基尔德拉米以南数英里、靠近迪河（River Dee）的卡尔波林山（Culblean Hill）相遇。[2] 战争主要发生在一条名叫"燃烧的染缸"（Burn of the Vat）的溪流的浅滩上，交战时间也很短。然而不可思议的事情发生了，投入战斗的斯特拉斯博吉及其重要随从，包括沃尔特·科明都被杀死。默里与其精悍的副官威廉·道格拉斯爵士随即进军并包围了洛欣多波及库珀城堡。他们的胜利极大地鼓舞了那些仍然效忠于布鲁斯一方的苏格兰人的士气。事实上，后来的历史表明，卡尔波林战役成为著名的终结巴利奥尔统治的首场战役。[3] 我们不确定爱德华三世是否把这场战役看得如此重要。尽管他确实认识到，苏格兰问题现在已不可挽回地与愈演愈烈的英法外交问题交织在一起。

爱德华三世自小就理解法兰西与苏格兰之间的老同盟关系（Auld Alliance）持久深刻。1328年法兰西和1329年苏格兰政权的改变，并未影响两国对1326年在科尔贝所签盟约的认可。自1333年代表被剥夺领地继承权的贵族介入苏格兰伊始，爱德华三世便急于向腓力六世证明自己行动的正确性，并说服腓力六世保持中立。[4] 在哈利顿山丘战役之后，爱德华三世可能曾想过，腓力六世有可能放弃大卫·布鲁斯，转而与爱德华·巴利奥尔结盟。这般空想被以下这件事情击得粉碎。腓力六世庇护了年轻的大卫二世，并于1334年5月将他安置在赫赫有名的诺曼军事重镇盖亚尔城堡。[5]

1　J. Fordun, *Chronica gestis Scotorum*, ed. W. F. Skene (Edinburgh, 1871), 360.
2　Bower, vii, 117; Wyntoun, vi, 58–59, 62–63. 关于斯特拉斯博吉军队规模的估计可能有所夸大，Rogers, *War Cruel and Sharp*, 107 n. 136。
3　Nicholson, *Edward III and the Scots*, 236.
4　例如他在1333年5月写的信，*Foedera*, II.ii, 860。
5　*The Exchequer Rolls of Scotland, 1264–1359*, ed. J. Stuart (Edinburgh, 1878), 464.

次月，在桑利斯（Senlis）召开解决阿基坦纷争的会议上，腓力六世提出了出人意料的要求，即任何有关英格兰和法兰西的最终决议，都应该考虑布鲁斯政权在苏格兰的身份和权利。[1] 之后，在英法外交议程及相继两任教皇约翰二十二世和本尼迪克特十二世进行的各种仲裁中，苏格兰问题成为不可缺少的主要内容。

1335年英格兰国力强盛，让爱德华三世对腓力六世的上述要求有些不屑一顾。8月，还在珀斯的他给腓力六世写了一封口气专横的信，称自己介入苏格兰事务，是自己作为巴利奥尔封建宗主的职责所在。与其救援英格兰的敌人，腓力六世还不如好好认清自己的身份，即他作为爱德华三世的封建主、亲戚和朋友，有责任帮助爱德华三世去镇压反叛的苏格兰人。[2] 这种论调确有其理，但也存在明显缺陷，毕竟爱德华与其朋友们所进行的苏格兰战争是一场公开的侵略。在1335至1336年间的冬天，温和派占领了上风。教皇使团到达英格兰，与默里的支持者们开始谈判，然后他们前往纽卡斯尔及贝里克，与大卫二世和腓力六世的代表团进行协商。[3] 由于未能抓住腓力六世意图的严重性，爱德华现在押上一切赌注，相信法兰西不可能给无能的大卫二世提供任何实际的军事援助。

在持续到1336年春天的停战协议的保护下，爱德华三世的谈判代表试图找到突破外交困境的方法，在兼顾苏格兰人及法兰西人新条件的同时，维护英格兰的荣誉。由此形成的《纽卡斯尔条约》提出，爱德华·巴利奥尔成为福斯河以北的苏格兰统治者，而爱德华三世继续享有1334年割让的苏格兰低地的领地权。不过，该草案也建议，巴利奥尔如今年过四十且尚未成婚，在他死后，其位置应该由大卫·布鲁斯继承。英格兰做出这一重要让步是有条件的。作为王位继承人，大卫被要求放弃前往法国的行程，

1　Déprez, *Préliminaires*, 97.
2　*Bridlington*, 124–126; Sumption, i, 146; Rogers, *War Cruel and Sharp*, 102.
3　关于指示财政署提供与法兰西谈判所需的资料，见C 47/28/8, no. 56。

第六章 苏格兰的大灾难（1330—1338）

在英格兰王的管辖下生活。而且，当他登上苏格兰王位后，还要向爱德华三世行效忠礼，忠诚于英格兰王。[1] 而巴利奥尔的王权也面临着现实的问题：他有名无实的王国几乎没有可靠的军事据点，而他早已移往安全的英格兰区域，定居在贝里克。[2] 然而，对于大卫二世的支持者而言，问题的焦点并非在于大卫继任苏格兰国王的时间，而是苏格兰的长期完整性与独立性问题。以上这些问题，由被派去与布鲁斯党进行协商的使者在3月回报至威斯敏斯特议会。[3] 顽固的苏格兰人拒绝接受和平条约，并拒绝延长停战期。很难相信，爱德华三世曾期望或想要任何其他的结果。英格兰编年史家对大卫的拒绝大书特书，或归咎于苏格兰式的骄傲，或归结为法兰西人的干预。[4] 谈判的失败让英格兰王爱德华有了开战的理由，他将布鲁斯党视为公然挑衅他在苏格兰合法领主权的侵略者。

下一场对苏格兰的战争已经准备妥当。世俗、教会两界都同意征收必要的税收、征调更多的兵力。格罗斯蒙特的亨利被委任为新的军事统帅。[5] 由于出现了牵涉法国的新事务，爱德华三世无法亲自参与这场战役，只能尽可能多地了解其计划与进程。[6] 因此，许多原本用于对苏格兰战争的资源还得重新商议。5月，爱德华三世了解到，腓力六世最终决定向苏格兰提

1　*Bridlington*, 127; *AC*, 6; *Chron. Lanercost*, 284–285.
2　在这一点上，巴利奥尔小心谨慎地迎合拥立他为国王的爱德华，还送了一份私人礼物——白隼，BL, MS Cotton Nero C. VIII, fol. 268。
3　*RDP*, iv, 454–456; *PROME*, iv, 208–209; *Foedera*, II.ii, 935; *AC*, 6. 在议会开始之前，国王让他的书记员准备了一份详细的清单，列出了根据拟定的和平条约，他在英格兰拥有的土地，E 403/285, 1 Mar. 1336。
4　*Bridlington*, 128; *AC*, 6.
5　M. Jurkowski, C. L. Smith and D. Crook, *Lay Taxes in England and Wales, 1188–1688* (London, 1998), 39; Lunt, "Collectors of Clerical Subsidies", 230; *Foedera*, II.ii, 931; *Rot. Scot.*, i, 422–424; Powicke, *Military Obligation*, 190–191; Lewis, "Contract Army", 5; Fowler, *King's Lieutenant*, 32. 格罗斯蒙特有520名重骑兵，A. Ayton, *Knights and Warhorses: Military Service and the English Aristocracy under Edward III* (Woodbridge, 1994), 173。
6　*AC*, 6; E 403/288, 19 June 1336.

供实质支持，或派遣救援军队去苏格兰，或在英格兰南边沿海发动袭击，转移英军注意力。北边战争因此被迫急剧缩减规模，格罗斯蒙特仅率领他自己的一千人北上，不过，他成功率军进入珀斯，与沃里克、蒙塔古、博蒙等人会合，队伍便壮大起来。[1] 当时，英格兰所获知的情报表明，法国舰队很可能会驶向苏格兰东海岸。闻讯，渴望参战的爱德华三世不再只是坐镇中央、制订计划，而是即刻决定前去支援朋友们。6月初，他率领不超过一百人的队伍离开伍德斯托克，从内陆由苏格兰低地穿过凯尔索（Kelso）火速前往北边，于17日到达林利斯戈，并于两天后抵达珀斯。托马斯·卢西爵士向大法官报告说，边境郡县已经做好随时增援的准备。[2] 但是，爱德华带着人数如此少的队伍前进，是一件非常危险的事情。王后的表兄那慕尔的盖伊，在1335年也曾尝试这样做，却被马里伯爵擒获了。[3] 据说，格罗斯蒙特的军队躲在严重损坏的防御工事里，看到国王奇迹般地出现，他们都高兴得泪流满面。这并不令人惊奇。[4]

爱德华三世的到来不仅仅提升了士气，也有着重要的战略目的。7月中旬，国王仅带了四百名重骑兵、四百名轻骑兵及骑射手，从珀斯北上，经过布莱尔阿瑟尔村（Blair Atholl）、加里河谷（Glen Garry）、特鲁伊姆河谷（Glen Truim），南下斯佩河（Spey），到达洛欣多波（Lochindorb）。[5] 这支移动性强的精兵队伍有能力快速穿过形势险要的地区。这一次行军的详细经历，曾以国王的名义写给了菲莉帕王后，因而被记录了下来，从中

---

1 *Original Letters Illustrative of English History*, ed. H. Ellis, 3rd series, 3 vols (London, 1866), i, 29–33; Sumption, i, 159; N. A. M. Rodger, *The Safeguard of the Sea: A Naval History of Britain*, 2 vols (London, 1997–2004), i, 93–96; Sumption, i, 158; Rogers, *War Cruel and Sharp*, 116 and n. 181.
2 SC 1/39/32.
3 *CDS*, iii, nos. 1238–1239; *AC*, 4; *Chron. Lanercost*, 282–283; Bower, vii, 111–115; Nicholson, *Edward III and the Scots*, 212–214.
4 Murimuth, 77; Baker, 57; Rogers, *War Cruel and Sharp*, 116.
5 Prince, "Strength of English Armies", 358.

第六章　苏格兰的大灾难（1330—1338）

可见该次行军的艰苦。[1]这场战役的第一阶段，后来因洛欣多波城堡中一场彰显骑士精神的作战而被铭记。在成功包围该城堡后，爱德华解救了一队以斯特拉斯博吉的大卫的遗孀、阿瑟尔伯爵夫人凯瑟琳·博蒙为首的"可爱的夫人们"，充分展示了他作为一个英雄骑士的风度与资质。[2]实际上，攻克洛欣多波，对英格兰改变其在苏格兰高地的局面有着重要意义。然而，当爱德华率领的小支军队南下至沿海平原，通过福里斯（Forres）沿着马里湾（Moray Firth）前往阿伯丁时，这次行军的目的才显露无遗。英格兰军队一路烧杀抢掠。在阿伯丁，他们残暴得无以复加。阿伯丁城及其腹地都变成了废墟。7月末，他们经布里金（Brechin）、福弗尔（Forfar）回到珀斯。爱德华相信，经过自己的这一番行军，泰河（Tay）以北的人已经是惊弓之鸟，也成功地阻扰了法兰西在当地登陆一支大军的计划。之后，爱德华又在战区待了一个多月，监督珀斯、斯特灵（Stirling）及圣安德鲁斯（St Andrews）加强防御与戍卫。[3]1336年的这次远征是爱德华三世深入苏格兰北部最远的一次，也证明了焦土政策的有效性，而这在他后来征战法国时被更为广泛地使用。

然而，战争所带来的直接结果并不尽如人意。腓力六世否决了英格兰淡化搁置苏格兰问题的企图，对在法国宫廷的英格兰代表达勒姆主教和温切斯特主教宣称，除非苏格兰形势全面恢复到1328年的局面，否则他不会与爱德华三世签订任何协议。外交大使的信使在8月24日将此信息传达给北安普敦的斯特拉特福德大主教及其他重要大臣，他们立即授权在一个月后的诺丁汉召开大咨议会。[4]爱德华三世飞速南下，在9月23日大会开

1　*Original Letters*, i, 33–39.
2　*Scalacronica*, 123; Wyntoun, vi, 74–75; Bower, vii, 119. 凯瑟琳后来声称，她为防御洛欣多波花费了400马克，*CDS*, iii, no. 223。国王亲自干预以确保她的彩礼移交到她手里（SC 1/39/25），而且后来国王还一直供应她，直到1368年她在英格兰去世。
3　*Chron. Lanercost*, 286–287; *AC*, 7; Rogers, *War Cruel and Sharp*, 119.
4　*EMDP*, I.ii, no. 376; *RDP*, iv, 458–464; *AC*, 8; *Chron. Lanercost*, 287.

幕的当天及时赶到。在保证税收顺利征发、防御法兰西入侵的措施安排妥当后,他立即北返,回到纽卡斯尔等待来自苏格兰的消息。但是在国王南下开会期间由格罗斯蒙特率领的大军此刻大都已被遣散,亨利自己也于11月初被派回英格兰,承担防御南部海岸的职责。[1]

尽管有更紧要的事,但爱德华三世还是决心要求英格兰军队至少要对苏格兰低地继续施压直至对方屈服。10月中旬,爱德华火速穿过哈威克(Hawick)及皮布尔斯(Peebles)前往重要战略据点,即格拉斯哥城外克莱德河边的博斯韦尔城堡。城堡的重建和相关的经费问题,均由未来的达勒姆主教托马斯·哈特菲尔德主持并解决。[2] 巴利奥尔与艾莱的约翰·奥格所签订的协定为遥远的西部提供了一个潜在的同盟;之后的一年内,约翰便索要小岛领主的头衔。[3] 但是,安德鲁·默里主动挑战苏格兰高地支持巴利奥尔的剩余警戒部队,道格拉斯的游击队持续不断地骚扰南边各郡,此时爱德华三世实际上已无能为力。12月初,他离开博斯韦尔(Bothwell),经贝里克到达约克郡的哈特菲尔德(Hatfield),王后刚刚在这里诞下了他们的第二个儿子——后来不幸夭折的威廉,他们在此共同度过了圣诞节。1337年的头几个星期里,他在首都与哈特菲尔德之间来回奔波,忙于家庭事务,一是在威斯敏斯特教堂出席埃尔特姆的约翰的葬礼,二是在婴儿去世后,参加同样庄严的王后安产感谢礼。[4] 其间,他也积极准备对法政策,这些政策将要拿到当年3月的威斯敏斯特议会上讨论。1333年他介入苏格兰事务,是一个神奇而光辉的时刻。而1336至1337年间他的参战与退军,

---

1 BL, MS Cotton Faustina B. V, fol. 79; Fowler, *King's Lieutenant*, 33.
2 Rogers, *War Cruel and Sharp*, 123.
3 M. Brown, *The Wars of Scotland, 1214–1371* (Edinburgh, 2004), 269–270.
4 *Bridlington*, 128–129; Murimuth, 78. 威廉在2月10日下葬于约克大教堂,当时爱德华三世身处南方,但他在16日回到了哈特菲尔德参加了庄严的王后安产感谢礼仪式,*The Register of William Melton, Archbishop of York, 1317–1340*, ed. R. M. Hill, D. Robinson, R. Brocklesby and T. C. B. Timmins, 5 vols (CYS, lxx, lxxi, lxxvi, lxxxv, xciii, 1977–2002), i, no. 370: E 101/388/2, m. 1。

第六章　苏格兰的大灾难（1330—1338）

则清晰地显示出，想要在苏格兰建立长久的巴利奥尔及金雀花王朝的统治，将会面临着难以对付的重重困难。

英格兰将野心与精力转向1337年爆发的对法兰西战争，无疑暴露并加剧了英格兰在北部的弱势地位。安德鲁·默里在1337年初重新控制了祖上的博斯韦尔城堡。尽管他意外地死于1338年4月，但接任其职的是能力出众而精力充沛的罗伯特·斯图亚特。英格兰戍守的爱丁堡、斯特灵均被包围，在珀斯的剩余军队也被迫在1339年投降。巴利奥尔的军队如今已筋疲力尽。1338年后，尽管爱德华三世大部分时间都栖身在英格兰北部，但他不时发动一些战争，也成功重新控制祖上在苏格兰西南部的领地。[1]但最严重的问题还是，他在苏格兰的君权已经崩溃成一种外交假象。爱德华为重新划定边界及其相关问题所做出的努力均告失败。至1340年，英格兰北部的坎伯兰、威斯特摩兰和诺森伯兰诸郡再次频繁遭受到苏格兰士兵的劫掠及偷牛贼们的荼毒。[2]

但是，如果说爱德华三世在1337年放弃了苏格兰，那便大错特错了。[3]只要苏格兰人拒绝承认他对巴利奥尔的任命，他便会不断派兵前去攻打他们。1337年3月的议会，不但肯定了英格兰与法兰西之间的敌对行动，而且还通过了由沃里克伯爵领导的对抗苏格兰人的新军事行动。沃里克伯爵与伯里主教受命将北部的贵族召至约克，争取他们支持战争，国王自己还

---

[1] *ODNB*, iii, 604.

[2] *AC*, 10–14; J. F. Willard, "The Scotch Raids and the Fourteenth-Century Taxation of Northern England", *University of Colorado Studies*, v (1907–1908), 240–242; A. Ayton, "Sir Thomas Ughtred and the Edwardian Military Revolution", *Age of Edward III*, ed. Bothwell, 107–108, 121–122.

[3] A. Grant, "Scottish Foundations: Late Medieval Contributions", *Uniting the Kingdom? The Making of British History*, ed. A. Grant and K. J. Stringer (London, 1995), 97–108.

在5月初及时地出席了这次重要的集会。[1] 根据记载，3月议会还坚持国王应该留在英格兰以便继续北部事务。[2] 这种谨慎是合情合理的。很快，爱德华就接到消息说敌人包围了斯特灵城堡，在5月30日斯坦福德的咨议会之后，他立即启程北上，于6月5日在纽卡斯尔与他的王室内府军队会合。几日后，在他到达斯特灵时，苏格兰人便已撤退。由于缺少另起战事的资源，爱德华只好部署斯特灵城堡的设防与供应。就像前往斯特灵一般，他又火速奔回斯坦福德，及时赶上了在6月16日举行的另一场咨议会。[3] 尽管如此，由沃里克伯爵、阿伦德尔伯爵和索尔兹伯里伯爵领导的英格兰军队，依然是苏格兰一个可怕的对手：1337至1338年间，苏格兰境内大约有四千人的英格兰军队。[4]

这支军队在1337至1338年间冬天的主要军事行动是围困邓巴（Dunbar）。驻守这座城堡的是马里伯爵的妹妹，顽强不屈的"黑阿格尼丝"（Black Agnes）——阿格尼丝·伦道夫，她利用传统的方式，抵抗不管是在人力上还是装备上都更占优势的英格兰敌人。爱德华三世非常重视这种抵抗他权威的做法，公开表示他将通过战争法审判、处决被捕的马里伯爵来惩罚对方。[5] 更戏剧性的是，他在1338年的1、3月，曾两次试图访问被围困的城堡。第一次，他到达了邓巴外面的怀特柯克（Whitekirk），可能联系上了索尔兹伯里伯爵及其军队。3月那次，他所达最远可能不超过阿

---

1 C 47/2/29, nos. 1–5，日期可确定到1337年5月25日之前，*Rot. Scot.*, i, 487–488; *Bridlington*, 129; *Chron. Meaux*, ii, 379–380。E 101/388/2, m. 4记录说，5月11日，国王在约克举办了一场晚宴，出席者有达勒姆主教、北安普敦伯爵、格洛斯特伯爵"及其他人"。

2 *Chron. Lanercost*, 288–289.

3 Ibid., 290; BL, MS Cotton Faustina B. V, fols 80–80v; Lewis, "Contract Army", 1 n. 4; *HBC*, 448. 这一期间在珀斯和斯特灵开展的工作，列举在E 101/388/5, mm. 17–18。

4 Prince, "Strength of English Armies", 358–359; Lewis, "Contract Army", 9–11.

5 *Chron. Lanercost*, 296–297; Bower, vii, 127–131; Sumption, i, 237.

尼克（Alnwick），尽管率军迅速冲进低地并非不可能。[1] 就像 1336 年他迅速挺进珀斯一样，这一次访问的部分目的是提升英格兰军队低迷的士气。在 1 月南下的路上，他写信给财政署，要求对方给在苏格兰的军队提供更加充足的供应，并以未来几年十分常见的口吻警告他们，战果的任何逆转，都将归因于他们未能妥善管理与战争相关的资金和后勤。[2] 同时，通过对邓巴现况的观察，他认为围攻注定失败。因此，春季他签署了一份极具争议的命令，即要求包围邓巴的索尔兹伯爵的军队撤退，将其重新部署为抵抗法兰西的英格兰军队之一。这一放弃决议似乎曾在他与蒙塔古之间引发了短暂的争论。蒙塔古在 1337 年 9 月的议会上公开批评国王处理北部事务的方式。[3]

如果爱德华三世曾设想他可以轻易放弃苏格兰战争，转而追求与海峡对岸交战的荣光，那么围攻邓巴的余波则告诉他这一计划行不通。在 1338 至 1340 年他长期不在低地国家之际，尽管南海岸防御压力极大，爱德华的咨议会还是小心谨慎地确保英格兰北部有足够多的人力与资源来防御北部边境。[4] 这样的投入无疑有助于索尔兹伯里伯爵理解爱德华三世的决定，并迅速调整心态，积极投入到 1338 年欧洲大陆的战争中去。1340 年 2 月爱德华回到英格兰，总的来说也体现了他对苏格兰政局的深切关心。[5]

总之，在这些年里，爱德华开始意识到，宣传机构可以展现他在北部

1　这些军事行动的记载很少，关于1月的行军，见 *Bridlington*, 134–135; *Scalacronica*, 124。在这一次行程中，国王并未携带任何印玺，而是使用了其随从人员的其他印章；1月11日在布莱斯（Blyth）及1月29日在阿伯福德（Aberford）所颁布之加盖其他印章的命令状，见 E 159/114, rots 58, 62d。关于3月的访问，见 E 101/388/5, m. 14; *Chron. Meaux*, ii, 385; *Bridlington*, 135–136; *Scalacronica*, 124–125。在第二次行动时，私玺最远被转移到了纽卡斯尔，Shenton, *Itinerary of Edward III*, 175–176。

2　E 159/114, rot. 62d.

3　*Scalacronica*, 125; Bower, vii, 130–131。关于围攻邓巴时索尔兹伯里伯爵所支付的开销，见Norwell, 266。

4　Powicke, *Military Obligation*, 192.

5　Le Bel, i, 168; Froissart, i, 481.

战争上的责任感。他在与北部主教和贵族的来往书信里不断强调，不管他身在何处，他的心都一直和他们在一起，与他们一起抵抗苏格兰人。[1] 在他发布的声明及要求民众祈祷并支持战役的命令中，爱德华发明了一种流行的修辞，强调必须对暴虐而反复无常的敌人保持警惕。[2] 尽管像林肯郡伯恩的罗伯特·曼宁这样的评论者，对可怕而混乱的战争全无好感，然而他们依旧对"卑贱的苏格兰人"进行强烈的谴责。[3] 在14世纪50年代早期，热情的爱国者劳伦斯·迈诺特创作了一组诗描绘爱德华三世在苏格兰及法兰西的成就，他慎重地提醒他的读者不要骄傲自满，反复提及"小心苏格兰人"，因为"他们阴险狡诈"。[4] 这样的印象无疑是双向的，因为苏格兰人认为英格兰人油滑得像鳗鱼一样。[5]

爱德华三世在14世纪30年代的苏格兰战争中收益颇丰。教皇、法兰西的国王及欧洲其他国家的统治者可能对他发动的这一战争侧目而视，将之贬斥为对一个年幼国王和一个脆弱国家所采取的野蛮行动。但爱德华向自己及大部分英格兰臣民证明了他的行动是正义的。在1338年时，英格兰的战争目标已经确定并广为人知，即他们的当务之急是要保证北部英格兰

1　*Register of John Kirkby*, nos 413, 419.
2　A. Ruddick, "Ethnic Identities and Political Language in the King of England's Dominions: A Fourteenth-Century Perspective", *Identity and Insurgency in the Late Middle Ages*, ed. L. Clark (Woodbridge, 2006), 15–31.
3　[R. Manning, "Chronicle", published as] *Peter Langtoft's Chronicle*, ed. T. Hearne, 2 vols (Oxford, 1725), ii, 282; T. Turville-Petre, *England the Nation: Language, Literature, and National Identity, 1290–1340* (Oxford, 1996), 100–103.
4　L. Minot, *Poems*, ed. T. B. James and J. Simons (Exeter, 1989), 26–30. 亦见*Anon. Chron. 1307–34*, 156–161。关于英格兰人攻击苏格兰人的其他传说，见A. G. Rigg, *A History of Anglo-Latin Literature, 1066–1422* (Cambridge, 1992), 53, 96–97, 228–229, 244–245。
5　Bower, vii, 85–86; *Debating the Hundred Years War: Pour ce que plusieurs (La Loy Salique) and A Declaracion of the Trew and Dewe Title of Henry VIII*, ed. C. Taylor (Camden Society, 5th series, xxix, 2006), 23–24.

第六章　苏格兰的大灾难（1330—1338）

的安全。然而，如果可能的话，爱德华也希望能控制贝里克及低地地区的大片缓冲带，尤其想要维护其朋友和要臣们在苏格兰的那些土地权益。他越来越清醒地认识到，英格兰与苏格兰之间的任何持久和平，都不得损害他同法兰西之间的关系。总之，他坚持主张苏格兰的任何国王，不管是巴利奥尔还是布鲁斯，都应该臣服、效忠于英格兰国王。强调这两个君主国之间的封建关系，是典型的爱德华三世式保守立场，也明显有着其祖父策略的烙印。然而讽刺的是，也正是在这段时间，爱德华开始尝试寻找各种方法，让他的家庭从附属于法兰西国王的封建关系中脱离出来。这些变化及关于大卫二世君权的合理调整，从长远来看，将彻底改变爱德华对于金雀花王朝统治苏格兰的看法，他对这一统治所能获得且应当获得的成果有了全新的认识。

第七章

雄狮与百合(1331—1339)

1330 年，在爱德华三世成功击败罗杰·莫蒂默并掌握权力之后，与法国相关的事务中最紧急的是英格兰君主作为法兰西国王封臣的责任与义务。1329 年 6 月爱德华在亚眠向腓力六世所行的简易效忠礼，双方达成的妥协已经不再适合任何一方。在接下来的十八个月里，腓力先人一步，坚持认为，唯有在爱德华向腓力六世行全套效忠礼的前提下，才可进一步讨论阿加奈和其他根据 1327 年条约被没收的英格兰地区的地位问题。腓力六世设置了一系列最后期限，要求爱德华三世出现在巴黎高等法院，并宣誓效忠。而最后期限在 1330 年 12 月 15 日就已经到期了，因此腓力现在可以没收整个阿基坦地区。他派遣了一支由弟弟阿朗松伯爵查理领导的军队前往阿基坦，占领并劫掠了英格兰公国最北边的军事据点桑特（Saintes）。尽管爱德华计划在阿基坦地区开展军事反击，但面对瓦卢瓦的进攻，他当时毫无办法。1331 年 1 月，他派奥莱顿主教、艾尔敏主教领导一支代表队前去法兰西宫廷协商。[1] 走出困境的唯一办法，似乎是爱德华亲自去拜见他的法兰西表兄。

1331 年 4 月爱德华与腓力在蓬圣马克桑克（Pont-Sainte-Maxence）的

---

1 *Foedera*, II.ii, 805–806.

第七章 雄狮与百合（1331—1339）

会面，与十八个月前两人在亚眠的会面大不一样。已摆脱了母亲与莫蒂默掣肘的爱德华，决定采取更加恰当的强硬态度。他要求会面必须在严格保密的条件下进行。相应地，爱德华仅带了一小支由心腹之交组成的扈从渡海而至，这支扈从队伍包括约翰·斯特拉特福德和威廉·蒙塔古，假扮成商人，以免引起英格兰臣民的注意。[1] 爱德华在事先送给腓力的文件里解释为什么他要求保密，里面承认，他有责任以一个诸侯的身份向法兰西国王行礼，尽管这可能有违他的天性。[2] 腓力打算接受爱德华保护名誉的理由，决定不强求他亲自宣誓效忠。但是，爱德华明白对方做出这一让步是有代价的，他决定不让任何人将此解读为软弱。他不准国内誊录相关文件，因此阐明了他对效忠于腓力六世的理解的文件，仅有保存于巴黎的原件。[3] 自1328年腓力即位之后，先前关于金雀花与瓦卢瓦王朝关系的猜疑，如今已转变为一种不断酝酿发酵的仇恨。

由于这次外交活动的秘密氛围及爱德华的有意掩盖，英格兰的评论家们难以得知腓力和爱德华这次会晤的实际情况。尖酸的罗切斯特编年史家无法把握事件的真实面目，只好笼统地批判国王不顾个人安危，"未征求王国内部的同意或建议"，便采取了冒险行动。[4] 甚至当1331年9月在威斯敏斯特召开议会，讨论与法兰西和谈的问题时，关于爱德华三世效忠法兰西国王一事也只字未提。[5] 爱德华及其要臣后来在为1337年战争所发表的公开宣言里，对1331年这件大事的表述也极为含糊："英格兰王秘密地跨过海峡来到法兰西，见到（腓力六世），谦卑地要求腓力交还他的领土，为此

1　Murimuth, 63. 4月17日，国王要求将面粉和熏猪肉送去朴次茅斯"以供应显贵的餐食"，这也许是国王一行人返程时所需，E 358/2, m. 3; E 358/4, m. 3d。不过，往返经过的都是多佛尔。
2　*Foedera*, II.ii, 813.
3　Ibid., II.ii, 815–818; Déprez, *Préliminaires*, 72–73, 77.
4　BL, MS Cotton Faustina B. V, fol. 57v.
5　*PROME*, iv, 155–156.

他愿意倾其所有、尽其所能。"[1]对于国内,精明的爱德华三世当机立断地遮盖1331年的事件真相,他甚至都未予否认,而是拒绝对他与腓力六世的最后一次和平会面做任何确切声明。

然而,蓬圣马克桑克会面的一些结果更适合公之于众。第一,新设立了一个被称为"阿让议程"(process of Agen)的委员会,以解决大阿基坦区内被瓦卢瓦王朝没收的部分地区的司法纠纷。第二,1331年7月首次提出让年幼的伍德斯托克的爱德华与腓力六世的一个女儿联姻,从而开辟了一条新的外交途径。[2]这可能让爱德华恢复1306和1325年的策略,即将阿基坦大区转给长子。后来,在1331年9月的议会之后,爱德华三世派约翰·斯特拉特福德、亨利·博蒙和威廉·蒙塔古去与腓力商议联姻条件。[3]1332年春,斯特拉特福德由亚当·奥莱顿、威廉·克林顿陪同前往法兰西,重申上次的要求,并在议会的敦促下建议两国君主再次会面。[4]然而此后,解决阿基坦问题的前景却变得黯淡起来。爱德华放弃了让自己的继承人联姻的打算,反而专注于让自己的弟弟与法兰西王室的女性成员联姻,这些女性成员包括厄镇伯爵、布卢瓦伯爵和库西勋爵的女儿们。[5]瓦卢瓦王朝最终于1334年9月同意条款,缔结的却是一桩不怎么合适的姻缘,即埃尔特姆的约翰与已故德拉拉爵士的私生女西班牙的玛丽结成夫妻。很难说这不是法兰西方面故意怠慢英格兰的结果。这桩婚姻对解决两国之间棘手的分歧并无任何帮助,只是让爱德华三世在1337年又多了一个理由来指责腓力六世,说自己想方设法寻找途径解决彼此之间的长期纠纷,而腓力六世却故意阻拦。

蓬圣马克桑克会面之后的另一个重要结果是,两个君主都公开同意参

1　*EHD*, iv, 62–63.

2　*Foedera*, II.ii, 822.

3　*PROME*, iv, 155–156; Haines, *Stratford*, 221.

4　*Foedera*, II.ii, 836, 837–838; *PROME*, iv, 16; Déprez, *Préliminaires*, 84–85.

5　Déprez, *Préliminaires*, 90 n. 3, 96 n. 3; Haines, *Stratford*, 235.

加十字军东征。共同参加十字军东征是公认的维护英法表面和平的措施之一。爱德华二世曾在1313年加入了腓力四世及其三子在巴黎的行动,并誓言在需要的时候自己将会为圣地而战。早在1330年,当腓力六世打算出兵抵抗西班牙南部的摩尔人时,爱德华三世便曾出手相助,为其寻找同盟军,并在1331年4月的协议中,同意亲自参加这次军事行动。之后,在当年的秋天,腓力找到爱德华,给他提了个更大更冒险的建议,即联合作战向圣地进军。当时,有一种声音说,西部的国王应该团结起来,共同恢复基督教对中东圣地的控制,这样的前景令人无法抗拒。因此,在接下来的几年里,十字军运动成为爱德华与法兰西国王及教皇关系中的常规主题。

如今,众人皆知在圣战运动这个问题上,腓力六世的真诚与爱德华三世的虚伪形成了鲜明的对比。然而,如果将爱德华三世描绘为一个残暴的伪君子,即他本应该致力于恢复圣地的战役,但他却利用这个机会来掩盖他准备向法兰西发动全面战争的企图,不免将问题过于简单化了。[1] 这场战役的动机是复杂的。英格兰国王认为,腓力四世曾利用1313年誓言以分散他的注意力,掩饰其借机进攻加斯科涅的意图。[2] 爱德华三世和海峡两岸的祖先一样,可能对圣战抱有一种浪漫的理想化的想法。他的这种想法事实上一部分来自家族记忆:他所收藏的文物中,那顶萨拉丁头盔及1272年在阿科曾用来刺杀爱德华一世的刀,都提醒他,他的祖先是认同圣战的。[3] 此外,至少还有信仰与责任的因素:爱德华以前的告解神父罗杰·斯坦格

---

1 对比不同的研究方式,见C. Tyerman, "Philip VI and the Recovery of the Holy Land", *EHR*, c (1985), 25–52, 和N. Housley, *The Later Crusades, 1274–1580* (Oxford, 1992), 33–36。

2 C 47/28/4, no. 24, 根据内部证据,时间可追溯到1328年之前。

3 见上文第18页。一直到14世纪30年代中期,爱德华三世还拥有绘有萨拉丁的挂壁帷幔, E 101/387/11。这些(挂画)可能传给了黑太子,黑太子后来在遗嘱中将萨拉丁的挂画留给了理查二世, *A Collection of the Wills ... of the Kings and Queens of England*, ed. J. Nichols (London, 1780), 72; W. M. Ormrod, "Richard II's Sense of English History", *The Reign of Richard II*, ed. G. Dodd (Stroud, 2000), 105。

雷夫曾在 14 世纪 30 年代早期为他作了一篇关于圣地的论文。[1]他的密友，包括威廉·蒙塔古和格罗斯蒙特的亨利在内，都积极参加了西班牙南部抵抗摩尔人的圣战运动，并在立陶宛抗击欧洲异教徒。[2]1332 年 3 月的议会上，人们对"我们的国王参加圣战的美好意愿和真诚希望"[3]感到非常激动。如果这些都不能证明爱德华是真心认同接受基督教骑士的终极挑战，那么也不能说他是一个卑鄙自私之人。

1333 年，爱德华三世就参加腓力发起的十字军东征提出了两个前提条件：一是归还阿让奈和 1324 至 1327 年间被法兰西没收的阿基坦大区的土地；二是保证法兰西人不会利用与苏格兰的大卫·布鲁斯的结盟捞取好处。[4]但是，当腓力坚持以后所签订的任何外交协定都必须考虑大卫二世的权利时，所有英格兰人都明白了，参加这次圣战军事行动，并不会给英格兰带来任何机会。1334 年 9 月英格兰议会上，由于要优先处理苏格兰事务，议会协定国王应该将圣战一事推迟五年。[5]从此刻始，爱德华更加不遗余力地利用十字军东征谋求私利。顺应腓力六世与教皇本尼迪克特十二世的安排，便能让爱德华占据道德制高点。爱德华会见了亚美尼亚国王利奥四世的使者，答应他们，一旦自己将家门口的事情处理好，他就立即参加十字军东征。[6]他对圣战税——约翰二十二世在 1333 年强加给英格兰教会的税收——颇为顾忌，他拒绝提取这笔收入的利润来维持苏格兰战争，直到本

---

1 Tyerman, *England and the Crusades*, 251–252. 几年之后爱德华告诉阿方索九世说，他想去卡斯蒂利亚朝圣，或许是为了参加抗击摩尔人的圣战，SC 1/37/127。

2 Housley, *Later Crusades*, 278–281; T. Jones, *Chaucer's Knight: The Portrait of a Medieval Mercenary*, rev. edn (London, 1985), 60–64.

3 *PROME*, iv, 166, 168; *Litterae Cantuariensis*, i, 438–441.

4 *Les Grandes Chroniques de France*, ed. J. Viard, 10 vols (Société de l'Histoire de France, 1920–53), ix, 134; *EMDP*, I.ii, no. 325; Baker, 55; Déprez, *Préliminaires*, 96–97; Nicholson, *Edward III and the Scots*, 146.

5 Murimuth, 72–73; Haines, *Stratford*, 236–237.

6 E 403/260, 16 Mar. 1332; Nicholson, *Edward III and the Scots*, 106; Haines, *Stratford*, 241 n. 160. 关于1343年后来的行动，见E 403/328, 8 Aug. 1343。

第七章　雄狮与百合（1331—1339）

尼迪克特十二世正式取消 1336 年 3 月的圣战，此事才告一段落。[1] 一直到 1337 年对法战争开始时，他依然坚持，圣战的流产并非因为他的不支持，而是因为腓力六世拒绝接受他参战的条件。至此，爱德华可能已经心安理得，说服自己整个阴谋是腓力六世策划的，他希望借此不引人注意地同化金雀花王朝在法兰西拥有的封地，而这几乎毫无正当理由。[2]

1334 年末，英法外交陷入僵局。接下来的三年，两国之间在许多方面都出现了最终将导致战争的冷战迹象。联姻协商失败，加上因圣战告吹而相互指责，使得双方关于管辖区的争吵变得更加激烈起来。由于英格兰拒不交付那些本属于法兰西的城堡，腓力六世的代理人极为愤怒，由于提交给巴黎高等法院仲裁的未决案件存在尖锐的争议，"阿让议程"不得不于 1334 年底终结。[3] 腓力的坚决，以及他不断坚持高等法院有权听取阿基坦公国的上诉请求，甚至给那些理论上依然由英格兰控制并效忠于金雀花王朝的领地带来了麻烦。1334 年，加斯科涅的执事奥利弗·英厄姆爵士抱怨道，遥远的兰德兹地区的好战之人，已经成为向巴黎高等法院上诉的常客，但他们上诉不是因为喜欢瓦卢瓦的统治，而是将上诉作为他们早已习以为常的复仇方式。[4]

1　1333 年，约翰二十二世为十字军东征下令向世界范围内的基督教神职人员征收六年的什一税，但其实他在 1330 年就已授权向英格兰神职人员征收四年的什一税，这笔税收由他和爱德华三世平分（用于一般性开支，而非仅用于十字军东征）。这意味着只能再向英格兰征收两年的什一税。经过 1336 年 9 月、10 月两次会议的确定，这些为十字军东征而征收的税转化成了支付国王战争的费用。Lunt, "Collectors of Clerical Subsidies", 228–229, 231–232, 260–261; W. E. Lunt, *Financial Relations of the Papacy with England*, 2 vols (Cambridge, Mass., 1939–62), ii, 75–94. 相比之下，1337 年腓力六世转拨给教廷圣俸，这平息了本尼迪克特十二世的怒火，Déprez, *Préliminaires*, 142–144.
2　*EHD*, iv, 62–63.
3　Cuttino, *English Medieval Diplomacy*, 75–76.
4　C 47/24/5, fol. 2v.

然而，无论动因为何，如此公开地挑战金雀花王朝在加斯科涅的宗主权，并非不会受到任何惩罚。1336年，索德纳瓦耶（Sault-de-Navailles）的领主加尔西耶－阿尔诺在巴黎起诉爱德华三世，称后者仍然欠他三万一千里弗尔（略高于六千镑），因为在1294至1298年战争期间，他的父亲因依附于英格兰而被腓力四世罚款。英格兰方面担心，一旦巴黎做出有利于加尔西耶－阿尔诺的判决，类似的起诉便会接踵而至，因此试图质疑阿尔诺提出诉讼的权利。如果在1337年战争开始之前，巴黎高等法院便做出了一个清晰的判决，那么这一判决可能足以让腓力六世全面没收金雀花王朝的封地。而后，爱德华宣告加尔西耶－阿尔诺为反叛者，而这仅仅表明，频繁向巴黎上诉，导致曾经忠于英格兰王室的加斯科涅领主同波尔多及威斯敏斯特的金雀花王朝政府发生公开冲突。[1]

14世纪30年代中期，大量的流言与辟谣使加斯科涅贵族倍感紧张，越发不确定公国的命运。面对腓力六世挑衅的判决结果，爱德华三世的支持者反驳道，瓦卢瓦王朝恐吓加斯科涅贵族以使之屈服，然而他们却从不甘愿臣服。[2] 或许，就在这个时候，英格兰政府的一个官员建议爱德华三世冠上他的所有头衔，不分重要程度，即"英格兰国王，爱尔兰、加斯科涅及群岛领主，阿基坦公爵，蓬蒂厄和蒙特勒伊伯爵"。[3] 古代加斯科涅公国的宗主权与1259年有条件限制的封地阿基坦大区之间所隐含的区别，在这一危急时刻，可能对英格兰的外交形势有帮助。但也会引起阿让奈及其他被没收领地的亲英格兰贵族的强烈担心，因为这意味着，英格兰可能为了

1　Vale, *Angevin Legacy*, 259.
2　G. P. Cuttino, *English Diplomatic Administration, 1259–1339*, 2nd edn (Oxford, 1971), 101–111.
3　*EMDP*, I.i, no. 95. 爱德华"群岛领主"的头衔中"群岛"指的是，他的先辈已声明控制的"英格兰海"的所有岛屿，特别是海峡群岛及奥莱龙岛（Oléron），见 ibid., I.i, no. 206. "群岛领主"并不意味着是苏格兰西部诸岛的领主，因为这一头衔是在14世纪逐步形成的，而整个苏格兰及西部诸岛被认为是在1327年被英格兰王正式同化征服。

第七章　雄狮与百合（1331—1339）

维护金雀花王朝在波尔多到巴约讷这片沿海地带的统治而牺牲他们。1334年夏，加斯科涅政治团体抱怨英格兰王为了解决同法兰西之间的纷争，将要用大阿基坦地区来交换其他地区。爱德华三世不得不迅速行动，应对由此产生的反感和敌意。[1] 如果他想要获得加斯科涅贵族的支持，他就别无选择，必须全心致力于夺回圣萨尔多之战后被没收的阿基坦部分地区。讽刺的是，这样绝不妥协的态度却开始威胁到他在法兰西北部那些小采邑的完整性。1334年10月，奥利弗·英厄姆向他汇报说，腓力六世打算没收蓬蒂厄作为赎金来归还阿让奈地区存有争议的城堡。[2]

1334年11月，爱德华三世正式写信给腓力六世，信中期盼双方可以找到达成和平的方法。他指出，自己与加斯科涅的臣民对腓力在1324至1325年间的战争、1327年协议和1331年倡议的所有内容都感到不满；那些存在已久的"议程"理应恢复，但也应该全面评估双方现有的和平条款。[3] 这封信既揭示出爱德华眼光的局限性，也反映出他的卓越不凡。恢复"阿让议程"的建议，表明14世纪30年代外交一直受到传统的羁绊，试图解决阿基坦地区复杂问题的方法，也没有任何新颖之处。爱德华一世的顾问曾借用历史先例来论证加斯科涅是自主地产，爱德华三世出于相似目的，也做了一系列的档案调查。[4] 而14世纪30年代早期，英格兰咨议会往往只关注可以在《巴黎条约》及其后英法外交档案中查到的问题。1334年提案使议程回到了1259年的分水岭时代，当时的金雀花王朝在法兰西的势力更为强大。14世纪30年代末的一份备忘录表明，爱德华三世的兴趣不仅局

1　C 47/24/6, fol. 2v.

2　Cuttino, *English Medieval Diplomacy*, 76.

3　SC 1/37/135，载Déprez, *Préliminaires*, 407; Sumption, i, 138–139。

4　E 403/253, 15 Nov. 1330，记录了一份英格兰国王、法兰西国王因为阿基坦大区而签订的各种和平、协定与休战条约的调查。这份调查是根据诺里奇主教、考文垂主教的指示为咨议会准备。亦见E 403/262, 14 July 1332; SC 8/114/5666; E. B. Fryde, "Parliament and the French War, 1336–40", *Historical Studies*, ed. Fryde and Miller, i, 243。

限在封建领地的技术性问题上,对于法兰西之前几任国王频频介入英格兰事务、"英格兰国"自理查一世时期起便遭受法兰西的"凌辱与侵害",爱德华也越发感兴趣。[1] 通过将历史追溯到约翰王丢失诺曼底及亨利三世接受《巴黎条约》之前的时代,爱德华首次给英格兰的统治范围画出了一个更广阔的区域,试图恢复他的诺曼与安茹祖先从英吉利海峡至比斯开湾(Bay of Biscay)整个法国西部的领地。

然而就当前的形势而言,这不过是他浪漫的幻想罢了。总之,在对法问题上,爱德华三世虽然想更激进,并更具进攻性,却受到他在苏格兰问题上现行承诺的制约。1334、1335 年,爱德华三世的代理人不断游说腓力六世,希望让他相信英格兰对待苏格兰人的动机是有价值的。[2] 但是这一谨慎的策略,在自负的腓力六世面前并无效果。杰弗里·斯克罗普爵士自 1333 年 10 月至 1334 年 7 月间,曾花了六个多月的时间在巴黎与桑利斯就此事洽谈,但毫无收获。在他回到英格兰后,便再也不想介入外交事务了。[3] 其他人也必然感同身受。1334 至 1335 年间的冬天,约翰·斯特拉特福德、威廉·蒙塔古、威廉·克林顿在巴黎与法兰西人谈判,顽固的腓力六世给他们上了一堂政治道德与自然公正的课。他声称,14 世纪 20 年代对英战争的支出尚未弥补回来,在这种情况下,要他归还阿基坦的领土是不可能的。他又斥责爱德华三世对苏格兰人实行粗暴的政策。最后,他宣称,除非在法兰西、英格兰、苏格兰出现一个统御三国的人,否则休想和平。英格兰使臣只得愤怒地返回国内。[4] 在之前的八十年里,英法双方很少如此坦白地承认建立在《巴黎条约》上的和平是不可能达成的。

---

1 C 47/28/5, no. 17. C 47/28/5, no. 27 是一份记录自约翰王时代以来英格兰人与苏格兰人、法兰西人及威尔士人之间纷争的草稿文件。

2 Déprez, *Préliminaires*, 109–118.

3 *CPR 1330–4*, 565; Stones, "Sir Geoffrey le Scrope," 8–9, 17.

4 Baker, 55–56; Haines, *Stratford*, 237–238. Rogers, *War Cruel and Sharp*, 120–121 and n. 203 将这一情节置于之后的 1336 年。

第七章 雄狮与百合（1331—1339）

在引发 1337 年英法战争的所有因素中，从短期来看，最重要的是 1336 年 3 月十字军东征行动的取消。负责与法兰西联合出征的约翰·佩雷斯受令就最急迫的外交事务写出草案大纲，以便及时提交到 3 月威斯敏斯特议会讨论。正是在这次议会上，爱德华公开拒绝了腓力六世要求双方会面以解决紧急分歧的要求。[1] 十字军东征行动的取消，让法兰西得以重新部署最近在地中海港口准备的十二艘大型战舰，并计划从海路大规模介入苏格兰。爱德华三世亲巡伦敦桥下游雷德克利夫处的王室造船厂，无疑是因为受到这一紧急事件的刺激。4 月 3 日，他在"克里斯托弗号"（Christopher）上用餐，并检查了他个人舰队中可用的船只库存。[2] 当年夏天，在从珀斯回来之后，他警示英格兰臣民，说法兰西的进攻已迫在眉睫。[3] 由于腓力六世在聚集船舰、士兵时迁延了不少时日，而爱德华在苏格兰东北部行动迅速，因而顺利阻止了法兰西的登陆。但瓦卢瓦的舰队和军队不断壮大，这支队伍可能对英格兰的东、南海岸发动突袭的迹象越来越明显。尽管爱德华三世的探子们获取了不少情报，让英方为东、南海岸的防御做了更好的总体布局，但法兰西依然能够对萨福克和怀特岛的海岸发动小规模攻击。此时的爱德华已无退路。从 1336 年秋天起，英格兰政府众人已知战争可能爆发。[4]

在 1336 年 7 月底，爱德华远在苏格兰，在斯特拉特福德大主教的主持下，咨议会在北安普敦进行了一次正式会面。会议决定由达勒姆主教、威斯敏斯特主教率领新代表团，前去巴黎与法兰西国王和在法流亡的大卫·布鲁斯谈判。[5] 考虑到英格兰使臣近来在瓦卢瓦宫廷所遭受的屈辱，代

1　C 47/28/8, no. 55; *PROME*, iv, 209.
2　E101/387/19, m. 3.
3　*Foedera*, II.ii, 944.
4　J. R. Alban, "National Defence in England, 1337–89"(University of Liverpool PhD thesis, 1976), 4–5; Sumption, i, 152–166.
5　BL, MS Cotton Faustina B. V, fol. 77; *Foedera*, II.ii, 944–945; Haines, *Stratford*, 243; Sumption, i, 161–162.

表团很可能采取了更为坚定的立场。将布鲁斯的派系牵扯进来,并不是向法兰西让步,更可能反映了爱德华三世试图提醒法兰西和布鲁斯注意,因为他们退出《纽卡斯尔草案》所拟定的三边协议,所以他完全有理由以这样乐观自信的态度对待他们。腓力遣散使团也在英方的预料之中。[1] 当然,在北安普敦的咨议会上,英格兰原已打算开战。在会议开始之前,英格兰便已做了精密的计划,国王召集了大队商人,他们正式同意一项详细制订的计划,即用羊毛贸易利润所得支持迫在眉睫的对法战争。计划的第一步于8月正式实施,暂时禁止羊毛出口以抬高低地国家布料生产城镇所需羊毛的价格。[2] 第二步是9月底在诺丁汉举行的大咨议会上拟定的。这次会议召集了更多的商人,他们同意在现有的税率基础上,对英格兰出口的所有羊毛征收每袋一镑的税收。一旦羊毛禁运令取消,国王从港口所得收入便大幅增加,有助于国王偿还积累的巨额战争债务。[3] 与此同时,为了执行新财政试验的第三个措施,即为国王专用、为国王的利益而强制性收购羊毛,咨议会向生产商提供了保证——给国内市场制定了最低价格表。[4]

面对即将到来的苏格兰和法兰西的进攻,诺丁汉咨议会也采取了大量的防御措施。会议前所未有地召集八万步兵巡查边境和海岸,伦敦周围各郡则承担军队的工资开销、运输及饮食费用。更大规模的食材及军事装备征发也紧随而至。[5] 1337年1月初,咨议会与各镇代表敲定大范围内征用

---

1 见本书第225页。
2 *CCR 1333–7*, 700.
3 *RDP*, iv, 464; E. B. Fryde, "Edward III's War Finance, 1337–41: Transactions in Wool and Credit Operations" (University of Oxford DPhil. thesis, 1947), i, 54–55: Ormrod, *Reign of Edward III*, 206.
4 *CPR 1334–8*, 480–482; Fryde, *Studies*, chap. vi, 12.
5 Powicke, *Military Obligation*, 193, 203; Sumption, i, 165; Maddicott, "English Peasantry", 331. 约翰·德沃登哈尔被委任为南海岸沿线军队的工资管理者,但他的主要工作似乎是征集军队及采买军队食材,*CFR 1327–37*, 497; E 358/2, m. 11d。

商船的决定。[1]所有这些大大增加了对苏格兰战争的既有压力，引发了公众对王权行使超过法定限制的焦虑。而国王采取的应对措施是，他通过激情洋溢的对内宣传，来加强国民在国家紧急情况下的公共责任感。尤其是防御海岸的宣言，不断地将爱德华三世称为"英格兰海洋之主"，这是为了强调，英格兰北部的形势如今也适用于南部，与瓦卢瓦的战争既是为了保卫王国，也是为了保卫或恢复国王在法兰西的头衔。[2]

腓力六世没收金雀花王朝的法兰西采邑并正式重启战争的行动来得出乎意料，极具戏剧性。其堂兄兼妻兄——阿图瓦的罗贝尔，因为拒绝接受腓力六世的裁决，即勃艮第公爵夫人比他更有权拥有阿图瓦郡，在1332年被驱逐出法兰西。[3]1334年，罗贝尔曾往英格兰寻求庇护，并在那默默无闻地居住了两年。1336年春，爱德华三世为了表彰他参加苏格兰战争而赐给他几座王室城堡及一笔可观的津贴。在爱德华三世看来，他受到了专横的法兰西王的冤枉，这些赏赐是对他的善意与尊重。但爱德华三世并非如此天真或轻率，不可能不明白其背后的深意。事实上，英格兰王庇护阿图瓦的罗贝尔，很难说不是他精心设计的，爱德华想要以此刺激腓力六世，希望对方谴责自己是一个藐视权威的诸侯，他便可以此为借口公开否认法兰西的宗主权。

从1336年11月开始，法兰西王和教皇都为引渡罗贝尔一事给爱德华施压。[4]在圣诞节，腓力六世给加斯科涅的执事下达了最后通牒：除非"我们不共戴天的敌人"罗贝尔被及时送到法兰西王室的代理人处，否则巨大的风险、苦痛和纷争将会降临。[5]爱德华三世之所以立场坚定，还因为他有

1　*RDP*, iv, 469–470; Sumption, i, 178.
2　Prince, "Army and Navy", 386, 392; *EMDP*, I.i, no. 206. 声称对海峡享有领主权的历史先例可以追溯到14世纪30年代晚期，C 47/28/9, nos. 8, 25。
3　Le Bel, i, 95–100; Froissart, i, 357–359. 后续情况，见Lucas, *Low Countries*, 176–181, 187。
4　Déprez, *Préliminaires*, 135; Sumption, i, 172.
5　Déprez, *Préliminaires*, 414–415.

一个极有价值的事件来反驳法王：1337年初，他在阿维尼翁（Avignon）的代理人理查德·本特沃斯和保罗·蒙蒂菲奥里曾抗议腓力，说他的舰队曾试图攻击金雀花王朝的海峡群岛。英格兰为此暂停约克议会，而在3月5日于威斯敏斯特宫开会商讨对策。[1]结束对苏格兰作战回来之后，1337年上半年的一半时间里，爱德华都在东南部徘徊。英格兰坚定决心集中力量与欧洲大陆开战的时刻已经到来。在1337、1338年里，曾在1332至1333年间迁到约克的各个中央部门被重新迁回威斯敏斯特。由于1337年局势的转变而非其他任何事情，爱德华三世将伦敦变成英格兰长期的行政首都。[2]

尽管有关1337年议会的官方资料已经遗失，但爱德华三世当时因与法兰西公开为敌而寻求国内政界的正式同意却是一目了然的。[3]由于爱德华三世长期致力于对苏格兰作战，他迫切需要向其支持者和反对者提供一个可信的理由，以便众人同意他与法兰西开战。伯格什主教和新近晋爵的亨廷顿伯爵、索尔兹伯里伯爵受命前去法兰西，最后一次陈述爱德华三世作为瓦卢瓦腓力六世诸侯的不满。同时，爱德华下令在朴次茅斯集结士兵、补给和舰船，准备由国王亲自率军远征阿基坦。腓力六世看清了英格兰特使空洞哄骗之言背后的真实目的，便于4月30日宣布进入战争状态。三周之后，即在5月24日，他正式下令，由于爱德华三世违背了诸侯的职责，他在法兰西的所有领地及其权利都被没收。[4]《巴黎条约》带来的无尽争吵再一次让位于公开战争。

还有一个重要的问题便是，好战的爱德华三世会如何确定他的目的。1337年1月，在咨议会上曾着重讨论过爱德华三世对卡佩王朝的继承权，

1　*HBC*, 558; *PROME*, iv, 229.
2　Ormrod, "Competing Capitals", 80. 关于1338年夏迁回威斯敏斯特的文秘署是否随国王去了大陆的讨论，C 49/7/9, 载 J. F. Baldwin, *The King's Council in England during the Middle Ages* (Oxford, 1913), 478, 日期有误。
3　Harriss, *King, Parliament*, 233–234, 314–320.
4　Vale, *Angevin Legacy*, 260–263; Sumption, i, 184; Déprez, *Préliminaires*, 154 and n. 1.

第七章　雄狮与百合（1331—1339）

他是法兰西查理四世血缘关系最近的男性继承人，只是讨论结果秘而不宣。在 1328 年法兰西王位虚悬之时，爱德华因为年幼而妥协，退出王位的角逐。如今，有人认为，根据民法的基本原则，除非爱德华在二十五岁生日（即当年 11 月）前再次索求法兰西王位，否则他将永远失去它。[1] 爱德华明白这会给他在与瓦卢瓦的外交上带来重要筹码，便尝试性地支持这一提议。然而，当时并未公开论及此事。由此看来，3 月议会上讨论的国王发动战争的意图，仅仅是为了恢复 1259 年协议中他的领土权利。[2]

会议上所商讨出来的总体军事策略，是完全可以预测的。1336 年，爱德华三世已经与巴伐利亚的皇帝路易和奥地利公爵哈布斯堡的阿尔伯特进行了公开会谈，期望重建爱德华一世时与神圣罗马帝国和低地国家的反法同盟。同祖父一样，爱德华三世意识到，其法兰西采邑能否恢复，完全取决于他能够给法兰西王室的核心区域即法兰西岛（Île-de-France）施加多大的直接压力。为了推进在法兰西北部边境地区的陆上进攻，他积极寻求帝国君侯们的支持。此外，在 1337 年下半年，他花了大量时间报复性地掠夺在英法兰西人的财产，这是英法交恶时的常规做法。[3] 法兰西北部那些在海峡对岸依然还有地产的贵族，如今被迫做出选择，这在未来将会影响他们子孙后代的财产及效忠对象。在这些人中，损失最大的是厄镇伯爵拉乌尔·德布里耶纳，他在这个时候永久丧失了先祖在英格兰和爱尔兰的大片地产。十年之后，他的也叫拉乌尔的儿子因为英法战争而两次承受伤害，

1　BL, MS Cotton Faustina B. V, fol. 79; Rogers, *War Cruel and Sharp*, 176.
2　Fryde, "Parliament and the French War", 244–245; Harriss, *King, Parliament*, 234; Haines, *Stratford*, 195, 246–247, 298–299. 后来仅有编年史家格雷与傅华萨认为这次会议讨论了英王继承法兰西王位的权利，*Scalacronica*, 123; Froissart, i, 359–360。1340年斯特拉特福德的声明是模棱两可的，仅仅指出1337年3月的议会同意爱德华去争取他在法兰西的权利，*Anglia Sacra*, i, 29–30。或许是用于1337年某场会议的涉及法兰西争端的议程准备，见C 47/28/4, nos 28–29。
3　*Foedera*, II.ii, 982; E 101/510/18; E 199/52/8.

先是被英格兰逮捕入狱,然后因叛国罪被法兰西处斩。[1]

如果说,面对腓力六世的宣战,爱德华的最初反应是小心谨慎乃至于墨守成规,那么他很快就意识到,以往采取的传统策略无法给他提供行之有效的帮助。由于并无英格兰贵族在海峡对岸拥有重要地产,因此在1337年议会和咨议会上,没有被取消继承权的地主自然而然组成主战派。而加斯科涅的领主又没有机会表达他们的真实意见,因为14世纪早期曾经常出席威斯敏斯特议会的阿尔布雷家族由于干涉爱德华二世的统治而与王室闹僵,他们的领袖贝尔纳-埃兹在战争之初,也对英格兰事务漠不关心。[2]

在论证恢复法兰西采邑时,爱德华很可能援引了宪政和实际依据。因为亨利三世曾宣称阿基坦是王冠之上一颗不可剥夺的珍珠,那么,至少从理论上讲,保卫这块公国就成了英格兰民众的直接公共责任。[3]潜在的原因则是,阿基坦提供了大量的财富,使英格兰王国能够创造出一个自给自足的殖民地,甚至,就像之前那样,能够提供额外的物资来防御靠近英格兰本土的附属地。[4]但爱德华当然也明白这些论调的虚华。在1294、1322、1325年,国王是否可以合法采取封建召集和强制征兵措施、远征加斯科

---

[1] E 159/113, rots 119, 180; GEC, v, 173–175. 亦见本书第339、400页。与之不同的是,王后的一个侍女伊莎贝拉·德拉莫特选择了她在英格兰而非法兰西的利益,*Foedera*, II.ii, 987; C 143/49/3; *CPR 1338–40*, 53. 鲁昂主教皮埃尔·罗杰在14世纪30年代预计到事情的发展走向,因此事先变卖了诺曼底各大教堂所拥有的英格兰地产, J. Peltzer, "The Slow Death of the Angevin Empire", *HR*, lxxxi (2008), 557–580。

[2] SC 1/42/164, 载*Recueil de lettres anglo-françaises (1265–1399)*, ed. F. J. Tanqueray (Paris, 1916), no. 152; Vale, *Angevin Legacy*, 95–98, 240–241, 262–263。

[3] J. Le Patourel, *Feudal Empires: Norman and Plantagenet* (London, 1984), chap. viii, 301.

[4] 1324年,英格兰王室估计阿基坦公国的年度净收入为13000镑, Harriss, *King, Parliament*, 523。关于此前用加斯科涅的税收资助不列颠岛的军事行动,见E. A. R. Brown, "Gascon Subsidies and the Finances of the English Dominions, 1315–1324", *Studies in Medieval and Renaissance History*, original series, viii (1971), 37–163; W. M. Ormrod, "The English State and the Plantagenet Empire, 1259–1360: A Fiscal Perspective", *The Medieval State: Essays Presented to James Campbell*, ed. J. R. Maddicott and D. M. Palliser (London, 2000), 202–203。

第七章　雄狮与百合（1331—1339）

涅地区一事引发了巨大的争议，而在 1330 年，莫蒂默试图为阿基坦增兵，却遭到了坚决的反对。[1] 1337 年，遥远对岸的文化习俗和政治传统都与本土截然不同，少有贵族、骑士对获得当地的土地及权利感兴趣。这实际上限制了爱德华三世的军事行动，因此他被迫重新思考更为有力的理由，以促进英格兰民众积极参与战争帮助他收复法兰西的采邑。

7 月末、8 月中旬在威斯敏斯特召开的两次咨议会上，爱德华向大贵族、高级教士们告知了他修正之后的策略。他愿意放弃亲征加斯科涅的计划，由此一来，为此次远征而组建的军队级别降低为小规模的支援部队，由约翰·诺里奇统率。保卫阿基坦的责任移交给当地执事奥利弗·英厄姆与加斯科涅忠诚的大贵族布赫领主（captal de Buch）让·德格拉伊，让他们主要依靠当地的人力、物力、资源供应来发动战争。[2] 国王自己则统帅已集结的军队渡过海峡前往低地国，与他的帝国盟友会合后再准备攻入法兰西北部。[3] 为了缓和征税对公众的冲击，爱德华下令在郡法庭、地方教士大会上举行特别会议，并派专人在会上"用英语"阐述战争理由。这些陈述（用官方语言法语书写）将国王塑造为被冤枉的封臣，因而需要臣民支持他反抗专制不公的封建君主。授予腓力法兰西王位是合适的，但不意味着他的权利可以扩展到阿基坦和蓬蒂厄。然而，如今不但加斯科涅人的利益遭到了威胁，英格兰的利益也不例外。反抗法兰西不仅是维护爱德华在法的采

1　Powicke, *Military Obligation*, 99, 153–155; Harriss, *King, Parliament*, 53–63; Willard, *Parliamentary Taxes*, 111–114.

2　*RDP*, iv, 475–479; Sumption, i, 205–206. 11 月发起了一场特殊调查，以为在加斯科涅服役的人确定合适的薪酬，财政署报告说布列塔尼的约翰在 1294 至 1295 年任阿基坦总督时已支取了工资。这些酬薪与其他战场成为标准的工资相匹配，E 159/114, rot. 52d。1337 年 3 月被任命为阿基坦食材采买官的约翰·查尼尔斯未从英格兰财政署收到任何资源，E 358/2, m. 5d。

3　Sumption, i, 211–214.

邑，也是为了击破反复无常的苏格兰人的同盟。[1]1337 年，不论是在军事指挥还是政治修辞上，爱德华都努力让这场战争引起那些必然要承担战争支出之人的关注，以得到他们的认可与支持。

由于爱德华准备给他的帝国盟友支付高额报酬，这样的敏感举措便显得更为迫切。由爱德华的姻亲于利希侯爵、海尔德伯爵、埃诺伯爵领导的众多尼德兰与日耳曼贵族，很快便加入到亨利·伯格什的队伍中来，为反抗瓦卢瓦的腓力提供军事支持。但这样做的代价巨大。7 月底，当索尔兹伯里伯爵、亨廷顿伯爵在法兰克福与巴伐利亚路易的代表会面时，他们被迫给对方提供不少于四万五千镑的经费。作为回报，路易任命爱德华为帝国主教区的教士长，因此，至少在理论上赋予了爱德华召集帝国联盟下的所有附属公国支持金雀花王朝事务的权力。[2]在短期内，爱德华三世的大联盟似乎权力无限。英格兰哲学家奥卡姆的威廉当时正住在慕尼黑巴伐利亚皇廷，开始撰写一篇激进的论文，条列出爱德华为了保卫自己正义的事业而动用教会财产时享有的权利。[3]这一同盟在国内也吸引了许多关注：即便爱德华除了王宫侍卫再无其他力量跟他一起奔赴往海峡对岸，但在可贵的

---

1 *CCR 1337–9*, 254–255; *CPR 1334–8*, 502–504; *EHD*, iv, 62–63. 关于结果，见J. F. Willard, "Edward III's Negotiations for a Grant in 1337", *EHR*, xxi (1906), 727–731; W. N. Bryant, "The Financial Dealings of Edward III with the County Communities", *EHR*, lxxxiii (1968), 766–768; Jurkowski, Smith and Crook, *Lay Taxes*, 40–42。这些论著中未能讨论的神职人员，在其他地方有所论述，见BL, MS Cotton Faustina B. V, fols 80v–81; *Register of William Melton*, iii, nos 280–281; *The Register of Ralph of Shrewsbury, Bishop of Bath and Wells, 1329–1363*, ed. T. S. Holmes, 2 vols (Somerset Record Society, ix, x, 1895–1896), i, nos 1276–1278; *The Register of John de Grandisson, Bishop of Exeter*, ed. F. C. Hingeston-Randolph, 3 vols (London, 1894–9), i, 300–302（提供了少有的用"英语"发布口头声明的证据）。这一宣传对编年史的影响，见J. Barnie, *War in Medieval English Society: Social Values in the Hundred Years War, 1337–99* (London, 1974), 5。
2 Le Bel, i, 119–128, 142–153; H. S. Offler, "England and Germany at the Beginning of the Hundred Years' War", *EHR*, liv (1939), 609–610; Lucas, *Low Countries*, 219.
3 *Medieval Political Theory*, 207–220; C. J. Nederman, "Royal Taxation and the English Church: The Origins of William of Ockham's *An princeps*", *Journal of Ecclesiastical History*, xxxvii (1986), 377–388.

第七章　雄狮与百合（1331—1339）

盟友的支持下，他也注定会取得伟大的胜利。[1]

　　然而很快，由于神圣罗马帝国军事集团要价太高，英格兰改变了对迫在眉睫的战争的态度。实际上，在签约之前，帝国的君侯便要求英格兰就他们的工资、补贴、抚恤金等所得做出明确许诺。重要人物如布拉班特公爵约翰三世、莱茵区的王权伯爵鲁道夫二世，可能会适当加压获取最好的回报。结果，爱德华爽快地答应在 1337 年底支付至少十二万四千镑的年金。这一数额远远超过之后英格兰和罗马帝国联军投入战场后累计的经费总额。[2] 由于 1337 年 3 月的税收已经抵押出去——用于支付先前的苏格兰战争花费，因此国王爱德华现在不得不大力筹集经费。羊毛方案的最后一步也于 7 月投入实施：威廉·德拉波尔与伦敦人雷金纳德·康迪特为代表的英格兰商人财团同意代表国王，按照最近在诺丁汉定下的价格赊买三万袋羊毛。[3] 按协议，他们不受当时执行的港口禁运令的影响，可以将大宗羊毛货运至原料急缺的低地国市场，在那儿他们将获得高额利润。正是预测可获得高额回报，企业联盟才同意贷给爱德华二十万镑。为了收回债务，并及时支付给羊毛生产者，德拉波尔及其商业伙伴将被授权控制海关。这一野心勃勃的方案不仅让爱德华有了充足的可用现金，而且能给潜在的盟友制造外交压力。不同于尼德兰的其他统治者，佛兰德斯伯爵路易·德讷韦尔效忠于法兰西国王，因而在接下来的战争中只能支持腓力六世。然而，爱德华希望目前的羊毛禁运令，或许能够迫使布料生产城镇布鲁日、根特、伊普尔（Ypres）支持他，从而给路易施加压力，让他在金雀花和瓦卢瓦的战争中保持中立。[4]

　　9 月 26 日，在威斯敏斯特召开了大咨议会，继续讨论战争问题，正如

1　*Scalacronica*, 124–127.

2　Fryde, *Studies*, chap. vii, 1146.

3　*CCR 1337–9*, 148–149.

4　Fryde, *Studies*, chap. vi, 8–24; Lucas, *Low Countries*, 186–191, 200–203, 219–223.

爱德华明确希望的那样，咨议会欣然同意进一步大规模征税。不管是在结构还是在人员上，这次集会都与议会无异，当时的许多人也因此干脆称呼这次集会为议会。然而，其官方名称依然暗示着其与议会之间有着重要区别。在议会上，国王既要听取臣民的个人意见，也要听取骑士和市民代表的共同请愿。而在大咨议会上，国王则没有这样的责任。爱德华三世及其顾问明确要求，任何事都不能挡在首要而紧急的国家事务之前。近来，爱德华试图发动支持者，但并未取得成效。然而，在大议会上，下议院还是准备同意连续征收三年的十五分之一税与什一税直至1340年初。教会紧跟其后，在9、11月于坎特伯雷和约克召集的教区会议上及时通过了十分之三的税制。[1]然而讽刺的是，由于大咨议会不做官方记录，因此很难确定王室为这一轮新长期税收制度所做解释的性质。根据写于两代人之后的傅华萨的撰述，这一切都与将政体打造为符合国王诉求的热切期待有关。他认为这次大咨议会做出了以下规定：鼓励英格兰人努力练习射箭之术，教他们的孩子学法语，以便他们能够更好地参战。[2]在此紧要关头，爱德华很可能必须展示出强有力的领导力，向臣民提供腓力侵略意图的有力证据，并再一次强调即将到来的战争不仅是为了维护王权，更是为了维护英格兰王国的权利。

在此番论辩中，最难以解释的便是爱德华三世对法兰西王位的诉求。大咨议会通过了他签发正式法令以反抗腓力六世的提案，同意他解除自己作为法兰西封臣的责任义务，并发动战争抵抗暴虐的封建君主。伯格什主教受命将此文件交到巴黎宫廷。大咨议会结束之后不久，伯格什还收到了一些机密文件，这些文件中确认爱德华三世的头衔为"法兰西与英格兰国王"，这让爱德华的尼德兰盟军能够以官方名义占领法兰西，并号召所有法

---

1 *PROME*, iv, 231; Ormrod, *Reign of Edward III*, 205.
2 Froissart, i, 401–403.

第七章　雄狮与百合（1331—1339）

兰西的教士与贵族接受金雀花国王为他们的封建宗主。[1]如果爱德华确实认识到在他二十五岁生日之前重申法兰西王位继承权的紧迫性，那么伯格什的出使便极为重要。然而，这次出使却被其他事情耽搁了，这份文件也未及时送出，被搁置了好几个月，而且，没有证据表明1337年10月的公开信的内容曾被法兰西人知晓。然而后来的外交政策表明，伯格什并不认同爱德华对法兰西王位的诉求。面对爱德华的幻想，腓力六世也许曾嗤之一笑。[2]但是，从这一点可知，爱德华三世开始不断挑战腓力六世王位的合法性，仅仅把他的表亲称为事实上的法兰西国王。几近最后关头的这一外交姿态，似乎挽救了爱德华对卡佩王朝继承权的最后诉求，而在后来，这成为英格兰在商讨两国协议时的重要筹码。

金雀花王朝的这一政治辞令，也让后来的历史学家将1337年视作英法关系的全新起点，并将之视为1337至1453年英法百年战争的开端。自20世纪中叶以来，人们习惯强调动荡变革的延续性，认为1337年战争是1259年《巴黎条约》英法分歧的延续。事实上，最值得注意的地方在于，1337年10、11月间的外交策略对英格兰的影响微乎其微。这可能是因为爱德华并未在1337年大咨议会上公开讨论他索求法兰西王位的问题，而仅聚焦于讨论其战略目标。[3]此后的两年内，明确提到他的法兰西头衔仅限于外交文件。在有些场合下，英格兰一方确实曾提出了详细的法律和道德理由，初步辩护这一诉求：1338年爱德华的教会法立法机构曾向教皇指出，基督之所以拥有犹太人国王的头衔，是因为他通过母系继承由圣母玛利亚从大卫王那里继承下来的。[4]但是，当爱德华在1340年1月公开使用"法

1　*Treaty Rolls 1337–1339* (London, 1972), nos. 87–90, 92–95; *EMDP*, I.i, no. 95; Le Patourel, *Feudal Empires*, chap. xii, 180.
2　Froissart, i, 404–405; Déprez, *Préliminaires*, 172–173.
3　Pace后来将这些文字插补进了Froissart, i, 360。
4　*Foedera*, II.ii, 1086.

兰西国王"的头衔时，似乎依然引起了英格兰人的震惊。[1] 爱德华如此重视国内臣民的一致同意，以确保他们能够支持他同法兰西开战，因此，他似乎从未允许英格兰政坛正式承认他的"法兰西国王"头衔，也就不足为奇了。

1337年6月之后，出于外交原因，战争事实上推迟了一年，以保证双方都有更多的时间进行准备，发动猛攻。尽管在1338年1、3月曾突袭北边，但爱德华三世的注意力还是主要放在东南边和东安格利亚，他仔细巡察聚集的军队并检视、评估海峡中法方船舰带来的威胁。同时，他在欧洲大陆的潜在支持者对这场战争抱有很大的期望，让·勒贝尔与傅华萨都写到，埃诺的一群年轻候补骑士向他们的夫人发誓说，如果不能在爱德华的战争中取得荣耀，他们将一直戴着眼罩。[2] 沃尔特·莫尼爵士在1337年11月袭击了卡德赞德岛（Island of Cadzand），这在英格兰引发了强烈的反响与兴奋，主要原因是这给爱德华带来了开战以来的第一个战败者及重要囚犯，即路易·德讷韦尔的私生兄弟——佛兰德斯的盖伊。[3] 12月，有一个教皇代表团来为和平做最后一次努力，爱德华在壮丽的威斯敏斯特宫接见了他们。面对他们的请求，爱德华只同意将进攻法兰西的时间推迟到来年春天。[4] 爱德华三世在吉尔福德度过当年圣诞节，在飞快赶往邓巴的途中，他已做好了准备，打算在1338年2月将作战方案提交议会讨论。由此一来，为大战所做的准备均已妥当。

根据官方议会卷宗的记载，在1338年议会上，国王对前一年的普遍乐观情绪颇有信心，他认为上、下议院也会积极支持即将到来的战争。[5] 然

1　见本书第272—277页。
2　Le Bel, i, 124; Froissart, i, 124; *EHD*, iv, 60–61.
3　*Scalacronica*, 124–127; Prestwich, *Plantagenet England*, 345; Sumption, i, 294, 302.
4　Murimuth, 81.
5　*PROME*, iv, 232; Déprez, *Préliminaires*, 418–419; Fryde, "Parliament and the French War", 245–246.

第七章　雄狮与百合（1331—1339）

而，实际上，议会上的争论极为激烈。由于近来国王特使决定在低地国没收一万袋委托贩卖的羊毛，羊毛方案陷入了混乱。结果，英格兰商人财团的手里仅剩下了债券，即多德雷赫特联盟的债券，因此没有办法立即支付给国内的羊毛生产者。伯格什主教在议会上的发言指出，除非爱德华能够拿出二十七万六千镑，否则"英格兰王国及国王的其他土地将会面临着失去的危险"。[1] 上、下议院不情不愿地同意征收剩下的两万袋羊毛。与此同时，他们要求国王中止最近几个月来实施的其他惹人非议的财政税。但是这批羊毛征收也遭遇了普遍的抵制，直到当年秋天，所征集的数量不过三千袋。[2] 公众对国王财政危机的认识，也极大影响到军队的募集。到 1338 年夏天，为了征集亲自统率赴法作战的九千人，爱德华被迫取消邓巴攻城战，以及由亨廷顿伯爵率军前往加斯科涅的远征行动。[3]

6 月中旬，爱德华抵达东海岸靠近伊普斯威奇的沃尔顿，为渡海作战做最后的安排。虽然士兵招募官工作努力，甚至为重骑兵开出双倍报酬，但也只是召集到大约四千人。仅有四个伯爵即索尔兹伯里、北安普敦、德比和萨福克加入到国王的队伍中来。其他还包括率领各自小分队的伯格什主教，王室内府方旗爵士如亨利·费勒斯、沃尔特·莫尼及雷金纳德·科巴姆。[4] 虚弱的赫里福德伯爵将英格兰宫廷最高长官的权责托付给了他强壮的兄弟诺桑普顿。王叔诺福克伯爵已病重，并于当年 9 月辞世，因此军事

1　C 49/67/1; S. B. Terry, T*he Financing of the Hundred Years' War, 1337–1360* (London, 1914), 21; Fryde, *Studies*, chap. vi, 18.
2　Fryde, *Studies*, chap. vi, 15–23; E. B. Fryde, *William de la Pole, Merchant and King's Banker* (London, 1988), 65–86; Harriss, *King, Parliament*, 236.
3　Sumption, i, 233–238.
4　Prince, "Strength of English Armies", 361–362; M. Prestwich, "Why did Englishmen Fight in the Hundred Years War?", *Medieval History*, ii[1] (1992), 60; A. Ayton, "Edward III and the English Aristocracy and the Beginning of the Hundred Years War", *Armies, Chivalry*, ed. Strickland, 179.

统帅便由索尔兹伯里伯爵担任。[1] 显而易见，支持这场行动的贵族阶层基础相当狭窄，而同样让爱德华担心的还有国内前线的防御问题。阿伦德尔伯爵、亨廷顿伯爵与内维尔勋爵被留在国内，以年轻的爱德华王子的名义主持摄政咨议会。他们与其他留在国内的伯爵和势力强大的北部男爵们一起承担了保护各郡、领导防御海岸线及北部边疆的重任。[2] 如此一来，追随爱德华跨海作战的仅是他的一小部分密友，大部分贵族都留在了英格兰，而这一分化后来竟被视作爱德华未能为即将打响的战争培养和保持集体责任感的主要原因之一。

7月12日，当国王还在沃尔顿时，他给新上任大法官理查德·本特沃斯送去了一套指示，是根据"由身边良善之人提出的忠告与建议"制定的。历史学家称之为《沃尔顿条例》。[3] 这套条例的明确目标是优先处理与战争相关的财政需求，确保在资源紧张时高效供应物资。若没有获得国王带往欧洲大陆的行政机构加盖御玺的特别许可，大法官无权授权且国库长不得经手开支。国王的地方财政官员，尤其是郡长和关税征集者（customs collectors），需由当地民众选举得出。这并不是为了提高地方民主，而是让郡、镇组织直接负责处理当地的财政缺额问题。《沃尔顿条例》禁止税收豁免及长期以来的惯常做法，即允许欠财政署债款者延期还款和分期付款。财政署、文秘署和锦衣库负责对财政问题进行年度审计，确保条例得到严格执行。

通常认为《沃尔顿条例》出自威廉·基尔斯比之手。在此条例颁布的

1　*CPR 1338–40*, 91, 95. 在任命了索尔兹伯里伯爵为统帅后不久，国王又表达了倾向于委任诺福克伯爵的小女婿（索尔兹伯里伯爵的弟弟）爱德华·蒙塔古继任统帅的意愿，E 159/115, m. 32d。然而，王室随后认识到长女玛格丽特有权转移这一职务，GEC, ix, 599 n. (e)。

2　*CPR 1338–40*, 112, 141–142.

3　*Foedera*, II.ii, 1049–1050; Tout, *Chapters*, iii, 68–78, 143–150. 当时人确实称之为"条例"（ordinances）（*CCR 1337–9*, 525），不过这个词在内部行政规则尤其是公共法律上运用十分广泛。

第七章　雄狮与百合（1331—1339）

前几日，他被任命为掌玺大臣。王室内府的其他官员，如锦衣库大臣威廉·诺威尔、宫室长托马斯·哈特菲尔德，可能也参与了编写。尽管后来基尔斯比因对国王产生了恶劣影响而名声败坏，但没有任何迹象表明，国王远在海外时，是身在国内的高级官员掌控了中枢行政。而且，在当时的环境下，王室内府及其主要官员——掌玺大臣拥有极高的权威，这是可以理解的。当时的政治、军事精英已被分为国内和欧洲大陆两个阵营，行政人员也可以做此划分，当时的行政机构中，追随国王前往海外的王室内府接管了战时行政工作，而在国内的文秘署、财政署则提供必要的支持。《沃尔顿条例》不是为了体现索尔兹伯里和基尔斯比一派政坛主导者，以及留在国内、暂时丧失往常裁决权的大臣和贵族之间思想上的分歧，而仅仅是为了解决当时的实际问题：在国王离开之时如何确保目的与行动的统一。拖延王室债务是为了将宝贵的资金供给近在眼前的军事所需，此乃常规做法，如1333年，在爱德华三世第一次干涉苏格兰事务时的起始阶段，便已有过先例。[1]苏格兰战役期间，国内咨议会执行爱德华指示的能力或意愿也曾数次被误解过。[2]《沃尔顿条例》的设计目的，是预先杜绝将来对国王的质疑，即他是否拥有发动这次战争并管理相关财政的绝对权利。

然而，人们很快发现，在严格的执行过程中，《沃尔顿条例》根本不可行。爱德华不愿意放弃延缓债务的审批权，而这通常被视作他诱使贵族、骑士参军的一个因素。1338年8月，在北安普敦的大咨议会上，出于同样的原因，大贵族们就施加给财政署的限制也表达了反对意见。[3]由于承担着敛财责任，地方官员的选举也不那么紧俏，很快就被放弃了。[4]而本可构建更加有效预

1　*CCR 1333–7*, 30.
2　SC 1/39/16 (1333); SC 1/39/33, 34 (1335); SC 1/37/170 (1336).
3　Ormrod, *Reign of Edward III*, 108. 在颁布《沃尔顿条例》的当天，国王撤销了暂缓债务的禁令，以支持约翰·西格雷夫爵士，E 159/115, rot. 31。关于随后几个月里类似的命令，见E 159/115, rots 14, 27; E 159/116, *Brev. bar.* 等多处。
4　B. H. Putnam, "The Transformation of the Keepers of the Peace into the Justices of the Peace, 1327–1380", *TRHS*, 4th series, xii (1929), 35–36; Saul, *Knights and Esquires*, 119.

算基础的年度审查也从未实施过。[1] 爱德华千方百计地紧抓军事所需的重要财政,一切其他开支均被迫让位于军事开支。但面对着爱德华后来庞大的需求,《沃尔顿条例》的这个核心目标也面临着极大的压力。《沃尔顿条例》在国内疯狂地征敛财赋,却毫不限制国王在海外的支出,因此,从一开始便注定失败。

1338年启程时,爱德华三世的真实目标在某种程度上可以说是个谜。孕中的王后菲莉帕及两个公主,还有王室内府的所有人员、机构都被迁移到安特卫普,这表明国王打算与尼德兰盟友们待上一段时间。[2] 军事上,他应是打算迅速穿过埃诺及法兰西的边境。焦土政策近来曾被运用在苏格兰的东北部,爱德华的军队可能会再次采取这一政策,系统地掠夺平民,试图揭露腓力作为人民保护者的不称职。如果腓力六世前来迎战,爱德华便可以与之进行公开战斗,至于结果,就交给上帝与命运去裁决。[3] 7月16日,英格兰军队从奥威尔(Orwell)及雅茅斯(Yarmouth)渡海,次日到达斯海尔德河(Scheldt)河口,沿河而上,于21、22日到达安特卫普。腓力六世的情报团队很快运作起来,军队也聚集在图尔奈(Tournai)、亚眠及圣康坦(Saint-Quentin)。法兰西王的军旗手将红色的王旗升上了圣但尼修道院,腓力六世迅速赶赴战场,于8月24日抵达亚眠。[4] 与他的英格兰表亲一样,腓力也决心对彼此的分歧速战速决。

来到安特卫普的爱德华,并非如预想般的顺利。在他抵达的第一晚,

---

[1] "An Exchequer Statement of Receipts and Issues, 1339–40", ed. H. Jenkinson and D. M. Broome, *EHR*, lviii (1943), 210–216; Ormrod, *Reign of Edward III*, 228 n. 121.
[2] Le Bel, i, 136–137; Baker, 61. SC 1/50/189,记载菲莉帕准备在3月8日与国王一同渡海前去,不过具体哪一年则不确定,似乎可以追溯到1338年。关于王后侍女的运送安排,见SC 1/51/4。
[3] Rogers, *War Cruel and Sharp*, 152. 1339年2月,镰刀、斧头被提供给国王的军队,明显是期待一场摧毁庄稼和建筑的战斗,E 358/2, m. 5; E 358/4, m. 6d。
[4] Sumption, i, 154.

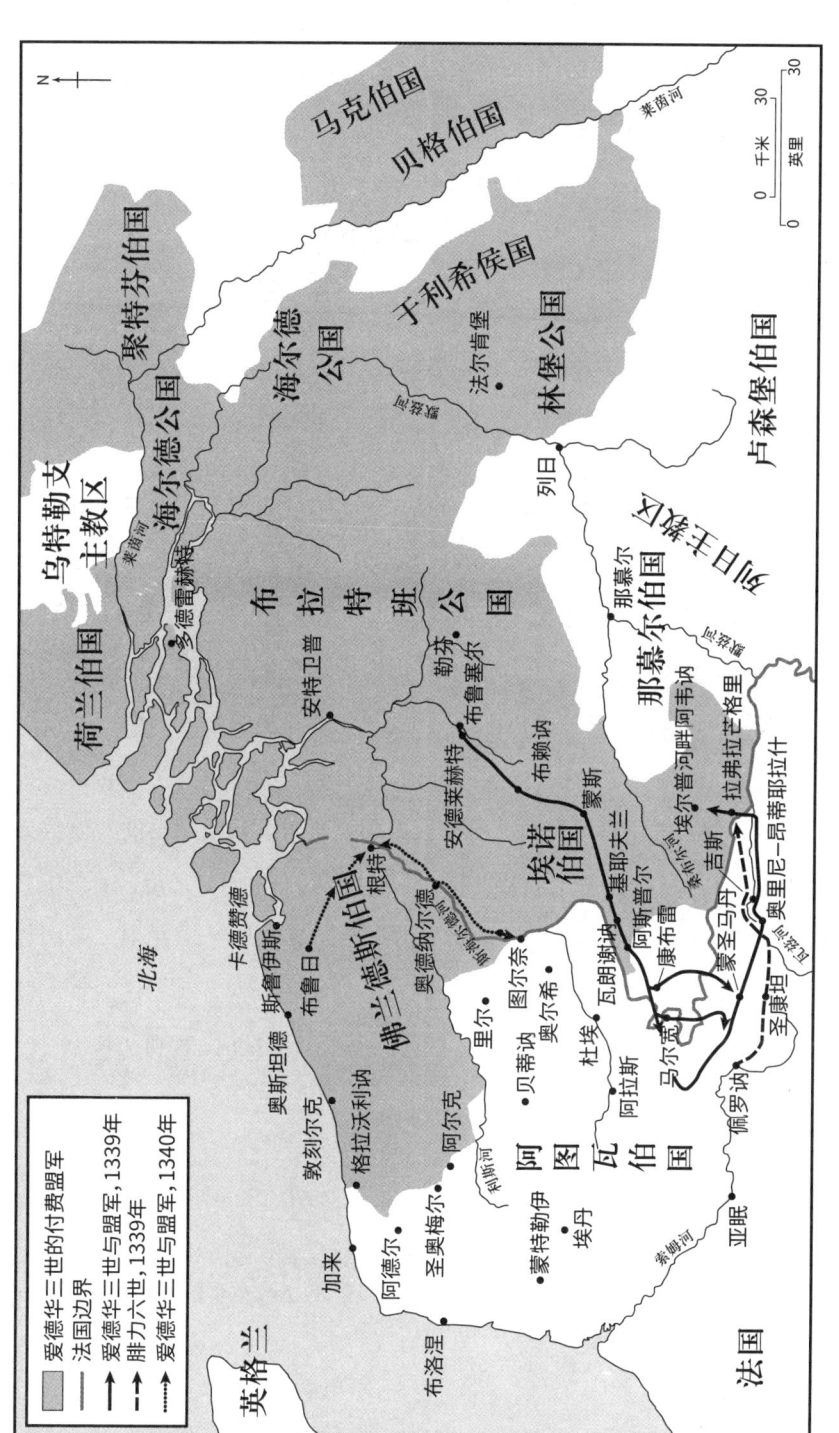

低地国家（1338—1340）

他与随从的寄宿处便发生了火灾，不得不狼狈逃命。[1] 强制借贷而来的羊毛也未能成功装载，因而根本无钱支付给士兵及盟友。更糟的是，他的盟友说，没有皇帝的直接指令，他们不能向瓦卢瓦军队开战。[2] 别无他法，爱德华只好去寻求当时在科布伦茨的巴伐利亚的路易帮助，终于取得了要求所有帝国军队为他而战的命令。这一趟，让他稍稍窥见了神圣罗马帝国内陆各省的世界。

在迅速通过海伦塔尔斯（Herentals）、迪斯特（Diest）、锡塔德（Sittard）、于利希（Jülich）后，爱德华于8月23日到达科隆（Cologne）。在此，他向东方三贤士的圣龛献上了供奉，而且，为了取悦当地人，他还立下了一个难以兑现的誓言，即"他要葬在这个城市的大教堂里"。[3] 随后，他前往波恩（Bonn），再南下科布伦茨，帝国的贵族正在那儿参加正式会议。9月5日，在当地市集的一个盛大仪式上，帝国的选帝侯们授予了爱德华"帝国代理人"（vicar-general）的身份。巴伐利亚的路易端坐在离地十二英尺高的王座上，而爱德华坐在比他略低一点的地方。[4] 为了体现齐心协力，英格兰王为皇帝、布拉班特公爵、自己及参加此次重大政治活动的其他重要出席者准备了十五套束腰上衣和礼袍。[5] 飞速赶回安特卫普之后，爱德华立即行使自己的新权力，召集帝国的君侯前来参加备战大会。[6] 他对"帝国代理人"的态度，就如他先前宣布自己为法兰西国王一样务实，这两者无疑是相关的。事实上，有证据表明他曾威胁路易要夺取皇位，直到9月15日，

---

1 BL, MS Cotton Faustina B. V, fol. 82.
2 Lucas, *Low Countries*, 289; Rogers, *War Cruel and Sharp*, 153–154.
3 Reading, 132–133. 亦见关于"科隆教堂"的令人困惑的参考资料，*Wynnere and Wastoure*, ed. S. Trigg (EETS, ccxcvii, 1990), 16 (l. 503)。
4 Offler, "England and Germany", 608–613.
5 E 101/388/8, m. 1.
6 Lucas, *Low Countries*, 291–292; Offler, "England and Germany", 620; C 47/32/20.

第七章　雄狮与百合（1331—1339）

路易认可了英格兰君主作为卡佩王朝继承人的身份。[1]然而，在这个高度紧急的时刻，重要的并非理论上的头衔，而是与腓力六世的现实战争。爱德华所做的一切，都是为了这个目标。

结果，爱德华必须还要再等上整整一年才能实现自己的这个抱负。这一年注定是他统治期间最忧心懊丧的十二个月。几乎就在瞬间，在爱德华与英格兰国内政府之间的通信中，与战争相关的压力显而易见。在抵达低地国一周后，他兴致勃勃地致信聚集在北安普敦的大法官和众贵族，论及羊毛的强制征集和教会什一税的征收。[2]然而，到8月4日，他的语气便变了，因为资金、物资供应和之前允诺的其他必需品均未兑现。除非以上资源立即送达，否则他的这次远征便将陷入重重危险，他的荣誉乃至他的统治也都将岌岌可危。[3]爱德华之所以传信北安普敦众人发泄抱怨，可能是因为他不知道国内政府已做出了决定，通过征收直接税的方式征集羊毛并将这一切所得都交给国王。[4]在接下来的几个月里，国内政府尽力确保将资金和羊毛运到国王在欧洲大陆的大本营安特卫普。[5]在爱德华启程前后，国内政府尝试了各种敛财之道，比如：利用最近的没收外国修道院的资产，[6]清查国王的地产，[7]鼓励预付税款，[8]说服坎特伯雷再次征收什一税。[9]10月，咨

---

[1] "An Unknown Register of the Reign of Edward III", ed. F. Bock, *EHR*, xlv (1930), 365; Offler, "England and Germany", 610–611.
[2] C 81/248/11261，载Déprez, *Préliminaires*, 418–419。
[3] Froissart, *Oeuvres*, xviii, 64–65. 亦见爱德华8月19日的抱怨：财政署既未将羊毛也未将十五分之一税及什一税送来，E 404/25，被以下著作援引：Harriss, *King, Parliament*, 242 n. 2。
[4] *PROME*, iv, 233; Ormrod, "Crown and the English Economy", 176–177.
[5] Tout, *Chapters*, 91–92; Lucas, *Low Countries*, 287.
[6] 关于在1337年没收外国人修道院的租赁安排，见C 270/17/4–18和CCR 1337–9, 164。1337年外国修道院的管理"形式"，见C 47/28/5, no. 50和C 47/30/6, no. 7。1339年开始采取措施禁止海外神职人员从英格兰教会领取俸禄，*PROME*, iv, 245。
[7] C 47/14/6, no. 36; *CFR 1327–37*, 83–84.
[8] SC 1/38/68; C 47/14/6, no. 34; *CPR 1338–40*, 122–123.
[9] *CFR 1337–47*, 98; *Foedera*, II.ii, 1069, 1092.

议会想方设法，希望国王理解他们的难处，他们虽一心为王着想，却无法满足国王的需要。他们假手八岁的王子爱德华致信母亲菲莉帕王后，委婉说明此事。[1]但这既不能解决爱德华三世激增的债务，也不能减轻他日益增长的被背叛的感觉。这波政治压力下的第一个受害者是罗伯特·伍德豪斯，他在1338年12月被解除国库长之职，取而代之的是王室内府的前掌玺大臣威廉·朱什。[2]

待形势明朗起来——看到英格兰目前没法抵抗，腓力六世及其咨议会便抓紧时间征集资源，部署了一系列反击行动。原本为十字军东征准备的舰队，得到强大的热那亚战舰的增援，驶出海港进入英吉利海峡，将朴次茅斯烧成一片火海，法军顺势控制了根西（Guernsey）。1338年10月，法军对南安普敦发动了一次大突袭，烧毁了城镇，屠杀了那些试图反抗的居民，而后带着丰盛的战利品迅速撤离。[3]当年年末，普利茅斯、斯沃尼奇（Swanage）、波特西（Portsea）也被侵略，怀特岛遭受重创，所有的海峡群岛都被法军攻占。英格兰沿海各郡进入高度紧急状态：信号所被修好，教堂之钟在敌人进攻时也被敲响。议会要求国王号召五港同盟（Cinque Ports）的特权阶层承担起他们作为"外敌与我们之间的看守者及屏障"的角色。[4]一时间，法军要对英格兰发动大规模侵略的威胁变得极为真实。1339年，瓦卢瓦政府仔细考虑，计划由腓力六世的长子诺曼底公爵约翰率领两万四千人的军队全面进攻英格兰。[5]自1216年腓力·奥古斯都之子路易之后，英格兰本土还从未迎战过如此大规模的法兰西军队。

---

1 SC 1/54/29.
2 Fryde, *Studies*, chap. viii. 1339年2月，国王写信给朱什要求他迅速将羊毛和钱运送过来，E 159/115, rot. 99。
3 C. Platt, *Medieval Southampton* (London, 1973), 107–118.
4 *PROME*, iv, 243.
5 E. Searle and R. Burghart, "The Defense of England and the Peasants' Revolt", *Viator*, iii (1972), 370–375; Alban, "National Defence", 1–8, 190–233; Sumption, i, 245–278; Rodger, *Safeguard of the Sea*, i, 96–97.

第七章 雄狮与百合（1331—1339）

面临如此巨大的威胁，爱德华三世的缺席与无为，很容易被视为他拒绝履行他最重要的职责——保卫英格兰。1338 年底至 1339 年初的圣诞节期间，他在安特卫普举办骑士比武赛以庆祝莱昂内尔王子的诞生，这给人留下了王室不负责任的恶劣印象。在保卫国家的沉重压力之下，1339 年的威斯敏斯特议会公开批评为保卫王国制定的特别措施给国家再次带来压力。[1] 爱德华遭受指控，称其继续留在低地国，不但耽误了时间，也浪费了资源。但这其实是不公正的。爱德华小心谨慎地讨好当地的政治团体：拜访布鲁日的圣血礼拜堂、资助当地其他的教堂及宗教信仰，这些行为使他赢得了尼德兰人的信任。[2] 停驻在安特卫普及其附近，让他能与佛兰德斯各镇的领导者——根特的詹姆斯·范阿尔特维尔德密切协商。此外，他也与约翰·斯特拉特福德及理查德·伯里保持着密切联系，二人当时正在阿拉斯（Arras）执行特殊外交任务，秘密行动，忙于建立获取法兰西计划的情报网。[3] 总之，爱德华急切希望亲自利用从英格兰运来的资源，他期望并深信这批物资很快就会送达。而这却最终导致爱德华失败，欧洲大陆流动政府与国内政府之间的裂痕日渐增大，严重影响了他说服公众继续支持他在法兰西的战争的能力。

1339 年 5、6 月，一系列主要由本特沃斯和朱什策划的备忘录在国王及国内政府官员之间传递。爱德华为供应的缺乏感到震惊，他为此前为债权人所做的安排均被撤销而大声抱怨，命令国库长不管采用什么办法，也要将债务延期，甚至企图在特殊情况下撤销一些债款。咨议会抗议说，为了遵奉国王的命令，他们已尽了一切努力。面对爱德华剥夺政府经费的威

---

1 *Scalacronica*, 126–127; *PROME*, iv, 234; C 76/14, mm. 18-14, 17d-12d; *Foedera*, II.ii, 1070–1072. 对于与这次议会有关的请愿时间，仍存疑问，载*RPHI*, 267–272。Fryde, "Parliament and the French War", 251将这一日期定为1337年3月。
2 Norwell, 209; Froissart, ii, 39.
3 Le Bel, i, 131–134; E 101/311/35; Sumption, i, 240–241; Haines, *Stratford*, 255–257; Andre, *Ein Königshof auf Reisen*, 201–205.

胁，那些被质疑的大臣很可能辞职不干。国王要求国库长单独去见他的指令也被拒绝。[1]本特沃斯与朱什友善地提醒爱德华说，他们要对他的所有事务负责，苏格兰、加斯科涅及尼德兰等地事务也包含在内，而且王国的一部分利益必须分配到英格兰的稳妥防御上。[2]国内咨议会向爱德华三世保证，他们将会分担战争失利带来的"耻辱、名誉丧失及巨大的心痛"，强调羊毛的强制征集和羊毛税的不足，并请求国王派遣使臣回国以说服议会同意征收另外一种补助金。[3]

爱德华拒绝了咨议会提出的最后一项建议，最终导致1339年夏天国内政府与海外行在两大行政团体陷入僵局。爱德华对1338年大咨议会在北安普敦签署的羊毛税深怀信心。某种程度上，羊毛税也确实可观。[4]然而，对他来说不幸的是，要确保持续提供担保，获得意大利和英格兰银行家的贷款，便意味着只有将一半以上的羊毛送至他在低地国的代理人并在当地售卖出去，他才能向盟友偿还欠债。[5]他不想即刻下令征发更多的税收，以免损害自己的国内声誉，但他把日渐扩大的财政赤字归咎于国内政府的无能，而非自己的挥霍无度。9月，国王宣布，他将接受与他同在布鲁塞尔的咨议会成员的指导，如于利希侯爵、索尔兹伯里伯爵、伯格什主教、杰弗里·斯克罗普及威廉·基尔斯比。[6]日渐失去耐心、满腹怀疑的国王以这种方式，又一次讥讽、冷落了国内的政府官员。

1　C 49/7/7，载Baldwin, *King's Council*, 476–478和Hughes, *Constitutional Tendencies*, 237–241。关于讨论，见Fryde, *Studies*, chap. vii, 1167; Fryde, "Parliament and the French War", 253–254; Harriss, *King, Parliament*, 239。关于要求国库长面见国王的回应，亦见C 49/33/17。

2　SC 8/95/4740，载Harriss, *King, Parliament*, 244 n. 1。

3　C 49/7/10，载Hughes, *Constitutional Tendencies*, 242–245和Harriss, *King, Parliament*, 243 n. 2; *PROME*, iv, 246。

4　见本书第160—161页。

5　Lloyd, *Wool Trade*, 154。

6　C 47/30/8, no. 8. 6月，爱德华又声明他有权接受"高级教士、伯爵、男爵及海外咨议会其他成员"的建议，*CCR 1339–41*, 224。

第七章 雄狮与百合（1331—1339）

这些姿态虽然潇洒，但在财政压力并未减轻的情况下，爱德华很快明白他不得不采取联姻的方式，否则就会完全失去神圣罗马帝国联盟。他让长子与布拉班特公爵的女儿、继承人玛格丽特联姻，并将年纪尚小的公主琼派到慕尼黑的姨母那里去，准备与奥地利公爵奥托的长子腓特烈订婚。[1]但若没有经费与补助金，即便与金雀花王室关系密切还是不够的。9月，巴伐利亚的路易便清晰地认识到，爱德华三世是外交上的一个麻烦，于是积极寻找机会，将他从"帝国代理人"的位置上赶下去。1339年夏，爱德华一直保持着这一岌岌可危的财政体系，但他至少推迟了对其英格兰臣民再次课征重税的时间。

对于国王是否有能力在如此多的战线上同时开战，众人颇为疑虑。由于法兰西西南部在军事上处于自我防卫的态势，因此腓力六世的军队在古加斯科涅公国的核心地盘上取得了重大进展，并不令人惊奇。1339年7月，博韦主教与富瓦伯爵率领一支多达一万五千人的队伍即将包围波尔多。在此紧急情况下，爱德华的政府求助于加斯科涅的贵族与骑士，许诺他们说，从瓦卢瓦手里攻克下来的任何土地都归他们所有。然而这不过是将公国的全部财政资源抵押出去，未能给处于困境的加斯科涅执事提供任何有力帮助。瓦卢瓦支持布鲁斯的苏格兰事务的可怕场景似乎也变成了现实。1339年春，苏格兰人中止休战协议，在腓力六世舰队的帮助下，开始截断英格兰控制的福斯港湾北部前哨警戒部队的补给路线。5月，库珀（Cupar）陷落。在珀斯的托马斯·乌特雷德的游击部队最终因弹尽粮绝被迫于8月屈辱投降。1339年夏，在广大臣民看来，爱德华三世精心勾画的宏伟蓝图似乎已濒临破碎。

就在这千钧一发的时刻，国内政府最终揭穿了爱德华三世虚张声势的

---

[1] *Foedera*, II.ii, 915, 929, 940, 1083–1084; Green, *Lives of Princesses*, iii, 234–239; F. Trautz, *Die Könige von England und das Reich, 1272–1377* (Heidelberg, 1961), 217, 219, 220, 279–280, 307; Lucas, *Low Countries*, 304–305.

骗局。8月，爱德华派他的书记员罗伯特·奇格韦尔带着指令返回威斯敏斯特，要求咨议会提供一份当前总体财政状况的资料。[1] 爱德华援引《沃尔顿条例》要求对账目进行审计，其目的显然是希望揭露国内政府在财政管理上的无能。然而面对巨大的财政赤字，爱德华最终被迫重新考虑几个月前本特沃斯与朱什的建议。约翰·斯特拉特福德被派回国内主持咨议会。在分期偿还债务、支付费用和任命官员等方面，爱德华给予国内政府更大的自由裁量权。最重要的是，在一次议会上，斯特拉特福德及其他人最终承认国王债务的数额高昂，并号召全国在此生死存亡的危急时刻提供更多的财政支持。[2] 国内政府的新安排，在许多方面肯定了战争的突出地位，以及国王继续其伟大事业的责任和权利。权力扩大的国内政府并未冲击到《沃尔顿条例》的基本性原则。爱德华有理由相信能干而忠诚的斯特拉特福德将会努力达成他们之前约定的目标，重建稳定的国内政治和财政秩序。但只有在国王与摄政相互信任的前提下，和解才会发生作用。接下来一年半发生的事情，证明了1339年两个政府关系破裂造成的危害之大，也揭示了斯特拉特福德的回国难以扭转爱德华三世对国内政府管理战事的不满。

爱德华同意国内政府新安排的一个主要目的，是向盟友展现经费充足的前景，促使他们最终开启拖延已久的对法作战。1339年9月初，爱德华在索尔兹伯里伯爵、萨福克伯爵、德比伯爵、北安普敦伯爵、彭布罗克伯爵、沃里克伯爵及伯格什主教、杰弗里·斯克罗普爵士的陪同下，率领一支四千六百多人的军队从布鲁塞尔出发。[3] 英格兰的神圣罗马帝国联军与法兰西军队一度可能在康布雷主教统治的小公国康布雷西（Cambrésis）境内

1　E 159/116, rots 12, 15d. 奇格韦尔此前以国王使者的身份出席过至少一次国内咨议会，E 159/115, rot. 99。

2　*Foedera*, II.ii, 1091; *RDP*, iv, 503–505; Harriss, *King, Parliament*, 254.

3　关于本段及接下来的两段，见Lucas, *Low Countries*, 328–339; Sumption, i, 278–289; Rogers, *War Cruel and Sharp*, 157–173。

第七章 雄狮与百合（1331—1339）

发生首次交锋。这个地方位于神圣罗马帝国的边界，地处阿图瓦（Artois）、埃诺与法兰西王国的交界处，战略地位重要。9月20日，当爱德华进入康布雷西境内时，他那新晋升为埃诺伯爵的妻兄威廉加入了他的队伍。十天后，布拉班特公爵也率军加入了爱德华这支日渐壮大的队伍。

爱德华希望能够在贡比涅（Compiègne）与法军相遇。康布雷主教拒绝承认爱德华三世作为"帝国代理人"的权威，因此他的城市随后便被埃诺的威廉围攻。爱德华对这一插曲毫无兴趣，他将军队驻扎在离康布雷数英里之外的马尔宽。在之后一封写给爱德华王子的信中，爱德华叙述了这场战争的经过，他热情洋溢地描述了他的军队对周边乡村的毁灭性破坏和9月25日对法兰西边境的第一次突袭。[1] 由于渴望更大规模的战争，爱德华终于成功说服盟友在10月8日解除了对康布雷的包围。但这也带来了恶果：埃诺的威廉考虑到直接进攻瓦卢瓦的腓力六世会给自己带来太大的损失，因此决定叛变，转身加入了法军。不过，他的大量军队依然选择跟随威廉的叔叔——埃诺的约翰——为英军效力。10月3日，皇帝之子勃兰登堡侯爵的到来，在战争的关键时刻强化并团结了爱德华的盟军力量。

10月9日，英格兰-帝国联军首次出现在法兰西王领境内。联军兵分三路，绵延二十多英里，一路上无情地摧毁居民区、农场及庄稼。联军计划进攻腓力六世大军刚刚抵达的佩罗讷（Péronne），但此地并非一个适合与法军展开大规模作战的地方，而且东行的英格兰-帝国联军分队在10月16日渡过了奥里尼（Origny）的瓦兹河（Oise），他们已烧毁了城镇及河上的渡桥，避免敌军靠近。在接下来的数日里，爱德华倍感压力，因法兰西几次派人前来挑战。与此同时，盟军也开始抱怨供应不足。由于从吉斯（Guise）回渡瓦兹河的尝试未能成功，为了顺利撤回到埃诺，爱德华只好接受北上蒂耶拉什丘陵（Thiérarche）的方案。尽管如此，他依然希望尽

---

1 Avesbury, 304–308; *The Wars of Edward III: Sources and Interpretation*, ed. C. J. Rogers (Woodbridge, 1999), 71–72.

快与腓力的军队一决雌雄。

在法军飞速行军之时,爱德华占据了拉卡佩勒(La Capelle)城外的合适地点,该地靠近克莱尔方丹修道院和拉弗拉芒格里村庄。犹如在哈利顿山丘一样,他将军队部署在斜坡的顶部,弓箭手分为两翼,两侧是步兵和下马作战的重骑兵。10月21日,法军在比隆福斯(Buironfosse)扎营。当腓力的参谋听闻爱德华的军队部署后,他们建议法军保持谨慎,说不能冒险,不然必将失败,更好的办法是迫使爱德华撤军。此建议甚好,却遭到了迫切想要复仇的法兰西贵族的反对,这也让爱德华占据了上风。10月23日,英军从容不迫地撤退,北上阿韦讷(Avesnes),而后前往布鲁塞尔。11月的第一周,爱德华在这里举行了一次骑士比武赛。[1] 在海峡两岸,腓力六世都丢尽了颜面,不但未能成功保护自己的臣民,还在战场上展现了怯懦。[2] 经过一年的消极无为并承受众多指责后,爱德华首次攻入法兰西,挽回了自己的荣誉。然而,就战略方面而言,他还未取得任何成就,与1333年他在苏格兰战役中的杰出表现相比,更是明显。如果爱德华要给法兰西留下真实的印象,那便需要更坚定不移的意志力和更充足的资源。

1339年的大事件展现了爱德华三世性格中的优点和弱点。1337至1338年之间,他展示出了相当高的政治敏锐性,成功地平衡了他个人与公众之间的利益,从而让整个王国投入与瓦卢瓦王朝的公开战争。然而,他离开英格兰后,于1338至1339年间长期停驻低地国却无所作为时,所有迹象都表明他逐渐脱离了实际。在1339年末,他为拉拢盟友任意而为,极尽铺张,使自己处在破产的边缘。他对腓力六世领地的短暂突袭,除了揭露法兰西人显而易见的懦弱外,事实上毫无价值。而且,他并未与瓦卢瓦军队正式会战,有损他的信誉,也失去了迎来更加成功的战争阶段的可能。

---

1 Vale, *Edward III and Chivalry*, 172.
2 Le Bel, i, 164–165; Baker, 65; Minot, *Poems*, 34–37.

第七章　雄狮与百合（1331—1339）

如果爱德华三世死在 1339 至 1340 年间的冬天的话，那么，后世子孙无疑会将他的统治视作金雀花王朝丧失在法兰西最后一寸土地的时刻。

最不妙的是，在 1339 年末已有重要迹象表明英格兰王国因为战争已耗尽国力。关于 14 世纪 30 年代后期税收的规模与强度是否给经济带来了严重恶劣影响，今人有着激烈的讨论。[1] 然而对时人来说，其答案是显而易见的。30 年代连续的歉收和严重的牲口疫情导致食物短缺成为常态，有时甚至发生了饥荒。这些情况因为王室采买而雪上加霜，市场上食物供应的减少导致偏高的价格进一步上涨，普通消费者苦不堪言。在这些年间，尽管国王向欧洲大陆大规模转移现金的次数相对较少，[2] 但高额税收导致农业经济领域内的货币进一步短缺。爱德华一如既往地求助于信贷，令其财政政策饱受批评与抱怨。一首用拉丁语和法语写成的诗——《抗议国王税收之歌》（Song Against the King's Taxes），作于 1339 至 1340 年间，作者可能是英格兰的神职人员。该诗辛辣地讽刺了一个统治者，他在吃完银盘上的食物后，竟用木头来支付食物价格（指涉王室采买官用符木给食物供应商打借条，而食物供应者想要取得相应的酬金，却十分困难）。他评论道，一个好国王，会采取完全相反的做法，他会用木制的器皿用餐，熔化他的银盘，为处境艰难的民众制造硬币。[3] 1340 年初，英格兰有许多人公开质疑整场战争的合理性，因为它如此明显而直接地将王国的经济拖入危险的境地。

讽刺的是，爱德华三世和他的子民一样，对王室财政运作多有偏见。面对受到调查的威胁时，纳税人习惯性地将体制的缺陷归因于财政管理者

1　Maddicott, "English Peasantry", 329–351; A. R. Bridbury, "Before the Black Death", *EcHR*, 2nd series, xxx (1977), 393–410.
2　M. Prestwich, "The Crown and the Currency: The Circulation of Money in Late Thirteenth and Early Fourteenth Century England", *Numismatic Chronicle*, cxlii (1982), 51–65.
3　*Anglo-Norman Political Songs*, ed. I. S. T. Aspin (Anglo-Norman Text Society, xi, 1953), 111, 113.

的低效和腐败。[1] 实际上，他们相信征税者和王室采买官将多征的部分占为己有，获取私利：《抗议国王税收之歌》声称，以国王名义征收的税金，实际上交给国王的还不到征收数额的一半。这也是爱德华在 1339 年咨议会上陈述的内容，当年 9 月，他试图通过派遣斯特拉特福德回国以掌控国内政府，解决这个问题。但是，这样象征性的举措并未平息巨大税收负担引发的深切忧虑，反而在民众的集体记忆中留下了永久的印记。写于 14 世纪晚期的英格兰《布鲁特编年史》通篇均是爱国的基调，对爱德华三世也满含赞许之情，但也不讳言与法兰西开战，让爱德华在民众心目中的可信度降到了低点，"民众内心的爱转为恨，他们共同的祈祷变成了诅咒"。[2]

---

[1] 例如，*The 1341 Royal Inquest in Lincolnshire*, ed. B. W. McLane (Lincoln Record Society, lxxviii, 1988), nos 90–91, 95–96, 545, 684, 894, 991。
[2] *Brut*, ii, 293–294（有改动）。

第八章
悬崖边缘(1339—1341)

1340年1月26日，爱德华三世在根特市的集市正式宣称自己是法兰西国王。在之后二十年里，他与欧洲大陆统治者正式交流时所用的称呼均为"法兰西与英格兰国王"。这一时期所用的新印章及纹章也鲜明地反映出，在爱德华心目中，英法孰轻孰重。在当时十字四分的纹章上，法兰西的百合与英格兰的雄狮各占两角，给予了法兰西永久的优先地位。[1] 编年史家杰弗里·勒贝克回忆道，腓力六世先前曾谴责爱德华竟敢无礼地将"小英格兰"置于"大法兰西"之上。[2] 而如今爱德华极为明智地以其人之道，还治其人之身，干脆将自己欲夺法兰西王位的抱负公之于众，立时引发了一场关于瓦卢瓦君权合法性和可行性的公开讨论。

并不缺少有法律效力的证据来辩护爱德华三世的索求。既然1328年

---

1 M. Michael, "The Little Land of England is Preferred before the Great Kingdom of France: The Quartering of the Royal Arms by Edward III", *Studies in Medieval Art and Architecture Presented to Peter Lasko*, ed. D. Buckton and T. A. Heslop (Stroud, 1994), 114–126; A. Ailes, "Heraldry in Medieval England: Symbols of Politics and Propaganda", *Heraldry, Pageantry and Social Display*, ed. Coss and Keen, 87–93.
2 Baker, 66–67; W. M. Ormrod, "A Problem of Precedence: Edward III, the Double Monarchy, and the Royal Style", *Age of Edward III*, ed. Bothwell, 134 n. 4. 关于法兰西的其他反应，见W. M. Hinkle, *The Fleurs de Lis of the Kings of France, 1285–1488* (Carbondale, 1991), 27–31。

法兰西贵族未在支持腓力六世继承王位时公开应用《萨利克法典》，那么在理论上，与查理四世血缘关系最近的爱德华三世便有权继续申诉自己是查理四世王位的真正继承人。[1]从这一角度来看，将爱德华的诉求置于查理四世兄长后嗣之前，并非完全无凭无据，毕竟，在1328年，爱德华曾是卡佩王朝唯一一个对法兰西王位提出索求的人。路易十世之女让娜，当时已满足于与丈夫埃夫勒的腓力共享纳瓦拉的王座，而他们的儿子查理也无权要求继承其叔的王位，因为他直到四年后即1332年才出生。更重要的是，爱德华清楚意识到，自己与瓦卢瓦腓力之间的竞争，事实上与1290年苏格兰王位继承权两派相争的局面相似。爱德华一世1292年做出有利于约翰·巴利奥尔的判决，已设立了一个很有价值的先例，将封建长子继承原则置于罗马法亲缘关系原则之上，并承认女性可以将权利移交给国王。如果1328年时将这些讨论纳入考虑，那么，作为查理四世外甥的爱德华三世，在继承权上，应该优先于查理四世之堂兄腓力六世。[2]最后，爱德华的法律专家小心谨慎地否认1329年爱德华向腓力六世行效忠礼便是表示他认可瓦卢瓦承袭卡佩王朝的王位，他们辩解说当时爱德华尚未成年，简单且有所保留地行效忠礼只是为了保卫自己的王位索求权。

当然，这些都是诡辩。1340年爱德华曾给本尼迪克特十二世送去一份关于他追讨法兰西王位的详细法律论据，本尼迪克特十二世迅速驳回这份陈诉，称其将大量的主观臆测与客观事件混杂在一起，以便转移公众对爱德华公然挑衅其封建领主一事的关注。[3]前往阿维尼翁的英格兰使团很可能抗议说，爱德华当时无力与腓力竞争，但是爱德华是在1340年而非1328年决定统治法兰西，这暴露出所举证据的无力。无论好坏，腓力六世作为

1　*Debating the Hundred Years War*, 18–22; Taylor, "Salic Law", 358–377; C. Taylor, "Edward III and the Plantagenet Claim to the French Throne", *Age of Edward III*, ed. Bothwell , 155–169.
2　Prestwich, *Edward I*, 365–366. 关于以1337年前后英法关系为背景编纂的1290至1292年苏格兰大事件的备忘录，见C 47/28/5, no. 9。
3　*EMDP*, I.ii, no. 239(b).

第八章　悬崖边缘（1339—1341）

法兰西的君王已逾十年，任何将他赶下王位的尝试都必须考虑他在位期间采取的行动合法而正当。值得注意的是，1340年2月公开出现在法兰西民众面前时，爱德华三世避而不谈他索求法兰西王位的具体细节；在宣布自己拥有双重国王称号的信件中，却说真正的国王才是好国王。腓力的暴虐统治已经揭露了他得位不正，而爱德华要以他们的共同祖先路易九世为榜样，恢复良好的君主统治。[1] 尽管当时爱德华很少提及这一点，但他很清楚，自公正王腓力时代以来，法兰西君主所追求的中央集权倾向并不受人欢迎，他打算到一定时候，明确支持布列塔尼、诺曼底和法兰西王国其他强大省区的政治精英所偏好的地方自治传统。[2] 由于论证法兰西王位索求权的可信度不高，爱德华及其辩护者起初便心怀不安，宁愿依靠荣耀与美德而非正义作为他要求继承法兰西王位的正当理由。

不论爱德华的盟友还是敌人都认识到，1340年1月爱德华公开宣布拥有法兰西国王头衔的真实原因是，爱德华迫切需要与佛兰德斯各城镇展开合作。[3] 1339年末，爱德华打算与詹姆斯·范阿尔特维尔德签订一个双边互助协定。根据协定内容，爱德华同意宣称自己是法兰西国王，这样一来他就成了佛兰德斯人的封建君主，相应地，根特、布鲁日、伊普尔就能够名正言顺地反抗瓦卢瓦的统治，无需因反叛上层领主而受到惩处。在很大程度上，爱德华公开声称自己的双重称号，只是承认自己财政资源持续短缺，被迫采取外交手段。这一新联盟对佛兰德斯人而言，当然很是危险。

1　*Foedera*, II.ii, 1108–1109; Avesbury, 309–310; *EHD*, iv, 66–67; *Chron. Lanercost*, 328–329. 关于腓力六世的回应，见*Society at War: The Experience of England and France during the Hundred Years War*, ed. C. Allmand, rev. edn (Woodbridge, 1998), 149–150。

2　Le Patourel, *Feudal Empires*, chap. xii. 存于14世纪30年代英格兰政务备忘卷宗的路易十世的诺曼底公国自由宪章（1315）抄本表明，这些想法在1340年之前就已萌发，C 47/28/5, no. 44。

3　Le Bel, i, 166–168; Froissart, i, 183–188; Lucas, *Low Countries*, 339–367; Sumption, i, 296–303; D. Nicholas, *The van Arteveldes of Ghent: The Varieties of Vendetta and the Hero in History* (Ithaca, New York, 1988), 35–38.

路易·德讷韦尔与一众贵族和骑士拒绝接受爱德华三世的这一协定，转而向腓力六世寻求庇护；面对这样蔑视伯爵和国王的行为，本尼迪克特十二世大发雷霆，立刻给范阿尔特维尔德及其支持者签署了禁行圣事令。然而，爱德华三世仍需为结盟支付经费。他被迫为佛兰德斯城镇提供一笔十四万镑的津贴。同时，他还授权让佛兰德斯城镇与英格兰进行自由贸易，并承诺将英格兰的羊毛集散中心转移到布鲁日。爱德华三世不仅承认佛兰德斯人对瓦卢瓦王朝控制的阿图瓦、图尔奈、里尔（Lille）、杜埃（Douai）享有领主权，也表示他已准备将新盟友的直接利好置于自己的战争目标之上。[1]既然他的收入来源已经枯竭，除了向英格兰征收新一轮的高额税收，他根本无法继续资助佛兰德斯人。爱德华的双重头衔，远非外交杰作，而是注定要将英格兰导向羞辱与毁灭之路。

来自国内的消息表明，英格兰并未做好准备支付可能产生的高额军费。约翰·斯特拉特福德作为国内咨议会的主席，曾被爱德华三世寄予了厚望。在1339年10月的议会上，他与伯里主教和威廉·德拉波尔一道因为国王的事而面临着严峻的选择。在围攻康布雷之后，爱德华攻入法兰西，表明他决心履行1337年反攻瓦卢瓦腓力的承诺。但当时他的负债已经高达三十万镑，若无新的资助，他必将被迫屈辱求和。急于向国王表明自己的忠诚，上议院仿效教会对羊毛、谷物及新生羊羔征收什一税，为此提交了一个征收额外补助金的提案。但是，这遭到了下议院的拒绝，说必须将这一征税提案转交给各郡、镇的选民来决定。斯特拉特福德为了取悦众人，采取了以下措施：保证延续自1338年后确立的体系以维持公共秩序，为国家安全布置新的防御措施，取消当前所有王室食材的采买，并许诺对1338

---

[1] *CPR 1338–40*, 511–516.

第八章　悬崖边缘（1339—1341）

年王室采买官威廉·沃灵福德进行特别调查。[1] 然而，并无新的财政来源供应战争的现实依然存在。

1340年1月，又紧接着召开了一次议会，来解决上次议会悬而未决却急需解决的问题。爱德华三世下发了前所未有的命令，让郡长将本郡获封爵士并授予爵士腰带的骑士或好战的骑士选送上去。这暗示爱德华试图在英格兰组建类似于主战派的团体。[2] 在议会进行的同时，斯特拉特福德也从其他会议上取得了一些进展，两次教士集会同意征收新一轮什一税。[3] 另外，一批商人被召集到咨议会，达成一项争议性协议，即他们运输到欧洲大陆的羊毛，不仅要在英格兰港口支付关税及出口补助金，还要给布鲁日羊毛集散中心的王室收集人（royal receiver）支付每袋两镑的额外费用。[4] 然而，议会里的局面僵持不下，上议院坚持征收九分之一的税金，而下议院则坚决主张，只能征收羊毛补助金，并建议一次性征收三万袋。斯特拉特福德及与其持有相同观点的议员认为这两种方案都没法接受，因为下议院的提案又附加了一些条件。附加条件的详细内容未保存下来，但可能包括撤销特税和涵盖封建援助金与司法罚金在内的特权税收。当2月19日议会解散时，斯特拉特福德五个月前被派回英格兰所肩负的最重要的任务——与

1　*PROME*, iv, 235–237, 239–241, 245; Fryde, "Parliament and the French War", 257. 关于沃灵福德在1338至1340年间担任国王内府及海外军队采买官，见*CCR 1337–9*, 438; *CPR 1338–40*, 409; E 358/2, mm. 12, 27。

2　*RDP*, iv, 507–509; *PROME*, iv, 247; G. O. Sayles, *The Functions of the Medieval Parliament of England* (London, 1988), 427; K. L. Wood-Legh, "Sheriffs, Lawyers and Belted Knights in the Parliaments of Edward III", *EHR*, xlvi (1931), 385.

3　1340年2月约克大区提供的两次什一税抵消了坎特伯雷在1338年10月及1340年2月提供的单年什一税。这些税特别引人注目，因为其交纳日期与1337年批准的征收三年一次的补助金的日期重叠。因此，这一次，神职人员被说服放弃了他们的一贯立场，即现在交税是为了拒绝交纳今后的补助金。*Concilia Magna Britanniae et Hiberniae*, ed. D. Wilkins, 4 vols (London, 1737), ii, 622–624, 653; D. B. Weske, *Convocation of the Clergy* (London, 1937), 249, 283; Ormrod, "Crown and the English Economy", 161–162.

4　Fryde, *William de la Pole*, 141.

国内政府协商征收大笔税收——依然有待完成。正是议会不断地拒绝爱德华三世的要求，迫使离开英格兰一年半的他回到了本国，期望通过个人魄力来获得他迫切需要的资金支助。离开低地国家并非易事，因为佛兰德斯人不断施压，要求他履行经济与军事责任。怀着第六个孩子且已到孕晚期的菲莉帕王后，及索尔兹伯里伯爵、萨福克伯爵被要求为爱德华所欠尼德兰亲王和佛兰德斯城镇的债务做担保。[1]2月17日，爱德华与亲信基尔斯比及其他几个亲近顾问离开布鲁日，此时，他自己及其家人乃至朋友，都承担着一定的风险。2月21日，在萨福克的奥威尔下船后，他直奔伦敦，与咨议会协商，并签署令状要求在3月末召开议会。[2]议会召开之前，他在威斯敏斯特和温莎之间疯狂地寻找可以提供财政帮助的人。3月1日，罗伯特·阿斯克比被派到伦敦市政厅，请求市长和市府参事出贷前所未有的两万镑。四天后，经过详细协商，伦敦市长和参事们同意借贷五千镑，但为了能够收回借贷，他们要求约翰·斯特拉特福德、基尔斯比及国库长威廉·朱什抵押他们的私人地产。考虑到当时的王室财政状况，他们三人很可能会因为王室债务而陷入泥潭。[3]

尽管双方剑拔弩张，但国内政府班子并不想与国王公开闹翻。因为，在过去三年多里，他们曾努力支持国王去追求其在海外的权益。斯特拉特福德、阿伦德尔、亨廷顿及其他人试图说服国王确保自己的恐吓策略不会对征税协商造成负面影响。他们首先聚焦在爱德华那受人非议的法兰西国王的头衔上。当初爱德华决定在佛兰德斯宣示这一头衔时，并未与国内政

---

1 Sumption, i, 305.
2 *CCR 1339–41*, 451; *RDP*, iv, 515–518.
3 *CLBL, F*, 45–49, 50; *CPMR 1323–64*, 120–121, 139–140, 141, 148–149, 156, 195, 203. 这笔贷款随后被安排用九分之一税来偿还。当这一计划落空之后，1343年又试图抵押基尔斯比的地产来获取偿还保障，但是直到1347年，这笔贷款依然没有偿还。Unwin, "Estate of Merchants", 203; *CLBL, F*, 90–91; C 49/53/20。1341年，面对再提供2000镑的贷款要求，伦敦市仅提供了1000镑，最终似乎收回了800镑，*CPMR 1323–64*, 192–201; Axworthy, "Financial Relationship", 172–173。

第八章　悬崖边缘（1339—1341）

府商量，也不确定这对英格兰王国意味着什么。爱德华返回英格兰的数日内便立即签订了大量文件，并被说服向迷惑不安的公众做出解释。为了便于国内行政管理，之前在肯特使用的头衔，如今将顺序做了调整，改为"英格兰与法兰西国王"。限制爱德华对英格兰造成损害的最后一项措施是3月议会通过的一项重要法令。根据该法令，国王被迫同意严格区别英格兰、法兰西两个王国，并保证他永远不会将英格兰拖入从属于法兰西的危险之中。[1] 咨议会坚决要求重塑双重君主政体，这鲜明地体现出他们急于让爱德华意识到，他需要阻止来自政治团体的严厉抨击。

爱德华曾想单凭自己的超凡魅力来主导3月议会，不过，他后来迅速纠正了这一初衷，转而认同斯特拉特福德的和解与妥协政策。4月1日提交给上、下议院的方案与去年10月提交的并无本质区别。按这一方案，爱德华将会被唤回布鲁塞尔，将自己充作海外债务的抵押，那么，"他将永远蒙受耻辱，国内外所有领地也都会陷于危局"，然而，如果能够获得资金支持，他将迎来"一个美好的结局"，"到处都会迎来和平与宁静"。两天后，上议院之前的提案奏效了，下议院同意放弃羊毛征收方案，转而参照教会什一税，对羊毛、谷物及新生羊羔征收九分之一的实物税。这一税收将持续征收两年，实物征收上来之后，先在国内市场售卖，以换成现金。[2] 就在当天或不久之后，上、下议院也同意，鉴于1月已与商人协商好不再征收额外补助金，议院将授权改征新的羊毛出口补助金，将羊毛出口补助金的税率降低到一镑十三先令四便士。这一税率将一直征收到1341年，或战争结束之时。[3]

之所以能够促成国王在政治与经济上的转变，其唯一原因是咨议会坚

1　*RDP*, iv, 515–517; *PROME*, iv, 261, 268; *SR*, i, 292; *EHD*, iv, 70; *Chron. Lanercost*, 333; *Scalacronica*, 128–129. 亦见本书第717—719页。

2　*PROME*, iv, 267.

3　*SR*, i, 291; *CFR 1337–47*, 196.

持让爱德华三世做出实质性让步。国王同意考虑下议院之前关于征税的附加条件。[1]最不寻常的是，这些需要考虑的问题并未提交给国王及咨议会，也没有以法令这种他们认为最好的形式构成，而是由上、下议院议员组建特殊委员会，先制定出旨在解决问题的法令，然后在4月中旬提交国王签署通过。[2]委员会包括两个曾追随爱德华至海外的贵族，即德比伯爵和杰弗里·斯克罗普爵士；此外均为国内政府成员：实际召集人约翰·斯特拉特福德与其弟弟罗伯特、阿伦德尔伯爵、亨廷顿伯爵及韦克勋爵、珀西勋爵、内维尔勋爵。

委员会与国王达成的让步分为四大项。第一，国王真诚表达了他对《大宪章》及标准度量衡的维护，迎合臣民喜好；承诺更为严格地规定各郡官员的资质和任期；保证严格区分国王的两个王国；废除早已过时的司法实践"英格兰人证明"（presentment of Englishry），这至少在理论上，是让英格兰地方社区为国王那些出生在海外的臣民的死亡负责。[3]第二，爱德华慎重承诺废除或限制一些最受争议的特权税收。以后，国王将不再征收摊派税（对王室领地征收的税）、免服兵役税（以罚款代替兵役）、封建援助金（在特定条件下对国王总佃户征收的税）。此外，废除巡回法庭所到之地的公共罚款，撤销财政署无人认领的债务。国王今后是否会信守这些承诺尚且存疑，但至少可以肯定，在征收目前补助金期间，国王必须停止以上收

1　G. L. Harriss, "The Commons' Petition of 1340", *EHR*, lxxxviii (1963), 625–654 辩称现存的1340年3月议会的共同请愿书重申了1月会议上提出的在不明条件下强征30,000袋的议题。关于这些共同请愿书的文本，见 *The Chartulary of Winchester Cathedral*, ed. A. W. Goodman (Winchester, 1927), 131–133; Harriss, *King, Parliament*, 518–520; *PROME*, iv, 275–276。

2　*PROME*, iv, 267–268; *SR*, i, 281–294; *Calendar of the Records of the Corporation of Gloucester*, ed. W. H. Stevenson (Gloucester, 1893), 53.

3　假如一个人被杀，那么他所在的百户邑必须交出凶手，或者通过"英格兰人证明"程序来证明死者是一个英格兰人。否则，百户邑必须交付一笔很重的罚金——谋杀金。按照这一规定，如果是外国人死在了英格兰，但英格兰地方社会未能找到凶手，那么便需交纳罚金。——译者注

第八章　悬崖边缘（1339—1341）

费。同样，王室采买权与通过赦免过往罪行来募兵入伍的做法，如今也变得更加规范了。国王还在议会上做了重要声明，承认授权征收额外税收是议会固有的权利，以此打消外界对这些原则缺乏可信度的质疑。第三，在战争财政问题上，特别阐明了国王需要对臣民负责。爱德华承诺，此次新征的九分之一税只会用在战争上。为了确保承诺能够兑现，这笔税收的管理将另辟蹊径，特设两名税收官专门管理这笔钱，并接受贵族集团的监督。国王对臣民负责的原则也适用于先前的补助金，因此，掌管王室财政的重要官员与代理人，包括巴尔迪、威廉·德拉波尔、约翰·查尼尔斯、保罗·蒙蒂菲奥里及威廉·梅尔科本，也要接受议会的审查。[1] 第四，有力重申了国王保卫王国安全与财产的责任，并公布防御苏格兰人进攻的新规定和新措施。5月议会结束、爱德华即将返回欧洲大陆之时，在大主教斯特拉特福德的主持下，由亨廷顿伯爵、兰开斯特伯爵、萨里伯爵、珀西勋爵、韦克勋爵及内维尔勋爵等人参会，一个新的强有力的摄政咨议会组建而成。1338至1339年间为国内政府所设置的诸多行政限制被撤销，大权在握的咨议会"既掌管王国内的重要事务……也成就我们国王的海内外事务"。[2]

如果说爱德华有理由因他回国期间确保了战争供应而欢欣鼓舞，那他对斯特拉特福德从他这里谋取的妥协则会越来越恼火。1339年9月至1340年5月之间出台的规定，意味着《沃尔顿条例》中一些重要内容的废弛。爱德华迅速打消了国内政府试图全盘掌管战争的意图。3月，他让国库长朱什不要干涉国外修道院的事务，且辛辣地提醒道，那些修道院是专供国王使用的。5月5日，斯特拉特福德就职为大法官、罗伯特·撒丁顿取代朱什担任国库长，就在当天，爱德华也对新上任的两位大臣发出了同样尖刻的指令。[3] 国王放宽了1338年《沃尔顿条例》中不允许分期偿还王

1　*PROME*, iv, 269–270; *CPR 1338–40*, 499–504; *CFR 1337–46*, 178–179.
2　*PROME*, iv, 272–274; *Foedera*, II.ii, 1125.
3　E 159/116, rots 92, 98d.

室债务的禁令,但爱德华三世却只是将此视为他的恩典。[1]最值得注意的是,5月18日,他重申1338年《沃尔顿条例》中的内容——若无他的御玺之印,国库长无权私自处理财务。[2]就爱德华而言,《沃尔顿条例》的核心原则依然保留了下来。

讽刺的是,议会小心谨慎地将新征收的九分之一税用在战争上,恰好遂了爱德华的愿。在离开英格兰之前,他已与咨议会达成一致意见,同意在征收九分之一税后预期可获的收入中,抽出大约十五万镑支付给他的银行家、盟友及军事统帅。[3]这一策略风险颇高,因为无人知道这一轮新税具体能收到多少钱。爱德华还在国内时,尚可期望咨议会能在承诺与资源之间保持某种形式的现实平衡,但若国王回到低地国后仍坚称自己对英格兰的所有开支持有绝对支配权,便无法预计会导致怎样的混乱。1340年,咨议会只好再次采取前一年的举措,对征收补助金提出更多的要求。于是,5月30日,条令签发,定于7月,在国王缺席的情况下,召开议会商讨征税事宜。[4]根据编年史家艾夫斯伯里的罗伯特重构的戏剧性画面,在爱德华于6月登船之前与斯特拉特福德在奥威尔举行的会面上,国内政府所面临的压力显而易见。大主教斯特拉特福德向爱德华建议说,下一场战争应该推迟到国王能够召集到更加强大的军队之时,爱德华回以"愤怒地跺脚",这迫使斯特拉特福德愤而辞去了大法官的职位。爱德华希望自己的海外行动能够得到军事专家的认可,便召见负责东海岸防卫的海军上将罗伯特·莫利和副官约翰·克拉布,却发现他们也跟斯特拉特福德一样忧心忡忡。他冲着他们大发雷霆,咆哮道:"即便没有你们的支持,我也要跨海作战。你

---

[1] E 101/120/20; BL, Add. Rolls 26588–26595; W. M. Ormrod, "Edward III and the Recovery of Royal Authority in England, 1340–60", *History*, lxxii (1987), 7.

[2] E 159/116, rot. 108. 这份令状的序言部分矫揉造作地表达了对国王之子民的担忧。面对如此沉重的财政压力,他们的福利必将受损。

[3] Harriss, *King, Parliament,* 277–278.

[4] *RDP,* iv, 521–524.

第八章　悬崖边缘（1339—1341）

们这些瞻前顾后胆小如鼠的人，就好好待在家里吧。"[1]

艾夫斯伯里的故事显然受到了之后事态的影响。斯特拉特福德确实在6月20日，即国王启程的前两天，辞去了大法官的职务。但是，以大主教的身份主持政府工作本就异乎寻常，政府的改组，更可能是出于实际考虑——在国王长期不在国内期间，能够有更加胜任的人来主持政府工作。当然，斯特拉特福德毫不犹豫就主持了摄政工作。在爱德华启程后不久，新任的大法官和国库长便是同斯特拉特福德一起参加3月议会的两个主教，即他的兄弟奇切斯特主教罗伯特，以及长期担任考文垂与利奇菲尔德主教的罗杰·诺思伯格。[2] 因此，在离开之前的最后时刻，爱德华还肆意地操纵国内政府是毫无意义的。而想象中的发生在奥威尔的情节，可能揭示了真相。爱德华态度的勉强极其磨损国内政府的耐心，他的愠怒也严重扰乱了想要安稳王国的真诚努力——甚至在他启程的当天，咨议会还忙着就议会上未能解决的系列问题寻求他的同意。[3] 如果他曾静心考虑过回国的意义，那么他肯定知道自己差点儿就毁坏了自己的伟大事业和王权。他未能认识到他对斯特拉特福德的亏欠，这最终导致国内政府离心离德，引发他执政期间最大的政治危机。

爱德华坚持尽快回到低地国的部分原因是前线不断传来的消息。[4] 面对法军对自己领地的进攻，埃诺的威廉甚是恐慌，决定重回英格兰联盟，并承诺与英格兰、佛兰德斯共同进攻图尔奈。但是，4月11日，索尔兹伯里伯爵与萨福克伯爵离队独行、前往里尔勘察，却双双被捕后押往巴黎，被关押在沙特莱（Châtelet）。这一坏消息传来时，爱德华正在温莎举行庆祝

1　Avesbury, 311; Lucas, "John Crabbe", 346–347.
2　*CCR 1339–41*, 482; *PROME*, iv, 277.
3　C 61/52, mm. 22–20; *CPR 1340–3*, 4.
4　后续情况，见Sumption, i, 306–329; Rogers, *War Cruel and Sharp*, 191–197。

复活节的骑士比武赛。[1]尽管在 5 月底,诺曼底公爵与厄镇伯爵被沃里克伯爵与北安普敦伯爵率领的军队从瓦朗谢讷击退,但二人加盟腓力六世后,又攻取了不久前埃诺人在康布雷教区占领的几处城堡。

所有情报中最可怕的是,法兰西王在兹温河(River Zwin)和斯海尔德河河口组织了一支庞大的舰队,以阻止爱德华登陆佛兰德斯。在过去的半年里,尤其是在法兰西失去了部分热那亚雇佣兵的支持之后,海上的战争形势对英格兰而言要好得多。但是,大规模的海上作战,却暴露了爱德华的弱势。尽管在 14 世纪 30 年代末,他就曾试图打造自己的舰队,但直到当时,归他直接调配的战舰依然屈指可数。倘若征发商船进行大规模海战,又会威胁到英格兰港口与海湾的安全。此外,爱德华决定让德比、北安普敦、沃里克、格洛斯特、阿伦德尔及亨廷顿等伯爵追随他来到欧洲大陆,违背了当初确保更多贵族参与海岸防御事务的政策。尽管事态复杂棘手,但紧急形势迫使爱德华准备在海上迎战。5 月底,爱德华前往赫特福德的城堡拜访母后,之后,他前往东安格利亚检视船舰和人力的征集情况,在 6 月 22 日登上他的"托马斯号"(Thomas)从奥威尔扬帆渡海。

情况并不乐观。爱德华仅仅带着一百五十艘船及一支二千五百至四千人的小队伍前往欧洲大陆。而法兰西的战船超过了两百艘,而且大部分战船都比英格兰的大得多,人数也远胜过英格兰,总计约有两万士兵。[2]23 日,爱德华及其随从在布兰肯贝格(Blankenberg)抛锚登陆,前去增援佛兰德斯人。英格兰人的攻击策略,让法方的焦虑情绪不断上升。尽管占据人数上的优势,法兰西人依然深陷麻烦之中。当时欧洲的火药技术尚处于起步阶段,海上作战主要靠两点:要么靠近对方船只而后射箭攻击对方,要么登上对方的船只而后展开肉身搏斗。英格兰的长弓兵箭射得又远又准,爱

---

1 E 101/388/11,载"An Armourer's Bill, temp. Edward III", ed. H. Dillon, *Antiquary*, xxii (1890), 150。
2 *Foedera*, II.ii, 1129; Rogers, *War Cruel and Sharp*, 192–193, 197.

第八章　悬崖边缘（1339—1341）

德华的大量重骑兵经过苏格兰战争的打磨后都训练有素、经验丰富。反观法兰西军队，不管是军事统帅还是普通士兵，都缺少军事作战或海战的历练。海军上将尼古拉斯·贝胡切特、休·库尔特在战术选择上存在分歧，两人的犹豫不决激怒了他们经验丰富的舰长——热那亚海盗彼得罗·巴尔巴维拉。最后，他们决定停驻在兹温河沿岸，特米登（Termuiden）及卡德赞德岛之间的开口处，背靠斯鲁伊斯（Sluys）镇。为了防止英格兰冲破防线，法兰西用链条将战船连在一起。法兰西人要么冒险一战，要么承认失败，让爱德华的军队如入无人之境地沿着海岸航行。

6月24日清早，英格兰王将舰队在海上排成三线，他意识到自己这方可能要直面阳光的照射，便抢风航行，进入更为开阔的水面，或在太阳向南向西移动后抓住时机进攻，或找到其他方法出其不意攻其不备。法兰西却错误地将此视作英格兰的撤退，于是开始解散链条。灾难就此降临。关于爱德华为何能够如此机智地摆法兰西一道，依然众说纷纭。一般的说法是，爱德华等到太阳移到身后时，突然指挥战船驶向对面的法兰西舰队。另外一种更加引人入胜的解释是，他下令紧急转向，向北边、东边驶进了斯海尔德河河湾，然后沿着卡德赞德东岸前行，出人意料地从后方突然向法兰西舰队发起进攻。[1]不论是哪种策略，爱德华三世的直觉被证明是正确的。弓箭手们将致命的箭射向法兰西人，骑士们攻上瓦卢瓦的船并开始有组织地消灭敌人。在接下来的激烈战斗中，爱德华三世抢回了过去两年间被法兰西抢走的私人船只，包括他的旗舰"克里斯托弗号"。惨烈的战斗持续了很长时间，局部战斗甚至到夜幕降临时才结束。英格兰贵族与骑士们的壮举很快就成了骑士神话的素材。但海上的真正胜利者，就如以前在哈利顿山丘战役一样，其实是弓箭手。他们射出的漫天箭阵，不仅杀伤了大量的法兰西水兵，而且更加重要的是，让对方船长们无法观察英方动态并

1　Rodger, *Safeguard of the Sea*, i, 98–99.

调整战略。

中世纪海战以残忍而闻名,失败方难以逃离战船这个浮动城堡,尤其加剧了这一点。尽管有这样的预估,斯鲁伊斯海战依然堪称百年战争中最为血腥残酷的战争之一。据爱德华三世的保守估计,有五千法兰西人战死,但实际死亡的人数很可能至少是这个数字的三倍。库尔特被杀,贝胡切特被吊死在自己那艘船的桅杆上。二人手下那些试图跳海逃命的将士很快就被在岸边等候的佛兰德斯人捕获击杀。传闻无数尸体被冲到佛兰德斯海岸,海水一片红色。爱德华三世告诉他的儿子说,每次涨潮,都将卷来新一批尸体。[1]在苏格兰陆地作战时,英格兰国王就曾冲锋陷阵,展现了非凡的勇气,他的荣誉也因此增加。如果斯鲁伊斯海战失利,结果将是毁灭性的。当时参加战斗的有很多英格兰高级统帅,如果获胜的一方是瓦卢瓦,爱德华也就无法继续对法兰西作战,更不用说剥夺对方的自由甚至生命。但爱德华很好地选择了时机与方式,虽然在陆上遭遇连败,但最终在海上实现了他的目的——赢得了一场大胜利。

对爱德华三世的臣民而言,斯鲁伊斯海战对海军霸主的考验,既感人又新奇。劳伦斯·迈诺特写道:"在那里,英格兰人学到了一种新的舞蹈。"[2]1340年之后,爱德华一直声称这次海战恢复并保有了先祖"海洋之王"的头衔。[3]1343年,他制作了五艘金船摆饰,以永久纪念这次胜利,并将它们分别陈列在沃尔辛厄姆修道院、圣保罗教堂、格洛斯特修道院及坎特伯雷教堂(坎特伯雷教堂共有两件,一件放在贝克特的墓前,一件置于圣

---

1 Le Bel, i, 178–181; *Chron. Meaux*, iii, 45; *Chron. Lanercost*, 333–334; *Scalacronica*, 130–131; Rogers, *War Cruel and Sharp*, 197 n. 133, 198 and n. 135.
2 Minot, *Poems*, 37.
3 T. W. Fulton, *The Sovereignty of the Sea* (Edinburgh, 1911), 36–38; Rodger, *Safeguard of the Sea*, i, 77.

第八章 悬崖边缘（1339—1341）

母堂）。[1] 不久之后，他又发行新金币，图像是一个头戴冠冕的国王登上战船，上面的文字是"耶稣却从他们中间直行"（《路加福音》4:30）。[2] 这种宣传有助于在大众中催生一个新兴的神话，以庆祝英格兰海军在之前战斗中的英勇。据说，斯鲁伊斯海战中法兰西伤亡如此惨重，以至于英格兰海峡中的鱼都会讲法语。[3]

然而 1340 年夏，有零星证据表明英格兰王国的安全受到了威胁。在 8 月发送给西部舰队海军上将威廉·特拉塞尔的指令中，英王说诺曼人和其他法兰西人又聚集舰队，试图摧毁英格兰舰队。[4] 传言是真实的：新任的法兰西海军上将罗贝尔·乌德托在皮卡第与诺曼底之间迅速重建了海军巡逻队，准备对英格兰怀特岛至普利茅斯的漫长海岸线发动突然袭击。焦急的国内咨议会与商团达成协议，征收特殊补助金以组建常备海军舰队，保护海峡中的商船航行。之后，国王将其发展为吨税和磅税。[5]

1340 年夏天，尽管英格兰各地民众欢欣雀跃，政治精英们却难有庆祝的兴致。7 月 12 日威斯敏斯特议会上，阿伦德尔伯爵、亨廷顿伯爵和格洛斯特伯爵就国王公开信的内容进行了交流。其中的信息好坏兼有。一方面，是神的恩典让他在斯鲁伊斯海战中击败敌人，夺取胜利。另一方面，他迫切需要资金支持以应对迫在眉睫的陆上作战。国王在信中刻意给其英格兰臣民施加压力，即如果他不能继续他的伟大事业，后果将会多么严重。议

---

1 E 36/204, fol.73. 这些明显是国王1343年3月从布列塔尼归来后前往坎特伯雷、格洛斯特及沃尔辛厄姆朝圣时的献品（Murimuth, 135），某种程度上也有可能是他历经海上艰险、平安归来的感谢祭。给格洛斯特的礼物先是放在主祭坛上，后来转移到爱德华二世的墓边，*Historia et Cartularium Monasterii Sancti Petri Gloucestriae*, ed. W. H. Hart, 3 vols (RS, 1863–7), i, 47–48。

2 *Age of Chivalry*, no. 664.

3 Barnie, *War in Medieval English Society*, 47.

4 C 76/15, m. 7.

5 *HBC*, 559 n. 5; C 76/15, m. 3; W. M. Ormrod, "The Origins of Tunnage and Poundage: Parliament and the Estate of Merchants in the Fourteenth Century", *Parliamentary History*, xxviii (2009), 210–213.

会被迫承认当前形势紧急并提供一些财政支持。然而，由于刚刚达成了九分之一税，上、下议院实在不愿意再征缴另外的直接税。经过一周紧张忙乱的讨论，他们采取了强迫借款的方式。在 1341 至 1342 年间，在征收九分之一税的第二年，国王通过信用购买而后偿还的方式，从国内市场获得大约两万袋羊毛。[1] 对许多人而言，这一次海战的胜利成为延长战争、继续征发重税的另一个理由。

在斯鲁伊斯海战中，爱德华三世身处战火中心，腿部受了严重的伤。经过两周的康复，直到 7 月中旬他才能够前往根特去会见他的王后菲莉帕。1340 年 3 月，当她丈夫身在英格兰时，王后菲莉帕生下了另一个儿子约翰。孀居的彭布罗克伯爵夫人在约翰诞生后曾与王后相处过一段时间，可能是想要继续担任王室孩子的女教师。[2] 然而，等待已久的盟军共同进攻图尔奈的准备工作正在如火如荼地展开，王室夫妇不情愿地决定将伊莎贝拉、琼公主及两个年幼的王子送回英格兰。爱德华无法承受因瓦卢瓦攻击佛兰德斯而失去孩子的风险，也不希望孩子们落入吵闹不休的盟军之手，成为要挟他支付债务的人质。[3] 他再见到孩子们，应该是四个月之后。

因为忙于准备进攻图尔奈，国王与王后相聚的时间也很短。爱德华兵分两路。第一支由阿图瓦的罗贝尔统帅，但在进入阿图瓦之后，在 7 月 26 日被勃艮第公爵拦截了，仅有一支小分队及时与爱德华的大军会合。第二支军队，由国王自己统领，经埃诺到达离图尔奈数英里之远的斯海尔德河畔的奇恩（Chin）。所有军队聚集之后，包括布拉班特公爵、海尔德公爵、于利希侯爵、埃诺伯爵及佛兰德斯城镇的军队在内，总计有八千名重骑兵

1　*PROME*, iv, 282–284; C 76/15, mm. 16–13. 斯鲁伊斯海战的捷报在 6 月 28 日就已在英格兰公布，而且在议会开始时也有所提及，因此实际上并非爱德华的信率先披露胜利的消息。Avesbury, 312–314; *CLBL, F*, 54; *PROME*, iv, 281。

2　C 76/15, m. 9.

3　Ormrod, "Royal Nursery", 404–405.

第八章　悬崖边缘（1339—1341）

及一万八千名步兵。[1]到此，爱德华似乎已有了一支可与法兰西相当的军队，足以实现他曾急切向国内民众保证的目标。

包围图尔奈对爱德华而言并无直接的战略意义，更多是为了盟友佛兰德斯人的利益。然而，就像1333年在贝里克一样，爱德华希望通过包围迫使敌军出城与他进行公开战役。腓力六世的大军，大约两万一千名重骑兵与数量少得多的步兵聚集在阿图瓦的阿拉斯。交战的时刻显然到来，7月26日，爱德华向"瓦卢瓦的腓力"发起了正式挑战。爱德华身为合法的法兰西国王及佛兰德斯人的领主，现在是来接手属于自己的遗产。作为基督徒，他们两人应该设法避免不必要的牺牲。他们可能同意徒手对决，或者是双方各自挑选出一百人进行决战。如果提议遭到拒绝，爱德华可能希望，在图尔奈之战前，腓力的全部军队能在十天之内投入公开战斗。[2]对爱德华的法兰西国王头衔的强调，导致一些评论家大肆渲染了这场战役。据说，英王还提议进行一系列的实验来证明谁才是有资格拥有卡佩王朝王座的人。比如，他与腓力一起直面群狮，因为狮子从不撕咬真正的国王。不那么危险的是，他们可能还进行了一次治疗瘰疬的比赛，看谁有能力治愈这种疾病。[3]至少比赛治疗瘰疬是真实的，爱德华曾在神圣罗马帝国和佛兰德斯举行过这一治疗仪式，他这种神奇能力也被法兰西人所亲见。[4]爱德华采用如此故弄玄虚的手法以争夺继承权，自然引发了充满敌意的回应。7月30日，腓力六世写道，他才是真正的法兰西王，爱德华与佛兰德斯人都是非法反抗领主的暴乱分子。[5]为了证明战争的正义性，爱德华需要以恢复

1　Rogers, *War Cruel and Sharp*, 204.
2　SC 1/37/135，载*Foedera*, II.ii, 1131；*Wars of Edward III*, 91–92有部分翻译。爱德华的挑战内容在英格兰广为流传，*CBL, F*, 54; Murimuth, 110–111; Avesbury, 314–315; *Chron. Lanercost*, 334–335。关于法兰西方面的情况，见*Grandes Chroniques*, ix, 198–200。
3　*Calendar of State Papers, Venice*, i (London, 1864), no. 25.
4　Ormrod, "Personal Religion", 862–863.
5　*Grandes Chroniques*, ix, 200–202; Avesbury, 315–316; *Scalacronica*, 130–131; *Wars of Edward III*, 92–93.

王朝头衔的方式来挑起争端，腓力也同样需要坚称自己对阿基坦和佛兰德斯地区拥有封建君主权。

爱德华甚至都没有费心等待腓力的答复。穿过斯海尔德河之后，他迅速前往图尔奈，并在 8 月 1 日正式包围了该地。盟军准备打场持久战。他们花了几周的时间，对周边的乡村进行巡逻。但由于驻地条件迅速恶化，盟军越发不安，爱德华三世开始向镇民施加压力，迫使他们投降。9 月初，腓力移军至仅几英里开外的布汶（Bouvines）。尽管腓力六世不愿意交流，其顾问还是建议他小心谨慎。在叮嘱并强调了重要的家庭责任后，腓力派遣他的妹妹，孀居的埃诺伯爵夫人让娜去与她的英格兰女婿协商。在伯爵夫人的奉承和布拉班特公爵威胁退出盟军的双重作用下，爱德华三世同意与腓力六世讨论停战，于 9 月 25 日在埃普勒尚（Esplechin）谈妥了停战条款。[1] 9 月 26 日，爱德华与驻军拔营而返，回到根特后，他们以惯常的宴会和骑士比武赛来庆祝平安返回。双方都在这次战争中发挥全力，但由于未进行决定性的会战，因此无法确定当天的荣耀到底属于哪一方。[2]

《埃普勒尚休战协定》在许多方面是爱德华三世的救赎。该协定明确承认已有的诉求、联盟及征服，并允诺英格兰与佛兰德斯的协议依然有效。这也同样适用于当前的整个战区。苏格兰人因此被迫放弃围攻驻扎在斯特灵的英格兰卫戍部队，腓力六世也因此撤回了进攻加斯科涅的一大支军队。休战协议中另一个让爱德华感到慰藉的重要内容是，同意索尔兹伯里伯爵与萨福克伯爵回到英格兰谈判解救自己的赎金。这不但减轻了他的愧疚，

1　Le Bel, i, 202–205; *Foedera*, II.ii, 1135–1137; K. DeVries, "Contemporary Views of Edward III's Failure at the Siege of Tournai, 1340", *Nottingham Medieval Studies*, xxxix (1995), 70–105. 关于在英格兰国内宣布的休战声明，见E 403/314, 16 Oct. 1340。

2　Le Bel, i, 208–209.

第八章　悬崖边缘（1339—1341）

也为他在国内咨议会上争取到一些支持的声音。[1] 总之，九个月的休战为国王提供了解决部分国内财政问题的机会，他在欧洲大陆重组盟军并在来年 6 月重开战争。

然而这些都不足以说服爱德华三世，他认为休战除了混淆了他宣称的伺机反抗瓦卢瓦的腓力的目的之外，没有任何作用。停驻根特的他开始寻找可以责备的某件事或某个人。[2] 最现成的借口是，九分之一税和强征羊毛的失败。国内咨议会预计九分之一税第一年的总收入应达到八万至十万镑。然而，直到 1340 年末，其实才征集了一万五千镑。强征羊毛的差额更大，原本允诺为两万袋，而事实上还不到一千袋。[3]

英格兰原本强大的财政机器出现如此始料未及的崩溃，自然需要理由。九分之一税和强买羊毛都受到了广泛的抵制。在为征收九分之一税进行的评估中，歉收、牛疫以及之前王室采购与税收的压力导致了大面积的贫困，民众叫苦连天。即便英格兰经济还未到山穷水尽的地步，纳税人也已难以承受。[4] 九分之一税的管理也颇拙劣。在 7 月议会上，曾要求地方官员尽可能地将市场上羊毛、谷物及牲畜价格定高，迫使消费者以高价购买这些商品。[5] 这给民众造成了双重税收的印象，很快就受到举国上下的公开谴责。羊毛强征的工作也同样迅速，制造商对羊毛的估值相对较低。由于强迫借款的目的是用来抵消次年的九分之一税，因此 1340 年夏天的征税失败，直

1　BL, MS Cotton Faustina B. V, fol. 88. 索尔兹伯里、阿伦德尔、格洛斯特及其他伯爵希望于1340年11月14日在威斯敏斯特召开的咨议会上与国王的使者会面，*CCR 1339–41*, 640。

2　Le Bel, i, 208–209; Murimuth, 116; Baker, 71–72; Froissart, ii, 82–84.

3　Fryde, "Edward III's War Finance", ii, 539–563.

4　A. R. H. Baker, "Evidence in the 'Nonarum Inquisitiones' of Contracting Arable Lands in England during the Early Fourteenth Century", *EcHR*, 2nd series, xix (1966), 518–532. 贝克的研究成果仅使用了九分之一税的部分资料，M. R. Livingstone, "The Nonae: The Records of the Taxation of the Ninth in England, 1340–41"(Queen's University Belfast PhD thesis, 2003), 362–382 and Map 8.1的研究对其进行了扩充和修正。

5　*PROME*, iv, 281–282.

接挫伤了公众对王室支付来年债务的信心。1339 年，公众的不满就已经非常明显了，而到 1340 年，这直接表现为民众对征税的抗议。这也可以用来解释当时开始流传的谣言，即土地违法的事件层出不穷。[1] 有位编年史家声称，1340 年大臣们告诉国王说，他们不敢征收更多的钱，因为害怕引起暴动。而《抗议国王税收之歌》要表达的便是，若是此时出现煽动人心的政客，民众就将造反。[2]

然而，从国王的角度来看，税收系统的暂时崩溃只是因为大臣们的无能。在 7 月议会召开期间及之后，斯特拉特福德兄弟和罗杰·诺思伯格两次致信国王，保证新补助金的这笔收入会很高。[3] 毫无疑问，他们努力使新税体制能够顺利运转。例如，8 月底，国内政府试图发动通常被豁免税收的切斯特与达勒姆的特权领居民，自愿为战争提供额外捐款。[4] 之后，国内政府还发现了试图强制销售九分之一税所征物品带来的问题。不过讽刺的是，1341 年 1 月，政府不再坚持高价售卖征集到的实物，却期望第一年的九分之一税能够再带来五万镑的收入。[5] 另一方面，斯特拉特福德平衡收支的能力明显不足。咨议会急于提高自己的信誉，在 1340 年 9 月及 10 月初同关税和九分之一税的征收官召开了一系列特殊会议。[6] 如果斯特拉特福德

---

[1] BL, MS Cotton Faustina B. V, fol. 89v; *Chron. Meaux*, ii, 387; Knighton, 7.
[2] *French Chronicle*, 83; *Anglo-Norman Political Songs*, 110, 113; Maddicott, "English Peasantry", 348–349.
[3] *PROME*, iv, 290–291.
[4] C 76/15, m. 7. 这在柴郡行不通，有证据清晰地表明，从1346年柴郡才有税收支持伯爵（因此也支持国王），Booth, *Financial Administration*, 118–119; T. Thornton, "Taxing the King's Dominions: The Subject Territories of the English Crown in the Late Middle Ages", *Crises, Revolutions*, ed. Ormrod, Bonney and Bonney, 101–105。国王曾试图对达勒姆郡增税，但1345年哈特菲尔德主教重申豁免权，因而此举受到阻扰，G. T. Lapsley, *The County Palatine of Durham* (Cambridge, Mass., 1924), 272–274; C. D. Liddy, "The Politics of Privilege: Thomas Hatfield and the Palatinate of Durham, 1345–81", *Fourteenth Century England IV*, ed. Hamilton, 69。
[5] Fryde, "Edward III's War Finance", ii, 506, 534.
[6] *CCR 1339–41*, 624, 627, 635.

第八章　悬崖边缘（1339—1341）

与助手确实犯了错，这样的错误算不上明显的失职，而是他们孤注一掷的无奈之举；一旦他们最终承认九分之一税和强制贷款注定要失败，国王的雷霆之怒便会降临在他们头上，只有采取这样的举措，才能延缓这样的场景出现。

甚至早在埃普勒尚休战之前，爱德华便试图让斯特拉特福德承认自己的失败。9月初，他将罗伯特·阿斯克比和理查德·温克列遣回国内，去与咨议会协商，并召集阿伦德尔伯爵及其他人尽快赶往威斯敏斯特商量相关事宜。这场会面无疑相当激烈。[1]如果这一行动的目的是揭示错误与分歧，那么它自然是成功的。当月，一封匿名信从英格兰寄出，寄给国王身边的某个人，信中隐晦地指出执掌王国事务的摄政政府已到改换大臣的时刻了。[2]信息丰富的《伦敦的法兰西编年史》（*French Chronicle of London*）写得更明确，一位未披露姓名的国内政府成员决定向国王状告，揭露那些咨议大臣实为"狡诈的叛徒"。[3]10月上旬，爱德华为自己而非大主教掌控了局面感到自得。为了将保罗·蒙蒂菲奥里拉到自己这边，并从低地国获得更多贷款，他公然推翻议会收到的账目审计。在一封写给国库长的私人信件里，他专横地要求财政署立即停止调查他的私人金库，而应该把注意力转向为他提供资金。[4]

最终导致爱德华对国内大臣采取反对行动的是，面对持续不断的财政危机，他和其他人的私人安全受到了威胁。先前，为了从布鲁塞尔和梅赫伦商人处获得贷款，他曾被要求将德比伯爵、沃里克伯爵及北安普敦伯爵

1　Ibid., 621.
2　WAM, 12195; N. M. Fryde, "Edward III's Removal of his Ministers and Judges", *BIHR*, xlviii (1975), 154; Haines, *Stratford*, 279–280.
3　*French Chronicle*, 83.
4　E 159/117, rots 16, 37, 45d. 1338至1340年蒙蒂菲奥里记录的羊毛和珠宝收入、销售情况（E 101/624/28）中有一项这样的声明：由于国王必须付款给盟友，国王已无钱支付给自己人，也无法维持他的内府，蒙蒂菲奥里被咨议会授权去筹集更多的贷款。

作为抵押。11月12日，佛罗伦萨巴尔迪和佩鲁齐家族拖欠借款，国王无奈之下只好交出德比伯爵和沃里克伯爵作为羁押人质。自己的堂兄、朋友被监禁，爱德华将此视作奇耻大辱，因而对无视他多次要求偿还债务、漠视贵族安全的国内政府深感愤怒。[1]压垮骆驼的最后一根稻草出现在11月末，日渐暴躁不安的根特市民为了所借贷款的安全着想，要求国王、林肯主教威廉·基尔斯比和北安普敦伯爵杰弗里·斯克罗普提供个人担保。[2]如此真实又如此危险，国王已成为其债务的囚徒。

爱德华所有的不满如今都聚集在斯特拉特福德身上。11月中旬签署的介绍阿维尼翁特使的国书中，他说坎特伯雷大主教明确拒绝为他提供资金，意欲将他陷入绝境。[3]11月28日，当他在海上给根特民众写信时，他以相似的口吻写道："我们英格兰那些无能的咨议大臣与大臣如此对待我们，除非我们能够很快做出些什么来，否则便无法履行你们与我们所签的协议。"[4]冒着与债权人和盟友关系破裂的危险，爱德华将刚怀孕的王后留在后方，[5]在一小队亲信即北安普敦伯爵、约翰·达西、威廉·基尔斯比、雷金纳德·科巴姆、沃尔特·莫尼、尼古拉斯·坎蒂卢普、约翰及贾尔斯·比彻姆的陪同下，从斯鲁伊斯登船秘密启程，在海上航行了两天才进入泰晤士河，然后于11月30日午夜悄无声息地出现在伦敦塔的水门。[6]

次日早晨，12月1日，爱德华三世开始了他漫长统治中影响最为深远、最为无情的政府班子大调整。大法官罗伯特·斯特拉特福德、国库长罗杰·诺思伯格立即被黜；普通诉讼法院的大法官约翰·斯托纳爵士及其四个法官

---

1 *Foedera*, II.ii, 1143; 1147; Fowler, *King's Lieutenant*, 35–36; Sumption, i, 360–363. 关于爱德华为人质在拘押期间所支出的生活费，见E 101/127/40; E 101/389/8, m. 7。
2 *CCR 1339–41*, 649.
3 Déprez, *Préliminaires*, 350–352, 423–426.
4 PRO 31/8/142, fols 303–303v; Fryde, "Edward III's Removal", 154; Haines, *Stratford*, 280.
5 菲莉帕无需为丈夫担保，她随后就回到了英格兰，并在1341年2月之前都住在金斯兰利。
6 Murimuth, 116–117; *Foedera*, II.ii, 1141.

第八章　悬崖边缘（1339—1341）

同事理查德·威洛比、约翰·英奇、威廉·谢里沙尔、约翰·沙德洛都被逮捕。摄政咨议会成员之一的托马斯·韦克爵士与伦敦塔的王室总管尼古拉斯·德拉贝什爵士，以及其他三个著名的英格兰商业财政官约翰·普尔特尼、威廉和理查德·德拉波尔，同样被国王监禁起来。文秘署和财政署的一些高级书记员也被罢免。按照《沃尔顿条例》的规定，财政署被要求立即对"自我们首次进入布拉班特（Brabant）以来，部门所有的开支与分配进行详细的调查"。[1] 征集者所收到的所有税收，如今都不再交给财政署，而是交给一名九分之一税的征税官威廉·埃丁顿，他曾被任命管理伦敦塔供国王专用的额外财赋。[2] 爱德华三世这样做，不仅是要重申他对国内政府的权威，也是为了刻意且有组织地妖魔化失败的斯特拉特福德摄政政府。

寻找替罪羊的范围并不限于威斯敏斯特。在接下来的几周里，据说爱德华在讨厌的基尔斯比的怂恿下[3]，有选择性地对地方官进行了清洗，替换了部分关税官员、约一半的郡长及所有的验尸官与没收吏。[4] 索尔兹伯里伯爵负责逮捕前廷臣约翰·莫林斯，因为据说他背叛了国王的信任。而爱德华自己则亲自率领一队人马前往圣奥尔本斯修道院，去没收莫林斯的流动财产。这个荣誉丧尽的人在白金汉郡迪顿（Ditton）的房产很快就落入国王之手，在数年里都是爱德华经常光顾的地方。[5] 爱德华三世给郡长、其他地方官员及"英格兰的大贵族与其他团体"写信称，他的意图是对国内政

1　E 159/117, rot. 39. 在制定报告时，允许支出3个星期的花费，E 403/314, 20 Dec. 1340。但是结果并未记载下来。
2　"The Register of Simon Montacute", *Ely Diocesan Remembrancer 1891* (Ely, 1891), 543, 555.
3　*French Chronicle*, 88. 亦见Murimuth, 117–118。
4　Tout, *Chapters*, iii, 122 n. 3; S. T. Gibson, "The Escheatries, 1327–41", *EHR*, xxxvi (1921), 218–225; R. L. Baker, *The English Customs Service, 1307–1343: A Study of Medieval Administration* (Philadelphia, 1961), 60–67; Fryde, "Edward III's Removal", 156–157. 爱德华要求提供自他即位以来所有征收及管理关税之人的名单，E 159/117, rot. 39d。
5　*CPR 1340–3*, 83, 104; *French Chronicle*, 84; Fryde, "Robber Baron", 201–202; *SCCKB*, vi, no. 84.

府进行常规调查,并要求那些对王室代理人有怨言的人把账单送到国王任命专门处理此事的官员。[1]12月10日,大贵族、高级律师及重要乡绅收到了国王签署的听讼裁判庭委任书,负责听取并裁决众人的控告;这些显贵的朝臣及其他一些人——威廉·基尔斯比、尼古拉斯·坎蒂卢普、雷金纳德·科巴姆、约翰·比彻姆、罗伯特·帕文、罗伯特·鲍彻,很快就被认作国王的代表与利益维护者。这表明爱德华在任命这批政府大臣的过程中发挥了积极作用。[2]几周之后,他签发了加盖御玺的君主制诰,再次向民众保证他将坚定不移地惩办那些贪污腐化的大臣。而且,任何有罪之人都不能再回政府任职。在适当时机下,为了保证每人都有机会起诉他们,有罪官员将从一地押往另一地。[3]王座法庭的前大法官理查德·威洛比便是有目共睹的一个例子,他被控诉为滥用司法权,将法律"如公牛或奶牛般"进行售卖,并被押往科尔切斯特(Colchester)去面对埃塞克斯民众的指控。[4]

在海外许久的国王回到国内后,通过黜免腐败官员来更好地维持公共秩序是中世纪政治的一个共同点。如果爱德华三世缩小审查范围,仅对一些名誉扫地的官员进行审判,以及有选择性地对更加臭名昭著的郡官进行调查的话,那么他依然能与斯特拉特福德维持合作关系,甚至重新获得处境艰难的民众的信任。偶尔,他已准备承认自己确实操之过急、犯了些错

1　CUL, MS Dd.9.38, fols 107–108; *CLBL, F*, 58; E 403/314, 6 Dec. 1340; Fryde, "Edward III's Removal", 149; J. R. Maddicott, "The County Community and the Making of Public Opinion in Fourteenth-Century England", *TRHS*, 5th series, xxviii (1978), 34–35.
2　CUL, MS Dd.9.38, fols 108–109; *CPR 1340-3*, 111–112; W. R. Jones, "*Rex et ministri*: English Local Government and the Crisis of 1341", *JBS*, xiii[1] (1973), 4. 亦见之后王室支付法官工资的授权书, *SCCKB*, v, cxxxviii。
3　SC 1/62/85; 部分译文见Maddicott, "Parliament and the Constituencies", 85。
4　*French Chronicle*, 87; *Year Books 14 and 15 Edward III*, ed. L. O. Pike (RS, 1889), xxi-xxviii, 258–263; J. R. Maddicott, *Law and Lordship: Royal Justices as Retainers in Thirteenth- and Fourteenth-Century England* (Past and Present supplement, iv, 1978), 43–44; D. Crook, "The Disgrace of Sir Richard Willoughby, Chief Justice of King's Bench", *Nottingham Medieval Studies*, xlviii (2004), 15–36. 名誉扫地的王座法庭法官约翰·沙德洛在赫特福德郡也同样受到了指控, Fryde, "Edward III's Removal", 157。

第八章　悬崖边缘（1339—1341）　271

误。实际上，罗杰·诺思伯格与托马斯·韦克似乎迅速与国王和解，重新成为他的顾问。但他给予地方委员的特别调查权，在全国各处引起了许多焦虑。法庭将调查所有侵犯王权和非法的行为，所接到的犯罪控诉甚至可以追溯到1307年。这非同寻常的干预方式切断了各郡传统的自我调节机制，如巡回法庭一般，受到了地方精英的激烈反抗。[1] 国王对财政危机的过激反应，只是进一步削弱了议会召集讨论后本可以提供的支持。从这个角度来看，1341年4月议会带来的政治危机，几乎可以说都是爱德华三世自己造成的。

国王试图通过继续追究奇切斯特主教罗伯特·斯特拉特福德来持续攻击其兄约翰·斯特拉特福德。12月1日，在被罢免大法官的职务后，罗伯特立即因未能将资金转运至欧洲大陆而受到控告，而案件审理却一直拖到1341年6月1日。[2] 但罗伯特承受住了这些压力，申辩自己不应受伦敦塔的世俗审判，既因为这些指控是无稽之谈，更因为作为教士，他拥有豁免权，国王咨议会无权审判他。[3] 爱德华延长了这位大法官出庭的最后期限，甚至想让萨塞克斯的郡长将他逮捕。但一切都是徒劳，爱德华最后不得不完全撒手，在1341年5月末，撤除了对罗伯特的控告。[4] 从另一个角度来看，奇切斯特主教声称的教士豁免权，直接影响了后来的王室政策。1340年12月14至15日，爱德华任命高级大臣时，不再像往常一样任命主教或其他高级教士，而是选择了世俗的司法人员，任命罗伯特·鲍彻为大法官、罗伯特·帕文为国库长。在当时的情况下，这些人不能受到教会的庇护。爱德华很可能立刻发表评论，称他选择的大臣如果最后被证明是错误

1　见本书第323—324页。
2　C 49/46/11.
3　Murimuth, 117.
4　Fryde, "Edward III's Removal", 159–160; Ormrod, *Reign of Edward III*, 84–85.

的，可以因他们的罪行接受绞刑。[1]

1340年12月，约翰·斯特拉特福德在政府中因没有正式职位，很难让他为其行为直接负责。但是作为摄政政府的首脑，几乎可以肯定他曾宣誓效忠国王。[2]然而，爱德华不想以此动用世俗法庭及其审判方式，以免引发司法冲突。第一次使斯特拉特福德就范的尝试是特意提醒他，需要承担起自己对国王应负的责任。12月3日，爱德华的代理尼古拉斯·坎蒂卢普找到坎特伯雷大主教，建议他立即渡海前去勒芬（Louvain），以作为国王债务的抵押。斯特拉特福德的回复虽然恭敬却又含糊其辞。[3]然而，当威廉·基尔斯比在伦敦市政厅演讲时，他阐述了国王对大主教的抗议，意图唤起公众的"普遍谴责"——就像之前曾用在世俗法官理查德·威洛比身上的一样，爱德华与斯特拉特福德两人之间的矛盾便人尽皆知了。[4]到圣诞节时，眼见国王依然明显想要控诉神职大臣，并将他的愤怒扩至各郡，大主教似乎认定最好的防御便是进攻。考虑到过去三个月里他所受到的挑衅，他忍耐如此之久实在是令人惊叹。

12月29日，约翰·斯特拉特福德以坎特伯雷大主教的身份，自称人民的捍卫者，开始公开抗议非法、不合理的君主行为。对于那些毁谤神职人员或侵犯教士权利、破坏《大宪章》的规定而随意逮捕、毁坏和平或挑战坎特伯雷教堂的权利等行为，他给出的处罚是将做出这些行为的人逐出教会。虽然斯特拉特福德明确将国王排除在外，但无疑，以上处罚主要针对的是声名狼藉的基尔斯比和那些将爱德华引到目前这个局面的其他朋

1　*French Chronicle*, 86.
2　Harriss, *King, Parliament*, 263 n. 3辩称载于Baldwin, *King's Council*, 351–352的咨议员誓言，可能是在1340年5月27日由就任咨议会委员的斯特拉特福德、亨廷顿及其他人做出的。
3　Haines, *Stratford*, 283–284.
4　Murimuth, 117–118; T. F. T. Plucknett, "The Origins of Impeachment", *TRHS*, 4th series, xxiv (1950), 64–68.

第八章　悬崖边缘（1339—1341）

党。[1] 1月1日，约翰写信给国王，为自己的忠诚而申辩。战争的失败是因为爱德华无视逆耳忠言。就像《圣经》里的罗波安王，听信那些反复无常、自私而狡诈的谋臣之言，爱德华三世的所作所为与其父亲并无二致。"您知道得很清楚，令尊的结局是什么。"[2] 这是在爱德华三世统治期间，引用废黜国王先例的首例。斯特拉特福德小心谨慎地措辞，是因为他非常清楚，这些话将会落到国王的耳朵里。1月4日，国王的亲信拉尔夫·斯塔福德传召大主教，让他在伦敦咨议会露面。约翰决定拒绝这个命令，不是基于像他弟弟那样的教士特权，而是基于他作为王国高级贵族的身份。依据自己14世纪20年代艰苦政治生活的长期经验，他认为只有在议会内所有大贵族都有机会听到自己的辩词的情况下，王国的世俗与教会的贵族才会回应国王对他们的指控。[3] 爱德华在指控罗杰·莫蒂默时，曾坚定维护这一原则。如今，这再一次成了他的大臣们反抗国王专制独裁的坚实堡垒。

如此专横的冒犯，无疑荡除了残留在爱德华心里对昔日首席大臣的最后同情。面对斯特拉特福德发出的严厉的攻势，爱德华未受影响，反而于圣诞节、圣烛节、忏悔节期间分别在雷丁（Reading）、金斯兰利及诺里奇举办了声势浩大的骑士比武赛。[4] 2月中旬，他向所有主教分发了一份对大主教不满的正式声明。[5] 这份被狂怒的斯特拉特福德称为"臭名昭著的诽谤"（libellus famosus）的文书，叙述了爱德华早年间的统治及1337年开战时的情况。爱德华称，大主教曾坚持不懈地鼓励他与法兰西开战，并承诺将会为他提供资源。然而到了关键时候，大主教却袖手旁观。爱德华说，他对斯特拉特福德本无恶意，也打算保全他。然而，在文件的最后，爱德华

1　关于爱德华的撤销命令，见 *Foedera*, II.ii, 1147, 1151–1152。
2　*Foedera*, II.ii, 1143; Avesbury, 324–329; *EHD*, iv, 72–73.《圣经》中提到的内容是 I Kings 12.1–19。
3　Haines, *Stratford*, 290。
4　金斯兰利的比赛是为了纪念最近抵达宫廷的加斯科涅人而举办，E 101/388/11; Baker, 73; Vale, *Edward III and Chivalry*, 173。
5　*Foedera*, II.ii, 1147–1148; Avesbury, 330–336; *Anglia Sacra*, i, 23–27。

总结道，他已决定对做出危害国王及民众行为的大主教采取果断行动。时人认为，这份"诽谤书"可能出自亚当·奥莱顿之手，因为他曾与斯特拉特福德竞争坎特伯雷大主教一职。更有可能的或许是威廉·基尔斯比，不仅因为他对国内政府充满了怨恨，还因为他近来为空缺的约克大主教席位而向威廉·朱什发起挑战，与英格兰的教会高层不和。[1] 不管是谁撰写了这份文书，其内容与语气，无疑都秉承了国王爱德华三世的意志。

斯特拉特福德回复的精华部分通过在坎特伯雷的演说和寄给坎特伯雷区主教的提纲而为人所知。[2] 大主教深信自己有理有据。他否认了国王针对自己的大多数指控，并质疑其真相与合法性，要求在议会为自己辩护。在他的强硬驳斥下，国王气势转弱，未能就合法性做出回应，转而气急败坏在信中对大主教进行人身攻击。[3] 其实，我们很难理解爱德华为什么看不到他向大主教复仇会带来的麻烦。大概是他认为，既然已经开始对威斯敏斯特及各郡官府展开腐败调查，除非找出一个人来对过去十五个月的国内政府政策负责，否则调查便无法进行下去。客观的旁观者或许早已心如明镜，如今是爱德华而非大主教表现得既不理性又不负责。

1341年初的几周里，体现爱德华顽固不化的一个重要迹象是，他试图推迟斯特拉特福德大声疾呼要求召开的议会。直到3月3日，召集议员于4月23日出席威斯敏斯特议会的召集令才签署下来。[4] 爱德华三世当然不想让这次议会成为斯特拉特福德为自己辩护的会议，而是想要与众议员协

---

[1] Haines, *Stratford*, 292–293; *Fasti 1300–1541*, vi, 3, 6–7.
[2] *Anglia Sacra*, i, 27–36; Haines, *Stratford*, 309–310.
[3] *Foedera*, II.ii, 1154–1155; *Anglia Sacra*, i, 36–38.
[4] 接下来一周的事件，因为议会卷宗（*PROME*, iv, 306–323）、坎特伯雷编年史（*Anglia Sacra*, i, 38–41）及伦敦编年史（*French Chronicle*, 90）的记载各异而有很多争议。这里主要采用议会卷宗（*PROME*, iv, 301–305）的记载和海恩斯的一些说法，见 Haines, *Stratford*, 312–322. 关于其他重建这一叙事的研究，见 G. Lapsley, "Archbishop Stratford and the Parliamentary Crisis of 1341", *EHR*, xxx (1915), 6–18; B. Wilkinson, "The Protest of the Earls of Arundel and Surrey in the Crisis of 1341", *EHR*, xlvi (1931), 177–193。

第八章　悬崖边缘（1339—1341）

商所拖欠的九分之一税的征集问题，以及加快来年税收的征集进程。[1] 但议会开始之后不久，大主教抵达首都，打乱了爱德华三世的如意算盘。爱德华的亲信拉尔夫·斯塔福德与约翰·达西被安排在威斯敏斯特大厅门口把守，依照指示告知斯特拉特福德，除非他就财政署未缴付税款的指控做出答复，否则他不能进入议会。一场巨大的冲突已在所难免。

4月28日，态势发展到紧要关头。斯特拉特福德在绘厅门外找了个醒目的位置，紧紧抓住他的大主教节杖，声言除非他被准许进入，否则他绝不离开。而绘厅之内，原本无权但如今却与上议院大贵族同坐一堂的国王亲信们——基尔斯比、帕文、斯塔福德及达西，激发了众人越来越盛的愤怒。经验丰富的萨里伯爵约翰·德沃伦被推举出来，直接质问爱德华三世："国王陛下，这次议会要如何开？议会不应该是这个样子的。在议会中理应占据最高位置的人被关在门外，而身份低微、无权参加议会的人却高坐堂上。"[2] 阿伦德尔伯爵也出言附和，明确要求让大主教进入议会大厅，给他机会回应那些针对他的指控。如果14世纪这本斯特拉特福德的传记可信的话，那么甚至连国王的朋友北安普敦伯爵与索尔兹伯里伯爵也持同样意见。[3] 在此压力下，爱德华只好准许斯特拉特福德进入，坐在大贵族的位置上。之后，上议院宣读了三十二项针对他的指控，两天之后，又在下议院再次宣读。

国王允许大主教进入议会，只是他侮辱并惩罚失宠的大臣的另一种方式。几乎一周的时间里，斯特拉特福德都承受着即决审判的压力。5月1日，就斯特拉特福德要求在议会上为自己辩护一事，爱德华三世任命了一个特别委员会以听取专家意见。但是次日，斯特拉特福德重申自己的要求时，遭到了国王亲信的再次回绝。同时，也有人积极向爱德华进言，说如此纠缠下去对国王毫无益处。爱德华少见地顾虑周全，决定尊重1340年3

1　*PROME*, iv, 301–302, 307–308.

2　*French Chronicle*, 90.

3　*Anglia Sacra*, i, 40.

月所颁布的一项法令，不去没收斯特拉特福德兄弟和罗杰·诺思伯格的主教地产。[1] 这让高级教士们更容易就此妥协。爱德华的一些亲密贵族朋友，如理查德·伯里、威廉·蒙塔古似乎都充作了国王与大主教的中间人，游说双方为了整个王国与公众的利益而将彼此的分歧搁置一旁。5月3日，"我们的国王与坎特伯雷大主教及其他高级教士、贵族和下议院的议员一起走进绘厅。大主教谦逊地向国王致敬，国王也接受了他的致意。为此，教士与其他贵族都对他心怀感激"。[2] 在最后时刻，国王与坎特伯雷大主教之间可能爆发的公开斗争的龃龉，就此神奇地被避免了。

1340年冬至1341年春爱德华三世与约翰·斯特拉特福德之间的斗争，本质上是个性冲突。爱德华决心提高那些受委托代表自己掌管王国的人的绝对忠诚，而大主教却急于证明自己作为贝克特继任者的价值，能够肩负起为了教会的自由而殉难之重任。5月3日两人的公开仪式几乎无法掩饰那依然存在于二人之间的猜疑，而近期所暴露出来的重要问题也未能得到解决。斯特拉特福德坚称，自己有权澄清三十二条指控中对他的任何诋毁，因此一些贵族被指派为辩护者，独立于议会处理这一事务。[3] 另一个委员会，由斯特拉特福德的亲弟弟及其侄子、阿伦德尔伯爵、索尔兹伯里伯爵、亨廷顿伯爵和萨福克伯爵领导，着手讨论大主教提出来的法律议题。在他们的推荐下，国王在议会的最后阶段签署了一条法令，称"上议院大贵族"，包括国王的重臣在内，"只能由与其地位相当的人在议会上逮捕和审判"。[4] 在回应一份共同请愿时，就大臣们负受检举之责一事，国王做出了更加激进的许诺。大法官、国库长、法官、掌玺大臣及王室内府的其他重要成员

1　*SR*, i, 294.

2　*PROME*, iv, 309.

3　Ibid., iv, 303, 317; Murimuth, 120. 辩护者委员会由伯里主教、威维尔主教、北安普敦伯爵、阿伦德尔伯爵、沃里克伯爵（缺席）及索尔兹伯里伯爵组成。

4　*PROME*, iv, 308–309, 320; *SR*, i, 295. 咨询委员会的其他成员包括格兰迪森主教、威维尔主教、韦克勋爵、珀西勋爵、内维尔勋爵及巴西特勋爵。

第八章 悬崖边缘（1339—1341）

将在议会上宣誓就职。在之后的每一次议会上，国王会暂停他们的权责，让他们公开为自己的行为辩护，如有需要，便移交同僚来判定他们需要受到的惩处。[1]无疑，这两个重要的法令代表的是，爱德华就去年11月试图解散国内政府之举公开道歉。斯特拉特福德能以似乎牵涉到整个贵族集团及其他利益团体的方式，清晰有力地回击与辩护，是因为他们有着共同的诉求与希望，这使得议会可以在短期内团结一致，共同反抗国王滥用权力。[2]国王与大主教之间的私人争论，事实上转变为君主解释自己如何行使权力的公开辩论。这对接下来的战争和王国政府都很重要。

今天看来，1341年的危机成为英格兰宪政史上的重要时刻。关于上议院大贵族权利与王室大臣责任的原则，似乎是通往限制君权、议会主权这条漫漫长路上的重要里程碑。[3]甚至在20世纪中叶英国宪政中的辉格派瓦解之后，历史学家们仍然坚信，爱德华三世与斯特拉特福德的斗争，是爱德华三世统治生涯中具有决定性的时刻。在意识到他的行为有损君权及战争时，他吃一堑长一智，改变了策略。因而，14世纪40年代的他，在军事政策上更加深思熟虑，对政治共识也更加认同。[4]1341年议会因此成为爱德华三世最终脱离稚气走向成熟的一个时刻，深深植根于历史想象之中。

时人无法获悉后人对此的评价，对国王与大主教之间的冲突所带来的利益，难免不那么肯定。14世纪40年代的统治之所以成功，与其说它代表了一种全新的方式，还不如说它固守着30年代的两条指导性原则。这两条原则是：国王理应保证国家的良好治理及王国的安宁与繁华；政府与民

---

1 *PROME*, iv, 304, 312, 320–321; *SR*, i, 296.
2 坎特伯雷会议的控诉也记录在1341年议会卷宗上，该年议会明显对此做出了回应，*PROME*, iv, 312–316。
3 经典的说法见W. Stubbs, *The Constitutional History of England*, 4th edn, 3 vols (Oxford, 1887), ii, 409–410。
4 Thus McKisack, *Fourteenth Century*, 270–271.

众都应该为了爱德华的利益而帮助他反抗海外敌人。通常而言，相比维护坎特伯雷大主教的权利，爱德华的臣民更愿意重建这样的正常模式。斯特拉特福德所提到的那些法律与宪政内容，维护的是广泛意义上的精英阶层。事实上，仅仅几个月内，4月议会上的群情激奋已经烟消云散。

回归正常的天性偏好，首先体现在国王与下议院就令人头疼的财政和司法问题达成和解。1340年12月在各郡实行的特别调查很快便有了结果：尽管有许多人抗议王室采买官和税收官，但几乎没有地方政府的高级官员被查出犯有贪污罪，或有侵犯民众权利的行为。[1]总之，国王的报复欲望被迅速抚平。当他亲自介入埃塞克斯郡长约翰·科吉歇尔的勒索案件时，他并未视自己为法官，而是将此视为一个展现国王宽宏大量的机会。[2]到1341年4月议会开始前，爱德华已打算接受各郡的社区罚款以替代进一步的诉讼，但是罚款的比率远高于十五分之一税、什一税的标准。[3]面对国王如此强行征收非法税款的企图，下议院坚称，除非经过郡法庭的讨论与认定，没有人应该被追究责任。[4]在巨大的压力面前，爱德华在议会结束时只好同意，除了保留特别委员会的基本刑事职能外，其他全部搁置不谈。[5]对各地的地主和行政官员而言，这可能是这次议会上最及时、最有意义的政治收获了。这给了地方重获1338年以来维持当地和平的权力的希望。这也可视为国王为之前中伤行政官员队伍而做的公开道歉，并给官员们提供了一

1　Jones, "*Rex et ministri*", 1–20; W. R. Jones, "Keeping the Peace: English Society, Local Government, and the Commissions of 1341–44", *American Journal of Legal History*, xviii (1974), 307–320; Maddicott, "English Peasantry", 335–346.
2　C 49/46/13. 科吉歇尔在1343年再次担任郡长。
3　*CFR 1337–47*, 215; S. L. Waugh, *England in the Reign of Edward III* (Cambridge, 1991), 216.
4　关于后来征收这些罚款的困难，见Bryant, "Financial Dealings", 762–763; Ormrod, *Reign of Edward III*, 244 n. 92。
5　*PROME*, iv, 311–312, 323; *CCR 1341–3*, 143; Hughes, *Constitutional Tendencies*, 169–170.

第八章　悬崖边缘（1339—1341）

个证明自己忠诚于王国的极好机会。

这一让步也能让爱德华三世完成1341年政局复苏中最紧迫的任务——重组公共财政。在议会的一开始，上、下议院便被提醒道，应当发动民众，投入到1337年议会做出的发动战争的事业中去，此外，国王"捍卫权利"的目的十分坚定。[1] 如今是时候放弃抗议征税行动，确认新一轮补助金。鉴于九分之一税依然还在征收，且正值休战之际，爱德华不可能要求征收额外的直接税。事实上，公众对这类事情是如此敏感，以至于国王也不再要求继续征收将于5月用尽的恶税。不过，爱德华成功说服议会，用一些更加有效、高产的税收来取代九分之一税及强迫借款。下议院也同意，尽管第一年依然征收九分之一税，但到第二年便可以按照1338年成功征收的补助，由羊毛直接税代替。[2] 即日起，取消1340年的羊毛强买政策，已征收的部分被充作新税冲抵。同意征收新的羊毛补助金，是下议院认为自己有责任承担战争义务的有力承诺与声明，不论情况好坏，他们都应该继续在财政上予以支持。

这也成了爱德华三世财政政策的重要转折点。下议院同意征收的羊毛总数为三万袋，可能是参照了早前1337年强制借款中的羊毛总量。然而在此情况下，提供方将无法获得补偿：新税被视为直接税。各郡精英之所以做出这一退让，是因为国王同意了一个重新公平分配总额的方案，该方案同时考虑到了目前各郡的十五分之一税、什一税的配额，以及全国不同地区的羊毛价格。[3] 在地方执行这项新政，羊毛税征收官依然会面临反对之声，毕竟从纳税人的角度来说，新方案与前一年招人厌恶的强买制度并无二致。[4]

1　*PROME*, iv, 307–308.
2　见本书第160—161页。
3　*PROME*, 303–304, 317–319; *SR*, i, 297–298.
4　Maddicott, "County Community", 39; Maddicott, "Parliament and the Constituencies", 83; Ormrod, *Reign of Edward III*, 162. Barnes, "Taxation of Wool", 159–160, 省略了反对羊毛强征及羊毛税的证据。

最后，税收官还是成功征集到大约 90% 的应收税收，在国内市场的估价总值为十二万六千镑。如果要对 1341 年议会进行综合评价，不仅要考虑到反对国王管理战争的激烈抗议，也要考虑与之相反的显著事实，即议会竟然通过了征收从 13 世纪初至 15 世纪末英格兰单次最重税收的决议。[1]

这次成功，一定程度上也有助于恢复公众对国王信用的信心。1341 年夏，1337 年制定羊毛方案的主要人物威廉·德拉波尔与雷金纳德·康迪特因挪用公款在咨议会受审，德拉波尔一直被关押到 1342 年 5 月。然而，事实上在 1340 年，以伦敦的沃尔特·奇里顿、约克的约翰·戈德贝特尔及林恩的约翰·韦森汉姆为首的一批银行家，基于强买羊毛的信用保障，表示愿意预付大笔贷款。新税为恢复这些信贷提供了机会。1341 年夏，在羊毛征集之前，国王已事先将一大批羊毛卖给奇里顿及其同行。由于恶税暂时中止，加之羊毛出口暂时禁止，他们可以期待在欧洲大陆售卖羊毛，获得高额利润。相比在国内售卖所得的收入而言，欧洲大陆的商业联盟至少需要支付给爱德华双倍价钱。这至少在理论上能够帮助爱德华偿清新增的贷款，推迟所欠意大利银行家、佛兰德斯商人及尼德兰盟友的部分紧急债务。[2] 然而王室财政危机远未结束。爱德华拒绝兑现颇有争议的 1338 年多德雷赫特债券，让英格兰臣民心怀怨言。[3] 但随着大量财政收入的增加，爱德华很快又恢复了信心。1341 年春末，他再次坚持所有的公共支出都必须有他的亲自授权。[4] 这无疑是恢复《沃尔顿条例》核心原则的重要标志，也是自 1338 年以来王权优先的再现。

---

1 Ormrod, "Crown and the English Economy", 176-80; Ormrod, "England in the Middle Ages", 28, 30. 另外还有5000镑的现金。
2 *CCR 1339–41*, 614–618; *CCR 1341–3*, 255–261; *CPR 1341–3*, 257, 259, 284, 290, etc; Fryde, *William de la Pole*, 155–156, 176–179.
3 奇里顿及其伙伴可能想要用他们所获的一些利润来抵消多德雷赫特债券，这从国王说他们在1341年末至1342年初扣留了本属于他的钱的指控可以推知，*CCR 1341-3*, 362-363。
4 Harriss, *King, Parliament*, 304.

第八章 悬崖边缘（1339—1341）

赢回贵族信心一事依然微妙。如果爱德华要重开与瓦卢瓦的战事，那么调配军中名将便是当务之急。在埃普勒尚休战协议的短期保护下，英格兰精英筹划向法兰西发动一次大规模的猛攻。7月8日，国王在金斯兰利举办了一场骑士比武赛，以纪念王后诞下埃德蒙后身体的恢复。[1]之后，国王夫妇返回首都，商讨战事。一支凭借新税招募而来的人数为一万三千五百人的新部队被精心部署，然后送到佛兰德斯，准备对法兰西发动新的进攻。签字亲自参与这次新行动或至少提供军队的，包括先前便坚定支持大陆事业的德比伯爵与北安普敦伯爵，还有1338至1340年间摄政政府里最具权势的世俗贵族阿伦德尔伯爵与亨廷顿伯爵。[2]这次行动实际在9月被取消了。但德比、沃里克、北安普敦伯爵和"其他大贵族"参加的9月及1341年10月初所召开的一系列咨议会，让国王及贵族领主坚定他们共同保卫王国的承诺。[3]众人认为爱德华如今应该再次把注意力转向苏格兰，于当年冬天对北边王国发动进攻。这也赢回了以韦克、珀西及内维尔为首的北部领主的同情与支持。[4]1341年早秋，爱德华三世让绝大多数高级贵族相信，为了实现利益的最大化，必要的时候，除了苏格兰人，也要向法兰西人开战。

10月1日，爱德华三世对全英格兰发布了一份声明，宣称近来关于上议院大贵族的审判和大臣的问责法令与王国的习惯背道而驰，迫使他违背自由同意的传统。在"伯爵、男爵及我国其他明智之人"的建议和同意下，他应该执行属于他的合法的君主特权，取消这条法令。[5]国王无疑有充足的法律依据。在议会上，新任大法官鲍彻、国库长帕文对这项法令限制了国

---

1 Shenton, "Philippa's of Hainault's Churchings", 111.
2 *RDP*, iv, 532; C 76/16, mm. 20, 17, 16, 14, 12; M. Prestwich, "English Armies in the Early Stages of the Hundred Years War: A Scheme in 1341", *BIHR*, lvi (1983), 102–113.
3 Murimuth, 121; E 101/389/12.
4 Harriss, *King, Parliament*, 305. 关于后来的战争，见本书第310页。
5 *SR*, i, 295, 297.

王任命和罢免大臣的传统特权表示担忧。[1] 曾要求合理对待斯特拉特福德的那些人,他们的紧张也是显而易见的。阿伦德尔伯爵随后请求教皇向爱德华保证,他从来没有反对或支持过大主教。[2] 爱德华近来的魅力攻势,让大部分咨议大臣相信,失败者是大主教。10月4日,爱德华与菲莉帕代表整个王国的贵族在威斯敏斯特举办了一场骑士比武赛,为这些政治伎俩画上了一个圆满的句号。[3]

依然被明显疏远、冷落的人是约翰·斯特拉斯福德。10月19日,在圣保罗召开的坎特伯雷区议会上,斯特拉特福德清晰地表明了自己相对孤立的境况,哪怕是在自己的教区,也不例外。参加这次教区议会的,除了他的弟弟和侄子,仅有六名主教。任何重申大主教的道德优越的尝试,都会因触及国王所享有的君主特权的法令而遭扼杀。[4] 如果爱德华对大主教置之不理,那么很可能斯特拉特福德只好独自拭去屈辱的泪水。但将最高神职人员排除在国王咨议团队之外,那是不可想象的。10月23日,在威斯敏斯特宫大厅举行的庄严典礼上,国王与大主教斯特拉特福德交换"和平之吻",二人分歧到此正式结束。[5] 在1343年召开的下一届议会上,爱德华承认,之前他对大主教的控告是无中生有,并下令销毁与此案相关的所有文件。[6] 斯特拉特福德家族三人都官复原职,约翰还得到承诺,将会得到1338至1339年间他与国王共赴海外时资助国王的五千马克。[7] 这并不意味着国王与斯特拉特福德之间已经全无芥蒂。虽然在国王远赴海外时,大主教及其弟、侄子继续在摄政政府里供职,但斯特拉特福德家族从此再未把

1　*PROME*, iv, 304, 317.
2　*CPL*, iii, 8.
3　E 101/389/12.
4　*Records of Convocation*, ed. G. Bray, 16 vols (Woodbridge, 2005–6), iii, 172–173; xix, 36–37(日期有误);*CCR 1341–3*, 335; Haines, *Stratford*, 449。
5　Harriss, *King, Parliament*, 306–307, 521–252; Haines, *Stratford*, 322–323.
6　*PROME*, iv, 338.
7　E 403/332, 17 July 1344, 23 July 1344; etc.

第八章　悬崖边缘（1339—1341）

持过政府事务。后人可能将爱德华三世视作一个伟大的和解者，认为是他对于政治和平的直觉，激发了他的慷慨大度和对友谊的重视。然而，就约翰·斯特拉特福德而言，即便是爱德华本人，也清醒地认识到他们之间的嫌隙并未抹除。

"危机？什么危机？"[1]与中世纪及现代政治领袖一样，爱德华三世直觉地对他所导致的1339至1340年之间的混乱予以否认，也绝不承认1341年春他所遭遇的政治困境。斯特拉特福德事件暴露了国王性格中最坏的一些特征：不理性、霸道、狂躁，拒不接受违背自己心意的现实。然而，这件事也同样展示了他的能力。通过强大的个性魅力力挽狂澜，将迫在眉睫的灾难消解，恢复了政治上的和平。斯特拉特福德未能成功获得多数人的支持，而爱德华则智胜一个强大的对手。但这不等于1341年议会没有留下任何后遗症。爱德华三世狡猾地摆脱法定规章，与爱德华二世1322年惹人争议地废弃《法令》有相似之处。由于羊毛税的压力，以及1342年国王违背关于司法调查的诺言并决定重新进行反腐斗争，失望的情绪在整个王国蔓延。而爱德华果敢坚定，毫无悔罪之意，一如既往地继续之前的事业。

尽管有大量的证据表明，在1341年危机之后爱德华依然百折不挠，但与大主教斯特拉特福德的矛盾，依然给了他关于行使王权之术的真实教训。这在不经意间给了他一个良好的机会，通过和解与宽恕来展示自己的仁慈与慷慨。除了斯特拉特福德之外，1340年12月清洗中，唯一一个国王长期怀有敌意的受害者是银行家威廉·德拉波尔。[2]这场危机也让爱德

1　1979年1月，《太阳报》将詹姆斯·卡拉汉首相的话视作对贸易联盟罢工引发的广泛混乱的评论。实际上，卡拉汉的原话是："我并不认为世界上其他人会同意这个观点：混乱正在加剧。"*Oxford Dictionary of Political Quotations*, ed. A. Jay, 3rd edn (Oxford, 2006), 272, 287.

2　Fryde, *Studies*, chap. xii.

华认识到他将来在选择对手的时候要更加谨慎。后来受到迫害的主教与大臣——1350至1351年间的威廉·索普、1350至1352年间的约翰·格兰迪森及1355至1356年间的托马斯·莱尔，在与他们有关的事件中，尽管国王也遭遇到一些批评，但成功地证明了自己行为之正确，最终得到众人的认可。直到他统治的末期，1376年末至1377年初的冬天，他专制而粗暴地对待神职大臣威廉·威克姆，才再次激起了更广泛的政治抗议。[1]1341年之后的三十年里，爱德华三世坚持一个传统，即他的顾问们应该自由提出直率、有时甚至是批评性的观点，而不必担心他们的言行会被理解为不忠或背叛。

总之，1341年以后，爱德华认识到自己能够从斯特拉特福德事件的羞辱中摆脱，多少依赖了贵族集团的善意。尽管在议会开始阶段，他们中的一些人便急于向自己发难，但大部分贵族始终忠诚、温和、中立。因此，没有任何迹象表明，爱德华三世因为受到贵族集团发难的威胁而被迫于1341年做出暂时让步。他的祖辈在1215、1258、1297和1311年都曾面临过这样的危急时刻，他自己尚未亲政时，也曾在1328年末至1329年初的冬天经历过武装抵抗的恐惧。如果1341年是像阿伦德尔伯爵这样的人领导了这次反抗行动，过去几年臣民对国王的普遍不满最终可能导致大范围的反叛。14世纪30年代爱德华在新、旧贵族中培养的忠诚，在1341年春夏迎来了第一个甜蜜的成果。而在后来的统治里，他还将迎来更加喜人且全面的丰收。

---

[1] 见本书第459—460、462—464、674页。

第九章
布列塔尼与回国(1341—1346)

如果是一个不像爱德华三世那么自负、果断的国王,在1341年也许会认为,对待法国的唯一方式便是和谈。当然,不列颠群岛的事务极多,乃至像他这样强有力的君王,也忙得不暇。事实上,有一些迹象表明,爱德华优先考虑现有领土内的事务,而非分心争夺法兰西王位。1341年3月,他忙于将此前试图在英格兰执行的措施推广到威尔士,尤其是爱尔兰,即罢黜高级大臣,坚决介入地方官员的任命,全面调查官员的腐败情况。[1]在爱尔兰,由新总督约翰·莫里斯主持的政权面临着一项苦差事,要将爱德华这饱含争议的政策在爱尔兰执行下去,即恢复对先父继位以来,分给英裔爱尔兰精英的所有土地的控制。[2]他在爱尔兰的作为引发了政治危机:1341至1342年间的冬天,在都柏林及基尔肯尼(Kilkenny)召开的议会起草了一系列文件,抱怨国王对爱尔兰的统治方式。爱德华被迫废除以上制度,放松了对爱尔兰统治事务的部分争议性干预。[3]

---
1 *CPR 1340–3*, 190, 191; Hughes, *Constitutional Tendencies*, 166–167; R. A. Griffiths, *The Principality of Wales in the Later Middle Ages: The Structure and Personnel of Government. I: South Wales, 1277–1536* (Cardiff, 1972), 49; Frame, *English Lordship*, 243–244.
2 *CFR 1337–47*, 234.
3 *CCR 1341–3*, 508–516; R. Frame, *Ireland and Britain, 1170–1450* (London, 1998), 113–129.

然而，苏格兰问题很快就成了当务之急。1341年6月，十七岁的大卫·布鲁斯从法兰西回到苏格兰，剥夺罗伯特·斯图亚特的监国权，取而代之成为北部王国的首领，并召集许多贵族与高级教士，成为王国新政权的核心集团。在法国盟友的资金支持下，他上演自己的军事首秀，对英格兰北部发动了两次快速突袭。[1] 这些突袭让英格兰认识到，有必要在当年冬天进攻苏格兰。在北部领主的陪同下，爱德华于11月间行军至纽卡斯尔。英格兰的伯爵、男爵们积极出人出力，召集武力补充军队北上。亨利·珀西先行一步，确保夺回斯特灵城堡，并做好准备，保卫行军。国王在纽卡斯尔逗留了一段时间，在这段时间里，他与威廉·基尔斯比调查了当地政府，并就重罪犯逃到享有司法特权的达勒姆郡躲避王室法庭审判这一地方性问题，与伯里主教签订了协议。[2] 12月初，爱德华行军至苏格兰南部低地。不过，几乎没有机会展开进一步的行动，因此国王及其随从在梅尔罗斯、罗克斯堡举行了一系列的马上刺枪比武和宴会，来欢度圣诞季，而后于1月悠闲地南返。之前被任命为主管苏格兰战事指挥的王室总督德比伯爵，接管了指挥权，在北部一直留到5月，主持休战协定的制定工作。[3]

虽然将所有注意力都放在了不列颠群岛上，但爱德华三世从未放弃对欧洲大陆的觊觎。甚至在12月奔赴纽卡斯尔之前，他还宣告将会迅速返回伦敦以处理"法兰西事务"。回到威斯敏斯特后，他先在咨议会统一召见了列阵征兵官与羊毛税征收官，以了解相关信息，并询问税款拖欠事宜。[4] 其结果应是有点令人沮丧，因为爱德华很快便同意与法兰西协商将《埃普勒尚休战协定》的有效时间延长至1342年6月。1341年夏，看到国王征集

---

[1] Bower, vii, 150–153; *Wyntoun*, vi, 159–161, M. Penman, *David II* (East Linton, 2004), 85.
[2] *Ancient Petitions Relating to Northumberland*, ed. C. M. Fraser (Surtees Society, clxxvi, 1966), no. 194; *CCR 1341–3*, 353–354, 364.
[3] Murimuth, 123; *Chron. Lanercost*, 335; Prince, "Strength of English Armies", 362–363; Fowler, *King's Lieutenant*, 37.
[4] *CCR 1341–3*, 353, 369–370, 472–473, 505–508.

第九章 布列塔尼与回国（1341—1346）

羊毛补助金、征召佛兰德斯军队的英格兰臣民懊恼地发现，爱德华一边协商休战一边备战，实在颇为讽刺。[1]

然而，佛兰德斯的军事行动一遭放弃，进攻法兰西行动的形势便产生了明显的改变。1341年6月，随着与法兰西人的和解，巴伐利亚的路易正式撤除了英格兰王作为神圣帝国代理人的头衔。尽管他依然可以依靠尼德兰和西部日耳曼的姻亲，却不得不放弃帝国内的一些实际或潜在的盟友，例如他取消了与奥地利王朝的联姻计划。腓力六世的咨议大臣皮埃尔·罗杰在1342年春当选为教皇克雷芒六世，也向英格兰国王提出了一大挑战。早在1339年，爱德华就已允诺让爱德华王子与布拉班特公爵的女儿玛格丽特联姻，但这需要教皇的特许。这一要求曾被本尼迪克特十二世所拒绝，很显然克雷芒六世也不会同意。在皇帝与法兰西国王联合施压下，爱德华三世的北欧联盟也开始出现明显的紧张迹象。对英格兰而言，是时候分辨新的盟友，并与瓦卢瓦重新开战了。[2]

在此复杂的局势面前，最大的机会出乎意料地出现在布列塔尼公国。当布列塔尼公爵约翰三世于1341年4月去世后，他的公爵头衔是由旁系亲属布卢瓦的查理继承，还是由约翰·德蒙福尔继承，引起了不小纷争。腓力六世的一个妹妹嫁给了约翰三世，他的另外一个妹妹却是布卢瓦的查理的母亲。但出于战略布局而非家庭因素，腓力选择站在布卢瓦一边，派自己的儿子诺曼底公爵约翰于1341年末前去布列塔尼发展法兰西的武装力量。约翰·德蒙福尔前去巴黎商讨自己的袭爵问题，但由于他拒绝了腓力的条件，而被关押在卢浮宫。英格兰与布列塔尼之间的王朝与政治关系颇为密切：在他亲英格兰的叔叔布列塔尼的约翰于1334年死后，约翰三世被认为是里士满伯爵的合法继承人。于是爱德华三世迅速与蒙福尔一党结

---

1 *Foedera*, II.ii, 1160–1161, 1165–1166, 1168–1169, 1177; Murimuth, 121.
2 *Foedera*, II.ii, 1036, 1083–1084, 1140, 1164, 1166; Lucas, *Low Countries*, 305, 437, 509; D. Wood, *Clement VI: The Pontificate and Ideas of an Avignon Pope* (Cambridge, 1989), 122–141.

成联盟,并在 1341 年 10 月达成军事援助的协议。蒙福尔之妻佛兰德斯的让娜陷于困境却意志坚定,热切恳求爱德华,最终,后者准备在 1342 年初发动战争。[1]

第一支被派到布列塔尼、由沃尔特·莫尼率领的英格兰军队,实际上只不过是一支侦察军。7月,这支小分队带回了令人沮丧的消息:在瓦卢瓦强大兵力的压力下,蒙福尔的人很快就崩溃了。爱德华三世决定继续远征行动,实际上颇有骑士冒险精神:失去亲人的伯爵夫人让娜的勇敢刺激了他的神经,他愿意排除万难尽已所能地帮助她。[2] 但是此事也有讽刺之处:腓力六世与爱德华三世在布列塔尼继承人选择上的态度,恰好与各自在法兰西王位继承权上的意见相反,前者接受女性传承爵位的合法性,而后者则偏向于血缘关系最近的男性亲属。[3] 但对双方而言,在布列塔尼开辟一条新的战线,是一个经过深思熟虑的决定。就像之前的佛兰德斯人一样,约翰·德蒙福尔及其伯爵夫人急于证明自己事业的公正性。故而,他们更愿意认可爱德华三世是合法的法兰西王的诉求,从而证明他们反抗腓力六世的事业是正义的。[4] 1341 至 1342 年的布列塔尼内战,使爱德华开始认识到,1340 年 1 月与佛兰德斯人合作开展的高度务实的外交行动中,索求法兰西王位的诉求给他提供了一个重要机会干涉法兰西王国其他公国的事务。被历史学家约翰·勒帕图雷尔称为爱德华"地区性策略"的外交政策就此开始,

---

1　Le Bel, i, 244–272; *Foedera*, II.ii, 1176; Le Patourel, *Feudal Empires*, chap. xii, 187.
2　被 le Bel, ii, 7–8 记载下来的国王与伯爵夫人在1342年复活节的约克会面其实是子虚乌有, Froissart, iii, II–III and nn。
3　约翰三世虽无后嗣,但其弟彭提维里伯爵留下一个女儿(来自第一次婚姻)和一个儿子蒙福尔伯爵(来自第二次婚姻),约翰公爵的家族通过女系继承了公国,因此他认为侄女的继承权优于侄子蒙福尔伯爵,故而立侄女为继承人,布卢瓦的查理则是公爵侄女之婿。——译者注
4　"Some Documents Relating to the Disputed Succession to the Duchy of Brittany, 1341", ed. M. Jones, *Camden Miscellany XXIV* (Camden Society, 4th series, ix, 1972), 4; M. Jones, "Edward III's Captains in Brittany", *England in the Fourteenth Century*, ed. Ormrod, 106–107 and n. 28.

第九章 布列塔尼与回国（1341—1346）

在后来的二十多年里，爱德华借此声称自己不但对佛兰德斯、布列塔尼有封建君主权，对诺曼底、勃艮第也是如此。[1] 从这个角度来看，1342年干涉布列塔尼事务可视作百年战争的重大战略转折点之一。

这不代表布列塔尼是一个容易攻下的目标。起初，愿意投入时间精力到这个遥远公国的英格兰将士与政府官员需要努力适应当地的语言、文化、政治和地貌。[2] 在法国西北部地区作战，也给英格兰政府的后勤供应带来了极大的挑战。1342年计划的三场战役的备战工作，分别由北安普敦伯爵、阿图瓦的罗贝尔及爱德华亲自统帅，都推迟了不少时间。[3] 爱德华有效利用了这一时期来为防卫苏格兰做准备，并亲自为那些承诺服役于布列塔尼的人签发《赦免令》。[4] 他在大约二十个郡里设置了新的调查委员会，处理诸如非法进口货币、非法出口羊毛及国王军队里的逃兵行为。[5] 爱德华同意移交两名被关押在布列塔尼的囚犯——马里伯爵与莱昂勋爵埃尔曼，设法说服腓力六世释放索尔兹伯里伯爵蒙塔古。保释蒙塔古的条件是他将再也不在法兰西作战。大约就在这个时候，爱德华意识到自己作为伯爵战友的责任，可能还为赎回伯爵而向法兰西支付了大量的赎金。[6] 索尔兹伯里伯爵准备参战，是在斯特拉特福德危机后持续开展的劝说行动的一部分，希望借此让高级贵族、骑士阶层重新参与到战事中。1342年2月，爱德华在邓斯特布尔安排了一场豪华的骑士比武赛，参赛者甚众。[7] 紧接着，又在当年春天，

1　Le Patourel, *Feudal Empires*, chaps xii, xv.
2　E 36/204，记载1342至1343年国王布列塔尼战争支出的锦衣库记录上，地名的混乱显示出文化上的隔阂。
3　为这些军事行动征集船舰，见C 47/2/35。
4　E 403/326, 8 July 1342; *CCR 1341–3*, 530.
5　*CPR 1340–3*, 585–586; Verduyn, "Attitude", 85.
6　*ODNB*, xxxviii, 774. 捐献的赎金数目并无记载，但它可从以下这项可视为互惠之事推断出来，索尔兹伯里伯爵后来要求其遗嘱执行人免除国王因战争欠自己的6700多镑债务，C 270/32, no. 33; *CPR 1345–8*, 473。
7　见本书第142、193页。

在北安普敦与埃尔特姆举办了其他的比武赛事。4月,在威斯敏斯特召集了一场规模宏大的大咨议会,参加者有沃里克伯爵、彭布罗克伯爵、牛津伯爵、萨福克伯爵。6月,又在伍德斯托克召开了由"伯爵、男爵及大地主"参加的特别咨议会。这一系列宫廷活动最后以9月26日在伊斯特里举办的宴会而达到高潮。国王、王后、爱德华王子及德比伯爵、沃里克伯爵、索尔兹伯里伯爵、萨福克伯爵都出席了这次宴会。[1]

10月4、5日,在桑威奇(Sandwich)登上"乔治号"(George)之时,爱德华才最终任命爱德华王子为监国,为他出国期间国内政务做正式安排。这次书面安排并未明确声明《沃尔顿条例》的相关原则。另一方面,由于文秘署与财政署都在他最亲近的罗伯特·帕文、威廉·库赞斯的控制下,因此国内政府无疑会优先考虑爱德华的利益与事务。阿伦德尔伯爵、亨廷顿伯爵及萨里伯爵也加入到年轻王子的咨议会。[2] 他们的首要事务便是先发制人地采取行动,围捕在伦敦从事间谍刺探活动的法国人。[3] 爱德华王子因为年少而远离战场,因而他在柴郡的民众也设法让国王免除了他们派出弓箭手前往布列塔尼作战的义务。[4] 然而,在其他方面,柴郡通过合同军役在远征法兰西的战争中做出了重要贡献,该郡的重骑兵,如罗伯特·诺尔斯爵士、休·卡尔弗利爵士都在14世纪40年代的布列塔尼战争中立下了汗马功劳,军功赫赫。

爱德华此次对法进攻以桑威奇与温奇尔西海港为核心地带。但腓力六世误以为爱德华要再次去往低地国家,因此从布列塔尼前线分派了一大支军队赶赴加来海峡。渡海前往布列塔尼颇为艰辛,而其中又以菲尼斯泰尔(Finistère)沿岸的跋涉为最:爱德华给圣马蒂厄(Saint-Matthieu)的僧侣

---

1 Vale, *Edward III and Chivalry*, 173; *RDP*, iv, 537–539; Murimuth, 123; Powell and Wallis, *House of Lords*, 348–349; C 76/16, m. 39d; E 36/204, fol. 29v.
2 *Foedera*, II.ii, 1212, 1213, 1216.
3 *CCR 1341–3*, 660.
4 C 47/2/34, no. 11.

第九章 布列塔尼与回国（1341—1346）

送去感恩供品，因为他平安穿过了半岛的最后一个海峡，顺利进入布雷斯特（Brest）。[1] 当他在10月27日登陆时，布列塔尼公国感觉已看到了希望之光。仅三天后，在莫尔莱（Morlaix），北安普敦伯爵给予布卢瓦的查理所率领的法兰西－布列塔尼联军以决定性的一击。尽管这场战役很难直接改变战局，但它展示了英格兰军队在经过苏格兰战场十年磨砺后的锋芒。而法兰西被俘者的名单也因此加长，甚至包括布卢瓦前线指挥官杰弗里·德沙尔尼。同时，爱德华率军西行至迪南（Dinan），然后南下南特（Nantes），并决定前往瓦讷（Vannes）。瓦讷是布卢瓦控制的重要战略据点，但坐落在仍由蒙福尔的人据守的布列塔尼公国内[2]。爱德华明令阿图瓦的罗贝尔指挥舰队沿海岸线巡航，以切断瓦讷港的供应。在陆军抵达前，罗贝尔曾试图发动袭击，但不幸战死。他的尸体被运回英格兰，埋葬在伦敦黑衣修士院。[3]

11月29日，当爱德华三世抵达瓦讷城外时，形势并未好转。尽管经过初步调查之后，这座城池很容易攻下，但城墙内顽强抵抗着攻击，英格兰人被迫在此度过严冬。在爱德华的军队中，像往常一样，前后有三千五百至五千名英格兰人和威尔士人逃散。[4] 在12月5日写给国内的信上，爱德华要求他的儿子向大法官及国库长求情，请求"他们送钱过来，因为他们很清楚我们的状况"。[5] 但是摄政政府认为，在春天之前，为爱德华派去援兵是不现实的。正是与爱德华并肩作战的北安普敦伯爵、沃里克伯爵、索尔兹伯里伯爵及新近成长起来的年轻的休·德斯潘塞，成功利用瓦卢瓦军队的短暂混乱，从布列塔尼发动一系列的突袭。教皇克雷芒的代表积极斡旋，让爱德华三世与腓力六世重新休战。1月19日，一份休战协议在马

1　E 36/204, fols 72v, 73.
2　M. Jones, "The Breton Civil War", *Froissart: Historian*, ed. J. J. N. Palmer (Woodbridge, 1981), 66.
3　*Foedera*, II.ii, 1222. 关于国王在葬礼上的捐献，见 E 403/327, 31 Jan. 1343。
4　Ayton, *Knights and Warhorses*, 258–264; Sumption, i, 406.
5　Avesbury, 340–342; *Wars of Edward III*, 101–102.

莱特鲁瓦（Malestroit）签订，[1] 条款对英格兰一方极为有利：约翰·德蒙福尔将被腓力六世释放；尽管在休战期由教皇托管瓦讷，但爱德华可以保留公国内所有他已占领的据点。如往常一样，双方为了荣耀，都叫嚣着不会因为协议而妥协。然而，这一次确实是金雀花王朝和蒙福尔占据了上风。[2] 这虽是个不甚耀眼的开端，但 1342 至 1343 年的战争表明，布列塔尼已为爱德华战胜瓦卢瓦提供了目前最好的机会。

1343 年 3 月 2 日，爱德华三世回到英格兰。大西洋上发生了一场大风暴，迫使他的舰队多次返回布列塔尼西海岸，历时三天才涉险渡过了海峡。有流言说这场风暴，是巫师听从法兰西王后的命令作法引起的。爱德华受了巨大的震慑，起誓要建一所修道院以感谢圣母玛利亚的庇佑。[3] 舰队最后在梅尔库姆（Melcombe）靠岸，爱德华经索尔兹伯里、温切斯特回到伦敦，与王后菲莉帕会合。[4] 在参拜坎特伯雷的贝克特圣殿及其他重要教堂后，王室夫妇在菲莉帕的黑弗灵庄园度过了复活节。[5] 为营救丈夫而心力交瘁的蒙福尔伯爵夫人也同时抵达了英格兰，她将在英格兰的各个王室城堡里默默无名地度过接下来的三十年，而她的儿子则成长为金雀花王室的重要一员。[6] 马莱特鲁瓦休战将持续到 1346 年 9 月，就目前而言，不管是爱德华，还是腓力六世，似乎都不想匆忙回归战场。

此外，爱德华也不急于与北边的苏格兰开战。自 1342 年 1 月他离开苏格兰后，形势急转直下，英格兰丢失了对斯特灵和罗克斯堡的控制。经

1　Murimuth, 129–135. 1月23日，国王招待了教皇使臣，E 36/204, fol. 37。
2　Sumption, i, 408.
3　*Chron. Meaux*, iii, 51–52; *Chron. Lanercost*, 340; BL, MS Cotton Faustina B. V, fol. 90.
4　E 36/204, fols. 37–41v.
5　Murimuth, 135; Avesbury, 352.
6　GEC, x, 821. 让娜抵达英格兰时已经精神失常的这一惯常说法其实是无稽之谈，见J. B. Henneman, *Olivier de Clisson and Political Society in France under Charles V and Charles VI* (Philadelphia, 1996), 27–28。

第九章　布列塔尼与回国（1341—1346）

过与大卫二世政府协商，双方在 1343 年 6 月签订了一份三年休战协议。做出这一决定，对英格兰而言极不容易。[1] 既然四下无战事，爱德华便将精力重新投入到运动与骑士比武活动。他在 3 月访问坎特伯雷和赫里福德时，都举行了马上刺枪比武。1343 年 6 月末在伦敦的刺枪竞技可能是为了庆祝他的孩子——伦敦塔的布兰奇的诞生（后早夭），爱德华与其率领的队伍扮作教皇与十二名枢机主教。[2] 1344 年，在温莎举行了一场规模更加宏大的骑士比武赛。[3] 爱德华开始定期去会见母亲，或许在一定程度上表明二人关系的缓和。比如，1344 年 11 月，爱德华与王太后伊莎贝拉在赖辛堡一起度过了他的三十二岁生日。[4]

就是在 1342 至 1343 年间布列塔尼远征前后，我们首次发现家庭政策成为爱德华后来统治中非常重要的存在。其核心是，任命他所有的儿子（未来也包括他的女婿们）为王室总督，统帅金雀花王朝新扩张的各个大区。在 1343 年议会上，他将长子封为威尔士亲王，这个头衔之前仅有爱德华二世用过，就连爱德华三世本人也从未拥有。1342 年 8 月年仅四岁的莱昂内尔王子与阿尔斯特的伊丽莎白缔结婚约，这已暗示爱德华决定未来让次子执掌爱尔兰。1342 年 9 月，他将里士满伯爵领赐封给冈特的约翰，而非约翰·德蒙福尔，也表明他想在将来让金雀花王朝接管布列塔尼。爱德华的决定表明他不仅打算让威尔士亲王，而且让所有儿子、女婿都佩戴十字四分的英格兰与法兰西纹章，仅以徽章和标记附加图记，区别家族的各个分支。对当时了解纹章的精英来说，这释放出强烈信号：爱德华的政权是

1　*Rot. Scot.*, i, 637, 640; *Foedera*, II.ii, 1239–1240; Campbell, "England, Scotland", 191; C. J. Neville, *Violence, Custom and Law: The Anglo-Scottish Border Lands in the Later Middle Ages* (Edinburgh, 1998), 32–37.
2　Vale, *Edward III and Chivalry*, 173.
3　见本书第369页。
4　*The Making of King's Lynn: A Documentary Survey*, ed. D. M. Owen (London, 1984), 386; Murimuth, 231; Doherty, "Isabella, Queen of England", 325.

集体事业，所有王室核心成员都将从中获利。[1]

鉴于英军并未在法兰西取得任何重大胜利，爱德华的儿子们又尚且年幼，这些关于王朝未来的设想看来只是爱德华过于奇幻的美梦，难以成真。然而，对布列塔尼事务的介入，明显唤起了爱德华对于法国西北部及西部大片领地的兴趣，包括诺曼底、布列塔尼、安茹、曼恩、图赖讷、圣通日、蓬蒂厄等地，这些地区曾由其先祖控制，一直持续至约翰王及亨利三世时期。1341 至 1343 年的某时，爱德华曾下令重抄一份 12 世纪纽堡的威廉撰写的编年史。威廉记录了安茹王朝统治时期英格兰疆域从"遥远的苏格兰边境蔓延至比利牛斯山脉"，成为爱德华潜意识里开疆拓土的目标。[2] 就像亨利二世曾任命儿子们统领其帝国的重要区域一样，爱德华三世也试图利用孩子们的野心，在帝国扩张政策中直接赋予他们利益。从 1343 年开始，爱德华所缔结的国际关系便急剧地同他的个人野心和他对下一代金雀花王子们的强烈责任感结合起来。[3]

出于维护重要地区和王朝策略的共同考虑，爱德华也致力于长期占领所获得的重要领土。因此，他从布列塔尼撤退之后，便在当地长期驻军。小规模却长期驻守在布列塔尼公国的并非高级贵族，而是希望在服役期间继续工作的骑士。连男爵称号也没有的约翰·哈德里谢尔，在 1343 年春被任命为布列塔尼的首任总督。[4] 这项政策很快就带来了一些实际问题。1343 年 4 月在威斯敏斯特召开的议会上，就英格兰人海外所生子女的权利，进行了一场激烈的争论。爱德华也被卷入其中，因为他的两个儿子莱昂内尔和约翰是在 1338 至 1340 年王室夫妇长期旅居低地国期间出生的。然而，

1　*RDP*, v, 43, 45; R. A. Griffiths, *King and Country: England and Wales in the Fifteenth Century* (London, 1991), 5.
2　Ormrod, "Edward III and his Family", 421–422; *EHD*, ii, 351.
3　W. M. Ormrod, "The Double Monarchy of Edward III", *Medieval History*, i[1] (1991), 68–80. 与之相关的解释，见Curry, *Hundred Years War*, 54。
4　Jones, "Edward III's Captains", 112–113, 118.

第九章　布列塔尼与回国（1341—1346）

这场讨论的焦点，是王室或平民那些在布列塔尼怀上的孩子。那些在法国出生的外来人在英格兰的财产可能会被没收，人们便担心这会威胁到爱德华王室统帅们的家庭利益。当时的决定是，由于这一事件的复杂性与紧要性，所以暂时保留他们的权益。但在 1347 年占领加来之后，这个问题再次变得紧迫起来。1351 年国王最终签署了一份法令，保证英格兰人在法所生子女的继承权。[1]

尽管 1343 和 1344 年的大部分时间里，军事活动盛行一时，国王依然强调尽早重新开战的可能性。1343 年 4 至 5 月和 1344 年 6 月议会的召开，明确是为了讨论休战的现状及教皇提出的完全解决法兰西战争的建议。[2]1343 年，上、下议院一致同意，如果国王能够保证"妥善而光荣地"与法兰西达成和平，他便应当接受教皇的方案。如果不能，他能够依靠臣民的力量让瓦卢瓦的腓力就范。在此背景下，羊毛补助金的征收又延长了三年。之后的议会上，巴托洛缪·伯格什爵士递交了一份法兰西破坏停战协定的详细资料，腓力六世妄图"摧毁英语并占领英格兰的土地"。见此情形，下议院再次通过了另一笔直接税的征收。[3]

对共同责任的强调证明国内政策的调整是合理的。1343 年下议院开会，恢复 1341 年法令中那些被判定为国王恩典而被取消的条文。其目的可能是恢复王室重要大臣应对自己的公共行为负责这一原则。国王同意考虑此事。但是，针对仍然让臣民高度敏感的 1341 年王权逾矩一事，却无改进对策。[4] 相反，国王进行了人事上的重大调整，提升了宫廷与国家的信心。1342 年 6 月，斯特拉特福德的死敌威廉·基尔斯比被免去掌玺大臣一职，便是人

1　PROME, iv, 337–338; SR, i, 310; Griffiths, *King and Country*, 45–48.
2　RDP, iv, 546–548, 550–551; E 403/327, 3 Mar. 1343. 相反，1344年4月的大咨议会似乎主要是为了商讨教会事务，RDP, iv, 550–551; WAM, 12207。
3　PROME, iv, 325–326, 331–332, 355, 361–363. 两次会议都适当地效仿了这一做法，*Register of John Kirkby*, no. 756。
4　PROME, iv, 339.

事调整的关键举措。尽管基尔斯比的免职表面看来是出于个人意愿，但很难说他没有受到外部压力。由于晋升约克大主教之路受阻，基尔斯比便把所有的激情转移到海外朝圣与战争上：尽管他从未凭借自己的神职获得参战资格，但他确实招募并率领自己的队伍参加了1342至1343年的布列塔尼战争和1346年的诺曼底远征。[1] 接任基尔斯比掌管御玺的是约翰·奥福德（1342—1345年出任）与约翰·托雷斯比（1345—1347年出任）。与基尔斯比相比，他们态度和缓，大大减少了与已成型的政界精英之间的摩擦。尽管这似乎有悖于其首要职掌，但他们确实在王室内府及文书部门的文件上留下了令人印象深刻的记录，而且他们于1340年11月向教皇陈述爱德华三世对约翰·斯特拉特福德的控告，证明了自己对国王的耿耿忠心。[2]

在选择大法官及国库长时，爱德华也倾向于提拔那些忠于自己政权的人。如国王的心腹密友罗伯特·帕文，曾在1341年议会被弹劾，同年10月立即被爱德华从国库长提拔为大法官，但在1343年离任。当意识到他身边有大量称职而忠诚的神职人员时，国王就不再那么偏爱政府里那些可以在法庭上受审的世俗官员了。基于此，接任帕文担任国库长的威廉·库赞斯（1341—1344年出任）与威廉·埃丁顿（1344—1356年出任）都是任职于王室内府的神职官员。汉普郡（Hampshire）出身平凡的埃丁顿，因为成功整顿了1340年问题重重的九分之一税，给国王留下了深刻印象，遂扶摇直上升至中央政府高级官员，却成功避免了他人的中伤，成为德高望重的行政官员和政治家。随着1345年10月约翰·奥福德的任命，最后一名世俗大法官罗伯特·撒丁顿也被神职官员取代。至此，在政府高级职务中，神职官员完全取代了世俗官员。通过1341至1345年之间的改组，爱德华抛弃了那些从他的父母亲执政时代便把持朝政的官员，同时也与1340至1341年危机期间自己那些争议不断的支持者保持了距离。

---

1 Tout, *Chapters*, iii, 108, 116–118; v, 22.
2 Haines, *Stratford*, 306–307.

第九章 布列塔尼与回国（1341—1346）

这一重大转变所带来的成果首先体现在王室财政上。1342年6月，爱德华三世的政府与部分商人达成初步协议，这些商人在1338年多德雷赫特大败中损失的羊毛尚未得到赔偿。爱德华冒着触怒其他有影响力的人物的风险，急于安抚这些商人。爱德华授权这些商人恢复恶税的征收，违背了1340年他立下的会与议会协商征收额外税的承诺。[1]1343年4月，沃尔特·奇里顿及其商业盟友与国王签订了一份合同。[2]由于期望这至少能够帮助那些曾在1337年为王室提供羊毛的人，议会不情愿地同意重新征收羊毛补助金，并将征收时间延长至1346年9月，征收的标准税率为每袋两镑。[3]1343年夏，国王将政府的关税管理工作外包给以林恩的托马斯·美尔奇布恩为首的企业联盟。其后继者是约翰·韦森汉姆于1345年组建的企业联盟，他们同意每年支付给国王五万镑的关税。1343至1351年，因多德雷赫特大败所欠商团的超过八万四千镑的债务很快便还清了。除了关税所得，王室还获得了四十二万九千镑的收入，折合年均收入大约五万三千五百镑。[4]关税外包的新做法巩固了王室的财政和政治信誉，便于王室开展1346至1347年的军事行动。

1343年议会的另一个即时而积极的成果便是货币政策的改变。白银持续紧缺的持续严重化，加上腓力六世于1338至1339年间首次在法国成功推行黄金货币，促使爱德华也想要在英格兰发行黄金铸币，与已有的白银货币一起流通。首次发行的弗罗林与半弗罗林相对于白银的价格被高估。但在1344年，王室对黄金货币进行了修正，成功发行了贵族金币（价值

1　*RDP*, iv, 540; *CCR 1341–3*, 553; Unwin, "Estate of Merchants", 209–210.
2　*CCR 1343–6*, 217–218.
3　*PROME*, iv, 327, 336–337. 在议会上召集了商人，见*RDP*, iv, 548–550; E 403/327, 3 Apr. 1343; Fryde, *William de la Pole*, 183。
4　*CCR 1343–6*, 266–267; G. Sayles, "The 'English Company' of 1343 and a Merchants' Oath", *Speculum*, vi (1931), 177–205; Fryde, *Studies*, chap. x; Lloyd, *Wool Trade*, 193–204; Fryde, *William de la Pole*, 184–185.

六先令八便士),半贵族金币(价值三先令四便士),四分之一贵族金币(价值一先令八便士)。新货币主要打算用在国际交易上,但在英格兰本土也是合法货币,如1346年下议院明确规定十五分之一税和什一税既可以用金币也可以用银币支付。[1] 就银币而言,下议院仍然固执己见,认为最好是恢复传统先令的成色。然而,1344年,王室立即恢复的却是白银便士成色,还减轻了重量,以此增加流通中的货币量,减少外国人出口英格兰货币可获的利润。由于白银便士所减轻的分量不足以导致通货膨胀,下议院似乎认可了白银货币的改革。后在1346年,王室再一次适当下调了白银便士的重量。[2] 国王试图迎合下议院的偏好,恢复他们严格控制黄金的政策,来转移对货币贬值的关注。在1343年议会上,国王下令禁止教皇任命的神职人员领取英格兰教会的俸禄,目的是阻止货币流入法兰西和意大利的教士之手。这导致公众普遍怀疑亲法教皇,政策在短时间内也得到了严格执行。[3]

关于王室司法政策的激烈争论,也在1343至1344年间的议会上终止了。1343年议会上,大法官帕文请求下议院就如何在王国内最大限度地维护国王赐予的庇护出谋划策。王室迫切想要下议院批准开展各郡官员审查行动,下议院也认可了法律与秩序的必要性。[4] 新调查体现了国王的个人旨趣,他依然倾向于处罚那些阻碍他实施政策的人。1344年3月,在赖辛堡会王太后伊莎贝拉时,爱德华三世与东安格利亚的征兵官会晤,要求他们

---

1 *PROME*, iv, 334–335, 393; *Age of Chivalry*, no. 660–666.
2 *PROME*, iv, 334–336, J. H. A. Munro, *Wool, Cloth, and Gold: The Struggle for Bullion in Anglo-Burgundian Trade, 1340–1478* (Toronto, 1972), 34–41; T. H. Lloyd, "Overseas Trade and the English Money Supply in the Fourteenth Century", *Edwardian Monetary Affairs, 1279–1344*, ed. N. J. Mayhew (British Archaeological Reports, British series, xxxvi, 1977), 110–111.
3 *PROME*, iv, 335, 343–344, 349–350, 456; A. D. M. Barrell, "The Ordinance of Provisors of 1343", *HR*, lxiv (1991), 264–277.
4 *PROME*, iv, 332–334, 339–349: *CPR 1343–5*, 97–98, 281–282.

第九章 布列塔尼与回国（1341—1346）

尽早支付费用，并将违法乱纪者的名单送给大法官，以便他征收罚金。[1] 鉴于他对王国内更大统治区域的关注，爱德华可能也在威尔士和爱尔兰实行了同样的司法调查。[2] 但是如果主持各郡法庭的高级司法官拥有非凡权力，会让人们认为国王将再一次试图推行严格的惩罚性司法，重新对大臣进行报复。[3] 因此，在1344年议会上，国王被劝服放弃他的干预立场，废弃了司法调查。由此也可发现，在爱德华三世统治的前半期，什么才是维护地方和平最持久的方法。

以上新方案表明了偏好自治的地方与需要巩固中央监督的国王之间的妥协。1344年议会假定国王会很快返回法兰西以继续反抗暴君腓力六世，下议院的提议等同于恢复了1338年爱德华首次前往欧洲大陆时颁布的和平法。[4] 然而在当时，由于大量的高级贵族与男爵参战，爱德华不愿意恢复大地主在各郡的监察角色。相反，他想到了一个新办法，即授权地方征兵官承担维护和平的大部分基础性工作，如接受诉讼，保释、关押那些未决的罪犯；但只有中央法官和高级律师在场时，他们才能审理案件。因此，自1344年起，国王定期派遣专业律师巡回各地，主持地方的审判、治安事务。[5] 这一改革可能要归功于一批经验丰富的高级法官，如约翰·斯托纳、罗伯特·帕文、威廉·斯科特及威廉·谢里沙尔，他们成功度过了1340至1341年间的危机，并亲身经历了1341至1344年开展地方审查行动时各地

---

1 C 81/1331/40; C 81/1336/54–55. 关于这些会面，见B. H. Putnam, *The Place in Legal History of Sir William Shareshull* (Cambridge, 1950), 64–65。亦见爱德华亲自介入征兵事务以确保有足额兵员在1345年运送到鲍尔多克，Ormrod, *Reign of Edward III*, 54。
2 Griffiths, *Principality of Wales*, 34; R. Frame, "The Justiciarship of Ralph Ufford: Warfare and Politics in Fourteenth-Century Ireland", *Studia Hibernica*, xiii (1973), 10–12.
3 Verduyn "Attitude", 88–89. Harriss, *King, Parliament*, 405–406，1344年1月开始下发继续调查的命令，*CPR 1343–5*, 281–282, etc。
4 *PROME*, iv, 364, 366, 368–369; *SR*, i, 300–301.
5 E. Powell, "The Administration of Criminal Justice in Late-Medieval England: Peace Sessions and Assizes", *The Political Context of the Law*, ed. R. Eales and D. Sullivan (London, 1987), 48–59.

对王室代表的强烈敌意。集中而专业的新监察体制一改爱德华三世之前乡绅自主掌管地方治安与法律的做法。[1]这也有效并持久地减轻了巡回法庭和地方审查行动带来的压力,在王权与地方司法审判机制间形成了一种新的积极有为的合作关系。

14世纪40年代初期国内政府所采取的各种措施意义重大,有利于重申国王致力于和解、协调分裂政治的态度,促进王国的和平与繁荣,从而继续他在法国的伟大冒险。通过有效调整及一定程度的粉饰,国王重新获得了大贵族、骑士阶层和商人的支持。这有助于消除此前他因与斯特拉特福德斗争拒不承认自己过错所带来的不良影响。总之,布列塔尼的军事行动,为爱德华开辟了一条与瓦卢瓦的腓力对抗的新战线,这条战线或许可以提供长期军事和外交策略,为国王和军队高层带来实际利益。这些政策是否持久,支持这些政策的政治联盟是否稳固,将在1346至1347年间的重大军事行动中得到充分检验。

1344年夏,英格兰坚信英法休战协定即将瓦解,这一假设不利于当时在阿维尼翁举行的和谈。[2]爱德华三世坚持,除非克雷芒六世不含任何偏见,不做任何裁决,以非官方的"朋友"身份不偏不倚地对待英法双方,否则他不会出席和谈。[3]当年春,秘密出使教廷的德比伯爵毫无所获。8月,爱

---

[1] A. Verduyn, "The Commons and the Early Justices of the Peace under Edward III", *Regionalism and Revision: The Crown and its Provinces in England, 1200–1500*, ed. P. Fleming, A. Gross and J. R. Lander (London, 1998), 102.

[2] 后续情况,见Froissart, *Oeuvres*, xviii, 235–256; Murimuth, 136–138, 143–149; Déprez, "La conférence d'Avignon, 1344", 301–320; Sumption, i, 436–444; Taylor, "Plantagenet Claim", 155–169。

[3] F. Autrand, "The Peacemakers and the State: Pontifical Diplomacy and the Anglo-French Conflict in the Fourteenth Century", *War and Competition between States*, ed. P. Contamine (Oxford, 2000), 264–265; K. Plöger, *England and the Avignon Popes: The Practice of Diplomacy in Late Medieval Europe* (London, 2005), 33–34.

第九章 布列塔尼与回国（1341—1346）

德华又派遣诺里奇新主教威廉·贝特曼和政治新星掌玺大臣约翰·奥福德出使教廷，但是他们仅被授权商议停战协议条款及腓力六世拒不释放关押在巴黎的约翰·德蒙福尔之事。法兰西的代表也受到了相似的限制，仅限于讨论加斯科涅的领土纷争。教皇随后发现，根本没有办法让双方彻谈，因此很快便将这件磨人的事情交给两个枢机主教去处理。这些人尽职尽责地通过一系列新老办法来解决僵局：爱德华三世或许可以将加斯科涅移交给其长子，或者他也可以放弃公国，以获得赔偿金和对他在苏格兰权利的保证。贝特曼与奥福德的报告揭示出他们的沮丧与疲惫。虽然爱德华说他将派遣另一队使者，由德比伯爵和北安普敦伯爵率领，前往教廷，但事实上并无下文，因此和谈最终在1345年3月彻底崩溃。

阿维尼翁和谈体现的最为明确一点是，爱德华三世坚持承认自己是法兰西国王。对于知情者而言，这一要求是非常天真的：尽管他早前在斯鲁伊斯海战中取得了胜利，最近又介入了佛兰德斯与布列塔尼事务，但他并未得到瓦卢瓦王权所辖核心区域的拥护，因而也无法成为腓力六世真正意义上的竞争者。爱德华对法兰西国王头衔的坚持，仅仅是一种讨价还价和挑拨公众情绪的工具。而自1344年始，有迹象表明，爱德华的宣传机制开始强调英法两国之间的战争，如英格兰新发行的金币上面印着"英格兰与法兰西国王"，以此提醒金币的主要使用者——国际商团注意爱德华的权利。也有迹象表明爱德华开始相信自己的诉求很有力。1344年贝特曼与奥福德所用的一份档案提到，法兰西王在自己的土地上享有主权，没有世俗权威得到权力可以对此头衔进行仲裁。只有上帝可以利用神权干预战场进程，决定这场纷争的结果。[1] 经过六年的推诿与犹豫，爱德华三世再一次决定去完成他的使命，打败法兰西暴君，一劳永逸地维护英格兰的强盛。

爱德华退而求其次的要求，同样野心勃勃。贝特曼与奥福德告诉枢机

---

1 *EMDP*, I.ii, no. 239(b); Taylor, "Plantagenet Claim", 164.

主教说，如果瓦卢瓦认可阿基坦公国是爱德华的自主领地，不受法兰西君主的宗主权与封建控制，那么他们的国王是愿意考虑和谈的。[1]然而，我们不清楚这是不是爱德华的唯一要求。1345年时，爱德华似乎认为，除非腓力六世承认他在苏格兰的权利，并承认他对布列塔尼、佛兰德斯及金雀花王朝之前所控制区域的宗主地位，否则他绝不放弃对法兰西王位的索求。[2]消息灵通的佛罗伦萨编年史家乔瓦尼·维拉尼相信，1346年爱德华三世向腓力六世发起战争时，有三大目标：重新获得加斯科涅和蓬蒂厄；迫使法兰西放弃自理查一世时期通过非法手段占领的诺曼底地区；追逐法兰西王位。[3]到1345年，如果仅仅是恢复到战前的原状，爱德华不可能满足，他已决心尽可能地恢复1259年之前先祖在法国的统治区域。

从1344年冬至1345年春，英格兰政府在外交和后勤上进入备战状态。在间接及直接税的支持下，到1346年，国王基本上已有能力承担战争所需。帝国联盟的崩溃，意味着爱德华三世失去了一些最忠诚的支持者。王后菲莉帕之兄，埃诺伯爵威廉，这个1342年埃尔特姆骑士比武赛上的尊贵客人，在1343至1344年间叛投腓力六世，并于1345年突然逝去，且未留下子嗣。海尔德公爵也于1343年去世了。而在1345年，布拉班特的约翰公爵也公开否认他之前与英王所签的协议，并开始与佛兰德斯的亲法伯爵商讨联姻事宜，希望将自己的女儿嫁给其子。然而，这些改变却给爱德华带来了额外的好处，因为这样一来他需要付给帝国君侯的经费也就急剧减少。[4]如今，他将寻找盟友的目标转向了伊比利亚半岛。在14世纪30年代，英格兰与伊比利亚半岛的外交接触相对较少。1343年，在阿尔赫西

---

1 例如，J. J. N. Palmer, "The War Aims of the Protagonists and the Negotiations for Peace", *The Hundred Years War, ed. K. Fowler* (London, 1971), 57; *Wars of Edward III*, 145。
2 Le Patourel, *Feudal Empires*, chap. xii, 176–177.
3 G. Villani, "Cronica", *Cronisti del Trecento*, ed. R. Palmarocchi (Milan, 1935), 388–389.
4 *Grandes Chroniques*, ix, 292; Lucas, *Low Countries*, 480–546; B. D. Lyon, *From Fief to Indenture* (Cambridge, Mass., 1957), 214–217.

第九章　布列塔尼与回国（1341—1346）

拉斯（Algeciras）之围时，德比伯爵与索尔兹伯里伯爵令人印象深刻的表现，为卡斯蒂利亚王朝的阿方索十一世的长子与英格兰的琼公主之间的联姻打下了基础。1344年，德比伯爵与阿伦德尔伯爵受任阿基坦军事统帅，负责与卡斯蒂利亚统治者阿拉贡和葡萄牙缔结联盟。[1] 在之后的数年里，爱德华三世对卡斯蒂利亚王室大献殷勤，与此同时，为了与对方结成联盟，他还与阿方索的妻子及情妇保持通信。[2]

同时，爱德华在布列塔尼也付出了很大的精力。随着腓力六世对法兰西西部地区贵族的威胁行为日渐明显，借布列塔尼争端满足自己目的的西部贵族们纷纷叛投爱德华一方。1343年，腓力处决了权势强大的克利松的奥利弗三世，希望杀鸡儆猴，结果却适得其反，叛逃的情况愈加严重。[3] 1345年3月，约翰·德蒙福尔逃脱了瓦卢瓦王朝的监押，避往英格兰。5月20日，在兰贝斯宫，在大主教斯特拉特福德和北安普敦伯爵的见证下，德蒙福尔正式尊爱德华三世为法兰西国王，并向之行效忠礼。[4] 另一个做出同样行为的是诺曼底科唐坦半岛（Cotentin Peninsula）的圣索沃尔－勒维孔特勋爵戈德弗雷·阿尔古，他在1343年背叛了腓力的继承人诺曼底公爵约翰，被迫流亡布拉班特，1345年6月他转而尊爱德华三世为法王，并行效忠礼。[5]

英格兰准备从多个战线对腓力六世发动进攻。爱德华已不满足于在自己领军进攻法兰西西北部的同时派军占领阿基坦和布列塔尼。这一次，如果可能的话，他决定动用所有力量同拒不交战的法兰西军队进行一次决定

1　Fowler, *King's Lieutenant*, 45–47.
2　P. E. Russell, *The English Intervention in Spain and Portugal in the Time of Edward III and Richard II* (Oxford, 1955), 8–9.
3　S. H. Cuttler, *The Law of Treason and Treason Trials in Later Medieval France* (Cambridge, 1981), 146–151; Henneman, *Olivier de Clisson*, 26–27; *Foedera*, III.i, 35, 45.
4　Murimuth, 243; *Foedera*, III.i, 39.
5　*Foedera*, III.i, 44; Baker, 78–79; R. Cazelles, *La société politique et la crise de la royauté sous Philippe de Valois* (Paris, 1958), 136–140. 这一时期，给其他向爱德华效忠的诺曼底骑士支付的费用，见E 403/336, 20 Dec. 1345, 28 Jan., 6 Apr. 1346。

性的会战。1345年春，这一宏大战略付诸实践。英格兰共募集了三支军队。第一支军队由北安普敦伯爵率领，其人数并不确定，先是在朴次茅斯汇集而后直扑布列塔尼。[1]第二支军队由德比伯爵统帅，共两千人，从南安普敦起程前往加斯科涅。[2]预计随着布列塔尼和阿基坦当地盟军及民众的加入，这两支军队的规模将会急剧壮大起来。爱德华则亲自统率在桑威奇集合的第三支队伍。这支队伍将是对战腓力六世的主力部队，是英格兰跨海作战中规模最大的一支军队，多达两万人。[3]

要组建人数如此众多的军队，需要完善的统筹安排。1345至1346年间，在特伦特南部各郡的招募任务是四千名步兵弓箭手。后来，又要求另外再募集两千名士兵，主要是骑兵弓箭手和轻骑兵。在威尔士要招募的是七千名弓箭兵和长矛兵。地方征兵官最后能够为国王募集到的兵员一共是九千人。大量罪犯也通过由来已久的国王赦免传统而被招募为弓箭兵。为了抚平公众的担心，国王宣称这些罪犯是无偿服役，并且需要合适的担保人才会被赦免。[4]此外，王室内府中约有两千五百到三千名重骑兵及大约同等数量的骑兵弓箭手自愿参战。

更具争议的是，爱德华试图评估所有世俗地主的资产，根据资产高低承担诸如重骑兵或轻骑兵的军役。这违背了招募军人赴海外作战的传统，各郡乡绅对此强烈抗议。国王因此妥协，同意减少招募人数，并将允许这些受评估的世俗地主派其他人参战。[5]他还慎重承诺，不管是按传统方式还

---

[1] *Foedera*, III.i, 37.
[2] Fowler, *King's Lieutenant*, 230–232.
[3] 关于后面的数字，见A. Ayton, "The English Army and the Normandy Campaign of 1346", *England and Normandy in the Middle Ages*, ed. D. Bates and A. Curry (London, 1994), 261–268; Rogers, *War Cruel and Sharp*, 423–426; *Battle of Crécy*, 159–251。
[4] Ayton, *Knights and Warhorses*, 144–145; SC 1/39/144. 关于1343年为苏格兰战役征兵而进行有条件的赦免，见SC 1/39/154。
[5] C 47/2/31, 34, 36–41, 52, 58; *CPR 1343–5*, 414, 427–428; *Crecy and Calais from the Public Records*, ed. G. Wrottesley (London, 1898), 66.

第九章 布列塔尼与回国（1341—1346）

是新方式招募而来的服役者，在战争期间都能领取报酬。[1] 然而，他试图延长强制兵役的做法，在1346年议会上遭到了有力的批判。[2]1346至1347年间战役的后半段，各地，尤其是城镇，承受了提供额外兵员的巨大压力。众人纷纷质疑他的无理要求，爱德华不得不再次减少定额兵役，代之以支付现金来招募部分兵员。国王还承诺类似的征召不会被设为定例。[3] 如果说，1344至1347年间英格兰的这只战争之臂伸得比任何一次都长，那它的手指也曾一次又一次被审慎敏感、保护自己权利的政治团体咬住。

将英格兰拖入战争的动力，源自爱德华强有力的个性。他花了相当多的时间来为战争争取新的贷款，并对定居在英格兰的外国僧侣征税。[4]1346年2月，他召集了英格兰南部的高级教士与领主开会，让他们同意将恶税的征收时间延长两年，以确保继续实施外包关税政策。[5] 他也积极投入到征集船只、运输军队及后勤供应物资等事务中。[6] 对于战斗人员的招募，爱德华尤其上心。例如，1346年5月在波特切斯特（Portchester）时，他草拟了一份拒绝征募而返回家乡的人员名单，然后通过个人书信将这些逃亡者的名字寄给大法官，以便惩处这些"背叛者"。[7] 最后跟随他渡过海峡的兵员在一万四千至一万五千人之间，这虽远少于他的期望，但依然是渡海作战人数最多的一次，表现了爱德华在其王国内的强制力与号召力。

然而，从最高的战略层面上，我们可以很好地看出爱德华的工作性格。

---

1 *Crecy and Calais*, 191–204; Prestwich, *Armies and Warfare*, 84–85.
2 *PROME*, iv, 392–393; Powicke, *Military Obligation*, 195–198.
3 *Foedera*, III.i, 107; *CFR 1337–47*, 497, 500–504; Ormrod, *Reign of Edward III*, 180, 249 n. 67.
4 *CCR 1343–6*, 636–637, 651. 关于1345至1346年筹集的贷款，见Harriss, *King, Parliament*, 324–326; Axworthy, "Financial Relationship", 30, 150–151。
5 Harriss, *King, Parliament*, 445.
6 SC 1/40/91; C 81/908/6; C81/1331/13. 这是爱德华长期利益的一部分，Ormrod, *Reign of Edward III*, 52。
7 C 81/1332/1.

在备战期间，爱德华对外交保持着高度关注。[1] 他明智地避免出席教皇特使要求的私人会谈，使对方明白他追求自己在法兰西的权利合乎道德，并告知对方现在才开始讨论和平已经太晚了。[2] 特别是，他高度保密，除了最亲密的心腹，他不在任何地方透露自己制订的战争计划和目标。事实上，在1344至1346年间的长期备战过程中，他所率领的军队将会在法兰西的哪个地方登陆，也从未让人探知。[3] 1346年这支军队在诺曼底上岸后，巴托洛缪·伯格什爵士声称原本计划登陆的地方是加斯科涅。这到底是真相，还是一次失误，或一枚精心准备、用来迷惑腓力六世耳目的烟幕弹，至今依然扑朔迷离。[4] 不管如何，伯格什的话表明，爱德华通过出人意料的手段有效地欺骗了敌人，武装了自己，从而达成了自己的重要目标。

尽管他故意让策略看起来模糊不清，但他却让英格兰不参与战斗的国民清楚地了解自己的战争目标及他的进展。政府为准备1346年战争所做的宣传达到了新的细致高度。爱德华三世并不满意祈祷者在教区教会里传播消息的常规途径，因此，他争取到当时身负盛名的公共传教士多明我会修士的协助。1346年春，文秘署为英格兰的多明我会派首领提供了一份详细资料，上面阐述了向法兰西开战的理由，希冀该派成员"告知有识之士并使信徒之心更具活力"。[5] 犹如1337年消息传遍各地一样，这一次传遍街头巷尾的则是，瓦卢瓦的腓力对爱德华三世滥用封建君主的权力，关于爱德华索要法兰西王位一事则避而不谈。大多数评论都站在国王一边，尽可能

1　C 49/7/15; E 403/327, 2 Apr. 1343.
2　Murimuth, 190–191; *Foedera*, III.i, 80, 84.
3　Murimuth, 199; Baker, 79.
4　*The Life and Campaigns of the Black Prince*, ed. and trans. R. Barber (Woodbridge, 1979), 14. A. H. Burne, *The Crecy War* (London, 1954), 137指出，爱德华要求神职人员散布前往加斯科涅的消息是为了误导法兰西的情报部门。但是，爱德华给高级教士的相关指示仅仅表明，他打算前往海外，*Foedera*, III.i, 81。
5　*Foedera*, III.i, 72–73.

第九章　布列塔尼与回国（1341—1346）

保持战争议程的概括性和灵活性。[1] 然而，仍然有些人清楚爱德华希望成为法兰西统治者的企图。[2] 爱德华缓慢而轻柔地开始与英格兰社会中那些尖锐派进行调和，并把他们的注意力引向双重王权的问题上。现在需要的，便是一场可以让爱德华达成和平的伟大胜利。

到 1345 年 6 月，万事俱备。北安普敦伯爵启程前往布列塔尼，他的一个司令官托马斯·达格沃思爵士，在靠近若瑟兰（Josselin）的地方，打败了由布卢瓦的查理率领的一支小分队，迅速振奋了士气。原本计划驶向加斯科涅的舰队因为风向推迟了出发时间。6 月初，在去坎特伯雷参拜祝祷之前，爱德华南下南安普敦，视察在此汇集的德比伯爵的军队。格罗斯蒙特的亨利在 7 月末启程，于 8 月 9 日抵达波尔多。新被任命为加斯科涅执事的拉尔夫·斯塔福德开始在公国召集支持英格兰的力量，在贝尔纳、贝拉尔·埃兹、阿诺·德杜尔福特及新任布赫领主让·德格拉伊的帮助下，打算对多尔多涅（Dordogne）发动一次大规模的进攻。

6 月中旬，爱德华三世在桑威奇与归他统帅的军队会合。他决定让十五岁的王子伍德斯托克的爱德华随军历练。随后，7 月 1 日，还是幼儿的莱昂内尔王子被任命为监国，爱德华三世同时也任命了一批执行官与顾问，包括斯特拉特福德家族三人、年迈的兰开斯特伯爵与萨里伯爵。王后也来到桑威奇为爱德华送行，于 7 月 3 日与丈夫挥手作别。[3] 但在最后一刻，为了让爱德华迅速赶往佛兰德斯，此次军事行动不得不推迟。爱德华曾收到警告，说雅各布·范阿尔特维尔德即将被推翻，这将危及乃至失去来自根特、伊普尔与布鲁日的支持力量。7 月 17 日，最让爱德华担心的结果似乎发生了——范阿尔特维尔德在肯特被伏击后又被谋杀身亡。实际上，爱

1　例如，*AC*, 19。
2　*Chron. Lanercost*, 341–342.
3　*CCR 1343–6*, 634; *Foedera*, III.i, 50.

德华及其顾问夸大了阿尔特维尔德的重要性。舰队停靠在斯鲁伊斯，爱德华不曾踏上陆地便忙着与人协商，于7月19日与三镇签订了一份合约。三镇之人承诺，除非路易·德讷韦尔尊爱德华为法兰西王，否则他们绝不接受路易为佛兰德斯伯爵。[1] 解决危机后，爱德华于7月22日扬帆起航，去与从桑威奇起程的大部队会合。即便是到了此时，他们的登陆地点依然保密。然而，舰队在一场大风暴的打击下分散了，有些船被风浪带回了北海，被迫躲在海峡港口里避难。26日，爱德华在桑威奇一登陆，便前往坎特伯雷，无比真诚地为自己的平安无恙而献上谢忱。而后，他火速赶往威斯敏斯特，商讨下一步行程。让他遗憾的是，咨议会决定取消这次远征行动，一旦条件允许，便尽快召集一支新队伍。[2]

从阿基坦传回来的重大消息，让爱德华的沮丧烟消云散。8月24日，德比伯爵、彭布罗克伯爵、沃尔特·莫尼和拉尔夫·斯塔福德攻下了军事重镇贝尔热拉克（Bergerac），捕获了许多颇有价值的人质，还从城镇里洗劫了"巨大的财富"。[3] 在向佩里戈尔（Périgord）前进时，格罗斯蒙特的亨利于10月在奥伯罗切（Auberoche）打败利勒伯爵，并于1月在加龙河（Garonne）重新夺回拉雷奥勒。此外，还获得了巨额的好处：据初步估计，经过双方谈判，在奥伯罗切抓捕的人质的赎金在五万镑左右。[4] 斯塔福德随后率军进攻阿让奈，攻下了艾吉永（Aiguillon），大批人马投降英格兰一方。战争所得合理地被德比伯爵及其将帅们瓜分。然而，从布列塔尼传来的消息则不太乐观。约翰·德蒙福尔在8月曾试图围攻坎佩尔（Quimper），在向埃讷邦（Hennebont）撤退后，他一病不起，于9月26日去世。他的继承人，名义上的公爵约翰五世，年仅五岁，在英格兰宫廷的庇护下生活。

1　Lucas, *Low Countries*, 516–527.
2　*Foedera*, III.i, 55–56; *Crecy and Calais*, 58–61.
3　Knighton, 53.
4　Fowler, *King's Lieutenant*, 60–61.

第九章　布列塔尼与回国（1341—1346）

北安普敦伯爵及其将领留下来，尽已所能地召集、安抚蒙福尔的支持者。当年冬天在公国的北部打了一场艰苦大战，但除了攻占拉罗什代里安（La Roche-Derrien），没有其他战果。因此，小心谨慎是必要的。给布列塔尼和加斯科涅派遣援军的计划被搁置一旁，聚集在朴次茅斯的主力部队的出发时间也被推迟到 1346 年 5 月 15 日。

对于焦躁的爱德华而言，这漫长的等待肯定会让他想起 1337 至 1338 年间法兰西战争开始期间连续推迟出发的往事。但与上次相比，这次有一个重大的区别：他依然留在国内。这样，他不但可以亲自监管后勤运输问题，还可以适时采取行动保证王国的安全问题。而这个时候的苏格兰又值得重点关注。当时，北部边境遭受苏格兰侵袭的消息不断传来。1345 年 10 月，苏格兰对卡莱尔发动了系列突袭，迫使爱德华急忙挥师北上。然而，突如其来的疾病阻挡了他的行程，似乎在行至诺丁汉时，他就未再进一步，而后，他折路返回，南下伦敦，又前往伍德斯托克去过圣诞季。[1] 不过，当年冬天，围绕战事，高级教士及北方领主依然在伦敦召开了咨议会。1346 年 1 月中旬，爱德华与王后、母后前往米德兰兹郡，在莱斯特的纽瓦克医院参加兰开斯特伯爵的葬礼，在此期间，他可能趁机召集高级教士、大贵族讨论法兰西、苏格兰的重大事务。在他的指示下，诺森伯兰、坎伯兰的郡长们无需履行常规职责前往财政署报到，以便他们能够继续警戒边防。当年春天，还新任命了一个防御苏格兰的强有力的委员会。[2] 4 月，对公众同样关注的另一个问题，即国王长期不在国内期间政府与司法的腐败问题，爱德华也给予了积极的回应。他在各郡适时地宣布了《法官条例》，要求中央法院、巡回法院、进行最终裁决的法官们，以及提审囚犯、巡回审判委员们发誓，在案件审判过程中不收受贿赂，务必保持公正不倚的审判。

1　Mortimer, *Perfect King*, 220.
2　*RDP*, iv, 556–558; Knighton, 54–55; *Hist. Angl.*, i 266; E 159/122, rot. 56; Neville, *Violence, Custom and Law*, 37–38.

这也规范了地方官员的处事方式，尤其是郡长及与各地法院、管理充公产业相关的官员。[1]如果在爱德华看来，这些都不足以作为军事行动的替代品，那至少可以清楚地看到，王国的和平与安全当时已成为国王关心的头等大事。

1346年5月末，爱德华三世终于抵达朴次茅斯之外的波特切斯特，准备启程前往法兰西。然而，他仍需再耐心等待一个多月，确保兵员、舰队聚集，风向合适。出发之前，关于他们可能在哪里登陆，他依然守口如瓶。爱德华下令在国王舰队离港之后的一星期里，任何人不得离开英格兰，这表明他尽一切可能不让敌方探知己方的消息。[2]法兰西人可能猜测英格兰王或许同以前一样会选择在佛兰德斯登陆。实际上，爱德华却另有打算。他一度认真考虑过在布列塔尼登陆，[3]而选择加斯科涅也是可能的，因为法兰西军队在拉雷奥勒和艾吉永围困了格罗斯蒙特的亨利的军队。爱德华自然清醒地意识到，如有需要，率军前去救援格罗斯蒙特的亨利，是他义不容辞的责任。

最后，登陆地点选择了诺曼底的科唐坦半岛。做出这一选择的理由很充分：首先，风向有利于在诺曼底顺利登陆；其次，戈德弗雷·阿尔古的投诚为英格兰在科唐坦的登陆军队提供了一个安全的避风港；此外，爱德华能够进一步联络当地其他归降者，并与布列塔尼的英格兰军队取得联系。然而，在一开始，进入诺曼底的英军并非为了支援蒙福尔，而是有其自身的目的。傅华萨以当年戈德弗雷·阿尔古与爱德华三世的对话，戏剧化地记录了1346年的战役：

---

[1] *SR*, i, 303–306; P. Nightingale, "The Intervention of the Crown and the Effectiveness of the Sheriff in the Execution of Judicial Writs, *c.* 1355–1530", *EHR*, cxxiii (2008), 32.

[2] C 76/23, m. 23d; Alban, "National Defence", 319. 在5、6月间给财政署的指示中，国王曾暗示他即将"行程"及他终将"从那里"归来，E 159/122, rots 64, 80。

[3] *Crecy and Calais*, 11.

第九章 布列塔尼与回国（1341—1346）

戈德弗雷爵士道："诺曼底是这个世界上最富有的地区之一。我用自己的生命向您承诺，一旦您靠近这里，便很容易在此地登陆。不会遭到有力的抵抗，因为当地居民毫无作战经验，而诺曼底的骑士们都跟随诺曼底公爵围困艾吉永。您会发现，诺曼底的大城镇及军事要塞都未设防，您的人可以大发一笔横财，可以保证他们二十年富裕无忧。您的舰队能够一直开进卡昂（Caen）。如果您认为采取我的建议是合适的，您与我们所有人都将从中受益。我们将有数不尽的金银珠宝、食物供应及其他所需的一切。"[1]

这或许是傅华萨的过度想象，但 1346 年夏，谋求实际利益的确是一个重要的考虑。英格兰的重骑兵为一个令人愉悦的想法所吸引，当初在 1066 年诺曼底公爵攻克了英格兰王国，现在轮到英格兰国王来占领诺曼底公国。就像英军在布列塔尼和阿基坦通过劫掠及索取保释金获得了大量好处，现在也能够从传说中富可敌国的诺曼底获得实实在在的物质利益。在这之后所发生的历史上赫赫有名的克雷西会战，以英格兰大胜告终。而在当时，参加了 1346 年战役的老兵，将他们所经历的伟大时刻称为"诺曼底之路"（viage de Normandie）。[2]

---

1 Froissart, trans. Brereton, 69. 对此详细的阐述，见 le Bel, ii, 70, 76。
2 SC 1/39/180, 187, 192; SC 1/40/111, 128, 143, 211; SC 1/42/2, 39; W. M. Ormrod, "England, Normandy and the Beginnings of the Hundred Years War, 1259–1360", *England and Normandy*, ed. Bates and Curry, 202.

第十章
胜利之路(1346—1347)

1346年7月12日，爱德华三世在科唐坦东北海岸的圣瓦斯特－拉乌格（Saint-Vaast-La-Hougue）登陆。下船后，他做的第一件事便是赐封长子、新袭爵的索尔兹伯里伯爵和年轻的罗杰·莫蒂默为骑士。伴随在爱德华身边的，有阿伦德尔伯爵、亨廷顿伯爵、北安普敦伯爵（刚从布列塔尼召回）、牛津伯爵、萨福克伯爵、沃里克伯爵，以及严谨的前王室书记员、如今已荣升为达勒姆主教的托马斯·哈特菲尔德。在接下来的几天里，他们认真制定了一份最终战略，军队一分为三，中军由爱德华三世亲自指挥，先锋部队归威尔士亲王统帅，而哈特菲尔德主教则统领后军殿后。战争伊始，目标便紧紧锁定在爱德华的战略需求上。关于这一战略计划的性质与详情，事先全无声明。这证实了他继续实行保密和出人意料的政策的成功。

学术界通常认为，1346年夏爱德华选择诺曼底登陆是一个替代方略。[1]

---

[1] 1346至1347年战争的主要资料由一系列成文与编辑过程极为复杂的编年史及内部通讯组成。尤见于 *Battle of Crécy*, 287–350; K. Fowler, "News from the Front: Letters and Despatches of the Fourteenth Century', *Guerre et société*, ed. Contamine, Giry-Deloison and Keen, 63–92. *Life and Campaigns*, 13–48译有部分编年史及内部通讯。这一章主要依据以下资料：Sumption, i, 489–586; K. DeVries, *Infantry Warfare in the Early Fourteenth Century: Discipline, Tactics, and Technology* (Woodbridge, 1996), 155–175; Rogers, *War Cruel and Sharp*, 238–285;（转下页）

第十章　胜利之路（1346—1347）

按照这一观点，他的唯一愿望便是向法兰西民众揭露腓力六世无力保卫国家和王室，从而展示金雀花王朝索求法兰西王位的合理性与正当性。其目的是迫使腓力六世停战，让爱德华主导一场和平协议的谈判。公开的战争，对于双方而言并非必不可少，反而是双方尽力避免的，而青史留名的克雷西战役的发生，仅仅是因为法兰西一方决定看到整个事件的最终走向。[1]

最近几年，关于1346年战事的阐释发生了重大变化。乔纳森·萨姆欣提出一争议性解释，认为这是之前在布列塔尼所用战略的再次尝试，通过征服和占领，实现爱德华三世对其先祖所有的诺曼底公国的主权。[2] 然而，其实是克利福德·罗杰斯与安德鲁·艾顿的主张，在很大程度上影响了普遍为人所接受的新观点。他们认为，爱德华一直以来的明确目的，是要发动一场公开对决之战，而大扫荡的战术是他将腓力六世卷入这样一场大规模作战的必要手段。英格兰军队对诺曼底地区经济基础的严重破坏，对普通民众的无情蹂躏，其目的是将政治与道德责任强加于瓦卢瓦王朝，迫使腓力六世不得不派大军前来抵御。[3] 也许，对这样一场大战，腓力六世也抱有同样的期待。自从1339、1340年尚未真正交锋便退出战争之后，他遭到了众多的批评，这让他认识到只有通过一场真正的大规模战争，才能完全巩固他对法兰西的统治，才能处置阿基坦、布列塔尼、诺曼底及佛兰德斯的背叛者，并重申他对英格兰国王的封建宗主权。1346年7月，双方都已决心进行一场决定性的大战。唯一需要再次确定的只是在何时、何地及

（接上页）以及 Battle of Crécy, 35–107。就像它们所依据的中世纪资料，这些资料有时会采取截然不同的立场。关于这场战争的完整记载，见 Burne, *Crecy War*; H. de Wailly, *Crécy 1346: Anatomy of a Battle* (Poole, 1987)；以及 M. Livingstone and M. Witzel, *The Road to Crécy: The English Invasion of France, 1346* (Harlow, 2005)。

1　见本书第705—706页。
2　Sumption, i, 532–533.
3　*Wars of Edward III*, 265–283; Rogers, *War Cruel and Sharp*, 230–237; *Battle of Crécy*, 35–107, 139–157.

怎样开战。

目标明确的英格兰所采取的策略是，自圣瓦斯特-拉乌格登陆之后，便以高度严明的军纪约束英格兰军队。爱德华三世在1346年颁布的纪律制度，有可能与后来理查二世在1385年、亨利五世在1419年大战前夕所颁布的战争条例相似。根据一份记录这场战争的半官方文件《爱德华三世战争法》(Acta bellicosa)的记载，爱德华为了让英格兰士兵表现得当，从而表明自己是法兰西合理合法的统治者，特意做出了不少努力：

> 英格兰国王深切体会到这个国家穷苦民众所遭受的苦难，因此在军中颁布了这样一条法令：不得焚烧任何城镇或庄园，不得抢劫任何教堂或圣地，不得侵犯我法兰西王国的任何老少妇孺，也不能随意威胁任何民众，或做出伤害民众生命或身体的行为来。[1]

这些申明纪律的记载，与关于这场战役的一些其他记载出入甚大。有些记载着重强调了英格兰士兵大肆破坏与劫掠的行为。然而，确实有迹象表明爱德华的统帅们能够阻止英格兰士兵肆意妄为的烧杀抢掠行为。重要的是国王而非他的士兵决定行军的速度。[2] 在战争开始后的几天里，爱德华几乎没有遭遇到任何抵抗，他也能锻炼和检验士兵对于共同战略目标的集体责任意识，这对他极为有利。戈德弗雷·阿尔古在科唐坦半岛的影响力之大，确保了英格兰军队能够一路顺利南下。尽管卡朗唐（Carentan）当地民众想要阻止英军穿越杜沃沼泽，但他们很快就投降了，而后城镇被抢劫一空。往东经维尔至圣洛的途中，英军散为宽达十五至二十英里的扇形

1　CCCC, MS 170，载J. Moisant, *Le Prince Noir en Aquitaine* (Paris, 1894), 157–174，译文见*Life and Campaigns*, 26–40 (quotation at 28–29); *Battle of Crécy*, 296–299。
2　*Battle of Crécy*, 62–65.

第十章　胜利之路（1346—1347）

军阵，以最大程度地毁坏、劫掠所经之处的田野与村庄。[1]

到 7 月 25 日，爱德华离卡昂仅有数英里远。卡昂是诺曼底的第二大城市，在这里，英军第一次遇到了顽强抵抗。保卫卡昂城堡的是厄镇与唐卡维尔两位伯爵，他们一个是法兰西王室总管，另一个则是诺曼底执事，两人的所有兵力超过一千人。26 日，爱德华的军队突然袭击了该镇。这次袭击并非井然有序：英格兰弓箭手发动攻击之后，并无后援，而被爱德华派去维持秩序的沃里克伯爵与北安普敦伯爵非但无法有序地组织撤退，自己也陷于混战之中。[2] 不过，最后的结果是英方取得了胜利。由于奥恩河（River Orne）上的桥已被占领，英格兰士兵在全镇胡作非为。法国骑士为了自身的安全考虑，迫不及待地寻找能够收纳赎金而保留他们性命的英格兰统帅。厄镇伯爵向托马斯·霍兰爵士投降，后来托马斯以一万二千镑的高价将他卖给了爱德华三世。后来，惯会谋取私利的霍兰拿出这笔钱的一部分向阿维尼翁的教皇法庭起诉，称十九岁的肯特的琼——第二代索尔兹伯里伯爵的妻子，曾在 1340 年与自己秘密缔结过婚姻。他最终顺利娶到了琼。这桩与国王堂妹的显赫联姻，便是依靠战争好运扭转个人命运的绝佳案例。然而，对于大部分士兵而言，获得即时的快感更令人满足。就如在卡朗唐一样，英格兰士兵在卡昂大吃大喝，奸淫妇女，劫掠那些可以带走的巨额财富。[3]

在卡昂大肆赢得囚犯和赃物，成为英格兰传奇故事的来源。两代人后，托马斯·沃尔辛厄姆写道，在这场伟大战役之后，诺曼底优良的亚麻布、精美的金银餐具被英格兰的妇女们骄傲地铺展、摆放在桌子上。[4] 而在这场

1　Murimuth, 215; Avesbury, 358; C. J. Rogers, "By Fire and Sword: *Bellum hostile* and the 'Civilians' in the Hundred Years War", *Civilians in the Path of War*, ed. M. Grimsley and C. J. Rogers (Lincoln, Nebr., 2002), 36–37.

2　*Life and Campaigns*, 17–18.

3　*CPR 1345–8*, 337, 538–539; le Bel, ii, 80, 83; Froissart, iii, 146–147; *ODNB*, xxx, 138.

4　Knighton, 58–59; T. Walsingham, *Chronicon Angliae*, ed. E. M. Thompson (RS, 1874), 26; Barnie, *War in Medieval Society*, 36–37.

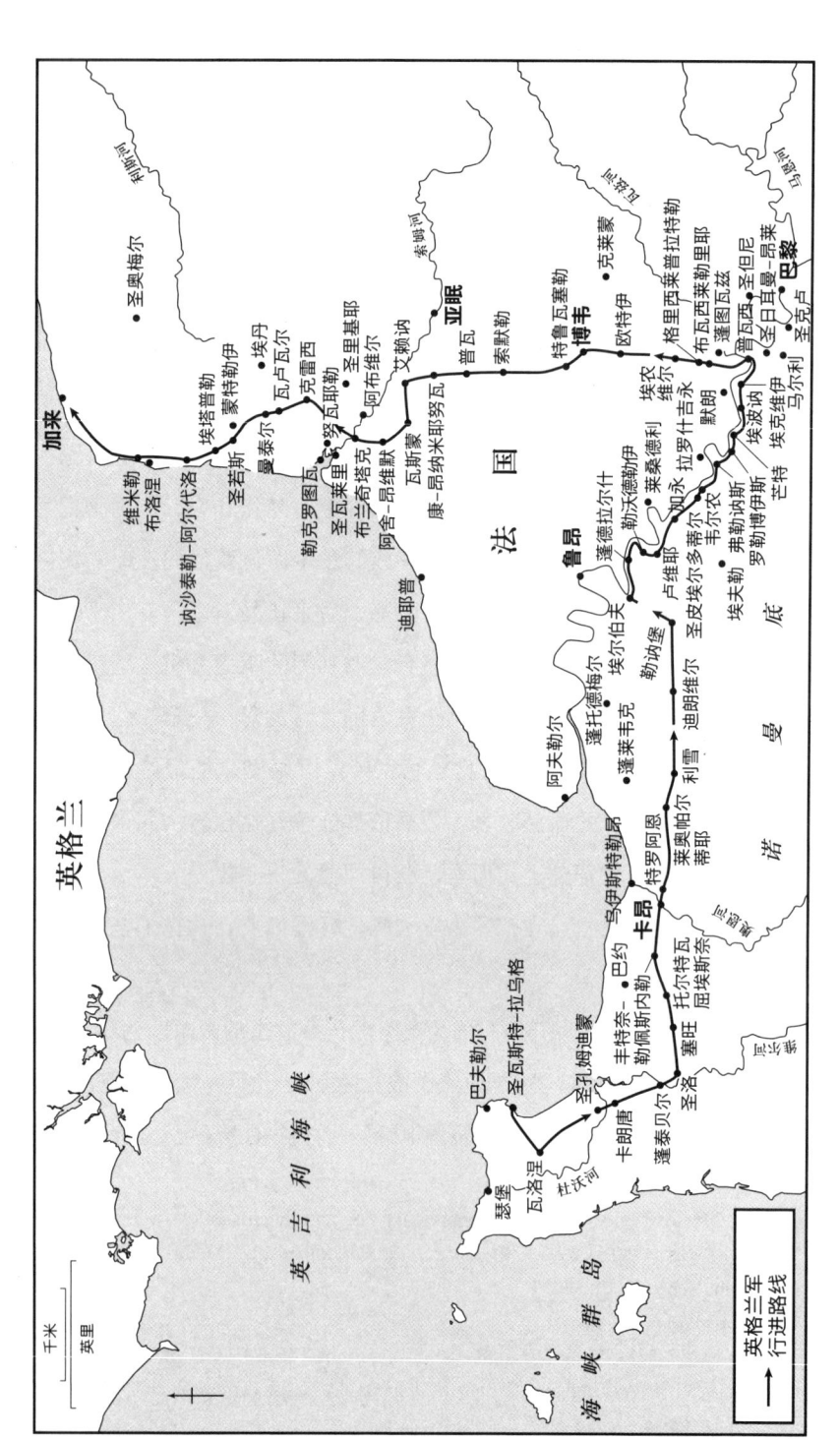

诺曼底战役形势图（1346）

第十章　胜利之路（1346—1347）

贪婪的掠夺背后，也取得了一些战略性的成绩。劫掠卡昂是爱德华三世给腓力六世下的最后通牒：如果他还不出来迎战，爱德华便会继续朝法兰西岛东进，进一步蹂躏法兰西王领的核心区域。爱德华小心谨慎地将在卡昂抓捕的法兰西领主与骑士押往英格兰，在他达成目的之前，拒绝接受赎金开释他们。[1] 尽管相对次要的人很快被假释了，但厄镇与唐卡维尔两位伯爵依然关押在英格兰。后来，爱德华利用他们来要求腓力六世善待在诺曼底、布列塔尼及阿基坦战役中被俘虏的英格兰囚徒，包括他的老朋友沃尔特·莫尼爵士。[2]

就如爱德华预计的那样，卡昂之劫确实震惊了法兰西。7月29日，瓦卢瓦国王命令一大支部队去支援兵力雄厚的鲁昂（Rouen），而后率军向西挺进。他的意图无疑是要将爱德华的军队阻挡在塞纳河（Seine）之外，以免他们进入法兰西岛威胁到巴黎城。然而，不过几天，由于接到消息称英格兰的休·黑斯廷斯骑士已率领佛兰德斯联军渡过利斯河（Lys），挺进法兰西北部，他急忙下令挥师返回。30日晚，爱德华与将士们设宴大快朵颐，次日穿过迪沃河（River Dives）的洪泛平原，于8月2日到达利雪（Lisieux）。这时，腓力六世的唯一希望是切断塞纳河上所有的桥梁，以阻挡爱德华的进军。爱德华的侦察员建议，鲁昂有重兵把守，太难攻取，不如放弃。因此，爱德华率军转而向塞纳河挺进，于7日到达埃尔伯夫（Elbeuf），驻军于塞纳河西岸，伺机渡河。13日，英军进入离巴黎仅十五英里的普瓦西。普瓦西的圣方济修士教堂是爱德华的外祖父公正王腓力所建，他的心脏便埋在唱诗席下。[3] 爱德华命令该教堂的教士们隆重纪念缅怀他伟大的法国祖先。恐慌情绪在巴黎迅速蔓延，腓力六世疏散城镇居民，下令残存的军队移往

1　*Life and Campaigns*, 18.
2　Sumption, i, 511, 556.
3　P. Lee, *Nunneries, Learning and Spirituality in Late Medieval English Society: The Dominican Priory of Dartford* (York, 2001), 15–17.

圣克卢（Saint-Cloud）。爱德华趁机穿过普瓦西，至 14 日，英格兰工兵已搭建一座临时木桥，将英方的行李、军备搬运至河对岸。这强烈地体现出英格兰后勤供应机制比起法兰西更胜一筹。在此情况下，法兰西宫廷的恐慌情绪进一步加剧。[1]

腓力六世寄希望于塞纳河这道天然屏障抵挡爱德华之师的计划无疑是落空了。眼看爱德华进军巴黎显然势在必行，他唯一的选择只能是立刻投入战斗。8 月 14 日，腓力致信爱德华说，他将与爱德华在巴黎南部或普瓦西北部进行一场光荣的终极对战。这虽然是英王长期以来梦寐以求的结果，但也是危险的最后通牒。爱德华觉察到了让自己的敌人挑选开战地点与时间的危险性。在 15 日的圣母升天节，他参加了在公正王腓力四世教堂举行的弥撒。他以卡佩王朝后裔自居，并为之激动不已。受此情绪鼓舞，他迅速给瓦卢瓦的腓力写信说，他要夺回法兰西王位，并惩罚那些反抗自己统治的人。如果腓力胆敢挑战自己的合法政权，他一定要给点颜色瞧瞧。[2]

在爱德华逞强的背后，事实上焦虑重重。经过一个月的野外作战，英格兰士兵已经筋疲力尽。尽管诺曼底的宴饮狂欢仍在继续，但从英格兰带来的物资已消耗了不少，供应逐渐短缺。决定不在塞纳河盆地开战后，爱德华移师北上，经博韦向索姆（Somme）挺进：这可被简单地视为撤退。在接下来的一周，英军被瓦卢瓦军队逼着奔窜。不过，撤退中的英军依然有序。爱德华计划与从英格兰派来的援军在勒克罗图瓦（Le Crotoy）的港口会合，补充战略物资后，再向英法双方会战的地方前进。[3] 然而，腓力的军队却以极不寻常的果决与迅速，阻挡了英军的前进方向。8 月 23 日，瓦卢瓦军从亚眠向西挺进，迫使爱德华的军队朝瓦斯蒙（Oisemont）、阿舍

---

1 Le Bel, ii, 85–88; *Life and Campaigns*, 19, 21–23, 37–38.
2 *CPR 1345–8*, 516–517; *Life and Campaigns*, 38–39; Froissart, iii, 148–150, 382–383.
3 C 81/314/17803，载Fowler, "News from the Front", 83–84, 译文见*Wars of Edward III*, 125–126。

第十章 胜利之路（1346—1347）

(Acheux）方向移动。爱德华突然发现自己已深陷险境，因为他的大军正行进在海岸线与索姆河沼泽地之间。唯一可以脱险的办法是立即渡河，赢得一些时间，做好准备，投入他期待已久的战争。就在这个危急时刻，爱德华再次显现了他的非凡才华，向将士们证明自己是值得信赖的统帅。

8月23日晚间至24日拂晓，爱德华的将领巧施妙计，让英格兰军队摆脱了被伏击的困境，从布兰奇塔克浅滩顺利渡过索姆河，到达阿布维尔(Abbeville) 以西。[1] 在黎明退潮期，北安普敦伯爵与雷金纳德·科巴姆蹚过河流，在河滩上阻击腓力的将领戈德马尔·杜费伊。整个事件表明爱德华三世能够将庞大的后勤供应、战略转移与超凡的个人勇气完美地结合起来。关于这次布兰奇塔克告捷，在流传于英格兰的后续记载中提供了多种解释。有人甚至说当时发生了与摩西分海类似的神迹。[2] 后来巴黎近郊莫市(Meaux) 的编年史家给出了一种平淡无奇但可能更真实的解释：爱德华得到了一个在当地生活逾十六年、精通当地形势的约克人的帮助。[3] 这也提醒我们，在成功渡过索姆河之后，爱德华三世来到了其先祖的蓬蒂厄地区。此地到处都是忠诚于他的人，甚至军中的将领，也很清楚哪里是能够渡河的地方。当时人也清楚地意识到，接下来之所以会发生克雷西会战，部分原因是本属于金雀花王朝的遗产在1337年被瓦卢瓦无理地没收了。[4] 纵使克雷西会战是紧急事件，但爱德华对恢复自己在法权利的坚持，早已人尽皆知。

英格兰大军迅速挺进索姆河以北约十英里处的克雷西森林。8月24日晚间，英格兰人利用地面植被作为掩护，成功避开垂头丧气的法兰西人。次日，爱德华的军队行进到克雷西村附近的森林边缘。1329年，爱德华还是个少年，被迫去亚眠与腓力六世进行不愉快的会面；当时，路过此地的

---

1 Le Bel, ii, 96–98; *Life and Campaigns*, 22, 24. 后续情况，见*Battle of Crécy*, 85–98。
2 Murimuth, 216; Avesbury, 368.
3 *Chron. Meaux*, iii, 57.
4 Le Bel, ii, 99, 105; Froissart, iii, 165, 402.

他或许已经意识到这里是个挑战瓦卢瓦王权的好地方。爱德华也探知腓力之子约翰如今正带着援军北上，因此他决定尽早开战。8月26日周六，腓力六世认为英军将与佛兰德斯人在埃丹（Hesdin）会师，于是移师以阻挡爱德华继续北进。而实际上，爱德华已列阵以待，他的侦察兵在克雷西与瓦迪克特（Wadicourt）之间找到了一个很好的防御位置，一条大约两千码长的东南走向的山脊，前面是被称为牧师峡谷（Vallée des Clercs）的山谷，其开口朝南，流出一道不宽的迈耶河（River Maye）。军队的左翼直面平地，右翼则有起到保护作用的斜坡地形，而尾翼则可凭借博伊西克雷西庄园茂盛的林地作为屏障。传统的说法是，腓力六世将军队布置在牧师峡谷东边的高地上。双方认为，不论是重骑兵冲锋还是顺利撤退，陡峭的峡谷都将构成一大障碍。除非腓力确信己方能够控制峡谷的这一侧，否则他必然认识到地理形势大大有利于英格兰一方。有些法国编年史家想尽办法为其后的战败寻找理由，甚至污蔑爱德华采取了不光彩的手段，出其不意地对腓力六世发动了进攻。[1] 然而，不管双方所做的准备是否充分，战争的号角已然响起。

克雷西会战是百年战争中研究最深入的战事之一。然而历史资料所提供的信息却出奇地混乱，因此无人能说清双方在此地交战的经过。[2] 英格兰重骑兵下马作战，与步兵被分成三队，分别由国王、威尔士亲王及北安普敦伯爵统帅。然而，这三队到底是排成长蛇阵，还是三个紧挨着的方阵，至今依然是个谜。英格兰弓箭手的部署也是个大问题。通常而言，弓箭手应该排成楔子状，或环绕着方队排列，但也有可能是在方队之前排成长线形。最合理的推测，应该是爱德华三世所率领的部队被布置在尾翼，而那些辎重车则被用来当作这个部队的另一重防线；另两个部队并排而列，威尔士亲王所率部队为先锋，而弓箭手则在周边围成三角形，以作为后面重

---

1 *Battle of Crécy*, 273–277.
2 Ibid., 139–157.

第十章 胜利之路（1346—1347）

骑兵的屏障。[1] 同时，法兰西一方将雇佣兵——热那亚的弩兵部署在前，而将数个阵列的重骑兵安置在后，步兵被部署在边侧。腓力六世一方投入战斗的确切人数，比爱德华一方更加难以探知，但可能是在两万至两万五千人之间，至少超过英格兰兵员一万人。[2] 英格兰士兵挖好深坑作为陷阱，迎接即将到来的法兰西人，从中可见，爱德华三世打算采取惯常的防御立场。

英格兰一方也使用了新武器。1346年以前，英法双方的军队中都有使用枪炮与火药，但仅限于包围战。有资料提到爱德华三世在克雷西战役中使用了一些大炮，这是英格兰在对抗战中使用火器的首次记载。这些枪炮又小又粗糙，只能发射箭头和散弹，而非后来战争中的大型炮弹。尽管它们使热那亚雇佣兵遭受了一些损失，但在克雷西战役中所用的枪炮，主要目的是让对方的战马受惊，给对方增加一些骚乱而已。[3]

不同于其子爱德华王子后来在阿基坦、西班牙战前的仪式，爱德华三世此次似乎并未进行战前誓师。考虑到时人对克雷西会战的神化，很难理解让·勒贝尔与让·傅华萨竟然没有为这次战役撰写一份充满神赐之乐与骑士冒险精神的战地演说誓词。相反，勒贝尔声称，趁着英格兰士兵们还在营帐里或忙于挖掘陷阱，爱德华三世对他们进行了非正式的巡察。傅华萨对此进一步渲染，说国王在巡察时，乘着一匹白色的马，手握白色的指挥杖，激励那些畏惧之人表现出英雄的一面。[4] 犹如罗切斯特编年史家所写的那样，爱德华的风格是采取"言语、礼物与事迹"等不太正式却亲密的方式来激励他的将士。[5] 一个罗马编年史家对这一役的记载颇为有趣，说爱

1　R. Hardy, "The Longbow", *Arms, Armies and Fortifications in the Hundred Years War*, ed. A. Curry and M. Hughes (Woodbridge, 1994), 178.
2　Sumption, i, 526. 在其他估算中，法兰西军队的规模要更小些，*Battle of Crécy*, 18。
3　Tout, *Collected Papers*, ii, 238–240; Prestwich, *Armies and Warfare*, 320–321.
4　Le Bel, ii, 106; Froissart, iii, 408; Ainsworth, *Jean Froissart*, 289–290.
5　*Wars of Edward III*, 44.

德华安慰将士,并向上帝祈福。[1] 乔瓦尼·维拉尼则写得更为简洁:爱德华安顿好自己的骑兵和步兵后,用饮食犒劳将士。[2]

8月26日傍晚,战阵已经安排妥当。腓力六世的顾问建议道,法兰西应该坚守阵地,等到次日上午,再根据形势做出最好的决定。然而,众贵族、骑士将这种小心谨慎视作有辱荣誉之举,纷纷要求迅速投入战斗。就在这时,天空开始下起雨来,光线变得暗淡,法军开始进攻。此前,少有法军亲身体验过英格兰长弓手的威力。结果,在如冰雹一般落下的弓箭面前,当热那亚雇佣兵未能取得进展时,腓力六世及其心腹开始怀疑热那亚人可能已经背叛了自己。惊慌之下,他们立即命令骑兵上前迎敌。腓力的弟弟阿朗松伯爵率队冲出,计划与爱德华王子所率领的先锋部队对战。他身后的法军急于参战,因此重组为一字形阵列,其队形位置大致与英军平行,但是阿朗松伯爵的鲁莽行动付出了惨痛代价,法方的战马与骑士在英方密集箭雨下迅速消耗。威尔士步兵冲上前去,将致命的匕首刺进了坠落马下的法兰西精英的胸膛。在此危急时刻,热那亚人又被本方的马蹄无情践踏。惊慌失措的法兰西骑士很快意识到,他们已失去了人数上的优势。就像之前的苏格兰人一样,在英格兰的防御战术面前,如今法兰西人也落败了。

在战争进行过程中,爱德华三世坐镇后军,在靠近风车的有利地带观察整个战场形势。相较于他之前及后来都迫切希望冲锋陷阵,克雷西战役中他却待在相对安全的位置指挥全军,让人颇感诧异。无疑,他对这场战役的危险性保持着清醒的认识,明白自己作为总指挥的重要责任。而腓力六世则亲自率领法兰西部队,结果自己身受重伤,差点被俘,成为军队的负累。[3] 不过,爱德华三世的决定或许不是出于对个人安全的冷静考虑,而是出于他对地位和荣誉的担心。如果他确实是法兰西的合法国王,而腓力

---

1 Anonimo Romano, *Cronica*, ed. G. Porta (Milan, 1979), 134–135.
2 Villani, "Cronica", 395.
3 *Life and Campaigns*, 19–20; *Eulogium*, iii, 210–211.

第十章 胜利之路（1346—1347）

六世仅是个冒名顶替的，那么严格意义上而言，爱德华亲自参战便是无必要，甚至是降低身份的行为。此外，也要考虑为年轻一代谋求权利与荣誉。就像英格兰国王曾在哈利顿山丘及斯鲁伊斯战役冲锋陷阵一样，现在应该让给伍德斯托克的爱德华王子去夺取克雷西战役的荣耀之光。傅华萨认为爱德华三世之所以不在战场上帮助爱德华王子，是为了成就后者的勇气与荣誉。编年史家如此描写爱德华三世的心思："让小伙子自己建功立业吧！"这一神来之笔，成为克雷西会战后举国上下津津乐道的片段。即便这个剧情是虚构的，故事的核心却是精确无误的，即黑太子确实是这场战役的核心角色。得益于其忠诚而勇敢的导师兼护卫理查德·菲茨西蒙的保护，他未被俘或遭受更糟的命运。[1] 傅华萨的记录捕捉到了真相，即便是在赌注如此之高的时刻，爱德华三世也坚定不移地坚持骑士精神的王权。

夜幕降临，战役结束。之前从英格兰阵营叛逃的埃诺的约翰，将腓力六世带离了战场。在战役伊始，法兰西国王就曾下令挥动红色王旗，表明这是一场生死决战，战死方休。爱德华则展开他的龙旗作为回应。腓力六世曾试图确保其将士不因搜捕俘虏、赎金及战利品而分心，但事与愿违。爱德华也绝不心慈手软，不让敌军活着走出附近的村庄。经历过战火的红色王旗破败不堪，被遗弃在现场。法兰西骑士的铠甲外衣被搜集起来，陈列在爱德华的展览馆里。大胜之后的轻松与兴奋，很快就变为传唱的故事和众人的酩酊大醉。在爱德华的指挥下，留在现场的英格兰重骑兵与弓箭手燃起篝火，在伤员的呻吟及为逝者发出的哀鸣声中，度过了一个不眠之夜。[2]

直到次日早上薄雾升起之际，英格兰人才真正理解了大胜的含义。战

1　R. Barber, *Edward, Prince of Wales and Aquitaine* (London, 1978), 67.
2　Murimuth, 247; Baker, 81–82; *Récits d'un Bourgeois de Valenciennes*, 235; C. Given-Wilson and F. Bériac, "Edward III's Prisoners of War: The Battle of Poitiers and its Context", *EHR*, cxvi (2001), 804–805.

场上发现的尸体之中，有腓力六世坚强无畏的盟友，目盲的波西米亚国王约翰，他曾与他的支持者们签订了一份自杀协定，决定与英格兰奋战到最后一刻。与他一起横卧疆场的还有一众名副其实的法兰西贵族，包括洛林公爵、阿朗松伯爵、欧塞尔伯爵、布卢瓦伯爵、佛兰德斯伯爵、阿尔古伯爵与桑塞尔伯爵。让·勒贝尔评论道，还从来没有哪场战争吞噬了如此多的亲王贵族。[1]据称，大约有一千五百至二千名法兰西重骑兵丧生，至于卧尸战场的步兵与弓箭手有多少，因为人数太多，甚至无人愿意去计算。不过在爱德华三世的一份战役报告里，死在克雷西会战中的法兰西重骑兵及热那亚弩手共有四千人。如果说尸身横陈的战场已是惨烈无比，那么之后因为在战场上受伤而死去的人数只会更加惨烈。[2]

与法方形成鲜明对比的是，英方的伤亡甚小。根据官方记录，丧命的骑士与候补骑士人数在三百人左右。但这个数字其实也有些夸大，其中也许还包括了之后在加来围攻战丧生的重骑兵。[3]如此低的人员伤亡，只能归功于神的佑护。王室书记员托马斯·布拉德沃丁曾出席过国王在克雷西的宴会，在当年晚些时候的布道中，他对着国王及其指挥官，列举意料之中却极有说服力的论据，来证明这场战役的胜利是上帝的旨意。[4]经历了艰苦卓绝、花费奇高却常常一无所获的十年战争，转折点终于到来。克雷西会战确实是这位国王一生中的关键时刻。几年之后，英格兰在蓬蒂厄重建统治，在享用克雷西森林中捕获的野猪时，爱德华必然感受到一种特殊的满足。[5]1346年的胜利，远非简单的个人复仇。这是爱德华三世统治期内最

1　Le Bel, ii, 109.
2　*Wars of Edward III*, 131.
3　Rogers, *War Cruel and Sharp*, 270; *Battle of Crécy*, 191.
4　J. Coleman, *English Literature in History, 1350–1400: Medieval Readers and Writers* (London, 1981), 266; Carey, *Courting Disaster*, 82–85; H. S. Offler, *Church and Crown in the Fourteenth Century* (Aldershot, 2000), 1–40.
5　E 159/144, *Brev. bar.*, Mich., rots 13d, 15.

第十章　胜利之路（1346—1347）

伟大的军事成就，是衡量后世所有的军事成就的标杆。对国内民众和海外盟友而言，这场战役都证明了爱德华发动战争十分合理，他能实现自己日益宏大的战略目标。

胜利的消息迅速传遍了英格兰，这尤其要归功于爱德华三世国内政府的大力宣传。[1]在洗劫卡昂之后，爱德华授令国内召开议会，商讨财政问题：1344年签发的财政补助金已经到期了，国王已开始借贷，期望征收新税来还贷。[2]在卡昂，爱德华的士兵发现了一份拟于1339年的详细计划，内容是腓力六世与诺曼底贵族打算侵入英格兰。[3]该文件承诺，到时候英格兰王室财产归腓力之子诺曼底公爵所有，而诺曼底贵族则可以拥有海峡对岸的所有世俗财产。这一空想的计划早已失败，至1346年夏，法兰西对英格兰已无任何安全威胁。但对爱德华而言，这一计划的内容却极其适合扭转国内的政治形势。斯特拉特福德大主教在圣保罗教堂声情并茂地朗读了法兰西的这份入侵计划，以激起伦敦市民对敌人的猜疑以及爱国热情。[4]巴托洛缪·伯格什被派遣回国，向议会汇报最新的前线战果，尤其是向上、下议院正式宣告克雷西会战大捷，并援引1339年法令证明法兰西人和诺曼底人仍然持有"摧毁整个英语世界及政权"的野心。只有时刻保持警惕之心，才能确保英格兰王国未来能从金雀花王朝在法兰西新建立的政权中受益。[5]

9月20日，议会才刚解散，又传来了新的消息，打破了英格兰军中的

1　*Foedera*, III.i, 89.
2　*PROME*, iv, 383–384.
3　Froissart, *Oeuvres*, xviii, 67–75; P. Contamine, "The Norman 'Nation' and the French 'Nation' in the Fourteenth and Fifteenth Centuries", *England and Normandy*, ed. Bates and Curry, 227–228.
4　Murimuth, 211–212; Avesbury, 363–364.
5　*PROME*, iv, 388–393; D. Green, "National Identities and the Hundred Years War", *Fourteenth Century England VI*, ed. C. Given-Wilson (Woodbridge, 2010), 119. 1346年战争准备过程中提到这一讲话的其他情况，见*Foedera*, III.i, 67; C 76/22, mm. 27, 25。

欢乐气氛。根据苏格兰与法兰西的盟约，苏格兰人或多或少有义务对腓力六世施以援手，因此苏格兰在英格兰北部发动攻击，试图转移英格兰的注意力，缓解法兰西的本土压力。早在 1345 年 10 月末，大卫二世就曾下令突袭坎伯兰。[1]1346 年夏，他策划发动更大规模的侵略行动，以提升自己的国际地位，迫使爱德华三世与他签订和平协议。在筹划对法开战时，爱德华已充分意识到这些危险。在特伦特北部征收的税金、招募的步兵都用于保卫北部边境。同时，爱德华还鼓励边境上的大领主们留在国内，准备为他们自己而战。[2] 尽管停战协议延长至 1346 年 9 月底，但考虑到战争也行将爆发，十六个北部英格兰领主与高级教士获批可以不参加威斯敏斯特议会。[3] 北部边境军事的领导权归约克大主教和珀西勋爵、内维尔勋爵、乌姆弗拉维尔勋爵、卢西勋爵、莫布雷勋爵，以及约克郡的主要郡长托马斯·罗克比等人。[4]

至 10 月初，一支有两千名装备精良的士兵和多达一万名步兵的苏格兰军队陈兵西部边境。进入英格兰之前，不少高地地区的苏格兰人实际上已离队返家，但这支队伍仍给坎伯兰造成了重大损失，许多修道院、村庄遇袭，迫使卡莱尔交纳赎金以免遭劫。[5] 当敌军东进诺森伯兰，渡过泰恩河与德文特河（Derwent），前往达勒姆时，英格兰人正积极准备大规模反击。大约有六千人，大部分都是步兵，汇集在约克郡的里士满，然后向奥克兰教区挺进。[6]10 月 17 日，两军在达勒姆外的内维尔十字（Neville's Cross）相遇。

---

1   *Chron. Lanercost*, 341; *Wyntoun*, vi, 175–177.
2   *Rot. Scot.*, i, 668–671; Harriss, *King, Parliament*, 348–354.
3   *Rot. Scot.*, i, 667, 674; *RDP*, iv, 558–561.
4   *CDS*, iii, no. 1463; *Rot. Scot.*, i, 675.
5   *CDS*, v, no. 803; *Chron. Lanercost*, 344–346; *AC*, 24; A. Grant, "Disaster at Neville's Cross: The Scottish Point of View", *The Battle of Neville's Cross*, 1346, ed. D. Rollason and M. Prestwich (Stamford, 1998), 22; Penman, *David II*, 125–126; Campbell, "England, Scotland", 194.
6   M. Prestwich, "The English at the Battle of Neville's Cross", *Battle of Neville's Cross*, ed. Rollason and Prestwich, 6–7.

第十章　胜利之路（1346—1347）

比起克雷西会战，内维尔十字之役的编年史家记载更扑朔迷离且相互矛盾。[1] 到底是英格兰弓箭手所射出的如冰雹般的箭矢，还是地形的劣势，导致了苏格兰长矛阵的溃败，至今依然争论不休。然而，在三个小时的激战后，英格兰人取得了决定性胜利。罗伯特·斯图亚特及马奇伯爵率众离开了战场，匆忙朝北撤退。这对那些还依然奋战的苏格兰人来说是一场灾难，他们只能撤出战场。马里伯爵、斯特拉特舍恩伯爵与苏格兰最高军务官、王室总管、大法官及内侍全部战死；威格敦伯爵、门蒂斯伯爵、法夫伯爵和大卫二世的大司令官利兹代尔的威廉·道格拉斯，还有大量的苏格兰贵族与骑士，都成了俘虏。而大卫二世自己，脸上受了两箭之伤，被诺森伯兰的候补骑士约翰·库普兰抓获。[2] 交战及大卫被抓的确切地点依然存疑。但达勒姆城很快宣布胜利，苏格兰国王与英格兰国王的旗帜在大教堂里悬挂了至少两百年，以纪念该城从布鲁斯的奴役下解放出来的激动时刻。

战役结束之后，捷报很快就南下传到了伦敦的摄政政府，并告知了国王北部局势的剧变。[3] 爱德华极为高兴。在加来，他签署了一份处置重要苏格兰俘虏的私人命令。[4] 如今，他已确定英格兰北部边境及在苏格兰低地地区所控军事据点安全无虞——这是 14 世纪 30 年代末离开苏格兰后从未有过的情况。1347 年 5、6 月，爱德华·巴利奥尔率领一千人的军队进入苏格兰，迅速控制了贝里克郡和罗克斯堡郡等要地。[5] 爱德华三世一度似乎实现了他在苏格兰的野心，通过巴利奥尔的依附宣称他对苏格兰的宗主权，并恢复了他对低地地区的宗主控制。

1　*Chron. Lanercost,* 347–352; Bower, vii, 252–261; *Wyntoun,* vi, 177–187; Murimuth, 218–219; Avesbury, 376–377; Baker, 87–89; *AC*, 26–28.
2　*Wyntoun*, vi, 185.
3　E 403/339, 1 Dec. 1346.
4　*CDS*, iii, no. 1482.
5　E 101/25/10; *CDS*, iii, nos 1479, 1492; *Foedera*, III.i, 113; Knighton, 74–77; *Wyntoun*, vi, 187–189.

内维尔十字战役的胜利，及英格兰军队在苏格兰的所向披靡，让爱德华三世可以继续留在欧洲大陆。1346 年对法战争中，最不寻常的一件事是，克雷西会战后，爱德华并未要求停战。8 月 26 日，他拔营起寨，北上加来，于 9 月 3 日抵达该城城门之外。一周之后召开的威斯敏斯特议会接到通知，称爱德华已经包围了加来，在城破之前他都不打算离开，还想继续追捕瓦卢瓦的腓力。[1] 选择加来作为终极对决之地，既激动人心也颇为务实。在斯鲁伊斯战后，爱德华三世认为法兰西将通过加来这一北部港口继续威胁英格兰在英吉利海峡的统治地位。[2] 英格兰政府也认为攻破该城之后，若能短暂或长期占领该城，将大大利于英格兰的军事与贸易。尽管有人对近来的税收及军事负担颇有微词，但他们也理解战争必将继续，下议院同意了国王的请求，准许再征十五分之一税和什一税。[3] 在得知威尔士亲王最近被封为骑士后，上议院也单方面通过了对国王土地承租人征收封建协助金的决议。[4] 此外，新一轮采买补给也宣告开始，按要求，供应军队的新补给需在 10 月 15 日送到桑威奇，然后运到加来支援那里的军队。[5] 面对国王的这些要求，神职人员除了遵从别无选择，在 1346 年 10 月、1347 年 1 月举行的两次大型会议上，适时准许国王征收什一税。[6] 由此可见，就继续进行大规模战争而言，国内政府与国王的意见一致，并大力提供财政与后勤支持。

---

1 *PROME*, iv, 389–390; Rogers, *War Cruel and Sharp*, 273–285; S. Rose, *Calais: An English Town in France, 1347–1558* (Woodbridge, 2008), 7–22. 国王在给托马斯·卢西爵士的信里也说了同样的事，*Life and Campaigns*, 23。
2 C 76/15, m. 7d.
3 *PROME*, iv, 388–393. 这一做法也同样出现在1346年的备战过程中，*Foedera*, III.i, 67; C 76/22, mm. 27, 25。
4 *PROME*, iv, 401–402, 403; E 175/2/22; *Antient Kalendars*, i, 162–163. 关于威尔士亲王在其封地上并行征收的协助金，见*BPR*, i, 34。
5 *Foedera*, III.i, 135–136; E 358/2, mm. 24d, 26d, 29d, 31, 31d, 32, 35; C 47/2/41/11; C 47/2/61/11, 13, 15.
6 Ormrod, *Reign of Edward III*, 205. 北部的教会与议会的决定一样，若是战争持续，便同意第二年征税，SC 1/42/140; C 270/14/3。

第十章　胜利之路（1346—1347）

如果说包围加来是爱德华为了迫使腓力六世进行一场终极决战，那么结果很快就出来了，即这一目标无法迅速实现。腓力将军队遣送回去之后，一直处于漫无目的的迷茫状态，直至9月初诺曼底的约翰到达。10月1日，他在贡比涅聚集了一支新军，接着向加来挺进。在此期间，爱德华的盟军与司令官在其他地方伺机给瓦卢瓦制造麻烦。佛兰德斯人洗劫了阿图瓦，攻下了泰鲁阿讷（Thérouanne），并短暂包围了圣奥梅尔（Saint-Omer）。由于诺曼底公爵从法兰西西南部撤退，英格兰人也在阿基坦取得了重要进展。[1]1346年9、10月间，格罗斯蒙特的亨利在前一年父亲去世后袭爵为兰开斯特伯爵，他从拉雷奥勒率领一支小部队北上，抵达普瓦捷，屠杀、洗劫当地居民。一路上，又在圣通日、普瓦图派小支部队驻防。兰开斯特伯爵的加斯科涅支持者阿尔布雷兄弟及亚历山大·德科蒙，率众突袭了阿让奈和巴扎达斯（Bazardais），帮助英格兰夺回了自14世纪20年代便已丢失的许多重要据点。所有这些，都让巴黎深感困扰与担忧，迫使腓力六世放弃贡比涅，转而命令一支队伍前往奥尔良（Orléans）会合，而后南下去抵抗兰开斯特伯爵。腓力于1347年5月到达阿拉斯时，最终下定决心与爱德华三世开战，但要求推迟两个月。他试图切断爱德华的物资供应线及其与佛兰德斯的交通往来，但都未能成功。由于对属下将领缺乏信心，腓力踉跄着前往加来南面五十英里开外的埃丹，以等待并监视爱德华的动向。

1346年9月至1347年10月，爱德华三世基本上停留在加来。他的将士度过了一个艰难而气馁的冬天。许多经历了诺曼底战役和克雷西战役洗礼的士兵，如今却被食物中毒、痢疾、疟疾打倒了。在这些不幸罹难的高级军官中，有以前的王室官员并国王密友威廉·基尔斯比，他在包围加来的第一个月便死去；还有东安格利亚爵士休·黑斯廷斯，他于1347年7月

1　Avesbury, 372–374; Fowler, *King's Lieutenant*, 67–70.

死于英格兰，死因可能是严重的口疮或蔓布于英格兰军中的一种慢性疾病。[1]对一些人而言，这样的考验与风险太大：尽管金雀花王朝占据道德制高点，但戈德弗雷·阿尔古还是为自己倒向爱德华一方而寻求腓力六世的谅解。[2]在英格兰国内，围困加来也带来了许多负面影响。1347年3月在威斯敏斯特举行的大咨议会上，摄政政府希望通过征收不少于四项新税的决议：从1348年开始连续三年征收恶税；强制借贷两万袋羊毛；永久征收布匹出口税；征收六个月的吨税与磅税。[3]当年春夏时期，为了大范围地从宗教性房产与城镇聚敛贷款，政府以"保卫英格兰的安全"为理由给相关宗教团体施加了不少压力。[4]盖有御玺的文书被送到各大教区，以加快征收什一税，文书强制所有人都应该为了共同利益，支持这一决议。[5]爱德华保留其财政特权，以期动员国家之力来支援海外事业。有些纳税人不情愿但不得不接受：要将法兰西从腓力的暴政中解救出来，只有通过压迫英格兰才能达到。[6]

与1338至1340年间长驻安特卫普和布鲁日一样，爱德华于1346至1347年间长期驻留加来，这两次长驻在某些方面有相似之处。为了让王室及高级司令官生活舒适，大量的物资被配备、运送过来。此外，在加来郊区，发展起一个名叫维勒纳夫－拉－哈迪（Villeneuve-La-Hardie）的城镇，王室派遣的司令官可以驻扎在此，观察包围形势。王后于1346年7月在

1　B. Hooper, S. Rickett, A. Rogerson and S. Yaxley, "The Grave of Sir Hugh de Hastings, Elsing", *Norfolk Archaeology*, xxxix (1984–1987), 88–99.
2　E. Déprez, "La Double Trahison de Godefroi de Harcourt (1346–1347)", *Revue historique*, xcix (1908), 32–34.
3　Harriss, *King, Parliament*, 445, 450–451, 457, 460. 有证据表明，有商人和船主参加了1346年2月及1347年3月的议会，*PROME*, iv, 395–396; Ormrod, *Reign of Edward III*, 251。
4　*CCR 1346–9*, 360; G. L. Harriss, "Aids, Loans and Benevolences", *Historical Journal*, vi (1963), 15; Jurkowski, Smith and Crook, *Lay Taxes*, 50; C. D. Liddy, *War, Politics and Finance in Late Medieval English Towns: Bristol, York and the Crown, 1350–1400* (Woodbridge, 2005), 24–26.
5　*Registrum Johannis de Trillek, episcopi Herefordensis*, ed. J. H. Parry (CYS, viii, 1912), 267–268.
6　*PROME*, iv, 407–408, 447, 448.

第十章　胜利之路（1346—1347）

温莎怀上了她的第十个孩子玛格丽特，随后也搬到了加来。与她们一同前来的还有伊莎贝拉和琼两位公主,此后她们也与爱德华三世共同生活在此。[1]如此多的家庭成员、朋友及趋炎附势者集聚于加来，难怪会有一两个英格兰评论家认为，爱德华长期围攻加来，不过是借机懒惰，过过奢靡享乐的日子。[2]这种观点虽不普遍，但也表明国王长驻加来期间的无所作为，确实引发了一些人的批评，与1338至1340年间驻扎在低地国时一样，这对他的声誉产生了相当消极的影响。

英格兰王室所面临的严重外交危机，加剧了民众对国王的顾虑。以加来为根据地，爱德华与阿基坦、布列塔尼保持着密切的联系，并与帝国皇帝及卡斯蒂利亚和纳瓦拉的统治者直接沟通。[3]他也接受了那些亲英的法兰西、尼德兰骑士和领主的臣服与效忠。[4]他对勃艮第尤其抱有兴趣，一些对腓力六世大失所望的勃艮第贵族的投诚，让他迈出了干预腓力六世妹夫奥东公爵的第一步。[5]然而，所有这些都无法掩盖真相，即他在1337至1340年间花费巨大代价而构建起来的外交关系网，如今已濒临全面崩溃。1345年埃诺的威廉去世，由于他无子嗣，爵位只能由妹妹继承；是由爱德华的妻子菲莉帕，还是由皇帝的妻子玛格丽特袭爵，这一问题引发了爱德华与皇帝之间的激烈竞争。1346年10月，菲莉帕王后在伊普尔会见了帝国皇后，姐妹俩同意搁置争议。[6]但这并未化解英格兰的外交僵局，而在加来召开的

1　Trautz, *Könige von England*, 336; *Foedera*, III.i, 118: E 358/2, m. 35d. 菲莉帕王后亲临内维尔十字之战的传说是错误的，le Bel, ii, 126–129; Froissart, iv, 20–26, 231–237; Prestwich, "English at Neville's Cross," 8–9。
2　*Political Poems*, i, 158–159.
3　E 101/391/4，mm. 1–2.
4　BL, Add. Ch. 11307, 载Déprez, *Etudes de diplomatique anglaise*, 50; E 101/391/4, m. 3。
5　Sumption, i, 562.
6　*Récits d'un Bourgeois de Valenciennes*, 242–243; Lucas, *Low Countries*, 558–559. 玛格丽特后来于1351年短暂前往英格兰，就是为了这一袭爵问题，见E 403/359, 12. Dec. 1351, 29 Feb. 1352; E 403/362, 18 May 1352; Fowler, *King's Lieutenant*, 119。

特别会议也未能让埃诺的城镇与佛兰德斯人的城镇联合起来。爱德华的外甥——年轻的海尔德的雷金纳德在1347年5月也背弃了英格兰。

更加不妙的是，尽管爱德华做出了不少努力，希望与佛兰德斯和布拉班特的统治者合作，但却毫无效果。1347年3月，爱德华三世将王室内府搬迁到敦刻尔克（Dunkirk）之外的贝尔格（Bergues）。觥筹交错之间，爱德华与佛兰德斯伯爵路易·德梅尔签订了协议，后者在父亲牺牲于克雷西会战后承袭爵位。路易为爱德华十四岁的大女儿伍德斯托克的伊莎贝拉举行了订婚的预备仪式。作为回报，他获得了英属蓬蒂厄与蒙特勒伊的控制权，当两郡还在瓦卢瓦的控制之下时，他可以获得相应的现金赔偿。[1]但路易伯爵此举只是为了安抚他的亲英格兰臣民。几周之后，他便挣脱协议的束缚，重新投入腓力六世的阵营。这让英格兰公主及其父王蒙受了极大的屈辱。6月，实力最强的尼德兰王子布拉班特的约翰公爵也最终与腓力六世议和。在7月的一次共同仪式上，路易·德梅尔和海尔德的雷金纳德分别与约翰公爵的两个女儿玛格丽特和玛丽缔结婚约，公开表明了自此依附于瓦卢瓦王朝的态度。[2]到当年夏末，仅有佛兰德斯城镇及于利希的威廉还依然坚定不移地支持英格兰。为了英格兰的利益，爱德华在统治之初便努力维系的与低地国的家庭、姻亲关系网，至此已近分崩离析。

从布列塔尼传来的消息，相比之下更加激动人心。1347年6月，国王的总督托马斯·达格沃思爵士在拉罗什代里安大败布卢瓦的查理。在这场战斗中，查理丧失了一半的战斗力，包括他最重要的一些支持者，他自己也成了俘虏。[3]与英格兰在布列塔尼公国攻下的其他据点相比，这场战役影

---

[1] Paris, Bibliothèque Nationale, MS Fr. 693, fols 222v–223; G. le Muisit, *Chronique et annals de Gilles le Muisit, abbé de Saint-Martin de Tournai (1272–1352)*, ed. H. Lemaître (Paris, 1906), 169; *Foedera*, III.i, 111–112; *CPR 1345–8*, 569; "A Letter to Louis de Mâle, Count of Flanders", ed. B. Wilkinson, *BJRL*, ix (1925), 177–187.

[2] *Récits d'un Bourgeois de Valenciennes*, 250, 256.

[3] Le Bel, ii, 144–149; *Grandes Chroniques*, ix, 28–306.

第十章 胜利之路（1346—1347）

响甚微。虽然达格沃思在攻下拉罗什代里安后进行了精心的布防，但几周之后还是被法兰西人夺了回去。尽管如此，与瓦卢瓦支持者争夺公国，还是极大地提高了蒙福尔家族继承布列塔尼公爵头衔的可能性，如果爱德华和腓力将来重回谈判桌，爱德华也能处于有利地位。达格沃思因为此战获得了三千五百镑的赏赐，并受令将其俘虏押送英格兰。抵达伦敦塔后，布卢瓦的查理发现，这里关押的人不乏出身高贵者，其中就有大卫二世。他在内维尔十字之役中被俘，先后关押在沃克、班堡、约克，1346年12月被转移到此。他之前的监狱看守库普兰、罗克比，都因尽心尽责地看押他、忠于英格兰国王而获得了丰厚的赏赐。[1] 卡昂一战俘获人质中最显要的厄镇伯爵与唐卡维尔伯爵，也在此关押。当时的英格兰就像一个关押王室、贵族人质的大仓库，他们是将来与苏格兰、法兰西谈判时的必要筹码。

加来之围可以说是百年战争中，英格兰国王在法兰西战场上投入兵力最多的一次。由于爱德华源源不断地增补军队，在1346至1347年间的冬天，围困加来的兵力是克雷西战役兵力的两倍，应该有两万六千人之多。[2] 征兵带有强制性，因此步兵出逃的问题也一直存在。但对于英格兰骑士阶层而言，他们深切认识到这场战争的重要性——这或许是与瓦卢瓦的腓力决战的重要机会。在一众伯爵中，仅有年老体弱的萨里伯爵、格洛斯特伯爵、赫里福德伯爵及德文伯爵没有参与到这场必胜的战斗中来。[3] 兰开斯特伯爵、彭布罗克伯爵因为西南部战争的牵制而未参加克雷西战役，但在1346年末回到英格兰之后，随即于次年春天加入国王围困加来的队伍。内维尔十

---

[1] *Foedera*, III.i, 99; *CDS*, iii, nos 1474–1475, 1478; M. C. Dixon, "John de Coupland – Hero to Villain", *Battle of Neville's Cross*, ed. Rollason and Prestwich, 36–49; R. Frame, "Thomas Rokeby, Sheriff of Yorkshire, Justiciar of Ireland", *Peritia*, x (1996), 374–396. 14世纪50年代的伦敦塔里放着一支罗克比送给爱德华三世的长矛，可能是为了纪念这次战争，E 101/392/14, m. 6。

[2] *Battle of Crécy*, 267.

[3] *Foedera*, III.i, 120.

字之役后，一些北方贵族包括托马斯·卢西、威廉·格雷斯托克渡海加入爱德华的军队。其他英格兰男爵也于 1347 年 5 月纷纷聚集至此，基尔代尔伯爵于 7 月抵达加来。[1] 这些贵族率领众多骑士和候补骑士赶赴加来，加来包围战由此成为中世纪晚期汇集了最多英格兰骑士的战争之一。

在这乐观的氛围中，爱德华竭尽所能地维持秩序、鼓舞士气。疾病并未对军队中的高级统帅网开一面，不少重要将领，如乌勒的莫里斯·伯克利爵士，便在围城期间丧生。[2] 要求所有人服从命令而无所作为，并不利于展现英格兰骑士与候补骑士渴望的勇气与荣誉。经验老到的贵族罗伯特·莫利便不听指挥，利用战争间隙，索取使用已故伯内尔男爵家族纹章的权利。对此，爱德华三世极为慎重，特意亲自主持了骑士法庭来决断此事。据说，莫利言辞激烈地回应国王说，如果他的要求被驳回了，他发誓再也不会在法兰西为爱德华而战。这或许确有其事，因为在 1340 年夏有些人质疑爱德华的军事政策，莫利也是其中的一个。尽管爱德华上次曾驳斥了质疑者，但这次他及时满足了莫利的要求，认可他使用伯内尔纹章的权利。[3] 这很好地展现了爱德华三世在与大主教斯特拉特福德发生摩擦之后新的长进——恰当区分公开背叛与坦率直言。

最终，助爱德华三世在加来获胜的，并非英格兰军队的庞大规模和突出实力，而是后勤保障的严密完善。尽管英军屡屡未能攻破或爬上城墙，但国王坚信，强大的物资供应是让自己立于不败之地的重要条件。1347 年春，英格兰陆军占领里斯班克（Rysbank）这一狭长地带，成功控制加来港。爱德华迅速在该地部署军队和大炮。尽管英军从未能完全封锁港口，但他们占领的新要地有助于保证军需物资顺利运过海峡，让被围困的加来守城

---

1 *Crecy and Calais*, 6, 7, 183; *Foedera*, III.i, 120.
2 Ayton, "English Army", 266–267.
3 A. Ayton, "Knights, Esquires and Military Service: The Evidence of the Armorial Cases before the Court of Chivalry", *The Medieval Military Revolution*, ed. A. Ayton and J. L. Price (London, 1998), 98 n. 22.

第十章　胜利之路（1346—1347）

将士雪上加霜。爱德华有理由相信，自从斯鲁伊斯海战大胜之后，英格兰的海军优势日渐明显。截至6月，城内的情况已十分严峻。爱德华的探子截获了一封由加来守将让·德维耶纳写给腓力六世的信，信中可知，城内已沦落到以马、狗、鼠为食，甚至人吃人的惨境。除非腓力赶紧前来支援，否则德维耶纳除了投降别无选择。[1]

在此情况下，腓力不能再迟疑。7月底，他率领一支规模在一万五千至两万人的军队，抵达加来以南六英里处的桑加特（Sangatte）。他们的到来让爱德华很是着急。他亲笔写信给英格兰神职人员，要求他们在此危急时刻为他"正义的事业"（droite querele）祈祷。[2]但腓力不想开战，双方代表展开谈判。法方提出条件，说将整个阿基坦大区作为瓦卢瓦国王的封地赐还爱德华三世。这一保守的条件，被以兰开斯特伯爵与北安普敦伯爵为首的英方代表嘲笑。腓力六世只好同意开战，但他又提出要求，要英方解除对加来的包围，双方在空旷地带进行决战。当初在普瓦西时，爱德华也曾如此要求腓力。但如今爱德华求胜心切，他拒绝放弃己方坚守的阵地，让腓力六世自己决定接下来的行动。

8月1日晚至2日清晨，腓力那边传回了他的答复。法兰西军队偷偷拔营向南撤退了。这是明显的耻辱，加来蒙受的耻辱尤甚，它竟然被自己的君主抛弃了。3日，加来城的居民正式投降。根据战争条例，由于他们整整抵抗了一年，爱德华三世有权拿走他们的一切：房屋、财产甚至他们的生命。先前，城内供应日渐短缺，爱德华三世并没有为被驱逐的老人提供庇护，毫不留情。然而，时至今日，这位国王还是显示了合宜的宽恕精神。在没收他们的财产后，他留下了城内居民的性命。城内的六个重要人物把加来城的钥匙呈给爱德华，为了表示自己已完全屈服，他们在自己的脖子上套上了绳索。让·傅华萨说，王后菲莉帕为可怜的市民向国王求情，

1　Avesbury, 386; Knighton, 78–79.
2　SC 1/37/174.

请求国王免他们一死。而在王后的介入之前，很可能国王及其顾问已经做出了这样的决定，不过是由王后来进行公众表演。[1] 在胜利的欢欣之际，向被征服的可怜人展示自己的仁慈是爱德华三世应该做的。

1345 至 1347 年间所取得的胜利，改变了爱德华三世在海内外的声名。在英格兰，以奥博洛奇、克雷西、内维尔十字、拉罗什代里安及加来为代表的一系列战役的胜利，甚至说服了那些曾持坚决反对态度的人，他们转而相信国王的战略目标是合法可行的。征战多年的英格兰，由此可再次宣扬自己是上帝在世界上所选择的新以色列人。[2] 爱德华索取法兰西王位一事，曾被尖刻的罗切斯特编年史家大加嘲讽：为了自己的利好，爱德华也许还可以称呼自己为巴比伦的苏丹或天国之主。[3] 然而，在内维尔十字、克雷西、加来之战后，英格兰作者普遍对法兰西成为英格兰附属国怀有期待。能够代表当时盛行观点的，是 14 世纪中期创作的拉丁文作品《一个英格兰人与一个法兰西人的争论》（*Dispute between an Englishman and a Frenchman*）。该作品将法兰西人的形象设定为淫棍，说法兰西人因沉湎于性事而丧失了英勇果敢，原本的勇士变成了懦夫。[4] 当然，法兰西贵族在克雷西的大规模

---

1 Le Bel, ii, 165–167; Froissart, iv, 61–62; L. Chalon, "La Scène des bourgeois de Calais chez Froissart et Jean le Bel", *Cahiers d'analyse textuelle*, x (1968), 68–84; Ainsworth, *Jean Froissart*, 297–299; P. Strohm, *Hochon's Arrow: The Social Imagination of Fourteenth-Century Texts* (Princeton, 1992), 99–105; J. C. Parsons, "The Pregnant Queen as Counsellor and the Medieval Construction of Motherhood", *Medieval Mothering*, ed. J. C. Parsons and B. Wheeler (New York, 1996), 39–61. *Récits d'un Bourgeois de Valenciennes*, 253–254, 260–261 指出，1347年夏爱德华将菲莉帕王后送回英格兰，是为了不让她面对其母寻求和平的压力，不过该书也说她后来出席了加来的投降仪式。Anonimo Romano, *Cronica*, 134–135 则把爱德华三世的仁慈归因于王后及"某位神学大师"的干预。
2 *Chron. Lanercost*, 344; A Hastings, *The Construction of Nationhood: Ethnicity, Religion and Nationalism* (Cambridge, 1998), 35–65.
3 BL, Cotton MS Faustina B. V, fol. 88; Rogers, *War Cruel and Sharp*, 215.
4 见本书第396页。

第十章　胜利之路（1346—1347）

沦陷，也迅速造就了英格兰与威尔士的英雄，坚强的自由民弓箭手形象因此成为中世纪晚期传说的流行元素。[1] 欧洲大陆上，不管是那些为他辩护的人，还是更为客观中立的评论家，如今都将爱德华三世视作当时世界上最伟大的统治领袖之一。让·勒贝尔评论说，爱德华成为国王之时，欧洲无人谈及英格兰人的高明非凡或勇武无畏，但在克雷西战役后，时人普遍将英格兰人视作西欧最崇高的战士。[2] 乔瓦尼·维拉尼在《大卫与歌利亚》（David and Goliath）中，将爱德华的军队比喻为一支精诚合作的英雄队伍，打败了自命不凡的法兰西巨人。[3]

除了当时这些充满骑士色彩和得自神佑的观点之外，针对1346至1347年英法战争更加全面的分析，客观地揭示出，克雷西、加来之战的伟大胜利在很大程度上得益于卓越的领导、高明的策略及良好的军纪。战争计划得以成功保密，主要是因为高层决策者的强烈团队精神。在军队的领导层中，爱德华发现忠诚可靠、能力出众的北安普敦伯爵、沃里克伯爵已做好准备为一系列既定战略目标而密切合作。1346至1347年间，活跃在法兰西的王室军队规模甚大，表明爱德华及其指挥官们对投入大扫荡、战斗、围攻的兵力均做了周密部署。大量的后勤工作，如在普瓦西的塞纳河上架桥、在布兰奇塔克的索姆河上涉渡，也展示了英格兰在工程、侦察及后勤上的卓越水平。总之，在克雷西会战中，爱德华对军队的驾驭能力，很好地展示了严明军纪对顺利执行混合编队防御作战策略的重要作用。很快，所有军队，甚至法兰西人，也试图效仿英格兰的做法，摒弃传统作战方式中对重骑兵的偏好，开始倚重马下的搏斗式作战。然而，一段时间后，将领们才意识到，只有在弓箭手的帮助下，这种作战方式才能发挥出威力。

1　Minot, *Poems*, 43–48; J. Bradbury, *The Medieval Archer* (Woodbridge, 1985), 171–179.
2　Le Bel, i, 155–156.
3　Villani, "Cronica", 400–401. 有趣的是，大卫与歌利亚也是在爱德华宫廷挂画中常年出现的角色，E 101/396/18; E 101/397/2。

时人发现，若无技术精湛娴熟的英格兰、威尔士长弓兵，是难以效仿金雀花军队的取胜之法的。克雷西战役在国际上广为传颂，影响深远。而当时的英格兰骑士与长弓兵也以标志性的"英格兰"作战方式，以雇佣兵的身份参与远至葡萄牙、意大利及匈牙利等地的战争。[1]

没有高效的军需供应，便无法行军打仗。1346 年远征成功的一个重要原因，便是在法兰西的英格兰军队与国内摄政政府之间的精诚合作和协调一致。这很容易归因于爱德华三世放弃了《沃尔顿条例》中的原则，转而允许国内政府大臣自主处理战争财政及国内政策问题。[2] 然而，如果认为 1346 至 1347 年，爱德华并未将国内事务置于与战争同等重要的地位，这无疑是错误的。就像在 1338 年一样，1346 年的国内政府也与国王在欧洲大陆的遥远政府持续保持联系，而主要负责此事的是掌玺大臣约翰·托雷斯比。[3] 抵达加来后不久，爱德华就给大法官奥福德送去了指示，阐明自己所面临的困境，催促对方尽快派兵支援。[4] 爱德华的近臣——巴托洛缪·伯格什、拉尔夫·斯塔福德分别在 1346 年 9 月、1347 年 2 月被派遣回国，向议会与咨议会传达国王的意见。[5] 留驻加来期间，爱德华还裁决了爱尔兰事务，并亲自干预了康沃尔与威尔士的事务，以确保长子爱德华的利益。[6] 攻下加来后的数日里，他便派遣私人代理约翰·蒙哥马利回国，向咨议会

1　Ayton, *Knights and Warhorses*, 21.
2　Thus Tout, *Chapters*, iii, 165–166; McKisack, *Fourteenth Century*, 212; Harriss, *King, Parliament*, 324.
3　W. M. Ormrod, "Edward III's Government of England, *c.* 1346–*c.* 1356"(University of Oxford DPhil. Thesis, 1984), 75–78; Ormrod, "Accountability and Collegiality", 69; C. Carpenter, "War, Government and Governance in England in the Later Middle Ages", *Conflicts, Consequence and the Crown in the Late Middle Ages*, ed. L. Clark (Woodbridge, 2007), 6–7. 1346 至 1347 年间财政署签发许可证的原件并未保留下来，但是，在议题卷宗中各条目的注释证明这类指令须通过掌玺大臣的审批，E 403/338, 339 等。在 1346 至 1347 年，就像在 1338 至 1340 年一样，摄政获权签发常规文件，E 404/4/24, 25 等。
4　C 81/1332/10.
5　*RDP*, iv, 561–562.
6　C 81/1332/24; *RP*, ii, 180; Frame, *English Lordship*, 282 and n. 79.

第十章 胜利之路（1346—1347）

宣告他处置新近征服之地的计划。[1] 以上均是作为君主的爱德华试图全面掌控权力、不向大臣屈服的例证。

1346 至 1347 年政府的韧性，并不在于爱德华三世态度的改变，而在于当时的政府能更好地支持爱德华施加给整个王国的要求。1346 年的咨议会为辅佐莱昂内尔王子所任命的监护人，与 1338 至 1340 年间爱德华王子的监护人有很大不同。由于几乎所有贵族均在前线作战，因此留下来担任国内政府要职之人均非伯爵、男爵。如此一来，约翰·斯特拉特福德及其随从、亲属再次掌权。然而，不管是国王本人，还是其政府，都不能容忍主教违抗命令的行为。有一些主教试图越过议会禁令，在他们的郊区增收补助金以支付教皇和平谈判的费用，而国王与其政府行政人员则及时洞察，制止了这些行为。1347 年夏，布拉德沃丁将爱德华的敕令带回国内，命令大法官召集咨议会商讨措施，先发制人，反对大主教斯特拉特福德召集的神职人员会议上可能通过的不利条例。[2] 忠诚顺从的大法官奥福德和国库长埃丁顿领衔的政府高级大臣在 1346 至 1347 年间掌管国内政府，确保了国王意志在政策制定过程中至高无上的地位。

也正是埃丁顿独特的才华和兢兢业业的工作，让爱德华三世能够在没有债务风险的情况下进行大规模战争，这在之前根本无法做到。埃丁顿曾负责征收过九分之一税，遇到不小挑战，也曾在 1340 至 1341 年间的冬天，在紧急情况下，管理伦敦塔的财政事务。这些早期经历，让他深刻理解到，如果王室财政过分紧张，困境与危险就会随之而来。他在主管财政伊始所起草的一份国王债务表，表明他已有意识量化对法作战第一阶段遗留的财政赤字，希望有效解决这一问题。[3] 在克雷西会战时期，他采取的办法是减

1　C81/1332/31.
2　SC 1/39/198，载 B. Wilkinson, *The Chancery under Edward III* (Manchester, 1929), 198; *Records of Convocation,* iii, 249–512; xix, 42; Haines, *Stratford,* 358–359。
3　BL, Harl. Roll CC. 30.

少未偿还债务，雇佣士兵的将领也受到严厉责问。比如，海利的詹姆斯·奥德利爵士未参加1345年的加斯科涅战争，违反了合同条例，因此，他需要负担自己率领的重骑兵和弓箭手的工资，这支队伍后归副将约翰·特罗姆温统帅。[1] 同样，巴尔迪及佩鲁齐公司相继在1343、1346年破产，这也成为英格兰延期——尽管最后并未食言——偿还在1340年前由伦巴第公司斡旋的借款的良好理由。[2] 在支付多德雷赫特债券时，埃丁顿也有一些令人瞩目的做法。他要求债权人以一或二先令的大幅折扣将债券卖给关税包租人，而包租人则可在港口赎得债券的全部票面价值。这意外地刺激了不道德的逐利者用虚假债券谋取非法利益，但这也让政治团体相信，海关包税是小商人集团获取利润的渠道。[3] 然而，埃丁顿重新梳理公共债务的方式虽逐渐引起了公众质疑，却对他本人愈发有利。1346和1348年，下议院决议，征发直接税的条件之一是，税收不用在处理旧债上，而只能用在目前的战争事务上。[4] 这一原则正是爱德华三世在结束加来之围时提出的承诺。他曾反对用税收抵消他所欠伦敦市的债务，并向民众保证相关补助金仅用在战争开支上，"国王绝不会背弃这一承诺"。[5]

要判断以上及其他削减王室财政的措施的直接结果，最好最清晰的办法是分析直接负责战争开支的机构——国王内府的锦衣库。1338至1340年间的二十二个月里，锦衣库便花了四十万镑支付战争中的工资及其他开

1　N. Gribit, "Accounting for Service in War: The Case of Sir James Audley of Heighley", *Journal of Medieval Military History*, vii (2009), 147–167.
2　有关1343至1391年间给这些公司还款的详情，见E. Russell, "The Societies of the Bardi and the Peruzzi and their Dealings with Edward III, 1327–45", *Finance and Trade*, ed. Unwin, 125–129; A. Beardwood, *Alien Merchants in England, 1350 to 1377* (Cambridge, Mass., 1931), 6–9, 122–133。
3　SC 1/42/177; *PROME*, iv, 426–427; Fryde, *Studies*, chap. x, 14 and n. 4.
4　*PROME*, iv, 392–393, 453.
5　C 49/53/20. 似乎在1347年爱德华刚回到英格兰时就收到了这份文件，他对此提议的回应是在10月16日发布了禁止谷物出口的公告，公告上盖了私玺，*Foedera*, III.i, 139; *CLBL, F*, 170。

第十章 胜利之路（1346—1347） 341

支，超支部分和借据总额多达十三万五千镑。而在克雷西及加来之战时期，锦衣库仅花了二十万镑，超支部分和未偿还金额仅为一万六千镑。[1] 这些数据远非当时的全部军事开支。比如，为供应围困加来军队的庞大物流之需，1346 至 1347 年间，郡长、王室采买官及其他地方官员所处理的花费，较之 1338 至 1340 年间很可能要高得多。[2] 埃丁顿的高效理财也未能消除民众抱怨当时的税收压力，及之后 1347 至 1348 年间的政府借贷。[3] 然而，埃丁顿稳健而有效地管理了信贷系统，将资源恰当地分配给迫切所需之处，让爱德华三世在 1346 至 1347 年间从未遭遇 1339 至 1340 年间那般明显的财政困境。当年正是受制于财政问题，爱德华三世率领的军队才不得不从法兰西撤退，无功而返。从这一层面而言，1346 至 1347 年的转折与围攻能够取得惊人的成功，可以肯定地说是得益于经费的合理应用。

不过，对当时的大部分人而言，克雷西及加来之战的胜利，并非政府的财政管理、兵力或其他因素之功，而是因为国王的超凡魅力。经过 1338 至 1340 年的艰难困苦，爱德华三世更为感激民众的正面评价，并渴望利用这些评价达到自己的目的。从卡昂的首次大胜开始，他便深信积极消息的影响力。后来，他不断地将胜利的战报传播给伦敦市民，也传播到英格兰各地的城镇、市场及教区。[4] 在他胜利回国后，他支持创作了骑士成就回忆录，这部作品在中世纪英格兰流传深远广泛。1348 年夏，爱德华创设嘉

1　Tout, *Chapters*, iv, 104–106, 115–118.
2　S. Rose, *Medieval Naval Warfare, 1000–1500* (London, 2002), 60; M. Kowaleski, *Local Markets and Regional Trade in Medieval Exeter* (Cambridge, 1995); S. J. Burley, "The Victualling of Calais, 1347–65", *BIHR*, xxxi (1958), 49–57.
3　SC 1/38/52, 147; *Calendar of Ancient Correspondence Concerning Wales*, ed. J. G. Edwards (Cardiff, 1935), 185; *Historical Papers and Letters from the Northern Registers*, ed. J. Raine (RS, 1873), 390–392; "The Register of Thomas de Insula", *Ely Diocesan Register 1894* (Ely, 1894), 227; Harriss, *King, Parliament*, 450–457. 亦见本书第396页。
4　C 81/314/17803，载Fowler, "News from the Front", 83–84; *Foedera*, III.i, 89–90; *Records of the Borough of Leicester, 1103–1509*, ed. M. Bateson, 2 vols (London, 1899–1901), ii, 68; *Registrum Johannis de Trillek*, 279–281。

德勋章（Order of the Garter），庆祝了自己的个人功绩，并嘉奖了那些在法兰西取得胜利的重要军事领袖。这也促使托马斯·布拉德斯顿修筑格洛斯特修道院的东边彩窗，以永久纪念那些在克雷西会战中效力的地方贵族与骑士。[1] 这一时期的其他杰出人物，如巴托洛缪·伯格什、雷金纳德·科巴姆、休·黑斯廷斯，则在自己的家族墓地纪念自己及同伴在克雷西和加来取得的功绩。[2] 与其他方面相比，是军事精英们的这些成就及其带来的荣耀，得以维持爱德华三世漫长的统治时期。就像他的后裔玛丽·都铎一样，尽管出于完全不同的理由，但确实可以说爱德华三世将加来铭刻在了自己的心上。

1　Saul, *Knights and Esquires*, 77; J. Kerr, "The East Window of Gloucester Cathedral", *Medieval Art and Architecture at Gloucester and Tewkesbury*, ed. T. A. Heslop and V. A. Sekules (Norwich, 1985), 116–129.

2　A. M. Morganstern, *Gothic Tombs of Kinship in France, the Low Countries and England* (University Park, Penn., 2000), 103–116; N. Saul, *Death, Art and Memory in Medieval England: The Cobham Family and their Monuments, 1300–1500* (Oxford, 2001), 149–168; *Age of Chivalry*, no. 678; L. Dennison and N. J. Rogers, "The Elsing Brass and its East Anglian Connections", *Fourteenth Century England I*, ed. Saul, 167–193; F. Lachaud, "La Représentation des liens personnels sur les tombeaux anglais du XIVe siècle", *Liens personnels, réseaux, solidarities en France et dans les îsles Britanniques (XIe–XXe siècle)*, ed. D. Bates and V. Gazeau (Paris, 2006), 137–144, 150.

第十一章
为了亚瑟与圣乔治(1344—1355)

1347年10月12日,爱德华三世从加来凯旋。[1]当他横渡海峡时,遭遇了一场大风暴,当时他像往常一样向圣母玛利亚祈祷,请求她保佑自己平安度过风险。[2]10月12日在桑威奇登陆之后,王室成员直接前往坎特伯雷举行感恩仪式。之后,他们赶往首都,去处理一堆等待国王过问的事务。1348年1月和3月,议会被依次召集了两次,一是正式肯定国王近期在大陆取得的成功,二是就俘虏大卫二世及大败腓力六世的情况,商讨接下来的外交与军事策略。[3]然而,在当时,国王更愿意沉浸在庆祝活动之中。在吉尔福德度过圣诞节并在温莎度过新年之后,他举办了一连串的骑士比武赛:2月在雷丁和贝里圣埃德蒙兹,5月在利奇菲尔德和埃尔特姆,6月下

1　CCR 1346–9, 396–397; E 101/390/11. 爱德华回国之后访问了朴次茅斯、南安普敦及温切斯特的传统说法是错误的,M. Biddle et al., *King Arthur's Round Table: An Archaeological Investigation* (Woodbridge, 2000), 513 and n. 2。
2　"Annales Monasterii de Oseneia", *Annales Monastici*, iv, 352; Reading, 105; *Polychronicon*, viii, 344; *Eulogium*, iii, 213; *Hist. Angl.*, i, 271–272; CCR 1346–9, 396–397; E 101/390/11.《圣奥梅尔史》(St Omer chronicle)提到了坏天气,但没有提到神的庇佑,Paris, Bibliothèque Nationale, MS français 693, fol. 233。
3　*RDP*, iv, 572–577; E 403/340, 22 Nov. and 24 Dec. 1347, 1 Mar. 1348.

旬在温莎，最后一场则是 7 月在坎特伯雷。[1] 这些骑士比武赛大部分的规模都不大，参与者主要是王室内府成员、苏格兰的大卫及来自法兰西的一些尊贵的俘虏。[2] 尽管如此，比武赛依然壮丽非凡，高潮迭起。参与者精力充沛，兴高采烈。圣诞节期间，王室成员以天鹅、孔雀、龙等形象装扮自己，而在贝里骑士比武赛上，国王以一只野鸡的形象出现在众人面前。野鸡的翅膀由铜管制成，上面装饰着真羽毛。[3] 在这一连串的庆祝活动中，爱德华萌生了建立骑士团的想法，该想法在 1348 年这一年之内最终发展成建立嘉德骑士团。

要想了解嘉德骑士团的内容和内涵，便有必要回顾四年前即 1344 年在温莎举办的一场大型骑士赛。当年的 1 月 19 日，在众贵族及骑士精英面前，爱德华宣布，他要创建一个由三百名骑士组成的"圆桌骑士团"。这个圆桌骑士团"效法之前的英格兰亚瑟王所创的圆桌骑士团"。这次活动的规模与宏大场面超过了爱德华三世过去举办的所有宴会。当时，他身着一件特殊的衬有白色鼬皮为领的红色礼袍，逾二百名穿着光鲜制服的侍从陪伴在侧。[4] 这次宴会的花销之大前所未有，从 1 月 17 日周六开始，接下来的一周里，光国王大厅的开销就高达两千镑。[5] 除了庆祝，另一个真实目的就是建立新的骑士团。爱德华三世迅速下达了详细指令，在温莎上区建立圆桌会所，为爵位有别的骑士们提供一个固定的聚会和宴乐场所。[6] 会所的开

---

1 Vale, *Edward III and Chivalry*, 173–174; W. M. Ormrod, "For Arthur and St George: Edward III, Windsor Castle and the Order of the Garter", *St George's Chapel Windsor*, ed. Saul, 19 and n. 30; J. Munby, R. Barber and R. Brown, *Edward III's Round Table at Windsor: The House of the Round Table and the Windsor Festival of 1344* (Woodbridge, 2007), 35.

2 E 101/391/5; "Observations", 92.

3 Vale, *Edward III and Chivalry*, 69–71.

4 Murimuth, 155–156, 231–232; le Bel, ii, 34–35; E 101/390/5.

5 E 36/205, fols 65v–66.

6 SC 1/40/92; SC 1/41/163; *CPR 1343–5*, 279.

放区域由直径两百英尺，高十二英尺的覆顶建筑环绕四周，给观众提供了坐席和用餐空间。圆桌工程由当时杰出的建筑师威廉·拉姆齐和威廉·赫尔利主持，在春夏间持续进行。尽管无资料记载，在纪念亚瑟王的宴会上，爱德华三世与众骑士围绕着一个真实的圆桌用餐，但他很可能计划打造一张类似于爱德华一世时期的装饰性圆桌，其样式从如今依然挂在温切斯特城堡里的画像便可得知。[1]1344年1月在温莎发生的所有这些，都表明爱德华三世意图将自己打造成前所未有的最优秀的信奉欧洲骑士精神的君主。

然而1344年11月，这个宏大的工程毫无征兆地就被取消了。城堡上区未竣工的建筑，最终在14世纪50年代也被推倒了。[2]没有迹象表明爱德华曾正式公布过这个半途而废的圆桌骑士团的提名人选。该计划夭折的原因，一直未被弄清，只留下一些较为可能的猜测。在14世纪40年代的欧洲，这种世俗骑士团还很罕见，许多仍是屡经失败后或长期争取的成果。然而，导致这个计划迅速夭折的最明显的直接原因，是索尔兹伯里伯爵威廉·蒙塔古的突然死亡。蒙塔古于1344年1月30日去世，两周前，他还参加了骑士比武赛。[3]在之后的一段时间里，宫中都在哀悼他。在其遗体转移到比沙姆修道院举行葬礼之前，国王出席了2月4日在圣保罗教堂举行的一场特殊追悼弥撒。也许是出于对蒙塔古的尊敬，再加上即将到来的战争导致头绪纷杂，原本计划在5月圣灵降临节后于温莎举办的首次圆桌会议也被取消。[4]尽管比武赛场的建造工作在这之后依然持续了几个月，但组建骑士

1　M. Biddle et al., *King Arthur's Round Table: An Archaeological Investigation* (Woodbridge, 2000), 337–392; M. Morris, "Edward I and the Knights of the Round Table", *Foundations of Medieval Scholarship*, ed. Brand and Cunningham, 57–76.

2　Munby, Barber and Brown, *Edward III's Round Table*, 155–177, 191–239.

3　穆里马思对此有所记载，见Murimuth, 232，用"沮丧"一词来描述索尔兹伯里伯爵。GEC, xi, 388, n. (a)和其他很多文献将此视作伯爵当时已受伤，并因此死于伤口感染及并发症。理查德·巴伯根据迈克尔·拉皮奇的建议，肯定地对我说那段话不能这样理解，它只表明索尔兹伯里伯爵在那场比武赛中落败了。

4　E 36/204, fol. 73v; *Age of Chivalry*, no. 679; Vale, *Edward III and Chivalry*, 173.

团的最初动力已经荡然无存。加上国王当时致力于准备法兰西战事,继续投入资金来建造圆桌工程便是不必要也是不明智的。爱德华三世组建骑士的社会、政治组织的首次尝试,虽然开场时激情飞扬,最后却无果而终。

索尔兹伯里伯爵之死与圆桌工程半途而废之间的联系,可能也关系到后来嘉德骑士团的创建。这一说法尽管源远流长,却并不准确。傅华萨在14世纪晚期撰写嘉德骑士团的创建时,曾追本溯源,认为该组织创建于1344年。至16世纪初,英格兰的古文物研究者又增加了爱德华三世与索尔兹伯里伯爵夫人的暧昧情节,但傅华萨并未采用。结果,到了都铎时代,嘉德骑士团的起源被普遍演绎成:在一次庆祝克雷西及加来之战的舞会上,爱德华三世为了淡化别人对其桃色事件的批评,从而将女性的贴身用品袜带转变为骑士荣耀的象征。[1]这个故事可能保留了金雀花宫廷丑闻的部分真事。几乎就在他于1344年宣称创建圆桌骑士团的同时,爱德华三世也对萨里伯爵、阿伦德尔伯爵的不道德行为表示了支持。萨里伯爵、阿伦德尔伯爵违背当初的婚姻誓言,与各自的妻子离婚,分别与偷情对象即宫廷侍女伊莎贝拉·霍兰、埃莉诺·博蒙结婚。尽管爱德华后来接受了劝告,不再支持萨里伯爵再婚,因为这可能会损害阿伦德尔伯爵的继承权,但他依然鼎力相助阿伦德尔伯爵,并在1345年2月亲自主持了阿伦德尔与博蒙女士的婚礼。[2]在这种性放纵的背景下,有传爱德华或许也与威廉·蒙塔

---

[1] Froissart, ii, 304; Munby, Barber and Brown, *Edward III's Round Table*, 188–189; H. E. L. Collins, *The Order of the Garter, 1348–1461: Chivalry and Politics in Late Medieval England* (Oxford, 2000), 12, 270–272; S. Trigg, "The Vulgar History of the Order of the Garter", *Reading the Medieval in Early Modern England*, ed. G. McMullan and D. Matthews (Cambridge, 2007), 91–105.

[2] 关于萨里伯爵,见GEC, xii (pt 1), 511, n. (k); F. R. Fairbank, "The Last Earl of Warenne and Surrey, and the Distribution of his Possessions", *Yorkshire Archaeological Journal*, xix (1907), 244–245; Prestwich, *Edward I*, 128。萨里伯爵已决裂分居的妻子巴尔的琼是爱德华一世的外孙女。她一直与伊莎贝拉王太后内府关系密切,1358年伊莎贝拉王太后去世时,她便在赫特福德城堡,*CPR 1327–30*, 21; BL, MS Cotton Galba E. XIV, fols 11, 16–17, 24。关于阿伦德尔伯爵,见*CPP*, 99; GEC, i, 243 and n. (d); Ormrod, "For Arthur and St George", 31。

第十一章 为了亚瑟与圣乔治（1344—1355）

古的妻子有不正当关系，是有可能的。如此，1344年圆桌计划的取消，也可解释为爱德华三世对逝去的亲密朋友蒙塔古一种迟来的赎罪行为。因而，将嘉德骑士团创建的时间追溯到1344年，有一定可信度。[1]

但最终我们也必须承认，以上剧情是建立在推测基础上的。毫无证据表明，在圆桌骑士团或后来的嘉德骑士团的创建上，索尔兹伯里伯爵夫人扮演了红颜祸水的角色。在这段时间，爱德华卷入外遇的唯一可能性证据，来自1350年用英语写就的《布里德灵顿的约翰的预言》（Prophecies of John of Bridlington）。据称，在1346至1347年间的加来之围时，有一个名叫"戴安娜"的女人曾与爱德华有着不正当的男女关系。[2] 即便如此，这则传言很快便烟消云散，表明了它的虚假性。综上所论，傅华萨对1344、1348年事件的省略，导致英国史学界陷入困惑，最终影响了爱德华的清誉。1344年，爱德华因为寻找理由发动对法战争，野心勃勃地试图将手伸向欧洲大陆，从而被厌恶他的海内外编年史家所讥讽。而到了1348年，他已成为一个伟人，是他那个时代最伟大的真正君主。如果说创建圆桌骑士团是为了效仿亚瑟王，那么嘉德骑士团的创立，便是国王为了提升并彰显在克雷西及加来战役中立下汗马功劳之人的身份与地位。

从17世纪开始，当历史学家首次认真关注嘉德骑士团创建的背景时，大家注意到，爱德华为他的嘉德骑士团选择的神秘形象与他在法兰西的战争有着最为明显和直接的关系。不管在民间，还是军队之中，袜带[3]都是地位尊贵者服饰的流行装饰。而风行于宫廷的年轻男人所穿的短束腰上衣和

1　Ingledew, *Gawain*, 57–80, 93–157. 关于近年来的其他讨论，见C. S. Jaeger, *Ennobling Love: In Search of a Lost Sensibility* (Philadelphia, 1999), 140–143; Crane, *Performance of Self*, 137–138。
2　*Political Poems*, i, 158–159. 关于这一传言的时间，见A. G. Rigg, "John of Bridlington's Prophecy: A New Look", *Speculum*, lxiii (1988), 596–613; Coote, *Prophecy*, 118–119。
3　发音即"嘉德"。——编者注

紧身裤，又给这种装饰风格的盛行提供了机会。不管是爱德华三世，还是格罗斯蒙特的亨利，他们在年轻的时候都曾以袜带做过装饰。[1]更有指向性的是，选择独特的蓝色作为礼袍的颜色，标志着从1344年圆桌计划开始，英格兰王室对红色的偏好发生了改变，而这与法兰西王室军队的蓝色制服有着很大的关系。嘉德勋章上的格言"心怀邪念者蒙羞"（Honi soit qui mal y pense），很可能是针对那些否认爱德华关于法兰西王位继承权的人而言。[2]爱德华在1348年夏之前的某个时间确定了袜带图案的基本设计。两面白底饰有"圣劳伦斯图案"并配有蓝色袜带的大长条旗，可能曾用在国王船舰上，当他在1346年出海驶往诺曼底时，又或者是（可能性更大）在他1347年得胜返航时。[3]1348年5月埃尔特姆的骑士比武赛上，相同的标记被采用为国王的个人标志，当时他穿着一件装饰着十二条绣花袜带的礼服。[4]庆祝活动在1348年6月24日达到高峰，这是一场为了庆祝王后诞下另一个儿子——很快夭折的温莎的威廉——而在温莎举行的规模宏大的骑士比武赛和宴会。在此时，或稍后，爱德华最终决定将他在法兰西的权利与骑士精神制度化，即组建骑士兄弟会，每个成员均佩戴他最近采用的个人标记。在这一意义上，嘉德骑士团的建立与其说是个事件，还不如说是个过程。

创建伊始的嘉德骑士团相对而言的松散和非正式的模式，在首批骑士成员多样化（甚至是相当随机）的形象上体现得尤为显著。他们很可能是在温莎参加马上枪术比赛的两支队伍，每队十二人，分别由国王及威尔士

1　Mortimer, *Perfect King*, 266.
2　E. Ashmole, *The Institution, Laws and Ceremonies of the Most Noble Order of the Garter* (London, 1672), 76, 184; G. F. Beltz, *Memorials of the Order of the Garter* (London, 1841), xlvii; Barber, *Edward, Prince of Wales*, 87–89; Collins, *Order of the Garter*, 12.
3　"Observations", 33–34，就像韦尔所理解的一样，见*Edward III and Chivalry*, 79–81; *Battle of Crécy*, 4。然而，这是有可能的，这种大长条旗在1348年才开始制作，是为当年晚些时候爱德华跨海去加来和敦刻尔克会见佛兰德斯伯爵做准备，或为1349年加斯科涅战役（后来取消了）所做的部分准备。
4　Vale, *Edward III and Chivalry*, 76–82; Collins, *Order of the Garter*, 237.

第十一章 为了亚瑟与圣乔治（1344—1355）

亲王率领。不出所料，荣耀榜上充斥着大贵族的名字，诸如兰开斯特伯爵、沃里克伯爵、索尔兹伯里伯爵与布赫领主应该都在其列。但同样也包括一些重要的方旗爵士及国王、亲王内府的骑士，如斯塔福德勋爵、伯格什勋爵、考特尼勋爵、格雷勋爵，以及迈尔斯·斯特普尔顿、约翰·钱多斯、詹姆斯·奥德利、沃尔特·佩夫利和理查德·菲茨西蒙，他们尽管地位不是很高，但近来在加斯科涅及法兰西北部取得了赫赫战功。[1] 令人诧异的是，1346 至 1347 年间极为重要而杰出的许多将领、统帅竟然不在这个名单之内。而那两个埃诺人——厄斯塔斯·多布里奇科特与亨利·伊姆，以及托马斯·霍兰爵士的弟弟奥特爵士，也包含在这份名单上的事实，只能被解释为刚好在正确的时间处于正确的位置。事实上，这些次要人物未能长久地保留自己的席位，因为不久之后，他们就被要求让位于更重要的高级成员，如萨福克伯爵和北安普敦伯爵。[2] 这等于是说，嘉德骑士团的初始名单也同样体现了一项从成立之初一直延续的特征：授予嘉德骑士身份是君权的特殊恩赐，代表的既是其与君主的个人交情，也是对其突出贡献的嘉奖。

联系到 1344 年圆桌会议的构想，令人稍感奇怪的是，爱德华三世竟然没有将 1348 年的骑士比武赛的队伍视作更具代表性、更有包容力的超大规模的骑士兄弟联谊会，从而将那些担任高级军事职务的伯爵与男爵统统包括进来。包括国王及其继承人在内，将嘉德骑士团人数限制在二十四人的根本原因，是爱德华 1348 年 8 月 6 日在温莎建立了一个与之平行的宗教组织，为骑士团提供一个永久的总部。现有的忏悔者爱德华王室礼拜堂被一分为三，分别用来纪念忏悔者、圣母玛利亚和圣乔治。此外，还设置了一个由二十四名世俗神职人员组成的永久性学院，和一个由二十六名

1　Vale, *Edward III and Chivalry*, 82, 86–87.
2　在此我要感谢理查德·巴伯。他的一本即将出版的书里指出，神秘的"Sanchet" d'Aubrichecourt 就是厄斯塔斯（即厄斯塔斯·多布里奇科特）。我的推断是，一些默默无闻的创始成员后来是被边缘化了，而非像通常所认为是因为早逝而空出席位。

老兵或"贫苦"骑士组成的救济院,他们将作为嘉德骑士团成员的常驻代表参加定期举行的宗教仪式。[1]1344年,腓力六世的长子诺曼底公爵曾率先提议创建一个献给圣母玛利亚和圣乔治的星骑士团,由学院教堂提供服务。因此,爱德华三世在1348年所设置的这个圣乔治学院,很可能仿效了前者的做法。[2]圣乔治礼拜堂及其神职人员为嘉德骑士团提供了制度性基础,影响了骑士团的员额,也保证了骑士团的长盛不衰。

考虑到1348年夏爱德华三世及其英格兰子民所面临的极端困境,爱德华对嘉德骑士团热烈而长久的投入颇为引人注目。在1347至1348年间的冬天,关于鼠疫的消息不断从意大利及法兰西南部传过来。这便是后来令人胆战心惊的黑死病。关于这种疾病的真实性质,当时只能猜测,即便到了今天也依然如此。用现代方式诊断出来的鼠疫,曾多次受到质疑,尽管也有一种说法是,当时的瘟疫可能是从牲畜的流感演变为致命的炭疽,但这难以证实。[3]在当时,毫无争论的是疫情的突然暴发。史料普遍记载,在欧洲南部的大城市中心,人口死亡率超过了50%。当他的王国准备迎接这场巨大的自然灾害时,爱德华三世接到了噩耗,他那十四岁的公主琼,在前往西班牙去与卡斯蒂利亚王朝继承人结婚的路上,因染疫在7月1日崩逝于波尔多。[4]7、8月之后,瘟疫从一个南部港口传入英格兰,据说是梅尔康姆、布里斯托尔或南安普敦三者之一。在当年秋初,又横行于英格兰西南部和英格兰中部的西部地区。像是为了加重国王的悲痛

---

[1] *CPR 1348–51*, 144; E 403/341, 13 Aug. 1348. 关于为这个新成立的学院提供的印章,见 E 101/391/20, m. 1。

[2] D'A. J. D. Boulton, *The Knights of the Crown: The Monarchical Orders of Chivalry in Later Medieval Europe, 1325–1520* (Woodbridge, 1987), 167–210. 与嘉德骑士团不同,星骑士团成员多达500名,(不过)在一代之后就解散了。

[3] 对普遍认为是鼠疫的最新质疑(尽管并未提供准确的判断),见S. K. Cohn, *The Black Death Transformed: Disease and Culture in Early Renaissance Europe* (London, 2002)。

[4] E 101/391/17; Ormrod, "Royal Nursery", 413, n. 83. 关于爱德华在9月15日的信里向卡斯蒂利亚国王告知了死讯,见*Foedera*, III.i, 171。

第十一章　为了亚瑟与圣乔治（1344—1355）

与焦虑一样，威廉王子也不幸染上疫情，死在了温莎城堡。之后在威斯敏斯特教堂为襁褓中的王子所举行的罕见的盛大葬礼，体现了弥漫在全国上下的共同悲痛。[1] 当然，宫廷活动也急剧削减。8、9月时，爱德华先后在汉普斯特德马歇尔（Hampstead Marshall）、克拉伦登、赫斯特本普赖厄斯（Hurstbourne Priors）及伍德斯托克隐居，而之后的圣诞节、新年则留在奥特福德（Otford）、默顿（Merton）。王室内府进入到隔离状态，爱德华及其家庭成员在王室庄园金斯兰利和伍德斯托克度过了1349年的上半年。国王文物中的神圣藏品，也被送到兰利，这里能更好地保护处于危险之中的君主的安全。[2]

在严峻的形势下，宫廷生活和政府活动都被压缩，爱德华却决意在1349年4月23日圣乔治日，在温莎召开嘉德骑士团的首次正式会议。[3] 这带来了悲剧：凯瑟琳·蒙塔古——被普遍认为与创建嘉德骑士团有关的索尔兹伯里伯爵的遗孀，巧合地在嘉德骑士团首次聚宴的当天去世了。[4] 尽管发生了这样不祥的事情，爱德华依然信念坚定。与之前的圆桌工程不同，这次骑士团的活动并未半途而废。正是从1349年开始，嘉德骑士团逐渐成形，每年在温莎举行的会议，成为纪念创建者及庆祝军事光荣的传统。[5]

温莎城堡嘉德骑士团及与之相关的圣乔治学院的创建，让爱德华卷入到他的第一个大型且持续时间甚久的建筑工程之中。1350至1353年间，威廉·赫尔利负责礼拜堂的扩建翻新工程和温莎城堡下区附属建筑的营造。

1　葬礼在9月5日举行。"Observations", 50. E 403/344, 11 Dec. 1348记载说，从王子去世到举行葬礼共过了58天，表明威廉王子死在7月9日。邀请人来参加葬礼的信函是在8月11日发出的。见E 403/341，亦见 *Issues*, 153。

2　W. M. Ormrod, "The English Government and the Black Death of 1348–49", *England in the Fourteenth Century*, ed. Ormrod, 175–177.

3　E 403/347, 4 July 1349.

4　E 101/391/8, m. 6; *CIPM*, ix, nos 64, 310; GEC, xi, 388.

5　L. Jefferson, "MS Arundel 48 and the Earliest Statutes of the Order of the Garter", *EHR*, cix (1994), 356–385.

接下来的几年里，其他为圣乔治学院及其神职人员、穷苦骑士准备的重要建筑，诸如教堂的法衣室、金银财宝库、牧师会礼堂，以及住宿处和内务处等工程，都修建完毕。爱德华对于礼拜堂的装饰极为在意。他颁赐了豪华的礼服、精美的盘子，最珍贵的物件则是王室收藏的文物——瑙德十字架，被安置在精美的圣物柜中，以奉献给圣乔治礼拜堂。1354年，爱德华向教皇请愿，说他将来想要安息在温莎的新礼拜堂里。[1] 尽管他最后并未安息于此，但表明爱德华曾抱有一些不切实际的想法，想让圣乔治礼拜堂取代威斯敏斯特和圣但尼，成为英格兰王与法兰西新一代联合统治者们的主要墓地。

对比之前半途而废的圆桌骑士团的构想与如今大功告成的嘉德骑士团的建制，可以发现爱德华三世不再仅仅把自己当作圆桌骑士团的一员，而是突出了自己作为他们的赞助人亚瑟的角色。让·勒贝尔（及之后的傅华萨）在记载1344年圆桌骑士团计划的失败时，曾写道，爱德华三世的出生地温莎正是由亚瑟王奠基的。[2] 而传说中的这一关联被爱德华迅速捕捉并利用起来。1348至1349年间，在温莎制定嘉德骑士团的详细安排时，爱德华一世的圆桌图案也被挂在了温莎城堡大厅的墙上。大厅的相关改造还包括采用爱德华三世的阳光徽章，其双关语是"风"与"金"，这暗示着温莎与伟大的亚瑟王之间存在关联。[3] 从嘉德勋章的图像来看，并无与亚瑟王相关的明显元素，然而，爱德华三世作为嘉德骑士团的主席，与军中同伴盛宴欢庆，却表达出强烈的亚瑟王式的意蕴。而圆桌装饰图案也有着宫廷文化的因素。比如温切斯特主教埃丁顿有一套精致的盘子，上面装饰着动物、鸟类、玫瑰、贵族女士及"圆桌骑士"。[4] 1349年后，出现了指向意义更加明确的图案——

1　E 101/392/4, m. 2; *CPP*, 265–266.
2　Le Bel, ii, 26; Froissart, iii, 37.
3　Biddle et al., *King Arthur's Round Table*, 393–424.
4　*Antient Kalendars*, i, 263–265.

第十一章　为了亚瑟与圣乔治（1344—1355）

温莎是真正的卡米洛特（Camelot）——亚瑟王宫廷所在之地，而温莎的爱德华则是亚瑟王的真正继承人。毫不奇怪，14世纪下半叶的高雅文化轻而易举地假定英格兰两位最伟大的统治者——亚瑟王与爱德华三世之间存在特殊的联系，比如中世纪英文韵文作品《亚瑟之死》(Morte Arthure)，便指出他们辉煌的事业之间暗含着相似之处。[1]

一方面，嘉德骑士团的建立标志着金雀花王朝肖像学的发展又向前迈进了一步，嘉德勋章本身也迅速成为战争中依靠视觉就可辨识的一个元素：爱德华三世的船——"托马斯号"在1351年全副盛装，上面的小燕尾旗上便装饰着白底的嘉德勋章图案。1353至1354年间，伦敦塔王室兵器库里的盾牌上也装饰着王室纹章和蓝色嘉德勋章图案。[2] 另一方面，这类新出现的代表骑士秩序的符号与仪式，对普通大众而言，依然晦涩难解。甚至在1358年盛大的圣乔治日上，当爱德华将嘉德勋章作为阐扬王国胜利精神的代表而以巨大的规模展示出来时，大众依然不知其意。[3] 相反，新的嘉德骑士团只是确认并加速了14世纪30年代以来圣乔治旗作为英格兰国旗的进程。如1350年，在准备与卡斯蒂利亚人作战之前，爱德华的舰队插上了上千幅圣乔治小燕尾旗。[4] 英格兰军旗对圣乔治标志的采用，与国王教堂在装饰上采用圣人形象的做法类似。而如今，与之前的用途相比，爱德华舰队上的圣乔治燕尾旗上的图案更成为君主向世人公开展示的标志。1360年，乔治与圣母玛利亚被共同描绘在英格兰国玺上，成为国王的重要保护人。[5] 嘉德勋章与圣乔治之间建立的特殊关联，给14世纪的英格兰提供了非常可贵的神性的力量——与对手法兰西的圣但尼相比，英格兰的胜

---

[1] G. R. Keiser, "Edward III and the Alliterative *Morte Arthure*", *Speculum*, xlviii (1973), 37–51; P. DeMarco, "An Arthur for the Ricardian Age: Crown, Nobility, and the Alliterative *Morte Arthure*", *Speculum*, lxxx (2005), 464–493.

[2] "Observations", 136; pers. comm., T. Richardson.

[3] 关于1358年的宴会，见本书第470—471页。

[4] E 101/392/4, m. 2. 更多例子，见本书第398、402页。

[5] *Age of Chivalry*, no. 672.

利有如神助。[1]

嘉德骑士团、圣乔治礼拜堂、温莎城堡都是爱德华三世创建，且延续时间最长，因而最广为人知。但这些只是爱德华三世在 14 世纪 40 年代发展起来的宗教机构集团的一部分。爱德华创办这些机构是为了确保其灵魂经由赎罪得到救赎，及纪念他在世上所取得的荣耀。深思熟虑的爱德华很明显致力于塑造一个虔诚统治者的形象。1344 年之后的记录尽管有所缺失，但他在那之后，很可能继续通过触碰来治疗那些瘰疬患者。而且，从 14 世纪 40 年代晚期开始，他对受难日的圣餐仪式也产生了极大的兴趣，并声称他（及王后）有能力治愈癫痫病。[2] 不过，国王对教堂、修道院及学院的捐赠更多地宣传并延续了他的基督教声望。爱德华资助创建的建筑可分为三部分：一是在 1337 年剑桥现有的一个学者协会批准建造了国王大厅；[3] 二是 1348 年同时在温莎和威斯敏斯特圣斯蒂芬礼拜堂所建的两所新的世俗教规学院；[4] 三是宗教建筑，包括 1349 年得到教皇准许在达特福德建立的多

---

1 S. J. E. Riches, *St George: Hero, Martyr and Myth* (Stroud, 2002); J. Good, *The Cult of St George in Medieval England* (Woodbridge, 2009), 68–73, 95–121.
2 Bloch, *Royal Touch*, 102–103; Ormrod, "Personal Religion", 863–865.
3 *CPR 1334–8*, 541; A. B. Cobban, *The King's Hall within the University of Cambridge in the Later Middle Ages* (Cambridge, 1969), 9–28.
4 *CPR 1348–50*, 144, 147. 关于爱德华对这些礼拜堂的捐赠，见 A. K. B. Roberts, *St George's Chapel, Windsor Castle, 1348–1416: A Study in Early Collegiate Administration* (Windsor, 1948); *VCH London*, i, 566–567; C. Given-Wilson, "Richard II and his Grandfather's Will", *EHR*, xciii (1978), 320–337. 两所学院的创建许可文件都在1348年8月6日，这表明（国王）有意维持他们之间的平等地位，Ormrod, "For Arthur and St George", 21 n. 38。在1356年，圣斯蒂芬教规学院设法从王室获得了一项可以回溯到1353年的特权，SC 8/247/12304; C 81/366/23044; *CChR 1341–1417*, 133–137。国王当初曾答应捐赠656镑给圣乔治礼拜堂，在1360年，他意识到还有51镑（尚未支付），便同意从埃塞克斯的泰克利外国人的修道院农场里征收这笔钱，*CPR 1358–61*, 364。在1360至1369年的和平时期，随着外国人修道院的地产物归原主，承诺中的捐款也就改从财政部拨付，E 403/408, 14 June 1361; etc.。

第十一章 为了亚瑟与圣乔治（1344—1355）

明我会女修道院、1350年紧挨伦敦塔建的圣玛丽格雷斯的西多会修道院。[1]

爱德华三世的个人喜好与选择，很大程度上显示了他的精神和现实关怀。国王学堂的建立，是大学发展的一个重要阶段，而且可能也促使了菲莉帕王后的牧师罗伯特·埃格尔斯菲尔德建立牛津学堂，后来正式将其命名为王后学院。建立学堂和学者学院的目的既是便于让人为它们的创建者祈祷，也是为了追求知识。尽管如此，爱德华三世至少意识到学问的实用价值。牛津、剑桥所提供的民法和宗教法方面的训练，保证了这两处的学者具备被雇为国际外交人员的必备素质，并可晋升为圣公会法官。[2] 在爱德华后来的统治里，他雇请激进的牛津理论家为自己反对教皇的权力提供理论依据。[3] 对那些从事学术研究的人，爱德华也提供了一定的支持。他与王后分别资助了各自的教子——爱德华·保马特、菲利普·比彻姆在牛津的职业生涯。[4] 1368年，爱德华将查士丁尼的《民法大全》（*Corpus iuris civilis*）捐给了国王学堂。[5] 这样一种对大学角色的理解，虽然公认是基础的、实用的，但至少表明爱德华三世之前的导师理查德·伯里确实让他对高等学问的价值与权威保留了一些尊敬。

选择特别的宗教团队作为国王捐资的受益人，也体现出爱德华在精神上的保守态度。作为中世纪英格兰成功建立起来的唯一一家多明我会女修道院，达特福德的女修道院有点不同寻常。事实上，建造该修道院的真实目的，是为爱德华二世在金斯兰利创建的多明我会男修道院提供资金支持。

1　*CPP*, 187; *CPR 1348–50*, 484; M. B. Honeybourne, "The Abbey of St Mary Graces, Tower Hill", *Transactions of the London and Middlesex Archaeological Society*, new series, xi (1952–4), 16–26.
2　J. Dunbabin, "Careers and Vocations", *The History of the University of Oxford, I: The Early Oxford Schools*, ed. J. I. Catto (Oxford, 1984), 580, 581–596.
3　见本书第620页。
4　关于保马特，见E 403/433, 3 Jan. 1368; E 403/434, 9 Aug. 1368。关于比彻姆，见 *BRUO*, i, 136–137。
5　*CCR 1364–8*, 408–409.

由于女修道院准许拥有地产，因此该女修道院当初是为了管理收入、财产以供应金斯兰利。主持此事的是约翰·伍德罗夫，他是金斯兰利和达特福德的修道院院长、王室告解神父及14世纪50年代为国王主管建造女修道院事务的监理人。[1] 达特福德很明显也是王室的一个居所：1346 年，国王说他不仅要在此建造教堂、修道院、宿舍，还要建造"我们到访时所需要的大厅、居室及其他的必备屋宇"。[2] 远非出于对女性虔诚修道者的响应，达特福德女修道院的出现仅仅是应爱德华家务事之需。有意思的是，英格兰曾花了大量时间将本国修道院里担任宗教官职的法兰西教士撵出去，现在却让法兰西的普瓦西多明我会的修女入住了他新建的修道院。[3]

英格兰14世纪新建的西多会修道院极为罕见。至于1350 年爱德华三世为什么选择在伦敦塔旁边为该团体建造修道院，原因不太清楚。如果他顺应当时的潮流，那么他应该与其子及一些王室成员一样，资助圣奥古斯丁教团或其分支"贤人"教团（Boni homines）。[4] 关于爱德华选择西多（Cîteaux）修士团的一个可信解释是，他特别尊崇身为所有西多会修道院精神象征的圣母玛利亚。1343 年，当他从布列塔尼横渡海峡遭遇暴风雨时，他曾许下诺言，而建造修道院，体现的是他兑现了当初的承诺。另一个原因，则是王室传统。爱德华三世曾是约翰王建在博利厄（Beaulieu）的西多会修道院的定期捐助者，即位后也时常造访，这里后来被他选为圣玛丽

---

1 A. B. Emden, *A Survey of Dominicans in England* (Rome, 1967), 486; Lee, *Nunneries*, 15–17.
2 E 159/122, rot.83.
3 Lee, *Nunneries*, 15.
4 H. F. Chettle, "The *Boni Homines* of Ashridge and Edington", *Downside Review*, lxii (1944), 40–55; G. St. John, "The Religiosity of English Men-at-Arms in the Fourteenth Century", *Monastic Research Bulletin*, xiv (2008), 44–46.

第十一章　为了亚瑟与圣乔治（1344—1355）

格雷斯修道院的中心区域。[1] 爱德华一世曾打算在柴郡的韦尔罗亚尔（Vale Royal）创建英格兰最大最宏伟的西多会修道院，关于祖父的这份心思，爱德华三世必定也是知道的。1353 年，黑太子继续这项未完的工程，投资（尽管资金最后也不充分）修建以图完工。[2] 通过对爱德华三世之前宗教信仰的考察，可以发现，这也是他虔诚行为的主导组织模式。

在 14 世纪由爱德华三世捐助兴建并留存至今的宗教建筑甚少。剑桥的国王学堂被推倒后，亨利八世创建了三一学院。同样，在温莎下区他所创建的许多建筑也被摧毁，为爱德华四世重建圣乔治大教堂腾地。这个建筑群的室内部分，特别是教堂回廊，保留了 14 世纪时的一些结构与面貌。一处特别重要的遗存是埃拉里门廊，该门廊是重建的教堂及学院建筑群的主要入口，它可能是天才建筑师威廉·拉姆齐在 1349 年去世之前设计的。其建筑特征成为垂直式建筑风格的主流，在 14 世纪晚期兴建的温切斯特天主教堂和威斯敏斯特教堂身上，都可以发现它的影响。[3] 爱德华三世的教堂很大程度上是对当时的建筑进行的改造，史料表明，这些改造更多地体现在功能与装饰上而非结构上：为嘉德骑士及其牧师而建的正厅前座，装饰着彩色玻璃和镶嵌画，还有一尊圣乔治雕像，1367 年还在主祭坛背后加上了雪花石膏装饰。[4] 然而，爱德华迫切想用圣乔治吸引来访者，并在给予朝圣者的特殊纵容上与教皇一较高下，以便将温莎王室礼拜堂变成朝圣者们认可的伟大遗迹，真十字架的圣地。[5]

然而，就高层次艺术项目的赞助而言，14 世纪 50 年代爱德华的真正

1　*VCH London*, i, 461; Ormrod, "Personal Religion", 874 and n. 141; E. Jamroziak, "St Mary Graces: A Cistercian House in Late Medieval London", *The Uses and Abuses of Sacred Places in Late Medieval Towns*, ed. P. Trio and M. de Smet (Leuven, 2006), 154.

2　*VCH Cheshire*, iii, 156, 160.

3　J. A. A. Goodall, "The Aerary Porch and its Influence on Late Medieval English Vaulting", *St George's Chapel Windsor*, ed. Saul, 165–202.

4　*King's Works*, ii, 872–873; *Issues*, 160, 185, 187, 188, 193.

5　*CPP*, 188, 265–266.

焦点并非温莎，而是威斯敏斯特。坐落在威斯敏斯特宫辖区的圣斯蒂芬礼拜堂，曾是爱德华一世模仿路易九世位于巴黎的圣礼拜堂而构造的，但工程不断被推迟，直到爱德华三世即位后才继续建造，于1348年竣工。[1] 尽管1834年大火烧毁了该礼拜堂的上部（大火还蔓延至威斯敏斯特宫），但根据残存的信息也足够重现1351至1360年间的装饰情况。在圣奥尔本斯的休的指导下，一支画师队伍在墙壁、天花板每个可用表面上都覆以《圣经》场景，武圣人、狮豹、鸢尾花、天使、鸽子、大象和城堡图像，以及王室家庭与英格兰贵族的盾徽——均用高纯度的金、银镌刻而成，并饰以群青、朱红。[2] 在这之中，最重要的是绘在东墙上的一幅画。在画中，圣乔治与爱德华三世、王后菲莉帕及王子公主们围成一圈，在基督诞生的画卷前虔诚地跪下。奢华的祭坛帷幕与牧师法衣，原本打算作为公主琼的嫁妆，可惜她不幸去世，因而在1349年被爱德华三世赐给了圣斯蒂芬礼拜堂。[3] 1358年，在工程即将竣工之际，爱德华又花了八十镑制作了一道圣水口、两支银制烛台、一支银质十字架赠给教堂。[4] 整个教堂的工程质量、艺术价值极高，代表了当时国际上哥特式风格建筑的最高水平。而且，东墙上所绘的爱德华三世、埃诺的菲莉帕及其子女的图像，也表达了国王对家庭的强烈投入以及整个家庭共同的进取和救赎。[5]

---

1 C. Wilson, "The Origins of the Perpendicular Style and its Development to *circa* 1360" (University of London PhD thesis, 1979), 34–80; *Age of Chivalry*, nos. 324–325.
2 J. Cherry and N. Stratford, *Westminster Kings and the Medieval Palace of Westminster* (London, 1995), 28–49; Binski, *Westminster Abbey*, 182–185; *King's Works*, i, 518–519.
3 E 403/344 (inventory and memorandum at end of roll).
4 E 403/388, 12 Oct. 1357; E 403/392, 18 May 1358; *The Issue Roll of Thomas of Brantingham*, ed. F. Devon (London, 1835), xxxviii.
5 V. Sekules, "Dynasty and Patrimony in the Self-Construction of an English Queen: Philippa of Hainault and Her Images", *England and the Continent in the Middle Ages: Studies in Memory of Andrew Martindale*, ed. J. Mitchell and M. Moran (Stamford, 2000), 165–167; E. Howe, "Divine Kingship and Dynastic Display: The Altar Murals of St Stephen's Chapel, Westminster", *Antiquaries Journal*, lxxxi (2001), 259–303.

第十一章　为了亚瑟与圣乔治（1344—1355）　　　　　　　　　　　　　　　359

威斯敏斯特和温莎的两座王室教堂是爱德华三世统治中期的两大主要建筑。此外，在这个时期，还有其他建筑也吸引了爱德华的注意力。14世纪40年代初，一份关于威斯敏斯特宫崩塌的报告书获得了爱德华与咨议会的关注。[1] 这可能引发了其他公共及私人建筑上的一些新变化。1344年，为了加快工程进度，以期早日完工，建造枢密宫的木匠及其他工人获得了特别的周日酬金。[2] 1351至1352年间，工人们将国王的浴室升级为中世纪最奢华的浴室，既有热水，也有冷水。爱德华在14世纪50年代又对埃尔特姆王室庄园里的王室住所进行了大幅改善与升级。此外，对其他各地的王室住所及狩猎行营，如克拉伦登、希思的亨利（Henley on the Heath）、伊斯特汉斯特德（Easthampstead）及汉普斯特德马歇尔，也进行了重要的改造。1353年，爱德华满怀热情地在罗瑟希德（Rotherhithe）建造一处新的王室居所。而在温莎，他也饱含着同样的热情拆除了王室公寓，为圣乔治礼拜堂的新建学院建筑群腾地，并翻新了高塔（即今天的"圆塔"[Round Tower]）。这些建筑为王室提供了临时住所，而后开启了温莎城堡上区的大规模建筑营缮运动。正是在14世纪50年代，爱德华开始打造这些重要工程，它们成为他留下来的有形而持久的遗产之一。[3]

尽管爱德华在中年时期被卷入战争与瘟疫两大危机之中，但是他保持了健康的体魄，并一直持续到五十多岁。这一点可以从遗传学的角度来解释：亨利三世和爱德华一世都健康地活到六十多岁，爱德华二世也以身强体壮而闻名；而伊莎贝拉王太后直到1358年去世前，六十二岁高龄的她依然敏捷强干。另一方面是因为爱德华三世得到了良好的健康护理。在国王

1　E 101/683/56.
2　E 403/335, 16 Oct. 1344. 肯特的木匠们对1350年威斯敏斯特工程印象深刻，E 403/353, 19 July。
3　*King's Works*, i, 545–546, 550–551; ii, 875–876, 917, 926, 931–933, 955–956, 961, 990–993.

内府中，有一个内科医生和一个外科医生，为国王提供当时最高水平的医疗帮助。1353年夏，在他四十岁生日之后的八个月，史料首次明确记载了爱德华三世所用的药物。[1] 很可能，当时的爱德华也开始面临着中年人身上的常见病痛：战争中的创伤、关节变硬、牙病、消化系统及泌尿系统的疾病。然而，在这之后没有发现其他的就医用药记录。这表明，尽管年龄不断增长，但爱德华三世的身体有着非凡的适应与恢复能力。这可归因于他积极健康的生活方式。尽管在加来陷落之后的近十年里，都不太可能发生重要战争，但爱德华依然保有昂扬的斗志与充沛的体力，保证自己在未来的对法战争中能够进行强有力的领导。这从他不间断地参加体育活动也可以看得出来。只要条件允许，爱德华三世便将夏天消磨在追捕猎物的愉悦中。如1350年，他先后去罗金厄姆森林、舍伍德森林打猎。1354年7至9月间，他又在怀特岛和汉普郡狩猎，之后又前往罗金厄姆森林纵马逐鹿。1354至1355年间，在怀上并诞下最后一个孩子期间及之后，菲莉帕王后可能遭受着妇科疾病的困扰。1358年，她又严重摔倒过一次，之后被迫放弃了狩猎活动，[2] 爱德华自身倒无所畏惧地保持着骑手的热情，直至六十多岁。

两段罕见的时人的文字描述精准地捕捉到当年这位盛年国王的精力、魅力及个人风格。第一段是在可以追溯到1352年的中古英语诗《胜者与无用者》(*Wynnere and Wastoure*)之中。在诗篇之首，匿名的作者写道，"英俊的国王有着浆果棕色的胡须"，威严地坐在饰有蓝色袜带的精美亭阁里，亭阁上用白话写着嘉德骑士团的格言，"心怀邪念者蒙羞"。国王穿着质量考究的，装饰着金隼和做工极为复杂的蓝色嘉德勋章的上衣与斗篷。[3] 这一描绘的精准性可能值得怀疑。但是，如果《胜者与无用者》的作者未曾亲眼看到爱德华三世的面容，那么他关于嘉德骑士团标志的描写，便能够深

1　E 101/392/12, fol. 17.

2　*Eulogium*, iii, 227.

3　*Wynnere and Wastoure*, 4–5 (ll. 59–98); Vale, *Edward III and Chivalry*, 73–75.

第十一章 为了亚瑟与圣乔治（1344—1355）

刻体现出嘉德骑士团作为君主的公众形象在当时已经广为人知。

关于爱德华三世的第二幅文字肖像是让·傅华萨描绘的。傅华萨仅在14世纪60年代初期去过英格兰，在之后的十年或更晚的时候开始撰写他的《闻见录》(Chronicles)。然而，我们有理由相信，他所刻画的爱德华三世的形象是真实的。他笔下的爱德华三世，站立在他的"托马斯号"上，时间是1350年温奇尔西战役前夕：

> 他站在船头，穿着一袭黑色的天鹅绒紧身上衣，戴着黑色河狸皮军帽，极为得体。一些随行的人告诉我说，他当天的心情比以往任何时候都要好。他让他的随行艺人奏起约翰·钱多斯爵士刚从日耳曼带回来的舞曲。兴致极高的他，还让钱多斯爵士与艺人一同歌唱，供其娱乐。[1]

王室内府的记载可以证实以上王室服装的描绘。正如傅华萨所写的那样，有几年里，爱德华三世穿着全套的贴身上衣和紧身裤，而这在1340年之后成为宫廷的流行服装。牧师们很讨厌这一服装款式，他们将那些穿着紧身裤的人斥为"娼妓"。后来，爱德华因太过肥胖，不再适合如此年轻的装扮：当他年近五十岁时，他将自己最喜欢的一根由天鹅绒和黄金打造的腰带加长，以适应他那膨胀起来的腰身。在庆祝场合，他与王后依然穿着传统的、多层的、长度及地并装饰着如《胜者与无用者》所描绘的精致图案的礼袍。如果说有什么变化的话，那便是，后来国王夫妇所穿的这些礼袍比他们年轻时所穿的更加奢华精美。主要用来制作领口、袖口及华美服装边缘的绸缎，首次出现在14世纪40年代的宫廷服装上。1350年，爱德华在嘉德宴会上所穿的礼袍便是用奢华的进口金线布帛制作而成的，该

1　Froissart, trans. Brereton, 115.

金线布帛从遥远的东方经威尼斯再来到英格兰。珠宝、镀金及装饰营造出闪闪发亮、光彩夺目的效果；数年之后，爱德华收到了一套装饰了鹈鹕及金色壁龛的礼袍。[1]诚如傅华萨所揭示的，在豪华精美的服饰中，令爱德华深深着迷的是帽子。1337年圣诞节，他定制了一顶动物图案的头盔，上面用珍珠、仿制珠宝及镀金镀银装饰着群虎、众树、一座城堡、一个骑在马上的人。[2]骑士比武赛上所戴头盔的顶部更是他费心费力装饰的地方：1352年，他戴了一顶红色天鹅绒头盔，上面装饰着野人和树枝，头盔的顶端是一只金豹。此外，当年他还戴了一顶由金、银制成并饰以蓝宝石的王冠。[3]

《胜者与无用者》里对国王的描绘提醒着读者，爱德华三世如何用纹章和织物来加强王权的威严。1340年，他穿着一件华丽的束腰上衣，戴着象征英格兰和法兰西的新徽章，一条红蓝双色天鹅绒马裤，上面用金线绣着狮豹和鸢尾花。[4]爱德华三世在服饰上对英、法王室颜色的采纳影响深远：1373年，布里斯托尔市民拥有的王家特许状上，就能看到闪闪发光的爱德华三世在蓝色的斗篷下（代表法兰西）穿着猩红色的礼袍（代表英格兰），戴着一顶装饰着鸢尾花的王冠。[5]格言也常常通过多种形式在穿着上展示出来。1342年的邓斯特布尔骑士比武赛上，王座及提供给比武骑士们的兜帽上都饰有谜一般令人费解的格言，"此即如此"（It is as it is）。而生动的对句"嘿嘿！这白天鹅／神的灵在上，我是你的人"（Hay hay the wythe swan/ By Godes soule I am thy man），可能也曾被用作1348年某次比武赛的主题。不久之后，爱德华可能还采用了"像忍冬一样强壮"（Syker

---

1　Newton, *Fashion*, 34, 53–54, 56; Monnas, "Silk Cloths", 285, 288; *Issues*, 189.
2　E 101/388/8.
3　K. Staniland, "Medieval Courtly Splendour", *Costume*, xiv (1980), 20. 亦见14世纪50年代初为国王提供的一顶饰有珍珠的猩红色镶边、锁扣和扣子由珍珠与绿宝石组成的黑色布风帽，E 159/133, *Brev. bar*., Mich., rot. 24d。1363年11月，爱德华从宫室里拿出一顶饰有鹰、金质字母E、珍珠及丝绸的红羊绒布风帽，E 101/394/16, m. 12。
4　E 101/389/4.
5　见本书第623页。

第十一章　为了亚瑟与圣乔治（1344—1355）　　　　　　　　　　　363

as ye wodebynd）的警句，因为忍冬蕴含着极强的韧性，有着不屈不挠的寓意。[1]1364 年，爱德华赠给王后两件饰有菲莉帕之语"我缠绕着您"（Ich wyndemuth）及"我的意旨"（Myn biddeneye）的礼服。[2] 在此背景下，国王和王后的身体也成为展示宫廷生活价值及理念的地方。

傅华萨对战船上的爱德华三世的描写告诉我们，音乐也是这一时期军事和宫廷生活的组成部分。大量的宫廷音乐演出是由行吟歌手提供的，有的歌手是以信使的身份由海外亲王贵族派遣而来。菲莉帕王后的埃诺同胞让·德拉莫特，既是一个有名的歌手，也是一个成功的诗人，他曾多次访问英格兰宫廷。[3] 偶尔，当地业余歌手也会被带进宫廷表演，如 1331 年，年轻的王后在克利普斯通，听到了一场由附近比尔斯索普女团奉上的即席演唱会。[4]在爱德华三世统治的前半期,他有一个军乐团,大约由二十人组成，不仅包括号手、鼓手，还有精通弹奏竖琴、琉特琴、维奥尔琴、索尔特里琴及吉他之人。[5] 提琴手梅兰是王室夫妇的座上宾，时常为他们演奏，提琴手亨利在 1346 年围困加来时还跟在爱德华身边。[6]14 世纪 50 年代，国王有一个专职的琉特琴手为其服务，而王后则有一个风琴手。[7] 后来，爱德华的宫廷里常年有一个十二至十五人规模的军乐团，包括管乐手、号手、鼓手，

---

1 "Observations", 43; Vale, *Edward III and Chivalry*, 64–65. 关于国王在14世纪40年代的那些饰有并不特殊的"文本"与"格言"的礼袍，亦见"Observations", 25, 44, 49。
2　E 101/394/16, m. 12.
3　N. Wilkins, "Music and Poetry at Court: England and France in the Late Middle Ages", *English Court Culture*, ed. Scattergood and Sherborne, 191–192; M. A. Rouse and R. H. Rouse, "The Goldsmith and the Peacocks: Jean de la Mote in the Household of Simon de Lille", *Viator*, xxviii (1997), 293–294.
4　JRUL, MS Latin 235, fol. 19r. 同一年还有两名女性舞者或杂技演员为王后表演，亦见 ibid., fol. 18v。
5　E 101/385/4.
6　Bullock-Davies, *Register*, 115; JRUL, MS Latin 234, fol. 27r; E 101/391/9, fols 10–10v.
7　E 403/355, 25 Nov. 1350; E 101/392/12, fol. 37; *CPR 1364–7*, 29.

为王室内府提供娱乐服务。[1]

如果我们仅仅考虑世俗表演者的话，那么便误解、低估了宫廷音乐的广泛性与重要性。牧师们为王室教堂组织的礼拜乐团也是同样的意义重大。1348 年后，这支乐团的重要性进一步提高，因为设置了专职的歌手——成年男子及男孩——为温莎和威斯敏斯特新建的学院提供专门服务。[2]1357 年之后，被囚禁在英格兰的约翰二世促进了英法宗教乐师的交流，而著名的法兰西作曲家马特斯·德桑什特·若阿内在菲莉帕王后的礼拜堂里生活了数年。当时流传下来的一首经文歌《亚瑟之民》(*Sub Arturo Plebs*)，完成于 14 世纪 60 至 80 年代，颂扬英格兰是一块没有暴君压迫的净土，骑士与教士共享无上的荣光。另外两首作于 1370 年的经文歌，《值得无与伦比的赞赏》(*Singularis laudis digna*) 与《赞美万王之王》(*Regem regum collaudemus*)，也同样歌颂了爱德华三世在俗世所取得的胜利及将来在天堂的无上尊崇。[3] 很明显，国王期待通过礼拜仪式上的颂歌及其他各种艺术表演形式，来加强他的威严形象，并传达他对君权政治的充分自信。

在整个 14 世纪 50 年代，爱德华三世极度依赖能提供世间日常慰藉的家庭和内府生活。然而随着时间的推移，对他而言，亲密关系网的成员发生了重要的改变。至 1347 年，他已给三个年幼的王子约翰、莱昂内尔及

---

1 *Issue Roll of Brantingham*, 54–57, 296–298, 301, 380, 423, 453, 489; E 101/397/20, mm. 27, 32. R. Rastall, "The Minstrels of the English Royal Households, 25 Edward I-1 Henry VIII: An Inventory", *Royal Musical Association Research Chronicle*, iv (1964), 15–20 提供了爱德华三世的行吟诗人的名单，但不够完整。

2 R. Bowers, "The Music and Musical Establishment of St George's Chapel in the Fifteenth Century", *St George's Chapel, Windsor, in the Late Middle Ages*, ed. C. Richmond and E. Scarffe (Windsor, 2001), 172–175.

3 A. Wathey, "The Peace of 1360–1369 and Anglo-French Musical Relations", *Early Music History*, ix (1989), 129–174; R. Bowers, "Fixed Points in the Chronology of English Fourteenth-Century Polyphony", *Music and Letters*, lxxi (1990), 313–335.

第十一章 为了亚瑟与圣乔治（1344—1355） 365

埃德蒙授予了封地，他们的封地分别来自阿尔斯特、里士满伯爵领地，以及曾属于已故的萨里伯爵的约克郡。[1] 十年之后，他们获得来自国库的两千镑拨款，以维持独立生活所需。至 1358 年，莱昂内尔和约翰拥有了自己的内府。[2] 大公主伊莎贝拉，在 1353 年时已二十一岁，尚未结婚，也被授予了一片独立的地产，以及伦敦的一处独立房产。[3]

将大量地产赐给王子公主，表明爱德华三世有意告示臣民，王室的下一代不仅是他自己也是整个国家的福气与财富。在 1348 年的温莎骑士比武赛上，莱昂内尔、约翰及埃德蒙曾公开露面。在接下来的五年里，他们还多次独自拜谒坎特伯雷、约克、黑尔斯（Hailes）、沃尔辛厄姆及贝里圣埃德蒙兹的重要教堂和圣地。1353 年，三个年轻的王子又被派到格洛斯特去参加祖父爱德华二世的年度安魂弥撒。[4] 王室的下一代也不断繁衍出新生一代。1355 年 8 月，就在爱德华三世最后一个孩子伍德斯托克的托马斯出生八个月之后，爱德华三世首度荣升为祖父，因为安特卫普的莱昂内尔的妻子生下一个女儿，取名菲莉帕。[5] 这表明，尽管爱德华自己过着悠闲自在的生活，但他与年长子女的联系却变得更间断且正式起来。对爱德华三世夫

1　Wolffe, *Royal Demesne*, 242–243.
2　E 403/384, 13 Feb. 1357; E 403/387, 6 May 1357; E 403/388, 4 Oct. 1357, 16 Feb. 1358; E 403/392, 11 May 1358; E 101/393/2; Ormrod, "Royal Nursery", 411.
3　Wolffe, *Royal Demesne*, 243–244; E 403/375, 22 Nov. 1354. 1355年，国王为伊莎贝拉所使用的盘碟就花费了近350镑，E 403/377, 20 June。
4　"Observations", 37; *AC*, 30; E 36/205, fol. 11; E 101/392/12, fols 34–34v, 35; SAL, MS 208, fols 3–3v.
5　GEC, viii, 447–448。王后的助产婆玛格丽特·冈特定期去看望伊丽莎白伯爵夫人，国王的医生随后也去看望她，E 403/378, 30 Nov. 1355; *Issues*, 164。莱昂内尔王子应该是在1352年他14岁的时候同妻子圆房。1353年因为照顾莱昂内尔的妻子而给国王的医生付款，可能意味着当时发生了流产，E 403/368, 7 June。莱昂内尔和伊丽莎白的第二个女儿在1357年出生不久就夭折了，"Chaucer as Page in the Household of the Countess of Ulster", *The Chaucer Society Publications: Life-Records of Chaucer*, ed. W. D. Selby, F. J. Furnivall, E. A. Bond and R. E. Kirk, 4 vols (London, 1875–1900), iii, 99; *BPR*, iv, 251。1361年有报告说伊丽莎白又病了，E 403/408, 6 July。

妇而言，他们那些已成年的孩子至少继续跋涉到宫廷来参加庆祝活动，大礼堂也继续用来庆祝重要宗教节日，这些无疑都是令人高兴的。[1]

在王子们逐渐自立门户的同时，国王内府的高级方旗爵士和骑士的人数也相应减少。这也是1347至1355年间国王内府成员没有参战的现实结果。当然，这并不意味着社会精英视宫廷为不友好的场所：沃里克伯爵和牛津伯爵的继承人托马斯·比彻姆、托马斯·德维尔在14世纪50年代都是国王内府的成员。而一些男爵及乡绅领袖，如沃尔、莱尔、赛伊、斯温纳顿家族的年轻一辈，在这一时期都以骑士、士绅的身份服务于爱德华三世。[2] 尽管内府骑士的规模小至二十人左右，但王宫侍卫骑士越来越规律地出自这个团体。1348年，约翰·格雷、约翰·莱尔、沃尔特·莫尼、罗伯特·费勒斯、罗杰·比彻姆、盖伊·布赖恩、理查德·拉瓦赫都被指定为王宫侍卫骑士。[3] 格雷从1350年起，接替老练的理查德·塔尔博特成为内务总管，一直任职到1359年，先后接任侍卫长的是巴托洛缪·伯格什（1347—1355年任职）及约翰·查尔顿（1356—1360年任职）。在加来之战与普瓦捷战役之间的这段时间里，爱德华三世长期驻留国内，专心于内政事务，而这带来了意外的后果——国王内府的贵族逐渐减少。

在需要帮助时，寻求友情援助而非内府成员的服务，是爱德华天生具备的社交能力。在这一时期，从负责国王人身安全并在纪念及政府活动中承担大量工作的警卫官里，出现了一些与国王关系密切的人。沃尔特·汉利便是极为重要的一个；此外还有血统关系密切的伍斯特郡的约翰·阿特沃德，他通过服务于王室，得到了爱德华的欢心，从而获利甚大，1370年

1　E 101/393/15, mm. 3–4; E 101/394/16, m. 13; etc.
2　E 101/392/12, fols 40, 41; E 101/393/11, fols 76, 76v; G. T. O. Bridgeman, "An Account of the Family of Swynnerton of Swynnerton", *Collections for a History of Staffordshire*, viil (1886), 35–41.
3　"Observations", 24.

第十一章　为了亚瑟与圣乔治（1344—1355）

时已成为侍卫骑士。[1] 国王自己也很喜欢这些被称为"心腹"的人的陪伴，这些人后来成为国王侍从官的前驱。他们通常两人轮值。在内府记载中，出现的常常是他们的昵称。"酸果汁（Verjuice）"与"酸醋（Vinegar）"（理查德·维吉斯与理查德·维纳格）出现于 1353 年，二人后来在法兰西及爱尔兰建立了军功。[2] 代替他们的是来龙去脉不那么清楚的"芥末"与"大蒜"，这二人可能曾是约翰二世的随从，他俩的名字很好地反映出爱德华三世关于民族烹饪的认知与幽默。[3] 第三对则是"索拉斯"与"汉斯"，可能是尼德兰人或日耳曼人，原本是黑太子内府的人，在 14 世纪 60 年代转而服务于国王。[4] 心腹侍从的昵称所表露出来的快乐语义，强烈地表明爱德华三世与理查二世一样，喜欢与至少一部分贴身侍卫和仆从保持亲密无间的个人关系。[5]

尽管爱德华三世很喜欢这种私人间的亲密关系，但是在 14 世纪 50 年代，王室节庆的规范性不断加强也是有目共睹的。不得不说，嘉德骑士团对宫廷生活的方式和节奏产生了重要影响。从 1349 年开始，直到他的统治结束，几乎每年的 4 月 23 日，爱德华三世都在温莎城堡举办一年一度的嘉德庆典。王室内府与编年史从 14 世纪 50 年代初期开始记录年度庆祝活动的方式及公众对他们的关注情况。年度庆祝活动包括三个重要元素：一场用来怀念已逝成员的庄严弥撒、一场骑士比武赛和一场盛大的宴会。每

1　关于汉利，见 R. Partington, "Edward III's Enforcers: The King's Sergeants-at-Arms in the Localities", *Age of Edward III*, ed. Bothwell, 94, 97。关于约翰·阿特沃德，见 E 101/392/12, fol. 41; E 101/393/11, fol. 76; E 101/395/2, no. 236; E 101/395/10; E 159/146, *Brev. bar.*, Pasch, rot. 5; *John of Gaunt's Register, 1371–1375*, ed. S. Armitage-Smith, 2 vols (Camden Society, 3rd series, xx–xxi, 1911), i, nos 57, 261; J. S. Roskell, L. Clark and C. Rawcliffe, *The House of Commons, 1386–1421* (4 vols, Stroud, 1993), iv, 892。

2　E 101/392/12, fol.42v; SC 8/247/12310. 酸果汁是用未成熟的苹果制成的酸汁。

3　E 403/401, 17 July 1360; Wathey, "Peace of 1360–1369", 143.

4　*BPR*, iv, 71; E 101/393/15, m. 11. 汉斯在1368年充任莱昂内尔王子在帕维亚（Pavia）的随从，E 159/145, *Brev. bar.*, Trin., rot. 10d。

5　N. Saul, *Richard II* (London, 1997), 394.

年为此事所做的准备，都花费不菲。如 1353 年圣乔治日的花销为国王大厅举办的全年活动之首，接近二百五十镑。[1]出于嘉德授勋及其礼仪活动的需要，爱德华三世对现有传令官进行了改组与扩大。[2]威廉——又称"沃朗特"(Volaunt，意为"飞翔者"，可能是温莎"金翅"的想象)或"韦兰特"(Vaillant，意为"勇猛的、坚定的、果敢的")，在嘉德骑士团创立的前十年里，曾多次筹办嘉德盛会。在 50 年代后期和 60 年代，他还以福尔肯、黑弗灵及温莎的头衔加入传令官序列。[3]如今，圣乔治日已与复活节、圣灵降临节、诸圣节及圣诞节一样，成为国王、其家庭及内府欢聚一堂共同庆祝的重要节日。[4]

参与圣乔治日欢聚的除了嘉德骑士，还包括大量的社会和政治精英。一份有关伊莎贝拉公主在 1350 年的礼服供应记录显示，爱德华三世当时已对王室及贵族女子提供支持，她们后来被称为"圣乔治兄弟会的女士们"。[5]1352 年的嘉德宴庆上，黑太子带来了一支规模很大的队伍，由骑士、传令官及行吟诗人组成。[6]温切斯特主教作为高级教士经常参加宴庆，而其他高级牧师，比如威斯敏斯特修道院院长也受邀出席。[7]1357 年的圣乔治

---

1 E 101/392/12, fols. 10. 34; Collins, *Order of the Garter*, 211–212. 为准备这一事件而进行的工作，见E 101/391/1, fol. 15。

2 安德鲁·"克拉伦塞尔"（克拉伦休）出现于1334年，BL, Add. MS 46350, rot. 7。关于1338年诺罗伊纹章官（Norroy King of Arms）的首次露面，见A. R. Wagner, *Heralds and Heraldry in the Middle Ages* (Oxford, 1939), 35。

3 E 403/378, 21 Dec. 1355; E 403/388, 24 Jan. 1358; *Issues*, 169, 171; E 403/391, 4 May, 7 Sept. 1358; E 403/396, 7 June 1359; E 403/408, 4 May 1361; E 101/393/11, fol. 76v; E 101/395/10; Wagner, *Heralds*, 35–37; Vale, *Edward III and Chivalry*, 152 n. 112. 沃朗特至少从1349年已开始服务于王室，*CFR 1347–56*, 187–188; E 159/133, *Brev. bar.*, Mich., rot. 2d。关于（科利内·）福尔肯，亦见E 101/398/9, fol. 82; Froissart, vi, 110–112。

4 E 101/392/14, m. 2.

5 E 101/392/4, m. 2; J. L. Gillespie, "Ladies of the Fraternity of St George and of the Society of the Garter", *Albion*, xvii (1985), 259–278.

6 *BPR*, iv, 72–73.

7 Biddle et al., *King Arthur's Round Table*, 513–518; WAM, 12211.

第十一章 为了亚瑟与圣乔治（1344—1355）

日正值威斯敏斯特议会期间，爱德华三世因此下令4月21至23日休会，以便自己和部分贵族能够暂时离开，赶去温莎庆祝黑太子刚刚在法兰西普瓦捷所取得的大捷。[1] 尽管这个由王室成员、贵族及骑士组成的二十六人小团体具有明显的排他性，但在此制度创立后的头十年里，爱德华三世持之以恒地在温莎举办年度庆祝活动，希冀通过这种方式吸收更多政治精英加入。英格兰的新亚瑟王不仅仅是个军事英雄，还是个精明的政治领袖。

在1346至1347年间的大胜利之后的十二年或更长的时间里，爱德华三世在其追随者中的威望越来越高，在国际舞台上的名声越来越响，而这促使他对自己的宫廷生活方式更加自信。他被认为是伟大的骑士英雄，在重建温莎的亚瑟形象的过程中起到了关键作用，也为宣扬金雀花王朝的君权及英格兰军队提供了合适的题材。14世纪30年代，爱德华曾努力通过举办马上刺枪比武和宴会来恢复宫廷的魅力，如今它们成为固定于每年4月23日举办的新宫廷活动嘉德纪念节日的一部分，更繁缛且日益仪式化。英格兰宫廷向世人展示其有能力委托欧洲最好的一些手工艺人、艺术家及表演者完成作品。所有这一切，都表明了一个充分参与公众活动以庆祝军事和政治成就的君主政权日益扩大的世界视野。

1　*CPR 1354–8*, 527; *PROME*, iv, 130.

第十二章

通向普瓦捷之路(1347—1356)

1347年秋从加来凯旋之后,爱德华三世发现自己成了监狱长,监管着一队身份高贵的战犯。被他监押的人有大卫·布鲁斯、布卢瓦的查理、厄镇伯爵、唐卡维尔伯爵,以及苏格兰、法兰西的其他贵族与骑士。在接下来的十年里,金雀花王朝的战略目标是将这些身份高贵的战俘作为处理苏格兰、法兰西领土争端及达成最终和平的谈判筹码。有时,似乎最终达成的目标仅仅体现在财政上。在困难的情况下,爱德华三世似乎被丰厚的赎金所诱惑,而不是坚持更雄心勃勃的解决方案。相应地,他也显示出愿意牺牲不太现实的目标从而换取稳固的领土收益或金钱补偿。最重要的是,当其他条件被证明是更加有利时,爱德华愿意放弃苏格兰的宗主权和对法兰西的主权要求。然而除了这些即时的外交考虑,爱德华也开始认真思考他的家族利益,即他的后世子孙或许有一天能够恢复之前安茹帝国的版图,将整个不列颠群岛及法国北部、西部置于金雀花王朝的统治之下。尽管有时他会因为机会主义而妥协,但我们不能无视他旨在维护剩余权利,并在适当时候利用这些权利为自己和子孙谋取集体利益的娴熟技法。

1347年9月28日,爱德华三世与腓力六世派出的代表同意双方全线

第十二章　通向普瓦捷之路（1347—1356）

休战九个月。[1]对英格兰国王而言，当前最紧迫的问题便是在事实控制加来的基础上，在当地建立起有效统治，以便将其作为进攻法兰西的桥头堡。[2]尽管爱德华保留了将加来所有法兰西人驱逐出境的权利，但他也渴望得到他们的屈服与效忠。他批准了阿图瓦女伯爵马奥在1317年所制定的加来宪章，及时地向加来的新子民传达了善意。[3]吸引忠诚的人来加来定居的需求——以便将加来变成纯粹"英格兰人"之城镇，就像傅华萨指出的那样——也激励了一项衰退中的经济政策的发展。金融刺激措施包括为新来的定居者提供显著的税费减免。此外，1348年爱德华三世还在加来建立了一个供英格兰出口铅和布帛的集散中心。[4]然而，维护加来带来了高昂的花费，不可避免地引起了英格兰国内最广泛的关切。至1355年，为了保卫加来，每年永久驻军的开销在八千至一万镑之间。1351年，由于近来为加来提供物资所进行的强制征发，议会发出了激烈的抗议声。爱德华被迫大量减少类似的强制性购买，转从公开市场上购买食材等物资。[5]通过控制加来，爱德华向世人宣告，他有能力在敌人的领土上赢得一个战略要地。为了牢牢控制此地，他不得不坚决瓦解来自敌人的阴谋，以及国内民众偶尔的摇摆不定。

尽管1347至1348年间的冬春两季，英法两国暂时停止了敌对行动，但英格兰是否能够迫使法兰西接受最终的和平协议依然未知。在1348年1月的议会上，兰开斯特伯爵与北安普敦伯爵向下议院许诺，战争将会停止，和平将会实现。[6]然而，他们得到的反应相当复杂，因为英格兰民众中较为强硬的仇外者显然认定国王应当抵制苏格兰和法兰西敌对者的讨好，应继

1　*Foedera*, III.i, 136–138; Avesbury, 396–406; Baker, 92–95; *Anon. Cant.*, 14–15; Paris, Bibliothèque Nationale, MS Fr. 693, fols 232v–233.

2　*Foedera*, III.i, 138–145, 158.

3　Le Patourel, *Feudal Empires*, chap. xiv, 232–233.

4　Froissart, iv, 296; *Foedera*, III.i, 158, 178; C 76/26, mm. 8, 16d.

5　Harriss, *King, Parliament*, 328–329; Sumption, ii, 20–22; *CFR 1347–56*, 273–277, 288–291; *PROME*, v, 5–6, 13–14; Burley, "Victualling of Calais", 49–57.

6　*PROME*, iv, 412–413, 452.

续推动战争以取得目前看来已经在握的最终胜利。随着加来的沦陷，英格兰一些受过教育的人用复杂的拉丁文诗歌发泄了民粹主义反法偏见者最为恶劣的一些行径。[1] 这一时期的一首诗，将被俘的法兰西人贬斥为阉割过的"公鸡"，暗示他们往好了说是软心肠，往坏了说就是鸡奸者。[2] 所有这些表明，对敌人的仇恨之心坚定了政治家们的好战之意。有报告称，3月召集的议会确实讨论了和谈条约，但狡猾而不可信的法兰西人又集结了一支侵略英格兰的军队。下议院尽管小气，但还是签署同意了继续征收当前的恶税，以及另外连续三次的十五分之一税和什一税，以支持战争的继续。[3] 当年夏天，佛兰德斯地区发生的事，让英格兰一方的忧心渐增。佛兰德斯的新伯爵路易·德梅尔宣称他重新控制了叛变的城镇，并迫使他们不再与爱德华联盟。当6月加来协议到期时，腓力六世迅速派出一支由西班牙的夏尔和杰弗里·德沙尔尼领导的军队，命令他们切断加来与佛兰德斯之间的交通路线。爱德华原本计划延长休战时间，但到10月时，他决定亲率部队穿越海峡。10月末，他移驾桑威奇，去等待其代理人兰开斯特的亨利与威廉·贝特曼从法兰西宫廷传来的消息。[4] 那些英格兰爱国者认为，加来的陷落将会导致法兰西被英格兰全面征服，而这激励他们绷紧神经，迎接最后也是最伟大的一场交锋。

事实上，在1347至1349年间，自然灾害和瘟疫导致的人类悲剧，让

1　*Political Poems*, i, xix, xxi-xxii, 26–51, 53–58; A. G. Rigg, "Propaganda of the Hundred Years War. Poems on the Battles of Crecy and Durham (1346), A Critical Edition", *Traditio,* liv (1999), 169–211.

2　*Political Poems*, i, 91–93; James, "John of Eltham", 64; R. F. Green, "Further Evidence for Chaucer's Representation of the Pardoner as a Womanizer", *Medium Ævum*, lxxi (2002), 308.

3　*PROME*, iv, 451–453, 459; Jurkowski, Smith and Crook, *Lay Taxes*, 47, 50. Knighton, 88认为第二次议会是在第一次议会休会之后再开的，显而易见的是很多1月下议院的议员也是3月议会的下议院议员，K. L. Wood-Legh, "The Knights' Attendance in the Parliaments of Edward III", *EHR*, xlvii (1932), 406, 408。

4　*Foedera*, III.i, 166, 172–174, 175–176; *CLBL, F*, 185.

第十二章　通向普瓦捷之路（1347—1356）

双方除了暂停敌对行动之外别无选择。[1]1348 年 11 月 13 日，英法协议将停战时间延长到来年 9 月。数日之后，在埃丁顿主教的陪同下，爱德华渡海前往加来，去与佛兰德斯伯爵签署一项意想不到的协议。12 月 4 日，国王的代理人与佛兰德斯伯爵在敦刻尔克正式签署的这份协议要求，爱德华应放弃与根特和伊普尔城镇的联盟；而路易方面，则因为法兰西拒绝把应归其继承的阿图瓦、里尔、杜埃三地交给他，所以他不再效忠于瓦卢瓦，转而支持爱德华对法兰西王位的诉求。[2]路易为爱德华三世提供军事协助的承诺是秘密进行的，但最终证明其毫无价值：根特和伊普尔一归服于他，他便撕毁了与英格兰的联盟协议。与此同时，爱德华与卡斯蒂利亚阿方索十一世的邦交也被证明是失败的。到 1349 年夏，卡斯蒂利亚舰队已开始在法兰西海岸与诺曼底舰队联合集结。当英法双方从黑死病的重创中逐渐恢复过来后，爱德华三世肯定已深刻地认识到，他在 1346 至 1347 年间所取得的重大胜利，事实上对外交环境的改变甚微。

在这段黑暗的日子里，有一丝希望的光芒在闪耀，那便是爱德华三世尝试恢复英格兰-帝国联盟。当巴伐利亚的路易在 1347 年 10 月死后，众选帝侯前来拜访爱德华三世，提议让他作为皇帝的候选人。1348 年 5 月，爱德华谢绝了提议，这让英格兰民众交相欢庆，因为英格兰民众视此为他将不再接受虚荣奉承的信号，因此也不会背弃他当初在法兰西许下的承诺。[3]实际上，爱德华认为，与自己去追逐虚名相比，更好的选择是支持他的主要竞争者——波西米亚的查理四世——去争夺这一空名。尽管查理曾在克雷西战役中与其目盲的父亲为瓦卢瓦而战，然而如今的他已迫切希望与爱德华交好。基于此，他一方面支持王后菲莉帕继承其兄部分领土的诉求，

1　*Foedera*, III.i, 182–183, 184–185, 188.
2　Ibid., III.i, 177–179; *EMDP*, I.ii, no. 256; E 403/344, 14 Nov., 21 Nov., 1 Dec., 17 Dec. 1348; Chaplais, *Essays*, chap. xiii, 193; Fowler, *King's Lieutenant*, 75–83. 召集议会是为了商讨这一外交举措，但因为黑死病，这次议会并未召开，*CCR 1346–9*, 607–608。
3　*Foedera*, III.i, 161; Baker, 97; Knighton, 90–93.

另一方面又不再给腓力六世提供支援。到 1349 年，与遥远的帝国君侯重新结盟，并再次招募日耳曼、尼德兰军队进攻法兰西，对爱德华而言已是触手可及之事。[1]

1349 年夏，腓力六世终于决定与英格兰再次开战，他任命盖伊·德内勒率领一支庞大的军队向西南挺进。14 世纪 40 年代中期，格罗斯蒙特的亨利取得的系列战果使英格兰士兵及其同情者控制了圣通日、普瓦图，以及利摩日、卡奥尔、佩里格教区和阿让奈等地区。爱德华三世似乎已经预料到要集结一股可观的力量进行报复。1349 年，大量的帆船包括三百艘挂有圣乔治旗的船只聚集起来，以加入"加斯科涅远航"。[2]然而，最后，兰开斯特伯爵仅带了三百五十人前往阿基坦，因此，当年冬天他在阿基坦的战役，基本上都仰仗忠实的加斯科涅部队。他率领自己的这支队伍沿着加龙河前行，越过阿让奈，向图卢兹（Toulouse）挺进。但是规模如此小的一支军队，根本无法取得任何持久的战绩。因此，他向拉雷奥勒撤退，之后转战波尔多。格罗斯蒙特以总督的身份与当地签订了短暂休战协定，休战时间持续到 1350 年 4 月。[3]

同时，发生在加来的一次行动，鼓舞了爱德华三世。1349 年 12 月 24 日，当宫廷上下在王后位于埃塞克斯的黑弗灵庄园忙于准备圣诞节时，爱德华发现了杰弗里·德沙尔尼伺机夺回加来的阴谋。帮助英格兰防守加来的一个意大利雇佣兵——帕维亚的艾默里克叛变，许诺说，法兰西人在午夜时分秘密攻击加来城时，他将打开城门。爱德华迅速召集了一支王室内府卫队，与威尔士亲王率军秘密渡海驶向加来。当沙尔尼还在圣奥梅尔与同谋者会面时，爱德华已秘密进入加来城，将自己和军队掩藏在错落凌乱的小径与建筑之中。在这支精壮的队伍中，有二十二岁的罗杰·莫蒂默——他

1　Offler, "England and Germany", 629–631, Trautz, *Könige von England*, 344–352.
2　E 101/391/1, fol. 4.
3　Sumption, ii, 58; Fowler, *King's Lieutenant*, 84–88.

第十二章　通向普瓦捷之路（1347—1356）

与爱德华之前的手下败将、首任马奇伯爵同名，也是后者的孙子。讽刺的是，自从 1330 年老莫蒂默在诺丁汉倒台后，爱德华就再也没有进行过这样重大而关键的秘密军事行动了。

1350 年 1 月 2 日，黎明之前，帕维亚的艾默里克已在加来的要塞升起法国旗帜。然而，当他派人将法兰西第一支部队带进城门后，英格兰士兵已经秘密登上门楼，砍断了吊桥，以阻止更多的法兰西军队入内。英格兰人一边大叫着"去死吧，去死吧"，一边冲向进入城门的法兰西人。意识到自己被出卖，沙尔尼赶紧率军撤退。就在这时，爱德华三世与黑太子率领大军从城内冲出，在一片"爱德华与圣乔治"的高喊声中将法军团团围住。这一战斗被当作爱德华三世面临突发事件沉着应对的证明，也体现了他卓越的军事才能。总之，这为爱德华的英明神武提供了鲜活而充分的证据。傅华萨特别欣赏这场在加来街道及周边地区进行的小规模战斗中所体现出来的骑士精神。就像在之前的骑士比武赛中乔装参与战斗及微服潜往海外执行秘密任务一样，如今爱德华据称又以一名普通骑士的装备武装自己，在沃尔特·莫尼爵士的旗帜下与法军展开搏斗。遵循尊重战败者的惯例，英王在佛兰德斯行军时，将这一天的荣耀授予被俘的法国总督厄斯塔斯·德里伯蒙。[1]

1350 年加来守将艾默里克的背叛所造成的危害，及爱德华三世重新夺回加来的战略部署的重要性，可能在之后几代人无数次的重复叙述中被过度演绎了。艾默里克可能是受到了爱德华三世的指使而欺骗沙尔尼，以便在加来将其彻底击败。即便爱德华确实主导了这场叛变策划，这件事情的风险也是难以接受的。如果事态沿着相反的方向发展，这对英格兰而言将是灾难性的。此外，国王的出面，对重建该城的秩序并获得守城者与居民

1　Le Bel, ii, 176–182; Froissart, iv, 70–81; Baker, 103–108; *AC*, 30–31; *Anon. Cant.*, 16–17; *Hist. Angl.*, i, 273–274; le Muisit, *Chronique*, 262–263; BL, MS Cotton Faustina B. V, fol. 100; *Society at War,* 23–24; Crane, *Performance of Self*, 130–131; Rose, *Calais*, 31–32.

的忠诚可能非常关键。1349 至 1350 年的圣诞节期间，爱德华及其军队在加来的神出鬼没，对继续控制加来并让民众深信英王抗击法兰西的正当性有着重要作用。

这场战斗也再次激发了爱德华的战争雄心。尽管兰开斯特伯爵的停战协议值得尊重，而与法兰西的新和谈也在加来城外的吉讷（Guînes）举行，但爱德华三世如今已打算再次在法兰西发动一场大行动。1350 年 3 月末，他召开了军事会议，命令调集弓箭手、舰队，以备 6 月起航。在此次会议上，爱德华可能为其大臣所诱导，最后他决定接受另外十二个月的休战协议。[1] 腓力六世死于 8 月 22 日，其子约翰二世的加冕典礼，再次在英格兰掀起了瓦卢瓦篡夺金雀花王朝继承权的舆论风暴。[2] 在即位之初，约翰便犯了一个严重的错误，因为他处决了曾被囚于英格兰，后返回法兰西商议赎金问题的厄镇伯爵拉乌尔·德布里耶纳。他的专制行为激起了法兰西政界的一致反对。爱德华三世显然希望这一丑闻能够让约翰二世遭到更多的反叛。[3] 当年 10 月，约翰二世人人皆知的私生子托马斯·德拉马尔什访问英格兰宫廷时受到了冷落，这可能是英格兰特意冷落法兰西新王约翰二世的行为。托马斯寻求爱德华资助他与一名法兰西骑士的决斗，显然表明他父亲骑士资格的不足。[4] 若非顾问们再三提醒，爱德华三世宁愿利用约翰二世的早期困境而立即重启战争。

由于陆地作战计划临时受阻，国王将注意力转向了卡斯蒂利亚舰队。

---

[1] *RDP*, iv, 587; *Foedera*, III.i, 192–198, 200. 国王随从骑士被召集，很可能与这些计划有关，E 403/353, 28 May 1350。

[2] Baker, 111; C. Given-Wilson, *Chronicles: The Writing of History in Medieval England* (London, 2004), 186–187.

[3] Le Bel, ii, 198–200; Froissart, iv, 123–125; *Chron. J&C*, i, 28–30; *Chron. QPV*, 19–20; Cazelles, *Philippe VI*, 247–252; Cuttler, *Law of Treason*, 154; Given-Wilson and Bériac, "Edward III's Prisoners", 821–822. 伯爵返回法兰西违反了爱德华三世的关押规则，见 *SCCKB*, vi, no. 45。

[4] *CPR 1350–4*, 8; SC 8/246/12280.

爱德华三世墓肖像头像

爱德华二世安置在格洛斯特修道院的陵墓，有可能是爱德华三世在14世纪30年代委托修建的，在位期间他曾多次造访（安杰洛·霍纳克图片库）

约克大教堂西面。1328年爱德华三世与菲莉帕王后在其内举行婚礼时,大教堂仍未竣工

铸于约 1350 年的爱德华三世贵族金币,在 1344 年首次发行。币面描绘了国王登上一艘战船,以纪念 1340 年的斯鲁伊斯海战

爱德华三世银币是 1351 年货币改革中的创举,面值相当于四便士

这座为伊莎贝拉王太后所拥有的诺福克赖辛堡,曾多次见证她与爱德华三世的团聚,后由黑太子继承

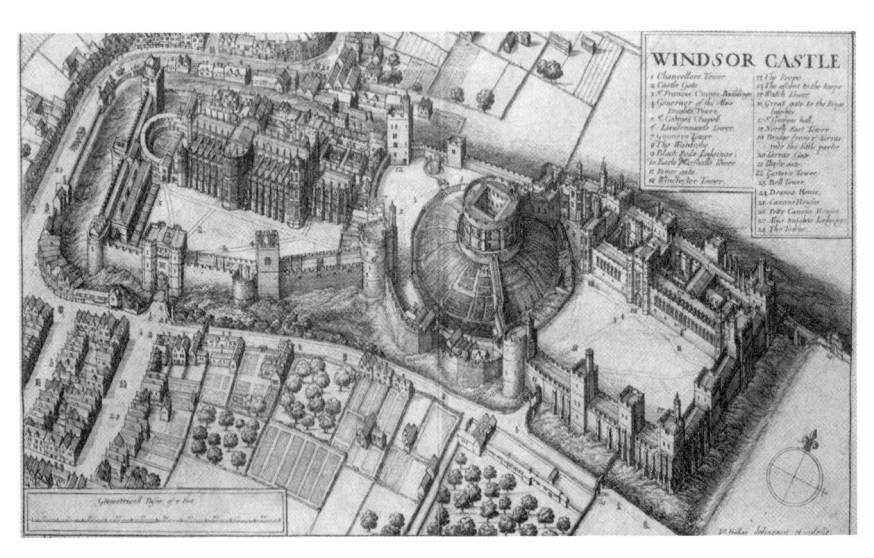

这幅17世纪的版画展示了温莎堡的上区,与爱德华三世在14世纪50至60年代进行大规模重建工程后留下的大致相同

14世纪50年代落成的威斯敏斯特圣斯蒂芬礼拜堂,其东墙为爱德华三世与圣乔治壁画

1357年签订《贝里克条约》时的爱德华三世与苏格兰的大卫二世,出自理查二世时期编汇的外交档案

威斯敏斯特宫少数现存的中世纪建筑之一珠宝塔,最初由爱德华三世于 14 世纪 60 年代建造

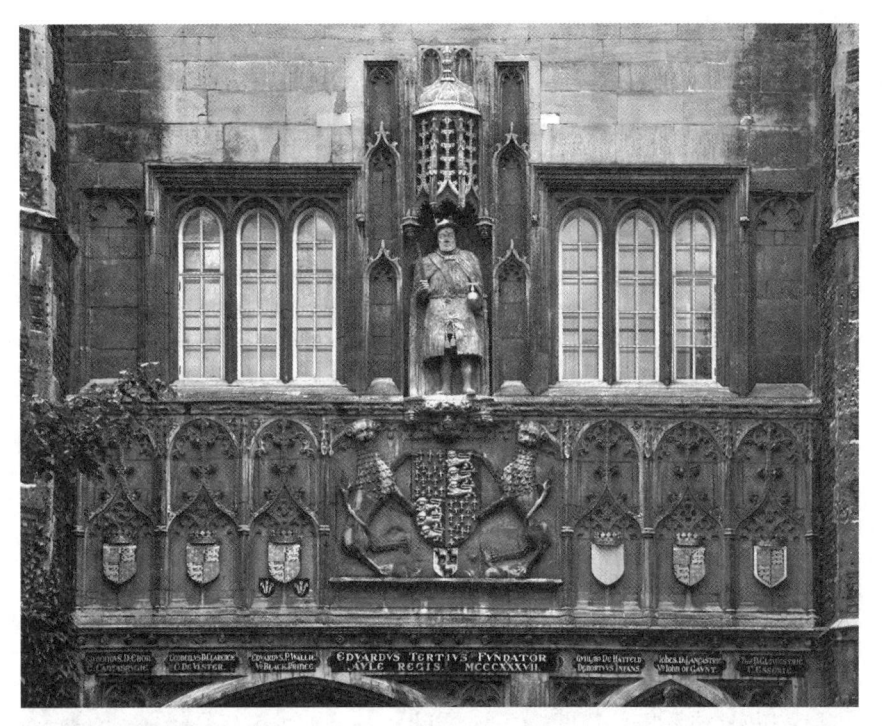

亨利八世以爱德华三世和他六位儿子装饰剑桥大学三一学院大门立面

尽管第二次战争时运不济，布里斯托尔市民还是在其1373年的特许状中，把爱德华三世描绘成法兰西加冕长袍的生动形象（布里斯托尔档案馆，CC/1/7）

埃诺的菲莉帕生前委托工匠让·德列日为自己打造的坟墓雕像，庄严妻子的形象栩栩如生（安杰洛·霍纳克图片库）

理查二世统治时期修建于坎特伯雷大教堂内的黑太子伍德斯托克的爱德华墓(1376)

1788年美国画家本杰明·韦斯特受乔治三世委托为温莎堡创作的《克雷西之战中的爱德华三世与黑太子》(英国王室收藏)

1842年，维多利亚女王与阿尔伯特亲王在白金汉宫举行的大型盛装舞会上扮演埃诺的菲莉帕和爱德华三世，这一幕被爱德华·兰西尔爵士绘制成画（英国王室收藏）

这支怀有敌意的军队给过去十年来在海峡享有优势的英格兰舰队造成了威胁。因此，爱德华将国内宣传机器转向西班牙，命令教士在祈祷时要加上反对卡斯蒂利亚入侵英格兰领土的祷词。[1] 8月初，卡斯蒂利亚的新王——"残酷者"佩德罗一世同意加入英法之间新近的休战协定。[2] 很明显，出于对这友善行为的回应，爱德华三世缩短了在北安普敦的狩猎时间并返回伦敦参加军事会议。爱德华三世率领了一支相当强大的军队，征集了大约五十艘船、大量的披甲战士。统帅这支队伍的除了国王，还有爱德华王子、兰开斯特伯爵、北安普敦伯爵及沃里克伯爵。爱德华乘船从罗瑟希德出发，顺水而下泰晤士河口湾。在肯特的桑威奇等待了近两周，他西去折向邓杰内斯海岬，想要突袭卡斯蒂利亚的护航船队。卡斯蒂利亚的护航船队由二十四艘船组成，船上满载着佛兰德斯的货物，正打算横渡海峡。

8月29日傍晚，爱德华的舰队成功将这支潜在的敌军拦截在温奇尔西海岸。战争打得很激烈，因为西班牙的单层甲板大帆船远比英格兰船大。西班牙舰队的飞弹如冰雹般砸在爱德华一方的甲板上，国王与王子的船在试图撞击敌船的过程中遭到了极大的损坏。然而，一旦靠近并登上卡斯蒂利亚人的船，英格兰的披甲战士便展现出他们在近身肉搏战中的优势。这场血腥而光辉的胜利，通常被称为"海上大战西班牙人"（les Espagnols sur mer）。[3] 黑太子将战利品——毕尔巴鄂战船献给了他的父亲。此后，英格兰舰队还在海上巡游了几周，以便将被打散的西班牙船舰一个一个地消灭。[4] 而爱德华三世则从拉伊（Rye）登陆。北返狩猎之前，他先前往坎特伯雷的贝克特圣地，去献上感恩的供品。

与十年之前的斯鲁伊斯海战相比，温奇尔西海战的规模及战略意义都

---

1 *Foedera*, III.i, 201–202; London, Lambeth Palace Library, Register of Simon Islip, fol. 22.
2 *Foedera*, III.i, 228–229; *CLBL, F*, 234.
3 Froissart, iv, 88–98; Baker, 109–111; *Anon Chron., 1333–81*, 31; *Hist. Angl.*, i, 274–275; Rodger, *Safeguard of the Sea*, i, 104.
4 E 101/24/14, no. 1.

要小一些。欧洲大陆编年史家如图尔奈的圣马丹修道院院长认为，这只是一场不具备决胜意义的小规模战斗。事实上，这次海战的重要性更加体现在宣传价值上，通过这次海战，英格兰向世人宣告了这片在14世纪50年早期颇有争议的狭窄海域，如今已被自己成功而有效地控制了。[1]然而，对于支持爱德华三世的国内民众来说，这不仅是一次解放，更是爱德华三世在对战海外敌人时又一次神奇而伟大的胜利。而对于那些持有种族成见的人来说，在英格兰人最讨厌的敌人名单上，如今又加上了"黑胡子"西班牙。[2]

这次海战似乎为形成国王海军力量核心的王家舰队留下了一项重要且长久的遗产。在14世纪50年代中期，爱德华三世共有二十八艘海船，任由其私人调派，包括为战争而打造的"耶路撒冷号"（Jerusalem）、"爱德华号"（Edward）、"猎鹰号"（Falcon），以及征购而来的商船如温奇尔西的"圣玛丽号"（St Mary）、赫尔的"托马斯号"。[3]1350年后，政府为了保护定期来往于波尔多和英格兰南部港口的运酒船队，也设置了护送制度，通过阶段性地征收吨税与磅税，以支持武装力量保护海峡里这条繁忙的海运路线。[4]在这些背景下，1350年战争的胜利加强了爱德华对海上的控制。此战之后不久，国王船队的管理人员威廉·克卢尔新置办了三百六十七面饰有蓝底圣乔治标志的旗帜。[5]如嘉德骑士团一样，舰队本身也成为一种永恒纪念，既象征着爱德华三世持久不变的法兰西抱负，也纪念英格兰圣人给予其追

1　Le Muisit, *Chronique*, 276. 关于勒米西特的世界观，见B. Guenée, *Between Church and State: The Lives of Four French Prelates in the Late Middle Ages*, trans. A. Goldhammer (Chicago, 1991), 71–101。
2　Minot, *Poems*, 54–55.
3　E 101/24/14, no. 8.
4　C. Richmond, "The War at Sea", *Hundred Years War*, ed. Fowler, 100–101; M. K. James, "The Fluctuations of the Anglo-Gascon Wine Trade during the Fourteenth Century", *Economic History Review*, 2nd series, iv (1951), 181–188; Ormrod, "Origins of Tunnage and Poundage", 210–214. 关于爱德华对运酒护航的关注，见C 81/1333/61。
5　E 159/133, *Brev. bar.*, Mich., rot. 24d.

第十二章 通向普瓦捷之路（1347—1356）

随者的神圣保护。

虽然英格兰取得了温奇尔西海战的胜利，但胜利女神并未光顾爱德华那些在法兰西西部、南部的军事统帅们。在整个 1351 年，这些地区的英格兰兵力都处于艰苦搏斗并不断失利的困境之中。格罗斯蒙特的亨利派了一支骑兵穿过阿图瓦及皮卡第地区。英格兰与加斯科涅联军在桑特打了场胜仗，俘虏了盖伊·德内勒，杀了许多法兰西贵族。然而，兰开斯特伯爵秘密前去协商冈特的约翰与襁褓中的佛兰德斯伯爵女继承人之间的婚事，却遭遇了失败，而路易·德梅尔公开倒向法兰西，给英格兰的外交带来了巨大的冲击。另一个屈辱，便是阿基坦大区圣让-当热勒（Saint-Jean-d'Angély）据点的丢失。在此情况下，爱德华三世别无选择，只好接受提议，将英法休战时间延长至 1352 年 9 月。[1]

但是，以地方防卫为幌子的大量军事行动并未因休战协议而受阻。1352 年 1 月，一小队英格兰士兵袭击并占据了加来南边五英里远的吉讷镇。领导这次袭击行动的是一个名叫约翰·唐卡斯特的贪财之徒，很显然，他并未获得授权。这很快引起了法兰西人的指责，说英格兰违反了停战协议。爱德华三世找到了一个便捷的方法来解决这一难题，他宣布吉讷由自己——唐卡斯特的上级领主——没收。[2] 军事要塞及其腹地因为此战而被纳入加来的势力范围，并在 1558 年前一直由英格兰控制。占领吉讷所带来的争论，似乎成为 1 月 13 日开始的威斯敏斯特议会上威廉·谢里沙尔、巴托洛缪·伯格什所发表的一系列声明的导火索，他们提醒上、下议院说，议会一直支持战争，宣称约翰二世如今在加斯科涅、布列塔尼及苏格兰蓄意违反休战协议，并指出国王的臣民应该直面"恶毒而狡诈"的敌人。在谨慎但难掩兴奋的氛围中，下议院同意，为了守卫领土，国王应该继续征收三年的直

1　*Foedera*, III.i, 224, 230–232; Rogers, *War Cruel and Sharp*, 287–288; Fowler, *King's Lieutenant*, 100–101.
2　Baker, 116–118; Avesbury, 414–415.

接税。[1]

在接下来的六个月里，一系列战略计划缓慢地出台了。自1351年始，沃尔特·本特利爵士一直忙着为他遭受伏击和谋杀的前任——布列塔尼总督托马斯·达格沃思复仇。尽管这一场战争也有值得纪念的时刻，但与其说它是一场精心策划的对抗战，不如说它是一场消耗战。1351年发生的另一个事件是，从相互竞争的若瑟兰、普洛埃梅勒（Ploërmel）两个要塞里选出来的三十名重骑兵，仿效混战式骑士比武赛的做法，进行了肉搏格斗。此所展现出来的骑士精神，往往比法军技术上的胜利更重要，故被以诗歌、散文的形式广为书写、流传，"三十人之战"成为百年战争中脍炙人口的浪漫作品。[2]1352年，据称，本特利想要扩大军队规模，以增强公国的战斗力。斯塔福德伯爵也将率领一支新的远征军前往加斯科涅。国王亲率六千人马，将从加来入侵法兰西北部。不过，这次王家远征行动很快就被放弃了，取而代之的是一支被派过去帮助加来防守当地据点的较小部队。但爱德华渴望的重大胜利最终在夏季传来了佳音。在阿基坦，斯塔福德伯爵成功占据了布莱，并几乎控制了加龙河湾的所有据点。在布列塔尼，收获更加惊人。8月14日，在莫龙（Mauron），本特利仿效哈利顿山丘及克雷西战役的作战策略，组织了一场小型战役，将不管在人数还是装备上都远胜于己方的法兰西与布列塔尼盟军打得惨败。法兰西统帅盖伊·德内勒及大约八百名重骑兵战死。[3]至当年秋，爱德华三世的将帅们在法兰西的军事行动已取得了重大进展，有效地控制了阿基坦、布列塔尼及加来海峡。对爱德华三世而言，最关键的问题是如何说服瓦卢瓦王朝，任何和平协议不仅要顾及1337年战争开始之际英法两国的领土争端，还要顾及英格兰近来在法兰西

1　*PROME*, v, 33–34, 41–42.
2　Le Bel, ii, 194–197; "La Bataille de trente Anglois et de trente Bretons", ed. H. R. Brush, *Modern Philology*, ix (1911–12), 511–544; x (1912–13), 82–136.
3　Sumption, ii, 92–98; Rogers, *War Cruel and Sharp*, 288.

第十二章　通向普瓦捷之路（1347—1356）

北部、西部所取得的重要进展。

1346 年内维尔十字战役中大卫二世被俘，不但广泛影响了苏格兰的内政，也深刻影响了英格兰与苏格兰之间的关系。尽管罗伯特·斯图亚特在大卫二世被俘之后接管了朝政，但北部王国的政治统一形势还是迅速萎缩了。至 1348 年初，英格兰再次在罗克斯堡、杰德堡、皮布尔斯、塞尔扣克（Selkirk）、邓弗里斯及加洛韦建立了宗主权。与扶持爱德华·巴利奥尔成为苏格兰的傀儡君主不同，如今爱德华三世的外交策略发生了重要改变。[1] 本质上，爱德华想要两面手段。一方面，他希望苏格兰人相信，作为苏格兰重金赎回被囚君王的前提条件，他将接受大卫·布鲁斯的王位；另一方面，在商议并支付赎金之前，他不想做任何有损他在苏格兰权利的事情。这是爱德华三世典型的欲两者兼得，1347 年英苏之间的外交协商陷入停滞，至少有一部分原因应该归结于他对自己策略的自信及在其位的道德优越感。然而，在这个难解的问题之外，还出现了一种新的提议，即金雀花王朝的王子在将来可以继承苏格兰王位。赎回大卫·布鲁斯的漫长争论，表明爱德华三世怀有将苏格兰并入金雀花帝国的野心。

从 1346 年大卫被关在伦敦塔里开始，到 1347 年秋爱德华三世从加来回来，在两年间，几乎没有取得什么进展。这一时段发生的最重要的事件，是另一个囚犯门蒂斯伯爵因为之前在巴利奥尔事件中的背叛行为犯下了对抗英格兰国王之罪，从而被处决。[2] 讨论英格兰与苏格兰事务，是 1348 年 3 月威斯敏斯特议会的内容之一，但除此之外，讨论最多的则是被关押

1　A. A. M. Duncan, "*Honi soit qui mal y pense*: David II and Edward III, 1346–52", *Scottish Historical Review*, lxvii (1988), 113–141.

2　*Foedera*, III.i, 108; *CDS*, iii, nos 1486–1487; J. G. Bellamy, *The Law of Treason in England in the Later Middle Ages* (Cambridge, 1970), 53–54. 法夫伯爵也被判死刑，但因为其妻是爱德华三世的亲属，所以后来被赦免了，GEC, v, 374。

在布里斯托尔、温莎及其他王室城堡里众苏格兰贵族的命运问题。[1] 然而1348年末,当苏格兰的一名大使访问伦敦时,英格兰人的态度变得颇有进攻性。英格兰方面提出,作为释放大卫·布鲁斯的条件,大卫必须向英王行效忠礼。此外,所有被剥夺在苏格兰继承权的英格兰贵族,都应该重新获得这些权利。如果大卫将来没有直系子嗣便去世,那么苏格兰王位应该移交英格兰国王。所有已被英格兰控制的城堡、土地在其他的协议条件被满足之前,都归英格兰继续控制。[2]

如此强硬的条款无法缔结有效的和平。苏格兰方面的反应如何,史书没有记载。苏格兰使团回答说自己无法答复,仅仅延长了休战时间便打道回府了。这并不令人惊讶。[3] 英格兰与苏格兰之间的僵局一直延续到1350年,大卫二世亲自表示他愿意接受以上条件,并给苏格兰国内政府施压要求他们接受。一直到这个时候,爱德华三世才最终撤弃爱德华·巴利奥尔。爱德华·巴利奥尔在1333至1334年间即位为苏格兰王,如今已年过六十,未婚无子,因此他被英格兰牺牲便很容易理解了。这并不是说,巴利奥尔默然接受了这一结局:他指责爱德华三世口是心非、毫无信誉可言,他拒绝接受金雀花王朝与布鲁斯所签条约的任何内容,以此姿态明确表示他的反对。[4] 这些条约内容非常敏感,很有必要保密,因此英格兰在1351年2月议会上对此未做公开讨论。[5] 爱德华三世正以最快的速度和决心寻找一个

---

1 *Foedera*, III.i, 153; Wyntoun, vi, 225; *CDS*, iii, nos 1488–1489, 1491, 1496, 1504, 1517, 1519–1520; Given-Wilson and Bériac, "Edward III's Prisoners", 813 n. 59. 内维尔十字之役的俘虏之一威格敦伯爵在1347年逃回苏格兰,*CPR 1345-8*, 314; *CCR 1346-9*, 311。
2 *Foedera*, III.i, 163, 167, 169, 175; *CPP*, i, 203; E. W. M. Balfour-Melville, "David II's Appeal to the Pope", *Scottish Historical Review*, xli (1962), 86; Duncan, "Honi soit qui mal y pense", 116–118, 138–139.
3 *Rot. Scot.*, i, 722–724; *Foedera*, III.i, 175.
4 "Negotiations for the Release of David Bruce in 1349", ed. C. Johnson, *EHR*, xxxvi (1921), 57–58,这一事件被邓肯重新标注了日期并另做了解释,见Duncan, "Honi soit qui mal y pense", 121–123, Penman, *David II*, 163–164也做了同样的工作,但细节上有所区别。
5 *PROME*, v, 1–32.

第十二章　通向普瓦捷之路（1347—1356）

有利的解决办法，在这个时刻向国内政治团体摊牌被认为只会损害他可能拥有的机会。[1]

与英格兰不同，苏格兰在1351年上半年召开咨议会和议会，对此和平条款进行了公开的讨论。之后的文件清楚地表明爱德华三世对自己的位置做了重要修改，他与大卫二世之间并无臣服、效忠或其他说法。而保留英格兰领主在苏格兰的继承权这一部分则无大的变化。此外，便是首次商定了释放大卫王的价格——四万镑。但是，关于苏格兰独立性的问题，爱德华三世决定加上一个重要的附加条件。他提出，如果大卫将来没有直系继承人，王位将由爱德华三世的一个小儿子来继承。[2] 这个令人惊讶的建议，可能是由于大卫自己的干预而被列入议程的。随后的事情表明，在促使金雀花王朝与布鲁斯王朝和解一事上，大卫二世比爱德华三世更为迫切。然而，斯图亚特政府的反应是强硬而毫不妥协的，他们拒绝了提议，苏格兰人开始为与英格兰重开战火而再次寻求法兰西的支持。[3]

由于对方强硬拒绝，爱德华别无他法，为了和平只好削减条款。大卫二世被转移到纽卡斯尔，以便在1351年8、9月间进行新一轮的和谈。在纽卡斯尔和谈会议上，双方都就各自的要求总结陈词。在许多方面，这次和谈所签署的条款是自1333年以来双方所做出的最合理的妥协。苏格兰人坚决主张大卫二世应该被无偿释放，并将苏格兰王国的疆界恢复到罗伯特一世时期。与此同时，他们也理解爱德华三世难以承认大卫二世的头衔，因而建议该问题可以通过签订长期休战协议而非最终条约来解决。英格兰

---

[1] 这解释了编年史家关于这些协议的巨大分歧，Baker, 96–97; Knighton, 112–113; le Bel, ii, 241–242。

[2] "Papers Relating to the Captivity and Release of David II", ed. E. W. M. Balfour-Melville, *Scottish History Society Miscellany IX* (Scottish History Society, 3rd series, i, 1958), 37, 44–45. Duncan, "*Honi soit qui mal y pense*", 122–123声称冈特的约翰可能已被爱德华委任为大卫的继承人，但这与约翰娶佛兰德斯女继承人为妻并不排斥。这表明，爱德华在苏格兰问题上可能有意地保留着开放性选择。

[3] Froissart, *Oeuvres*, xviii, 336–337; Campbell, "England, Scotland", 197; *PROME*, v, 40.

一方，则坚决主张保留英格兰领主在苏格兰的继承权问题，以及苏格兰人需要为英格兰提供军事援助。否则，大卫二世的王位便必须由爱德华三世的某个小儿子继承。[1]1352年2至3月间，当大卫回到苏格兰斯昆，在议会上陈述自己的情况时，他颇为乐观。[2]然而，他的要求再次被其政府全盘驳回，因为他们根本不准备看到爱德华三世为释放他们的国王而制定条件。

1351年和谈会议上，爱德华并未出席，因此不太容易确定他如何看待此次会议上所提出来的条款。在次年1月威斯敏斯特议会上，他曾公然蔑视此次会谈提出的领土分割问题，坚持维护自1334年便附属于英格兰王权的低地各郡臣民的权利。[3]他的态度如此强硬，有着充分的理由。1348年，下议院曾要求，不管是大卫·布鲁斯，还是利兹代尔的威廉·道格拉斯，除非英格兰与苏格兰签订了长期协议，否则均不准赎回。[4]爱德华可能很清醒地感觉到，其臣民认为纽卡斯尔会谈所签订的条款明显不足以释放这些重要囚犯。1352年7月，他与道格拉斯达成另外一份协定，如果道格拉斯想要自由的话，那么其必须向自己行效忠礼，这破坏了纽卡斯尔和谈的条款。[5]但如果说爱德华是在拖延时间，那只是因为他对苏格兰王位的新兴趣导致了一场外交僵局，他让自己的一个儿子继承大卫·布鲁斯的王位直接挑战了苏格兰守卫者罗伯特·斯图亚特的利益。罗伯特是罗伯特·布鲁斯的外孙，他显然有资格成为布鲁斯的假定继承人。[6]正是这些改朝换代的要紧事，导致斯昆议会之后英格兰与苏格兰之间的外交以失败告终，并为后来1355至1356年的武装冲突埋下了伏笔。

---

1 *Acts of the Parliaments of Scotland*, 12 vols (Edinburgh, 1814–75), i, 494–495，邓肯重新标注了日期, "*Honi soit qui mal y pense*", 127–132, 139–141。

2 *Foedera*, III.i, 230–231, 234, 237; *CDS*, iii, no. 1569.

3 *PROME*, v, 38–61; SC 8/143/7112; *Foedera*, III.i, 237; *Rot. Scot.*, i, 747.

4 *PROME*, iv, 453.

5 *Rot. Scot.*, i, 752–753. 道格拉斯随后被他的亲属道格拉斯勋爵威廉谋杀。

6 这也解释了1352至1353年间苏格兰人可能废黜大卫、拥立斯图亚特为王的传闻，Knighton, 120–123; Wyntoun, vi, 224; Penman, *David II*, 171。

第十二章　通向普瓦捷之路（1347—1356）

商讨释放大卫二世的过程，受到一些重要的个人因素的影响。虽然爱德华三世在1347年从加来回到英格兰之前，与大卫二世从未谋面，但两人基于姻亲关系及谦让有礼的骑士精神共性，很快就发展出亲密的友情。爱德华热心周到，确保他的妹夫得到舒适的照管，视其为王室内府的荣耀贵宾。[1] 1348年6月，大卫与其他战争俘虏共同出现在温莎的盛大骑士比武赛上，当时他身穿红色天鹅绒制的罩袍，佩戴着一支银白色玫瑰。[2] 王后菲莉帕也对这位流亡的君主颇为友善。[3] 不难发现，强制的悠闲生活让大卫感觉愉悦，但不能因此便说他不想早日返回苏格兰。[4] 他同意让爱德华三世的一个儿子做自己的王位继承人，可能是一场反复思考后的赌博：因为他年纪尚轻，在他被俘之时才二十二岁，没有什么特殊的理由会让他觉得将来不会有自己的儿子。而且，他那留在苏格兰的王后琼，在他被俘之后曾多次南下伦敦来探望自己。1328年之后，爱德华没有见过这个妹妹，却对她有着深刻而真挚的感情。[5] 被俘之时，作为花花公子的大卫已名声在外，[6] 这可能会给他与琼的关系，以及与她哥哥的关系造成一些压力。然而，在最初的几年里，爱德华与他一直保持着一种发自天性的亲密之情，二人也深信他们有能力处理好两个王国之间的关系。

爱德华三世决定放弃巴利奥尔，转而与布鲁斯政权直接商谈苏格兰问题，这是14世纪50年代中期英格兰系列外交政策发生重大转变中的第一

1　Duncan, "*Honi soit qui mal y pense*", 119.
2　"Observations", 42; Penman, *David II*, 150（日期有误）.
3　Froissart, iv, 235–236.
4　B. Webster, "David II and the Government of Fourteenth-Century Scotland", *TRHS*, 5th series, xvi (1966), 115–130.
5　*Foedera*, III.i, 174, 262; E 101/393/10; E 101/393/15, m. 3; Green, *Lives of Princesses*, iii, 139–140, 144. SC 1/56/82记载，琼在温莎"狂欢节"上需要一个侍女，这很可能就是在1358年的嘉德宴会上。
6　Rigg, "Propaganda of the Hundred Years War", 193.

步。后来，他在布列塔尼一事上也做出了相同的改变：如果能够获得大笔赎金或大片领土，那么他便考虑承认以前的敌人的合法地位。1353年3月1日，他在威斯敏斯特条约草案中与其俘虏及敌人布卢瓦的查理的妻子彭提维里的琼派出的使团达成了协议，内容是，如果查理能够交纳五万镑的赎金，他便自由了。付清赎金的年限，根据战争或和平的局面，而有六年或八年之分。该协议还特别规定，双方均有协助对方抵抗敌人的义务，但未提及查理需向爱德华行效忠礼，反而视双方为平等关系，这一点将由查理的继承人约翰与英格兰公主玛格丽特缔结婚姻关系来确认。[1]

这一协议的不利影响，爱德华认识得很清楚。签订协议就表明他公然背叛了之前曾鼎力支持的布列塔尼的蒙福尔一党，严重辜负了他作为让娜·德蒙福尔及其幼子约翰保护人的角色。这种寡廉鲜耻的机会主义与他放弃另一个盟友爱德华·巴利奥尔一样，近来受到如此严重的反对，但这也预示着在50年代后期反复出现的事：爱德华通过释放重要的俘虏和不承认他们的头衔来谋求高额赎金。结果是，一旦爱德华将对方的赎金收入囊中，他的行为就不再受到与彭提维里的琼所签协议束缚，在时机合适的情况下，他便可能再次重演蒙福尔事件。[2] 如此精心算计的口是心非有助于解释为什么爱德华对赎金协议内容严格保密。直到听取其忏悔的约翰·伍德罗夫被派到阿维尼翁，去向教皇请示即将在5月6日举行的婚礼时，消息才慢慢走漏出去。[3] 在这之后，爱德华三世与彭提维里的琼的协商告以失败，但是一条新的外交途径已然打开，1353年的秘密协议让爱德华在后来能够根据自己不同的利益需要，操纵布卢瓦与蒙福尔一党。

对《威斯敏斯特条约》进行保密的一个主要原因是，教廷试图一劳永

---

[1] "Some New Documents Illustrating the Early History of the Hundred Years War (1353–1356)", ed. F. Bock, *BJRL*, xv (1931), 63–66, 84–91. 关于国王的咨议会和布列塔尼代表团缔结协约的花销，见E 403/365, 21 Feb., 1 Mar., 18 Mar. 1353。
[2] 关于后来的1356年协议特意保留了爱德华与蒙福尔家族的结盟关系，见本书第432页。
[3] *CPL*, iii, 614, 615; "Some New Documents", 64 n. 2.

第十二章 通向普瓦捷之路（1347—1356）

逸地解决英格兰与法兰西之间的冲突，而爱德华则想与之周旋。教皇克雷芒六世死于1352年末，其继任者是年纪较长的英诺森六世，他委任布洛涅的盖伊为调解人。布洛涅的盖伊原是波尔图（Porto）一名有权势的枢机主教，与法兰西宫廷有着亲密的家庭和政治关系。1353年初在吉讷，盖伊主持了一场和平会谈。参与和谈的英格兰使团包括坎特伯雷大主教西蒙·伊斯利普、格罗斯蒙特的亨利及阿伦德尔伯爵，他们接到旨意，尽可能地拖延时间，直到爱德华在布列塔尼达成协议。4月末，英格兰使团回复说，关于和谈，他们无法给出答复，因为出席爱德华三世召集讨论此事的咨议会的人数甚少，议会的召开日期也未排上日程。这当然是子虚乌有的托词。[1]

爱德华一边妨碍吉讷会议的继续，一边却打算向教皇摊牌。在1353年访问阿维尼翁时，约翰·伍德罗夫告诉英诺森六世，爱德华三世打算在必要的时候放弃自己对法兰西王位的所有权。作为回报，他不但希望拥有阿基坦、蓬蒂厄、加来的完全宗主权，而且希望拥有佛兰德斯的宗主权及诺曼底公国，并完全控制布列塔尼及通过战争所征服的法兰西的其他领土。我们很难揣测爱德华对于这项议程的意愿到底有多强烈，但约翰·伍德罗夫的话无疑表明，与1344至1345年间阿维尼翁和谈中，这位国王坚持保留自己的法兰西国王头衔相比，如今他的态度已经发生了转变。愿意放弃自己对法兰西王位的角逐，有力地证明了英格兰王室对现实有了新的认识。与此同时，他对保留自1345年在战争中所获的大片领土的期望，又体现了他渴望尽可能地恢复其诺曼及安茹祖先在法兰西的地盘。诚然，这些主张公然罔顾现实：先前与布卢瓦的查理签订的条约规定，英格兰控制的布列塔尼的所有要塞均将移交给布卢瓦公爵，而关于佛兰德斯地区的主权要求，则没有考虑近来路易·德梅尔与"好人"约翰恢复邦交后所涉及的领土问题。因此，1353年爱德华所索求的大范围的领土，或可以视作他对约翰二世的

---

1 "Quatre lettres du cardinal Guy de Boulogne (1352–1354)", ed. E. Perroy, *Revue du Nord*, xxxvi (1954), 162.

最后通牒。当年 10 月在威斯敏斯特宫召开的有上、下议院共同参与的大咨议会上，巴托洛缪·伯格什爵士将伍德罗夫的计划进一步细化。议会认定，战争不但是可能的而且是恰当的，因此将羊毛补助金的征收时限又延长了三年。[1]

爱德华新近提出的政策，即把对法兰西北部公国的剩余索赔权作为最终解决阿基坦、蓬蒂厄、加来问题的筹码，在 1353 至 1354 年冬遭遇了巨大的压力。尤其是在诺曼底控制权的问题上，他遭到了年轻的纳瓦拉国王——"坏人"查理二世的坚决反抗。作为路易十世的外孙，查理是爱德华三世继任卡佩王朝王位的潜在竞争者。作为约翰二世的女婿，他在法国宫廷享有特别的权利与地位。而且，作为埃夫勒和莫尔坦（Mortain）的伯爵，他还是诺曼底的大领主。1354 年 1 月，查理伏击并谋杀了法兰西的骑士统帅——来自西班牙的夏尔。这被爱德华三世视作他背叛瓦卢瓦王朝的一个确凿的信号，因此立即准备与他联盟共同进攻法兰西北部。[2] 然而，到了 2 月，约翰二世打算宽恕查理二世的谋杀行为，并大大扩充了查理二世在诺曼底的利益，以便把他拉回到自己这边来。他们正式签订了《芒特条约》，严重挫败了英格兰的外交。这也解释了，为什么 1353 年递交给英诺森六世的草案，与 1354 年 4 月 6 日在吉讷由布洛涅的盖伊提交的英法和平协议有着巨大的不同。[3] 英法关系因为狡猾莫测的纳瓦拉的查理介入其军事和外交领域而变得更加复杂。

根据《吉讷条约》的内容，爱德华三世应发表声明放弃对法兰西王位

1　*PROME*, v, 81–83.
2　Sumption, ii, 128–129.
3　Fowler, *King's Lieutenant*, 122–129; R. Cazelles, *Société politique, noblesse et couronne sous Jean le Bon et Charles V* (Geneva, 1982), 85–90; "Some New Documents", 70–73, 91–93. 从阿维尼翁归来后，约翰·伍德罗夫又被派去参加吉讷会谈，E 403/371, 25 Jan. 1354。他随后回到了教廷，L. Mirot and E Déprez, *Les ambassades anglaises pendant la Guerre de Cent Ans* (Paris, 1900), nos 166–167。

第十二章　通向普瓦捷之路（1347—1356）

的索求，以换得阿基坦、普瓦图、安茹、曼恩、图尔奈、利摩日、蓬蒂厄、加来市镇及其周边地区的完全宗主权。然而，《吉讷条约》并未涉及布列塔尼、诺曼底或佛兰德斯。这应反映了布卢瓦的查理、纳瓦拉的查理及路易·德梅尔的意见，他们可能全都拒绝让以上三大重要公国并入金雀花帝国。见此情形，英格兰一方的谈判者不再那么坚持己见。《吉讷条约》所示的这些更加保守的要求，应该就是爱德华 1337 年发动战争时的真实目标。[1] 但是，不能因此就断言爱德华已放弃了他的幻想，即创建从加来至巴约讷的包括法兰西北部、西部在内的庞大帝国。即便在如此困难的形势下，英格兰代表团依然对普瓦图、安茹、曼恩及图尔奈寸步不让，这些地区并未包括在阿基坦大区之内，而且在《巴黎条约》中，亨利三世曾明确声明放弃。吉讷和谈仅是提出了初步方案，更加详细的方案将在阿维尼翁加以讨论。以上会谈中的布列塔尼、诺曼底及佛兰德斯问题，或许给了爱德华机会以索取更多的领土，或者也可能是为了挑战约翰二世的底线，迫使他重新回到战场。

爱德华实用而坚定的方案被充分传告至 1354 年 5 月召开的英格兰议会。巴托洛缪·伯格什爵士再次游说上、下议院，说这是一个建立持久和平的好时机。当被问到他们是否准备接受一个"持久和平的条约"时，下议院齐声高呼："是的！是的！"[2] 关于《吉讷条约》草案的内容，英格兰的官方报告极为简略，而伯格什是否详细地传达了草案内容也未可知。接下来几个月里发生的事，表明留有弹性空间无疑是有益的。1354 年 11 月，"好人"约翰放弃了《芒特条约》，宣布没收"坏人"查理在法兰西的所有财产。[3] 爱德华闻讯，立即提供诱人的条件以寻求与狡猾的查理结盟。如果查理尊

1　Curry, *Hundred Years War*, 56; C. J. Rogers, "The Anglo-French Peace Negotiations of 1354–60 Reconsidered", *Age of Edward III*, ed. Bothwell, 193–213.
2　*PROME*, v, 114.
3　Sumption, ii, 139.

爱德华为法兰西国王，并与其并肩作战的话，那么查理就可以拥有诺曼底、布里（Brie）及香槟地区（Champagne）。[1]就像之前与彭提维里的琼签订协议一样，爱德华冒险支持这些北部公国的竞争者，希望一旦同瓦卢瓦王朝缔结和平，他们能够依然忠于金雀花王朝，甚至，可能向英格兰王室效忠。

1354至1355年间的阿维尼翁和谈会议，是百年战争中的一项外交壮举。各方集聚教廷，爱德华三世的大使兰开斯特伯爵为这场奢侈的招待活动筹备了五千六百镑以供应开支。[2]在启程去往大陆之前，兰开斯特伯爵和阿伦德尔伯爵被授令务必索求阿基坦、蓬蒂厄、安茹、曼恩、图尔奈、普瓦图、昂古莱姆（Angoulême）、凯尔西（Quercy）、利穆赞（Limousin）及战争期间所占领的其他地区的宗主权。重要的是，英方索取宗主权的地区还包括了诺曼底，尽管诺曼底与昂古莱姆、卡奥尔、凯尔西一样，在必要的时候可用来做出让步。[3]然而最后，阿维尼翁会谈却一无所获。各方相互指责，未能商议出一个结果来。许多英格兰或亲英派编年史家都认为这是法兰西人试图改变《吉讷条约》，希望索求该条约中并未提及的更多利益导致的结果。[4]亨利·奈顿提供了一份全然不同的记录，声称兰开斯特伯爵在最后关头拒绝接受法兰西的要求——让爱德华三世放弃法兰西的头衔和徽章。[5]这可能是真实的，但不意味着爱德华突然转变了政策——1353年在大咨议会上公开宣布的放弃法兰西王位以换取更多的领土。[6]不如说，这是爱德华的

1　BL, MS Cotton Caligula D. III, no. 61，载"Premières négociations de Charles le Mauvais avec les Anglais (1354–1355)", ed. R. Delachenal, *Bibliothèque de l'Ecole des Chartes*, lxi (1900), 280–282。关于这一文件的日期，见Ormrod, "England, Normandy", 204 n. 42。
2　"Some New Documents", 96–97; Fowler, *King's Lieutenant*, 136–137.
3　"Some New Documents", 74–76, 94–96; *EMDP*, I.i, no. 124.
4　Froissart, *Oeuvres*, xviii, 364–365; *AC*, 31–32; Avesbury, 421; Baker, 123–125; Reading, 116.
5　Knighton, 126–127; Le Patourel, *Feudal Empires*, chap. xii, 177; M. Prestwich, *The Three Edwards: War and State in England, 1272–1377* (London, 1980), 179.
6　Rogers, "Anglo-French Peace Negotiations", 197–198.

第十二章　通向普瓦捷之路（1347—1356）

代理人首次向法方传达出,他们的国王希望法兰西国王为英法和平提供保证,只有约翰二世同意并将英方所要求的领土交给金雀花王朝来控制之后,爱德华才会放弃对法兰西王位的索求。如果将这一复杂因素考虑进去,再对照随后于 1360 年达成的协议结果来看,便可知道这并非阿维尼翁会谈失败的唯一或重要的原因。

说不管是英格兰还是法兰西,双方参与了 1354 至 1355 年间教廷峰会的使团都被事情的复杂棘手迅速击败,因此导致了和谈的崩溃,这在一定程度上应该是公平的评判。麻烦的第三方的出现无疑考验了当事人的承诺。1355 年 1 月,亲自参加了这次会议的"坏人"查理与兰开斯特伯爵接触,并就爱德华三世提议的反瓦卢瓦同盟进行了最高级别的秘密谈判。[1] 然而,与会的各方最后发现,对和平最无诚意的就是约翰二世。法兰西大使在阿维尼翁说,割让阿基坦和蓬蒂厄的宗主权违背了法兰西王国的法律和宪章,并将导致约翰违背他的即位誓言。然而,事情并非如此简单。约翰一心想要挽回其父在克雷西战役中失去的荣耀。1354 年末,明显可以看出,他已做出了重开战火的决定,以雪 1346 至 1347 年之耻,这将为他在之后的和平对话谈判桌上带来战略性优势。[2] 各项计划被拟定：在法兰西西南部发动一次新的瓦卢瓦进攻,系统地攻占纳瓦拉的查理在诺曼底的城堡,并与苏格兰人重新结盟。[3] 至此,英法双方的成见已是根深蒂固。最终,花费高昂的阿维尼翁和谈的唯一成果,就是给双方提供了准备战争的时间。

约翰二世及其咨议会在 1354 年决定再次对英格兰发起军事对抗,这有助于解释当年 7 月 13 日在纽卡斯尔达成的英格兰与苏格兰的赎金协议为

1　*EMDP*, I.i, no. 156; *AC*, 32; Ormrod, "England, Normandy", 204.
2　Perroy, *Hundred Years War*, 129; Rogers, "Anglo-French Peace Negotiations", 198; Rogers, *War Cruel and Sharp*, 290–292.
3　Sumption, ii, 138–139.

什么会失效。[1] 根据条约草案的内容，苏格兰人应在接下来的九年里分期支付六万镑，才能赎回大卫·布鲁斯。只有在他们付清最后一笔赎金时，英格兰才会与他们签订最终协定。在此期间，两国之间维持休战状态。草案并未提及英格兰对北部王国的宗主权问题，也未涉及爱德华三世或被剥夺继承权的英格兰贵族的领地让步问题。因此，纽卡斯尔协定通常被视作苏格兰外交的一次胜利。但它也给英格兰带来了好处。因为在协定的正式行文中，实际上并未承认大卫的苏格兰国王头衔，因此给将来的讨论留下了空间，不管是巴利奥尔还是金雀花王朝之人，均有可能冠上苏格兰王的头衔。就如爱德华紧握法兰西国王头衔，以对大陆的领土协定施加影响一样，他也试图巧妙地为大卫二世的赎回设置条件，以为将来与苏格兰人签订最终和平协议提供筹码。

然而，如此精心的设计，没有将大卫精明的摄政政府考虑在内。苏格兰政府精心拖延协商时间，寄希望于英法和谈的失败，到时便可拒绝英格兰一方的要求。当大卫·布鲁斯在 1354 年 11 月被转移到纽卡斯尔以准备送回苏格兰时，局势明显紧张起来。苏格兰人要求英格兰明确大卫作为苏格兰王的头衔，而爱德华则感觉有必要推迟释放他的妹夫。[2] 1355 年 3 月，德加朗西埃尼尔爵士被法兰西派到苏格兰，以联合苏格兰人进犯英格兰北部。爱德华三世迅速警觉起来，命令将大卫安全南移，将他安置在汉普郡的奥迪厄姆城堡里。[3] 爱德华此举，与其说是对大卫的惩罚，不如说是为了安全着想。在 4、5 月间，大卫回到伦敦塔，参与下一步的会谈。[4] 但是，爱德华三世对这个长期居住的客人，可能已渐渐失去了耐心。苏格兰人则再一次因为耐心等待时机而获利。内维尔十字之战的九年后，爱德华关于

---

[1] *Foedera*, III.i, 279, 281–282.
[2] *Foedera*, III.i, 291, 293; Bower, vii, 304–305; Wyntoun, vi, 231–233.
[3] Bower, vii, 278–279; "Papers Relating to the Captivity of David II", 9–35; *CDS*, iii, nos 1610, 1615, 1627; Penman, *David II*, 181.
[4] E 403/387, 22 June 1357.

第十二章 通向普瓦捷之路（1347—1356）

苏格兰的处置计划依然毫无结果。

从"海上大战西班牙人"之后，王室军事远征行动的再三取消，以及与法兰西、苏格兰人间休战期的延长，意味着爱德华三世进入到一个更加安定的人生阶段。尽管从表面来看是这样，但毫无疑问，爱德华认为比武和狩猎活动只是用以部分补偿战争刺激的替代品。但是假如积极的军事行动仍然遥不可及，他至少能全面掌控外交事务。1353 年 6 月初，他主持了一场宴会，他与兰开斯特的亨利、布卢瓦的查理尽兴招待了来自法兰西的骑士代表团。[1] 他对高规格的阿维尼翁会谈尤其上心，不断派遣信使前往兰开斯特公爵处，以保持信息的畅通。[2] 在这段时间里，经议会正式批准，主持英格兰外交事务的正是爱德华本人。

阿维尼翁会谈无果而终之后，教皇的使者——克吕尼修道院院长被派到英格兰，试图阻止战争的爆发。1355 年 4 月，当二人在威斯敏斯特会晤时，爱德华坦率地告诉院长，之前他虽然准备接受延长英法休战时间的协议，但实际上，他的内心深处并不愿意。[3] 这是自 1347 年以来，英格兰首次制订计划，打算从多条战线对法兰西发动大规模的进攻。威尔士亲王及沃里克伯爵、萨福克伯爵、牛津伯爵、索尔兹伯里伯爵率领一支小规模的队伍——八百名重骑兵、一千四百名弓箭手，前往加斯科涅，与公国里的军队会盟，迎战已聚集在法兰西西南部的瓦卢瓦军队。规模更大的一支队伍，由爱德华三世亲自统帅，随行的还有兰开斯特公爵、北安普敦伯爵、斯塔福德伯爵、马奇伯爵及九千名将士。他们将穿越海峡前往法兰西北部，与"坏人"查理及其支持者会师。[4]

1355 年的这两支军队的招募方式有所改变。这次联合作战行动被视为

1　E 101/392/12, fol. 13.
2　E 403/375, 5 Dec. 1354; E 403/377, 23 May 1355.
3　Avesbury, 424.
4　Sumption, ii, 153–155.

英格兰王国的共同事业，花费超过十万镑，主要由公共财政提供，大部分来自1355年11月由下议院批准的延长征收六年的羊毛补助金。[1]与此同时，私人的支持也很重要。在1352年一个具有里程碑意义的法令里，国王同意放弃之前颇有争议的按照土地财富来招募士兵的实验性做法。[2]故而，1355年战役征召的重骑兵和弓箭手，几乎全部来自由贵族统帅及王室内府高级将领征集的志愿兵，其酬劳由财政署支付。[3]现存由国王爱德华三世与威尔士亲王签订的契约显示出，在王室控制之外的军事领袖可获得多大程度的慷慨待遇。在军饷之外，加斯科涅的军事统帅还可以得到一种名叫"报酬"的奖金。如果爱德华三世被俘，虽然他将保留对"战争首脑"的单独控制权，但他的儿子可以接管其他的所有囚犯、赎金及战利品，也可以与其军事首领们合理地分享战利品。[4]1355年参与到国王和伍德斯托克王子队伍中的许多贵族与重骑兵，都是出于对王室的忠诚，认为参战是他们的责任。还有一个原因，便是与此前相比，他们能够对收获与风险进行评估，并展望在战争中获得巨大物质收益的前景。

1355年爱德华三世进军法兰西北部的预定目标与确切性质令人迷惑。在1346年，他曾十分依赖出奇制胜的战争策略。现存的一封来自巴托洛缪·伯格什爵士的信件，强调了相关计划的高度机密性。[5]编年史家认为，爱德华故意将指挥权交给兰开斯特，是为了暗示自己不会亲自渡海，以此迷惑法兰西人。[6]这可能说明他的初始计划里包含了兵分两路的打算。一支由兰开斯特统率，直趋诺曼底；另一支则出其不意地在加来登陆，穿过皮

1　*PROME*, v, 122; Harriss, *King, Parliament*, 344–345.
2　见本书第443页。
3　Prince, "Payment of Army Wages", 155–156.
4　*BPR*, iv, 143–145.
5　SC 1/41/19.
6　Avesbury, 425–426; Baker, 125.

第十二章　通向普瓦捷之路（1347—1356）

卡第，直抵法兰西岛。[1] 至 7 月 1 日，准备妥当的爱德华三世任命才六个月大的托马斯王子在自己离开之后充任英格兰的监国。然而，由于天气不利，进展极为缓慢，光是将舰队聚集在泰晤士河口靠近格雷夫森德港的诺斯弗利特（Northfleet），就花了两个多星期。海峡里的强风吹散了船舰，迫使船不得不躲进迪尔(Deal)、温奇尔西及朴次茅斯港。8、9 月的大部分时间里，爱德华三世都逗留在南海岸，忙着重新整顿军队，等待时机以渡海前去诺曼底及加来。[2]

爱德华三世很有理由为当初曾提议与"坏人"查理结盟以进攻法兰西一事而感到后悔。9 月 10 日，为避免诺曼底的战火即刻点燃，约翰二世再一次与瓦洛涅的查理和解。[3] 威尔士亲王的舰队在法兰西与纳瓦拉协议签订的前一天出发前往加斯科涅。爱德华三世在法兰西北部的任何失败都将影响威尔士亲王及其随从的士气，进而影响他在南边的行动。因此，爱德华不得不修改计划。兰开斯特公爵如今可在诺曼底和布列塔尼见机行事，但为他的远征而征集的大部分军队现在要被重新分配，以支持国王对加来的远征。10 月 22 日，原本计划在 11 月 12 日举行的议会被推迟到 11 月 23 日。[4] 这表明爱德华希望迅速在加来海峡发动攻击，以分散法兰西的注意力，减轻其子在阿基坦所面临的进攻压力。[5] 也有可能，他的心里瞬间闪现出一个更宏伟的战略计划。约翰二世已经放弃了派出长子查理去抵抗伍德斯托克的爱德华的计划，在这个特殊时刻，似乎可以预见，英法两支王室军队之间的战争，很可能将在法兰西的东北部而非西南部打响。让·勒贝尔确信，爱德华意图在 1355 年与约翰王交战。后来送去英格兰议会的报告，其内

1　Prestwich, *Three Edwards*, 179. 可对照 Rogers, *War Cruel and Sharp*, 293 n. 38 中的讨论。
2　*CPR 1354–8*, 269; C 81/908/10; *AC*, 32–33; Avesbury, 425–426; Rogers, *War Cruel and Sharp*, 295.
3　Delachenal, i, 107.
4　*RDP*, iv, 603–606; *PROME*, v, 116.
5　C 76/33, m. 6; *Foedera*, III.i, 312; Fowler, *King's Lieutenant*, 148; Avesbury, 427.

容也是如此。[1]

10月末，爱德华在加来登陆。登陆之后，他得到了上千名荷兰、日耳曼重骑兵的加盟，军队人数达到一万人左右。[2]就规模而言，尽管比1346至1347年间的小很多，但这也是一支实力极强的军队，规模比1339和1340年迎战腓力六世的军队大。就在他们到达英格兰征服地区的边缘阿德尔（Ardres）时，爱德华三世的军队开始对所经之地实行扫荡毁灭政策。在经阿尔基纳（Alquines）及泰鲁阿讷南下时，法兰西骑士让·勒曼格尔，也就是后来为世人所熟知的布锡考特元帅前来拜访爱德华。11月5日，爱德华让布锡考特元帅传达以下消息：三天之内，约翰二世若不出来迎战，爱德华就率师回去了。爱德华的目的是希望在英格兰供给困难之前，尽快投入战争。爱德华此举，也是试图告诉外界，是自己而非约翰掌握着战争的主动权。[3]11月6至8日，当爱德华在布拉尼（Blagny）做准备时，约翰二世故意停止了前进。对英格兰而言，法兰西这样的推诿是胆怯畏战的确凿证据。因此，他们一路北上，于11日抵达加来。为了挽回颜面，法兰西方面向爱德华派去一个代理人，提出双方国王派出代表另约时间进行军事决斗。[4]但这被爱德华拒绝了，他提醒法兰西的使者，他已向约翰发出了挑战，他绝对不会接受一支懦弱的军队的提议。来去匆匆的爱德华于11月12日回到英格兰。[5]这次为期十四天的大陆之行与1339年侵入康布雷西一样，就其本身而言，对当时的外交形势毫无影响。爱德华敏锐地意识到，现在全看西南边儿子的军队运气如何了。

1355年，如果能够获得更多的资源供给，爱德华三世可能会在加来逗留更长时间，或在之后又返回大陆继续挑战约翰二世。然而，苏格兰的形

---

1 Le Bel, ii, 211, 212–213; *PROME*, v, 121; Rogers, *War Cruel and Sharp*, 296.
2 Le Bel, ii, 212; E 43/69.
3 Le Bel, ii, 214.
4 *Chron. J&C*, i, 53–54; *Chron. QPV*, 31.
5 Rogers, *War Cruel and Sharp*, 301–304; Sumption, ii, 173.

第十二章 通向普瓦捷之路（1347—1356） 397

势不允许他这样做。1355年初，他在前往大陆之前所做的准备之一，便是加强英格兰北部的防御工作。一份英格兰与苏格兰之间长达九个月的停战协议，使他在法兰西战场上出乎意料地获得了部分北部武装力量的支持：1355年，亨利·珀西与拉尔夫·内维尔打算追随爱德华三世奔赴海外。[1] 但是，法兰西的德加朗西埃厄尔已经结束了与苏格兰贵族间的谈判，他将向那些准备共同抵抗英格兰的人提供大量补贴——相当于一万镑。10月初，马奇伯爵和道格拉斯勋爵威廉领导的一小支苏格兰队伍，重新攻占了低地地区的英格兰据点，而后渡过特威德河，南下诺森伯兰。这是1346年后，苏格兰首次对英格兰发动重要袭击，迫使英格兰不得不迅速反击。

对于事态的发展，爱德华在前往加来之前已经有所察觉。一开始，他认为有足够的时间将内维尔派回去防守边境。谁知，11月6日，苏格兰马奇伯爵和安格斯伯爵突然袭击了贝里克，攻占了城镇，并围困了贝里克城堡。[2] 苏格兰摄政政府全力支持该战，罗伯特·斯图亚特亲自负责行动。正是这一压倒性的紧急状况，令果断的爱德华三世迅速从法兰西回撤。[3] 在11月25日的议会全体会议上，沃尔特·莫尼爵士讲述了之前十八个月里法兰西反复无常的细节及近来爱德华三世与约翰二世的对战情况。之后，威廉·谢里沙尔爵士宣布了贝里克失守的"最新消息"。城池失守不仅关系到北部安全问题，也关系到国王的个人荣誉问题，因此，爱德华命令威尔士及英格兰北部弓箭手、步兵聚集纽卡斯尔。12月初，爱德华亲自北上，准备夺回贝里克。[4] 这是自1345年之后，爱德华首次前进到英格兰王国最北处。

---

1 *Rot. Scot.*, i, 775–776; Sumption, ii, 169–170.
2 *AC*, 33; Bower, vii, 280–283; Froissart, iv, 141–143.
3 Froissart, iv, 149–150.
4 *PROME*, v, 120–121; *Foedera*, III.i, 314–315. 关于命令携带奖励北上，见C 81/908/13。关于战役，见Avesbury, 431–432; Baker, 126–127; Reading, 122; le Bel, ii, 216–219; *AC*, 33–34; Bower, vii, 286–295; Wyntoun, vi, 203–207; *Liber Pluscardensis*, ed. F. J. H. Skene, 2 vols (Edinburgh, 1877–80), i, 297–299; ii, 227–229。

他的到来，不仅让英格兰民众，也让边境上的敌军大吃一惊。他后来曾抱怨纽卡斯尔饮食供应不足，以致他不得不从自己的窖藏里拿出酒来供应圣诞宴会。参加这次圣诞宴会的有莱昂内尔王子和约翰王子，以及兰开斯特公爵、北安普敦伯爵、马奇伯爵。[1]

英格兰的行军迅速取得了成效。1356 年 1 月 13 日，留在贝里克的苏格兰军队投降。鉴于他们非殊死抵抗，英格兰人允许他们向北撤退，而未施加惩罚。[2] 但围城的解除标志着一场残酷战役的开始。爱德华向罗克斯堡进发。为了让领地上的人平安撤离，道格拉斯勋爵打算与英格兰签订短期休战协议，却遭到了马奇伯爵的拒绝。1 月 26 日，爱德华率军向海岸线东行，然后北上穿过马奇伯爵的领地，之后便一路烧杀抢掠。傅华萨对爱德华进入爱丁堡时的场景进行了描绘——苏格兰的巴黎（他如是称呼爱丁堡）据说是因为利兹代尔的威廉·道格拉斯的遗孀为其居民求情而幸免于毁灭，但下城区依然被付之一炬。[3] 之后，爱德华移师哈丁顿（Haddington），也将其毁坏一空。由于后勤供应有阙，加上寒冬肆虐，爱德华不敢冒险渡过福斯河。而边境线的南边被证明是危险的，在梅尔罗斯附近的森林里，他差点被道格拉斯伏击。这次战役所伴随的惩罚性毁灭被英格兰、苏格兰双方铭记在心，后世子孙称其为"燃烧的圣烛节"。[4]

爱德华三世决定将扫荡烧光政策拓展至低地的部分地区，即便这些地区是他根据 1333 年同苏格兰最初的协定吞并的。这罕见的戏剧性的决定表明爱德华三世放弃了先前所做的权力共享计划，取而代之的是他决意一劳永逸地解决布鲁斯的继承权问题。1356 年 1 月 20 日，爱德华·巴利奥尔在罗克斯堡正式声明放弃苏格兰王的头衔。[5] 在此期间一直待在班堡

1　E 159/140, *Brev. bar.*, Mich., rot. 32.
2　*Wars of Edward III*, 157.
3　Froissart, iv, 155–156. 这一幕的真实性及求情者的可能身份依旧不确定。
4　Sumption, ii, 187–190; Penman, *David II,* 183–185.
5　*Foedera*, III.i, 317–319; *CDS*, iii, nos 1591–1592.

(Bamburgh)的爱德华三世可能也感受到一些压力,巴利奥尔事件无疑是英格兰君主背信弃义的鲜明证据。[1]不过,爱德华开出的赔偿条件,至少能够让巴利奥尔稍感欣慰:爱德华不但免除了他的所有债务,而且另外付给他五千马克以供他还清其他债务,并在他的余生,每年都慷慨供他两千镑。这个冒牌的苏格兰王从此默默无闻地生活在英格兰北部。[2] 3月中旬回到东南部之后,爱德华三世有理由相信,他所炫耀的武力及对巴利奥尔的抛弃,已移除了与斯图亚特摄政达成协议的所有阻碍,让他终于可以利用被他一直占有的俘虏大卫·布鲁斯。

威尔士亲王远征加斯科涅的行动因为1355年夏天从西南吹来的强风而被推迟了。9月初,他率队从普利茅斯启航,经过十天的顺利航行,于9月20日抵达波尔多。次日,当地的大量贵族集聚天主教堂,向威尔士亲王献礼并表达他们的支持。作为回报,爱德华王子用加斯科涅语发誓,他将会是他们良善而忠诚的领主。[3]很快,英格兰-加斯科涅联盟就投入到大规模战争的准备当中。[4]就像1346年的诺曼底战役一样,这场战役的初衷也不仅仅是一次突袭。战役目标有三个方面:给阿基坦边境上那些拒绝接受爱德华三世获得法兰西王位的正当性的领主们一点颜色看看;摧毁那些效忠于瓦卢瓦统治的领主们的地产以削弱他们的道德与政治力量;与约翰二世在这一地区的重要将领阿马尼亚克伯爵让,进行公开战争。[5]

英格兰-加斯科涅军被一分为三,中军、先锋及后翼分别由爱德华王

---

1 Fordun, *Chronica*, i, 373–374; Bower, vii, 286–289; *Scalacronica*, 141.
2 *CDS*, iii, no. 1598; E 159/132, *Brev. bar.*, Hil., rot. 6d; *Foedera*, III.i, 319–320, 327, 345. 1363年,爱德华用1000马克从巴利奥尔手里购买了其在蓬蒂厄郡的权利, *Issues*, 178。
3 Barber, *Edward, Prince of Wales*, 116–117.
4 *Life and Campaigns*, 61–70.
5 Rogers, *War Cruel and Sharp*, 304–324; P. Hoskins, "The Itineraries of the Black Prince's *Chevauchées* of 1355 and 1356: Observations and Interpretations", *Journal of Medieval Military History*, vii (2009), 13–25, 37.

子、沃里克伯爵及索尔兹伯里伯爵统帅。在向东南行军进入敌境之后，三支队伍如往常一样呈扇形散开，一路烧杀抢掠，不那么重要的城堡与市镇被索要赎金，而那些有着战略意义的军事要地则被放火焚烧一空。一开始，阿马尼亚克伯爵无意交战，因为黑太子无力围困伯爵的图卢兹要塞，而此要塞是东进朗格多克（Languedoc）核心区域的门户。11月中旬，英格兰－加斯科涅联军已进入卡尔卡松（Carcassonne），胆怯的当地居民请求支付数目可观的偿金以求活命，对此，爱德华王子无动于衷，下令将其付之一炬。纳博讷（Narbonne）的英格兰统帅们接到消息后说，阿马尼亚克现在已打算在战场上会会爱德华王子。爱德华王子重新部署军队后，便开始后撤，但是阿马尼亚克根本没有意识到英格兰一方在有组织地撤退。在后撤的路上，11月17日在波尔博讷（Boulbonne），爱德华王子得到了一个强大的盟友：阿马尼亚克伯爵的死对头，富瓦伯爵加斯顿·弗布斯。当时，天气与供给成为头等难题，联军的行军速度因为河流洪水泛滥而慢了下来，将士们因为阿马尼亚克军的不时袭击而变得疲惫不堪。12月初，在合理的指挥下，爱德华王子成功地带领部下回到英格兰的地盘。在遣散大量士兵后，他请队长们占据边境上那些能够对敌人发动突袭的重要据点。[1]他自己则回到波尔多，一方面接收来自英格兰的消息，一方面清点人数、物资等，准备下一次的行动。尽管这次出征没有遭遇大战，但依然被认为是一次成功。让·勒贝尔谴责阿马尼亚克的消极无为是懦夫行为。跟随在爱德华王子身边的约翰·温菲尔德爵士写信给国王的国库长说，这一路的烧杀劫掠给约翰二世的王国造成了超过一半的财政损失。[2]

1355至1356年冬春两季，臭名昭著的墙头草，纳瓦拉的查理又背叛了盟友。早在1355年11月，他已阴谋决定推翻约翰二世，而将王储扶上王位。查理游说诺曼底的贵族拒绝向王室交纳赋税，迫使约翰二世最终对

---

[1] Rogers, *War Cruel and Sharp*, 325–329.
[2] Le Bel, ii, 222; *Life and Campaigns*, 52.

第十二章　通向普瓦捷之路（1347—1356）

他采取决定性的行动。1356 年 4 月 5 日，当纳瓦拉及其同谋者在鲁昂与查理王子共进晚餐时，他们被逮捕了。[1] 约翰二世的这一行为，激起了当地政治团体的反感，这给了爱德华三世孜孜以求的机会——向诺曼底派遣军队。如此迅速地重新定位的背后，也有着欺诈行为：就在他与查理的支持者进行谈判的同时，爱德华也与教皇保持通信联系，在信中，他谎称自己从未与查理这种背信弃义的投机分子交往过，而且一直视其为敌人。[2] 然而，到 5 月时，爱德华三世连这样的伪装也卸下了。行军进度延迟许久的兰开斯特的亨利朝诺曼底挺进，与"坏人"查理的兄弟纳瓦拉的菲利普会师，共同对抗瓦卢瓦。5 月 28 日，菲利普、戈德弗雷·阿尔古及其重要盟友正式签署进攻"好人"约翰的文件。[3] 爱德华三世的重要策略即将迎来新的局面。

为了迎击黑太子在加斯科涅的军队，约翰二世做了一段时间的准备，命令军队于春天在沙特尔（Chartres）汇集。格罗斯蒙特的亨利于 6 月 18 日抵达圣瓦斯特－拉乌格，给法兰西王国的安全造成了迫在眉睫的威胁。在任命他十几岁的儿子，普瓦捷伯爵约翰，为西南军队的统帅后，约翰二世率领一支大军朝迅速进军诺曼底的兰开斯特公爵奔去。因为纳瓦拉人的加盟，兰开斯特公爵的军力增至一千名重骑兵和一千四百名骑兵弓箭手。[4] 他一路东行，去援救蓬托德梅尔（Pont-Audemer）与布勒特伊（Breteuil），7 月初抵达韦尔讷伊（Verneuil）。在遭遇过几次敌军并攻占了纳瓦拉几个重要据点之后，兰开斯特公爵占据了上风，他丢下荣誉尽失、愚蠢可笑的约翰王，骄傲地组织部队撤到科唐坦半岛。[5]

在兰开斯特公爵取得显著战果的情况下，戈德弗雷·阿尔古正式承认

1　Delachenal, i, 135–157; Cuttler, *Law of Treason*, 160–162.
2　*Foedera*, II.i, 329, 330, 331; *Antient Kalendars*, i, 180, 181; Sumption, ii, 209–210.
3　Froissart, iv, 180–186.
4　Fowler, *King's Lieutenant*, 151; Rogers, *War Cruel and Sharp*, 341.
5　Avesbury, 462–465; Knighton, 138–143; Froissart, iv, 188–191.

爱德华三世为法兰西国王及诺曼底公爵。[1]这一新形式巧妙地表达了爱德华对诺曼底独立行省强大传统的支持。[2]此前英格兰从没有这样主张过，因为他们一直认为法兰西国王的头衔包含国王在公国的任何权利。这也暗示了爱德华方新的关注点。8月4日，纳瓦拉的菲利普来到英格兰克拉伦登与爱德华进行私人会谈，同时也向后者行效忠礼，尊其为"法兰西国王及诺曼底公爵"。[3]作为表兄弟的爱德华与菲利普无疑是用高贵而老练的宫廷礼节唱和往来，他们也找到了合适的方法，将彼此的竞争与对立搁置一旁，即建立一套话语形式，既承认爱德华三世在法兰西的宗主权，同时暗示他将使用诺曼底公爵的头衔作为促进查理在法兰西北部权益的手段。兰开斯特公爵的顺利进军令人回想起1346至1347年间的诺曼底大胜，并再次提醒世人，爱德华有能力对诺曼底公国进行有效军事控制。就这一方面而言，这也可能很好地唤醒了爱德华的个人野心，他想要恢复先祖所拥有的权利，不仅要重建亨利三世狭小的欧洲大陆帝国，而且要重构亨利二世曾享有的一系列伟大头衔。[4]怀着对未来荣光的憧憬，英格兰的牧师激励国王的臣民投入另一场热情的祈祷之中。[5]

1356年8月4日，黑太子率领多达七千名英格兰－加斯科涅盟军从贝尔热拉克北上，开始第二次大进军。此行，他有三个相互关联的目标：追击位于布尔日（Bourges）的普瓦捷伯爵的军队；在卢瓦尔谷地与兰开斯特公爵会合；以及如果父王决定穿越法兰西，他便再与父王的军队会师，

1　*Foedera*, III.i, 332–333.
2　J. Le Patourel, "Edouard III, 'roi de France et duc de Normandie'", *Révue historique du droit français et étranger*, 4th series, xxxi (1953), 317–318. 到1359至1360年的兰斯战役时，国王还依旧冠着他的诺曼底公爵头衔，C 76/38, m. 7。
3　E 30/72，载*Foedera*, III.i, 338, 339, 340; Froissart, iv, 184–186。
4　BL, MS Cotton Caligula D. III, nos 43–53; Ormrod, "England, Normandy", 205–206.
5　BIA, Register 11, fol. 37v.

第十二章　通向普瓦捷之路（1347—1356）

然后在时机合适时共同向法兰西发动一场决定性的战役。[1]当年，爱德华三世为达到自己的军事目标做了怎样的准备，外人未闻其详，但有一点很肯定，那便是一旦爱德华王子陷入危险，他准备随时救援。如果情况有变，他很可能再次在当年秋天对法兰西发起进攻。事实上，当约翰二世决定放弃围攻布勒特伊转而南下时，英格兰一方的计划已受到了严重影响。8月底，当黑太子抵达罗莫朗坦（Romorantin）时，法兰西军队已在奥尔良及图尔（Tours）扎下营来。与此同时，约翰下令拆毁卢瓦尔河（Loire）上的所有桥梁。行进至昂热（Angers）的兰开斯特公爵无法渡河，被迫撤退至布列塔尼。此时如果金雀花与瓦卢瓦双方发生大战，那么威尔士亲王便不得不独自指挥。

法兰西国王一路南移，9月13日在洛什（Loches）重新聚集、整顿军队。此时，爱德华王子也从图尔南下，在之后的几天里，两支军队为地盘展开了争夺，谁也不知道对方是打算投入战斗还是撤退。佩里戈尔的枢机主教塔列朗试图通过仲裁让英法两军休战，签订条约重归和平。然而，事实上，双方都忙于侦察合适的地形以求开战。9月18日，双方选定了普瓦捷城外的萨维尼－勒维斯考特田野与努瓦埃尔森林之间的地带排兵布阵。[2]爱德华王子将部队一分为三，先锋由沃里克伯爵、牛津伯爵、布赫领主及加斯科涅的其他贵族率领，尾翼由萨福克伯爵、索尔兹伯里伯爵统帅，而中军则由爱德华王子及其密友小巴托洛缪·伯格什、詹姆斯·奥德利、约翰·钱多斯、雷金纳德·科巴姆统帅。英格兰一方的兵力，众口相传说是

1　Delachenal, i, 192–197; D. Green, *The Black Prince* (Stroud, 2001), 61; Fowler, *King's Lieutenant*, 154–155.
2　关于普瓦捷的详细描述（他们对不同证据的解释往往大不相同），见 Burne, *Crecy War*, 297–321; H. J. Hewitt, *The Black Prince's Expedition of 1355–1357* (Manchester, 1958), 110–139; Barber, *Edward, Prince of Wales*, 137–148; Sumption, ii, 233–239; Rogers, *War Cruel and Sharp*, 372–384; D. Green, *The Battle of Poitiers, 1356* (Stroud, 2002); F. Bériac-Lainé and C. Given-Wilson, *Les prisonniers de la bataille de Poitiers* (Paris, 2002), 39–52; Hoskins, "Itineraries", 25–36。

介于六千至八千人之间，而约翰二世到底有多少人，则很难得知，但很确定的一点是，其规模应比爱德华王子的大，可能是其两倍。法军的阵型较为复杂，奥德雷海姆、克莱蒙两大将军指挥的小支重骑兵方阵排布在王太子率领的前部师团中，另外两个师团作为尾翼，分别由奥尔良公爵和国王约翰二世统帅。苏格兰贵族威廉·道格拉斯也在法军之中，他的对英作战经验在本次战略部署中发挥了重要作用。为了顺应地形的需要，以及对无支援骑兵进攻的危险的理解，法军决定让重骑兵下马作战。似乎，法军高级统帅们总算从克雷西战役吸取了教训。[1]

英格兰一方的胜算甚小。不管是从规模还是从战略部署上看，法军都给想要取胜的威尔士亲王带来了严重的威胁。因此，约翰二世的一些将领及后来的不少历史学家都相信，在最后时刻，爱德华王子决定从战场撤退。这并不令人惊讶。沃里克伯爵似乎率领先锋部队引导英格兰后勤供应部队穿过米欧森河（River Miosson）附近松软潮湿的地区向南移动。然而，这一行动也可以有其他解读。有其父哈利顿山丘和克雷西之战的伟大案例在前，爱德华王子选择撤退，也有可能是想找一个有利的防御地点，以便己方军队能够以努瓦埃尔森林为屏障。在英军缺少水源和供应的情况下，法军将会愉快地让他们陷于饥渴交加的困境。意识到这一点，英军除了冲破死亡线自救之外别无选择。在后来一封写给伦敦市民的信中，爱德华王子解释道："我们当时都同意，应该穿过他们的前线。如果他们想要在一个对我们不会过于不利的地方向我们进攻，我们也只能反击回去。"[2] 这样的行动是困难而危险的，然而这也表明爱德华王子可以仰仗自己这一支有着铁一般纪律的军队，有这样的战友的支持，即便是在如此黑暗的时刻，作为可畏的爱德华三世的儿子，爱德华王子也有着压倒一切的信心。

---

1 这些数字难免是臆测的，见 Green, *Black Prince*, 64。
2 *Memorials of London*, 206, 译文和解释见 Rogers, *War Cruel and Sharp*, 373 and n. 140。

第十二章 通向普瓦捷之路（1347—1356）

与英格兰军队在逆境中团结意识高涨不同，法兰西各支军队陷入争吵之中。当奥德雷海姆觉察到沃里克伯爵的行动时，他立即断定英军是在撤退，因此放弃了防御态势，转而命令自己的重骑兵军队以传统的进攻方式列队。克莱蒙也不甘落后，下令进攻索尔兹伯里伯爵的队伍。如此轻率的行动，让人回想起英格兰赫里福德伯爵在班诺克本战役中的鲁莽行为，也表明法军内部一直缺少坚定的协同合作。奥德雷海姆很快便陷入孤立，而后被俘。克莱蒙与法军众重骑兵试图穿过保护英格兰弓箭手和骑士的灌木丛时，纷纷倒下。对即将到来的灾难，约翰王似乎毫无知觉，他下令大量下马作战的重骑兵向前推进。然而，迎接他们的是一场大屠杀。见机，奥尔良公爵所率之军慌不择路地逃离战场。

没有备用方案的约翰二世只好亲自督军前进。在这一时刻，爱德华王子的重骑兵，在奥德利的领导下，骑马向前冲锋，把法军赶下山。与此同时，布赫领主率领一支侧翼部队切断了约翰二世的后续部队。在靠近米欧森河、被称为亚历山大田野（Champ Alexandre）的地方，当天下午血腥而绝望的肉搏战中，"好人"约翰最后被迫投降。很快，围绕由谁来领取这份大奖发生了争议。猛攻约翰王的加斯科涅士兵被勒令离开，沃里克伯爵和雷金纳德·科巴姆把约翰王带至安全之地。

到此，战役的结局已一目了然。约翰王的许多士兵试图逃跑，但遭到英格兰和加斯科涅士兵的穷追猛打。失败的法军极为悲惨：战死沙场的除了阿泰纳公爵、波旁公爵外，还有勇敢的领袖杰弗里·德沙尔尼，以及大量贵族、骑士、士绅。然而，普瓦捷战役的大获全胜，对英格兰上层人士而言最大的财富却是擒拿的大量俘虏。在战场上或逃亡中被俘的法兰西重骑兵可能有两千人左右。除了约翰二世，还包括国王的儿子菲利普、图赖讷伯爵、桑斯大主教、奥德雷海姆将军，以及旺多姆、唐卡维尔、厄镇、蓬蒂厄、旺塔杜尔、朗格维尔、达马丁和欧塞尔伯爵。在此情况下，法兰西的精英们失去了部分最重要的政治和军事领袖。英格兰贵族与骑士则获利巨大。比如,沃里克伯爵托马斯·比彻姆因为普瓦捷战役的所得而顺利完成了沃里克城堡的修建工作。那里现存的法国式的圆塔——凯撒塔,可能修建于 14 世纪 60 年代,便是追随威尔士亲王参加 1356 年战役的英格兰贵族自我感觉极好的鲜明证据。[1]

伍德斯托克的爱德华所统帅的胜利之师,纵情于酒,极为快乐。特别是对那些自从克雷西、加来之战后登上领袖位置,与王子一般年纪的年轻贵族与骑士来说,普瓦捷战役的胜利是他们人生中的重要时刻。年轻的索尔兹伯里伯爵及其随从因为在战争中"比狮子还勇猛"而被铭记。[2] 在庆祝胜利的氛围中,英格兰人也没有忘记胜利的责任。在普瓦捷战役结束后的一个晚宴上,爱德华王子以崇高的骑士方式尊崇他的俘虏们,慷慨地尊约翰二世为英雄。瓦卢瓦的领袖约翰虽然在战争中失败了,他在战场上的勇气及他的刚毅和自尊却让他赢得了荣誉的桂冠。[3]

1355 至 1356 年间爱德华王子及其他军事统帅的活动,爱德华三世了解得很清楚。信使托马斯与约翰·达格内特负责在爱德华父子之间传递信息。国王派遣传令官约翰·穆森去加斯科涅寻找爱德华王子,也有其他的使者将王子的信交给王后菲莉帕。[4] 黑太子及其执事约翰·温菲尔德,在信中都写到了 1355 年英格兰-加斯科涅联军穿越朗格多克时的烧杀抢掠情况,并将信件送给爱德华三世的得力助手温切斯特主教威廉·埃丁顿。[5] 关于普瓦捷大胜,爱德华三世至少接到了三个人的汇报:瑟堡的约翰·勒科

---

1 K. B. McFarlane, *The Nobility of Later Medieval England* (Oxford, 1973), 30; R. K. Morris, "The Architecture of the Earls of Warwick in the Fourteenth Century", *England in the Fourteenth Century*, ed. Ormrod, 161–174.
2 *Life and Campaigns*, 100.
3 Froissart, v, 63–64; *EHD*, iv, no. 35.
4 E 403/378, 12 Oct., 23 Oct. 1355, 11 Apr. 1356; E 403/380, 1 June, 10 June 1356; E 403/382, 7 Oct. 1356.
5 Avesbury, 434–439; *Life and Campaigns*, 50–55; Hewitt, *Black Prince's Expedition*, 78–81.

第十二章　通向普瓦捷之路（1347—1356）

克、杰弗里·哈梅林及信使托马斯。[1]他接到信息的时间，应不晚于1356年10月10日，当时大主教们被要求在祈祷时加上感谢上帝佑护英格兰俘虏了"法兰西王国的篡位者瓦卢瓦的约翰"之语。[2]几乎就在同时，王子写给伦敦神父、市民的各种信件也开始抵达英格兰。[3]

在这普遍的信息网络之外，还出现了百年战争期间流传甚久的胜利神话。黑太子被歌颂为英格兰最新最伟大的英雄，就像14世纪30年代的爱德华三世曾被人与亚瑟王传说联系起来称誉为"温莎野猪"一样，如今爱德华王子则被称为"康沃尔野猪"。[4]16世纪，爱德华王子获得了一个昵称，而这后来成为他的专称——"黑太子"，得名于他所用的黑色盔甲。[5]但在普瓦捷之后，在14世纪60年代王子后来的生涯里，时人似乎给了他另外一种不同的荣誉，以非正式的"爱德华四世"的方式庆祝他们的待位之君。在此欢庆时刻，围绕战败的法兰西，也出现了一些非官方的毁谤性故事。这次胜利尤其推动了民众对亲法教皇的普遍反感。约克圣玛利亚修道院的编年史家得意洋洋地汇报了一则流言，教皇所听到的战争结果完全是错误的，他先前曾下令在阿维尼翁举行庆典，当他得知约翰二世被俘这个灾难性的消息时，不得不下令取消。[6]14世纪后期，亨利·奈顿在自己的书里愉快地记录了一则普瓦捷战役之后在欧洲大陆流传甚久的流言："教皇已成为一个法兰西人，而耶稣则是英格兰人，我们应该看看清楚，教皇和耶稣，

1　Hewitt, *Black Prince's Expedition*, 194; Bériac-Lainé and Given-Wilson, *Prisonniers*, 61.
2　*CCR 1354–60*, 334.
3　Froissart, *Oeuvres*, xviii, 389–392; *Memorials of London*, 285–288; *Life and Campaigns*, 57–59; *Winchester Cathedral Chartulary*, 162–164; Fowler, "News from the Front", 77–78. 相关描述，亦见Bartholomew Burghersh: Froissart, *Oeuvres*, xviii, 385–387, 译文见*Wars of Edward III*, 163–164。据记录，当普瓦捷的消息传到伦敦时，国王的咨议会正在举行特别会议，E 403/382, 14 Oct. 1356; *Issues*, 166; Hewitt, *Black Prince's Expedition*, 194。
4　Baker, 152; *Life and Campaigns*, 80.
5　Barber, *Edward, Prince of Wales*, 242.
6　*AC*, xxxiii, 22, 39, 160.

谁能够做得更好。"[1]

当黑太子撤回到波尔多过冬时，爱德华三世正忙于如何开发战争结果和"战利品"的最大价值。当年冬天，他召开了一系列特别会议，大约间隔十六个月之后，1357年4月17日于威斯敏斯特重新召集了议会。[2] 根据条款，爱德华王子被任命为阿基坦的统帅，而圈禁及收受约翰二世赎金的权利则归爱德华三世。战场上所获的其他俘虏则归各统帅控制，他们的赎金问题也由各统帅自行商议决定。爱德华王子的随从因为控制重要俘虏而享有的巨大好处，很快就被爱德华三世察觉。1356至1357年间，爱德华三世同布卢瓦的查理和大卫二世党羽所进行的协商表明，他当初坚持除非条件大利于自己否则绝不释放俘虏的做法是正确的。1356年8月，就在普瓦捷战役数周前，布卢瓦查理的赎金总算商定了，高得令人咋舌，达七十万埃居，即十一万一千六百六十七镑。此外，根据1353年他在布列塔尼问题上的经验，他明确提出保留继续支持布列塔尼的蒙福尔的权利。[3] 1357年春，大卫·布鲁斯的释放条件似乎也即将商定，条件是苏格兰人承诺支付巨额赎金，同时，爱德华三世保留未来介入苏格兰王位继承问题的可能性。[4] 如果不仅约翰二世，而且在普瓦捷战场上被俘的大批重要法兰西贵族都被置于他的控制之下，并被积极地用于对可能启动的和谈施加影响，那么爱德华三世可能获得的收益会有多大呢？

尽管爱德华三世公开遵守战争公约，但他对待普瓦捷俘虏的做法反映了他对王权和利益更深层次的投入。1356至1357年冬，爱德华王子促成

1　Knighton, 150–151（译文有所改动）。
2　E 403/382, 18 Nov. 1356; E 403/384, 19 Dec. 1356, 10 Feb., 11 Mar. 1357; *RDP*, iv, 611–613.
3　M. Jones, "The Ransom of Jean de Bretagne, Count of Pethièvre: An Aspect of English Foreign Policy, 1386–1388", *BIHR*, xlv (1972), 9–10; Harriss, *King, Parliament*, 490; Given-Wilson and Bériac, "Edward III's Prisoners of War", 822–824.
4　见本书第471—474页。

了一系列协定,根据这些协定,爱德华承诺支付四万四千镑,以确保获得普瓦捷战场上被俘的重要法兰西贵族的赎回专有权。爱德华三世当然不会对利益动机视而不见,他肯定意识到,如果单独开释瓦卢瓦的贵族,那么他们会在初期给他带来可观的收益。尽管欧塞尔伯爵与达马丁伯爵确实试图与国王私下商讨自己的释放条件及赎金数额,但普瓦捷战役被俘的十六位重要贵族中的大部分(很可能是全部),确实给希冀确保英法和谈的爱德华三世增加了额外砝码。[1]如果释放了约翰二世——这是随后一轮外交谈判开始的推论——那么爱德华三世很可能将其他重要的瓦卢瓦贵族充作释放约翰二世和确保法兰西执行和平条约的人质。在普瓦捷战役后的贵族赎回活动中,爱德华三世的表现绝不仅仅是一个逐利之人。总之,在不能确保瓦卢瓦将会切实并持久履行条约之前,爱德华三世绝不轻易缔结条约。在未来的几年里,他一直坚持这些基础性原则,他以释放约翰二世为条件,迫使法兰西签订最终条约,以重建英格兰在法兰西西部、北部的有效统治。

---

[1] Given-Wilson and Bériac, "Edward III's Prisoners of War", 814, 817, 818–820, 830–832.

第十三章
瘟疫与政治(1348—1358)

从克雷西战役到普瓦捷战役的十年间，爱德华三世成为一个真正的政治家。他与威尔士亲王化解了对法战争早年间公众关于国内政策的许多焦虑，并向公众证明连续进行战争不但是为了国王的权益也是为了整个王国的利益。然而，仅仅依靠军事胜利，并不能完全恢复王室威望。自从1341年危机后，爱德华迎合公众期望，对英格兰王国进行规范、坚定而富有创新性的统治，让公众的信心逐渐重建起来。在他统治的第三个十年里，绝大部分英格兰臣民不可避免地更为关注1348至1349年的瘟疫所带来的巨大挑战，而不是进一步打败任何境外的敌人的前景。在黑死病发生之时及之后所采取的及时有效的应对措施，使爱德华三世全面展现了其统治的张力与远见，以及其作为政治领袖的突出才能。

要理解这一成就的程度，就需要认识到，政治团体中的许多中层人员，尤其是下议院的核心组成部分——乡绅与商人阶层，他们在14世纪40年代后期对这场持续进行的战争能够带来多大的利益普遍持怀疑态度。如果爱德华认为1346至1347年的重大胜利能够为他赢得政治团体的支持，那么他很快便会发现自己想错了。1348年1、3月所举行的议会上，下议院怨声载道，他们对法律的执行、赦免的滥用、货币政策、羊毛销售市场、王室近来基于土地财富的征兵尝试、王室食物采买所带来的持续压力、关

第十三章 瘟疫与政治（1348—1358）

税承包所带来的恶劣影响、封建采邑协助和1346年强制贷款的合法性等一系列问题提出了抗议。基于近来在战场上所取得的巨大成就，爱德华三世肯定期待臣民更多的感谢而非抱怨，因此他采取了高压手段，不仅没有承诺将来会依法让步，反而坚持声称，应该将对公众有利的战争置于个人私利之前。如果不是事态发展完全出乎意料，有各种迹象表明，国王与议会之间的紧张将会持续下去。现在这种状态得以缓解，不仅仅是因为爱德华的战争成就，贵族们也在战争中获得了大量好处，还因为当时财政稳定，与1339至1341年面临政治团体反对时的情况相比，这时的爱德华三世已经不那么脆弱了。[1] 讽刺的是，历史会以不可想象的灾难——瘟疫的形式来向政治团体证明，国王确实认识到，保证有效而有利的统治，是他对整个王国的臣民所负的最重要的责任。

现存的与1348至1349年黑死病相关的资料难以给当今历史学家提供确切信息。这场流行病很可能是远东地区的一种特殊鼠疫病毒——这种病毒通过老鼠身上的蚤类进行传播——渐次传进欧洲所导致的。其影响是迅速、具有毁灭性且可怕的：即便是那些批评编年史家过于夸张的人也清楚记得这场被传为世界末日之始的瘟疫所激起的真实的恐慌。英格兰向来提供的人口数据是整个欧洲最丰富的，但关于这场瘟疫的数据也存在颇多争议。英格兰的人口自1086年《末日审判书》（Domesday Book）之后稳步增长，似乎在1300年达到人口数量的峰值，当时大概介于四百五十万至六百万之间。而在1377年征收全国性的人口税时，整个王国的人口还不到二百七十五万。即便将14世纪前二十年的饥荒所减少的人口考虑在内，也可以看出，1348至1349年瘟疫及14世纪60、70年代持续的战乱导致人口急剧下降了30%至50%。因此，我们有理由相信爱德华三世的同时代

---

1 PROME, iv, 413–432, 453–461; Harriss, *King, Parliament*, 366–375, 513–517; Verduyn, "Attitude", 98–106.

人所言：当瘟疫于 1348 年夏季首次传进英格兰之后，在接下来的十八个月里，英格兰经受了人类历史上一次无法想象的灾难。[1]

9 月，瘟疫在伦敦暴发，国王被迫采取紧急措施以保证官僚、臣民的安全。原定于 1349 年 1 月在威斯敏斯特召开的议会因此推迟至复活节。[2] 国库长埃丁顿在圣诞节之后便离开首都，在萨里（Surrey）和汉普郡的私人庄园里度过了冬天的大部分时间。[3] 对于那些依然留在伦敦的人而言，前景是惨淡灰暗的。1349 年 1 月末，传闻理财法院法官和郡长们都说，由于担心生命受到威胁，他们不敢继续司领其职。到了春天，国王决心当年关闭宫廷，取消议会。[4] 斯特拉特福德大主教在 1348 年 8 月瘟疫到来之前寿终正寝，他的既定继任者——虚弱的大法官奥福德于 1349 年 5 月 20 日因为感染瘟疫而死于伦敦郊区，其继任者——身强体壮的学者、王室牧师托马斯·布拉德沃丁在被选为大主教之后，不过三个月也成了这场瘟疫的受害者。[5] 原本已让法兰西人和苏格兰人陷于绝境的爱德华三世如今却只能无助地停下脚步，因为瘟疫在他的王国内造成了可怕的灾难。

欧洲各国政府因为对这场瘟疫掉以轻心而被重创。英格兰王室不无道理地认为这与糟糕的公共卫生有关联。为埋葬瘟疫罹难者而新设的公墓，被伦敦主教提议设于伦敦塔附近的东史密斯菲尔德教区，国王对此持反对

---

1 J. L. Bolton, "'The World Upside Down': Plague as an Agent of Economic and Social Change", *The Black Death in England*, ed. W. M. Ormrod and P. G. Lindley (Stamford, 1996), 17–78; P. J. P. Goldberg, *Medieval England: A Social History, 1250–1550* (London, 2004), 71–87, 163–167; S. H. Rigby, "Introduction", *A Social History of England, 1250–1500*, ed. R. Horrox and W. M. Ormrod (Cambridge, 2006), 1–30. B. M. S. Campbell, *English Seigniorial Agriculture, 1250–1450* (Cambridge, 2000), 399–406 提供了瘟疫之前更为保守的人口数字。
2 *CCR 1346–9*, 613–615; *CCR 1349–54*, 1.
3 *The Register of William Edington, Bishop of Winchester, 1346–1366*, ed. S. F. Hockley, 2 vols (Hampshire Record series, vii–viii, 1986–7), i, nos 314–468.
4 E 368/121, rot. 144d; *CCR 1349–54*, 28, 66; Baker, 99.
5 *CCR 1349–54*, 84; *Fasti, 1300–1541*, iv, 3.

第十三章 瘟疫与政治（1348—1358）

意见，并表达了他对此类问题的担忧。[1]1348 至 1349 年秋冬时期所颁布的任何相关公共政策，都基于这样的认识——这场疾疫体现了神的惩罚。在危机爆发之初，爱德华三世要求神职人员举行"能够保护英格兰王国免遭瘟疫及死亡"的礼拜仪式。[2]后来在 1349 年 8 月，大法官给主教们写了一封极其严厉的警告信：

> 我们对于那些幸存下来命运却如此悲惨的人感到极为震惊，他们固执异常，对上帝毫无感激之心，面对上帝的审判与教训一点也不谦卑。如果他们继续沉沦在罪恶与骄傲之中，将离上帝的慈悲之心更加遥远。这似乎是更大灾祸降临的预兆，如果那些罪恶之人不为自己的罪恶忏悔、不对上帝怀着坚定的信念的话，那么已被人类罪行触怒的上帝将会对他们施加更严重的惩罚。[3]

如此严厉地批评公共道德，似乎至少体现了国君的个人观点。当瘟疫消散后，爱德华三世于 1349 年 10 月前往赫里福德向圣托马斯·坎蒂卢普的遗骨献礼，以求赎罪。不久之后，他又给坎特伯雷天主教堂里的托马斯·贝克特圣地送去特殊捐赠。[4]不少评论家相信，上封信中提到的道德堕落是社会各阶层普遍存在的事情。如亨利·奈顿后来指出，在瘟疫暴发之前，据说有群妇女追随骑士比武赛辗转各地，引诱英格兰骑士无视他们的神性职责，这种荒唐的行为令人震惊。[5]然而，几乎不可避免的是，社会上普遍的

---

1 C 81/1332/56. 关于20世纪80年代在这个遗址上的挖掘情况，见I. Grainger, D. Hawkins, L. Cowal and R. Mikulski, *The Black Death Cemetery, East Smithfield, London* (London, 2008)。
2 *The Black Death*, ed. R. Horrox (Manchester, 1994), 113–114.
3 *Registrum Hamonis de Hethe, diocesis Roffensis*, ed. C. Johnson, 2 vols (CYS, xlviii, xlix, 1948), ii, 894–895, 译文见*Black Death*, 117–118。
4 R. C. Finucane, *Miracles and Pilgrims: Popular Belief in Medieval England* (Basingstoke, 1995), 179; *Litterae Cantuariensis*, ii, 296.
5 Knighton, 92–95. 亦见Baker, 97; *Melsa*, iii, 69。

观点以及很快被官方政策所肯定的观点是，下层社会真正应该受到谴责。

在伍德斯托克熬过了漫长的半隔离期之后，1349年的7月底8月初，爱德华三世前往格洛斯特郡、威尔特郡、多塞特郡及汉普郡的狩猎基地旅行。前一年，这些地区的某些地方发生了严重的瘟疫，一路上爱德华被亲眼所见的凋敝的乡村经济所震惊：宅地荒废、农户稀少、土地弃耕。[1]此时，当务之急是找到能带来收获的劳动力，让幸存者在即将到来的冬季能有吃的。在有些地方，贵族们被迫支付比前十年多50%的酬金，来说服那些幸存下来的贫乏的劳力为自己佃种。[2]6月中旬，爱德华曾在威斯敏斯特参与了这一紧急事务的讨论，8月18日，他颁布了后来被称为《劳工条例》的法令。所有有行为能力的成年人及"健全的乞丐"都被强行安排工作，完成整个合同期，并接受瘟疫之前的劳资待遇。这些条例也同样适用于手工业者——铁匠、皮革匠、建筑工人等，这类人的工作对城乡经济而言是必不可少的。该法令还再三重申当时的理念：食品、手工业制品应维持公道的价格，以防止不法商人囤积居奇而大获其利。最后，主教们也推出了相似的法令，规范弥撒牧师及教堂工人的薪资。几个月后，当王国劳动力陷于枯竭之际，国王暂时性地禁止所有国民因战争或朝觐而离开英格兰，每个人都应为恢复经济承担责任的理念被再次明确强调。[3]

《劳工条例》的这些措施尽管激进，但在本质上并无新意。其中许多法令条文，自13世纪末就已在乡村执行。[4]在瘟疫暴发之前的半个世纪里，

1　对肆虐英格兰的瘟疫暴发时间与传染路径的分析见O. J. Benedictow, *The Black Death, 1346–1353: The Complete History* (Woodbridge, 2004), 123–145。

2　D. L. Farmer, "Prices and Wages [i]", *The Agrarian History of England and Wales, II: 1042–1350*, ed. H. E. Hallam (Cambridge, 1988), 816–817.

3　*SR*, i, 307–308; *Foedera*, III.i, 191, 198–199; *CCR 1349–54*, 206–207; *CLBL, F*, 192, 199, 201; *CIM*, iii, no. 50; B. H. Putnam, "Maximum Wage-Laws for Priests after the Black Death", *American Historical Review*, xxi (1915–16), 12–32.

4　A. Musson, "New Labour Laws, New Remedies? Legal Reaction to the Black Death 'Crisis'", *Fourteenth Century England I*, ed. Saul, 76.

第十三章 瘟疫与政治（1348—1358）

爱尔兰议会就已制定了合理薪酬的范式。而关于规范英格兰王国内的物价，自爱德华二世时就已迈出了尝试的步伐。[1] 同时期的欧洲大陆，在瘟疫之后，也颁布了工资水平的法令与公告。英格兰的这部《劳工条例》可能也像大陆一样，只是为了将压力巨大的雇主们团结起来。[2] 这就解释了为什么王室法庭并未采取任何特殊措施执行1349年法令，[3] 次级法院则被鼓励根据本地实际情况权宜处置案件。至1349年末，伦敦当局为了适应城市工商业的需要，已经着手调整《劳工条例》。[4] 国王并未将瘟疫视作扩展司法权的机会，而只是单纯希望通过谨慎的一般性鼓励声明来度过危机。

爱德华三世关于王室地产的管理方法，也为臣民提供了实施自我救助的范例。由于大量封臣成为瘟疫的受害者，而且他们中的许多人未留下已成年的继承人，国库长通过争取监护权益而为王室内府打开了一条新的创收渠道。[5] 管理者对王室地产进行管理，在地产承租或其他预期事务之前进行严格审查。[6] 菲莉帕王后和黑太子迅速效仿，采取了同样的做法。在前任

---

1 *Statutes and Ordinances, and Acts of the Parliament of Ireland, King John to Henry VI*, ed. H. F. Berry (Dublin, 1907), 214–217; R. H. Britnell, *The Commercialisation of English Society, 1000–1500* (Cambridge, 1993), 31–37; R. Braid, "Economic Behavior, Markets and Crises: The English Economy in the Wake of Plague and Famine in the 14th Century", *Economic and Biological Interactions in Pre-Industrial Europe from the 13th to the 18th Centuries*, ed. S. Cavaciocchi (Florence, 2010), 345–351. 关于1349至1351年英格兰法律在爱尔兰的执行情况，见*Statutes and Ordinances*, 366 n. 1。
2 R. S. Gottfried, *The Black Death* (London, 1983), 95; J. N. Hillgarth, *The Spanish Kingdoms, 1250–1516*, 2 vols (Oxford, 1976–8), ii, 4–5.
3 Putnam, "Transformation", 43.
4 *CLBL, F*, 212–213; S. Rees Jones, "Household, Work and the Problem of Labour: The Regulation of Labour in Medieval English Towns", *The Problem of Labour in Fourteenth-Century England*, ed. J. Bothwell, P. J. P. Goldberg and W. M. Ormrod (York, 2000), 139.
5 *SCCKB*, v, cliii; *CIPM*, ix, vii; E 368/123, mm. 20d-21; SC 1/40/100, 载Tout, *Chapters*, iv, 123 n. 1。
6 E. Fryde, "The Tenants of the Bishops of Coventry and Lichfield and of Worcester after the Plague of 1348–9", *Medieval Legal Records*, ed. Hunnisett and Post, 224–225, 261–262; Ormrod, "English Government and the Black Death", 180–182.

廷臣今王后内务总管约翰·莫林斯爵士及王座法庭大法官威廉·谢里沙尔爵士的帮助下，王后与爱德华王子严格调查了他们在埃塞克斯、柴郡的地产，目的是通过司法处罚增加收入。[1]这些措施让王国内的地主们可以最大限度地从承佃税及其他领主的意外事件中获得收益，以弥补短期损失。爱德华三世深信，形势将会恢复，他的观点是，土地精英们必须团结起来，大力恢复瘟疫前的经济状况。

当时的情况要求国王花更多的精力以执行劳动法。1351年2月，当议会召开时，下议院抱怨罚款并不足以控制薪资的上涨，要求国王颁布新的处罚办法。其后颁布的《劳工法令》，具体规定了各色劳工的日工资，禁止自由劳动力离开居住地，并要求在每一个村落、城镇都设置专门场所，以公开惩罚、羞辱那些违反规定的人。这是国家法令首次采纳这种基本但有效的处罚形式，证明有许多。以诺里奇为例，1351年当地重修了木质、铁质的关押场所。[2]更重要的是，这部法令要求各郡指定的司法委员会执行、审查劳工法，每年至少进行四次审查。1351年3月，法令被正式囊括进各郡新任命的治安官的权力之中。从1352年12月开始，法令中逐渐独立出被称为"劳工法官"的专职委员。这些人主要来自当地乡绅，并且很可能正是从新法的执行中获益的那批人。[3]随着薪资条例的建立，1349年《劳工条例》中与物价相关的内容现在也完备了起来。在1351至1363年间，政府采取了许多办法来给原材料、手工业制品、酒类及食材包括鱼、家禽

---

1 M. K. McIntosh, *Autonomy and Community: The Royal Manor of Havering, 1200–1500* (Cambridge, 1986), 58–63; P. H. W. Booth, "Taxation and Public Order: Cheshire in 1353", *Northern History*, xii (1976), 16–31. 还需注意的是，1354年国王和威尔士亲王在德文、康沃尔共同设置了有利可图的"持棍侦查员"，Putnam, *Shareshull*, 73–74。
2 *PROME*, v, 14; *SR*, i, 311–313; *The Records of the City of Norwich*, ed. W. Hudson and J. C. Tingey, 2 vols (Norwich, 1906–10), ii, 40.
3 *CPR 1350–4*, 85–92; B. H. Putnam, *The Enforcement of the Statute of Labourers* (New York, 1908), App., 21–24, 35–42.

第十三章 瘟疫与政治（1348—1358） 417

等限定一个合理的价格。[1] 走出 1348 至 1349 年危机之后，王权不仅被鼓励为规范经济定下基调，还被鼓励建立一套详尽的机制。

当然，所有这些措施都是由阶级偏见驱动的，这种偏见认为领主和雇主拥有上帝赋予的权利，可以剥夺工人从租金下降和工资上涨中获得的利益。瘟疫之后，封建领主们臭名昭著的应对措施还包括采取严厉措施压制非自由农民。1352 年，在下议院的煽动下，国王同意领主们召回那些逃跑的农奴并强迫他们如先前一样在自己的庄园里耕种。[2] 根据劳工法，这些本可自由赚取薪资的人，如今却被迫"再次受奴役"，这极不公正。因此，一些正直而勇敢的人决意申明自己的立场。在赫特福德郡，隐修者、激进的牧师富勒姆的理查德公开抗议劳工法，并威胁要将那些强制执行者革出教会。[3] 很快，城乡也找到了一些更加微妙的方式，在王室法令与地方劳工市场中求取平衡。[4] 然而，劳工法所造成的社会阶层的疏离感日益扩散。在评估 14 世纪 50 年代爱德华三世的统治时，我们不应忽视，当时社会、政治上所取得的稳定成就，部分是压迫广大民众以服务于少数贵族的结果。[5]

在 14 世纪 50 年代，王权对精英阶层的迎合趋向，重点体现在对两大政治团体——世俗贵族及下议院的代表乡绅与商人——系列政策的重新调

---

1 Seabourne, *Royal Regulation*, 77.
2 *PROME*, v, 52–53; *SR*, i, 323; P. R. Hyams, "The Action of Naifty in the Early Common Law", *Law Quarterly Review*, xc (1974), 331.
3 *SCCKB*, vi, no. 72.
4 S. A. C. Penn and C. Dyer, "Wages and Earnings in Late Medieval England: Evidence from the Enforcement of the Labour Laws", *EcHR*, 2nd series, xliii (1990), 356–376; L. R. Poos, *A Rural Society after the Black Death: Essex, 1350–1525* (Cambridge, 1991), 241–242; E. Clark, "Medieval Labor Law and English Local Courts", *American Journal of Legal History*, xxvii (1983), 330–353.
5 C. Dyer, "Villeins, Bondmen, Neifs, and Serfs: New Serfdom in England, c. 1200–1600", *Forms of Servitude in Northern and Central Europe: Decline, Resistance, and Expansion*, ed. P. Freedman and M. Bourin (Turnhout, 2005), 430–431.

整上。为了达成和解，爱德华三世的政府以权力换取人心，承认政府权力的有限性，并接受精英们在政府权力的约束下在其内部享有个人自主权。从最广泛的意义来说，这也有很多优点。不论好坏，瘟疫之后呈现出来并持续了三百多年的统治风格，建立在共识的基础之上，国王与地主及商界精英分享权力与责任。但仔细来看，当时所呈现的特征不能视为中世纪晚期王室权力的衰微，而应理解为爱德华三世为维持一个真正可持续的战争状态而做出的努力。特别值得一提的是，国王在他四十多岁时持续旺盛的精力为他提供了使命感和目标，为他持续不断地加强君权提供了正当理由。

高级贵族最完美地体现了爱德华三世统治中期的价值观与道德观。老练精干的兰开斯特伯爵和萨里伯爵于 1345 和 1347 年先后去世，标志着自 14 世纪 20 年代以来难以对付的贵族主政时代的结束。然而，1344 至 1354 年间，索尔兹伯里伯爵、格洛斯特伯爵和亨廷顿伯爵的逝世，也提醒爱德华三世，他在 1337 年创造的早期政治局面无法摆脱时间的蹂躏。14 世纪 50 年代授勋贵族的重新储备，很大程度上来说是现有爵位的内部提升。在 1351 年的议会上，忠诚的廷臣与战士斯塔福德勋爵拉尔夫，获得了斯塔福德伯爵爵位，并通过强行诱拐已逝的格洛斯特伯爵的女儿结婚而占有其地产。同时，爱德华为了特别表彰堂兄格罗斯蒙特的亨利，将他从伯爵升为公爵，并恩准其在兰开斯特郡享有王权贵族的权利。最后，在 1354 年，爱德华的老对头罗杰·莫蒂默之孙，亦同名罗杰，重新获得了马奇伯爵的爵号，这清晰地表明，爱德华三世决心摒弃 14 世纪 20 年代党派斗争的偏见，转而尊崇那些自 1346 至 1347 年战役以来已成为他重要的将帅和参谋顾问的新一代贵族。[1]

---

[1] *CChR 1341–1417*, 124; *CPR 1350–4*, 60; *PROME*, v, 98; R. Somerville, *History of the Duchy of Lancaster* (London, 1953), 40–45; C. Rawcliffe, *The Staffords, Earls of Stafford and Dukes of Buckingham, 1394–1521* (Cambridge, 1978), 8–10; Fowler, *King's Lieutenant*, 172–175; Given-Wilson, *English Nobility*, 40–42.

第十三章 瘟疫与政治（1348—1358）

1352年议会里，爱德华签署的《叛国法令》也体现了同样的精神。有些犯罪被归为重大叛国罪：密谋杀害国王、王后及王位继承人；诱拐王后、大公主及王位继承人之妻；公开与国王宣战或支持国王的敌人；伪造国王玺印和货币；走私伪币进入英格兰；杀害大法官、国库长或高级法官。[1] 法院试图将叛国罪的刑罚适用于更为宽泛的、可归类为"窃取王室权力"的犯罪行为，这个法令反映出对此的一种普遍焦虑。[2] 但这对贵族也有极大的吸引力，因为，他们认为若是一个比爱德华三世更加残暴的君主，可能会将含糊不清的叛国罪肆意用来对付他的政敌。因肯特的埃德蒙之死而自1330年开始流亡的约翰·马尔特拉弗斯爵士，在14世纪40年代获得平反。或许是因为爱德华三世的堂弟、新的肯特伯爵约翰即将成为多数派，马尔特拉弗斯被允许在1351年的议会中进行缺席上诉，在那里他卷入国王叔父之死的罪过得到了赦免。[3] 在他回到英格兰并被传唤到1352年的议会中参加贵族会议之后，马尔特拉弗斯又提请了一份请愿书，进一步请求将他的赦免书写进官方议会档案文件里。[4] 马尔特拉弗斯案件可能引发了众人对1322至1330年政权交接之际针对贵族集团的报复行为的不安记忆，因此伯爵、男爵们要求对叛国罪的含义予以明确。[5] 对国王个人而言，他可能只是将自己与约翰二世相比较，约翰二世最近对厄镇伯爵的处理在法兰西贵族中引发了抗议热潮，他引以为鉴罢了。[6] 不管怎么说，1352年《叛国法令》很快成了爱德华三世公开承认保护贵族权利的声明。

叛国罪对于贵族而言之所以如此可怕，不仅仅是因为死刑的威胁，还因为国王有权永久剥夺犯有此罪者的爵位、地产，以及，至少从理论上而

---

[1] *SR*, i, 319–320.
[2] *PROME*, v, 44–45; Bellamy, *Law of Treason*, 59–101.
[3] *CPR 1343–5*, 535; *PROME*, iv, 432–433; v, 6; *CPR 1350–4*, 110; *CCR 1349–54*, 312.
[4] *PROME*, v, 54–56; *CPR 1350–4*, 224; Powell and Wallis, *House of Lords*, 358.
[5] M. V. Clarke, *Fourteenth Century Studies* (Oxford, 1937), 125–132.
[6] 见本书第400页。

言,毁灭其家庭幸存者和未来的后裔。阿伦德尔伯爵理查德·菲查伦便是一个突出的例证,在1326年政变中,其父因叛国罪而被处死。后来,他在1351、1354年先后两次寻求机会,以求正式取消1330年剥夺其家族头衔的判决。这并非只是象征性的。1351年,阿伦德尔伯爵非常担心即将袭爵为肯特伯爵的约翰会索求菲查伦的地产,因为约翰的父兄在1326至1330年间曾拥有该地的部分地产。[1] 在击退这一威胁后,当爱德华三世恢复罗杰·莫蒂默的马奇伯爵领地的意图变得明确时,阿伦德尔伯爵又赶紧重启这一过程。1354年春,就阻止第二任索尔兹伯里伯爵获取1330年被没收的首任马奇伯爵的地产一事,菲查伦与莫蒂默达成一致意见。他们联合请求取消对先人的处罚,成了当年议会的重要议题。这既是确保阿伦德尔伯爵及莫蒂默后人权益的重要措施,也是新任马奇伯爵正式封爵仪式之前的必要序曲。[2]

《叛国法令》的颁行和之前叛国罪处罚的取消,可视为爱德华三世迎合贵族要求保障自己的永久权益及更自主地处理地产的表现。14世纪50年代,爱德华三世还表明自己愿意支持设立所谓的封地授予制度(enfeoffments),以使用或信托其土地承租人的地产。这些法令确保若有贵族在战争中丧生,他们的土地不会被国王的私臣没收充公,而是会依然留在其后裔、家族成员或朋友的手里。到理查二世统治初期,犯有重罪或叛国罪的人的地产不被没收,已成为普遍接受的法律要点。[3] 而且,在1361年,爱德华三世同意,

---

1 *PROME*, v, 6, 11–12.
2 *PROME*, v, 95–101; Holmes, *Estates*, 15–17. 1354年,阿伦德尔伯爵特意保留了自己对于莫蒂默的彻克领的权利。1355年,他同意将之退回给莫蒂默,但前提是有重要保障及丰厚补偿,Bothwell, *Falling from Grace*, 198。
3 J. M. W. Bean, *The Decline of English Feudalism, 1215–1540* (Manchester, 1968), 105–126, 312–314; McFarlane, *Nobility*, 218–219; R. C. Palmer, *English Law in the Age of the Black Death, 1348–1381: A Transformation of Governance and Law* (London, 1993), 110–130. 这从国王在1359年8月的让步也可见到。(当时他承诺,)如果他的长子战死沙场,那么黑太子的遗嘱执行人便可将其地产上的4年收入用来偿还他的债务,*CPR 1358–61*, 268。

第十三章 瘟疫与政治（1348—1358）

当人们在死后被宣布犯有叛国罪时，只有在公开背叛的情况下，其家族地产才会被没收。[1] 显然，国王与贵族之间强烈的合作意识，不但帮助他们赢得了海外战争，也反映在贵族合法权利的显著增加上。

然而，如果认为这些发展是王权的重大妥协，就不对了。从14世纪50年代的某些方面来看，国王事实上做出了不少努力以限制贵族的特权。在1344至1351年之间，爱德华三世曾将各郡辖区内的司法权作为特权赐给当地的伯爵与男爵。对此，各郡的政治团体纷纷表示怀疑，因为这似乎将一些郡区置于贵族的私人控制之下了。但这些恩赐的司法权，仅是一种表面的荣耀，并无实权。而且，那些享有司法权的郡区，其实有着附加条件与限制。兰开夏郡在1351年后便上升为行使王权的贵族领地，归格罗斯蒙特的亨利管辖，然而却未能享有柴郡和达勒姆郡的赋税豁免权，依然要向威斯敏斯特纳税。[2] 在1359年之前，没有任何涉及向贵族大规模征收的运动，这也意味着国王可以限制那些战时激烈的财政或司法措施，比如，推迟偿还财政署的债务，这曾是贵族在1338年激烈抗议的事。事实上，在1352至1359年间，王权对领主依据王室司法强制收取承租户罚金的权利发起了挑战，再次通过司法权的干预使财政署从司法中积累的利润最大化。[3]

总之，在14世纪50年代，爱德华三世通过授予特许状而不断地提醒贵族王权慷慨的条件性本质。1353至1354年，他反复而且常常以极专制的方式干预法庭事务，对南北威尔士的大贵族产生了重要影响。沃里克伯爵战胜了高尔的领主、彻克的阿伦德尔伯爵及登比的新马奇伯爵。在这类案例中最为突出的是失败者的反应。第二任索尔兹伯里伯爵威廉·蒙塔古——国王已去世的亲密友人之子，与新贵托马斯·霍兰争娶肯特的琼，

1　SR, i, 367–368.
2　Ormrod, *Reign of Edward III*, 110; J. W. Alexander, "The English Palatines and Edward I", *JBS*, xxii[2] (1983), 11–12.
3　Ormrod, "Recovery of Royal Authority", 7–8.

在教皇的法庭上被霍兰挫败。至 50、60 年代，国王反复置蒙塔古的权益于不顾，先后偏向蒙塔古妻兄罗杰·莫蒂默、索尔兹伯里主教罗伯特·威维尔、冈特的约翰。[1] 威维尔坟墓上的黄铜雕刻，是他从索尔兹伯里伯爵手中重获舍伯恩城堡的强烈象征，至今依然矗立，诉说着不幸的蒙塔古的苦难。[2] 然而，经历了长期苦难的索尔兹伯里伯爵，始终忠诚而坚忍，后来他一直都是爱德华三世的重要廷臣、顾问及军事统帅。阿伦德尔伯爵理查德·菲查伦也是如此，他在战争、政治和经济等多个方面都发挥了重要作用，在某种程度上，这可以理解为，他对自己在 1341 年危机期间胆敢公开支持大主教斯特拉特福德的持续忏悔行为。[3] 14 世纪 50 年代，爱德华三世在贵族中取得成功的秘诀不在于不加限制和区分的慷慨，而在于他那非凡的能力，甚至让不那么受宠的贵族也相信，自己依然是王权中的重要一员。在 14 世纪 50 年代，如果爱德华三世在对待贵族的问题上更加巧妙、熟练，那么双方都会认为国王对贵族的管理是有效、直接和严格的。

与贵族相比，与郡、城镇的关系本应更难理顺，然而，爱德华三世再一次展现了自己在政治上的管理艺术。与 40 年代紧张而常常毫无所获的协商不同，50 年代早期的议会通过了一项精心设计的意在安抚地方政治团体的改革立法大计划。在 1352 年的议会上，爱德华三世的心情相当不错，议员们都可以感受到他的宽宏大量。作为对征收新的三年一次的十五分之一税和什一税以支持战争的回报，他做出了三个重要让步：未来只有在议

---

1 Holmes, *Estates*, 15–16, 39; M. W. Warner, "The Montagu Earls of Salisbury *circa* 1300–1428"(University of London PhD thesis, 1991), 22–24, 60–69; Bothwell, *Edward III and the English Peerage*, 123.
2 *Age of Chivalry*, no. 98.
3 Vale, *Edward III and Chivalry*, 89–91 声称爱德华三世故意将阿伦德尔伯爵及亨廷顿伯爵排除在嘉德骑士团之外，以惩罚他们在 1341 年危机中的离心离德。亨廷顿伯爵的情况与阿伦德尔伯爵不同，他并未参加克雷西之战，他可能从那时开始就已疾病缠身，*ODNB*, xii, 152。

会同意的情况下，他才征发封建援助（feudal aids）；王室食物采买将遵循国王内府和军队供应的现行法规；除了那些应为国王承担封建兵役的人，没有议会的同意，任何人都不会再被迫为国王的战争服役或提供军队。政治团体认识到这些是严肃的原则，在随后的几年里，他们对任何王室试图利用国家紧急状态作为推翻 1352 年对战争国家施加的限制的手段，都有明显的抵制。[1]

国王也在反教皇法令方面做出了刻意迎合众意的努力。自从 1343 年《圣职授职条例》之后，下议院就不断抱怨说英格兰教会已经被外来人员攻占，他们不仅担任法兰西间谍，而且源源不断地榨取英格兰的财富并输往国外。1351 年，骑士与市民代表旧事重提，指控教皇目前从英格兰获得的利益已经超过了国王。国王的反应是，首先出台了《圣职授职法令》，禁止罗马教皇对英格兰圣职的预先委任。其次，在 1353 年，又颁布了《王权侵害罪法令》，明令禁止向教廷上诉，以防止教廷挑战英格兰国王及其他赞助人在教会事务上的权限。[2] 国王无疑从以上系列法令中获利。但是，考虑到就在这段时间，教皇接受爱德华为英格兰教会的高级圣职授职者的提名人，因此国王在此时做出如此敌对的声明，是值得怀疑的。[3] 1353 年法令事实上为英格兰有俸圣职授职者及其被任命者提供了宝贵机会，他们因此可在王室法庭反对教宗任命的圣职人员。[4] 从王权的角度而言，这一法令的重要意义在于，

---

1 *SR*, i, 319, 321, 322; Harriss, *King, Parliament*, 395–400
2 *PROME*, iv, 399, 427, 432; v, 14, 25–27, 83; *SR*, i, 323–324, 329.
3 F. Cheyette, "Kings, Courts, Cures, and Sinecures: The Statute of Provisors and the Common Law", *Traditio*, xix (1963), 295–349; W. R. Jones, "Relations of the Two Jurisdictions: Conflict and Cooperation in England during the Thirteenth and Fourteenth Centuries", *Studies in Medieval and Renaissance History*, original series, vii (1970), 102–132.
4 E. B. Graves, "The Legal Significance of the Statute of Praemunire", *Anniversary Essays Presented to C. H. Haskins*, ed. C. H. Taylor (New York, 1929), 57–80; D. Martin, "Prosecution of the Statutes of Provisors and Premunire in the King's Bench, 1377–1394", *Fourteenth Century England IV*, ed. Hamilton, 109–123.

它象征性地声明了英格兰国王对英格兰教会的主权,也同样明显地迎合了公众对阿维尼翁教皇的偏见。

14世纪50年代早期,国王意欲制定新的法律体系以明确回应更大范围的政治选民优先关注的事项,其中,最明显的部分体现在经济政策上。1335年《约克法令》中所坚持的英格兰市场贸易自由原则,在1351年被再次重申。当年,还颁行了保证在英格兰水路顺利通行的重要法令,以及重申现行法律禁止囤积居奇(在货物进入公开市场之前就购买并囤积起来,以便推高需求,而后抬高零售价格)。1352年,国王不但像往常一样重申了度量衡的标准,还不同寻常地试图在郡、镇及港口强制执行。[1]

最重要的是,在同时顾及商人利益和王室财政收益的情况下,国王似乎终于找到了规范羊毛交易的方法。以沃尔特·奇里顿为首的商人集团自1346年便代理关税,但在1348至1349年间,瘟疫蔓延导致海外贸易暂时衰退,他们难以为继。沃尔特集团被约翰·马尔维为首的新集团取代,但直到1352年初仍举步维艰。然而,由于这些方案无法维护国王的财政信用,或者说不能顺利地偿还多德雷赫特债券,表明自1343年来占主导地位的垄断方案如今已被证实行不通了。[2]1351年当国王要求再次借贷时,众人均缄默不言,表明商团已失去了信心。尽管有些商人因为国王许诺将以羊毛津贴方式偿还贷款而与国王单独签订了协议,但大部分人仍然犹豫不决。国王在伦敦强制贷款两万马克也失败了,因为有人抱怨这项交易是国王和市长在没有得到市民团体适当同意的情况下达成的。[3]1351至1352年,国王决定放弃垄断方案,转而直接控制关税系统,由此出现了14世纪促进和开发海外贸易最成功的方案。

1　SR, i, 270–271, 314–316, 321; Ormrod, *Reign of Edward III*, 79.
2　Fryde, *Studies*, chap. x, 16–17.
3　CLBL, G, 235, 236–237; *Calendar of Letters from the Mayor and Corporation of the City of London*, ed. R. R. Sharpe (London, 1885), no. I; Ormrod, *Reign of Edward III*, 185; Liddy, *War, Politics*, 24, 26.

第十三章 瘟疫与政治（1348—1358）

1353 年夏，王室在泰恩河上的纽卡斯尔、约克、林肯、诺里奇、威斯敏斯特、埃克塞特及布里斯托尔新建了一系列羊毛集散中心。[1]这一新体制的运作，受 9 月在威斯敏斯特的大咨议会上签署的《羊毛集散中心法令》约束。[2]这一法令的关键一点是，无限期禁止外籍商人出口羊毛。这项措施虽然严厉，但也向外传达了一个明确信息，即国王不再试图与英格兰商贸垄断集团签订私人商业协议。不过一个月，爱德华政府便对前金融家威廉·德拉波尔进行了一系列走过场的公审。[3]如此一来，便减轻了国王自 14 世纪 30 年代积累下来的债务中的责任。这也更公开地再次展示了国王依赖一个自由、公开的信用市场的新决心。其结果是接下来的十年里贸易持续大幅增长，每年的羊毛出口在三万五千袋左右，这在 14 世纪初是不敢想象的，这一水平在中世纪后来的时段里也是无法超越的。[4]

为了确保禁止外籍商人将羊毛带到海外不会对英格兰经济产生负面影响，王室采取了一系列措施鼓励海外商人来英格兰交易羊毛，并保护新生的国内布业。1351 年，王室重申了毛料规格管理税，要求所有在国内市场出售的布匹都遵从标准尺寸。这给市场造成了极大的干扰：很快，国王就接到了王太后伊莎贝拉、王后菲莉帕的报告，说根据新规，从他们的代理人购自伦敦商人约翰·佩奇处的布来看，约翰·佩奇的货物都应被没收。[5]1353 年的大咨议会上，政府被说服放弃新规，允许布匹生产者和布商自由买卖。加上外国服装制造商的制造业在英格兰的自由化，国内制造

---

1 后来又增加了赫尔（Hull）、坎特伯雷以及奇切斯特。C 67/22, m. 25d; *PROME*, v, 64–65; *Records of the Borough of Leicester*, ii, 79–80; Lloyd, *Wool Trade*, 205–208.
2 C 67/22, mm. 22–21; *PROME*, v, 70–81; *SR*, i, 332–343; H. G. Richardson and G. O. Sayles, *The English Parliament in the Middle Ages* (London, 1981), chap. xxi (pt 2), 13 n. 4; H. M. Cam, *Law-Finders and Law-Makers in Medieval England* (London, 1962), 139–140.
3 Fryde, *Studies*, chap. xii.
4 E. M. Carus-Wilson and O. Coleman, *England's Export Trade, 1275–1547* (Oxford, 1963), 122.
5 *SR*, i, 314; Ormrod, *Reign of Edward III*, 192; E 159/132, *Brev. bar.*, Pasch, rot. 2.

业迎来了显著的增长,14世纪50年代,不管是细平布还是相对而言更便宜的克尔赛薄绒呢、毛绒的出口都有了大幅度的提升。[1]因为从羊毛、布匹贸易的新法令中受益,在1354年议会上,下议院请求将《羊毛集散中心法令》定为"永久"法令。[2]

1351至1354年建立起来的商业原则施行了近二十年,这些原则奠定了爱德华三世统治后半期关于海外贸易规则的政治基调。禁止外籍商人出口羊毛的法令,无疑不那么持久。自1357年开始,国王开始向英格兰商人售卖营业执照,允许他们再次经营羊毛出口生意,其代价则是为王室提供借贷。卷入这些交易的某些商人,如亨利·皮卡第、托马斯·多尔斯利、约翰·派尔及托马斯·珀尔,都与之前的垄断厂商有着密切的关系。[3]与其对本地商人进行限制,国王更愿意允许所有的外籍商人进行羊毛出口贸易,只要他们在港口按照外国人的税率标准交纳关税。这是在1336年后,首次出现的既让政界认可,又让英格兰商团可行,还让国王大获其利的管理海外贸易的系列原则。

回顾14世纪50年代初期王室与政治精英们的立法过程,编年史家们早就放弃了以下观点:爱德华三世屈服于政治压力来换取继续进行战争的经济支持。[4]14世纪50年代的执法运动提供了一份具有启发性的案例。1351年,国王将自1344年来由中央法庭律师监督的和平委员会政策落到

---

1 *PROME*, v, 83–84; *SR*, i, 330–331; *CFR 1347–56*, 385; *CPR 1350–4*, 232; *Records of the City of Norwich*, ii, 330–332; Carus-Wilson and Coleman, *England's Export Trade*, 47–48, 75–77; H. L. Gray, "The Production and Exportation of English Woollens in the Fourteenth Century", *EHR*, xxxix (1924), 13–35; A. R. Bridbury, *Medieval English Clothmaking* (London, 1982), 88–89.
2 *PROME*, v, 89–90, 101; *SR*, i, 348–349; C 67/22, m. 20.
3 Lloyd, *Wool Trade*, 208–209; Ormrod, *Reign of Edward III*, 185.
4 B. H. Putnam, "Chief Justice Shareshull and the Economic and Legal Codes of 1351–1352", *University of Toronto Law Journal*, v (1943–1944), 251–281; G. L. Harriss, "The Formation of Parliament, 1272–1377", *English Parliament*, ed. Davies and Denton, 45–49; Ormrod, *Reign of Edward III*, 46–50, 63–68, 78–80.

实处。[1]为了加强监督作用，1351至1353年王座法庭离开威斯敏斯特，前往东南、东安格利亚及英格兰中部的西边地区，以掌管、处理各郡悬而未决的所有刑事、民事诉讼案件。至1353年秋，当王座法庭抵达泰晤士河上的金斯顿时，大法官谢里沙尔制定了系列特别条令，包括审讯地方官员的腐败案，调查近来所颁布的经济法的执行情况。[2]1352年，这个明显是恢复"持棍侦查员"的政策，遭到了议会的厌恶，然而国王专断地回应说，他将把王座法庭派到任何他认为适合的地方去。整个50年代，下议院偏好的地方执法机制与和平委员会相互合作支持，逮捕嫌疑犯并押送到参与地方巡回法庭和巡回提审狱犯清案的专业司法官面前。[3]只有在新设的劳工法庭上，才允许地方乡绅和律师扮演王室法官并做出自己的判断。这些特别法庭的代表根据1357年度量衡法令所赋予的听审权力，意识到他们有可能有权力定夺各种轻微刑事犯罪。[4]然而，除此之外，黑死病之后十年里的司法行政依然强调依靠中央法庭和高级司法部门密切监督的综合系统。

14世纪50年代最能体现爱德华三世及其廷臣对政策问题了如指掌的一点，体现在货币的管理上。1351年6月，王廷终于发现了一种能够平衡金银货币的方式，并控制黄金流出英格兰。这包括减轻先令的重量，铸造两种新的银币，即四便士与两便士。之后重铸的货币公开肯定了爱德华三世对天赋君权的诉求，在高面值的银币上（先令历史上的首次）铸上了"英

---

1 *CPR 1350–4*, 85–91.
2 *SCCKB*, vi, xlvii; *Le liver des assises & plees del corone ... en temps du Roy Edward le Tiers* (London, 1679), 27 Edw III, Mich. pl. 44; Putnam, "Chief Justice Shareshull", 275–280.
3 *PROME*, v, 36, 42–43; Putnam, *Shareshull*, 110–111; Musson and Ormrod, *Evolution*, 51, 61.
4 *PROME*, iv, 434, 454; v, 36, 42–43, 84, 91, 101; Putnam, *Enforcement*, App., 25–27; Verduyn, "Attitude", 116–122. 为预防犯罪，地方法官有时会越过他们的官方权力去审理与郡长、法警相关的案件，*Proceedings before the Justices of the Peace in the Fourteenth and Fifteenth Centuries*, ed. B. H. Putnam (Ames Foundation, 1938), cxxi–cxxii, 64, 67, 68, 81, 82, 349, 368, 370; Putnam, *Enforcement*, App., 166–169。

格兰与法兰西国王"。[1]然而,在经济方面,货币改革并未得到广泛赞扬,因为许多人相信这些重量更轻的便士导致了物价的普遍膨胀,并怀疑重铸货币只是国库长埃丁顿寻求铸币利益最大化的伎俩。[2]下议院致力于恢复先令的标准,寄希望于恢复保护主义以驱逐伪币——40年代大量涌进来的劣质银币。1352年,他们设法让国王承诺将会"尽快以合适的方式"恢复之前的标准货币。[3]然而不果。50年代中期之后,当新货币日渐稳定,政治团体被迫承认之前政府的直觉是对的。因为,不仅在这件事上,也包括其他许多事情,国王总是照例咨询议会怎样做是对整个王国最有利的,但他保有完全的自由决定政策的方向。最终,50年代的政治其实可以说是由爱德华三世主导的。

为了应对瘟疫及50年代初期各种经济问题而采取的措施,反映了以威廉·埃丁顿、约翰·托雷斯比、威廉·谢里沙尔为首的新一代王室大臣的眼界与能力。这个团体能够产生强烈的共同责任感并齐心协力的关键,在于行政委员会更好的机构认同与行政效率。1343年,咨议会首次在威斯敏斯特宫里著名的星室法庭召开。长达二十年时间里,国库定期为星室法庭拨付供暖费用、提供餐饮补助、支付咨议会成员的来往旅费和生活费用。[4]受咨议会雇佣前往各郡承担审查、讯问工作并将嫌犯带回伦敦的王室警卫

---

1 *CCR 1349–54*, 379–381; A. Feavearyear, *The Pound Sterling*, 2nd edn (Oxford, 1963), 17–20; Ormrod, "Problem of Precedence", 150 and n. 68. 这种银便士上仍然仅有"英格兰国王"的头衔。
2 Reading, 113; Walsingham, *Chronicon Angliae*, 29; *Hist. Angl.*, i, 275–276. 1351—1355年,铸币厂的总利润约为11000镑,但其中大部分被生产成本所抵消。Ormrod, "Edward III's Government", 272–279.
3 *PROME*, iv, 394–395, 417; v, 15, 20, 48, 84, 107. 关于1349年在威尔士发动反对伪币运动的努力,见C 81/341/20507。
4 C 49/47/7; *Issues*, 16; E 403/392, 19 May 1358; E 403/398, 16 Nov. 1359; E 403/412, 17 Feb. 1363; Baldwin, *King's Council*, 355–356.

官逐渐增加。[1] 1350 年后，掌玺处的成员也渐渐在威斯敏斯特宫长期安顿下来，开始辅助大法官执行咨议会的政策。掌玺大臣的地位因此变得更为重要，在 1360 至 1363 年间，当约翰·白金汉担任这一职位时，掌玺大臣已成为仅次于大法官、国库长的第三个重要职位。[2]

先后担任大法官的约翰·奥福德（1345—1349 年任职）、约翰·托雷斯比（1349—1356 年任职）也加强了咨议会的司法功能。托雷斯比发明了著名的传票令状（sub pena writ）——将犯罪者传唤至大法官面前或咨议会，并对其处以罚款或没收私产。[3] 到爱德华三世的统治后期，大法官法庭开始承担了某些功能，而这些功能在时机成熟后，使其发展为衡平法院。14 世纪 50 年代末期，又发展出一些普通法令状，以改进法庭对强制履行契约等方面的不足。与劳工法一样，这些新事物有力地表明，在瘟疫的冲击之后，王室的政策是加强信任和义务的传统社会价值。[4]

黑死病之后的十年，也是政府财政改革的重要时期。威廉·埃丁顿长期担任国库长（1344—1356 年任职），先后历经了克雷西和普瓦捷战役。在两次战役期间，勤勉能干的埃丁顿让财政署与王室内府的合作变得紧密多了。紧密合作的目的，是让国库长能够对《沃尔顿条例》中预想的王室财政有个总体了解，以便进行更加有效的财政预算。在 30 年代财政署与王室内府无法实现的合作，在 50 年代中期至少有一小段时期变成了现实。[5]

在实行这些改变的过程中，埃丁顿显然无意在王室内府强制推行不受欢迎的规则或经济措施。事实上，爱德华三世之所以相信这些新政策是明

---

1 Partington, "Edward III's Enforcers", 99–105.
2 Tout, *Chapters*, v, 30–34, 68–74; Ormrod, "Edward III's Government", 66–72; Ormrod, "Accountability and Collegiality", 73–75; A. L. Brown, *The Early History of the Clerkship of the Council* (Glasgow, 1969).
3 W. M. Ormrod, "The Origins of the *sub pena* Writ", *HR*, lxi (1988), 11–20.
4 Palmer, *English Law*, 104–132, 169–306; Musson, "New Labour Laws", 73–88.
5 W. M. Ormrod, "The Protecolla Rolls and English Government Finance, 1353–1364", *EHR*, cii (1987), 622–632.

智的，是因为它们能够带来大量好处。除了国王亲自出征，王室内府被免除了承担战争支出的大部分费用。国王私库每年可从国库长那里获取一万马克（六千六百六十七镑）以支付国王个人所用的珠宝、金银器皿、个人礼物、鹰隼及极为罕见的购书花销。[1] 由于自我的奢侈消费能够得到满足，爱德华对于之前坚持保有的税收特权及为了保障个人私库的充盈而把持的额外收入有所松动。1352 年，布里斯托尔的罗伯特·基恩被控于二十五年前没收小德斯潘塞和罗伯特·鲍多克的财富时曾隐瞒并私吞了两万镑的金钱财物，次年，这笔账目直接被划拨给斯塔福德伯爵，以供应他在加斯科涅的战争支出。[2] 通常而论，国王倾向于将类似的收入视为个人财产，收入个人小金库中。德斯潘塞事件的处理，给将通常被视作国王个人财产用到为公众牟利的事业上提供了一个重要的先例，而这在 50 年代后期也被英格兰王室用在了外国人赎金的处置上。[3]

如果埃丁顿未能为持续进行的战争找到足够的财政来源，那么他的新政能否继续推行下去就是个未知数。在许多方面，埃丁顿可以说是幸运的。爱德华三世曾多次打算对欧洲大陆发动更大的军事行动，但最终都取消了，这对缩减军费预算大有帮助。14 世纪 40 年代晚期，他筹集了足够的经费还清了十五万镑的巨额旧债。[4] 另一方面，埃丁顿也面临着中世纪英格兰最严重的财政危机。在法兰西，黑死病之后的几年里，现存的王室税收系统陷于崩溃，一直到约翰二世于普瓦捷被俘之后才慢慢建立起一套不同的税收体系。[5] 1350 年，埃丁顿也为英格兰一场类似的公共财政危机而殚精竭虑。

1　Tout, *Chapters*, iv, 290–291, 315–318; Given-Wilson, *Royal Household*, 85–86.
2　*CPR 1350–4*, 522; E 403/359, 10 Mar. 1352; *CCR 1349–54*, 618; E 368/126, *Recorda*, Mich., rot. 13; E 101/333/23, no. 2; E 101/508/18.
3　见本书第501、573—574页。
4　Harriss, *King, Parliament*, 338.
5　J. B. Henneman, "The Black Death and Royal Taxation in France, 1347–1351", *Speculum*, xliii (1968), 405–428.

当时的英格兰有这样一位中世纪晚期最小心谨慎、雄心勃勃、坚韧不拔的财务经理人充任王国的国库长，实在是非常幸运的。

尽管受到瘟疫的影响，但英格兰的财政体系至少在一开始对此有一定的抗压能力。1348 年签发的三年一次的神职人员补助金比往年的数目稍大一些，但国王的税收官依然想方设法地完成税收目标。十五分之一税和什一税的团体定额税，从理论上避免了王室税收受到家庭数量减少的影响。在 1348 至 1349 年间，当减免税收的请求蜂拥而至时，爱德华三世及其大臣保持着极为警惕和坚定的态度。[1]尽管如此，在 14 世纪 50 年代初期的议会里盛行的合作精神要求对那些处境艰难、压力重重的纳税人做出一些英明的让步。1352 年，当议会批准新一轮三年一次的神职人员补助金时，老练的埃丁顿设计截留了部分劳工会议的利润以支持贫穷团体。对某些地区而言，这意味着目前沉重的税收负担，间接地由以前被认为过于贫穷而无法向王室缴税的雇佣劳工承担。1355 年之后，可能因为导致了巨大社会压力，这一实验性的做法不再重复。1357 年，在现行的补贴期间，国王同意，与巡回法庭审判相关的公共罚款可以用来提供一些临时的税收减免。这样一来，影响便更为温和。[2]50 年代财政试验的真正教训是，当时的英格兰再也没法像前二十年那样承担同样水平的直接税收了。正是从这一令人不安的现实中，埃丁顿胜利地结束了自 14 世纪 30 年代后期以来逐渐将战争所带来的财政压力从直接税转移到间接税的过程。

1351 年放弃关税外包和 1353 年恢复羊毛出口的努力，极强地刺激了王室将港口收益最大化的想法。关税征收者如今对海港的每批货物都仔细检查：将官方的称重机器送到各大集散中心及港口以避免欺瞒；积极采取措施处理地方的走私问题。出口的兴盛，以及所有运出英格兰的羊毛均需交纳出口税，导致王室收入猛增。在 1353 至 1354 财年，关税与补助金收

---

[1] Ormrod, "English Government and the Black Death", 183–184.
[2] *SR*, i, 327–328, 352; Putnam, *Enforcement*, 98–149; Harriss, *King, Parliament*, 345–346.

益竟然高达十一万三千镑。尽管后来的收入稍有下降，但 1353 至 1362 年间，每年从港口获得的平均关税收入依然高达八万七千五百镑。至 50 年代中期，爱德华三世从港口所获税收总额是二十年前的五倍。[1] 正是这样的成功，让老谋深算的埃丁顿得以极大地减少直接税的负担。

1344 至 1354 年间，教俗两界几乎不间断地交纳了直接税。教俗两界都表现出承受着重大压力的迹象，尤其是他们试图确保国王不会在休战期间征税。然而，国王的所有收入都花在战争事务上，因此公众为纳税压力而备感焦虑，公众与国王的关系也颇为紧张。1352 年，教会甚至进行了长达六个月的罢税，以迫使国王接受他们所要求的教会的自由。[2] 相反，1355 年，在战争的准备阶段，并未征收直接税。这是自百年战争爆发以来，王室首次仅靠间接税来支付大型战争所需。次年年初，情况发生了变化，国王要求在接下来的三年里，教会应交纳前所未有的双重加权税收——十分之六税。在坎特伯雷召开的教士议会上，众教士极为愤怒，拒绝了沃尔特·莫尼所领导的国王代表团的提议，最后双方以什一税而妥协。普瓦捷大胜之后，1357 年，国王与坎特伯雷、约克大主教坦诚地交换了意见，为教士议会放宽对这一补助金的限制并支付另一半补贴。[3] 对于国王的大多数神职人员而言，持久减轻税收负担的前景看起来似乎遥不可及。

然而，种种迹象表明，1356 至 1357 年国王与神职人员的龃龉，促使双方就税收负担总体分配达成了一些新的重要协议。无处不在的埃丁顿——时已荣迁为大法官，以及接任其出任国库长的罗切斯特主教约翰·谢佩，

---

[1] W. M. Ormrod, "The English Crown and the Customs, 1349–63", *EcHR*, 2nd series, xl (1987), 27–37.

[2] C 270/13, no. 1; C 270/14, no. 5; *Foedera*, III.i, 230; *CCR 1349–54*, 322; *PROME*, v, 56–61; *Concilia*, iii, 23–25, 28–29; *SR*, i, 324–326; P. Heath, *Church and Realm, 1272–1461* (London, 1988), 137; Harriss, *King, Parliament*, 320–327.

[3] *Records of Convocation*, iii, 267; *The Register of Gilbert Welton, Bishop of Carlisle, 1353–1362*, ed. R. L. Storey (CYS, lxxxviii, 1999), nos 125, 167, 200; SC 1/38/80, 82; SC 1/40/181; SC 1/56/4.

第十三章 瘟疫与政治（1348—1358） 433

向爱德华建议，如果爱德华同意放弃在 1357 年议会上同时征收十五分之一税和什一税的要求，那么教士会议上的冲天怒气就会消散。[1] 然而更重要的是，他们在议会上强调，通过联合征收间接税与直接税已筹集了足够的资金，以供应即将开始的黑太子的军事行动和继续英格兰对法兰西的防御战争。在整个 50 年代里，由于除去开支外，直接税收入还有盈余，这让埃丁顿能够（对抗议会的所有戒律）转移大量的金额供应国王、王后及其子嗣的国内开支。[2] 尤其是，可以预见的来自布卢瓦的查理、大卫·布鲁斯和瓦卢瓦的约翰的高额赎金，似乎能让爱德华三世成为当时欧洲最富有的君主，埃丁顿也因此开始思考当前直接税与间接税的份额比例是否合适，即便有机会，他也按下强制征收更多直接税的欲望。爱德华三世因埃丁顿和谢佩近来处理教会税的贡献而深怀感激，并因此提拔他们。[3] 这或许不是正直高官赢得公众信心的最好方式，但结构性的转变非常有效。编年史家雷丁的约翰评论道，威廉·埃丁顿的各项改革政策，其实是维持了国王与王国的利益之间的平衡。[4] 正因如此，在 50 年代，爱德华三世才能够说服其民众，战争不仅是必要的，而且也是一种真正的可持续发展的现实。

14 世纪关于良好统治的理念，并不要求统治者必须高度融入国家常规事务之中，而爱德华三世也不是那类事必躬亲的君主。尽管在统治之初，他曾亲笔致信教皇约翰二十二世，保留至今的他另一份真迹则是一封 1362 年写给卡斯蒂利亚国王的信，有其亲笔签名 "E Rex"。[5] 这并非表明爱德华仅致力于军事和外交事务。随着御玺从国王内府分离、独立出来，盖有国王秘印（50 年代中期被印玺取代）的信件成为君主与大臣之间沟通

---

1 Jurkowski, Smith and Crook, *Lay Taxes*, 52–53. 亦见本书第468页。
2 Harriss, *King, Parliament*, 335–340; Ormrod, "English Crown and the Customs", 35–36.
3 E 159/134, *Brev. bar.*, Mich., rot. 6d; Hil., rot. 3; E 159/135, *Brev. bar.*, Mich., rot. 1.
4 Reading, 113.
5 *Foedera*, III.ii, 657; Chaplais, *Essays*, chap. xxii, 181. 关于一封黑太子写的信，见*BPR*, iv, 131。

的必备渠道，这些信件也可能成为衡量国王发挥能动性的一个指数。它们展现了爱德华三世定期行使其任命圣职、世俗官员，处置土地和其他资产，及接受请愿等权利。[1] 1348 年，当牛津郡的芬斯托克（Finstock）和托普勒斯伍德（Topples Wood）的贫民请求减免早期所征收的羊毛税时，国王亲自听取了他们的请愿。[2] 1354 年，当他因为堂妹玛格丽特·马歇尔未经许可便私自出国而不情不愿地同意暂时监禁她时，迅速给林肯郡萨默顿城堡的监狱官下达了指令，要求他们务必好好待她。[3] 王室的这种干预偶尔暗示着国王的急躁，比如，1353 年，伊莎贝拉王太后与长期不和的考文垂修道院院长之间爆发另一场争吵，国王秘玺书记员受命发出一份指令给大法官托雷斯比，让他召集咨议会商讨此案。这份指令的附言部分似乎是国王的私人指令："我们要求你们在未与我等商量之前不可做出最后裁决。"[4] 1356 年 6 月，当咨议会自行决定黜免赫里福德郡长托马斯·阿特巴雷时，国王写了封措辞严厉的信给大法官，要求他恢复托马斯之职，并强调说，若无国王的命令他不能罢免托马斯。[5] 正是通过这类方式，爱德华能够不断地重申政府机关理应以他的意志为尊的原则。

14 世纪 50 年代，爱德华三世对于统治的许多理解来自与臣民的互动交流，这些臣民既有地位尊贵者，也有地位卑下者，交流的方式既有直接会面，也有以请愿书的形式。比如，国王定期接见新的封臣，以接受他们的效忠并肯定他们的财产继承权。[6] 这些在战场及议会上定期接见男爵和乡绅的会面方式，加强了爱德华与瘟疫过后幸存的参政者的联系。不管他驾临何处，总有众多臣民追逐圣驾并递上自己的请愿书。1350 年，默顿修道

1　C 81/1333, 1334. 许多盖有秘印的请愿书，保留在SC 8/246, 247。
2　SC 8/244/12167; C 81/330/19418; *CIM*, ii, no. 2075; *CCR 1349–54*, 2–3.
3　C 49/7/27; *CIM*, iii, no. 50; C 81/1334/10; *CCR 1354–60*, 27.
4　C 81/1333/58.
5　C 81/1334/37. 关于巴雷被临时解雇的可能原因，见*CPR 1354–8*, 435。关于爱德华在 1360年对萨默塞特（Somerset）郡长任命的类似干预，见C 81/1334/49。
6　SC 1/40/127, 162; SC 1/41/40, 74.

第十三章　瘟疫与政治（1348—1358）

院的两名教士请求爱德华允许他们前往罗马朝觐，国王口述了一封回信：
"我们已知道了这类请愿，我们的大法官将会发放通行令状。"[1]1362年，在威奇伍德森林狩猎的爱德华三世接受请愿的生动图景与另一个用来形容中世纪贤明国王行使王权的重要隐喻相一致：阿尔弗雷德国王一边洗手一边裁决案件，而后来的亨利四世、五世则在每天晚餐后躺着接收法案文件。[2]

在其统治的中期，爱德华三世更加积极地介入司法审判。当时的传统赋予他两种差异明显且不易共存的角色。一方面，他需要维护司法审判的正当程序和法律的公正；另一方面，人们期待他在某些应受惩罚的案件中柔化司法的严酷。许多时候，他作为公正的仲裁者的声誉，取决于他在咨议会中扮演的监督者的角色，以及在专门设立的司法委员会中处理引人注目的案件。有些时候，爱德华则明显越权了。如1352年，他赐予剑桥大学特权以处理镇民对其成员的攻击。但这被伊莎贝拉王太后的代理人驳回，因为剑桥是她的封地，在此情况下，爱德华只好撤回了先前的恩赐。[3]相反，牛津却获得了一个更加重要的特权。1355年2月，牛津镇民与牛津大学学生之间爆发了一场激烈的冲突——圣斯科拉斯蒂卡日暴乱。爱德华任命了一个特别王室委员会前去调查事情的始末。国王对牛津大学的支持很快就被学者们广泛传颂，赞扬他维护公众秩序的果断与英明。[4]

1350年，围绕罢免王座法庭大法官威廉·索普一事，国王的意愿与正

---

[1] SC 8/246/12268，载H. C. Maxwell-Lyte, *Historical Notes on the Use of the Great Seal of England* (London, 1926), 147–148。Galbraith, *Kings and Chroniclers*, chap. i, 103 n. 47认为王室的回应实际上是爱德华三世亲手写的。

[2] W. M. Ormrod, *Political Life in Medieval England, 1300–1450* (Basingstoke, 1995), 33; C. Wilson, "The Royal Lodgings of Edward III at Windsor Castle: Form, Function, Representation", *Windsor*, ed. Keen and Scarff, 43。被爱德华视作榜样的法兰西国王路易九世，同样被认为是在橡树下休息时做出裁决。Jean de Joinville and Geoffrey de Villehardouin, *Chronicles of the Crusades*, trans. M. R. B. Shaw (Harmondsworth, 1963), 176–177。

[3] *CPR 1350–4*, 374, 392.

[4] *VCH Oxon*, iv, 53–57.

当司法程序之间产生了冲突。1346年的《法官条例》被认为是国王颁布的根除司法腐败的成功政策。[1] 然而,直到1350年10月逮捕索普时,面对高级法官的受贿行为,也没有好的解决办法。[2] 索普被指控在1349年主持王座法庭工作期间收受了贿赂。为了表达自己对索普违反信念行为的不满,爱德华指出法律原则上有些漏洞,因此便采取措施,先是对索普进行调查,而后又临时安排了由沃里克伯爵、阿伦德尔伯爵、北安普敦伯爵及王室内务总管与侍卫长组成的特别法庭对索普进行审讯。该法庭最终裁定索普有罪,宣判将对他处以绞刑。不经正当程序便对高级大臣审判并定罪,这勾起了人们对于十年前有关斯特拉特福德家族的糟糕回忆。在1351年2月议会上,国王在劝说下做出了妥协。全议会上,贵族们同意了有关索普的审判,并声明国王有权在法庭而非议会上审讯大臣。对此,爱德华也做出了让步,承认自己对索普的攻击是不必要的报复行为,并立即无条件地赦免了这位名誉扫地的大法官。[3] 一年后,索普东山再起,担任财政署法庭的法官。这个案例不仅达成了杀一儆百的目标,同样也清楚地表明,当涉及高级大臣的审判和惩罚时,国王不能违背贵族阶层的意愿而一意孤行。

威廉·索普的复位,与赦免约翰·马尔特拉弗斯,取消前阿伦德尔伯爵、马奇伯爵的判决一样,很好地展示了王室的恩赦特权。不可避免地,国王的宽恕并非总被交相称赞。整个40年代,爱德华坚持赦免、宽恕那些罪大恶极的罪犯,让他们服务于军队,有时候,在准备颁布赦免令之前,还与重要议政者和军事统帅举办正式仪式。[4] 瘟疫过后,作为向政治团体妥协

---

1 A. Musson, "Second 'English Justinian' or Pragmatic Opportunist? A Re-examination of the Legal Legislation of Edward III's Reign", *Age of Edward III*, ed. Bothwell, 81–82.
2 后续情况,见*Foedera*, III.i, 208–210; *SCCKB*, vi, xxv–xxvi; Maddicott, *Law and Lordship*, 40–51; R. C. Kinsey, "Legal Service, Careerism and Social Advancement in Late Medieval England: The Thorpes of Northamptonshire, *c.* 1200–1391" (University of York PhD thesis, 2009), 137–151。
3 *PROME*, v, 13; *CPR 1350–4*, 61–62.
4 *CCR 1341–3*, 530; *CCR 1343–6*, 347.

第十三章 瘟疫与政治（1348—1358）

的内容之一，1353 年，国王同意不再给赦免至军队服务的罪犯颁发无署名接收文件，而同时要将其所犯罪行与将其抓捕归案者的名字书于之上，以备查证。这尽管在 1361 年让退伍士兵产生了焦虑和不安，但似乎众人均对国王的这一妥协感到满意，并认同司法赦免是司法系统的一个必要而且常常是有益的组成部分。[1] 这在 1363 年莱斯特的绞刑案件中得到了充分体现。爱德华三世降下恩典，释放罪犯，恢复了他的自由，说："正如上帝给予你生命，我们也给予你宽恕。"[2] 15 世纪的《罗宾汉传奇》(Gest of Robin Hood) 中的"爱德华国王"这一人物精确地反映了同样的宽恕原则，罗宾因为得到了国王的宽恕而全身心地认可了王权和平的完整性。[3]

尽管成熟老练的爱德华三世在调解安抚上展现出得体合理的让步，但他的个性极为顽固，这在统治中期尤其体现在他与高级教士的关系上。在约翰·斯特拉特福德于 1348 年谢世后，他的其他家庭成员拉尔夫（死于 1354 年）、罗伯特（死于 1362 年）在政治上的作用便微乎其微了。当老一代主教凋零后，涌现在政坛上的便是那些为爱德华三世服务并与之有着长期亲密关系的人，如先后为他掌管御玺的坎特伯雷的西蒙·伊斯利普（1349—1366 年任职）、约克的约翰·托雷斯比（1352—1373 年任职）、达勒姆的托马斯·哈特菲尔德（1345—1381 年任职）及伦敦的迈克尔·诺思伯格（1354—1361 年任职）。[4] 这些人的突出地位也引发了一些嘲讽。比如，据说教皇克雷芒六世曾在哈特菲尔德晋升的时候宣称爱德华三世可能

1　*PROME*, v, 85; *SR*, i, 330, 364; Lacey, *Royal Pardon*, 105.
2　Knighton, 188–191; *CPR 1361–4*, 422.
3　*Robin Hood and Other Outlaw Tales*, ed. S. Knight and T. Ohlgren, 2nd edn (Kalamazoo, 2000), 142; W. M. Ormrod, "Robin Hood and Public Record: The Authority of Writing in the Medieval Outlaw Tradition", *Medieval Cultural Studies: Essays in Honour of Stephen Knight*, ed. R. Evans, H. Fulton and D. Matthews (Cardiff, 2006), 67–69.
4　伊斯利普与托雷斯比就长期争论的约克大主教在坎特伯雷教区历练苦修的权利达成了一项重要妥协，*Concilia*, iii, 31–32。

推荐了一头蠢驴为主教。[1]然而,认定这些人缺少正规学术训练的污名,大多数情况下是没有根据的。这一时期的很多主教——诺里奇的威廉·贝特曼(1344—1355年任职)、卡莱尔的吉尔伯特·韦尔顿(1353—1362年任职)及托雷斯比本人一开始时都因为在教规及法律上颇有造诣而服务于国王,而这让他们在处理复杂的国际外交事务时得心应手。

克雷芒六世关于爱德华三世操纵、指定主教人选的暗示,并非完全公正。40年代末期,国王与主教团之间爆发了一些严重管辖权冲突。1346至1347年,威廉·贝特曼因为与林恩镇民和贝里圣埃德蒙兹修道院院长产生争端,又没有任何一个主教支持他,他的教会财产全部被国王扣押。[2]然而,国王为维护英格兰天主教堂圣职的任免权所开展的运动,在1350年导致埃塞克特的约翰·格兰迪森主教丧失了地产。这将高级教士公开推到了自己的对立面,国王被迫让步,松弛政策,并在1352年承认教会的特权。[3]这些冲突都与个性没有明显的关系,也未能持久。如贝特曼很快便与国王和解,在他与林恩镇和贝里圣埃德蒙兹的长期争端中,国王还充当了和蔼的仲裁人,甚至推荐他为枢机主教。然而数年后,国王对伊利主教托马斯·莱尔的肆意报复,再次引发了与教士权益相关的重要问题,以及爱德华借此机会检验大臣、主教对自己的忠诚。

托马斯·莱尔是一个出生在英格兰的多明我会修士,他在1345年出人意料地被克雷芒六世提拔为伊利主教。由于与大学、政府机构或主教团缺少紧要关系,他可以说是一个外来者,或许也是个容易对付的人。莱尔与国王的堂妹——寡妇韦克夫人兰开斯特的布兰奇长期不和,1354至1355

---

1 Walsingham, *Chronicon Angliae*, 20; J. R. L. Highfield, "The English Hierarchy in the Reign of Edward III", *TRHS*, 5th series, vi (1956), 131–132.
2 A. H. Thompson, "William Bateman, Bishop of Norwich, 1344–1355", *Norfolk Archaeology*, xxv (1935), 118–124; *Making of King's Lynn*, 34–37; Ormrod, *Reign of Edward III*, 56, 129, 221 n. 95, 237 n. 49; Palmer, *English Law*, 40–41, 45–52.
3 *PROME*, v, 59–60.

第十三章　瘟疫与政治（1348—1358）

年，事态发展到双方的仆人爆发了暴力冲突，致使布兰奇的一个佃户威廉·霍尔姆被谋杀。[1] 在 1355 年 11 月的议会上，韦克夫人提交了一份声情并茂的申诉书，向国王求助。爱德华一反常态，宣布他将"亲手接管此事"。[2] 而在莱尔主教看来，这无疑体现了爱德华的偏私。根据伊利编年史家的记载，莱尔试图占据道德高地，这让爱德华对莱尔大为光火地说："你不会得到法律的袒护的。"[3] 由于爱德华对自己的女眷韦克夫人怀有明显的骑士般的责任心，颇厌恶自视甚高的莱尔主教，因此，在此案中，他作为仲裁者的权威已经大打折扣。

由于国王需要北上与苏格兰人交战，故而 1355 年议会匆忙结束。韦克夫人与莱尔主教之间的争论，令爱德华颇不耐烦，故下令大法官托雷斯比签署令状没收莱尔的地产。这明显违反了他在 1340 年颁布的法令，托雷斯比因此面临着一场激烈的冲突。12 月 30 日，爱德华在从纽卡斯尔写给大法官、国库长的信中埋怨他们推诿搪塞，并提醒道，服从他的命令是他们的责任。但是托雷斯比立场坚定，他召集咨议会的一批司法专家召开了一场特别会议，确认国王的要求是非法的。[4] 不管是在高级圣职人员还是在法官看来，整个事件都与 1340 至 1341 年国王攻击斯特拉特福德兄弟有着显著相似之处。但在这时，理智占据了上风。爱德华被迫收回没收莱尔地产的威胁，将此案件转交王座法庭处理。直到 1356 年 10 月，法官们才做出判决，莱尔因庇护杀害威廉·霍尔姆的罪犯而获重罪，他的教会财产

1　后续情况，见J. Aberth, *Criminal Churchmen in the Reign of Edward III: The Case of Bishop Thomas de Lisle* (University Park, Penn., 1996), 117–185, 240–250。
2　*PROME*, v, 128.
3　*Anglia Sacra*, i, 657; Aberth, *Criminal Churchmen*, 134–135.
4　SC 1/56/27，载B. Wilkinson, "A Letter of Edward III to his Chancellor and Treasurer", *EHR*, xlii (1927), 249; C 49/67/5，载Richardson and Sayles, *English Parliament*, chap. xxv, 32 n. 73。1356年1月20日废除用被没收土地的收入供养王室内廷的做法，似乎是大臣反对国王关于伊利教产计划的先发制人的举措，Tout, *Chapters*, iv, 305 n. 2; Ormrod, "Edward III's Government", 257–258。

均被没收。尽管托雷斯比依法处置此事，但依然受到巨大的压力，没收莱尔的伊利地产还不到一个月，他便辞去了大法官的职务。[1]由于国王对亲属的偏袒，以及他一心想让莱尔蒙羞败亡的初衷，让他最终失去了一个非常能干而忠诚的大臣。

1356 至 1357 年冬，如果莱尔与托雷斯比的遭遇引发了众人对两人的普遍同情，那么教会与国王之间很可能会爆发出激烈的冲突。然而，事态并未朝此方向发展，教会的大部分人并未与无理的莱尔结成统一战线。精明的威廉·埃丁顿，在托雷斯比辞职之后，很快便继任为新的大法官。大主教伊斯利普充当了调停人，建议莱尔在教会法庭寻求无罪判决，并与国王和解。然而，在当年 11 月，莱尔就离开了英格兰，前往阿维尼翁申诉。英诺森六世与爱德华三世一样，也不喜莱尔的自以为是，但他很快便意识到自己有责任将在王座法庭上对莱尔做出判决的威廉·谢里沙尔和罗伯特·索普革出教会。闻讯，爱德华三世迅速援引之前颁布的《王权侵害罪法令》，说任何支持莱尔的人都将在英格兰受到起诉。他的威胁很好地解释了，在此事中，为什么绝大部分的主教都谨慎地保持中立态度，仅有林肯的高级教士约翰·基内维尔甘冒触怒国王的危险，附和教皇将两位英格兰法官革出教会的决议。1358 年议会上，下议院想方设法阻挠教皇英诺森六世提出的释放约翰二世的方案，原因就在于干涉莱尔一案体现了他对英格兰王权的偏见。[2]1361 年，当身在阿维尼翁的莱尔突然死于瘟疫的第二次暴发时，爱德华三世的大部分重要大臣不仅认为他对莱尔的处置是正当的，而且也认可了他在道德与司法上的权威凌驾于英格兰教会之上的要求。[3]取得这样的结果，爱德华是幸运的。这也充分表明了他有足够的能力将引人

1　E 403/382, 21 Oct. 1356; *CCR 1354–60*, 332; Ormrod, "Edward III's Government", 258–259.

2　*Scalacronica*, 150–153.

3　*Hist. Angl.*, i, 285–286.

第十三章　瘟疫与政治（1348—1358）

注目的事件转化为对自己有益的案例，从而大大加强了他在王国内拥有封建君主司法权力的公信力。

　　黑死病之后的十年是重建英格兰王权的重要时期。爱德华三世强有力的领导让土地贵族、商业精英相信恢复瘟疫之前的社会和经济状况是可能的。虽然劳工法渊源已久，但它们的出台也标志着国王干涉范围的扩大，迫使有产阶级为了保护自己的私产而逐渐依附于王权。引人注目的是，英格兰国王积极参与了抵制下层社会改善物质条件的运动，表明他与贵族阶层齐心协力将第三（平民）阶层推向社会边缘，禁止他们从国家和时局中获利。[1]这些更为广泛的含义在当时是否被充分地理解，我们并不清楚，毕竟爱德华三世与政治团体在50年代都无法预测到1381年的农民起义。尽管爱德华三世有着明显的社会偏见，但我们也不能怀疑他故意利用1348至1349年危机来减少他对社会上不太富裕也不具备多少影响力的自由民众的责任。至少在瘟疫暴发之后的第一时间里，他的直觉是务实地处理这一事务，使社会回归正轨。更令人印象深刻的是，50年代的王室政府在很多方面获得了发展。爱德华三世与贵族阶层、下议院议员及迟来的与神职人员的和解，为他提供了坚强的支持，在此基础上，托雷斯比、谢里沙尔及埃丁顿等人也得以在政府管理、司法、财政的改革上取得重大进展。在1356年黑太子大胜约翰二世前后，爱德华三世确实可以说掌管着英格兰中世纪漫长而光辉的历史中最复杂的国家管理机器。

1　Harriss, *King, Parliament,* 509–517; Palmer, *English Law,* 11–13. 关于不同的讨论角度，见Walker, *Political Culture,* 75–76。

第十四章
国王的赎金(1356—1360)

如果在克雷西及内维尔十字之战后，还需要什么来证明英格兰军队的无敌，那么普瓦捷战役便是最神奇而且有力的证据。为此，无论是在国内臣民或是盟友面前，还是在海外敌人面前，爱德华三世与黑太子都受到了前所未有的高度评价。爱德华控制了两个重要的敌人——苏格兰的大卫、法兰西的约翰，这似乎让英格兰成为西欧政治舞台上最强大的政治势力。大家都在猜测接下来时局将会怎样变幻。1357年3月，牛津学者约翰·阿申登在他的一本占星学专著里预测，在另一场大瘟疫、动乱及战争之后，法兰西王国将会彻底毁灭，英格兰国王将最终完全统治那里。[1]

1356至1360年间，爱德华三世所面临的重要问题是，如何平衡其盟友、臣民关于协议内容的过高期望与实际上依然困难重重的现实之间的关系。考虑到普瓦捷战役所带来的外交大变动，英格兰人与苏格兰人、法兰西人之间的协商，竟然少有记载，这令人颇感惊讶。爱德华及其俘虏都意识到脚下之路的崎岖，有时这三个国王似乎达成了一个秘密协议，他们的参谋、后裔均无从知悉。这一时期的英格兰编年史家常被误导而陷入困惑。此外，1357至1361年的议会官方记录也已佚失。[2]然而，大

---

[1] Carey, *Courting Disaster*, 85–90.
[2] Given-Wilson, *Chronicles*, 190–191; *PROME*, v, 130–134.

第十四章 国王的赎金（1356—1360） 443

体而言，爱德华三世关于外交政策的构想遵循着以下三大原则，则是一目了然的。首先，要从大卫·布鲁斯、瓦卢瓦的约翰身上获取尽可能多的赎金；其次，签订条约以便尽快从法兰西获得可由英格兰君主全面控制、实施宗主权的领土，包括之前英格兰所拥有的及新近占领的阿基坦、蓬蒂厄和加来；第三，也是最为棘手的，便是保留爱德华对苏格兰、法兰西王位的追诉权，以确保能够顺利获取赎金，并迫使大卫、约翰进一步兑现关于头衔与领土的许诺。通过描绘国王寻求平衡这三大目标的方式，我们不但可以合理理解爱德华式的外交目标，也能理解它有时在苏格兰、法兰西甚至在英格兰国内所引发的问题。

1356 至 1357 年的冬春之际，爱德华三世谨慎地思考了自己在法兰西问题上所面临的新形势。[1] 被关押在波尔多大主教宫殿里的约翰二世逐渐衰弱，他急切地寻求办法以求释放，恢复岌岌可危的王国秩序。但不管是英格兰国王还是法兰西政府，都对约翰二世的建议——请皇帝查理四世来充任和平调停人——毫无热情。奈杰尔·洛林爵士受黑太子之命前去询问爱德华三世的主意，在 12 月末回到了波尔多。黑太子受命代表国王与法兰西人谈判，除非瓦卢瓦摆出条件，否则英格兰不会做出任何承诺。他与法兰西人签订了一份休战协议后，便带着他的重要俘虏约翰二世火速回到了英格兰。

爱德华三世自然是想继续陈兵法国北部与西部的省份，以给暂时瘫痪的瓦卢瓦统治制造压力。兰开斯特公爵和纳瓦拉的菲利普继续留在诺曼底和布列塔尼，对诺曼底核心地区展开行动，包围了（尽管毫无战果）雷恩（Rennes），又派了一支一千人的小分队挺进法兰西岛，深入到沙特尔及巴黎周边地区。1354 至 1355 年间，因为托马斯·霍兰爵士在布列塔尼的改革，英格兰对西、北部据点的控制进一步加强。至 1357 年时，兰开斯特

1　*EMDP*, I.i, no. 52.

公爵已将势力延伸至诺曼底低地地区、安茹及曼恩，军事行动逐渐由激烈的战争对抗转变为长期的占领与征服。[1] 不管是爱德华三世还是其在这些地区的支持者，都不打算为了获取以1259年《巴黎条约》为基础的领土而危及在法国北部取得的成就。国王写给威尔士亲王的信简单但却坚定地指出，他在寻找迫使法国让步的方法，以便对其被迫出让的每一片土地都能获得"永久自由"（无任何条件的宗主权）。[2]

1357年3月18日，在佩里戈尔枢机主教的主持下，"好人"约翰与威尔士亲王在波尔多出席协商大会，提出了系列条款以求和平。出于对有个好结果的期待，双方在五天后签订了一个为期两年的休战协议。[3] 这一和平草案的内容没有保存下来，因而详情无从得知。如果这个草案就像期待中的那样对英格兰颇为有利，那么便暴露出急于脱离被俘困境的约翰王，与为财政重建工作而苦苦挣扎的巴黎王室咨议会成员之间，在观点上存在差异。兰开斯特公爵无视休战协议，继续围攻雷恩，他声称布列塔尼的战争是单独事件，他有权继续围攻雷恩，直到将其占领。[4] 而爱德华三世也希冀在夏天对法发动另一轮战争，以便"在上帝的帮助下彻底结束战争"，为此，他还在复活节召集议会要求征税。[5] 1357年4月11日，爱德华王子与约翰二世坐船从波尔多启程，于5月5日如期抵达英格兰海岸普利茅斯。[6] 因此，英格兰公众的期待似乎并不是建立在经威尔士亲王批准的有条件的和平条款上，还是建立在爱德华三世本人如今或许能够通过释放约翰王而商定的条件上。各郡的贵族与骑士齐聚威斯敏斯特宫，直至5月16日才散会，他

1　Sumption, ii, 263–264, 272–277.
2　"Some New Documents", 77–79, 97–99.
3　*Foedera*, III.i, 340, 348–351; *Chron. J&C*, i, 107.
4　*AC*, 40.
5　*EMDP*, I.i, no. 53; *PROME*, v, 130. 当这次战役被取消之后，大部分的补助金被用来解决1355至1356年间所欠的债务，Harriss, *King, Parliament*, 345。
6　*Foedera*, III.i, 348; Knighton, 148–151.

第十四章　国王的赎金（1356—1360）

们大抵就在商议此事。[1]

　　普利茅斯之后的行进速度很缓慢，直到5月24日，爱德华王子及其显贵的俘虏才到达伦敦。明显是被刻意安排，以达到全面的戏剧性效果，爱德华王子一行人受到了一千名身着制服的市民的列队迎接。大量的美酒免费发放给在场之人，游行队伍中还有年轻女子散发金银制作的叶子。[2]根据傅华萨记载，瓦卢瓦的约翰骑在一匹白马上，爱德华王子则乘坐一辆黑色马车紧随其后。[3]在威斯敏斯特宫举行的盛大宴会上，爱德华三世坐在两个国王囚徒之间，约翰二世坐在他的右边，而大卫二世则坐在他的左边。[4]这是中世纪壮丽宏伟的英格兰王宫最令人津津乐道的片段之一。普瓦捷战役的四年后，约翰·钱多斯爵士在其为黑太子所作的韵律诗《生命》(*Life*)中写道，英格兰宫廷成员及其客人"跳舞、狩猎、放鹰、比武、饮宴，就像亚瑟王时期一样"。[5]

　　战争与骑士制度的核心传统，是俘获他人者要尊重被俘者并恰当考虑他们的物质和精神需求。在普瓦捷战役被俘的一些法国贵族，当时被安置在英格兰的多处王室城堡里，事实上享受着相对宽松的约束：奥德雷海姆将军、唐卡维尔伯爵及其他人能够定期去拜访他们尊贵的女性前辈——赫特福德城堡里孀居的伊莎贝拉王太后。[6]当然，约翰二世的安保工作更为严密。一开始，他被安置在兰开斯特公爵位于伦敦的萨沃伊宫内，[7]一队船夫

1　*CCR 1354–60*, 401; E 403/387, 11 May 1357.
2　Knighton, 150–151; *AC*, 41; *Anon. Cant.*, 34–37.
3　Froissart, v, 83.
4　The *Kirkstall Abbey Chronicles*, ed. J. Taylor (Thoresby Society, xlii, 1952), 62; M. Bennett, "Isabelle of France, Anglo-French Diplomacy and Cultural Exchange in the Late 1350s", *Age of Edward III*, ed. Bothwell, 218.
5　*Vie du Prince Noir*, 89 (ll. 1513–1516), 译文见*Life and Campaigns*, 104。
6　BL, MS Cotton Galba E. XIV, fols 5r–17r; "Notices of the Last Days of Isabella, Queen of Edward the Second", ed. E. A. Bond, *Archaeologia*, xxxv (1853), 456–462; Bennett, "Isabelle of France", 219–221.
7　Froissart, v, 83–84; *Chron. J&C*, i, 110; Fowler, *King's Lieutenant*, 290 n. 2.

被雇佣日夜警卫泰晤士河水面，以将他从水上逃脱的风险降到最低。[1] 约翰的随从原本以为英格兰会支付约翰王及他们的开销，如今也只好迅速改变了先前的错误期待，改由巴黎支付他们的开销。[2] 然而，爱德华三世深知，政治资本应可以通过适当展示优雅的方式获得。1357 年 9 月或 10 月初，他在史密斯菲尔德举办了一场盛大的骑士比武赛，如往常一样，约翰二世与大卫二世依然是最重要的客人。[3] 通过类似的事件，爱德华巧妙地让臣民及其敌人意识到他所处的战略位置和力量。

这种刻意展示的壮丽宏伟在 1358 年 4 月的嘉德宴会上达到登峰造极的地步。[4] 约翰二世在温莎度过了几乎整个冬天，已见识了修缮一新的圣乔治礼拜堂，也很快理解了温莎城堡与亚瑟王崇拜之间的联系。[5] 即将举行的嘉德大典，不仅是为了让他们这些尊贵的海外来宾印象深刻，而且也是为了显示爱德华是骑士精神的国际赞助人。英格兰使者前往法国、德国及低地国家告知即将举办的刺枪比武，卢森堡公爵及加斯科涅的一大队骑士应邀前来。这是年老的伊莎贝拉王太后最后一次远足至温莎来过圣乔治日。此外，还有"许多英格兰的贵族、贵妇"也收到邀请前来见证这次令人印象深刻的盛会。二十四位游吟诗人、两支合唱队及弄臣小罗伯特为宴会提供娱乐节目。[6] 一部英格兰编年史书中记载，"好人"约翰对这种场合的穷

---

1 *Foedera*, III.i, 413; E 403/387, 16 June, 23 June, 1 July 1357; E 403/388, 6 Oct. 1357; Delachenal, ii, 57 n. 2.
2 "Notes et documents relatifs à Jean, roi de France, et à sa captivité en Angleterre", ed. H. E. P. L. d'Orléans, duc d'Aumale, *Miscellanies of the Philobiblon Society*, ii (1855); J. B. Henneman, *Royal Taxation in Fourteenth-Century France: The Captivity and Ransom of John II, 1356–1360* (Philadelphia, 1976), 88–89. 格罗斯蒙特的亨利后来因约翰的随从在萨沃伊造成的损失而获得了30镑的赔偿，E 403/401, 11 July 1360。
3 Reading, 129, 272.
4 Knighton, 158–159; *Eulogium*, iii, 227.
5 E 403/388, 16 Feb. 1358.
6 E 403/388, 9 Mar., 12 Mar. 1358; E 403/392, 13 Apr., 4 May 1358; Knighton, 158–159; *Eulogium*, iii, 227; Reading, 130; *Scalacronica*, 150–151; *Anon. Cant.*, 42–45; "Notices", 459. 关于1358年比武赛上黑太子的传令官，见*BPR*, iv, 252。

第十四章　国王的赎金（1356—1360）

奢极欲不以为然，其言辞与二十年前的《抗议国王税收之歌》中所用的一样，讽刺英格兰国王一边使用金银盘用餐，一边却靠借贷为生。但整体而言，支持者将这次嘉德盛会视作爱德华凌驾于法兰西国王之上并羞辱他的真实表达。[1]

约翰二世的到来，让爱德华三世加快了处理大卫二世事务的进程。爱德华的政府明白，除非与大卫的摄政政府达成共识，否则法兰西人很快便会要求在英法协商时将他们与苏格兰人的联盟关系考虑在内。大卫·布鲁斯本人试图与大法官埃丁顿商讨以促进这一进程并希望爱德华同意自己前往坎特伯雷朝圣。[2] 议会将会再次讨论双方1357年5月初在威斯敏斯特达成的初步协议。[3] 10月3日，双方在贝里克签订了最终协议，英格兰一方的协议签订者包括约克大主教、达勒姆主教、卡莱尔主教及珀西勋爵、内维尔勋爵。[4] 根据约定,释放大卫二世的赎金总额是六万六千六百六十七镑，分十年付清，从苏格兰贵族家庭中选择担保人为其作保。如果违约，大卫二世不得不亲自或让其最重要的伯爵们臣服于英王。在赎金尚未付清的时候，双方应休而不战。

从本质上来看，《贝里克条约》是1354年首次在纽卡斯尔所提条件的再现。对双方来说，就赎金问题达成协议，并争取时间决定未来的外交战略，

1　*A Chronicle of London from 1089 to 1483*, ed. N. H. Nicolas (London, 1827), 63–64; A. Steele, *The Receipt of the Exchequer, 1377–1485* (Cambridge, 1954), xxxiv–xxxv; Collins, *Order of the Garter*, 238–239. 这一比喻，亦见 *Chartularies of St Mary's Abbey, Dublin*, ed. J. T. Gilbert, 2 vols (RS, 1884–6), ii, 392–393。
2　*CDS*, iii, no. 1610（日期有误）。"Papers Relating to the Captivity and Release of David II", 21–29; Penman, *David II*, 188–189.
3　*CDS*, iii, no. 1629; *RDP*, iv, 611–613; *PROME*, v, 130.
4　*Foedera*, III.i, 372–374; *Rot. Scot.*, i, 811–814; *Acts of the Parliaments of Scotland*, i, 518–521; *EHD*, iv, no. 37; *BPR*, iii, 291. 关于这一时期大卫前往贝里克，见 "Papers Relating to the Captivity and Release of David II", 18–28; Wyntoun, vi, 233。

是最终解决问题的一种现实可行的办法。[1] 由于十年协商毫无结果，英格兰国王决定将烫手山芋大卫二世卖给苏格兰人，而且还没有提出其他任何要求，这里面必然包含有一种绝望的情绪。一方面，条约并未涉及任何领土要求，关于金雀花王朝历史上对北部王国的宗主权也一字未提。另一方面，苏格兰人的自决权完全取决于赎金的支付情况，这一要求又有效确保了爱德华三世在这些事情及其他方面的权利。支持英格兰的第三方的权利也得到了保障。这包括半自治的西部群岛的领主艾莱的约翰·奥格、1328年条约中被废黜继承权的英格兰贵族集团，以及索尔兹伯里伯爵，他关于马恩岛的诉求曾得到了爱德华三世的强力支持。[2] 在苏格兰，就像不久前在法兰西一样，爱德华的策略明显是尽可能地坚持他的君主统治权与宗主权，并尽可能地借此对更为长久的和平施加影响。

在此立场下，爱德华三世重新考虑了未来苏格兰的王位问题，在《贝里克条约》官方措辞中，给大卫以苏格兰王的头衔。然而，很快，英格兰君主便改变了先前的姿态，拒绝承认布鲁斯君权的合法性。[3] 该条约至少从理论上保证了爱德华三世继续享有授予苏格兰王位及在大卫二世死后决定其王位继承人的自由裁量权。许多苏格兰政客将罗伯特·斯图亚特视作未来的苏格兰王，但《贝里克条约》却未能保证这一点，而且还要求斯图亚特将自己的一个儿子——约翰充作抵押大卫赎金的人质。1333年在哈利顿山丘战役中与罗伯特·斯图亚特交战所留下的鲜活记忆，肯定让爱德华三世对斯图亚特继承苏格兰王位持质疑态度。自从爱德华·巴利奥尔在1356年宣布放弃苏格兰国王头衔后，对爱德华三世而言，要求大卫二世接受金雀花王朝的王子作为他的继承人不是不可能的。这个问题在1357年末释

---

1 "A Question about the Succession, 1364", ed. A. A. M. Duncan, *Miscellany of the Scottish History Society XII* (Scottish History Society, 5th series, vii, 1994), 7.
2 *Munimenta de Insula Manniae*, ii, 199–202.
3 *The Acts of David II, King of Scots, 1329–1371*, ed. B. Webster (Regesta Regum Scottorum, vi, 1982), nos 148, 150; Campbell, "England, Scotland", 200.

第十四章　国王的赎金（1356—1360）

放大卫二世回苏格兰时再次被提了出来，大卫二世建议，他或许可以说服其议会议员接受金雀花王室的王子作为自己王位的继承人，但条件是减少自己的赎金。[1]

1358 年夏，爱德华三世为其王室成员谋取遍布于英格兰、威尔士、爱尔兰及苏格兰的王室和贵族头衔而努力。在王后礼拜堂举办的订婚仪式上，十二岁的玛格丽特公主与十一岁的彭布罗克伯爵约翰·黑斯廷斯结成佳偶，莱昂内尔王子的女儿三岁的菲莉帕则与被许配给马奇伯爵六岁的儿子埃德蒙·莫蒂默。同时，即将年满十八岁的冈特的约翰誓言自己将会迎娶兰开斯特公爵格罗斯蒙特的亨利的女继承人——十二岁的布兰奇。[2] 关于后一段联姻，爱德华三世的计划是将英格兰北部作为冈特的约翰的权力基础，以利于他到时能够轻易控制苏格兰王国内的相关权益。似乎是为了表明自己的支持态度，1359 年 2 月，大卫二世赐给兰开斯特公爵一个苏格兰的贵族头衔——莫雷伯爵。[3] 在新的部署中，爱德华三世开始考虑让第三子继承苏格兰王国的可能性。

约翰王子与兰开斯特的布兰奇的盛大婚礼于 1359 年 5 月在雷丁修道院举行，出席婚礼的人包括国王、王后及英格兰宫廷的各级贵族。随后，在伦敦史密斯菲尔德举办了一场壮丽的骑士比武赛，国王和他的儿子们，还有众贵族装扮成伦敦城的市长及高级市政官。爱德华三世为此赛事配备了盔甲，还可能参与比试以展示他长久持续的好战之勇。[4] 在这些尊贵的客人中，爱德华的妹妹——伦敦塔的琼是最重要的。她因为大卫二世不忠而

1　Penman, *David II*, 189–190.
2　*Issues*, 170, 172; E 403/394, 11 Dec. 1358, 15 Feb. 1359; "Chaucer as Page", 100.
3　*Acts of David II*, no. 211; *CDS*, iv, no. 9; Fowler, *King's Lieutenant*, 175; Ormrod, "Edward III and his Family", 411 n. 50; Penman, *David II*, 222–224, 320–321.
4　*CPL*, iii, 605; E 101/393/10; *Issues*, 170; E 159/139, *Brev. bar.*, Hil., rot. 25; *Anon. Cant.*, 48–49; *Brut*, ii, 309; Reading, 131–133; *BPR*, iv, 324; A. Goodman, *John of Gaunt: The Exercise of Princely Power in Fourteenth-Century Europe* (Harlow, 1992), 34–35. 国王为布列塔尼的约翰支付了参赛费用，E 403/394, 29 Jan., 2 Mar. 1359; *Issues*, 172。

返回英格兰，以修女的身份陪伴在年迈的母亲身边。然而，她也依旧充任维持英苏和平的中间人。比如，在大卫二世赐封兰开斯特公爵为莫雷伯爵前后，正是她居中协调以推迟大卫的赎金支付时间。[1]而她逗留在英格兰，也表明大卫可能在任何时间离婚再娶并生下一个直系继承人。如果爱德华三世关切自己儿子继承苏格兰王位的可行性，那么事不宜迟，他必须尽早行动。爱德华三世可能会将他的殖民模式扩展到苏格兰，由此在不列颠建造一种新的王朝统一模式，这将为延续至14世纪60年代中期的英格兰、苏格兰谈判提供一个重要方向。[2]

至1357年，将赎金谈判与其他事情分离开来，推迟讨论领土争端及王位继承问题的主意已被采纳，并成功运用在布卢瓦的查理和大卫·布鲁斯身上。很可能，在普瓦捷战役后，爱德华三世一开始是想将此策略运用在与约翰二世的政府代理人的谈判中，他无疑是志在必得的。教皇派来谈判的塔列朗枢机主教和卡波奇枢机主教来到了伦敦，而非像往常那样在阿维尼翁和吉讷开会，表明这一时期英格兰国王享有了极高的权威。根据亨利·奈顿的描述，爱德华"因他的帝国声势浩大，所以脸上有着狮子一样的威严"，而他正是以这样一副狮子一般的威严接待了教皇使者，并对他们说，他对恢复先人所失去的领地充满信心，现在需要讨论的仅是法兰西的王位问题。[3]

以上描述或许是虚构的，但不可否认的是国王确实以一种高度干预的方法介入了接下来的谈判。他特供了一匹马给英格兰杰出的外交大臣威廉·蒂林顿，以便他能够迅速将重要消息送给爱德华。[4]1357年12月，当

---

1 *Scalacronica*, 150–151, 246; *Foedera*, III.i, 419; *CDS*, iv, nos 27, 37, 65; "Question about the Succession", 7–8; E 101/393/10.

2 见本书第514—517页。

3 Knighton, 152–153.

4 E 403/387, 5 July 1357. 关于蒂林顿，见Chaplais, *Essays*, chap. xxii, 174。

第十四章　国王的赎金（1356—1360）

爱德华同意释放约翰二世的四个大臣——桑斯主教、唐卡维尔伯爵、旺多姆伯爵及代尔瓦勒勋爵以缔结和平协议时，他写给大法官埃丁顿的信有些不悦，坚持不允许任何其他法国俘虏获得安全通行的特许。他还要求，作为假释条件，在1358年2月议会召开前的一个星期内，这些驻巴黎的外交使节应把他们的讨论记录与结果送过来。[1]如同往常一样，遇到节日，爱德华三世都会把事情暂时搁置一旁。王室搬到菲莉帕王后的莫尔伯勒城堡去欢度1357年圣诞，之后又前往布里斯托尔城堡去过主显节并举办割礼仪式。在布里斯托尔举办的罕见的火把骑士比武赛，是对黑太子在法兰西所取得的重大胜利的再一次欢庆，并唤起了公众的殷切期待——充满荣耀之光的和平即将到来。[2]

至1358年1月，负责继续与法国谈判的人已经起草了一份英法协定，即为现代历史学家们所知的《伦敦第一条约》。[3]释放约翰王的赎金商定为四百万埃居（六十六万六千六百六十七镑），同时，条约还规定，爱德华享有阿基坦、圣通日、普瓦图、利穆赞、蓬蒂厄、蒙特勒伊、加来城镇及地区的宗主权。关于安茹、曼恩、图尔奈、诺曼底，条约并未提及，而对于布列塔尼宗主权的确认只不过是一种暂时的安排。从英方的撰述来看，这一条约的现存内容，并未直接提及爱德华发表声明放弃法兰西王位作为交换。这可能反映了英王并未放弃索求法兰西王位的想法。自瓦卢瓦的约翰在普瓦捷战役被捕之后，来自三级会议激进的改革要求让法国陷入了瘫痪。如果爱德华愿意，那么他可以轻而易举地借此机会重申他的王位诉求，挑战瓦卢瓦统治的合法性。然而，条约中没有提及爱德华声明放弃法兰西王位，更可能的是反映了他决定保留这一诉求，直到法兰西接受他的其他条

1　SC 1/56/32，载Delachenal, ii, 396–397。
2　Bennett, "Isabelle of France", 220.
3　BL, MS Cotton Caligula D. III, nos 84–88; *Chron. J&C*, 143–144; Knighton, 163; Delachenal, ii, 62–63, 402–411; Sumption, ii, 309–310.

件。[1]这也解释了条约中约翰的称呼问题。如果瓦卢瓦的约翰依然是"法兰西的敌人",那么他及他的继任者便应履行协议成为"法兰西国王"。1357至1358年冬天的主要问题,不是爱德华三世**是否**应该宣布放弃法兰西王位,而是**何时**、在什么情况下做出放弃的声明。

在1358年的议会上,爱德华三世至少展示了《伦敦第一条约》的核心内容。如果编年史家托马斯·格雷、托马斯·沃尔辛厄姆的记载可信的话,条约内容出乎意料地受到了下议院的反对与抨击,认为枢机主教过于偏私,声明英格兰不能接受教廷的奴役,骑士和议员要求英诺森六世放弃征收逾期欠款——1213年约翰王接受了英诺森三世宗主权的应付钱款。但同时,他们怀疑爱德华做出妥协放弃法兰西王位可能会使英格兰的尊严受损。[2]在巴黎,条约草案似乎是保密的,可能这只是约翰二世对英格兰国王的个人承诺。[3]3月24日,当他还在伦敦时,约翰购买了"一张精美的羊皮纸"和墨水,"写下法兰西王与英格兰王之间的协定"。[4]在4月的嘉德宴会期间,爱德华与约翰就之后的赎金和释放问题似乎私下达成了共识,并同意其他的问题将留待夏天再来讨论。届时,和谈将由枢机主教主持。[5]1358年11月1日确定了第一笔赎金的支付日期,并为预计中的条约的缔结和批准设定一个隐含的最后期限。[6]英格兰人后来说法兰西人虚与委蛇迟迟未做答复,目的就是要反悔。[7]尽管爱德华在伦敦和温莎公开认可了条约内容,但有鲜明的迹象表明他对快速缔结有约束的和平协议产生了更多的想法。

---

1 Rogers, "Anglo-French Peace Negotiations", 199–203.
2 *RDP*, iv, 614–616; *PROME*, v, 131; *Scalacronica*, 150–153; *Hist. Angl.*, i, 285; Delachenal, ii, 73–76.
3 *Chron. J&C*, i, 176–177.
4 "Notes et documents", 113.
5 *EMDP*, I.i, no. 201; *Anon. Cant.*, 44–47; *Foedera*, III.i, 425; BL, MS Cotton Caligula D. III, no. 129; Delachenal, ii, 66 and n. 1.
6 *Scalacronica*, 152–153; Delachenal, ii, 69.
7 *Anon. Cant.*, 44–47.

第十四章 国王的赎金（1356—1360）

1358年3月，面对艾蒂安·马塞尔及要求进行重大政治改革的激进派的威胁，法国王太子查理逃离了巴黎。5月底，博韦、苏瓦松（Soissons）的农民造反，此即扎克雷起义。1357年末从关押中逃脱出来的纳瓦拉的查理领导众人对起义进行了血腥镇压，他也因此被法兰西贵族视为这一黑暗时期的英雄。然而，他随即控制了巴黎，与马塞尔共同抵制王太子返回首都。包围巴黎的王太子提出以下条件：如果巴黎市民支付约翰二世的第一笔赎金，那么他们就将得到赦免，而纳瓦拉的查理也能获得一大片土地和大量现金作为回报。革命政府由相互猜测的多个派别组成，在马塞尔于7月31日被刺杀后，王太子的条件被接受。8月1日，为了恢复自己的地位，绝望的查理在圣但尼与英格兰结盟，并拟定了盟约。这一盟约将导致法国走向名副其实的分裂：查理将得到诺曼底、沙特尔、皮卡第、香槟及布里，而爱德华三世袭取法兰西王位并统治法国的其他地区。[1] 然而，如此虚幻的盟约，并不能改变爱德华想要同瓦卢瓦缔结和平的心思，这不仅仅是因为查理如今已臭名昭著，是个不折不扣不可信任的叛徒。[2] 英格兰谨慎地回应了纳瓦拉，尤其拒绝支持查理对于诺曼底的主权声明。[3] 但这让王太子陷入极为危险的境地，也给英格兰方面分化法兰西贵族提供了可能。

在纳瓦拉人、英格兰人、皮卡第人及诺曼底军队的帮助下，在从普瓦西到翁弗勒尔（Honfleur）的塞纳河盆地上，纳瓦拉的查理建立了一系列据点。在从西至北的所有军事斗争中，英军及亲英派军队都占据优势，并因此从平民身上获得了赎金（pâtis）。纳瓦拉人还控制了法兰西岛的军事据点，离巴黎很近，短时间内便可攻入城去。基于此，爱德华三世很快就开

---

[1] *Foedera*, III.i, 228; Delachenal, ii, 421–423.
[2] Delachenal, ii, 79–80.
[3] *Foedera*, III.i, 228; E. Déprez, "Une conference Anglo-Navarraise en 1358", *Révue historique*, xcix (1908), 34–39; S. Luce, "Négociations des Anglais avec le roi de Navarre pendant la révolution parisienne de 1358", *Mémoires de la société de l'histoire de Paris et de l'Ile de France*, i (1875), 113–131; Ormrod, "England, Normandy", 207.

始展望自己可以控制法国西、北部的诱人前景,考虑到与法军的终极决战不可避免,他便想方设法拖延和谈。枢机主教们无法打破僵局,无可奈何地于9月离开英格兰。[1] 11月,没有任何迹象表明他要求对方未来支付第一批约定中的赎金或人质,爱德华直接将英法战争继续进行的计划告知了王太子。[2] 11、12月,英格兰筹谋在1359年4月签订的《波尔多条约》到期时对法国发动大规模进攻。[3] 爱德华一边禁止英军立刻攻击法兰西岛,一边却谨慎地与查理维持联盟关系,向他狡猾的表亲许诺道,金雀花与瓦卢瓦不可能绕过查理缔结双方和平协议。[4] 1358至1359年冬,英格兰王室所有的政策都暗示着英法将回到全面战争状态中来。

面对如此糟糕的前景,约翰二世只能亲自干预以便他那陷入黑暗的王国稍微有些时间做些准备。在最后时刻,约翰二世说服爱德华三世推迟军事行动,将休战时间延长到3月18日。[5] 一周之后的24日,英法两国国王在被称为《伦敦第二条约》的文件上盖章加印。[6] 与1358年的第一份草案相比,这份条约的内容更加清晰。爱德华明确声明了他愿意放弃法兰西王位,只要瓦卢瓦先将之前所商定的领土交给英格兰掌控。[7] 约翰二世的赎金依然是四百万埃居,但第一笔赎金六十万埃居(十万镑)要在8月1日前付清。两份条约真正的不同体现在爱德华所要求控制的领土上,不仅包括大阿基坦地区、圣通日、普瓦图、蓬蒂厄、蒙特勒伊、加来,还包括安茹、曼恩、图尔奈、诺曼底及布洛涅,在以上领土,爱德华都享有完全的君主

---

1 *Foedera*, III.i, 405; E 101/508/27; *Anon. Cant.*, 46–47.
2 Le Patourel, *Feudal Empires*, chap. xiii, 28–29; Sumption, ii, 374–375.
3 Froissart, v, LV n. 3; *Foedera*, III.i, 415–416, 426–428, 440–441.
4 E. Perroy, "France, England, and Navarre from 1359 to 1364", *BIHR*, xiii (1935–6), 151–152.
5 C 76/37, m. 17d.
6 Froissart, *Oeuvres*, xviii, 413–433; Delachenal, ii, 81 n. 1; "Unknown Register", 370; "Notes et documents", 113.
7 Le Patourel, *Feudal Empires*, chap. xiii, 29.

第十四章　国王的赎金（1356—1360）

统治权，同时也享有布列塔尼的宗主权。这将是古安茹帝国版图的真实重现，英格兰将独立控制从加来到巴约讷的法兰西海岸线。

《伦敦第二条约》中如此过分的要求，通常被视为爱德华三世挑起战争的幌子。[1]事实上在某些方面，这份条约是爱德华与约翰导演的一场双簧戏，他们想要以此来迫使讨厌的纳瓦拉的查理成为和谈中的第三方。新提案将英法休战时间延长至6月24日，并特意允许查理提出自己的要求。如果他未做出回应，爱德华与约翰到时将共同对付他。[2]但是，该条约本身也有着严肃的目的，即英格兰大胆地要求控制诺曼底、安茹、曼恩、图尔奈及布列塔尼，不仅反映了爱德华想要恢复其先祖自1259年失去的全部地盘的虚妄心愿，也反映了英格兰控制了法国西、北部地区的事实。这也是因为爱德华三世面临着来自一个强大集团的压力：在布列塔尼和诺曼底长期服役的英格兰士兵希望保护他们在当地的所得，并希望这能够在英法协议中得到保证。为了迫使王太子选择商定更加现实的协议而非另一个潜在的灾难性战争，英格兰一方精心提出了极为过分的要求，这并不一定排除爱德华三世认为将到来的最后一场大战能够使他达到如此雄心勃勃的目的的可能性。在《巴黎条约》的一百年后，爱德华决心为祖先一雪前耻，占领法兰西边界上的一大片领地。

为了达成梦寐以求的和平，约翰二世准备接受这些具有毁灭性结果的条款。这暴露了流亡的瓦卢瓦统治者与其子的摄政政府之间的巨大鸿沟。提案遭到了查理的极度蔑视，全盘否认了其父约翰二世认可的条约。[3]在约翰二世的许可下，爱德华三世对条约进行了一些微妙的象征性改动。1359年1月，爱德华计划将约翰送到林肯郡的萨默顿城堡，远离有影响力的圈

1　Ibid., chap. xiii, 30; Curry, *Hundred Years War*, 57.
2　Sumption, ii, 400–401.
3　Henneman, *Ransom of John II*, 93–94.

子。[1] 当年春天，约翰被迫离开萨沃伊宫，前往赫特福德城堡——自从1358年8月伊莎贝拉王太后晏驾，赫特福德城堡就空置出来了。约翰很不满意，他愠怒地坐在为他准备的窄狭的小船里，荡漾在河面上打发时光。更糟的是，在当年4至5月，他已病入膏肓。[2] 如果在赎金问题还未商议出来结果之前，约翰就去世，那么英格兰在普瓦捷战役后所有的外交努力都将付之东流，其所期待的和谈基础也就不复存在了。因此，爱德华已经筹备六个月的入侵法兰西计划也就刻不容缓了。

爱德华三世决定发动1359年战役揭示出，与决策国内政治问题一样，在对法问题上，爱德华也享有至高无上的权力。在1358年2月至1360年5月之间，英格兰并未召开议会，也未对《伦敦第二条约》进行公开讨论，1359年夏他重开战争局面也未征得议会的正式同意。这种专断的决定，如同其祖父、父亲所亲历的一样，是会导致政治团体的激烈抗议的。[3] 但在1358年议会上，对当时缔结和平的条件是否已经成熟，政治团体已有所犹豫，这有可能被爱德华理解为在次年重开战火是可行的。此外，他还通过其他的方式来增强自己发动战争的合理性，如军事行动的财政开支来自已有的羊毛补助金和大卫二世的赎金，以此来向臣民表示他依然认可不征收直接税、最大限度减轻国内民众负担的政策。[4]

值得注意的是，爱德华认为这场新战争，毫无疑问是为了保卫英格兰。

1　*CPR 1338–61*, 142, 221; "Notes et documents", 101–102, 132.
2　"Notes et documents", 117–118, 127–130, 132–133.
3　M. Prestwich, "The Ordinances of 1311 and the Politics of the Early Fourteenth Century", *Politics and Crisis in Fourteenth-Century England*, ed. J. Taylor and W. Childs (Gloucester, 1990), 5.
4　1359至1360年战役的军饷总额还不到134,000镑，*Anon. Cant.*, 51 n. 131。仅关税就为这场战役提供了75000镑，Ormrod, "English Crown and the English Customs", 37。由威廉·法利掌管的涵盖这场战役开销的军装账目显示有30000镑的赤字，Tout, *Chapters*, vi, 90–91。

第十四章　国王的赎金（1356—1360）

他要求教会人士为他的行动祈福。大主教伊斯利普借此机会告诫他的信徒说在礼拜日经商是邪恶的，而应前往教堂为国王祈祷。[1]为了避免法兰西囚徒逃出英格兰，也采取了不少预防措施。1357至1358年间，爱德华曾允许俘虏们假释，现在被禁止了。约翰二世内府的许多人被送回法国，而约翰及其子则被转移到遥远的萨默顿（Somerton），活动空间大为压缩。[2]10月，在启程离开王国前夕，像往常一样，爱德华为沿海一带的防御做好了准备。[3]随后，摄政政府建议，防御军队的武器和供给或许应由较为富有的乡绅提供，而后者迅速回复说这有违1352年的立法，应改为向当地人征收供给防御军队的特殊税收。[4]1359至1360年间，国王向公众表明这场战役只是之前战争的继续，而且，他严格遵循了可持续的财政政策，也能最大限度地维护英格兰的利益。

最重要的是，爱德华三世极为自信，他认为广大臣民将会响应自己的号召踊跃入伍。1359年夏召集的军队人数大概在一万人。这仅是1346年克雷西战役计划征召数目的一半，但此次重骑兵、骑兵弓箭手的比例要高得多，也因此比以往的招募更排斥社会人员。参战者有四个年长的王子、兰开斯特公爵、斯塔福德伯爵、北安普敦伯爵、沃里克伯爵、马奇伯爵、索尔兹伯里伯爵，及巴西特、珀西、朱什、莫尼、伯格什、科巴姆、乌特

1　*Foedera*, III.i, 442; *Register of John de Grandisson*, ii, 1201–1202; H. J. Hewitt, *The Organization of War under Edward III* (Manchester, 1966), 162–163.
2　*Foedera*, III.i, 436, 438–439; *CPR 1358–61*, 251; *Comptes de l'argenterie des rois de France au XIVe siècle*, ed. L. Douët-d'Arcq (Société de l'Histoire de France, 1851), 210–211, 213, 215; E 403/396, 29 July 1359; Delachenal, ii, 142–3; Bériac-Lainé and Given-Wilson, *Prisonniers*, 138, 143, 153–154, 149, 154–155.
3　*Foedera*, III.i, 449–450.
3*RDP*, iv, 619–621; C 47/2/45, no. 1; C 47/2/56, nos 1–9; Harriss, *King, Parliament*, 395–400. 神职人员所交的什一税也被要求用在地方防御这一特定目的上，Ormrod, *Reign of Edward III*, 204, 205, 240 n. 111。

雷德等勋爵，还有其他领主与骑士。[1]实际上，这次战争中的贵族与乡绅参战率，应比14世纪任何一场对法战争都要高。[2]这样的渴望很大程度是来自对国王重新担任战争总司令一职的兴奋。爱德华也表现出对其骑士们福利的适度关怀。如爱德华之前的铁杆支持者亨利·博蒙之孙——约翰，便收到了他赠予的一百镑，以助其打造装备。[3]在启程前夕，爱德华向诺福克伯爵遗孀之子约翰·科巴姆爵士许诺道，万一爵士死在海外，他的地产与封臣都会得到自己的妥善保护，不会落入他人之手。[4]爱德华还积极保证，战争会给参战者带来物质利益。这次战争并未签订服务契约，因为王室内府回归到传统角色——即发放战争薪水的部门。不过，贵族与士绅军官似乎是接受了一些条件，这些条件在最近的雇佣军合同里已成为常规：工资、**荣誉**、路费、战争中所消耗马匹的补偿，以及他们的手下获得一半战利品的权利。[5]

这些参战者认为爱德华三世再次进攻法国会有什么好处呢？在出发之前，据说爱德华告知他们，除非达到目的，否则他绝不回来，为了这个目的，他愿意全力以赴，乃至付出生命。[6]他如往常一样自信满怀。稍加考察，就能明白这是一场意在与法国王太子全面开战的大仗。与1355年爱德华率军进入皮卡第不同，1359年的英军装备精良，供给丰足。事实上，爱德华之所以推迟两个多月启程，很可能还是因为他让人去准备皮艇、研磨机

---

1 *Anon. Cant.*, 50–53; Ayton, *Knights and Warhorses*, 265–267. 阿伦德尔伯爵一开始也打算参战，A. Ayton, "English Armies in the Fourteenth Century", *Arms, Armies and Fortifications*, ed. Curry and Hughes, 28 n. 17。冈特的约翰因为准备渡海作战的开销而从国王那里收到了价值500镑的礼物，E 403/396, 11 Aug. 1359。
2 Ayton, "English Armies", 28–29.
3 E 159/137, *Brev. bar.*, Mich., rot. 28.
4 *PROME*, vi, 17–19.
5 Ayton, *Knights and Warhorses*, 118–119, 127–132.
6 Le Bel, ii, 298–290; Froissart, v, 198–199; Reading, 133.

及便携式炉子，以为军队提供新鲜的鱼和面包。[1]为了保证国王的人身安全，也做了特殊安排，从纳尔斯伯勒来的四十名弓箭手负责时刻保护爱德华三世。[2]这一场战争，并非从法兰西北部乡村一晃而过。在具体细节上，爱德华保守秘密缄默不言，反倒让将士们对即将到来的决定命运的时刻充满了殷切期望。

当年9、10月，爱德华可能是与王后菲莉帕在利兹城堡度过，也可能是在萨尼特（Thanet）的索恩（Thorne）集结军队。他乘坐先前曾用作王室运输的温奇尔西的"布兰奇号"（Blanche）驳船检阅汇集而来的舰队。10月28日，他终于登上达特茅斯的"菲利普号"（Philip）自桑威奇出发，顺利抵达加来。[3]朝东南方向进军的队伍如往常一样分为三军，分别由国王、兰开斯特公爵及威尔士亲王统帅，向已不算陌生的地区挺进。爱德华亲自率领的这支部队穿过阿拉斯，进入康布雷西，经圣康坦到达克拉奥讷（Craonne）。三军在恶劣的天气中缓慢前行，于12月4日在兰斯郊外会师。爱德华将司令部设在城外韦尔济村附近山顶上的圣巴塞尔修道院里。

爱德华选择兰斯，至少有部分原因是，该城乃法兰西国王传统意义上的加冕之地。自他申诉继承其卡佩先祖的法兰西王位，到1360年1月已是第二十个年头。如果他攻下兰斯，那么到时或许就可以诱使大主教让·德克拉翁为他举行类似于加冕的礼仪，以证明他有权将王位从约翰二世手里取回来。[4]为此，他下令禁止在该城抢劫或使用暴力。[5]然而，英格兰史家不认为兰斯有任何特殊之处，只是简单地将这场战役视作维护、追求国王

1　*Society at War*, 63; Fowler, *King's Lieutenant*, 200.
2　E 403/401, 5 June 1360.
3　*Anon. Cant.*, 50–51; *Foedera*, III.i, 452; C 76/28, m. 5; E 101/24/14, no. 8; E 159/136, *Brev. bar.*, Trin., rot. 5. 爱德华之前希望在10月10日或11日出发，SC 1/60/80; *CCR 1354–60*, 656–657。
4　Rogers, *War Cruel and Sharp*, 407.
5　Delachenal, ii, 157.

权利的寻常行动。[1] 反倒是法国人理解了爱德华攻占这座城市的特殊意义，也正是从这些资料中，现代编年史家品味出爱德华视此次军事行动为"加冕战役"的意味。[2] 法国人也清楚地意识到英格兰人希望通过围攻兰斯以促使法兰西摄政政府迎战。如果爱德华三世在1359至1360年冬确实存有在兰斯戴上法兰西王冠的念想，我们不要认为这是对法政策的逆转，事实上，这一想法已在他心里埋藏了多年，只是出于获得大量领土的考虑，在英法协定中，他才同意发表声明放弃索求法兰西王位。

同样地，说爱德华在1月中旬围攻兰斯表明他改变了五周之前所做的策略，也不妥当。兰斯城的城墙刚被修葺加长，英格兰人可能还没意识到兰斯居民有能力进行如此顽强的抵抗。[3] 由于法国王太子拒不迎战，爱德华决定自己最好还是全师撤退。也有很多人猜想，他曾打算一路西进围攻面积大于兰斯的巴黎。[4] 但在兰斯时，曾有一些心怀不满的勃艮第贵族找过爱德华寻求结盟。他们因为约翰二世与奥弗涅的让娜——尚是婴儿的菲利普·德鲁弗雷公爵的寡母——联姻，认为他给公国施加了太多不良影响，因此对他极为蔑视，所以准备与英格兰人联合。这对爱德华而言是一个机会，他可以借此将勃艮第划入自己的战略蓝图之中，甚至可以通过菲利普

1　Knighton, 170–171, 176–177; *Life and Campaigns*, 104; *AC*, 44–45; *Scalacronica*, 170–175, 187–188; *Hist. Angl.*, i, 287. 约翰·埃尔霍尔姆关于《布里德灵顿的约翰的预言》的评价似乎很重要，他很在意爱德华对法兰西王位的索求，但并未提到兰斯之战，将1359至1360年战役视作一场破坏性的偷袭，*Political Poems*, i, 179。Le Bel, ii, 300, 302和Froissart, v, 211–212都不认为将兰斯视作目标有什么意义。在爱德华计划跨海去法兰西作战的准备阶段，他任命专人接受法兰西民众的效忠宣誓只是常规操作，这在1359年似乎并无特殊意义，*Foedera*, III.i, 45, 417。
2　*Chronique de Richard Lescot, religieux de Saint-Denis*, ed. J. Lemoine (Société de l'Histoire de France, 1896), 142–143; *The Chronicle of Jean de Venette*, trans. J. Birdsall and ed. R. A. Newhall (New York, 1953), 96; Delachenal, ii, 145–146; Burne, *Crecy War*, 328.
3　M. Jones, "War and Fourteenth-Century France", *Arms, Armies and Fortifications*, ed. Curry and Hughes, 117–119.
4　Rogers, *War Cruel and Sharp*, 408.

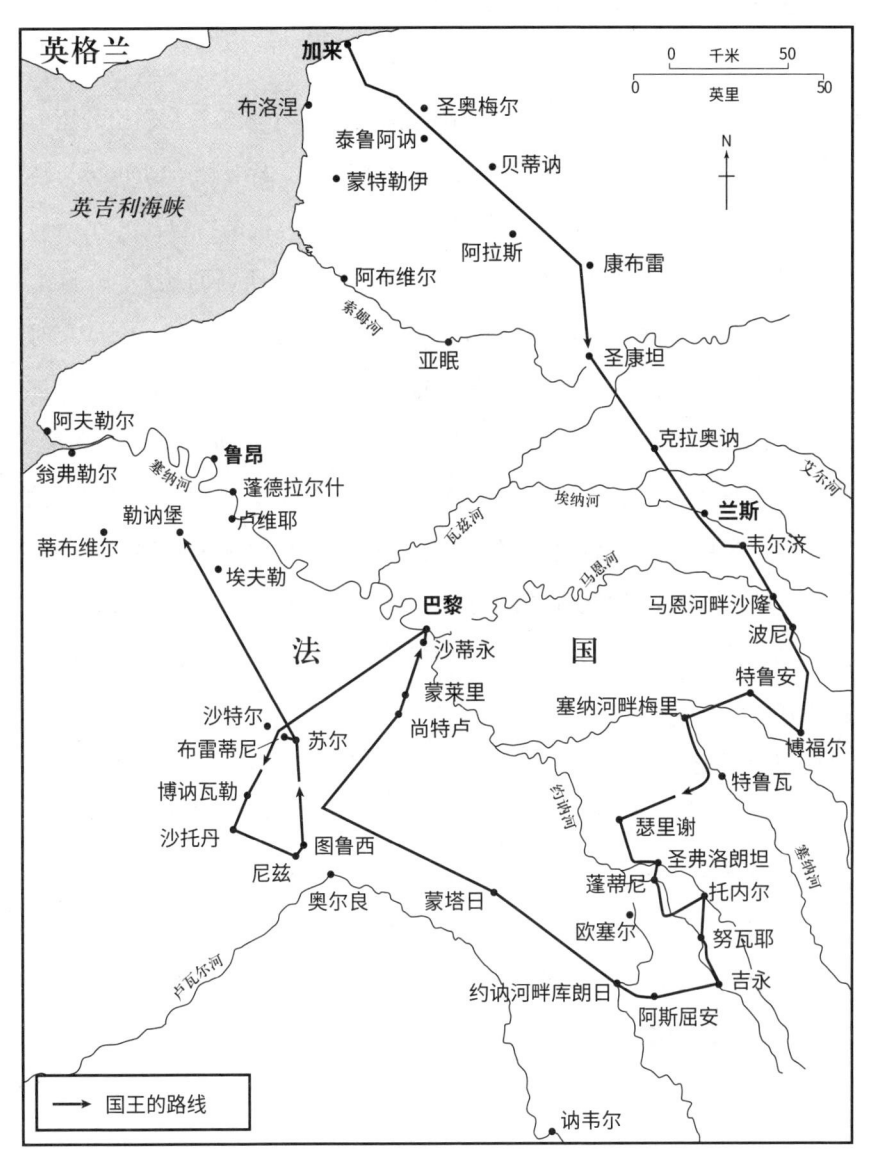

兰斯战役形势图（1359—1360）

公爵与路易·德梅尔的女继承人的联姻,从而将佛兰德斯拉回到金雀花王朝的盟友圈里来。此外,爱德华还想找个不经自己军队和正在法兰西岛胡作非为的路劫匪兵(routiers)蹂躏的地方安然过冬。

1月11日左右,英军离开兰斯向南挺进。为了减轻日常供给的压力,英军再次一分为三。国王所率部队穿过香槟南部,经沙隆(Châlons)、特鲁安(Trouans),而后向西,再折向南,以避开危险的特鲁瓦(Troyes),顺利进入勃艮第。对爱德华而言,这一次进入的是全新的地方,一路上,他尽情地领略了该地的魅力风光。当军队集聚在蓬蒂尼(Pontigny)时,爱德华访问了著名的西多会教堂和埃德蒙·里奇圣地,圣人埃德蒙·里奇纪念日正是爱德华的受洗日。[1] 撰写《佚名编年史》(*Anonimalle*)的编年史家认为爱德华没有骚扰蓬蒂尼的僧人,但当时许多人怀疑,就像其他地方一样,这所修道院也被英格兰军队抢劫一空。[2] 即便有这些激励措施,也并非意味着所有人的情况都很乐观。疾病说明了一个大问题:军队的统帅之一马奇伯爵,及另一名重要的将领罗伯特·莫利,都死在进军勃艮第的途中。[3]

至少国王的心情还是愉悦的。2月19日,他抵达吉永(Guillon),并在此会见了让·德纳沙特及公爵的其他使臣。3月10日,双方签订了协议。为了报答爱德华所提供的保护,勃艮第公爵愿意即刻支付二十万神羊币(mouton)(即四万镑)作为补偿,并提供军事援助。协议中有趣的一项条款是,如果爱德华选择加冕为法兰西国王,而公爵却拒绝接受,那么他们之间的协议也就失效了。[4] 同一时期,爱德华还与法国其他次等贵族签订了类似的协议。[5] 多次提到即将到来的加冕,再次表明同情英格兰的法国地

---

1 E 101/393/11, fol. 61.
2 *AC*, 45–46, 167.
3 *Scalacronica*, 174–175; Knighton, 178–179; *Anon. Cant.*, 56–57.
4 *Foedera*, III.i, 473–474.
5 Fowler, *King's Lieutenant*, 206.

第十四章　国王的赎金（1356—1360）

方贵族认为，爱德华迅速返回兰斯并实现他的王朝命运最有利于他们自己的利益。

首先，与摄政者的交战是不可避免的。如果王储拒绝出战，那么爱德华就挥师进入巴黎。3月末，怀着天气即将好转的愿望，英军从吉永出发，一路上纵横肆虐，从加蒂奈（Gâtinais）直到巴黎南边的尚特卢（Chanteloup），月底，爱德华在尚特卢检阅军队，准备与法军进行决战。[1] 当教皇使者前来试图促成双方休战时，爱德华借机转移到沙蒂永（Châtillon），意图在此建立行动基地以对巴黎形成包围态势。在耶稣受难节这天，爱德华又一次宣扬了他在法国的王室地位，像往常一样为制作抽筋戒指（cramp rings）[2]而捐钱。[3] 4月7日星期二这一天，当英军出现时，巴黎面临着极大的压力，但是法国王太子不像他的祖父、父亲那样受冲动的驱使急于通过战争追求荣耀，他沉着冷静，拒绝迎战。如此一来，情况对爱德华来说便显得严峻。他想有效围攻巴黎这座城市是不可能的，而且由于王太子查理已经探明了他的虚张声势，他也没有可以顶上的预备军。补给也越来越少。由于纳瓦拉的查理至少暂时与法国王太子达成了和解，因此爱德华再无援军。[4]

傅华萨相信，在4月13日离开巴黎一路向西时，爱德华是打算在布列塔尼重整军队，以便对巴黎发动下一次猛攻的。[5] 不论他的初衷是什么，反正到最后，爱德华的意志和英军的士气似乎都消沉了。在经过沙特尔之后的第一天，他们遭遇了一场大风暴。[6] 大部分将士想方设法在冰雹和雨中搭起营帐，但丢失了许多马匹和装备。"黑色星期一"或"糟糕星期一"的

1　*Scalacronica*, 182–183.
2　用于治疗抽筋、晕厥病或癫痫的戒指，由英格兰历届君主在耶稣受难节祝福制作。这一仪式自忏悔者爱德华起一直延续至玛丽一世。——译者注
3　E 101/393/11, fol. 61.
4　Delachenal, ii, 437
5　Froissart, vi, 1.
6　Fowler, *King's Lieutenant*, 208–209.

开始，似乎暗示着这场战役的结局。曾夺走马奇伯爵性命的疾病如今肆虐横行，据说后来有上千名英格兰士兵在此次征战中死亡。[1] 此外，许多人在行军中的小规模战斗中被俘，包括年轻的护卫杰弗里·乔叟在内。[2] 英军挣扎着从沙特尔转战至沙托丹（Châteaudun），然后东去奥尔良。当他们在图鲁西（Tournoisis）及尼兹（Nids）重整部伍时，接到了前来洽谈对话的克吕尼修道院院长。落魄而消沉的英格兰国王别无选择，只好再次回到谈判席上。

做出终止行军转而与法国王太子谈判的决定，对爱德华三世来说并不容易。早在3月初，教皇使臣就希望他以和谈代替战争，而且，兰开斯特公爵和威尔士亲王也有过同样的建议。[3] 然而，如果条件允许的话，爱德华无疑想要一场浩大精彩的战争。在英格兰国内，法兰西舰队在3月从温奇尔西港发动的进攻引发了公众的恐慌。坎特伯雷编年史家完全被入侵者的残暴惊呆了，他记下了受害者的名单，在笔下对那些犯下洗劫、强奸及（在他看来同样罪大恶极）在四旬斋吃肉的作恶者进行了严厉训斥。[4] 这类恐慌让一些主教认为，英格兰应该做好准备防御海岸。不过，这在最后被证明是虚惊一场。海峡里的成功反击，恢复了国内臣民的信心，认为爱德华应从法兰西撤军以保卫国内安全的呼声也偃息了。[5]

对英格兰国王而言，接受克吕尼修道院院长的建议多少有点屈辱。傅华萨从宗教义务的角度来解释整个事件。在沙特尔外的暴风雨期间，爱德

---

1 *Hist. Angl.*, i, 288.
2 *EHD*, iv, no. 693.
3 Rogers, *War Cruel and Sharp*, 415.
4 *Anon. Cant.*, 58–63; T. Walsingham, *Ypodigma Neustriae*, ed. H. T. Riley (RS, 1876), 303.
5 Alban, "National Defence", 27–28; N. Housley, "France, England, and the 'National Crusade', 1302–1386", *France and the British Isles in the Middle Ages and Renaissance*, ed. G. Jondorf and D. N. Dumville (Woodbridge, 1991), 190; Sumption, ii, 435–438, 444–448.

第十四章 国王的赎金（1356—1360） 465

华曾向圣母玛利亚发誓，如果他们能够逃离危险，那么他便接受和谈。[1] 这个故事有一定的真实性。如果不是对所提出的谈判有某种期待，爱德华不太可能被说服立即停止军事行动。如果黑色星期一被解读为神意，那么更可能的是，爱德华就此立即率军撤往法兰西北部海岸而后带领士气低落的军队返回英格兰的安全之地。通过在和谈准备期间保持军队留驻于战场，他能够在需要之时，谴责法国王太子畏缩不战，并至少在理论上坚持自己在武力上的不可战胜。作为一个实用主义者，爱德华很快在困境中找到一条最好的出路来挽回自己的尊严，开启了一系列新的谈判，并且依然对达成于己有利的解决方案充满信心。

4月末，爱德华朝沙特尔转移，驻扎在苏尔（Sours）。正式和谈于5月1日在小村庄布雷蒂尼（Brétigny）开幕。从仲裁人草拟和平协议的速度来看，可知双方均有意愿接着《伦敦第一条约》继续洽谈。根据5月8日签订的初步条约，爱德华三世是1259年所划定的阿基坦公国的最高统治者，与此同时，他还对普瓦图、圣通日、昂古莱姆拥有最高统治权。在北边，则包括归他继承的蓬蒂厄和蒙特勒伊，以及他新获取的加来及其腹地，还有吉讷。作为交换，他将放弃法兰西王位。而金雀花王朝在诺曼底、安茹、曼恩和图尔奈的其他土地，则依然归法兰西王国控制。约翰二世的赎金被设为三百万埃居（五十万镑）。为了双方长久的和平，约翰誓言他将不再支持苏格兰人对抗英格兰人，而爱德华也不再支持佛兰德斯人反抗法国人。[2] 为了确保和平，双方都表达了妥协退让的意愿。法兰西人愿意额外将图阿尔（Thouars）、贝尔维尔（Belleville）计入普瓦图的版图，罗德兹（Rodez）、鲁埃格（Rouergue）并入阿基坦公国。而英格兰方面则同意约翰的三百万埃居赎金包括在普瓦捷战役中所俘虏的另外十六名贵族的赎金，他们原本

---

1 Froissart, vi, 4–5.
2 *Foedera*, III.i, 487–494; *Chron. J&C*, i, 267–300.

是需要另外支付赎金的。[1]

这个和平计划的许多方面，肯定让爱德华感到非常满意。它满足了自1337年战争爆发时他发誓要争取的一切，甚至更多。不但阿基坦公国的边界较《巴黎协议》有了大范围的扩充，而且法兰西人也割让了加来地区，此外，爱德华还获得了期望中的这些地区的全面最高统治权。无论当初如何预计，这些成就都是惊人的。没有证据表明，在此协议起草时爱德华有一丝为难。协议很快就传回英格兰。早先曾被转移到伦敦的约翰二世从菲莉帕王后的使者处得知了和平协议的消息，数日之后他受邀至威斯敏斯特宫与王后一起进餐。[2] 当温切斯特的官员记录国王传令官送回来的付款和休战声明时，他们的书记员真诚地在记录本的边缘空白处写下了"感谢上帝"的字样。[3]

也有人质疑这一条约的明智性与可行性。后来的事表明，《布雷蒂尼条约》的最终崩溃，是爱德华自己而非约翰二世或王太子查理导致的。因此，1360年条约很可能是爱德华三世在一时的动摇下签订的，他因为未能成功逼迫对方交战而只好与对方妥协，而在一年前，他无论如何也不会接受这样的结果。[4] 然而，这并不是说（如同历史学家约翰·勒帕图雷尔所说的那

---

1 Given-Wilson and Bériac, "Edward III's Prisoners", 814–820, 830–833.
2 *Foedera*, III.i, 470, 475–476; E 403/401, 25 Aug. 1360; *Comptes de l'argenterie*, 237, 241–242, 245, 247; Bériac-Lainé and Given-Wilson, *Prisonniers*, 140.
3 *City Government of Winchester from the Records of the XIV and XV Centuries*, ed. J. S. Furley (Oxford, 1923), 144.
4 "Some Documents Regarding the Fulfilment and Interpretation of the Treaty of Brétigny, 1361–1369", ed. P. Chaplais, *Camden Miscellany XIX* (Camden Society, 3rd series, lxxx, 1952), 5–8; M. Jones, "Relations with France, 1337–1399", *England and her Neighbours*, ed. Jones and Vale, 252–253; K. Fowler, *The Age of Plantagenet and Valois* (New York, 1967), 62–66; Palmer, "War Aims", 53–54, 60–62; C. Allmand, *The Hundred Years War* (Cambridge, 1988), 18–19; Curry, *Hundred Years War*, 58–59; Rogers, "Anglo-French Peace Negotiations", 208–211; G. L. Harriss, *Shaping the Nation: England, 1360–1461* (Oxford, 2005), 405–407.

第十四章　国王的赎金（1356—1360）

样）他无法接受放弃法兰西王位的羞辱。[1]毕竟，为了换取在法兰西实际控制新旧地盘的最高统治权，他派出的代表在1344、1354及1358年所提出的交换条件都是这一条。对他而言，最根本的是两个更重要、更实际的问题：扩大地盘，以及法国人转交所割让领土统治权的意愿。在布雷蒂尼的议程中，为了得到稳妥的保证，他可能很快就被迫采取《伦敦第一条约》中的做法，**除非**瓦卢瓦开始支付赎金并交出协议中的地盘，否则他便不会放弃对法兰西王位的索取。1360年，爱德华三世努力向各方证明他享有胜利者的特权，可以决定履行协议内容的先后顺序。讽刺的是，后来的操作对他那些期待实现英法和平的英格兰臣民来说，只是进一步加重了他们不切实际的期望罢了。

《布雷蒂尼条约》其中一项内容是休战四个月，目的是留出时间来商讨、决定那些悬而未决的事情并做最终的确认。[2]条约还规定，"好人"约翰将在7月15日前被转移至加来。关于约翰赎金的支付日期和割让给英格兰领土的日期，条约也做出了规定。而对双方必须做出的放弃声明机制与时间，及关于释放约翰二世所需扣押的人质等具体内容，则被推迟到7月在加来再做协商。[3]在这之后，爱德华无需再留在法国，因此他火速从诺曼底前往翁弗勒尔，乘船返回英格兰，于5月18日在拉伊登陆。[4]

4月3日，名义上由托马斯王子所领导的摄政政府曾发出议会召集令，议会定在5月15日开幕。爱德华三世至少向议会展示了英法所签订条约的大纲，有一部编年史甚至说英法和平协议的所有内容都在议会上进行了宣读并得到了众议员的认可。[5]在君主的压力下，任何心有异议者都感觉到当

1　Le Patourel, *Feudal Empires*, chap. xii, 189; chap. xiii, 31–33.
2　*Foedera*, III.i, 485; *Chronicle of Jean de Venette*, 104–105.
3　Le Patourel, *Feudal Empires*, chap. xiii, 33.
4　*CCR 1360–4*, 112–113; E 101/393/11, fol. 49.
5　*RDP*, iv, 622–624; *PROME*, v, 132; CCCC, MS 78, fol. 182. *AC*, 47–48在记录爱德华与这次议会的交易时尤其谨慎。

前保持缄默是明智之举。数周之后，爱德华三世举办了一场盛会来为约翰二世饯行。位于威斯敏斯特的国王内府与其法兰西敌对者维持着一派"和谐气象"。6月14日，在伦敦塔举行的一场宴会上，约翰王同意了条约内容，并说他与爱德华及他们的儿子都应该是真正的兄弟，合宜地承诺他们将会永远保持亲密无间的关系。[1]他们和威尔士亲王、兰开斯特公爵在圣保罗教堂共同欢度了盛大的圣约翰施洗节，共同观看游吟诗人的表演。6月28日，爱德华在威斯敏斯特宫宴请约翰二世，并送给他一根剑带及一只鹰（为活物而非纹章）。当月末，约翰在爱德华王子的护卫下离开伦敦。在坎特伯雷教堂供上丰厚的献礼之后，他启程前往多佛尔。在7月8日渡海去加来之前，他收到了爱德华三世的私人酒杯作为告别礼物，而他回赠以自己的私人物品——圣路易之杯。[2]

8月末，英格兰贵族——威尔士亲王、兰开斯特公爵、莱昂内尔王子及阿伦德尔伯爵、斯塔福德伯爵、索尔兹伯里伯爵与大法官埃丁顿受爱德华的委托渡海前往加来。[3]可想而知，爱德华会遵循最终批准的条款。关于爱德华的态度，唯一可循的线索是这一时期他于9月6日送给一名代表团成员的一封私信。[4]在信中爱德华说，他已到达谢佩岛（Isle of Sheppey），他的船队就在附近，一旦接到通知他就立刻渡海前往加来。信中的他如往常一样对技术细节很不耐烦，但他说得很清楚，有些不明确的事应该由他自己来决定。这封信表明，英格兰代表团接受了他的直接指示阻扰会谈。根据《布雷蒂尼条约》5月订立的条款，约翰二世的第一笔赎金六十万埃

---

1 E 403/401, 5 June 1360; *Chron. J&C*, i, 319; *Brut*, ii, 312; *EMDP*, I.i, no. 202.

2 *Chron. J&C*, i, 319; *Anon. Cant.*, 62–65; *Comptes de l'argenterie*, 269–274. "英格兰国王的高脚酒杯"是约翰二世在1363至1364年间带回英格兰的物件之一，"Notes et documents", 155。

3 E 403/401, 6 Aug. 1360; E 101/314/2–5, 9–10, 12; Le Patourel, *Feudal Empires*, chap. xiii, 35–36.

4 SC 1/55/87, 载"Documents Regarding the Fulfilment of the Treaty of Brétigny", 7 n. 1。

第十四章　国王的赎金（1356—1360）

居（十万镑）应在约翰二世到达加来之后的四个月内支付，但就像预想中的一样，法兰西政府发现要筹集如此大笔资金很是困难。[1] 离支付的最后期限越近，爱德华的使臣感受到修改草案的压力便越大。在 9 月初，已有迹象表明爱德华开始重新考虑《布雷蒂尼条约》的隐含条款，寻求推迟或回避条约中更具限制性的内容。

这一策略在 10 月 9 日爱德华到加来之后所拟定的新条约中体现得非常明确。[2] 爱德华的到来为举办更加奢华的宴会提供了机会，他的代理人为欢庆活动购买了大量的珠宝。爱德华在与约翰再次会面时，收到了后者送来的华服和一把宝剑。精心组织的宴会洋溢着好客的热情，游吟诗人出入于英法国王的内府，或欢聚在城中各大贵族庭院里。[3] 在这繁华的背后，双方做了大量艰苦的工作。为了和平，爱德华展示了自己的慷慨大方。他同意在收到第一笔赎金的一部分即四十万埃居之后，便释放约翰。同时，他延迟了法兰西割让拉罗谢尔（La Rochelle）的最后期限，释放了普瓦捷战役中所俘获的十四名要犯，同意尚有争议的布列塔尼问题可单独拿出来再讨论，以免影响《布雷蒂尼条约》主要内容的实施。[4] 作为对爱德华同意从诺曼底、法兰西岛及卢瓦尔撤军的回报，瓦卢瓦王朝也保证蓬蒂厄、圣通日、昂古莱姆将在 1361 年 3 月前交给英格兰控制，并将其他地盘的转交时间从当年的 9 月提前至 6 月。如此慷慨大方的表现使双方就《布雷蒂尼条约》的大部分内容达成了具有法律效力的确认，10 月 24 日，爱德华三世、约翰二世及他们的继承人最终在新的具有法律效力的《加来条约》上签字

---

1 "The Ransom of John II, King of France, 1360–1370", ed. D. M. Broome, *Camden Miscellany XIV* (Camden Society, 3rd series, xxxvii, 1926), vii–viii; Henneman, *Ransom of John II*, 110–116.

2 *HBC*, 39.

3 *Issues*, 176; *EMDP*, I.ii, no. 412; E 101/624/40; E 403/401, 25 Aug. 1360; E 403/405, 8 Mar. 1361.

4 *Foedera*, III.i, 533; "Ransom of John II", viii; *EMDP*, I.ii, no. 302; Given-Wilson and Bériac, "Edward III's Prisoners", 819 and n. 84; M. Jones, *Ducal Brittany, 1364–1399* (Oxford, 1970), 15.

盖章。[1]

然而，所有这些善意被依然存在的症结——英法国王声明放弃王位、地盘的方式与期限——所干扰。爱德华这一方的某个人，很可能是老练而专业的外交专家约翰·卡尔顿、亚当·霍顿、约翰·巴尼特、威廉·拉尔夫伯勒或约翰·布兰克特里中的一个，巧妙地建议把要求约翰二世宣布放弃所割让土地的最高统治权、爱德华宣布放弃法兰西王位的条文从条约正文中删除，而挪到《加来条约》的附属内容里，并以斜体"带有'也就是说……'的表述"(littere cum clausula c'est assavoir)出现。[2] 该附属内容声明，约翰二世应该在1361年仲夏之前将所有割让的领土及其主权转交给爱德华。在这之后，双方将把各自的书面放弃确认书于8月15日送至布鲁日的外交会议上，两位君主同时履行放弃确认书的内容。如果以上日期不可行，那么可被允许推迟至1361年11月。

《加来条约》的附属部分是一个外交高招，当即就为英格兰人带来了三大好处。第一，如果瓦卢瓦政府未履行承诺支付约翰二世的赎金，那么英格兰国王便无需放弃法兰西王位。由此可知，《加来条约》借鉴了之前曾运用在布卢瓦的查理及大卫二世事件上的策略，直到适当的财政补偿款流入英格兰国库，才予以解决权益的问题。第二，爱德华可以利用法兰西王位来给瓦卢瓦王朝增加压力，迫使对方快速从金雀花王朝在阿基坦地区、蓬蒂厄及加来的地盘上撤退。这能够避免像1259到1337年期间反复发生的那样，英王虽然获得了法王的承诺，却被拒绝进入其所承诺的地盘内。第三，爱德华声明放弃法兰西王位与约翰放弃所割让领土的统治权之间的联系，不无讽刺地提醒着瓦卢瓦王朝，英王的确有索取其王位的权利。等到由约翰发表放弃声明时，爱德华可以指出他确实有权继承法兰西王位，

---
1 Le Patourel, *Feudal Empires*, chap. xiii, 38.
2 E 403/401, 6 Aug. 1360; *Foedera*, III.i, 514–518, 520, 522–525; Chaplais, *Essays*, chap. xxii, 181, 184.

第十四章 国王的赎金（1356—1360）

但他遵照本心为了双方的和平，而最终决定放弃。

所有这些或许有助于让爱德华三世自信可以以完整无缺的正直和尊严出现在《加来条约》中。作为和平的重要缔结者，爱德华在《加来条约》签订的当日便改变了自己的头衔，改称自己为"英格兰国王、阿基坦与爱尔兰领主"。同等地，为了强调这是一种纯粹的谨慎行为，在条款被履行之前不会有约束力，他坚持保留 1340 年启用的含有鲜明的卡佩王朝和金雀花王朝继承权特征的十字四分纹章。[1] 同样，"阿基坦领主"的高贵头衔表达了爱德华的强烈愿望，表现得好像法兰西人已经将阿基坦割让并将法国西南部新规划的领土的最高统治权全部移交给他。爱德华希望，以这种方式提出的《加来条约》可被视为外交实践的一大杰作，一方面促使法兰西人信守诺言，另一方面又能确保解决方案能够以完全有利于英格兰的方式实现。

爱德华三世在 1360 年 12 月 1 日回到英格兰，登陆之后他直奔威斯敏斯特召集咨议会，迅速签署和平宣告。[2] 他又签署议会召集令，召令议员们于次年 1 月集会以正式宣告、确认上述既成事实。[3] 在此次议会上，他依然小心谨慎地避免征收任何赋税，并及时立法以保证外籍商人的出口羊毛权、处理回国士兵给公众秩序带来的问题、给和平时期的王室采买权设置一些限制。[4] 在圣乔治日，一系列庆典活动最终在温莎圆满落幕，莱昂内尔、约翰及埃德蒙王子被正式赐封为嘉德骑士。经过这一番声张造势、广而告之，爱德华完全有理由相信，自己缔结的和平条约已家喻户晓，他的子民也必

1　*EMDP*, I.i, no. 95; Ormrod, "Problem of Precedence", 149. 关于14世纪60年代王室内府使用的金银盘碟上饰有英格兰、法兰西十字四分纹章的大量资料，见E 101/396/10。
2　*HBC*, 39; E 403/402, 5 Nov., 10 Nov. 1360.
3　*RDP*, iv, 624–627; E 403/405, 12 Dec. 1360; *PROME*, v, 133. 在这次议会结束时，"英格兰的很多大人物……坐在桌前，以推进国王的事务"，E 403/405, 26 Feb. 1361。
4　*SR*, i, 364–370.

然对此充满热情。[1]

然而,在这举国欢愉的气氛中,依然有团体未被《加来条约》说服,这便是在前十年中占领了法国北部重要地方的英格兰重骑兵。在1353年的大咨议会上,国王曾保证将会推动他们在诺曼底、安茹、曼恩、图尔奈对所征服土地的占有。而且,这些地区的某些或所有土地的控制权也曾在1354至1355年的吉讷及阿维尼翁谈判会议上被提上议程。然而,到《加来条约》签订时,爱德华明显背弃了当初的承诺,反而从大部分已被英格兰人占领的法国北部撤退。[2] 他的部队被允许留在布列塔尼等待单独的解决方案,这至少给那些躲藏在卢瓦尔地区的顽固的职业军人以补偿。其中的许多人向布列塔尼的边境推进,并继续在那里抢劫财富。通过在1359年将圣索沃尔－勒维孔特(Saint-Sauveur-le-Vicomte)的领主权转交给约翰·钱多斯爵士,爱德华还创立了一种机制,使那些被取代的军队将领可以撤退至科唐坦半岛,参与系统地占领和赎买当地的城堡和村庄,而不会在严格意义上破坏新缔结的和平。[3] 然而,1360至1361年间,许多将士受令放弃他们在法国北部其他区域的地盘,这让他们怨声载道,因而也带来了许多问题。在这些人中,最愤愤不平的是兰开斯特公爵的扈从托马斯·尤维达尔爵士、托马斯·福格爵士、理查德·肖尔、威廉·图特伯里。[4] 其他还有许多人也与这些英格兰男爵、贵族有着血缘上或情感上的密切联系。他们感觉自己被背叛了,约克编年史家精确地描绘出他们的失望情绪,他曾想象:"如果在1360年爱德华将战争继续进行下去,那么这部分将领就

---

1 Reading, 147–148; *Hist. Angl.*, i, 294; *Brut*, ii, 313.
2 *Foedera*, III.i, 535–536; K. Fowler, *Medieval Mercenaries, I: The Great Companies* (Oxford, 2001), 25.
3 K. Fowler. "Les Finances et la discipline dans les armées anglaises en France au XIVe siècle", *Les cahiers vernonnais*, iv (1964).72; Ormrod, "England, Normandy", 206–207; Sumption, ii, 458–459.
4 Fowler, *King's Lieutenant*, 280 n. 50; G. Bois, *The Crisis of Feudalism: Economy and Society in Eastern Normandy, c. 1300–1550* (Cambridge, 1984), 294–297.

第十四章　国王的赎金（1356—1360）

能够轻而易举地攻下法兰西王国，英格兰王及其继承人便能够坐享其成。"[1]

这些焦虑导致在《加来条约》签订之后的几个月乃至几年里，出现了这样一种声音，即爱德华三世为了迅速达到和平而出卖了自己的权利与尊严。众人争论的焦点无疑是英法两国的王位。在法兰西，爱德华放弃法兰西王位的慷慨姿态被解读为他明确无误地接受了失败。一位法国编年史家愉悦地指出，英格兰最终毫无争议地认可瓦卢瓦人是法兰西合法的国王的那一刻，是一个不可逆转的时刻。[2] 苏格兰人也认为放弃法兰西王位有损英格兰国王的荣誉。[3] 爱德华的顾问们肯定已经意识到，在国内也会有人将这一行为视作爱德华为了自己及王国的名誉而做出的妥协。对留在诺曼底的驻军十分同情的编年史家托马斯·格雷爵士指出，放弃法兰西王位，爱德华应为此玩忽国王职责的行为而受谴责。[4] 威廉·朗格兰牧师在14世纪60年代初期所作的寓言诗《农夫皮尔斯》（Piers Plowman）里，责备了君主将与生俱来的权利同金钱进行交换的行为。[5] 假如爱德华是在1340年仓促间为自己冠上法兰西国王的头衔，经过二十年，英格兰公众对此已接受下来了，他再选择放弃这项头衔，那么许多国民会要求爱德华做更诚恳的道歉和更合理的解释，远超出他已经做过的。

《加来条约》在1360至1361年曾一度被民众视为爱德华三世最伟大

1　*AC*, 49，译文见Barnie, *War in Medieval English Society*, 13。
2　*Chron. QPV*, 119.
3　Bower, vii, 314–317.
4　*Scalacronica*, 187–188; A. King, "War and Peace: A Knight's Tale. The Ethics of War in Sir Thomas Gray's *Scalacronica*", *War, Government*, ed. Given-Wilson, Kettle and Scales, 153–158.为了给爱德华的行为辩护，Knighton, 190–191说临终之际的约翰二世实际上为抢走英格兰国王的法兰西王冠而道歉，这不免有些疯狂。
5　D. N. Baker, "Meed and the Economics of Chivalry in *Piers Plowman*", *Inscribing the Hundred Years' War in French and English Cultures*, ed. D. N. Baker (Albany, NY, 2000), 55–72.

的个人胜利及英格兰王国的最大羞辱。条约让爱德华从扩大的阿基坦获得了大量的领土收益，又占据了具有桥头堡意义的加来，并因为约翰二世的巨额赎金而变得空前富有。这是1259年《巴黎条约》之后英格兰所取得的一个历史性的突破，标志着金雀花王家重建了其在欧洲大陆领土上的君主统治。然而，就当时的环境而言，这也存在严重的缺陷。爱德华三世过于相信他与约翰二世之间存在的荣誉纽带能使法兰西政府支付赎金、交付领土。《加来条约》附属部分所涉及的内容或许能够避免英法两国在1360年陷入僵局，但它也削弱了主条约的执行力，并最终让法国王太子有机可乘，学习爱德华的做法采纳拖延策略。当然，当时英格兰没人能够预计到条约将会如何执行，一些关于和平智慧的更大的问题也是在1369年再次爆发战争时才出现。然而，即使是在1360至1361年冬举国欢庆的时刻，怀疑的种子已经萌芽，抗议也已出现。爱德华三世无法用该和平条约来满足国内臣民更高的期望。他原本是想以《加来条约》来为英法之间一百年的争端画上句号，不承想又激发了另一个百年战争，这将成为他悲痛的遗产。

第十五章

帝国初现(1360—1368)

从1357年《贝里克条约》、1360年《加来条约》到1369年英法再次开战,在这之间,爱德华三世花费了大量精力,处理他在不列颠诸岛、法兰西的头衔,以及欧洲大陆其他地区的军事与外交事务。他对这些事务的上心,主要是扩大金雀花王朝统治的内驱力所致。爱德华希望他的儿子、女婿在他的领地前哨和其他附属地区建立半自治的领主统治,从而使由西欧政治强权组成的金雀花王朝联盟通过王朝和封建的纽带长久地延续下去,就像历史上让他深深迷恋的亨利二世的"家族企业"一样。[1] 除此之外,更近的例子来自其母系家族,法兰西腓力四世将伊莎贝拉嫁给爱德华二世,而他们二人的子嗣成为卡佩王室的分支。[2] 爱德华以史为鉴,如今是他拓展一个新的金雀花帝国的时候了。

想要实现王室家族的长治久安,面临着一些迫切的问题。到1360年时,爱德华三世有五个儿子、三个女儿。其中,仅有第二子莱昂内尔、第三子约翰完婚了,但他们都仅诞下一个女儿,均沿用了祖母的名字:菲莉帕。爱德华三世的幼女——温莎的玛格丽特虽已与彭布罗克伯爵订婚,但1361

---

1 这是J. 吉林厄姆在他书里所用的词,见 *The Angevin Empire* (London, 1984), 29–33。这个词在第二版(2001)就不见了。
2 Brown, "Political Repercussions of Family Ties", 573–595.

年在举行婚礼前就去世了。更值得注意的是，爱德华的长子爱德华及长女伊莎贝拉，均年近三十却都未婚配，这不是因为爱德华从未为他们的婚事做过安排。黑太子在孩童和少年时期，就曾先后考虑与卡佩王室、布拉邦特、卡斯蒂利亚以及葡萄牙的王室联姻。而伍德斯托克的伊莎贝拉，她在1347年被佛兰德斯伯爵无情地遗弃，后来在1351年差点就同加斯科涅大贵族贝尔纳·埃兹·达尔布雷之子贝拉尔结婚，但最终依然不了了之。[1]然而，整个50年代，围绕爱德华最年长子女婚姻问题的谈判步伐明显放缓了。如果说这是有意尝试保留他们的婚姻作为关系帝国宏伟蓝图的重要奖赏，那么它唯一带来的显而易见的后果便是，王朝的未来变得极为脆弱。

1360年之后，爱德华将家庭成员作为外交资源更加积极地进行部署，也受到了瓦卢瓦王太子查理潜在敌对行动的推动。1357至1360年间，约翰二世很可能私下里向爱德华三世提议，他们或许可以恢复早先起草的《吉讷条约》，并让彼此的子女进行一次或更多的联姻。然而此时，约翰的儿子们却对自己的婚姻另有安排。1359年，王太子安排其弟约翰迎娶了西南部大贵族阿马尼亚克伯爵之女。1360年，王太子的另一个弟弟安茹的路易，迎娶了爱德华从前的俘虏即索求布列塔尼公爵爵位的布卢瓦的查理之女。[2]1360年10月，约翰二世将路易、约翰及幼子腓力的爵位升为公爵，令其分别统辖安茹、贝里及图尔奈，以此来挑战爱德华三世在法兰西相关地区的威望。[3]1362年11月，爱德华赐封第二子安特卫普的莱昂内尔、第三子冈特的约翰分别为克拉伦斯公爵、兰开斯特公爵，应是仿效约翰二世

---

1 Barber, *Edward, Prince of Wales*, 26, 33, 46; J. Lutkin, "Isabella de Coucy, Daughter of Edward III: The Exception Who Proves the Rule", *Fourteenth Century England VI*, ed. Given-Wilson, 135–136.

2 *Chronicle of Jean de Venette*, 127; F. Autrand, "'Hôtel de seigneur ne vaut rien sans dame': Le mariage de Jean, comte de Poitiers, et de Jeanne d'Armagnac, 24 juin 1360", *Guerre, pouvoir et noblesse*, ed. Paviot and Vergier, 51–61.

3 Delachenal, ii, 255–256.

第十五章 帝国初现（1360—1368）

的做法。[1] 可将 14 世纪 60 年代爱德华三世的外交策略视为，他持续而敏锐地与约翰二世及其继任者查理五世竞争。

英法双方在 1360 年 10 月签订的《加来条约》，其中心议题有三：约翰二世的赎金支付；法军从大阿基坦地区撤军而英军从法国北部、西部撤军；爱德华三世发表声明放弃法兰西王位，与此同时，"好人"约翰将领土转交给爱德华三世。一开始，英格兰对于赎金问题并无不满。在允许约翰将第一笔赎金的三分之一延迟交付后，爱德华三世心满意足地在 1361 年 3 月收到了议定的足额赎金。但是，及时交付约翰的赎金，需要法兰西财政的大力支持。瓦卢瓦财政当时之所以没有破产，是因为得到了米兰共治者加莱亚佐·维斯孔蒂的帮助。维斯孔蒂为了替嗣子迎娶约翰二世的女儿伊莎贝拉，准备了一笔非常高昂的资金。但这样的好事，并非每年都有。至 1364 年初，约翰二世似乎已支付给爱德华三世大约九十九万九千二百埃居（十六万六千六百六十七镑）。与从布卢瓦的查理及大卫二世那里获得的赎金总和相比，这确实是爱德华三世的一个重大胜利。而且，这仅是双方商议的赎金总额的 45%，到 1364 年末，约翰总共应支付二百二十万埃居给爱德华三世。涉及的金额实在太大，无法忽视。爱德华打算用这笔巨额赎金来加强加来、蓬蒂厄、阿基坦及爱尔兰的防御工作。这并不能简单地归于贪婪或骄傲，而是利害攸关之事：爱德华新的和平统治在很大程度上依赖于法兰西王室赎金的顺利交付。[2]

1360 年条约所议定的领土分界线，在英格兰从战时所占领法国地盘上撤军时很快就成了难题。负责撤军事务的沃里克伯爵发现，在法兰西北部及西部，在条约规定与众将领所要求的个人权利之间，有着难以协调的矛

---

1 *PROME*, v, 152; *CChR 1341–1417*, 174; *RDP*, v, 53–54.
2 "The Ransom of John II"; *EMDP*, I.ii, nos 303, 305; Delachenal, ii, 231–237; Henneman, *Ransom of John II*, 102–122, 161–170; Harriss, *King, Parliament*, 466–508.

盾。几年前，格罗斯蒙特的亨利曾部署将士前去占领诺曼底，如今，在众将士的压力下，他声明从诺曼底撤退应该采取自愿的方式。少数追求财富的英格兰人不得已转而效忠瓦卢瓦王朝以保留自己的所得。那些已经进入布列塔尼的人，还顺便在诺曼底、曼恩的边境地区抢掠了一番，休·卡尔弗利爵士就是在1360年末的这样一场冲突中抓捕了贝特朗·迪盖克兰。结果，来自英格兰、威尔士、布列塔尼、加斯科涅、纳瓦拉、低地国家及日耳曼的许多军士拒绝解散，并开始重组部伍，自行结集为一支规模更大的军队——被称为自由军（Great Company），在法兰西疯狂地抢掠洗劫。至1360年底，包括英格兰名将约翰·霍克伍德在内的自由军，严重地威胁了瓦卢瓦王朝在朗格多克的统治，并对阿维尼翁的教皇资产虎视眈眈。[1]

对爱德华三世而言，自由军的出现是个敏感的问题。一方面他因为自由军的暴虐罪行而承受非难，另一方面他对自由军或许有利于自己的行为也心怀感激。1361年，土匪马修·古尔奈、约翰·圣洛被逮捕并被暂时关押在伦敦塔，因为他们"轻视、背叛"国王。1363年因为休·卡尔弗利、詹姆斯·派普在法兰西王国持久的抢掠强盗行径，爱德华正式地公开谴责了他们。[2]然而，在面临新的战斗形势时，爱德华也准备宽恕自由军。1361年11月，年轻的勃艮第公爵菲利普·德鲁弗雷出乎意料地死于一场骑马事故，且未留下子嗣。尽管约翰二世迅速宣布他的公国归法兰西王室所有，但爱德华三世根据《吉永条约》坚持该公国享有独立的权力。[3]自由军的统帅们很快就发现这是个机会，迅速向该地区进军。因勃艮第继承问题而爆发新一轮战争的前景，引发了一个重要问题，即英格兰人是否倾向于帮助

---

[1] Sumption, ii, 455–503; Fowler, *Medieval Mercenaries*, 24–43.
[2] *CPR 1361–4*, 144, 186; *CCR 1360–4*, 299–300; C 76/45, m. 1.
[3] Froissart, vi, 77, 271; *Chronicle of Jean de Venette*, 109. 菲利普·德鲁弗雷去世之时，奥托·德格兰迪森与雅克·德维耶纳正在伦敦协商推迟赎金的交付时间，1361年11月19日这一意见在威斯敏斯特得到了国王的咨议员的同意，BL, Add. Ch. 1257。赎金的分期付款一直持续到1363年5月，Harriss, *King, Parliament*, 492。

第十五章　帝国初现（1360—1368）

消除法兰西边境地区路劫匪兵所造成的混乱。

　　与1360年条约第三个议题相关的是最高统治权的转交，以及爱德华三世、约翰二世相互发表声明放弃王位和这些地区的主权，而这引发了威斯敏斯特与巴黎首次公开的冲突。1361年秋，法国代表团来到伦敦，要求英格兰国王发表声明放弃法兰西王位及其祖先之地诺曼底、曼恩、安茹和图尔奈。考虑到约翰未能成功支付第二笔赎金，法兰西代表团提出这样的要求显得很无礼。但是，由于先前所约定的发表放弃声明的最后期限已过，双方因此同意考虑修订该条款的可能性。1361至1362年间的冬天，约翰·钱多斯爵士促成了一系列外交会议的召开，以重建英格兰对普瓦图、圣通日、昂古莱姆、鲁埃格及佩里格、卡奥尔、利摩日三个主教区的控制权。但是，爱德华的代理人又提出，英格兰对当初在1360年条约里未做约定的蓬蒂厄的贝尔维尔也有控制权，阿马尼亚克伯爵需效忠英格兰王，并将高尔郡（Gaure）献出来。然而，双方对发表放弃声明的期限问题，却未达成共识。[1]

　　从1361年底，爱德华三世开始宣传他一直以来的图谋：将1360年条约与其附属条款分离开来，对附属条款迟迟不做认定，以向法兰西交付领土及赎金施加压力。其目的明显是确保条约内容有利于自己，用未公开发表声明放弃法兰西王位作为要挟，以期未来获得更多的领土。他所打的如意算盘，在1361至1362年间的两份倡议书里表现得非常明显：他单方面强行决定在大阿基坦地区建立君主统治；他通过与逗留在英格兰充作约翰二世赎金人质的法兰西王子单独协商以破坏1360年条约的完整性。

　　自从黑太子1355至1356年在法国西南部取得重大战绩之后，爱德华三世关于恢复金雀花王朝在阿基坦的权威的宏伟蓝图里，可能就已包括了让他的长子成为阿基坦公国的军事统帅的计划。在《加来条约》之后，欧

1　"Some Documents Regarding the Fulfilment of the Treaty of Brétigny", 5–50.

洲最伟大的单身汉爱德华王子逐渐成为英格兰野心勃勃的盟友的关注焦点。比利牛斯山脉之下，敌对的两个统治者，卡斯蒂利亚的佩德罗一世与阿拉贡的佩雷四世，在 1360 至 1361 年都想与金雀花王室联姻。[1]然而，引起广泛震惊的是，爱德华三世在 1361 年末宣称，他的长子不会与欧洲的任何一个公主结婚，而是要娶自己的堂妹琼——爱德华二世同父异母的弟弟肯特的埃德蒙之女为妻。在 1352 年，当琼的弟弟死后，她便袭爵为肯特女伯爵了。

不管是在 14 世纪，还是在 21 世纪，肯特的琼都不是威尔士亲王的良配。作者管见所及，从来没有一个王位继承人迎娶英格兰贵族女子为妻，即使对方的血统是如此的尊贵。而且，琼非初嫁之女，而是一个寡妇，一名母亲，在此之前已经有了丰富多彩的婚姻生活。在 14 世纪 30 年代末，琼就得到教皇的赦令，解除了她与第二任丈夫索尔兹伯里伯爵的婚姻，重回她以前的未婚夫托马斯·霍兰的怀抱，可能在这时，她就已留下淫荡的名声，后来又因此被讥讽为"肯特的美娇娘"。1349 年，她与霍兰的婚姻得到了教皇的认可，至 1360 年霍兰去世，在这期间，琼至少诞育了五个孩子，包括两个儿子，托马斯与约翰。考虑到爱德华三世还没有孙子，琼的这两个儿子或许很容易被公众视为将来占王位之巢的鸠。不过，琼与爱德华王子的婚约，其具体情况也极具争议，有违同宗禁止结婚的法律，未经教皇许可不得结婚。但是在 1361 年春，在得到教皇的宽免之前，他们举行了秘密婚礼，因此也冒犯了教会所有虔诚信徒信奉的原则。[2]

---

1 Russell, *English Intervention*, 25.
2 K. P. Wentersdorf, "The Clandestine Marriages of the Fair Maid of Kent", *JMH*, v (1979), 203–232. 关于后来琼天生性欲旺盛的名声，见Barber, *Edward, Prince of Wales*, 173–174; Strohm, *Hochon's Arrow*, 48, 175; W. M. Ormrod, "In Bed with Joan of Kent: The King's Mother and the Peasants' Revolt", *Medieval Women: Texts and Contexts in Late Medieval Britain*, ed. J. Wogan-Browne, R. Voaden, A. Diamond, A. Hutchinson, C. M. Meale and L. Johnson (Turnhout, 2000), 277–292。

第十五章 帝国初现（1360—1368）

当代编年史家对这些违反传统的多种做法表示怀疑，认为爱德华三世在1361年因儿子不负责任的行为而感到尴尬和愤怒，并且仍然坚决反对这桩古怪又不合理的婚配。一位法国评论家甚至认为，之后爱德华王子被遣送至阿基坦，就是因为不服从父命而受到的惩罚。[1] 最恶毒的一则说法是，爱德华三世想将琼占为己有，做自己的情妇。[2] 一开始，爱德华三世确实为爱德华王子的行为而苦恼，然而，他很快就让既成事实合理化了，意识到这是让英格兰得以声明从巴黎和阿维尼翁独立出来的一个契机。就像卡佩和瓦卢瓦的统治者们不久前所做的那样，还有什么比允许英格兰国王的继承人迎娶其父的亲属或子民为妻，更能体现出英格兰王室与法兰西王室的平等呢？因此，爱德华三世积极活动，以便让教皇承认他们的婚姻合法。10月10日，他又在温莎城堡安排了一场盛大的婚礼，邀请英格兰王室成员、贵族及高级教士参加。[3] 其后，在与阿维尼翁谈判的过程中，他成功说服英诺森六世从英格兰教会收取一万五千镑的教皇津贴充作约翰二世的赎金。[4] 在奇普赛德举行的骑士比武赛上，爱德华王子向伦敦市民宣布了婚讯，王室更以七宗罪为婚礼主题，强烈地刺激着教会的神经。[5]

爱德华三世欲让威尔士亲王管辖阿基坦之心，已昭然若揭。黑太子

---

1 *Anon. Cant.*, 116–117; *Polychronicon*, viii, 360; *Chron. QPV*, 123–125.

2 M. Galway, "Joan of Kent and the Order of the Garter", *Birmingham Historical Journal*, i (1947), 13–50，试图证明这个传说的真实性。

3 尼古拉斯·洛韦内曾两次被王室派去教廷，一次是为亲王送去请求教廷豁免的请愿书，一次则是为国王送去请愿书，E 101/314/17; *Foedera*, III.ii, 626; *CPP*, 376; Wentersdorf, "Clandestine Marriages", 222–223。亦见*BPR*, iv, 476。这两次旅行之事在一份盖有御玺的令状里被描述为"让我们和我们深爱的儿子威尔士亲王感动"，E 159/138, *Brev. bar.*, Mich., rot. 11d。在他第二次行程的最后，洛韦内直接前往温莎给国王带去了获得教廷豁免的消息，Mirot and Déprez, *Ambassades anglaises*, no. 214。

4 "Ransom of John II", 13–22; Lunt, *Financial Relations*, ii, 95–103; Wentersdorf, "Clandestine Marriages", 218, 219。国王积极收取补助金，这可从国王与主教的通信中得到证实，资料记录在E 403/417, 24 Feb. 1364。

5 *Foedera*, III.ii, 626–627; *Anon. Cant.*, 118–119; Reading, 151; "Wigmore Chronicle", 292.

1362年5月在史密斯菲尔德举行的骑士比武赛，或许正抱着对这样一份声明的期待。[1]7月19日，在威斯敏斯特宫，当黑太子向其父行效忠礼时，不是以军队统帅或公爵的身份，而是以阿基坦王子的身份，依然令现场的人大吃一惊：这是直接受英格兰国王统辖的独立地区的统治者头衔。[2]这是《加来条约》签订之后，爱德华三世对条约内容的公然违抗，他并未发布声明放弃法兰西王位，却在阿基坦地区行使了最高君主统治权。爱德华王子的新头衔，向国内外宣告了爱德华三世在1360年条约中所取得的巨大利益。

同样重要的是，派遣新的阿基坦王子，暗示出爱德华三世急于解决领土问题。爱德华王子和军事统帅沃里克伯爵、约翰·钱多斯爵士，率领三百名重骑兵、四百名弓箭手，伙同加斯科涅的其他兵力力图把依然停留在阿基坦的法兰西军队和自由军团驱逐出去，从而实现英格兰长期以来想要控制大阿基坦地区的梦想。[3]普瓦捷大捷为爱德华王子奠定了深厚的政治资本，他在加斯科涅贵族中颇有威望。他统治阿基坦的第一年，被当地人大加宣扬，赞为金雀花王朝的良好治理。富瓦伯爵加斯顿·弗布斯或许拒绝因贝阿恩领地而向爱德华王子效忠，但爱德华王子成功地赢得了之前曾与瓦卢瓦结盟的阿马尼亚克伯爵让的归心。[4]1365年初，在昂古莱姆，琼王妃诞下了他们的第一个孩子，孩子的名字，毫无悬念地取为爱德华。根据记载，为庆祝爱德华诞生所举行的纪念活动极为奢华庞大，包括长达

1　Reading, 152–153; *Anon. Cant.*, 120–121.
2　*Foedera*, III.ii, 667–670. 契约原件保留在E 30/1105，其摹本保存在*Foedera*, III.ii, plate opp. 667。关于爱德华三世可能曾动过将阿基坦设为一个独立王国的心思，见G. Pépin, "Towards a New Assessment of the Black Prince's Principality of Aquitaine: A Study of the Last Years (1369–1372)", *Nottingham Medieval Studies*, 1 (2006), 60。
3　军队规模的数据源于E 403/411, 26 July 1362。1363年国王给另外200个弓箭手支付了工资，E 403/415, 9 May。
4　P. Capra, "Les bases sociales du pouvoir anglo-gascon au milieu du xive siècle", *Le Moyen Age*, lxxxi (1975), 293–299; M. Vale, "The War in Aquitaine", *Arms, Armies and Fortifications*, ed. Curry and Hughes, 81; Barber, *Edward, Prince of Wales*, 180–181; Green, *Black Prince*, 106–107; Sumption, ii, 494.

第十五章　帝国初现（1360—1368）

十天的比武赛与宴会，出席者有上千个贵族与骑士。[1]钱多斯·赫勒尔德后来如此描述王子在阿基坦的蜜月时期："所有的臣民与随从都爱戴他，因为他为他们做了许多好事。"[2]

要说在阿基坦重建统治有何天生的弱点，那便是财政问题。爱德华三世原本对此做了充分的准备，包括法兰西国王赎金在内的英格兰资源都打算投资在这个新的封地，以建立新的统治秩序，但后来他认为阿基坦地区的统治应该自给自足。[3]如果爱德华王子仅在阿基坦境内活动，那么一切都毫无问题。可是在1364年前，作为一支享有自主权的势力，他与法国北部起了纠纷。他的第一次干涉，是派遣由布赫领主率领的军队支持纳瓦拉的查理收复诺曼底的领土，英格兰-纳瓦拉联军在5月16日的科舍雷尔战役中以惨败告终，布赫领主被俘，查理被迫屈辱地与法兰西王室达成和平。之后，英格兰一方时来运转。1364年9月，约翰·钱多斯爵士率领布雷顿、英格兰及加斯科涅联军在布列塔尼的欧赖（Auray）大胜约翰·德蒙福尔。[4]然而，这些军事行动的开销，都需要阿基坦来承担。1364年，爱德华王子在自己的辖区内推行了税率颇高的"炉灶税"（fouage），并强制那些享有特权的地区也要交税，因而导致了相当多的摩擦。尽管阿马尼亚克的让并不认为当时已到了要与爱德华王子彻底决裂的时候，但他依然决定拒绝在自己的辖区内征收该笔税收。[5]爱德华三世计划无视英法外交上的问题——双方发表放弃声明时间的延迟，而在阿基坦地区实行自治，其结果只是揭示出金雀花王朝想在法国西南部实行稳定统治是件多么困难的事。

1361至1362年间爱德华三世所采取的第二个重要策略是为了加快《加

1　*AC*, 51; *Eulogium*, iii, 236; "A Fourteenth-Century Chronicle of the Grey Friars of Lynn", ed. A. Gransden, *EHR*, lxxii (1957), 271.
2　*Vie du Prince Noir*, 92 (ll. 1620–1623)，译文见*Life and Campaigns*, 105。
3　*EMDP*, I.ii, no. 305; Harriss, *King, Parliament*, 474–478.
4　*Vie du Prince Noir*, 93–94 (ll. 1649–1668); Green, *Black Prince*, 87, 142 n. 23.
5　Henneman, *Ransom of John II*, 247–248.

来条约》的执行，涉及法兰西王室成员作为人质定居在英格兰。根据1360年条约内容，法国有四十名贵族、四十名显赫市民作为释放约翰二世及继续支付赎金的人质抵押。1360至1361年冬，递解至英格兰的法国贵族包括四个亲王：约翰二世的第二子安茹的路易、第三子贝里的约翰；约翰二世的弟弟奥尔良公爵菲利普，还有王太子的妻兄波旁公爵路易二世。[1] 尽管这些囚徒们花着自己的钱，但爱德华三世和菲莉帕王后还是急于展示英格兰宫廷的慷慨，为他们举办奢靡的宴会和娱乐活动。[2] 正因为此，双方结下了深厚的友谊，乃至于数年之后，当贝里公爵回到法国后，他还兴奋地致信爱德华和菲莉帕，说自己新添了个儿子。[3] 然而，同样明确的是，爱德华不遗余力地从这些有用的贵宾身上谋取外交利益。

这些重要的人质本应在1361年底释放，然而由于约翰二世第二笔赎金未能如期送来，这让爱德华三世得以重新提出释放他们的条件。他充满自信地要求法国立即交付整个大阿基坦地区，英军则要延期退出占领区，还要求约翰首先发表放弃阿基坦地区统治的声明。当这些无礼粗暴的要求遭到法兰西政府拒绝时，爱德华三世根据外交惯例私自处置这些困顿的人质。1362年11月21日，安茹、贝里、奥尔良及波旁公爵被迫在被称为《鸢尾花条约》的文件上面签字。[4] 在此之后，他们及其他六名贵族才获允保释。作为回报，他们将说服约翰二世让爱德华三世占有所有的争议性地盘，包括贝尔维尔和高尔，并赦免纵横在法兰西领土上的英格兰和加斯科涅游击队的罪行，领土的移交与二十万埃居赎金的支付应在1363年11月1日前

1　*Foedera*, III.ii, 604; Cazelles, *Jean le Bon et Charles V*, 380–382.
2　Henneman, *Ransom of John II*, 152–153, 165; Wathey, "Peace of 1360–1369", 142–143. BL, Add. Ch. 3332 记录安茹公爵因为伦敦的亚当·伯里为他提供生活物品（未写明）而付给他300镑。
3　*Issues*, 190. 奥尔良公爵给国王在伦敦塔的兽栏赠送了一头雄狮、两头雌狮，E 403/422, 10 July 1365。
4　*Foedera*, III.ii, 681; Froissart, vi, 86–87, 280–281; *Antient Kalendars*, i, 199; Delachenal, iii, 340–341.

第十五章　帝国初现（1360—1368）

执行。而爱德华仅在发表放弃法兰西王位的声明上稍作妥协：与1360年时的约定一样，他将与约翰二世同时发表声明。对此，巴黎政府毫无办法，只好接受，并在1363年3月13日批准了这一条约。两个月之后，法国王室的四大公爵被从多佛尔送往加来。[1] 通过这种机巧的做法，爱德华三世很快缓解了阿基坦的财政压力，再次确认了领土问题，并成功修正了《加来条约》，对自己大为有利。

对法兰西而言，《鸢尾花条约》的约束力也是实实在在的。1363年9月，安茹公爵从加来逃回法国，受到了其兄王太子查理的庇护。出于对约翰二世的了解，爱德华三世宣称这样的行为玷污了法兰西骑士精神。[2] 贝里公爵和奥尔良公爵为了维护自己的荣誉，同意返回英格兰。但安茹公爵逃走了。在11月末，约翰二世发布声明说自己必须去英格兰，以挽救、弥补其子的不守信义行为。[3] 他与两百名随从于次年1月初抵达伦敦，同时还给爱德华带来了礼物——三十头野猪。[4] 约翰明显是希望以此来化解英法之间的外交困境：他就安茹公爵之事"亲手"写信给爱德华三世，或许还请求重新协商他的赎金问题。但是，不管是爱德华，还是他的臣民，都拒绝做出妥协。[5] 更严重的是，约翰的身体并非康健无虞。4月8日，让法兰西官员最害怕的事情发生了，他们四十四岁的国王在伦敦逝世。[6] "好人"约翰竭尽全力

1　*Foedera*, III.ii, 685, 694; SC 1/63/220.
2　*Foedera*, III.ii, 755–757; *Chronicle of Jean de Venette*, 115–116; *Anon. Cant.*, 128–131 and n. 286.
3　Froissart, vi, 93–94; *Chronicle of Jean de Venette*, 116; *Chron. QPV*, 129–130, 134–135; *Chronique de Richard Lescot*, 159–160; E. Perroy, "Charles V et le traité de Brétigny", *Le Moyen Age*, xxxviii (1928), 257; Cazelles, *Jean le Bon et Charles V*, 447–448.
4　*EMDP*, I.ii, no. 326; *Foedera*, III.ii, 718–719; Froissart, vi, 94; Reading, 162–163; E 403/417, 17 Feb. 1364. 1366年查理五世送来了类似的礼物——野猪，这记录在*Issues*, 189。
5　*Antient Kalendars*, i, 201; *Eulogium*, iii, 232; Knighton, 190–191.
6　*Chronique de Richard Lescot*, 162; *Chron. QPV*, 143; *Chronicle of Jean de Venette*, 120; *Anon. Cant.*, 132–135; "Wigmore Chronicle", 293. 在英格兰举行的葬礼，见本书第561—562页。

想要消除《鸢尾花条约》带来的损害，却以政治上的羞辱和个人悲剧告终。

约翰二世之死是英法关系的转折点。直到 1364 年，爱德华三世为英法和平做出的努力都是牢牢建立在《加来条约》的基础之上的。即便是在竭力扩大自己权益时，如在阿基坦地区的所作所为及与法兰西人质的谈判，他的主要目的也只是给法兰西执行 1360 年条约增加压力。然而，约翰二世的逝世让和平失去了助推力。新即位的法兰西国王查理五世并不认可其父所缔结的《布雷蒂尼条约》和《加来条约》。据称，查理在 1364 年向其大臣宣布，在接回人质后，他将与苏格兰人结盟，并向在法国的英格兰人复仇。[1] 在他即位之时，还是要表达必要的友好，爱德华三世给这位表亲送去了一套礼袍，而查理随后则报之以博讷（Beaune）最好的美酒。[2] 然而，所有这些都不能掩盖约翰二世之死对英法关系的毁灭性影响。1364 年后，爱德华三世不得不接受《加来条约》不可能给他带来和平的结局，被迫不断地寻找其他外交方式来减少危害，并准备最终迎接一场新的战争。

然而，爱德华三世首先得将注意力转移到不列颠群岛上来。在 14 世纪 60 年代，他就爱尔兰的领主权问题和苏格兰的未来构想发表了一系列重要声明。他的目标如在阿基坦一样，是要在当地建立由王室成员主导的有力的、自足的统治。在不列颠群岛，伍德斯托克的爱德华统治的威尔士和切斯特伯爵领地便是一份权力下放的样板。14 世纪 40 至 50 年代，王子的官员一直在维护他的权利与权威，明确意图是增加收入，从而支持他在法兰西的战争。[3] 与英格兰民众习惯了王室压迫不同，威尔士、柴郡的民众对这样的支撑型政权深感不适，因此在 14 世纪中叶，两地出现了一些谣言，

1　Delachenal, iii, 551–553. 亦见 *Anon. Cant.*, 136–137。
2　E 101/394/16, m. 14; *EMDP*, I.ii, no. 413.
3　R. R. Davies, *Conquest, Coexistence and Change: Wales, 1063–1415* (Oxford, 1987), 401–403; Booth, *Financial Administration*, 133–141; D. Green, *Edward the Black Prince: Power in Medieval Europe* (Harlow, 2007), 190.

第十五章 帝国初现（1360—1368）

并试图起义。然而，这并未减轻当地所承受的压力，反而给王子的官员提供了启动更多司法调查、征收罚款的借口。[1] 爱德华王子在威尔士带有争议的统治不是建立在共识之上的典范，却提供了一种前景，即英格兰王室有可能通过这种方式来实现金雀花王朝的联合统治。正是出于这一美好心愿，14世纪60年代爱德华三世为他的家庭规划了蓝图。

1361至1362年间，爱德华三世将莱昂内尔王子派去爱尔兰的直接理由是，盖尔家族武装反抗英格兰的领主统治不断升级。爱德华三世从1360年基尔肯尼举行的咨议会上得到了这一可怕的报告，位于古老伦斯特王国境内的强大的麦克默罗联盟明确要求派遣一个高级英格兰领主来解决目前的困境。[2] 安特卫普的莱昂内尔长期以来被视为适宜统治爱尔兰的英格兰王室成员。1342年，当他还是个婴儿时，他就与阿尔斯特伯爵的女继承人伊丽莎白·德伯格订婚，这在当时被视为英格兰、爱尔兰领主统治趋向和平的开端。而伊丽莎白的继父拉尔夫·阿福德被任命为司法官，似乎表明这是为莱昂内尔王子最终统治爱尔兰所作的准备工作。[3] 1361年7月1日，莱昂内尔被任命为爱尔兰总督，海峡两岸都为之欢欣，视之为金雀花王朝在爱尔兰的统治进入一个新的历史阶段的开端。[4]

1361年8月末，二十二岁的莱昂内尔王子率领一支约九百人的队伍，带着充足的军备物资，举着圣乔治、英格兰及阿尔斯特的旗帜，携带一支"小枪"和十六磅的火药从利物浦渡海至都柏林。精干老练的斯塔福德伯

---

[1] *Calendar of Ancient Correspondence Concerning Wales*, 231–235; P. H. W. Booth, "Taxation and Public Order: Cheshire in 1353", *Northern History*, xii (1976), 16–31.

[2] SC 8/258/12900，载*Parliaments and Councils of Mediaeval Ireland*, ed. H. G. Richardson and G. O. Sayles (Dublin, 1947), 19–22; Frame, *English Lordship*, 318–325。亦见1361年2月发给英格兰议会的后续请愿书，SC 8/171/8545; P. M. Connolly, "Lionel of Clarence and Ireland, 1361–1366" (University of Dublin PhD thesis, 1977), 288。

[3] *Foedera*, II.ii, 1159; Frame, *English Lordship*, 51; Frame, "Justiciarship of Ralph Ufford", 7–47.

[4] *Foedera*, III.ii, 621–622.

爵作为王子急需的军事、政治顾问随同前往。[1] 莱昂内尔的妻子于 1362 年夏前往都柏林,并从爱德华国王处获得了四百镑的衣装置办费。不幸的是,1363 至 1364 年之间的那个冬天,她便在爱尔兰去世了。[2] 对于在爱尔兰有地产的英格兰贵族,当国王要求他们在 1361 年与莱昂内尔一道前去,或为保卫他们在爱尔兰的利益做出其他安排时,他们少有人做出回应。[3] 但是在 1362 年 6 月,那些未与王子一道前去的英格兰贵族,被迫同意如果他们想要享有爱尔兰的地产,就必须支付今后两年在爱尔兰的地产收益。14 世纪 60 年代中期的这些措施揭示出威斯敏斯特政府决心修复在爱尔兰的有效权威。[4]

莱昂内尔王子驻留在爱尔兰,自然是表达这一决心的标志性事件。他在爱尔兰一直待到 1364 年 4 月,而且,当年 12 月,他又回到爱尔兰,并一直停留至 1366 年 11 月。爱德华三世从未赐予莱昂内尔最高统治权,莱昂内尔一直是爱尔兰总督而非爱尔兰王子。但英格兰和英格兰-爱尔兰精英阶层都将莱昂内尔王子及其年轻的女婿马奇伯爵视为都柏林近似代理国王的统治者。在 1362 年的英格兰议会上,莱昂内尔在缺席的情况下受封克拉伦斯公爵,这为他确定了在爱尔兰居住和缺席的贵族梯队中的正式地位。在所有的问题中,最主要的是莱昂内尔王子对爱尔兰的控制多大程度上仿效了黑太子在威尔士及阿基坦的统治。

爱德华三世在许多方面都可将莱昂内尔对爱尔兰的治理视作一个巨大的成就。麦克默罗联盟的首领阿特·卡瓦纳及其继承者多姆纳尔·里阿

---

1 E 101/28/21; E 101/394/2; E 101/396/6; *Handbook and Select Calendar of Sources for Medieval Ireland in the National Archives of the United Kingdom*, ed. P. Dryburgh and B. Smith (Dublin, 2005), 321, 323.

2 E 403/411, 7 July 1362; E 403/412, 9 Dec. 1362; *Foedera*, III.ii, 704; Reading, 159; Knighton, 190–191; "Wigmore Chronicle", 293. 她的葬礼,见本书第560页。

3 *CCR 1360–4*, 254, 278, 384.

4 *RDP*, iv, 627–629; *HBC*, 563 n. 1; *CFR 1356–68*, 244, 303; *CCR 1360–4*, 451; *CCR 1364–8*, 15, 42, 213; *CPR 1364–7*, 35; *Sources for Medieval Ireland*, 326–327.

第十五章 帝国初现（1360—1368）

巴克都在 1362 年被逮捕，很快就先后死在特里姆城堡。[1]1364 年，当莱昂内尔王子短暂离开爱尔兰时，奥蒙德伯爵曾暂时成功重夺被盖尔人控制的阿斯隆城堡。在第二次驻留期间，莱昂内尔成功地在爱尔兰的中心区域及东部地区重建了英格兰的统治。其结果是都柏林财政收入迅速大幅度增加。[2]1366 年的英格兰议会上，总理大臣西蒙·朗厄姆宣布，国王殷切期望的爱尔兰或将再次给国王带来利益。[3] 事实上，爱德华的这一期望颇不现实：来自爱尔兰的税收还不到英格兰耗费的五分之一；而且，1362 年之后，爱尔兰议会还拒绝了此后英格兰的任何额外税收要求。[4] 阿基坦的问题，如今在爱尔兰也出现了，甚至更糟：紧随着大量投资而来的是英格兰统治对当地脆弱资源的过度依赖，而这只会损害有效建立殖民统治的努力。[5]

然而，莱昂内尔的个人统治也受到了英格兰-爱尔兰当局所持怀疑态度的破坏。自从 14 世纪 40 年代拉尔夫·阿福德担任总督以来，爱德华三世曾鼓励奥蒙德伯爵、基尔代尔伯爵在爱尔兰进行忠诚而有效的领导。尤其是奥蒙德在 1359 年被任命为爱尔兰首席法官，这被认为是王权的一种新意愿的声明，希望定居当地的贵族参与到领地的管理之中。[6] 莱昂内尔王子的到来似乎直接挑战了爱尔兰的自治原则。由于王子的财政官沃尔特·多尔比被任命为爱尔兰国库长，都柏林的许多政府官员也被英格兰人代替，爱尔兰人担忧英格兰政府过度介入了当地的统治，这一担忧在 1364 年达到

1　*CPR 1361–4*, 368.
2　P. Connolly, "The Financing of English Expeditions to Ireland, 1361–1376", *England and Ireland in the Later Middle Ages: Essays in Honour of Jocelyn Otway-Ruthven*, ed. J. Lydon (Blackrock, 1981), 104–111.
3　*PROME*, v, 192.
4　Connolly, "Lionel", 266 计算出，莱昂内尔在统治爱尔兰的支出经费中，仅有17%来自爱尔兰本土。
5　J. F. Lydon, *Ireland in the Late Middle Ages* (Dublin, 1973), 97–98; Ormrod, "The English State and the Plantagenet Empire", 211–212.
6　Frame, *English Lordship*, 279–280, 282–283, 288–291.

了顶峰。英格兰－爱尔兰政治团体越过莱昂内尔王子进行上诉,通过基尔代尔伯爵及其他人而引起了爱德华三世的注意,在接下来的这个冬天,为了平息公众的不满,他不得不罢黜更多的人,多尔比也在其列。

1366 年,莱昂内尔王子在爱尔兰建立宗主国权威的统治措施中,最受争议的是《基尔肯尼法令》。这一法令的野心在于试图解决"老英格兰人"(常住居民)与"新英格兰人"(新来者)之间的问题。该法令确认忠于王权的常住居民拥有充分的合法权利与政治地位。作为交换,该法令同时也要求他们放弃原本公开拥护的盖尔文化,转而遵从英格兰人的习俗,练习射箭和持矛比武等上流技艺,使用英格兰名字、语言。[1] 与后来英格兰、爱尔兰的文化冲突程度相比,当时推行如此深度的外来法律并未受到强烈的阻碍,因为不管是莱昂内尔王子还是他的继任者都在这个法令上投入甚微。但是后来,在 1366 年末,爱德华三世将莱昂内尔王子召回,似乎是承认了政治上的失败。爱德华试图通过强制推行直接统治来处理英格兰－爱尔兰的问题,只是让威斯敏斯特与都柏林政治集团之间长期以来存在的猜疑更加恶化严重而已,而此后,英格兰在爱尔兰的统治也因此式微了。

在苏格兰的情况就像在爱尔兰一样。14 世纪 60 年代爱德华三世在不列颠群岛扩张家族利益的企图最终也被挫败。对于《贝里克条约》中的赎金要求,大卫二世的政府不能也不愿满足,在支付总额为一万三千三百三十三镑的两笔分期付款之后,苏格兰在 1360 年暂时中止了赎金的继续支付。[2] 爱德华三世清醒地意识到这是一个迫使苏格兰人回到谈判桌上来商定最终协议的机会。最终协议本应在 1357 年就商定,却被苏格兰人避开了。由于英格兰、苏格兰统治家族的一系列变化,这引起了

---

[1] *Statutes and Ordinances*, 431–469; S. Duffy, "The Problem of Degeneracy", *Law and Disorder in Thirteenth-Century Ireland: The Dublin Parliament of 1297*, ed. J. F. Lydon (Dublin, 1997), 86–106; R. R. Davies, "The Peoples of Britain and Ireland, 1100–1400, III: Laws and Customs", *TRHS*, 6th series, vi (1996), 12–16.

[2] Harriss, *King, Parliament*, 490–491.

第十五章　帝国初现（1360—1368）

新的关注。随着格罗斯蒙特的亨利及其长女荷兰和泽兰女伯爵莫德在短时间内先后去世，兰开斯特的全部地产转移到冈特的约翰手里，而他在1362年11月被及时地封为兰开斯特公爵。两份地产的巨大财富每年的收入总计约为一万二千镑，这成为约翰王子觊觎北部边境的现实支持。[1] 同样地，1362年9月，爱德华三世之妹、大卫二世之妻琼王后的去世，使大卫再娶并获得子嗣的可能性增加。如果爱德华想要将苏格兰交给自己的儿子，那么现在就是行动的时候了。

1363年11月，苏格兰国王与其新王后玛格丽特·德拉蒙德来到威斯敏斯特。在谈判桌上，爱德华三世表现得极为大胆。他放弃了1333年的立场，不再要求由自己的一个小儿子而是由自己及金雀花王朝的王位继承人直接继承苏格兰王位。而他给出的回报是，但凡在1328年协议之后被英格兰人占领的苏格兰领土将得以恢复，并割让自己的领地作为补偿。他提到两个王国应该即刻合并，由同一个君主统治以保持其完整性。这是对爱德华一世通过1290年《伯厄姆条约》首次尝试解决苏格兰王位的继承问题的重申。尽管未能亲眼得见，但他确实为1603年及1707年英格兰、苏格兰的最终合并铺平了道路。[2]

1363年令人吃惊的提议，很难让人接受。事实上，自从内维尔十字之战以来，英格兰的任何军事行动或外交策略都未暗示或挑明爱德华原来持有这样的野心。就像《伦敦第二条约》一样，1363年的提议仅是提醒了人们爱德华对北部王国的剩余权利，以此作为影响和平的另一种筹码。[3] 然而，这确实有一个重要的后果，那便是大卫二世再次提起了50年代他曾在多个

1　S. Walker, *The Lancastrian Affinity, 1361–1399* (Oxford, 1990), 19–20; *ODNB*, xxx, 175. 在庶民阶层中有谣传说，莫德是被毒死的，目的是保留遗产的完整性，Knighton, 184–185。

2　*Acts of the Parliaments of Scotland*, i, 492–494; *Foedera*, III.ii, 715–716; Grant, *Independence and Nationhood*, 37–38.

3　Knighton, 188–189; Penman, *David II*, 308.

场合提出来的建议：让爱德华三世将除长子之外的某个儿子——冈特的约翰也好，或是如当时人所认为的那样，即把莱昂内尔过继给自己，作为自己的王位继承人。[1] 然而，这一次是英格兰、苏格兰在外交活动中最后一次明确提及这个话题。爱德华坚决否定了大卫的折中办法，等于公开承认这一提议站不住脚。[2] 苏格兰人当然也有同样的想法：1364年3月在斯昆举行的政治会议严厉谴责了大卫的这个提案，并强烈表示希望由罗伯特·斯图亚特来继承王室头衔。[3] 1363至1364年，爱德华三世虽不情愿却清醒地认识到，要想通过英格兰、苏格兰王室的私下协商已经无法实现英格兰对苏格兰的控制了。

结果很快就出现了。在1365年重启的新一轮谈判中，英格兰、苏格兰依然是由不同家族统治的两个独立王国，问题仅仅是，1357年的临时协议有多大的约束力。英格兰坚称大卫二世的赎金必须继续支付，而且苏格兰人还必须为低地地区归英格兰王室及被剥夺继承权的领主所有的土地支付额外的罚金。一开始，大卫二世试图设法不再交纳赎金，其使臣转而在爱尔兰援助莱昂内尔，并让爱德华的一个儿子继承已逝的爱德华·巴利奥尔的加洛韦地产，但这些都不足以抵消英格兰王室的隐性税收损失。[4] 因此双方都有所退让。1365年5月10日，双方同意将停战时间延长至1370年，而大卫二世的赎金则从六万六千六百六十七镑增加到十万镑，不过每年支

---

1 "Question about the Succession", 10–12.
2 Penman, *David II*, 311, 321.
3 Fordun, i, 381–382; Wyntoun, vi, 251–253; Bower, vii, 321–323; "Question about the Succession", 13, 49; D. Penman, "*Diffinicione successionis ad regnum Scottorum*: Royal Succession in Scotland in the Later Middle Ages", *Making and Breaking the Rules: Succession in Medieval Europe, c. 1000–c. 1600*, ed. F. Lachaud and M. Penman (Turnhout, 2008), 55–56.
4 "Question about the Succession", 13–14; *Acts of the Parliaments of Scotland*, i, 495–496. 一种更陈旧的观点说爱德华在1366年也试图得到大卫二世的效忠。这一观点被驳斥了，见"Question about the Succession", 17–18; Penman, *David II*, 345–346。

第十五章　帝国初现（1360—1368）

付的数量则少得多，仅为四千镑。[1]

不管是爱德华三世还是大卫二世，对此都不满意。但苏格兰毫无疑问获得了更大的精神胜利。每年所需支付赎金的减少，成功地减轻了公众的财政负担。而且，随着支付期限的延长，在将来的某个时候他们很可能找到违约的机会。爱德华三世所得到的唯一补偿是他没有被迫放弃苏格兰的最高统治权。在1367年，在没有希望签订最终和平协议的情况下，他遣散了派去苏格兰的大使。尽管大卫原计划在1368年南下访问英格兰，但由于他与玛格丽特·德拉蒙德婚姻失败，后因打算迎娶情妇阿格尼丝·邓巴而引起了重大的政治压力，迫使他不得不留在苏格兰。[2] 爱德华谨守停战协议，要求其北部的臣民在面对越境者的突袭时保持克制。[3] 然而1368年英法关系的恶化，不可避免地让英格兰担心法兰西－苏格兰旧联盟的恢复，也给金雀花与布鲁斯之间的对话增添了新的阻碍。

可能在1368年，对与苏格兰人签订最终和平协议的渴望，自《贝里克条约》签订之后降到了最低点。对爱德华三世而言，最紧要的问题是大卫二世越来越公开认同斯图亚特或许在将来会成为苏格兰人的国王。爱德华想要让自己的子子孙孙联合统治不列颠的野心不乏幻想的成分，与其说他是在寻求金雀花王朝直接统治的真实可能性，不如说是以统一不列颠群岛的亚瑟王作为他的榜样。但是，如果说14世纪60年代中期这个希望的破灭是心不甘情不愿地向现实妥协，那么这并没有让他放弃争取让自己的家庭成员成为西部基督教王国的政治领袖。总而言之，14世纪60年代中期他的不列颠梦想的破灭，后果仅仅是促使他将目光重新聚焦于欧洲大陆。

1　*CDS*, iv, no. 108; *Foedera*, III.ii, 766, 770; "Question about the Succession", 15–17; *Issues*, 186; E 403/422, 15 July 1365.

2　Penman, *David II*, 368–369; Penman, "*Diffinicione successionis*", 56.

3　*The Register of Thomas Appleby, Bishop of Carlisle, 1363–1395*, ed. R. L. Storey (CYS, xcvi, 2006), nos. 70, 176.

《加来条约》之后，爱德华三世为将布列塔尼、佛兰德斯、勃艮第纳入金雀花王朝统治网络所做的努力，是他在百年战争初始阶段所谓"行省策略"的天然延续。相较于对继承苏格兰王位的不冷不热，爱德华自 1361 年后对于在广大的公国安插家族成员以便分享法兰西王权极为在意。这在有时候便给维持英法之间的和平带来了困难。1364 年后，爱德华假装他依然承认《加来条约》，然而在大阿基坦区，他逐渐意识到要全面遵守 1360 年的条约是不太可能的，在越来越敌对的法兰西王国内部，创建亲英联盟则是很有必要的。

自 1343 年从布列塔尼溃逃后，让娜·德蒙福尔伯爵夫人及其两个孩子——约翰与让娜便生活在英格兰。他们的年岁与爱德华三世排行中间的孩子相仿，他们都在菲莉帕王后的内府中长大。[1] 约翰·德蒙福尔在 1356 至 1357 年跟随格罗斯蒙特的亨利首次出征布列塔尼。[2] 他似乎在 1359 至 1360 年兰斯之战时身体有恙，但出席了 1360 年 10 月的加来协谈，并在 1361 年春再次回到欧洲大陆，出席圣奥梅尔举行的有关布列塔尼的未来的会议。[3] 约翰完全是以英格兰的立场，继续父亲的意志索取布列塔尼公国。最关键的一环是约翰与爱德华存活于世的第二个女儿沃尔瑟姆的玛丽联姻。爱德华早已在 1359 至 1360 年为他们筹备婚礼,在获得教皇的许可之后，1361 年 6 月，他们在伍德斯托克举行了婚礼。[4] 年仅十六岁的公主不幸死于 1362 年初，死因很可能是她的首次怀孕。[5] 然而，约翰同意在未征得爱德华的明确许可之前不再婚娶。1362 年夏，他在回到布列塔尼后，依然与

1　Jones, *Ducal Brittany*, 16; SAL, MS 208, fols 3–3v; JRUL, MS Latin 326, fols 2, 2v, 5, 5v, 6v.
2　*AC*, 48; E 403/396, 11 July 1359.
3　E 101/393/11, fol 63r (为公爵提供一副担架及其他"器具"，将他描述得虚弱不堪); E 403/401, 4 July 1360; E 403/405, 20 Feb. 1361; E 101/393/11, fol. 64r; E 101/393/15, mm. 4–5; *Foedera*, III.i, 607, 608, 612; E 101/314/16; E 372/206, rot. 43; Jones, *Ducal Brittany*, 15, 40。
4　E 101/393/11, fol. 64; E 101/393/15, m. 4; GEC, x, 823; Green, *Lives of the Princesses*, iii, 286–287. 假如国王出席，婚礼的日期可能是在6月13日，C 81/1334/16; *CPR 1361–4*, 29, 32。
5　Walsingham, *Chronicon Angliae*, 19; Reading, 150.

英格兰宫廷保持着亲密的关系。[1]

爱德华三世曾在1342年对约翰公爵的父亲主张封建宗主权,这违背了英法和平的条款,但他将布列塔尼纳入金雀花王朝统治轨道的特殊决心催生了1362年国王与公爵之间的一份独立双边联盟协议。[2]在该领地前任王家总督拉蒂默勋爵的帮助下,在竞争公爵头衔时,约翰击败了他的竞争者——彭提维里的琼与丈夫布卢瓦的查理。1364年9月23日在欧赖,约翰获得了支持者们长久期望的最终胜利。被击败的布卢瓦的查理死于战场,他的两个儿子约翰与居伊·德布列塔尼早在1356年就作为其父赎金的抵押人质向英格兰王投降了,当然爱德华决不会释放他们去损害蒙福尔的利益。事实上,他们往后长期处于英格兰的监控之中。[3]法兰西新王查理五世别无选择,只能声明不再支持彭提维里的琼,并在1365年4月《盖朗德条约》中承认蒙福尔为布列塔尼公爵。

当然,查理五世承认约翰的布列塔尼公爵地位是需要索取代价的,他希望后者臣服于他。但约翰却忠诚于爱德华三世。在效忠仪式上,约翰先是支吾其词,然后又坚持声称,自己的效忠只能被简单视为对查理的敬意,而不能被视为君臣关系。[4]因此,爱德华对布列塔尼依然是在自己这一方抱有期望。1366年1月,他邀请前任女婿约翰前来,与自己共度狩猎季,还自作主张地建议"可委托三两个忠诚的英格兰人"暂时代他照看公国。[5]《盖朗德条约》签订不久之后,新公爵约翰通过与阿基坦亲王伍德斯托克的爱德华结成互相支持的联盟而宣称其公国的独立地位。1366年春,约翰又与黑太子的继女琼·霍兰婚配。爱德华三世关于布列塔尼联盟的筹划,至此

1　*Foedera*, III.i, 662–664. 因为公爵预备1362年7月26日启程去布列塔尼,故而支付给他2000马克,E 403/411。

2　*Foedera*, III.ii, 662.

3　E 364/7, rot. 1d; Jones, *Ducal Brittany*, 20, 64, 85.

4　Jones, *Ducal Brittany*, 19.

5　*EMDP*, I.i, no. 72.

似乎发展到一个新的阶段，国王本人，特别是他的继承人都非常重视这个盟友。

这样一种王朝模式的成功应用让爱德华三世相信，他或许也可以通过这种方式与勃艮第、佛兰德斯分别结成独立联盟。[1] 1361 年鲁弗雷的菲利普之死引起了各方对勃艮第公国及菲利普的遗孀——十岁的佛兰德斯的玛格丽特的争夺。玛格丽特是三大领地与其头衔的唯一继承人：继承其父路易·德梅尔的佛兰德斯、讷韦尔（Nevers）及勒泰勒（Rethel）；继承其母布拉班特的玛格丽特的领地布拉班特和林堡（Limburg）；继承其祖母法兰西的玛格丽特的阿图瓦和勃艮第郡（帝国内独立的享有王权的领地，与勃艮第公国有异）。约翰二世迅速让幼子图尔奈公爵即后来的"无畏"菲利普牵起了玛格丽特的手，这并不令人惊讶。[2] 而这威胁到英格兰的利益，尤其是直接关系到加来的安全问题。爱德华三世需要有所行动。1361 至 1362 年间的冬天，爱德华行动起来，想让第四子兰利的埃德蒙娶玛格丽特为妻。[3] 正是因为清楚认识到自己女儿炙手可热，路易·德梅尔很难被彼此竞争的求婚者取悦。爱德华政府决定将英格兰的羊毛集散中心移到加来，这是英格兰所采取的诱人措施之一。[4] 然而，1363 年 6 月，约翰二世宣布勃艮第公国是法兰西国王的属地，并将其直接授予了菲利普，以此来突出与瓦卢瓦婚配的明显好处。[5] 如果菲利普成功娶得玛格丽特，那么爱德华三世及其继任者在勃艮第和佛兰德斯将面临着一个新的强大而敌对的瓦卢瓦政权。

爱德华迅速在外交策略上进行反击。1363 年 9 月，他将尼古拉斯·洛

1　后续情况，见 J. J. N. Palmer, "England, France, the Papacy and the Flemish Succession, 1361–9", *JMH*, ii (1976), 339–364. 然而，我的解释有时与帕尔默的大相径庭。

2　*Chronique de Richard Lescot*, 151.

3　*Foedera*, III.ii, 636.

4　见本书第577—578页。

5　R. Vaughan, *Philip the Bold: The Formation of the Burgundian State*, new edn (Woodbridge, 2002), 3; P. Contamine, *Des pouvoirs en France, 1300–1500* (Paris, 1992), 63–64.

第十五章　帝国初现（1360—1368）

韦内派到教廷请求教皇准许埃德蒙与玛格丽特成婚。次年春，在约翰二世死后不久，他又先后两次派遣使者前往加来，分别由伦敦主教及冈特的约翰率领，商谈与佛兰德斯结盟之事。[1]10月，王室南下肯特，筹备确认仪式，而路易·德梅尔渡海至多佛尔与爱德华会面。在坎特伯雷的贝克特之墓献祭之后，路易与爱德华回到多佛尔，10月19日，他们签订了新的条约，出席者还有约翰王子、埃德蒙王子及阿伦德尔伯爵。[2]条约内容读来令人颇为激动，兰利的埃德蒙将拥有1360年条约中金雀花王朝在法兰西北部的所有领土，包括加来、马克（Marck）、吉讷及蓬蒂厄。此外，埃诺伯爵去世之后，菲莉帕王后继承其三分之一的土地，这部分土地也将划归埃德蒙统辖。[3]更引人注意的是，通过埃德蒙与玛格丽特这段婚姻而拼结起来的这片地区，在将来能够成为英格兰国王的采邑。这漂亮的一击让爱德华对瓦卢瓦形成了包围态势，并通过宣称是英格兰而非法兰西作为强大的佛兰德斯集团的宗主国，颠覆了1360年条约所达成的和平局面。爱德华、路易伯爵及其支持者在通宵达旦的酒宴中结束了会谈，这听起来并不令人感到惊讶。[4]

然而，几乎从各个方面来看，《多佛尔条约》都是英格兰的严重负累。在北海的另一边创建一个新的英格兰-佛兰德斯政权，也许可以向路易伯爵证明爱德华的慷慨许诺。但是，说服英格兰政治团体将加来镇移交给如此不可靠的盟友路易·德梅尔又是另外一回事，甚至，就连爱德华的顾问及家庭成员对此也颇为担忧。[5]1364年夏，黑太子接到汇报，说查理五世

1　E 101/314/27, 31–34; *Foedera*, III.ii, 709, 744; E 403/418, 17 July, 22 July, 26 Aug. 1364; E 403/421, 12 Nov., 27 Nov. 1364; *Issues*, 187.
2　*Foedera*, III.ii, 750–751; *Anon. Cant.*, 140–143. 关于这一场合下交换礼物，见E 403/421, 31 Oct., 10 Dec. 1364; *Issues*, 185–186。
3　Trautz, *Könige von England*, 390–393.
4　Reading, 220.
5　兰开斯特公爵与埃丁顿主教参加的特殊咨议会于11月8、12日在威斯敏斯特举行，目的是商讨"秘密事务"，E 403/421, 16 Nov. 1364。

打算同路易结盟。[1] 12 月，在条约签订之后，查理将妹妹玛丽嫁给了巴尔公爵罗伯特。如果强制执行男性继承制，那么罗伯特将是佛兰德斯的下一任继承人。查理五世与路易的结盟计划因此广为公众所知。爱德华三世寄给教皇乌尔班五世的信表示他深受挫折：如果教皇许可了玛丽与罗伯特的婚姻，那么他怎么可能不同意玛格丽特与埃德蒙婚配？[2] 1364 年秋的《多佛尔条约》，体现的并非爱德华占了上风，而是他为了阻拦瓦卢瓦接管勃艮第和佛兰德斯所进行的绝望努力。

在近来的英格兰与佛兰德斯恢复邦交一事上，爱德华三世显然不愿意在臣民面前透露太多。尽管受到来自威斯敏斯特的强大压力，教皇最终还是在 1364 年 12 月宣布反对埃德蒙与玛格丽特之间联姻。[3] 爱德华绝望地想让路易伯爵相信一切都好。[4] 同时，他伺机反抗阿维尼翁，以严厉报复乌尔班五世，包括禁止不利于己的教皇训谕传入英格兰，也禁止英格兰钱币出口至教廷。[5] 此外，新近颁布的教皇法——禁止兼任圣职，也遭到了爱德华三世的抵制，这让许多服务于国王的圣职人员大松了口气。[6] 1365 年 1 月，在威斯敏斯特召开的议会通过了《圣职授职法令》与《王权侵害罪法令》，肯定了爱德华的这些政策。尽管如此，国王并不敢公然将他欲与佛兰德斯

---

1 Delachenal, iii, 551–554, analysed by Palmer, "England, France", 351–352.
2 BL, Add. MS 24062, fols 186v–187r.
3 Mirot and Déprez, *Ambassades anglaises*, nos 238, 240, 242–243; E 372/209, rot. 51; *Foedera*, III.ii, 941.
4 *EMDP*, I.ii, no. 260; Mirot and Déprez, *Ambassades anglaises*, nos 244–245, 248–249, 251, 254, 256; *Foedera*, III.ii, 758, 761; E 403/422, 13 June, 28 Aug. 1365; E 403/425, 30 Oct., 19 Nov. 1365. 在1365年春的一段短时间内，查理五世似乎有可能同意皇帝查理四世的计划，将匈牙利国王的侄女斯拉沃尼亚的伊丽莎白嫁给勃艮第的菲利普，Delachenal, iii, 220。
5 J. J. N. Palmer and A. P. Wells, "Ecclesiastical Reform and the Politics of the Hundred Years War during the Pontificate of Urban V (1362–70)", *War, Literature and Politics in the Late Middle Ages*, ed. C. T. Allmand (Liverpool, 1976), 169–189.
6 Heath, *Church and Realm*, 133–134.

第十五章　帝国初现（1360—1368）

人结盟的详情告知于众。[1]1365年之后，《多佛尔条约》所体现出来的结盟方式，逐渐成为爱德华政策的主要特征：他力图击败查理五世的阴谋，并至少部分地实现他的帝国梦想。然而，在他的帝国崩溃而英法再次陷入全面战争之前，英格兰的大部分人都没有意识到他的帝国梦想带来的巨大责任。[2]

约翰二世的赎金问题，依然是14世纪60年代中期英法外交的核心议题。查理五世随后说，自他1364年即位至1369年双方重新开战，他已支付了将近六十万埃居。[3]然而，法兰西人很可能重复计算了某些赔款。英格兰的记录（当然，也可能同样存在问题）表明这一时期瓦卢瓦王朝支付给爱德华三世的赎金不超过二十九万二千埃居。因此，在1360至1369年间，法兰西人仅仅支付了一百二十九万一千二百埃居（二十一万五千二百镑）的赎金。然而，不管我们相信哪一方，与其父亲相比，查理五世都让欠款以更快的速度累积起来，拖欠不付。[4]爱德华、查理都没有将赎金问题视作双方重新开战的原因。准确地说，赎款供应的枯竭被爱德华政府简单地视作查理五世蓄意破坏1360年条约、挑战爱德华在法兰西王国的权威与影响的证据。

有一段时间，爱德华三世同意将赎金事务与持续存在的亲王人质问题结合起来共同解决。1364年之后，贝里公爵、奥尔良公爵及波旁公爵获允

1　PROME, v, 172–173, 176, 177–181; SR, i, 385–387. E 403/421, 22 Feb. 1365，记载议会（在2月17日解散）之后的一场为期三天的咨议会，参会者有大法官、国库长、兰开斯特公爵、温切斯特主教、阿伦德尔伯爵、赫里福德伯爵及"其他领主"。有可能在这次会议而非全议会上讨论了外交细节。
2　在众多的史书中，Eulogium, iii, 235, 237提供了英格兰—佛兰德斯协议的一些内容，但是仅有Anon. Cant., 140–143抓住了细节。Froissart, vi, 80–81, 274清楚地理解了这一联姻计划的重要性。
3　Delachenal, ii, 325–331.
4　"Ransom of John II", ix–xiv, 37–38.

每隔一段时间便返回法兰西,但其他方面仍然牢牢地被他们的关系所束缚。[1]《鸢尾花条约》的瓦解让爱德华三世接管了奥尔良公爵在希泽（Chizé）、梅勒（Melle）、锡夫赖（Civray）及圣通日孔泰斯新城（Villeneuve-la-Comtesse）等地的控制权,1364年末,他让公爵把这些地区移交给金雀花王朝最年轻的王子,伍德斯托克的托马斯。[2]1366年1月,当英格兰王与法兰西王同意就贝尔维尔争端做出裁决时,爱德华三世最终同意有条件地释放人质,但他坚决地指出,所有这些都不能成为逃避支付赎金的理由,并尖锐地质询查理打算如何处理欠款。[3]

后来就贝尔维尔问题召开的首脑会议上,双方同意商谈1360年条约中悬而未决的许多议题。1366年,在滨海蒙特勒伊（Montreuil-sur-Mer）召开的会议,就厄镇伯爵——阿图瓦的约翰的地盘是应该并入爱德华的蓬蒂厄郡还是依然归属法兰西进行商讨。[4]然而,不管是查理还是爱德华,都视此为回避《加来条约》中难以处理的问题的另一种方式。1366至1368年,当双方反复同意延迟解决贝尔维尔争端的最后期限时,爱德华已做好再次交战的准备,他重修蓬蒂厄和加来的城堡并派兵驻防。[5]在此僵局下,双方

---

[1] Delachenal, iii, 19; iv, 224–225; *Chron. J&C*, i, 343; *Foedera*, III.ii, 768, 772, 782–783, 814; *Antient Kalendars*, i, 210, 211; *Issues*, 184. 1367年英格兰大法官法庭列举了许多例子,证明约翰二世及其王太子在1360年宣誓支持在布雷蒂尼达成的条款: *Foedera*, III.ii, 819, 829。

[2] Delachenal, ii, 340–341; *Foedera*, III.ii, 758–759; *Antient Kalendars*, i, 205, 209. 1365年约翰·钱多斯爵士接管了这些领土,威廉·塞里斯在14世纪60年代中期为王子的利益而在这片地产上"付出了辛劳", E 30/1509; E 36/81; *Foedera*, III.ii, 796; E 159/143, *Brev. bar.*, Trin., rot. 2。黑太子委任冈特的约翰及兰利的埃德蒙于1368年接受伍德斯托克的托马斯为这些领地而行的效忠礼, DL 41/412。1372年拉罗谢尔沦陷后,这些地产也都失去了, SC 8/227/11327。

[3] *EMDP*, I.ii, nos 307, 359; *Foedera*, III.ii, 781–783, 785, 826–827; C 76/49, mm. 17, 13; Perroy, "Charles V", 259.

[4] C 76/49, mm. 10, 8.

[5] *Foedera*, III.ii, 826–827, 832, 841; C 76/49, mm. 7, 6, 4, 3; C 76/50, m. 11.

第十五章 帝国初现（1360—1368）

之间的外交活动几乎全部中止了。[1] 爱德华派去接收蓬蒂厄的使者——尼古拉斯·劳思在前往巴黎时，其职责被限定于礼节性工作和采买。他为法兰西王带去了一块咸鹿肉作为礼物，同时为爱德华购买昂贵的食用核桃油。[2] 到此之时，英法双方似乎满足于你来我往没有意义的礼仪细节，却对彼此间的僵局视而不见。

1365 年，卡斯蒂利亚内战开始，这成为龃龉已久的英法双方修正摩擦的机会。臭名昭著的"残酷者"卡斯蒂利亚的佩德罗一世与其私生子兄弟特拉斯塔马拉的亨利就王位展开了争夺。既然佩德罗一世因 1362 年 6 月所缔结的条约而与英格兰结成了稳定的同盟，[3] 那么亨利几乎没有迟疑便选择与法兰西结盟。结盟之后，查理五世、阿拉贡的佩雷四世及纳瓦拉的查理二世适时地为亨利在卡斯蒂利亚发动一场军事行动。瓦卢瓦王国想通过一场新的战争来清除法兰西国内的自由军团。随后，自由军团的一些统帅包括马修·古尔奈与休·卡尔弗利，与之前的敌人贝特朗·迪盖克兰握手言和，组成联合武装势力。1366 年春天前，特拉斯塔马拉的亨利已夺取了卡斯蒂利亚王位，在比利牛斯山脉之南建立了一个亲法政权。英法关系错综复杂。到 1364 年为止，此前一直是爱德华三世在左右两国之间的外交步伐，促使法兰西人先履行 1360 年条约；而 1366 年在卡斯蒂利亚，英法两国的地位似乎颠倒过来了，查理五世在谈判桌上处于强势地位，迫使英格兰签订新的条约。

时至今日，爱德华三世已然明白，直接卷入卡斯蒂利亚之战是危险的。在迪盖克兰的入侵军队中，有一些英格兰人，这无疑让英格兰国王大为尴尬，他因此呼吁这些英格兰人对自己重新定位。不久，他采取了一些

1　Mirot and Déprez, *Ambassades anglaises*, 35–37. 1368年，情况稍有变化，包括爱德华三世致信查理五世，E 101/315/27–29; E 364/17, m. D。
2　E 159/144, *Brev. bar.*, Mich., rots 12d, 13d, 15; E 159/146, *Brev. bar.*, Mich., rot. 8.
3　*Foedera*, III.ii, 656–658; *EMDP*, II.ii, no. 259; *Antient Kalendars*, i, 197. 后续情况，见 Russell, *English Intervention*, 1–81。

有利于己方的外交策略。1365年7月，在温莎城堡举行的一场奢华婚礼上，三十三岁的英格兰公主伊莎贝拉嫁给了先前的一名法兰西人质——年轻的库西领主昂盖朗，即后来的贝德福德伯爵。[1]就像黑太子与肯特的琼的婚姻一样，伊莎贝拉与昂盖朗的联姻也得到了父王的祝福，但也带有非常明显的外交目的。在《鸢尾花条约》崩溃之后，库西叛离了瓦卢瓦联盟，转向爱德华效忠，而后成功获取了其先祖在英格兰北部的重要地产。[2]爱德华如今还成功地让查理五世许诺将苏瓦松移交给库西，从而谋求苏瓦松的最高统治权转归英格兰王室而非法兰西王室。[3]与布列塔尼的约翰先后迎娶金雀花王朝的女子一样，昂盖朗与伊莎贝拉的婚姻，是爱德华三世拥有持续的能力将法兰西贵族成员拉入自己的阵营从而挑战瓦卢瓦君权的道德和宪法权威的惊人证明。

爱德华再次决定与佛兰德斯人联姻，也同样挑战了瓦卢瓦的权威。1365年10到11月间，冈特的约翰与埃德蒙王子一起被派到加来去游说路易·德梅尔参加订婚预备仪式以给教皇施加必要的道德压力，迫使教皇授予已延迟许久的许可。在这事上，爱德华三世明显是在赌博。[4]路易也有自己的迫切考虑：没在卡斯蒂利亚展开新的军事行动的自由军团，如今对他女儿的勃艮第郡形成了严重威胁。尽管他对未获教皇许可便先行订婚一事迟疑不决，但

---

1 *PROME*, v, 196; *CChR 1341–1417*, 193; Reading, 170; *Eulogium*, iii, 236; *Polychronicon*, viii, 365.
2 *CPR 1361–4*, 427; *CPR 1364–7*, 190; *Foedera*, III.ii, 773. 就在同时，库西也声称自己有权在洛克斯堡郡、贝里克郡拥有土地，SC 8/192/9591。这些英格兰地产是在约翰·库普兰爵士（死于1363年）及其妻琼（死于1375年）的手里。1367年，库西将地产还给国王，但库西这样做可能仅仅是为了保护地产的完整性，因为爱德华遵从了先前的安排，在琼·库普兰死后将地产转移给了库西，*CCR 1364–8*, 403–404; *CFR 1368–77*, 323; *CPR 1374–7*, 144–145。
3 Sumption, iii, 244–246.
4 E 159/142, *Brev. bar.*, Mich., rot. 29; E 403/425, 6 Dec. 1365. *Eulogium*, iii, 237将这一片段安排在"圣诞节之后"。5月，黑太子同意了这场婚礼，*Antient Kalendars*, i, 208。

第十五章　帝国初现（1360—1368）

他准备帮助爱德华将自由军团赶出勒泰勒、内维尔及勃艮第。[1] 对巴黎和阿维尼翁而言，路易·德梅尔与爱德华联盟传达的意思是，如果教皇拒不准许埃德蒙与玛格丽特联姻，那么其直接后果便是一场公开的战争。

仿佛是为了战争做准备，爱德华开始与帝国的君侯重建——至少是部分重建——之前的联盟关系。[2] 菲莉帕王后的外甥——巴伐利亚公爵阿尔伯特是他的哥哥荷兰伯爵威廉的总督，爱德华三世鼓励他脱离法兰西联盟，并几次邀请他来英格兰商讨菲莉帕继承埃诺的长远解决办法。[3] 1366年6月，王后的另外一个外甥，于利希公爵威廉二世访问了英格兰，在威斯敏斯特宫举行的一场盛大典礼上向爱德华三世行效忠礼，他由此得到了丰厚的补助金。[4] 1365年末，乌尔班五世说要将爱德华三世革出教门的威胁，被爱德华三世用作后来他与阿维尼翁为敌的借口。[5] 就在这时，教皇又做出了错误的判断，要求英格兰支付一年一度的人口调查费用，即彼得便士（Peter's Pence）。这促使爱德华三世采取了下议院早在1358年提出的要求——正式否认英诺森三世对约翰国王所主张的封建宗主权。[6] 同时，为了保卫英格兰，他们也做了大量准备，以应对即将发生的战争。[7] 在智胜查理五世并接管佛兰德斯地区的半公开的计划中，爱德华三世依然成功地调动着其臣民的偏见。

1　*Foedera*, III.ii, 777; A. D. Carr, *Owen of Wales: The End of the House of Gwynedd* (Cardiff, 1991), 22. 关于国王写给时任撤离委员之叶延·温的私信草稿，见C 81/908/27。

2　Trautz, *Könige von England*, 388–402; *EMDP*, I.i, no. 24.

3　*CPR 1361–4*, 26, 96, 125, 191, 247, 416; *CPR 1367–70*, 55; Reading, 170–171.

4　C 47/28/6, no. 13; C 47/30/8, nos. 5–9; *Foedera*, III.ii, 791–794; E 403/427, 9 June 1366; *Antient Kalendars*, i, 208–209. 威廉之父在1361年去世，剑桥伯爵的头衔在次年被赐给了兰利的埃德蒙，在1366年造访英格兰时，威廉二世正式索求其父剑桥伯爵的头衔，GEC, ii, 493。

5　这些很可能是1366年1月召开大咨议会时讨论的主题，E 403/425, 6 Dec. 1365。

6　*PROME*, v, 190, 193–194; *Eulogium*, iii, 239; Reading, 171; *Brut*, ii, 316; Palmer, "England, France", 355. 尽管拒绝了与教皇宗主权相关的1000马克的供奉，但彼得便士在1366年之后的英格兰被继续征收，直到亨利八世时才被正式废除，Lunt, *Financial Relations*, ii, 6–25; McKisack, *Fourteenth Century*, 283–284。

7　*CPR 1364–7*, 364–366, 430–432; *CCR 1364–8*, 370–371; Palmer, "England, France", 355.

然而最终，尽管爱德华三世的战略目标聚焦于欧洲的西北部，却不能完全阻止英格兰卷入卡斯蒂利亚战争。1365年12月之前，佩德罗一世将他最出色的一个顾问科尔多瓦的马丁·洛佩斯派到爱德华的宫廷，传达佩德罗愿意将自己的三个未婚女儿嫁给爱德华适龄儿子们为妻这一意愿。[1]尽管这一提议被爱德华三世拒绝了，但它预告了14世纪70、80年代英格兰在伊比利亚一系列影响深远的王朝联盟。1366年夏，英格兰准备募集一小支军队，由冈特的约翰率领前往阿基坦，与黑太子共同抵抗法兰西人和支持特拉斯塔马拉的亨利的阿拉贡人。8月，"残酷者"佩德罗及其随从来到加斯科涅寻求庇护与援助，而这位被废黜的君王给黑太子列出的众多诱饵中，有一项是给年轻的昂古莱姆的爱德华冠上名义上的加利西亚王的王冠。[2]在波尔多的会议上，如在威斯敏斯特召开的会议一样，众人议论纷纷，各执己见，但黑太子最终被说服，佩德罗应该得到他的支持来对付非法的敌对者和非正义的篡夺者。[3]黑太子派出的使臣阿基坦·赫勒尔德在爱德华父子随后进行的交流中扮演着非常重要的角色。[4]爱德华三世打算批准其子侵入卡斯蒂利亚的要求，但不打算从英格兰为儿子提供直接经济支持。1366年9月，当爱德华王子在利布尔讷（Libourne）会见"坏人"查理和佩德罗一世时，他的经费已非常紧缺，只好小心翼翼地花销。即将打响的重夺王位之战，所有费用将由佩德罗支付。他还许诺，在适当的时候将把西班牙遥远的东北部的一小部分却十分重要的领土割让给爱德华王子。[5]

1367年1月，在第二个儿子波尔多的理查出生之后不久，黑太子动身前往卡斯蒂利亚。而11月离开英格兰的冈特的约翰经陆路穿过诺曼底、普

1　P. E. Russell, *The English Intervention in Spain and Portugal in the Time of Edward III and Richard II* (Oxford, 1955), 37–39.
2　Reading, 174–175; Green, *Black Prince*, 93.
3　Froissart, vi, 204–209, 366–367; *Vie du Prince Noir*, 99–102 (ll. 1867–1964).
4　E 403/429, 23 Nov. 1366.
5　*Foedera*, III.ii, 800–806.

第十五章 帝国初现（1360—1368）

瓦图，行至达克斯（Dax）与其兄长会合。军队之中，大多是加斯科涅人，由阿马尼亚克伯爵、阿尔布雷勋爵及布赫领主率领，此外还有一队人马，是约翰·钱多斯新近招募的自由军团。这支前往卡斯蒂利亚的军队，总人数可能多达八千五百人。[1] 既然特拉斯塔马拉的亨利已经解雇了麾下绝大部分英格兰将士，那么威尔士亲王也就解除了有一天要与其父的子民对阵沙场的担心。他让机智的休·卡尔弗利迅速向潘普洛纳进军，诱骗纳瓦拉的查理与之合作。迄今为止，查理还不愿意提供任何物质协助，但他看到休·卡尔弗利所率之军所体现出来的雄风，便同意让其安静不扰民地通过自己的辖区，直抵卡斯蒂利亚。

在避而不战一段时间后，特拉斯塔马拉的亨利最终在4月3日与敌军相遇在纳赫拉（Nájera）。亨利得到了法兰西杰出统帅奥德雷海姆及贝特朗·迪盖克兰的私人支持。鉴于前十年英法之间的交锋经验，他们模仿爱德华三世的战争策略，即先占据一个有利的防御位置，而后迫使英格兰人向自己发动进攻。但是黑太子出其不意，决定迎战法兰西－卡斯蒂利亚盟军的左翼，迪盖克兰被迫临时重新部署，慌忙之中只好以骑兵来迎战英格兰的先锋部队。这支部队很快被英军切断，陷入孤军奋战的境地。特拉斯塔马拉的亨利的剩余军队既无能也不想迎上去作战，纷纷逃离了战场。战役就此结束，英格兰人满怀激情地俘获并分配俘虏。迪盖克兰归爱德华王子所有，而被英格兰乡绅罗伯特·霍利及其随从理查德·亨利俘虏的德尼亚伯爵愿意支付一笔极为高昂的赎金，他先是被交给爱德华王子，后来又被转移到爱德华三世手里。[2] 特拉斯塔马拉的亨利成功逃脱，暂时藏身于法兰西。纳赫拉战役后的几天里，佩德罗一世在布尔戈斯（Burgos）象征性

---

1 Barber, *Edward, Prince of Wales*, 194; Green, *Black Prince*, 95.
2 E. Perroy, "Gras profits et rançons pendant la Guerre de Cent Ans: L'affaire du comte de Denia", *Mélanges d'histoire du moyen âge dédiés à la mémoire de Louis Halphen* (Paris, 1951), 573–580; A. Rogers, "Hoton versus Shakell: A Ransom Case in the Court of Chivalry, 1390–5", *Nottingham Mediaeval Studies*, vi (1962), 74–108; vii (1963), 53–78.

地复辟为卡斯蒂利亚国王。黑太子致信琼王妃以报平安,并迅速派人将捷报传给了他的父亲。[1] 菲莉帕王后的竖琴师马塞特也跟随在黑太子身边,后来他将消息带回了英格兰。黑太子的一个男仆则带回了一匹从私生子亨利处缴获的马。[2]

纳赫拉战役很快被英格兰编年史家和诗人大加赞颂,说这是黑太子在克雷西、普瓦捷战役后所取得的又一次伟大军事胜利。奈顿称此战为"我们这个时代最伟大的一场战斗",傅华萨歌颂黑太子是"骑士世界之花"。[3] 然而当时,紧跟着纳赫拉战役而来的结果却并不如此荣耀。当英格兰-加斯科涅军队在1367年9月离开卡斯蒂利亚时,他们极为窘迫,食不果腹,而且不少人患了疟疾、痢疾,黑太子自己也在纳赫拉战役中染病,似乎再也没能完全恢复健康。[4] 而且,很快,特拉斯塔马拉的亨利便又从兄弟的手里夺回了王国。1367年8月,他在艾格莫尔特(Aigues-Mortes)与安茹伯爵结盟,以反对他们共同的"撒旦诸子",即黑太子与"坏人"查理。[5] 次年夏天,他又与查理五世结盟。[6] 黑太子不得不卷入围绕卡斯蒂利亚王位而展开的一场前景灰暗、费时漫长、代价昂贵的内战。

介入比利牛斯山脉南部地区而付出的特殊代价,是暴露了黑太子在阿基坦财政及政治上的脆弱。由于其父不提供经费,而他又需要给手下的领主们支付战争工资,为此,他不得不召集阿基坦庄园主们于1368年1月在昂古莱姆开会,要求他们交纳史无前例的五年炉灶税。参会者勉强接受

1　SC 1/42/33, 载"A Letter of Edward the Black Prince Describing the Battle of Nájera in 1367", ed. A. E. Prince, *EHR*, lxi (1926), 415–418; *AC*, 171; *Foedera*, III.ii, 825。
2　E 403/433, 2 Dec. 1367; *Issues*, 191.
3　Knighton, 194–195; Froissart, vii, 52–54. 亦见*AC*, 53–55; *Anon. Cant.*, 150–151; Reading, 182–185; *Political Poems*, i, 94–96; *Polychronicon*, viii, 367; *Brut*, ii, 318。
4　*Vie du Prince Noir*, 153–154 (ll. 3815–3838); *AC*, 56.
5　Delachenal, iii, 557–562.
6　*Foedera*, III.ii, 850–852.

第十五章　帝国初现（1360—1368）

了这一税收，但要求黑太子保证仅此一次，并确保当地领主及城镇的特权。[1]财政危机迫使英格兰国王接受现实，由于黑太子的统治区域难以实现完全自给自足，因此他只好将各种补贴送至背负着沉重压力的波尔多政府。[2]但新征收的炉灶税所引发的政治问题更难处理，大家普遍认为，黑太子的统治与东部阿基坦领主们所希望的豁免权难以兼容。查理五世再次决定干预阿基坦地区的管辖权纠纷，这最终促使了英法两国在1369年回到全面的战争状态。

纳赫拉战役之后不久发生的佛兰德斯即位问题，似乎很可能刺激英法双方诉诸战争。1367年4月17日，乌尔班五世许可佛兰德斯的玛格丽特嫁给法兰西王子勃艮第的菲利普而非兰利的埃德蒙，这可能是他在14世纪60年代做出的最关键的外交决定。[3]路易·德梅尔已表明了他不想与英格兰人结盟，而教皇对查理五世的偏袒应足以说服爱德华三世尽早脱身止损。然而，早在一年多前，爱德华已开始在英格兰-佛兰德斯联盟的持续战争中经营几个儿子的未来，他再提兰开斯特家族在普罗旺斯的领土权，其实是想动摇阿维尼翁教廷的稳定性。[4]更令人吃惊的是，爱德华决定将克拉伦斯的莱昂内尔从爱尔兰召回来，转而令他卷入远在意大利的与教皇的战争之中，这体现了英王因为追求与佛兰德斯的联姻而不顾不管，哪怕牺牲现有领土的安全，也在所不惜。

1366年7月，赫里福德伯爵率领的使团被派往米兰去商议莱昂内尔王子与帕维亚领主和伦巴第的共同统治者加莱亚佐·维斯孔蒂之女维奥兰特的婚事。次年5月，双方成功达成了联姻条件。维奥兰特带来约一万五千镑的嫁妆与价值约为每年一万二千镑的皮德蒙特山脉的一系列城堡和城

1　Barber, *Edward, Prince of Wales*, 210–211.
2　查理五世声称已为其父支付了一些赎金，英格兰财政署却矢口否认，这些钱有可能被爱德华三世拿去资助其子在卡斯蒂利亚的战争了。Harriss, *King, Parliament*, 499。
3　Delachenal, iii, 505.
4　*Foedera*, III.ii, 830; Palmer, "England, France", 356.

镇。[1]1368年春，莱昂内尔与维奥兰特二人在米兰大教堂举行婚礼，婚宴上的食物据说可供应一万人。[2]后来的英格兰作者还就此展开了丰富的幻想，认为莱昂内尔将会成为米兰领主、罗马人的国王甚至罗马皇帝。[3]但很难相信爱德华三世曾严肃考虑过让英格兰人长期控制阿尔卑斯山的另一边，相反，其意图几乎完全是务实的。约翰·霍克伍德爵士参与了英格兰与米兰人的婚姻谈判，这清楚预示了未来形势的发展方向。莱昂内尔接到命令，率领米兰军、自由军团准备向教皇统治的意大利核心区域发起全面进攻。[4]通过这一极端做法，爱德华三世希望最终能够迫使教皇改变主意，准许玛格丽特与埃德蒙联姻。

意大利北部战线的开辟及其对教皇利益的潜在威胁，最终在1368年变成了严峻的现实。乌尔班五世转移到维泰博和蒙泰菲亚斯科内以便更好地指挥罗马的防御，他还直言不讳地说他不欢迎出现在米兰的英格兰人。[5]对此，爱德华三世尖刻地反击，说他有"许多可婚配的儿子"，但在整个欧洲，唯一能与维奥兰特媲美的新娘是玛格丽特·德梅尔，而她目前已明确拒绝了他的儿子们。[6]最后，米兰人的联盟自行瓦解了。1368年10月17日，莱昂内尔在阿尔巴（Alba）意外地去世了。[7]他的副手爱德华·德斯潘塞深

1　*Foedera*, III.ii, 797. 有关1367年协议附带的礼物赠予，见E 101/396/3。高达11667镑的现金嫁妆在1368年5月运到伦敦，*Foedera*, III.ii, 843; *CFR 1356–68*, 379; E 101/315/30; E 43/233。

2　*Foedera*, III.ii, 817, 827–828, 842, 845; *Issues*, 192; E 403/436, 6 Mar. 1369; *Chron. QPV*, 195–196; *Chron. J&C*, ii, 40–41; *ODNB*, xxxiii, 951; W. Caferro, *John Hawkwood* (Baltimore, 2006), 134.

3　J. Hardyng, *Chronicle of John Hardyng*, ed. H. Ellis (London, 1812), 332–333.

4　F. S. Saunders, *Hawkwood: Diabolical Englishman* (London, 2004), 123–125.

5　*CPL*, iv, 27.

6　*AC*, 172; J. R. L. Highfield, "The Promotion of William of Wickham to the See of Winchester", *Journal of Ecclesiastical History*, iv (1953), 41, 51–53.

7　关于为王子的灵魂祈祷的要求，见*Wykeham's Register*, ed. T. F. Kirby, 2 vols (London, 1896–9), 564–565; *Register of Thomas Appleby*, no. 214。埃德蒙·罗斯从帕维亚经巴黎护送王子最好的8匹马到温莎，花了91镑，E 404/9/59, privy seal writ, 13 July 1369。

第十五章　帝国初现（1360—1368）

感自己必须为莱昂内尔复仇，因为有传言称他是被谋杀的，他率领自己的军队和自由军团向加莱亚佐·维斯孔蒂进攻。这段插曲不但没有改变乌尔班五世关于佛兰德斯婚姻的想法，而且也夺走了爱德华三世的五个儿子中的一个，这个儿子正是爱德华三世在过去十年中试图创建金雀花帝国的核心人物。

1366年后，爱德华三世坚持不懈地想要与佛兰德斯人联姻，其战略考虑是，英格兰有必要在路易·德梅尔与查理五世中间缔结一个盟友。佛兰德斯伯爵并不想丧失独立于法兰西王权的优越性，爱德华则依然相信他可以利用路易和查理之间的僵局来占有里尔、杜埃、奥尔希（Orchies）的边缘地带。在佛兰德斯与勃艮第的联姻获得教皇许可之后的几周里，爱德华实际上已成功重建了与路易·德梅尔的互助联盟。[1]1368年，当乌尔班五世任命新任坎特伯雷大主教西蒙·朗厄姆为枢机主教时，爱德华三世迅速做出了回应，让乌尔班知道英格兰到底是谁说了算：朗厄姆被迫提交辞呈辞去大主教之职，并放弃他在国王咨议会上的席位。随着莱昂内尔及兰开斯特女公爵的去世，爱德华于1368年12月致信路易·德梅尔，建议让他的儿子冈特的约翰成为玛格丽特的新郎。[2]但回应他的是更大的屈辱。在当年秋末，路易已背叛了英格兰-佛兰德斯联盟，转而与布拉班特及荷兰的统治者签订条约，并许诺说，他不会把爱德华将埃诺并入佛兰德斯大区的提议放在眼里。[3]次年5月，路易与查理五世最终成功解决了佛兰德斯与法兰西结盟的障碍，6月，玛格丽特在根特嫁给了勃艮第的菲利普。[4]在佛兰

1　*EMDP*, I.ii, no. 349; *Foedera*, III.ii, 826. 爱德华可能也鼓励英格兰-加斯科涅自由军团在1367年秋撤出卡斯蒂利亚，并在"无畏"菲利普的勃艮第领土上施加压力。Delachenal, iii, 441–444; Palmer, "England, France", 348–349.

2　J. J. N. Palmer, "The Historical Context of the Book of the Duchess: A Revision", *Chaucer Review*, viii (1974), 253–255.

3　Palmer, "England, France", 360–361.

4　*Chron. J&C*, ii, 16–31; Froissart, viii, 129–131; Vaughan, *Philip the Bold*, 5–6.

德斯创建金雀花王朝卫星政权的最终失败，即便不是英法两国再次交战的导火索，也是英法两国在再次考虑开战时，爱德华的宏图严重受挫的体现。

  1361至1368年，爱德华三世试图重新组合金雀花王朝的统治区域。通过任命长子和第二子为阿基坦及爱尔兰的军事统帅，他有意识地在法兰西及不列颠群岛的依附地区建立最高君主统治。1365年后，他愿意放弃苏格兰的继承权，表明在和平与王朝美梦之间，他选择前者。但他努力驱动约翰二世和查理五世全面遵守并执行《加来条约》的失败，让他专注于任命更年轻的儿子和女婿们统治金雀花王朝的采邑及卫星政权，包括布列塔尼、苏瓦松、普瓦图、佛兰德斯及勃艮第，并将两个年长的儿子部署在卡斯蒂利亚和意大利北部这两个风险更高的地区。1365年之后，王朝的迫切需求显然成了一种负担，立刻制造出对爱德华真实影响力不切实际的期望，并严重分散了英格兰外交策略的主要目的，即与法兰西达成长期的和解。在过去的二十年里，他通过劝说他的孩子们有权分享他国外战争的战利品，成功避免了王室内部的倾轧与冲突。一旦新的战争决定性地终结金雀花王朝的众多梦想，王室内部盛行的强烈的团结感是否还会继续存在，还有待观察。

第十六章

富丽堂皇的宫廷(1358—1369)

尽管爱德华三世在 14 世纪 60 年代遇到了非常严峻的外交问题,但是他作为一个勇士和政治家的国际声誉,在普瓦捷战役至纳赫拉战役间达到了顶峰。1360 年,伟大的意大利诗人弗朗切斯科·彼特拉克评论道,在上一代人的时候,英格兰人还是"最温顺的野蛮人",甚至比"可怜的苏格兰人"还要谦逊。可是如今,"他们是一个非常好斗的民族。他们多次大胜法兰西人,从而颠覆了古代法兰西在军事武力上的光荣传统。他们还用战火与利剑削弱了整个法兰西王国"。[1] 八年后,在莱昂内尔与维奥兰特·维斯孔蒂的米兰婚宴上,彼特拉克是座上宾之一。英格兰一方参与米兰婚宴的还有埃诺人让·傅华萨,他在 1361 至 1362 年间到访英格兰,在这期间,他参观了爱德华三世影响力所及的苏格兰、威尔士的边界地区、布列塔尼、阿基坦及普罗旺斯。杰弗里·乔叟可能也在婚礼现场,兰斯之战后,他就进入爱德华三世的团队,并为王室事务广泛涉足苏格兰、加斯科涅及纳瓦拉。[2] 这三大文学家——一个年长的已负盛名,另外两个年轻的也已崭露头角——

---

[1] R. Boutruche, "The Devastation of Rural Areas during the Hundred Years War and the Agricultural Recovery of France", *The Recovery of France in the Fifteenth Century*, ed. P. S. Lewis (London, 1971), 26.

[2] D. Pearsall, *The Life of Geoffrey Chaucer* (Oxford, 1992), 53–54, 102–109.

可能在此次婚宴上相聚。爱德华三世宫廷的鲜明国际性，让人惊叹。14 世纪 60 年代，爱德华三世已充分利用国际文化氛围来提升自己作为欧洲领导人的地位。然而，这越来越多地涉及对典型的英格兰岛国式自信的拥护。基于此，他的臣民受到了几代英格兰王室宣传的影响，以致英格兰民众一直认为法兰西人不值得信任、邪恶而且堕落，而爱德华三世不管是在个人品性上，还是文化修养上，都是一个真正的光荣的英格兰之子。

在 1358 至 1365 年间，爱德华三世完善了景观的艺术，这是他开启个人统治以来自我形象的一个重要元素。恢弘壮丽被后来的中世纪统治者视为积极向上的美德，通过这种方式，君主政体的力量被体现得既有利于精英，也有利于更广泛的社会公众。当然，天然便于展现恢弘壮丽气象的环境无疑是宫廷。一个世纪后，在爱德华四世时，一篇文章将王室内府形容为"富丽堂皇的宫廷"。[1] 这一表述可能在爱德华三世时已被用在法令条例中，只是现在这类文献已经佚失了。如果这些文献得以保存，我们或许能够发现那个时代关于这一表述的详细讨论从而得到一些更切实的感受。然而，王室内府的财政记录依然充分反映了恢弘壮丽这一气象，我们也可从中一窥处于自信巅峰的爱德华时期那些庞大的规模与奢华的风格。

王室内府的人员配备及消费水平，给恢弘壮丽的气象提供了最详细的注脚。在对法战争末期，王室似乎曾过了一段节约的日子。14 世纪 50 年代末，菲莉帕王后的内府财政因高昂的花费而陷于崩溃。[2] 故在 1360 年，王后内府决定与国王内府合而为一，由同一批人进行管理。其后，王后每天仅需给自己的随从支付十镑，所有超额的开支和其他特殊花销全部归国

---

1 *The Household of Edward IV*, ed. A. R. Myers (Manchester, 1959), 76–197.
2 *CPR 1358–61*, 237–239; E 159/136, *Brev. bar.*, Mich., rot. 1d; Wolffe, *Royal Demesne*, 56, 238–239. 1357年的一份因王后的官员采买食材而等待付款的长名单，为王后严峻的财政状况提供了显著的证据，JRUL, MS Latin 237。

第十六章　富丽堂皇的宫廷（1358—1369）

王内府负责。[1]但是，既然国王夫妇依然保留了两支完整的随从队伍，那么尽管两个内府合而为一，还是没法缩减到预期的经济规模。14世纪50年代中期，爱德华三世的内府有三百六十八人，而菲莉帕的王后内府约有一百人，到14世纪60年代中期，合并之后的王室内府依然有近四百五十人。[2]还有一些其他的王室成员和贵族比如国王的妹妹琼，幼子伍德斯托克的托马斯，及布列塔尼公爵的妹妹让娜也定期获得补贴以维持随从的开销。[3]1370年1月，当埃诺的菲莉帕去世时，为给家人及国王并王后内府的所有人员分发参加丧礼的制服，爱德华统计的名单上有六百三十五人。[4]如果将这一天由王室直接支持的贵族与贵妇的随从也包括在内，其人数更不少于一千人。

内府支出模式是相似的。1362年，作为一种释放政治善意的行为，爱德华三世详尽地阐述了1361年所做出的承诺，并做出让步放弃之前的强买行为，颁布了《采买官法令》。在此法令中，王室内府官员备受争议的强制没收食材行为被禁止，转而要求他们去公开市场上用现金购买所需食材。[5]讽刺的是，颁布这一法令之后，本就已经逐步上涨的宫廷开支立刻显

1　C. Given-Wilson, "The Merger of Edward III's and Queen Philippa's Households, 1360–9", *BIHR*, li (1978), 183–187.
2　Given-Wilson, *Royal Household*, 278.
3　苏格兰的琼自从1358年回到英格兰之后，每年领取200镑的补助金，E 403/392, 5 July 1358; E 403/394, 9 Oct. 1358。当琼1362年去世后，爱德华付了钱给她的一些侍女和佣人，*CPR 1361–4*, 10; E 403/415, 8 May 1363。在约翰·德蒙福尔回到布列塔尼之后，其妹妹每年从财政署领取100镑的津贴，不过王后菲莉帕依旧像以前养护约翰和让娜一样每年支取200镑，*Foedera*, III.ii, 607; E 403/422, 6 May 1365; E 403/425, 4 Dec. 1365。给国王中间三个儿子的补助金在1362年之后已基本停了，只有伍德斯托克的托马斯还有补助金。1366年，托马斯的家庭教师或"监护人"罗杰·拉沃德和他的其他工作人员由国王的随从充任，E 101/396/2, fol. 56。
4　E 101/395/2, no. 236，载 "Enrolments and Documents from the Public Record Office", *Chaucer Society Publications*, ed. Selby, Furnivall, Bond and Kirk, iv, 172–175; Wathey, "Peace of 1360–1369", 144。总数不包括为这一活动另外聘任的266名辅助人员。
5　*PROME*, v, 137, 142–145; *SR*, i, 371–373。1362年法令对国王、王后内府的食材采买进行了限制。王位继承人在1361年被包括在内；1362年，黑太子被排除在外，很可能是因为他被任命为阿基坦亲王，并即将离开英格兰王国。

著增长。锦衣库的开支，从14世纪60年代初期的一年一万六千镑增加为60年代中期的一年两万五千镑。[1]1367年，爱德华准许使用约翰二世赎金的利息来支付王室内府累积起来的一些债务。[2]之后，随着紧缩性花费政策的实施，1368至1369年，宫廷花费又回落到一年一万五千镑。然而，直到菲莉帕王后解散随从队伍，及1369年面临战争经费的新挑战，国王内府才真正努力削减开销。如果说，规模是恢弘壮丽的唯一标准，那么60年代早期便是爱德华三世统治时期辉煌壮丽的顶峰。

建筑也是这一时期展现宫廷恢弘气势的主要方面。在50年代完成威斯敏斯特的圣斯蒂芬礼拜堂与温莎的圣乔治礼拜堂的建造之后，爱德华三世的注意力转向了世俗建筑。当时有一种强烈的竞争意识：14世纪的欧洲，由于教皇、皇帝、国王和王公竞相寻求表达建筑与权力之间的关系，宫殿设计与装饰风格经历了重大改变。爱德华三世在温莎城堡及英格兰南部其他大大小小的王室行宫上的巨额开支，可能尤其受到了14世纪60年代法国王太子即后来的查理五世实施的一系列重要建筑项目的影响。[3]诚如英格兰编年史家所理解的那样，建筑已成为展现良好统治的重要元素。[4]

14世纪50年代晚期至60年代中期，温莎城堡上区王室公寓的重建，是整个中世纪时期英格兰王室在城堡建设上的最大单笔投资，加上1365至1377年间的一些较小的额外支出，总计多达四万四千镑。[5]尽管爱德华

---

1 Given-Wilson, *Royal Household*, 77; C. Given-Wilson, "Purveyance for the Royal Household, 1362–1413", *BIHR*, lvi (1983), 163.
2 E 159/144, *Brev. bar.*, Mich., rot. 17.
3 P. Crossley, "Architecture", *The New Cambridge Medieval History, VI: c. 1300–c. 1415*, ed. M. Jones (Cambridge, 2000), 235–239; M. Whiteley, "The Courts of Edward III of England Charles V of France: A Comparison of their Architectural Setting and Ceremonial Functions", *Fourteenth Century England I*, ed. Saul, 153–166.
4 CCCC, MS 78, fol. 181v; *Hist. Angl.*, i, 328; *Brut*, ii, 333. 关于更多评论意见，见 *Polychronicon*, viii, 359。
5 *King's Works*, i, 163; ii, 881; R. A. Brown, *English Castles*, 2nd edn (London, 1976), 208.

第十六章 富丽堂皇的宫廷（1358—1369）

三世的许多建筑在 17 世纪被新一轮大型工程所覆盖，但在 1992 年城堡的一场大火后，我们能够更好地观察到它的原始结构。[1] 改建之后，主要房间都坐落在城堡长长的南侧，主居室、礼拜堂和大厅都排成一线。在南侧最西边的玫瑰塔里，二楼有一间巨大的居室，从这里可以将周边的乡村美景一览无余。主居室和礼拜堂的后面是国王与王后的私人住所，一扇相通的门连接着他们的卧室。该建筑的巨大规模也带来了挑战：14 世纪 70 年代，为了保证城堡的"居室和浴室里的烟囱能够冒烟"，王室内府做了巨大努力，才收集到足够的木材提供给温莎大公园。[2] 在大型宴会及其他庆典上，通常空空如也的公共房间都会用家具、金银盘、挂饰进行装饰，还有穿着统一制服的仆人提供服务。爱德华三世后来赐给圣玛丽格雷斯修道院的一组挂画，可能曾装饰在温莎城堡里。这组罕见的挂画的主题包括了一众国王、伯爵的肖像，还有所罗门与马科尔夫传说，以及一段用绒线织成的纹章，并用孔雀羽毛装饰。[3]

爱德华三世频繁留驻温莎城堡上区，让温莎留下了他的独特印迹。既然他的出生地能够容纳大型的仪礼活动，又能够保证王室的后勤供应，那么这里便成了举办大型宫廷活动的最佳场所。在 1361 年之前，他从未在温莎欢度圣诞或新年，但从这之后，一直到 1369 年，每年他都在这里摆设圣诞或新年的隆冬盛宴（有时候两个节日他都在此度过）。此外，每年一度在圣乔治日举办的嘉德骑士纪念庆典也在此举行，而且其时间也往往延长到春季里的一个或更多个节日后。1359 至 1369 年共十一年，爱德华三世可能至少在温莎度过了七次复活节。[4]1365 年，他在温莎度过了复活

1　后续情况，见C. Wilson, "The Royal Lodgings of Edward III at Windsor Castle: Form, Function, Representation", *Windsor*, ed. Keen and Scarff, 15–94。
2　E 159/153, *Brev. bar.*, Trin., rot. 6d.
3　E 159/144, *Brev. bar.*, Hil., rot. 1d.
4　不在温莎的那几年是1360年（当时爱德华在法兰西）、1363年（在金斯兰利）、1364年及1367年（都在埃尔特姆）。

节（4月13日）、圣乔治日（4月23日）、耶稣升天日（5月22日）、圣灵降临节（6月1日）及施洗者约翰的诞生日（6月24日），当然，在这之间，他曾离开温莎去往其他地方。

要想知道在这些"温莎节日"里有多少人出席或庆祝活动的规模有多大，是件不容易的事。爱德华三世当然希望，不论何时，他的大家庭的所有成员都尽可能地出席活动。如1366至1367年的仲冬，宾客单上便有王子莱昂内尔、约翰、埃德蒙及托马斯，公主伊莎贝拉，年轻的彭布罗克伯爵与马奇伯爵。圣诞节那天的宴会消费为二百五十五镑，这表明出席者应该还有其他的重要人物。[1] 有关14世纪60年代的编年史中，未记载嘉德骑士宴会布告，表明爱德华三世并未效仿1358年的旧例试图将圣乔治日的聚会当作欧洲骑士的欢聚日。[2] 另一方面，随着嘉德勋章的创始成员一个一个地死去，新晋的嘉德骑士包括了英格兰精英中最重要的人物。在50、60年代进入嘉德骑士团的包括国王的三个排行中间的儿子：莱昂内尔、约翰和埃德蒙，还有赫里福德伯爵、贝德福德伯爵、彭布罗克伯爵及王室内府的高级成员如爱德华·德斯潘塞、威廉·拉蒂默和约翰·内维尔。如此看来，嘉德骑士团是一个以国王为中心的特权圈子，他们通过在圣乔治日定期参加礼仪性和社交性聚会来展示骑士精神。[3]

在1361、1365年爱德华头两个孩子的婚礼庆典上，我们能够一窥改造一新的城堡的富丽堂皇。1361年10月，国王与王后、王子与公主、爱德华三世的妹妹苏格兰的琼及英格兰的众多高级教士和贵族，都参加了伍德斯托克的爱德华与肯特的琼的婚礼。[4] 爱德华三世花费了一千五百镑或者

---

[1] E 101/395/10; E 101/396/2, fols 26, 30, 31v.

[2] Collins, *Order of the Garter*, 212.

[3] E 403/465, 16 Nov. 1352; E 403/409, 19 Jan. 1362; E 403/412, 14 Mar. 1363; E 404/6/40, great seal writ, 8 Feb. 1361.

[4] *Anon. Cant.*, 118–119; Reading, 151; "Wigmore Chronicle", 292.

第十六章　富丽堂皇的宫廷（1358—1369）

很可能更多的钱购买珠宝，作为给这对夫妇的礼物。[1]当伊莎贝拉公主嫁给昂盖朗·德库西时，出席其婚礼庆典的阵容似乎也同样庞大：收到私人邀请的有斯塔福德伯爵、索尔兹伯里主教、伦敦主教、温切斯特主教、达勒姆主教，切特西修道院院长和威斯敏斯特的利特灵顿修道院院长，孀居的彭布罗克伯爵夫人，以及赛伊夫人、韦克夫人、莫恩夫人。[2]现场物品的陈放情况，被着重记载了下来，爱德华三世为本次庆典采购的珠宝和金银盘所费令人咋舌，高达四千五百镑。[3]到1365年，温莎成为爱德华三世用盛大排场展示王权、骑士精神，以及巨大军事、政治统治成就的场地。

那些不如温莎城堡重要的行宫，在新建的过程中也着重突出了奢华与铺陈。1358年伊莎贝拉王太后死后，肯特的利兹城堡、萨里的希恩宫归国王所有，被着力重新装饰一新，位于肯特格雷夫森德（Gravesend）的王室住所更是等同于重建。1363年，爱德华购买了北安普敦城郊的穆尔恩德城堡，作为惠特尔伍德森林狩猎的一个新基地，又对其进行了奢华设计与装修。位于埃塞克斯的哈德利城堡也经历了大规模的重建，既便于王室到访居住，也可以作为抵御外敌的堡垒。1366年9月，改建后的哈德利城堡已经可以让爱德华邀请沃里克伯爵、萨福克伯爵和索尔兹伯里伯爵前来相聚欢宴了。[4]为了舒适，这些城堡及其他不那么重要的王室行宫在60年代都置备了壁炉，伊斯特汉斯特德和金斯兰利的浴室被彻底检修或重建，使之与之前在威斯敏斯特宫里为国王安装的类似设施一样。[5]

爱德华三世的以上喜好，在谢佩岛（肯特）拉申登（Rushenden）的昆伯勒城堡得到了绝佳的证明。昆伯勒城堡是继温莎之后他所营建的最大

1　E 403/409, 15 Oct. 1361.
2　WAM, 12213; E 403/411, 8 July, 12 July 1365.
3　J. A. Lutkin, "Goldsmiths and the English Royal Court, 1360–1413" (University of London PhD Thesis, 2008), 44, 47–48, 305; Harriss, *King, Parliament*, 526.
4　E 101/396/2, fol. 44v.
5　*King's Works*, ii, 926, 974.

的工程，在 1361 至 1369 年间共花费了两万五千镑。该工程于 1361 年 5 月 9 日正式动工。[1] 从 1363 年始，爱德华三世定期前去查看工程进度，一开始，他住在临时搭建的房间里，到 1365 至 1366 年时，他便住在中央塔中先竣工的套房里。1366 至 1367 年，由于新建王室城堡的影响，在其附近形成了一个新的城镇，1367 年 6 月，爱德华在此举办了一场盛宴，并宣布为这座城镇和城堡命名是为了纪念他的王后。[2] 昆伯勒与爱德华的其他住所非常不同的地方是其鲜明的军事功能。这座城堡的平面图极为新奇，中央的圆形建筑被一圈又高又厚的墙环绕。昆伯勒（Queenborough）位于泰晤士河口湾哈德利城堡的对面，可能是保护进入伦敦的水路的一个防御点。然而，这也是一个有着明显意义的象征符号，似乎是向往来于泰晤士河的众多航船宣布，爱德华三世控制着海洋，有力地防护王国安全，牢固地掌握国家主权。

如果说温莎与昆伯勒是爱德华三世心里最牵挂的两个地方，那么首都的王宫便牢牢占据着他的大脑。在他统治的后半期，他在伦敦塔和威斯敏斯特宫举行国家活动的频次最多。[3] 大瘟疫之后，他越来越担心流向首都各大街道的开放性下水道会有损他的安全与尊严，因此从 14 世纪 50 年代中期起，他便每年花费两镑雇佣了专属的"清道夫"（boonraker）。当王室成

---

1 征发石匠的命令要求他们在5月5日出现在国王面前，*CPR 1361–4*, 68; *King's Works*, i, 163。5月9日，爱德华曾亲临现场，参阅E 101/394/8 and C 81/1334/55。关于从加来运来的一个用于工程建造的大铁砧，见E 101/178/21。
2 从最早盖有御玺的令状C 81/409可以推测出，这一地方在1367年6月20日被命名为昆伯勒。E 403/431, 15 July 1367记载，当将城堡"给"其妻时，国王付给王后侍女（未记姓名）100镑。该镇于1368年正式设立，*CChR, 1341–1417*, 211; *CLBL, G*, 228。
3 C. J. Given-Wilson, "The Court and Household of Edward III, 1360–1377"(University of St Andrews PhD thesis, 1975), 115–116. 大约从1360年开始爱德华便采取了向伦敦城市内及周边的男女隐士分发圣诞节礼的惯例，E 403/405, 16 Dec. 1360; E 403/409, 16 Dec. 1361; E 403/412, 12 Dec. 1363。

第十六章　富丽堂皇的宫廷（1358—1369）

员出行时，"清道夫"便负责清理道路。[1]这样的预防措施，有助于为在史密斯菲尔德、奇普赛德举办的豪华的露天大型王室骑士比武赛创造一个良好的环境。1363 至 1364 年的冬季，爱德华三世在首都伦敦先后接待了苏格兰的大卫二世和法兰西的约翰二世。1363 年 11 月，塞浦路斯的佩德罗一世当时也在伦敦，忙于为再次前去征服亚历山大的十字军招募志愿兵，可能在大卫抵达伦敦之时（早于约翰），他也收到了爱德华的邀请，与大卫一起去参加史密斯菲尔德的骑士比武赛。在这个场合，爱德华很可能穿着伦敦工匠约翰新近为他制作的华丽盔甲。[2]有人相信，丹麦的瓦尔德马四世在这段时间也来到了英格兰，相传，伦敦著名的葡萄酒商、后来的伦敦市长亨利·皮卡第曾承办了"五王盛宴"。[3]即便是虚构的，这个故事依然强烈地暗示着宫廷与城市商界精英之间的亲密联系，至少暗示了爱德华三世在满足伦敦商人及其妻子们的社会抱负上的从容与仁慈。

　　首都之内，最能够显示王室恢弘壮丽气象的地方，无疑是威斯敏斯特宫与教堂建筑群。在早期，爱德华三世曾任用了两个伟大的工匠亨利·伊夫利与休·赫兰，他们后来又为理查二世重建了卓越的大厅。[4]在 60 年代，

1　E. L. Sabine, "City Cleaning in Mediaeval London", *Speculum*, xii (1937), 27–29; E 403/375, 28 Nov. 1354; E 403/377, 2 May 1355; E 403/378, 12 Dec. 1355; etc.
2　*Chronicle of Jean de Venette*, 114; E 101/394/16, m. 17; E 403/417, 9 Oct. 1363; *Eulogium*, iii, 233; P. W. Edbury, *The Kingdom of Cyprus and the Crusades, 1191–1374* (Cambridge, 1991), 11–12, 164–165. 佩德罗送给了国王一只豹子，而国王则报之以各种盘碟，E 403/417, 6 Nov., 20 Nov. 1363; *Antient Kalendars*, i, 254。
3　Reading, 158, 311–312; Knighton, 188–189; C. L. Kingsford, "The Feast of the Five Kings", *Archaeologia*, lxvii (1915–1916), 119–126. 1359 年，瓦尔德马四世威胁说要登陆并进攻英格兰东部，以援助瓦卢瓦王朝。在 1364 年约翰二世返回伦敦之后，瓦尔德马四世被邀请来参加会谈，但是他似乎并未亲自与会，Cazelles, *Jean le Bon et Charles V*, 350–351; *Foedera*, III.ii, 719; Reading, 337–338; *Issues*, 186; E 159/141, *Brev. bar.*, Mich., rot. 11d. Reading, 179–181（并且因此 Brut, ii, 317）指出 1366 至 1367 年丹麦人进攻了英格兰。但是 1367 年之后，似乎又与瓦尔德马暂时恢复了友好关系，Palmer, "England, France", 363 n. 6; E 403/438, 7 May 1369。
4　*CPR 1358–61*, 449, 452.

威斯敏斯特的大部分工程都是小修小补。即便如此，亨利·伊夫利与休·赫兰对于威斯敏斯特宫的外观改造，也是十分显著的，如新建了两幢建筑，其中一幢是储藏王室珍宝的珠宝塔，这是从1834年威斯敏斯特大火中幸存至今的威斯敏斯特宫建筑之一。更惹人注目的一幢是靠近大厅用来安装一个重达四吨、号称"威斯敏斯特的爱德华"大钟的钟楼。事实证明，爱德华三世对钟表似乎有着特殊的嗜好：他在威斯敏斯特及别处的创举，是中世纪英格兰最早关于机械钟的记载。[1] 威斯敏斯特、昆伯勒和金斯兰利的大钟里的钟铃，都是他委托钟铃设计鼻祖约翰·格洛斯特在1367年统一生产的。[2] "威斯敏斯特的爱德华"存了三个世纪左右，因此，完全有理由认为，它至少与今天引人注目的大本钟一样，有着重要象征性意义。

在威斯敏斯特宫里举行的许多王室礼仪所具有的公共性质在议会里表现得最为明显。在亨利三世的彩绘议事厅中公开举行的全体会议上，爱德华三世坐在一张装饰着法兰西和英格兰十字四分纹章的王座上主持会议。[3] 通常是由王室内府成员或高级大臣向议会致开幕词，紧随其后的讲道，越来越多地颂扬爱德华三世的善行，如1365年，伊利主教根据经文"公义与公平是你宝座的根基"（《诗篇》89:14）[4] 布道。我们找到了1358年之后的资料，说在议会期间，王家警卫根据国王及咨议员的意愿出席会议。这里的王家警卫，明显充当着议会会期的司仪。[5] 也有资料暗示，为了国王及

---

[1] R. A. Brown, "King Edward's Clocks", *Antiquaries Journal,* xxxix (1959), 283–286; A. G. Rigg, "Clocks, Dials, and other Terms", *Middle English Studies Presented to Norman Davies,* ed. D. Gray and E. G. Stanley (Oxford, 1983), 256–257.

[2] E 208/7, file 42 Edward III, privy seal writ, 24 Sept. 1367.

[3] *A Collection of the Wills of the Kings and Queens of England,* ed. J. Nichols (London, 1780), 61. 关于这一房间的布置，见P. Binski, *The Painted Chamber at Westminster* (London, 1986)。

[4] *PROME,* v, 176.

[5] E 403/388, 16 Feb., 17 Feb., 22 Feb. 1358; E 403/427, 13 May 1366; E 403/434, 27 May 1368; E 403/438, 16 July 1369; *The Issue Roll of Thomas of Brantingham,* ed. F. Devon (London, 1835), 290.

第十六章　富丽堂皇的宫廷（1358—1369）

众贵族的舒适与尊严，需要提供更好的供给：1358年，三名国王内府的男仆受令"列队"在国王居室伺候；1363年为"议会厅"购置了垫枕。[1] 在爱德华三世的时代，威斯敏斯特确实是一个真实的政治舞台。

议会上，最恢弘的礼仪出现在最后一天的全体会议上，国王也会在彩绘议事厅现身。1362年，议会被特意延长至11月13日，这天是周日，也是爱德华三世的五十岁生日。大法官祝祷国王获得上帝的赐福。爱德华三世随后封赐他三个儿子为克拉伦斯公爵、兰开斯特公爵及剑桥伯爵，又极为巧妙地阐述了自己的贤明统治及其带来的好处，并在犹太－基督宗教共同庆祝的禧年，他适时地宣布了大赦。[2] 在他之前，从无君主将自己的生活事件与公众庆典合而为一，而爱德华三世在1362年的周年庆典，标志着王室周年纪念日与英格兰君权崇拜朝着系统融合迈出了第一步，当时的情景很可能与1368年一样，国王邀请上议院众贵族及"下议院的众人"一起到宫殿大厅赴宴。[3] 各郡骑士及城镇市民代表也被纳入这种正式而重要的场合，标志着宫廷礼仪的改变。就像在伦敦举行的大型户外庆典活动一样，现在爱德华又将宫廷礼仪运用在政治事务中，他精心地将扩大化的政治团体吸引到象征着国家政权的仪式中来。

1358至1365年间，恢弘的王室仪式一方面宣示英格兰是一个不容亵渎的独立国家，另一方面也膨胀了爱德华关于亚瑟王统治一个庞大国度的想象。这场运动部分是出于英格兰政治文化中尖锐的沙文主义。1362年，

1　E 403/388, 22 Feb. 1358; E 101/394/16, m. 17.
2　PROME, v, 139, 151–152; W. M. Ormrod, "Fifty Glorious Years: Edward III and the First English Royal Jubilee", *Medieval History*, new series, i[1] (2002), 13–14. 关于周年纪念日的纪事公告，见CCCC, MS 78, fol. 183; *Anon. Cant.*, 126–129; *Hist. Angl.*, i, 297–298; Walsingham, *Ypodigma*, 307。
3　PROME, v, 213–214. E 101/397/5 fol. 60v 记载了1372年11月25日国王大厅一天的高额花费为98镑。这表明前一天议会解散之后举办了一场宴会。关于1376年7月和1377年2月议会宴会的参考资料，见 E 101/397/12; E 101/398/9, fol. 12。

作为禧年庆祝的一部分，爱德华响应众人的请求，要求改变法庭上使用的口语，下令以后不再像一百年或更早之前那样使用法语，而是应该使用英格兰人的母语。更值得注意的是，1362年之后，议会上的公开演讲也不再使用统治精英阶层习用的盎格鲁-诺曼法语，而是英语。[1] 这些措施迎合了本国人与生俱来的排外偏见，有助于将新近的《加来条约》视作英格兰人最终脱离法兰西政治与文化霸权的体现。[2] 挑战乌尔班五世的权威，也与孤立主义的偏好类似。甚至王室周年庆祝日在一定程度上也是对教皇的冷落，因为这着重强调了世俗内涵，恢复1300和1350年罗马的做法，每隔五十年庆祝耶稣的诞辰。在整个60年代，爱德华三世坦然无惧地利用了公众泛滥的仇外与议会的反教皇情绪，表明他完全接受并支持英格兰王国中下层的文化孤立主义。

同样地，不断壮大为全球性政体的英格兰，也相应地需要王室气象的国际化。在14世纪60年代，爱德华接见了包括神圣罗马帝国皇帝波西米亚的查理四世在内的许多欧洲统治者，还有挪威、瑞典、匈牙利及西西里国王派来的各色使臣，接受了他们送来的各种礼物。[3] 1363年，当塞浦路斯的佩德罗访问伦敦时，他的随从中有几个异教徒及穆斯林的王子，其中的一个自称为"耶路撒冷之主"，后来转信了基督教，爱德华三世是其教父，并赐其名为爱德华。[4] 与基督教之外的世界互动，自然也给宫廷带来了异国情调。马可·波罗的《东方见闻录》(*Divisament dou monde*) 的一个

1　*PROME*, v, 140, 152–153, 158, 176; *SR*, i, 375–376.
2　W. M. Ormrod, "The Use of English: Language, Law, and Political Culture in Fourteenth-Century England", *Speculum*, lxxxviii (2003), 750–787. 关于更广泛的背景，见J. Catto, "Written English: The Making of the Language, 1370–1400", *Past and Present*, clxxix (2003), 24–59。
3　*EMDP*, I.ii, no. 414 n. 36; E 403/396, 24 Aug. 1359; E 403/411, 1 June 1362; E 403/429, 6 Feb. 1367; E 403/438, 7 May 1369. 关于后来匈牙利路易一世的传令官来访一事，见E 403/451, 21 Mar. 1373。
4　*Eulogium*, iii, 233.

复本可能曾流传到英格兰宫廷,[1] 约翰·曼德维尔在普瓦捷会战后所作的《盎格鲁－诺曼游记》,据说是献给爱德华三世的,其中描述了大量来自世界各种文化中的文明人、野蛮人及怪物。1366 年,爱德华三世在纽福里斯特(New Forest)狩猎途中,接到汇报说有一个自称是印度王之子约翰·巴尔巴特的人来访。来访者因为真实身份可疑而被驱逐出境。[2] 然而,即便这些人并非来自东方,我们也可将之理解为,爱德华三世在世界的声名不断远扬。曼德维尔在书中将爱德华三世称为"最俊秀的君王,集所有优异美德于一身……诚信而荣耀的基督徒,勇武之士的赞助人,正直而强壮的模范"[3]。1360 年一份呈给国王的表章中使用了极浮夸的称呼:"给我们最荣耀、最可敬、最仁慈,及世界上最强大的国王。"[4]

这种令人兴奋的混合文化无疑有助于解释为什么他在议会上推行语言民族主义,但依然深深地认可盛行于欧洲宫廷的法语文化。成书于 14 世纪 50 年代中期的《圣药之书》(*Livre de seyntz medicines*)里,格罗斯蒙特的亨利曾说,"我是个英格兰人,因此我一点也不懂法语"(Je suis anglais, et n'ai pas moelt hauntee le franceis),对此我们不要太信以为真。[5] 亨利是当时欧洲最显赫的亲王之一,他在写作上的天赋和创意非常明显地表明这是作者的谦虚修辞。因此,爱德华三世的图书馆继续被法语浪漫文学作品所统治,便一点也不稀奇了。理查二世从爱德华三世那里继承来的十八本著作无疑都是精选的法语作品,如《亚瑟王罗曼司》(*Romance du Roy Arthure*)与《寻

---

1 M. J. Bennett, "*Mandeville's Travels* and the Anglo-French Moment", *Medium Ævum*, lxxv (2006), 281.
2 E 101/396/2, fol. 38v; E 403/427, 11 July, 28 July, 1366; E 403/429, 16 Oct., 19 Oct. 1366.
3 *Mandeville's Travels*, ed. P. Hamelius, 2 vols (EETS, cliii–cliv, 1919–1923), ii, 14. 有关这一献词具有真实性的讨论,见Bennett, "*Mandeville's Travels*", 276–278。
4 SC 8/247/12318; Ormrod, "Problem of Precedence", 152.
5 *Le livre de seyntz medicines*, ed. E. J. Arnould (Anglo-Norman Texts, ii, 1940), 239.

找圣杯》(Quest de Saint Grael)。[1]

1356 年之后，因为约翰二世及其他身份显赫的法国俘虏及人质，英格兰宫廷也延续了说法语的传统。14 世纪 60 年代，声名显赫的音乐诗人纪尧姆·德马肖为爱德华三世的座上宾贝里公爵写了《恋爱喷泉之诗歌》(Dit de la fonteinne amoureuse)。[2] 与埃诺的联系也与此差不多。杰出的诗人、音乐家让·德拉莫特此前留驻爱德华的宫廷，当菲莉帕王后的父亲去世时，他写了一首挽歌，后来他又在 50 年代末期回到了英格兰。[3]1361 至 1362 年间，德拉莫特的埃诺同胞让·傅华萨抵达爱德华的宫廷，用法语写作了一部韵文编年史献给他的女同胞菲莉帕王后。他的奉承让他如愿以偿，因此被菲莉帕王后留在英格兰为自己服务，他为取悦她而作了"优美的小调与充满爱的文字"，一直到王后逝世。[4]

然而，这不排除在爱德华三世后来的统治期间英语文化在宫廷当中也享有独特地位的可能性。环绕在国王周围的法国文化影响很大程度上是因为前后两任王后，即伊莎贝拉和菲莉帕。此外，还有出生在法兰西的有权势的夫人们，如孀居的萨里伯爵夫人（死于 1361 年）、彭布罗克伯爵夫人（死于 1377 年）的影响。布拉邦松骑士弗兰克·范哈利抵达英格兰后，于 50

---

[1] R. F. Green, "King Richard II's Books Revisited", *Library*, xxxi (1976), 235–239; N. Saul, "The Kingship of Richard II", *Richard II: The Art of Kingship*, ed. A. Goodman and J. Gillespie (Oxford, 1999), 43. 更普遍的，亦见 M. J. Bennett, "France in England: Anglo-French Culture in the Reign of Edward III", *Language and Culture in Medieval Britain: The French of England, c. 1100–c. 1500*, ed. J. Wogan-Browne (York, 2009), 320–333。

[2] E. Salter, *English and International: Studies in the Literature, Art and Patronage of Medieval England* (Cambridge, 1988), 241–242; W. Calin, *The French Tradition and the Literature of Medieval England* (Toronto, 1994), 8.

[3] N. Wilkins, "*En regardant vers le païs de France*: The Ballade and the Rondeau, a Cross-Channel History", *England in the Fourteenth Century*, ed. Ormrod, 298–302.

[4] Froissart, *Oeuvres*, xiv, 1; A. Butterfield, "French Culture and the Ricardian Court", *Essays on Ricardian Literature in Honour of J. A. Burrow*, ed. A. J. Minnis, C. C. Morse and T. Turville-Petre (Oxford, 1997), 89–93.

第十六章 富丽堂皇的宫廷（1358—1369）

年代后期加入嘉德骑士团，在这之后，他更多地是在王后内府而非国王内府任职。[1] 尽管有约翰二世的影响，但以王后为中心的小型法语殖民地，确实在一定程度上受到了围攻。1359 年，由于英法之间的紧张关系，菲莉帕和玛丽·德圣波尔身边的一些随从不得不依靠特殊赦免令，才能不被驱逐外敌的逐客令赶出去。[2] 当 1358 年伊莎贝拉王太后及 1369 年菲莉帕王后死后，才可以说，欧洲大陆的法国文化在英格兰宫廷中失去了最明显的支持者。因此，在菲莉帕王后的葬礼之后，傅华萨离开英格兰，被视为金雀花宫廷抛弃法国文化而采用英格兰本土文化的一个标志性时刻。[3]

爱德华三世自己内府的国际构成也让法语不再是唯一的语言。从 14 世纪二三十年代始至其后的二十年里，他的内府中有几个荷兰、日耳曼骑士及士绅为其服务并留在宫廷中整整一代人时间。沃尔特·莫尼爵士是宫廷中的一个重要人物，他在 1348 年迁入高级贵族之列，并结了一门显贵的亲事，娶了国王的堂妹诺福克女伯爵玛格丽特·马歇尔。[4] 对傅华萨而言，莫尼是个了不起的英雄，在他的想象中，莫尼与国王下意识地用英语交谈甚欢。[5] 其他人可能也纷纷效仿。比如，多布里奇科特家族便是当时诺丁汉郡一个讲英语的重要乡绅圈子，这个家族的最新一代人科拉尔与尼古拉斯在 14 世纪 60 至 70 年代进入了国王内府。埃斯卡隆领主蒂埃里（或卡农）·罗伯萨尔特，在 1365 年又再次更新了与英格兰宫廷存在已久的关系，一定程

---

1 关于范哈利作为王后内府骑士的身份，见 E 101/395/2, n. 236。关于他职业的其他方面，见 Collins, *Order of the Garter*, 55 and n. 94。
2 C 76/37, m. 9.
3 Fowler, *Age of Plantagenet and Valois*, 192; M. Zink, *Froissart et le temps* (Paris, 1998), 16–17.
4 *ODNB*, xxxvii, 445–448; R. E. Archer, "The Estates and Finances of Margaret of Brotherton, 1320–1377", *BIHR*, lx (1987), 264–280. C 76/37, m. 9 记载, 1359 年在马歇尔女伯爵府中有两个"皮卡第"。
5 A. Butterfield, *The Familiar Enemy: Chaucer, Language, and Nation in the Hundred Years War* (Oxford, 2009), 163–164.

度上正因如此，不久之后，他们家族被称为"本质英格兰人"。[1]甚至是乐官、传令官，在爱德华三世统治的晚期，也大多是英格兰本土之人。从名字来看，当时宫廷表演者当中，来自欧洲大陆的人，仅有勃艮第的彼得和布拉格的尼古拉斯。[2]这些证据表明，至少在日常交流中，国王与内府中人倾向于使用英语。正如爱德华三世那令人费解的座右铭一样，宫中喜见的其他精心制作的双关语，使用的也是英语。如王室在1371年收藏的物品中，有一个镀银的高脚酒杯，上面刻着"越想抓住一个人，便越可能失去他"（Who may hald [hold] that will away）。这表明国王偏爱用母语来表达谜语与双关。[3]

在14世纪的下半叶，爱德华三世是否通过举办上流社会观众可以观看的新的中古英语文学作品的相关演出来确认其以英语为母语的资格，这是一个很有用的问题。[4]突出的一个例证是14世纪早期的浪漫文学《沃里克的盖伊》（*Guy of Warwick*），取材于有名的盎格鲁-诺曼虚构的作品——比彻姆家族英雄祖先的事迹。在14世纪50至60年代，沃里克伯爵托马斯·比彻姆有很多亲戚出入于爱德华的宫廷，包括他的儿子和继承人托马斯、弟弟约翰，以及他们的远房堂亲约翰、罗杰，即波伊克的贾尔斯·比彻姆的儿子们。[5]英语版《沃里克的盖伊》被收录在一本非常重要的，成书于14世纪30年代的合集奥金莱克手抄本（Auchinleck Manuscript）中。尽管其赞助者通常被认为是伦敦的一个商人，但是奥金莱克所包含的文本

---

1 E 101/395/10; E 101/396/2, fol. 56; E 101/397/5, fols 43, 82; Froissart, viii, l n. 3; J. W. Sherborne, *War, Politics and Culture in Fourteenth-Century England* (London, 1994), 11; Collins, *Order of the Garter*, 54–55.

2 E 403/417, 24 Oct. 1363; E 403/417, 17 Feb. 1364; E 403/429, 15 Oct. 1366; E 403/438, 15 Sept. 1369.

3 *Antient Kalendars*, iii, 273.

4 关于后续的初步讨论，见A. I. Doyle, "English Books in and out of Court from Edward III to Henry VII", *English Court Culture*, ed. Scattergood and Sherborne, 164–166。

5 E 101/392/12, fols 40, 41; E 101/393/11, fol. 76; E 101/396/2, fol. 56; E 101/396/11, fol. 17; GEC, ii, 44–45.

第十六章　富丽堂皇的宫廷（1358—1369）

种类，及其所描述的比彻姆家族，事实上与金雀花王室直接相关。这本书可视为英格兰韵文编年史、亚瑟与狮心王理查的浪漫冒险文学，或是东方幻想故事集。[1] 与其将爱德华三世的圈子视作抵制粗俗方言文化影响的封闭性团体，不如说 14 世纪中期的宫廷已开创一种具有文化特性的中古英语文学。

关于当时爱德华的宫廷是否接受了 14 世纪最伟大的中古英语头韵体复兴作品《高文爵士与绿衣骑士》（*Sir Gawain and the Green Knight*），是个引人注意的问题。尽管幸存的唯一手稿是 14 世纪末期留下来的，但这一诗篇有可能在 1350 年便已经写就。第二任索尔兹伯里伯爵威廉·蒙塔古、兰开斯特公爵格罗斯蒙特的亨利都曾是可能的资助人，[2] 因此，《高文爵士与绿衣骑士》可能也曾流入宫廷。在手稿的末尾，抄写员还加上了嘉德勋章的格言，就像为英雄的绿色腰带增添别样含义。由于该诗篇写到高文受到其主人博迪拉克爵士之妻的美色诱惑，因此这有可能是法兰西人造谣中伤并影射爱德华三世诱奸索尔兹伯里伯爵夫人一事。然而，忠实的读者可能更倾向于将诗歌开篇主持圣诞晚宴、诗歌结尾赐予高文爵士荣耀的亚瑟王理解为爱德华三世。即便《高文爵士与绿衣骑士》并未受到王室的直接赞助与影响，也不难从书中得出结论，该书作者深刻理解了当时盛行于爱德华宫廷的道德价值观与社会习俗。

杰弗里·乔叟最能说明爱德华三世在 14 世纪 60 年代倾向于英语文化。从任何层面上来说，乔叟都算不上是一位宫廷诗人，没有证据表明他的作

1　关于支持奥金莱克手抄本是受比彻姆委托撰写的论断，见 Turville-Petre, *England the Nation*, 108–141; R. Field, "From *Gui to Guy*: The Fashioning of a Popular Romance", *Guy of Warwick: Icon and Ancestor*, ed. A. Wiggins and R. Field (Woodbridge, 2007), 44–60。
2　W. G. Cooke, "*Sir Gawain and the Green Knight*: A Restored Dating", *Medium Ævum*, lviii (1989), 34–48; Ingledew, *Gawain*, 133–157; W. G. Cooke and D'A. J. D. Boulton, "*Sir Gawain and the Green Knight*: A Poem for Henry of Grosmont?", *Medium Ævum*, lxviii (1999), 42–54.

品是受王室直接委托而创作的。[1] 然而，乔叟决定用英语创作，却可能与他先后为阿尔斯特伯爵夫人、爱德华三世及冈特的约翰服务有关联。[2] 他的第一首英文诗《公爵夫人之书》（The Book of the Duchess）是为了悼念死于1368年的冈特的约翰的第一个妻子兰开斯特的布兰奇。这首诗充分展示了中古英语表达饱满情感的能力，长期以来，这种语言上的张力被认为只有法兰西宫廷韵诗才能够表现出来。实际上，很快，仿效的过程就朝相反的方向发展了。博华萨创作的《蓝骑士之歌》（Dit dou Bleu Chevalier），其灵感便是受到了《公爵夫人之书》的直接刺激。后来深受人尊敬的法国诗人厄斯塔斯·德尚对乔叟大加赞扬，因为乔叟试图将法国的《玫瑰传奇》（Roman de la Rose）翻译成英语。[3] 在爱德华三世统治末期，英语已成为欧洲文学写作中继法语、意大利语之后又一种文学方言。

爱德华三世认为，随着自己在基督教世界中地位的不断上升，那么在他的宫廷中，也应该有什么来回应自己的这一地位。英语文学作品的出现，应该与此相关，但我们也不宜夸大这一方面。因为爱德华三世既未倡导中古英语的复兴，也未委托任何人用英语创作作品。他也不像亨利四世、亨利五世那样曾将英语钦定为国王与其臣民进行书面交流的语言。爱德华三世在14世纪60年代醉心于方言文化是可信的，只要他及其臣民继续相信他们关于英格兰统治法兰西的想象。但随着1366年双方外交关系的逆转，并于1369年重新爆发战争，这种想法的脆弱性彻底暴露出来。尽管如此，我们还是有理由相信，爱德华三世在14世纪60年代的议会中通过展现他与宫廷在构成、习俗和文化上都是可辨识的英格兰人，有意补充了他有关

1　D. Pearsall, "The *Troilus* Frontispiece and Chaucer's Audience", *Yearbook of English Studies*, vii (1977), 68–74; G. Olson, "Geoffrey Chaucer", *The Cambridge History of Medieval English Literature*, ed. D. Wallace (Cambridge, 1999), 566–570.

2　Pearsall, *Life of Geoffrey Chaucer*, 47–48, 95–102.

3　J. I. Wimsatt, "The *Dit dou Bleu Chevalier*: Froissart's Imitation of Chaucer", *Mediaeval Studies*, 34 (1972), 388–400; Butterfield, *Familiar Enemy*, 143–151.

第十六章　富丽堂皇的宫廷（1358—1369）

国家主权的夸大其词的主张。从这一方面来看，爱德华统治时期或许可以被视为诺曼底公爵后裔转变为真正的英格兰人这个漫长而复杂的过程中的一个关键阶段。[1]

如果说14世纪60年代早期是爱德华三世展示恢弘气势的高峰期，那这个十年的后面几年则是这一活动的缩减期。除了温莎每年一度的嘉德骑士聚会之外，并无证据表明爱德华在1364至1376年间举办了任何大型骑士比武赛。[2] 王室旅行也明显减少了。爱德华的最后一次公开出访是1363年去英格兰中部，当时他、王后以及法兰西的一些亲王人质在国王内府所有人员的陪同下，先后经过了北安普敦郡、莱斯特郡和诺丁汉郡的王家狩猎区，访问朗德和纽斯特德奥古斯丁修道院，以及莱斯特镇、诺丁汉镇。[3] 9月8日，爱德华到达该次旅行的终点。在诺丁汉城堡的大厅里，爱德华恩准该镇镇民从特伦特河的王家渡轮收取资金以重建公共桥梁。[4] 相比之下，1366年爱德华的夏季旅行就要简单得多，王后与王室内府的大部分人员都停留在温莎、黑弗灵，爱德华仅带了一小队随从前往纽福里斯特狩猎。索尔兹伯里伯爵在坎福德马格纳做好了迎接国王一行人的准备，希望他们能够在此停留一两个晚上。[5] 此外，爱德华还数次庄严拜访比尤里修道院。随后，他南下科夫，经克拉伦登至黑弗灵与王后会合。这似乎只是一次没有任何固定仪式礼节的私人性质的短途旅行。

王室旅行的特征与功能的这种变化，也反映在地理范围的日渐缩小上。

1　J. S. Hamilton, *The Plantagenets: History of a Dynasty* (London, 2010), 225–226.
2　见本书第633页。
3　关于在莱斯特的赦免行为，见本书第461页。
4　*CPR 1361–4*, 419; *Records of the Borough of Nottingham, 1155–1399*, ed. W. H. Stevenson (London, 1882), 182–183; A. Cooper, *Bridges, Law and Power in Medieval England, 700–1400* (Woodbridge, 2006), 1, 55, 125. 亦见*CPR 1361–4*, 396。
5　*Calendar of Ancient Correspondence Concerning Wales*, 222–223.

1363 年之后，爱德华再未造访克利普斯通及谢尔伍德森林的贝斯特伍德王家狩猎区，而是将出行地区选择在萨里、汉普郡、伯克郡及北安普敦郡的王家保护领地。在非狩猎季及无礼仪活动的春季，他总是离开威斯敏斯特和温莎，造访东南地区诸如希恩、金斯兰利、格雷夫森德、罗瑟希德、埃尔特姆、昆伯勒、哈德利（Hadleigh）及黑弗灵等地的城堡、庄园和住所。而且，犹如 1366 年那样，国王内府成员不再倾巢出动，他仅率领贴身家人（privata familia）出行，亲卫、仆从的人数不超过五十人。[1] 这节省下不少开支。14 世纪 60 年代末，他数次解雇王室内府的厨师、面包师，并在白金汉郡伯纳姆的女修道院附近，给这些开除出温莎的人安排了住处。[2]

爱德华三世转向悠闲而定居的生活方式，表明他日趋衰老。傅华萨后来记载道，当塞浦路斯的佩德罗请求爱德华三世支持他在 1363 至 1364 年的十字军东征时，爱德华回答说自己的年纪太大了，不能进行这样的冒险活动了，他宁愿将此机会留给自己的儿子们。[3] 当然，他也不再热衷于那些条件艰苦的旅行了。他最后一次宿在帐篷里的国内旅行，是 1366 年他临时造访汉普郡东泰瑟利（East Tytherley）的王后庄园。[4] 与此同时，他需要更加规律的医疗诊治。14 世纪 60 年代，药剂师威廉·斯坦与威廉·内尔韦频繁地为爱德华三世供应药品，医师约翰·格拉斯通与约翰·帕拉丁也更频繁地出现在宫廷里。这样的治疗费用很高：1367 年的一张药物费用清单上面记载的花费高达五十四镑，这是一个富有骑士一整年的收入。[5] 没有

1　Tout, *Chapters*, iv, 177–181; Given-Wilson, *Royal Household*, 33; McIntosh, *Autonomy and Community*, 22.
2　E 403/427, 18 July 1366; E 404/9/59, privy seal writ, 26 Jan. 1369.
3　Froissart, vi, 90–92, 280–284. 参考 *Chron. QPV*, 128, 其中记载（也可能是讽刺），爱德华告诉佩德罗他应该把塞浦路斯交给英格兰王室，作为对理查一世早年间征服该岛的承认。
4　E 101/396/2, fol. 42v.
5　E 101/393/15, m. 2; E 101/394/16, m. 16; E 101/396/2, fol. 40v; E 101/396/11, fol. 15; E 159/144, *Brev. bar.*, Mich., rots 12, 14d; Tout, *Chapters*, iv, 182; Talbot and Hammond, *Medical Practitioners*, 151, 174.

第十六章　富丽堂皇的宫廷（1358—1369）　　531

证据表明爱德华三世在 60 年代患有慢性病，因此这笔钱当中，至少有部分是花在身体每况愈下的王后身上。1366 年春，王后从一场重病中康复，为此爱德华奖励了王后的侍女。[1] 考虑到爱德华三世总是与王后成双成对地出现在宫廷礼仪活动上，那么，王后身体状况的恶化，可能是 60 年代后期公共仪式减少的重要原因之一。

王室恢弘气势不再，造成的一个主要后果便是王室内府高级员工、近侍的急剧减少。60 年代中期，服务国王的只剩下十几个骑士。而且，在国王私人空间里服侍国王的宫室骑士与服侍国王的平民之间的身份差异与地位区别，较之从前更为明显了。[2] 内府骑士数目的减少，可能只是因为新的后勤制度，但这对王室更广泛的代表性和宫廷的开放性产生了强烈的影响。14 世纪 60 年代末，依然留在国王内府正式供职的贵族是牛津伯爵（作为世袭内务总管）、珀西勋爵、拉蒂默勋爵、托马斯·比彻姆勋爵及吉尔伯特·德斯潘塞。[3] 至于其他高级人员，大部分都来自一个范围相对狭小而且世袭的贵族世家。菲利普·拉瓦赫是 70 年代王室内府的一个骑士，也是乔叟的朋友，他的职位便是直接袭其父亲理查德。理查德在 60 年代中期曾是王室内务副总管。[4] 同样，约翰·阿特沃德爵士之所以能成为侍从骑士，很大程度上是因为他娶了王后的侍女露西——著名的廷臣霍尔特的约翰·比彻姆爵士之女。[5] 这样的关系网毫不稀奇。但是，由于不再从外界吸收人员，这个

1　E 404/7/47, privy seal writ, 13 May 1366; E 403/427, 19 May 1366.
2　Given-Wilson, *Royal Household*, 280–281.
3　E 101/395/2, no. 236; E 101/395/10; Given-Wilson, *Royal Household*, 281; M. J. Lawrence, "Power, Ambition and Political Rehabilitation: The Despensers, *c.* 1281–1400"(University of York PhD thesis, 2005), 37. 关于牛津伯爵主张自己有权担任内府管家及其在14世纪60年代期间出现在宫廷，见Tout, *Chapters*, iv, 338–339; Given-Wilson, "Royal Charter Witness Lists", 69, 71。
4　Tout, *Chapters*, vi, 43, 47; G. Chaucer, *The Riverside Chaucer*, ed. L. D. Benson, 3rd edn (Oxford, 1987), 653, 1084–1085.
5　阿特沃德作为宫室骑士的记载，见E 159/146, *Brev. bar.*, Pasch, rot. 5。关于他的职业生涯，见本书第390—391页。

小圈子便固化起来。从 60 年代末国王内府的功能与人员构成，我们已经可以发现 1376 年国王内府作为派系分裂、相互争斗、腐化堕落的摇篮，早已埋下了种子。

即便宫廷的表现和人员的变化，以更广泛的政治精英所能接受的方式来解释并不困难，但爱德华三世依然有一些非常严重的事情需要隐瞒。1364 年，王后的一个侍女爱丽丝·佩勒斯先是为爱德华三世生了一个儿子，取名为约翰·索斯雷，紧接着又生下两个女儿，琼与简。[1] 不管之前爱德华三世曾有过什么过错，却从未与他人诞下私生子女。在宫廷社会里人们往往坦然看待这类事情，私通不一定被视为忤逆道德之事。但他拥有一个情妇这事，让人不得不质疑他忠诚于家庭的誓言，也暴露出他是个玩弄女性的伪君子。大卫二世公然热恋情妇一事，让苏格兰的政治家们议论不休；1360 年大卫二世的情妇凯瑟琳·莫蒂默被谋杀，以及 1363 年他与玛格丽特·德拉蒙德的婚姻，都引起了纷纷扰扰的流言蜚语，而爱丽丝·佩勒斯正是在这当头爬上了爱德华三世的床。[2] 英格兰政府很快就着手处理这一桩王室绯闻。爱德华非常不愿意接受政府的干预，1366 年前，尽管他让爱丽丝从王后菲莉帕的侍女之任上离职，但是他同意其情妇取得给国王内府供酒的特许权，此外，他还赐给爱丽丝另一个直接恩惠，即赐予她一座单独的城堡，位于遥远的坎伯兰。[3] 众人认为，只要王后菲莉帕还活着，爱丽丝与爱德华三世之间的私通必将走到尽头，而爱丽丝及其私生子女终将默默无闻。

然而，众人之所以有这样的想法，无疑是因为没有认识到爱丽丝的

1　C. Given-Wilson and A. Curteis, *The Royal Bastards of Medieval England* (London, 1984), 136–142.

2　Penman, *David II*, 245–246, 269, 293.

3　*CPR 1364–7*, 321, 396, 397, 418. 关于颁发为国王内府供应酒的许可，见 E 101/396/2, fol. 34; E 101/397/5, fols 45v, 84v; E 101/397/20. 在现存的1366和1369年为王后侍女制作制服的名单上，并无爱丽丝的名字，"Enrolments and Documents", 162–170.

第十六章　富丽堂皇的宫廷（1358—1369）

足智多谋。她是一个依靠自己的奋斗取得成功的女人，此前，为了嫁与伦敦的一个商人詹尼·佩勒斯为妻，她离开了位于伯克郡东汉尼（East Hanney）的一个普通自由人家庭。在14世纪60年代，尽管她是个年轻的寡妇，但已与商界建立了联系。[1] 意识到国王可能不会公开承认他们的儿子，她转而为约翰·索斯雷的未来另做打算。从1364至1369年，她秘密地从王室金库中取出钱来，投资伦敦的房产以及伦敦周围各郡、英格兰中部的南边地区和其他地区的乡村地产。那些曾与爱丽丝打过交道的人，后来对她颇有微词，说她在14世纪60年代处理她的私人商务时，飞扬跋扈，肆无忌惮，不择手段。[2]

尽管宫廷尽其所能地掩盖真相，但很可能在1368年前，爱丽丝已成为淫秽题材的主角。爱丽丝常被认为是米德夫人的原型，米德夫人是威廉·朗格兰所作《农夫皮尔斯》中的角色，作者通过她来反映声名狼藉的道德与腐化朽败的法律。实际上，这部诗篇的第一个版本写于14世纪60年代初期，当时爱丽丝还未进入公众视野。只是，在后来1377年及1381年的修订版本中，朗格兰才通过米德夫人来反映爱丽丝·佩勒斯私通生涯的一些细节。[3] 公众对于国王情妇的讨论，最早出现在著名的托钵会修士约翰·埃格姆所写的《布里德灵顿的约翰的预言》里。可能在菲莉帕王后还在世时，这一作品就已完成，最迟在1372年也已撰就。埃格姆小心谨慎，避免太过直接地影射爱丽丝。但在涉及《圣经》故事中的参孙与大利拉、大卫与拔示巴时，他似乎笔锋一转，直面现实，批判淫荡好色让爱德华三

1　W. M. Ormrod, "Who was Alice Perrers?", *Chaucer Review*, xl (2006), 219–229.
2　J. Bothwell, "The Management of Position: Alice Perrers, Edward III, and the Creation of a Landed Estate, 1362–1377", *JMH*, xxiv (1998), 31–51; W. M. Ormrod, "The Trials of Alice Perrers", *Speculum*, lxxxiii (2008), 381–386.
3　M. Giancarlo, "*Piers Plowman*, Parliament, and the Public Voice", *Yearbook of Langland Studies*, xvii (2003), 135–174.

世身体虚弱，头脑昏聩，渎职乱政。[1]由于王后菲莉帕当时已病入膏肓，所以宫廷上下极为担忧，担心爱丽丝·佩勒斯取代王后不仅是占据爱德华三世的怀抱，还可能占据参与国家公共仪式的位置。

在 14 世纪 60 年代里，关于王室恢弘气象的维护，有一方面，爱德华三世始终不曾改变，那便是葬礼仪礼。在这十年前后，他先后失去了母后伊莎贝拉（死于 1358 年）、妹妹苏格兰的琼（死于 1362 年）、王后菲莉帕（死于 1369 年）、女儿玛格丽特（死于 1361 年）与玛丽（死于 1362 年）、第二子莱昂内尔（死于 1368 年）、儿媳妇克拉伦斯的伊丽莎白（死于 1363 年）与兰开斯特的布兰奇（死于 1368 年）。这些悲剧，让他悲痛难忍。为了家族成员们的灵魂能够安息，爱德华对葬礼自然极为上心。1361 年，他设法确保威斯敏斯特的圣斯蒂芬礼拜堂能够给王室成员的洗礼和葬礼提供优先权。[2] 之后的几年，为了菲莉帕王后给两位女儿玛格丽特与玛丽委托打造的坟墓，他至少支付了一百镑给阿宾顿修道院，并在金斯兰利的王家基金会竖立窗户以纪念这两位公主。晚年，他还在威斯敏斯特委托修了一个新墓地，作为伦敦塔的布兰奇与温莎的威廉的安息地，他的这两个孩子在 14 世纪 40 年代辞世。[3]1368 年，当莱昂内尔离世的噩耗传到英格兰时，爱德华三世召集整个王国的所有权贵，要求他们于次年 1 月到威斯敏斯特教堂参加王子的葬礼，并为他的灵魂祈祷。[4]

---

1 *Political Poems*, i, 141, 142, 159, 161; Barnie, *War in Medieval English Society*, 145–147; C. D. Fletcher, "Corruption as Court: Crisis and the Theme of *luxuria* in England and France, c.1340–1422", *The Court as Stage: England and the Low Countries in the Late Middle Ages*, ed. S. Gunn and A. Janse (Woodbridge, 2006), 28–38.
2 *CPP*, 363.
3 E 403/429, 26 Oct 1366; E 403/429, 17 Feb 1367; E 403/434, 27 May 1368; *King's Works*, i, 262, 486.
4 莱昂内尔的遗体直到爱德华统治末期才被运回英格兰。E 403/436, 16 Dec. 1368; *Collection of the Wills*, 88; *AC*, 56–57; E 101/397/20, m. 9.

第十六章　富丽堂皇的宫廷（1358—1369）

就在这一时期，爱德华三世对自己的身后之事也变得更为在意，这不意外。1359 年，当他启程去法兰西的前夜，因为担心自己战死沙场，他提前把所有的珠宝都交给了王后菲莉帕，说一旦自己没能回来，这些珠宝将归她永久所有，遗嘱执行人不得过问。[1] 大约在同一时期，他对宗教捐赠也很是上心。1362 年，他花了两千镑向亨廷顿伯爵夫人朱丽安娜·利伯恩购买一片私人地产，将其地产上的收入捐给圣玛丽格雷斯修道院、威斯敏斯特的圣斯蒂芬礼拜堂和金斯兰利的托钵修会。[2] 他还为自己的葬身之处做了明确的安排。与 1338 年说要在科隆建立陵寝的戏耍之词相比，1354 年他在温莎提出的想法要更可信，他决定将来埋在威斯敏斯特教堂"忏悔者爱德华"礼拜堂的南边拱廊处。其实，他的这一想法早在 1339 年就已出现。[3] 1359 年访问威斯敏斯特时，他对威斯敏斯特的修士表达了自己的意图，说将来要埋在靠近"最英明勇敢的战士、最理智的政治家"爱德华一世的教堂里。[4] 由此可见，他的国王身份与责任感最终占了上风，让他选择威斯敏斯特作为自己的安息地。

对于政治精英们的辞世与追悼会，作为国王的他，也已司空见惯，他

1　*CPR 1358–61*, 269.
2　*CCR 1360–4*, 362–364; Wolffe, *Royal Demesne*, 62; Harriss, *King, Parliament*, 485; Given-Wilson, "Richard II and his Grandfather's Will", 320–337. 早前从罗杰·巴文特那里获得的萨塞克斯郡的房产现在也被分配给了国王在金斯兰利的捐赠。*CIPM*, x, no. 387; *CFR 1347–56*, 294; *CFR 1356–68*, 22–23; N. Saul, *Scenes from Provincial Life: Knightly Families in Sussex, 1280–1400* (Oxford, 1986), 181。对约翰·科巴姆爵士在1359年转让给他的地产，爱德华很可能当初也想同样处理，为此国王赏给科巴姆2000马克、100马克的年金及相关地产的终身权益。然而，科巴姆事实上比爱德华三世活得还长。见*PROME*, vi, 17–19; *CCR 1360–4*, 529; *CPR 1361–4*, 479; E 403/417, 20 Oct. 1363。
3　WAM 6300*，载Ormrod, "Personal Religion", 868 n. 109; Binski, *Westminster Abbey*, 195; D. M. Palliser, "Royal Mausolea in the Long Fourteenth Century (1272–1422)", *Fourteenth Century England III*, ed. Ormrod, 9–10。
4　Reading, 132–133; A. Gransden, *Historical Writing in England*, 2 vols (London, 1974–82), ii, 108。亦见*Brut*, ii, 309; *The Great Chronicle of London*, ed. A. H. Thomas and I. D. Thornley (London, 1938), 40。

们的葬礼他没有办法一一参加。当大贵族葬在首都之外时，他按照惯例送去悬挂在灵车和棺材上的金缕，以显示逝者尊贵的身份。[1] 然而，有时候爱德华也不局限于此。1360 年，马奇伯爵战死法兰西沙场，他特意授令国内，要求在温莎城堡为马奇伯爵举行哀悼仪式，所有费用由他负责。[2] 爱德华的堂兄，格罗斯蒙特的亨利的葬礼于 1361 年 4 月在莱斯特举行，在时间上正好与非常重要的早就安排好的咨议会重合了，但爱德华三世还是派了爱德华、约翰和埃德蒙三个王子代表自己前去参加葬礼。[3] 1364 年春，因为与约翰二世的会谈，爱德华不能出席在萨福克的布鲁赛德和克莱尔为克拉伦斯的伊丽莎白举办的追悼会，但他还是花时间写了封信给诺里奇主教，要求他主持公爵夫人在克莱尔的葬礼。[4] 以上事例表明，即便爱德华不能亲自出席逝者的葬礼，也可以清楚看出他对于逝者尊严的敬重与维护。

在伊莎贝拉王太后、约翰二世及菲莉帕王后的葬礼安排上，爱德华三世充分展示了他对于葬礼和纪念仪式的精通。伊莎贝拉王太后早就定好了自己的安息地，她想要埋葬在伦敦弗朗西斯托钵会修院里。在这个地方，已安葬了普罗旺斯的埃莉诺的心脏，法兰西的玛格丽特的坟墓也位于此。此外，苏格兰的琼在几年后也与母亲一样选择此处作为她最终的灵魂归处。[5] 从 1358 年 8 月末伊莎贝拉去世开始，花了大约三个月，她那宏大的葬礼才最终结束。11 月末，大量的王室成员与教俗两界精英都参加了伦敦的纪念

1　在1360至1361年间，克莱尔夫人伊丽莎白的葬礼在伦敦的女修道院举行，约翰·比彻姆爵士的葬礼在圣保罗教堂举行，北安普敦伯爵的葬礼在埃塞克斯的瓦尔登修道院举行，这些葬礼上所用的金缕都有记载，E 101/393/15, m. 10。
2　E 101/393/11, fol. 61v.
3　*RDP*, iv, 627–629; *Collection of the Wills*, 84; *BPR*, iv, 73; E 403/408, 8 Apr. 1361; Goodman, *John of Gaunt*, 36. 金缕依然由国王提供，E 101/393/15 m. 14。
4　E 101/394/16, m. 3; E 101/394/19; E 361/4, rot. 12.
5　J. C. Parsons, "'Never was a body buried in England with such solemnity and honour': The Burials and Posthumous Commemorations of English Queens to 1500", *Queens and Queenship in Medieval Europe*, ed. A. J. Duggan (Woodbridge, 1997), 330–331. 关于琼的葬礼，见 E 403/412, 20 Oct. 1362; *Issues*, 184。

第十六章　富丽堂皇的宫廷（1358—1369）

仪式。[1]为了治愈1326至1327年政变所带来的伤痛，爱德华三世坚持让母后穿着她的婚礼盛装连同一个骨灰盒——里面装着她那去世已久的丈夫的心脏———起下葬。[2]他施舍了大约五百五十镑给伦敦城的穷人，还将各种各样的礼物赐给了她所安葬的托钵会修院。[3]不仅如此，在12月，即葬礼之后的一个月，大法官埃丁顿、国库长谢佩及伦敦市长与市政官出席了一场为王太后举办的安魂弥撒，他们带去了酒品和甜点。[4]后来，在王太后的周忌纪念仪式上，金缕装饰着她的坟墓，游行队伍举着火炬，国王还给伦敦纽盖特监狱里的囚犯发放救济品，并给伦敦城里的各种宗教场所赏赐物品。[5]似乎，伊莎贝拉王太后的身后荣光，让她比生前更像一个王太后。

约翰二世于1364年春死在英格兰，给了爱德华三世一个极好的机会向海内外民众展示他的慷慨。尽管爱德华同意（或知道）约翰的遗体应该运回法国安葬在圣但尼，但这并不妨碍在英格兰提前为他举行悼念仪式。在一百名火炬手的陪同下，遗体被庄严地抬往圣保罗教堂，王室成员及众主教、修道院院长、贵族都在场等候并吟唱了安魂曲。教堂里还搭建了一个挂着幕布的高台，以供悼念会期间爱德华使用。[6]悼念仪式之后，约翰二

1　*Eulogium*, iii, 311.
2　F. D. Blackley, "Isabella of France, Queen of England (1308–1358), and the Late Medieval Cult of the Dead", *Canadian Journal of History*, xv (1980), 26, 27, 30; F. D. Blackley, "The Tomb of Isabella of France, Wife of Edward II of England", *International Society for the Study of Church Monuments Bulletin*, viii (1983), 161–164; Ormrod, "Sexualities of Edward II", 45–46.
3　E 403/394, 29 Nov. 1358; E 361/4, m. 1d.
4　E 403/394, 8 Feb 1359.
5　E 101/393/7; E 101/394/10, 18; E 101/395/5; E 101/397/1, 13, 18, analysed by Blackley, "Isabella of France", 34–37, and J. Catto, "Religion and the English Nobility in the Later Fourteenth Century", *History and Imagination: Essays in Honour of H. R. Trevor-Roper*, ed. H. Lloyd-Jones, V. Pearl and B. Worden (London, 1981), 47. 关于1360年的周年纪念日，见E 101/393/11, fol. 61v。
6　E 101/394/16, mm. 11, 1; E 361/4, rot. 12; E 403/418, 11 Apr. 1364. 买来的金缕被挂在来参加葬礼仪式的国王和王后上方。爱德华三世为这一场合还新制了一套礼袍，E 101/394/16, m. 15。关于国王给圣保罗教堂的特殊捐赠，见*Issues*, 183。

世的遗体离开伦敦，爱德华亲自送行了两英里，然后，他委托尼古拉斯·达莫里指挥送葬队伍经坎特伯雷一直送至多佛尔。[1] 英格兰编年史家认为，约翰的肠子和心脏因为尸体防腐的需要而事先剥离了出来，分别葬在了圣保罗及坎特伯雷。此事的真伪难以考究，其寓意却是显而易见的：多亏了爱德华三世的恩典，他的法兰西对手们不论是活着，还是死去，他们的荣耀长存。[2]

与她婆婆一样，菲莉帕王后也对自己身后的葬礼有明确的想法，她也有充分的时间安排自己的悼念仪式。1365年2月之前的一些时间里，她曾问孀居的彭布罗克伯爵夫人，说自己想在巴黎寻处地方作为葬身之所。至1366年1月，由瓦卢瓦宫廷资助的著名工匠让·德列日接到了一份最新合同。[3] 就像爱德华三世宣称他想要埋在威斯敏斯特其祖父爱德华一世的对面一样，菲莉帕的坟墓在她生前也已建好，位于圣爱德华礼拜堂南边的最东端，与爱德华一世的王后卡斯蒂利亚的埃莉诺的坟墓相对。她的大理石塑像很有特色，它所展示的王后并非美丽可人，而是一个有着庞大的腰身和双下巴的老妇。同样地，坟墓上精心设计的肖像也传递出鲜明的政治化信息，着重于菲莉帕的王家尊贵地位、高贵的出身及她对于丈夫成为西方世界领袖所起到的外交上的主要贡献。

---

[1] "Wigmore Chronicle", 293; E 364/7, rot. 1d; *Chronique de Richard Lescot*, 245; *Issues*, 183; *Chronicle of Jean de Venette*, 120. 约翰二世死后被送回法兰西的盘碟清单，见"Notes et documents", 153–156。

[2] Reading, 216; *AC*, 51; J. Hardyng, *The Chronicle of John Hardyng*, ed. H. Ellis (London, 1812), 330; Delachenal, iii, 17–18.

[3] E 101/508/30; *Issues*, 189. 关于这些文献的日期及重要性，见W. M. Ormrod, "Queenship, Death and Agency: The Commemorations of Isabella of France and Philippa of Hainault", *Memory and Commemoration in Medieval England*, ed. C. M. Barron and C. Burgess (Donington, 2010), 96–103。关于坟墓的分析，见Morganstern, *Gothic Tombs*, 73–80; L. L. Gee, *Women, Art and Patronage from Henry III to Edward III, 1216–1377* (Woodbridge, 2002), 115–118; Sekules, "Dynasty and Patrimony", 169–173。

第十六章 富丽堂皇的宫廷（1358—1369）

1369年8月15日，菲莉帕在温莎城堡去世。[1]当时，与法兰西再次开战近在眼前，但是为了安排好王后的身后事，爱德华三世不得不推迟军队的招募。他一共花了将近五个月才完成菲莉帕王后的葬礼仪式。12月的某天，当确定日期之后，高级教士、贵族及贵妇们接到命令，要求他们冒着冬季严寒长途跋涉云集首都。[2]1月3日，在大量内府官员及由穿着黑色丧服的男女贫民组成的哀悼送葬方阵的陪同下，王后的遗体从温莎启程，先是经水路至伦敦主教在富勒姆的居所，随后又沿着泰晤士河抵达萨瑟克（Southwark）的圣玛利亚奥弗里教堂。1月8日，从伦敦的大街上，将王后的灵车运至圣保罗教堂，以举行安葬前的守夜仪式。次日，菲莉帕安眠于威斯敏斯特教堂。从温莎到威斯敏斯特，每一次停留时，王后的棺材都被精致的木棺枢或灵柩车小心翼翼地保护着，周边用火烛照亮。一直到为王后举行安魂弥撒一个月之后，威斯敏斯特的木棺枢才被撤走。[3]由于菲莉帕王后正好在伊莎贝拉王太后纪念日之前去世，因此在1370年之后，为纪念她们而举行的年度仪式被安排成一个连续的序列，主教和修道院院长们、王室和宫廷成员们会共同参加。当然，国王细心区分两位王后的重要性，在埃诺的菲莉帕王后纪念弥撒的捐赠与服务明显多于伊莎贝拉王太后的。[4]

没有理由怀疑爱德华三世在纪念菲莉帕王后时的真挚感情。傅华萨后来想象出一个这样的场景：垂死的菲莉帕告诫丈夫，要信守他死后与她并排同葬的承诺。[5]即便这暗示着国王对自己的婚姻不够忠诚，爱德华三世也绝不会故意破坏菲莉帕王后的公众记忆。在之后的一场议会里，大法官称：

1　J. W. Sherborne, *War, Politics and Culture in Fourteenth-Century England* (London, 1994), 3, 88–89. *ODNB*, xliv, 37给出的日期是在8月14日之前。

2　*Issue Roll of Brantingham*, 408–409; WAM, 12214，部分载于Ormrod, "Personal Religion", 868 n. 115。

3　*AC*, 58; *Issue Roll of Brantingham*, 98, 282, 383, 389, 492; "Enrolments and Documents", 172; E 101/395/2, no. 236; E 404/10/65, privy seal writ, 23 Mar. 1370.

4　Blackley, "Isabella of France", 34–37; Catto, "Religion and the English Nobility", 47.

5　Froissart, vii, 181–183.

"这世界从未有哪个基督教的国王或领主，像我们的君主国王一样，拥有如此尊贵、优雅的妻子，如此杰出的孩子——亲王、公爵等。"[1] 菲莉帕诞育了如此多优秀的孩子，在纪念她的盛会上，这一点很容易让人将她与圣母玛利亚相提并论。在她死后不久，威斯敏斯特的一名修道士写了一首好诗来赞扬她。这首诗可能是打算刻在她墓碑上的祭文：

> 让整个英格兰都殷勤祈祷，
> 因为菲莉帕王后倒下，仙逝了。
> 当她健在时，她对英格兰充满恩惠。
> 子民无缺，国家谷食亦无匮。
> 很明显，每个人都知道她已成就。
> 在世时呼求基督，教王国不会歉收。
> 因此，基督的虔诚不会消亡，
> 而她将臻无上的欢乐凭其善良。[2]

就像 15 世纪编年史书写的传统一样，菲莉帕已成为爱德华三世统治的一个政治象征，她爱她的英格兰民众，而她的英格兰民众也爱戴她。[3] 这

---

[1] *PROME*, v, 395.
[2] WAM, 15169:
Anglia tota vacet precibus quia sub libitina
Mortua regina clausa Philippa iacet
Hec quia dum viguit fuit Anglis gracia plena
Plebs non indiguit nec patria farris egena
Omnibus apparet iam profuit illa vocaret
Christum dum degeret ne regnum messe careret
Hinc Christi pietas illa non possit perire
Sic sua set bonitas ad gaudia summa veniret.
[3] Barnie, *War in Medieval English Society*, 118; Ormrod, "Personal Religion", 850.

第十六章 富丽堂皇的宫廷（1358—1369）

可能不乏幻想，但其作用是显而易见的，尤其有利于慰藉那些生活在灰暗的王权政治中的 14 世纪 70 年代的民众。

第十七章
和平时代(1360—1369)

在《贝里克条约》和《加来条约》签订之前的二十五年里，英格兰基本上处于持久战争状态。如果一开始，当局就对1358至1360年条约的具体内容考虑得清清楚楚，那么，国民肯定会为和平所带来的好处而欢呼。这些好处包括：税收及战争其他负担的大幅度削减，有机会再次解决长期存在的国内问题，诸如改善经济状况、维护公众秩序等。当爱德华三世的注意力坚定聚焦在国际舞台上时，他或许想过，他只要退出战争，就足以让其臣民信服自己的统治持续带来的好处。然而，现实表明，和平时期的政局，比他预想的更有挑战性。此前在国家紧急状态下用来为众多国内政策进行辩护的有力言辞不能再被使用，王权与民众之间相互义务的性质存在着很大的不确定性。战争期间爱德华三世着重强调的协商、一致传统，如今被议会全盘采纳并为其所用，议会希望国家将所有力量投入到社会、经济及法制改革中去。爱德华三世的自由放任主义并非总是合乎时宜的，有时候它也严重影响了爱德华政府清晰而连贯地执行战略的能力。因此，14世纪60年代和平时代的政治对王室政策的风格与本质，都提出了重要挑战。

爱德华三世原本相信能够迅速恢复稳定，但1361年春再次暴发的黑死病让他的这一期望落空了。这场瘟疫在该年夏、秋两季肆虐英格兰，并

第十七章　和平时代（1360—1369）

在冬天蔓延至偏远乡村。虽然感染而死的人数要少于第一次，但时人的记载说，在本次瘟疫中死去的男人多于女人，而且还有特别多的孩子罹难。[1] 或许是凑巧，或许是受瘟疫之袭，许多教俗两界的精英也在 1361 至 1362 年间撒手人寰，包括国王的两个小女儿，堂兄格罗斯蒙特的亨利，以及伦敦的诺思伯格主教与切斯特的斯特拉特福德主教。[2] 当局及时采取了措施，以阻止瘟疫的蔓延。教会也要求民众忏悔自己的罪行，以平息神的震怒。1361 年春，爱德华三世命令中央法庭休庭，上区财政署的事务也暂时搁置一边，以免地方官员在此危难期间还要长途跋涉至威斯敏斯特。当年 5 至 9 月，爱德华三世先是撤回到哈德利，而后经伍德斯托克及伊斯特汉斯特德抵达与外界隔绝的安全地区——纽福里斯特。[3]

就在瘟疫将要平息之际，变幻莫测的自然之神又给了英格兰第二次残忍的打击。1362 年 1 月 15 日，不列颠群岛遭遇了历史上最为严重的一次飓风——圣莫鲁斯之风。大量的教堂、其他公共建筑及民居都被摧毁，还有森林、果园、磨坊、仓房、篱笆也被大风暴毁坏。有些大贵族在修缮被风暴损毁的建筑时，辛辣地抱怨说建筑工人乘国家遭遇不幸而大发灾难之财。下层贵族及普通民众的处境就更加艰难了，瘟疫夺去了许多人的性命，工人极为短缺，致使他们无法维修屋舍。[4]

飓风也给王室带来了一些意外的收获。掌管纽福里斯特的王室官员敏

1　Knighton, 184–185; *Anon. Cant.*, 114–115; Bolton, "'World Upside Down'", 27–28; Cohn, *Black Death Transformed*, 130.
2　*CCR 1360–4*, 197–198; *Anon. Cant.*, 114–117; McFarlane, *Nobility*, 168–171.
3　BIA, Register 11, fol. 48; *CCR 1360–4*, 181–182; E 159/137, *Brev. bar.*, Trin., rot. 1; *Recorda*, Pasch. rot. 14; W. M. Ormrod, "The Politics of Pestilence: Government in England after the Black Death", *Black Death*, ed. Ormrod and Lindley, 150.
4　Reading, 151; *Anon. Cant.*, 118–119; Knighton, 185; *AC*, 50; *Anon. Cant.*, 118–119; "Wigmore Chronicle", 292; *Chronicle of London*, 65; C. E. Britton, *A Meteorological Chronology to A.D. 1450* (London, 1937), 144–145.

捷地发现了商机，开始售卖被风吹倒的木料。[1] 爱德华三世则热心地关注、夺取普利茅斯港因飓风失事的船只上的无主珍宝。[2] 另一方面，飓风也给王室地产官员带来了重大难题，国库长无可奈何，只能接受"因受飓风的影响"农场的减产及租金的减少。[3] 面临瘟疫和飓风的双重不幸，爱德华三世的咨议会明白，维护和平时期的统治，关键在于重建经济与社会的稳定。

14世纪60年代是考验这种政策的时期。在第二次瘟疫之后，雇主们认为劳工阶层通过签订简便合约和不合理的高价工资，从充满竞争的市场上获利。《赢家与废人》（*Winner and Waster*）的作者批评那些鼠目寸光的农民拥有大量金钱和时间，却不为未来打算，而是整天在酒馆里高呼虚度时光。即便像对农民怀有同情心理的评论家如威廉·朗格兰，他在《农夫皮尔斯》中也抱怨道，当初满足于食用陈腐蔬菜的劳动阶层，在14世纪60年代却期待"鲜肉或炸鱼"。[4] 在此情况下，当权者因而倾向于回归传统价值。1364年，大主教托雷斯比在约克大教区签署了一份法令，禁止在节日前夕和葬礼上开展粗野下流的娱乐活动。随之，国王也颁布了不同寻常的禁令，禁止在节假日踢足球、斗鸡和进行其他"没有价值"的活动，并勉励所有健康的男子闲暇时练习射箭。[5]

虽然以上这些规定深受有产地主的欢迎，但也掩盖了许多农民水深火热的生存现实。这场飓风只是一场规模更大、有预警性的环境危机的一种表现。在现代科学技术的帮助下，我们有可能了解到14世纪20至70年代英格兰、欧洲大部分及更广阔的外部世界所遭受的气候灾难。1350至

---

1 E 159/140, *Brev. bar.*, Mich., rot. 28. 关于王后地产上的同样做法，见 *CFR 1356–68*, 159。

2 SC 8/247/12320; C 81/1335/39; *CPR 1361–4*, 209.

3 *CIM*, iii, no. 605; *CFR 1356–68*, 341; E 368/135, *Precepta*, Pasch.

4 *Wynnere and Wastoure*, 10 (ll. 274–282); W. Langland, *Piers Plowman: The A Version*, ed. G. Kane (London, 1960), 344–345 (Passus VII, ll. 286–295).

5 *Records of Convocation*, xiii, 153–154; *Foedera*, III.ii, 704.

第十七章　和平时代（1360—1369）

1351年间的冬天，是14世纪最冷的季节，而到了60年代，气候条件进一步恶化。尽管活着的人少了，食物的需求因此少了，但可供耕种的土地也大大减少，恶劣的天气导致粮食减产，引起了食物短缺，其短缺程度与瘟疫暴发之前并无差异。事实上，1369年饥荒是整个中世纪史上英格兰最严重的一次。尽管工资上涨，但由于基本食材价格高涨，因此大大限制了劳动阶层的购买力，直到70年代中期，许多农业合同工人的收入，情况最好的时候，也只能跟上通胀的脚步。[1] 英格兰劳动阶层的黄金时代远未到来。

为了努力应对14世纪60年代的经济问题，爱德华三世的政府也采纳了一些实用措施，以图及时回应土地和商业贵族阶层的担忧，以免他们做出更具报复性的行为。这首先体现在《劳工法令》上。1359年11月，为了释放骑士阶层的成员，以便他们参与兰斯之战，国王撤销了1352年设立的专门负责处理违反这一法令的专家委员会。[2] 在1361年1月的议会上，下议院施压要求延长劳工法实施的时间，国王因而授权关押甚至在严重犯令者身上烙印。[3] 然而，直到那时，国王还没有做出任何努力以恢复劳工专家委员会，从而为地方政府执行积极的工资政策创造条件。

1361至1362年的瘟疫和飓风，让政府再次考虑更加积极主动地制定经济规则。政府签署公告说，国王将会惩罚那些因为追求更好的工资条件而放弃在建工程的人，而调查地方的人员也受令报告当地逐渐上升的屋顶材料费用和建筑工人的工资。[4] 经过1362年10月议会上、下议院的喧哗骚

1　B. M. S. Campbell, "Physical Shocks, Biological Hazards, and Human Impacts: The Crisis of the Fourteenth Century Revisited", *Economic and Biological Interactions*, ed. Cavaciocchi, 15–20; D. L. Farmer "Prices and Wages [ii]", *The Agrarian History of England and Wales, III: 1348–1500*, ed. E. Miller (Cambridge, 1991), 434, 502, 516, 520–521; C. Dyer, *Standards of Living in the Later Middle Ages* (Cambridge, 1989), 262.

2　Powell, "Administration", 52; Musson, "New Labour Laws", 84. 继续征收以前的劳工法官开出的大量罚款，E 159/136, *Brev. bar.*, Mich., rot. 20d; Hil., rot. 7d; Pasch, rot. 9。

3　*SR*, i, 366–367.

4　*CCR 1360–4*, 238–239, 262–263, 391; *CIM*, iii, no. 473.

动之后，咨议会同意授权给和平委员会裁决劳工问题，要求他们推动1349至1351年所颁法令的执行。[1]然而，即便如此，对过分的报复性处罚，国王依然很担心，因此他拒绝恢复根据《劳工法令》处以罚款来支付地方法官费用的做法。[2]1364年，国王再次废除了和平委员会与《劳工法令》相关的权力，转而鼓励各地法官专注于预防经济犯罪行为。[3]

另一个同样谨慎的例子是，为回应1363年议会的要求，采取措施控制不断上涨的物价。政府提出了三种方法。第一，手艺人与商人应该专事于本行（酒商卖酒，羊毛商人卖羊毛，布商贩布，鞋商卖鞋，裁缝裁剪）。第二，恢复之前合理或"公平"的食材价格。第三，更加不同寻常的是，以地产数量为依据，每一社会阶层的人都应严格按照各自阶层的对应服色穿着，布料、毛皮、帽子及珠宝，都有阶层区别。这条限制挥霍浪费的新法令的一丝不苟，甚至可以说执着，或许表明一个政权存在的时间一长，便自我膨胀，盲目夸大了自己的权力影响范围。尽管，事实上国王似乎决定向下议院摊牌，衣着法令更多地是打击了那些想要跟随贵族阶层潮流的商人和乡绅，而非傲慢的农民阶层。大法官随后提供了一个可以转圜的办法：如果此法令被证明是无法执行的，那么可在下一次议会上废除。1365年1月，当接到意料之中的报告——下议院说关于贸易及取缔挥霍浪费的法令是行不通的，国王便及时废除了它们。[4]可以说，国王及其咨议会都尊重自由市场的重要法则，所以才会迎来这样的结果。尽管爱德华三世的继任者有时候同意议会限制市场上的奢侈品，然而1363年的这个案例表明，

---

1 *SR*, i, 374; *CPR 1361–4*, 291–293.

2 *PROME*, v, 148.

3 *CPR 1361–4*, 528–531; R. H. Britnell, "*Forstall*, Forestalling and the Statute of Forestallers", *EHR*, cii (1987), 89–102.

4 *PROME*, v, 161–162, 164–168, 169–170, 182; *SR*, i, 378–382; "Wigmore Chronicle", 292; K. M. Phillips, "Masculinities and the Medieval English Sumptuary Laws", *Gender and History*, xix (2007), 22–42.

第十七章　和平时代（1360—1369）

试图强制推行禁止挥霍浪费的法令，几乎注定会遭到失败。[1]

与 1361 至 1364 年间相比，面对 1368 年第三次瘟疫的暴发，爱德华三世的反应表明，在容易引起社会分歧的公共政策上，他更愿意与下议院保持一致。下议院如今在表达要求时变得更为狡猾而精明了。1368 年 5 月的议会是在第三次瘟疫造访伦敦时召开的，[2] 骑士、乡绅要求恢复劳工法令。重要的是，他们说这并非为了他们自己，而是为了那些"自己耕种、贸易，没有农奴为他们服务的"自由民和手工业者。这一说法具有迷惑性，而这一方面在后来的十年里更进一步，劳工法令通过保护大部分人的利益免受少数人的剥削而促进了共同利益。[3] 在这一情况下，政府别无选择，只好同意在和平时期永久执行劳工法令。[4]

下议院其他常年关切的问题是公共秩序的维护。相对而言，60 年代关于此问题的诉求要温和得多。初期，他们担心复员的士兵可能会转向犯罪，而这被证明是子虚乌有的，因为这些不受欢迎的人选择继续留在国外，成为战争掠夺者和雇佣兵。1363 年 12 月，内维尔十字之战的英雄约翰·库普兰，被一群由约翰·克利福德率领的诺森伯兰强人谋杀。这件事轰动一时。克利福德逃出英格兰，最终被王室赦免，这体现了司法的现实局限性。[5] 然而，除了这个案例，在统治初期引起如此强烈抗议的有组织犯罪，在 13

1　*PROME*, xiii, 108–111; xiv, 392–395, 459–460; F. E. Baldwin, *Sumptuary Legislation and Personal Regulation in England* (Baltimore, 1926), 34–119; Woolgar, *Great Household*, 174–175.

2　*CCR 1364–8*, 426; E 159/144, *Brev. bar.*, Pasch, rot. 13d.

3　*PROME*, v, 211, 337–340; C. Given-Wilson, "The Problem of Labour in the Context of English Government, c. 1350–1450", *Problem of Labour*, ed. Bothwell, Goldberg and Ormrod, 87.

4　*SR*, i, 388.

5　M. Prestwich, "Gilbert de Middleton and the Attack on the Cardinals, 1317", *Warriors and Churchmen in the High Middle Ages: Essays Presented to Karl Leyser*, ed. T. Reuter (London, 1992), 179–194; M. C. Dixon, "John de Coupland—Hero to Villain", *Battle of Neville's Cross*, ed. Rollason and Prestwich, 36–49.

世纪 60 年代却并未明显存在。[1] 国王也及时地做出了回应，决心根除高层的腐败问题。1365 年，王座法庭的首席法官亨利·格林和财政署的首席男爵威廉·斯基普威思被控"玩忽职守"。为了避免此前首席法官索普的政治错误再现，国王便允许他们交纳一笔可观的罚款以作惩处。[2]1366 年，爱德华也很关注约克郡郡长托马斯·马斯格雷夫的审判，他还下令要求马默杜克·康斯特布尔接任其职。[3] 这类审断正确的判案行为，有助于维护国王保护民众不被官员凌辱掠夺的形象。

其他的主要政治问题与其说是关注刑事司法制度的质量，不如说是关注其整体能力。下议院希望在和平时期，地方能够下放司法权至和平委员会。首先，威廉·谢里沙尔爵士在法院及咨议会高层的继任者，坚定地执行先前中央监督地方的政策。王座法庭在 1362 至 1364 年分别被派到约克、西南部诸郡及东安格利亚。[4] 在 1365 年议会上，下议院抱怨道，王座法庭的这一做法干扰了地方上的司法行政。但是，犹如 1352 年那样，他们被无情地回击道："国王既不会也不能停止将王座法庭送往任何他喜欢的地方。"[5] 尽管这样，政府对和平委员会做了一些判断失误的变革，无意中顺应了下议院对于移交司法体系的优点的信念。自 1344 年开始的重罪案件归特殊法庭仲裁的做法，在 1361 至 1364 年间被废弃，代之以之前的做法，即将此类事务移交中央法庭在地方各郡的巡回法庭来处理。[6] 如果这是政府有意识地恢复 1338 年之前的做法，其直接后果便是使已经成熟并得到公认的制度变得紊乱。至 1368 年，国王被迫承认，当前的权力分化，让治

1　Harriss, "Formation of Parliament", 51 and n. 53.
2　Knighton, 192–193; *ODNB*, xxiii, 507–508; l, 881; *SCCKB*, vi, xxvi; Maddicott, *Law and Lordship*, 60. 1366年，国王亲自免除了斯基普威思的罚款，SC 1/40/165。
3　*Select Cases before the King's Council, 1243–1482*, ed. I. S. Leadam and J. F. Baldwin (Selden Society, xxxv, 1918), 54–60; SC 1/56/91.
4　*SCCKB*, vi, xlviii-xlix; Knighton, 184–187; KB 9/29, 141, 143.
5　*PROME*, v, 182–183.
6　Verduyn, "Attitude", 153–154; Musson and Ormrod, *Evolution*, 61.

第十七章 和平时代（1360—1369）

安官在判决重罪案件时能够施展的空间有限，在处理其所接到的越来越广泛的轻罪投诉案件时，也处处受到掣肘。[1]

面对这些困难，爱德华三世的咨议会只好承认错误，重新启用 1344 至 1361 年间的司法系统。1368 年所委任的新和平委员会恢复了之前的做法，囊括了地方刑事司法人员，由大贵族、乡绅及地方律师担任，还有一个由中央法庭的法律专家组成的仲裁委员会负责重罪罪犯的审判。[2] 这一时期重新高度依赖治安官，应该是因为第三次瘟疫的暴发，以及与法兰西再次开战可能性的增加。[3] 不过，这一做法后来被延续了下来，地方法庭的权威和构成在爱德华三世治下的剩余时间里没有进一步的重大改变。至 14 世纪 80 年代经过一些调整，及 1390 年放宽仲裁的法定人数，1368 年的和平委员会成为 15 世纪地方刑事司法体系的基本模型。[4] 即便治安官并非爱德华三世的发明，但他的子孙后代还是将英格兰司法体系追溯到他的统治和他的高瞻远瞩。[5]

在 14 世纪 60 年代和平时期的所有问题中，最棘手的是财政问题。在《加来条约》中，国王与议会都认为，战争一旦结束，战时税就可以不再征收，而维持爱德华新近建立起来的帝国所需要的费用，可以由法兰西王室所支付的巨额赎金来支付。这笔巨额赎金，让爱德华误以为它可以支付国王的一切开支。而且，围绕巨额赎金的管理方式，国王、国王的大臣及议会在 60 年代初期还吵得沸沸扬扬。

---

1 *CPR 1367–70*, 191–196; *Sessions of the Peace for Bedfordshire, 1355–1359 and 1363–1364*, ed. E. G. Kimball (Bedfordshire Historical Record Society, xlviii, 1969), 4–5.
2 *CPR 1367–70*, 191–194.
3 由于在所难免的敌对行动，1369 年恢复了 1338 年方案，治安官与郡长被要求组织军队防御地方安全，*CPR 1367–70*, 264–265。
4 Powell, "Administration", 52–54.
5 *Early Treatises on the Practice of the Justices of the Peace in the Fifteenth and Sixteenth Centuries*, ed. B. H. Putnam (Oxford Studies in Social and Legal History, vii, 1924), 191–194.

这与爱德华三世对战争法的严格遵守是完全一致的，爱德华三世坚信，他应该为自己及其战争指挥官维护赎金属于私人收入这一原则。[1] 当然，这并不是说他视此为可供自己挥霍浪费的私房钱。在需要的时候，在机会合宜之际，他不吝于将自法兰西和苏格兰战争所得用在国家大事上。如 1360 年末，他把苏格兰的大卫二世和布卢瓦的查理所支付的大约四万镑赎金用在赔偿从勃艮第公国撤退一事上。因此，在适当的时候，这笔法兰西国王的赎金也可被用来支付英格兰从法国北部撤军及其他相关费用。[2]

爱德华三世非常坚决的一点是，他坚持他的钱应该由自己支配，只要是用在正当的事情上，他爱怎么花就怎么花。1360 年 10 月，当约翰二世的第一笔赎金从加来运到伦敦时，爱德华三世下令将它完整地贮藏在伦敦塔中一个单独的保险库里，不准财政署记录在案。除非他下令将其重铸为英格兰金币，否则不能用作他途。[3] 至 1364 年约翰二世去世时，约有十六万三千七百镑的现金被贮藏在伦敦塔。[4] 这笔钱最后至少有十一万镑被用来归还 1359 至 1360 年战争期间所欠下的费用，支付从法兰西北部撤军和在罗克斯堡、贝里克、加来继续驻防的费用，以及投资在新设的亲王领地阿基坦、爱尔兰。[5] 这笔赎金带来的问题，不在于爱德华的使用是否合理，而是关于它还剩下多少的质疑声甚嚣尘上。

国王及一小群侍从官员比任何人都清楚，新贮藏在伦敦塔里的财富，

1　D. Hay, "The Division of the Spoils of War in Fourteenth-Century England", *TRHS*, 5th series, iv (1954), 91–109; K. B. McFarlane, *England in the Fifteenth Century* (London, 1981), 151–174; M. K. Jones, "Ransom Brokerage in the Fifteenth Century", *Guerre et société*, ed. Contamine, Giry-Deloison and Keen, 221–235. 关于将英格兰在诺曼底和布列塔尼占有的农场的利润保留给国王宫室，见 Tout, *Chapters*, iv, 317–318。
2　Harriss, *King, Parliament*, 490–491.
3　"Ransom of John II", xv, 4. 从赎金重铸上征收的铸币税也被直接送进国王宫室，E 159/145, *Brev. bar.*, Mich., rot. 13d。
4　这相当于用约翰二世去世时收到的 166667 镑减去英格兰神职人员承担的 15000 镑中的 3000 镑，"Ransom of John II", 18–22。
5　Harriss, *King, Parliament*, 493–495.

第十七章 和平时代（1360—1369）

公众估算得过高。他们理解，即便是一些老练的政治家也认识不到从战争中获得的利益是不能再生的，所以尽量储存一些以备艰难岁月的道理。尽管如此，爱德华三世的态度，不免让人不满，有人公开谴责他虚伪矫饰。之前，他购买普瓦捷战役中的十六个法兰西贵族的钱来自财政署。当他们被当作约翰二世支付赎金的抵押而被释放时，国库长伊利主教西蒙·朗厄姆希望获得赎金的国王或许会选择付清先前所借之款，但他的希望最终落空。议会也逐渐意识到国王打算独吞这笔钱。当他首次拒绝将剩余的赎金拿出来，却打算继续延长颇有争议的战时税时，爱德华三世为政府的团结协力和他自己作为政治领袖的能力设置了一场意想不到的考验。

1355年，议会准许将羊毛补助金的征收时间再次延长六年，即从1356年9月一直征收至1362年9月，此后不再延长。[1] 在1360年进入和平时代后，如果有商人和养羊者希望国王减少或砍掉战争年代的相关税负，那么他们很快就会失望了。而且，到1362年时，事情已经很明显，国王绝对无法放弃之前二十年甚至更长时间以来从羊毛贸易上所获得的宝贵收入。从各郡获得的普通财政收入、永久关税及封建特权收入，一年的总额在三万至四万镑之间，这仅仅足以覆盖政府及王室一年的基本开支。而近来光羊毛补助金这一项，每年的收入就已高达约六万镑。[2] 在1355年，最后一年的羊毛补助金到期后，爱德华三世及其参谋们紧锣密鼓地密谋协商，征收历史上首次和平时期的恶税。[3]

商议出来的策略，首次在1362年10至11月间的议会上露出了口风。国王说因为要从诺曼底撤退和继续防御加来，因此很有必要把征收羊毛补助金的时间再延长三年。在颁布《采买官法令》及禧年庆祝大赦中，为了

---

1 *PROME*, v, 122.
2 Harriss, *King, Parliament*, 526; Ormrod, *Reign of Edward III*, 207.
3 *RDP*, iv, 631–633; E 403/409, 30 Oct., 13 Nov. 1361, 29 Jan., 19 Feb. 1362; E 403/411, 30 June, 26 July, 8 Aug., 3 Sept. 1362.

获得公众的支持，国王明确承认有必要在王室特权上做出重大让步，他甚至在全议会阶段破例"亲口"（可能像在同一个议会上的公开演讲一样使用英语）宣布这些重要法令，并感谢上、下议院对他的大力支持及无可替代的服务。听了这些奉承话，下议院准备退让，打算同意国王的要求。但是，他们要求国王提供一份正式保证书，允许本国商人自由出口羊毛，并颁布法令，保证将来会授权议会将羊毛补助金的税率从每袋两镑减为一镑。[1]在1339至1341年之后，爱德华三世便再也没有为挽救政府财政而做出如此重大的让步了。

下议院及其选民因此有充分的理由将1362年议会视为一个重大的胜利。尽管《采买官法令》从强制购买转变为以公开合同的形式来搜集食材，但它也非常明确地限制国王通过富有争议的特权税来供应其内府和军队的方式。[2]这一法令产生更宽泛的影响是在1363年，当时爱德华三世被迫再次承诺，新法也适用于人力征发，他向英格兰的工匠和普通劳工许诺，他们在加来为王室建造工程时，将会得到合理的市场工资报酬。[3]1365年议会将《采买官法令》与《大宪章》《森林宪章》并列，作为国家政治自由的一个重要支撑。[4]1369年再次进入战争状态后，权利受到侵害的各大团体在抗议书中援引1362年的《采买官法令》来反对国内食材的非法充公。[5]

同样，1362年大赦也被视作民众自由权利的试金石与后世理应遵循的先例。1363年，牛津镇民声称，他们自1355年圣斯科拉斯蒂卡日（St

---

[1] *PROME*, v, 136–137, 148, 151–153, 160; *SR*, i, 371–378; *CFR 1356–68*, 250, 251–252; Harriss, *King, Parliament*, 420–449, 467–468.

[2] Burley, "Victualling of Calais", 53; M. M. Postan, *Essays on Medieval Agriculture and General Problems of the Medieval Economy* (Cambridge, 1973), 57.

[3] C 76/46, m. 20.

[4] *PROME*, v, 181.

[5] Ibid., v, 312, 370–371; Ormrod, *Reign of Edward III*, 47–48; McIntosh, *Autonomy and Community*, 80.

第十七章 和平时代（1360—1369） 553

Scholastica's Day）暴乱后所受的处罚，也应该在禧年庆祝大赦时得到豁免。[1]在1372年议会，下议院也试图推动界定、阐述之前大赦范围的增补法令的出台。[2] 总之，1362年的政治情况，激发了爱德华三世各色臣民的广大想象，基于当前的和平，还揭示了新政治资本的诱人前景。

之后的议会也施压要求改革。自1360年以来，国王便考虑过在加来重新设置一个羊毛集散中心。1361年5月，英格兰港口的代表及加来的法兰西人代表在加来举行了一次重要的会晤来讨论此事。[3]1362年，在这个问题上，骑士与市民代表却一反常态，毫不紧张，他们仅仅建议国王应该与商人商量怎么做才是最好的。[4] 结果，1363年2月，咨议会决定将羊毛集散中心移到加来，任命约翰·罗思、约翰·韦森汉姆领导二十六个杰出的英格兰商人打理当地的羊毛市场。[5] 然而在1363年的10月议会上，下议院目的明确地旧事重提。韦森汉姆所担任的重要角色，激发时人想起了14世纪40年代强力的商业联盟。议会因此寻找机会限制对加来的羊毛征收额外的费用，以及商团为了私利而采取的其他花招。[6] 国王同意启动一项调查，在1364年撤销了曾颁给二十六个商人的许可证，并将韦森汉姆囚禁在伦敦塔里。这暂时结束了公众关于加来的商业运作可能受到私有化公司侵犯的焦虑，羊毛集散中心转由一批应会合理考虑政府和威斯敏斯特议会利益

---

1 SC 8/257/12809，载 *Parliamentary Petitions Relating to Oxford*, ed. L. Toulmin Smith (Oxford Historical Society, xxxii, 1896), 139; *CPR 1361–4*, 380, 392, 400, 408, 494, 517。1368年2月，国王赦免了唐卡斯特民众因为冒犯动产而受的5镑罚款，E 159/144, *Brev. bar.*, Pasch, rot. 2。
2 *PROME*, v, 260–261.
3 *CCR 1360–4*, 267–268; C 49/47, no. 5; Reading, 297.
4 *PROME*, v, 140, 142.
5 Lloyd, *Wool Trade*, 208–210.
6 *PROME*, v, 160–261; Fryde, *Studies*, chap. x, 3–5.

的商人政客掌握。[1] 至于本土的羊毛产业者，由于咨议会同意保留自 1353 年来设立的英格兰重要羊毛集散中心，许多商事诉讼都表明这些羊毛集散中心的位置优良，深受欢迎，他们因此而安心。[2] 直到战火重燃之前，这一措施都未再受非议，似乎这已使国内政治团体的绝大部分人相信，加来羊毛集散中心设置合宜，处置合理。1376 年的大量讨论表明，加来羊毛集散中心的创建及其管理办法，原本就来自议会的提议。[3]

在这样的背景下，国王的顾问开始想方设法延长羊毛补助金的征收期限。1363 年春至 1364 年 2 月间，已荣升为大法官的西蒙·朗厄姆及接任其担任国库长的约翰·巴尼特就 1359 年以来的收支概况做了一系列报告。[4] 根据报告可知，政府每年的财政赤字似乎在五万五千至六万五千镑之间。事实上，就如咨议会委员心知肚明的那样，这仅是账本文簿上的记录，因为大额的赎金并未依照"收入"登记在册。朗厄姆与巴尼特试图通过这一措施，来给国王施加压力，迫使其公开伦敦塔里的私人收入。[5] 他们特别想知道的是，爱德华三世拿了多少羊毛补助金去支付王室开销和温莎的工程建设。[6] 由于充分意识到议会对国王滥用公共财政收入的敏

1　1363年法案为后来成立的加来羊毛集散中心公司打下了基础，这一观点因为E. 鲍尔的《英格兰中世纪历史的羊毛贸易》(*The Wool Trade in English Medieval History*, Oxford, 1941, 98–103) 而持久盛行，因此这其实是现代而非中世纪的虚构，见R. L. Baker, "The Government of Calais in 1363", *Order and Innovation in the Middle Ages: Essays in Honor of Joseph R. Strayer*, ed. W. C. Jordan, B. McNab and T. F. Ruiz (Princeton, 1976), 205–214。在15世纪晚期，集散中心公司声称自己的历史可以追溯到1341年的布鲁日集散中心，但该公司似乎直到亨利四世时期才正式成立。BIA, Staple 2, fols 4–5; Rose, *Calais*, 41, 44–46。
2　Ormrod, "Origins of the *sub pena* writ", 14 and n. 23.
3　见本书第658页及该页注释1。
4　后续情况，见T. F. Tout and D. M. Broome, "A National Balance Sheet for 1362–3", *EHR*, xxxix (1924), 404–419; Harriss, *King, Parliament*, 470–502, 527–530。
5　Ormrod, "Protecolla Rolls", 630–631; G. L. Harriss, "Budgeting at the Medieval Exchequer", *War, Government and Aristocracy*, ed. Given-Wilson, Kettle and Scales, 182.
6　Harriss, *King, Parliament*, 487, 494–495; Given-Wilson, *Royal Household*, 94; Ormrod, "English Crown and the Customs", 25–26.

第十七章　和平时代（1360—1369）

感，朗厄姆与巴尼特认为能够继续征收恶税的唯一方式，便是公开国王私人账户的流水记录。

但在这一方面十分固执的国王并未体谅他们的用心。1364年4月2日，就在约翰二世去世之前，他与掌玺大臣威廉·威克姆在威斯敏斯特召开了一个特别会议，当着朗厄姆的面，爱德华下令将伦敦塔里没有用完的钱财移交给宫室长赫尔明·莱格特。这笔未公开的财富，据称多达四万七千一百七十一镑，就此进入了国王的私人腰包，无论他用作何途，议会和财政署都无权非议。[1]这让政府官员认识到，爱德华冲破重重困难，也要将战争所得充作君主特权下的私人额外财产。

爱德华的毫不妥协，让朗厄姆和同僚别无他法，只好协商征发新税来弥补财政赤字。而这无疑是爱德华的指示。1365年1月的议会上，大法官以最广泛、最一致的姿态宣告：国王坐在平安的王座治理自己的国土，他希望本国所有的贵族、名士和百姓平安宁静。一个星期之后，在被挑选出来的贵族参加的会议上，朗厄姆宣称，普通财政收入已经不足以支付阿基坦、蓬蒂厄、加来及爱尔兰的防御费用，因此有必要征收新的羊毛补助金。如果当时有人提出了任何异议，议会卷宗自然也不会记录在案。上、下议院接受了反对者的辞呈，而后迅速授权再征收三年的恶税。他们甚至同意可立即恢复战时税率——每袋羊毛两镑。[2]爱德华三世的策略风险虽高，却取得了完美的效果。咨议会的异议就此平息，而羊毛补助金则向和平时代永久税种的方向迈进了一大步。这种并不多见却很有表现力的时刻，体现了爱德华三世能够通过自己强大的意志力消除官员们的戒心，从而取得巨大的政治胜利。

1364至1365年冬，财政署关于这一事件的唯一反响是，财政署的两

---

1 "Ransom of John II", xvi, 4.
2 *PROME*, v, 176, 181; G. Dodd, *Justice and Grace: Private Petitioning and the English Parliament in the Late Middle Ages* (Oxford, 2007), 112–113.

个收纳官员拉尔夫·布兰廷厄姆与理查德·皮里顿控告同僚拉尔夫·切斯特菲尔德贪污、渎职等一系列罪行。在所有罪行中,最大的一项是切斯特菲尔德曾侵吞了国库长收到的来自伦敦塔里的一些经费。经过两轮听审之后,切斯特菲尔德被无罪释放。[1]但这引发了国库长关于赎金收入的管理责任问题。后来的调查重在核查官员们是否确实遵照了国王的指令,将伦敦塔里的钱花在阿基坦及爱尔兰地区。[2]为了避免任何其他的误会,爱德华三世不情不愿地同意巴尼特的同僚们将1364年4月伦敦塔里移交到国王宫室的四万七千一百七十一镑登记在财政署收支卷档上。通过这一让步,国王立即洗刷了专横的猜疑,并恢复了国库长的职能和名誉。然而,并非所有事情都恢复如初:早前威廉·埃丁顿财政体系中较为复杂的部分在这一新体系下不得不废弃。[3]然而,在政治方面的结果则是称心如意的,国王与朗厄姆之间的紧张不复存在,而国王所依靠的官僚集团的公信力也因此恢复了。

1364至1365年间,爱德华三世不仅设法通过了征收羊毛补助金的谈判,还向政府高级官员们强调了自己的权威。在这之后,只要是在和平时代,他的财务状况似乎就有保障。在1368年5月的议会上,国王与朗厄姆不断地重复1365年的说服战术,最后上、下议院同意将羊毛补助金的征收时间再延长两年。[4]由于在1365、1368年恢复了战时税率,关税、羊毛补助金的总收入从1362至1264年间每年四万镑增加到1364至1369年间每年平均七万镑。[5]即便爱德华将大量的资金投资到黑太子的波尔多,这笔如此庞大的财政收入也足以用来支付其统治范围内的防御费用。因此,爱德

1　*CCR 1364–8*, 114–125; E 159/141, *Recorda*, Pasch, rots 11–14; *CPR 1364–7*, 93, 251–252, 258; Tout, *Chapters*, iii, 249–251.
2　"Ransom of John II", xvi-xvii; Tout, *Chapters*, iii, 246–248.
3　Ormrod, "Protocolla Rolls", 632.
4　*PROME*, v, 209, 214.
5　Ormrod, *Reign of Edward III*, 207.

第十七章　和平时代（1360—1369）

华心满意足地将战争所得全部收归己有，包括法兰西、苏格兰剩下的分期赎金及布列塔尼公爵早前所欠下的一大笔个人贷款。至1369年初，国王的个人积蓄至少已达十三万五千镑，很可能比这还多。[1] 爱德华三世可能是中世纪后期积累最多私财的国王，同时还游说议会让他在和平时期征收间接税。他如此置公众的批评于不顾，不仅是这十年间而且是他整个统治时期最让人惊讶的行为。

在14世纪60年代，爱德华三世的家庭成员在英格兰的贵族社会里取得了前所未有的显赫地位。在这十年的大部分时间里，爱德华三世的主要精力放在第三子兰开斯特公爵冈特的约翰身上。冈特的约翰能够利用从兰开斯特家族获得的巨大资源来创建一个新的更广泛的政治亲缘关系。通过采用相对而言比较新颖的终身服务合同，冈特的约翰将他的势力范围扩展到传统贵族家庭之外，包括英格兰中部和北部的男爵、乡绅家族。[2] 结果，以上地区的政务，基本都掌握在兰开斯特公爵拥护者的手里。[3] 冈特的约翰的影响力尤其体现在，他将自己内府中的不少高级官员送进了中央政府。比如，他最重要的一个顾问约翰·伊普利斯在1368年成为国王内府的审计官。[4] 伍德斯托克的爱德华据有加斯科涅、卡斯蒂利亚，安特卫普的莱昂内尔先是卷进爱尔兰事务，后来又主掌伦巴第，如今冈特的约翰则迅速成为其父在英格兰王国内的重要辅佐力量。

爱德华三世也花了大量时间来构建金雀花王朝的青年一代联盟。1358

1　Harriss, *King, Parliament*, 499–502增加了克拉伦斯的莱昂内尔在米兰婚礼上的支出，相关讨论，见Given-Wilson, *Royal Household*, 88。
2　Walker, *Lancastrian Affinity*, 11, 14, 18–20; H. Castor, *The King, the Crown, and the Duchy of Lancaster: Public Authority and Private Power, 1399–1461* (Oxford, 2000), 22.
3　A. Goodman, "John of Gaunt: Paradigm of the Late Fourteenth-Century Crisis", *TRHS*, 5th series, xxxvii (1987), 140–143.
4　Tout, *Chapters*, vi, 29, 44; Given-Wilson, *Royal Household*, 31, 62, 161–162, 219, 232; Walker, *Lancastrian Affinity*, 12, 28–29, 38, 47 n. 35.

至 1365 年间的一连串王室婚礼成功地达成了孕育新一代王室成员的目的。至 1369 年，爱德华三世已有了八个存活下来的孙子、孙女：黑太子的儿子昂古莱姆的爱德华（生于 1365 年）、波尔多的理查（生于 1367 年），伊莎贝拉公主的女儿玛丽·德库西（生于 1366 年）和菲莉帕·德库西（生于 1367 年），莱昂内尔王子的女儿克拉伦斯的菲莉帕（生于 1355 年），冈特的约翰的女儿菲莉帕（生于 1360 年）、伊丽莎白（生于 1364 年）及儿子博林布鲁克的亨利（生于 1367 年）。[1]1360 年，当马奇伯爵意外于巴黎身故时，爱德华特意再次确认了莫蒂默家族的继承者埃德蒙与克拉伦斯的菲莉帕之前的婚约。在菲莉帕于 1364 年从爱尔兰回来之后，他便将这两个孩子留在身边，并谨慎地为埃德蒙在 60 年代末的袭爵一事做准备。[2] 曾与玛格丽特公主订有婚约的年轻的彭布罗克伯爵约翰·黑斯廷斯，在 1368 年即将成年之际又被安排与国王的堂妹布拉泽顿的玛格丽特之女安妮·莫尼结婚，从而成为王室成员。同样，爱德华还早早地计划让伊莎贝拉公主的第二个女儿与年轻的牛津伯爵继承人罗伯特·德维尔订婚。[3]

以上这些，都是为了实现爱德华三世让其家庭成员控制英格兰的主要公国、伯爵领，从而让其子孙为将来的王权提供坚实的拱卫。讽刺的是，这却让他一定程度上缺少当世的贵族盟友。除了王室家庭直系成员之外，14 世纪 60 年代的咨议会上通常仅有四名有爵位的贵族出席：阿伦德尔伯

---

[1] 冈特的约翰还有一些孩子一出生就夭折了，S. Armitage-Smith, *John of Gaunt* (London, 1904), 21, 94; J. Coleman, "Philippa of Lancaster, Queen of Portugal—and Patron of the Gower Translations?", *England and Iberia*, ed. Bullón-Fernández, 136–139; I. Mortimer, "Henry IV's Date of Birth and the Royal Maundy", *HR*, lxxx (2007), 567–576。在伊莎贝拉公主生下第二个孩子后，国王给其医生赏赐的礼物，见 E 403/433, 18 Nov. 1367。

[2] Holmes, *Estates*, 45–46; *Foedera*, III.ii, 725; *Sources for Medieval Ireland*, 327. 在埃德蒙袭爵之前，国王给埃德蒙、菲莉帕各 100 镑的开支，以维持他们在宫廷里的财产，E 403/427, 6 Nov. 1365; E 403/429, 26 Nov. 1366, 4 Feb. 1367; etc.。

[3] GEC, x, 226, 391–393. 彭布罗克在 1369 年 9 月 12 日向国王行效忠礼，E 159/145, *Brev. bar.*, Pasch, rot. 2。

第十七章 和平时代（1360—1369）

爵理查德·菲查伦、沃里克伯爵托马斯·比彻姆、萨福克伯爵罗伯特·阿福德与牛津伯爵托马斯·德维尔。[1]死于1369年的萨福克伯爵，是1337年所封六个伯爵中活得最长的。他赠给继任者威廉的那把剑，是当初爱德华三世授予他伯爵衔时赠给他的。这清楚地表明，个人对君主的承诺可以转化为对王朝的持久忠诚。[2]然而，除了萨福克伯爵，1337年加封的伯爵中，仅有索尔兹伯里伯爵的继承人继续活跃在政坛上。所有这些表明，仅有非常少的显赫贵族处于政权的核心。1368年设置的和平委员会的管辖区不少于十八个，却仅由五个人领导：兰开斯特公爵（统辖五个郡里所划分的九个管辖区）、赫里福德伯爵（统领九个郡）、沃里克伯爵、阿伦德尔伯爵及萨福克伯爵（这三人各统领两个郡）。[3]这些职位无疑是极为尊贵的。王室司法的有效性并不依赖于这些象征性首领的积极参与，而是更多依靠地位稍低的男爵、乡绅和法律人士，他们是构成和平委员会的工作要素。然而，当下层政治社会的服务与行为标准，仰仗几个强有力的高级贵族来制定时，难免让人产生疑问，严重依赖国王几个朋友的地方政府能否有效地运作起来？

对此，爱德华三世并非毫无察觉或是视而不见。事实上，他积极补充低级贵族员额，努力建设有效的政治领导权。[4]至1362年，收到议会召集令的男爵数量降到了二十九人，这是他整个统治期间人数最少的一次。在随后的六年里，一些杰出的骑士，以及他们的某些后代和贵族家族的亲属被吸收进了贵族集团。斯塔福德伯爵的弟弟理查德·斯塔福德在1370年

1　Given-Wilson, "Royal Charter Witness Lists", 55, 68–71; Given-Wilson, *Royal Household*, 155. 亦见*CCR 1360–4*, 393–394, 514, 529; *CCR 1364–8*, 403, 404, 465, 494; *CCR 1369–74*, 93, 108–109。

2　*Testamenta Vetusta*, ed. N. H. Nicolas (London, 1826), 73–74.

3　*CPR 1367–70*, 191–195. 索尔兹伯里伯爵、德文伯爵、萨福克伯爵及斯塔福德伯爵各领导一个委员会。

4　后续情况，见Powell and Wallis, *House of Lords*, 362–370。

时被升为男爵，[1] 萨福克伯爵的次子威廉·阿福德在长兄去世之前也进入贵族行列，后来承袭了其父的伯爵爵位。1369年后，爱德华致力于提拔新贵族：在1371年议会上，赐封了十六个新男爵。这样一来，无头衔的贵族就变成了五十一位。1375年，在爱德华任命的最后一届和平委员会上，这个团体发挥了特殊的作用，一些受封男爵例如吉尔伯特·乌姆弗拉维尔和亨利·珀西取代冈特的约翰，成为中部英格兰东部地区及约克郡的地方法庭主席。[2]

然而最后，招募贵族活动的相对活跃，只是突出了爱德华在晋封新伯爵方面设置的有效屏障。从普通贵族晋升为授衔贵族的有力人选是蒂克斯伯里的德斯潘塞勋爵爱德华（死于1375年），身为北方大家族的领袖并在约克郡和诺森伯兰据有席位的珀西勋爵，阿克斯霍姆岛的约翰·莫布雷领主（死于1368年）及其继承人约翰。在理查二世统治期间，这三大家族继续控制格洛斯特、诺森伯兰及诺丁汉伯爵领。由于他们及其他贵族已有充足的土地支持其爵位，爱德华在晋升爵位方面的迟疑就不可能是简单的土地资源问题。相反，这是他在养育两个幼子方面面临的更实际的困难所带来的直接后果。兰利的埃德蒙拥有的剑桥伯爵封地曾是已故的萨里伯爵的伯爵领，但没有迹象表明他能够获取更多的领地，像其兄长们一样晋升为公爵。[3] 在整个60年代，爱德华也想方设法增加伍德斯托克的托马斯的封地。最后，一直到1373年，他的表兄赫里福德及北安普敦伯爵汉弗莱·博恩意外身亡后，他才如愿以偿。次年，托马斯迎娶汉弗莱之女、赫

---

1 关于他的职业生涯，见K. B. McFarlane, *Lancastrian Kings and Lollard Knights* (Oxford, 1972), 174–175。
2 *CPR 1374–7*, 135–139。
3 1385年理查二世赐封兰利的埃德蒙为约克公爵时，为了帮叔叔维持他的地产，他不得不为他提供1000镑的现金年金，Wolffe, *Royal Demesne*, 242–243; Given-Wilson, *English Nobility*, 43–44。

第十七章 和平时代（1360—1369）

里福德及北安普敦伯爵的共同继承人——八岁的埃莉诺为妻。[1] 之后，爱德华三世将埃莉诺的妹妹玛丽安置在女修道院里，以便汉弗莱的地产能够尽归自己的儿子所有。[2] 即便如此，托马斯在父王去世之前依然没有封号，直到 1377 年才被其侄理查二世赐封为白金汉伯爵。[3] 归根结底，在 14 世纪 60 年代，爱德华三世之所以不愿意晋升贵族成员为伯爵，是因为他还没有为自己的儿子们做好安排。

对于那些深得王室欢心的一小群高级贵族来说，王室的社会排他性这种新感觉，总的来说，有点令人陶醉。阿伦德尔伯爵理查德·菲查伦，尽管是国王最重要、最忠诚的拥护者之一，但在 14 世纪 60 年代，他越来越倾向于争取自己应得的权益。他在租金与特许权上与奇切斯特主教威廉·莱恩陷入了长期的争斗。就像早前处理韦克夫人与莱尔主教的争端一样，爱德华被说服运用法律来对付桀骜不驯的主教，于 1366 年诱骗莱恩接受庭外和解。[4] 同年，阿伦德尔伯爵在咨议会上坚称，当他不在场时，不应举行特别听证会解决奥德利勋爵与博蒙夫人爱丽丝的子女之间存在争议的婚姻协议，但没有成功。[5] 相比而言，在其影响力所及的地方上，阿伦德尔伯爵则更为得心应手。1376 年，当他去世时，萨塞克斯郡抱怨道，菲查伦为了一己私利滥用司法特权。[6] 这样的贵族高压手段至少证明，在一定程度上，国王恢复了他年轻时的做法，且未能培养起贵族集团的自律与公众责任。就

---

1 *CPR 1370–4*, 472. 除此之外，在国王监管博恩地产期间，托马斯每年还可获得300镑以资助埃莉诺，E 403/456, 11 Dec. 1374, 28 Feb. 1375; E 403/457, 1 May, 14 May 1375; etc。

2 玛丽由其母琼监护，E 403/461, 7 Nov. 1376。关于后来玛丽与博林布鲁克的亨利结婚而导致博恩遗产的变化，见GEC, v, 720–722; vi, 474–475; Holmes, *Estates*, 24 and n. 6; A. Goodman, *The Loyal Conspiracy: The Lords Appellant under Richard II*, 5, 88–90。

3 McFarlane, *Nobility*, 259–266; Ormrod, "Edward III and his Family", 416–420.

4 C. Given-Wilson, "The Bishop of Chichester and the Second Statute of Praemunire, 1365", *HR*, lxiii (1990), 128–142.

5 *CCR 1364–8*, 237–239; Palmer, *English Law*, 128–129.

6 C 49/46/5; *PROME*, v, 356–357.

如 14 世纪 60 年代末期王室内府上层官僚来源越来越窄一样，外界越发轻易地相信，宫廷和咨议会也不再吸纳更广泛的精英参与其中，而是仅由一小部分人主导。

广大精英的被排斥感因为首席大臣威廉·威克姆的崛起而大大加强了。威克姆曾是汉普郡的一个卑微的书记员，由威廉·埃丁顿引进来为王室服务，在 1357 年迁升为温莎城堡的内务总管。[1] 国王对这位初级官员十分信赖，以至在 1360 年 10 月他便作为高级随从的一员陪同爱德华前往加来进行和谈。[2] 当他们回国之后，他与爱德华在温莎共同进餐，爱德华还要求他准备即将到来的温莎嘉德骑士团大会。[3] 与国王的稳定友谊为他带来了快速的升迁。威克姆先是迁为宫室长，后又在 1361 年成为国王私印的掌管者，1363 年成为掌玺大臣。在 1366 年国王大范围补贴教会官员时，他得到了至少为八百五十镑的年金收入，这让他在总收入上与收入最丰的男爵持平。[4] 1367 年，爱德华三世让他担任了英格兰最有前途的职位——温切斯特主教，并作为大法官主持咨议会。[5] 威克姆进入权力核心一事，被众人广为议论。

由于固有的偏见，威克姆的迁升招致大量的猜疑。就像之前的威廉·基尔斯比一样，作为御前红人，威克姆的傲慢与挑剔也被他那些出身高贵的同侪所蔑视。英格兰的教会阶层对这样一个出身低微又没受过大学教

1　*CPR 1354–8*, 463; C 81/910, no. 29; Maxwell-Lyte, *Great Seal*, 55; Tout, *Chapters*, iii, 236 and n. 8; V. Davis, *William Wykeham* (London, 2007), 17–30.

2　E 159/137, *Brev. bar.*, Mich., rot. 1.

3　E 101/394/8: E 403/401, 2 May 1360.

4　*Registrum Simonis de Sudburia diocesis Londoniensis, A.D. 1362–1375*, ed. R. C. Fowler, 2 vols (CYS, xxxiv, xxxviii, 1927–1938), ii, 164–165; Davis, *William Wykeham*, 41.

5　*EMDP*, I.i, no. 77; Reading, 177–178; Highfield, "Promotion of William of Wickham", 37–54. 根据 *HBC*, 86，任命大法官的日子被确定在9月10至17日之间。E 403/431, 16 Sept. 1367表明威克姆在9月15日仍没有上任，因此任命日期可缩小至9月16或17日。

第十七章 和平时代（1360—1369）

育的人进入本阶层深感憎恶。威廉之前的掌玺大臣约翰·白金汉在1363年被爱德华三世任命为林肯主教之后，也受到了同样的挖苦讽刺。[1]

所有这一切都表明，威克姆似乎对依从和微妙的传统政治艺术并不在意，他的肆无忌惮和野心勃勃遭到广泛的猜疑和攻击。爱德华曾强调，作为掌玺大臣，威廉应该时常陪伴在侧并快速地执行自己的命令，[2]威克姆对此谨遵不违。他的这一态度，我们从以下这件事情可管窥一二。威克姆在1366年写的一封信中，透露了他对这一角色的理解及专横态度，信中指出，在接到国王口头指示之前，新近空出的坎特伯雷大主教之位不能有任何安排。而这封信的接收者之一大法官朗厄姆已被允诺获得相关职务，从这一事件可看出威廉鲁莽粗暴的干预。[3] 在1367年取代朗厄姆成为大法官之后，威廉依然把自己视作国王的代表和王权的看护人。事无巨细，他都亲自过问，导致大法官法庭下级法官的担心，有时下级法院的案件审判甚至因此而中断。[4] 就像傅华萨讽刺的那样，"所有事都是他做的，没有他，任何事都做不成"[5]。

在此情况下，大臣、贵族甚至下议院的议员们都认为威克姆应为爱德华三世的政府负责，也就不令人吃惊了。当然，这基本上可以说是事后聪明。在1367至1377年间，当威克姆失去盛宠之后，将14世纪60年代的政治错误归结到他的身上被证明是非常容易又方便的。他被指控在60年代初期向诺曼底的马修·古尔奈、托马斯·福格、约翰·圣洛及其他将领勒索了太高的罚款，由此恶化了王室与1360年合约签订之后留在法兰西的英

---

1 *Polychronicon*, viii, 365; Reading, 155; *EMDP*, I.i, no. 23; A. K. McHardy, "The Promotion of John Buckingham to the See of Lincoln", *Journal of Ecclesiastical History*, xxvi (1975), 127–135.
2 *CPR 1361–4*, 444; *CPR 1364–7*, 97. 关于威克姆为此目的提取每天1镑的特别津贴，见例如E 403/427, 28 July 1366; E 403/429, 24 Oct. 1366。
3 SC 1/56/125.
4 Ormrod, *Reign of Edward III*, 91–92.
5 Froissart, vii, 101; Tout, *Chapters*, iii, 239.

格兰军队之间的关系。最重要的是,威克姆被认为是和平年代财政政策的主要制定者。1376年,他被认为应该为截留约翰二世、大卫二世及勃艮第公爵未用完的赎金,且拒绝将赎金用在公共事务上的事情负责。[1]当然,我们不能否认威克姆在创建国王宫室独立财政一事上发挥了中坚作用,或他在1364年4月与朗厄姆的那次关键会面中充当了重要角色,因此当时所制定的政策,并未在1365年议会上让国王同大臣的斗争进一步恶化。然而,在同法国再次交战前,国王咨议会成员决心团结内部统一战线,意味着议会没有机会分裂政府高层。因此,时人只能简单地斥责威克姆为邪恶的"爪牙",是和平统治时期爱德华的心腹谋士。

在14世纪60年代晚期,不是威克姆,而是王室内务总管约翰·阿特李爵士成为第一个受害者,不安情绪不断加剧的公众将批判的矛头纷纷指向了他。自从1360年国王内府与王后内府合二为一后,国王对用封建制度的收入来供应王室国内开支深感兴趣。[2]60年代初期,一些直属封臣死后,最有价值的监护税便用来供应菲莉帕王后及其侍从。[3]为了将这一封建特权的潜力发挥到极致,国王发动调查,恢复封建权利,一开始只是在王后的庄园上进行,从1365年开始,又扩展到国王的庄园,[4]涉及的地区包括诺福克、萨福克、埃塞克斯、剑桥郡、赫特福德郡、牛津郡、伯克郡、威尔特郡、萨默塞特及多塞特。考虑到国内民众在1360年后对安宁统治的期望,

---

1 *AC*, 96–100, 184.
2 为了将国王的锦衣库从复杂的地产管理事务中解放出来,在第一次瘟疫之后建立的锦衣库地产(管理职能)于1359年结束,锦衣库变为兰斯战役中军需官的角色,E 159/136, *Recorda, Mich.*, rot. 8; Ormrod, "Edward III's Government", 260–261。
3 *CPR 1358–61*, 451, 501; *CPR 1361–4*, 75, 86, 135, 142, 218, 236, 260, 272, 399; *CFR 1356–68*, 208, 389.
4 *CPR 1358–61*, 217, 278, 279, 404, 409, 518; *CPR 1361–4*, 135, 148, 207, 288, 361, 369, 371, 452, 546; *CPR 1364–7*, 66, 150, 152, 200–201, 206, 210, 287-8, 289, 356, 370; *CPR 1367–70, 138*, 189–190; J. G. Bellamy, *Robin Hood: An Historical Inquiry* (London, 1985), 88–89, 95. 1368年以前颁发的调查委任状仅有两份留存了下来,*CIM*, iii, no. 614; JUST 1/748。

启动这样的调查似乎是不合时宜的，因为这会激起各郡内直属封臣、乡绅及其他自由农的敌意。

14世纪60年代，向法院请求获得调查国王封建权利任务最多的人，同时也是其中许多次调查委员会的主席，就是合并后王室联合内务总管约翰·阿特李爵士。李的东安格利亚及英格兰中部地区的南部之行通常被称为讨人厌的内务法院之行。[1] 他为了埃诺的菲莉帕的权益大开绿灯，长期以来公众就对王后的高级官员怀有偏见，在此情形下，公众的不满进一步高涨。菲莉帕的前任内务总管是廷臣约翰·莫林斯爵士，他在1341年危机后又重获王室盛宠，直到1357年，才再次暴露出他原本就是一个臭名昭著、凌辱他人的混蛋。[2] 帮助王后管理黑弗灵庄园的总管埃塞克斯的约翰·班普顿也同样劣迹累累，他曾在东安格利亚任职。班普顿在1381年暴乱中被谋杀，而叛乱分子以流行的诗歌兴高采烈地庆贺这个卑鄙之辈的死亡。[3] 在60年代的某些时间里，李及其同侪被认为是大权在握无法战胜的。1367年，约翰爵士又掌管了特伦特南北的森林，根据特别法律及森林习惯法，他因此在调查方面又有了极大的权力。[4] 然而，不久之后，众人皆知，李在各郡的所作所为，不仅仅是因为王室的政策如此，更是因为他自己的贪婪。这些丑闻不但加剧了公众对于官员腐败的敏感心理，也让王室遭受到越来越多的批评。

在1366年5月议会上，人们发现一群住在肯特的乡绅和律师串通一气，让国王的一个侍卫威廉·塞普特万斯提前宣布年龄，从而迫使这个年

---

1 *PROME*, v, 215.
2 Tout, *Chapters*, iii, 123 n. 3; Ormrod, *Reign of Edward III*, 111.
3 McIntosh, *Autonomy and Community*, 270; *The Peasants' Revolt of 1381*, ed. R. B. Dobson, 2nd edn (London, 1983), 124; N. Brooks, "The Organization and Achievements of the Peasants of Kent and Essex in 1381", *Studies in Medieval History Presented to R. H. C. Davis*, ed. H. Mayr-Harting and R. I. Moore (London, 1985), 250–251; S. Justice, *Writing and Rebellion, England in 1381* (Berkeley, Calif., 1994), 133 and n. 66.
4 *CFR 1356–68*, 353.

轻人将家族资产拱手相让。由科巴姆勋爵主持的相关调查被限制在肯特郡内，所以约翰·阿特李以私人身份介入的事未被公众发现。[1] 然而，就在当年，李非法购买塞普特万斯在小威格伯勒（Little Wigborough）的埃塞克斯庄园一事广为人知。[2] 律师兼诗人约翰·高尔，也是肯特的一个承租人，被卷进了这个丑闻之中，遂在《人类之镜》(Mirour de l'Omme) 中哀伤地写道，国王的职责是要将好人和坏人区分开来，并将坏人驱逐出他的内府。[3] 至1368年2月，爱德华三世已被说服，李对王室的不良声誉负有直接责任，便审慎地将这位总管革职，流放，取而代之的是科比的威廉·拉蒂默爵士。[4]

咨议会希望通过这一先发制人的办法，来平息曾遭李调查的各郡的怒火。但当议会在5月召开之时，形势已很明显，除非对李进行公开审判，否则无法平息众怒。似乎从一开始，下议院便坚持，想要他们同意延长征收羊毛补助金的期限，就应撤销李之前的调查，并让众人听审李的正式审判。[5] 在议会的最后一天，爱德华三世邀请上议院贵族及下议院的一些人，与自己一起到威斯敏斯特的白厅去听首席法官罗伯特·索普宣读一败涂地的前内务总管李的判决书。这些围绕着国王的封建权利所展开的颇有争议的调查，确证了约翰·阿特李的丑行——压迫勒索无辜之人，借着国王的名义从市场上谋取私利。但是他们也提到了一项至高原则，声称李的所作所为严重越权，窃取了本应由国王及其咨议会单独施予的特权裁决。李被

1　SC 8/247/12329; C 81/1335/50; *PROME*, v, 196–201; "'Probatio Aetatis' of William de Septvans", ed. L. B. Larking, *Archaeologia Cantiana*, i (1858), 124–136.
2　Bellamy, *Robin Hood*, 85. 这件事在1366年由大法官法庭处理，C 44/5/9。
3　J. Gower, *Complete Works*, ed. G. C. Macaulay, 4 vols (Oxford, 1899–1902), I, 252 (ll. 22885–22896). 这可能为以下观点增加了一些分量：高尔早在14世纪50年代晚期就开始创作《人类之镜》，大约在1368年继续并最终在1376年左右完成这部作品，R. F. Yeager, "Politics and the French Language in England during the Hundred Years' War: The Case of John Gower", *Inscribing the Hundred Years' War*, ed. Baker, 127–157。高尔所收购的奥尔丁顿庄园的一部分受到了调查，并在1365年得到了王室的批准，C 143/356/11; *CPR 1364–7*, 99。
4　Tout, *Chapters*, vi, 43.
5　*PROME*, v, 210–211.

允许进行自我辩护,但上议院很快就认定其辩护无效,将他送进了伦敦塔去等待国王的"恩典"。[1]

事情并未到此结束。面对鼎沸的群情激愤,国王不得不同意派出两名首席法官前往东部各郡去调查李及其同侪的非法作为。在赫特福德郡,上诉者蜂拥而至,揭发约翰·阿特李肆意妄为地勒索罚款,无情地迫害当地深孚众望的爱德华·肯达尔和托马斯·肯达尔。[2]当法官们到达剑桥郡时,被攻击的对象转移到王后的另一个官员罗杰·哈利斯通身上,他曾建议咨议会继续进行封建王权的调查。[3]1369年,咨议会判定李非法占有的小威格伯勒归还原主威廉·塞普特万斯。[4]被关押起来的约翰·阿特李爵士未有就此走向毁灭,他似乎通过支付一大笔钱款结束了伦敦塔的囚禁生活,并保留了绝大部分的地产。只是他从未成功洗脱罪名,屈辱而不名誉地在1370年结束了一生。

约翰·阿特李一案的背景与影响,与1350至1351年威廉·索普爵士、1365年亨利·格林爵士和威廉·斯基普威思爵士垮台时的情况迥然有别。尤其是在1351年时,国王成功地让审判索普的议会成为他宣传司法公正不阿的途径。然而在1368年,主动权却基本掌握在下议院的手里,他们尖锐地指责国王未能合理地约束其高级官员,并以通过征税为条件,迫使国王将高级官员的贪腐大白于天下。总之,这些对宫廷和国王在任免和约束官员方面的绝对权利的攻击,为1376年的贤明议会(Good Parliament)及14世纪80年代中期公众就理查二世内府的政治影响而纷纷发表意见做好了铺垫。与国王想要挽回王室些许颜面的动机相比,约翰·阿特李的审

---

1 Ibid., v, 214–216. 除了议会卷宗上提到的这些,这个场合下还至少收到了指控李的其他两份请愿书,SC 8/47/2326; SC 8/65/3227。
2 JUST 1/339/1; KB 9/37, no. 9.
3 *CPR 1367–70*, 189–190; JUST 1/102, rots 5–6, 7, 8; JUST 1/339/1; KB 9/37, no. 9.
4 C 44/5/9; *CCR 1369–74*, 9–10. 塞普特万斯与李之子沃尔特关于这个庄园的后续纷争,见SC 8/142/7091; *CCR 1374–7*, 463–464。

判对议会的意义更为重大,因为这是议会认识到自己有权挑战王室特权、有责任管理约束整个王室官吏的里程碑式的重要时刻。

这一重要案件的最后一个讽刺之处在于,威廉·拉蒂默爵士被任命为李的继任者。从很多方面来看,威廉都是这个职位的不二人选。他出生在一个受过良好教育的男爵家庭。其父在1330年诺丁汉政变中曾是爱德华三世的合谋者之一,而威廉自己很早就被赐封为骑士,后来又迁升为王室内府的方旗爵士。[1] 此外,他还是个经验老到的战士,曾作为英格兰军队中的重要一员支持布列塔尼的独立战争,在1364年的欧赖战役中也有优异的表现。他对法兰西了如指掌,这可能是1368年爱德华三世委任他与其他人前去查理五世宫廷交涉的重要原因。[2] 这样的服务得到了应有的回报,他在王室内府的任职时间大约长达八年,先是在1370年以前担任王室内务总管,后在1371至1376年担任王室内府的侍卫长。

然而,威廉·拉蒂默的升迁,最终还是给爱德华三世的政府及其王权的声誉带来了负面的影响。拉蒂默很快就被发现利用王室监护权投机倒把,谋取重利。他也与其前任李一样,窃取国王的权利来为自己谋取私利。[3] 与威廉·威克姆一样,拉蒂默很快就卷入了14世纪60年代后期的另一场巨大的政治喧嚣,因为他把剩余赎金截留作为国王的私人财富。[4] 李垮台三年之后,威克姆迫于公众对他在再次对法开战的灾难般的第一阶段中的管理手段产生焦虑而离职。拉蒂默本应在任更长时间,但他也同样成为14世纪70年代孱弱的军事、脆弱的财政局面下的替罪羊。1376年贤明议会宣判,遭人憎恶的威廉·拉蒂默、爱丽丝·佩勒斯和伦敦商人理查德·莱昂斯三人妄图以国王和国家的直接代价谋取私利。对14世纪晚期的政治社会而言,

---

1　E 101/392/12, fol. 40; E 101/393/11, fol. 76.

2　E 159/145, *Brev. bar.*, Mich., rot. 10.

3　G. Holmes, *The Good Parliament* (Oxford, 1975), 66.

4　*CPR 1367–70*, 189.

第十七章　和平时代（1360—1369）

爱德华三世宫廷的沦陷，无疑是从约翰·阿特李一案开始的。[1]

在和平时代，应该说爱德华三世的国内统治取得了巨大的成功。国王不动声色地操纵议会延长羊毛补助金的征收期限，有利于后来英格兰在财政上的稳定。也是在60年代，国王与统治阶层就瘟疫之后的经济管理成功地达成一致意见，并最终就维护各郡的法律和秩序达成了持久的方案。但在其他方面，王室政府也出现了此前十年没有出现的问题，即爱德华三世的政府过于沾沾自喜，回避和平时期的重建工作。在《加来条约》及1362年大赦之后的余晖里，政府组织中的成员们有时候表现得颇为自得。如在1363年，下议院感情奔放地感谢上帝给了他们"一位使他们免受别国奴役、免除了以前遭受的许多指控的领主与统治者"。[2] 然而，随着十年创伤的持续，统治的矛盾与缺点也让公众感到不安。爱德华三世的固执，尤其是在保留剩余赎金上的强硬，差点在1364年导致咨议会成员之间的分裂，此事也成为之后民众继续非议他的一个重要话题。在约翰·阿特李爵士的丑闻中，下议院首次表达了他们对于政府政策会被一些寡廉鲜耻的人为了一己私利不顾公众权益而滥用的担心。至60年代晚期，已有明显迹象表明爱德华三世逐渐退回到半私密的状态，而这损害了宫廷和咨议会的代表性与统一性。由于当局在1368至1369年决定重新开战，因此当时最主要的问题是，在此危急时刻，国王是否有能力重拾领导权。

1　这一方面，见1404年恢复爱德华三世统治第40年（1366年）以来失去的王室权利及地产的提议，*PROME*, viii, 291–294; B. P. Wolffe, "Acts of Resumption in the Lancastrian Parliaments, 1399–1456", *Historical Studies*, ed. Fryde and Miller, ii, 65–66。
2　*PROME*, v, 160; McKisack, *Fourteenth Century*, 221.

第十八章

撤退与溃败(1368—1375)

自从 19 世纪首次使用"百年战争"的名称以来，便不断有人质疑这个名称是否吻合 1337 至 1345 年间英法单一、连贯的争端局面。爱德华三世及其参谋认为 1369 年重启对法战争是英法关系的一个新阶段，因为发动战争并非为了维护 1259 年《巴黎条约》，而是为了保证 1360 年《加来条约》的执行。然而，不得不说，广大英格兰人并不如此认为，他们称之为"第二次战争",[1] 明显是将这视作 1337 年开始的冲突的继续，尤其是 1340 年爱德华给自己加上"法兰西国王"头衔之后英法对抗的继续。在 1369 年战火重燃之时，爱德华恢复使用自 1360 年起为维护双方和平而放弃的"英格兰与法兰西国王"头衔。对那些质疑《加来条约》的英格兰人而言，这似乎是再次征服法兰西的一个宝贵时刻。然而，他们的这一希望很快就破灭了。1369 年，爱德华三世的统治面临着双重挑战：一是维持金雀花王朝在欧洲大陆日益受到围攻的领土，二是安抚国内因为英格兰军队战场失利而产生的困惑与失望的情绪。

阿基坦大区内发生的新冲突是英军所面临的严峻考验。自从 1368 年 1

---

1 *AC*, 96.

第十八章　撤退与溃败（1368—1375）

月昂古莱姆庄园会面后，黑太子抽取了沉重的炉灶税以支付纳赫拉战役开支，便出现了一批背叛者。在这些人之中，最重要的是阿马尼亚克伯爵让。他拒绝在其辖境内征收炉灶税，这并不等于是与金雀花王朝的彻底决裂，但这种自我本位的做法却可能会吸引加斯科涅贵族效仿，从而动摇他们坚决支持英格兰统治的决心。[1] 黑太子面临的真正威胁，来自阿马尼亚克家族与古加斯科涅显赫贵族阿尔布雷家族之间的长期联盟。

阿尔布雷家族自 1340 年就效忠于爱德华三世，因此他们每年可从英格兰获得一千镑的可观收入。贝尔纳·埃兹·达尔布雷在 1356 年的普瓦捷战役中曾派出了大支部队支援黑太子。14 世纪 60 年代早期，当爱德华三世的一员大将从法国北部撤退时，阿尔布雷家族的领袖阿诺－阿马尼厄同样予以了重要支援。[2] 但阿诺－阿马尼厄也与阿马尼亚克伯爵结成同盟，以对抗他们的共同敌人富瓦伯爵加斯顿·弗布斯。1362 年，阿尔布雷在洛纳克（Launac）被富瓦伯爵抓捕而欠下了赎金债务，这可能是他在 1368 年做出拒绝黑太子的重大决定而与阿马尼亚克结盟的原因。[3] 在当年 5 月初，阿尔布雷娶查理五世王后让娜的妹妹波旁的玛格丽特为妻。几周之后，他向查理五世行效忠礼，后者向他许诺了颇为慷慨的年金。[4] 在以上事情的鼓舞下，阿马尼亚克在查理五世的宫廷里正式发起了抵制黑太子炉灶税的倡议。除了他和阿尔布雷，佩里戈尔伯爵阿尔尚博也是背叛黑太子的一员大将。6 月 30 日，法兰西国王与阿马尼亚克伯爵、阿尔布雷及佩里戈尔伯爵三大贵族秘密结盟，许诺只要他们在战争中支持自己，那么他便会保证他

1　Sumption, ii, 569–570.
2　G. Loirette, "Arnaud Amanieu, sire d'Albret, et l'appel des seigneurs gascons en 1368", *Mélanges offerts à M. Charles Bémont* (Paris, 1913), 318–319; K. Fowler, "Truces", *The Hundred Years War*, ed. Fowler, 191–193.
3　Vale, *Angevin Legacy*, 96; Henneman, *Ransom of John II*, 178–179.
4　Loirette, "Arnaud Amanieu", 324; Henneman, *Ransom of John II*, 250–251.

们的权利、土地及丰厚的年金。[1]

发生在巴黎的这些事情被黑太子与爱德华三世清楚地探知，他们也明白瓦卢瓦在公众面前所做出的虚伪姿态背后所隐藏的真实含义。[2] 查理五世要求听取阿马尼亚克的申诉，与爱德华1362年在阿基坦拥有的宗主权地位直接冲突，并有效地将黑太子代表的英格兰王权降级为法兰西的封臣。如果查理五世将黑太子的拒绝解读为违抗命令，那么爱德华三世将被迫根据《加来条约》的规定予以干预以保护自己的权利及其领土上的利益。这场争论是否将导致双方公开开战，在接下来的几个月里依然不明确。1368年春、夏，瘟疫的再次暴发让英格兰政府转向妥协。7月末，爱德华在吉尔福德召开了一场盛大的咨议会，讨论莱昂内尔王子前往意大利之后爱尔兰政府的安排问题。[3] 利用这个机会，爱德华三世让咨议会同意在英格兰及威尔士招募新的战士，送到阿基坦交由冈特的约翰统帅，协助其保卫领土的任何行动，并由财政署负担相关经费。[4] 然而，9月冈特的约翰之妻布兰奇之死，推迟了这次军事行动。次年春，新兵仅由兰利的埃德蒙和彭布罗克伯爵派遣发出。[5]

同时，外交局面僵持不下。1368年9月，内维尔勋爵和拉蒂默勋爵被派往巴黎，却仅带回来一个模棱两可的答复，即唐卡维尔伯爵将会很快前来英格兰商讨解决方案。[6] 阿尔布雷勋爵为了自己的利益而三头两面，一方面让英格兰相信他更愿意将爱德华三世视作加斯科涅的最高统治者，另一

---

1 Froissart, *Oeuvres*, xviii, 485–488; Delachenal, iv, 85–91.
2 国王与其子之间的往来书信记载在 E 403/434, 6 May 1368。
3 *Foedera*, III.ii, 845, 848. "在爱尔兰拥有土地的北境伯爵与骑士们"受召参加了咨议会，E 403/434, 21 July 1368。这次会议还解决了许多国内事务，包括一项伦敦城自由贸易的重要法令，*CCR 1364–8*, 483。
4 E 403/434, 9 Aug. 1368; Sherborne, *War, Politics*, 3 n. 7.
5 Goodman, *John of Gaunt*, 46, 66 n. 22; E 403/436, 14 Nov. 1368, 6 Mar. 1369; Sherborne, *War, Politics*, 77–78.
6 E 101/315/28; *Foedera*, III.ii, 850.

第十八章 撤退与溃败（1368—1375）

方面他在面对黑太子的无理行为时坚持自己的权利并向查理五世申诉。这种肆无忌惮的做法，一度造成了威胁，在爱德华三世与黑太子之间制造裂痕，因为爱德华三世依然试图维持英法两国间的和平，而黑太子则更倾向于迎接不可避免的战争。[1] 在休战期间，安茹的路易积极邀请贵族和民众前来金雀花王朝统治区域的边缘地带居住，以便投奔瓦卢瓦一方，所以停战协定能够维持这么久，也着实让人惊讶。在当年秋天，黑太子病笃，很可能是他在卡斯蒂利亚感染的慢性痢疾恶化了。11月，查理五世要求黑太子亲自前往1369年5月2日的巴黎高等法院。[2] 钱多斯·赫勒尔德将黑太子的回复改编成剧本台词："主啊，我想，根据我所听到的，法兰西人相信我快要死了。但是如果上帝让我痊愈，当我从这张床上爬起来，我就要尽己所能把他们打得落花流水。上帝知道，他们是怎么不怀好意地咒怨我的。"[3] 然而，即便黑太子好战成性，他也没有资格命令开战。

即便在这种艰难的困境中，爱德华三世依然做了最后一次努力以维持1360年的和约，避免两国滑入战争。在1369年3月送给法兰西宫廷的一份建议书上，爱德华就双方的分歧提出了三种和解方式：执行《加来条约》要求的放弃声明；执行1366年会议对贝尔维尔边界所做的裁决意见；确认英格兰对蓬蒂约、蒙特勒伊、加来及马克的占领范围。[4] 爱德华私下里可能也考虑过放弃约翰二世的剩余赎金。但如此巨大的让步会暴露出英格兰的脆弱。1369年6月，佛兰德斯的玛格丽特与勃艮第的菲利普联姻，至少在一段时间内对爱德华在低地国家和帝国的结盟形成了严重威胁，从而危害了他在法兰西北部的战略部署。他所缔结的姻亲关系依然可算作他的同

1　E. Perroy, "Edouard III d'Angleterre et les seigneurs gascons en 1368", *Annales du Midi*, lxi (1948–9), 93, 95–96.
2　Loirette, "Arnaud Amanieu", 330, 334–335.
3　*Vie du Prince Noir*, 155 (ll. 3881–3888), 译文见 *Life and Campaigns*, 135, 参考Froissart, vii, 96–97。
4　*EMDP*, I.ii, no. 308; *Chron. J&C*, ii, 76–116.

盟。菲莉帕王后的外甥海尔德公爵爱德华、于利希公爵威廉，及王后妹夫那慕尔的罗伯特，在1369年依然公开站在英格兰一方。罗伯特在1370年圣乔治日的宴会上入选嘉德骑士团，是一个特别有力的提醒：在家庭纽带下他负有责任与义务。但是，鉴于佛兰德斯、布拉班特及埃诺的统治者都持中立态度，来自低地国家的支持其实是软弱无力的。而且，到了70年代，情况进一步恶化。[1]

形势在西班牙同样严峻。在1368年末，法兰西人再次与西班牙王位的觊觎者特拉斯塔马拉的亨利结盟。[2]当佩德罗一世请求援助时，爱德华三世依然采取之前在纳赫拉战役中的立场：由阿基坦王子全权负责军事援助事宜。但如果爱德华认为近来与阿拉贡的佩雷四世的防御联盟能够抵消卡斯蒂利亚的变数所带来的危险，那么他很快就纠正了这一想法。[3]1369年3月，在蒙特埃尔（Montiel）战役中，贝特朗·迪盖克兰率领一小支法兰西部队支持特拉斯塔马拉的亨利。佩德罗一世被打得大败，几天之后又遭遇了埋伏并被杀害。[4]爱德华被说服在卡斯蒂利亚兑现自己迟到的承诺，但讽刺的是，这进一步分散了他在法兰西领土上的防卫力量。

1369年1月中旬，爱德华在威斯敏斯特召开了由所有圣职和世俗贵族参加的咨议会。[5]会上讨论了查理五世挑战阿基坦的宗主权一事，决定筹钱征兵防御阿基坦大区。[6]1368年秋，咨议会就已计划派遣国王内府骑士威

1　Trautz, *Könige von England*, 400–403.
2　*Foedera*, III.ii, 850–852.
3　E 30/1553，载Russell, *English Intervention*, 555–556 及 *EMDP*, I.i, no. 73; *Foedera*, III.ii, 855–856; Curry, *Hundred Years War*, 65。
4　Russell, *English Intervention*, 147–148.
5　这可能指的就是1368年12月向一长串指定人员发出令状的缘由，E 101/315/25。亦见 *AC*, 59。SC 8/227/11346提到1369年2月参加咨议会的人包括大法官、国库长、王座法庭首席法官、兰开斯特公爵、阿伦德尔伯爵、索尔兹伯里伯爵、威廉·拉蒂默及"其他领主和法官"。
6　E 403/436, 16 Dec. 1368, 26 Jan., 31 Jan., 3 Feb. 1369; *Foedera*, III.ii, 857.

第十八章　撤退与溃败（1368—1375）

廉·温莎去接管爱尔兰，以免法兰西趁此机会在当地挑起事端。[1] 同时，会议还同意派遣重骑兵和弓箭手去防御蓬蒂厄及加来，运送资金到法兰西北部爱德华管辖的区域，以支持英格兰的军事行动。[2] 尽管做了以上安排，但英格兰似乎没有意识到，查理五世决定先行一步攻占英格兰在法兰西的领土。当年春天，英格兰失去了对蓬蒂厄的控制。4月末阿布维尔的投降，让人极为担忧金雀花王朝能否成功防御法国北部地区。

1369年英格兰人最担心的问题是丢失加来。这个欧洲转口埠既是英格兰控制海峡的象征，也是部署战略的关键据点。加来在当时已成为英格兰士兵前往法国的重要港口。一个生动的例子便是，当地人后来抱怨道，登陆的英格兰人的战马在加来的街上留下了无数堆如小山的马粪。[3] 1363年以来英格兰羊毛生产者和贸易者从这个羊毛集散中心获利，加来也可以说带来了巨大的经济效益。[4] 在1369年战争爆发之际，英王暂时关闭了加来羊毛集散中心，转而重新采用1353年方案，即只有外国人才能够将羊毛出口到大陆去。然而至1370年8月，待最初的恐慌散去之后，这一禁令便被解除，加来重新成为羊毛集散中心。[5] 战争爆发后，英方又做了不少措施以保证加来的安全。从1369年开始，爱德华三世先是在加来安置了永久兵力五百员，后来又在帕莱地区（Pale）的各个军事要塞布置了一千人。防御加来的花费也因而水涨船高，从14世纪50年代的每年一万二千镑，

1　*Foedera*, III.ii, 850, 853–855; E 403/436, 31 Jan. 1369; Connolly, "Financing", 111, 112, 117.
2　*Foedera*, III.ii, 861–864; E 403/436, 5 Mar., 29 Mar. 1369; E 403/438, 14 Apr. 1369.
3　SC 8/262/13081.
4　*PROME*, v, 174–175; Lloyd, *Wool Trade*, 212–213.
5　*PROME*, v, 226; *SR*, i, 390–391; *CLBL, G*, 248. 王室试图将包括精纺布在内的一系列商品都通过加来羊毛集散中心的做法，受到了众人的强烈反对，见D. Greaves, "Calais under Edward III", *Finance and Trade*, ed. Unwin, 340–347。在1376年法令再次要求精纺布经由集散中心之后，诺福克的服装商因为廉价布匹的主要客户是"撒克逊人"这个古怪的说法而成功地从议会获得了豁免权，SC 8/85/4243。

上升为 70 年代的每年高于两万镑。[1] 加来根本不是欧洲的粪堆，而是金雀花帝国之冠上一颗最闪亮的珍珠。

1369 年 5 月的上半月，英格兰咨议会已经做出了以上重要防御决定。爱德华三世将在冈特的约翰、赫里福德伯爵的陪同下，率军防御加来，收复蓬蒂厄。[2] 此外，爱德华提前下手防范查理五世与苏格兰结盟。在 5、6 月间，大卫二世最后一次拜访了他的前任妻兄爱德华三世。[3] 6 月 18 日，英、苏两位国王对《贝里克条约》进行了重要修订，将双方的休战时间从 1370 年延长至 1384 年，该修正案即时生效，而大卫未支付的赎金，其交付期限可进一步延长。关于苏格兰王国的王位继承问题，修正案只字未提，双方当时对苏格兰王位到时将由罗伯特·斯图亚特继承已心照不宣。但爱德华满意地发现，他近来成功地与查理五世达成了一项战略，即利用自己的权利放宽条约的条件作为他寻求维护和平的杠杆。他对大卫的言外之意也颇感满意，因为大卫似乎承诺在英格兰的对法战争中将提供军事援助。[4]

当爱德华与大卫修订条约时，英格兰政府当局已满怀激情地宣布全面战争的开始。以他典型的政治方式，爱德华三世邀请世俗贵族在 6 月 3 日议会召开之前一周来到威斯敏斯特，商讨"与国王和王国有关的重要且机密事务，并帮助国王部署对法战争"。[5] 如果说爱德华之前的策略倾向于自保，其初衷只是抵抗瓦卢瓦王朝对本国领土的侵犯，那么情况很快明确起

---

1 E. Perroy, "L'administration de Calais en 1371–2", *Revue du Nord*, xxxiii (1951), 218–227; *Compte de William Gunthorpe, trésorier de Calais, 1371–2*, ed. E. Perroy (Mémoires de la commission départementale des monuments historique du Pas de Calais, x, 1959); Harriss, *King, Parliament*, 329, 475; Rose, *Calais*, 34–35.

2 E 403/438, 5 May, 12 May, 16 May, 17 May, 18 May, 29 May 1369. 1372年，当时关押在斯坦福德的两名人质被转回伦敦，E 403/444, 17 Mar. 1372。

3 *Rot. Scot.*, i, 928–933; Penman, *David II*, 383–385. 关于给格拉斯哥主教及其他苏格兰使臣的珠宝、盘碟礼物，见E 403/438, 14 June, 27 June 1369。

4 *Foedera*, III.ii, 873, 877–879; *CDS*, iv, no.154; E 403/438, 16 June 1369; *CLBL, G*, 246; Penman, *David II*, 385.

5 E 403/438, 18 May 1369.

第十八章 撤退与溃败（1368—1375）

来，那些军事精英酷爱更加激进好斗的立场。到议会召开时，上、下议院宣称，他们将不遗余力地支持战争，并慷慨地同意征发新的羊毛税。

一周之后，最高指挥部经过讨论，对现有军事计划进行了重大修正，派往大陆的军队分作两批，第一批由冈特的约翰领导，规模更大的第二批军队则由国王亲自率领，启程时间在8月。[1] 之前在加来和蓬蒂厄重建控制权的想法，如今已让位于施行1346和1359年的全面骑兵扫荡。在议会的最后阶段，大法官威克姆向众人许诺，攻入法兰西的任何人都将合法占有其在欧洲大陆所征服的土地及相关权利。[2] 这明显是在收买那些十年前被迫从诺曼底、安茹、曼恩和图尔奈撤退的人。随后，类似的激励措施也传达给了阿基坦大区的贵族，并向他们承诺免除不合宜的税收，大赦那些被认为同情瓦卢瓦王朝的人。[3] 在议会结束之前，下议院还适时通过了拘留敌人、没收外国人的修道院，以及防卫海岸等决策。关于海岸防卫，国王趁机新建了一支包括本地教界人士在内的重要防御力量。在议会的最后一天，即6月11日，爱德华三世正式恢复"英格兰与法兰西国王"的头衔，等于是再次向篡夺其王位的瓦卢瓦王朝直接宣战。[4]

对于即将到来的战争，爱德华三世的感情颇为复杂。在五十六岁这个年纪，大部分的贵族和骑士都已远离战场。爱德华的同龄人中，仅有沃里克伯爵将会参加这场战役，而他实际上在1369年末死于加来的瘟疫。[5] 整

1　*Foedera*, III.ii, 870–871.

2　*PROME*, v, 221, 223, 226–227.

3　*Foedera*, III.ii, 874; Froissart, vii, lxxix–xc. 1370年计划在法兰西全境再次传达这样的措施，但不清楚是否执行，*Foedera*, III.ii, III.ii, 908。

4　*PROME*, v, 221–224, 227; *Foedera*, III.ii, 864–866, 874, 876; *CLBL, G*, 242, 246; B. McNab, "Obligations of the Church in English Society: Military Arrays of the Clergy, 1369–1418", *Order and Innovation*, ed. Jordan, McNab and Ruiz, 296–297. 5月，为将那些充作约翰二世赎金人质的法兰西镇民转移到各地城堡做出了具体的细节安排，E 403/438, 18 May 1369. 关于人质后来为获释而做的努力，见P.-C. Timbal *et al.*, *La Guerre de Cent Ans vue à travers les registres du parlement (1337–1369)* (Paris, 1961), 401, 407–432。

5　*Hist. Angl.*, i, 308; *AC*, 62.

个夏天，这位国王都在想办法，以抵抗查理五世聚集在塞纳河的舰队。[1]7月末率领卫队抵达加来的冈特的约翰，瓦解了法兰西舰队的威胁态势，查理被迫放弃聚集在鲁昂和阿夫勒尔（Harfleur）的海军阻截计划，传信于其弟勃艮第公爵，要他迎战已进入皮卡第并向法兰西岛挺进的英格兰王子。

直到最后时刻，爱德华三世才宣布他将加入正聚集在桑威奇、将于8月18日启程前往加来的第二批军队。14日，就在冈特的约翰渡过海峡之时，法军准备即刻开战的消息传来，爱德华从埃尔特姆发出紧急令，以更高的薪酬招募另外一支军队迅速至多佛尔聚集。但是菲莉帕王后在15日的意外逝世，让爱德华及其家人意外地受困于宫廷悼念仪式之中。军队依然按照原计划聚集，但由于国王及其卫队的缺席，规模和战斗力均大受影响。[2]尽管爱德华之前曾下令将战盔送去给阿伦德尔伯爵、女婿昂盖朗·德库西及幼子——十四岁的托马斯，以备战场所需，[3]然而，所有这些军队都没有与晚些时候于9月12日抵达加来的军队齐头并进，只有四位伯爵——老练的沃里克伯爵托马斯·比彻姆、牛津伯爵托马斯·德维尔、年轻的索尔兹伯里伯爵威廉·蒙塔古和马奇伯爵埃德蒙·莫蒂默，最终与兰开斯特公爵和赫里福德伯爵率领的先遣队会合。这两支军队的人数大概在六千人，其中至少有一千人是于利希的威廉及其将帅从欧洲大陆招募而来的。[4]

开始的澎湃激情与踌躇满志很快便让位于战争的平淡与前途未卜。9月中旬，在图尔尼姆（Tournehem），尽管双方力量悬殊，兰开斯特公爵还是决定迎战，而勃艮第公爵则做出了截然相反的决定，他决定撤退，让法兰西人显得胆小畏战，但这其实应该是查理五世的策略。冈特的约翰转而向海岸挺进，与从桑威奇渡海而来的英格兰舰队会合，当他率军途经科地

---

1 Froissart, vii, 157–158; *Issue Roll of Brantingham*, 396; *Foedera*, III.ii, 874–875.
2 E 403/438, 14 Aug., 1 Sept. 1369 ; E 101/29/40.
3 E 101/396/15.
4 E 403/438, 25 July 1369; Sherborne, *War, Politics*, 2–6, 79–80.

第十八章 撤退与溃败（1368—1375） 579

区（Pays de Caux）时，其烧杀抢掠之行径，让人回想起其父当年在诺曼底的所作所为。在他返回加来的路上，兰开斯特公爵试图撕裂阿夫勒尔的防线。然而，这些小胜利都不足以弥补战役的巨大花销，其数额最低也在八万五千镑。[1] 而在国内，可能遭到海上进攻的风险引起了恐慌，尤其是冒险家威尔士的欧文受雇率领查理五世的舰队直奔威尔士，前去挑战北威尔士黑太子的统治。[2] 在此情形下，英格兰王只能以习惯了的"必要"为由，号令众领主回到海岸边自己的城堡里备战，否则敌人将要摧毁威尔士，并把英语从地表抹除。[3]

迟至 1369 年 11 月，当黑太子继续抵制一切将其拉入巴黎高等法院管辖范围内的企图时，查理五世才正式宣布没收英格兰的阿基坦大区。在此之前，英格兰在法国西南部的许多外缘地盘已经悉数沦陷。那些依然忠于英格兰一方的贵族与市民，受到势力强大的安茹公爵的胁迫，或无奈屈服，或被查理五世的许诺——将会保证他们的特权——所引诱。[4] 即便黑太子的身体没有大碍无需担心，但在开战之后的六个月里，他也不幸失去了两个最重要的统帅，詹姆斯·奥德利与约翰·钱多斯。[5] 尽管剑桥伯爵和彭布罗克伯爵及其将士在布尔代耶（Bourdeilles）、永河畔拉罗什（La Roche-sur-Yon）和蒙托邦（Montauban）掌握了主动权，[6] 但在 1369 年底英格兰已无法有效控制凯尔西和佩里戈尔。当查理五世宣布没收阿基坦时，爱德华三世则针锋相对，宣布恢复对阿基坦的申诉采取行动的权力，并向忠诚的加斯

---

1 Froissart, viii, 164–167, 185–188, 191–195, 387–389; Sherborne, *War, Politics*, 93–96.
2 Carr, *Owen of Wales*, 23–24; Sumption, iii, 44–45.
3 *Foedera*, III.ii, 883, 900–902.
4 Pépin, "New Assessment," 59–114.
5 *Vie du Prince Noir*, 157 (ll. 3941–3954); Froissart, viii, 163, 206–207; *Hist. Angl.*, i, 312.
6 Froissart, viii, 118–119, 150–153, 159–163, 337–338, 362–364, 368–369; *Vie du Prince Noir*, 156 (ll. 3915–3934).

科涅民众发布了措辞谨慎的声明,说明了他们在无理且邪恶的瓦卢瓦王朝的统治下遭受的不公。[1]对于那些能够回想起1337至1339年黑暗岁月的人而言,1369年形势的逆转,可能并不足以导致恐慌。当时的主要问题准确来说依然是,爱德华三世如何通过外交和军事策略来挫败法国人的进攻态势,从而将查理五世逼回和平谈判桌上。

1370年2月,爱德华三世试图再次重演百年战争的首场战役,他命令聚集在奥威尔的军队向低地国家挺进,而后进攻法兰西王国。这一计划很不现实,因此在从港口驶往加来时就重新做了部署,后来干脆弃而不用了。[2]做出这一改变的原因是纳瓦拉的查理再次介入英法事务。查理急于表明自己与金雀花、瓦卢瓦是三足鼎立之势,他流转至布列塔尼和诺曼底,并提供科唐坦半岛作为英格兰的登陆地点。他的索价很直接也很高昂,即英格兰应该撤出圣索沃尔-勒维孔特的军事要塞。而圣索沃尔-勒维孔特是当时英格兰自由骑士军阀建立在诺曼底西部的指挥中心,以指挥大规模的收取赎金与掠夺行动。[3]

在2月的咨议会上,爱德华三世同意派遣四千多名士兵去援助查理以挑战瓦卢瓦的统治。[4]这次本质上不同寻常的行动,与其说是一次单独的进攻,还不如说是军事支援,因此爱德华并未任命大贵族而是任命白手起家的罗伯特·诺尔斯爵士为统帅。然而,这种隐含的荣誉标志冒犯了许多思想保守的士兵,包括诺尔斯的一些签约同伴。因此,军队的领导权随后转而由诺尔斯与阿兰·巴克斯赫尔、托马斯·格兰迪森及托马斯·鲍彻共

1　*Foedera*, III.ii, 883–885.
2　*Issue Roll of Brantingham*, 458; *Foedera*, III.ii, 889–890.
3　Holmes, *Good Parliament*, 38; N. Wright, *Knights and Peasants: The Hundred Years War in the French Countryside* (Woodbridge, 1998), 58.
4　Sumption, iii, 64–67. 关于为准备这次军事行动而订立的合同,见*Issue Roll of Brantingham*, 128–130; E 101/68/4, no. 90; E 101/30/25; Prince, "Strength of English Armies", 369–370; Sherborne, *War, Politics*, 6–7; Fowler, *Medieval Mercenaries*, 289。

第十八章　撤退与溃败（1368—1375）

同掌领。[1] 形势在夏天好转起来，英格兰横扫皮卡第、香槟、诺曼底及曼恩。但法国人很快就在战略上扭转了颓势，12月，在图尔北边的蓬瓦兰（Pontvallain），诺尔斯最终遭遇惨败。英格兰咨议会报复性地暂时剥夺了之前奖励给诺曼底首领管辖的领土。[2]

1370年另一场仅有的重要军事行动，是7月冈特的约翰、兰利的埃德蒙和彭布罗克伯爵在加斯科涅前哨阵地帮助衰弱而陷入困境中的黑太子反击法兰西军队。尽管国王准备动用自己的巨额资金来资助这次行动，但他依然不愿意鼓励大量英格兰骑士支援阿基坦。因为法兰西的一支舰队袭击了海峡里的英格兰商船，焚毁了戈斯波特镇（Gosport），当此之时，孰轻孰重显而易见，必须把英格兰海岸的防御当作首要之务。加斯科涅的所有军队，包括黑太子从威尔士和柴郡带来的卫队在内，大概仅有一千五百人。[3] 黑太子与弟弟们在夏天突袭了利摩日，原因是利摩日主教新近投降并将其所辖领土献给了伯里公爵。虽然傅华萨过度夸张了黑太子等人给利摩日的平民所带来的无情惩罚的著名事迹，但他关于黑太子健康恶化、脾气暴躁的描写则不得不引起我们的重视。[4] 这次军事行动的战果并未持久，到年底，几乎利穆赞、阿让奈的所有地区都被法军攻陷。回到昂古莱姆的黑太子，发现他的妻子正为他们不久前去世的长子深切悲悼。在巨大的悲痛之下，他放弃了对阿基坦公国的统帅权，将权力全部交给身体更加强健的冈特的约翰后，便准备即刻返回英格兰。1月，他与琼王妃、波尔多的理查

1　Froissart, v, 366; *ODNB*, xxxi, 954–955.
2　Froissart, viii, 1–5; Sumption, iii, 84–94; Fowler, *Medieval Mercenaries*, 292–297.
3　*Foedera*, III.ii, 894–896; E 101/29/40; Sumption, iii, 69–70.
4　Froissart, vii, 243–245, 248–253, 422–427; *Vie du Prince Noir*, 159–160 (ll. 4026–4056); Barber, *Edward, Prince of Wales*, 224–226; Pépin, "New Assessment", 86–88.

抵达目的地。[1] 爱德华三世在 1360 至 1362 年间制定的领土和宪法方案能够持续下去的希望也随之破灭。

在国内，民众的注意力又转到干预法兰西公国的可能性上。1370 年 7、8 月间，"坏人"查理从瑟堡（Cherbourg）来到克拉伦登狩猎点会见其英格兰表兄。狡猾的他提出了苛刻的条件，要求爱德华支付自己的所有开销，并要求达勒姆主教及新受封的沃里克伯爵、萨福克伯爵充任担保人。[2] 一项纲要性的提案在 12 月达成，查理同意承认并支持爱德华三世，作为回报，爱德华将提供现金和法国北部及阿基坦大区的土地。爱德华随后向已控制了圣索沃尔的阿兰·巴克斯赫尔爵士施压，让他将该城堡移交给查理的人。但是黑太子作为所有协议的必要参与方，认为整个行动过于冒险，在诺尔斯惨败于蓬瓦兰之后，国王迅速放弃推动查理这个不可靠的联盟。[3]

英格兰－纳瓦拉联盟还未崩溃时，爱德华的注意力就又转到了之前曾视为战略要地的布列塔尼公国。犹如其对手佛兰德斯人，面对新一轮的英法冲突，布列塔尼公爵约翰五世也采取了中立态度。他热切地希望将贝克勒城堡的英格兰势力驱逐出去，同时他发现查理五世很可能愿意给自己的计划提供支持。但是，他也不想失去自己同前岳父和保护人爱德华三世之间的良好关系所带来的好处。而爱德华则急切地开出了非常慷慨的条件，以求更新英格兰－布雷顿同盟。他坚定地保证，约翰以前的竞争者，布卢

---

1 *John of Gaunt's Register, 1371–5*, i, no. 9; Froissart, viii, 9–10; *AC*, 67. 昂古莱姆的爱德华的遗骸后来被理查二世改葬到金斯兰利的第二王陵, "The Accounts of John de Stratton and John Gedeney, Constables of Bordeaux, 1381–90", ed. J. R. Wright, *Mediaeval Studies*, xlii (1980), 304 and n. 76.

2 E 159/147, *Brev. bar.*, Hil., rot. 3; E 159/147, *Brev. bar.*, Mich., rot. 6d; *Foedera*, III.ii, 899–900.

3 *EMDP*, I.i, no. 26; *Foedera*, III.ii, 907–908; *AC*, 66; *Hist. Angl.*, i, 312; Delachenal, iv, 365–367; Jones, *Ducal Brittany*, 63; Barber, *Edward, Prince of Wales*, 226–227; Sumption, iii, 72–74, 93.

第十八章 撤退与溃败（1368—1375）

瓦的查理的两个儿子将会被他继续"软禁"在英格兰。[1] 他还许诺，约翰可以享有之前曾划出来给伍德斯托克的托马斯和"坏人"查理的普瓦特万（Poitevin）土地领主权，并同意他重申如今已被冈特的约翰据有但曾经是其先祖所有的约克郡里士满的领主权。更让人意外的是，他还免除了布列塔尼公爵如向法兰西君主一样向自己行效忠礼的义务。不幸的是，这份于1372年11月正式生效的协定，激发了瓦卢瓦的严厉责难。内维尔勋爵所率领的一支小部队很快就被迪盖克兰打败，约翰公爵被迫同父亲一样，前去寻求英格兰宫廷的庇护，1373年5月他在温莎与爱德华三世重新结盟。[2] 与纳瓦拉的查理、布列塔尼的约翰之间的联盟，非但未能在主战场上削弱查理五世的力量，反而使爱德华三世的外交实力大打折扣，使他已经捉襟见肘的军事资源消耗殆尽。

极为讽刺的是，爱德华正是70年代初在与佛兰德斯人的交往中取得了军事和外交的很大成功。尽管路易·德梅尔同意将女儿嫁给勃艮第的菲利普，但他不打算在战场上支持查理五世，相比之下，他更想与英格兰保持重要的商业往来。至1370年，英格兰与佛兰德斯之间已订立了商贸协定草案，然而正式生效时间却有所推迟。1371年，海上出现的小规模冲突，让爱德华三世政府颇为担忧，害怕佛兰德斯将在海峡内与法兰西人合作。[3] 5月，爱德华的咨议会决定将海岸线的防御力量再度加倍，赫里福德伯爵

---

[1] Jones, *Ducal Brittany*, 64 n. 3; *Anglo-Norman Letters and Petitions from All Souls MS 162*, ed. M. D. Legge (Anglo-Norman Text Society, iii, 1941), no. 265; *Foedera*, III.ii, 988; E 403/461, 21 Jan., 13 Feb., 10 Mar. 1377.

[2] *EMDP*, I.i, no. 96; *Foedera*, III.ii, 964–965; *AC*, 71–72; Jones, *Ducal Brittany*, 64–74; M. Arvanigian, "A Lancastrian Polity? John of Gaunt, John Neville and the War with France, 1368–88", *Fourteenth Century England III*, ed. Ormrod, 131–132; Holmes, *Good Parliament*, 25.

[3] 1371年2月末之前，国王宫室侍臣约翰·蒂佩特被派到拉伊去查看"我们的君主"最近带到海峡里的7艘佛兰德斯船只，回到伦敦的他向国王及咨议会做了汇报，E 101/620/17; E 159/147, *Brev. bar.*, Hil., rot. 12。

受命带领聚集在南安普敦的一支海军前往布列塔尼的布尔讷夫湾（Bay of Bourgneuf），打击佛兰德斯从拉罗谢尔返航的盐船，这是爱德华三世统治时期的最后一场胜利海战。[1] 这次行动及时地警告了不断推延搪塞的佛兰德斯人，路易·德梅尔最终在1372年确认了与英格兰的商贸协定，在英法战争中保持中立。[2]

1371年国际舞台上所发生的诸多事务，其中对爱德华三世困扰最小的一件便是2月22日苏格兰大卫二世的去世。在给妹婿修建坟墓和承担丧葬费时，爱德华三世必然沿用了自《贝里克条约》签订以来使用的条件形式，拒绝给大卫国王的头衔。[3] 同样，他也没有反对罗伯特·斯图亚特的迅速即位。爱德华的参谋们明白，以后最好的办法，便是与苏格兰事实上的统治者斯图亚特展开协商，确认新近签订的休战协议。在1372年6月转交最新一笔赎金时，英格兰在书面收据上习惯性地忽略苏格兰王室样式，罗伯特二世派来的代表表示拒绝从而导致了小规模的冲突，[4] 但这丝毫不影响斯图亚特王想要与英格兰建立友好关系的热切希望。在他第一次召开议会时，他派了一支代表团前往查理五世的宫廷，以更新苏格兰、法兰西两个王国之间惯常的互助联盟。然而，与此同时，他也拒绝了查理五世以帮助支付大卫二世剩余赎金为条件借道苏格兰侵入英格兰的要求。[5] 而且，苏格兰王朝的更迭，也未严重破坏新近规范跨境冲突的举措。即使是亨利·珀西与道格拉斯伯爵威廉围绕杰德堡权利问题产生了矛盾纠纷，也在1377年之

1　E 403/442, 4 June 1371; *AC*, 68–69, 177. *Hist. Angl.*, i, 313–314误将时间定在1372年，这一错误也见于后来的*Chronicle of London*, 69。

2　*Foedera*, III.ii, 938–939; *EMDP*, I.i, no. 112; Lloyd, *Wool Trade*, 218–219.

3　*Foedera*, III.ii, 920, 942, 980.

4　*CDS*, v, no. 846; S. I. Boardman, *The Early Stewart Kings: Robert II and Robert III, 1371–1406* (East Linton, 1996), 110. 关于后来英格兰人坚决否认这一头衔，见*Foedera*, III.ii, 967–968。

5　*Foedera*, III.ii, 925–926; Bower, vii, 382–389; Campbell, "England, Scotland", 203 and n. 1.

第十八章 撤退与溃败（1368—1375）

前得到了遏制。[1]如果说爱德华三世认为对苏格兰政策有必要保持现状，那么在法兰西问题上，他有充分理由相信，如今在法兰西追逐利益比1357年以来的任何时候都会更有效率。

关于14世纪70年代爱德华三世对法政策的失败，如果只有一个解释，那一定就是卡斯蒂利亚的继承危机分散了他的注意力。佩德罗一世两个尚未成年的女儿康斯坦萨和伊莎贝拉，作为纳赫拉战役后其父债务的抵押人质而归黑太子监护，1369年当佩德罗一世被谋杀后，她们又继续在加斯科涅寻求庇护。[2]根据其父的遗嘱，康斯坦萨是王国的女继承人，尽管可能需要靠她未来的丈夫用武力来实现。在60年代，佩德罗曾亲自两次向金雀花王朝请求，想将自己的女儿嫁给英格兰王室的一个王子，以维持与英格兰宫廷的友好关系。[3]1371年9月，在爱德华三世的祝福中，冈特的约翰在靠近蒙德马桑（Mont-de-Marsan）的罗克福尔（Roquefort）迎娶了十七岁的康斯坦萨。考虑到英格兰王之前曾想让第三子继承苏格兰王位，如今冈特的约翰与卡斯蒂利亚的联姻已充分诠释了他的野心。1372年1月，威斯敏斯特咨议会批准了约翰的新头衔——卡斯蒂利亚与里昂国王，会议还讨论了对特拉斯塔马拉的亨利采取直接军事行动的问题。回到英格兰之后，约翰与康斯坦萨用卡斯蒂利亚的人员、语言和时尚，全面打造异国风格的宫廷。[4]

与卡斯蒂利亚结盟的唯一原因，是一旦与卡斯蒂利亚交恶，那么阿基坦的安全和英格兰在海上的优势便会受到严重威胁。[5]1372年春，英格兰

1　Neville, *Violence, Custom and Law*, 52–56.
2　*AC*, 55, 69.
3　Russell, *English Intervention*, 38–39, 145.
4　*AC*, 69; *Hist. Angl.*, i, 313; Knighton, 194–197; Froissart, viii, 32–33; Russell, *English Intervention*, 175 and n. 1; Sumption, iii, 122–123.
5　Froissart, viii, 29–30; Russell, *English Intervention*, 190–203; Goodman, *John of Gaunt*, 112–113.

政府对于法兰西－卡斯蒂利亚海军在比斯开湾和英吉利海峡进行大型联合演习的计划是知情的。查理五世的中间人威尔士的欧文试图对根西发起严重入侵，只是寸功未收。当地的传统是，岛上的少女用紫罗兰及其他春花装饰少男的帽子，以此来激励他们勇敢善斗。在外敌入侵的危急时刻，受到少女激励的勇士们奋勇抗敌，从而使这项传统更加迷人。[1]同时，彭布罗克伯爵率领的一支打算挺进阿基坦的小部队，在6月22日也抵达了拉罗谢尔。当时，卡斯蒂利亚的舰队已经封锁了港口。虽然彭布罗克伯爵请求圣通日的执事约翰·哈勃登爵士支援，但于事无补，6月23日下午，彭布罗克伯爵的这支小舰队的成员或被打败，或被俘虏，其战争所得的一万二千镑也被没收，他本人及大部分前来营救他的英格兰－加斯科涅贵族也被俘，彭布罗克伯爵被特拉斯塔马拉的亨利关押在条件极为恶劣的库里尔城堡中。[2]因此，1372年7月，兰利的埃德蒙与卡斯蒂利亚的伊莎贝拉在沃灵福德城堡举行的婚礼，可以视作英格兰因为拉罗谢尔之败而决定向特拉斯塔马拉复仇的孤注一掷的努力。[3]

这些象征性的反应，还必须加上英格兰陆军和海军的全部力量。自1372年2月起，政府所做的大部分努力是想进行一场陆地战，以解蓬蒂厄的图阿尔之围。[4]然而，7月10日，爱德华三世却出人意料地宣布他将要"去海上迎击邪恶的敌人"。[5]当年夏天，三千名重骑兵和三千名弓箭手在桑威奇聚集。[6]就如在1359年那样，一支从纳尔斯伯勒森林来的弓箭手被安排为国王在战场上的警卫队。[7]8月底，在三个新将领即三个排行靠前的儿子

1　*Chron. QPV*, 230–231; Carr, *Owen of Wales*, 27–30.
2　Froissart, viii, 36–49; *AC*, 70–71; Sherborne, *War, Politics*, 41–45; Sumption, iii, 138–142.
3　Goodman, *John of Gaunt*, 50–51.
4　Froissart, viii, 93–94.
5　*John of Gaunt's Register, 1371–5*, i, no. 63; Sherborne, *War, Politics*, 47–48.
6　C 76/55, m. 28. 8月11日，公众被要求为这次军事行动祈祷，*Foedera*, III.ii, 960。
7　E 403/447, 21 Oct. 1372.

第十八章 撤退与溃败（1368—1375）

爱德华、约翰及埃德蒙的陪同下，爱德华三世抵达桑威奇。出征的还有体弱多病的赫里福德伯爵，矫健的马奇伯爵、索尔兹伯里伯爵，以及两个新晋升为高级贵族的萨福克伯爵威廉·阿福德、年轻的沃里克伯爵托马斯·比彻姆。十七岁的伍德斯托克的托马斯似乎也已准备好陪同父亲登船，因为8月31日被任命为名义监国的是婴儿波尔多的理查而非托马斯。[1]

当爱德华三世扬帆起航时，拉罗谢尔的形势更加严峻。9月7日，在法兰西、卡斯蒂利亚海陆两线的强大压力下，这一地区的英格兰残余军队被迫放弃该镇。如果爱德华决定直奔前去解围拉罗谢尔，他应该在布列塔尼登陆，然后由陆路南进。[2] 或者，他的目光一直停留在海峡，想等到卡斯蒂利亚舰队被卷入到能够让英格兰再现"海上大战西班牙人"胜利场景的时候，他再行动。然而，最后掌管局面的是天气。英格兰舰队在一个多月的时间里多次试图迎着西南风穿越海峡，但无果而终。爱德华无可奈何，只好将舰队驶进温奇尔西以避风浪。此后，爱德华先是被迫在10月的第一周遣散大部分的士兵，而后又被迫放弃这次军事行动，并于14日回到陆地上。这场半途而废的战役，让公众极为沮丧，他们质疑当局浪费了大量的金钱。[3] 在六十岁生日之前，恼火的爱德华三世不得不承认，这一次不管是神，还是其他因素，都没有站在自己这边。在他的军事生涯中，这是最为沮丧的时刻之一。

拉罗谢尔之战的一个积极成果是英格兰海军政策的重大变革。在和平时代，爱德华三世似乎使用了一部分他那令人称羡的从赎金转化的个人收入来打造新的船舰，如"神佑号"（Dieu la garde）和"神赐号"（Grace Dieu）。14世纪70年代，关于国王所拥有的私家舰船的数量，不完整统计数目为二十五艘，包括"梅林号"（Merlin）、"乔治号"、"克里斯托弗号"、

---

1 *CPR 1370–4*, 195; *HBC*, 39. 关于理查作为监国的权力备忘录，见 C 49/47/9。
2 Sumption, iii, 153.
3 *Hist. Angl.*, i, 315; *PROME*, v, 258.

"爱德华号"及"菲莉帕号"(Philippa)。在 1372 年遭遇大败的舰队中，它们是舰队的核心力量。[1] 然而，这些船舰既不足以防御海岸，也不足以保证军事运输。这两方面的需求依赖大量的商船。[2] 1370 年，咨议会开始增加内地城镇的海防任务，要求它们贡献船只及海军力量。[3] 在 14 世纪 70 年代早期的议会里，下议院怀念起世纪中叶"舰队是那么的壮大宏伟……以至所有国家都将我们的君主称为'海的国王'"。然而，与那时的盛势相比，王国的海军力量已经每况愈下了。[4] 1372 年拉罗谢尔之败后，最重要的结果是许多重要城镇都接到了建造、持有战舰的命令。即便当时的英格兰还远说不上有专业的海军队伍，1372 年创建的这支新型小舰队也大大减轻了政府对商船的依赖，而且在爱德华三世的剩余统治时间里，这支舰队在海岸线防御及军事运输上都发挥了重要作用。[5]

即便这些措施有助于消除国内政治团体关于维护英格兰安全的疑虑，然而，从法兰西传来的战败消息，依然让当局忧虑不安。金雀花王朝依然留在加斯科涅的一支重要军事力量是由令人闻风丧胆的布赫领主让·德格拉伊统帅的，当法兰西人攻占普瓦捷时，他却被迫袖手旁观。8 月末在苏比斯（Soubise），格拉伊试图伏击威尔士的欧文所率领的法军，但是他与普瓦捷的执事托马斯·珀西爵士都在随后的一场小战役中被俘了。因此，苏比斯之战成为英格兰组织力量在普瓦捷、圣通日、昂古莱姆抵抗瓦卢瓦的最后一场有效战役。至 9 月末，整个阿让奈地区几乎都被查理五世的军

1* E 159/152, *Brev. bar.*, Mich., rot. 13; E 403/446, 23 July 1372; Sherborne, *War, Politics*, 32.
2 Rodger, *Safeguard of the Sea*, i, 118–125.
3 C 81/416/28092–C 81/417/28131.
4 *PROME*, v, 245, 261–262, 284–285.
5 E 403/447, 22 Nov. 1372; Sherborne, *War, Politics*, 34, 72; Liddy, *War, Politics*, 44, 46–48, 53–55; M. Kowaleski, "Warfare, Shipping, and Crown Patronage: The Impact of the Hundred Years War on the Port Towns of Medieval England", *Money, Markets and Trade in Later Medieval Europe: Essays in Honor of John H. A. Munro*, ed. M. Elbl, I. Elbl and L. Armstrong (Leiden, 2007), 237–238.

第十八章　撤退与溃败（1368—1375）

队攻占了。同月，伯里、波旁及勃艮第三位公爵向布列塔尼挺进，以抗议并反攻约翰公爵与爱德华三世新近结成的同盟军。12月，他们成功迫使留在图阿尔的英格兰－加斯科涅军投降，而后凯旋巴黎。[1]

在这一连串的坏消息之中，英格兰精英不得不目睹他们的王室英雄所遭受的羞辱。1372年11月5日的全议会上，盖伊·布赖恩爵士宣布，既然阿基坦大区已然失去了独立性，伍德斯托克的爱德华王子决定放弃他的头衔并将所有作为最高领主的权力交还给父亲。[2] 这一权力的交接，无疑有着非常实际的理由，至少能够让国王有权任命新的波尔多军事统帅以行使最高指挥权，但这也承认了英格兰在法兰西的祖传领土上宗主权的崩溃。仅仅五周之后，在巴黎的卢浮宫，伯里公爵就普瓦捷一地向查理五世行效忠礼。阿基坦大区开始系统地瓦解。当瓦卢瓦表亲们高呼着加上尊衔、欢天喜地地庆祝胜利时，爱德华三世和他的儿子们却束手无策。

1372年远征的撤退，标志着爱德华三世及黑太子军旅生涯的结束，他们此后再也没能为荣誉和权利而战。与太子一样，国王也日渐虚弱。在1371年夏末，他经历了第一场极为严重的病痛。从1373年开始，他已接受自己越来越衰弱的现实。[3] 1372年11月的议会期间，盖伊·布赖恩爵士提出，要继续进行军事行动的话，就要再次征税，但他小心翼翼地避免让公众误以为国王或王子可能会参战。[4] 如今，王室和政治团体将希望寄托在国王的第三个儿子兰开斯特公爵冈特的约翰身上。从1373年一直到爱德华三世逝世，英格兰政治当局一心想要取得对法战争的胜利，而且欲望越来越强。约翰艰难地承受着这些压力，他非常希望能够取回1360年条约

1　Froissart, viii, 67–71; Sumption, iii, 145–155, 159.
2　*PROME*, v, 258; *Foedera*, III.ii, 974.
3　见本书第630—632页。
4　*PROME*, v, 258–260.

的部分权利,并实现他自己征服、统治卡斯蒂利亚的野心。在各种压力之下,关于冈特的约翰觊觎英格兰王权的猜疑也甚嚣尘上。

发动新一场战争的计划在 1373 年初慢慢浮现出来。冈特的约翰将与同龄人,三位新受封的伯爵即斯塔福德、萨福克及沃里克共同执行最高指挥权。约翰·德蒙福尔也签署了合约,在英格兰募集一千名士兵。而一支最近托庇于黑太子的加斯科涅贵族队伍,也愿意效忠,此外埃诺的少数贵族也打算在他们抵达法兰西时加入进来。但是爱德华三世在荷兰和帝国的盟友无一表示他们将会提供援助。[1] 冈特的约翰所率领的那支相对庞大的军队接近六千人,几乎都是从英格兰尤其是从兰开斯特公爵强大的军事后备网络中招募而来的合同军。[2]

从约翰·德蒙福尔的加盟,还有盟军最初选择在普利茅斯聚集,明显可以看出,1373 年的这次行动原本是打算先从布列塔尼登陆而后南下,以缓解加斯科涅的压力。[3] 当然,由兰利的埃德蒙率军在法国北部开辟第二战场,这种可能也是存在的。[4] 但最后,军队集结地改到了多佛尔和桑威奇,而冈特的约翰军队在 7 月底到达了加来。[5] 改变进攻目标是为了将精锐力量指向法兰西岛,从而促使查理五世调集军队来防卫巴黎,这也是英格兰一贯的战略。然而,冈特的约翰面临的抵抗强度,远甚于其父在 1359 年所遇到的。而且,查理五世拒绝从特鲁瓦撤出。在此僵局之下,约翰王子当机立断,转头前往原来的目的地——阿基坦。接下来的事情便是广为人

---

1 *AC*, 73, 178–179; Froissart, viii, 126–128, 137–138; *Chron. QPV*, 215–220; *Chron. J&C*, ii, 158–159. 后来爱德华三世向荷尔斯泰因伯爵亨利致歉,因为冈特的约翰远征的财政压力导致推迟支付了伯爵的费用,而此时,爱德华并未暗示亨利应该为他最近未参与兰开斯特的军事行动而给出解释, *EMDP*, I.i, no. 25。

2 *John of Gaunt's Register, 1371–5*, i, no. 52; Walker, *Lancastrian Affinity*, 40, 48–49; Sherborne, *War, Politics*, 10–12.

3 *John of Gaunt's Register, 1371–5*, no. 310; Sumption, iii, 175.

4 *AC*, 73 声称爱德华与冈特的约翰一道出征,但并无史料支撑这一说法。

5 *John of Gaunt's Register, 1371–5*, i, no. 310.

第十八章　撤退与溃败（1368—1375）

知的"大扫荡"（great chevauchée），穿过利穆赞，南下多尔多涅，于圣诞节抵达波尔多。[1] 瓦卢瓦的拥护者观望不战，因为他们寄希望于冈特的约翰的部队不战而溃。英格兰军队因远距离行军而疲惫不堪，再加上后勤供应问题，及一路上在拉马什（La Marche）、利穆赞低地不间断地小规模战斗，无疑大大损耗了英格兰士兵和战马。冈特的约翰军中的总管爱德华·德斯潘塞是一名非常杰出的英格兰战士，但他在这次严酷而英勇的艰苦跋涉中染上了慢性疾病。[2]

近代历史学家比他们的中世纪同行更认同冈特的约翰在1373年行动中的领导权及其展示出来的因时制宜的组织能力。[3] 对于他是将阿基坦当作最终目标还是仅将其作为进而掌控卡斯蒂利亚的前奏，学界依然存在疑问。冈特的约翰及其同僚曾与国王签下了一年之约，当他们抵达波尔多时，时间才过去六个月。在1372至1373年冬、春两季，英格兰王室虽试图帮助葡萄牙的费尔南多一世反抗特拉斯塔马拉的亨利，但未能成功。[4] 至1374年初，冈特的约翰积极地同富瓦伯爵、纳瓦拉国王及阿拉贡国王商讨组建联军打过比利牛斯山去。然而，所有这些计划都因财政问题而搁浅。没有任何迹象表明爱德华三世如今会一改从前的立场，试图用英格兰的税收利润来支持冈特的约翰追逐他在西班牙的野心。[5] 直到1385年，在理查二世统治时期，英格兰才走出了这注定失败的一步，也掀开了冈特的约翰的个人利益与公共责任之间的裂痕。[6]1374年4月，兰开斯特公爵突然决定放

1　Delachenal, iv, 480–503.
2　Froissart, viii, 171.
3　*Hist. Angl.*, i, 315–316; *Chron. J&C*, ii, 174; J. J. N. Palmer, *England, France and Christendom, 1377–99* (London, 1972), 6; Goodman, *John of Gaunt*, 233–234.
4　*Foedera*, III.ii, 966, 981, 983–985; *EMDP*, I.i, nos 261, 360, 415; Russell, *English Intervention*, 196–203.
5　*PROME*, v, 278–280; Holmes, *Good Parliament*, 25–29.
6　*PROME*, vii, 6; J. S. Roskell, *The Impeachment of Michael de la Pole, Earl of Suffolk, in the Context of the Reign of Richard II* (Manchester, 1984), 43, 71.

弃他与米蒂（Midi）的结盟，转而回到英格兰，这可能是爱德华三世政府拒绝资助他的卡斯蒂利亚追求的一个鲜明证据。[1] 尽管约翰王子曾为此感到沮丧，但他的行为依然表明他坚定地忠于父亲。

冈特的约翰从阿基坦撤出，标志着英格兰近来试图通过实行大扫荡以促使法国人公开开战策略的失败。这也标志着金雀花王朝控制能力的进一步萎缩。随着法国人攻占了拉雷奥勒，英格兰所控制的阿基坦仅剩下从巴约讷到波尔多之间狭长的海岸地带，以及从多尔多涅低地到贝尔热拉克之间的几个处于风雨飘摇中的战略城堡。[2] 阿基坦公国的财政因此大幅缩水，波尔多的总管罗伯特·威克福德被迫大量吸纳威斯敏斯特的资金。[3] 1374年8月初，加来和吉讷的驻军在一次小战役中赢得了罕见的胜利，俘虏了年轻的圣波尔伯爵及大量的法国将士，可见当时的加来依然防御坚固。[4] 但是11月英格兰在贝什雷勒（Bécherel）的投降，及圣索沃尔-勒维孔特被法军重重围困，表明英格兰在法兰西北部已陷入极为危险的境地。[5] 而原计划由蒙福尔和兰利的埃德蒙联合统帅的救援部队，却一再地推迟启程时间。[6] 国王极为沮丧，这从他在写给负责招兵的将领盖伊·布赖恩的信中对他大加责骂便能看出来。盖伊负责在德文港组织舰队，因不够细心而受到责难。[7] 这支军队最终于1375年4月启航，但因为和谈，仅过了三个月便返航。[8]

1　Holmes, *Good Parliament*, 29; Sumption, iii, 200–202.
2　*Hist. Angl.*, i, 317; Delachenal, iv, 507–515; Fowler, *Age of Plantagenet and Valois*, 69.
3　T. Runyan, "The Constabulary of Bordeaux: The Accounts of John Ludham (1372–73) and Robert de Wykford (1373–75)", *Mediaeval Studies*, xxvi (1974), 228–229. .
4　Froissart, viii, 182–187; *AC*, 76–77, 180; *Chron. QPV*, 249–250.
5　后续情况，见C. C. Bayley, "The Campaign of 1375 and the Good Parliament", *EHR*, lv (1940), 370–383。
6　*Foedera*, III.ii, 1018–1019, 1021; Froissart, viii, 194–195; Sherborne, *War, Politics*, 12–13.
7　Holmes, *Good Parliament*, 40–41; Sumption, iii, 898 n. 16. 关于德文港民众对蒙福尔军队行为的埋怨，见SC 8/14/655; *PROME*, v, 370–371, 386。
8　*Foedera*, III.ii, 1034–1305; Froissart, viii, 210–212; Jones, *Ducal Brittany*, 80; Henneman, *Olivier de Clisson*, 87.

第十八章 撤退与溃败（1368—1375）

这让公众强烈质疑国王先前的承诺——维持在布列塔尼和诺曼底的英格兰军事力量。1369年爱德华三世曾誓言为公众利益而战，如今成了一句空话。第二次对法战争，可能终究还是为了国王的私人利益。

自从1370年任职以来，教皇格列高利十一世便致力于让英法回到谈判桌上来。他这样做，当然有着明显的个人因素，因为他的弟弟罗歇·博福尔在利摩日被英格兰人俘虏了，他有责任尽一切力量帮助罗歇获得赦免和释放。1371年，格列高利将前坎特伯雷大主教、大法官并自1368年开始担任教廷枢机主教的西蒙·朗厄姆派去出使英格兰宫廷。他选择朗厄姆出使英格兰，明显是想要借助爱德华三世的善意，却被朗厄姆过于迫切的取悦方式破坏了。朗厄姆在英格兰国王面前鲁莽地脱下了他的软帽，导致众人纷纷谴责阿维尼翁的等级意识。[1] 之后，1372年在加来和1373年在布鲁日，在格列高利委托的代表的主持下，英法两方断断续续讨论了些问题。[2] 在1374年夏初，教皇特使拉韦纳大主教皮莱奥·德普拉塔来到了英格兰宫廷。虽然法兰西人仍然相信爱德华会拒绝一切对话，然而在军事形势日渐严峻的情况下，英格兰政府其实没有太多的选择，因此最终在1375年1月决定复活节之后在布鲁日与法兰西举行和平峰会。冈特的约翰本人被任命为爱德华三世主要代理人，这是英格兰对双方会谈抱有严肃目的的一个重要标志。[3]

布鲁日和谈会议在1375年3月末开始。一如既往，英格兰在谈判伊始就表明立场，声称爱德华三世有权继承法兰西王位，并坚称只有获得适当的主权赔偿，将约翰王在位时期英格兰王室拥有的祖传土地纳入其中，爱德华三世才会放弃这一索求。如果说在50年代这还是实质性索求的话，

---

1 *Eulogium*, iii, 337.
2 *Foedera*, III.ii, 934, 969–970; *AC*, 70; *Hist. Angl.*, i, 313; Mirot and Déprez, *Ambassades anglaises*, nos 314–315.
3 *Chron. QPV*, 214; *Foedera*, III.ii, 1021–1025. 后续情况，见"The Anglo-French Negotiations at Bruges, 1374–1377", ed. E. Perroy, *Camden Miscellany XIX* (Camden Society, 3rd series, lxxx, 1952)。

那么如今却只是迫使法国人做出让步回到《加来条约》的手段。勃艮第公爵事先预告,既然英格兰人早已违反了《加来条约》,那么此次和谈就应该以1337年的状态为基点,重新探讨阿基坦的封建地位问题。自40年代以来,在这一问题上,双方从来没有这样明显不切实际的针锋相对。

在此局面下,教皇的代表拉韦纳大主教和卡庞特拉主教试图找出其他解决办法。他们提出来的最激进的办法是,让爱德华三世拆散英格兰与加斯科涅,放弃公国的所有诉求,作为回报,冈特的约翰将被封为阿基坦公爵并向法兰西国王行封臣效忠礼。为了避免未来再起利益争端,冈特的约翰应该放弃英格兰的所有土地与权利,但无需放弃卡斯蒂利亚。对冈特的约翰而言,这个计划可能具有一些吸引力,但他还是拒绝了。[1]尽管如此,之后还是就阿基坦制订了一个三方计划,爱德华三世仍然保留多尔多涅以南地区的完全君主统治权,其他地区则由查理五世和金雀花王朝的一个分支分别控制。爱德华三世和查理五世可能同意了这一计划,各方与会人员因此将于5月再进一步商讨和谈事务。威廉·拉蒂默被委托向爱德华三世传达了拉韦纳大主教等人的提议。

5月16日,威斯敏斯特召开了大咨议会,讨论布鲁日传来的消息及爱德华三世的回复。众人对和谈内容毫无热情,但为了能够保住圣索沃尔以阻止加斯科涅遭受更多的侵犯,爱德华三世授权冈特的约翰拖延时间。[2]6月27日,兰开斯特公爵同意停战一年,停战时间打算从8月初开始。[3]一个月后,爱德华三世给马奇伯爵及其他将帅传达了指示,要求他们

---

1 Palmer, *England, France*, 34–35. 关于1390年试图恢复这个计划,见J. J. N. Palmer, "The Anglo-French Peace Negotiations, 1390–1396", *TRHS*, 5th series, xvi (1966), 94; M. G. A. Vale, *English Gascony, 1399–1453* (Oxford, 1970), 28–29; A. Tuck, "Richard II and the Hundred Years War", *Politics and Crisis*, ed. Taylor and Childs, 118–119。
2 E 403/457, 7 May 1375; Sumption, iii, 227–228, 230.
3 "Anglo-French Negotiations", nos XIX-XXIII; *Foedera*, III.ii, 1029, 1031–1034; *Hist. Angl.*, i, 318.

第十八章　撤退与溃败（1368—1375）

立即从法国北部地区返回国内。由于意识到收到酬劳的机会渺茫，不少英格兰将士决定在原地逗留以观后变。[1] 理论上，他们的想法是合理的，因为布鲁日休战保证了英格兰免遭更多的损失。然而，在7月3日，英格兰将帅托马斯·卡特顿受人引诱决定投降，将圣索沃尔要塞拱手让给了法国人。作为回报，查理五世的委托人为该要塞的英格兰守军支付了四万法郎（六千六百六十七镑），另外给托马斯·卡特顿一万二千法郎（两千镑）的好处。[2] 圣索沃尔的丢失，被英格兰人视作遭受严重的背叛与羞辱。1376年春，在英格兰，卡特顿的行为被公开斥责为叛国。而他的这一行为，被认为是其所谓的主顾——前圣索沃尔的统帅，如今的国王侍卫长威廉·拉蒂默授意的。[3] 总而言之，圣索沃尔的丢失，让拉蒂默名声扫地，他被斥为"无良的骗子、邪恶的顾问"。在这一时期创作了《人类之镜》的约翰·高尔，责怪那些英格兰人为满足自己的贪婪之心而置荣耀于不顾，玷污了骑士的美好名誉。[4]

圣索沃尔的丢失，并非英格兰对《布鲁日休战条约》持明显否定态度的唯一原因。格列高利十一世也利用这次机会与英格兰王室签订了颇受争议的政教条约。多年来，教皇一直伺机向英格兰教士征税以资助其在意大利的战争。在1365至1366年间，教廷这样的野心曾触碰了国王限制教皇权力的底线，因而具有相当高的政治敏锐性。在1373年6月的咨议会上，

1　Holmes, *Good Parliament*, 45 and n. 2; S. Walker, "Profit and Loss in the Hundred Years War: The Sub-contracts of Sir John Strother, 1374", *HR*, lxviii (1985), 100–106.

2　"Anglo-French Negotiations", nos XXIV-XXVI; L. Delisle, *Histoire du château et des sires de Saint-Sauveur-le-Vicomte* (Valognes, 1867), 242–245, 261; Sumption, iii, 230–231, 236–237. 实际上这40000法郎是《布鲁日休战条约》中规定的准确数字，即如果圣索沃尔后来被移交给法兰西控制，后者将向爱德华三世支付补偿金。

3　*Foedera*, III.ii, 903, 917; J. G. Bellamy, "Sir John Annesley and the Chandos Inheritance", *Nottingham Mediaeval Studies*, x (1966), 94–105; J. G. Bellamy, "Appeal and Impeachment in the Good Parliament", *BIHR*, xxxix (1966), 35–46.

4　Gower, *Complete Works*, i, 260–267 (ll. 23593–24180).

据说，当坎特伯雷大主教惠特尔西竟敢对国王出于个人目的限制本国教士税使用之事搪塞支吾时，暴躁的威尔士亲王在咨议会上曾大声呵斥"混蛋"。[1]为了坚决捍卫自己的权利，国王很快求助于当时最顶尖的智者：牛津学者乌斯里德·博尔登及他那同样杰出的辩论对手约翰·威克利夫。1373 和 1374 年，爱德华分别将他们派往阿维尼翁去为国王辩护。[2] 然而，在 1374 年惠特尔西死后，爱德华三世却做出了重大的让步。为了不让效忠于教皇的威廉·考特尼被任命为坎特伯雷大主教，而是将自己喜欢的西蒙·萨德伯里扶上其位，爱德华三世允许格列高利在英格兰教会征收六万弗罗林（九千镑）的教士税。[3] 对国内政团而言，这不仅是爱德华三世对教皇的公开妥协，而且意味着与圣索沃尔投降一样卑鄙的机会主义的重演。

在几个月里，宫廷努力在新的外交形势下保持自信。当年夏，身在罗金厄姆森林狩猎场的爱德华三世建议兰开斯特、萨德伯里、剑桥伯爵、索尔兹伯里伯爵，以及拉蒂默勋爵、科巴姆勋爵在 9 月与自己于伦敦或"其他地方"相会，以讨论派遣一个新的布鲁日代表团之事。随后成立的使团职权范围，在 9 月 23 日的威斯敏斯特已达成一致。1373 年汉弗莱·博恩去世后，传令官赫里福德接续其职为王室服务，此次他则成为国王与其使臣保持密切联系的负责人。[4] 即使这不过是一个暂时的措施，这种高规格的委员会，也表明了爱德华三世急切地想要找到一种外交方案来阻止自己在法兰西遭遇惨败。

经过近三个月的冗长辩论，参加布鲁日会议的各方都不得不接受失败。

1　*Eulogium*, iii, 337–339; J. I. Catto, "An Alleged Great Council of 1374", *EHR*, lxxxii (1967), 764–771.

2　E. Perroy, *L'Angleterre et le grand schisme d'occident* (Paris, 1933), 32–37; A. Larson, "English Embassies during the Hundred Years War", *EHR*, lv (1940), 431; Holmes, *Good Parliament*, 14–15, 19–20.

3　Perroy, *L'Angleterre et le grand schisme*, 45; Holmes, *Good Parliament*, 46–49.

4　"Anglo-French Negotiations", App., no. VI; *Foedera*, III.ii, 1040, 1041; *EMDP*, I.ii, no. 327; E 159/152, *Brev. bar.*, Pasch, rot. 9.

第十八章 撤退与溃败（1368—1375）

在某一时刻，似乎法兰西人与英格兰人可能真的会接受一个退而求其次的四十年休战协议，其间法兰西的政治版图会被冻结，卢瓦卢王朝将以赔偿金的方式每年上缴税金。英格兰人最近刚与苏格兰人签订了一个类似的条约，后来在1369年也曾将此办法应用在与法国人的关系中。[1]但是在1375至1376年间，双方就重要位置、补偿资金的数目及第三方的参与而吵得不可开交。总之，当听到瓦卢瓦人不准爱德华三世在休战期间使用法兰西国王的头衔时，英格兰在布鲁日的代表团被激怒了。[2]1376年3月12日，双方同意将目前的休战延长至1377年4月1日，除此之外，未能达成任何共识。[3]

1369至1376年间，在论及英格兰军事形势的急剧逆转时，时人指责查理五世为寡廉鲜耻的对手，拒绝遵从骑士精神传统，将政治利益置于个人名誉之前，约克的一个无名编年史家将查理五世称作"一个虚伪的人、骗子、伪誓者"。[4]这种批评的主要焦点在于查理广为人知的费边主义策略，即不断挫败英格兰人对公开战争的偏好，开始依赖小规模的围攻和突袭而逐渐蚕食对方领土。然而，避免战争并非瓦卢瓦恢复强大实力的唯一原因。在英法第一次战争初期，与爱德华三世相比，腓力六世的财政问题更加严重；而后约翰二世被俘而需支付的巨额赎金，导致法兰西不得不改变税收体系，到查理五世在位时，其治下的法国王室收入达到了英格兰政府的两倍。[5]查理也学到了爱德华扣留高级囚犯作为外交条件的做法。他将布赫领主扣留下来，作为苏比斯战役的特殊战利品，在《布鲁日休战条约》中拒

---

1 "Anglo-French Negotiations", no. XXXI; Palmer, *England, France*, 166–179.
2 Froissart, viii, 216–219, 321; "Anglo-French Negotiations", nos XXXII–XXXIII, XXXVIII–XXXIX.
3 *Foedera*, III.ii, 1048–1049, 1054.
4 *AC*, 58–59. 亦见*Hist. Angl.*, i, 317–318。
5 Ormrod, "West European Monarchies", 138–149; J. Watts, *The Making of Polities: Europe, 1300–1500* (Cambridge, 2009), 227.

绝释放他，而是将他牢牢地看押在巴黎，以警示那些站在英格兰一方的加斯科涅贵族。[1]同样地，查理可能对贝特朗·迪盖克兰施以援手，帮助他从特拉斯塔马拉的亨利处赎买彭布罗克伯爵，并不断延迟这名高级囚犯的释放时间。迪盖克兰及其背后的查理五世对可怜的彭布罗克伯爵极为怠慢，照顾不周，以致在他1375年被释放的几周后，才二十七岁的彭布罗克伯爵在从巴黎前往加来的路上就已崩溃离世了。当这个消息传来时，整个英格兰骑士阶层都为之震惊。[2]

面对战争策略、战役财政和赎金传统方面如此复杂和令人困惑的变化，英格兰精英阶层转而更加直白地将军事行动的失败归咎于统帅危机。钱多斯·赫勒尔德在其撰写的《黑太子的一生》(*Life of the Black Prince*)一书中，列出了在14世纪70年代为了防御阿基坦而丧生的将帅名单。[3]1369年，沃里克伯爵去世；1371至1372年间，伟大的骑士探险家沃尔特·莫尼爵士，以及坚定不渝的牛津伯爵及斯塔福德伯爵去世。他们的去世标志着由老一代人担任高级统帅时代的结束。而在新一代人中产生伟大统帅的希望，则随着1373年赫里福德伯爵及1375年两个年轻英雄即彭布罗克伯爵和爱德华·德斯潘塞爵士的早逝而破灭。[4]在王室直系家庭里，1372年后仅有冈特的约翰、兰利的埃德蒙及他们名义上的妹夫约翰·德蒙福尔还活跃在战场上。国王的另一个女婿昂盖朗·德库西，作为爱德华三世与查理五世的共同臣子，为了避免产生利益冲突，宁愿让自己陷入与奥地利公爵竞争阿尔萨斯和瑞士的私人纠纷中。库西成功地维持了自己在英格兰的尊严与信

---

1 Froissart, viii, xxxix and n. 2; *AC*, 70; "Anglo-French Negotiations", nos XVI, XVII, XIX, XXI; Delachenal, iv, 288–289, 295–296, 428; Holmes, *Good Parliament*, 43.
2 *AC*, 70–71; *Polychronicon*, viii, 383; *Hist. Angl.*, i, 319–320; Carr, *Owen of Wales*, 32–33; *ODNB*, xxv, 768.
3 *Vie du Prince Noir*, 164–165 (ll. 4189–4252).
4 *AC*, 56–57, 62, 70–71, *Hist. Angl.*, i, 308, 314, 319–320; Beltz, *Memorials*, 142; Lawrence, "Power, Ambition", 88–89. 关于1375年在蒂克斯伯里修道院国王给德斯潘塞的葬礼提供金缕，见 E 101/397/20, m. 24。

第十八章　撤退与溃败（1368—1375）

任的同时，他的逃避却让团结的王室蒙上了一层浓厚的尴尬。随着爱德华三世的逝世，他个人对英格兰王权的忠诚也一并消失，转而公开宣布拥护查理五世。[1]

总而言之，1369 至 1375 年的战争期间，爱德华三世及其长子的身体情况，最终让英格兰重振雄风的希望成空。如果是由国王或黑太子来直接指挥 1369 至 1373 年间的各种行动，其结果会不会有所不同，其实是个未知数。但无疑他们亲自率队出征，有助于军队的招募，也能够更有力地指责避而不战的瓦卢瓦。就像以往一样，英格兰政治团体会退回到虚幻的说辞之中，因为是正义的，因为有上帝的支持，所以金雀花王朝怎样都将占据上风。在爱德华三世的一生中，这确实很难反驳：就算是像约翰·威克利夫、约翰·高尔这样尖锐的知识分子，后来公开质疑英法战争的合法性和道德理由，但只要战争的发起者还活着，他们就都完全相信冲突的必要性。[2]1373 年，英格兰政府不情愿地接受了教皇持续不断的休战提议，维持和平。颁发给布里斯托尔城市当局的新的王室特许状上，仍绘有十字四分的王室纹章和爱德华三世穿着法兰西国王加冕礼袍的全身像。[3] 法兰西人的要求越是不切实际，英格兰人似乎就越是为了王室、民族的荣誉而紧紧抓住不放。

1　Froissart, *Oeuvres*, xxi, 41–42.
2　R. F. Yeager, "*Pax Poetica*: On the Pacifism of Chaucer and Gower", *Studies in the Age of Chaucer*, ix (1987), 103–108; M. Wilks, *Wyclif: Political Ideas and Practice* (Oxford, 2000), 117–177; N. Saul, "A Farewell to Arms? Criticism of Warfare in Late Fourteenth-Century England", *Fourteenth Century England II*, ed. Given-Wilson, 134.
3　Liddy, *War, Politics*, 56–57. 亦见E. Danbury, "English and French Artistic Propaganda during the Period of the Hundred Years War: Some Evidence of Royal Charters", *Power, Culture and Religion in France, c. 1350–c. 1550*, ed. C. T. Allmand (Woodbridge, 1989), 75–97; W. M. Ormrod, "The Domestic Response to the Hundred Years War", *Arms, Armies and Fortifications*, ed. Curry and Hughes, 99–100。

第十九章
脆弱的统治(1369—1376)

第二次战争与布鲁日休战时期之间逐渐出现的领导危机,不但在英格兰国内,同样也被发生在法兰西的战争所证实。当爱德华三世的臣民为军队在海外的逆转寻求解释时,他们几乎不可避免地归因于王室、宫廷及政府的分裂与丧志。事实上,有流言蜚语说王室政策受到了以威廉·拉蒂默、爱丽丝·佩勒斯为首等人的操纵。随着对法战争失败带来的羞辱和国内肆虐横行的腐败,国王身边这个小团体及其他成员,成了代罪羔羊。"宫廷共谋"(一个强大的暗示派系和阴谋的词)当然对王室封赏制度和财政政策的一些方面会有不良影响。[1] 然而,1376年议会上的政治大崩溃,无疑给统治带来了更大的危机。征收前所未有的高额税收以供应毫无希望的战争,政治社会的各方势力——土地所有者、教士及商人纷纷陷入彼此斗争当中。而当他们为了共同利益走到一起时,往往对弱势群体采取报复性措施,比如那些没法保卫自己权益的劳工阶层或异国人士。为了理解这种冲突,时人用人体来比喻当时的国家状况,说犹如身体机能失调是头部疾病导致的直接后果。爱德华三世的最后几年里所面临的公众困境是,尽管英格兰臣民对他和威尔士亲王忠贞不二,但他们二人的衰弱却严重地影响了金雀花

1　Given-Wilson, *Royal Household*, 147.

第十九章　脆弱的统治（1369—1376）

王朝王权的稳定。

尽管咨议会和议会在 1368 至 1369 年间都倾向于再次对法开战，但随后的财政部署表明，他们决心调整部分政策，以免战时压力过大。1368 年夏，吉尔福德大咨议会有意识地模仿 1359 至 1360 年的兰斯战役而制订计划：借款被压至最低限度，不向世俗阶层征收直接税，开销尽可能多地从关税中支取。因为承诺不收直接税，大法官威克姆和国库长巴尼特才能够成功地要求将羊毛补助金的征收时间延长三年，且其税率高达每袋两镑三先令四便士。[1] 但是，更可能的是，吉尔福德咨议会有一个前提条件，即要求国王将法兰西人及其他人的赎金用于战争。堆积在伦敦塔的这笔特殊收入共计十三万五千镑，在 1368 年 11 月至 1369 年 6 月间，至少有十三万三千四百镑被转移到了财政署，约有四万镑立即就被花在了威廉·温莎的爱尔兰军事行动及黑太子防御阿基坦的准备活动上。剩余的大部分也很快被冈特的约翰 1370 年大扫荡的高昂支出所消耗。

爱德华三世似乎曾被人说服交出了他那令人艳羡的个人财富，误认为投放在法兰西便会立刻产生效益收到回报。然而，讽刺的是，这种带有赌博性质的想法给 14 世纪 70 年代的财政政策带来了难以挽回的损失。当约翰二世的巨额赎金被挪走，而大卫二世每年的赎金又大量减少，伦敦塔里的财富已不足以支持一场大规模的对法战役。在之后的几年里，国王仅将两万六千六百镑私财转交给财政署，到他去世时，他那传说中的战争宝藏已经分文不剩了。[2] 如果他未被要求用赎金收入来承担这场战争的支出，那么他有可能用伦敦塔里的巨额财富实现小儿子们的野心，包括冈特的约翰在卡斯蒂利亚的事业。1369 年，他所贡献出来的巨额资金，带给公众一种错觉，

1　*PROME*, v, 223.
2　Given-Wilson, *Royal Household*, 88; Harriss, *King, Parliament*, 499–501; Sherborne, *War, Politics*, 56, 62.

以为他们有取之不竭的可再生资源,允许英格兰以最小的代价发动战争。

为了筹集更多的资金,政府不得不采取更多的财政措施。约翰·巴尼特在1369年6月从国库长的位置上退休,取而代之的是精力充沛且曾为王室内府服务、管理过加来财政事务的托马斯·布兰廷厄姆,不久之前,他才被提拔为埃克塞特主教。1369年12月,管理充公产业的官员奉命重新催征1362年大赦以来的公共罚款。1370年1、2月,在坎特伯雷与约克的教区大会上,教士们也被哄骗交纳三年一度的什一税。1369年11月和次年1月,当与港口及内陆城镇的代表会面时,咨议会提前预告国王将要筹集大笔贷款。在当年春夏时分,爱德华致信众贵族、教士和城市当局,要求贷款六万六千六百六十七镑以支持诺尔斯的军事行动,以及一万六千六百六十七镑以赞助纳瓦拉的查理访问英格兰宫廷。[1]

爱德华三世在这些信件里语气强硬,让人感受到一种自14世纪40年代之后未曾有过的压力。一些重要的公共贷款及时到位。伦敦市贡献了五千镑,布里斯托尔九百镑,约克八百三十三镑,诺里奇八百镑。此外,还从伦敦的个体商户那里筹得了一千五百镑。也有人极为慷慨,如德文伯爵无偿馈赠二百镑。然而,除了以上市民团体外,王室的新事业仅有三个重要的投资人:威廉·威克姆贡献了三千镑,王室内务总管威廉·拉蒂默贡献了一千一百三十三镑,而阿伦德尔伯爵将自己的流动资金两万镑借给了国库长,后来又借给内府六千六百六十七镑。总之,1370年共筹得四万镑左右,仅及计划中的一半。[2] 公众对国王的筹款行为表现得很平淡,这表

---

1 *Issue Roll of Brantingham*, 126, 129–130, 138, 202, 379, 400, 408–409; *CCR 1369–74*, 111; *CFR 1369–77*, 72; *CLBL, G*, 255–256, 263; *Records of Convocation*, iii, 47–48; xiii, 163–165; xix, 47–48; *Register of Thomas Appleby*, nos 232, 249–253, 255; *Hist. Angl.*, i, 309; Liddy, *War, Politics*, 26–27.
2 E 401/500, 26 Mar. 1370; E 401/501, 1 July, 18 July, 27 July, 15 Sept. 1370; E 401/503, 7 Dec. 1370; *CLBL, G*, 263, 275–276; Given-Wilson, "Wealth and Credit, Public and Private: The Earls of Arundel, 1306–1397", *EHR*, cvii (1991), 6, 25–26; Liddy, *War, Politics*, 24, 26; Sherborne, *War, Politics*, 63–64.

第十九章　脆弱的统治（1369—1376）

明国王在此次借贷上严重依赖于其核心顾问中的某些人所提供的大量借款。

即便是减少贷款数额，对王室过度紧张的资源来说也是过于沉重的负担。由于加来羊毛集散中心暂时关闭及再次禁止英格兰商人将羊毛出口至欧洲大陆，海关在 1369 至 1370 年一共才征集了四万九千镑关税。这是自 1365 年以来，恢复战时税率后所收关税数额最低的一次。[1]咨议会设定优先偿还阿伦德尔伯爵的贷款，这让其他放贷者忧心惶惧。1370 年 5 月，郡长、没收吏及教会税的征收者被告知，应置所有义务于不顾，最重要的是将所有现金送纳财政署。[2]这种类似于《沃尔顿条例》原则的急迫手段，有效地将这一轮信贷交易转化为强制贷款。与此同时，还取消了为伦敦及其他地方所做的还款安排，债权者无望在短时间内收回借款。[3]事实上，许多重要城镇迟至 1376 至 1377 年冬天甚至到理查二世统治初期，才收回贷款。好心的利奇菲尔德天主教教团所借出的一百镑，更是未被善待。直到 1393 年，这笔爱德华三世的债务才由财政署偿还。[4]

1370 年的财政困局，让王室别无选择，只好呼吁议会许可征收直接税。1371 年 2 月 24 日，爱德华三世亲自出席并主持威斯敏斯特议会。威克姆小心谨慎而富有技巧地发表开幕词，他说国王的臣民有责任提供十万镑的新税以帮助国家应对危局。为了减少公众的抵抗心理，国王还罕见地组织了一场学术辩论，两名奥斯汀修士经过辩论后认为，教会应该承担其份额，出资相助国王。坎特伯雷教区随后在萨沃伊宫开会，被迫与约克教区一起承担威尔士亲王的一份数额为五万镑的特别教会补助金。回到议会之后，上、下议院声称，应该给五万镑制定定额税制，规定每一个乡村行政小区交纳一镑二先令三便士，同时，富有的地区应该帮助贫穷的地区。由于计

1　Ormrod, *Reign of Edward III*, 92, 206–207.
2　*Issue Roll of Brantingham*, 126, 138–139, 186.
3　E 401/501; E 401/503.
4　E 401/501, 29 Apr. 1370.

算失误，6月只好在威斯敏斯特召开一次议会补充会议。根据新的统计数据，王室指出，整个国家乡村教区的数量比设想中的要少得多。上、下议院之后被迫同意每一个乡村教区所纳额度应提高五倍，即五镑十六先令。[1]

王室通过税收的大幅增加从而巧妙地规避了财政危机，但再清楚不过，议会也会要求国王做出重大让步。下议院要求国王承诺在1369至1372年征收羊毛补助金期间，不再向港口征收任何税收。[2] 由于怀疑国王还有大量的个人积蓄，骑士和自治市民代表还提出了另外两个激进的要求。第一，当下一次爱德华需要征集军队时，应该自己掏钱支付酬金。第二，他们还提出了一个前所未有的要求，即新税应该交由一队贵族直接控制，以确保钱都用在战争上。这两个侵犯国王权利的要求让官方极为震惊，以至于这两份请愿书的文本在议会的官方记录中被删除。[3]

然而，在另一方面，下议院取得了惊人的成功。他们要求王室的所有首席大臣都应由平信徒出任，他们将对自己辅佐国王的行为负有全部责任。在3月29日议会的威斯敏斯特议程结束之前，国王被说服放弃了三个重要圣职大臣，大法官威克姆、国库长托马斯·布兰廷厄姆及掌玺大臣彼得·莱西。国王还是将威克姆留任为咨议会的重要成员，表明他并非被迫妥协，而只是对威克姆另有重用，以此挽回了部分颜面。然而，这事表明，爱德华三世再次被迫为了财政问题舍弃自己最信任的臣子，这让他联想到1340

---

[1] E 403/441, 17 Jan. 1371; E 403/442, 16 Apr., 29 Apr., 14 May, 8 July 1371; *PROME*, 229–232, 235–237; V. H. Galbraith, "Articles Laid before the Parliament of 1371", *EHR*, xxxiv (1919), 579–582; *Records of Convocation*, iii, 305–316; M. Aston, "'Caim's Castles': Poverty, Politics and Disendowment", *The Church, Politics and Patronage in the Fifteenth Century*, ed. R. B. Dobson (Gloucester, 1984), 51; W. M. Ormrod, "An Experiment in Taxation: The English Parish Subsidy of 1371", *Speculum*, lxiii (1988), 59–64; Davis, *William Wykeham*, 54–55.
[2] *Foedera*, III.ii, 918.
[3] *PROME*, v, 240–241. 关于后来税收成功由特别战争财政官控制，见Given-Wilson, *Royal Household*, 123–130。

第十九章　脆弱的统治（1369—1376）

至 1341 年的痛苦斗争经历。[1]

1371 年的解职事件被当时的一些人及后来的许多历史学家视作彭布罗克伯爵领导的贵族反对国王并试图在高层军事上发挥更直接作用的证据。[2] 事实上，下议院主要是为了阻止 1370 年信贷问题的再现。那些被选中而担任王室要职的人与彭布罗克并无私交，他们获得提拔是因为他们忠于国王并且是处理财政问题、振兴时局最合适的人选。在 1340 至 1345 年选平信徒担任大法官之后，爱德华三世提拔了法院的一位高级法官罗伯特·索普爵士，即前大法官威廉的弟弟任大法官。同样，新的掌玺大臣尼古拉斯·卡鲁爵士，也与王室内府有着密切的联系，他的祖母琼多年里曾是菲莉帕王后的重要侍女。[3] 因此，在 1371 年备受期待的改革中，国王依然是按照自己的心意与利益来安排人事的。

在新的政府班子的人员任命中，最有意思的选择是新国库长理查德·斯克罗普爵士。他是前王室法官亨利的小儿子，爱德华三世统治初期王座法庭杰出的大法官杰弗里·斯克罗普的侄子。不像索普和卡鲁，理查德之所以被选择，与其说是家庭缘故，还不如说是两个重要贵族的支持。一个是他的堂兄（杰弗里的长子）亨利·斯克罗普，他当时正担任着国王内务总管，另一个人则是他最重要的领主冈特的约翰。自 1367 年，他就成了约翰的随从。民事诉讼法院大法官罗伯特·索普的继任者威廉·芬奇迪恩，之前也是冈特的约翰在庞蒂弗拉克特及蒂克希尔的总管。1371 年 11 月，冈特的约翰的另一个侍从约翰·内维尔继亨利·斯克罗普成为王室内务总管。同时，内维尔的密友，后来成为其岳父的威廉·拉蒂默则担任了侍卫长。[4] 当

1　PROME, v, 230, 238.
2　Stubbs, *Constitutional History*, ii, 441 and n. 1; Tout, *Chapters*, vi, 271–272; McKisack, *Fourteenth Century*, 384–385; A. Tuck, *Richard II and the English Nobility* (London, 1973), 5.
3　ODNB, x, 49, 52–53; Roskell, Clark and Rawcliffe, *House of Commons, 1386–1421*, i, 483.
4　ODNB, xlix, 560; Walker, *Lancastrian Affinity*, 281; Kinsey, "Legal Service," 156–157; Arvanigian, "Lancastrian Polity," 122–124, 126–127.

冈特的约翰于 1371 年底回到英格兰时，不管是巧合还是故意为之，显而易见，他在高层已经极有影响力了。具有讽刺意味的是，1371 年政府改组的结果，反而让宫廷朝臣和兰开斯特公爵的家臣等一小股不公开的团体把持了政府。

冈特的约翰在 1371 至 1372 年冬迅速成为国内政府的领袖，这可以理解为国王健康状况恶化的结果。1371 年 8 月，国王及其内府当时停驻莫尔伯勒城堡，[1]在埃弗雷村庄附近，爱德华三世突然病重。御医约翰·格拉斯通并未在场，因此王室赶紧派人前往牛津、伦敦去请医生，至少有五名医疗专家——内科医生威廉·怀蒙德厄姆、外科医生威廉·霍尔姆、亚当·莱切、威廉·斯托德利，以及一个不知姓名的托钵修士——前去处理这一紧急情况。格拉斯通不久之后带着各种新得的药剂赶到，为国王减轻了痛苦。当时无一人记录下此次诊断，也没有任何关于药物的细节可以探知爱德华的身体状况。如果我们从他临终情况来倒推，很容易想到他当时可能有轻微中风，但也可能是他在外出打猎时狠狠地摔了一跤。三周的强制休息后，他被诊断已恢复健康，可以行动自如了。不过，他还是缓慢地前行，花了十天的时间才抵达温莎。[2]10 月，医疗队的成员因为"在国王生病时付出的劳动与行之有效的救治"而收到了每人十至二十五马克不等的丰厚酬谢。[3]

国王从近来的病痛中康复，很可能在 9 月底威斯敏斯特举行的大咨议会上进行了汇报与庆祝，爱德华似乎还亲自出席了这次会议。[4]他在会议上

---

1 在这次造访之前对城堡进行了一番营缮，伍德斯托克的托马斯和其他王室成员及时赶到城堡礼拜堂参加菲莉帕王后的周年纪念仪式，E 101/397/5, fols 11, 34。
2 E 101/397/5, fols 13, 36, 46; Tout, *Chapters*, iv, 182; Talbot and Hammond, *Medical Practitioners*, 402–403, 420.
3 E 403/444, 4 Oct. 1371. 怀蒙德厄姆在教会里获得了升迁。为了表示对霍尔姆的特别感谢，国王赐给他10镑的年金及在国王森林里狩猎的特权（这或许是狩猎中发生了事故的遗憾暗示？），*CPR 1370–4*, 134–135, 140。
4 E 403/442, 19 July 1371.

第十九章 脆弱的统治（1369—1376）

应该是再次做出了承诺，他将参加法兰西战争，为拉罗谢尔之败雪耻。然而，他依然受到疾病的困扰。格拉斯通及伦敦的药剂师威廉·万兹沃思在1372年夏又为他进行了治疗。[1] 在这之后，宫廷似乎很快就接受了一个事实，即不管是国王，还是其长子，都不可能再指挥英格兰陆军或海军。在爱德华六十大寿后一个月，即1372年的12月，由于王室内府不再适合继续承担一场即将到来的战争的经费，故而决定另外建立战时财政署，由低一级的财政署执事亚当·赫廷顿负责。[2] 1373年6月公开宣布冈特的约翰为战争统帅，这让公众的疑惑——爱德华三世是否能够摆脱病躯捍卫自己在法国的正义事业——冰消瓦解。[3]

由于缺失1372至1376年王室内府详细资料，我们很难探究国王最后几年里身体状况的恶化速度。关于爱德华三世的衰老情况，按照惯例当时并未记载，但他在人生的最后几年里，很可能患了痴呆症。王室当然不会向外界展示国王的虚弱。在1376年春天之前，主教们收到为王国祈祷的指示，但该指示并未涉及国王的健康问题。[4] 1372、1373年的议会，爱德华都照常出现在议会的开幕、闭幕仪式上，在1374年10月和1375年5月的咨议会上，他可能也至少象征性地露了露面。[5] 请愿书也依然送达给他个人请求批准。此外，在1375年之前，至少还有一部分信件上依然盖的是他的私人印信。[6] 他的少量存世私人信件显示，他对年轻时候的自己还是极为在意并自得的。约翰·伊斯莱姆谋杀了当时国王身边的内府成员约

1　E 101/397/5, fol. 79.
2　这一部门一直运作到1374年初，Given-Wilson, *Royal Household*, 122–123。
3　*Foedera*, III.ii, 983.
4　*CCR 1369–74*, 563; *CCR 1374–7*, 96, 224; E 403/449, 22 June 1373; E 403/456, 7 May 1375.
5　*PROME*, v, 251, 256, 272, 277; *RDP*, iv, 653–659; E 403/446, 16 Sept. 1372; E 403/454, 22 Sept. 1374; E 403/457, 7 May 1375.
6　C 81/422–445; C 81/1336/28–41.

翰·金斯顿，这事让爱德华勃然大怒，下令将他逮捕。[1]1374年12月，他反对大法官的公正判决，坚持赦免臭名昭著的土匪威廉·丹尼尔。[2]然而，从1373年以后的行政记录来看，没有迹象表明王室政策受到了爱德华三世个人偏见或喜好的影响。

这些年间国王的行踪仍旧记载得非常清楚。王室内府的主体机构将其活动范围限制在东南部的城堡及王家庄园。比如，一份运输国王金银餐具的账单上记载了1372年9月至1376年8月王室内府曾停驻过的地方，有威斯敏斯特、格雷弗森德、埃尔特姆、昆伯勒、利兹、哈德利、里士满、金斯兰利、希思的亨利及伍德斯托克。[3]当然，爱德华及其随从去过的地方远不止这些。1373年6月，他在埃塞克斯的黑弗灵阿特鲍尔（Havering-atte-Bower）——已逝的王后以前的住处——逗留了很长一段时间。我们还发现，次年6月，当他访问汉普郡时，他授予塞尔伯恩修道院一份新的特许状。[4]尽管他不能再骑马狩猎，但他依然能够射击，当然也能够在王家森林里继续享受观看屠猎的乐趣。在70年代，王室花了很大的心血来维护埃尔特姆、格雷弗森德、利兹城堡和班斯特德的公园，及老温莎威奇米尔的温莎森林，温克菲尔德的福利约翰、伊顿、伊斯特汉斯特德。[5]1374、1375年，国王仍然能够远游至北安普敦郡以进行他习以为常的夏季运动。

宫廷庆祝活动并未因为爱德华的衰老而减少。1369年之后，王室的圣诞节通常在金斯兰利或埃尔特姆度过；1372至1373年冬在埃尔特姆的国王大厅里，圣诞和元旦这两天的花销多达三百七十镑。[6]1371年，冈特的

1　SC 1/43/53，载Maxwell-Lyte, *Great Seal*, 58。
2　SC 1/41/54; *CPR 1374–7*, 37–39.
3　E 101/397/12.
4　*CPR 1370–4*, 277, 296, 301, 317, 319, 450, 455; *CChR 1341–1417*, 229.
5　E 101/540/28; E 159/153, *Brev. bar.*, Trin., rot. 6d.
6　E 101/397/5, fols 18, 20, 20v, 34, 62, 62v, 63, 77; E 101/397/11. 约翰·卡文迪什、约翰·米尔斯、埃德蒙·切尔雷于1371年圣诞节在宫廷里被国王赐封为骑士，E 101/397/3。

第十九章 脆弱的统治（1369—1376）

约翰和卡斯蒂利亚的康斯坦萨因为回国太晚而未能赶上与爱德华共同庆祝圣诞节，不过，他们贴心地送呈了一对精美的搭扣作为圣诞礼物。[1]1373年在伍德斯托克为王室欢度圣诞节做了充分的准备，牛津郡长受命确保所有桥梁坚固无虞，以便国王的驯鹰师在途经该郡时能够顺利通过。[2]冈特的约翰将威尔士亲王和王妃送给他的一对珍贵的杯子献给了国王，可能也正是此时，爱德华三世送给康斯坦萨一顶镶嵌着绿宝石、红宝石、珍珠的金王冠。[3]国王不再参加激烈体力活动的角逐，无疑是70年代王室不再举办骑士比武赛的原因。1372年1月在奇普赛德举办的由重装骑士参加的大规模庆祝活动，很可能是为了庆祝冈特的约翰和康斯坦萨即位为卡斯蒂利亚的国王与王后，这是伍德斯托克的爱德华而非爱德华三世主持的。[4]然而在1374年6月末，国王的侍卫长接到国王的指令去置办两个轻钢盔、三顶头盔、两个盾徽、四副锁子甲、一个可拆卸的面罩及几套胸甲。[5]甚至在老迈之年，爱德华三世依然酷爱以一直为他带来幸运与名誉的军事形象示人。

除了圣诞节，70年代不断举行的宫廷活动无疑是每年4月23日的嘉德骑士团盛会。[6]然而，战争的再次爆发让出席这些具有重要象征意义的盛会的人数大为减少。尽管1371年黑太子回到英格兰后常常出席温莎的圣乔治日盛会，但冈特的约翰、兰利的埃德蒙及彭布罗克、沃里克、索尔兹伯里三位伯爵经常无法现身。新近加入嘉德骑士团的海外成员诸如那慕尔的罗伯特、普瓦特万贵族吉吉夏尔·达格尔都承担了沉重的军事任务，这意味着后来的出席者更少了。1374年，二十四位嘉德骑士中仅有十三人出

1　*AC*, 69; Goodman, *John of Gaunt*, 49.
2　*Foedera*, III.ii, 990.
3　冈特的约翰可能也出席了1374年国王在埃尔特姆举办的宫廷圣诞节，*John of Gaunt's Register, 1371–5*, ii, nos 915, 1133, 1343, 1661。
4　*AC*, 69.
5　E 101/396/15.
6　这些场合下国王大厅的相关开销分别是127镑（1371年）、185镑（1372年）、162镑（1373年），E 101/396/11, fol. 8; E 101/397/5, fols 28v, 71v。亦见Collins, *Order of the Garter*, 208。

席了爱德华三世与威尔士亲王参与的大会。[1] 次年，即便连爱德华三世也未能与会，他可能是因为身体不适，或者是因为前去参加彭布罗克伯爵的追悼会。[2] 仅在统治末期，即1376、1377年，爱德华三世才再次努力地将温莎嘉德骑士盛会恢复为政治日程中的重大事务。[3]

类似的情况也出现在由大贵族出席的咨议会上。[4] 这些年在军事工作中担任极为重要角色的阿伦德尔伯爵也同时参与处理政府事务：爱德华三世将原属于菲莉帕王后的一些财产赠给阿伦德尔伯爵，暗示了他迫切希望老菲查伦能够继续为自己服务。[5] 然而老一代的其他人却渐行渐远了。沃尔特·莫尼自1368年起就不再关注公共事务，并于1372年去世。[6] 而盖伊·布赖恩爵士在1373年后基本上也不再参加咨议会了。虽然冈特的约翰和兰利的埃德蒙只要获允就会出席，但是，年轻一代的伯爵，如马奇、萨福克、沃里克、牛津及斯塔福德在1369至1372年都忙于海外军务，无暇出席咨议会。在此情况下，国王的咨议会事务基本上由大法官、国库长、掌玺大臣及约翰·内维尔、威廉·拉蒂默还有威廉·威克姆负责。随着更广泛的贵族参与度逐渐下降，公众的看法不可避免地发生了变化，爱德华三世的宫廷与咨议会曾以开放性与可及性而享有盛誉，如今却被视作由少数人的

1　其数字是，1371年17人，1372年18人，1373年14人，1375年17人，E 101/396/18; E 101/396/20; E 101/397/3; E 101/397/4; E 101/397/9; E 101/397/16; E 101/397/20, m. 23。

2　关于地点、日期的证据，都表明这一时段国王居住在埃尔特姆，C 81/440/30478–C 81/441/30504。

3　见本书第651—652、680—681页。

4　后续情况，见Given-Wilson, "Royal Charter Witness Lists", 71–73, 87–88。关于咨议会的出席人员，亦见E 403/444, 13 Mar. 31 Mar. 1371; E 404/447, 11 Dec. 1372, 10 Jan. 1373; E 403/459, 8 Nov. 1375; *CCR 1368–74*, 93, 108–110, 287–288, 321–322, 424, 445, 461; *CCR 1374–7*, 248–249。

5　E 159/152, *Brev. bar.*, Mich., rot. 4.

6　国王为莫尼葬礼提供金缕，见E 101/397/4。根据Froissart, viii, 33, 爱德华也亲自出席了葬礼。关于莫尼的坟墓，见D. Knowles and W. F. Grimes, *Charterhouse* (London, 1954), 87–92。

第十九章　脆弱的统治（1369—1376）

野心和影响力支配的闭门会。

由此产生的问题首先出现在国王侍卫长拉蒂默身上。1371年，当爱德华三世病卧莫尔伯勒时，彭布罗克伯爵曾来拜访，希望国王能干预他与里辛的格雷勋爵就遗产继承问题所起的争端。在伯爵抵达城堡后，却未能见上国王的尊面。他被告知国王身体不适，只能经由拉蒂默禀告自己的情况。[1] 侍卫长虽然有权决定谁能够通过公共大厅前往国王的私人寝宫，然而拒绝像彭布罗克伯爵这样重要之人的恳求，却表明他无耻地滥用了权力，而且是对贵族信任的准入政治的重大侮辱。

在国王康复之后，情况并未改观。1372年，爱德华三世要求拉蒂默和王室内务总管内维尔勋爵的礼袍与嘉德骑士团成员的礼袍同一规格，同王子们的血亲及其他有爵位的贵族一样，用纯白貂皮装饰礼袍。[2] 国王如此宠爱他们，有助于解释为什么拉蒂默能够迅速有效地掌控王室内部运行的封赏制度。在国王直接授权之前，掌玺大臣及大法官法庭被要求要按照侍卫长书记员的批示来处理请愿书。[3] 爱德华三世核心圈的其他成员，如尼古拉斯·卡鲁很快就被发现投机取巧、徇私钻营，与拉蒂默一道大行其肆。[4] 而在战场受挫的情况下，政府急于找些替罪羊来发泄沮丧，结党营私、通过染指王室封赏而捞取了大量私利的国王廷臣，便成为最好的人选。

在整个70年代中期，宫廷渐渐地被视作孕育腐败的温床。其核心小

---

[1] R. I. Jack, "Entail and Descent: The Hastings Inheritance, 1370–1436", *BIHR*, xxxviii (1965), 6. 这发生在1371年9月中旬之前的某个地方，表明拉蒂默应该是在10月10日之前便担任了侍卫长。关于日期的推定，见Tout, *Chapters*, vi, 47。
[2] E 101/397/4.
[3] Ormrod, *Reign of Edward III*, 118 and 235 n. 142. 实际上这在1376年之后已是常规做法。关于在拉蒂默之后继任侍卫长书记员的罗杰·比彻姆处理请愿书之事，见SC 8/179/8946; SC 8/189/9419; SC 8/191/9517; SC 6/227/11346; SC 8/305/15277. 关于1377年之后的发展，见Ormrod, *Political Life*, 20; G. Dodd, "Parliamentary Petitions? The Origins and Provenance of the 'Ancient Petitions' (SC 8) in the National Archives", *Medieval Petitions*, ed. Ormrod, Dodd and Musson, 43–44。
[4] SC 6/227/11349; *CPR 1374–7*, 72–73.

集团由威廉·拉蒂默、约翰·内维尔、爱丽丝·佩勒斯组成。围绕在他们周围的也有一些重要官员：宫室财务长赫尔明·莱格特、王室内府审计官约翰·伊普利斯爵士、担任掌玺大臣直至爱德华三世去世的尼古拉斯·卡鲁、1375年接替理查德·斯克罗普担任国库长的罗伯特·阿什顿爵士。王室内府中对王室封赏制度上下其手的人包括侍从骑士、伦敦塔巡查官、圣索沃尔的总管阿兰·巴克斯赫尔爵士，还有前程似锦的王家骑士、士绅，如菲利普·拉瓦赫、约翰·索尔兹伯里、约翰·贝弗利。[1]还有一个之前被视为大众公敌的侍从骑士、王室新兴宠臣理查德·斯特里，他的冷血无情，被托马斯·沃尔辛厄姆比作冰滴（tepid ice-drop）。[2]

政府里以上这些及其他所谓的寄生虫还深深地影响了地方事务。在菲莉帕王后死后，爱丽丝·佩勒斯毫无顾忌进一步扩张她的财富帝国，从德文到诺森伯兰，从什罗普（Shropshire）到诺福克，共占有六十座庄园。爱丽丝与圣奥尔本斯修道院院长托马斯·德拉梅尔为争夺奥克斯尼沃尔朗德庄园而起的严重冲突，在教会编年史家托马斯·沃尔辛厄姆看来，便是王国普遍统治危机的一个缩影。[3]最臭名昭著的莫过于，王室内府侍臣乔治·费尔布里格和约翰·赫林试图掌控东安格利亚的政局。他们在王室生活的边角料里累积生活利益，紧握外来修道院的租约，获取王家城堡赖辛堡、哈德利、科尔切斯特的总管权，甚至还接管了雅茅斯的部分海关管理权。[4]

尤其让那些被排除在这一放纵庇护之外的人义愤填膺的是，这些人经常能够获得极为优惠的王室租约条件，而且他们还常常在内部市场交易这

---

1 Given-Wilson, *Royal Household*, 149–150; W. M. Ormrod, "Alice Perrers and John Salisbury", *EHR*, cxxiii (2008), 383–385.

2 *St Albans*, i, 30–31, 56–59.

3 Bothwell, "Management of Position", 49–51; Ormrod, "Trials of Alice Perrers", 382–384; Given-Wilson, *Royal Household*, 145–146.

4 *CPR 1370–4*, 419–420; *CPR 1374–7*, 76, 186–187, 193, 213, 284, 311, 368, 397; *CFR 1368–77*, 108, 133, 220, 223, 361, 357, 365. 赫林也是圣埃德蒙兹伯里的总管。

第十九章 脆弱的统治（1369—1376）

些头衔。菲利普·拉瓦赫与爱丽丝·佩勒斯公然交易以控制莫布雷勋爵约翰的婚姻。[1] 原本归珀西勋爵监护的奥比地产——这是他同父异母妹妹所继承的独立遗产，未经过他的同意就被划给了阿兰·巴克斯赫尔，随后又被售卖，这让他勃然大怒。[2] 这些行为很快就给人留下了国王的廷臣只会侵夺王室重要资产以中饱私囊的印象。[3]

国王核心小集团导致公众批评之声渐长，不可避免地让人将这个宫廷集团视作一个抱团、凝聚的群体。然而事实上，从大蠹虫拉蒂默和佩勒斯对国王即将逝世的极端紧张来看，这个看起来处于王室内部核心的小集团，其实彼此之间也是龃龉不断、互相猜忌的。比如，拉蒂默与威克姆之间便毫无友善可言。[4] 约翰·贝弗利后来说爱丽丝·佩勒斯总是猜忌他，由于担心他可能利用自己言辞中的漏洞攻击她，所以只要他在场，她在爱德华三世面前便一言不发。[5] 甚至，连公主伊莎贝拉也因为爱丽丝插手昂盖朗·德库西的一个庄园事务而和她闹翻了。[6]

寄生在国王身边的核心集团内部的长期不和，在 1371 至 1372 年任命爱尔兰总督事务一事上体现得淋漓尽致。威廉·温莎被证明是一个极具争议的长官，他通过威胁和野蛮关押的手段迫使爱尔兰的政治团体接受新一轮的高额税收。[7] 面对爱尔兰的抱怨，威斯敏斯特政府采取的回应方式是，在 1372 年春召回威廉·温莎，这却激起了宫廷内部的派系斗争。可能已与威廉·温莎有着私人交易的爱丽丝·佩勒斯选择坚定地支持他。罗伯特·阿

1　*CCR 1374–7*, 280.
2　*ODNB*, xliii, 695.
3　Ormrod, *Reign of Edward III*, 118–119.
4　*AC*, 93.
5　*PROME*, vi, 29.
6　SC 8/41/2011，载"Petition by the Lady Isabella, Countess of Bedford", ed. J. Bain, *Archaeological Journal*, xxxvi (1879), 174–176。
7　P. Crooks, "Representation and Dissent: 'Parliamentarianism' and the Structure of Politics in Colonial Ireland, *c.* 1370–1420", *EHR*, cxxv (2010), 8–9.

什顿也对代理爱尔兰总督一职虎视眈眈。而咨议会则倾向于提名王室内府德高望重的资深骑士理查德·彭布里奇爵士去管理爱尔兰事务。然而，迫于爱丽丝和阿什顿两方的压力，理查德只好拒绝了咨议会的提议。[1]当阿什顿而非温莎被任命为新的爱尔兰总督时，爱丽丝说服爱德华三世对倒霉的彭布里奇进行惩戒以儆效尤。爱德华三世懊恼地将彭布里奇逐出宫廷，解除了他的其他公职，并禁止他参加1372年及次年的嘉德骑士盛宴。[2]直到1373年，佩勒斯成功帮助温莎再次当上爱尔兰总督，国王的怒火才平息了下来。[3]这件事让当时人相信核心集团将因其内部矛盾重重而自我毁灭，其内部纷争也将会直接导致政府的瘫痪。

爱德华三世与爱丽丝·佩勒斯公开的不伦丑闻，不但掀起了朝臣为了一己私利而竞相争斗的浪潮，而且在整个政府中传递出令人战栗的淫乱讯息。他们之间的这一长期非法亲密关系及爱丽丝对爱德华的非凡影响力，从1371年教皇也不得不寻求爱丽丝的帮助以向爱德华求得援助可见一斑。[4]1373年，爱德华将已逝王后的珠宝送给爱丽丝，又拨给她许多金钱以营造藏宝库。到1377年时，她的财富清单上还包括两万多颗珍珠。[5]从她在伦敦泰晤士大街的商业基地开始，到冈纳斯伯里（Gunnersbury）及帕伦斯维克（Pallenswick）的米德尔塞克斯大庄园，佩勒斯肆然突破法律限制，获得赦免权，从而建立起了自己的商业帝国。在爱德华三世死后，曾受到佩勒斯压迫的受害者蜂拥而至，控告她故意忽略她自己的债务、公然背弃房地产交易的规则、明目张胆地滥用司法权。一个请愿者说，在爱丽丝影响下的宫廷，事实上连金银都不再行得通了。[6]

1　S. Harbison, "William of Windsor, the Court Party and the Administration of Ireland", *England and Ireland*, ed. Lydon, 159.

2　*CCR 1369–74*, 420; E 101/397/3; E 101/397/9.

3　*CPR 1374–7*, 340. 彭布里奇在1374年重获部分王室成员欢心，但他在次年便去世了。

4　*CPL*, iv, 96.

5　*Foedera*, III.ii, 989; E 101/334/17.

6　SC 8/103/5132; Ormrod, "Trials of Alice Perrers", 382–384.

第十九章 脆弱的统治（1369—1376）

所有丑闻中，最大的一件是公开爱丽丝的私生子的身份。在1374年2月之前，爱德华三世从未公开承认过约翰·索斯雷是自己的孩子，然而在这时，他却首次正式赐给了年方十岁的约翰一笔可观的年金，每年为一百镑。[1] 至迟在1375年10月，索斯雷已与博蒙及其他年轻贵族一道成为国王宫室的士绅。[2] 如果饰有珍珠并刻有"想念我"（Pensez de moi）与"永不分离"（Sanz departir）的胸针是1374年国王给爱丽丝·佩勒斯的礼物，那么，这便鲜明地体现出年迈的爱德华急于向其私生子的母亲表达殷切的爱意。[3] 因为拜倒在年轻女子裙下失去理智的老人形象十分常见，编年史家对爱德华心甘情愿将最后一丝热情、活力陷落在爱丽丝迷人的诡计中不能自拔并因此沦为臣民和敌人的笑料报以理解。约翰·高尔在1376年左右坦白地描述这一问题为"在床上的战斗中丢盔弃甲的国王是不会被人畏惧的"。[4]

除了导致战争的失败和滥用王室封赏，他们还操控了政府的财政，正因此故，在1376年，爱德华三世的宫廷侍臣受到了严厉的惩戒并最终被黜免。其实，需要指出的是，1371年2月的议会之后，王室财政的复兴也有可圈可点之处。理查德·斯克罗普采取了一段时期的财政紧缩，继续限制财政支出，合理分配现有收入，仔细核算、审查海关关税，甚至对国王委托的大额款项也进行审查。[5] 当初向世俗群体和神职人员征收的五万镑补助金为王室金库带来了九万二千镑的净收入，这笔收入的大部分都在1372年春收齐，而且都是现金。然而，斯克罗普的财政管理措施并未考虑既得

1　*CPR 1370–4*, 338; M. Galway, "Alice Perrers's Son John", *EHR*, lxvi (1951), 242.
2　E 101/397/20, mm. 3, 9.
3　E 101/509/20.
4　Gower, *Complete Works*, i, 251 (ll. 22816–22818). 关于"年迈情人"（senex amans）的文学主题，见J. H. Burrow, *The Ages of Man: A Study in Medieval Writing and Thought* (Oxford, 1986), 156–162。
5　Ormrod, *Reign of Edward III*, 92–3. 关于对关税的调查，见E 159/148, *Brev. retorn.*, Hil.; E 159/149, *Brev. retorn.*, Hil。在1371及1373年，政府两次对非法动产征收集体罚款，E 403/444, 12 Dec. 1371; E 403/451, 1 Mar. 1373。

利益集团强烈的消极反应。他的一个极具争议的决定——对享有特权的教会机构也征发教会补助金，招致了教会毫不掩饰的轻蔑与唾斥。布里奇诺斯、什鲁斯伯里两处国王自由礼拜堂的教士，通常完全免除此类交税负担，据说他们曾威胁要将税吏扔进塞文河里，以驳回收税要求。[1] 同样地，理查德·斯克罗普试图将部分世俗税扩大到独立的王权领地，也招致了普遍的不满，仅有达勒姆与柴郡的民众提供了金额自愿的献祭作为补偿。[2] 1371年，下议院强调教区补助金应该一次性征收，而这也有效地阻止了1377年之前的直接税改革。

议会与教区会议并未轻易屈服于财政保守主义的大棒。在1372年11月议会上，国王又要求延长两年的恶税。然而，在这之后（或许是以预算的形式）才发现，这并不足以应付计划内的开支。因此，必须征收其他的税收。最后，在国王的游说之下，下议院不情不愿地同意征收吨税、磅税及十五分之一税、什一税。[3] 次年11月，国王一改以往的游说方式，转而采取了更为强硬的手段。约翰·尼维特取代罗伯特·索普成为新的大法官，新官上任的他威胁说，除非下议院满足国王的征税要求，否则国王不接受公开或个人的任何请愿。在明显的压力下，骑士及市民代表只好同意将羊毛税的征收时间延长两年直至1376年9月，以及将吨税、磅税的征收时间延长两至1375年圣诞节。同时，他们也提出，第二年是否继续征收这些税，取决于战争是否持续。然而，国王如果接受这些条件，便等于违背了之前的公告。所以，国王遵守这些条件的任何希望都被严重破坏了。在发泄满腹牢骚之前，下议院议员们整整两个星期不知所措，但一直到最后，对于

---

1 SC 1/56/3.
2 Ormrod, "Experiment in Taxation", 64–81; Ormrod, *Reign of Edward III*, 204; Liddy, "Politics of Privilege", 71–73; Booth, *Financial Administration*, 123.
3 *PROME*, v, 258–260; *CFR 1368–77*, 191–193, 197; Jurkowski, Crook and Smith, *Lay Taxes*, 55. 关于吨税、磅税许可条款的后续变化，见Ormrod, "Origins of Tunnage and Poundage", 215。关于根据预期收入来征集借款的计划，见SC 1/55/88。

第十九章　脆弱的统治（1369—1376）

他们的要求，国王还是置之不理。长期以来，政治妥协互惠是爱德华三世在 14 世纪 40 和 50 年代取得军事成功的基础，而 1373 年议会的闭幕，或许可以说标志着这一传统的结束。[1]

相比而言，神职人员则更难驾驭。索尔兹伯里伯爵、马奇伯爵及拉蒂默勋爵、布赖恩勋爵、理查德·斯特里勋爵代表国王参加了 1373 年 12 月在坎特伯雷召开的教区会议，以商量在教区继续征税事宜。然而，即便是与代理大主教的向来顺从的伦敦主教西蒙·萨德伯里之间的讨论，也进行得相当艰难。教会最后做出让步，同意征收一轮什一税，但辅之以条件，要求公开废除等级制度。而赫里福德主教威廉·考特尼则直言不讳地反对征税，王国内的一些教区还将会共同抵制。这将是王室所面临的现实问题。[2]

公众对于征税日渐增加的不满如星火燎原，导致爱德华三世的统治分崩离析。1368 年及 1375 年暴发的黑死病，颠覆了在第二次瘟疫之后恢复人口总量的任何可能，也减少了能够投身脆弱经济重建的成年人口数量。似乎很明显，1370 至 1375 年人均负担的直接税至少与财政负担沉重的 1336 至 1342 年一样多，甚至更多。就像在 14 世纪 30 年代一样，主要的受害者依然是那些小规模土地所有者，他们负担了绝大部分的十五分之一税和什一税。他们能够减轻自己负担的唯一办法，仅仅是坚持要求小农和无地劳动者分担本地固定税额中更大的比例。但是，在 14 世纪 70 年代初，受到恶劣天气的影响，粮食价格节节攀升，许多农民的预算严重吃紧，小农和无地劳动者也身处水深火热之中。[3]

同时，拥有大量土地的农场主正加倍努力地重新采用旧的劳役方式迫

---

[1] *PROME*, v, 275–280; G. Dodd, "The Lords, Taxation and the Community of Parliament in the 1370s and Early 1380s", *Parliamentary History*, xx (2001), 290.

[2] *Foedera*, III.ii, 993; *Records of Convocation*, iii, 317–332; J. H. Dahmus, *William Courtenay, Archbishop of Canterbury 1381–1396* (University Park., Penn., 1966), 12; Holmes, *Good Parliament*, 18–19.

[3] Ormrod, "Poverty and Privilege", *642*.

使隶农为其服务，以恢复其经济形势，并要求坚决执行劳工法。在 14 世纪 70 年代，这些农场主与其依附农民之间的关系，比第一次瘟疫之后任何时候都更加接近全面的阶级战争。[1]1376 至 1377 年间，议会开始疯狂攻击下层阶级，说他们通过流浪、行乞及抢劫等方式来维持生活，而非安守本分自食其力。这种显而易见的敌意，在英格兰南部的一些地区尤其明显，以致到了 1376 年，那些非自由身份的佃农已经被迫开始武装起来反抗主人的暴政。[2]在此情况下，地主们认为国王在全国财富中所占有的不合理份额直接危害了自己的利益，因此过重的赋税负担必须降低到更加实际而可控的水平。

除了这些紧迫的担忧，商业经济状况也引起了严重的关切。英格兰羊毛在佛兰德斯、意大利北部主要市场上的交易状况极为混乱，14 世纪 70 年代的羊毛出口量较 14 世纪 50 年代要减少 25% 左右。得益于 1369 年之后恶税数量的猛增，王室财政进账颇丰，至 1375 年，关税及每个港口的补贴所得每年大致有七万镑。然而，虽然贸易依然盈利，但羊毛出口量的下降，导致流入英格兰的金银数量严重减少。14 世纪 70 年代伦敦塔铸币厂所生产的银币数量，仅是前十年的 30%，而金币更少，仅为 20%。加来铸币厂的铸币数量在 1373 年后也急剧减少。英格兰缓慢却不可避免地陷入严重的钱荒。[3]

就在众人为贸易衰退寻找原因之时，下议院却发出了令人极为反感的声音。外国人——尤其是教皇，在英格兰享有教产、圣俸的外来教士，及

---

[1] Farmer, "Prices and Wages [ii]", 502–503, 521; E. B. Fryde, *Peasants and Landlords in Later Medieval England, c. 1380–c. 1525* (Stroud, 1996), 38–42.
[2] *PROME*, v, 336–340; vi, 47–48; R. Faith, "The 'Great Rumour' of 1377 and Peasant Ideology", *The English Rising of 1381*, ed. R. H. Hilton and T. H. Aston (Cambridge, 1984), 43–73.
[3] Lloyd, "Overseas Trade", 96–124; Ormrod, *Reign of Edward III*, 207; J. H. A. Munro, "Mint Policies, Ratios and Outputs in the Low Countries and England, 1335–1420", *Numismatic Chronicle*, cxli (1981), 106.

第十九章　脆弱的统治（1369—1376）

令人鄙夷的意大利商人——很快就成为被指责的对象，因为他们将大量的金银货币带离了英格兰。1376 年，下议院斥责伦巴第人（尤其是指卢卡的商人）是"犹太人、撒拉逊人及秘密间谍"，将"无以言说的罪恶"——鸡奸罪，带到了身之所及之处。[1] 值得一提的是，托马斯·沃尔辛厄姆认为爱丽丝·佩勒斯的第一任丈夫也是生活在伦敦的伦巴第人。[2] 王室在战时抵制外国居民的所作所为，加强了这种根深蒂固的排外观念。[3] 1373 年，牛津的多明我会修道院受令驱逐那些在大学里冒充学者实际上却是为查理五世鼓唇摇舌的修士。[4] 甚至是供职于王室内府的法国人也再次感受到了这种排外的压力。伊莎贝拉公主尤其沮丧，她的一个书记员——来自巴黎的让·让因为英法交战而被迫辞职离去。[5]

在这些引人注目的内容背后，也有一些关于危险的经济状况的严肃思考。就像往常一样，下议院很清楚，货币的重量和价值将会影响英格兰吸纳金银的能力。在 1371、1373 年，他们曾担忧苏格兰货币与英格兰货币之间的兑换率，并说服国王采取措施阻止英镑流向北部边境。[6] 他们对意大利商人的攻击，很大程度上受到了伦敦城应该努力规范贸易规则、挑战外

---

[1] *PROME*, v, 263–264, 285–286, 318, 331–337.

[2] *St Albans*, i, 42–43; Ormrod, "Who was Alice Perrers?", 223–224.

[3] 关于这一时期对外国神职人员的审查，见 SC 1/38/28; SC 1/55/90; SC 1/55/122; *Register of Thomas Appleby*, no. 228; E 403/451, 16 Mar. 1374; *Register of Thomas de Brantyngham, Bishop of Exeter*, ed. F. C. Hingeston-Randolph, 2 vols (London, 1901–6), i, nos 51, 53; *Royal Writs Addressed to John Buckingham, Bishop of Lincoln, 1363–1398*, ed. A. K. McHardy (Lincoln Record Society, lxxxvi, 1997), no. 116, App. A, no. 27; *Wykeham's Register*, ii, 567; Durham University Library, Durham Cathedral Muniments, Register of Thomas Hatfield, fol. 91v。

[4] *Foedera*, III.ii, 991. 也见 1373 年撤销外国神职人员从王室租回其财产的权利，A. K. McHardy, "The Alien Priories and the Expulsion of Aliens from England in 1378", *Studies in Church History*, xii (1975), 135。

[5] SC 1/40/187.

[6] *PROME*, v, 248–249, 281; *SR*, i, 395; *Foedera*, III.ii, 919, 994.

来商人的特权地位（在 1376 年达成了目标）的驱动。[1] 伦敦人的这次行动，某种程度上可以说是对 1335 年《约克法案》确立的自由交易原则的挑战。在贸易失衡的情况下，议会寻求地方保护主义的荫庇，他们想当然地认为，根据新兴的重商主义原则，这是营造健康经济的最好方式。[2]

对王室来说，14 世纪 70 年代初期经济危机最严重的问题是，信用市场的紊乱导致王室借贷越来越难。[3] 爱德华三世发现，若无阿伦德尔伯爵的持续担保，在这困难的几年里，他不可能借到钱来预付军事开支。[4] 尽管施加了压力，但在 1370 年之后，爱德华三世还是没法说服不管是伦敦还是其他重要城镇借钱给自己。[5] 在伦敦，也只有少数几个资本家愿意继续冒险借贷给国王。[6] 其中最重要的三个人是约翰·派尔、亚当·伯里及威廉·沃尔沃思。[7] 然而，他们的头目却是理查德·莱昂斯，一个来历不明（可能是佛兰德斯人）的伦敦葡萄酒商。莱昂斯早先是王室内府的供应商，因此与王室内府建立了良好的关系，而且他之前还与爱丽丝·佩勒斯有着业务往来。在 1372 至 1375 年间，正是他为爱德华三世的大部分商业贷款筹集了

1　见本书第665页。关于伦巴第人与伦敦商人之间的纷争，见 *Select Cases before the King's Council*, 42–47; A. Beardwood, *Alien Merchants in England, 1350 to 1377* (Manchester, 1968), 11–14。

2　*PROME*, v, 281, 318–319; W. M. Ormrod, "Parliament, Political Economy and State Formation in Later Medieval England", *Power and Persuasion: Essays on the Art of State Building in Honour of W. P. Blockmans*, ed. P. Hoppenbrouwers, A. Janse and R. Stein (Turnhout, 2010), 134–138.

3　P. Nightingale, "Monetary Contraction and Mercantile Credit in Later Medieval England", *EcHR*, 2nd series, xliii (1990), 565.

4　Given-Wilson, "Wealth and Credit", 6–7, 26.

5　*CLBL, G*, 330–331; SC 1/55/84; Ormrod, *Reign of Edward III*, 185–186.

6　关于这一事件的其余部分，见Holmes, *Good Parliament*, 69–79。

7　*A Calendar of the Cartularies of John Pyel and Adam Frauncey*s, ed. S. J. O'Connor (Camden Society, 5th series, ii, 1993), 22–36; Barron, *London in the Later Middle Ages*, 333–334. 关于1372年派尔、伯里充任国王使臣与佛兰德斯人协商并最终签订贸易协定，见E 101/315/37; E 101/316/1; E 364/5, rot. H。

资金。[1]

有质疑指出，这些人之所以同意借贷给国王，是因为王室事先许诺了他们高额的回报。据说这轮借贷的利率高达50%或更高。此外，还有其他的好处。莱昂斯及其追随者获得购买、交易爱德华三世所欠巴尔迪银行的剩余债务和那些在1370年王室债权人持有的被撤销之转让记录。他们后来被指控以大幅折扣买进这些债务，当财政署从他们手里赎回这笔债务时，赚得的利润高达100%。[2]与王室债务相关、最骇人听闻的一则故事是王室所欠达勒姆主教托马斯·哈特菲尔德的债务。1374至1375年间，哈特菲尔德曾慷慨地将自己领地的监管权赠给爱丽丝·佩勒斯，以换取她的帮助，让王室偿付之前的借贷。然而爱丽丝却以极大的折扣出售这些信用票据，来抵消自己所欠王室的一千镑债务。[3]所有这些都与14世纪40年代垄断公司的欺诈行为颇相似。而这在1370年，在那些依然在等待财政署还债的政治精英中间，引发了广泛的疑虑与愤怒。

拉蒂默、佩勒斯及莱昂斯并非仅仅卷入以上这些可疑交易。在70年代初，王室开始通过有偿许可从而允许商人将羊毛出口至米德尔堡（Middelburg）、多德雷赫特及佛兰德斯的其他港口，而非加来。[4]下议院羊毛生产者和小规模羊毛出口商的代表，对这一做法不以为然，他们敏锐地察觉到这将极大地动摇加来作为金银货币回收地的贡献。因此，到1372年，下议院强烈要求所有商人都要将羊毛运到加来出口交易。[5]然而，在这之前，特许经营许可已成为王室收入的一个重要组成部分，因此不容废弃。更加重要的是，获得准许的市场并非由国库长和大法官而是由国王的私人财政

---

1 *ODNB*, xxxiv, 935–936.
2 *AC*, 86, 87.
3 *Northern Petitions*, ed. C. M. Fraser (Surtees Society, cxciv, 1982), 220–221; Liddy, "Politics of Privilege," 76–77.
4 Lloyd, *Wool Trade*, 216–219.
5 *PROME*, v, 254, 270, 271.

机构——国王宫室把控。因此，答案很明显，拉蒂默及其追随者发明这种方式，一方面为国王聚敛财富，另一方面也为他们自己收受贿赂大开方便之门。

最后，这个以伦敦为基地的资本集团还被怀疑插手了海关系统。1372至1373年间，所谓的"少得可怜的关税"（包括布帛和一般商品的进出口税）及英格兰所有港口的吨税、磅税补助金业务都承包给了理查德·莱昂斯和他的一个贸易伙伴约翰·赫丁厄姆。1373至1375年，莱昂斯通过任命当地税务人员而独自运营着海关收税系统。而这引发了他与宫廷核心集团中的成员乔治·费尔布里格之间的直接冲突，因为后者与威廉·埃利斯对雅茅斯港的相关税收有着优先征收权。[1]然而，在公众看来，这些关税收入对贪婪的莱昂斯而言都是巨大的收获。1373年，伦敦一个与宫廷有关的鱼商兼市政官约翰·佩奇获得了一份特许，如果他与国王共享所得利润的话，那么便可控制首都甜葡萄酒的销售权。[2]避开加来进行的销售许可，在关税系统中重建垄断权，这与威廉·德拉波尔在14世纪30年代末期及40年代毫无信誉的商业活动有着强烈的相似，并似乎开始瓦解自50年代以来依靠贸易据点而建立起来的整个贸易政策。

这也证实了公众日渐高涨的对高层腐败的怀疑。至1376年，众人已普遍相信，打着伦敦人的幌子为国王筹集到的资金，事实上是威廉·拉蒂默和理查德·莱昂斯从国王藏在宫室中的私人资金中拿出来的。国王最近的借贷对公共财政毫无贡献，而是一个彻头彻尾的烟幕弹，是其侍臣与亲信为了谋取巨额非法利润而精心谋划出来的洗钱活动罢了。[3]在这复杂的传言背后，事实上体现了公众对14世纪60年代以来国王不断将大量赎金留

1　*CFR 1368–77*, 197–198, 227, 231, 273; *CPR 1370–4*, 382–384; Holmes, *Good Parliament*, 116.

2　*CFR 1368–77*, 225; P. Nightingale, *A Medieval Mercantile Community: The Grocers' Company and the Politics and Trade of London, 1000–1485* (London, 1995), 228, 232, 242.

3　Holmes, *Good Parliament*, 66–67.

第十九章　脆弱的统治（1369—1376）

作个人私财的持久怀疑。更加令人尴尬的真相是，爱德华三世的伦敦塔里事实上已经分文不剩了，答案很明显：真正应该被指责的应该是寄生在爱德华三世身边的侍臣及其在伦敦的商人朋友。

如果说爱德华三世政府对1375年6月签订《布鲁日休战条约》之后有什么美好期待的话，那很可能是随着形势的缓和，至少能够节省财政开支，也有机会重整国内政治。事实上，签订条约之时，正是瘟疫暴发之始，好几个月里，政府成员们都为自己和国王的健康状况而提心吊胆。王太后伊莎贝拉的老仆、索尔兹伯里主教罗伯特·威维尔，杰出的军人德斯潘塞勋爵爱德华，有可能就是时疫的受害者。1375年瘟疫也带走了几个高级文职官员，包括受人信任的公证人约翰·布兰克特里，高级财政书记官和百科全书编纂者詹姆斯·勒帕尔默。[1] 让老迈羸弱的国王远离感染源，是很有必要的，因此6、7月的大部分时间里，他都住在温莎、希恩和吉尔福德。8月初，他先后北迁至北安普敦郡、莱切斯特郡、拉特兰（Rutland），之后又经亚德利（Yardley）、黑斯廷斯、德雷顿（Drayton）、纳辛顿（Nassington）、布雷瑟维克（Blatherwycke）而后到达奥克姆、穆尔恩德及罗金厄姆的王室城堡。[2] 他的随从则在野外活动中消磨时光。这从以下事件可以推测出来：国王为出访做准备，定制了四十八张上了漆的弓，"以备随行的女士在狩猎中使用"。[3] 关于爱德华能否上阵射击，今日已无法查证，但这是60年代中期以来他所安排的最充满活力的行程，无疑说明国王当时的健康状况被认为有能力应付这些活动带来的不适。

1　*AC*, 77; *Hist. Angl.*, i, 319; Ormrod, "Politics of Pestilence," 178; L. F. Sandler, *Omne bonum: A Fourteenth-Century Encyclopaedia of Universal Knowledge*, 2 vols (London, 1996).
2　为了迎接他的到来，奥克姆城堡不久前被修葺一新，*King's Works*, ii, 766。关于罗金厄姆护林员阿莫里·圣阿曼德因国王来访而承担的开销，见E 159/152, *Brev. bar.*, Mich., rot. 13。
3　E 101/396/15。

去英格兰中部地区的夏日远游，有着极为重要的社会和政治功能。好几年来，这是国王第一次带着御玺及掌玺大臣尼古拉斯·卡鲁出行。[1]其他的高级官员则在沿途的不同地方加入到国王的队伍中来。8月10日，在亚德利黑斯廷斯召开了临时咨议会，参加者有大法官尼维特和国库长斯克罗普。在这次会议上，爱德华同意支付两千镑以购买德雷顿的巴西特勋爵早先俘虏的法兰西战俘。[2]刚从布鲁日回来的冈特的约翰则住在了他在莱斯特和凯尼尔沃思的营垒里，因此，在这个夏天，他有可能也不时出现在国王的身边，参加不同的会议。[3]尽管罗金厄姆森林的新鲜空气有助于阻隔瘟疫，对陈朽的腐败却无能为力。拉蒂默和卡鲁对已逝的封臣及已身居高位者留出的空缺上下其手。被怀疑从中赢利的人，依然是宫廷小集团成员菲利普·拉瓦赫、爱丽丝·佩勒斯及拉蒂默自己。[4]1375年夏国王的紧急撤离，仅仅证实他的政府已经完全屈服于派系的影响。

国王不断拒绝召集议会并向民众公开最近的灾难性记录，进一步加深了这一印象。明显是在国王的授意下，《布鲁日休战条约》提交给了由贵族参加的咨议会而非全议会。休战期间，军事领导权重新回归英格兰，有效地增加了贵族在行政会议上的权重，也让贵族恢复了一些自信。在1375至1376年秋、冬召开的咨议会上，经常出席者有马奇伯爵、萨福克伯爵、沃里克伯爵、斯塔福德伯爵及一些地位稍低的贵族，比如蒙塔古勋爵、洛弗尔勋爵和莱尔勋爵。[5]然而，他们当中没有一人能对爱德华三世的政府产生较大影响。那些希望通过继续诺曼底和布列塔尼战争来追逐个人利益的英格兰士兵，在得知签订《布鲁日休战条约》的消息时，无疑是极为震惊

1　C 81/441/30590–C 81/442/30658.

2　*CPR 1374–7*, 134.

3　Goodman, *John of Gaunt*, 54.

4　*CPR 1370–4*, 131, 134; *CFR 1368–77*, 293–294.

5　*PROME*, v, 385; E 403/459, 5 Feb. 1376; Ormrod, *Reign of Edward III*, 117.

第十九章　脆弱的统治（1369—1376）

的。[1] 而议会召集令的延迟下发，则大大暴露了王室在公共财政问题上的失信。根据 1373 年议会下议院开出的条件，战时羊毛税率应该终止于 1375 年 9 月，9 月之后应该召集议会，商量一个更加合理的适合休战时期的恶税，如今政府却违信背约，继续执行战时税率。[2] 除了 1348 至 1351 年议会中断之外，1373 至 1376 年的议会间隔期，是在正常政治局势下，众人共同记忆中最长的一次。1376 年下议院因为担心而要求国王再次承诺今后至少每年举行一次议会，以"改正错误、不欺瞒民众"。[3]

考虑到战争迫在眉睫，国王拒不召集议会是非常反常的。在《布鲁日休战条约》签订伊始，便有人质疑条约的稳定性。1373 年 7 月圣索沃尔投降的消息传来，激起了民众的期望，希望国王对诺曼底发起一场新的军事远征。更迫切的事情是，特拉斯塔马拉的亨利拒绝接受休战协定。8 月，休战协议生效一周后，一支从波尔多返航的英格兰舰队在拉罗谢尔港附近遭到卡斯蒂利亚军队攻击，约克编年史家后来称之为"有史以来在海上遭遇的最大失败"，这次失败再次唤起了出现在英吉利海峡中的充满敌意的"卡斯蒂利亚幽灵"传说，以及与法兰西合作的不受欢迎的前景。英格兰国内的这种警惕情绪是很有根据的：查理五世的舰队司令让·德维耶纳充分利用暂时的战事撤退，在鲁昂的加莱斯园（Clos des Galées）创建了一支令人印象深刻的新海军。[4]1375 至 1376 年冬，英格兰因此进入高度警备状态。12 月上任的新治安官在 1 月受令集体前去部署沿海各郡的海防。国王下令征发船只进行海防，贵族们也都回到海边城堡以抵抗即将入侵的敌人。[5]

1　*AC*, 79.

2　*CFR 1368–77*, 302, 307–308, 310.

3　*PROME*, v, 373; J. G. Edwards, "'Justice' in Early English Parliaments", *Historical Studies*, ed. Fryde and Miller, i, 292–293.

4　*AC*, 77, 79; "Anglo-French Negotiations", no. XXXIX; Russell, *English Intervention*, 224–225; Perroy, *Hundred Years War*, 168; Holmes, *Good Parliament*, 56–58.

5　*CPR 1374–7*, 135–139; *Foedera*, III.ii, 1045–1046, 1049; *CCR 1374–7*, 290, 302; E 403/459, 22 Dec. 1375, 12 Jan. 1376; Verduyn, "Attitude", 169.

然而，所有这些措施只是增加了英格兰王国将再次面临外敌入侵的公众恐慌而已。

在此危急关头，国王最终被说服于1375年12月下发召集令，于来年2月在威斯敏斯特召开议会。而到1月末，国王又将议会推迟到1376年4月底。[1]其间，王室为了争取更多的时间而做了无数努力，3月，冈特的约翰总算获得了法兰西代表团的同意，将布鲁日休战时间延长到1377年4月1日。[2]为了让贵族们确信议会将会召开，爱德华三世于1376年3月底又在威斯敏斯特召开了一次咨议会，商讨议会的日程、内容等问题。[3]国王将召开议会作为手段以便尽可能地捍卫自己的立场，但王室持续搪塞拖延召开议会进一步激发了公众的怀疑，认为休战也无济于事。1376年春，公众普遍相信，就像约克编年史家所写的那样："英格兰王国正处在被法兰西、西班牙、加斯科涅、佛兰德斯、苏格兰及其他国家从海陆两路摧毁的危险之中。"[4]

在公信危机面前，政府力图运用最重要的政治资本即国王本人来化解。1375至1376年，王室采取不同的方式来庆祝隆冬节日盛宴：伊莎贝拉公主和伍德斯托克的托马斯前往埃尔特姆宫，与父王共度圣诞节，而休·乔伊被指定为圣诞聚会的主持人。[5]1月阿伦德尔伯爵理查德·菲查伦的去世，令人十分悲伤，国王派人从王室内府送去金缕以备在刘易斯（Lewes）举办的葬礼上使用，[6]然而没有时间来为阿伦德尔伯爵哀悼。就在阿伦德尔逝世后的第二天，1月25日，就是爱德华三世作为英格兰国王第五十年的第一天。就像1362年他的五十大寿一样，此时的王室也想讨个好彩头，开

1　*PROME*, v, 289, 385.

2　*Foedera*, III.ii, 1048.

3　E 403/459, 27 Mar. 1376.

4　*AC*, 80.

5　E 101/397/20, m. 5.

6　GEC, i, 244; E 101/397/20, m. 24.

第十九章　脆弱的统治（1369—1376）

发这个特殊日子所蕴含的福气与好运，故而策划了一系列公共活动，来分散国人对目前沮丧形势的注意力，提振政治精英们的精神与元气。

新一轮王室庆典的第一个活动，便是1376年2月大斋节开始之前在史密斯菲尔德举办的长达一周的骑士比武赛。怀着兴奋的心情期待十余年来尚武文化的首次重大庆典，王室内府为参赛者准备了刻有图案的盾牌及小号手的燕尾旗。即便虚弱不堪，爱德华似乎也做好准备，打算从希恩前往比武场去主持比武赛。[1] 然而，负责此事的人忽略了爱丽丝·佩勒斯借此机会进行自我炫耀与宣传的渴望。后来很长一段时间里，在人们的记忆里，史密斯菲尔德的这次活动，都是国王的情妇穿得像"太阳女神"一样在伦敦的大街上骑马经过。[2] 爱丽丝很有可能在她的装扮上使用了爱德华的个人徽章——云开日出，她想抢风头的意图大胆又无耻。爱德华统治的第五十年就以这样一个明显的错误开场。

在4月23日温莎城堡举行的嘉德骑士团盛会上，似乎释放出更多的政治善意。[3] 国王如往常一样，身着特制的红色礼袍，上面装饰着嘉德勋章的图案。那些为骑士团成员担任牧师的穷骑士则戴着新帽子，斗篷上佩有圣乔治的徽章。与此前的数年相比，本次出席的骑士团成员人数相当多。爱德华亲王、冈特的约翰和兰利的埃德蒙都在场，他们的妹夫（姐夫）昂盖朗·德库西托休战之福也罕见地出现在英格兰宫廷，威尔士王妃的女婿布列塔尼公爵因来到英格兰进行外交访问，也出席了这次大会。[4] 沃里克伯爵、索尔兹伯里伯爵及拉蒂默、内维尔等贵族也都列席，威廉·威克姆

---

[1] E 101/397/20, mm. 18, 19, 21.
[2] *Chronicle of London*, 70. 编年史将这一事件的日期定在市长年，即1374年10月至1375年10月之间，或许表明这与《布鲁日休战条约》有关，又或许是因为在这一年里，沃尔沃思与莱昂斯分别担任这个城市的市长和治安官。但是，这一片段也表明，编年史关于爱德华三世最后阶段的统治及管理的记载颇为随意，甚至弄错了黑太子和国王的去世地点。
[3] 后续情况，见E 101/397/20, mm. 6, 15, 18, 25。
[4] Froissart, viii, 224; Jones, *Ducal Brittany*, 79.

则以高级教士的身份主持了大会的礼拜仪式。因为骑士团席位有空缺，所以爱德华三世任命了至少五个新成员：斯塔福德伯爵、萨福克伯爵、托马斯·珀西爵士、托马斯·巴纳斯特爵士及威尔士王妃的长子托马斯·霍兰爵士。[1]1376年的圣乔治日，是1365年伊莎贝拉公主婚礼之后温莎城堡规模最大的一次盛会，这表现出当王室和整个王国的未来正处在危险之中时，爱德华为重振嘉德骑士团社会和政治角色而做出的一种有意识的努力。在他的诞生之地，在他梦想的城堡里，爱德华三世表演了一个精心制作的舞台剧，庆祝他对英格兰五十年的辉煌统治。

为了进一步振奋精神，国王决定在6月4日的五旬节，在史密斯菲尔德再举办一场公众骑士比武赛，准备活动应该在春季就已开始了，这从伊莎贝拉公主和爱丽丝·佩勒斯获得金缕及塔夫绸以制作新的装扮就可推知。然而财政记录显示，随着时间的临近，这一活动却取消了。[2]原因不难理解。既然周年大庆理应是"优雅而欢乐"的，4月末在威斯敏斯特开幕的议会已很清楚地表明，这种使人分心的消遣活动理应被搁置一边，精力应集中在惩罚叛国者上。[3]6月8日黑太子的逝世，也让宫廷和贵族们普遍陷入深深的悲痛当中。议会开幕之后，撤居黑弗灵的国王，在6月初前去肯宁顿（Kennington）探视长子。然而很快，他也染上重疾，在1376年的剩余时间里都失去了行动能力。[4]面对这些巨大的政治危机和个人悲剧，五十周年大庆所展示出来的力量，至少在当时被认为过于脆弱，根本不足以保卫国防。当此之时，只能将精力集中到解决王国更为紧迫的任务，确保王位顺利继承。

1　GEC, ii, 536; Beltz, *Memorials*, 10.

2　E 101/397/20, m. 6.

3　*PROME*, v, 333.

4　*AC*, 92, 94; Froissart, viii, 224.

第十九章 脆弱的统治（1369—1376）

很难否认，从 1369 至 1376 年，爱德华三世缓慢崩溃的军事和政治统治，很大程度上是因为他身体的每况愈下及其导致的领导危机。说 1376 年前王权空悬并不准确，但很明显的是，对野心勃勃、肆无忌惮的拉蒂默和佩勒斯而言，爱德华逐渐成为被动且无关轻重的人。如果爱德华患的是像 1371 年夏末那样严重的疾病，那么很可能政府当局能够很快认识到有必要接管、监督国王办公室。然而，爱德华三世生命里最后一年所发生的事表明，中世纪的宪法相对而言更适用于少数人的统治，却无力解决这种极端反常的情况：作为成年人的国王，由于身体和思想上的虚弱，无法行使被认为是进行良好统治的基础的个人意志。[1]

1　J. Watts, *Henry VI and the Politics of Kingship* (Cambridge, 1996), 21–31.

第二十章
悲痛之年(1376—1377)

爱德华三世生命中的最后十四个月，是他轰轰烈烈而漫长统治中最黯淡的阶段。黑太子的去世及国王自己渐渐走向生命的终点，迫使他们的臣民意识到这件难以想象的事：克雷西、加来及普瓦捷战役中的伟大英雄也是会死的。公众已经习惯了爱德华三世的统治，因此顺利完成王权的转接并将统治进行下去，也就成了当时王室最大的责任。在1376年4至7月间，政治团体在议会上流露出来的极大沮丧，及1377年1至3月议会对王权的重申，其实都是忧心忡忡的国民的直接反应。他们既担心年迈的国王无力有效行使王权，也担心年幼的波尔多的理查继承王位后所面临的局面。在这种极度脆弱的状态下，之前在正常政治环境下的常规举动，如今都会被视为不合适甚至是非法的。为了共同利益，为了王权，政治团体强烈要求，冈特的约翰在必要的时候应该挑起重任。尽管1376至1377年议会和咨议会的做法很快就失效了，然而仍有些片段给后世留下了深刻印象，并对未来的公众生活产生了重大影响。其中值得玩味的是当时出现的新风尚，即根据政治集会的同情心和结果给他们贴上标签。当时人及后来人给1376和1377年的议会分别贴上"贤明"和"无情"的标签，这似乎成了集体记忆。在17至19世纪的中世纪，历史和宪法利益的复兴时期，这些标签被有意

第二十章 悲痛之年（1376—1377）

识地使用。[1]

1376年，政府肯定已经觉察到，通过最终召集于威斯敏斯特的议会进行讨论的事情必将是曲折而危险的。然而，没人能够预料到，接下来的讨论，其强度、激烈程度竟是如此之高，如此让人痛苦；也没人知道这些讨论将会如此猛烈地挑战王权的宪法权威。从议会的官方记录很容易察觉出时人的震惊之感：议会资料的匿名汇编者根本无法把握事情的规模和复杂性，因此留下了一个未完成的混乱记录。事实上，该届议会的许多细节都是因为托马斯·沃尔辛厄姆和一名撰写了约克圣玛利亚修道院编年史的匿名修士保存了当时其他亲历者的记录才得以恢复。这两份记录在立场上都倾向于下议院，后者还捕捉到了骑士阶层和市民代表们的兴奋情绪与期待，并有意识地暗示了他们的议程中有明显的激进元素。[2]

这个极其重要的议会是1376年4月28日在威斯敏斯特宫开幕的，病中的国王也出席了开幕式。次日，当着爱德华的面，大法官尼维特向上、下议院说明本次会议所要商讨的紧迫事情：为王国提供更好的政府管理，为防御国家提供更多的物资供给，商量将来与法兰西和其他国家开战的可能性。随后又特别提出了要征收新的直接税与间接税。上议院与下议院受令分别商议这个问题，其中，骑士和市民代表们聚集在威斯敏斯特教堂的

---

1 *St Albans*, i, lxxi; T. F. Tout, "Parliament and Public Opinion, 1376–88", *Historical Studies*, ed. Fryde and Miller, i, 298–315; G. L. Harriss, *Shaping the Nation: England, 1360–1461* (Oxford, 2005), 441–444; C. Fletcher, "Virtue and the Common Good: Sermons and Political Practice in the Good Parliament, 1376", *Charisma and Religious Authority: Jewish, Christian, and Muslim Preaching, 1200–1500*, ed. K. L. Jansen and M. Rubin (Turnhout, 2009), 199–216; C. Oliver, *Parliament and the Origins of Political Pamphleteering* (York, 2010).
2 *PROME*, v, 289–387; *St Albans*, i, 3–53; *AC*, 79–94, 译文见 Taylor, *English Historical Literature*, 301–313; A. Goodman, "Sir Thomas Hoo and the Parliament of 1376", *BIHR*, xli (1968), 139–149; C. Oliver, "The First Political Pamphlet? The Unsolved Case of the Anonymous Account of the Good Parliament", *Viator*, xxxviii (2007), 251–268。

大厅里商讨。随后，国王便离开了议会，回到宫殿内的私人场所或者前往容易赶回首都的郊区庄园。[1]

爱德华三世的离开，并不被认为是反常的，当然也不表示国王无能。然而他的廷臣很快就意识到议会上有股难以驾驭的情绪感染了议员们，因此，他们或许为爱德华不在现场而感到庆幸。当4月29日下议院同意宣誓"忠诚地对待和谋求国家利益"时，国王不在现场这样的预防措施显然是正确的。下议院做出这样的宣誓行为并非议会的标准程序，而更有可能被理解为具有革命色彩的举措。毕竟，这种政治团体集体宣誓的情况，最后一次出现是在1326至1327年的废黜危机时。[2]1376年5、6月间，咨议会做出了一些更重要的决定，需要提请国王批准。然而，本来积极参与议会的爱德华三世却在4月末停止了所有活动。如此一来，随着黑太子的健康急剧恶化，主持大局的角色便依照默认的规则落到了国王第三子冈特的约翰身上。

下议院的早期讨论基本上围绕国王的征税要求展开，并形成了不同于往常的方案。骑士与市民代表们反对征收直接税，部分原因是这将给民众带来难以承受的经济压力，另一部分原因是他们原则上拒绝在休战时期征收直接税。与之相对的是，他们更倾向于接受不可避免的羊毛税，同意继续沿用1373年的战时"恶税"，愿意将此税从1376年9月开始再延长三年。但是他们坚持要得到明确的让步来作为回报。经过5月第一周的商讨，他们得出了结论，认为要解救国家，有三件事必须做：恢复王室不动产，以为未来的战争提供更充裕的财政支持；吊销不从加来羊毛集散中心出口羊毛的那些港口许可证，以保证所有出口商机会均等，从而恢复加来作为在

---

[1] *PROME*, v, 295; *AC*, 79–80.

[2] *AC*, 80–81; W. M. Ormrod, "The Good Parliament of 1376: Commons, Communes and 'Common Profit' in Fourteenth-Century English Politics", *Comparative Perspectives on History and Historians: Essays in Memory of Bryce Lyon*, ed. D. Nicholas, B. S. Bachrach and J. M. Murray (Kalamazoo, 2010), 169–188.

第二十章　悲痛之年（1376—1377）

法国的英格兰桥头堡的稳定地位；对拉蒂默勋爵和理查德·莱昂斯从国王的信贷交易中所获得的私利进行问询。

下议院的上述结论，是由马奇伯爵的管家、赫里福德郡的代表彼得·德拉梅尔爵士口头陈诉的。5月9日，当阿兰·巴克斯赫尔爵士去威斯敏斯特教堂大厅索要结果时，下议院的骑士和市民代表们一致同意由德拉梅尔爵士代表他们去向兰开斯特公爵做当面陈诉。[1]这一不经意的做法，自此成为下议院议长的重要职责，一直延续到今天。

5月9日或10日，当德拉梅尔爵士第一次面见冈特的约翰时，他没有透露下议院的调查结果，而是着重提出了两点：下议院的所有成员都要参与讨论；指派一个上议院代表团去与骑士和市民代表协商。这样的要求反映了下议院认识到自己作为一个集体和得到高层支持的重要性。德拉梅尔爵士为咨询委员会提名的第一个人，是敢于直言的高级教士、伦敦主教威廉·考特尼。然而，其他人则大多是国王的忠实臣仆，如沃里克伯爵、斯塔福德伯爵及萨福克伯爵，还有至少两个与冈特的约翰关系密切的人，亨利·珀西和亨利·斯克罗普。这张名单上影响力最大的是号召力非凡的国王的孙女婿，马奇伯爵埃德蒙·莫蒂默。这清楚地表明了下议院认识到德拉梅尔爵士与马奇伯爵之间的关系能给自己带来的好处，似乎也意识到马奇伯爵与冈特的约翰在英法休战一事上观点不同。[2]5月12日是星期一，下议院与上述贵族开会商讨时，确定了骑士与贵族们在御前大会上可以畅所欲言而不被指控。沃尔辛厄姆仇视冈特的约翰，这众所皆知。他认为冈特的约翰想展现一种强有力的王权威严来恐吓放肆的下议院，贬斥他们只不过是一群"堕落的树篱骑士"。[3]因此，保障言论自由，成为应对即将到来

1　*PROME*, v, 290, 297–298; *AC*, 81–83.
2　*PROME*, v, 297; *AC*, 83–85; McKisack, *Fourteenth Century*, 392; J. S. Roskell, *The Commons and their Speakers in English Parliaments* (Manchester 1965), 119–120.
3　*St Albans*, i, 10–11.

的遭遇的必需且首要的预备条件。

这样，勇敢的德拉梅尔及其同侪一同入宫面见兰开斯特公爵。他们重申并详述了下议院的三个要点。拉蒂默勋爵——控告中唯一一个被点名的人，当时正在现场，他即刻进行了辩护，得体地说明加来羊毛集散中心的管理问题完全在于国王及其咨议会。足智多谋的彼得爵士，根据可能出自1322年《约克法令》中的一份章程手册当即反驳道，这起初就是由议会来处理的事，也只能在议会上进行变更。[1] 随后涉及资源浪费问题，德拉梅尔又将批判的矛头直接指向了国王的情妇，这让宫廷更觉尴尬难堪。他指出，阿谀奉承的爱丽丝·佩勒斯毫发无功，却每年从公共财政中支取二千到三千镑。为王国计，应当将她从国王的身边驱逐。但是，下议院希望启动司法调查的目标并未达成。除了同意下议院或许可以和前国库长托马斯·布兰廷厄姆及理查德·斯克罗普合作，对于下议院的其他要求，冈特的约翰置之不理，在接下来的半个月里，情况又差不多陷入了僵局。

5月19日，德拉梅尔一党取得了一个小突破。他们向冈特的约翰证明，威廉·拉蒂默和理查德·莱昂斯在筹集贷款时所损失的利率是不必要的。随后，下议院中伦敦城的代表之一威廉·沃尔沃思被召来，他向兰开斯特公爵当面保证，如果不是拉蒂默、莱昂斯和约翰·派尔暗箱操作以便中饱私囊，当初他及其他人其实已经做好准备以合理的贷款条件借给王室大笔贷款。在场的派尔，为了洗脱嫌疑，便说1374年的两万马克贷款事宜都是由拉蒂默和莱昂斯负责的。根据约克编年史载，派尔还暗示，这笔钱是从国王的私库中偷运出来的。下议院由此怀疑当年的借贷原是为了给国王侍从及其密友们谋取私利。当下议院要求惩处拉蒂默和莱昂斯时，拉蒂默

---

[1] AC, 85–86. 德拉梅尔可能的参考依据引发了一场激烈的争论，ibid., 183; Lloyd, *Wool Trade*, 221–222。也要注意的是，一份共同请愿书被提交给了下一场议会。该请愿书（基于现存的《采买官法令》）主张"议会已制定的法令和未来制定的法令，若非在议会上及经过议会同意，便不应被废除"，*PROME*, v, 391, 410。

第二十章　悲痛之年（1376—1377）

却立刻利用自己的贵族特权，拒绝接受下议院的控告。[1] 财政官们的命运现在完全取决于冈特的约翰拒绝下议院的要求并迅速让议会闭会的能力。

在这个关键时刻，主教和贵族们的政治观点变得意义重大。5 月 24 日，上议院邀请下议院共聚一堂议事。没有证据表明，冈特的约翰和拉蒂默也在现场。德拉梅尔抓住机会争取上议院的理解与同情。由于深谙贵族处理王室权力危机的程式，他呼吁由三名主教、三位伯爵和三位男爵组建一个新设的常任咨议会，王室发布的政府重要活动应吸纳这九个人的建议并获得他们的同意。这些提议被简单修饰后，与征收羊毛补助金的正式授权一并提交了上去。

5 月 26 日，兰开斯特公爵让国王同意了这些新举措。上议院提名的咨议会议员有最近刚上任的坎特伯雷大主教西蒙·萨德伯里、伦敦主教考特尼、温切斯特主教威克姆，马奇伯爵、斯塔福德伯爵、新阿伦德尔伯爵，珀西勋爵、布赖恩勋爵和比彻姆勋爵。这些人都为国王的儿子约翰和埃德蒙工作过。[2] 除了考特尼之外，新的咨议会成员都大力拥护王室。但他们也不免被人怀疑彼此间存在派系之争，或也曾被认为是和事佬。例如，1372 年继承了父亲伯爵爵号的休·斯塔福德，便曾是伍德斯托克爱德华王子的铁杆支持者，曾在如今虽弱不禁风但当初光芒万丈的威尔士亲王的荣耀光晕里如沐春风。他们中的一些人，特别是马奇伯爵埃德蒙·莫蒂默，早前曾被认为是下议院的同情者。但是，这个新设的常任咨议会，主要还是那些在冈特的约翰和德拉梅尔陷入僵局时选择中立之人的胜利，其目的不是派系斗争，而是要放下仇恨，求同存异，为了共同的目标，凝聚一国之力。

据说，对于以上这种为了大局利益而将分歧、不满搁置一旁的做法，并未得到大部分下议院议员的认可，他们继续向宫廷侍臣和财政官员施加压力。事实表明，爱丽丝·佩勒斯是最容易的突破口。5 月 18 日，罗切斯

1　*AC*, 88–90.
2　*AC*, 90–92; *St Albans*, i, 50–53; *PROME*, v, 297–299.

特的布林顿主教发出一道教谕，公开指斥国王庇护爱丽丝·佩勒斯控制王国。[1] 在冈特的约翰的说服下，爱德华三世将他的情妇逐出宫廷。佩勒斯并未受到任何正式审讯，还被允许继续拥有自己的地产和称号，但她受到一项特别的议会法令的限制，如果她再敢干预财政和司法，将被处以没收财产、流放他国的惩罚。[2]

在这一时期，为了这次特殊的妥协，冈特的约翰似乎与廷臣——佩勒斯的交好者威廉·温莎进行了私下交易。相较于首次任期，温莎在爱尔兰总督的第二次任期上遇到了更多的难题。1375年基尔肯尼议会拒绝进一步征税，导致英格兰政府不得不采取非常手段，将爱尔兰的议会代表召集前来参加1376年2月的威斯敏斯特议会。这些代表对温莎及其高级官僚提出的长篇证词最初被王室采纳。就在贤明议会快要结束时，回到英格兰来参加议会的温莎被逮捕了，关在伦敦塔里等待审判。然而，在审判进行前，与本案相关的所有调查，均受到无声无息却无处不在的限制与干涉。[3] 这一转变最可能的解释是兰开斯特公爵授权温莎免于起诉，以回报他同意接受监管爱丽丝的责任。正如1372年爱丽丝为温莎辩护一样，现在温莎也应该成为爱丽丝良好举止的担保人。爱丽丝与温莎可能在1376年夏末订立了秘密婚约，爱德华死后婚约便被公之于众，这份婚约背后可能就是这次交易。因为这份私密婚约，爱丽丝失去了司法独立性，她因此受制于丈夫的监护。在此之后，聪明的沃尔辛厄姆很快就指责冈特的约翰，说他阴谋将爱丽丝引入宫廷导致了一个意想不到的影响，即让年迈的国王陷入婚外情的罪恶之中。最近,冈特的约翰自己也有了一个情妇——凯瑟琳·斯温福德，凯瑟琳也曾是王后菲莉帕的侍女，还是杰弗里·乔叟妻子的姐姐。在驱逐

1　*The Sermons of Thomas Brinton, Bishop of Rochester (1373–1389)*, ed. M. A. Devlin, 2 vols (Camden Society, 3rd series, lxxxv–lxxxvi, 1953–1954), ii, 316–321.

2　*PROME*, v, 313; *AC*, 92; *St Albans*, i, 44–47; T. Walsingham, *Gesta abbatum monasterii Sancti Albani*, ed. H. T. Riley, 3 vols (RS, 1867–1869), iii, 320–332.

3　Clarke, *Fourteenth Century Studies*, 154–159.

第二十章 悲痛之年（1376—1377）

爱丽丝·佩勒斯的事件中，沃尔辛厄姆感觉到冈特的约翰的所作所为只是充分暴露了他个人的虚伪与矫饰。[1]

讨厌的佩勒斯虽然离开了，但这并未动摇下议院的决心，他们依然要求对男性侍臣和财政官员进行惩罚。在5月26至28日间，德拉梅尔再次求见上议院议员，要求逮捕拉蒂默，并对莱昂斯进行审判。威廉·拉蒂默再次恳求暂缓进行，但是威克姆主教似乎极看重自己作为新设的常任咨议会一员的角色，公然宣布拉蒂默的审判应当立即进行。[2] 在这种情形下，兰开斯特公爵最终同意启动司法程序。但是，由于他拒绝让国王充当检察官，下议院不得不为审判提供详细的控告材料。就这样，德拉梅尔及其同伴无意中开发了新的议会程序。弹劾案的程序在普通法院已经颇为成熟，包括由一队人以国王的名义对被弹劾者进行联合控告，也早有先例。[3] 因此，在1376年，议会也采纳了这一方式。在冈特的约翰的主持下，由上议院听取弹劾并审理。议会弹劾制度的发明，意味着下议院也可以进行国家审判了。尽管在1376年后的数十年里乃至上百年里很少再次使用议会弹劾制，不过它所蕴含的意义却是十分重要的。

理查德·莱昂斯和威廉·拉蒂默的审判进程从5月26日延续到6月12日。[4] 关于莱昂斯的控告主要集中在，他滥用加来市长的职权、买卖贸易许可证以回避集散中心、非法且随意地向出口货币征收费用，以及在1374年两万马克的贷款中，下议院认为他和他的同谋者从中获得了一万马克的利润。下议院或许还指控他侵吞了约翰二世的赎金。被逮捕并被押解到议会大厅的莱昂斯抗议说，他做的所有事情都是在国王及其咨议会的直接授权下进行的。他这一番危险的言辞决定了他的命运。当他被要求提供

---

1 *St Albans*, i, 46–51; Ormrod, "Trials of Alice Perrers", 371–374, 379.
2 *AC*, 93–94.
3 G. Lambrick, "The Impeachment of the Abbot of Abingdon in 1368", *EHR*, lxxxii (1967), 250–276; Strohm, *Hochon's Arrow*, 171–172.
4 *CFR 1368–77,* 348; *CLBL: H*, 30; *PROME*, v, 291–292.

国王的书面授权时，他辩解说他接到的只是口谕。他的辩词都被汇报给了不在现场的国王，但国王否认自己曾授予他这样的权力。根据爱德华三世的证词，莱昂斯被送进监狱，等待经济处罚。在下议院的强烈坚持下，冈特的约翰和上议院最后判处莱昂斯叛国罪，把他的所有财产充公，名誉丧尽的财政官员充分领悟了浩荡的王恩。[1]

然而，莱昂斯的审判，仅仅是主案——审判拉蒂默勋爵——的附属案件。拉蒂默被控告，他从1374年贷款、颁发避开加来羊毛集散中心出口的贸易许可证、对出口羊毛违规强行征税等事中收受了私利，甚至他在对法战争中的行为也因此受到了严厉的指控。据说，他在担任圣索沃尔上校期间，通过勒索各种保护费大赚了一笔。因为此故，对1374至1375年的贝什雷勒和圣索沃尔投降，他都负有主要责任。这最后一条指控反映了下议院强烈要求将这位声名狼藉的内务总管判以严厉的叛国罪。但由于最终很难找到直接证据表明拉蒂默确实应该为从布列塔尼和诺曼底撤退负责，因此在最后判决时采用了理查德·斯克罗普和威廉·沃尔沃思的证词。二人宣称，拉蒂默在1374年强行通过了两万马克的贷款并从中攫取私利。正如莱昂斯一样，拉蒂默一开始也被送进监狱以待经济处罚，但是，后来在下议院的坚持下，他受到了更严重的处罚，要求赔付所有王室部门的损失。[2]当然，所有这些体现的仅仅是长期以来下议院和公众压抑已久的愤怒，他们怀疑宫廷侍臣公然操纵国家经济、肆意歪曲对外政策。随着爱丽丝被逐，莱昂斯与拉蒂默被弹劾，丑闻转变为痛苦的政治羞辱。

即便下议院因为这些成功而备受鼓舞，王国所面临的紧急情况也不容

---

[1] PROME, v, 300–302; A. R. Myers, "The Wealth of Richard Lyons", *Essays in Medieval History*, ed. Sandquist and Powicke, 301–329; Holmes, *Good Parliament*, 111–114. 王室很快便将莱昂斯的一部分地产分给了埃德蒙王子、托马斯王子及约翰·伊普利斯。这将给1377年莱昂斯恢复地产造成困难，*CPR 1374–7*, 298; *PROME*, vi, 26。

[2] PROME, v, 291–292, 302–307; Holmes, *Good Parliament*, 126–134; Given-Wilson, "Court and Household", 215–216.

第二十章 悲痛之年（1376—1377）

他们享受胜利的雀跃。曾出席过议会的黑太子，到5月时，因为病情严重而回到郊区肯宁顿王室庄园休养，据说国王曾在6月1日看望过他。之后，王子被带回威斯敏斯特宫，一周后即6月8日，他便与世长辞了，与之相关的宗教义务导致议会中断并延期。在王子死亡后的两周里，基本万事皆停。在议会期间，最不寻常的是，国王离开了首都，前往黑弗灵王家庄园。他在这静谧的地方缓解悲伤，直到7月初。[1]

一方面，在从阿基坦回来到他去世的这段时间里，伍德斯托克的爱德华并未对国内政治产生多大的影响。他既不善于包容，也不长于理政，至少对那些关注他健康状况欠佳、脾气火爆的人而言，并不认为由他继位将会意味着一个新的光荣时代的到来。另一方面，他的去世对改革进程产生了重大而深刻的影响。尽管他们有时或许听从了马奇伯爵、威克姆主教等人的话，但威尔士亲王才是德拉梅尔和其同道坚定不移信任并追随的人。他们相信，一旦威尔士亲王即位，便可以为他们及其政治立场提供长远的保障。随后，便有一个故事传播开来，说在"贤明议会"的早期阶段，黑太子坚定拒绝了理查德·莱昂斯的贿赂行为，后者为了获得庇护以免于起诉而大行贿赂之事。[2] 当他们属意的黑太子去世后，兰开斯特公爵掌握了大局，下议院暂时失去了一把象征性的王室保护伞，也因此失去了他们为自己的事业所宣称的道德威权。

王室发生的悲剧引发的即位问题带来了强烈的公众焦虑。爱德华三世一旦去世，王位继承人理查王子却还只是个孩子，传言野心勃勃且年富力强的冈特的约翰将要袭取王位。事有前例，1199年，另一个约翰，即亨利二世的儿子，篡夺了他侄子布列塔尼的亚瑟的权利。爱德华三世和冈特的

---

1 *AC*, 92, 94.
2 *St Albans*, i, 18–21, 32–37; *AC*, 92.

约翰都向临终的黑太子口头承诺,在他死后,其子理查将获得继承权。[1] 国王言出必行,他立刻封他的小孙子为切斯特伯爵,并把他带到王室内府,给予特别保护。在王室内府里为父亲哀悼的理查,还获得了一套黑色丝绸衣服。[2] 但是,王室内部如此私密的保证无法平复公众的担心。6月25日,小理查被带到议会,"以便上议院和下议院能够看见他并将他尊为真正的王位继承人"。下议院进一步要求将理查封为威尔士亲王,但此事的决定权在于国王,由于爱德华三世缺席议会,理查的授衔事宜不得不搁置一旁。[3] 在宫廷与议会关系极为紧张的时刻,就连这种平淡无奇的事情也会引发恶意的曲解。唯恐天下不乱的宫廷侍从骑士理查德·斯特里向爱德华三世汇报说,下议院意图废黜他,"就像之前对他父亲做的那样",而扶立理查为新的国王。[4] 和其他事情一样,即位问题也成为派系斗争的副产品。

冈特的约翰或许希望自己能在6月25日举办的全体大会上宣布结束该届令人烦恼的议会,因为他已经清楚地预料到,下议院在黑太子死后的短暂消停后,还将会有进一步的要求。果不其然,他们随后便要求进行第二波的驱逐与弹劾。约翰·内维尔已经被免除王室内务总管的职位,并被控以贪污和渎职罪。雅茅斯的威廉·埃利斯、伦敦人约翰·佩奇、亚当·伯里则因关税管理、酒类零售贸易、筹集贷款及在王室债务中收取回扣等不法行为而被指控。罪过没那么严重的第三批人员包括休·法斯托尔夫、约翰·莱斯特、沃尔特·斯波里尔及亨利·梅德伯恩。他们也被指控,表明下议院的目的是根除腐败。[5] 7月24日,咨议会立刻宣布肯定加来为货物集

---

1 *Vie du Prince Noir*, 162–163 (ll. 4139–4164); M. J. Bennett, "Edward III's Entail and the Succession to the Crown, 1376–1471", *EHR*, cxiii (1998), 584–585.
2 E 101/397/20, m. 6. 在7月31日,财政署给王子发了20镑供其使用,E 403/460。
3 *PROME*, v, 315.
4 *St Albans*, i, 30–31. *AC*, 92中关于理查德·斯塔福德爵士被赶出咨议会的说法是错误的,其中可能提到了这一事件,以及斯特里因此而暂时蒙羞。
5 *PROME*, v, 292, 307–314, 385, 424–426; Given-Wilson, *Royal Household*, 151. 关于梅德伯恩,亦见SC 8/227/11346;关于斯波里尔,见Holmes, *Good Parliament*, 112 n. 5。

第二十章 悲痛之年（1376—1377）

散中心的地位，所有羊毛、铅、锡、精纺毛料及其他小商品，都应从加来出口，进入欧洲大陆，不允许给其他港口颁发贸易许可令。这样的结果鲜明地表明，面对下议院的精诚团结，王权终于落败。[1]

骑士和市民代表也利用审判以及同上议院和咨议会商讨其他议题的间歇期，起草了议会历史上已知的最长的请愿书。[2]而本次的请愿书，也基本与最近一轮的弹劾案件相关。趁着威廉·埃利斯与休·法斯托尔夫被弹劾之际，骑士和市民代表就雅茅斯及洛斯托夫特镇的捕鱼纠纷案提交请愿书。[3]就进口贸易而言，更加重要的是下议院决定支持伦敦当局对王室自由贸易政策的新一轮挑战——而这次成功了，并重申了伦敦城在管理自身贸易中的权利。[4]

下议院在此次请愿活动之中最显著的特征是，他们郑重地一再重申议会一开始所提出来的改革议题。经过威尔士亲王逝世的短暂休整后，德拉梅尔及其追随者重新找回了道德目的和政治声音。5月12日，国王应该保留与封建权利相关的利益"以维护荣誉和战争"这一要求，直接呼应了德拉梅尔在会见冈特的约翰时提出的一项建议。同样地，下议院还要求国王承诺，不能赦免那些已经被弹劾的人，而那些依然进行中的弹劾案件则应继续审查并做出判决。[5]1376年下议院的抱负和持之以恒，在此之前极为罕见。然而，下议院的做法过于执拗、出格。因此，在德拉梅尔长期而坚

---

1 *CCR 1374–7*, 441–442. 12月确定了这些安排，C 76/59, m. 3。
2 *PROME*, v, 316–379; W. M. Ormrod, "On—and off—the Record: The Rolls of Parliament, 1337–77", *Parliamentary History*, xxiii (2004), 52–53; Dodd, *Justice and Grace*, 148–152.
3 A. Saul, "Local Politics and the Good Parliament", *Property and Politics: Essays in Later Medieval English History*, ed. A. Pollard (Gloucester, 1984), 156–171.
4 *CLBL: H*, 38–41; *PROME*, v, 354–355; Ormrod, *Reign of Edward III*, 174; Barron, *London in the Later Middle Ages*, 137, 143. 当年晚些时候王室确认了关于贸易限制的决定，并且在1377年1月的议会上再次默默地坚持，*CPR 1374–7*, 389; *CLBL: H*, 53; *PROME*, v, 406–407。
5 *PROME*, v, 374–375; *AC*, 87–88.

毅的斗争背后，也意味着所取得的这些成果脆弱不堪、易于反复。

差不多过了近十一周，贤明议会在1376年7月闭会。不同寻常的驱逐方式暗示着政治危机还将继续。7月8日，衰弱不堪、筋疲力尽的国王从黑弗灵赶到埃尔特姆，想去参加议会的闭幕典礼。然而，最后，爱德华三世因为过于虚弱，以至于即便是从泰晤士到威斯敏斯特这么短的一段路程，他也没法继续前行。因此，他要求上、下议院的议员们前往埃尔特姆侍君，在此，他确认了所有的弹劾案，批准了常任咨议会的合法地位，并批复了可处理的请愿书。

议会的官方记录说国王在埃尔特姆的作为获得了众人的高度赞扬，但是下议院对反复无常的冈特的约翰的畏惧之心也是有增无减。兰开斯特公爵迟迟不让议会结束的原因之一是，他希望能够迫使骑士和市民代表同意他们在议会开始阶段就强烈反对的征收直接税。如果下议院不做出让步的话，王室便决定行使自己的特权，拒绝以公共法规的形式对共同请愿做出回应。冈特的约翰甚至拒绝主持议会传统的最后环节——宴会，以此来表达自己的怨怒。因此，彼得·德拉梅尔及来自赫里福德郡的骑士们在首都组织了一个临时庆祝宴会，邀请了埃德蒙王子、马奇伯爵和常任咨议会新近被提名的其他上议院贵族。[1]

我们很容易夸大贤明议会的重要性。编年史家声称，下议院想弹劾大法官和国库长，甚至冈特的约翰本人。[2] 但似乎没有直接证据表明德拉梅尔和他的支持者希望将政府核心成员全部换掉。事实上他们不但自己没有想法，而且也没有提名其他人去管理政府。他们鼎力相助创建常任咨议会，其目的只是为政府行政提供建议与许可。毫无疑问，他们认为能够直接给政府下达指令的人是国王，因此，事实上是兰开斯特公爵。彼得·德拉梅

---

1 *PROME*, v, 315; *AC*, 94.
2 *AC*, 90–91. 保存在CCCC, MS 78, fol. 188的《布鲁特编年史》续编记载，在1376年，"兰开斯特公爵、拉蒂默勋爵及国王的其他官员（的统治）被人谴责为邪恶统治"。

第二十章　悲痛之年（1376—1377）

尔本质上是一个真诚而勇敢的人。他在英格兰议会史上有着经久不衰的地位。但是，在这次议会，下议院的那些与他观点一致的人不太可能也是改革者，很难说他们充分理解了德拉梅尔的主旨。事实上，反而是冈特的约翰，很有可能深刻理解了1376年议会所涉宪法事务的严重性，因此他视之为对王室特权过分而非法的挑战，并接下这一为难的差事，力图将其解决。贤明议会的主要作用在于它公开承认了14世纪70年代的三大政治禁忌：对法战争是不可持续的；国王身边那些对其施加了重要影响的人背叛了王国；爱德华三世无力与死神抗争。一旦这些令人担忧的问题允许公众讨论，之前三十年的政治局面便不复存在。

议会结束后，饱受困扰的宫廷并无任何欢欣雀跃的前景。在议会结束后的第一周，政府的注意力都在处理黑太子的地产及准备他的葬礼。8月，国王亲自授意，要求黑太子的遗嘱执行者必须满足黑太子的遗愿，将赖辛堡的一切财产都用来救济当地民众。[1] 最后，他们决定在米迦勒节那天在威斯敏斯特召集一场大咨议会，时间为10月5日，正好与威斯敏斯特和伦敦为威尔士亲王举行的安息仪式，并将其遗体葬入坎特伯雷大教堂的日子相同。一个由萨德伯里大主教及其他主教、伯爵、男爵组成的团队，接受命令要求在大咨议会举行的前一周来进行准备工作。[2] 显而易见，为了即将来临的政治精英们的聚会，每一项程序都安排得井井有条，氛围也营造得相当不错。

就在这些事务紧锣密鼓地筹备之时，传来了国王健康状况严重恶化的消息。黑太子的死亡对爱德华三世来说是一个沉重的打击。在黑太子死后，他立刻授令动工，以便完成威斯敏斯特教堂里已延迟许久的王后菲莉帕及

1　E 101/398/5
2　E 403/460, 31 July, 29 Aug., 18 Sept. 1376; Barber, *Edward, Prince of Wales*, 236; Holmes, *Good Parliament*, 159–160.

他们其他两个孩子——温莎的威廉和伦敦塔的布兰奇的陵墓建造。[1]7、8月间，国王还能去肯特和埃塞克斯稍事活动，并罕见地造访了曾为博恩家族所有而今已奖赏给伍德斯托克的托马斯的普莱舍城堡。可能就是在这段时间，王室成员因为国王的外孙女——九岁的贝德福德的菲莉帕和少年牛津伯爵罗伯特·德维尔的婚礼而集聚一堂。[2]然而，从1376年8月底开始的至少两个月里，爱德华的身体严重不适。他依然通过书信或口信与威斯敏斯特保持联系，但不再现身公共场合。由于病倒在黑弗灵，爱德华被迫放弃参加米迦勒节的咨议会及黑太子的葬礼。王室内府只好让伍德斯托克的托马斯、波尔多的理查代表国王将黑太子葬礼上所用的金缕从伦敦经达特福德、罗切斯特及法弗舍姆（Faversham）送到坎特伯雷。[3]

这一时期国王到底在为什么哀伤，依然还是个谜。自视为心理疾病专家的沃尔辛厄姆认为爱德华遭到了双重打击，一是黑太子的逝世而带来的悲伤，另外一个便是暂时失去爱丽丝的沮丧情感。[4]约克编年史家的解释更有医学证据。他相信爱德华所患的其实是脓肿，这个词一般用来描述溃疡、脓疮或癌细胞的扩散。爱德华病倒的同一年，曾在战争中服务于格罗斯蒙特的亨利的著名英格兰医生约翰·阿德恩，写了一篇关于直肠癌的论文，其中有详细描述用于促进囊块消除、恢复病人健康的食物和灌肠剂。而这与爱德华的情况颇为相似，根据记录爱德华身体状况的病历可知，国王最终设法去除一个"大脓肿"，通过吃炖烂的肉、汤和用牛奶泡湿的面包片等软性饮食以恢复健康。[5]除此之外，还有另一种可能，那就是爱德华当时

1　*Issues*, 199–200; *King's Works*, i, 486.

2　婚礼于10月举办，*CPR 1374-7*, 368。

3　E 101/397/20, m. 29.

4　*St Albans*, i, 56–57; D. Green, "Masculinity and Medicine: Thomas Walsingham and the Death of the Black Prince", *JMH*, xxxv (2009), 34–51.

5　*AC*, 95; C. P. Swain, "A Fourteenth-Century Description of Rectal Cancer", *World Journal of Surgery*, vii (1983), 304–307.

第二十章 悲痛之年（1376—1377）

经历了持续中风的第一次折磨，而正是中风导致他在1377年去世。无论是哪种情况，国王的病情在当时都已十分严重。至少有六名药剂师和外科医生被带去为他诊治，此外，王室内府还特别安排了人员，两两一组轮值，即便是深夜也守在爱德华的床边，以便照顾他。[1]

10月初，爱德华的临终时刻似乎就要到来。约克郡的大主教内维尔在10月2日从首都致信约克教区，要求在他的教区为国王的康复做紧急祈祷。[2]从10月5至7日的三天之内，王室大部分人都到了坎特伯雷，黑弗灵忙作一团。爱德华的私人地产都被妥善安排，其子孙都拿出了捐赠份例，他所承诺的教会基金都做好了安排，而他自己的临终遗言也都拟好并得到了他的同意。[3]关于即将到来的危机，谣言四起。那些担心兰开斯特公爵将会攫取权力的人，捏造了粗俗下流的故事以泄私恨。谣传称，冈特的约翰并非爱德华的亲生儿子，而是一个佛兰德斯女人的儿子。1340年菲莉帕王后在内室产下一名死去的女婴，佛兰德斯女人刚刚诞下的儿子被偷运进来充作菲莉帕的儿子，这便是冈特的约翰。更加匪夷所思的传说出现在法国，说爱德华三世当初曾杀死了自己的父亲，现在他则预感到将要被自己的儿子毒死或者淹死。[4]

事实上，这些风言风语也有一些官方的支持。在黑太子葬礼后不久，王室中的年长一辈集聚黑弗灵商讨要事——如果波尔多的小理查当了国王以后，不能尽快诞下王位继承人，届时该怎么办？当时至少起草了一个方

---

1 E 101/397/20, m. 8.

2 *Historical Papers and Letters*, 410–411. 有可能在这个时候内维尔也在约克大教堂为爱德华之子哈特菲尔德的威廉建造了墓地，S. Oosterwijk, "'A swathe feire graue': The Appearance of Children on Medieval Tomb Monuments", *Family and Dynasty*, ed. Eales and Tyas, 183–184。

3 *CPR 1374–7*, 327, 337, 347–348, 354, 355, 359, 368; *Collection of the Wills*, 59–64; Given-Wilson, "Richard II and his Grandfather's Will", 320–321; Bennett, "Edward III's Entail", 588–589.

4 *St Albans*, i, 56–57, 60–61; *AC*, 95, 104–105; *Chron. QPV*, 261–262.

案。如果理查死前没有子嗣，王位不应该传到克拉伦斯的莱昂内尔之女马奇伯爵夫人一脉，而应该传给冈特的约翰，再传给他的男性继承人。如果冈特的约翰也没有子嗣继承王位，那么到时候王位便应该依次传给兰利的埃德蒙和伍德斯托克的托马斯及其男性后裔。即便冈特的约翰确实曾坚定不移地支持黑太子的儿子即位，那么从1376年秋王室内部的秘密讨论也可以看出，冈特的约翰同样决定宣称自己有权继承未来理查二世的王位。[1]

这个计划到最后并未公布。8月7日之后，爱德华三世逐渐恢复起来，慢慢地有了体力与精神。没有证据显示，国王或其政府班子将黑弗灵的讨论当一回事。国王是否会对即位问题进行如此的预先安排仍属未知。由于马奇伯爵在贤明议会期间叛逃至下议院，因此兰开斯特公爵先发制人的进攻行为，被解读为他阴险地攻击马奇伯爵，这让他处于真正的危险境地。尽管马奇伯爵的两岁儿子——罗杰·莫蒂默将来可能确实是继承理查王位的候选人之一，但没有理由怀疑爱德华三世已打算永久剥夺他最喜爱的孙女——克拉伦斯的菲莉帕的继承权。爱德华最崇拜的两个历史英雄，亨利二世和爱德华一世，都尊重女性的合法继承权，亨利二世通过其母继承了王位，而爱德华一世则在（苏格兰国王亚历山大三世）没有儿子的情况下，将王位继承权转交其长女的后裔。[2]这些先例强烈表明，如果将兰开斯特公爵指定为理查的继承人，只能是因为冈特的约翰自己的运作。

当然，爱德华三世和他的儿子们都十分明白英格兰王位的继承问题将会严重影响他们的国际地位和荣誉。在1328、1337、1340和1369年，爱德华三世曾反复宣称自己是卡佩王朝女继承人的后代，所以他合法而持久

---

1 Bennett, "Edward III's Entail", 586–594, 607–609. 沃尔辛厄姆认为冈特的约翰向贤明议会提出了这一计划（未成功），*St Albans*, i, 38–41.
2 *Foedera*, I.ii, 742.（这里指的应是苏格兰亚历山大三世去世后，因无儿子，爱德华一世与挪威国王埃里克二世会面商议北部王国的王位继承问题，最终决定由亚历山大三世之长女玛格丽特——嫁埃里克二世为妻——的后裔即位，即苏格兰王国1286至1290年在位的玛格丽特女王。——译者注）

第二十章　悲痛之年（1376—1377）

地索求法兰西王位。查理五世在1374年试图为自己年幼的儿子——王储查理过早继位的情况制订一个摄政计划，这促使欧洲大陆的评论家再次检阅近来法兰西、英格兰及纳瓦拉的王位继承传统。[1]否认金雀花王朝的女性拥有继承权，便等同于将热烈申辩其母拥有法兰西王国继承权的爱德华三世贬斥为伪冒者和骗子。[2]结果是，在1376年10月，英格兰王室所商讨出来的详细议案很快就被掩盖起来，考虑到国王健康方面的紧急状况，唯一的公开声明也是英格兰政体最明显的需求：波尔多的理查确实为合法的王位指定继承人。11月20日，贤明议会要求的授衔仪式典礼终于举行，理查被授衔为威尔士亲王、康沃尔公爵，有四千马克的年金收入与他的身份——爱德华三世的王位继承人——相配。[3]

不太愉快的是，1376年10月在黑弗灵召开的会议，也标志着国王正式行使其权利，撤销贤明议会的裁决，让那些被谴责的廷臣官复原职。尽管5月任命为常任咨议会成员的高级教士、伯爵及男爵在贤明议会结束之时已基本不再是一个有组织的共同体，但在1376年夏、秋，冈特的约翰似乎在某种程度上，依然与某些大地主、高级教士等人共同协商事务。[4]比如这年的11月初在伦敦召开大咨议会探讨任职规定，参会成员包括大法官、国库长、掌玺大臣、坎特伯雷大主教、约克大主教和其他六位高级神职人员，以及索尔兹伯里伯爵、斯塔福德伯爵、萨福克伯爵、沃里克伯爵和珀西勋爵，

1　*Chron. J&C*, ii, 177–178, 224–226; Delachenal, iv, 530–548; Sherborne, *War, Politics*, 161.
2　恰恰是这种对保留英格兰王朝索求法兰西（王国继承权）的担心，似乎后来导致了议会反对亨利四世1406年的计划——把英格兰王位传给其男性继承人，Bennett, "Edward III's Entail", 600.
3　*CChR 1341–1417*, 231; *Foedera*, III.ii, 1075; Tout, *Chapters*, iii, 312. 关于国王出资从1377年1月1日开始为王子设立独立内府一事，见E 101/398/9; Tout, *Chapters*, iv, 190–191; Saul, *Richard II*, 18. Froissart, viii, 226–227记载1376年圣诞节在威斯敏斯特举办了一场盛大的宴会，国王邀请了英格兰的高级教士、贵族、骑士，立理查为王位继承人。考虑到当年的圣诞节是在黑弗灵度过，这很可能指的是1377年1月的议会。
4　*AC*, 95–96.

还有其他一些男爵,甚至冈特的约翰近来不断攻击的对象——马奇伯爵也在其列。[1] 在行动宣告失败的六个月后,常任咨议会最初的九个成员中,至少有五个仍然与王家政府的正常运行有密切关联。

这种集体责任感使得兰开斯特公爵请求商讨和同意采取更有争议的措施。10月8日,在约翰王子、林肯主教、伍斯特主教及高级官员的见证下,衰弱不堪的爱德华三世从病榻上爬起来,授权正式赦免威廉·拉蒂默。[2] 尽管当时理查德·莱昂斯仍然在押,但其他在议会中被弹劾的伦敦和雅茅斯的财政官员已因为类似的宽恕行为而被保释。[3] 夏天过后,那些设法逃过下议院愤怒的狡诈之人,例如尼古拉斯·卡鲁、理查德·斯特里、约翰·贝弗利和约翰·索尔兹伯里,仍在窃取王室封赏的可观收入。[4] 这一集团的高级成员回归议院,也传达出一个明显的信息——国王的朋友们试图重掌朝政。拉蒂默和新近复职的约翰·内维尔借助冈特集团中的三个强权人物——亨利·珀西、拉尔夫·巴西特和沃尔特·菲茨沃尔特的力量,加入咨议会并迅速站稳脚跟。[5] 在这些复职的廷臣及兰开斯特集团的影响下,国王的权威突破了其反对者所设的限制,他的特权再次成功得到维护。

对更广大的政治社会而言,印象更加深刻的事件是被大众鄙夷的爱丽丝·佩勒斯重回宫廷。10月22日,国王一意孤行,撤销了对她的所有指控,解除了她的禁令,将她重新召回自己身边。就在同一天,爱德华三世又令人制作新礼袍,以备爱丽丝回宫穿戴。沃尔辛厄姆引用了大量的《圣经》

---

1 SC 8/59/2909. 关于结果,见 *CPR 1374–7*, 387; Barron, *London in the Later Middle Ages*, 137。
2 SC 8/180/8960; *CPR 1374–7*, 353–354; *St Albans*, i, 54–55; Holmes, *Good Parliament*, 160; Dodd, "Parliamentary Petitions?", 42–43 and n. 88.
3 Tout, *Chapters*, iii, 308 and n. 3.
4 *CPR 1374–7*, 342–343, 347–348.
5 SC 8/59/2909; SC 8/227/11346. 在无情议会中,珀西、菲茨沃尔特、巴西特也被冈特的约翰提名为去与下议院沟通的上议院议员,他们似乎被下议院视为冈特的约翰的亲信。Tout, *Chapters*, iii, 313; Arvanigian, "Lancastrian Polity?", 137。

第二十章 悲痛之年（1376—1377）

典故，形象地将佩勒斯比作那只吃自己呕吐物的狗（《箴言》16:11）。[1] 如果爱德华三世仍然对其情妇新近的婚约一无所知，那么几乎宫中所有人都在私下里揣测接下来会发生什么事。12月初，爱丽丝说服爱德华撤销咨议会将尼古拉斯·达格沃思遣送至爱尔兰的重要决定，并重新启动对威廉·温莎的问询。冈特的约翰随后指责爱丽丝仗着与国王的私情，公然干涉自己经手的事。[2] 这是一个可信的理由——正是爱丽丝在这个和其他问题上肆无忌惮的行为，使得兰开斯特公爵感到绝望，即便他极力想要挽回其父的声誉，也于事无补。

1376年11月底，威斯敏斯特对彼得·德拉梅尔发出逮捕令，将他扣押在诺丁汉城堡。因为事先并未对他进行正式指控，德拉梅尔的拥护者只好推测，下议院这位曾经的代表、发言人是因行使言论自由权利而被惩处。彼得也因此被誉为无辜的牺牲者、人民英雄。[3] 接着，在12月1日，德拉梅尔的雇主——马奇伯爵被剥夺了军事职务，其职任被兰开斯特公爵的亲信珀西勋爵窃取。[4] 几乎同时，冈特的约翰和珀西又十分轻率地攻击了伦敦人的法律特权。[5] 首都因此发生了一连串的暴力事件，以致王室在近五十年的统治中对伦敦发出了首次威胁，说要收回伦敦的自治权利，迫使它接受王室的直接司法管辖。如果这一错误尝试是为了迫使伦敦商业精英与王室合作以便执行信贷计划，那结果无疑与初衷背道而驰，它只不过是让冈特的约翰的政治声誉日趋败坏。在善于蛊惑人心的伦敦人约翰·诺桑普顿的

---

1 *CPR 1374–7*, 364–365; E 101/397/20, m. 8; *St Albans*, i, 56–59; Holmes, *Good Parliament*, 160–161.

2 *PROME*, vi, 27–28. Clarke, *Fourteenth Century Studies*, 160将这一事件的时间定在1376年11月初。但这更可能与11月20日委任达格沃思，又在12月4日撤销其委任有关，*CPR 1374–7*, 416; *CCR 1374–7*, 469。

3 *CCR 1374–7*, 397; *St Albans*, i, 56–59.

4 *St Albans*, i, 62–63; Holmes, *Good Parliament*, 183.

5 P. Nightingale, "Capitalists, Crafts and Constitutional Change in Late Fourteenth-Century London", *Past and Present*, cxxiv (1989), 3–35.

煽动下，民众包围了萨沃伊。兰开斯特公爵被迫带着理查王子仓皇逃往肯宁顿避难。双方最终虽然达成和解，但对于公爵个人来说，却是奇耻大辱，因为他的行动受到了心怀怨怼的伦敦市民的坚决抵制，而他原本可在奇普赛德街竖立起彰显个人荣誉的不朽丰碑。[1]

冈特的约翰对教会的攻击报复，表明他勇敢至极却又愚蠢至极。9月，牛津的约翰·威克利夫被召来为咨议会出谋划策，自从他在1373至1374年临时受命为王室外交官以来，威克利夫一直忙于写作他的《论国民政府》(*De civilo dominio*)——这是一篇关于权力本质的专题论文，论文的结论是神权不应干涉世俗王权的运行。这给冈特的约翰提供了一个粗糙却有效的机会去惩处那些近来敢于与王权叫板的主教。1376至1377年冬，威克利夫在伦敦的各个教堂进行了一系列激进的布道，激起了人们对高级教士的仇恨。[2] 11月初，兰开斯特公爵也要求咨议会杀一儆百，惩处在贤明议会中胆敢支持下议院的威廉·威克姆。威克姆主教因此受到控告，理由是他在1371年前担任大法官时有许多违规行为。但唯一板上钉钉的指控只是一件十分细小的事情——他免除了一些人的应收罚款。这却被冈特的约翰当作向他复仇的充分理由，11月17日，他下令政府没收温切斯特教会的一切教产。可以预料得到，过分剥夺基督教会的合法权益，必将引起其他主教的愤怒。让冈特的约翰没有想到的是这个案件竟然会产生如此严重的后果，教会的不满、愤慨像潮水一样涌上岸来。超出想象的是，自己的行为反倒将威克姆打造成一个政治殉道者。[3] 兰开斯特公爵日益疯狂不加区分地对贤明议会中被他视为德拉梅尔的同道者进行反攻倒算，这不但损害了王室宽宏大量的优良传统，而且让王室进一步陷入政治孤立的危险境地。

---

1 *AC*, 104–106; Goodman, *John of Gaunt*, 60–62.

2 *Issues*, 200; *St Albans*, i, 74–81; *AC*, 103; A. Kenny, *Wyclif* (Oxford, 1985), 45–53.

3 *AC*, 96–100, 184–185; *CCR 1377–81*, 36; Tout, *Chapters*, iii, 310–312; Ormrod, *Reign of Edward III*, 93, 230 n. 157; Davis, *William Wykeham*, 65–67.

第二十章　悲痛之年（1376—1377）

12月初，爱德华三世的身体缓慢恢复过来，因此签发了议会召集令，决定在1377年1月27日召开议会。[1]在这期间，宫廷中的各个派别都在为取得国王的关注与器重而不断较劲。爱丽丝·佩勒斯说服爱德华把在黑弗灵举办的圣诞和新年庆典用来庆祝约翰·索斯雷和玛丽·珀西的婚礼。年幼的玛丽·珀西受爱丽丝的监护，而她实际上是新任王室内务总管珀西勋爵同父异母的妹妹。珀西勋爵因为玛丽受到轻视而极为愤怒，因此，婚礼庆典进一步加强了佩勒斯和珀西的庇护人冈特的约翰的敌对状态。[2]不久之后，在1月11日，约翰·尼维特的大法官职位和罗伯特·阿什顿的国库长职位，分别被圣大卫主教亚当·霍顿和伍斯特主教亨利·韦克菲尔德所替代。霍顿和韦克菲尔德都是忠诚的温和派人士，他们被任命，可以说是冈特的约翰在新议会召开前发出的和解信号。[3]但这也违背了自1371年议会开始采取的传统做法，即政府重要部门的岗位应该由能对自身行为负责的世俗贵族来担任。而将罗伯特·阿什顿重新调任王室内务总管，也大大有违维护王室形象的良好初衷，因为阿什顿已经卷入贤明议会所披露的财政丑闻中。无论正确与否，阿什顿晋升到王室内府的显要位置，都暗示出王廷完全脱离了公众的价值与标准。

以上这些问题进一步加深了公众关于对法关系的焦虑。1376年7月，寻求长久和平之路的新一轮谈判在布鲁日进行。教皇代表简要地提出了一个分割阿基坦的构想，这个构想曾在前一年首次提出，这次提出来的是它的一个修订方案。该方案否决了阿基坦一部分领土应该授予金雀花王朝的一支，而主张由爱德华三世（终其一生都可拥有他在阿基坦的领土）、波尔多的理查（将作为法兰西王国的一个诸侯而享有他在法国的封地）和查理

1　*RDP*, iv, 669–671; E 403/461, 12 Dec. 1376.
2　E 101/397/20, mm. 9–10; Given-Wilson and Curteis, *Royal Bastards*, 138; Ormrod, "Trials of Alice Perrers", 375. 关于在玛丽·珀西结婚时国王赐给她的一套床幔，见E 101/397/20, m. 20。
3　Tout, *Chapters*, iii, 312–313; vi, 15–16, 23.

五世三方分享这片土地。然而，任何一方都不满意这一折中方案。尽管罗马教皇大使为了自己的利益试图重划疆界，但查理五世明确表示他想将权利扩展到法兰西王国的每一个角落。在他的新任使臣——阿拉斯的圣瓦斯特修道院院长发起的一次猛烈攻击中，查理五世恶意诬陷冈特的约翰意欲进军法国，这样他就可以用武力重新进入英格兰，从他父亲和侄子手里篡夺王位。[1]随着瓦卢瓦积极准备跨越英吉利海峡发动大规模突击的继续进行，法国指挥官也利用他们作为停战协定监督人的身份，削弱金雀花王朝在佩里戈尔和大阿基坦其他地区的统治。[2]诸如此类的军事行动，使得英格兰召开议会变得更加紧迫，也使得爱德华三世为了即将再次燃起的战火而向议会重申供应战备、征收税金的要求。

1377年1月末聚集到威斯敏斯特的上、下议院的议员，都有一种明确的不祥预感。冈特的约翰相信，自己有责任保卫王室不受抨击与诋毁，因此他决定抢在议会开幕之前进行补救。在议会正式开幕前一周，他挑选了一部分贵族和高级教士，让他们与咨议会见面，一方面是为了将那些潜在批评者剔除出去，另一方面也是为了确定议会要商讨的具体事项。同时，传言说冈特的约翰也操纵了下议院许多郡的骑士代表的选拔。后一种干预是否产生了很大的影响还很难说，但可以明确的是，确实有一部分前来参加议会的议员忠于兰开斯特公爵。与此相对的是，经过改选之后，新议会中看起来有相当数量的保守派，这些人将支持，至少是被动支持冈特的约翰的计划。在接下来的活动中，议员们同意由冈特的约翰的管家、威尔特郡的骑士托马斯·亨格福德爵士充当下议院议长。[3]

---

1 "Anglo-French Negotiations", nos XLVII–LVII.
2 M. Jones, "Bertrand du Guesclin, the Truce of Burges and Campaigns in the Périgord (1376)", *Soldiers, Nobles and Gentlemen*, ed. Coss and Tyerman, 183–197.
3 *PROME*, v, 423; *St Albans*, i, 68–71; J. S. Roskell, *Parliament and Politics in Late Medieval England*, 3 vols (London, 1981), ii, 15–44; Walker, *Lancastrian Affinity*, 239.

第二十章　悲痛之年（1376—1377）

本次议会的召开带有明显的呼吁合作的意味。据说国王的身体仍然极虚弱不能亲自出席议会，因此主持议会的人由万众瞩目的十岁的王位继承人而非饱受争议的冈特的约翰充任。在主显节期间，大法官号召所有人向威尔士亲王表达尊敬，这就像东方三贤士当初对待初生的基督一样。不久之后，伦敦人为向理查王子表达尊敬，举行了一场盛大的游行，一组哑剧演员装扮成国王、教皇和二十四个枢机主教，他们将礼物呈递给威尔士亲王、亲王的母亲以及他在肯宁顿的叔叔们。在爱德华三世统治五十周年庆后接踵而至的本次议会，将团结一致的氛围衬托得更加浓烈。1月28日，亚当·霍顿发表了精心准备的演讲，这场演讲部分是布道，部分是政治宣言，他宣说国王已经恢复了健康、消除了罪孽，国民将迎来爱德华三世新的光辉统治。如果他的臣民想要充分享受其统治的伟大成就，那么他们也应该严于律己，远离罪恶，所作所为应与这个良好的政治集体的成员身份相符合。尽管国王之前关于五十周年庆典的努力被证明基本是徒劳无功的，但是爱德华三世的政府官员与王室成员还是决心利用一切可能的政治资本来完成这件大事。[1]

随后，上议院和下议院分头就英法停战失败一事展开讨论。在威斯敏斯特教堂大厅的下议院花了三周多的时间进行辩论。冈特的约翰明显急于促使他们尽快定下决议。由阿伦德尔伯爵、沃里克伯爵、索尔兹伯里伯爵、斯塔福德诸伯爵、珀西勋爵、罗斯勋爵、菲茨沃尔特勋爵及巴西特勋爵组成的贵族委员会，被派去教堂大厅传达上议院的观点。在2月10日忏悔节这一天，阔别数月的爱德华三世首次公开亮相，当时他正沿着泰晤士河从黑弗灵去希恩。为了公众的利益，贵族们再次被劝说表演团结一致的剧目，当国王的船经过威斯敏斯特宫时，他们乘坐自己的船组成荣誉舰队，以庆

---

[1] *PROME*, v, 394–397; *AC*, 102; M. Wilks, *Wyclif: Political Ideas and Practice* (Oxford, 2000), 130–132.

祝王室的周年大庆。[1]

下议院因为面临这些及其他一些微妙的政治压力，最终勉强同意他们不再坚持1376年夏天的反对立场。威廉·朗格兰在无情议会结束之后不久写成的《农夫皮尔斯》的B部分，辛辣地讽刺道：一只声名显赫的硕鼠（指彼得·德拉梅尔）要求在猫（指冈特的约翰）身上挂一个铃铛，以便人们能知道他的行动并避开他的威胁。但是现在一只"拥有敏锐嗅觉"的老鼠（指亨格福德）赞成让硕鼠和小鼠们移开猫身上的铃铛，而让猫将报复行动转移到另外一个种群——兔子（在那个直接的语境中应该代表的是法国人）身上去。[2] 这个国家即将遭受的新一轮军事入侵，及被广泛感知到的保王主义的必然恢复，使得1377年议会不管在态度还是行动上，都全然不同于1376年议会，并且倾向于准备接受王室权威的恢复。

2月22日，由上议院贵族与王室廷臣组成的一个代表团前往希恩，以取得国王对议会决议的正式同意。眼见战事即将重开，下议院也做出了让步，同意提供紧急资金供应。但他们拒绝征收单项或多项什一税、十五分之一税，而是采取实验性做法，如1371年他们曾做过的那样。他们提议让十四岁以上的人交纳人头税，税率为每人一格罗特或四便士。这个设想背后的理由，他们却未道明。骑士和市民代表可能意在避免重估自己的财富，因为这会增加自己的应承税负。但是，我们也很难拒绝这样一种可能，即他们倡议人头税，其实是表达对下层社会日益富裕的不满的一种方式。不

---

[1] *AC*, 103.

[2] W. Langland, *The Vision of Piers Plowman: A Complete Edition of the B-text*, ed. A. V. C. Schmidt (London, 1978), 6–8 (Prologue, ll. 146–208). 关于这一寓言的阐释极为丰富多样。最新的研究，见A. Gross, "Langland's Rats: A Moralist's View of Parliament", *Parliamentary History*, ix (1990), 286–301; G. Dodd, "A Parliament Full of Rats? *Piers Plowman* and the Good Parliament of 1376", *HR*, lxxix (2006), 21–49; M. Giancarlo, *Parliament and Literature in Late Medieval England* (Cambridge, 2007), 181–183; N. Lassahn, "Langland's Rats Revisited: Conservatism, *Commune*, and Political Unanimity", *Viator*, xxxix (2008), 127–155。

第二十章 悲痛之年（1376—1377）

管怎样，他们想要建立应有的问责制，按照 1371 年提出并于 1372 年修订的要求，任命专属的战争财政司库，以确保新的税收收入不得用于战争之外的任何名目。他们要求，如果可能的话，作为同意征税的回报，希望将他们的请愿内容制成法令。经过国王的及时授权，在次日即 2 月 23 日的上、下议院联合议事时，咨议会对下议院的要求进行了公开而肯定的回应。[1]

一般情况下，到这个时候，议会就已经闭会了，但一些有待解决的重要问题导致了议会时间的延长。大法官霍顿先前关于爱德华三世统治新阶段的展望，催生了下议院对如 1362 年那样颁布新赦令的期望。下议院要求更新、延期之前的赦免，表明他们希望利用新的赦免令来释放彼得·德拉梅尔，并保证 1376 年的下议院议员不再受到任何可能的报复。结果，国王表现出难以通融的姿态。咨议会在与国王商量后，同意扩大赦免范围，包括较小的重罪、滥用王室封建权利，以及郡长和税收官所欠的债务。这对官僚阶级和其选民来说，是一个极大的让步，在接下来的六个月中有超过两千五百人购买了赦免令。赦免令不是简单地代表一种和解而已，同时也起到了宣传和持续推动当前政治精英内部分化的作用。下议院被迫要求赦免惠及威廉·拉蒂默、理查德·莱昂斯、爱丽丝·佩勒斯和在 1376 年被弹劾的少量罪犯，但与此同时，国王却明确禁止赦免威廉·威克姆。[2] 德拉梅尔仍在监狱中受着煎熬，威克姆的财产仍被没收，在此情况下，那些希望从 1376 年改革中看到一些不同气象的人，有充分的理由认为自己受到了欺骗和背叛。

宫廷大获其胜的趾高气扬加剧了这种哀伤与愤懑的情绪。2 月 28 日，在圣保罗大教堂参加会议的南方各区教士，被迫接受交纳人头税的要求。他们因为议会中的请愿得到了国王的答复感到满意，但是他们要求恢复温切斯特主教职权的要求没有得到回应，而且大会也没有为这种持续的愤怒

---

1 *PROME*, v, 399–401; Given-Wilson, *Royal Household*, 122–123.
2 *PROME*, v, 401–403, 420, 423–426; *SR*, i, 396–397; Lacey, *King's Mercy*, 113–126.

提供有效的解决办法。[1]同一天，他们还见证了议会中同等惊人的一则通告——先前兰开斯特郡由格罗斯蒙特的亨利享有的领地王权，现在被授予冈特的约翰，并终身享有。[2]在王室成员中，只有切斯特伯爵，也就是波尔多的理查享有同样的权利。3月1日，王位继承人理查可能出席了王室举办的"准许格罗特"（grant of groats）的庆典宴会。随后，骑士和市民代表总算获准离开。[3]他们充分意识到，王室再次恢复了不受约束的特权，而且冈特的约翰实际上已不容置疑地控制了其父的政权。就在议会闭幕不久之后，仁慈的国王赐给他的第三子一席华美的用白鼬皮装饰的红色丝绸长袍，以此来感谢他的忠诚。[4]

无情议会结束后，之前身体已走向康复的爱德华三世再次陷入病痛之中。从1377年的2月中旬到4月中旬，爱德华三世困居于希恩，生活在公众视野之外。通过沃尔辛厄姆的描述，爱德华三世现在宛如一尊雕像——既不能活动也无法言语。[5]3月初，药物源源不断地送进王室内府，以备国王使用。3月底，王室出于对一直抱恙的爱德华三世的尊重，特意削减了复活节的庆典活动。

尽管有诸多顾虑，但召集贵族和政治精英欢聚一堂、为即将到来的嘉德骑士团庆典而做的工作仍在有条不紊地进行中。国王计划在庆典中穿的长袍也正在制作，此外，一个镶有一千枚镀金饰钉的镂花金缕御座，似乎也是为这一重大事件准备的。[6]在嘉德盛会的前夕，三名嫡亲王子、王孙——

---

1 4月，约克会议批准了人头税，*PROME*, v, 422–423; *Records of Convocation*, iii, 337–350; xiii, 185–188; xix, 50–51。
2 *The Charters of the Duchy of Lancaster*, ed. W. Hardy (London, 1845), no. 11.
3 E 101/398/9, fol. 12; *CCR 1374–7*, 535–537.
4 E 101/397/20, m. 10.
5 *St Albans*, i, 102–103.
6 E 101/397/20, m. 10; E 101/398/9, fol. 23.

第二十章 悲痛之年（1376—1377）

伍德斯托克的托马斯、波尔多的理查和博林布鲁克的亨利被国王赐封为骑士。在他们之后，一批年轻贵族也被封为骑士，包括牛津伯爵、博蒙勋爵，斯塔福德伯爵和索尔兹伯里伯爵的继承人们，以及珀西勋爵的三个或更多儿子。最后但也最被人非议的是爱德华三世将私生子索斯雷也赐封为骑士。接着，在圣乔治日这天，波尔多的理查和他的堂弟博林布鲁克的亨利一同被授封为新的嘉德骑士。在接下来的骑士比武赛上，国王为年轻的威尔士亲王准备了装饰得光彩夺目的盔甲。[1] 爱德华三世的最后一次嘉德骑士团活动，在各个方面都彰显了他的政治信条——王室和他最忠诚的伙伴强强联合，精诚合作。然而，这一刻，也是爱德华的极大悲剧——因为此刻的他太虚弱了，既不能享受也不能理解这些生动彰显着他所锻造的奇迹的事物。

考虑到大战在即，让精英们团结起来是迫在眉睫之事。甚至在4月1日休战时间正式到期之前，关于英格兰是否有能力抵御传闻中的瓦卢瓦猛攻，就已让人心惶惶然。查理五世与叛变的英格兰骑士约翰·敏斯特沃思、威尔士的欧文再次密谋联盟，计划用法兰西-卡斯蒂利亚联合舰队狂扫英格兰南部沿海，再安排一支主力在威尔士登陆。此外，他还派遣了一队使臣前往苏格兰，力图说服罗伯特二世撕毁与英格兰人的停战协定。出于一股乐观的情绪，查理五世的重要将领计划同时侵袭英格兰在加来、布列塔尼、加斯科涅和奥弗涅（Auvergne）的战略要地。[2] 然而，敏斯特沃思被拦截并押回了英格兰接受公开审判，并以叛国罪被处死刑，他的尸体被残忍地分成四块，散布到王国的四角以警示他人。然而，心头布满疑惑的民众，并不信任这一次审判。敏斯特沃思非但没有成为众矢之的遭人唾骂，反而被谣传成他是因威胁到珀西勋爵和冈特的约翰的某种阴谋可能被揭发而死。[3]

---

1 E 101/397/20, mm. 10, 11, 28; E 101/398/8; *AC*, 106; Beltz, *Memorials*, 11; *Issues*, 202–203; Galway, "Alice Perrers' Son", 244; Holmes, *Good Parliament*, 194; Ormrod, "Edward III and his Family", 419–420.

2 Sumption, iii, 268–270.

3 *St Albans*, i, 106–109; *Issues*, 202.

在疑云面前，王室发现，军事反攻受限于物资紧缺和人心涣散。然而南部海岸的情况已经高度危急，王室不得不做出特殊安排，集中全部海军力量，将兵力布置在泰晤士河口以防御首都。[1] 英格兰南部的王室城堡也已做好了战争准备；5月，温莎王宫已被卫戍部队层层包围保护起来。[2] 主教、伯爵和其他贵族也被召到威斯敏斯特，与冈特的约翰、萨德伯里大主教、大法官、国库长一起商讨对策。在此危急时刻，马奇伯爵同意暂时放下他和兰开斯特公爵的私仇，重回咨议会。[3] 然而，在最后，唯一可能的解决办法就是寻求休战以换取时间。

法兰西充分意识到自己所处的有利位置，他们仅仅同意稍作延期，将休战协议延至5月1日，而后又再延至6月24日。认识到这只是将不可避免的战事稍作推迟，布鲁日的常设和平会议宣告将于4月初关闭。[4] 英格兰方面打算在6月由冈特的约翰、布列塔尼公爵、沃里克伯爵、拉蒂默勋爵、理查德·斯特里爵士、菲利普·拉瓦赫爵士及另外两位新晋级的王室将领——伍德斯托克的托马斯、波尔多的理查率领一支四千人的军队，奔赴大陆作战。然而，这个完备的作战计划，因为爱德华三世生命的枯竭而夭折。[5]

1377年5月初，国王再次从温莎启程。除了在6月初曾短暂地回到他的出生地，爱德华在所剩不多的日子里都隐居在他的希恩庄园。对他的宫廷内侍来说，在希恩庄园的日常事务和往常没有什么不同。锦衣库依然安心地下令，要求为爱德华及在狩猎季陪伴他一起参加活动的"众伯爵、男爵、女士、骑士、乡绅和男仆"准备长袍和兜帽。纽福里斯特的克拉伦登宫，也在

1　Sumption, iii, 276–278.

2　E 101/396/15.

3　*Issues*, 204; E 403/462, 6 Apr., 9 Apr., 16 Apr., 27 Apr., 16 May, 25 May 1377; Given-Wilson, "Royal Charter Witness Lists", 73.

4　Sumption, iii, 278.

5　Goodman, *John of Gaunt*, 64.

第二十章　悲痛之年（1376—1377）

按部就班地修缮当中，期待王室的到来。然而，英格兰国王将永生长存的幻想，很快就随着约翰·格拉斯通嘱咐对爱德华三世进行新一轮的医治而破灭。但死神没有立即来临，却像是在故意折磨这位瘫痪在床的君主。在4、5月间，最年长且最受尊敬的两位贵族——孀居的彭布罗克伯爵夫人玛丽和德文郡伯爵休·考特尼的死讯相继传入宫廷。6月初，国王礼拜堂还在黑太子周忌这一天举办了庄严的典礼。[1]这个国家屏声静气地等待下一个消息的来临——那必将到来的爱德华三世的死亡宿命。

在高度紧张的气氛下，官复原职的宫廷蠹虫紧紧围绕在气息奄奄的国王身边，想榨取他的最后一丝价值。5月，爱丽丝·佩勒斯做了一个大胆的尝试，她改进了赦免条款，并在无情议会结束之后应用在理查德·莱昂斯身上。莱昂斯因此从巨额王室债务中脱身，并获得一千马克作为最近缠身厄运的补偿。当爱丽丝为莱昂斯的运作行为曝光后，她从前的两个盟友——尼古拉斯·卡鲁和阿兰·巴克斯赫尔将爱丽丝在希恩庄园借着她与老国王的私密关系、趁着国王丧失行动能力而大行其便的行为公之于众。[2]托马斯·沃尔辛厄姆称，只有当悔改的威廉·威克姆主教在国王的情妇面前俯首谄媚，他那在6月18日获得的赦免令才能生效。[3]这些并非厌女者的诬陷之词，而是官方典籍的真实记载。在爱德华三世的最后一个月里，爱丽丝·佩勒斯窃取了王室新制的白鼬皮礼袍和兜帽，以及一个价值近四十镑的金杯。[4]6月4日，她还为自己量身定做推出了一则新的赦免令，让她得以享受近来颁布的所有大赦的恩惠，并将她多年来从王后菲莉帕、

1　*St Albans*, i, 110–111; E 101/397/20, mm. 10, 29; E 101/398/9, fols 23, 25; A Richardson, *The Forest, Park and Palace of Clarendon, c. 1200–c. 1650* (British Archaeological Reports, British series, cccvii, 2005), 62.
2　*CPR 1374–7*, 439–440, 444; *PROME*, vi, 26–30.
3　*CPR 1374–7*, 483; *St Albans*, i, 108–111. 事实上，决定性的干预很可能来自威尔士王妃, *St Albans*, i, 88–95。
4　E 101/397/20, m. 11; E 403/462, 15 June 1377; E 101/509/20.

爱德华三世那里获得的大量金钱、珠宝、金银餐具和绫罗绸缎合法据为己有。[1] 命运之轮的循环转动，再也没有比过去这一年体现得更戏剧性了。

1　*CPR 1374–7*, 478.

第二十一章

伟大的爱德华

1377年6月21日晚，爱德华三世在泰晤士河畔的希恩庄园中去世。在这不幸的时刻，有谁陪在他身旁，依然不得而知。托马斯·沃尔辛厄姆在14世纪80年代的著作中，将他想象成一个晚景凄凉并遭受背叛的可怜人。在沃尔辛厄姆浓墨重彩描写的这个片段里，甚至连他的枕边人爱丽丝·佩勒斯最终都选择离他而去，在离开之前，她还从爱德华的手指上抢走了他的指环。唯有一个不知名的神父，不断地寻找爱德华临终忏悔的迹象，以图使其得以善终。相比之下，让·傅华萨对这一场景的叙述则更为中规中矩，说爱德华三世临终之前，深爱他的家人都悲痛地守护在他的身边。如果傅华萨的意图主要在于强调王室内部成员在这一重要时刻是团结一致的，那么他的叙述最终也具有真实性。因为，那个时候，威尔士亲王和他的母亲一直守在肯宁顿宫，约翰王子、埃德蒙王子、托马斯王子、布列塔尼公爵以及马奇伯爵在爱德华三世临终时，也守在他的身旁，这应该没有什么疑问。正是在希恩，次日即6月22日，这些人和王室其他成员也依然聚在一起，记录新王理查二世正式开始第一天的统治。[1]

随着英法休战时间即将到期，也为了确保新王继位的顺利进行，英格

---

1 *St Albans*, i, 118–131; Froissart, viii, 230.

兰政府的关注点迅速转移到权力的过渡。[1]6月29日，法兰西人洗劫了拉伊镇，这明确暗示，长期的权力真空危险甚巨。因此，有关7月5日举行葬礼、随后举行加冕礼的邀请很快就发了出去。伦敦的罗杰·钱德勒受令为爱德华三世取出内脏并为其遗体做防腐处理。华丽的织品很快就被采购而来，以制成枕头和棺材的帘幕。已故的国王，静静地躺在希恩一间挂着黑布的房间里近两个星期。6月28日星期天这天，王室内府负责葬礼后勤工作的全部人员，从温莎缓慢而庄严地将遗体送到他的长眠之地威斯敏斯特大教堂。

在葬礼之前，斯蒂芬·哈德利，不久前为国王打造新王座的工匠，受令仿照已故君主的形貌制作一个同样大小的人体模型，并复制一枚加冕礼徽章。他制作的这个木制人体仍然保存在威斯敏斯特教堂，是王室藏品中现存最古老的葬礼人体模型。该仿制人体用木头和稻草制成，脸部则是根据爱德华三世死后面部倒模，用石膏造成。因为描画的眼睛、嘴唇、脸颊以及假发和胡子的运用，使得逼真性大为提升，眉毛则是用一只棕色小狗的毛制成，显得栩栩如生。这一做法并不算新颖：五十年前，在格洛斯特修道院爱德华二世的葬礼上，就使用了一个临时的人体雕像。和1327年相比，显然没有任何迹象表明，这个仿制人体是为了掩饰死者的真实身份，或者是为了掩盖悖乱谋杀行为。不管是在希恩，还是在温莎，爱德华三世那经过防腐处理的身体都陈列在敞开的棺材中，面部清晰可见。[23]这个仿制人体似乎仅仅是为了在朝首都前进的露天游行期间，以及建造在威斯

1　后续情况，见C. Given-Wilson, "The Exequies of Edward III and the Royal Funeral Ceremony in Late Medieval England", *EHR*, cxxiv (2009), 257–282。

2　E 101/389/9, fol. 23v, transcribed in W. St J. Hope, "On the Funeral Effigies of the Kings and Queens of England", *Archaeologia*, lx (1907), 532; A. Harvey and R. Mortimer, *The Funeral Effigies of Westminster Abbey* (Woodbridge, 1994), 30–35; J. Steane, *The Archaeology of the Medieval English Monarchy* (London, 1999), 56–57.

3　E 101/397/20, m. 12; Froissart, viii, 231.

第二十一章　伟大的爱德华

敏斯特大教堂内用以支撑棺材的双层木制平台上向公众展示已逝国王的形象。此外，在永久纪念碑建好之前，它可能还被用在教堂里匆匆筑成的存放尸体的临时盒状墓里。[1] 不论其准确的礼仪功能是什么，这个人体模型为我们提供了一个最接近爱德华三世真容的形象。如果五英尺十又二分之一英寸真的是他的身高，那么至少可以说明这位国王体型高大，一如他的祖父和父亲。不过，相比而言，爱德华一世、爱德华二世身材高大，这一点更广为人知。[2] 然而，这个人体雕像最显著的特征是其扭曲的嘴部，这实际上是他经受了一系列严重且最终致命的中风的鲜明证据。[3]

爱德华三世的随葬队伍在 7 月 3 日星期五离开希恩，经由万兹沃思（Wandsworth）向萨瑟克前进，在那里，棺材被转移到一辆更大的灵车里，以便进入伦敦供人瞻仰。[4] 穿过伦敦桥后，随葬队伍抵达圣保罗大教堂，遗体将在那里放置一整夜。不管是这些事情的安排速度，还是活动规模，都十分可观。神情沉郁的四百名火炬手列队走在灵柩两旁，后面跟着王室全体成员。队伍总共至少有一千人，很可能有两千人之多。在圣保罗，棺材被放置在唱诗席和主祭坛之间的一个棺材架上，据说祈祷和弥撒整夜不休。星期六，灵柩被转移到威斯敏斯特大教堂，气氛极为庄严，随行的队伍极

1　威斯敏斯特教堂的《王家实录》(*Liber regalis*) 中保存的王室葬礼文本中有一幅插图，创作于1328年后不久，上面似乎就描绘了临时坟墓上的葬礼塑像的情况，London, Westminster Abbey, MS 38, fol. 33v。

2　沃尔辛厄姆形容他说"并不太高"，*St Albans*, i, 988–989。

3　有人指出，现藏于卢浮宫著名的栩栩如生的约翰二世的肖像，是最好的几幅肖像画中的一幅，此外还包括法兰西查理五世（无论是作为王太子还是作为国王）、皇帝查理四世及爱德华三世的肖像。鉴于约翰的肖像通常被认为是在1360年左右创作的，这不由得让人怀疑，为爱德华三世绘制肖像的这位画家是否想要超越王权的传统表现手法。A. Martindale, "Painting for Pleasure: Some Lost Fifteenth-Century Secular Decorations of Northern Italy", *The Vanishing Past: Studies of Medieval Art, Liturgy and Metrology Presented to Christopher Hohler*, ed. A. Borg and A. Martindale (British Archaeological Reports, international series, cxi, 1981), 112–113; F. Hepburn, *Portraits of the Later Plantagenets* (Woodbridge, 1986), 5.

4　Hope, "Funeral Effigies", 532; Given-Wilson, "Exequies", 268–269.

为庞大，冈特的约翰、兰利的埃德蒙、伍德斯托克的托马斯以及布列塔尼的约翰、马奇伯爵也再次加入到这段行程中来。遵循死者为大的原则，新国王理查没有参加这些公共仪式。但是他或许参加了在威斯敏斯特大教堂举行的仪式，他和母亲及王室其他女性坐在修道院唱诗席之上的王室专属长凳上。[1] 大街上，哀悼之人摩肩接踵，群集在道路上的穷人则接到了慷慨的施舍。[2] 在威斯敏斯特大教堂，棺材被放置在一辆精心制作的多层灵车上，完全被黑色的幕布、华盖和绘有王室纹章的盾牌所覆盖。在次日埋葬之前，棺材一直放在那里任人吊唁。在遗嘱中，爱德华三世并未对自己的葬礼做出详细安排，只是大体上要求"遵照王室的规矩，不要过度铺张"。[3] 然而，在1377年7月举行的葬礼仪式上，"遵照王室的规矩"被充分地执行了，他"不要过度铺张"的要求却被置若罔闻。

周日即7月5日的葬礼由大主教萨德伯里主持。葬礼遵循了亨利三世以来威斯敏斯特修士记忆中关于国王葬礼仪式的基本传统。国王的遗体被裹在缝有白色十字架的红色锦绣里，密封的棺材被放置在临时的墓盒里，上面盖着华美的双层丝织锦缎。爱德华五十年前加冕礼上所用的部分礼服和徽章很可能也随他一起葬入地下。尽管受到教会当局的反对，但中世纪的王室传统是将国王遗体及在防腐过程中摘除的心脏和内脏分开埋葬在不同地点。[4] 爱德华三世竟然没有留下指示，要求将他的器官埋葬在温莎的圣乔治礼拜堂，或威斯敏斯特的圣斯蒂芬礼拜堂，这或许让人颇感意外。如果在18、19世纪研究人类遗骸的狂热时代，他的坟墓曾被打开，那么我们也许能够知道他的尸体是否与装有内脏的瓮一起埋葬。但是由于缺乏任何其他证据，或许可以合理地得出这样的结论，爱德华三世的躯体和内脏

---

1 唯一已知的理查与葬礼相关的事，是他为葬礼提供了丧服，E 101/397/20, m. 13。傅华萨别有深意地将他排除在参加葬礼公众活动的人物之外。

2 Froissart, viii, 230–231; E 101/398/9, fol. 24.

3 *Collection of the Wills*, 60.

4 关于爱德华一世、爱德华二世的相关情况，见Westerhof, *Death and the Noble Body*, 90。

第二十一章　伟大的爱德华

一起葬在了威斯敏斯特忏悔者教堂南边的指定位置，紧挨着菲莉帕王后的坟墓。

如果爱德华三世的葬礼遵循了已为大家所接受的仪式，就不会有1377年葬礼上的那场意义重大的变革。在仪式进行时，一名骑士佩戴着死去君主的纹章进入教堂，并献上了一张盾牌，可能还有一把剑。[1]在14世纪70年代，贵族家庭将军事武器供奉在死者的陵墓里，是十分流行的做法，黑太子的头盔、头冠、铁手套、铠甲和盾牌都在1376年的葬礼时提献给了坎特伯雷大教堂。[2]在1377年爱德华三世的葬礼上采用这种做法似乎是特意提醒人们回想起这位勇士国王的伟大功绩。

有理由相信葬礼上献上的剑和盾牌，与至少到18世纪被报道出现在爱德华三世坟墓周围的那些别无二致。[3]那把原始的剑，尽管工艺出奇地粗糙，但仍然保存在威斯敏斯特大教堂的收藏品中。而伴随它的盾牌，曾一度被认为是真品，其实更可能是16或17世纪的复制品。[4]在爱德华三世死后不久，一把相似的仪式用剑就被收入温莎圣乔治礼拜堂的王室库藏中，作为嘉德骑士团创始者的永久纪念。这把剑一直保留到今天，被陈列在教堂南边唱诗班的走廊里展示。[5]附加在这些珍贵遗物之上的可观的图像学价值，为同时代和后来的政治文化所重视，这也解释了为什么下一位尚武的

1　Given-Wilson, "Exequies", 271–279.
2　*Age of Chivalry*, nos 626–633; C. Wilson, "The Medieval Monuments", *A History of Canterbury Cathedral*, ed. P. Collinson, N. Ramsay and M. Sparks (Oxford, 1995), 497–498.
3　D. A. L. Morgan, "The Political After-life of Edward III: The Apotheosis of a Warmonger", *EHR*, cxii (1997), 874; W. Thornbury, *Old and New London*, 6 vols (London, 1878), iii, 431–450.
4　G. F. Laking, *A Record of European Arms and Armour through Seven Centuries*, 5 vols (London, 1920–2), ii, 223–227, 329–330; WAM, 62481–62485; Given-Wilson, "Exequies", 274 n. 75.
5　Laking, *Record of European Arms*, ii, 330–332. 许多收藏在国外的剑、匕首，都被认为与爱德华三世有关。但这些论断目的性太强，并不可信, E. Oakshott, *Records of the Medieval Sword* (Woodbridge, 1991), 268–283。

君主亨利五世选择了在这方面而非其他领域效仿爱德华三世,在自己的葬礼上以及墓地周围向子孙后代展示自身的成就。[1]

在他生命的最后几个月里,爱德华三世和他的廷臣无意对1376年10月写就的国王遗嘱进行修改。遗嘱中关于个人财产的分配,反映的并非一个易受摆布的老人反复无常的心血来潮,而是他的孩子们坚定的保守主义。他将威斯敏斯特的王座和大衣柜里储藏的帷幔留给他的继任者用来装饰国王礼堂。而公主琼,因为他的遗嘱而免除了一笔现金债务。"我们最受疼爱的女儿"伊莎贝拉公主从女婿罗伯特·德维尔的不动产中获得了一大笔补充抚恤金。值得注意的是,爱丽丝·佩勒斯和她的诏媚者,没有从老国王的财产中获得任何纪念品或抚恤金。而爱德华的全部私人财产——金银盘碟、珠宝、现金和个人名下的土地都被控制在由冈特的约翰和大主教萨德伯里领导的一群遗嘱执行人和受托人的手中,用于履行他对圣斯蒂芬礼拜堂、圣玛丽格雷斯修道院和金斯兰利的捐赠承诺。[2]

遗嘱写好之后,这些虔诚的捐赠对于爱德华的廷臣和顾问来说,似乎没有任何争议而且很明确。但是王室成员没有考虑到贤明议会上明确提出的新想法,即国王的个人财产——当然包括其秘密储藏在私人金库中的高额赎金——不应该被随意浪费而应用在王国的公共事务上。[3] 由于遗嘱受托人实际上包括许多最近官复原职的重要大臣如罗伯特·阿什顿、尼古拉

---

1 *Gothic: Art for England, 1400–1547*, ed. R. Marks and P. Williamson (London, 2003), no. 54.
2 *Collection of the Wills*, 61–64; *CPR 1374–7*, 347–348. 同时,爱德华还安排了彭布罗克伯爵夫人玛丽·德圣波尔(当时她还活着)身故之后其终身拥有的地产处理。这些土地的大部分留给了兰利的埃德蒙,但是赫特福德郡的三个庄园给了圣玛丽格雷斯修道院,*CPR 1374–7*, 354, 374; Wolffe, *Royal Demesne*, 243。
3 值得注意的是,特别咨议会要求对王室财政进行调查,而1386年绝妙议会的政府被授权对"我们的祖父(爱德华三世)去世时的珠宝、货物的名目、价格或价值及其后来的情况"进行调查,*SR*, ii, 44–46; *The Westminster Chronicle, 1381–1394*, ed. L. C. Hector and B. F. Harvey (Oxford, 1982), 171。理查二世在执行爱德华遗嘱时搪塞推诿,部分是因为政治团体顽固地坚持认为老国王留下的那一大笔财产应该用于公共事业。

第二十一章　伟大的爱德华

斯·卡鲁、约翰·伊普利斯，以及最让人无法容忍的威廉·拉蒂默。在接下来的五年间，遗嘱执行人和国库长就前者是否有资格控制爱德华三世的全部土地资产，抑或仅仅是处置——最终在1382年达成协议的——伟大的女继承人亨廷顿伯爵夫人朱丽安娜·利伯恩从前的地产而陷入了长期的争斗当中。又过了十六年甚至更久之后，爱德华三世的遗嘱才最终宣告被完全执行。[1]

理查二世的政府最初也不是很执着于为他的祖父建造一座合适的永久纪念碑。在很长一段时间里，爱德华三世的坟墓都很好识别，可能是因为爱德华至少曾对自己坟墓外面的陈列方式和人体雕像提出了些意见。1376年，他和他的顾问们很可能与工匠约翰·奥查德讨论过这些想法，奥查德为毗邻的王后菲莉帕坟墓铸造了铜制天使雕像。[2] 爱德华三世最终决定将十二个孩子的微型青铜雕像放在他坟墓的壁龛中，这无疑反映了一个因献身于王朝而享有盛誉的国王的明确偏好。[3] 即便如此，关于爱德华三世和黑太子坟墓的安置完全落到了理查二世的统治期内，带有一定目的性的墓地管理直到14世纪80年代才算勉强走上轨道。[4] 因此我们对这位老国王的最终印象，至少说明了理查二世对历史和他的统治命运的兴趣，同时也在同等程度上说明了爱德华三世的个人风格。

将有关爱德华三世的记忆与理查二世对王权的看法结合起来，也有助

1　Given-Wilson, "Richard II and his Grandfather's Will", 320–337.
2　*King's Works*, i, 487.
3　到16世纪，这12尊（青铜雕像）还依旧在原位。然而，在这之后，放置在北面的青铜像便丢失了，仅有南边的6尊保存至今，分别代表的是伍德斯托克的爱德华、伦敦塔的琼、克拉伦斯的莱昂内尔、兰利的埃德蒙、沃尔瑟姆的玛丽及威廉（从安排的位置来看，这里很可能是温莎的威廉，而非通常所认为的哈特菲尔德的威廉）。见A. P. Stanley, *Historical Memorials of Westminster Abbey*, 3rd edn (London, 1869), 147。
4　Binski, *Westminster Abbey*, 95–99. 1386年有报告说，一批为营造爱德华三世的坟墓而购买的伯贝克大理石躺在普尔（Poole）的船上，正等着启程驶往威斯敏斯特，*CPR 1385–9*, 127。

于解释极具特色的菲莉帕王后的雕像与爱德华三世墓前所塑造的完美、永恒并具有普世审美的雕像之间的区别。爱德华墓前这尊泛着天然青铜色的雕像，与约翰·奥查德、让·德列日（王后菲莉帕雕像的设计者）以及亨利·伊夫利（负责理查二世坟墓营建的大师）等人有着多方面的关联，大体上是基于爱德华葬礼上的临时雕像铸造而成的，但已全无其生前的缺陷。相反，国王被刻画出一个庄严的、不朽的人物形象，没有留下被岁月和疾病浸染的印记。这尊雕像遵照了传统的造像做法，将国王刻画为身着正式的飘逸长袍而不是（如同黑太子一样）身着作战时的盔甲。人物的头部被设计为戴着王冠，尽管诸如此类的雕饰已经很久不用了。14世纪80年代中期，理查二世将这一雕像与其他六位国王的石像放到一块，装饰威斯敏斯特大厅的高墙。[1] 而被认为来自爱德华三世威斯敏斯特墓中的木制人体雕像，反而成了15世纪约克和坎特伯雷大教堂的围栏上以及16世纪为装饰乡村别墅长廊而大量使用的爱德华三世及其他君主雕像的原型。[2]

爱德华三世墓碑边缘上的拉丁语铭文，有理查二世的贡献，其文曰：

> 他是英格兰的光荣，是过去所有国王的光辉典范，
> 未来国王的楷模，一个仁慈的国王，一个开创太平的国王。
> 爱德华三世，统治了整整五十年。
> 他是不可征服的猎豹，是战斗中强有力的马加比。
> 他活得精彩纷呈，使他的王国正道直行。

1　*King's Works*, i, 486–487; 192; L. Stone, *Sculpture in Britain: The Middle Ages* (Harmondsworth, 1955), 192; Cherry and Stratford, *Westminster Kings*, 68–72.
2　J. H. Harvey, "Architectural History from 1291 to 1558", *A History of York Minster*, ed. G. E. Aylmer and R. Cant (Oxford, 1977), 181–186; R. Strong, *Tudor and Jacobean Portraits*, 2 vols (London, 1969), i, 85.

第二十一章　伟大的爱德华

他曾御戎治国，愿他如今在天堂也是一位神圣庄严的国王。[1]

这和威斯敏斯特早期王陵中简洁的墓志铭不同，后者包含了盎格鲁－诺曼语的简单标识（"这里躺着……"）和祷告者的简短祈祷文。这类墓志铭的抄本和翻译文本，甚至在宗教革命之前就被悬挂在墓地上方以便游客观看，这充分证明了其对后人的吸引力。[2] 在最初的构思中，这一新式墓志铭似乎是其附近理查二世墓志铭的一种陪衬，它们共享同一种语言和同一种可识别的形式——利奥体六步格诗（Leonine hexameter）。事实上，不止一种迹象表明理查二世将这两种墓志铭用作互补。和爱德华新"马加比"的称号相对应，理查将自己比作新"荷马"；与爱德华天生的慷慨和仁慈不同，他具备审慎与睿智的品质；爱德华心胸宽阔，而理查则施行适当严格的律法。[3] 如果爱德华三世的君主政体被真正认可为未来的典范，那么理查二世原本更明显倾向于模仿他的祖父，即更古老的传统统治的典型，现在则被他自己或许更为复杂的政治局面所取代。时间将会告诉我们哪种王权观念会更为盛行。

1　*An Inventory of the Historical Monuments in London I: Westminster Abbey* (London, 1924), 30:
　　Hic decus anglorum, flos regum pretitorum,
　　Forma futurorum, rex clemens, pax populorum,
　　Tertius Edwardus, regni complens jubileum.
　　Invictus pardus, bellis pollens Machabeum.
　　Prospere dum vixit, regnum probitate revixit.
　　Armipotens rexit; jam cello celice rex sit.

2　R. Fabyan, *The New Chronicles of England and France*, ed. H. Ellis (London, 1811), 487–488.

3　*Inventory of Historical Monuments: Westminster Abbey*, 29, 31; Saul, *Richard II*, 357. 黑太子在坎特伯雷的墓志铭则与此大不相同，该墓志铭并未提到亡者，仅评论了生命的短暂性。事实上，它是从14世纪英格兰广泛流传的一段文字中摘取下来的。D. B. Tyson, "The Epitaph of Edward the Black Prince", *Medium Ævum*, xlvi (1977), 98–104.

王权的行使与王国的统治，并未随着爱德华三世的逝世而好转，相反，爱德华的去世让英格兰王国的完整性受到可怕的威胁。五十年来，在世界局势风云变幻之时，爱德华的长期统治给国民注入了统一与恒定的共同意念，而现在，这份意念无疑冰消瓦解了。来自法国的入侵威胁，及未成年的理查二世如何巩固政权，让很多人对走出困局产生了绝望。在出席了7月16日仓促而成的理查二世加冕礼之后，大贵族和高级教士们开始着手迎接幼王当政所带来的艰巨挑战。[1] 如同在1327年的时候一样，仿照1216年设置摄政政府的想法很快就被放弃。相反，设置另一个常设咨议会的决定被采纳，它由王国的重要领主即主教、伯爵、男爵、方旗骑士和骑士组成——这将确保以这位年轻君主名义进行的所有行动，都将根据协商一致的原则接受正确的指导和审查。

　　实质上，这不过是1327和1376年议会中为未成年的和暮年的爱德华三世设立咨议会以监管其政权的另一种形式。但是，两者之间也有着十分重要的区别。1327和1376年爱德华三世的咨议会，要么包含了王室年长成员，要么明确地受其指示。与之相比，1377年理查二世的咨议会，并不包括冈特的约翰及其弟弟们在内，而是以兰开斯特公爵的对手马奇伯爵为领袖，其下，还有黑太子一系实力强大的人员。如果这并非意在剥夺冈特的约翰无名却是事实的摄政权，那么，确实给人一种公爵被排挤出政权核心的印象，而这还将进一步引发王叔因怨恨而伺机推翻其侄子然后自登王位的谣言。

　　新咨议会有意与爱德华三世的宫廷派系保持距离，但这并没有起到安抚政局的作用。因为冒犯王权而获罪的威廉·威克姆被赦免，彼得·德拉

---

[1] N. B. Lewis, "The 'Continual Council' in the Early Years of Richard II, 1377–80", *EHR*, xli(1926), 246–251.

第二十一章　伟大的爱德华

梅尔也很快走出了监狱。回到伦敦后,他们被人视作贝克特式的人。[1]然而,在新政府的首届议会上,地方精英很快表达了他们对近来政府所作所为的不满。在1377年10月参加威斯敏斯特议会的议员中,有很多人都曾参加过贤明议会。下议院满怀期待,再次选举德拉梅尔作为他们的议长。他们迫切要求实行1376年危机时期提出的改革措施,并迫使咨议会将爱德华三世政府中的残余分子罗杰·比彻姆爵士、约翰·尼维特爵士和臭名昭著的拉蒂默勋爵除名。他们还要求冈特的约翰对如今不堪一击的爱丽丝·佩勒斯进行公开审判,并最终剥夺了她在"爱人"爱德华三世最后一年统治时期及之后所据有的全部地产和物品。[2]

特别是最后一项行动,有力地表明新政府同意将曾围绕在垂死之际的爱德华三世身边的邪恶势力铲除殆尽。尽管威廉·温莎随后成功地恢复了佩勒斯家族的大部分财产,然而爱丽丝在公共领域内的事业实际上在1377年后已经终结了。随之而来的,是其子能够摆脱私生子身份的不利影响并建立起独立政治力量的希望的破灭。1380年,玛丽·珀西要求和约翰·索斯雷离婚,理由是她曾受到爱丽丝的蒙骗而不情愿地走进了这场婚姻。她丈夫不光彩的出身,让她极为在意。[3]私生子约翰·索斯雷只好投靠冈特的约翰和兰利的埃德蒙,效力于军中以避世,但在1383年后,他就从记载中消失了,据推测他年仅二十几岁就死了。爱丽丝本人于1384年丧夫,她为恢复自己的财产而持续奋力奔走,后来由其唯一的女儿琼·斯克恩在适当的时候继承。但是,当爱丽丝于1400至1401年冬天在对敌人的声声

---

[1] *St Albans*, i, 130–131.(托马斯·贝克特,亨利二世的亲密好友。亨利二世希望扩大王权限制教权才将最信任的贝克特任命为坎特伯雷大主教,然而,成为英格兰教会首脑的贝克特为了教会的利益,却成为反对亨利二世最猛烈的人。——译者注)
[2] Ibid., i, 168–171; N. B. Lewis, "Re-election to Parliament in the Reign of Richard II", *EHR*, xlviii (1933), 380–385; Ormrod, "Trials of Alice Perrers", 375–379.
[3] M. Aston, *Thomas Arundel: A Study of Church Life in the Reign of Richard II* (Oxford, 1967), 44.

控诉中死去之后，名誉扫地的佩勒斯家族重新回到王室圈子和贵族社会的希望破灭了。[1]

尽管及时地处置了爱丽丝·佩勒斯，但理查二世的早期统治因为战争而政权不稳，很快便声名狼藉。1369 年英格兰王室和贵族提出的军事外交议案，意味着英格兰王权的注意力转移到战争和休战引发的系列事件中。兰开斯特公爵实施所谓的"堡垒政策"（barbican policy），给予幻想破灭的精英们以盼头。这个政策旨在通过修建一系列围绕法国北部和西部海岸的堡垒，从而恢复英格兰的海上霸主地位。然而，瑟堡和布雷斯特城堡的修建，以及一系列企图在圣马洛（Saint-Malo）、阿夫勒尔、兰斯争夺更沿海的位置却未能成功的军事行动，仅仅是推高了战争经费，并因此失去了大量英格兰民众的支持，"堡垒政策"也便难以继续推行下去。[2]

1380 年 11 月的北安普敦议会决定恢复 1377 年的统一人头税，这一毁灭性的战略达到了顶点。税率标准被提高到每人一先令，意味着更多富农在不损害自身生计的前提下不再有能力贴补较为贫困的邻居。1381 年 6 月，埃塞克斯和肯特两郡的农民领袖集结了大量不满该政策的土地承租人和劳工去伦敦游行。以拒绝纳税为开端，农民的反抗迅速发展为一场对于经济、社会和法律之弊的全面谴责。在 14 世纪 70 年代的艰难十年中，下层社会民众成了这一切的受害者。

在这前所未有的权力危机中，十四岁的理查二世至少一开始在一定程度上赢得了叛乱分子和当权派的尊重。但在叛乱平息之后，他发现无法找到任何切实可行的办法来解决上层社会的腐败、进行财政改革及恢复和谐社会秩序。地主阶级内部分歧严重：一派重新主张农民要为他们的懒惰和傲慢付出代价，另一派则认为唯一的办法便是制订一个激进的社会和经济

---

[1] Given-Wilson and Curteis, *Royal Bastards*, 136–142; Ormrod, "Trials of Alice Perrers", 366, 388–392.

[2] *PROME*, vi, 78–79; Jones, *Ducal Brittany*, 84–85; Sherborne, *War, Politics*, 66–69.

重建计划。但是，由于高层缺乏强有力的领导，理查二世的政府逐渐转向顺从的、令人生厌的保守主义。[1]朗格兰在1381年之后不久创作的《农夫皮尔斯》，后来改变了第三章中对英格兰政治体系的描述，他不再认同国王行使王权是人民授予的。[2]与此同时，乔叟在他的作品《百鸟会议》(*Parliament of Fowls*)中描述了1381年的情景：理性的争论被淹没在下层民众的无政府主义嘈杂"咯咯嘎嘎呱呱"的尖叫声中。[3]

在这种狂热的氛围中，我们可以想象，当时人将蓬勃崛起的爱德华三世时代视为一个只可追忆的黄金时代，这个逝去的时代成为人们津津乐道、逃避现实的避难所。在1377年之后的14世纪里，逐渐出现了这样一种传说，即爱德华三世是一切伟大的化身，他的统治是君主政体的光辉典范。毫无疑问，这种身后的狂热崇拜牢牢建立在爱德华三世统治时期的军事成就上。爱德华三世的墓碑上刻着"不可征服的猎豹"，简明扼要地写明了这位伟大君主亲自领导的任何战争都没有遭到公开的失败。沃尔辛厄姆以类似的措辞记载了已故国王的成就："在他所有的战斗中，不论是陆上还是海上，他总是赢得荣耀的胜利。"[4]这句话及其所在的整篇文章，在很多其他的历史记载中都可以找到，包括14世纪晚期流传最广的被翻译成英语的雷纳夫·希格登的《历代记》和英语散文《布鲁特编年史》。[5]这让对爱德华三世的死后崇拜确实有了一个迅速而轰动的开端。

当然，强调爱德华三世的军事成就，有一个明显相关的事件。1415年，亨利五世开始重提他的祖先对欧洲大陆的主张，并再次对法国发动全面战

---

1 A. Tuck, "Nobles, Commons and the Great Revolt of 1381", *English Rising of 1381*, ed. Hilton and Aston, 194–212; W. M. Ormrod, "The Peasants' Revolt and the Government of England", *JBS*, xxix (1990), 1–30.

2 A. P. Baldwin, *The Theme of Government in Piers Plowman* (Cambridge, 1981), 12–13.

3 Chaucer, *Riverside Chaucer*, 392 (ll. 498–499); D. Aers, "*Vox populi* and the Literature of 1381", *Cambridge History of Medieval English Literature*, ed. Wallace, 439–451.

4 *St Albans*, i, 988–989.

5 *Westminster Chronicle*, xviii–xix; *Brut*, ii, 333–334.

争。[1] 在阿夫勒尔和阿金库尔（Agincourt）最初胜利所带来的喜悦中，爱德华三世和黑太子的事迹必然深入人心。例如，在1416年议会中，大法官博福尔说阿金库尔战役是继之前几场战役后的又一次胜利。他所说的"之前几场战役"，是从1340年的斯鲁伊斯开始，持续到1356年的普瓦捷。这些战役之所以取得了胜利，除了爱德华三世和黑太子的杰出军事才能之外，还因为上帝一直站在他的英格兰子民一边。[2] 人们对爱德华伟大胜利的鲜活记忆，并没有因为亨利五世征服并殖民法国的梦想破灭而黯淡。15世纪50年代，当英格兰军队最终从诺曼底和加斯科涅撤退时，虽然战败而归，但爱德华三世的后代仍然赢得了主要战争的胜利，这至少在精神上稍稍抚慰了那些受伤的骑士。由于爱德华三世和亨利六世都出生在温莎，这种巧合，让爱好预言术的人们想起了温莎野猪的形象，一厢情愿地认为亨利六世和他那预言般被命名为爱德华的儿子，是他们英勇卓绝的祖先——爱德华三世的真正继承者。[3]

这给爱德华四世夺取亨利六世的王位提供了更充分的理由。爱德华四世通过安特卫普的莱昂内尔家族和兰利的埃德蒙家族的血统，取得了合法的王位继承权，其后，他开始有意识地利用民众对他这位14世纪的先祖和同名人的记忆，刻意模仿他的各种做法。[4] 重建温莎嘉德骑士圣乔治礼拜堂，是他肯定爱德华三世个人及其政治风格的体现之一。正是在爱德华四世统治时期，知识分子开始为已逝的国王们构建星座表盘，证明他们的个人运程会如何影响其统治。仅凭爱德华三世出生于1312年11月13日黎

---

[1] V. J. Scattergood, *Politics and Poetry in the Fifteenth Century* (London, 1971), 49–50.

[2] *Gesta Henrici Quinti: The Deeds of Henry the Fifth*, ed. F. Taylor and J. S. Roskell (Oxford, 1975), 122–125; *PROME*, ix, 132, 135–136.

[3] Coote, *Prophecy*, 205–207.

[4] A. Allan, "Yorkist Propaganda: Pedigree, Prophecy and the 'British History' in the Reign of Edward IV", *Patronage, Pedigree and Power in Later Medieval England*, ed. C. Ross (Gloucester, 1979), 171–192; Morgan, "Political After-life", 856–881.

明的吉祥时分，占星师们便能够证明"火星"的压倒性优势，及"幸运点"对这位先王生活和行为的积极影响。[1] 因此，当爱德华四世和后来的亨利八世妄图重启百年战争而对法国发动进攻时，他们非常明确地效仿爱德华三世在 1346 至 1347、1359 至 1360 年的大扫荡政策，并声称这些行动是基于那些远征证明的他们所拥有的王朝权利。[2] 一首哀悼爱德华四世之死的拉丁语挽歌，铿锵有力地向世人宣布了他征服苏格兰、迫使法国屈服的成就，并阐述了爱德华三世和黑太子的身份与英格兰第一位约克国王的身份有着多么紧密的联系。[3] 直到 1558 年英格兰最后撤离加来时，都铎王朝才开始小心谨慎地承认，爱德华三世在法国领土上发起的战争事实上可能一直都有损英格兰的国家利益，从而为与瓦卢瓦王朝长达两百年的冲突及跟随其而来的羞辱辩护。[4]

15 世纪兴起的爱德华三世的神话，牢固而持久地以其军事才能为核心，但也不局限于此。到 1400 年时，已经产生了一个类似这样的观念，认为爱德华三世的战争对英格兰大有裨益，生产和贸易因此蓬勃发展，整个国家呈现出繁荣昌盛的景象。1429 年的议会下议院充满怀旧之情地回顾起爱德华三世的统治时期，英格兰牧民和布业工人在国际上高价卖出他们的

1　BL, MS Royal 12 F. XVII, fols 153–153v, discussed by Carey, *Courting Disaster*, 119–125; H. Wayment, "The Medieval Stained Glass", *A History of the Stained Glass of St George's Chapel, Windsor Castle*, ed. S. Brown (Windsor, 2005), 57 and fig. 51.
2　J. R. Lander, *Crown and Nobility, 1450–1509* (London, 1976), 220–241; C. S. L. Davies, "Henry VIII and Henry V: The Wars in France", *The End of the Middle Ages? England in the Fifteenth and Sixteenth Centuries*, ed. J. L. Watts (Stroud, 1998), 235–262. 1515 年，亨利八世的外交大使罗伯特·温菲尔德前往帝国宫廷向托马斯·沃尔西传达国王的意旨，"如果一个（像爱德华三世这样）睿智的国王故意（把阿基坦公国）置于危险之中……与法兰西这样强大的王国开战，那他就不值得尊敬了"，*Letters and Papers, Foreign of Domestic, of the Reign of Henry VIII*, 21 vols (London, 1864–1932), II.i, no. 1265。
3　A. F. Sutton, L. Visser-Fuchs and R. A. Griffiths, *The Royal Funerals of the House of York at Windsor* (London, 2005), 90–92.
4　M. Aston, "Richard II and the Wars of the Roses", *The Reign of Richard II: Essays in Honour of May McKisack*, ed. F. R. H. Du Boulay and C. M. Barron (London, 1971), 314–315.

产品，并以低廉的价格从非洲大陆和东方购进香料和美酒。[1]《英格兰政策之罪》(Libelle of Englyshe Polycye)，是一部大约完成于1435至1436年、宣扬英格兰贸易原则的争议之作，其中写道，爱德华三世是个真正的商业奇才，他促进了航运的发展，夺取了加来港口，保持了海洋的开放，规范了外国商人的行为，并"用心爱着他的英格兰商人"。[2] 这一观点经久不衰，以至于从16世纪开始，当评论家开始尝试用统计方法来解决贸易平衡问题时，他们选择了1353年制定羊毛集散中心法令之后的"奇迹之年"（annus mirabilis）作为重要的参考基准。就这样，具有讽刺意味的是，到了1700年，爱德华三世在很多支持者的心中牢固地建立起重商主义先驱的形象。[3]

爱德华三世的成就不止这一方面。他作为伟大君王的盛誉，及其对待臣民无论尊卑的仁慈，在他死后的一个世纪里，被记载在民谣《爱德华国王和牧羊人》(King Edward and the Shepherd)、《爱德华国王和隐士》(King Edward and the Hermit)、《罗宾汉传奇》中。在这些民谣里，爱德华三世——"我们英俊的国王"，用他作为和平者的魅力和恩典，觉察到犯罪分子依然存有一丝良善本质，帮助他们改邪归正。[4] 爱德华三世完善了严苛的律法，驯服了屡教不改的罪犯，维持了王国的秩序。这也使得15世纪的君主们将赦免作为常规手段以维护自身统治。[5] 爱德华四世上台后，国内很多人呼吁，

1　*PROME*, x, 430.
2　*The Libelle of Englyshe Polycye: A Poem on the Use of Sea Power, 1436*, ed. G. Warner (Oxford, 1926), 10 (ll. 186–189), 13 (ll. 240–245), 50–51 (ll. 980–1009).
3　E. Misselden, *The Circle of Commerce: or, The Balance of Trade* (London, 1623), 116, 119–122, 127–130; D. C. Coleman, "Mercantilism Revisited", *Historical Journal*, xxiii (1980), 781–782; P. Slack, "Government and Information in Seventeenth-Century England", *Past and Present*, clxxxiv (2004), 40–41, 51–52. 由于弄错了爱德华三世的财政年度，这些其实是1354至1355年的数据。Ormrod, "English Crown and the Customs", 39–40.
4　A. J. Pollard, *Imagining Robin Hood* (London, 2004), 200–204。
5　R. L. Storey, *The End of the House of Lancaster*, new edn (Gloucester, 1986), 210–216; E. Powell, *Kingship, Law, and Society: Criminal Justice in the Reign of Henry V* (Oxford, 1989), 125, 134–136, 187–189, 190–191, 229–232.

第二十一章　伟大的爱德华

请求他效仿爱德华三世的这一政策以及其他的国内政策。在1472至1475年的漫长议会中，一份引人注目的请愿书生动地将温莎的爱德华描绘为"高贵的王子，高贵的骑士，备受爱戴的英勇的征服者"，在他的时代，"上帝被人们敬服顺从，商品的流通和追索权得到合理的维护，法律秩序得到充分的遵守"。[1]

爱德华三世被人夸赞如上述那般完美，让他免受一些明显的批评，由于儿子太多，他在某种程度上对"玫瑰战争"负有责任。亨利八世，最具王朝思想的统治者，把爱德华三世拥有众多男性子裔视作上帝对他十足的福佑。在国王学堂的旧址上，亨利八世新建了剑桥三一学院，并在这个学院的大门楼上，装饰着爱德华三世当时已知的六个儿子的徽章。[2] 童贞女王伊丽莎白一世也不会轻易承认，兰开斯特家族与约克家族之间的竞争可能应该追溯到爱德华的家族政策上。[3] 莎士比亚则认为玫瑰战争直接起因于理查二世被废。最近发现的一个首版于1596年的匿名历史剧本《国王爱德华三世的统治》(The Reign of King Edward III)，全部或部分内容出自莎士比亚之笔。在该剧中，莎士比亚不只将爱德华三世视作连接《理查二世》(Richard II) 和《理查三世》(Richard III) 的关键人物。相反，这个剧本似乎给观众提供了一部有关爱德华三世的独立剧目，讲述的是创立"嘉德骑士团"的神话传说。令观众满意的是，演出所展现的英勇恢弘的战争场景，

1　WAM, 12235，载 Morgan, "Political After-life", 873（现代拼写方式）。
2　C. Carpenter, *The Wars of the Roses: Politics and the Constitution, c. 1437–1509* (Cambridge, 1997), 9 and n. 8.
3　Aston, "Richard II", 288 and n. 16; K. Dockray, "The Origins of the Wars of the Roses", *The Wars of the Roses*, ed. A. J. Pollard (Basingstoke, 1995), 72–73. 在玛丽一世嫁给西班牙腓力二世时，王室试图强调后者是爱德华三世的后裔，以此来安抚公众的紧张情绪，S. Anglo, *Spectacle, Pageantry and Early Tudor Policy* (Oxford, 1969), 92; J. Loach, "The Marian Establishment and the Printing Press", *EHR*, ci (1986), 144。

堪比《亨利五世》(Henry V)那些广为人知的气势庞大的军事场景。[1]

总之，正是爱德华三世那些为后人交口称赞的政治才能，让他在英格兰君主政体中恒久地占据一席之地。在他生命的最后，爱德华已经是一个模范君主，他的统治不是为了他个人的野心而是为了平民百姓的利益。"在他的治下，生活就是被统治"是沃尔辛厄姆对他的过誉评价。[2] 中世纪后来的编年史家评价说，爱德华三世晚年时期统治阶级内部的派系斗争破坏了这个幸福的国度。然而，一般而言，人们怀念克雷西大捷与普瓦捷会战所在的那个时代，意味着爱德华三世作为和谐、包容和参与性政治的保证人，被无条件地赋予了一种不容置疑的地位。[3] 面对都铎王朝和斯图亚特王朝的专横统治，越来越多的不同政见者认为爱德华三世的统治见证了宪政的真正高点。[4]1628 年催生《权利请愿书》(Petition of Right)的争议中，查理一世的反对者将希望寄托在《大宪章》及对爱德华三世在 1331、1352、1354、1362、1363、1368 年发布的所谓"六条成文法"的确认、注解和延伸上。爱德华·科克认为爱德华一世是英格兰的查士丁尼，但是对那些反抗查理一世暴政的人来说，是爱德华三世及其议会让生而自由的英格兰人所追求的自由表现得淋漓尽致，并让渐被遗忘的《大宪章》重焕生机。[5]

1　R. Proudfoot, "The Reign of King Edward the Third (1596) and Shakespeare", Proceedings of the British Academy, lxxi (1985), 159–185; King Edward III, ed. G. Melchiori (Cambridge, 1988); E. Slater, The Problem of the Reign of King Edward III: A Statistical Approach (Cambridge, 1988); Shakespeare's Edward III: An Early Play Restored to the Cannon, ed. E. Sams (New Haven, 1996); T. Merriam, "Edward III", Literary and Linguistic Computing, xv (2000), 157–186. 这幕剧在1986至1987年曾被视作莎士比亚的伪作而上演，随着20世纪90年代真实性的支持者越来越多，皇家莎士比亚剧团于2002年首次在伦敦上演该剧。

2　St Albans, i, 988–989.

3　例如，Political Poems, i, 215–218。

4　G. L. Harriss, "Medieval Doctrines in the Debates on Supply, 1610–1629", Faction and Parliament: Essays on Early Stuart History, ed. K. Sharpe (London, 1978), 73–103.

5　F. Thomson, Magna Carta: Its Role in the Making of the English Constitution, 1300–1629 (Minneapolis, 1948), 86–97, 326–335.

第二十一章 伟大的爱德华

在中世纪的君王中，爱德华三世几乎是独一无二的。他曾经的作为，似乎在他死后的三个世纪里，面对新出现的各种政治情况，都有相当的适应力。他发起了伟大的反对教皇法案运动，并由此成为主权理念的策动者，后来这一理念被亨利八世运用在英格兰教会之上，这在很大程度上巩固了建制派对他的信任。[1] 在圣公会教徒看来——圣公会从 16 到 18 世纪占据着支配地位——爱德华三世任用约翰·威克利夫这事，可被作为他肯定会是一位原始新教徒的证据。[2] 在单一的文化中，很少有宗教信仰或知识的多样性，因此，保持这种一知半解的观念相对容易些。到 17 世纪末期，更多严谨的历史学者开始为爱德华三世的统治著书，如埃利亚斯·阿什莫尔的《机构、法律与最高贵的嘉德骑士团庆典》(Institution, Laws and Ceremonies of the Most Noble Order of the Garter, 1672)，乔舒亚·巴恩斯《历史上最成功的君主——爱德华三世》(History of that Most Victorious Monarch Edward III, 1688) 都是这样的研究著作。在随后两个多世纪的时间里，对于那些研究岛国历史的人来说，这些都成为可资参考的基本观点。然而，即使是巴恩斯也无法抗拒夸张之词，他在著作的最后一句话中写道，爱德华是"那个时代里最好的国王，最好的军事统帅，最好的立法者，最好的朋友，最好的父亲，最好的丈夫"。[3]

15 至 17 世纪的精英文化对爱德华三世所取得的成就深感兴趣，在乔治三世和维多利亚时代早期，这种崇拜可以说达到了真正的巅峰。艺术、建筑和文学方面的新哥特式热潮将人们的注意力集中到英格兰中世纪的王室英雄身上。除此之外，这还引起了世人对骑士精神的重新评价和采纳。乔治三世改建温莎城堡，委托本杰明·韦斯特以爱德华三世和黑太子的功

---

[1] J. W. McKenna, "How God became an Englishman", *Tudor Rule and Revolution: Essays for G. R. Elton from his American Friends*, ed. D. J. Guth and J. W. McKenna (Cambridge 1982), 25–43.

[2] Aston, "Richard II", 292–300; A. Hudson, *Lollards and their Books* (London, 1985), 247–248.

[3] Barnes, *Edward III*, 911.

绩为基础，创作了一系列历史画，并围绕爱德华声望的基石——嘉德骑士团，开发了一套有意识的古老仪式。更值得注意的是，乔治鼓励上流社会和资产阶级将个人荣誉与14世纪特有的民族自豪感联系起来，并将其融入新兴的英格兰文化中。[1] 黑太子的地位提升到和他的父亲一样高，给两位威尔士亲王即乔治二世的儿子弗雷德里克以及后来的乔治四世提供了宝贵的先例，即要求扩大在政治及政府中的话语权。除此之外，在1376年，伍德斯托克的爱德华作为人们想象中的下议院拥护者的角色，让他成为几乎与议会创始人西蒙·德蒙特福特地位等同的政治英雄。[2]

在维多利亚女王与萨克森－科堡公国的阿尔伯特亲王结婚后，爱德华三世的家庭生活与王朝统治也深深吸引着王室和新兴中产阶级。1842年，这对年轻的夫妇打扮成埃诺的菲莉帕和爱德华三世，前往他们在白金汉宫举办的盛大化装舞会。他们的幸福婚姻被画家埃德温·兰西尔爵士永久地保存在一幅肖像画中。一年之后，在重建的英国威斯敏斯特宫上议院装修方案的公开竞标中，在所有递交的草图里，爱德华三世、埃诺的菲莉帕、黑太子三位的特写脱颖而出。查尔斯·科普受令创作大型壁画《爱德华三世加封黑太子爱德华为嘉德骑士》（Edward the Black Prince Receiving the Order of the Garter from Edward III）。著名的古文物研究者尼古拉斯·哈里斯·尼可拉斯爵士痛苦地埋怨道，根据他对公开资料的研究，嘉德骑士团的创立及嘉德授勋仪式并非如科普描绘的那样。这个争议一直持续到首相罗伯特·皮尔时期。然而，在经过仔细思考后，皮尔认为事到如今，再去

1　M. Girouard, *The Return to Camelot: Chivalry and the English Gentleman* (London, 1981), 21–26; L. Colley, "The Apotheosis of George III: Loyalty, Royalty and the British Nation, 1760–1820", *Past and Present*, cii (1984), 94–129; W. Greenhouse, "Benjamin West and Edward III: A Neoclassical Painter and Medieval History", *Art History*, viii (1985), 178–191; L. Colley, *Britons: Forging the Nation, 1707–1837* (London, 1994), 212–217.
2　B. L. Gribling, "Nationalizing the Hero: The Image of Edward the Black Prince in English Politics and Culture, 1776–1903" (University of York PhD thesis, 2009), 66–84, 193–224, 251–259.

改变陈例,太过麻烦,因此决定不作更改。在爱德华三世死后的历史长河中,不是第一次,也不是最后一次,严格的历史真实性顺理成章地服从于政治、实用主义和图画的结合。[1]

这种由来已久的正统观点随着历史车轮滚滚前进而不可避免地遭到挑战。在新一代专业历史学家用科学方法研究 14 世纪的历史之前,早在维多利亚时代就有学者开始质疑爱德华三世是否那么伟大。1869 年威廉·朗曼所撰的《爱德华三世及其时代》(*Life and Times of Edward the Third*) 是两百年来出版的第一部全面的传记。作者的一些观点颇为进步:爱德华三世和黑太子的英勇事迹无法抵消他们军事上的野蛮行径和忽视民众利益的自私。[2] 同样,初版于 19 世纪 70 年代的威廉·斯塔布斯的《英格兰宪政史》(*Constitutional History of England*),在随后七十年中是所有接受大学教育的历史学生的必读课本。在这本书里,作者谴责爱德华三世"野心勃勃、肆无忌惮、自私自利、荒诞不经、招摇炫耀"。对斯塔布斯来说,爱德华三世"漫长而乏味的统治"唯一的可取之处就是建立了宪政的基本元素——议会,以服务于民主。[3] 而斯塔布斯在牛津大学的年轻同事查尔斯·普卢默给爱德华三世发出了致命的最后一击。普卢默声称,爱德华的统治标志着"变态封建主义"(bastard feudalism)的开始。他用这个杜撰的术语来形容伟大的领主和他们姻亲之间的契约关系。他认为正是这种关系从根本上阻碍了中世纪晚期王权的权威。爱德华立即被暴露出他是"一手遮天"的始作俑者,一个拥有资源并自立为王的贵族,正是爱德华三世出了名的慷慨

---

[1] Ibid., 290–328.

[2] W. Longman, *The History of the Life and Times of Edward the Third*, 2 vols (London, 1869), ii, 297–298. 亦见 W. Warburton, *Edward III* (London, 1875); J. Mackinnon, *The History of Edward III (1327–1377)* (London, 1900)。

[3] Stubbs, *Constitutional History*, ii, 393–394.

使得英格兰在15世纪内战不断。[1]

这些关于爱德华三世的攻击影响极大。当英国和北美的学者在20世纪20和30年代继续研究14世纪时期的宪政史时,爱德华三世的个人声誉一度跌入谷底。1937年,研究宪政颇有影响的历史学家伯蒂·威尔金森也仅能将爱德华的政治美化成为"聪敏的机会主义"。[2] 然而,真正的痛处是爱德华三世受到了那些军事战略家的公开抨击。他们称,如果说爱德华的大扫荡行动有任何真正的目的,那便是以此来替代战斗。查尔斯·奥曼爵士和其他一些人认为,即使是克雷西大捷也算不得伟大,因为在这次战役中,国王罔顾原则,只是从近乎不可避免的失败中侥幸获得了胜利。[3] 如此尖锐的抨击无疑解释了20世纪前半期为什么没有爱德华三世的传记问世。不过,随着学术界对阿金库尔战役中的英雄亨利五世的日渐关注,爱德华三世的名誉所遭受的挫折在两次世界大战时期也出现了逆转。[4]

20世纪后半期,极具魅力的历史学家K. B. 麦克法兰和他的弟子们逐渐并最终推翻了斯塔布斯的范式。他们提出了一种中世纪君主制的新模式,这种模式较少倾向于根据现代资产阶级的价值观来判断过去,而是承认中世纪行使权力时的逻辑和概念的局限性。爱德华三世被公认为在可能的范围内已做得相当好。历史学家特别肯定他在14世纪20年代毁灭性内乱之后恢复君主权力与威望上的成功。梅·麦基萨克比20世纪任何一个历史

---

[1] J. Fortescue, *The Governance of England*, ed. C. Plummer (Oxford, 1885), 15–16; McFarlane, *England in the Fifteenth Century*, 23–43; J. Fortescue, *On the Laws and Governance of England*, ed. S. Lockwood (Cambridge, 1997), xvi–xviii; Carpenter, *Wars of the Roses*, 8–10.

[2] B. Wilkinson, *Studies in the Constitutional History of the Thirteenth and Fourteenth Centuries*, 2nd edn (Manchester, 1952), 167.

[3] 对这些观点的批评意见,见C. J. Rogers, "Edward III and the Dialectics of Strategy, 1327–1360", *TRHS*, 6th series, iv (1994), 83–84。

[4] J. H. Wylie and W. T. Waugh, *The Reign of Henry the Fifth*, 3 vols (Cambridge, 1914–29); E. F. Jacob, *Henry V and the Invasion of France* (London, 1947); A. Curry, *The Battle of Agincourt: Sources and Interpretations* (Woodbridge, 2000), 1–8, 370–405.

第二十一章　伟大的爱德华

学家都更着力于恢复爱德华的声誉，她指出，爱德华三世是一个对自己的统治职责有着明确认识的国王，同时也是一个尽己所能极力维护国内政治稳定、统治长久的国王。麦基萨克及其同代的学者们满意地指出：在1330至1380年的整整两代人之中，无论是贵族，还是平民，几乎都没有出现任何反抗王权的武装叛乱行为。这样的成就，从诺曼征服以来，直到18世纪，都是无与伦比的特例。这将爱德华与中世纪晚期其他拥有强大王权的伟大君主如亨利二世，爱德华一世和亨利五世区分开来。对于生活在20世纪60年代的历史学家而言，爱德华三世留下来的遗产归根到底还是和平。[1]

然而这一评价却暗含讽刺，因为与其对军事荣耀的追求相比，爱德华的国内政策显然居次要地位，这是不可否认的事实。当百年战争成为学术研究的热点话题时，我们在很多方面都无法回避这样一个令人不太舒服的结论：爱德华三世不止一次而是三次挑起了不能取胜的战争，即同法国、苏格兰和卡斯蒂利亚开战，这将英格兰置于灾难之中。1952年，A. R. 迈尔斯称这一巨大的难题为"悲剧困境"，以此来解释为什么20世纪60、70年代的历史学者不愿意研究爱德华三世。[2]1976年，在黑太子逝世六百周年纪念时，学术界很快就出来了两本伍德斯托克的爱德华的传记。[3]然而，在接下来的几年里，在同样的纪念年份里，却没有人想去为爱德华三世这个国王立传。在1973至1992年间出版的三本关于爱德华的书，观点陈旧，乏善可陈。直到2006年，继乔舒亚·巴恩斯之后，总算有伊恩·莫蒂默

---

[1] McKisack, *Fourteenth Century*, 270–271; M. McKisack, "Edward III and the Historians", *History*, xlv (1960), 1–15. 关于麦基萨克一文对后人的影响，见对爱德华时代之成就的各种总结，Prestwich, *Three Edwards*, 238–244; Ormrod, "Edward III and the Recovery of Royal Authority", 4–19; Ormrod, *Reign of Edward III*, 200–203; Waugh, *England in the Reign of Edward III*, 230–236; Mortimer, *Perfect King*, 392–402。

[2] A. R. Myers, *England in the Later Middle Ages*, 8th edn (Harmondsworth, 1971), 15–36. 迈尔斯在20世纪70年代试图为爱德华三世作传，见本书"序言与致谢"第1页。

[3] Barber, *Edward, Prince of Wales*; B. Emmerson, *The Black Prince* (London, 1976); J. Harvey, *The Black Prince and his Age* (London, 1976).

写出了一本气势恢弘、引人入胜，有时不免过分戏剧化的传记，并取了个吸引人眼球的书名：《完美国王》(*The Perfect King*)。[1]

尽管如此，20世纪80年代以来，中世纪史的研究方向侧重于考察爱德华三世的统治在英格兰王权和国家历史上所处的关键位置。现在看来，有三个重要方面在这一时期达到了顶点：第一，同时也是爱德华最为自得的，是现在有时被称为"中世纪军事改革"的现象。战斗策略改变为防御模式，源于爱德华一世时期，在哈利顿山丘及克雷西战役中臻于完善，其影响远远超出了战场。为了装备小型、机动且日益专业化的军队来同法国对抗，爱德华三世抛弃了直接征兵征饷的体系，而代之以与军事将领和商业资本家缔结私人协议。随之而来的财政改革，便是从直接税变为间接税，这种税制的改变几乎使得英格兰的战争变成了真正可持续发展的活动。最值得注意的是，骑士精神的实践与价值的复兴，在贵族和乡绅中间激起了强烈的身份认同感，数量日益庞大的重骑兵、重装弓箭手大多来自该阶层。爱德华三世对于骑士理想的热情因此出现在修正主义的思想中，并非被看作幻想的避难所，而是14世纪中期英格兰军事成功和稳定政治的真正动力。[2]

爱德华三世统治时期达到巅峰的第二个方面是普遍的协商政治的发展。直到爱德华二世统治时，国王仍基本上将新兴的议会机构视作贵族和主教们的清谈场，只有到了14世纪20年代中期，下议院才开始不断地发出自己独立的声音。爱德华三世为吸引下议院所做出的努力，在1327年

---

[1] P. Johnson, *The Life and Times of Edward III* (London, 1973); M. Packe, *King Edward III* (London, 1983); B. Bevan, *Edward III: Monarch of Chivalry* (London, 1992).
[2] C. J. Rogers, "The Military Revolutions of the Hundred Years' War", *Journal of Military History*, lvii (1993), 241–278; M. Prestwich, "Was there a Military Revolution in Medieval England?", *Recognitions: Essays Presented to Edmund Fryde*, ed. C. Richmond and I. Harvey (Aberystwyth, 1996), 19–38; A. Ayton and J. L. Price, "Introduction: The Military Revolution from a Medieval Perspective", *Medieval Military Revolution*, ed. Ayton and Price, 1–22; A. Ayton, "Armies and Military Communities in Fourteenth-Century England", *Soldiers, Nobles*, ed. Coss and Tyerman, 215–239.

的议会中充分体现了出来，并很快建立起了论调及实质都焕然一新的政治局面。[1]14世纪40年代牛津的牧师沃尔特·伯利提出，英格兰的国王与臣民共治，这完美诠释了亚里士多德的君民共享的混合君主制理念，同时也是首次在学术著作中明确指出，议会制度是良好统治的基本保证。[2]伯利是在为制度而非为国王辩护：如果他对当时发生的事情一清二楚，能够看到爱德华三世在1340至1341年议会上不守信用、欺凌众人的记录，他很可能也会勃然大怒。然而，最终混合政府占了上风。不同于14世纪法兰西和伊比利亚统治者的做法，爱德华三世无意用战争的爆发作为废除政治协商惯例的借口，反之，他和大臣们积极探索让下议院参与改革进程的办法，既迎合了他们的偏见，又改善了他们在社会、经济等更有分歧的一些方面。甚至那些认为爱德华三世已准备好放弃主动权以获取平静生活的历史学家，现在也直率地承认这种合作关系蕴含了相当可观的创造力。[3]正是在爱德华三世时期，议会第一次把自己所承担的工作称为"为国王和王国谋福祉"，并在这样做的过程中采纳了这些原则。接下来的两个世纪里，这些原则形成了更加广为人知的公共利益话语。[4]

---

1 M. Prestwich, "Parliament and the Community of the Realm", *Parliament and Community*, ed. A. Cosgrove and J. I. McGuire (Belfast, 1983), 5–24; A. Harding, *England in the Thirteenth Century* (Cambridge, 1993), 217–219; J. R. Maddicott, *The Origins of the English Parliament, 924–1327* (Oxford, 2010), 359–366.

2 S. H. Thomson, "Walter Burley's Commentary on the Politics of Aristotle", *Mélanges Auguste Pelzter* (Louvain, 1947), 557–578; C. J. Nederman, "Kings, Peers, and Parliament: Virtue and Corulership in Walter Burley's *Commentarius in VIII Libros Politicorum Aristotelis*", *Albion*, xxiv (1992), 391–407.

3 例如，M. H. Keen, *England in the Later Middle Ages: A Political History*, 2nd edn (London, 2003), 132–133。

4 A. Harding, *Medieval Law and the Foundations of the State* (Oxford, 2002), 257–263; J. Watts, "Public or Plebs: The Changing Meaning of 'The Commons', 1381–1549", *Power and Identity in the Middle Ages: Essays in Memory of Rees Davies*, ed. H. Pryce and J. Watts (Oxford, 2007), 242–260; Ormrod, "Good Parliament"; C. Fletcher, "De la communauté du royaume au *common weal*: Les requêtes anglaises et leurs stratégies au XIVe siècle", *Revue française de l'histoire des idées politiques*, xxxi (2010), 359–372.

爱德华三世统治时期达成的第三个长期成就，是国王与贵族之间发展出一种新的和解方式。近期有关爱德华三世与贵族阶级关系的研究证实了麦克法兰的主张，即国王对贵族的纵容，实际上是有相当的条件限制的，贵族精英们由此背负了沉重的道德义务，从而要无限地尊重、忠诚并服务于王权。[1]这也同样适用于乡绅阶层。爱德华三世政权将一些重要权力委托给各郡封臣，目的是让他们维护地方的秩序，但这仍被一些人视作对王权的限制，从而未能有力约束部长级官员，也因此影响了地方上贪污和违法现象的预防效果。[2]从黑死病暴发到农民起义之前，下层社会认为，他们的雇主新获得的权威直接影响了自己经济情况的好转及自己的自主决定权，这是有确切原因的。[3]但是许多历史学家现在更倾向于将司法权下移视作英格兰君主制利用一个更广泛的政体的能量和抱负服务于扩张中的国家的基本机制。[4]在这种观念下，爱德华三世司法改革的成效不在于是否更加公平，而在于是否增加了人们在社会和经济层面的司法运作空间。这是爱德华三世政权影响最为长久的政治遗产之一，当时所建立的乡绅主导的地方法院传统，一直到17、18甚至是19世纪还在持续支配英格兰乡村社会和地方政府。[5]

---

1 McFarlane, *Nobility*, 156–163; J. S. Bothwell, "Edward III and the 'New Nobility': Largesse and Limitation in Fourteenth-Century England", *EHR*, cxii (1997), 1111–1140; J. S. Bothwell, "'Until he receive the equivalent in land and rent': The Use of Annuities as Endowment Patronage in the Reign of Edward III", *HR*, lxx (1997), 146–169; Bothwell, *Peerage*, 154–160.

2 Kaeuper, *War, Justice, and Public Order*, 181–182.

3 A. Harding, "The Revolt against the Justices", *English Rising of 1381*, ed. Hilton and Aston, 165–193; A. Musson, *Medieval Law in Context: The Growth of Legal Consciousness from Magna Carta to the Peasants' Revolt* (Manchester, 2001), 241–255.

4 Powell, *Kingship, Law*, 19–20; G. L. Harriss, "Political Society and the Growth of Government in Late Medieval England", *Past and Present*, cxxxviii (1993), 28–57; Carpenter, *Wars of the Roses*, 47–66; Musson and Ormrod, *Evolution*, 42–74.

5 G. L. Harriss, "The Dimensions of Politics", *The McFarlane Legacy: Studies in Late Medieval Politics and Society*, ed. R. H. Britnell and A. J. Pollard (Stroud, 1995), 1–20; Palmer, *English Law*, 1–12; P. Coss, *The Origins of the English Gentry* (Cambridge, 2003), 239–254.

第二十一章 伟大的爱德华

鉴于学界如此关注爱德华统治的结构性影响，我们也许应该追问：爱德华统治所取得的成就到底多大程度上反映了他的个人特征？当然，中世纪编年史家很难区分两者的差别：对他们来说，统治的成功或失败，很大程度上取决于统治者个人的优点或缺点。然而对于现代读者来说，关键问题是爱德华是否真的配得上举国上下的奉承，以及中世纪世界里他的朋友和敌人对他几乎同等的尊重。

提出这个问题，就等于立即承认爱德华是一个并不复杂的人，他天性诚实，耿直率性。这好坏参半。爱德华最大的特质是他强烈的荣誉感，表现在他崇奉骑士精神、尊重公平公正、坚定支持和爱护忠贞不渝之人、坚持政治协商原则。而关于他的不足之处，我们或许要特别考虑他极为有限的知识储备、当现实与理想相背离时他的固执，以及坚信他的命令与能力能够所向披靡。即使他天生魅力非凡又平易近人，但有时也不免暴躁、粗鲁。他对宗教、教育和艺术的态度，主要取决于它们是否能够装点他的君权。虽然他起初相信自己身负重任，但几乎没有迹象表明他后来有更强的进取之心。尽管他被证明是英格兰最励精图治的勇士国王之一，然而他最后却被轻而易举地说服，转而相信俗世的现实和残酷的统治可以通过权力的矫饰来弥补。

然而，我们如此直白地承认爱德华三世的不足，并未削弱他的性格与抱负在至少四十年里绝对地影响着英格兰王室政策的事实。在评估爱德华对政权做出的充满创造性和活力的贡献时，我们必须从他和家庭成员、随从及范围更广的宫廷精英之间建立的关系开始。作为一段极为畸形的婚姻的产物，爱德华显然对自己与妻儿的情感纽带极为重视。他与埃诺的菲莉帕的婚姻，发展成为互信互爱的天成佳偶，给他们的众多子女留下了深刻的印象。爱德华也许未能成功给自己所有儿子颁赐足够多的头衔、分配好所有的遗产，但他从未对自己的孩子不管不顾，这与其他许多长寿的君主不一样。五个儿子，爱德华、莱昂内尔、约翰、埃德蒙及托马斯自幼就接受了父亲为他们设计的军事训练,并参与到具体的军事活动中。14世纪70年代,尽管范围逐渐扩大的王室里的一些年轻成员如彭布罗克伯爵和马奇伯爵反对王室政策,但同胞所生的王子们在从父亲病倒到去世后的持续不断的危机中,却不惜一切忠诚于爱德华三世所开创的事业。我们也不能说他们的父亲一死,父子之间的纽带便断了,而后鹬蚌相争。其实是理查二世对家庭关系的处理不当,才导致了伍德斯托克的托马斯和冈特的约翰的儿子博林布鲁克的亨利,在1386年坚定地站到了王室的对立面。也正是理查在1397年后向其叔父及堂兄弟的突然复仇,导致爱德华三世最后一个在世的儿子兰利的埃德蒙最终背弃了1377年的忠贞信念,转而在1399年支持篡位行动,将亨利四世推上了英格兰的王座。[1]

爱德华三世不但赢得了儿子们的信任与忠诚,也同样赢得了他在宫廷和咨议会的朋友的爱戴与忠心。早年间,他对导师理查德·伯里和战友威廉·蒙塔古的感情,似乎亦父亦兄。当他青年时的朋友相继死去,他也进入到更安宁、私密的生活之中,他的交往关系在本质上也就不可避免地改变了。但是,很少有人怀疑爱德华的长情与坚定。当然,这偶尔也会使他自己陷入麻烦。在政治、财政丑闻不断累积的同时,他还一意孤行地追求与爱丽丝·佩勒斯的恋情,这不仅让他看起来很愚蠢,还败坏了他的个人名声和政治声誉。但就总体而言,爱德华受益于他身边那些为人正直、能干、有内涵的男男女女。高级贵族如兰开斯特公爵格罗斯蒙特的亨利、萨福克伯爵罗伯特·阿福德、北安普敦伯爵威廉·博恩、沃里克伯爵托马斯·比彻姆、阿伦德尔伯爵理查德·菲查伦及继承亡夫爵位的彭布罗克伯爵夫人

---

[1] Goodman, *Loyal Conspiracy*, 74–104, 153–156; C. Given-Wilson, "Richard II, Edward II, and the Lancastrian Inheritance", *EHR*, cix (1994), 553–574; D. L. Biggs, "'A wrong whom conscience and kindred bid me to right': A Reassessment of Edmund of Langley, Duke of York, and the Usurpation of Henry IV", *Albion*, xxvi (1994), 253–272; D. L. Biggs, *Three Armies in Britain: The Irish Campaign of Richard II and the Usurpation of Henry IV, 1397–1399* (Leiden, 2006), 111–147, 237–260.

玛丽·德圣波尔,都长期效忠于他。此外,在他长久的统治期间,还有许多其他的贵族支持者和伙伴,充分证明了国王的交友天赋,以及同时代的社会精英对他的真诚尊重和深切感情。爱德华在选拔人才上的判断力,比如选拔了约翰·托雷斯比、威廉·埃丁顿和威廉·谢里沙尔等名臣,表明他有能力维系他那个时代一些最具战略思维的杰出之人的忠诚。在中世纪,如果成功的治理和政治指的是最大限度地发挥他人的才能,那么爱德华三世无疑充分展示出一个真正政治家的特质。

爱德华三世受到同时代人夸耀的另一个品质可能就是他与生俱来的魅力和作为表演者的天赋。青壮年时代的爱德华有着迷人的个人风格,这一点不可否认,而他深谙如何使用它,并适应不同的观众,或许仍没有得到足够的赞许。当他的朋友及仆人欢聚在他的大堂,或在宫廷中庆祝圣诞节时,爱德华三世作为众多男孩中的一个,也很快就能被辨认出来。有时候,他甚至会将自己置于精心编排的玩笑之中。当他置身于伦敦大街上参加奇普赛德和史密斯菲尔德骑士比武赛的游行队伍中时,盛装打扮的他会在气氛高涨的时刻特意抬高帽檐以显露自己的威严气势。同样地,爱德华三世也深知庄严肃穆的力量。在与外国统治者及使节的来往中,在对咨议会与议会的支配上,在展示治愈奇迹的场合里,在同王室成员出生、结婚和死亡的有关公开仪式上,国王展现了他与生俱来的表演能力。他也动用了许多资源来为自己的王权建立不朽丰碑——温莎城堡,并将恢弘壮丽的宫廷及其礼仪向大众开放。在1362和1377年的周年庆典上,爱德华三世和他的家族比以前更加努力地将英格兰王权设计为英格兰宗教的替代品。他坚持不懈地在王国内巡回,这种生活方式一直持续到14世纪60年代中期,至少让大量臣民因此得以一瞥其尊容,这产生了良好的效果,民众深深地记住了这位贤明国王爱德华。对爱德华三世来说,风格不是某种逃避现实、故作神秘的行为,而是他不断献身于王位的重要证明。

爱德华三世将自己和王国着重投入到战争的追求中,很大程度上是出于同样的目的。从14世纪30年代到14世纪70年代，公众对本国同苏格兰与法国的一连串战争的态度，因为爱德华个人的行为而转变，这是很难夸大的事实。虽然毫无疑问的是有时编年史家确实会夸大这一点，但如果爱德华没有真正的领导才能，他断不可能令军队久战疆沙且秩序井然。这种才能，在于了解手下的能力，明察秋毫，灵敏应对突发事件，以及激发忠诚、维持士气。尽管在1346年的克雷西之战中，爱德华三世谨慎地远离战场，但是在1333年哈利顿山丘战役中他的勇猛，1340年斯鲁伊斯战役中他的英勇负伤，1350年平定加来谋反之战中他的果决，这些脍炙人口的故事已生动显示出他目标坚定、心智坚强、英勇无畏。虽然他在收取赎金上寸步不让，但对重要囚徒特别是大卫二世和约翰二世的仁慈，使他成为慷慨骑士的模范，并且使全欧洲的人，无论是他的朋友还是他的敌人，都像对一位真正高贵的君王一样向他致敬。

当然，说爱德华三世履行了勇敢的英雄和好战的君主角色，并不等于说他在战争中对自己的行为目的和责任有着清楚的认识。在14世纪30和40年代的军事行动中，爱德华有一整套连贯的军事策略，即通过扫荡劫掠战术来弱化敌人，迫使敌人在坡地作战，以及著名的混合战术的防御模式。到14世纪40年代中期，这套战略的目标依然相当一致：在苏格兰建立傀儡君主政权，迫使腓力六世尽可能多地放弃金雀花王朝在法兰西的祖传土地。然而，在1346至1347年的伟大胜利后，有迹象表明，爱德华认为自己战无不胜的信念，削弱了他圆满结束战争的能力。到14世纪60年代，爱德华面对的是一个棘手的任务，那就是如何在四项相互抵牾的工作中寻求平衡：他真诚地希望同苏格兰和法兰西达成长期和平协定；他倾向于只执行那些符合他利益的和平条款；他为自己的儿子们在不列颠群岛和法兰西的公国上谋求土地和头衔的想法越来越强烈；一部分军事精英强硬地要求他继续保留法兰西国王头衔，这样才能将前人在这片属于爱德华先祖的诺曼底和大安茹地区征服的领地交还给他们。对于这些相互角力的目标和

第二十一章　伟大的爱德华

诱导民众生出不切实际的期待，爱德华必须负主要责任。因此他也必须，至少直到1372年他让出领导权之前，为没能找到第二次对法战争的真正目标负责。如果说在14世纪40和50年代，爱德华三世为了达成目标而跋涉了漫漫长路，那么他作为一个君主，最严重的失误就是他没能维持60年代的和平。

除了这个让人难受的结论外，不可否认的是爱德华引人注目地将众多国民——不管好斗与否——都凝聚到维护英格兰王权的军事活动上。称爱德华三世是某种英格兰沙文主义者，则显然忽略了他同骑士精神崇拜及他的诺曼、安茹和卡佩王朝遗产之间的紧密联系。人们很容易认为，他在国内的宣传，一贯强调英格兰的利益，只不过是用外来力量将臣民置于战争危险的可笑伪装罢了。此外，从14世纪40年代中期开始，当爱德华偶尔沉浸于征服法国的幻想时，他是真的相信自己的战争目标与英格兰的战略、商业和政治利益是兼容的。在14世纪50和60年代，爱德华三世通过一些强硬的做法，如推崇对亚瑟王和圣乔治的崇拜，庆祝自己从瓦卢瓦王朝国王和亲法教皇的残暴宗主权中解脱出来，并加强英语的政治和文化权威，在他的臣民中强烈显示出更多极端爱国主义的色彩。因为他决心挫败外敌，所以这些近来被视为英格兰标志的元素让爱德华三世感到舒心，这是完全有道理的。如果民族主义从来就不在他的心理构成中占据主导地位，那么这或许证明了爱德华在君主制方面表现出来的一种特征，使我们得以认真考虑让他重新跻身于最伟大的英格兰国王之列。自从诺曼征服以来，还没有哪位英王像爱德华三世一样被其臣民如此心甘情愿地视作自己人。

爱德华三世活得太长，统治得太久，以至于我们无法简单总结他的个性、事业和统治。走向权力之位的爱德华，最初只是一个懵懂少年，他经过了1326至1327年父亲被废黜的创伤和母亲的情夫于1330年的死亡，这不是那个在1346至1347赢得伟大胜利后开怀畅饮、光荣无极的爱德华，也不同于在1377年4月最后的嘉德盛会上那个衰弱不堪、蜷缩身子瘫坐在金色王座上的爱德华。可能正是因为他的持久统治，和他突出的多样面目，才让历史学家们坚持认为，与中世纪晚期他最激烈的竞争者亨利五世相比，不管是作为一个人，还是作为一个国王，爱德华三世都逊于后者。但是爱德华在王位上坚持了如此之久，也显著地证明了他具有非凡的政治风度。这位国王度过了初期的弱势统治危机，化解了严重威胁他统治的1340至1341年危机，经受住了14世纪60年代公众对和平可行性的担忧，扛过了晚年的严重争议，最终在自己的床上平静离世。就爱德华这样持久且精彩的统治而言，这样的概述也许不足以激荡人心。但是，在四十多年的统治里，他成功避免了民众的起义，这是前无古人的成就，而且至少在他死后的两个世纪内，没有人能够超越。不管是在他的时代，还是其后的时代，这都生动地揭示着他令人羡妒的稳定状态。在他执政的那个世纪里，他目睹两位国王被废黜，在十年里，他见证了不满之声甚嚣尘上，社会不安日甚一日，1377年年迈国王有尊严地谢幕，说明了始终笼罩在君主周围的强大光环是非常重要的。爱德华三世用一种中世纪其他君主难以企及的方式向世人展示出，王国的安宁与繁荣，根本在于统治者与民众的鱼水情深。直到伊丽莎白一世时代，英格兰人才再次如此强烈地想象、如此热情地拥抱统治者与民众之间的这种互依互存的关系。

爱德华三世的头衔与玺印

1327年1月25日至1340年1月25日间，爱德华三世在所有正式公文上签署的头衔，沿用的是1259年《巴黎条约》签订后历代英格兰国王的通用头衔，即：英格兰国王、爱尔兰领主及阿基坦公爵。威尔士被爱德华一世征服以后，被视作英格兰王室的一部分，随意授予王储作为附属公国进行管理，因此，在英格兰国王的头衔中，它不被认为是一个独立的实体。即便是到了爱德华三世出兵苏格兰后，他的头衔也没有变化。《贝里克条约》签订后，爱德华三世自认为是苏格兰的封建宗主，至于苏格兰王位，他要么就让其空缺（1333—1334、1356—1357），要么就像在1334至1356年间那样，直接将它交由自己的傀儡封臣爱德华·巴利奥尔。就像曾被爱德华一世与爱德华二世统治一样，苏格兰也被认为是英格兰国王爱德华三世的直接司法管辖区，因此，在提及金雀花王朝的国王头衔时，也就不值得单独列出来。

在1340年之前，关于爱德华三世的头衔出现了一些变动，这其实反映了爱德华三世关于法兰西领土的诉求。一份可能写于14世纪30年代初的便笺，明确记录了爱德华三世当时的头衔全称：英格兰国王、爱尔兰－加斯科涅－英属海峡群岛领主、阿基坦公爵及蓬蒂厄－蒙特勒伊伯爵。[1] 在

---

[1] 见本书第240—241页。

1340年之前唯一被记录下来的与标准王室头衔有出入的是1337年10月7日发布的一些文件，爱德华三世在为其法国和低地国家的盟友起草的文书中称自己是"法兰西与英格兰国王、爱尔兰领主及阿基坦公爵"（在不同文书中，头衔顺序有所变化，英格兰有时候可能位于法兰西之前），以此来强调他对法兰西王位的继承权。[1]至于1339年爱德华三世特别强调的图卢兹伯爵头衔，仅仅是他为了赢得法国南部反对腓力六世者的支持而设计的一种应景文章罢了。[2]除此之外，爱德华的王室头衔整体上都没有改变。

1340年1月26日，爱德华三世正式宣布并冠上法兰西国王的头衔，这天刚好在他即位为英格兰国王纪念日的后一天。因此，1340年1月25日被认为是爱德华三世作为英格兰国王第十四年的第一天，也是他开始统治法兰西的第一天。1340年初，还在欧洲大陆时，爱德华三世就开始自称为"法兰西与英格兰国王及爱尔兰领主"。[3]自他在1340年2月21日回到英格兰后，至1360年10月24日签订《加来条约》前，他一直使用两个国王的头衔。当处理英格兰、威尔士、爱尔兰、苏格兰和加斯科涅地区的事务时，他颠倒头衔中英法两国的顺序而自称为"英格兰与法兰西国王"，这反映出民众对法兰西最近获得的优先地位感到焦虑。相反地，当处理法兰西王国的事务，或是与外国国王、罗马教皇联系的时候，爱德华三世还是更喜欢用最初的"法兰西与英格兰国王"头衔。[4]在这一时期，爱德华三世偶尔也会使用一些和特定军事场合有关的头衔，14世纪50年代中期"诺曼底公爵"头衔的使用，就反映了当时爱德华三世迫切想要笼络法兰西大

1　见本书第252—253页。

2　C. Johnson, "An Act of Edward III as Count of Toulouse", *Essays in History Presented to R. L. Poole*, ed. H. W. C. Davis (Oxford, 1927), 399–404.

3　Ormrod, "Problem of Precedence", 137–139.

4　P. Chaplais, "English Diplomatic Documents to the End of Edward III's Reign", *The Study of Medieval Records: Essays in Honour of Kathleen Major*, ed. D. A. Bullough and R. L. Storey (Oxford, 1971), 50–54; Ormrod, "Problem of Precedence", 146–149.

公国里的独立派，以获取他们的支持。[1]

在1360年10月24日到1369年12月30日期间，爱德华三世经过权衡，放弃了"法兰西国王"的头衔，将自己的新头衔改为"英格兰国王、爱尔兰与阿基坦领主"。对此法国人却不能完全接受，因为这一头衔意味着在《加来条约》的有效期内，爱德华三世将在阿基坦大区享有完整的封建宗主权，就像他对爱尔兰的统治权一样。[2] 虽然1362年，伍德斯托克的爱德华获封为"阿基坦亲王"，但因为他持有的是国王的从属任期，所以这并不影响爱德华三世本人的头衔。然而，由于1369年爱德华三世再次与法国瓦卢瓦王朝开战，两国关系再次变得紧张起来，因此爱德华重新启用了其于1340至1360年间使用的"英格兰与法兰西国王"或"法兰西与英格兰国王"的双王头衔。[3] 英格兰国王坚持自己关于法国部分领土的权利与地位，有着更长远的意义。1360至1369年间，爱德华三世试图将法国加来镇（阿图瓦伯爵领的一部分）及其周边地区并入蓬蒂厄县。根据《布雷蒂尼条约》的规定，蓬蒂厄等地是爱德华三世拥有完全宗主权的祖传世袭领土。但在1369年后，有必要恢复1347至1360年间的状况，视加来为爱德华三世在法兰西王权的一部分，或者说是英格兰王室的战利品。[4]

为了配合国王头衔的变化，爱德华三世统治期间英格兰国玺也曾几度变更。[5] 第一枚国玺曾被爱德华二世用过，爱德华三世接着使用到1327年10月4日，但在上面加刻了两朵鸢尾花，以与爱德华二世相区分。第二枚

---

1 见本书第425—426页。
2 见本书第497页。
3 *EMDP*, I.i, no. 95.
4 Le Patourel, *Feudal Empires*, chap. XIV. 关于14世纪60年代"蓬蒂厄、吉讷、马克及加来宗主权"之印的留存，见S. B. Storey-Challenger, *L'administration anglaise du Ponthieu, 1361–1369* (Abbeville, 1975), 102.
5 下文的编号系统，见W. de G. Birch, *Catalogue of Seals in the Department of Manuscripts in the British Museum*, 6 vols (London, 1887–1900), i, 21–28。参考 A. B. Wyon and A. Wyon, *The Great Seals of England* (London, 1887), 28–41。

国玺（也是第一枚专门为爱德华三世设计的国玺）一直使用到1338年，当时爱德华三世离开英格兰出征海外。当时，需要两枚国玺，以便国内政府和海外行政使用。爱德华三世将第二枚国玺带去了低地国家，一直使用到1340年爱德华三世自称法兰西国王时止。同时，还新制了一枚国玺（第三枚国玺），以给国内政府——由伍德斯托克的爱德华监国——使用。

1340年2月8日，在根特的爱德华三世收到了一枚新的国玺（第四枚），上面刻有"法兰西与英格兰国王、爱尔兰领主及阿基坦公爵"的铭文。然而在1340年6月20日，爱德华三世重返欧洲大陆之前，两枚新铸的国玺被投入使用：一枚（即第五枚）是为英格兰国内政府使用而设计的，另一枚（第六枚）则是为国王在海外使用而设计的。这对同时使用的国玺上面，还有两点显著创新：一是它们都刻有"法兰西与英格兰国王及爱尔兰领主"的字样；二是这些铭文前面都刻有一只赐福之手从云中伸出，或许这表明爱德华三世认为自己在大胆索求法兰西王位时所采取的一些僭越行为是得到上帝许可的。因为不能试图确保政府每次起草的公文中，英法两国的顺序都和这两枚国玺上的国名顺序一样，所以，但凡涉及英格兰或法兰西的事务，一律使用"法兰西与英格兰国王"的国玺盖章。

自爱德华三世1340年年末回到英格兰起，第五枚国玺成为接下来二十年里英格兰国王在处理国内事务文书上盖的主要玺印；至于第六枚国玺，仅在1342至1343年、1345年、1346至1347年、1348年、1359至1360年爱德华三世离开英格兰正式出访期间，才被使用。《布雷蒂尼条约》和《加来条约》签订后，爱德华三世又拥有一枚新的（第七枚）国玺，上刻"英格兰国王、爱尔兰与阿基坦领主"的铭文，在整个14世纪60年代的和平时期，爱德华三世一直使用这枚国玺。这枚国玺以其精美的图案而闻名：在有国王头像的一面，国王的两边刻有圣母玛利亚和圣乔治像——两者都是英格兰嘉德骑士团的主要保护人。到1369年，英格兰再次与法兰西开战、爱德华三世重申法兰西国王头衔时，1340年的国玺自然也就被再次启用。不过，这次使用的似乎是第六枚，因为与第五枚相比，这枚国玺以前用的次数少，所以印痕更加清晰。1372年，当爱德华三世再次率军攻入法国时，他再次需要同时使用两枚国玺。为了匹配爱德华三世的新头衔——"法兰西与英格兰国王、爱尔兰领主"，精美的第七枚国玺被重刻（这便是第八枚国玺）。当爱德华三世取消远征行动后，第六枚国玺便被束之高阁，在他剩下的任期内，当他处理政务时，使用的都是第八枚国玺。

爱德华三世的御玺紧随着国玺的变化而变化，在1340至1360年、1369至1377年间，爱德华三世宣称自己是两个国家的国王时，御玺上的铭文也是"法兰西"在前，"英格兰"在后。[1]爱德华三世最个人化的印玺，即私玺，至少有三种不同的铸模，上面刻了一个徽章（不是盾徽）而没有铭文。1354年后，这枚印玺被一枚印戒所取代，这枚印戒上刻有一名被鸢尾花包围着的骑士和"英格兰与法兰西国王"的铭文。与国玺相比，这枚印戒上的顺序颠倒了，说明它主要用于同顾问、臣民私信往来，尽管偶尔也会用于同法国瓦卢瓦王朝的往来公函上。耐人寻味的是，虽然1360至1369年期间爱德华三世同意放弃法兰西国王头衔，却并未修改这枚玺印。[2]

爱德华三世时期财政署使用的国玺源自爱德华二世时期，不管是1327年，还是1340年，这方国玺都未被取代。尽管一些公文上明确写的是"英格兰与法兰西国王"，但盖的章——国玺上的铭文仍然是1259年后历代英格兰国王的王室称谓。[3]1369年，为配合爱德华三世再次宣称其法兰西国王头衔，收集了现存的所有国玺以便审查，据说当时有些玺印上刻的铭文是"英格兰与法兰西国王"。[4]但就目前所能确定的情况看，在所有玺印（除了私玺）中，似乎只有1344年为普通诉讼法庭和王座法庭批准司法令状

---

[1] Tout, *Chapters*, v, 136–142.

[2] Ibid., v, 171–178.

[3] E 43/645; C. L. Kingsford, "On Some Ancient Deeds and Seals Belonging to Lord De L'Isle and Dudley", *Archaeologia*, lv (1913), 257–258.

[4] *Foedera*, III.ii, 868.

所制作的两枚国玺上的铭文，是"英格兰"在前，"法兰西"在后。[1]1340年6月新铸国玺上的铭文去掉了"阿基坦领主"的字样，这引起了爱德华三世在法国加斯科涅的支持者的担忧，他们认为这将意味着爱德华不再是法兰西国王，而仅仅是英格兰的统治者了。这就解释了英格兰大法官法庭在起草与加斯科涅的往来文书时，为什么更常使用"英格兰与法兰西国王"的头衔，也解释了为什么加斯科涅执事在公国颁布英格兰王室法令时使用的仍然是1340年前英格兰的狮子纹章。[2]

1369年后，英格兰玺印上的铭文"法兰西"在"英格兰"之前，长期保持不变。直到亨利四世时期，为与英格兰王室法院所写的大量文书中"英格兰与法兰西国王"头衔表达一致，新制的多枚国玺铭文都颠倒顺序改成了"英格兰与法兰西国王"。[3]虽然如此，但爱德华三世一直强调将头衔中"法兰西国王"排在"英格兰国王"之前的重要性，亨利四世之后的继任者也都很明白。1420年在签订《特鲁瓦条约》时，英格兰国王亨利五世为了重申其曾祖父颇为在意的头衔，重新启用了爱德华三世的第八枚国玺。[4]英格兰国王首次索求"法兰西国王"头衔并正式将其与"英格兰国王"头衔合称，是在1340年。英法百年战争结束之后，"法兰西国王"的称呼还不时冠在英格兰王室的头衔上，直至1801年，这一头衔才最终被放弃。[5]

1　B. Wilkinson, "The Seals of the Two Benches under Edward III", *EHR*, xlii (1927), 397–401.

2　Ormrod, "Problem of Precedence", 144 and n. 47.

3　Wyon and Wyon, *Great Seals*, 43–46.

4　H. Jenkinson, "The Great Seal of England: Deputed or Departmental Seals", *Archaeologia*, lxxxv (1935), 310.

5　*HBC*, 47.

参考文献

手稿来源

剑桥大学基督圣体学院
MS 20: coronation *ordo*
MS 78: *Brut* chronicle and continuation
MS 170: *Acta bellicosa* of Edward III

剑桥大学图书馆
MS Dd.9.38: formulary book
MS Mm.3.21: coronation *ordo*

杜伦大学图书馆
Durham Cathedral Muniments, Register of Richard Bury
Durham Cathedral Muniments, Register of Thomas Hatfield

丘园国家档案馆
C 44: Court of Chancery: Common Law Pleadings, Tower Series
C 47: Chancery Miscellanea
C 49: Chancery and Exchequer, King's Remembrancer: Parliament and Council Proceedings
C 61: Chancery: Gascon Rolls
C 67: Chancery: Supplementary Patent Rolls
C 76: Chancery: Treaty Rolls
C 81: Chancery: Warrants for the Great Seal (Series I)
C 143: Chancery: Inquisitions *Ad Quod Dampnum*
C 219: Chancery and Lord Chancellor's Office: Parliament Election Writs and Returns
C 270: Chancery: Ecclesiastical Miscellanea
DL 10: Duchy of Lancaster: Royal Charters
DL 41: Duchy of Lancaster: Miscellanea
E 30: Exchequer, Treasury of Receipt: Diplomatic Documents
E 36: Exchequer, Treasury of Receipt: Miscellaneous Books
E 43: Exchequer, Treasury of Receipt: Ancient Deeds, Series WS
E 101: Exchequer, King's Remembrancer: Various Accounts
E 142: Exchequer, King's Remembrancer: Extents, Inquisitions and Valors of Forfeited Lands
E 159: Exchequer, King's Remembrancer: Memoranda Rolls
E 179: Exchequer, King's Remembrancer: Particulars of Account, Lay and Clerical Taxation
E 199: Exchequer, King's Remembrancer: Sheriffs' Accounts

E 208: Exchequer, King's Remembrancer: *Brevia Baronibus* files
E 356: Exchequer, Pipe Office: Customs Accounts Rolls
E 358: Exchequer, Pipe Office: Miscellaneous Enrolled Accounts
E 361: Exchequer, Pipe Office: Enrolled Wardrobe and Household Accounts
E 364: Exchequer, Pipe Office: Foreign Accounts Rolls
E 368: Exchequer, Lord Treasurer's Remembrancer: Memoranda Rolls
E 372: Exchequer, Pipe Office: Pipe Rolls
E 401: Exchequer of Receipt: Receipt Rolls
E 403: Exchequer of Receipt: Issue Rolls
E 404: Exchequer of Receipt: Warrants for Issues
JUST 1: Justices in Eyre, of Assize, of Oyer and Terminer, of the Peace, etc: Rolls and Files
KB 9: King's Bench, Crown Side: Indictments Files
KB 27: King's Bench, Plea and Crown Sides: *Coram rege* Rolls
PRO 1: Public Record Office: General Correspondence
SC 1: Special Collections: Ancient Correspondence of the Chancery and Exchequer
SC 7: Special Collections: Papal Bulls
SC 8: Special Collections: Ancient Petitions

伦敦大英图书馆

Additional Charters
Additional MS 9951: Wardrobe account book
Additional MS 17362: Wardrobe account book
Additional MS 24062: Formulary of Thomas Hoccleve
Additional MS 35181: Wardrobe receipt book
Additional MS 46350: Wardrobe account roll
Additional MS 47680: *Secreta secretorum*
Additional Rolls 26588–26595: Estalment Rolls
Cotton Charters
Harley Rolls
MS Cotton Caligula D. III: Diplomatic documents
MS Cotton Faustina B.V: Rochester chronicle
MS Cotton Galba E. III: Account book of Queen Philippa
MS Cotton Galba E. XIV: Account book of Queen Isabella
MS Cotton Nero C. VIII: Wardrobe account books
MS Cotton Vitellus C. XII: Coronation *ordo*
MS Lansdowne 451: Coronation *ordo*
MS Royal 12 F. XVII: Astrological charts of kings and princes

伦敦兰贝斯宫图书馆

Register of Simon Islip

伦敦文物学会

MSS 120–122: Chamber account books
MS 208: Household account of Queen Philippa
MS 543: Household account of Queen Isabella

伦敦威斯敏斯特大教堂

MS 38: *Liber regalis*
Muniments 6300*, 12195, 12207, 12213, 12214, 15169, 51112, 62481–62485

曼彻斯特大学约翰·莱兰兹图书馆

MS Latin 234–237: Household accounts of Queen Philippa

牛津大学基督教堂学院

MS 92: Walter Milemete, *De nobilitatibus, sapientiis et prudentiis regum*

巴黎国家国书馆

MS français 693, fols 248–279v: Saint-Omer chronicle

约克大学博斯威克档案研究所

Register 11: Register of John Thoresby
Staple 2: Charters of the English Company of the Staple

原始资料出版物来源

The 1341 Royal Inquest in Lincolnshire, ed. B. W. McLane (Lincoln Record Society, lxxviii, 1988).
'An Account of the Expenses of Eleanor, Sister of Edward III, on the Occasion of her Marriage to Reynald, Count of Guelders', ed. E. W. Safford, *Archaeologia*, lxxvii (1927).
'The Accounts of John de Stratton and John Gedeney, Constables of Bordeaux, 1381–90', ed. J. R. Wright, *Mediaeval Studies*, xlii (1980).
The Acts of David II, King of Scots, 1329–1371, ed. B. Webster (Regesta Regum Scottorum, vi, 1982).
Acts of the Parliaments of Scotland, 12 vols (Edinburgh, 1814–75).
Ancient Petitions Relating to Northumberland, ed. C. M. Fraser (Surtees Society, clxxvi, 1966).
Anglia Sacra, ed. H. Wharton, 2 vols (London, 1691).
'The Anglo-French Negotiations at Bruges, 1374–1377', ed. E. Perroy, *Camden Miscellany XIX* (Camden Society, 3rd series, lxxx, 1952).
Anglo-Norman Letters and Petitions from All Souls MS 162, ed. M. D. Legge (Anglo-Norman Text Society, iii, 1941).
Anglo-Norman Political Songs, ed. I. S. T. Aspin (Anglo-Norman Text Society, xi, 1953).
Anglo-Scottish Relations, 1174–1328, ed. E. L. G. Stones, revised edn (Oxford, 1970).
'Annales de Bermundeseia', *Annales Monastici*, ed. H. R. Luard, 5 vols (RS, 1863–8), iii.
'Annales Londonienses', *Chronicles of the Reigns of Edward I and Edward II*, ed. W. Stubbs, 2 vols (RS, 1882–3), i.
'Annales Monasterii de Oseneia', *Annales Monastici*, ed. H. R. Luard, 5 vols (RS, 1863–8), iv.
'Annales Paulini', *Chronicles of the Reigns of Edward I and Edward II*, ed. W. Stubbs, 2 vols (RS, 1882–3), i.
The Anonimalle Chronicle, 1307–1334, ed. W. R. Childs and J. Taylor (Yorkshire Archaeological Society record series, cxlvii, 1987).
The Anonimalle Chronicle, 1333–1381, ed. V. H. Galbraith (Manchester, 1927).
ANONIMO ROMANO, *Cronica*, ed. G. Porta (Milan, 1979).
The Antient Kalendars and Inventories of the Treasury of His Majesty's Exchequer, ed. F. Palgrave, 3 vols (London, 1836).
'An Armourer's Bill, temp. Edward III', ed. H. Dillon, *Antiquary*, xxii (1890).
Autobiography of Emperor Charles IV and his Legend of St Wenceslas, ed. B. Nagy and F. Schaer (Budapest, 2001).
AVESBURY, R., *De gestis mirabilibus regis Edwardi Tertii*, ed. E. M. Thompson (RS, 1889).
BAKER, G., *Chronicon Galfridi le Baker de Swynebroke*, ed. E. M. Thompson (Oxford, 1889).

'La Bataille de trente Anglois et de trente Bretons', ed. H. R. Brush, *Modern Philology*, ix (1911–12); x (1912–13).
The Black Death, ed. R. Horrox (Manchester, 1994).
BOWER, W., *Scotichronicon*, ed. D. E. R. Watt, 9 vols (Aberdeen, 1993–8).
The Brut, or, The Chronicles of England, ed. F. W. D. Brie, 2 vols (EETS, original series, cxxxi, cxxxvi, 1906–8).
Calendar of Ancient Correspondence Concerning Wales, ed. J. G. Edwards (Cardiff, 1935).
A Calendar of the Cartularies of John Pyel and Adam Fraunceys, ed. S. J. O'Connor (Camden Society, 5th series, ii, 1993).
Calendar of Chancery Warrants 1244–1326 (London, 1927).
Calendar of Charter Rolls, Henry III–Henry VIII, 6 vols (London, 1903–27).
Calendar of Close Rolls, Edward II–Richard II, 24 vols (London, 1892–1927).
Calendar of Documents Relating to Scotland, ed. J. Bain, G. G. Simpson and J. D. Galbraith, 5 vols (Edinburgh, 1881–1987).
Calendar of Entries in the Papal Registers Relating to Great Britain and Ireland: Papal Letters, ii–iv (London, 1895–1902).
Calendar of Entries in the Papal Registers Relating to Great Britain and Ireland: Petitions to the Pope, 1342–1419 (London, 1896).
Calendar of Fine Rolls, Edward II–Richard II, 10 vols (London, 1912–29).
Calendar of Inquisitions Miscellaneous, Henry III–Henry V, 7 vols (London, 1916–69).
Calendar of Inquisitions Post Mortem, Edward I–Richard II, 17 vols (London, 1904–88).
Calendar of Letter Books of the City of London, ed. R. R. Sharpe, 11 vols (London, 1899–1912).
Calendar of Letters from the Mayor and Corporation of the City of London, ed. R. R. Sharpe (London, 1885).
Calendar of Memoranda Rolls (Exchequer), Michaelmas 1326–Michaelmas 1327 (London, 1968).
Calendar of Patent Rolls, Edward II–Richard II, 27 vols (London, 1894–1916).
Calendar of Plea and Memoranda Rolls of the City of London, ed. A. H. Thomas and P. E. Jones, 6 vols (Cambridge, 1926–61).
Calendar of the Records of the Corporation of Gloucester, ed. W. H. Stevenson (Gloucester, 1893).
Calendar of State Papers, Venice, i (London, 1864).
CAPGRAVE, J., *John Capgrave's Abbreuiacion of Cronicles*, ed. P. J. Lucas (EETS, cclxxxv, 1983).
CHANDOS HERALD, *La vie du Prince Noir*, ed. D. B. Tyson (Tübingen, 1975).
The Charters of the Duchy of Lancaster, ed. W. Hardy (London, 1845).
Chartularies of St Mary's Abbey, Dublin, ed. J. T. Gilbert, 2 vols (RS, 1884–6).
The Chartulary of Winchester Cathedral, ed. A. W. Goodman (Winchester, 1927).
CHAUCER, G., *The Riverside Chaucer*, ed. L. D. Benson, 3rd edn (Oxford, 1987).
'Chaucer as Page in the Household of the Countess of Ulster', *Chaucer Society Publications: Life-Records of Chaucer*, ed. W. D. Selby, F. J. Furnivall, E. A. Bond and R. E. Kirk, 4 vols (London, 1875–1900), iii.
Chronica Monasterii de Melsa, ed. E. A. Bond, 3 vols (RS, 1866–8).
The Chronicle of Jean de Venette, trans. J. Birdsall and ed. R. A. Newhall (New York, 1953).
A Chronicle of London from 1089 to 1483, ed. N. H. Nicolas (London, 1827).
Chronicon Anonymi Cantuariensis: The Chronicle of Anonymous of Canterbury, 1346–1365, ed. C. Scott-Stokes and C. Given-Wilson (Oxford, 2008).
Chronicon de Lanercost, ed. J. Stevenson (Edinburgh, 1839).
Chronique des quatre premiers Valois (1327–1393), ed. S. Luce (Société de l'Histoire de France, 1862).
Chronique de Richard Lescot, religieux de Saint-Denis, ed. J. Lemoine (Société de l'Histoire de France, 1896).
Chroniques des règnes de Jean II et Charles V, ed. R. Delachenal, 4 vols (Société de l'Histoire de France, 1910–20).
City Government of Winchester from the Records of the XIV and XV Centuries, ed. J. S. Furley (Oxford, 1923).

A Collection of the Wills of the Kings and Queens of England, ed. J. Nichols (London, 1780).
Compte de William Gunthorpe, trésorier de Calais, 1371–2, ed. E. Perroy (Mémoires de la commission départementale des monuments historique du Pas de Calais, x, 1959).
Comptes de l'argenterie des rois de France au XIVe siècle, ed. L. Douët-d'Arcq (Société de l'Histoire de France, 1851).
Concilia Magna Britanniae et Hiberniae, ed. D. Wilkins, 4 vols (London, 1737).
Crecy and Calais from the Public Records, ed. G. Wrottesley (London, 1898).
Croniques de London, ed. J. G. Aungier (Camden Society, original series, xxviii, 1844).
De speculo regis Edwardi Tertii, ed. J. Moisant (Paris, 1891).
Debating the Hundred Years War: Pour ce que plusieurs (La Loy Salique) and A Declaracion of the Trew and Dewe Title of Henry VIII, ed. C. Taylor (Camden Society, 5th series, xxix, 2006).
'Documents Relating to the Death and Burial of King Edward II', ed. S. A. Moore, *Archaeologia*, l (1887).
Early Treatises on the Practice of the Justices of the Peace in the Fifteenth and Sixteenth Centuries, ed. B. H. Putnam (Oxford Studies in Social and Legal History, vii, 1924).
English Coronation Records, ed. L. G. Wickham Legge (London, 1901).
English Historical Documents, II: 1042–1189, ed. D. C. Douglas and G. W. Greenaway, 2nd edn (London, 1981)
English Historical Documents, III: 1189–1327, ed. H. Rothwell (London, 1975).
English Historical Documents, IV: 1327–1485, ed. A. R. Myers (London, 1969).
English Medieval Diplomatic Practice, ed. P. Chaplais, 2 vols in 3 parts (London, 1975–82).
The Enrolled Customs Accounts, ed. S. Jenks, 5 vols (List and Index Society, ccciii, cccvi, cccvii, cccxiii, cccxiv, 2004–6).
'Enrolments and Documents from the Public Record Office', *Chaucer Society Publications: Life-Records of Chaucer*, ed. W. D. Selby, F. J. Furnivall, E. A. Bond and R. E. Kirk, 4 vols (London, 1875–1900), iv.
Eulogium Historiarum, ed. F. S. Haydon, 3 vols (RS, 1858–63).
The Exchequer Rolls of Scotland, 1264–1359, ed. J. Stuart (Edinburgh, 1878).
'An Exchequer Statement of Receipts and Issues, 1339–40', ed. H. Jenkinson and D. M. Broome, *EHR*, lviii (1943).
'Extracts from the *Historia Aurea* and a French "Brut" (1317–1377)', ed. V. H. Galbraith, *EHR*, xliii (1928).
The Eyre of Northamptonshire 3–4 Edward III, A.D. 1329–1330, ed. D. W. Sutherland, 2 vols (Selden Society, xcvii, cxviii, 1983–4).
FABYAN, R., *The New Chronicles of England and France*, ed. H. Ellis (London, 1811).
'The First Journal of Edward II's Chamber', ed. J. C. Davies, *EHR*, xxx (1915).
Foedera, Conventions, Literae et Cujuscunque Generic Acta Publica, ed. T. Rymer, 3 vols in 6 parts (London, 1816–30).
FORDUN, J., *Chronica gestis Scotorum*, ed. W. F. Skene (Edinburgh, 1871).
FORTESCUE, J., *The Governance of England*, ed. C. Plummer (Oxford, 1885).
—— *On the Laws and Governance of England*, ed. S. Lockwood (Cambridge, 1997).
'A Fourteenth-Century Chronicle of the Grey Friars of Lynn', ed. A. Gransden, *EHR*, lxxii (1957).
FROISSART, J., *Chronicles*, trans. G. Brereton (Harmondsworth, 1978).
—— *Chroniques*, ed. S. Luce et al., 15 vols (Société de l'Histoire de France, 1869–1975).
—— *Oeuvres complètes: Chroniques*, ed. J. M. B. C. Kervyn de Lettenhove, 25 vols (Brussels, 1867–77).
'Gesta Edwardi de Carnarvan auctore canonico Bridlingtoniensi, cum continuatione', *Chronicles of the Reigns of Edward I and Edward II*, ed. W. Stubbs, 2 vols (RS, 1882–3), ii.
Gesta Henrici Quinti: The Deeds of Henry the Fifth, ed. F. Taylor and J. S. Roskell (Oxford, 1975).
GOWER, J., *Complete Works*, ed. G. C. Macaulay, 4 vols (Oxford, 1899–1902).
Les Grandes Chroniques de France, ed. J. Viard, 10 vols (Société de l'Histoire de France, 1920–53).
GRAY, T., *Scalacronica*, ed. and trans. A. King (Surtees Society, ccix, 2005).
The Great Chronicle of London, ed. A. H. Thomas and I. D. Thornley (London, 1938).

Handbook and Select Calendar of Sources for Medieval Ireland in the National Archives of the United Kingdom, ed. P. Dryburgh and B. Smith (Dublin, 2005).
HARDYNG, J., *The Chronicle of John Hardyng*, ed. H. Ellis (London, 1812).
HIGDEN, R., *Polychronicon*, ed. C. Babington and J. R. Lumby, 9 vols (RS, 1865–82).
Historia et Cartularium Monasterii Sancti Petri Gloucestriae, ed. W. H. Hart, 3 vols (RS, 1863–7).
Historia Dunelmensis Scriptores Tres, ed. J. Raine (Surtees Society, ix, 1839).
Historical Papers and Letters from the Northern Registers, ed. J. Raine (RS, 1873).
The Household Book of Queen Isabella of England, 8th July 1311 to 7 July 1312, ed. F. D. Blackley and G. Hermansen (Edmonton, 1971).
The Household of Edward IV, ed. A. R. Myers (Manchester, 1959).
'Inquisition on the Effects of Edward II', ed. C. H. Hartshorne, *Archaeologia Cambrensis*, 3rd series, ix (1863).
An Inventory of the Historical Monuments in London I: Westminster Abbey (London, 1924).
The Issue Roll of Thomas of Brantingham, ed. F. Devon (London, 1835).
Issues of the Exchequer, Henry III–Henry VI, ed. F. Devon (London, 1847).
Johannis de Trokelowe et Henrici de Blandeforde Chronica et Annales, ed. H. T. Riley (RS, 1866).
John of Gaunt's Register, 1371–1375, ed. S. Armitage-Smith, 2 vols (Camden Society, 3rd series, xx–xxi, 1911).
JOINVILLE, J. de and VILLEHARDOUIN, G. de, *Chronicles of the Crusades*, trans. M. R. B. Shaw (Harmondsworth, 1963).
King Edward III, ed. G. Melchiori (Cambridge, 1988).
The Kirkstall Abbey Chronicles, ed. J. Taylor (Thoresby Society, xlii, 1952).
KNIGHTON, H., *Chronicon Henrici Knighton*, ed. J. R. Lumby, 2 vols (RS, 1889–95).
—— *Knighton's Chronicle, 1337–1396*, ed. G. H. Martin (Oxford, 1995).
LANGLAND, W., *Piers Plowman: The A Version*, ed. G. Kane (London, 1960).
—— *The Vision of Piers Plowman: A Complete Edition of the B-text*, ed. A. V. C. Schmidt (London, 1978).
Le BEL, J., *Chronique de Jean le Bel*, ed. J. Viard and E. Déprez, 2 vols (Société de l'Histoire de France, 1904–5).
Le MUISIT, G., *Chronique et annals de Gilles le Muisit, abbé de Saint-Martin de Tournai (1272–1352)*, ed. H. Lemaître (Paris, 1906).
'A Letter of Edward the Black Prince Describing the Battle of Nájera in 1367', ed. A. E. Prince, *EHR*, lxi (1926).
'A Letter to Louis de Mâle, Count of Flanders', ed. B. Wilkinson, *BJRL*, ix (1925).
Letters and Papers, Foreign and Domestic, of the Reign of Henry VIII, 21 vols (London, 1864–1932).
Letters of the Queens of England, 1100–1547, ed. A. Crawford (Stroud, 1994).
The Libelle of Englyshe Polycye: A Poem on the Use of Sea Power, 1436, ed. G. Warner (Oxford, 1926).
Liber Pluscardensis, ed. F. J. H. Skene, 2 vols (Edinburgh, 1877–80).
The Life and Campaigns of the Black Prince, ed. and trans. R. Barber (Woodbridge, 1979).
List of Welsh Entries in the Memoranda Rolls, 1282–43, ed. N. Fryde (Cardiff, 1974).
Litterae Cantuarienses, ed. J. B. Sheppard, 3 vols (RS, 1887–9).
Le liver des assises & plees del corone . . . en temps du Roy Edward le Tiers (London, 1679).
Le livre de seyntz medicines, ed. E. J. Arnould (Anglo-Norman Texts, ii, 1940).
The Making of King's Lynn: A Documentary Survey, ed. D. M. Owen (London, 1984).
Mandeville's Travels, ed. P. Hamelius, 2 vols (EETS, cliii–cliv, 1919–23).
Medieval Political Theory – A Reader: The Quest for the Body Politic, 1100–1400, ed. C. J. Nederman and K. L. Forhan (London, 1993).
Memorials of London and London Life in the XIIIth, XIVth, and XVth Centuries, ed. H. T. Riley (RS, 1868).
MILEMETE, W., *De nobilitatibus, sapientiis et prudentiis regum*, ed. M. R. James (Oxford, 1913).
MINOT, L., *Poems*, ed. T. B. James and J. Simons (Exeter, 1989).
MISSELDEN, E., *The Circle of Commerce: or, The Balance of Trade* (London, 1623).
Monumenta Ritualia Ecclesiae Anglicanane, ed. W. Maskell (London, 1847).

Munimenta de Insula Manniae, ed. J. R. Oliver, 3 vols (Manx Society Publications, iv, vii, ix, 1860–2).
MURIMUTH, A., *Continuatio chronicarum*, ed. E. M. Thompson (RS, 1889).
'Negotiations for the Release of David Bruce in 1349', ed. C. Johnson, *EHR*, xxxvi (1921).
Northern Petitions, ed. C. M. Fraser (Surtees Society, cxciv, 1982).
'Notes et documents relatifs à Jean, roi de France, et à sa captivité en Angleterre', ed. H. E. P. L. d'Orléans, duc d'Aumale, *Miscellanies of the Philobiblon Society*, ii (1855).
'Notices of the Last Days of Isabella, Queen of Edward the Second', ed. E. A. Bond, *Archaeologia*, xxxv (1853).
'Observations on the Institution of the Most Noble Order of the Garter', ed. N. H. Nicolas, *Archaeologia*, xxxi (1846).
The Original Chronicle of Andrew of Wyntoun, vi, ed. F. J. Amours (Edinburgh, 1908).
Original Letters Illustrative of English History, ed. H. Ellis, 3rd series, 3 vols (London, 1866).
'Papers Relating to the Captivity and Release of David II', ed. E. W. M. Balfour-Melville, *Scottish History Society Miscellany IX* (Scottish History Society, 3rd series, i, 1958).
The Parliament Rolls of Medieval England, ed. and trans. P. Brand, A. Curry, C. Given-Wilson, R. E. Horrox, G. Martin, W. M. Ormrod and J. R. S. Phillips, 16 vols (Woodbridge, 2005).
Parliamentary Petitions Relating to Oxford, ed. L. Toulmin Smith (Oxford Historical Society, xxxii, 1896).
Parliamentary Writs and Writs of Personal Summons, ed. F. Palgrave, 2 vols in 4 parts (London, 1827–34).
Parliaments and Councils of Mediaeval Ireland, ed. H. G. Richardson and G. O. Sayles (Dublin, 1947).
The Peasants' Revolt of 1381, ed. R. B. Dobson, 2nd edn (London, 1983).
Peter Langtoft's Chronicle, ed. T. Hearne, 2 vols (Oxford, 1725).
'Petition by the Lady Isabella, Countess of Bedford', ed. J. Bain, *Archaeological Journal*, xxxvi (1879).
The Piers Plowman Tradition, ed. H. Barr (London, 1993).
The Poems of the Pearl Manuscript: Pearl, Cleanness, Patience, Sir Gawain and the Green Knight, ed. M. Andrew and R. Waldron, rev. edn (Exeter, 1987).
Political Poems and Songs Relating to English History, ed. T. Wright, 2 vols (RS, 1859–61).
'Premières négociations de Charles le Mauvais avec les Anglais (1354–1355)', ed. R. Delachenal, *Bibliothèque de l'Ecole des Chartes*, lxi (1900).
' "Probatio Aetatis" of William de Septvans', ed. L. B. Larking, *Archaeologia Cantiana*, i (1858).
Proceedings before the Justices of the Peace in the Fourteenth and Fifteenth Centuries, ed. B. H. Putnam (Ames Foundation, 1938).
'Quatre lettres du cardinal Guy de Boulogne (1352–1354)', ed. E. Perroy, *Revue du Nord*, xxxvi (1954).
'A Question about the Succession, 1364', ed. A. A. M. Duncan, *Miscellany of the Scottish History Society XII* (Scottish History Society, 5th series, vii, 1994).
'The Ransom of John II, King of France, 1360–1370', ed. D. M. Broome, *Camden Miscellany XIV* (Camden Society, 3rd series, xxxvii, 1926).
READING, J., 'Chronicon', *Chronica Johannis de Reading et Anonymi Cantuariensis*, ed. J. Tait (Manchester, 1914).
Récits d'un Bourgeois de Valenciennes, ed. Kervyn de Lettenhove (Louvain, 1877).
Records of the Borough of Leicester, 1103–1509, ed. M. Bateson, 2 vols (London, 1899–1901).
Records of the Borough of Nottingham, 1155–1399, ed. W. H. Stevenson (London, 1882).
The Records of the City of Norwich, ed. W. Hudson and J. C. Tingey, 2 vols (Norwich, 1906–10).
Records of Convocation, ed. G. Bray, 16 vols (Woodbridge, 2005–6).
Recueil de lettres anglo-françaises (1265–1399), ed. F. J. Tanqueray (Paris, 1916).
Register of Edward the Black Prince, 4 vols (London, 1930–3).

The Register of Gilbert Welton, Bishop of Carlisle, 1353–1362, ed. R. L. Storey (CYS, lxxxviii, 1999).
The Register of John de Grandisson, Bishop of Exeter, ed. F. C. Hingeston-Randolph, 3 vols (London, 1894–9).
The Register of John Kirkby, Bishop of Carlisle, 1332–1352, and the Register of John Ross, Bishop of Carlisle, 1325–1332, ed. R. L. Storey, 2 vols (CYS, lxxix, lxxxi, 1993–5).
The Register of Ralph of Shrewsbury, Bishop of Bath and Wells, 1329–1363, ed. T. S. Holmes, 2 vols (Somerset Record Society, ix, x, 1895–6).
'The Register of Simon Montacute', *Ely Diocesan Remembrancer 1891* (Ely, 1891).
The Register of Thomas Appleby, Bishop of Carlisle, 1363–1395, ed. R. L. Storey (CYS, xcvi, 2006).
Register of Thomas de Brantyngham, Bishop of Exeter, ed. F. C. Hingeston-Randolph, 2 vols (London, 1901–6).
'The Register of Thomas de Insula', *Ely Diocesan Register 1894* (Ely, 1894).
The Register of Walter de Stapeldon, Bishop of Exeter (A.D. 1307–1326), ed. F. C. Hingeston-Randolph (London, 1892).
The Register of William Edington, Bishop of Winchester, 1346–1366, ed. S. F. Hockley, 2 vols (Hampshire Record series, vii–viii, 1986–7).
The Register of William Melton, Archbishop of York, 1317–1340, ed. R. M. Hill, D. Robinson, R. Brocklesby and T. C. B. Timmins, 5 vols (CYS, lxx, lxxi, lxxvi, lxxxv, xciii, 1977–2002).
The Registers of Roger Martival, Bishop of Salisbury, 1315–1330, III, ed. S. Reynolds (CYS, lix, 1965).
Registrum Hamonis de Hethe, diocesis Roffensis, ed. C. Johnson, 2 vols (CYS, xlviii–xlix, 1948).
Registrum Johannis de Trillek, episcopi Herefordensis, ed. J. H. Parry (CYS, viii, 1912).
Registrum Simonis de Sudburia diocesis Londoniensis, A.D. 1362–1375, ed. R. C. Fowler, 2 vols (CYS, xxxiv, xxxviii, 1927–38).
Registrum Thome de Charlton, episcopi Herefordensis, ed. W. C. Capes (CYS, ix, 1913).
Report from the Lords Committee for All Matters Touching the Dignity of a Peer, 5 vols (London, 1820–9).
Robin Hood and Other Outlaw Tales, ed. S. Knight and T. Ohlgren, 2nd edn (Kalamazoo, 2000).
Rotuli Parliamentorum, 6 vols (London, 1787).
Rotuli Parliamentorum Angliae hactenus inediti, ed. H. G. Richardson and G. O. Sayles (Camden Society, 3rd series, li, 1935).
Rotuli Scotiae, 2 vols (London, 1814–19).
The Royal Charter Witness Lists of Edward II (1307–1326), ed. J. S. Hamilton (List and Index Soc., cclxxxviii, 2010).
Royal Writs Addressed to John Buckingham, Bishop of Lincoln, 1363–1398, ed. A. K. McHardy (Lincoln Record Society, lxxxvi, 1997).
Select Cases before the King's Council, 1243–1482, ed. I. S. Leadam and J. F. Baldwin (Selden Society, xxxv, 1918).
Select Cases in the Court of King's Bench, ed. G. O. Sayles, 7 vols (Selden Society, lv, lvii, lviii, lxxiv, lxxvi, lxxxii, lxxxviii, 1936–71).
The Sermons of Thomas Brinton, Bishop of Rochester (1373–1389), ed. M. A. Devlin, 2 vols (Camden Society, 3rd series, lxxxv–lxxxvi, 1953–4).
Sessions of the Peace for Bedfordshire, 1355–1359 and 1363–1364, ed. E. G. Kimball (Bedfordshire Historical Record Society, xlviii, 1969).
Shakespeare's Edward III: An Early Play Restored to the Canon, ed. E. Sams (New Haven, 1996).
Society at War: The Experience of England and France during the Hundred Years War, ed. C. Allmand, rev. edn (Woodbridge, 1998).
'Some Documents Regarding the Fulfilment and Interpretation of the Treaty of Brétigny, 1361–1369', ed. P. Chaplais, *Camden Miscellany XIX* (Camden Society, 3rd series, lxxx, 1952).

'Some Documents Relating to the Disputed Succession to the Duchy of Brittany, 1341', ed. M. Jones, *Camden Miscellany XXIV* (Camden Society, 4th series, ix, 1972).
'Some New Documents Illustrating the Early History of the Hundred Years War (1353–1356)', ed. F. Bock, *BJRL*, xv (1931).
Statutes and Ordinances, and Acts of the Parliament of Ireland, King John to Henry V, ed. H. F. Berry (Dublin, 1907).
Statutes of the Realm, 11 vols (London, 1810–28).
Testamenta Vetusta, ed. N. H. Nicolas (London, 1826).
Three Coronation Orders, ed. J. Wickham Legge (London, 1900).
Treaty Rolls 1234–1325 (London, 1955).
Treaty Rolls, 1337–1339 (London, 1972).
'An Unknown Register of the Reign of Edward III', ed. F. Bock, *EHR*, xlv (1930).
VILLANI, G., 'Cronica', *Cronisti del Trecento*, ed. R. Palmarocchi (Milan, 1935).
Vita Edwardi Secundi, ed. and trans. W. R. Childs (Oxford, 2005).
The Vows of the Heron (Les Voeux du heron): A Middle French Vowing Poem, ed. J. L. Grigsby and N. J. Lacy (New York, 1992).
WALSINGHAM, T., *Chronicon Angliae*, ed. E. M. Thompson (RS, 1874).
—— *Gesta abbatum monasterii Sancti Albani*, ed. H. T. Riley, 3 vols (RS, 1867–9).
—— *Historia Anglicana*, ed. H. T. Riley, 2 vols (RS, 1863–4).
—— *The St Albans Chronicle: The 'Chronica Maiora' of Thomas Walsingham*, ed. J. Taylor, W. R. Childs and L. Watkiss, in progress (Oxford, 2003—)
—— *Ypodigma Neustriae*, ed. H. T. Riley (RS, 1876).
The War of Saint-Sardos (1323–1325): Gascon Correspondence and Diplomatic Documents, ed. P. Chaplais (Camden Society, 3rd series, lxxxvii, 1954).
The Wardrobe Book of William de Norwell, ed. M. Lyon, B. Lyon, H. S. Lucas and J. de Sturler (Brussels, 1983).
The Wars of Edward III: Sources and Interpretation, ed. C. J. Rogers (Woodbridge, 1999).
The Westminster Chronicle, 1381–1394, ed. L. C. Hector and B. F. Harvey (Oxford, 1982).
Wykeham's Register, ed. T. F. Kirby, 2 vols (London, 1896–9).
Wynnere and Wastoure, ed. S. Trigg (EETS, ccxcvii, 1990).
Year Books 14 and 15 Edward III, ed. L. O. Pike (RS, 1889).

二手资料出版物来源

ABERTH, J., *Criminal Churchmen in the Reign of Edward III: The Case of Bishop Thomas de Lisle* (University Park, Penn., 1996).
AERS, D., '*Vox populi* and the Literature of 1381', *The Cambridge History of Medieval English Literature*, ed. D. Wallace (Cambridge, 1999).
Age of Chivalry: Art in Plantagenet England, 1200–1400, ed. J. Alexander and P. Binski (London, 1987).
AILES, A., 'Heraldry in Medieval England: Symbols of Politics and Propaganda', *Heraldry, Pageantry and Social Display*, ed. P. R. Coss and M. H. Keen (Woodbridge, 2002).
AINSWORTH, P. F., *Jean Froissart and the Fabric of History* (Oxford, 1990).
ALEXANDER, J. J. G., 'Painting and Manuscript Illumination for Royal Patrons in the Later Middle Ages', *English Court Culture in the Later Middle Ages*, ed. V. J. Scattergood and J. W. Sherborne (London, 1983).
ALEXANDER, J. W., 'The English Palatines and Edward I', *JBS*, xxii[2] (1983).
ALLAN, A., 'Yorkist Propaganda: Pedigree, Prophecy and the "British History" in the Reign of Edward IV', *Patronage, Pedigree and Power in Later Medieval England*, ed. C. Ross (Gloucester, 1979).
ALLEN, M., 'The Volume of the English Currency, 1158–1470', *EcHR*, 2nd series, liv (2001).
ALLMAND, C., *The Hundred Years War* (Cambridge, 1988).

ANDRE, E., *Ein Königshof auf Reisen: Der Kontinentaufenthalt Eduards III von England, 1338–40* (Cologne, 1996).
ANGLO, S., *Spectacle, Pageantry and Early Tudor Policy* (Oxford, 1969).
ARCHER, R. E., 'The Estates and Finances of Margaret of Brotherton, 1320–1377', *BIHR*, lx (1987).
ARMITAGE-SMITH, S., *John of Gaunt* (London, 1904).
ARVANIGIAN, M., 'A Lancastrian Polity? John of Gaunt, John Neville and the War with France, 1368–88', *Fourteenth Century England III*, ed. W. M. Ormrod (Woodbridge, 2004).
ASHMOLE, E., *The Institution, Laws and Ceremonies of the Most Noble Order of the Garter* (London, 1672).
ASTON, M., ' "Caim's Castles": Poverty, Politics and Disendowment', *The Church, Politics and Patronage in the Fifteenth Century*, ed. R. B. Dobson (Gloucester, 1984).
—— 'Richard II and the Wars of the Roses', *The Reign of Richard II: Essays in Honour of May McKisack*, ed. F. R. H. Du Boulay and C. M. Barron (London, 1971).
—— *Thomas Arundel: A Study of Church Life in the Reign of Richard II* (Oxford, 1967).
ATKINSON, T. D., 'Queen Philippa's Pews in Ely Cathedral', *Proceedings of the Cambridge Antiquarian Society*, xli (1948).
AUTRAND, F., ' "Hôtel de seigneur ne vaut rien sans dame": Le mariage de Jean, comte de Poitiers, et de Jeanne d'Armagnac, 24 juin 1360', *Guerre, pouvoir et noblesse au Moyen Age: Mélanges en l'honneur de Philippe Contamine*, ed. J. Paviot and J. Vergier (Paris, 2000).
—— 'The Peacemakers and the State: Pontifical Diplomacy and the Anglo-French Conflict in the Fourteenth Century', *War and Competition between States*, ed. P. Contamine (Oxford, 2000).
AYTON, A., 'Armies and Military Communities in Fourteenth-Century England', *Soldiers, Nobles and Gentlemen: Essays in Honour of Maurice Keen*, ed. P. Coss and C. Tyerman (Woodbridge, 2009).
—— 'Edward III and the English Aristocracy and the Beginning of the Hundred Years War', *Armies, Chivalry and Warfare in Medieval Britain and France*, ed. M. Strickland (Stamford, 1998).
—— 'English Armies in the Fourteenth Century', *Arms, Armies and Fortifications in the Hundred Years War*, ed. A. Curry and M. Hughes (Woodbridge, 1994).
—— 'The English Army and the Normandy Campaign of 1346', *England and Normandy in the Middle Ages*, ed. D. Bates and A. Curry (London, 1994).
—— 'Knights, Esquires and Military Service: The Evidence of the Armorial Cases before the Court of Chivalry', *The Medieval Military Revolution*, ed. A. Ayton and J. L. Price (London, 1998).
—— *Knights and Warhorses: Military Service and the English Aristocracy under Edward III* (Woodbridge, 1994).
—— 'Sir Thomas Ughtred and the Edwardian Military Revolution', *The Age of Edward III*, ed. J. S. Bothwell (York, 2001).
—— and PRESTON, P., with AUTRAND, F., PIEL, C., PRESTWICH, M. and SCHNERB, B., *The Battle of Crécy, 1346* (Woodbridge, 2005).
—— and PRICE, J. L., 'Introduction: The Military Revolution from a Medieval Perspective', *The Medieval Military Revolution*, ed. A. Ayton and J. L. Price (London, 1998).
BAKER, A. R. H., 'Evidence in the "Nonarum Inquisitiones" of Contracting Arable Lands in England during the Early Fourteenth Century', *EcHR*, 2nd series, xix (1966).
BAKER, D. N., 'Meed and the Economics of Chivalry in *Piers Plowman*', *Inscribing the Hundred Years' War in French and English Cultures*, ed. D. N. Baker (Albany, New York, 2000).
BAKER, J. H., *The Common Law Tradition: Lawyers, Books and the Law* (London, 2000).
BAKER, R. L., *The English Customs Service, 1307–1343: A Study of Medieval Administration* (Philadelphia, 1961).
—— 'The Government of Calais in 1363', *Order and Innovation in the Middle Ages: Essays in Honor of Joseph R. Strayer*, ed. W. C. Jordan, B. McNab and T. F. Ruiz (Princeton, 1976).
BALDWIN, A. P., *The Theme of Government in Piers Plowman* (Cambridge, 1981).

BALDWIN, F. E., *Sumptuary Legislation and Personal Regulation in England* (Baltimore, 1926).
BALDWIN, J. F., 'The King's Council', *The English Government at Work, 1327–1336*, ed. J. F. Willard, W. A. Morris and W. H. Dunham, 3 vols (Cambridge, Mass., 1940–50), i.
—— *The King's Council in England during the Middle Ages* (Oxford, 1913).
BALFOUR-MELVILLE, E. W. M., 'David II's Appeal to the Pope', *Scottish Historical Review*, xli (1962).
BARBER, R., *Edward, Prince of Wales and Aquitaine* (London, 1978).
BARKER, J. R. V., *The Tournament in England 1100–1400* (Woodbridge, 1986).
BARNES, F. R., 'The Taxation of Wool, 1327–1348', *Finance and Trade under Edward III*, ed. G. Unwin (Manchester, 1918).
BARNES, J, *The History of that Most Victorious Monarch Edward III* (Cambridge, 1688).
BARNIE, J., *War in Medieval English Society: Social Values in the Hundred Years War, 1337–99* (London, 1974).
BARRATT, N., 'English Royal Revenue in the Early Thirteenth Century and its Wider Context, 1130–1330', *Crises, Revolutions and Self-Sustained Growth: Essays in European Fiscal History, 1130–1830*, ed. W. M. Ormrod, M. Bonney and R. Bonney (Stamford, 1999).
BARRELL, A. D. M., 'The Ordinance of Provisors of 1343', *HR*, lxiv (1991).
BARRON, C. M., *London in the Later Middle Ages: Government and People, 1200–1500* (Oxford, 2004).
BARROW, G. W. S., 'The Aftermath of War', *TRHS*, 5th series, xxviiii (1978).
—— *Robert Bruce and the Community of the Realm of Scotland*, 3rd edn (Edinburgh, 1988).
BAYLEY, C. C., 'The Campaign of 1375 and the Good Parliament', *EHR*, lv (1940).
BEAN, J. M. W., *The Decline of English Feudalism, 1215–1540* (Manchester, 1968).
BEARDWOOD, A., *Alien Merchants in England, 1350 to 1377* (Cambridge, Mass., 1931).
BEAUNE, C., *The Birth of an Ideology: Myths and Symbols of Nation in Late-Medieval France*, trans. S. R. Huston (Berkeley, Calif., 1991).
BELL, A., BROOKS, C. and MOORE, T. K., 'Interest in Medieval Accounts: Examples from England, 1272–1340', *History*, xciv (2009).
BELLAMY, J. G., 'Appeal and Impeachment in the Good Parliament', *BIHR*, xxxix (1966).
—— 'The Coterel Gang: An Anatomy of a Band of Fourteenth-Century Criminals', *EHR*, lxxix (1964).
—— *The Law of Treason in England in the Later Middle Ages* (Cambridge, 1970).
—— *Robin Hood: An Historical Inquiry* (London, 1985).
—— 'Sir John Annesley and the Chandos Inheritance', *Nottingham Mediaeval Studies*, x (1966).
BELTZ, G. F., *Memorials of the Order of the Garter* (London, 1841).
BENEDICTOW, O. J., *The Black Death, 1346–1353: The Complete History* (Woodbridge, 2004).
BENNETT, M. J., 'Edward III's Entail and the Succession to the Crown, 1376–1471', *EHR*, cxiii (1998).
—— 'France in England: Anglo-French Culture in the Reign of Edward III', *Language and Culture in Medieval Britain: The French of England, c.1100–c.1500*, ed. J. Wogan-Browne (York, 2009).
—— 'Isabelle of France, Anglo-French Diplomacy and Cultural Exchange in the Late 1350s', *The Age of Edward III*, ed. J. S. Bothwell (York, 2001).
—— '*Mandeville's Travels* and the Anglo-French Moment', *Medium Ævum*, lxxv (2006).
BÉRIAC-LAINÉ, F. and GIVEN-WILSON, C., *Les Prisonniers de la bataille de Poitiers* (Paris, 2002).
BEVAN, B., *Edward III: Monarch of Chivalry* (London, 1992).
BIDDLE, M., 'Seasonal Festivals and Residence: Winchester, Westminster and Gloucester in the Tenth to Twelfth Centuries', *Anglo-Norman Studies*, viii (1985).
—— et al., *King Arthur's Round Table: An Archaeological Investigation* (Woodbridge, 2000).
BIGGS, D. L., *Three Armies in Britain: The Irish Campaign of Richard II and the Usurpation of Henry IV, 1397–1399* (Leiden, 2006).

—— ' "A wrong whom conscience and kindred bid me to right": A Reassessment of Edmund of Langley, Duke of York, and the Usurpation of Henry IV', *Albion*, xxvi (1994).
BINSKI, P., *The Painted Chamber at Westminster* (London, 1986).
—— *Westminster Abbey and the Plantagenets* (London, 1995).
BIRCH, W. de G., *Catalogue of Seals in the Department of Manuscripts in the British Museum*, 6 vols (London, 1887–1900).
BLACKLEY, F. D., 'Adam, the Bastard Son of Edward II', *BIHR*, xxxvii (1964).
—— 'Isabella and the Bishop of Exeter', *Essays in Medieval History Presented to Bertie Wilkinson*, ed. T. A. Sandquist and M. R. Powicke (Toronto, 1969).
—— 'Isabella of France, Queen of England (1308–1358), and the Late Medieval Cult of the Dead', *Canadian Journal of History*, xv (1980).
—— 'The Tomb of Isabella of France, Wife of Edward II of England', *International Society for the Study of Church Monuments Bulletin*, viii (1983).
BLOCH, M., *The Royal Touch: Sacred Monarchy and Scrofula in England and France*, trans. J. E. Anderson (London, 1973).
BOARDMAN, S. I., *The Early Stewart Kings: Robert II and Robert III, 1371–1406* (East Linton, 1996).
BOIS, G., *The Crisis of Feudalism: Economy and Society in Eastern Normandy, c.1300–1550* (Cambridge, 1984).
BOLTON, J. L., ' "The World Upside Down": Plague as an Agent of Economic and Social Change', *The Black Death in England*, ed. W. M. Ormrod and P. G. Lindley (Stamford, 1996).
BOOTH, P. H. W., *The Financial Administration of the Lordship and County of Chester, 1272–1377* (Chetham Society, 3rd series, xxviii, 1981).
—— 'Taxation and Public Order: Cheshire in 1353', *Northern History*, xii (1976).
BOTHWELL, J. S., 'Agnes Maltravers (d. 1375) and her Husband, John (d. 1364)', *Fourteenth Century England IV*, ed. J. S. Hamilton (Woodbridge, 2006).
—— *Edward III and the English Peerage* (Woodbridge, 2004).
—— 'Edward III and the "New Nobility": Largesse and Limitation in Fourteenth-Century England', *EHR*, cxii (1997).
—— *Falling from Grace: Reversal of Fortune and the English Nobility, 1075–1455* (Manchester, 2008).
—— 'The Management of Position: Alice Perrers, Edward III, and the Creation of a Landed Estate, 1362–1377', *JMH*, xxiv (1998).
—— 'The More Things Change: Isabella and Mortimer, Edward III, and the Painful Delay of a Royal Majority (1327–1330)', *The Royal Minorities of Medieval and Early Modern England*, ed. C. Beem (New York, 2008).
—— ' "Until he receive the equivalent in land and rent": The Use of Annuities as Endowment Patronage in the Reign of Edward III', *HR*, lxx (1997).
BOULTON, D'A. J. D., *The Knights of the Crown: The Monarchical Orders of Chivalry in Later Medieval Europe, 1325–1520* (Woodbridge, 1987).
BOUTEL, C., *Boutell's Heraldry* (London, 1973).
BOUTRUCHE, R., 'The Devastation of Rural Areas during the Hundred Years War and the Agricultural Recovery of France', *The Recovery of France in the Fifteenth Century*, ed. P. S. Lewis (London, 1971).
BOWERS, R, 'Fixed Points in the Chronology of English Fourteenth-Century Polyphony', *Music and Letters*, lxxi (1990).
—— 'The Music and Musical Establishment of St George's Chapel in the Fifteenth Century', *St George's Chapel, Windsor, in the Late Middle Ages*, ed. C. Richmond and E. Scarffe (Windsor, 2001).
BOYLE, L. E., 'William of Pagula and the *Speculum Regis Edwardi III*', *Mediaeval Studies*, xxxii (1970).
BRADBURY, J., *The Medieval Archer* (Woodbridge, 1985).

BRAID, R., 'Economic Behavior, Markets and Crises: The English Economy in the Wake of Plague and Famine in the 14th Century', *Economic and Biological Interactions in Pre-Industrial Europe from the 13th to the 18th Centuries*, ed. S. Cavaciocchi (Florence, 2010).
BRAND, P., 'The Languages of the Law in Later Medieval England', *Multilingualism in Later Medieval Britain*, ed. D. A. Trotter (Cambridge, 2000).
BRIDBURY, A. R., 'Before the Black Death', *EcHR*, 2nd series, xxx (1977).
—— *Medieval English Clothmaking* (London, 1982).
BRIDGEMAN, G. T. O., 'An Account of the Family of Swynnerton of Swynnerton', *Collections for a History of Staffordshire*, vii[1] (1886), 35–41.
BRIGGS, C. F., *Giles of Rome's De regimine principum: Reading and Writing Politics at Court and University, c.1275–c.1525* (Cambridge, 1999).
BRITNELL, R. H., *The Commercialisation of English Society, 1000–1500* (Cambridge, 1993).
—— '*Forstall*, Forestalling and the Statute of Forestallers', *EHR*, cii (1987).
BRITTON, C. E., *A Meteorological Chronology to A.D. 1450* (London, 1937).
BROOKS, N., 'The Organization and Achievements of the Peasants of Kent and Essex in 1381', *Studies in Medieval History Presented to R. H. C. Davis*, ed. H. Mayr-Harting and R. I. Moore (London, 1985).
BROOME, D. M., 'Exchequer Migrations to York in the Thirteenth and Fourteenth Centuries', *Essays in Medieval History Presented to T. F. Tout*, ed. A. G. Little and F. M. Powicke (Manchester, 1925).
BROWN, A. L., *The Early History of the Clerkship of the Council* (Glasgow, 1969).
—— *The Governance of Late Medieval England, 1272–1461* (London, 1989).
BROWN, E. A. R., 'Diplomacy, Adultery and Domestic Politics at the Court of Philip the Fair: Queen Isabelle's Mission to France in 1314', *Documenting the Past: Essays in Medieval History Presented to G. P. Cuttino*, ed. J. S. Hamilton and P. J. Bradley (Woodbridge, 1989).
—— 'Gascon Subsidies and the Finances of the English Dominions, 1315–1324', *Studies in Medieval and Renaissance History*, original series, viii (1971).
—— 'The Marriage of Edward II of England and Isabelle of France: A Postscript', *Speculum*, lxiv (1989).
—— 'The Political Repercussions of Family Ties in the Early Fourteenth Century: The Marriage of Edward II of England and Isabelle of France', *Speculum*, lxiii (1988).
—— 'The Prince is Father of the King: The Character and Childhood of Philip the Fair of France', *Mediaeval Studies*, xlix (1987).
BROWN, M., *The Wars of Scotland, 1214–1371* (Edinburgh, 2004).
BROWN, R. A., *English Castles*, 2nd edn (London, 1976).
—— 'King Edward's Clocks', *Antiquaries Journal*, xxxix (1959).
——, COLVIN, H. M. and TAYLOR, A. J., *The History of The King's Works: The Middle Ages*, 2 vols (London, 1963).
BRYANT, W. N., 'The Financial Dealings of Edward III with the County Communities', *EHR*, lxxxiii (1968).
BUCK, M., *Politics, Finance and the Church in the Reign of Edward II: Walter Stapeldon, Treasurer of England* (Cambridge, 1983).
BULLOCK-DAVIES, C., *A Register of Royal and Baronial Domestic Minstrels, 1272–1327* (Woodbridge, 1986).
BURDEN, J., 'How do You Bury a Deposed King? The Funeral of Richard II and the Establishment of Lancastrian Royal Authority in 1400', *Henry IV: The Establishment of the Regime, 1399–1406*, ed. G. Dodd and D. Biggs (York, 2003).
—— 'Re-writing a Rite of Passage: The Peculiar Funeral of Edward II', *Rites of Passage: Cultures of Transition in the Fourteenth Century*, ed. N. F. McDonald and W. M. Ormrod (York, 2004).
BURLEY, S. J., 'The Victualling of Calais, 1347–65', *BIHR*, xxxi (1958).
BURNE, A. H., *The Crecy War* (London, 1954).
BURROW, J. H., *The Ages of Man: A Study in Medieval Writing and Thought* (Oxford, 1986).

BUTTERFIELD, A., *The Familiar Enemy: Chaucer, Language, and Nation in the Hundred Years War* (Oxford, 2009).
—— 'French Culture and the Ricardian Court', *Essays on Ricardian Literature in Honour of J. A. Burrow*, ed. A. J. Minnis, C. C. Morse and T. Turville-Petre (Oxford, 1997).
CAFERRO, W., *John Hawkwood* (Baltimore, 2006).
CALIN, W., *The French Tradition and the Literature of Medieval England* (Toronto, 1994).
CAM, H. M., *Law-Finders and Law-Makers in Medieval England* (London, 1962).
—— *Liberties and Communities in Medieval England* (London, 1963).
CAMERON, S. and ROSS, A., 'The Treaty of Edinburgh and the Disinherited (1328–1332)', *History*, lxxxiv (1999).
CAMPBELL, B. M. S., *English Seigniorial Agriculture, 1250–1450* (Cambridge, 2000).
—— 'Physical Shocks, Biological Hazards, and Human Impacts: The Crisis of the Fourteenth Century Revisited', *Economic and Biological Interactions in Pre-Industrial Europe from the 13th to the 18th Centuries*, ed. S. Cavaciocchi (Florence, 2010).
CAMPBELL, J., 'England, Scotland and the Hundred Years War in the Fourteenth Century', *Europe in the Late Middle Ages*, ed. J. R. Hale, J. R. L. Highfield and B. Smalley (London, 1965).
CAPRA, P., 'Les Bases sociales du pouvoir anglo-gascon au milieu du xive siècle', *Le Moyen Age*, lxxxi (1975).
CAREY, H. M., *Courting Disaster: Astrology at the English Court and University in the later Middle Ages* (Basingstoke, 1990).
CARPENTER, C., 'War, Government and Governance in England in the Later Middle Ages', *Conflicts, Consequence and the Crown in the Late Middle Ages*, ed. L. Clark (Woodbridge, 2007).
—— *The Wars of the Roses: Politics and the Constitution, c.1437–1509* (Cambridge, 1997).
CARPENTER, D., *The Minority of Henry III* (London, 1990).
—— *The Reign of Henry III* (London, 1996).
CARR, A. D., *Owen of Wales: The End of the House of Gwynedd* (Cardiff, 1991).
CARUS-WILSON, E. M. and COLEMAN, O., *England's Export Trade, 1275–1547* (Oxford, 1963).
CASTOR, H., *The King, the Crown, and the Duchy of Lancaster: Public Authority and Private Power, 1399–1461* (Oxford, 2000).
CATTO, J. I., 'An Alleged Great Council of 1374', *EHR*, lxxxii (1967).
—— 'Religion and the English Nobility in the Later Fourteenth Century', *History and Imagination: Essays in Honour of H. R. Trevor-Roper*, ed. H. Lloyd-Jones, V. Pearl and B. Worden (London, 1981).
—— 'Written English: The Making of the Language, 1370–1400', *Past and Present*, clxxix (2003).
CAZELLES, R., *La Société politique et la crise de la royauté sous Philippe de Valois* (Paris, 1958).
—— *Société politique, noblesse et couronne sous Jean le Bon et Charles V* (Geneva, 1982).
CHALON, L., 'La Scène des bourgeois de Calais chez Froissart et Jean le Bel', *Cahiers d'analyse textuelle*, x (1968).
CHAMBERLIN, C. L., 'A Castilian in King Edward's Court: The Career of Giles Despaigne, 1313–27', *England and Iberia in the Middle Ages, 12th–15th Century: Cultural, Literary and Political Exchanges*, ed. M. Bullón-Fernández (Basingstoke, 2007).
CHAPLAIS, P., 'English Arguments Concerning the Feudal Status of Aquitaine in the Fourteenth Century', *BIHR*, xxi (1948).
—— 'English Diplomatic Documents to the End of Edward III's Reign', *The Study of Medieval Records: Essays in Honour of Kathleen Major*, ed. D. A. Bullough and R. L. Storey (Oxford, 1971).
—— *Essays in Medieval Diplomacy and Administration* (London, 1981).
—— *Piers Gaveston: Edward II's Adoptive Brother* (Oxford, 1994).
CHERRY, J. and STRATFORD, N., *Westminster Kings and the Medieval Palace of Westminster* (London, 1995).

CHETTLE, H. F., 'The *Boni Homines* of Ashridge and Edington', *Downside Review*, lxii (1944).
CHEYETTE, F., 'Kings, Courts, Cures, and Sinecures: The Statute of Provisors and the Common Law', *Traditio*, xix (1963).
CHILDS, W. R., 'Edward II, John of Powderham and the Chronicles, 1318', *Church and Chronicle in the Middle Ages: Essays Presented to John Taylor*, ed. I. Wood and G. A. Loud (London, 1991).
CLANCHY, M. T., *England and its Rulers, 1066–1272*, 2nd edn (Oxford, 1998).
CLARK, E., 'Medieval Labor Law and English Local Courts', *American Journal of Legal History*, xxvii (1983).
CLARKE, M. V., *Fourteenth Century Studies* (Oxford, 1937).
—— *Medieval Representation and Consent* (London, 1936).
COBBAN, A. B., *The King's Hall within the University of Cambridge in the Later Middle Ages* (Cambridge, 1969).
COHN, S. K., *The Black Death Transformed: Disease and Culture in Early Renaissance Europe* (London, 2002).
COKAYNE, G. E., *The Complete Peerage of England, Scotland, Ireland, Great Britain and the United Kingdom*, rev. V. Gibbs et al., 13 vols (London, 1910–59).
COLEMAN, D. C., 'Mercantilism Revisited', *Historical Journal*, xxiii (1980).
COLEMAN, J., *English Literature in History, 1350–1400: Medieval Readers and Writers* (London, 1981).
—— 'Philippa of Lancaster, Queen of Portugal – and Patron of the Gower Translations?', *England and Iberia in the Middle Ages, 12th–15th Century: Cultural, Literary and Political Exchanges*, ed. M. Bullón-Fernández (Basingstoke, 2007).
COLLEY, L., 'The Apotheosis of George III: Loyalty, Royalty and the British Nation, 1760–1820', *Past and Present*, cii (1984).
—— *Britons: Forging the Nation, 1707–1837* (London, 1994).
COLLINS, H. E. L., *The Order of the Garter, 1348–1461: Chivalry and Politics in Late Medieval England* (Oxford, 2000).
CONNOLLY, P., 'The Financing of English Expeditions to Ireland, 1361–1376', *England and Ireland in the Later Middle Ages: Essays in Honour of Jocelyn Otway-Ruthven*, ed. J. Lydon (Blackrock, 1981).
CONTAMINE, P., 'The Norman "Nation" and the French "Nation" in the Fourteenth and Fifteenth Centuries', *England and Normandy in the Middle Ages*, ed. D. Bates and A. Curry (London, 1994).
—— *Des Pouvoirs en France, 1300–1500* (Paris, 1992).
COOKE, W. G., '*Sir Gawain and the Green Knight*: A Restored Dating', *Medium Ævum*, lviii (1989).
—— and BOULTON, D'A. J. D., '*Sir Gawain and the Green Knight*: A Poem for Henry of Grosmont?', *Medium Ævum*, lxviii (1999).
COOPER, A., *Bridges, Law and Power in Medieval England, 700–1400* (Woodbridge, 2006).
COOTE, L. A., *Prophecy and Public Affairs in Later Medieval England* (York, 2000).
COSS, P., *The Knight in Medieval England, 1000–1400* (Stroud, 1993).
—— *The Origins of the English Gentry* (Cambridge, 2003).
CRANE, S., *The Performance of Self: Ritual, Clothing, and Identity during the Hundred Years War* (Philadelphia, 2002).
CROOK, D., 'The Disgrace of Sir Richard Willoughby, Chief Justice of King's Bench', *Nottingham Medieval Studies*, xlviii (2004).
—— 'The Later Eyres', *EHR*, xcvii (1982).
—— *Records of the General Eyre* (London, 1982).
CROOKS, P., 'Representation and Dissent: "Parliamentarianism" and the Structure of Politics in Colonial Ireland, c.1370–1420', *EHR*, cxxv (2010).
CROSSLEY, P., 'Architecture', *The New Cambridge Medieval History, VI: c.1300–c.1415*, ed. M. Jones (Cambridge, 2000).

CRUMP, C. G., 'The Arrest of Roger Mortimer and Queen Isabel', *EHR*, xxvi (1911).
CURRY, A., *The Battle of Agincourt: Sources and Interpretations* (Woodbridge, 2000).
—— *The Hundred Years War*, 2nd edn (Basingstoke, 2003).
CUTTINO, G. P., *English Diplomatic Administration, 1259–1339*, 2nd edn (Oxford, 1971).
—— *English Medieval Diplomacy* (Bloomington, 1985).
—— and LYMAN, T. W., 'Where is Edward II?', *Speculum*, liii (1978).
CUTTLER, S. H., *The Law of Treason and Treason Trials in Later Medieval France* (Cambridge, 1981).
DAHMUS, J. H., *William Courtenay, Archbishop of Canterbury 1381–1396* (University Park., Penn., 1966).
DANBURY, E., 'English and French Artistic Propaganda during the Period of the Hundred Years War: Some Evidence of Royal Charters', *Power, Culture and Religion in France, c.1350–c.1550*, ed. C. T. Allmand (Woodbridge, 1989).
DAVIES, C. S. L., 'Henry VIII and Henry V: The Wars in France', *The End of the Middle Ages? England in the Fifteenth and Sixteenth Centuries*, ed. J. L. Watts (Stroud, 1998).
DAVIES, J. C., *The Baronial Opposition to Edward II* (Cambridge, 1918).
DAVIES, R. R., *Conquest, Coexistence and Change: Wales, 1063–1415* (Oxford, 1987).
—— *The First English Empire: Power and Identities in the British Isles, 1093–1343* (Oxford, 2000).
—— *Lordship and Society in the March of Wales, 1282–1400* (Oxford, 1978).
—— 'The Peoples of Britain and Ireland, 1100–1400, III: Laws and Customs', *TRHS*, 6th series, vi (1996).
DAVIS, R. H. C., *The Medieval Warhorse* (London, 1979).
DAVIS, V., *William Wykeham* (London, 2007).
De VILLE, O., 'The Deyvilles and the Genesis of the Robin Hood Legend', *Nottingham Medieval Studies*, xliii (1999).
De WAILLY, H., *Crécy 1346: Anatomy of a Battle* (Poole, 1987).
DELACHENAL, R., *Histoire de Charles V*, 5 vols (Paris, 1909–31).
DELISLE, L., *Histoire du château et des sires de Saint-Sauveur–le-Vicomte* (Valognes, 1867).
DeMARCO, P., 'An Arthur for the Ricardian Age: Crown, Nobility, and the Alliterative Morte Arthure', *Speculum*, lxxx (2005).
DENHOLM-YOUNG, N., *Collected Papers* (Cardiff, 1969).
DENNISON, L. and ROGERS, N. J., 'The Elsing Brass and its East Anglian Connections', *Fourteenth Century England I*, ed. N. Saul (Woodbridge, 2000).
DÉPREZ, E. 'Une Conference Anglo-Navarraise en 1358', *Révue historique*, xcix (1908).
—— 'La Conférence d'Avignon, 1344', *Essays in Medieval History Presented to Thomas Frederick Tout*, ed. A. G. Little and F. M. Powicke (Manchester, 1925).
—— 'La Double Trahison de Godefroi de Harcourt (1346–1347)', *Revue historique*, xcix (1908).
—— *Etudes de diplomatique anglaise* (Paris, 1908).
—— 'La Mort de Robert d'Artois', *Revue historique*, xciv (1907).
—— *Les Préliminaires de la Guerre de Cent Ans* (Paris, 1902).
DeVRIES, K., 'Contemporary Views of Edward III's Failure at the Siege of Tournai, 1340', *Nottingham Medieval Studies*, xxxix (1995).
—— *Infantry Warfare in the Early Fourteenth Century: Discipline, Tactics, and Technology* (Woodbridge, 1996).
DIXON, M. C., 'John de Coupland – Hero to Villain', *The Battle of Neville's Cross, 1346*, ed. D. Rollason and M. Prestwich (Stamford, 1998).
DOCK, G., 'Printed Editions of the *Rosa Anglica* of John of Gaddesden', *Janus*, viii (1907).
DOCKRAY, K., 'The Origins of the Wars of the Roses', *The Wars of the Roses*, ed. A. J. Pollard (Basingstoke, 1995).
DODD, G., *Justice and Grace: Private Petitioning and the English Parliament in the Late Middle Ages* (Oxford, 2007).
—— 'The Lords, Taxation and the Community of Parliament in the 1370s and Early 1380s', *Parliamentary History*, xx (2001).

—— 'A Parliament Full of Rats? *Piers Plowman* and the Good Parliament of 1376', *HR*, lxxix (2006).
—— 'Parliamentary Petitions? The Origins and Provenance of the "Ancient Petitions" (SC 8) in the National Archives', *Medieval Petitions: Grace and Grievance*, ed. W. M. Ormrod, G. Dodd and A. Musson (York, 2009).
DOHERTY, P. C., 'The Date of the Birth of Isabella, Queen of England (1308–58)', *BIHR*, xlviii (1975).
—— *Isabella and the Strange Death of Edward II* (London, 2003).
DOYLE, A. I., 'English Books in and out of Court from Edward III to Henry VII', *English Court Culture in the Later Middle Ages*, ed. V. J. Scattergood and J. W. Sherborne (London, 1983).
DRAGE, C., 'Nottingham Castle', *Transactions of the Thoroton Society*, xciii (1989).
DUFFY, S., 'The Problem of Degeneracy', *Law and Disorder in Thirteenth-Century Ireland: The Dublin Parliament of 1297*, ed. J. F. Lydon (Dublin, 1997).
DUNBABIN, J., 'Careers and Vocations', *The History of the University of Oxford, I: The Early Oxford Schools*, ed. J. I. Catto (Oxford, 1984).
—— 'Government', *The Cambridge History of Medieval Political Thought, c.350–c.1450*, ed. J. H. Burns (Cambridge, 1988).
DUNCAN, A. A. M., '*Honi soit qui mal y pense*: David II and Edward III, 1346–52', *Scottish Historical Review*, lxvii (1988).
DYER, C., *Standards of Living in the Later Middle Ages* (Cambridge, 1989).
—— 'Taxation and Communities in Late Medieval England', *Progress and Problems in Medieval England: Essays in Honour of Edward Miller*, ed. R. Britnell and J. Hatcher (Cambridge, 1996).
—— 'Villeins, Bondmen, Neifs, and Serfs: New Serfdom in England, c.1200–1600', *Forms of Servitude in Northern and Central Europe: Decline, Resistance, and Expansion*, ed. P. Freedman and M. Bourin (Turnhout, 2005).
EDBURY, P. W., *The Kingdom of Cyprus and the Crusades, 1191–1374* (Cambridge, 1991).
EDWARDS, J. G., ' "Justice" in Early English Parliaments', *Historical Studies of the English Parliament*, ed. E. B. Fryde and E. Miller, 2 vols (Cambridge, 1970), i.
—— 'Ranulph, Monk of Chester', *EHR*, xlvii (1932).
EMDEN, A. B., *Biographical Register of the University of Oxford to 1500*, 3 vols (Oxford, 1957–9).
—— *A Survey of Dominicans in England* (Rome, 1967).
EMMERSON, B., *The Black Prince* (London, 1976).
EVANS, M., *The Death of Kings: Royal Deaths in Medieval England* (London, 2003).
FAIRBANK, F. R., 'The Last Earl of Warenne and Surrey, and the Distribution of his Possessions', *Yorkshire Archaeological Journal*, xix (1907).
FAITH, R., 'The "Great Rumour" of 1377 and Peasant Ideology', *The English Rising of 1381*, ed. R. H. Hilton and T. H. Aston (Cambridge, 1984).
FARMER, D. L., 'Prices and Wages [i]', *The Agrarian History of England and Wales, II: 1042–1350*, ed. H. E. Hallam (Cambridge, 1988).
—— 'Prices and Wages [ii]', *The Agrarian History of England and Wales, III: 1348–1500*, ed. E. Miller (Cambridge, 1991).
FAWTIER, R., *Hand-List of Additions to the Collection of Latin Manuscripts in the John Rylands Library, 1908–1920* (Manchester, 1921).
FEAVEARYEAR, A., *The Pound Sterling*, 2nd edn (Oxford, 1963).
FERNSTER, J., *Fictions of Advice: The Literature of Counsel in Late Medieval England* (Philadelphia, 1996).
FIELD, R., 'From *Gui* to *Guy*: The Fashioning of a Popular Romance', *Guy of Warwick: Icon and Ancestor*, ed. A. Wiggins and R. Field (Woodbridge, 2007).
FINUCANE, R., *Miracles and Pilgrims: Popular Belief in Medieval England* (Basingstoke, 1995).
FLETCHER, C. D., 'De la Communauté du royaume au *common weal*: Les requêtes anglaises et leurs stratégies au XIVe siècle', *Revue française de l'histoire des idées politiques*, xxxi (2010).

—— 'Corruption at Court: Crisis and the Theme of *luxuria* in England and France, c.1340–1422', *The Court as Stage: England and the Low Countries in the Late Middle Ages*, ed. S. Gunn and A. Janse (Woodbridge, 2006).
—— *Richard II: Manhood, Youth and Politics, 1377–99* (Oxford, 2008).
—— 'Virtue and the Common Good: Sermons and Political Practice in the Good Parliament, 1376', *Charisma and Religious Authority: Jewish, Christian, and Muslim Preaching, 1200–1500*, ed. K. L. Jansen and M. Rubin (Turnhout, 2009).
FOWLER, K., *The Age of Plantagenet and Valois* (New York, 1967).
—— 'Les Finances et la discipline dans les armées anglaises en France au XIVe siècle', *Les cahiers vernonnais*, iv (1964).
—— *The King's Lieutenant: Henry of Grosmont, First Duke of Lancaster, 1310–1361* (London, 1969).
—— *Medieval Mercenaries, I: The Great Companies* (Oxford, 2001).
—— 'News from the Front: Letters and Despatches of the Fourteenth Century', *Guerre et société en France, en Angleterre et en Bourgogne, XIVe–XVe siècle*, ed. P. Contamine, C. Giry-Deloison and M. H. Keen (Lille, 1991).
—— 'Truces', *The Hundred Years War*, ed. K. Fowler (London, 1971).
FRAME, R., *English Lordship in Ireland, 1318–1361* (Oxford, 1982).
—— *Ireland and Britain, 1170–1450* (London, 1998).
—— 'The Justiciarship of Ralph Ufford: Warfare and Politics in Fourteenth-Century Ireland', *Studia Hibernica*, xiii (1973).
—— 'Overlordship and Reaction, c.1200–c.1450', *Uniting the Kingdom? The Making of British History*, ed. A. Grant and K. J. Stringer (London, 1995).
—— 'Thomas Rokeby, Sheriff of Yorkshire, Justiciar of Ireland', *Peritia*, x (1996).
FRYDE, E. B., 'Parliament and the French War, 1336–40', *Historical Studies of the English Parliament*, ed. E. B. Fryde and E. Miller, 2 vols (Cambridge, 1970), i.
—— *Peasants and Landlords in Later Medieval England, c.1380–c.1525* (Stroud, 1996).
—— *Studies in Medieval Trade and Finance* (London, 1983).
—— 'The Tenants of the Bishops of Coventry and Lichfield and of Worcester after the Plague of 1348–9', *Medieval Legal Records*, ed. R. F. Hunnisett and J. B. Post (London, 1978).
—— *William de la Pole, Merchant and King's Banker* (London, 1988).
FRYDE, N. M., 'Edward III's Removal of his Ministers and Judges', *BIHR*, xlviii (1975).
—— 'A Medieval Robber Baron: Sir John Molyns of Stoke Poges, Buckinghamshire', *Medieval Legal Records*, ed. R. F. Hunnisett and J. B. Post (London, 1978).
—— *The Tyranny and Fall of Edward II, 1321–1326* (Cambridge, 1977).
FULTON, T. W., *The Sovereignty of the Sea* (Edinburgh, 1911).
GALBRAITH, V. H., 'Articles Laid before the Parliament of 1371', *EHR*, xxxiv (1919).
—— *Kings and Chroniclers: Essays in English Medieval History* (London, 1982).
GALWAY, M., 'Alice Perrers's Son John', *EHR*, lxvi (1951).
—— 'Joan of Kent and the Order of the Garter', *Birmingham Historical Journal*, i (1947).
GEE, L. L., *Women, Art and Patronage from Henry III to Edward III, 1216–1377* (Woodbridge, 2002).
GIANCARLO, M., *Parliament and Literature in Late Medieval England* (Cambridge, 2007).
—— '*Piers Plowman*, Parliament, and the Public Voice', *Yearbook of Langland Studies*, xvii (2003).
GIBSON, S. T., 'The Escheatries, 1327–41', *EHR*, xxxvi (1921).
GILLESPIE, J. L., 'Ladies of the Fraternity of St George and of the Society of the Garter', *Albion*, xvii (1985).
GILLINGHAM, J., *The Angevin Empire* (London, 1984).
GIROUARD, M., *The Return to Camelot: Chivalry and the English Gentleman* (London, 1981).
GIVEN-WILSON, C., 'The Bishop of Chichester and the Second Statute of Praemunire, 1365', *HR*, lxiii (1990).

—— 'Chronicles of the Mortimer Family, *c.* 1250–1450', *Family and Dynasty in Late Medieval England*, ed. R. Eales and S. Tyas (Donington, 2003).
—— *Chronicles: The Writing of History in Medieval England* (London, 2004).
—— *The English Nobility in the Late Middle Ages* (London, 1987).
—— 'The Exequies of Edward III and the Royal Funeral Ceremony in Late Medieval England', *EHR*, cxxiv (2009).
—— 'The Merger of Edward III's and Queen Philippa's Households, 1360–9', *BIHR*, li (1978).
—— 'The Problem of Labour in the Context of English Government, *c.*1350–1450', *The Problem of Labour in Fourteenth-Century England*, ed. J. Bothwell, P. J. P. Goldberg and W. M. Ormrod (York, 2000).
—— 'Purveyance for the Royal Household, 1362–1413', *BIHR*, lvi (1983).
—— 'Richard II and his Grandfather's Will', *EHR*, xciii (1978).
—— 'Richard II, Edward II, and the Lancastrian Inheritance', *EHR*, cix (1994).
—— 'Royal Charter Witness Lists, 1327–1399', *Medieval Prosopography*, xii^2 (1991).
—— *The Royal Household and the King's Affinity: Service, Politics and Finance in England, 1360–1413* (London, 1986).
—— 'Wealth and Credit, Public and Private: The Earls of Arundel, 1306–1397', *EHR*, cvii (1991)
—— and BÉRIAC, F., 'Edward III's Prisoners of War: The Battle of Poitiers and its Context', *EHR*, cxvi (2001).
—— and CURTEIS, A., *The Royal Bastards of Medieval England* (London, 1984).
GODDARD, R., *Lordship and Medieval Urbanisation: Coventry, 1043–1355* (Woodbridge, 2004).
GOLDBERG, P. J. P., *Medieval England: A Social History, 1250–1550* (London, 2004).
GOOD, J., *The Cult of St George in Medieval England* (Woodbridge, 2009).
GOODALL, J. A. A., 'The Aerary Porch and its Influence on Late Medieval English Vaulting', *St George's Chapel Windsor in the Fourteenth Century*, ed. N. Saul (Woodbridge, 2005).
GOODER, A. and E., 'Coventry before 1355: Unity or Division?', *Midland History*, vi (1981).
GOODMAN, A., *John of Gaunt: The Exercise of Princely Power in Fourteenth-Century Europe* (Harlow, 1992).
—— 'John of Gaunt: Paradigm of the Late Fourteenth-Century Crisis', *TRHS*, 5th series, xxxvii (1987).
—— *The Loyal Conspiracy: The Lords Appellant under Richard II* (London, 1971).
—— 'Sir Thomas Hoo and the Parliament of 1376', *BIHR*, xli (1968).
Gothic: Art for England, 1400–1547, ed. R. Marks and P. Williamson (London, 2003).
GOTTFRIED, R. S., *The Black Death* (London, 1983).
GRAINGER, I., HAWKINS, D., COWAL, L. and MIKULSKI, R., *The Black Death Cemetery, East Smithfield, London* (London, 2008).
GRANSDEN, A., 'The Alleged Rape by Edward III of the Countess of Salisbury', *EHR*, lxxxvii (1972).
—— *Historical Writing in England*, 2 vols (London, 1974–82).
—— 'Propaganda in English Medieval Historiography', *JMH*, i (1975).
GRANT, A., 'Disaster at Neville's Cross: The Scottish Point of View', *The Battle of Neville's Cross, 1346*, ed. D. Rollason and M. Prestwich (Stamford, 1998).
—— *Independence and Nationhood: Scotland 1306–1469* (London, 1984).
—— 'Scottish Foundations: Late Medieval Contributions', *Uniting the Kingdom? The Making of British History*, ed. A. Grant and K. J. Stringer (London, 1995).
GRAVES, E. B., 'The Legal Significance of the Statute of Praemunire', *Anniversary Essays Presented to C. H. Haskins*, ed. C. H. Taylor (New York, 1929).
GRAY, H. L. 'The Production and Exportation of English Woollens in the Fourteenth Century', *EHR*, xxxix (1924).
GREAVES, D., 'Calais under Edward III', *Finance and Trade under Edward III*, ed. G. Unwin (Manchester, 1918).

GREEN, D., *The Battle of Poitiers, 1356* (Stroud, 2002).
—— *The Black Prince* (Stroud, 2001).
—— *Edward the Black Prince: Power in Medieval Europe* (Harlow, 2007).
—— 'Masculinity and Medicine: Thomas Walsingham and the Death of the Black Prince', *JMH*, xxxv (2009).
—— 'National Identities and the Hundred Years War', *Fourteenth Century England VI*, ed. C. Given-Wilson (Woodbridge, 2010).
GREEN, M. A. E., *Lives of the Princesses of England*, 6 vols (London, 1849–55).
GREEN, R. F., *A Crisis of Truth: Literature and Law in Ricardian England* (Philadelphia, 2002).
—— 'Further Evidence for Chaucer's Representation of the Pardoner as a Womanizer', *Medium Ævum*, lxxi (2002).
—— 'King Richard II's Books Revisited', *Library*, xxxi (1976).
—— *Poets and Princepleasers: Literature and the English Court in the Later Middle Ages* (Toronto, 1980).
GREENHOUSE, W., 'Benjamin West and Edward III: A Neoclassical Painter and Medieval History', *Art History*, viii (1985).
GRIBIT, N., 'Accounting for Service in War: The Case of Sir James Audley of Heighley', *Journal of Medieval Military History*, vii (2009).
GRIFFITHS, R. A., *King and Country: England and Wales in the Fifteenth Century* (London, 1991).
—— *The Principality of Wales in the Later Middle Ages: The Structure and Personnel of Government. I: South Wales, 1277–1536* (Cardiff, 1972).
—— *The Reign of King Henry VI* (London, 1981).
GROSS, A., 'Langland's Rats: A Moralist's View of Parliament', *Parliamentary History*, ix (1990).
GUENÉE, B., *Between Church and State: The Lives of Four French Prelates in the Late Middle Ages*, trans. A. Goldhammer (Chicago, 1991).
—— *States and Rulers in Later Medieval Europe*, trans. J. Vale (Oxford, 1985).
HADWIN, J. F., 'The Medieval Lay Subsidies and Economic History', *EcHR*, 2nd series, xxxvi (1983).
HAINES, R, M., *Archbishop John Stratford: Political Revolutionary and Champion of the Liberties of the Church, ca. 1275/80–1348* (Toronto, 1986).
—— *The Church and Politics in Fourteenth-Century England: The Career of Adam Orleton* (Cambridge, 1978).
—— *Ecclesia Anglicana: Studies in the English Church of the Later Middle Ages* (Toronto, 1989).
—— '*Edwardus redivivus*: The "Afterlife" of Edward of Caernarvon', *Transactions of the Bristol and Gloucestershire Archaeological Society*, cxiv (1996).
—— *King Edward II: Edward of Caernarfon, his Life, his Reign, and its Aftermath, 1284–1330* (Montreal, 2003).
—— 'Simon de Montacute, Brother of William, Earl of Salisbury, Bishop of Worcester (1333–7) and of Ely (1337–45)', *Fourteenth Century England I*, ed. N. Saul (Woodbridge, 2000).
—— 'The Stamford Council of April 1327', *EHR*, cxxii (2007).
—— 'Sumptuous Apparel for a Royal Prisoner: Archbishop Melton's Letter, 14 January 1330', *EHR*, cxxiv (2009).
HALLAM, E. M., *The Itinerary of Edward II and his Household* (List & Index Society, ccxi, 1984).
HAMILTON, J. S., *Piers Gaveston, Earl of Cornwall 1307–1312* (London, 1988).
—— *The Plantagenets: History of a Dynasty* (London, 2010).
—— 'Some Notes on "Royal" Medicine in the Reign of Edward II', *Fourteenth Century England II*, ed. C. Given-Wilson (Woodbridge, 2002).
HANAWALT, B. A., *Crime and Conflict in English Communities, 1300–1348* (Cambridge, Mass., 1979).
Handbook of British Chronology, ed. E. B. Fryde, D. E. Greenway, S. Porter and I Roy, 3rd edn (Cambridge, 1986).

HARBISON, S., 'William of Windsor, the Court Party and the Administration of Ireland', *England and Ireland in the Later Middle Ages: Essays in Honour of Jocelyn Otway-Ruthven*, ed. J. Lydon (Blackrock, 1981).
HARDING, A., *England in the Thirteenth Century* (Cambridge, 1993).
—— *Medieval Law and the Foundations of the State* (Oxford, 2002).
—— 'The Revolt against the Justices', *The English Rising of 1381*, ed. R. H. Hilton and T. H. Aston (Cambridge, 1984).
HARDY, B. C., *Philippa of Hainault and her Times* (London, 1910).
HARDY, R., 'The Longbow', *Arms, Armies and Fortifications in the Hundred Years War*, ed. A. Curry and M. Hughes (Woodbridge, 1994).
HARRIS, S. J., 'Taking your Chances: Petitioning in the Last Years of Edward II and the First Years of Edward III', *Medieval Petitions: Grace and Grievance*, ed. W. M. Ormrod, G. Dodd and A. Musson (York, 2009).
HARRISS, G. L., 'Aids, Loans and Benevolences', *Historical Journal*, vi (1963).
—— 'Budgeting at the Medieval Exchequer', *War, Government and Aristocracy in the British Isles, c.1150–1500: Essays in Honour of Michael Prestwich*, ed. C. Given-Wilson, A. Kettle and L. Scales (Woodbridge, 2008).
—— 'The Commons' Petition of 1340', *EHR*, lxxxviii (1963).
—— 'The Dimensions of Politics', *The McFarlane Legacy: Studies in Late Medieval Politics and Society*, ed. R. H. Britnell and A. J. Pollard (Stroud, 1995).
—— 'The Formation of Parliament, 1272–1377', *The English Parliament in the Middle Ages*, ed. R. G. Davies and J. H. Denton (Manchester, 1984).
—— *King, Parliament and Public Finance in Medieval England to 1369* (Oxford, 1975).
—— 'Medieval Doctrines in the Debates on Supply, 1610–1629', *Faction and Parliament: Essays on Early Stuart History*, ed. K. Sharpe (London, 1978).
—— 'Political Society and the Growth of Government in Late Medieval England', *Past and Present*, cxxxviii (1993).
—— *Shaping the Nation: England, 1360–1461* (Oxford, 2005).
HARVEY, A. and MORTIMER, R., *The Funeral Effigies of Westminster Abbey* (Woodbridge, 1994).
HARVEY, J. H., 'Architectural History from 1291 to 1558', *A History of York Minster*, ed. G. E. Aylmer and R. Cant (Oxford, 1977).
—— *The Black Prince and his Age* (London, 1976).
HASTINGS, A., *The Construction of Nationhood: Ethnicity, Religion and Nationalism* (Cambridge, 1998).
HAY, D., 'The Division of the Spoils of War in Fourteenth-Century England', *TRHS*, 5th series, iv (1954).
HEATH, P., *Church and Realm, 1272–1461* (London, 1988).
HENNEMAN, J. B., 'The Black Death and Royal Taxation in France, 1347–1351', *Speculum*, xliii (1968).
—— 'France in the Middle Ages', *The Rise of the Fiscal State in Europe, c.1200–1815*, ed. R. Bonney (Oxford, 1999).
—— *Olivier de Clisson and Political Society in France under Charles V and Charles VI* (Philadelphia, 1996).
—— *Royal Taxation in Fourteenth-Century France: The Captivity and Ransom of John II, 1356–1360* (Philadelphia, 1976).
—— *Royal Taxation in Fourteenth-Century France: The Development of War Financing, 1320–1356* (Princeton, 1971).
HEPBURN, F., *Portraits of the Later Plantagenets* (Woodbridge, 1986).
HEWITT, H. J., *The Black Prince's Expedition of 1355–1357* (Manchester, 1958).
—— *The Organization of War under Edward III* (Manchester, 1966).
HIGHFIELD, J. R. L., 'The English Hierarchy in the Reign of Edward III', *TRHS*, 5th series, vi (1956).

—— 'The Promotion of William of Wickham to the See of Winchester', *Journal of Ecclesiastical History*, iv (1953).
HILL, M. C., *The King's Messengers, 1199–1377* (London, 1961).
HILL, R. M. T., 'An English Archbishop and the Scottish War of Independence', *Innes Review*, xxii (1971).
HILLGARTH, J. N., *The Spanish Kingdoms, 1250–1516*, 2 vols (Oxford, 1976–8).
HINKLE, W. M., *The Fleurs de Lis of the Kings of France, 1285–1488* (Carbondale, 1991).
HOLMES, G. A., *The Estates of the Higher Nobility in Fourteenth-Century England* (Cambridge, 1957).
—— *The Good Parliament* (Oxford, 1975).
—— 'Judgement on the Younger Despenser, 1326', *EHR*, lxx (1955).
—— 'The Rebellion of the Earl of Lancaster, 1328–9', *BIHR*, xxviii (1955).
HONEYBOURNE, M. B., 'The Abbey of St Mary Graces, Tower Hill', *Transactions of the London and Middlesex Archaeological Society*, new series, xi (1952–4).
HOOPER, B., RICKETT, S., ROGERSON, A. and YAXLEY, S., 'The Grave of Sir Hugh de Hastings, Elsing', *Norfolk Archaeology*, xxxix (1984–7), 88–99.
HOPE, W. H. St J., 'On the Funeral Effigies of the Kings and Queens of England', *Archaeologia*, lx (1907).
—— *Windsor Castle: An Architectural History*, 3 vols (London, 1913).
HORROX, R., 'Caterpillars of the Commonwealth? Courtiers in Late Medieval England', *Rulers and Ruled in Late Medieval England: Essays Presented to Gerald Harriss*, ed. R. E. Archer and S. Walker (London, 1995).
HOSKINS, P., 'The Itineraries of the Black Prince's *Chevauchées* of 1355 and 1356: Observations and Interpretations', *Journal of Medieval Military History*, vii (2009).
HOUSLEY, N., 'France, England and the "National Crusade", 1302–1386', *France and the British Isles in the Middle Ages and Renaissance*, ed. G. Jondorf and D. M. Dumville (Woodbridge, 1991).
—— *The Later Crusades, 1274–1580* (Oxford, 1992).
HOWE, E., 'Divine Kingship and Dynastic Display: The Altar Murals of St Stephen's Chapel, Westminster', *Antiquaries Journal*, lxxxi (2001).
HOYT, R. S., 'The Coronation Oath of 1308', *EHR*, lxxi (1956).
HUDSON, A., *Lollards and their Books* (London, 1985).
HUGHES, D., *A Study of Social and Constitutional Tendencies in the Early Years of Edward III* (London, 1915).
HUNT, E. S., *The Medieval Super-Companies: A Study of the Peruzzi Company of Florence* (Cambridge, 1994).
—— 'A New Look at the Dealings of the Bardi and Peruzzi with Edward III', *Journal of Economic History*, l (1990).
HUNTER, J., 'On the Measures taken for the Apprehension of Sir Thomas de Gournay', *Archaeologia*, xxvii (1838).
HYAMS, P. R., 'The Action of Naifty in the Early Common Law', *Law Quarterly Review*, xc (1974).
INGLEDEW, F., *Sir Gawain and the Green Knight and the Order of the Garter* (Notre Dame, 2006).
JACK, R. I., 'Entail and Descent: The Hastings Inheritance, 1370–1436', *BIHR*, xxxviii (1965).
JACOB, E. F., *Henry V and the Invasion of France* (London, 1947).
JAEGER, C. S., *Ennobling Love: In Search of a Lost Sensibility* (Philadelphia, 1999).
JAMES, M. K., 'The Fluctuations of the Anglo-Gascon Wine Trade during the Fourteenth Century', *EcHR*, 2nd series, iv (1951).
JAMES, T. B., 'John of Eltham, History and Story: Abusive International Discourse in Late Medieval England, France and Scotland', *Fourteenth Century England II*, ed. C. Given-Wilson (Woodbridge, 2002).

JAMROZIAK, E., 'St Mary Graces: A Cistercian House in Late Medieval London', *The Uses and Abuses of Sacred Places in Late Medieval Towns*, ed. P. Trio and M. de Smet (Leuven, 2006).
JEFFERSON, L., 'MS Arundel 48 and the Earliest Statutes of the Order of the Garter', *EHR*, cix (1994).
JENKINSON, C. H., 'The Great Seal of England: Deputed or Departmental Seals', *Archaeologia*, lxxxv (1935).
—— 'Mary de Sancto Paulo, Foundress of Pembroke College, Cambridge', *Archaeologia*, lxvi (1915).
JOHNSON, C., 'An Act of Edward III as Count of Toulouse', *Essays in History Presented to R. L. Poole*, ed. H. W. C. Davis (Oxford, 1927).
JOHNSON, P., *The Life and Times of Edward III* (London, 1973).
JOHNSTONE, H., 'The Eccentricities of Edward II', *EHR*, xlviii (1933).
—— 'Isabella, the She-Wolf of France', *History*, xxi (1936–7).
—— 'The Queen's Household', *The English Government at Work, 1327–1336*, ed. J. F. Willard, W. A. Morris and W. H. Dunham, 3 vols (Cambridge, Mass., 1940–50), i.
JONES, M., 'Bertrand du Guesclin, the Truce of Bruges and Campaigns in the Périgord (1376)', *Soldiers, Nobles and Gentlemen: Essays in Honour of Maurice Keen*, ed. P. Coss and C. Tyerman (Woodbridge, 2009).
—— 'The Breton Civil War', *Froissart: Historian*, ed. J. J. N. Palmer (Woodbridge, 1981).
—— *Ducal Brittany, 1364–1399* (Oxford, 1970).
—— 'Edward III's Captains in Brittany', *England in the Fourteenth Century: Proceedings of the 1985 Harlaxton Symposium*, ed. W. M. Ormrod (Woodbridge, 1986).
—— 'The Ransom of Jean de Bretagne, Count of Pethièvre: An Aspect of English Foreign Policy, 1386–1388', *BIHR*, xlv (1972).
—— 'Relations with France, 1337–1399', *England and her Neighbours, 1066–1453: Essays in Honour of Pierre Chaplais*, ed. M. Jones and M. Vale (London, 1989).
—— 'War and Fourteenth-Century France', *Arms, Armies and Fortifications in the Hundred Years War*, ed. A. Curry and M. Hughes (Woodbridge, 1994).
JONES, M. K., 'Ransom Brokerage in the Fifteenth Century', *Guerre et société en France, en Angleterre et en Bourgogne XIVe-XVe siècle*, ed. P. Contamine, C. Giry-Deloison and M. H. Keen (Lille, 1991).
JONES, T., *Chaucer's Knight: The Portrait of a Medieval Mercenary*, rev. edn (London, 1985).
JONES, W. R., 'The Court of the Verge: The Jurisdiction of the Steward and Marshal of the Household in Later Medieval England', *Journal of British Studies*, x[1] (1970).
—— 'The English Church and Royal Propaganda during the Hundred Years War', *JBS*, xix[1] (1979).
—— 'Keeping the Peace: English Society, Local Government, and the Commissions of 1341–44', *American Journal of Legal History*, xviii (1974).
—— 'Purveyance for War and the Community of the Realm in Late Medieval England', *Albion*, vii (1975).
—— 'Relations of the Two Jurisdictions: Conflict and Cooperation in England during the Thirteenth and Fourteenth Centuries', *Studies in Medieval and Renaissance History*, original series, vii (1970).
—— '*Rex et ministri*: English Local Government and the Crisis of 1341', *JBS*, xiii[1] (1973).
JORDAN, W. C., *The Great Famine: Northern Europe in the Early Fourteenth Century* (Princeton, 1996).
JURKOWSKI, M., SMITH, C. L. and CROOK, D., *Lay Taxes in England and Wales, 1188–1688* (London, 1998).
JUSTICE, S., *Writing and Rebellion, England in 1381* (Berkeley, Calif., 1994).
KAEUPER, R. W., 'Law and Order in Fourteenth-Century England: The Evidence of Special Commissions of Oyer and Terminer', *Speculum*, liv (1979).
—— *War, Justice, and Public Order: England and France in the Later Middle Ages* (Oxford, 1988).
KANTOROWICZ, E. H., *The King's Two Bodies* (Princeton, 1957).

KAYE, J., *Economy and Nature in the Fourteenth Century* (Cambridge, 1998).
KEEN, M. H., *England in the Later Middle Ages: A Political History*, 2nd edn (London, 2003).
—— *Nobles, Knights and Men-at-Arms in the Middle Ages* (London, 1996).
—— *The Outlaws of Medieval Legend*, rev. edn (London, 1977).
KEISER, G. R., 'Edward III and the Alliterative *Morte Arthure*', *Speculum*, xlviii (1973).
KENNY, A., *Wyclif* (Oxford, 1985).
KERR, J., 'The East Window of Gloucester Cathedral', *Medieval Art and Architecture at Gloucester and Tewkesbury*, ed. T. A. Heslop and V. A. Sekules (Norwich, 1985).
KING, A., 'War and Peace: A Knight's Tale. The Ethics of War in Sir Thomas Gray's *Scalacronica*', *War, Government and Aristocracy in the British Isles, c.1150–1500: Essays in Honour of Michael Prestwich*, ed. C. Given-Wilson, A. Kettle and L. Scales (Woodbridge, 2008).
KINGSFORD, C. L., 'The Feast of the Five Kings', *Archaeologia*, lxvii (1915–16).
—— 'On Some Ancient Deeds and Seals Belonging to Lord De L'Isle and Dudley', *Archaeologia*, lv (1913).
—— 'Sir Otho de Grandison, 1238?–1328', *TRHS*, 3rd series, iii (1909).
KNOWLES, D. and GRIMES, W. F., *Charterhouse* (London, 1954).
KOWALESKI, M., *Local Markets and Regional Trade in Medieval Exeter* (Cambridge, 1995).
—— 'Warfare, Shipping, and Crown Patronage: The Impact of the Hundred Years War on the Port Towns of Medieval England', *Money, Markets and Trade in Later Medieval Europe: Essays in Honor of John H. A. Munro*, ed. M. Elbl, I. Elbl and L. Armstrong (Leiden, 2007).
LACEY, H., *The Royal Pardon: Access to Mercy in Fourteenth-Century England* (York, 2009).
LACHAUD, F., 'Un "Miroir au prince" méconnu: Le *De nobilitatibus, sapienciis et prudenciis regum* de Walter de Milemete (vers 1326–1327)', *Guerre, pouvoir et noblesse au Moyen Âge: Mélanges en l'honneur de Philippe Contamine*, ed. J. Paviot and J. Verger (Paris, 2000).
—— 'La Représentation des liens personnels sur les tombeaux anglais du XIVe siècle', *Liens personnels, réseaux, solidarities en France et dans les îsles Britanniques (XIe-XXe siècle)*, ed. D. Bates and V. Gazeau (Paris, 2006).
LAKING, G. F., *A Record of European Arms and Armour through Seven Centuries*, 5 vols (London, 1920–2).
LAMBRICK, G., 'The Impeachment of the Abbot of Abingdon in 1368', *EHR*, lxxxii (1967).
LANDER, J. R., *Crown and Nobility, 1450–1509* (London, 1976).
LAPSLEY, G., 'Archbishop Stratford and the Parliamentary Crisis of 1341', *EHR*, xxx (1915).
—— *The County Palatine of Durham* (Cambridge, Mass., 1924).
LARSON, A., 'English Embassies during the Hundred Years War', *EHR*, lv (1940).
LASSAHN, N., 'Langland's Rats Revisited: Conservatism, *Commune*, and Political Unanimity', *Viator*, xxxix (2008).
LEE, P., *Nunneries, Learning and Spirituality in Late Medieval English Society: The Dominican Priory of Dartford* (York, 2001).
LE NEVE, J., *Fasti Ecclesiae Anglicanae, 1300–1541*, comp. H. P. F. King, J. M. Horn and B Jones, 12 vols (London, 1962–7).
LE PATOUREL, J., 'Edouard III, "roi de France et duc de Normandie" ', *Révue historique du droit français et étranger*, 4th series, xxxi (1953).
—— *Feudal Empires: Norman and Plantagenet* (London, 1984).
LEWIS, N. B., 'The "Continual Council" in the Early Years of Richard II, 1377–80', *EHR*, xliv (1926).
—— 'The Organisation of Indentures of Retinue in Fourteenth-Century England', *TRHS*, 4th series, xxvii (1945).
—— 'The Recruitment and Organization of a Contract Army, May to November 1337', *BIHR*, xxxvii (1964).
—— 'Re-election to Parliament in the Reign of Richard II', *EHR*, xlviii (1933).

—— 'The Summons of the English Feudal Levy, 5 April 1327', *Essays in Medieval History Presented to Bertie Wilkinson*, ed. T. A. Sandquist and M. R. Powicke (Toronto, 1969).
LEWIS, P. S., 'War, Propaganda and Historiography in Fifteenth-Century France and England', *TRHS*, 5th series, xv (1965).
LIDDY, C. D., *The Bishopric of Durham in the Late Middle Ages: Lordship, Community and the Cult of St Cuthbert* (Woodbridge, 2008).
—— 'Bristol and the Crown, 1326–31: Local and National Politics in the Early Years of Edward III's Reign', *Fourteenth Century England III*, ed. W. M. Ormrod (Woodbridge, 2004).
—— 'The Politics of Privilege: Thomas Hatfield and the Palatinate of Durham, 1345–81', *Fourteenth Century England IV*, ed. J. S. Hamilton (Woodbridge, 2006).
—— *War, Politics and Finance in Late Medieval English Towns: Bristol, York and the Crown, 1350–1400* (Woodbridge, 2005).
LINDLEY, P., *Gothic to Renaissance: Essays on Sculpture in England* (Stamford, 1995).
LIPSON, E., *The Economic History of England, I: The Middle Ages*, 10th edn (London, 1949).
LIVINGSTONE, M. and WITZEL, M., *The Road to Crécy: The English Invasion of France, 1346* (Harlow, 2005).
LLOYD, T. H., *England the German Hanse, 1157–1611* (Cambridge, 1991).
—— *The English Wool Trade in the Middle Ages* (Cambridge, 1977).
—— 'Overseas Trade and the English Money Supply in the Fourteenth Century', *Edwardian Monetary Affairs, 1279–1344*, ed. N. J. Mayhew (British Archaeological Reports, British series, xxxvi, 1977).
LOACH, J., 'The Marian Establishment and the Printing Press', *EHR*, ci (1986).
LOBEL, M. D., 'A Detailed Account of the 1327 Rising at Bury St Edmunds and the Subsequent Trial', *Proceedings of the Suffolk Institute of Archaeology*, xxi (1933).
LOIRETTE, G., 'Arnaud Amanieu, sire d'Albret, et l'appel des seigneurs gascons en 1368', *Mélanges offerts à M. Charles Bémont* (Paris, 1913).
LONGMAN, W., *The History of the Life and Times of Edward the Third*, 2 vols (London, 1869).
LORD, C., 'Queen Isabella at the Court of France', *Fourteenth Century England II*, ed. C. Given-Wilson (Woodbridge, 2002).
LUCAS, H. S., 'John Crabbe: Flemish Pirate, Merchant, and Adventurer', *Speculum*, xx (1945).
—— *The Low Countries and the Hundred Years' War, 1326–1347* (Ann Arbor, 1929).
LUCE, S., 'Négociations des Anglais avec le roi de Navarre pendant la révolution parisienne de 1358', *Mémoires de la société de l'histoire de Paris et de l'Ile de France*, i (1875).
LUNT, W. E., 'The Collectors of Clerical Subsidies Granted to the King by the English Clergy', *The English Government at Work, 1327–1336*, ed. J. F. Willard, W. A. Morris and W. H. Dunham, 3 vols (Cambridge, Mass., 1940–50), ii.
—— *Financial Relations of the Papacy with England*, 2 vols (Cambridge, Mass., 1939–62).
LUTKIN, J., 'Isabella de Coucy, Daughter of Edward III: The Exception Who Proves the Rule', *Fourteenth Century England VI*, ed. C. Given-Wilson (Woodbridge, 2010).
LYDON, J. F., *Ireland in the Late Middle Ages* (Dublin, 1973).
LYON, B. D., *From Fief to Indenture* (Cambridge, Mass., 1957), 214–17.
—— 'What Were Edward III's Priorities: The Pleasures of Sports or Charity?', *Revue d'histoire ecclesiastique*, xcii (1997).
MADDICOTT, J. R., 'The Birth and Setting of the Ballads of Robin Hood', *EHR*, xciii (1978).
—— 'The County Community and the Making of Public Opinion in Fourteenth-Century England' *TRHS*, 5th series, xxviii (1978).
—— 'The English Peasantry and the Demands of the Crown, 1294–1341', *Landlords, Peasants and Politics in Medieval England*, ed. T. H. Aston (Cambridge, 1987).
—— *Law and Lordship: Royal Justices as Retainers in Thirteenth- and Fourteenth-Century England* (Past and Present supplement, iv, 1978).
—— *The Origins of the English Parliament, 924–1327* (Oxford, 2010).

—— 'Parliament and the Constituencies, 1272–1377', *The English Parliament in the Middle Ages*, ed. R. G. Davies and J. H. Denton (Manchester, 1984).
—— *Thomas of Lancaster, 1307–1322: A Study in the Reign of Edward II* (Oxford, 1970).
MARTIN, D., 'Prosecution of the Statutes of Provisors and Premunire in the King's Bench, 1377–1394', *Fourteenth Century England IV*, ed. J. S. Hamilton (Woodbridge, 2006).
MARTINDALE, A., 'Painting for Pleasure: Some Lost Fifteenth-Century Secular Decorations of Northern Italy', *The Vanishing Past: Studies of Medieval Art, Liturgy and Metrology Presented to Christopher Hohler*, ed. A. Borg and A. Martindale (British Archaeological Reports, international series, cxi, 1981).
MATHESON, L. M., *The Prose Brut: The Development of a Middle English Chronicle* (Tempe, 1998).
MATTHEWS, D., *Writing to the King: Nation, Kingship and Literature in England, 1250–1350* (Cambridge, 2010).
MAXWELL-LYTE, H. C., *Historical Notes on the Use of the Great Seal of England* (London, 1926).
MAYHEW, N. J., 'From Regional to Central Minting, 1158–1464', *A New History of the Royal Mint*, ed. C. E. Challis (Cambridge, 1992).
McFARLANE, K. B., *England in the Fifteenth Century* (London, 1981).
—— *Lancastrian Kings and Lollard Knights* (Oxford, 1972).
—— *The Nobility of Later Medieval England* (Oxford, 1973).
McHARDY, A. K., 'The Alien Priories and the Expulsion of Aliens from England in 1378', *Studies in Church History*, xii (1975).
—— 'The English Clergy and the Hundred Years War', *Studies in Church History*, xx (1983).
—— 'Paying for the Wedding: Edward III as Fundraiser, 1332–3', *Fourteenth Century England IV*, ed. J. S. Hamilton (Woodbridge, 2006).
—— 'The Promotion of John Buckingham to the See of Lincoln', *Journal of Ecclesiastical History*, xxvi (1975).
—— 'Some Reflections of Edward III's Use of Propaganda', *The Age of Edward III*, ed. J. S. Bothwell (York, 2001).
—— 'Religious Ritual and Political Persuasion: The Case of England in the Hundred Years War', *Journal of Moral and Social Studies*, iii (1988).
McINTOSH, M. K., *Autonomy and Community: The Royal Manor of Havering, 1200–1500* (Cambridge, 1986).
McKENNA, J. W., 'How God Became an Englishman', *Tudor Rule and Revolution: Essays for G. R. Elton from his American Friends*, ed. D. J. Guth and J. W. McKenna (Cambridge 1982).
MacKINNON, J., *The History of Edward III (1327–1377)* (London, 1900).
McKISACK, M., 'Edward III and the Historians', *History*, xlv (1960).
—— *The Fourteenth Century* (Oxford, 1959).
—— 'London and the Succession to the Crown during the Middle Ages', *Studies in Medieval History Presented to Frederick Maurice Powicke*, ed. R. W. Hunt, W. A. Pantin and R. W. Southern (Oxford, 1948).
McNAB, B., 'Obligations of the Church in English Society: Military Arrays of the Clergy, 1369–1418', *Order and Innovation in the Middle Ages: Essays in Honor of Joseph R. Strayer*, ed. W. C. Jordan, B. McNab and T. F. Ruiz (Princeton, 1976).
McNAMEE, C., *The Wars of the Bruces: Scotland, England and Ireland, 1306–1328* (East Linton, 1997).
MENACHE, S., 'Isabella of France, Queen of England: A Reconsideration', *JMH*, x (1984).
MERRIAM, T., '*Edward III*', *Literary and Linguistic Computing*, xv (2000).
MEYER, E., *Charles II, roi de Navarre, comte d'Evreux, et la Normandie au XIVe siècle* (Paris, 1898).
MICHAEL, M. A., 'The Iconography of Kingship in the Walter of Milemete Treatise', *Journal of the Warburg and Courtauld Institutes*, lvii (1994).

—— 'The Little Land of England is Preferred before the Great Kingdom of France: The Quartering of the Royal Arms by Edward III', *Studies in Medieval Art and Architecture Presented to Peter Lasko*, ed. D. Buckton and T. A. Heslop (Stroud, 1994).

—— 'A Manuscript Wedding Gift from Philippa of Hainault to Edward III', *Burlington Magazine*, cxxvii (1985).

MILESON, S. A., *Parks in Medieval England* (Oxford, 2009).

MIROT, L. and DÉPREZ, E., *Les Ambassades anglaises pendant la Guerre de Cent Ans* (Paris, 1900).

MITCHELL, L. E., *Portraits of Medieval Women: Family, Marriage, and Politics in England, 1225–1350* (Basingstoke, 2003).

MOISANT, J., *Le Prince Noir en Aquitaine* (Paris, 1894).

MONNAS, L., 'Silk Cloths Purchased for the Great Wardrobe of the Kings of England, 1325–1462', *Textile History*, xx (1989).

—— 'Textiles for the Coronation of Edward III', *Textile History*, xxxii (2001).

MORGAN, D. A. L., 'The Banner-Bearer of Christ and Our Lady's Knight: How God Became an Englishman Revisited', *St George's Chapel Windsor in the Fourteenth Century*, ed. N. Saul (Woodbridge, 2005).

—— 'The Political After-life of Edward III: The Apotheosis of a Warmonger', *EHR*, cxii (1997).

MORGAN, P., *War and Society in Medieval Cheshire, 1277–1403* (Chetham Society, 3rd series, xxxiv, 1987).

MORGANSTERN, A. M., *Gothic Tombs of Kinship in France, the Low Countries and England* (University Park, Penn., 2000).

MORRIS, M., 'Edward I and the Knights of the Round Table', *Foundations of Medieval Scholarship: Records Edited in Honour of David Crook*, ed. P. Brand and S. Cunningham (York, 2008).

MORRIS, R. K., 'The Architecture of the Earls of Warwick in the Fourteenth Century', *England in the Fourteenth Century: Proceedings of the 1985 Harlaxton Symposium*, ed. W. M. Ormrod (Woodbridge, 1986).

MORTIMER, I., 'The Death of Edward II in Berkeley Castle', *EHR*, cxx (2005).

—— *The Greatest Traitor: The Life of Sir Roger Mortimer* (London, 2003).

—— 'Henry IV's Date of Birth and the Royal Maundy', *HR*, lxxx (2007).

—— *The Perfect King: The Life of Edward III* (London, 2006).

—— 'Sermons of Sodomy: A Reconsideration of Edward II's Sodomitical Reputation', *The Reign of Edward II*, ed. G. Dodd and A. Musson (York, 2006).

MUNBY, J., BARBER, R. and BROWN, R., *Edward III's Round Table at Windsor: The House of the Round Table and the Windsor Festival of 1344* (Woodbridge, 2007).

MUNRO, J. H. A., 'Mint Policies, Ratios and Outputs in the Low Countries and England, 1335–1420', *Numismatic Chronicle*, cxli (1981).

—— *Wool, Cloth, and Gold: The Struggle for Bullion in Anglo-Burgundian Trade, 1340–1478* (Toronto, 1972).

MUSSON, A., *Medieval Law in Context: The Growth of Legal Consciousness from Magna Carta to the Peasants' Revolt* (Manchester, 2001).

—— 'New Labour Laws, New Remedies? Legal Reaction to the Black Death "Crisis"', *Fourteenth Century England I*, ed. N. Saul (Woodbridge, 2000).

—— 'The Prior of Coventry v. Queen Isabella of England: Re-assessing the Archival Evidence', *Archives*, xxxii (2007).

—— *Public Order and Law Enforcement: The Local Administration of Criminal Justice, 1294–1350* (Woodbridge, 1996).

—— 'Second "English Justinian" or Pragmatic Opportunist? A Re-examination of the Legal Legislation of Edward III's Reign', *The Age of Edward III*, ed. J. S. Bothwell (York, 2001).

—— and ORMROD, W. M., *The Evolution of English Justice: Law, Politics and Society in the Fourteenth Century* (Basingstoke, 1999).

MYERS, A. R., *England in the Later Middle Ages* (Harmondsworth, 1971).
—— 'The Wealth of Richard Lyons', *Essays in Medieval History Presented to Bertie Wilkinson*, ed. T. A. Sandquist and M. R. Powicke (Toronto, 1969).
NEDERMAN, C. J., 'Kings, Peers, and Parliament: Virtue and Corulership in Walter Burley's *Commentarius in VIII Libros Politicorum Aristotelis*', *Albion*, xxiv (1992).
—— 'Royal Taxation and the English Church: The Origins of William of Ockham's *An princeps*', *Journal of Ecclesiastical History*, xxxvii (1986).
NEVILLE, C. J., *Violence, Custom and Law: The Anglo-Scottish Border Lands in the Later Middle Ages* (Edinburgh, 1998).
NEWTON, S. M., *Fashion in the Age of the Black Prince* (Woodbridge, 1980).
—— 'Queen Philippa's Squirrel Suit', *Documenta Textila*, ed. M. Flury-Lemberg and K. Stolleis (Munich, 1981).
NICHOLAS, D., *The van Arteveldes of Ghent: The Varieties of Vendetta and the Hero in History* (Ithaca, New York, 1988).
NICHOLSON, R., *Edward III and the Scots: The Formative Years of a Military Career* (Oxford, 1965).
—— *Scotland: The Later Middle Ages* (Edinburgh, 1974).
NIGHTINGALE, P., 'Capitalists, Crafts and Constitutional Change in Late Fourteenth-Century London', *Past and Present*, cxxiv (1989).
—— 'The Intervention of the Crown and the Effectiveness of the Sheriff in the Execution of Judicial Writs, c.1355–1530', *EHR*, cxxiii (2008).
—— *A Medieval Mercantile Community: The Grocers' Company and the Politics and Trade of London, 1000–1485* (London, 1995).
—— 'Monetary Contraction and Mercantile Credit in Later Medieval England', *EcHR*, 2nd series, xliii (1990).
OAKSHOTT, E., *Records of the Medieval Sword* (Woodbridge, 1991).
OFFLER, H. S., *Church and Crown in the Fourteenth Century* (Aldershot, 2000).
—— 'England and Germany at the Beginning of the Hundred Years' War', *EHR*, liv (1939).
OGGINS, R. S., *The Kings and their Hawks: Falconry in Medieval England* (London, 2004).
OHLGREN, T., '*Edwardus redivivus* in *A Gest of Robyn Hode*', *Journal of English and Germanic Philology*, xcix (2000).
OLIVER, C., 'The First Political Pamphlet? The Unsolved Case of the Anonymous Account of the Good Parliament', *Viator*, xxxviii (2007).
—— *Parliament and the Origins of Political Pamphleteering* (York, 2010).
OLSON, G., 'Geoffrey Chaucer', *The Cambridge History of Medieval English Literature*, ed. D. Wallace (Cambridge, 1999).
OOSTERWIJK, S., ' "A swathe feire graue": The Appearance of Children on Medieval Tomb Monuments', *Family and Dynasty in Late Medieval England*, ed. R. Eales and S. Tyas (Donington, 2003).
ORME, N., *From Childhood to Chivalry: The Education of the English Kings and Aristocracy, 1066–1530* (London, 1984).
ORMROD, W. M., 'Accountability and Collegiality: The English Royal Secretariat in the Mid-Fourteenth Century', *Ecrit et pouvoir dans les chancelleries médiévales: Espace français, espace anglais*, ed. K. Fianu and D. J. Guth (Louvain la Neuve, 1997).
—— 'Agenda for Legislation, 1322–c.1340', *EHR*, cv (1990).
—— 'Alice Perrers and John Salisbury', *EHR*, cxxiii (2008).
—— 'Coming to Kingship: Boy Kings and the Passage to Power in Fourteenth-Century England', *Rites of Passage: Cultures of Transition in the Fourteenth Century*, ed. N. F. McDonald and W. M. Ormrod (York, 2004).
—— 'Competing Capitals? York and London in the Fourteenth Century', *Courts and Regions in Medieval Europe*, ed. S. Rees Jones, R. Marks and A. J. Minnis (York, 2000).
—— 'The Crown and the English Economy, 1290–1348', *Before the Black Death: Studies in the 'Crisis' of the Early Fourteenth Century*, ed. B. M. S. Campbell (Manchester, 1991).

—— 'The Domestic Response to the Hundred Years War', *Arms, Armies and Fortifications in the Hundred Years War*, ed. A. Curry and M. Hughes (Woodbridge, 1994).
—— 'The Double Monarchy of Edward III', *Medieval History*, i¹ (1991).
—— 'Edward III and his Family', *JBS*, xxvi (1987).
—— 'Edward III and the Recovery of Royal Authority in England, 1340–60', *History*, lxxii (1987).
—— 'England in the Middle Ages', *The Rise of the Fiscal State in Europe, c.1200–1815*, ed. R. Bonney (Oxford, 1999).
—— 'England, Normandy and the Beginnings of the Hundred Years War, 1259–1360', *England and Normandy in the Middle Ages*, ed. D. Bates and A. Curry (London, 1994).
—— 'The English Crown and the Customs, 1349–63', *EcHR*, 2nd series, xl (1987).
—— 'The English Government and the Black Death of 1348–49', *England in the Fourteenth Century: Proceedings of the 1985 Harlaxton Symposium*, ed. W. M. Ormrod (Woodbridge, 1986).
—— 'The English State and the Plantagenet Empire, 1259–1360: A Fiscal Perspective', *The Medieval State: Essays Presented to James Campbell*, ed. J. R. Maddicott and D. M. Palliser (London, 2000).
—— 'An Experiment in Taxation: The English Parish Subsidy of 1371', *Speculum*, lxiii (1988).
—— 'Fifty Glorious Years: Edward III and the First English Royal Jubilee', *Medieval History*, new series, i¹ (2002).
—— 'For Arthur and St George: Edward III, Windsor Castle and the Order of the Garter', *St George's Chapel Windsor in the Fourteenth Century*, ed. N. Saul (Woodbridge, 2005).
—— 'The Good Parliament of 1376: Commons, *Communes* and "Common Profit" in Fourteenth-Century English Politics', *Comparative Perspectives on History and Historians: Essays in Memory of Bryce Lyon*, ed. D. Nicholas, B. S. Bachrach and J. M. Murray (Kalamazoo, 2011).
—— 'In Bed with Joan of Kent: The King's Mother and the Peasants' Revolt', *Medieval Women: Texts and Contexts in Late Medieval Britain*, ed. J. Wogan-Browne, R. Voaden, A. Diamond, A. Hutchinson, C. M. Meale and L. Johnson (Turnhout, 2000).
—— 'The King's Secrets: Richard de Bury and the Monarchy of Edward III', *War, Government and Aristocracy in the British Isles, c.1150–1500: Essays in Honour of Michael Prestwich*, ed. C. Given-Wilson, A. Kettle and L. Scales (Woodbridge, 2008).
—— 'On – and off – the Record: The Rolls of Parliament, 1337–77', *Parliamentary History*, xxiii (2004).
—— 'The Origins of the *sub pena* Writ', *HR*, lxi (1988).
—— 'The Origins of Tunnage and Poundage: Parliament and the Estate of Merchants in the Fourteenth Century', *Parliamentary History*, xxviii (2009).
—— 'Parliament, Political Economy and State Formation in Later Medieval England', *Power and Persuasion: Essays on the Art of State Building in Honour of W. P. Blockmans*, ed. P. Hoppenbrouwers, A. Janse and R. Stein (Turnhout, 2010).
—— 'The Peasants' Revolt and the Government of England', *JBS*, xxix (1990).
—— 'The Personal Religion of Edward III', *Speculum*, lxiv (1989).
—— *Political Life in Medieval England, 1300–1450* (Basingstoke, 1995).
—— 'The Politics of Pestilence: Government in England after the Black Death', *The Black Death in England*, ed. W. M. Ormrod and P. G. Lindley (Stamford, 1996).
—— 'Poverty and Privilege: The Fiscal Burden in England (XIIIth–XVth Centuries)', *La fiscalità nell'economia europea secc. XIII–XVIII*, ed. S. Cavaciocchi, 2 vols (Prato, 2008), ii.
—— 'A Problem of Precedence: Edward III, the Double Monarchy, and the Royal Style', *The Age of Edward III*, ed. J. S. Bothwell (York, 2001).
—— 'The Protecolla Rolls and English Government Finance, 1353–1364', *EHR*, cii (1987).
—— 'Queenship, Death and Agency: The Commemorations of Isabella of France and Philippa of Hainault', *Memory and Commemoration in Medieval England*, ed. C. M. Barron and C. Burgess (Donington, 2010).

—— *The Reign of Edward III: Crown and Political Society in England, 1327–1377* (London, 1990).
—— 'Richard II's Sense of English History', *The Reign of Richard II*, ed. G. Dodd (Stroud, 2000).
—— 'The Road to Boroughbridge: The Civil War of 1321–2 in the Ancient Petitions', *Foundations of Medieval Scholarship: Records Edited in Honour of David Crook*, ed. P. Brand and S. Cunningham (York, 2008).
—— 'Robin Hood and Public Record: The Authority of Writing in the Medieval Outlaw Tradition', *Medieval Cultural Studies: Essays in Honour of Stephen Knight*, ed. R. Evans, H. Fulton and D. Matthews (Cardiff, 2006).
—— 'The Royal Nursery: A Household for the Younger Children of Edward III', *EHR*, cxx (2005).
—— 'The Sexualities of Edward II', *The Reign of Edward II: New Perspectives*, ed. G. Dodd and A. Musson (York, 2006).
—— 'The Trials of Alice Perrers', *Speculum*, lxxxiii (2008).
—— 'The Use of English: Language, Law, and Political Culture in Fourteenth-Century England', *Speculum*, lxxxviii (2003).
—— 'The West European Monarchies in the Later Middle Ages', *Economic Systems and State Finance*, ed. R. Bonney (Oxford, 1995).
—— 'Who was Alice Perrers?', *Chaucer Review*, xl (2006).
Oxford Dictionary of National Biography, ed. H. C. G. Matthew and B. H. Harrison, 60 vols (Oxford, 2004).
Oxford Dictionary of Political Quotations, ed. A. Jay, 3rd edn (Oxford, 2006).
PACKE, M., *King Edward III* (London, 1983).
PALLISER, D. M., 'Royal Mausolea in the Long Fourteenth Century (1272–1422)', *Fourteenth Century England III*, ed. W. M. Ormrod (Woodbridge, 2004).
PALMER, J. J. N., 'The Anglo-French Peace Negotiations, 1390–1396', *TRHS*, 5th series, xvi (1966).
—— *England, France and Christendom, 1377–99* (London, 1972).
—— 'England, France, the Papacy and the Flemish Succession, 1361–9', *JMH*, ii (1976).
—— 'The Historical Context of the Book of the Duchess: A Revision', *Chaucer Review*, viii (1974).
—— 'The War Aims of the Protagonists and the Negotiations for Peace', *The Hundred Years War*, ed. K. Fowler (London, 1971).
—— and WELLS, A. P., 'Ecclesiastical Reform and the Politics of the Hundred Years War during the Pontificate of Urban V (1362–70)', *War, Literature and Politics in the Late Middle Ages*, ed. C. T. Allmand (Liverpool, 1976).
PALMER, R. C., *English Law in the Age of the Black Death, 1348–81: A Transformation of Governance and Law* (London, 1993).
PARSONS, J. C., *Eleanor of Castile: Queenship and Society in Thirteenth-Century England* (Basingstoke, 1995).
—— 'Mothers, Daughters, Marriage, Power: Some Plantagenet Evidence, 1150–1500', *Medieval Queenship*, ed. J. C. Parsons (Stroud, 1994).
—— ' "Never was a body buried in England with such solemnity and honour": The Burials and Posthumous Commemorations of English Queens to 1500', *Queens and Queenship in Medieval Europe*, ed. A. J. Duggan (Woodbridge, 1997).
—— 'The Pregnant Queen as Counsellor and the Medieval Construction of Motherhood', *Medieval Mothering*, ed. J. C. Parsons and B. Wheeler (New York, 1996).
—— 'The Year of Eleanor of Castile's Birth and her Children by Edward I', *Mediaeval Studies*, xlvi (1984).
PARTINGTON, R., 'Edward III's Enforcers: The King's Sergeants-at-Arms in the Localities', *The Age of Edward III*, ed. J. S. Bothwell (York, 2001).
PEARSALL, D. A., *The Life of Geoffrey Chaucer* (Oxford, 1992).

—— 'The *Troilus* Frontispiece and Chaucer's Audience', *Yearbook of English Studies*, vii (1977).
PELZER, J., 'The Slow Death of the Angevin Empire', *HR*, lxxxi (2008).
PENMAN, M., *David II* (East Linton, 2004).
—— '*Diffinicione successionis ad regnum Scottorum*: Royal Succession in Scotland in the Later Middle Ages', *Making and Breaking the Rules: Succession in Medieval Europe, c.1000–c.1600*, ed. F. Lachaud and M. Penman (Turnhout, 2008).
PENN, S. A. C. and DYER, C., 'Wages and Earnings in Late Medieval England: Evidence from the Enforcement of the Labour Laws', *EcHR*, 2nd series, xliii (1990).
PÉPIN, G., 'Towards a New Assessment of the Black Prince's Principality of Aquitaine: A Study of the Last Years (1369–1372)', *Nottingham Medieval Studies*, l (2006).
PERROY, E., 'L'Administration de Calais en 1371–2', *Revue du Nord*, xxxiii (1951).
—— *L'Angleterre et le grand schisme d'occident* (Paris, 1933).
—— 'Charles V et le traité de Brétigny', *Le Moyen Age*, xxxviii (1928).
—— 'Edouard III d'Angleterre et les seigneurs gascons en 1368', *Annales du Midi*, lxi (1948–9).
—— 'France, England, and Navarre from 1359 to 1364', *BIHR*, xiii (1935–6).
—— 'Gras profits et rançons pendant la Guerre de Cent Ans: L'Affaire du comte de Denia', *Mélanges d'histoire du moyen âge dédiés à la mémoire de Louis Halphen* (Paris, 1951).
—— *The Hundred Years War*, trans. W. B. Wells (London, 1951).
PETERS, E., *The Shadow King: Rex Inutilis in Medieval Law and Literature, 751–1327* (New Haven, 1970).
PETIT, K., 'Le Mariage de Philippa de Hainault, reine d'Angleterre', *Le Moyen Age*, lxxxvii (1981).
PHILLIPS, J. R. S., *Aymer de Valence, Earl of Pembroke 1307–1324* (Oxford, 1972).
—— *Edward II* (London, 2010).
—— 'Edward II and the Prophets', *England in the Fourteenth Century: Proceedings of the 1985 Harlaxton Symposium*, ed. W. M. Ormrod (Woodbridge, 1986).
—— ' "Edward II" in Italy: English and Welsh Political Exiles and Fugitives in Continental Europe, 1322–1364', *Thirteenth Century England X*, ed. M. Prestwich, R. H. Britnell and R. Frame (Woodbridge, 2005).
—— 'An Englishman in Rome, 1330–1334', *Dublin in the Medieval World: Studies in Honour of Howard B. Clarke*, ed. J. Bradley, A. J. Fletcher and A. Simms (Dublin, 2009).
—— *The Medieval Expansion of Europe* (Oxford, 1988).
PHILLIPS, K. M., 'Masculinities and the Medieval English Sumptuary Laws', *Gender and History*, xix (2007).
PIRENNE, H., 'La Première Tentative Faite pour reconnoitre Edouard III d'Angleterre comme roi de France (1328)', *Annales de la Société de'Histoire et d'Archéologie de Gand*, v (1902).
PLATT, C., *Medieval Southampton* (London, 1973).
PLÖGER, K., *England and the Avignon Popes: The Practice of Diplomacy in Late Medieval Europe* (London, 2005).
PLUCKNETT, T. F. T., 'The Origins of Impeachment', *TRHS*, 4th series, xxiv (1950).
—— 'Parliament', *The English Government at Work, 1327–1336*, ed. J. F. Willard, W. A. Morris and W. H. Dunham, 3 vols (Cambridge, Mass., 1940–50), i.
POLLARD, A. J., *Imagining Robin Hood* (London, 2004).
POOS, L. R., *A Rural Society after the Black Death: Essex, 1350–1525* (Cambridge, 1991).
POSTAN, M. M., *Essays on Medieval Agriculture and General Problems of the Medieval Economy* (Cambridge, 1973).
POULET, A., 'Capetian Women and the Regency: The Genesis of a Vocation', *Medieval Queenship*, ed. J. C. Parsons (Stroud, 1994).
POWELL, E., 'The Administration of Criminal Justice in Late-Medieval England: Peace Sessions and Assizes', *The Political Context of the Law*, ed. R. Eales and D. Sullivan (London, 1987).
—— *Kingship, Law, and Society: Criminal Justice in the Reign of Henry V* (Oxford, 1989).
POWELL, J. E. and WALLIS, K., *The House of Lords in the Middle Ages* (London, 1967).

POWER, E., *The Wool Trade in English Medieval History* (Oxford, 1941).
POWICKE, M., *Military Obligation in Medieval England* (Oxford, 1962).
PRESTWICH, M., *Armies and Warfare in the Middle Ages: The English Experience* (London, 1996).
—— 'Cavalry Service in Early Fourteenth Century England', *War and Government in the Middle Ages: Essays in Honour of J. O. Prestwich* (Woodbridge, 1984).
—— 'The Crown and the Currency: The Circulation of Money in Late Thirteenth and Early Fourteenth Century England', *Numismatic Chronicle*, cxlii (1982).
—— *Edward I* (London, 1988).
—— 'England and Scotland during the Wars of Independence', *England and her Neighbours, 1066–1453: Essays in Honour of Pierre Chaplais*, ed. M. Jones and M. Vale (London, 1989).
—— 'The English at the Battle of Neville's Cross', *The Battle of Neville's Cross, 1346*, ed. D. Rollason and M. Prestwich (Stamford, 1998).
—— 'English Armies in the Early Stages of the Hundred Years War: A Scheme in 1341', *BIHR*, lvi (1983).
—— 'Gilbert de Middleton and the Attack on the Cardinals, 1317', *Warriors and Churchmen in the High Middle Ages: Essays Presented to Karl Leyser*, ed. T. Reuter (London, 1992).
—— 'Military Logistics: The Case of 1322', *Armies, Chivalry and Warfare in Medieval Britain and France*, ed. M. Strickland (Stamford, 1998).
—— 'The Ordinances of 1311 and the Politics of the Early Fourteenth Century', *Politics and Crisis in Fourteenth-Century England*, ed. J. Taylor and W. Childs (Gloucester, 1990).
—— 'Parliament and the Community of the Realm', *Parliament and Community*, ed. A. Cosgrove and J. I. McGuire (Belfast, 1983).
—— *Plantagenet England, 1225–1360* (Oxford, 2005).
—— *The Three Edwards: War and State in England, 1272–1377* (London, 1980).
—— 'The Victualling of Castles', *Soldiers, Nobles and Gentlemen: Essays in Honour of Maurice Keen*, ed. P. Coss and C. Tyerman (Woodbridge, 2009).
—— 'War and Taxation in England in the XIIIth and XIVth Centuries', *Genèse de l'état moderne: Prélèvement et redistribution*, ed. J.-P. Genet and M. le Mené (Paris, 1987).
—— 'Was there a Military Revolution in Medieval England?', *Recognitions: Essays Presented to Edmund Fryde*, ed. C. Richmond and I. Harvey (Aberystwyth, 1996).
—— 'Why did Englishmen Fight in the Hundred Years War?', *Medieval History*, ii[1] (1992).
PRINCE, A. E., 'The Army and Navy', *The English Government at Work, 1327–1336*, ed. J. F. Willard, W. A. Morris and W. H. Dunham, 3 vols (Cambridge, Mass., 1940–50), i.
—— 'The Indenture System under Edward III', *Historical Essays in Honour of James Tait*, ed. J. G. Edwards, V. H. Galbraith and E. F. Jacob (Manchester, 1933).
—— 'The Payment of Army Wages in Edward III's Reign', *Speculum*, xix (1944).
—— 'The Strength of English Armies in the Reign of Edward III', *EHR*, xlvi (1931).
PROUDFOOT, R., '*The Reign of King Edward the Third* (1596) and Shakespeare', *Proceedings of the British Academy*, lxxi (1985).
PUTNAM, B. H., 'Chief Justice Shareshull and the Economic and Legal Codes of 1351–1352', *University of Toronto Law Journal*, v (1943–4).
—— *The Enforcement of the Statute of Labourers* (New York, 1908).
—— 'Maximum Wage-Laws for Priests after the Black Death', *American Historical Review*, xxi (1915–16).
—— *The Place in Legal History of Sir William Shareshull* (Cambridge, 1950).
—— 'Shire Officials: Keepers of the Peace and Justices of the Peace', *The English Government at Work, 1327–1336*, ed. J. F. Willard, W. A. Morris and W. H. Dunham, 3 vols (Cambridge, Mass., 1940–50), iii.
—— —— 'The Transformation of the Keepers of the Peace into the Justices of the Peace, 1327–1380', *TRHS*, 4th series, xii (1929).
RAMSAY, J. H., *A History of the Revenues of the Kings of England, 1066–1399*, 2 vols (Oxford, 1925).

RASTALL, R., 'The Minstrels of the English Royal Households, 25 Edward I–1, Henry VIII: An Inventory', *Royal Musical Association Research Chronicle*, iv (1964).
RAWCLIFFE, C., *The Staffords, Earls of Stafford and Dukes of Buckingham, 1394–1521* (Cambridge, 1978).
REDSTONE, V. B., 'Some Mercenaries of Henry of Lancaster, 1327–1330', *TRHS*, 3rd series, vii (1913).
REES JONES, S., 'Household, Work and the Problem of Labour: The Regulation of Labour in Medieval English Towns', *The Problem of Labour in Fourteenth-Century England*, ed. J. Bothwell, P. J. P. Goldberg and W. M. Ormrod (York, 2000).
RICHARDSON, A., *The Forest, Park and Palace of Clarendon, c.1200–c.1650* (British Archaeological Reports, British series, cccvii, 2005).
RICHARDSON, H. G., 'The *Annales Paulini*', *Speculum*, xxiii (1948).
—— 'The Coronation in Medieval England: The Evolution of the Office and the Oath', *Traditio*, xvi (1960).
—— 'The English Coronation Oath', *Speculum*, xxiv (1949).
—— and SAYLES, G. O., 'Early Coronation Records', *BIHR*, xiv (1936–7).
—— *The English Parliament in the Middle Ages* (London, 1981).
RICHES, S. J. E., *St George: Hero, Martyr and Myth* (Stroud, 2002).
RICHMOND, C., 'The War at Sea', *The Hundred Years War*, ed. K. Fowler (London, 1971).
RIGBY, S. H., 'Introduction', *A Social History of England, 1250–1500*, ed. R. Horrox and W. M. Ormrod (Cambridge, 2006).
RIGG, A. G., 'Clocks, Dials, and other Terms', *Middle English Studies Presented to Norman Davies*, ed. D. Gray and E. G. Stanley (Oxford, 1983).
—— *A History of Anglo-Latin Literature, 1066–1422* (Cambridge, 1992).
—— 'John of Bridlington's Prophecy: A New Look', *Speculum*, lxiii (1988).
—— 'Propaganda of the Hundred Years War. Poems on the Battles of Crecy and Durham (1346), A Critical Edition', *Traditio*, liv (1999).
ROBERTS, A. K. B., *St George's Chapel, Windsor Castle, 1348–1416: A Study in Early Collegiate Administration* (Windsor, 1948).
RODGER, N. A. M., *The Safeguard of the Sea: A Naval History of Britain*, 2 vols (London, 1997–2004).
ROGERS, A., 'Hoton versus Shakell: A Ransom Case in the Court of Chivalry, 1390–5', *Nottingham Mediaeval Studies*, vi (1962); vii (1963).
ROGERS, C. J., 'The Anglo-French Peace Negotiations of 1354–60 Reconsidered', *The Age of Edward III*, ed. J. S. Bothwell (York, 2001).
—— 'By Fire and Sword: *Bellum hostile* and the "Civilians" in the Hundred Years War', *Civilians in the Path of War*, ed. M. Grimsley and C. J. Rogers (Lincoln, Nebr., 2002).
—— 'Edward III and the Dialectics of Strategy, 1327–1360', *TRHS*, 6th series, iv (1994).
—— 'The Military Revolutions of the Hundred Years' War', *Journal of Military History*, lvii (1993).
—— *War Cruel and Sharp: English Strategy under Edward III, 1327–1360* (Woodbridge, 2000).
ROSE, S., *Calais: An English Town in France, 1347–1558* (Woodbridge, 2008).
—— *Medieval Naval Warfare, 1000–1500* (London, 2002).
ROSKELL, J. S., *The Commons and their Speakers in English Parliaments* (Manchester, 1965).
—— *The Impeachment of Michael de la Pole, Earl of Suffolk, in the Context of the Reign of Richard II* (Manchester, 1984).
—— *Parliament and Politics in Late Medieval England*, 3 vols (London, 1981).
—— 'The Problem of the Attendance of the Lords in Medieval Parliaments', *BIHR*, xxix (1956).
——, CLARK, L. and RAWCLIFFE, C., *The House of Commons, 1386–1421*, 4 vols (Stroud, 1993).
ROUND, J. H., 'The Landing of Queen Isabella in 1326', *EHR*, xiv (1899).
ROUSE, M. A. and ROUSE, R. H., 'The Goldsmith and the Peacocks: Jean de la Mote in the Household of Simon de Lille', *Viator*, xxviii (1997).

RUDDICK, A., 'Ethnic Identities and Political Language in the King of England's Dominions: A Fourteenth-Century Perspective', *Identity and Insurgency in the Late Middle Ages*, ed. L. Clark (Woodbridge, 2006).

RUNYAN, T., 'The Constabulary of Bordeaux: The Accounts of John Ludham (1372–73) and Robert de Wykford (1373–75)', *Mediaeval Studies*, xxvi (1974).

RUSSELL, E., 'The Societies of the Bardi and the Peruzzi and their Dealings with Edward III', *Finance and Trade under Edward III*, ed. G. Unwin (Manchester, 1918).

RUSSELL, P. E., *The English Intervention in Spain and Portugal in the Time of Edward III and Richard II* (Oxford, 1955).

SABINE, E. L., 'City Cleaning in Mediaeval London', *Speculum*, xii (1937).

SALTER, E., *English and International: Studies in the Literature, Art and Patronage of Medieval England* (Cambridge, 1988).

SANDLER, L. F., *Gothic Manuscripts, 1285–1385*, 2 vols (London, 1985).

—— *Omne bonum: A Fourteenth-Century Encyclopaedia of Universal Knowledge*, 2 vols (London, 1996).

SAUL, A., 'Local Politics and the Good Parliament', *Property and Politics: Essays in Later Medieval English History*, ed. A. Pollard (Gloucester, 1984).

SAUL, N., *Death, Art and Memory in Medieval England: The Cobham Family and their Monuments, 1300–1500* (Oxford, 2001).

—— 'The Despensers and the Downfall of Edward II', *EHR*, xcix (1984).

—— 'A Farewell to Arms? Criticism of Warfare in Late Fourteenth-Century England', *Fourteenth Century England II*, ed. C. Given-Wilson (Woodbridge, 2002).

—— 'The Kingship of Richard II', *Richard II: The Art of Kingship*, ed. A. Goodman and J. Gillespie (Oxford, 1999).

—— *Knights and Esquires: The Gloucestershire Gentry in the Fourteenth Century* (Oxford, 1981).

—— *Richard II* (London, 1997).

—— *Scenes from Provincial Life: Knightly Families in Sussex, 1280–1400* (Oxford, 1986).

SAUNDERS, F. S., *Hawkwood: Diabolical Englishman* (London, 2004).

SAYLES, G. O., 'The "English Company" of 1343 and a Merchants' Oath', *Speculum*, vi (1931).

—— *The Functions of the Medieval Parliament of England* (London, 1988).

SCAMMELL, J., 'Robert I and the North of England', *EHR*, lxxiv (1958).

SCATTERGOOD, V. J., *Politics and Poetry in the Fifteenth Century* (London, 1971).

SEABOURNE, G., *Royal Regulation of Loans and Sales in Medieval England* (Woodbridge, 2003).

SEARLE, E. and BURGHART, R., 'The Defense of England and the Peasants' Revolt', *Viator*, iii (1972).

SEKULES, V., 'Dynasty and Patrimony in the Self-Construction of an English Queen: Philippa of Hainault and her Images', *England and the Continent in the Middle Ages: Studies in Memory of Andrew Martindale*, ed. J. Mitchell and M. Moran (Stamford, 2000).

SHENTON, C., 'Edward III and the Coup of 1330', *The Age of Edward III*, ed. J. S. Bothwell (York, 2001).

—— 'Edward III and the Symbol of the Leopard', *Heraldry, Pageantry and Social Display*, ed. P. R. Coss and M. H. Keen (Woodbridge, 2002).

—— *The Itinerary of Edward III and his Household, 1327–1345* (List & Index Society, cccxviii, 2007).

—— 'Philippa of Hainault's Churchings: The Politics of Motherhood at the Court of Edward III', *Family and Dynasty in Late Medieval England*, ed. R. Eales and S. Tyas (Donington, 2003).

—— 'Royal Interest in Glastonbury and Cadbury: Two Arthurian Itineraries, 1278–1331', *EHR*, cxiv (1999).

SHERBORNE, J. W., *War, Politics and Culture in Fourteenth-Century England* (London, 1994).

SHERMAN, C. R., *Imagining Aristotle: Verbal and Visual Representation in Fourteenth-Century France* (Berkeley, Calif., 1995).

SLACK, P., 'Government and Information in Seventeenth-Century England', *Past and Present*, clxxxiv (2004).
SLATER, E., *The Problem of the Reign of King Edward III: A Statistical Approach* (Cambridge, 1988).
SMITH, J. B., *Llywelyn ap Gruffudd, Prince of Wales* (Cardiff, 1998).
SMYTH, J., *The Lives of the Berkeleys*, 2 vols (Gloucester, 1883).
SNEDDON, S. A. , 'Words and Realities: The Language and Dating of Petitions, 1326-7', *Medieval Petitions: Grace and Grievance*, ed. W. M. Ormrod, G. Dodd and A. Musson (York, 2009).
SOMERVILLE, R., *History of the Duchy of Lancaster* (London, 1953).
SPENCER, A. M., 'Royal Patronage and the Earls in the Reign of Edward I', *History*, xciii (2008).
SPONSLER, C., 'The King's Boyfriend: Froissart's Political Theater of 1326', *Queering the Middle Ages*, ed. G. Burger and S. F. Kruger (Minneapolis, 2001).
ST JOHN, G., 'The Religiosity of English Men-at-Arms in the Fourteenth Century', *Monastic Research Bulletin*, xiv (2008), 44-6.
STACEY, R. C., 'Parliamentary Negotiation and the Expulsion of the Jews from England', *Thirteenth Century England VI*, ed. M. Prestwich, R. H. Britnell and R. Frame (Woodbridge, 1997).
STANILAND, K., 'Clothing and Textiles at the Court of Edward III, 1342-52', *Collectanea Londiniensia*, ed. J. Bird et al. (London and Middlesex Archaeological Society Special Paper, ii, 1978).
——— 'Medieval Courtly Splendour', *Costume*, xiv (1980).
STANLEY, A. P., *Historical Memorials of Westminster Abbey*, 3rd edn (London, 1869).
STANTON, A. R., 'Isabelle of France and her Manuscripts, 1308-1358', *Capetian Women*, ed. K. Nolan (New York, 2003).
——— *The Queen Mary Psalter: A Study of Affect and Audience* (Philadelphia, 2001).
STEANE, J., *The Archaeology of the Medieval English Monarchy* (London, 1999).
STEELE, A., *The Receipt of the Exchequer, 1377-1485* (Cambridge, 1954).
STONE, L., *Sculpture in Britain: The Middle Ages* (Harmondsworth, 1955).
STONES, E. L. G., 'An Addition to the "Rotuli Scotiae" ', *Scottish Historical Review*, xxix (1950).
——— 'The Folvilles of Ashby Folville, Leicestershire, and their Associates in Crime, 1326-1347', *TRHS*, 5th series, vii (1957).
——— 'Sir Geoffrey le Scrope (*c*.1280 to 1340), Chief Justice of the King's Bench', *EHR*, lxix (1954).
——— 'The Treaty of Northampton, 1328', *History*, xxxviii (1953).
STOREY, R. L., *The End of the House of Lancaster*, new edn (Gloucester, 1986).
STOREY-CHALLENGER, S. B., *L'Administration anglaise du Ponthieu, 1361-1369* (Abbeville, 1975).
STRAYER, J. R., 'Introduction', *The English Government at Work, 1327-1336*, ed. J. F. Willard, W. A. Morris and W. H. Dunham, 3 vols (Cambridge, Mass., 1940-50), ii.
——— *On the Medieval Origins of the Modern State* (Princeton, 1970).
STRICKLAND, A., *Lives of the Queens of England*, 6 vols (London, 1842).
STROHM, P., *England's Empty Throne: Usurpation and the Language of Legitimation, 1399-1422* (London, 1998).
——— *Hochon's Arrow: The Social Imagination of Fourteenth-Century Texts* (Princeton, 1992).
STRONG, R., *Tudor and Jacobean Portraits*, 2 vols (London, 1969).
STUART, E. P., 'The Interview between Philip V and Edward II at Amiens in 1320', *EHR*, xli (1926).
STUBBS, W., *The Constitutional History of England*, 4th edn, 3 vols (Oxford, 1906).
SUGGETT, H., 'The Use of French in England in the Later Middle Ages', *TRHS*, 4th series, xxviii (1946).
SUMPTION, J., *The Hundred Years War*, in progress (London, 1990—).

SUTTON, A. F., VISSER-FUCHS, L. and GRIFFITHS, R. A., *The Royal Funerals of the House of York at Windsor* (London, 2005).
SWAIN, C. P., 'A Fourteenth-Century Description of Rectal Cancer', *World Journal of Surgery*, vii (1983).
TALBOT, C. H. and HAMMOND, E. A., *The Medical Practitioners in Medieval England: A Biographical Register* (London, 1965).
TANQUEREY, F. J., 'The Conspiracy of Thomas Dunheved, 1327', *EHR*, xxi (1916).
TAYLOR, A. J., 'Edward I and the Shrine of St Thomas of Canterbury', *Journal of the British Archaeological Association*, cxxxii (1979).
TAYLOR, C. D., 'Edward III and the Plantagenet Claim to the French Throne', *The Age of Edward III*, ed. J. S. Bothwell (York, 2001).
―― 'English Writings on Warfare and Chivalry during the Hundred Years War', *Soldiers, Nobles and Gentlemen: Essays in Honour of Maurice Keen*, ed. P. Coss and C. Tyerman (Woodbridge, 2009).
―― 'The Salic Law, French Queenship, and the Defense of Women in the Late Middle Ages', *French Historical Studies*, xxix (2006).
―― 'The Salic Law and the Valois Succession to the French Crown', *French History*, xv (2001).
TAYLOR, J., *English Historical Literature in the Fourteenth Century* (Oxford, 1987).
―― 'The Judgement on Hugh Despenser the Younger', *Medievalia et Humanistica*, xii (1958).
TERRY, S. B., *The Financing of the Hundred Years' War, 1337–1360* (London, 1914).
THOMPSON, A. H., 'William Bateman, Bishop of Norwich, 1344–1355', *Norfolk Archaeology*, xxv (1935).
THOMSON, F., *Magna Carta: Its Role in the Making of the English Constitution, 1300–1629* (Minneapolis, 1948).
THOMSON, S. H., 'Walter Burley's Commentary on the *Politics* of Aristotle', *Mélanges Auguste Peltzer* (Louvain, 1947).
THORNBURY, W., *Old and New London*, 6 vols (London, 1878).
THORNTON, T., 'Taxing the King's Dominions: The Subject Territories of the English Crown in the Late Middle Ages', *Crises, Revolutions and Self-Sustained Growth: Essays in European Fiscal History, 1130–1830*, ed. W. M. Ormrod, M. Bonney and R. Bonney (Stamford, 1999).
TIMBAL, P.-C. et al., *La Guerre de Cent Ans vue à travers les registres du parlement (1337–1369)* (Paris, 1961).
TOLLEY, T., 'Eleanor of Castile and the "Spanish" Style in England', *England in the Thirteenth Century: Proceedings of the 1989 Harlaxton Symposium*, ed. W. M. Ormrod (Stamford, 1991).
TOUT, T. F., *Chapters in the Administrative History of Medieval England*, 6 vols (Manchester, 1920–33).
―― *Collected Papers*, 3 vols (Manchester, 1932–4).
―― *The History of England from the Accession of Henry III to the Death of Edward III* (London, 1905).
―― 'Parliament and Public Opinion, 1376–88', *Historical Studies of the English Parliament*, ed. E. B. Fryde and E. Miller, 2 vols (Cambridge, 1970), i.
―― *The Place of the Reign of Edward II in English History*, 2nd edn (Manchester, 1936).
―― and BROOME, D. M., 'A National Balance Sheet for 1362–3', *EHR*, xxxix (1924).
TRAUTZ, F., *Die Könige von England und das Reich, 1272–1377* (Heidelberg, 1961).
TRIGG, S., 'The Vulgar History of the Order of the Garter', *Reading the Medieval in Early Modern England*, ed. G. McMullan and D. Matthews (Cambridge, 2007).
TROTTER, D., 'Walter of Stapeldon and the Pre-marital Inspection of Philippa of Hainault', *French Studies Bulletin*, xlix (1993).
TUCK, A., 'A Medieval Tax Haven: Berwick-upon-Tweed and the English Crown, 1333–1461', *Progress and Problems in Medieval England: Essays in Honour of Edward Miller*, ed. R. Britnell and J. Hatcher (Cambridge, 1996).

—— 'Nobles, Commons and the Great Revolt of 1381', *The English Rising of 1381*, ed. R. H. Hilton and T. H. Aston (Cambridge, 1984).
—— *Richard II and the English Nobility* (London, 1973).
—— 'Richard II and the Hundred Years War', *Politics and Crisis in Fourteenth-Century England*, ed. J. Taylor and W. Childs (Gloucester, 1990).
TUDOR-CRAIG, P., 'The Fonts of St George's Chapel', *St George's Chapel Windsor in the Fourteenth Century*, ed. N. Saul (Woodbridge, 2005).
TURVILLE-PETRE, T., *England the Nation: Language, Literature, and National Identity, 1290–1340* (Oxford, 1996).
TYERMAN, C., *England and the Crusades, 1095–1588* (Chicago, 1988).
—— 'Philip VI and the Recovery of the Holy Land', *EHR*, c (1985).
TYSON, D. B., 'The Epitaph of Edward the Black Prince', *Medium Ævum*, xlvi (1977).
UNDERHILL, F. A., *For Her Good Estate: The Life of Elizabeth de Burgh* (Basingstoke, 1999).
UNWIN, G., 'The Estate of Merchants, 1336–1365', *Finance and Trade under Edward III*, ed. G. Unwin (Manchester, 1918).
VALE, J., *Edward III and Chivalry: Chivalric Society and its Contexts, 1270–1350* (Woodbridge, 1982).
—— 'Image and Identity in the Prehistory of the Order of the Garter', *St George's Chapel Windsor in the Fourteenth Century*, ed. N. Saul (Woodbridge, 2005).
VALE, M. G. A., *The Angevin Legacy and the Hundred Years War, 1250–1340* (Oxford, 1990).
—— 'The Anglo-French Wars, 1294–1340: Allies and Alliances', *Guerre et société en France, en Angleterre et en Bourgogne XIVe–XVe siècle*, ed. P. Contamine, C. Giry-Deloison and M. H. Keen (Lille, 1991).
—— *English Gascony, 1399–1453* (Oxford, 1970).
—— *The Princely Court: Medieval Courts and Culture in North-West Europe* (Oxford, 2001).
—— 'The Return of the Event', *Times Literary Supplement*, 16 Aug. 1996.
—— 'The War in Aquitaine', *Arms, Armies and Fortifications in the Hundred Years War*, ed. A. Curry and M. Hughes (Woodbridge, 1994).
VALENTE, C., 'The Deposition and Abdication of Edward II', *EHR*, cxiii (1998).
—— 'The "Lament of Edward II": Religious Lyric, Political Propaganda', *Speculum*, lxxvii (2002).
—— *The Theory and Practice of Revolt in Medieval England* (Aldershot, 2003).
VAUGHAN, R., *Philip the Bold: The Formation of the Burgundian State*, new edn (Woodbridge, 2002).
VERDUYN, A., 'The Commons and the Early Justices of the Peace under Edward III', *Regionalism and Revision: The Crown and its Provinces in England, 1200–1500*, ed. P. Fleming, A. Gross and J. R. Lander (London, 1998).
—— 'The Politics of Law and Order during the Early Years of Edward III', *EHR*, cviii (1993).
—— 'The Selection and Appointment of Justices of the Peace in 1338', *HR*, lxviii (1995).
Victoria County History of Berkshire, iii, ed. P. H. Ditchfield and W. Page (London, 1923).
Victoria County History of Cheshire, iii, ed. C. R. Elrington and B. E. Harris (London, 1980).
Victoria County History of London, i, ed. W. Page (London, 1909).
Victoria County History of Oxfordshire, iv, ed. A. Crossley and C. R. Elrington (London, 1979).
Victoria County History of Warwickshire, viiii, ed. W. B. Stephens (London, 1969).
Victoria County History of Yorkshire: The City of York, ed. P. M. Tillott (London, 1961).
VIOLLET, P., 'Comment les Femmes ont été exclues, en France, de la succession à la couronne', *Mémoires de l'Académie des Inscriptions et Belles-lettres*, xxxiv (1895), 125–78.
WAGNER, A. R., *Heralds and Heraldry in the Middle Ages* (Oxford, 1939).
WALKER, S., *The Lancastrian Affinity, 1361–1399* (Oxford, 1990).
—— *Political Culture in Later Medieval England*, ed. M. J. Braddick (Manchester, 2006).
—— 'Profit and Loss in the Hundred Years War: The Sub-contracts of Sir John Strother, 1374', *HR*, lxviii (1985).

WALLACE, D., *Chaucerian Polity: Absolutist Lineages and Associational Forms in England and Italy* (Stanford, 1997).
WARBURTON, W., *Edward III* (London, 1875).
WARD, J., *Women of the English Nobility and Gentry, 1066–1500* (Manchester, 1995).
WATHEY, A., 'The Marriage of Edward III and the Transmission of French Motets to England', *Journal of the American Musicological Society*, xlv (1992).
—— 'The Peace of 1360–1369 and Anglo-French Musical Relations', *Early Music History*, ix (1989).
WATTS, J., *Henry VI and the Politics of Kingship* (Cambridge, 1996).
—— *The Making of Polities: Europe, 1300–1500* (Cambridge, 2009).
—— 'Public or Plebs: The Changing Meaning of "The Commons", 1381–1549', *Power and Identity in the Middle Ages: Essays in Memory of Rees Davies*, ed. H. Pryce and J. Watts (Oxford, 2007).
WAUGH, S. L., *England in the Reign of Edward III* (Cambridge, 1991).
WAYMENT, H. W, 'The Medieval Stained Glass', *A History of the Stained Glass of St George's Chapel, Windsor Castle*, ed. S. Brown (Windsor, 2005).
WEBSTER, B., 'David II and the Government of Fourteenth-Century Scotland', *TRHS*, 5th series, xvi (1966).
WENTERSDORF, K. P., 'The Clandestine Marriages of the Fair Maid of Kent', *JMH*, v (1979).
WESKE, D. B., *Convocation of the Clergy* (London, 1937).
WESTERHOF, D., *Death and the Noble Body in Medieval England* (Woodbridge, 2008).
—— 'Deconstructing Identities on the Scaffold: The Execution of Hugh Despenser the Younger, 1326', *JMH*, xxxiii (2007).
WHITELEY, M., 'The Courts of Edward III of England and Charles V of France: A Comparison of their Architectural Setting and Ceremonial Functions', *Fourteenth Century England I*, ed. N. Saul (Woodbridge, 2000).
WILKINS, N., '*En regardant vers le païs de France*: The Ballade and the Rondeau, a Cross-Channel History', *England in the Fourteenth Century: Proceedings of the 1985 Harlaxton Symposium*, ed. W. M. Ormrod (Woodbridge, 1986).
—— 'Music and Poetry at Court: England and France in the Late Middle Ages', *English Court Culture in the Later Middle Ages*, ed. V. J. Scattergood and J. W. Sherborne (London, 1983).
WILKINSON, B., 'The Authorisation of Chancery Writs under Edward III', *BJRL*, viii (1924).
—— 'The Chancery', *The English Government at Work, 1327–1336*, ed. J. F. Willard, W. A. Morris and W. H. Dunham, 3 vols (Cambridge, Mass., 1940–50), i.
—— *The Chancery under Edward III* (Manchester, 1929).
—— 'The Deposition of Richard II and the Accession of Henry IV', *Historical Studies of the English Parliament*, ed. E. B. Fryde and E. Miller, 2 vols (Cambridge, 1970), i.
—— 'A Letter of Edward III to his Chancellor and Treasurer', *EHR*, xlii (1927).
—— 'Notes on the Coronation Records of the Fourteenth Century', *EHR*, lxx (1955).
—— 'The Protest of the Earls of Arundel and Surrey in the Crisis of 1341', *EHR*, xlvi (1931).
—— 'The Seals of the Two Benches under Edward III', *EHR*, xlii (1927).
—— *Studies in the Constitutional History of the Thirteenth and Fourteenth Centuries*, 2nd edn (Manchester, 1952).
WILKS, M., *Wyclif: Political Ideas and Practice* (Oxford, 2000).
WILLARD, J. F., 'The Crown and its Creditors, 1327–33', *EHR*, xlii (1927).
—— 'Edward III's Negotiations for a Grant in 1337', *EHR*, xxi (1906).
—— *Parliamentary Taxes on Personal Property, 1290 to 1334* (Cambridge, Mass., 1934).
—— 'The Scotch Raids and the Fourteenth-Century Taxation of Northern England', *University of Colorado Studies*, v (1907–8).
—— 'The Taxes upon Moveables of the Reign of Edward III', *EHR*, xxx (1915).

WILLIAMS, G. A., *Medieval London: From Commune to Capital* (London, 1963).
WILSON, C., 'The Medieval Monuments', *A History of Canterbury Cathedral*, ed. P. Collinson, N. Ramsay and M. Sparks (Oxford, 1995).
—— 'The Royal Lodgings of Edward III at Windsor Castle: Form, Function, Representation', *Windsor: Medieval Archaeology, Art and Architecture in the Thames Valley*, ed. L. Keen and E. Scarff (Leeds, 2002).
WIMSATT, J. I., 'The *Dit dou Bleu Chevalier*: Froissart's Imitation of Chaucer', *Mediaeval Studies*, xxxiv (1972).
WISWALL, F. L., III, 'Politics, Procedure and the "Non-Minority" of Edward III: Some Comparisons', *The Age of Richard II*, ed. J. L. Gillespie (Stroud, 1997).
WOLFFE, B. P., 'Acts of Resumption in the Lancastrian Parliaments, 1399–1456', *Historical Studies of the English Parliament*, ed. E. B. Fryde and E. Miller, 2 vols (Cambridge, 1970), ii.
—— *The Royal Demesne in English History* (London, 1971).
WOOD, C. T., *Joan of Arc and Richard III: Sex, Saints, and Government in the Middle Ages* (Oxford, 1988).
WOOD, D., *Clement VI: The Pontificate and Ideas of an Avignon Pope* (Cambridge, 1989).
WOOD-LEGH, K. L., 'The Knights' Attendance in the Parliaments of Edward III', *EHR*, xlvii (1932).
—— 'Sheriffs, Lawyers and Belted Knights in the Parliaments of Edward III', *EHR*, xlvi (1931).
WOOLGAR, C. M., *The Great Household in Late Medieval England* (London, 1999).
WRIGHT, J. R., *The Church and the English Crown, 1305–1334* (Toronto, 1980).
WRIGHT, N., *Knights and Peasants: The Hundred Years War in the French Countryside* (Woodbridge, 1998).
WYLIE, J. H. and WAUGH, W. T., *The Reign of Henry the Fifth*, 3 vols (Cambridge, 1914–29).
WYON, A. B. and WYON, A., *The Great Seals of England* (London, 1887).
YEAGER, R. F., '*Pax Poetica*: On the Pacifism of Chaucer and Gower', *Studies in the Age of Chaucer*, ix (1987).
—— 'Politics and the French Language in England during the Hundred Years' War: The Case of John Gower', *Inscribing the Hundred Years' War in French and English Cultures*, ed. D. N. Baker (Albany, New York, 2000).
ZEIKOWITZ, R. E., *Homoeroticism and Chivalry: Discourses of Male Same-Sex Desire in the Fourteenth Century* (New York, 2003).
ZINK, M., *Froissart et le temps* (Paris, 1998).

未出版论文

ALBAN, J. R., 'National Defence in England, 1337–89' (University of Liverpool PhD thesis, 1976).
AXWORTHY, R. L., 'The Financial Relationship of the London Merchant Community with Edward III, 1327 to 1377' (University of London PhD thesis, 2001).
BENZ, L., 'Queen Consort, Queen Mother: The Power and Authority of Fourteenth-Century Plantagenet Queens' (University of York PhD thesis, 2009).
BURDEN, J., 'Rituals of Royalty: Prescription, Politics and Practice in English Coronation
    and Royal Funeral Rituals, *c*.1327–*c*.1485' (University of York DPhil. thesis, 1999).
CONNOLLY, P. M., 'Lionel of Clarence and Ireland, 1361–1366' (University of Dublin PhD thesis, 1977).
DOHERTY, P. C., 'Isabella, Queen of England, 1296–1330' (University of Oxford DPhil. thesis, 1977).
DRYBURGH, P. R., 'The Career of Roger Mortimer, First Earl of March (*c*.1287–1330)' (University of Bristol PhD thesis, 2002).
FRYDE, E. B., 'Edward III's War Finance, 1337–41: Transactions in Wool and Credit
    Operations' (University of Oxford DPhil. thesis, 1947).

GIVEN-WILSON, C. J., 'The Court and Household of Edward III, 1360–1377' (University of St Andrews PhD thesis, 1975).
GRIBLING, B. L., 'Nationalizing the Hero: The Image of Edward the Black Prince in English Politics and Culture, 1776–1903' (University of York PhD thesis, 2009).
KINSEY, R. C., 'Legal Service, Careerism and Social Advancement in Late Medieval England: The Thorpes of Northamptonshire, *c*.1200–1391' (University of York PhD thesis, 2009).
LAWRENCE, M. J., 'Power, Ambition and Political Rehabilitation: The Despensers, *c*.1281–1400' (University of York PhD thesis, 2005).
LIVINGSTONE, M. R., 'The Nonae: The Records of the Taxation of the Ninth in England, 1340–41' (Queen's University Belfast PhD thesis, 2003).
LUTKIN, J. A., 'Goldsmiths and the English Royal Court, 1360–1413' (University of London PhD thesis, 2008).
MARSHALL, A. F., 'Thomas of Brotherton, Earl of Norfolk and Marshal of England: A Study in Early Fourteenth-Century Aristocracy' (University of Bristol PhD thesis, 2006).
ORMROD, W. M., 'Edward III's Government of England, *c*.1346–1356' (University of Oxford DPhil. thesis, 1984).
SHENTON, C., 'The English Court and the Restoration of Royal Prestige, 1327–1345' (University of Oxford DPhil. thesis, 1995).
VERDUYN, A., 'The Attitude of the Parliamentary Commons to Law and Order under Edward III' (University of Oxford DPhil. thesis, 1991).
WARNER, M. W., 'The Montagu Earls of Salisbury *circa* 1300–1428' (University of London PhD thesis, 1991).
WILSON, C., 'The Origins of the Perpendicular Style and its Development to *circa* 1360' (University of London PhD thesis, 1979).

译名对照表

A

A. R. 迈尔斯 A. R. Myers
阿尔古伯爵 count of Harcourt
阿尔曼尼的埃德蒙，康沃尔伯爵 Edmund of Almaine, earl of Cornwall
阿尔尚博，佩里戈尔伯爵 Archambaud, count of Périgord
阿方索九世 Alfonso IX
阿方索十世 Alfonso X
阿方索十一世 Alfonso XI
阿格尼丝·邓巴 Agnes Dunbar
阿格尼丝·伦道夫 Agnes Randolph
阿基坦·赫勒尔德 Aquitaine Herald
阿兰·巴克斯赫尔 Alan Buxhull
阿马尼亚克的让 Jean of Armagnac
阿莫里·圣阿曼德 Amaury St Amand
阿诺·德杜尔福特 Arnaud de Durfort

阿诺－阿马尼厄·达尔布雷，阿尔布雷勋爵 Arnaud-Amanieu d'Albret, lord of Albret
阿诺德，圣普丽斯卡枢机司铎 Arnold, cardinal priest of St Prisca
阿奇博尔德·道格拉斯 Archibald Douglas
阿泰纳公爵 duke of Athènes
阿特·卡瓦纳 Art Kavanagh
阿图瓦的罗贝尔 Robert of Artois
阿图瓦的约翰，厄镇伯爵 John of Artois, count of Eu
埃德蒙·克劳奇贝克，兰开斯特和莱斯特伯爵 Edmund Crouchback, earl of Lancaster and Leicester
埃德蒙·罗斯 Edmund Rose
埃德蒙·莫蒂默 Edmund Mortimer

埃德蒙·切尔雷 Edmund Chelrey

埃德温·兰西尔 Edwin Landseer

埃尔曼，莱昂勋爵 Herman, lord of Léon

埃尔特姆的约翰，康沃尔伯爵 John of Eltham, earl of Cornwall

埃夫勒的腓力 Philip of Evreux

埃夫勒的路易 Louis of Evreux

埃夫勒的让娜 Jeanne of Evreux

埃利亚斯·阿什莫尔 Elias Ashmole

埃莉诺·博恩 Eleanor Bohun

埃莉诺·博蒙 Eleanor Beaumont

埃莉诺·德克莱尔 Eleanor de Clare

埃诺的菲莉帕 Philippa of Hainault

埃诺的威廉 William of Hainault

埃诺的约翰 John of Hainault

艾蒂安·马塞尔 Etienne Marcel

艾夫斯伯里的罗伯特 Robert of Avesbury

艾梅·德瓦朗斯，彭布罗克伯爵 Aymer de Valence, earl of Pembroke

爱德华，海尔德公爵 Edward, duke of Guelders

爱德华·巴利奥尔 Edward Balliol

爱德华·保马特 Edward Paumart

爱德华·博恩 Edward Bohun

爱德华·德斯潘塞，德斯潘塞勋爵 Edward Despenser, Lord Despenser

爱德华·科克 Edward Coke

爱德华·肯达尔 Edward Kendal

爱德华·蒙塔古 Edward Montagu

爱德华·钱多斯 Edward Chandos

爱德华二世 Edward II

爱德华三世 Edward III

爱德华四世 Edward IV

爱德华一世 Edward I

爱丽丝，博蒙夫人 Alice, Lady Beaumont

爱丽丝·莱西 Alice Lacy

爱丽丝·佩勒斯 Alice Perrers

安德鲁·艾顿 Andrew Ayton

安德鲁·哈克拉 Andrew Harcla

安德鲁·克拉伦塞尔（克拉伦休）Andrew "Claroncell" (Clarenceux)

安德鲁·默里 Andrew Murray

安东尼·卢西 Anthony Lucy

安格斯伯爵 earl of Angus

安妮·莫尼 Anne Mauny

安特卫普的莱昂内尔，阿尔斯特伯爵，克拉伦斯公爵 Lionel of Antwerp, earl of Ulster, duke of Clarence

昂盖朗·德库西，库西领主，贝德福德伯爵 Enguerrand de Coucy, lord of

译名对照表

Coucy, earl of Bedford
昂古莱姆的爱德华 Edward of Angoulême
奥德海姆 Audrehem
奥东公爵 Duke Odo
奥弗涅的让娜 Jeanne of Auvergne
奥卡姆的威廉 William of Ockham
奥利弗·英厄姆 Oliver Ingham
奥特·霍兰 Otes Holland
奥托·德格兰迪森 Otto de Grandisson

B

巴尔的琼 Joan of Bar
巴伐利亚公爵阿尔伯特 Albert, duke of Bavaria
保德汉姆的骗子约翰 impostor John of Powderham
保罗·蒙蒂菲奥里 Paul Montefiori
贝德福德的菲莉帕 Philippa of Bedford
贝拉尔·埃兹·达尔布雷 Bérard Ezi d'Albret
贝里的约翰，普瓦捷伯爵，贝里公爵 John of Berry, count of Poitiers, duke of Berry
贝特朗·迪盖克兰 Bertrand du Guesclin
本杰明·韦斯特 Benjamin West

本尼迪克特十二世 Benedict XII
彼得·德拉梅尔 Peter de la Mare
彼得·格里特 Peter Greet
彼得·莱西 Peter Lacy
彼得罗·巴尔巴维拉 Pietro Barbavera
波洛涅斯 Polonius
波旁的玛格丽特 Margaret of Bourbon
波伊克的贾尔斯·比彻姆 Giles Beauchamp of Powick
波伊克的约翰·比彻姆 John Beauchamp of Powick
伯蒂·威尔金森 Bertie Wilkinson
勃艮第的彼得 Peter of Burgundy
勃艮第的布朗什 Blanche of Burgundy
勃艮第的菲利普，"无畏"菲利普，图赖讷公爵，勃艮第公爵 Philip of Burgundy, Philip the Bold, duke of Touraine, duke of Burgundy
勃兰登堡侯爵 margrave of Brandenburg
博迪拉克爵士 Sir Bertilak
博戈·德贝欧斯 Bogo de Bayouse
博林布鲁克的亨利（亨利四世）Henry of Bolingbroke (Henry IV)
博韦主教 bishop of Beauvais
布拉班特的玛格丽特 Margaret of

Brabant

布拉班特的玛丽 Marie of Brabant

布拉班特的约翰，布拉班特公爵 John of Brabant, duke of Brabant

布拉格的尼古拉斯 Nicholas of Prague

布拉泽顿的爱丽丝 Alice of Brotherton

布拉泽顿的托马斯，诺福克伯爵 Thomas of Brotherton, earl of Norfolk

布利斯沃思的托马斯·韦克 Thomas Wake of Blisworth

布列塔尼的亚瑟 Arthur of Brittany

布列塔尼的约翰，里士满伯爵 John of Brittany, earl of Richmond

布卢瓦伯爵 count of Blois

布卢瓦的查理 Charles of Blois

布洛涅的盖伊 Guy of Boulogne

C

查尔斯·奥曼 Charles Oman

查尔斯·科普 Charles Cope

查尔斯·普卢默 Charles Plummer

查理，阿朗松伯爵 Charles, count of Alençon

查理二世，"坏人"查理（纳瓦拉国王） Charles II, Charles "the Bad"

查理曼大帝 Charlemagne

查理四世（波西米亚国王，皇帝） Charles IV

查理四世（法兰西国王） Charles IV

查理五世（法兰西国王） Charles V

查理一世（英格兰、苏格兰和爱尔兰国王） Charles I

查士丁尼 Justinian

忏悔者爱德华 Edward the Confessor

传令官赫里福德 Hereford, herald

"蠢蛋"罗伯特 Robert the "fool"

D

达马丁伯爵 count of Dammartin

大法官博福尔 chancellor Beaufort

大卫·布鲁斯，大卫二世（苏格兰国王） David Bruce, David II

代尔瓦勒勋爵 lord of Derval

戴安娜 Diana

戴维王 King Davy

丹麦的瓦尔德马四世 Waldemar IV of Denmark

德加朗西埃厄尔爵士 sire de Garencières

德尼亚伯爵 count of Denia

蒂埃里（卡农）·罗伯萨尔特 Thierry ("Canon") Robersart

译名对照表

东安格利亚的埃德蒙 Edmund of East Anglia
多姆纳尔·里阿巴克 Domhnall Riabhach

E
E. 鲍尔 E. Power
厄斯塔斯·德里伯蒙 Eustace de Ribemount
厄斯塔斯·德尚 Eustace Deschamps
厄斯塔斯·多布里奇科特 Eustace d'Aubrichecourt

F
法夫伯爵 earl of Fife
法兰西的玛格丽特 Margaret of France
法兰西的圣路易 French monarchy's St Louis
法兰西的伊莎贝拉 Isabella of France
菲利普·比彻姆 Philip Beauchamp
菲利普·德鲁弗雷，勃艮第公爵 Philip de Rouvres, duke of Burgundy
菲利普·拉瓦赫 Philip la Vache
菲利普·莫布雷 Philip Mowbray
菲莉帕·德库西 Philippa de Coucy
腓力·奥古斯都 Philip Augustus

腓力六世，瓦卢瓦的腓力（法兰西国王）Philip VI, Philip of Valois
腓力四世，公正王腓力（法兰西国王）Philip IV, Philip the Fair
腓力五世（法兰西国王）Philip V
佛兰德斯的盖伊 Guy of Flanders
佛兰德斯的让娜，蒙福尔伯爵夫人 Jeanne of Flanders, countess of Montfort
佛罗伦萨的巴尔迪 Bardi of Florence
佛罗伦萨的波尔提那利 Portinari of Florence
佛罗伦萨的佩鲁齐 Peruzzi of Florence
弗兰克·范哈利 Franc van Halle
弗朗切斯科·彼特拉克 Francesco Petrarch
弗雷德里克 Frederick
弗尼瓦尔夫人 Lady Furnivall
富尔克·菲兹韦林 Fulk Fitzwarin
富尔克·勒菲兹·韦林 Fulk le Fitz Waryn
富勒姆的理查德 Richard of Fulham

G
盖伊·布赖恩，布赖恩勋爵 Guy Brian, Lord Brian

盖伊·德内勒 Guy de Nesle

冈特的约翰，里士满伯爵，兰开斯特公爵 John of Gaunt, earl of Richmond, duke of Lancaster

戈德弗雷·阿尔古，圣索沃尔-勒维孔特勋爵 Godfrey Harcourt, lord of Saint-Sauveur-le-Vicomte

戈德马尔·杜费伊 Godemar du Fay

格雷夫森德，伦敦主教 Gravesend, bishop of London

格列高利十一世 Gregory XI

格罗斯蒙特的亨利 Henry of Grosmont

格温莉安 Gwenllian

圭尼维尔 Guinevere

H

哈布斯堡的阿尔伯特，奥地利公爵 Albert of Habsburg, duke of Austria

哈布斯堡的奥托，奥地利公爵 Otto of Habsburg, duke of Austria

哈布斯堡的腓特烈，奥地利公爵 Frederick of Habsburg, duke of Austria

哈莫·赫瑟，罗切斯特主教 Hamo Hethe, bishop of Rochester

哈莫·奇格韦尔 Hamo Chigwell

哈特菲尔德的威廉 William of Hatfield

哈维丝·达文特里 Hawise Daventry

海梅二世，阿拉贡国王 James II

汉弗莱·博恩 Humphrey Bohun

汉斯 Hans

赫尔明·莱格特 Helming Leget

亨利·伯格什，林肯主教 Henry Burghersh, bishop of Lincoln

亨利·博蒙 Henry Beaumont

亨利·德孟德维尔 Henri de Mondeville

亨利·德叙利 Henri de Sully

亨利·迪顿 Henry Ditton

亨利·费勒斯 Henry Ferrers

亨利·格林 Henry Green

亨利·梅德伯恩 Henry Medbourne

亨利·奈顿 Henry Knighton

亨利·皮卡第 Henry Picard

亨利·珀西 Henry Percy

亨利·斯克罗普 Henry Scrope

亨利·泰伊斯 Henry Tyeys

亨利·韦克菲尔德，伍斯特主教 Henry Wakefield, bishop of Worcester

亨利·希拉里 Henry Hillary

亨利·伊夫利 Henry Yevele

亨利·伊姆 Henry Eam

亨利八世 Henry VIII

译名对照表 745

亨利二世 Henry II

亨利六世 Henry VI

亨利三世 Henry III

亨利五世 Henry V

惠特尔西，坎特伯雷大主教 Whittlesey, archbishop of Canterbury

霍恩比的约翰·内维尔 John Neville of Hornby

霍尔特的约翰·比彻姆 John Beauchamp of Holt

J

基尔代尔伯爵 earl of Kildare

吉尔伯特·德斯潘塞 Gilbert Despenser

吉尔伯特·米德尔顿 Gilbert Middleton

吉尔伯特·塔尔博特 Gilbert Talbot

吉尔伯特·韦尔顿 Gilbert Welton

吉尔伯特·乌姆弗拉维尔 Gilbert Umfraville

吉吉夏尔·达格尔 Guichard d'Angle

纪尧姆·德马肖 Guillaume de Machaut

加尔西耶-阿尔诺 Garcie-Arnauld

加莱亚佐·维斯孔蒂 Galeazzo Visconti

加斯顿·弗布斯，富瓦伯爵 Gaston Phoebus, count of Foix

加文 Gawain

贾尔斯 Giles

简 Jane

杰弗里·德沙尔尼 Geoffrey de Charny

杰弗里·哈梅林 Geoffrey Hamelyn

杰弗里·勒贝克 Geoffrey le Baker

杰弗里·莫蒂默 Geoffrey Mortimer

杰弗里·乔叟 Geoffrey Chaucer

杰弗里·斯克罗普 Geoffrey Scrope

居伊·德布列塔尼 Guy de Bretagne

K

K. B. 麦克法兰 K. B. McFarlane

卡波奇 Capocci

卡里克 Carrick

卡庞特拉主教 bishop of Carpentras

卡思伯特 Cuthbert

卡斯蒂利亚的埃莉诺 Eleanor of Castile

卡斯蒂利亚的康斯坦萨 Constanza of Castile

卡斯蒂利亚的伊莎贝拉 Isabella of Castile

凯瑟琳·博蒙，阿瑟尔伯爵夫人 Catherine Beaumont, countess of Atholl

凯瑟琳·格兰迪森，索尔兹伯里伯爵夫人 Catherine Grandisson, countess

of Salisbury
凯瑟琳·莫蒂默 Katherine Mortimer
凯瑟琳·斯温福德 Katherine Swynford
康布雷主教 bishop of Cambrai
康拉德·克利平 Conrad Clipping
康沃尔的理查德 Richard of Cornwall
科拉尔·多布里奇科特 Colard d'Aubrichecour
克拉伦斯的菲莉帕，马奇伯爵夫人 Philippa of Clarence, countess of March
克莱蒙 Clermont
克里斯琴·布鲁斯 Christian Bruce
克利福德勋爵 Lord Clifford
克利松的奥利弗三世 Oliver III Clisson
肯特的埃德蒙 Edmund of Kent
肯特的琼，肯特女伯爵 Joan of Kent, countess of Kent

L

拉尔夫·阿福德 Ralph Ufford
拉尔夫·巴西特，德雷顿的巴西特勋爵 Ralph Basset, Lord Basset of Drayton
拉尔夫·布兰廷厄姆 Ralph Brantingham
拉尔夫·内维尔，内维尔勋爵 Ralph Neville, Lord Neville
拉尔夫·切斯特菲尔德 Ralph Chesterfield
拉尔夫·斯塔福德 Ralph Stafford
拉尔夫·斯特拉特福德 Ralph Stratford
拉乌尔·德布里耶纳，厄镇伯爵 Raoul de Brienne, count of Eu
莱昂内尔爵士 Sir Lionel
兰开斯特的布兰奇，冈特的约翰的妻子 Blanche of Lancaster, wife of John of Gaunt
兰开斯特的布兰奇，韦克夫人 Blanche of Lancaster, Lady Wake
兰利的埃德蒙，剑桥伯爵（后为约克公爵） Edmund of Langley, earl of Cambridge (later duke of York)
兰斯洛特 Lancelot
朗格维尔伯爵 count of Longueville
劳伦斯·黑斯廷斯，彭布罗克伯爵 Laurence Hastings, earl of Pembroke
劳伦斯·迈诺特 Laurence Minot
劳斯伯爵 earl of Louth
劳斯的伊丽莎白 Elizabeth of Louth
老巴托洛缪·伯格什，伯格什勋爵 Bartholomew Burghersh the Elder, Lord Burghersh

老休·德斯潘塞，温切斯特伯爵 Hugh Despenser the Elder, earl of Winchester
雷丁的约翰 John of Reading
雷金纳德·康迪特 Reginald Conduit
雷金纳德·科巴姆，斯托伯勒的科巴姆勋爵 Reginald Cobham, Lord Cobham of Sterborough
雷金纳德二世，海尔德伯爵（海尔德公爵）Reginald II, count (duke) of Guelders
雷金纳德三世，海尔德公爵 Reginald III, duke of Guelders
雷蒙德·伯纳德 Raymond Bernard
雷纳夫·希格登 Ranulph Higden
雷诺·格雷，里辛的格雷勋爵 Reynold Grey, Lord Grey of Ruthin
里斯·艾普·格鲁菲德 Rhys ap Gruffydd
理查德，普瓦捷枢机主教 Richard, cardinal bishop of Poitiers
理查德·拜福利特 Richard Byfleet
理查德·本特沃斯 Richard Bentworth
理查德·伯里，达勒姆主教 Richard Bury, bishop of Durham
理查德·布朗 Richard Brown
理查德·达莫里 Richard Damory
理查德·德拉波尔 Richard de la Pole
理查德·菲查伦，阿伦德尔伯爵 Richard Fitzalan, earl of Arundel
理查德·菲茨西蒙 Richard Fitzsimon
理查德·格洛斯特 Richard Gloucester
理查德·亨利 Richard Henry
理查德·拉瓦赫 Richard la Vache
理查德·莱昂斯 Richard Lyons
理查德·佩雷斯 Richard Perers
理查德·彭布里奇 Richard Pembridge
理查德·皮里顿 Richard Piriton
理查德·斯克罗普 Richard Scrope
理查德·斯塔福德 Richard Stafford
理查德·斯特里 Richard Sturry
理查德·斯旺 Richard Swan
理查德·塔尔博特 Richard Talbot
理查德·威洛比 Richard Willoughby
理查德·维吉斯 Richard Vergeous
理查德·维纳格 Richard Vynegre
理查德·温克列 Richard Winkley
理查德·肖尔 Richard Sholl
理查二世，波尔多的理查 Richard II, Richard of Bordeaux
理查一世 Richard I
利勒伯爵 count of l'Isle

林肯伯爵 earl of Lincoln

卢埃林・艾普・格鲁菲德 Llewelyn ap Gruffydd

卢埃林・艾普・马多克 Llewelyn ap Madoc

卢卡的布斯德拉吉 Busdraghi of Lucca

卢森堡的玛丽 Marie of Luxembourg

卢森堡公爵 duke of Luxembourg

鲁道夫二世，莱茵区的王权伯爵 Rudolf II, count palatine of the Rhine

路易，安茹公爵 Louis, duke of Anjou

路易，腓力・奥古斯都之子 Louis, son of Philip Augustus

路易・博蒙，达勒姆主教 Henry Beaumont, bishop of Durham

路易・德布里耶纳，博蒙子爵 Louis de Brienne, vicomte of Beaumont

路易・德梅尔，佛兰德斯伯爵 Louis de Mâle, count of Flanders

路易・德讷韦尔，佛兰德斯伯爵 Louis de Nevers, count of Flanders

路易二世，波旁公爵 Louis II, duke of Bourbon

路易九世（法兰西国王）Louis IX

路易十世（法兰西国王）Louis X

路易四世（皇帝）Lewis IV

露西・比彻姆 Lucy Beauchamp

伦敦塔的布兰奇 Blanche of the Tower

伦敦塔的琼 Joan of the Tower

伦诺克斯 Lennox

罗贝尔・乌德托 Robert Houdetot

罗波安王 King Rehoboam

罗伯特，巴尔公爵 Robert, duke of Bar

罗伯特・阿福德，萨福克伯爵 Robert Ufford, earl of Suffolk

罗伯特・阿什顿 Robert Ashton

罗伯特・阿斯克比 Robert Askby

罗伯特・埃格尔斯菲尔德 Robert Eglesfield

罗伯特・鲍彻 Robert Bourchier

罗伯特・鲍多克 Robert Baldock

罗伯特・布鲁斯（苏格兰国王）Robert Bruce

罗伯特・德莫哈尔特 Robert de Mohalt

罗伯特・德维尔 Robert de Vere

罗伯特・费勒斯 Robert Ferrers

罗伯特・豪厄尔 Robert Howel

罗伯特・霍利 Robert Hawley

罗伯特・基恩 Robert Gyene

罗伯特・杰奈 Robert Gyene

罗伯特・柯索斯，征服者威廉之子 Robert Curthose, son of the Conqueror

罗伯特·曼宁 Robert Manning
罗伯特·莫利 Robert Morley
罗伯特·墨利 Robert Mauley
罗伯特·诺尔斯 Robert Knolles
罗伯特·帕文 Robert Parving
罗伯特·皮尔 Robert Peel
罗伯特·奇格韦尔 Robert Chigwell
罗伯特·撒丁顿 Robert Sadington
罗伯特·森克勒 Robert Sencler
罗伯特·斯特拉特福德，奇切斯特主教 Robert Stratford, bishop of Chichester
罗伯特·斯图亚特 Robert Stewart
罗伯特·索普 Robert Thorpe
罗伯特·汤奇 Robert Tonge
罗伯特·威克福德 Robert Wykford
罗伯特·威维尔，索尔兹伯里主教 Robert Wyvil, bishop of Salisbury
罗伯特·温菲尔德 Robert Wingfield
罗伯特·温切尔西，坎特伯雷大主教 Robert Winchelsey, archbishop of Canterbury
罗伯特·沃特维尔 Robert Wateville
罗伯特·伍德豪斯 Robert Woodhouse
罗杰·贝勒斯 Roger Bellers
罗杰·比彻姆 Roger Beauchamp
罗杰·达莫里 Roger Damory
罗杰·哈利斯通 Roger Harlestone
罗杰·莫蒂默 Roger Mortimer
罗杰·诺思伯格 Roger Northburgh
罗杰·钱德勒 Roger Chaundler
罗杰·斯坦格雷夫 Roger Stanegrave
罗兰 Roland
罗歇·博福尔 Roger Beaufort
洛弗尔勋爵 Lord Lovell
洛林公爵 duke of Lorraine

M

马奥·阿图瓦，阿图瓦女伯爵 Mahaut Artois, countess of Artois
马蒂沃 Martival
马丁·洛佩斯 Martin Lopez
马尔伯爵 earl of Mar
马可·波罗 Marco Polo
马里伯爵 earl of Moray
马默杜克·康斯特布尔 Marmaduke Constable
马塞特 Massyet
马特斯·德桑什特·若阿内 Matheus de Sancte Johanne
马修·古尔奈 Matthew Gournay
玛蒂尔达·斯托肯彻奇 Matilda Stokenchurch

玛格丽特·昌德勒 Margaret Chaundeler
玛格丽特·达文特里 Margaret Daventry
玛格丽特·德拉蒙德 Margaret Drummond
玛格丽特·德梅尔，佛兰德斯的玛格丽特 Margaret de Mâle, Margaret of Flanders
玛格丽特·冈特 Margaret Gaunt
玛格丽特·马歇尔，布拉泽顿的玛格丽特，诺福克女伯爵 Margaret Marshal, Margaret Brotherton, countess of Norfolk
玛丽，法夫伯爵夫人 Mary, countess of Fife
玛丽·博恩 Mary Bohun
玛丽·布鲁斯 Mary Brewes
玛丽·德库西 Marie de Coucy
玛丽·德圣波尔 Marie de Saint-Pol
玛丽·都铎 Mary Tudor
玛丽·珀西 Mary Percy
迈尔斯·斯特普尔顿 Miles Stapelton
迈克尔·拉皮奇 Michael Lapidge
迈克尔·诺思伯格 Michael Northburgh
曼努埃尔·菲耶斯基，韦尔切利主教 Manuel Fieschi, bishop of Vercelli
梅·麦基萨克 May McKisack

门蒂斯伯爵 earl of Menteith
米德夫人 Lady Meed
莫德，荷兰和泽兰女伯爵 Maud, countess of Holland and Zeeland
莫恩夫人 Lady Mohun
莫里斯·伯克利 Maurice Berkeley
莫里斯·菲茨·托马斯·菲茨杰拉德，德斯蒙德伯爵 Maurice fitz Thomas Fitzgerald, earl of Desmond

N

那慕尔的盖伊 Guy of Namur
那慕尔的罗伯特 Robert of Namur
纳瓦拉的菲利普 Philip of Navarre
纳瓦拉的玛格丽特 Margaret of Navarre
奈杰尔·洛林 Nigel Loring
尼古拉斯·贝胡切特 Nicholas Béhuchet
尼古拉斯·达格沃思 Nicholas Dagworth
尼古拉斯·达莫里 Nicholas Damory
尼古拉斯·德拉贝什 Nicholas de la Beche
尼古拉斯·多布里奇科特 Nicholas d'Aubrichecourt

译名对照表

尼古拉斯·哈盖特 Nicholas Huggate
尼古拉斯·哈里斯·尼可拉斯 Nicholas Harris Nicolas
尼古拉斯·卡鲁 Nicholas Carew
尼古拉斯·坎蒂卢普 Nicholas Cantilupe
尼古拉斯·劳思 Nicholas Louth
尼古拉斯·洛韦内 Nicholas Lovayne
纽堡的威廉 William of Newburgh

O

欧塞尔伯爵 count of Auxerre

P

帕古拉的威廉 William of Pagula
帕特里克·邓巴，马奇伯爵 Patrick Dunbar, earl of March
帕维亚的艾默里克 Aimeric of Pavia
佩德罗一世，"残酷者"佩德罗（卡斯蒂利亚国王）Peter I, Peter "the Cruel"
佩德罗一世，塞浦路斯的佩德罗（塞浦路斯国王）Peter I, Peter of Cyprus
佩恩·德罗尔特 Payn de Roelt
佩雷四世（阿拉贡国王）Pere IV

彭提维里的琼 Joan of Penthièvre
皮埃尔·罗杰，鲁昂主教（教皇克雷芒六世）Pierre Roger, archbishop of Rouen (Pope Clement VI)
皮尔斯·加韦斯顿 Piers Gaveston
皮莱奥·德普拉塔，拉韦纳大主教 Pileo de Prata, archbishop of Ravenna
葡萄牙的费尔南多一世 Fernando I of Portugal
普罗旺斯的埃莉诺 Eleanor of Provence

Q

钱多斯·赫勒尔德 Chandos Herald
乔纳森·萨姆欣 Jonathan Sumption
乔舒亚·巴恩斯 Joshua Barnes
乔瓦尼·维拉尼 Giovanni Villani
乔治·费尔布里格 George Felbrigg
乔治三世 George III
乔治四世 George IV
琼·霍兰 Joan Holland
琼·库普兰 Joan Coupland
琼·斯克恩 Joan Skerne

R

让，阿马尼亚克伯爵 Jean, count of

Armagnac

让·德格拉伊 Jean de Grailly

让·德克拉翁 Jean de Craon

让·德拉莫特 Jean de la Mote

让·德列日 Jean de Liège

让·德纳沙特 Jean de Neufchâtel

让·德维耶纳 Jean de Vienne

让·傅华萨 Jean Froissart

让·勒贝尔 Jean le Bel

让·勒曼格尔 Jean le Maingre

让·让 Jean Jehan

让娜，埃诺伯爵夫人 Jeanne, countess of Hainault

让娜，路易十世之女 Jeanne, Louis X's daughter

让娜，纳瓦拉女王 Jeanne Queen of Navarre

S

萨克森-科堡公国的阿尔伯特亲王 Albert of Saxe-Coburg

萨拉丁 Saladin

萨瑟兰 Sutherland

赛伊夫人 Lady Say

桑塞尔伯爵 count of Sancerre

圣爱德华 St Edward

圣奥尔本斯的休 Hugh of St Albans

圣波尔伯爵 count of Saint-Pol

圣丹尼 St Denis

圣乔治 St George

使者托马斯 Thomas the Messenger

"水果商"阿格尼丝 Agnes "the fruiterer"

斯蒂芬·哈德利 Stephen Hadley

斯特拉斯博吉的大卫 David of Strathbogie

斯特拉特舍恩伯爵 earl of Strathearn

苏格兰的琼 Joan of Scotland

索拉斯 Solaz

T

塔列朗，佩里戈尔枢机主教 Talleyrand, cardinal of Périgord

泰德曼·林博格 Tidemann Limbergh

唐卡维尔伯爵 count of Tancarville

特拉斯塔马拉的亨利 Henry of Trastamara

提琴手亨利 Henry the fiddler

提琴手梅兰 Merlin the fiddler

托马林 Thomalin

托马斯·阿特巴雷 Thomas atte Barre

托马斯·巴纳斯特 Thomas Banastre

译名对照表

托马斯·鲍彻 Thomas Bourchier
托马斯·贝克特 Thomas Becket
托马斯·比彻姆, 沃里克伯爵 Thomas Beauchamp, earl of Warwick
托马斯·伯克利 Thomas Berkeley
托马斯·布拉德斯顿 Thomas Bradeston
托马斯·布拉德沃丁 Thomas Bradwardine
托马斯·布兰廷厄姆 Thomas Brantingham
托马斯·布朗特 Thomas Blount
托马斯·达格沃思 Thomas Dagworth
托马斯·道格维勒 Thomas d'Augerville
托马斯·德拉马尔什 Thomas de la Marche
托马斯·德拉梅尔 Thomas de la Mare
托马斯·德维尔 Thomas de Vere
托马斯·敦海伍德 Thomas Dunheved
托马斯·多尔斯利 Thomas Dolesley
托马斯·福格 Thomas Fogg
托马斯·格兰迪森 Thomas Grandisson
托马斯·格尼 Thomas Gurney
托马斯·哈特菲尔德 Thomas Hatfield
托马斯·亨格福德 Thomas Hungerford

托马斯·霍克利夫 Thomas Hoccleve
托马斯·霍兰 Thomas Holland
托马斯·卡特顿 Thomas Catterton
托马斯·科比特 Thomas Corbet
托马斯·肯达尔 Thomas Kendal
托马斯·莱尔, 伊利主教 Thomas Lisle, bishop of Ely
托马斯·卢西 Thomas Lucy
托马斯·罗克比 Thomas Rokeby
托马斯·罗斯林 Thomas Roscelyn
托马斯·马斯格雷夫 Thomas Musgrave
托马斯·美尔奇布恩 Thomas Melchbourn
托马斯·纽比金 Thomas Newbiggin
托马斯·珀尔 Thomas Perle
托马斯·珀西 Thomas Percy
托马斯·韦克, 利德尔的韦克勋爵 Thomas Wake, Lord Wake of Liddell
托马斯·韦斯特 Thomas West
托马斯·沃尔西 Thomas Wolsey
托马斯·沃尔辛厄姆 Thomas Walsingham
托马斯·乌特雷德, 乌特雷德勋爵 Thomas Ughtred, Lord Ughtred
托马斯·尤维达尔 Thomas Uvedale

W

瓦卢瓦的查理 Charles of Valois

瓦卢瓦的菲利普，奥尔良公爵 Philip of Valois, duke of Orléans

瓦卢瓦的凯瑟琳 Katherine of Valois

旺多姆伯爵 count of Vendôme

旺塔杜尔伯爵 count of Ventadour

威尔士的欧文 Owain of Wales

威格敦伯爵 earl of Wigtown

威廉，埃诺与荷兰伯爵 William, count of Hainault and Holland

威廉，于利希伯爵（于利希侯爵） William, count (margrave) of Juliers

威廉·阿福德 William Ufford

威廉·埃丁顿，温切斯特主教 William Edington, bishop of Winchester

威廉·埃利斯 William Ellis

威廉·艾尔敏，诺里奇主教 William Airmyn, bishop of Norwich

威廉·奥格尔 William Ogle

威廉·贝特曼，诺里奇主教 William Bateman, bishop of Norwich

威廉·博恩，北安普敦伯爵 William Bohun, earl of Northampton

威廉·布朗特 William Blount

威廉·丹尼尔 William Daniel

威廉·道格拉斯，利兹代尔勋爵 William Douglas, lord of Liddesdale

威廉·道格拉斯 William Douglas

威廉·德伯格，阿尔斯特伯爵 William de Burgh, earl of Ulster

威廉·德拉波尔 William de la Pole

威廉·德拉朱什，阿什比的朱什勋爵 William de la Zouche, Lord Zouche of Ashby

威廉·蒂林顿 William Tirrington

威廉·多尔比 William Dalby

威廉·法利 William Farley

威廉·芬奇迪恩 William Finchdean

威廉·格雷斯托克 William Greystoke

威廉·赫尔利 William Hurley

威廉·怀蒙德厄姆 William Wymondham

威廉·霍尔姆 William Holm

威廉·基尔斯比 William Kilsby

威廉·考特尼 William Courtenay

威廉·克林顿，亨廷顿伯爵 William Clinton, earl of Huntingdon

威廉·克卢尔 William Clewer

威廉·库赞斯 William Cusance

威廉·拉蒂默 William Latimer

威廉·拉尔夫伯勒 William Loughborough

威廉·拉姆齐 William Ramsey

威廉·莱恩，奇切斯特主教 William Lenn, bishop of Chichester

威廉·朗格兰 William Langland

威廉·朗曼 William Longman

威廉·勒加莱斯 William le Galeys

威廉·罗斯 William Ros

威廉·罗斯男爵 baron William Ros

威廉·梅尔顿，约克大主教 William Melton, archbishop of York

威廉·梅尔科本 William Melchbourn

威廉·蒙塔古 William Montagu

威廉·内尔韦 William Nerve

威廉·诺威尔 William Norwell

威廉·塞里斯 William Seriz

威廉·塞普特万斯 William Septvans

威廉·斯基普威思 William Skipwith

威廉·斯科特 William Scot

威廉·斯塔布斯 William Stubbs

威廉·斯坦 William Stanes

威廉·斯坦迪维克 William Standewyk

威廉·斯托德利 William Stodeley

威廉·索普 William Thorpe

威廉·特拉塞尔 William Trussell

威廉·图特伯里 William Tutbury

威廉·万兹沃思 William Wandsworth

威廉·威克姆 William Wykeham

威廉·温莎 William Windsor

威廉·沃尔沃思 William Walworth

威廉·沃灵福德 William Wallingford

威廉·谢里沙尔 William Shareshull

威廉·伊兰 William Eland

威廉·朱什 William Zouche

威廉二世，于利希公爵 William II, duke of Juliers

韦格蒂乌斯 Vegetius

维奥兰特·维斯孔蒂 Violante Visconti

维多利亚女王 Queen Victoria

维维林·鲁弗斯 Vivelin Rufus

温莎的玛格丽特 Margaret of Windsor

温莎的威廉 William of Windsor

沃尔瑟姆的玛丽 Mary of Waltham

沃尔特·本特利 Walter Bentley

沃尔特·伯利 Walter Burley

沃尔特·多尔比 Walter Dalby

沃尔特·菲茨沃尔特 Walter Fitzwalter

沃尔特·汉利 Walter Hanley

沃尔特·科明 Walter Comyn

沃尔特·雷诺兹 Walter Reynolds

沃尔特·迈尔米特 Walter Milemete

沃尔特·莫尼 Walter Mauny

沃尔特·佩夫利 Walter Pavely

沃尔特·奇里顿 Walter Chiriton

沃尔特·斯波里尔 Walter Sporier

沃尔特·斯特普尔顿，埃克塞特主教 Walter Stapeldon, bishop of Exeter

乌尔班五世 Urban V

乌勒的莫里斯·伯克利 Maurice Berkeley of Uley

乌斯里德·博尔登 Uthred Boldon

伍德斯托克的埃德蒙，肯特伯爵 Edmund of Woodstock, earl of Kent

伍德斯托克的埃莉诺 Eleanor of Woodstock

伍德斯托克的爱德华，威尔士亲王，"黑太子" Edward of Woodstock, Prince of Wales, Black Prince

伍德斯托克的托马斯 Thomas of Woodstock

伍德斯托克的伊莎贝拉 Isabella of Woodstock

伍尔夫斯坦·布兰斯福德 Wulfstan Bransford

X

西奥博尔德 Theobald

西班牙的玛丽 Marie d'Espagne

西班牙的夏尔 Charles of Spain

西班牙腓力二世 Philip II of Spain

西比尔·帕特夏尔 Sybil Patteshull

西蒙·贝雷福德 Simon Bereford

西蒙·德蒙特福特 Simon de Montfort

西蒙·黑尔 Simon Hale

西蒙·朗厄姆 Simon Langham

西蒙·梅奥珀姆，坎特伯雷大主教 Simon Meopham, archbishop of Canterbury

西蒙·蒙塔古，伊利主教 Simon Montagu, bishop of Ely

西蒙·萨德伯里 Simon Sudbury

西蒙·斯旺朗德 Simon Swanlond

西蒙·伊斯利普，坎特伯雷大主教 Simon Islip, archbishop of Canterbury

希顿的托马斯·格雷 Thomas Gray of Heton

小巴托洛缪·伯格什，伯格什勋爵 Bartholomew Burghersh the younger, Lord Burghersh

小休·德斯潘塞，德斯潘塞勋爵 Hugh Despenser the Younger, Lord Despenser

休·奥德利，格洛斯特伯爵 Hugh

Audley, earl of Gloucester

休·德斯潘塞，德斯潘塞勋爵 Hugh Despenser, Lord Despenser

休·法斯托尔夫 Hugh Fastolf

休·弗雷纳 Hugh Frene

休·赫兰 Hugh Herland

休·黑斯廷斯 Hugh Hastings

休·卡尔弗利 Hugh Calveley

休·考特尼，德文伯爵 Hugh Courtenay, earl of Devon

休·考特尼，考特尼勋爵 Hugh Courtenay, Lord Courtenay

休·库尔特 Hugh Quiéret

休·勒塞莱尔 Hugh le Seler

休·利奥敏斯特 Hugh Leominster

休·乔伊 Hugh Joye

休·斯塔福德 Hugh Stafford

休·特普灵顿 Hugh Turplington

Y

雅各布·范阿尔特维尔德 Jacob van Artevelde

雅克·德维耶纳 Jacques de Vienne

亚当·奥莱顿 Adam Orleton

亚当·伯里 Adam Bury

亚当·赫廷顿 Adam Hertington

亚当·霍顿 Adam Houghton

亚当·莱切 Adam Leche

亚当·索思威克 Adam Southwick

亚里士多德 Aristotle

亚力马太的约瑟 Joseph of Arimathea

亚历山大·比克诺，都柏林大主教 Alexander Bicknor, archbishop of Dublin

亚历山大·德科蒙 Alexandre de Caumont

亚历山大·内维尔，约克大主教 Alexander Neville, archbishop of York

亚历山大·西顿 Alexander Seton

亚历山大大帝 Alexander the Great

亚历山大三世 Alexander III

利奥四世（亚美尼亚国王）Leo IV

亚瑟 Arthur

伊恩·莫蒂默 Ian Mortimer

伊丽莎白·巴德利斯米尔 Elizabeth Badlesmere

伊丽莎白·德伯格，阿尔斯特的伊丽莎白 Elizabeth de Burgh, Elizabeth of Ulster

伊丽莎白·德克莱尔，克莱尔夫人，阿尔斯特伯爵夫人 Elizabeth de Clare, Lady Clare, countess of Ulster

伊丽莎白·德圣奥默 Elizabeth de Saint-Omer
伊丽莎白一世 Elizabeth I
伊莎贝拉·博蒙,维西夫人 Isabella Beaumont, Lady Vescy
伊莎贝拉·德拉莫特 Isabella de la Mote
伊莎贝拉·霍兰 Isabella Holland
英诺森六世 Innocent VI
于利希的让娜 Jeanne of Juliers
于利希的伊丽莎白 Elizabeth of Juliers
约翰(波西米亚国王) John
约翰·阿德恩 John Arderne
约翰·阿申登 John Ashenden
约翰·阿特李 John atte Lee
约翰·阿特沃德 John atte Wode
约翰·埃尔霍尔姆 John Ergholme
约翰·埃格姆 John Erghome
约翰·奥查德 John Orchard
约翰·奥福德 John Offord
约翰·奥格 John Og
约翰·巴尔巴特 John Balbat
约翰·巴利奥尔 John Balliol
约翰·巴尼特 John Barnet
约翰·白金汉 John Buckingham
约翰·班普顿 John Bampton
约翰·贝弗利 John Beverley
约翰·贝格 John Baygge
约翰·比彻姆,萨默塞特的比彻姆勋爵 John Beauchamp, Lord Beauchamp of Somerset
约翰·比彻姆,沃里克的比彻姆勋爵 John Beauchamp, Lord Beauchamp of Warwick
约翰·波特 John Pot
约翰·博恩 John Bohun
约翰·博蒙 John Beaumont
约翰·布兰克特里 John Branketre
约翰·查尔顿 John Charlton
约翰·查尼尔斯 John Charnels
约翰·达格内特 John Dagenet
约翰·达西 John Darcy
约翰·德布列塔尼 John de Bretagne
约翰·德弗雷尔 John Deverel
约翰·德罗克斯福德,巴斯及韦尔斯教区主教 John Droxford, bishop of Bath and Wells
约翰·德蒙福尔,布列塔尼公爵 John de Montfort, duke of Brittany
约翰·德沃登哈尔 John de Watenhull
约翰·德沃伦,萨里伯爵 John de Warenne, earl of Surrey

约翰·蒂佩特 John Tipet

约翰·费勒斯 John Ferrers

约翰·高尔 John Gower

约翰·戈德贝特尔 John Goldbeter

约翰·格拉斯通 John Glaston

约翰·格兰迪森，埃塞克特主教 John Grandisson, bishop of Exeter

约翰·格雷，罗瑟菲尔德的格雷勋爵 John Grey, Lord Grey of Rotherfield

约翰·格洛斯特 John Gloucester

约翰·哈勃登 John Harpeden

约翰·哈德里谢尔 John Hardreshull

约翰·赫丁厄姆 John Hedingham

约翰·赫林 John Herlyng

约翰·黑斯廷斯，彭布罗克伯爵 John Hastings, earl of Pembroke

约翰·怀亚德 John Wyard

约翰·霍克伍德 John Hawkwood

约翰·霍兰 John Holland

约翰·霍瑟姆 John Hothum

约翰·基内维尔 John Gynewell

约翰·加德斯登 John Gaddesden

约翰·金斯顿 John Kingston

约翰·卡尔顿 John Carlton

约翰·卡文迪什 John Cavendish

约翰·科巴姆 John Cobham

约翰·科吉歇尔 John Coggeshall

约翰·克拉布 John Crabbe

约翰·克拉侬 John Claroun

约翰·克利福德 John Clifford

约翰·克罗比威尔 John Crombewell

约翰·库普兰 John Coupland

约翰·莱尔 John Lisle

约翰·莱斯特 John Leicester

约翰·朗奇 John Launge

约翰·劳斯 John Rous

约翰·勒科克 John le Cok

约翰·勒帕图雷尔 John Le Patourel

约翰·鲁斯 John Roos

约翰·伦道夫 John Randolph

约翰·罗思 John Wroth

约翰·马尔特拉弗斯 John Maltravers

约翰·马尔维 John Malwayn

约翰·曼德维尔 John Mandevill

约翰·梅尔顿 John Melton

约翰·蒙哥马利 John Montgomery

约翰·蒙塔古 John Montagu

约翰·米尔斯 John Meres

约翰·米勒 John Milner

约翰·敏斯特沃思 John Minsterworth

约翰·莫布雷 John Mowbray

约翰·莫里斯 John Morice

约翰·莫林斯 John Molyns

约翰·穆森 John Mushon

约翰·内维尔，内维尔勋爵 John Neville, Lord Neville

约翰·尼维特 John Knyvet

约翰·诺桑普顿 John Northampton

约翰·帕拉丁 John Paladyn

约翰·派尔 John Pyel

约翰·佩雷斯 John Peres

约翰·佩奈尔 John Paynel

约翰·佩奇 John Pecche

约翰·普尔特尼 John Pulteney

约翰·钱多斯 John Chandos

约翰·萨蒙，诺里奇主教 John Salmon, bishop of Norwich

约翰·萨皮 John Sapy

约翰·塞克福德 John Seckford

约翰·沙德洛 John Shardlow

约翰·圣洛 John St Loo

约翰·史密斯 John Smyth

约翰·斯特拉特福德 John Stratford

约翰·斯托纳 John Stonor

约翰·索尔兹伯里 John Salisbury

约翰·索斯雷 John Southray

约翰·唐卡斯特 John Doncaster

约翰·特里利 John Trilly

约翰·特罗姆温 John Tromwyn

约翰·托雷斯比 John Thoresby

约翰·威克利夫 John Wyclif

约翰·韦森汉姆 John Wesenham

约翰·温菲尔德 John Wingfield

约翰·沃博灵顿 John Warblington

约翰·伍德罗夫 John Woodrove

约翰·西格雷夫 John Segrave

约翰·肖尔迪奇 John Shoreditch

约翰·谢佩 John Sheppey

约翰·伊普利斯 John Ipres

约翰·伊斯莱姆 John Isleham

约翰·英奇 John Inge

约翰二十二世 John XXII

约翰二世，"好人"约翰（法兰西国王）John II, John "the Good"

Z

詹姆斯·奥德利 James Audley

詹姆斯·巴特勒 James Butler

詹姆斯·道格拉斯 James Douglas

詹姆斯·范阿尔特维尔德 James van Artevelde

詹姆斯·卡拉汉 James Callaghan

詹姆斯·科特雷尔 James Coterel

詹姆斯·勒帕尔默 James le Palmer

詹姆斯·派普 James Pipe

詹尼·佩勒斯 Janyn Perrers

朱丽安娜·利伯恩 Juliana Leybourne

译后记

专攻隋唐史的我，随着读书的增多、研究的推进，对于将中国古代史按断代划分的研究路径渐渐有些想法，因为我接触到的研究中国史的欧美学者，研究视野往往要大得多，常常以中国史、印度史甚至东亚史或整个亚洲史作为关注或研究单元，我们国内很多历史学者，研究领域也很宽广，并不限于某个断代、某个学科。再加上老师们尤其是我的导师刘后滨教授总提醒我们说不要将关注范围仅局限在本断代、本领域，历史是通的，要尽量打通断代、扩大研究视野。因此，我心里便渐渐生出了走出断代、国别区隔，关注长时段大区域的历史，把中国史置入世界史的时空坐标体系之中的心思。这是我前往英国约克大学学习英格兰中世纪史的原因。

从 2014 年 12 月 24 日接触《爱德华三世》（这是 Mark 当年送给我的圣诞礼物），我就被它深深地吸引。查阅中文图书，并未发现专门讨论爱德华三世的著作。爱德华三世作为英格兰乃至欧洲中世纪史上极为重要的一个历史人物，还是可以在中文图书世界里占据一席之地的，因此我便生出了试试看的心思。时常听说翻译不好做，费心费力还不算科研成果。然而，对于没做过的事，我总是很好奇。趁着孕育孩子，时间变得碎片化，便决定尝试做做翻译工作，加深一下自己对 14 世纪欧洲历史的认识。

随着译文的增多，成就感渐渐增加，感觉很是美妙。后来由于产子、休产假，

译后记

中断了大半年。再捡起时，羲和已经会喊"妈妈"了，挤时间便变得极其困难。当翻译进行到第五百多页的时候，我发现自己对每日一页半页的翻译任务产生了浓烈的厌烦情绪。虽然如此，没有半途而废的道理，断断续续翻译到第六百多页，便开始投稿。投了三四家，都说不好办。最后我抱着试试看的态度投给了口碑甚好的广西师大出版社。不数月，收到了回复。后来签出版合同时才知道，编辑们为《爱德华三世》中译本能够出版投入了很多精力。

由于出版社方面久久没有进展，我便也懈怠下去，译稿被搁置近一年，上课之外的时间几乎都用来陪伴儿子羲和。与工作相比，陪伴羲和，是一种极为天然自在的幸福。若非当天有课，很多时候，出去工作的念头就此放下，乖乖地在山脚下、江边草地上快乐地追逐咯咯笑个不停的他。每一次身在图书馆或咖啡馆里处理译稿的我，心里都觉得十分愧疚、亏欠。因此格外珍惜，时间一到，便手忙脚乱地收拾东西回家去。晚上，看着睡得很甜的他，我的心，既安，也慌。安的是今天陪伴的时间与质量足够，慌的是我今天的事还没开始做。

签了出版合同后，已是 2019 年春，羲和两岁多，可以独自玩上一会了。这时，我可以在家里十分钟、二十分钟地润色句子了。每过几分钟他就把各种组合的乐高、动物拿来向我展示，门关了又开，开了后又不会关，就这样，到我起身给他做饭的时候，我那天竟然断断续续地改完了第五章。这是他第一次主动给我工作的时间，他只是需要不时地来向我展示他的成果而已。渐渐地，能够工作的时间就长了起来，一小时，一个小时十分钟……给我时间，让我工作，渐渐可以说得通，他也有了时间的概念。

《爱德华三世》中译本的完成，除了羲和，我还要感谢 Eilif Heyerdahl、Helen Martin 的帮助与督促。感谢孟广林教授在我决定翻译这本书时给予的鼓励与支持。感谢作者 Mark 不厌其烦地为我答疑解惑。感谢刘景华教授作为本书主编，让这本书能够面世。感谢姚晶为地名、人名做出的辛勤工作。姚晶、黄婷婷、崔李酉子、刘帅、周星宇、甘雪雁在科研实习或英文翻译训练环节，在我的指导下也各自翻译了几页。皇甫义贞、周青、扈文洁、陈李莹帮我处理了几幅地图上的译名，为我节省了一些时间，在此一并致以感谢。

我要特别感谢杜宣莹老师，从专业术语、句子结构到各种语言的单词翻译，她都给予了帮助。帮我找出了译稿中很多错误，针对我漏译的几个单词，或出于中文意思之完整多译的几个字，她也不放过。看到她给我修改的稿子，我心里的敬意如汩汩泉水般涌了出来。她从繁忙的科研工作中抽出宝贵时间来帮我校正如此大部头的译稿，让我极为感恩。当然，最后拿主意的是我，因此，这本书中所遗留的关于史实、理解、地名、人名的任何错误，自然都应该由我全权负责，与杜老师无关。尽管在翻译时，我尽量追求信、达、雅，但由于本人的知识素养、语言能力欠缺，再加上专业隔阂，可以想见译文还有很多问题，敬请读者多多指正。

谨以此纪念我人生中这几年不寻常的岁月。

2020 年 8 月 9 日

在翻译本书时，我总想着到时要带着羲和与中文版的《爱德华三世》去约克看 Mark，但天不遂人愿，我在 2020 年 10 月 21 日才得知 Mark 已于当年 8 月 2 日去世了。就在他离开的一个星期前，即 7 月 25 日他还给我发了邮件，把他新整理的一篇经济史的文章给了我，并说他很好，会小心避开人群，保护自己。人世间的无奈与遗憾，除了接受别无他法。约克大学英格兰中世纪史研究中心、历史系都很关注本书中文版的进展，Jon Howlett 已数次来函问询，何时能够用本书开个会来纪念 Mark。虽迟来，但终会到达。谨以此译稿告慰天堂里的 Mark。

2022 年 8 月 8 日